NINGXIA NIANJIAN

宁夏年鉴

2021

宁 夏 地 方 志 编 审 委 员 会
宁夏回族自治区地方志办公室 编

方志出版社
Publishing House of Local Records

图书在版编目（CIP）数据

宁夏年鉴．2021 / 宁夏地方志编审委员会，宁夏回族自治区地方志办公室编．— 北京：方志出版社，2021.11

ISBN 978-7-5144-4927-3

Ⅰ．①宁… Ⅱ．①宁… ②宁… Ⅲ．①宁夏—2021—年鉴Ⅳ．① Z524.3

中国版本图书馆 CIP 数据核字（2021）第 275631 号

宁夏年鉴（2021）

编　　者：宁夏地方志编审委员会、宁夏回族自治区地方志办公室
责任编辑：冯　松

出 版 者：方志出版社
地址　北京市朝阳区潘家园东里 9 号（国家方志馆 4 层）
邮编　100021
网址　http://www.fzph.org
发　　行：方志出版社图书经销中心
电话（010）67110500
经　　销：各地新华书店
印　　刷：宁夏报业传媒集团印刷有限公司

开　　本：889mm × 1194mm　1/16
印　　张：38
字　　数：1160 千
印　　次：2021 年 11 月第 1 版　2021 年 11 月第 1 次印刷
印　　数：0001~2000 册

ISBN　978-7-5144-4927-3　定价 298.00 元

宁夏年鉴编辑委员会

《宁夏年鉴》编辑部

编 辑 说 明

一、《宁夏年鉴》是由宁夏回族自治区人民政府主办，宁夏地方志编审委员会、宁夏回族自治区地方志办公室编纂的具有年度资料性质的地方综合年鉴，创刊于 2001 年，每年一卷公开出版。

二、《宁夏年鉴（2021）》以马克思列宁主义、毛泽东思想、邓小平理论、“三个代表”重要思想、科学发展观、习近平新时代中国特色社会主义思想为指导，坚持辩证唯物主义和历史唯物主义的立场、观点和方法。存真求实，全面、客观、准确地反映 2020 年宁夏贯彻落实新发展理念，为实现经济繁荣、民族团结、环境优美、人民富裕与全国同步全面建成小康社会目标，在建设美丽新宁夏、共圆伟大中国梦的奋斗历程中取得的最新成就。

三、《宁夏年鉴（2021）》收录的文字、图片时限为 2020 年 1 月 1 日至 12 月 31 日。有专文、条目、大事记、表格、图片等多种记述形式，以类目、分目、条目组成框架结构的主体部分，少数分目增设二级分目，条目为最基本的记述形式。

四、《宁夏年鉴》篇目设置大体遵循科学分类和社会分工相结合的原则，为了保证资料记载的连续性，篇目设置相对稳定。《宁夏年鉴（2021）》在 2020 卷的基础上略有调整，取消特载类目，其内容集中在大事记中记述；将大事记移至宁夏综览之前；将文化旅游类目分设为文化、旅游两个类目；卫生健康类目增设公共卫生分目。调整后的《宁夏年鉴（2021）》设专文、大事记、宁夏综览、中共宁夏回族自治区委员会、宁夏回族自治区人民代表大会、宁夏回族自治区人民政府、政协宁夏回族自治区委员会、纪委监委、民主党派与工商联、群众团体、法治、军事、经济管理、金融、农业、水利、工业、商贸服务、经贸合作、交通邮政通信、开发区和园区建设、住房和城乡建设、自然资源管理、生态环境、教育、科学技术、社会科学、文化、旅游、体育、出版传媒、卫生健康、社会管理、民族宗教、市情概览、人物和荣誉、附录，共 37 个类目。

五、《宁夏年鉴（2021）》人物和荣誉类目主要收录 2020 年全国劳动模范和先进工作者、国务院政府特殊津贴获得者、全国“三八红旗手”等获得国家级荣誉称号的人物简介。逝世人物主要收录逝世于 2020 年并在宁夏任职过的正厅级（含正厅级待遇）以上级别的领导干部简介。人物名录、集体名录收录获得省部级以上表彰的个人和集体。

六、《宁夏年鉴（2021）》卷首图片设政治建设、抗击疫情、银西高铁开通、合作交流、经济建设、文化建设、社会建设、生态建设专题，重点反映全区经济社会的新发展。卷首图片由宁夏日报社和有关单位提供。

七、《宁夏年鉴（2021）》所载内容由各部委（办）、厅（局）、市、县（区）和宁夏军区等有关单位提供，数据由各有关部门提供，并经各主管部门审核。所载内容均为供稿人或供稿单位署名，原文照录资料注明出处，随文所配图片由各对应供稿单位提供，文中不再署名。

八、《宁夏年鉴（2021）》数字、标点符号、计量单位严格执行国家有关规定。宁夏回族自治区简称“自治区”“宁夏”或“全区”，其他各级行政建置一般写明全称。

九、《宁夏年鉴（2021）》全书设有中英文目录（英文目录译至分目及二级分目标题）和索引，具有比较完善的检索功能。随书附配《宁夏年鉴（2021）》光盘，封底印有手机阅读二维码，方便读者阅读。

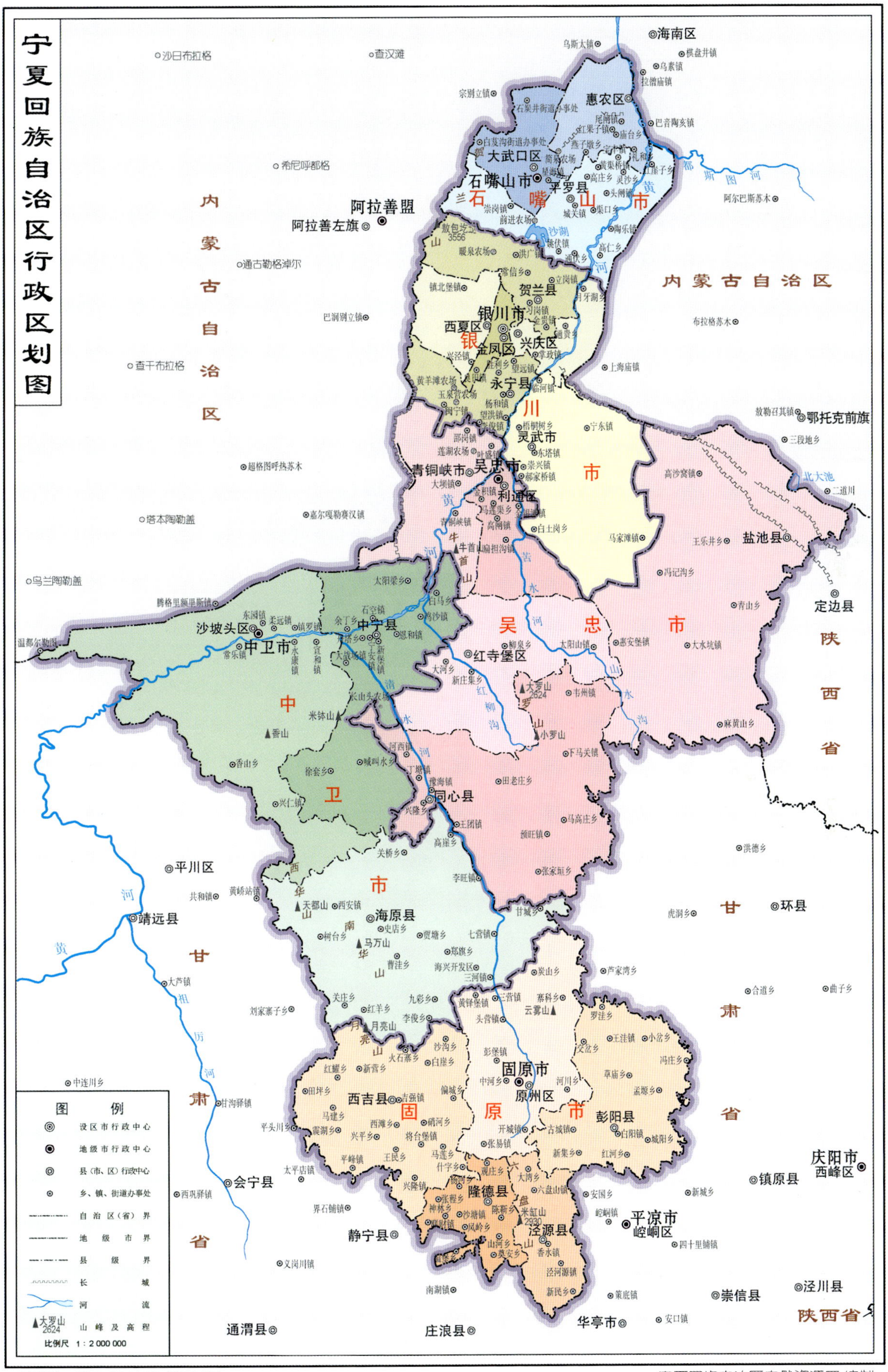

审图号：宁S（2022）第008号

宁夏回族自治区自然资源厅 编制

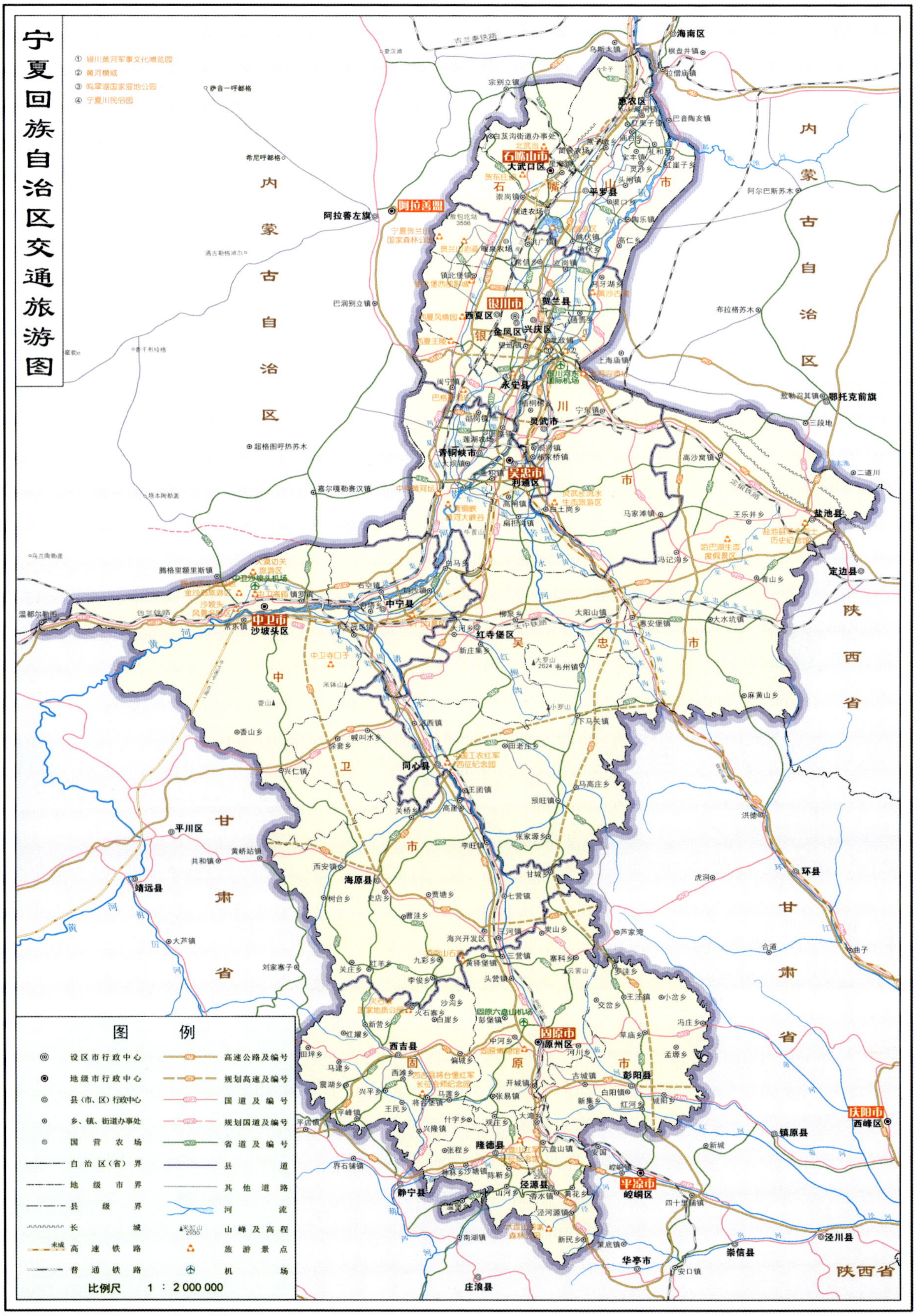

审图号：宁S（2022）第008号

宁夏回族自治区自然资源厅 编制

2020 年 12 月 6 日，中国共产党宁夏回族自治区第十二届委员会第十二次全体会议在银川市召开
（左鸣远　摄）

2020 年 1 月 11 日，宁夏回族自治区第十二届人民代表大会第三次会议在银川市召开
（左鸣远　摄）

2020 年 1 月 10 日，中国人民政治协商会议第十一届宁夏回族自治区委员会第三次会议在银川市召开

（左鸣远　摄）

2020 年 1 月 14 日，宁夏军区党委第十二届第四次全体（扩大）会议在宁夏军区召开

（宁夏军区　提供）

2020 年 4 月 8 日，自治区党委决胜全面建成小康社会工作会议在银川市召开

（左鸣远　摄）

2020 年 8 月 7 日，全区推进高质量发展重点项目建设现场观摩总结会在银川市召开

（左鸣远　摄）

2020年3月20日，宁夏第一批、第三批支援湖北医疗队圆满完成任务返回银川

（左鸣远　摄）

2020年4月15日，应沙特政府邀请，中国政府赴沙特抗疫医疗专家组乘飞机从银川启程，赴沙特协助开展新冠肺炎疫情防控工作

（左鸣远　摄）

2020年2月5日，银川市金凤区长城中路街道宝湖社区全员上岗开展疫情防控

（左鸣远　摄）

2020年9月29日，全区抗击新冠肺炎疫情表彰大会在宁夏人民会堂举行

（左鸣远　摄）

2020年4月15日，自治区区直机关工委在银川市开展“我身边的战‘疫’模范”推选活动展示会

（左鸣远　摄）

2020年2月14日，宁夏教育电视台工作人员加班加点编辑节目，确保2月17日与中小学生见面的“空中课堂”顺利开播

（左鸣远　摄）

2020 年 12 月 26 日，银西高铁开通运营仪式在银川市举行　（左鸣远　摄）

“复兴号”高速列车飞驰在宁夏大地上　（左鸣远　摄）

宁夏各界代表体验首班首列“复兴号”　（左鸣远　摄）

参与建设、服务银西高铁的单位代表参加开通运营仪式　（左鸣远　摄）

2020年9月4日，闽宁互学互助对口扶贫协作第二十四次联席会议在银川市召开

（左鸣远　摄）

2020年9月15日，宁夏回族自治区医疗保障局与首都医科大学国家医疗保障研究院举行全民医疗保障“十四五”规划编制签约仪式

（左鸣远　摄）

2020年10月11日，建设黄河流域生态保护和高质量发展先行区院士专家战略咨询会在银川市举行

（左鸣远　摄）

2020年11月29日，宁夏福建两省（区）座谈会在福建省福州市举行

（左鸣远　摄）

2020年12月8日，宁夏回族自治区与内蒙古自治区举行门诊费用跨省直接结算协议签约仪式

（宁夏卫健委　提供）

2020年12月25日，“全国知名浙商宁夏行”活动在银川市举行

（左鸣远　摄）

实现了石墨烯和无钴化富锂锰基材料在锂电产业化应用的宁夏汉尧石墨烯储能材料科技有限公司
（左鸣远　摄）

2020年2月9日，宝丰能源集团公司紧急启动战“疫”保障转产，以一套聚丙烯装置的部分产能转产高熔指纤维聚丙烯S2040，该生产线日产量达1000吨，每吨高熔指纤维聚丙烯所生产的医用无纺布可制成一次性外科口罩90万~100万个或N95口罩20万~25万个
（左鸣远　摄）

宁夏鲲鹏清洁能源公司 40 万吨乙二醇项目总投资 43 亿元，对于推动宁夏煤炭清洁高效利用具有示范意义 （左鸣远 摄）

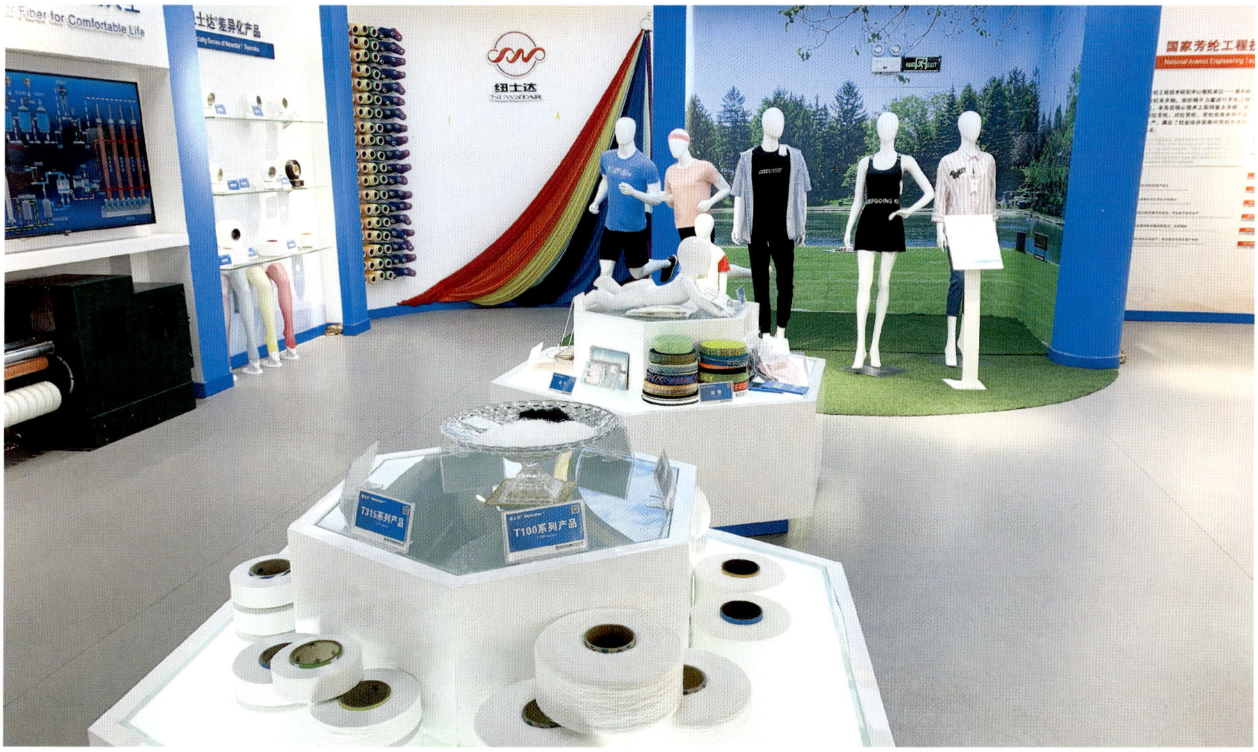

宁夏泰和芳纶纤维公司总投资 6 亿元的芳纶项目建成并投产，对增强我国高端装备供给保障能力、提升产业竞争力具有重要的作用 （左鸣远 摄）

银川隆基硅材料有限公司员工正在装配多晶硅板。这里是西北地区具有较强竞争力的新能源装备制造产业研发、生产和应用示范基地　　（左鸣远　摄）

银川经济技术开发区加速建设智能终端产业园二期项目　　（左鸣远　摄）

2020 年 3 月 18 日，宁夏鸿杉公司日产 15 万个口罩的生产线正式投产

（左鸣远　摄）

2020 年 5 月 18 日，西夏嘉酿啤酒公司企业生产运营顺畅。该企业对接天猫、京东、饿了么、美团等客户终端，线上渠道实现多产品销售

（左鸣远　摄）

2020年4月，永宁县闽宁镇原隆村禾美电商扶贫车间开通“闽宁巧媳妇直播间”，将宁夏优质特色农产品销往全国各地

（左鸣远　摄）

2020年8月18日，银川至昆明高速公路的太阳山开发区至彭阳段开工仪式在吴忠市太阳山开发区举行，该项目是宁夏单体投资规模最大的交通项目

（左鸣远　摄）

红寺堡区现代养殖园区

（吴忠市地方志办公室　提供）

2020年9月25日，在全国特色农产品经销商宁夏行的乡味宁夏集市上，来自全国农产品经销商在活动现场感受风土人情，体验特色产品，开展产销对接

（左鸣远　摄）

2020年10月21日，银川市沈阳路快速通道东线友爱街至满城街正式通车

（左鸣远　摄）

2020年10月22日，第九届宁夏贺兰山东麓国际葡萄酒博览会在银川市永宁县闽宁镇贺兰红共享酒庄开幕

（左鸣远　摄）

2020年4月23日，宁夏图书馆在“世界读书日”宣传中国古籍传统修复技术

（左鸣远　摄）

2020年5月17日，2020第二届“烽火长城”文化旅游体育系列活动在盐池县长城关正式启动

（邓海军　提供）

2020年6月，灵武市职业教育中心新校区正式落成，该校11个专业共1900余名学子搬迁至此

（左鸣远　摄）

2020年9月10日，自治区庆祝第36个教师节座谈会在银川市举行

（左鸣远　摄）

2020年9月12日，中央电视台“心连心”艺术团在宁夏西吉县将台堡红军长征会师纪念园广场欢唱《奋斗新时代》

（左鸣远　摄）

2020年9月18日，首届黄河流域生态保护和高质量发展理论研讨会在银川市举行

（左鸣远　摄）

2020 年 1 月 8 日，中国科协和自治区党委、政府主办的宁夏文化科技卫生“三下乡”暨“我们的中国梦”——文化进万家集中示范活动在青铜峡市瞿靖镇瞿靖村举行

（宁夏文联　提供）

2020 年 9 月 21 日，由宁夏回族自治区党委网信办主办、人民日报文化传媒有限公司宁夏分公司承办的“第十六届全国网络媒体宁夏行”活动在银川市启动

（左鸣远　摄）

2020 年 10 月 18 日，来自西宁、兰州、成都、西安、太原、呼和浩特、石家庄、银川等沿黄重点城市的 18 支精英车队 600 多名骑手汇聚银川贺兰山下，参加沿黄城市自行车挑战赛

（左鸣远　摄）

2020 年 9 月 21 日，由中国作协创联部和自治区文联主办的“弘扬黄河文化”2020 宁夏文学周暨宁夏青年作家创作会议在银川市召开

（宁夏文联　提供）

2020 年 10 月 20 日，第十七届中国西部民歌（花儿）歌会在银川市闭幕

（左鸣远　摄）

2020 年 11 月 18—19 日，话剧《闽宁镇移民之歌》在北京展演

（左鸣远　摄）

2020年6月29日，全区实施企业稳岗扩岗专项支持计划和阶段性实施失业补助政策视频会在银川市召开

（自治区人社厅 提供）

2020年9月10日，第四届“中国创翼”创业创新大赛宁夏赛区选拔赛决赛在石嘴山市举行

（自治区人社厅 提供）

2020年12月10—13日，第一届全国技能大赛在广州市举行，宁夏选手参加比赛

（自治区人社厅 提供）

2020年6月29日，宁夏消防救援总队在银川市地标性建筑绿地中心双子塔开展高空绳索救援实战演练

（左鸣远　摄）

2020年7月22日，区直机关学雷锋志愿服务进社区活动启动仪式在银川市湖畔嘉苑社区广场举行

（左鸣远　摄）

2020年7月28日，中国梦·脊梁工程宁夏脊柱畸形义诊救助活动在宁夏医科大学总医院举行

（左鸣远　摄）

2020年4月3日，宁夏医科大学总医院、宁夏中医医院暨中医研究院被自治区授予“宁夏新冠肺炎防治研究人才小高地”和“宁夏中医防控新冠肺炎及保健研究人才小高地”牌匾

（自治区人社厅 提供）

2020年8月9日，盐池县边记洼村30名建档立卡户在盐池县新时代文明实践中心参观学习

（左鸣远　摄）

2020年10月17日，在我国第7个扶贫日、第28个国际消除贫困日之际，《中国脱贫攻坚的宁夏样本》融媒图书暨《拥抱小康》微纪录片首发仪式在银川市举行

（左鸣远　摄）

2020年11月1日，第七次全国人口普查正式开展入户登记

（左鸣远　摄）

2020年11月17日，银川市金凤区长城中路街道办事处邀请律师在南苑社区开展《民法典》法律知识宣传专题讲座

（左鸣远　摄）

2020年12月24日，中国工程院调研黄河黑山峡水利枢纽工程宁夏座谈会在银川市召开

（左鸣远　摄）

宁夏地处黄河中上游，全境属于黄河流域，是西北地区重要的生态安全屏障

（左鸣远　摄）

贺兰山银川段被绿色的植被覆盖，一派生机勃勃的生态美景

（左鸣远　摄）

六盘山云雾缭绕、山峦险峻，森林茂密、流泉飞瀑

（左鸣远　摄）

罗山国家级自然保护区是宁夏中部的绿色生态屏障和重要的水源涵养林区　　（左鸣远　摄）

2020年11月13日，银川市兴庆区月牙湖乡滨河家园三村，村容村貌焕然一新

（左鸣远　摄）

石嘴山市持续做好造林绿化、水系优化、城市美化，成功创建山水生态之城

（左鸣远　摄）

固原市彭阳县大沟湾流域的青云梯田

（左鸣远　摄）

宁夏黄河治理二期工程导流堤
（石嘴山市地方志办公室　提供）

银川市贺兰县四十里店村打造的稻渔空间“稻田画”
（左鸣远　摄）

2020年，固原市泾源县泾河源镇河北村依托靠近六盘山森林公园和老龙潭等景区区位资源优势，大力发展乡村旅游
（左鸣远　摄）

中卫市麦草方格治沙成果为腾格里沙漠东南缘镶上了50多公里的绿色长廊

（中卫市地方志办公室　提供）

目　录

专　文

大事记

宁夏综览

中共宁夏回族自治区委员会

宁夏回族自治区人民政府

纪委监委

民主党派与工商联

群众团体

法　治

军　事

金　融

农　业

水　利

工　业

商贸服务

经贸合作

交通　邮政　通信

开发区和园区建设

住房和城乡建设

自然资源管理

生态环境

科学技术

社会科学

文　化

旅　游

体　育

出版传媒

卫生健康

民族宗教

市情概览

人物和荣誉

附　录

索　引

YEARBOOK OF NINGXIA (2021) CONTENTS

SPECIAL ARTICLES

MEMORABILIA

GENERAL SURVEY OF NINGXIA

CPC NINGXIA HUI AUTONOMOUS REGION COMMITTEE

NINGXIA HUI AUTONOMOUS REGION PEOPLE CONGRESS

PEOPLE 'S GOVERNMENT OF NINGXIA HUI AUTONOMOUS REGION

COMMITTEE OF THE CPPCC NINGXIA HUI AUTONOMOUS REGION

COMMISSION FOR DISCIPLINE INSPECTION AND SUPERVISION

DEMOCRATIC PARTIES AND THE FEDERATION OF INDUSTRY AND COMMERCE

MASS GROUPS

RULE OF LAW

MILITARY AFFAIRS

ECONOMIC MANAGEMENT

FINANCE

AGRICULTURE

WATER CONSERVANCY

INDUSTRY

COMMERCIAL SERVICE

ECONOMIC AND TRADE COOPERATION

TRAFFIC, POSTAL AND COMMUNICATION

DEVELOPMENT ZONE AND PARK CONSTRUCTION

HOUSING AND URBAN RURAL DEVELOPMENT

NATIONAL RESOURCES MANAGEMENT

ECOLOGICAL ENVIRONMENT

EDUCATION

SCIENCE AND TECHNOLOGY

SOCIAL SCIENCE

CULTURE

TOURISM

SPORTS

PUBLISHING AND MEDIA

HEALTH AND HYGIENE

SOCIAL MANAGEMENT

NATIONALITIES AND RELIGIONS

OVERVIEW OF CITIES

PERSONAGE AND HONOR

APPENDIX

INDEX

专文

ZHUANWEN

NINGXIA
YEARBOOK

编辑◎张　哲

决战决胜脱贫攻坚

2020年，自治区党委和政府坚持以习近平新时代中国特色社会主义思想为指导，认真学习贯彻习近平总书记关于扶贫工作的重要论述，深入贯彻落实党中央、国务院关于脱贫攻坚工作的决策部署，一鼓作气、尽锐出战，脱贫攻坚取得决定性成果。全区现行标准下建档立卡贫困人口从2019年年底的1.88万人减少到0人，贫困发生率下降至0，9个贫困县（区）全部脱贫摘帽，1100个贫困村全部脱贫出列，贫困地区农民人均可支配收入达到11624元，实现了从深度贫困到消除绝对贫困的根本性转变，实现了从苦甲天下到全面小康的根本性转变，实现了从贫困样本到典型示范的根本性转变。

一、坚持根本指引，坚决落实中央决策部署

坚持以习近平总书记关于扶贫工作的重要论述和视察宁夏重要讲话、重要指示精神为根本指引，提高政治站位，全面对标看齐，确保脱贫攻坚始终沿着正确的方向推进。

（一）切实扛起政治责任。对习近平总书记关于扶贫工作的重要论述、作出的重要指示批示精神，中央召开的脱贫攻坚会议、出台的文件、部署的工作，自治区及时召开党委常委会会议、政府党组会和常务会、扶贫开发领导小组会，认真传达学习、研究贯彻意见、切实抓好落实。自治区每年召开脱贫攻坚工作会议，压实责任、交办任务、部署推进，并根据工作需要，定期不定期召开专题会、推进会等，研究安排专项脱贫攻坚重点工作。2020年，围绕脱贫攻坚工作，自治区先后召开党委常委会会议13次、政府党组会和常务会14次、扶贫开发领导小组会5次，还有针对性地召开了反馈问题整改、非贫困县脱贫、脱贫攻坚普查、危窑危房改造、劳务移民、闽宁协作、就业扶贫等一系列专题会、推进会，重点部署落实，精准务实推进，保证了党中央脱贫攻坚决策部署的全面落实。

（二）切实压实主体责任。坚持“自治区负总责、市县抓落实”机制，自治区每年与5个市和22个有脱贫任务的县（区）党政一把手签订脱贫攻坚责任书，向26个行业部门（单位）下达脱贫攻坚任务书，逐级传导压力、层层夯实责任。严格执行脱贫攻坚一把手负责制，陈润儿书记、咸辉主席担任扶贫开发领导小组“双组长”，9个贫困县（区）全部落实脱贫攻坚领导小组县（区）委书记和县（区）长“双组长”制。自治区党政主要领导经常深入脱贫一线调研督导，协调解决问题、推动工作落实，2020年自治区两位“一把手”累计调研脱贫攻坚工作20次，遍访所有贫困县和有脱贫任务的非贫困县。自治区人大、政协开展脱贫专题调研、协商议政，扶贫开发领导小组各成员单位发挥部门优势，统筹整合各方资源，全力支持脱贫攻坚。各市、县（区）党政一把手全面负责，班子成员全员上阵，攻坚责任全部落实，形成众志成城、尽锐出战、合力攻坚的良好局面。

（三）切实改进工作作风。把全面从

严治党要求贯穿脱贫攻坚全过程，持续开展扶贫领域腐败和作风问题专项治理，对扶贫资金违纪违规问题保持“零容忍”，坚决杜绝虚报冒领、挤占挪用、贪污浪费等问题发生。统筹规范督查检查考核，优化脱贫攻坚考核指标，减少督查考核频次，建立部门间信息比对共享机制，开展网上统计，减少填表报数，持续为基层减负松绑，让干部有更多时间和精力抓落实。脱贫攻坚战以来，全区共查处扶贫领域腐败和作风问题823件，问责处理1380人，其中2020年查处197件，问责处理331人。

二、补齐短板弱项，全面完成脱贫攻坚任务

对标“两不愁三保障”标准，抓重点、补短板、强弱项，凝心聚力、攻坚克难，确保如期完成现行标准下贫困人口全部脱贫、贫困县全部摘帽目标任务。

（一）全力实施挂牌督战。陈润儿书记亲自挂帅督战西吉县，多次实地调研督导，现场安排落实脱贫攻坚工作。咸辉主席经常性深入乡镇一线，现场解决问题。自治区向西吉县派驻工作专班协调督战，强化政策供给和要素保障，集中力量解难题、攻堡垒。2020年共安排西吉县扶贫资金19.37亿元，增幅25.37%。西吉县构建包片包户、上下联动、全面覆盖的网格化攻坚格局，干部群众全员参战、合力攻坚，于2020年11月16日宣布脱贫摘帽。由市县领导对80个薄弱村双挂帅、双督战，着力解决影响脱贫质量的问题，80个薄弱村“两不愁三保障”问题全部解决，剩余贫困人口全部脱贫。全区9个贫困县（区）全部脱贫摘帽，标志着宁夏区域性整体贫困问题基本得到解决。

（二）扎实开展“四查四补”。瞄准突出问题、薄弱环节和新冠肺炎疫情造成的影响，自治区党委决定在全区集中开展“四查四补”（查损补失、查漏补缺、查短补齐、查弱补强），实现全区所有农户查补全覆盖，解决一大批短板弱项问题，有效巩固提升了脱贫质量。强化防止返贫致贫监测预警和动态帮扶，对全区2.65万边缘易致贫人口、1.49万脱贫不稳定人口，侧重产业就业、社会保障和金融信贷支持，一户一策、应扶尽扶，90%已稳定消除返贫致贫风险。

（三）全面解决“3+1”问题。建立“三保障”和饮水安全问题部门协调联动和动态清零机制，做到问题随发现、随解决。持续推进义务教育控辍保学，因贫失学辍学问题动态清零。持续提升基本医疗保障水平，贫困人口医保参保率为100%，住院医疗费报销比例90%以上，贫困患者救治比例99%以上。持续解决住房安全问题，2020年改造贫困户和边缘户危房1446户，贫困户存量危房动态清零。持续巩固农村饮水安全，推广“互联网+城乡供水”模式，贫困地区农村自来水普及率为95%、集中供水率为98%，饮水安全问题得到彻底解决。

（四）努力做好疫情“加试题”。及时出台应对疫情打赢脱贫攻坚战20条政策措施，全力把疫情造成的影响降到最低。强化稳岗就业，“点对点”输出、就近就地安排，共包车包机434辆（架）次、输送就业1.48万人；开展技能培训3万人，开发公益性岗位3.8万个，全区返岗务工贫困人口24.5万人，是2019年的112%；283家各类扶贫龙头企业和364个扶贫车间全部开工复工，吸纳1.45万贫困人口就近就业。深入开展消费扶贫，建立扶贫产品认定、统计监测和监管机制，狠抓产销对接，着力解决扶贫产品“卖难”问题。截至2020年年底，全区22个县（区）共认定供应商443个、扶贫产品1667个，扶贫产品销售额29.9亿元，累计带动8.2万贫困人口增加收入。

三、聚焦稳定脱贫，巩固拓展脱贫攻坚成果

建立健全稳定脱贫长效机制，多管齐下提高脱贫质量，切实做到脱真贫、真脱贫。

（一）强化特色产业发展。围绕自治区九大特色产业，因地制宜调整优化产业结构，大力发展肉牛、滩羊、冷凉蔬菜、枸杞、酿酒葡萄等高效种养业和马铃薯、小杂粮、中药材、黄花菜等区域特色产业。2020年整合下达9个贫困县（区）农业项目资金18.28亿元，增长19.63%，贫困家庭40%以上的收入来自特色产业。持续实施“四个一”示范工程，完善减贫带贫机制，累计培育150个产业扶贫示范村、166家扶贫龙头企业、1066家扶贫产业合作社、10434名致富带头人，累计带动36万贫困群众发展特色产业。大力开展光伏扶贫，2020年光伏发电收益9816万元，惠及贫困村421个、贫困户5.8万户。

（二）强化资金投入保障。建立与攻坚任务相适应的投入保障机制，确保扶贫资金只增不减、足额保障到位。脱贫攻坚战以来，累计投入各类财政扶贫资金468亿元，75%以上分配到贫困县。2020年共投入各类扶贫资金102.71亿元，其中中央专项扶贫资金29.8亿元，增长20.7%；自治区专项扶贫资金12亿元，增长30%，超过国家考核标准；整合涉农资金48.8亿元，实现因需而整、应整尽整。强化扶贫资金绩效管理，实现审计全覆盖，资金绩效评价连续两年被国家评为优秀等次。严格执行金融扶贫政策，强化信贷风险防范，累计向57.2万户（次）贫困户投放扶贫小额信贷261.7亿元，其中2020年新增45亿元，户均贷款5万元，贷款覆盖率为72.7%，符合条件的贫困户“应贷尽贷”。

（三）强化移民后续扶持。全面完成“十三五”8万人易地扶贫搬迁任务。聚焦搬迁群众产业、就业、社会融入3件事情，2020年安排3.6亿元，实施移民贫困人口、零就业家庭、住房困难家庭等七项清零行动，新建扶贫车间44个、养殖圈棚4132座、温棚881座，带动务工就业1.7万人，搬迁群众以特色种养收入为基础、劳务收入为主体的增收格局基本形成。持续推进生态扶贫，加快移民迁出区拆旧复垦和生态修复，复垦复绿4.9万亩，生态恢复880万亩，优先使用建档立卡户苗木和劳务，贫困地区累计选聘生态护林员1.13万人。2020年10月，全国易地扶贫搬迁后续扶持工作现场会在宁夏召开，宁夏的移民搬迁经验向全国推广。

（四）强化综合保障兜底。精准做好农村低保和扶贫“两项制度”衔接，对丧失劳动能力的贫困人口，统筹各类兜底保障措施，做到“不漏一户、不落一人”。2020年农村低保标准每人每年提高760元、达到4560元，符合条件的贫困人口实现“应保尽保、应扶尽扶”。截至2020年年底，全区已脱贫人口中，享受兜底保障的19.3万人，占比25.7%。实施残疾人脱贫行动，20万人次残疾人享受“两项补贴”，5.5万建档立卡残疾人全部脱贫。

（五）有效衔接乡村振兴。严格落实“四个不摘”要求，对退出的贫困县、贫困村、贫困人口，保持政策连续稳定。借鉴脱贫攻坚经验做法，推动机制衔接、政策接续、产业持续，有效衔接全面脱贫与乡村振兴。创新开展乡村振兴“一村一年一事”行动，每年为每个行政村办好一件实事，久久为功、长期坚持、确保成效。2020年梳理实事1890件，已全部办结，完成投资18.6亿元，经验做法得到中央农办、农业农村部肯定。同时，按照国家统一部署，认真开展脱贫攻坚普查，科学编制方案，精心组织实施，高质量完成了普查任务。

四、凝聚各方力量，切实增强脱贫攻坚支撑

坚持自力更生抓扶贫、借助外力促扶贫相结合，夯实基层基础，激发内生动力，努力构建多点发力、各方出力、共同给力的脱贫攻坚格局。

（一）深化闽宁对口扶贫协作。闽宁对口扶贫协作，是习近平总书记在福建工作期间亲自倡导、亲自推动的重要战略决策。24年来，闽宁两省（区）按照总书记的战略谋划和顶层设计，认真落实东西部扶贫协作座谈会精神，不断拓宽协作领域、丰富协作内容、提升协作水平，结出丰硕成果，成为东西部扶贫协作和对口支援的一个生动例子。24年来，福建省共投入各类援宁资金30.46亿元，共建闽宁产业园10个、闽宁示范村110个、扶贫车间209个。截至2020年年底，在宁闽籍企业（商户）达5700多家，从业人员超过8万人，宁夏在闽企业（商户）2300多家，稳定就业5万多人。2020年，两省（区）党政领导密切互访对接，持续高位推动，分别在银川市、福州市召开第24次联席会议、闽宁协作和对口支援座谈会，认真部署闽宁协作，签订会议纪要及11个部门协议，确定经贸合作项目35个；福建省财政投入援宁资金5.37亿元，增长12.5%，实施项目329个；完成闽宁消费扶贫资金19.38亿元，占全区消费扶贫资金的65%。闽宁对口扶贫协作援宁群体被中宣部授予“时代楷模”称号。

（二）强化中央单位定点扶贫。9家中央单位发挥各自优势，精准帮扶宁夏9个贫困县（区）。脱贫攻坚以来，共选派挂职干部、驻村工作队员72人次，投入各类帮扶资金7.4亿元，支持建设一批基础设施、特色产业和社会事业项目。2020年，各中央单位努力克服新冠肺炎疫情影响，投入帮扶资金1.9亿元，实施各类帮扶项目69个，完成消费扶贫资金2.5亿元。

（三）加强基层治理能力建设。自治区党委十二届十次全会出台《关于完善基层治理体系　提高基层治理能力的若干意见》，不断完善乡村治理体系、提高乡村治理能力，对乡镇干部实行工资待遇要优厚、选拔使用要优先、生活条件要优待的“三优”政策。在保持贫困县党政正职稳定的基础上，解决了10名贫困县（区）党政正职职级待遇，实行乡镇干部工资待遇高于县直机关同职级干部待遇20%的政策，进一步激发基层干部干事创业的积极性。推进抓党建促脱贫攻坚，实施“两个带头人工程”，向9个贫困县（区）、50个深度贫困乡镇选派党委副书记，专门负责脱贫攻坚工作；向所有贫困村和脱贫任务重的非贫困村选派第一书记，第三轮选派的1369个驻村工作队和4203名驻村干部（其中第一书记1773名），一手抓脱贫攻坚、一手抓疫情防控，战“贫”战“疫”两不误，直接帮助派驻村引进帮扶资金和产业项目7亿多元。加强扶贫干部培训，分级分类举办培训班100期、培训2.5万人，新任驻村干部和乡村干部轮训率100%。扶持壮大村级集体经济，1073个贫困村村级集体收入均为5万元以上。

（四）激发贫困群众内生动力。坚持扶贫与扶智相结合、“富口袋”和“富脑袋”并重，注重正向激励、教育引导、反向约束并举，探索竞争性扶贫等措施，对积极主动脱贫的贫困户给予项目资金倾斜，激发贫困群众内生动力。办好新时代文明实践中心，深入开展移风易俗行动，举办“听党话、感党恩、跟党走”宣讲活动，推行乡村治理积分卡和文明实践积分制度，评选表彰脱贫先进村、光荣户，用身边人、身边事示范引领，营造勤劳致富、脱贫光荣的氛围。固原市“积分制”模式经中央农办、农业农村部以典型案例向全国推广。

（自治区扶贫开发办公室　提供）

“十三五”时期宁夏经济社会发展成就综述

“十三五”时期，面对错综复杂的国内外环境，特别是新冠肺炎疫情的严重冲击，在自治区党委和政府的坚强领导下，全区上下坚持以习近平新时代中国特色社会主义思想为指导，深入学习贯彻习近平总书记视察宁夏重要讲话精神，坚决落实党中央、国务院各项决策部署，坚持稳中求进工作总基调，深入践行新发展理念，积极推进供给侧结构性改革，坚决打好“三大攻坚战”，扎实做好“六稳”（稳就业、稳金融、稳外贸、稳投资、稳预期工作）工作，全面落实“六保”（保居民就业、保基本民生、保市场主体、保粮食能源安全、保产业链供应链稳定、保基层运转）任务，攻坚克难，团结奋进，砥砺前行，全区经济社会发展取得重大成就，“十三五”规划圆满收官，脱贫攻坚任务全面完成，全面建成小康社会胜利在望，美丽新宁夏建设迈出坚实步伐。

一、经济持续健康发展，综合实力迈上新台阶

“十三五”时期，全区坚定不移贯彻党中央各项决策部署，践行新发展理念，破解发展难题、增强发展动力、厚植发展优势，全力抓好稳增长、促改革、调结构、惠民生、防风险、保稳定各项工作，综合实力迈上新台阶。

（一）经济总量提前实现翻番。2020年，全区生产总值3920.55亿元，按可比价计算，比2015年增长36.2%，年均增长6.4%，高于全国平均水平0.7个百分点；比2010年增长1.16倍，提前1年实现经济总量比2010年翻一番的目标。

（二）人均生产总值持续提高。2019年，全区人均地区生产总值突破5万元，达到5.42万元，按可比价计算，比2015年增长26.1%，“十三五”前四年年均增长6.0%；全员劳动生产率达到9.78万元/人，比2015年增长36.4%，年均增长8.1%。

（三）财政保障水平明显提升。2020年，全区地方一般公共预算收入419.4亿元，是2015年的1.1倍，年均增长2.4%。财力的增加对促进经济社会发展提供了有力的资金保障。“十三五”期间，全区财政累计支出6970.9亿元，年均增长5.5%，七成以上用于民生支出，教育、医疗、卫生等民生事业得到较好保障。

二、转型升级加快推进，结构调整取得新进展

“十三五”时期，全区坚持把创新摆在发展全局的核心位置，以创新发展引领转型升级，推动结构调整，促进提质增效，高质量发展成效显现，新兴动能加快成长。

（一）三次产业结构持续优化。全区产业结构不断调整和优化，三次产业在发展中调整，在调整中优化。全区三次产业结构由2015年的9.2∶43.3∶47.5调整为2020年的8.6∶41∶50.4，第三产业比重超过50%。

（二）创新驱动能力不断增强。深入实施创新驱动战略，加强东西部科技合作，加大创新投入力度，创新驱动能力不断增强。2019年，全区研究与试验发展经费支出54.5亿元，是2015年的2.1倍，“十三五”前四年年均增长20.9%；研究与试验发展经费支出与地区生产总值之比从2015年的0.99%提高到2019年的1.45%；规模以上工业有研发活动企业占比从2015年的12.4%提高到2019年的30.2%。截至2020年年底，全区有效发明专利3691件，万人发明专利拥有量5.3件，分别是2015年的3.2倍和3.1倍。现代煤化工、高端装备和新兴服务业快速发展，创新对经济社会发展的驱动力不断增强。

（三）新兴动能持续加快成长。坚定不移推动高质量发展，不断加快新旧动能转换，“三新”（新产业、新业态、新商业模式）经济得到明显发展，为全区经济持续健康发展注入活力。2019年，全区“三新”经济增加值为453.04亿元，比2018年增长10.8%；“三新”经济增加值

占地区生产总值的比重为12.1%，比2018年提高0.4个百分点。分领域看，战略性新兴产业增加值221.96亿元，增长16.4%；高技术产业增加值120.44亿元，增长13.2%；电子商务增加值44.82亿元，增长15%。

（四）民营经济不断发展壮大。民营经济发展加快、规模扩大、质量提高，成为推动全区经济社会发展的重要力量。2019年，全区民营经济法人单位超过10万家，实现增加值1801.21亿元，按不变价计算，比2015年增长34.2%。“十三五”前四年年均增长7.6%，高于同期全区生产总值年均增速0.6个百分点；民营经济增加值占全区生产总值比重为48.1%，比2015年提高1.3个百分点。

（五）城乡融合发展加快推进。持续推进山川统筹、城乡融合发展，区域发展的协同性、联动性、整体性不断增强，全区一体化发展新格局正在形成。建成贺兰山东麓文化旅游、典农河多彩休闲和滨河大道黄河金岸3条生态廊道，建设美丽小城镇147个、美丽村庄809个，银川都市圈带动作用明显增强，中南部地区生态功能加快恢复，城乡人居环境发生显著变化，全区常住人口城镇化率由2015年的55.2%提高到2019年的59.9%，提高了4.7个百分点，城镇人均住房面积从2015年的30.7平方米增加到2019年的34平方米。

三、生产规模不断扩大，供给能力得到新提升

“十三五”时期，全区坚持把发展经济的着力点放在实体经济上，加快建立现代产业体系，推动农业发展提质增效，工业转型步伐加快，服务业发展成效显著，全社会生产供给水平持续提升。

（一）农业发展提质增效。重点发展优质粮食、肉牛和滩羊、牛奶、枸杞、葡萄等特色产业，着力构建现代农业产业体系、生产体系、经营体系，农业发展提质增效。2020年，第一产业增加值达到338.01亿元，年均增长3.9%；粮食生产连年丰收，由2015年的372.6万吨增加到2020年的380.5万吨，粮食生产实现“十七连丰”，人均粮食产量位居全国前列；肉牛存栏120.7万头，是2015年的1.7倍；奶牛存栏57.4万头，是2015年的1.5倍；羊存栏596.1万只，是2015年的1.1倍；猪牛羊禽肉类产量33.4万吨，是2015年的1.1倍；牛奶产量215.3万吨，是2015年的1.5倍，农业生产供给能力大幅提升。

（二）工业转型步伐加快。加快构建现代工业体系，做大做强优势主导产业，改造提升传统支柱产业，培育壮大战略性新兴产业，推动工业转型步伐加快。2020年，全区工业增加值达到1283.7亿元，“十三五”期间年均增长6.9%；工业增加值占地区生产总值的比重为32.7%，其中制造业增加值占地区生产总值的17.4%。企业效益不断提升，全区规模以上工业实现营业收入4713亿元，是2015年的1.3倍；利润总额203.9亿元，是2015年的2.6倍。新兴产业提速发展，一批引领产业转型、带动结构调整的重点项目建成投产，现代煤化工、新材料产业发展势头良好，在规模以上工业中，战略性新兴产业增加值占14.8%，比2015年提高7.5个百分点；高技术制造业增加值占5.9%。宁东能源化工基地列入国家现代煤化工产业示范区，成为西北第一个产值过千亿元的化工园区，名列全国第六位。

（三）服务业发展成效显著。顺应消费结构升级换代、消费需求多元化发展趋势，加快推动第三产业发展，全区第三产业规模扩大、结构优化、层次提升，成为拉动经济增长的主要动力。2020年，第三产业增加值1973.58亿元，“十三五”期间年均增长7.1%，高于全区经济增速0.7个百分点，高于全国平均水平0.4个百分点；第三产业增加值占地区生产总值的比重为50.4%，比2015年提高2.9个百分点，对国民经济增长贡献不断提高。第三产业从业人员占全社会从业人员的比重由2015年的37.6%提高到2019年的45.1%。

四、投资消费潜能释放，社会需求达到新水平

“十三五”时期，全区聚焦扩大有效需求，促进投资、消费协同拉动经济平稳增长，投资结构持续优化，市场消费规模扩大，为经济持续健康发展奠定了坚实的基础。

（一）投资结构持续优化升级。合理引导投资方向，加强重点项目建设，扩大精准有效投资，投资在补短板、强弱项、增动能方面发挥关键作用。“十三五”期间，全区累计完成固定资产投资12936亿元；三次产业投资结构由2015年的4.3∶48.1∶47.6调整为2020年的4.1∶45.5∶50.4。民间投资成为拉动固定资产投资增长的重要动力，累计完成民间投资7102亿元，占全区固定资产投资的比重由2015年的51.2%提升至2020年的56.9%。工业发展动能持续增强，累计完成工业投资5237亿元，占全区固定资产投资的比重为40.5%；高技术产业投资占比由2015年的2.8%提高到2020年的8%，工业技术改造投资年均增长15.5%。房地产开发投资较快增长，累计完成房地产开发投资2667亿元，占全区固定资产投资的比重由2015年的

18.3%提升至2020年的24.3%。

（二）市场消费规模不断扩大。建立扩大消费需求的长效机制，推进城乡消费结构升级，培育壮大新型消费，消费需求稳步增长，消费升级明显加快。2020年，全区社会消费品零售总额达到1301.4亿元，“十三五”期间年均增长4.6%。乡村消费占比逐年提高，全区乡村消费品零售额占社会消费品零售总额的比重由2015年的11.2%提高到2020年的13.7%。消费新业态增势强劲，全区网卖零售额为209.4亿元，是2016年的12.6倍。

五、基础设施日益完善，对外开放迈出新步伐

“十三五”时期，全区持续加大基础设施建设投入，交通、邮电、能源等基础设施建设持续改善，加快对外通道建设，对外开放水平持续提高，有力促进了经济社会发展。

（一）交通运输能力加快提升。“三环四纵六横”高速公路网络基本建成，实现县县通高速、乡镇通油路、村村通公路，成为西部第二个实现县县（区）通高速公路的省份。2019年年底，全区铁路营业里程、公路通车里程分别达到1240千米、36576千米，是2015年的1.21倍和1.1倍，高速公路里程达1788千米。银西高铁、吴忠至中卫城际铁路建成通车运营，宁夏迈入高铁时代，银川国际航空港综合交通枢纽基本建成。

（二）邮电通信业持续发展。在互联网信息技术的助推下，邮政电信业发展步伐加快。2020年，全区电信业务总量924.4亿元，是2015年的7.5倍；电话用户由2015年的745.4万户增加到2020年的890.6万户；移动互联网用户从2015年的534.9万户增加到2020年的712.7万户。邮政业务总量25亿元，是2015年的2倍；快递业务量7317.8万件，是2015年的3.3倍；快递业务收入11.8亿元，是2015年的2.4倍。

（三）能源供给能力持续增强。着力推进能源结构优化和产业升级，能源生产能力稳步提高，能源结构不断优化，外送电量快速增长。2020年年底，全区电力装机容量达到5942.7万千瓦，是2015年的1.9倍，年均增长13.5%；水电、风电、太阳能等可再生能源占电力装机容量比重从2015年的37.2%提高到2020年的44%。发电量从2015年的1154.7亿千瓦时增加到2020年的1882.4亿千瓦时，年均增长10.3%；水电、风电、太阳能等可再生能源发电量占全区发电量比重从2015年的11.8%提高到2020年的18.7%。“十三五”期间，全区累计向外省（区）输出电量3641.6亿千瓦时，是“十二五”期间累计向外省（区）输出电量的2.1倍。

（四）对外开放水平持续提高。坚定不移推进改革开放，主动服务和融入“一带一路”建设，加快内陆开放型经济试验区建设，对外开放水平持续提高。中阿博览会成为共建“一带一路”重要平台，中国（银川）跨境电子商务综合试验区获批，宁夏货运班列常态运营，银川河东国际机场跨入千万量级大型机场行列。“十三五”期间，全区累计进出口总额1169亿元，红霉素、赖氨酸酯、枸杞等重点出口产品快速增长，与宁夏有贸易往来的国家和地区143个，累计利用外商直接投资13亿美元。

六、民生福祉持续增进，人民生活实现新改善

“十三五”时期，全区坚持以人民为中心的发展思想，把增进民生福祉放在更加突出的位置，经济发展和改革成果充分惠及民生。

（一）脱贫攻坚取得决定性成果。始终坚持精准扶贫、精准脱贫基本方略，着力解决“两不愁三保障”突出问题，坚决打赢精准脱贫攻坚战，9个贫困县（区）全部脱贫摘帽，1100个贫困村全部出列，62.4万农村贫困人口全部脱贫，全区历史性告别绝对贫困、区域性整体贫困，闽宁对口扶贫协作成为全国东西部扶贫协作的典范。

（二）稳就业、促增收力度加大。大力实施就业优先战略，实施城乡居民增收行动，拓宽增收渠道，城乡居民收入持续提高。“十三五”期间，全区城镇累计新增就业39.6万人，城镇登记失业率控制在4.5%以内；农村劳动力转移就业每年保持在70万人。2020年，城乡居民人均可支配收入25735元，“十三五”期间年均增长8.2%；城乡居民收入比由2015年的2.76缩小到2020年的2.57。

（三）居民消费水平持续提升。随着城乡居民收入的不断提升，居民消费观念和消费结构发生明显变化。2020年，城乡居民人均生活消费支出17506元，是2015年的1.3倍；恩格尔系数持续回落，居民消费水平和生活质量明显提高。2019年，城乡居民每百户拥有家用汽车分别达到45.4辆和32.2辆。

（四）生态环境明显改善。坚持实施生态立区战略，认真贯彻落实“绿水青山就是金山银山”的新发展理念，筑牢西北地区重要的生态安全屏障。2020年，全区森林覆盖率15.8%，比2015年提高3.2个百分点；地表水达到或好于Ⅲ类水体比例稳定提高，城市黑臭水体和劣Ⅴ类水体全面消除，黄河宁夏段出境断面连续4年保持Ⅱ类优水质；地级城市空气质量优良天数比例提高到85.1%；地级

及以上城市细颗粒物（$PM_{2.5}$）浓度持续下降。

七、社会保障更加健全，社会事业取得新成就

“十三五”时期，全区围绕人民群众对美好生活的期待，不断加大社会事业投入，推进基本公共服务均等化，人民群众获得感、幸福感、安全感不断增强。

（一）教育事业持续进步。努力办好人民满意的教育，深化教育领域综合改革，深入推进“互联网+教育”示范区建设。2019年，全区拥有各级各类学校3439所、教职工10.9万人，宁夏大学进入全国14所部省（区）合建高校行列；学前教育毛入园率、高等教育毛入学率分别从2015年的71.4%和31.5%提高到2019年的86.4%和52.6%；小学六年巩固率达到100.3%，初中三年巩固率达到99.8%；劳动年龄人口平均受教育年限从2015年的9.8年增加到2019年的10.5年。

（二）文化事业蓬勃发展。优化公共文化资源配置，提升文化产品供给，促进全区文化事业蓬勃发展。2019年，文化及相关产业占地区生产总值的比重达到2.71%，比2015年提高0.48个百分点；人均公共文化财政支出从2015年的315元提高到2019年的374元；2019年年底，全区广播节目综合人口覆盖率达到99.6%，电视节目综合人口覆盖率达到99.9%；文化系统共有艺术表演团体14个、博物馆75个；建成公共图书馆27个、文化馆27个、档案馆28个；高标准建成一批乡镇综合文化站，实现贫困村综合文化服务中心全覆盖；《神秘的西夏》入选中国电视纪录片“十优”，《家园》《灵与肉》《六盘山》《山海情》等影视作品在全国叫响。

（三）医疗水平持续提升。实施健康宁夏行动，持续推动医疗保健水平不断提高，公共卫生体系全面加强。2019年年底，全区人均预期寿命达到75.9岁，比2015年年底提高1.6岁；共有医疗卫生机构4395个，比2015年年底增加106个；每万人拥有执业医师（助理医师）数和医疗卫生机构床位数分别由2015年的23.8人、47.9张，提高到2019年的29.8人、58.8张。

（四）社会保障体系更加健全。全区社会保障覆盖范围不断扩大，保障标准逐步提高，社会保障安全网越织越大、越织越密。城乡居民大病保险实现全覆盖，“先诊疗后付费”全面推开，连续提高城乡居民基本医疗保险报销比例，建立城乡居民普惠性健康体检制度。2019年年底，全区参加基本医疗保险人数633.7万人，参加城镇职工基本养老保险226.6万人，参加城乡居民基本养老保险人数194.7万人，分别比2015年增加48.9万人、47.9万人和11.6万人；全区共有社会服务机构和设施2662个，比2015年年底增加1661个；共有养老服务机构107个、社会服务床位19959张。

“十三五”收获满满，“十四五”接力起航。2021年是迈向新征程的开局之年，也是中国共产党百年华诞。站在“两个一百年”奋斗目标的历史交会点，踏上全面建设社会主义现代化新征程，我们要更加紧密地团结在以习近平同志为核心的党中央周围，立足新发展阶段、贯彻新发展理念、融入新发展格局，努力建设黄河流域生态保护和高质量发展先行区，继续建设经济繁荣民族团结环境优美人民富裕的美丽新宁夏，为夺取全面建设社会主义现代化新胜利而努力奋斗！

（宁夏统计局　提供）

全区抗击新冠肺炎疫情表彰大会

2020年9月29日，全区抗击新冠肺炎疫情表彰大会在宁夏人民会堂隆重举行，544名先进个人、144个先进集体和100名优秀共产党员、80个先进基层党组织受到表彰。自治区党委书记陈润儿出席会议并讲话，自治区主席咸辉主持会议，自治区政协主席崔波出席会议。

宁夏人民会堂入口台阶上，红毯铺地，礼兵伫立。受到表彰的抗击新冠肺炎疫情先进个人、先进集体、优秀共产党员和先进基层党组织代表拾级而上，进入会堂。

会堂气氛庄严热烈。西大厅里“向受到表彰的先进个人和先进集体致敬”的标语分外夺目。主席台上方悬挂着“全区抗击新冠肺炎疫情表彰大会”会标，后幕正中是熠熠生辉的中华人民共和国国徽，10面红旗分列两侧。二楼眺台悬挂标语：“紧密团结在以习近平同志为核心的党中央周围，弘扬伟大抗疫精神，为继续建设经济繁荣民族团结环境优美人民富裕的美丽新宁夏而努力奋斗！”

15时整，大会开始。全场起立，高

唱国歌。

与会人员首先观看了《我身边的战“疫”模范》宣传片。

自治区党委副书记姜志刚宣读《自治区党委、人民政府关于表彰全区抗击新冠肺炎疫情先进个人和先进集体的决定》《自治区党委关于表彰全区抗击新冠肺炎疫情优秀共产党员和先进基层党组织的决定》。自治区领导一同为全区抗击新冠肺炎疫情先进个人和先进集体、优秀共产党员和先进基层党组织代表颁奖。

陈润儿代表自治区党委、人大、政府、政协，向受到表彰的先进个人和先进集体，向为这次抗疫斗争作出重大贡献的广大医务工作者、疾控工作人员、社区工作者、公安民警、应急救援人员、新闻工作者、企事业单位职工、工程建设者、下沉干部、志愿者、驻宁部队指战员以及广大人民群众，向全区各级党政机关和企事业单位广大党员干部，致以崇高的敬意！向积极参与抗疫斗争的各民主党派、工商联和无党派人士、各人民团体以及社会各界，向为宁夏抗疫提供援助的各方友人，表示衷心的感谢。向此时此刻依然坚守在常态化疫情防控一线的广大抗疫工作者，表示诚挚的慰问。

陈润儿在讲话中指出，新冠肺炎疫情发生以来，以习近平同志为核心的党中央坚持人民至上、生命至上，统揽全局、运筹帷幄，果断决策、精准施策，以非常之举应对非常之事、以非常之力攻克非常之难，团结带领全国各族人民进行了一场惊心动魄的抗疫大战，经受了一场艰苦卓绝的历史大考，创造了人类同疾病斗争史上又一个英勇壮举。宁夏人民在这场与疫情、病魔的殊死较量中，始终与党中央同心同德、同行同向，与全国人民患难与共、风雨同舟，共同谱写了抗疫历史篇章、共同铸就了伟大抗疫精神。

陈润儿指出，回望宁夏抗疫战疫历程，我们更加深刻地认识到，抗疫斗争重大战略成果是党的坚强领导的伟大胜利、是科学理论指引的伟大胜利、是社会主义制度的伟大胜利、是人民磅礴力量的伟大胜利、是人类共同抗疫的伟大胜利。我们要深入贯彻落实习近平总书记视察宁夏重要讲话和习近平总书记在全国抗击新冠肺炎疫情表彰大会上的重要讲话精神，牢记总书记的殷切嘱托，大力弘扬伟大抗疫精神，凝聚磅礴伟力、激发奋斗精神，朝着继续建设经济繁荣民族团结环境优美人民富裕的美丽新宁夏的宏伟目标奋力前行。

陈润儿指出，在这场史无前例、艰苦卓绝的抗疫伟大斗争中，宁夏人民经历了一场大战、一次大考。我们坚决贯彻落实习近平总书记关于疫情防控的重要指示批示精神，紧跟党中央重大决策部署，把疫情防控作为头等大事、政治任务，服从全国大局、坚持守土负责，坚定信心、同舟共济、科学防治、精准施策，举全区之力坚决遏制疫情蔓延势头，有效恢复了生产生活秩序，实现了不发生死亡病例、不发生医护人员感染、不发生社区传染的“三个不发生”战略目标。我们坚决响应党中央号令，构建了高效有序、行动有力的组织指挥体系，全区各级组织、各条战线、各行各业闻令而动、听令而行，着手早、行动快，科学防、依法控，勇担当、扛责任，迅速打响同时间赛跑、与病魔较量的阻击战。我们坚决服从党中央大局，筑牢联防联控、群防群控的抗疫坚固防线，690多万宁夏人民识大体、顾大局，听党话、跟党走，全民参战、控面抓点、内外并重，用大爱和奉献换得了“疫”去春来、塞上康宁。我们坚决落实党中央要求，实现了患者痊愈、零死亡率的显著救治战果，党和政府不惜代价、全力护佑，白衣天使舍生忘死、逆行出征，医患并肩生死相托、共战病魔，不遗漏一个感染者、不放弃每一个患者。我们坚决贯彻党中央部署，确保了经济向好、社会稳定的良好发展局面，以非常之举确保社会稳定、以非常之策恢复经济运行、以非常之力保障基本民生，取得了统筹疫情防控和经济社会发展“双胜利”的显著成果，为全国抗疫斗争取得重大战略成果作出了宁夏贡献。

陈润儿强调，伟大斗争铸就伟大精神，伟大精神指引伟大胜利。站在“两个一百年”奋斗目标的历史交会点上，我们要牢记总书记嘱托、弘扬伟大抗疫精神，坚持稳中求进的工作总基调，坚定不移贯彻新发展理念，毫不放松抓好常态化疫情防控，统筹抓好发展安全两件大事，加快推进基层治理体系和治理能力现代化，努力建设黄河流域生态保护和高质量发展先行区，奋力谱写建设经济繁荣民族团结环境优美人民富裕的美丽新宁夏的壮丽篇章。要奋力夺取抗疫斗争新胜利，落实精准防控之策，织密科学防控之网，压紧全面防控之责，慎终如始、再接再厉抓好秋冬季疫情防控，确保区内疫情不发生、输入疫情不扩散、经济发展不停步。要坚决打好全面小康决胜战，深入开展“四查四补”(查损补失、查漏补缺、查短补齐、查弱补增)，一鼓作气翻越脱贫路上的“六盘山”，扎实做好“六稳”“六保”工作，用心用情用力保障和改善民生，冲刺三季度、决战四季度。要努力建设黄河流域生态保护和高质量发展先行区，坚持生态优先、保护优先，加快转变经济发展方式、加快产业转型升级、加快新旧动能转换，抓好环境保护、生态修复和污染治理，守好改善生态环境生命线，走出一条高质量发展的新路子。要加快构建基层治理大格局，抓紧补短板、堵漏洞、强弱项，扎实做好乡村、社区等重点领域治理工作，有效防范和化解各种风险隐患，不断铸牢和巩固社会和谐稳定的坚实基础。

会上，全区抗击新冠肺炎疫情优秀共产党员、自治区第四人民医院重症医学科副主任刘伯飞，全区抗击新冠肺炎疫情先进个人、支援湖北医疗队成员、自治区人民医院重症医学科护理主管阚天燕，全区抗击新冠肺炎疫情先进个人、吴忠市利通区金星镇金花园社区党总支书记张丽萍，全国抗击新冠肺炎疫情先进个人、共青团银川市委员会西部计划志愿者脱继龙，全国抗击新冠肺炎疫情先进集体、先进基层党组织代表、自治区公安厅出入境管理总队党支部书记、总队长俞馨吾，全区抗击新冠肺炎疫情先进基层党组织代表、西部机场集团宁夏机场公司党委书记、董事长巴麻仁欠发言。

自治区在职副省军级以上领导，各市、县（区）党委和政府主要负责人，区直各部门（单位）、中央驻宁各单位、各大型企业主要负责人，全国抗击新冠肺炎疫情先进个人和先进集体、优秀共产党员和先进基层党组织代表，行业系统干部职工代表参加大会。

（原载《宁夏日报》2020年12月30日第1版、第3版）

银川至西安高铁开通运营

2020年12月26日，银川至西安高铁（以下简称“银西高铁”）正式开通运营。自治区领导陈润儿、咸辉、崔波、张超超、赵永清、吴玉才、刘可为参加开通仪式并与首批乘客一起乘车，共同见证高铁时代。

银西高铁是国家《中长期铁路网规划》（2016年版）中“八纵八横”高速铁路主通道之一“包（银）海通道”的重要组成部分，也是国家《“十三五”现代综合交通运输体系发展规划》中“十纵十横”综合运输大通道之一“福银通道”的重要组成部分。线路自银川站引出，向东南经吴忠市进入甘肃省庆阳市、陕西省咸阳市，到西安市后引入西安北站。全长618千米，投资805亿元，设计时速250千米/小时，预留350千米/小时提速条件。其中，宁夏境内182千米，投资217亿元，设银川、银川东、河东机场、灵武北、吴忠、惠安堡6处客运站。

2015年银西高铁宁夏段开工，2016年全线正式开工建设，2020年12月26日正式建成通车。线路自包兰铁路银川站引出，经宁夏银川河东机场、灵武、吴忠、太阳山，甘肃环县、庆城、庆阳，陕西彬县，在陕西乾县引入西安枢纽西安北站。项目南端通过西安枢纽与郑西客专、西成客专以及陇海、西康、宁西等铁路衔接，连通华东、中南、西南等广大地区；中部与太中银铁路等相连，北端通过包兰通道及银川地区辐射宁夏回族自治区和内蒙古自治区西部。开通以后，银川至西安的铁路运行时间由以前的14个小时左右缩短至3个小时左右。银西高铁将通过西安枢纽与西成、大西、徐兰等高铁衔接，使宁夏真正实现了与全国高铁网的互联互通。

作为宁夏第一条对外高铁通道，银西高铁背后，凝聚了太多人的关切和嘱托，倾注了太多人的智慧和心血，承载了太多人的希望和梦想。“十三五”期间，我国铁路建设进入高速发展时期，正飞速步入“高铁时代”。而宁夏与国内其他省（区）相比，在铁路建设方面还有较大差距，特别在高速铁路方面仍是宁夏基础设施建设中的短板，与群众出行和经济社会发展的要求还有很大距离，对外交通不畅依然对宁夏经济社会大跨越、大发展形成一定制约。面对这些问题和差距，宁夏迎难而上，克服种种困难，在国家相关部委的大力支持下，与陕西省、甘肃省一同争取，开工建设了宁夏第一条通往省外的高速铁路——银西高铁。

这条铁路从“十二五”初谋划到“十三五”末建成，历经10年时间，来之不易。很长一段时间内，由于宁夏和兄弟省（区）对线路走向、速度目标值等存在较大分歧，项目推进缓慢且标准没有上升到高铁。2014年9月，国家发展和改革委将该项目批复为客货兼顾的铁路干线后，自治区党委和政府不放弃一丝希望，坚定信心决心，竭尽全力争取。发扬“千方百计、千言万语、千山万水、千辛万苦”的“四千精神”，多次请示国家部委，与设计部门反复沟通，最终与兄弟省（区）达成一致意见。同年12月，国家召开新建银川至西安铁路调整可研报告会，经充分讨论原则同意按照客运专线方案重新论证，从而为银西高铁建设奠定了基础。

鉴于当时宁夏铁路建设的紧迫需要，银新高铁建设拖不起、等不起。面对自治区党委和政府下达的2015年年底前开工建设的“军令状”，宁夏会同各相关部门，主动承担银西高铁三省（区）用地、环评、水保等前置文件办理工作，倒推时间节点、倒排工作进度、倒逼目标任务，争分夺秒开展工作，于2015年11月获批调整可研，用时不到1年完成常规至少需要2年半以上时间的工作，创造了国内高铁调整可研审批的“宁夏速度”。2015年12月26日，银西高铁宁夏段开工建设，成功兑现了向自治区党委和政府及全区人民的庄重承诺。2019年10月15日，李克强总理在陕西省视察时，冒雨专程到银西高铁（陕西段）施工现场考察，强调一定要多措并举，将目前高铁仍然空白的省份，尽快接入全国高铁网络，让这些地区早一天步入全国快速发展轨道。总理的殷殷嘱托，充分体现了党中央、国务院对民族地区、革命老区、欠发达地区的深情厚谊。

银西高铁是我国“八纵八横”高速铁路网包头（银川）至海口通道的重要组成部分，也是重要扶贫工程。银西高铁的建成通车，构建了以银川为中心的宁夏沿黄城市群和以西安为中心的关中城市群之间的便捷通道，串联了陕甘宁革命老区，极大地便利了沿线群众出行，对促进区域经济社会发展、助力革命老区振兴、推进西部大开发战略实施具有十分重要的意义。银西高铁通过西安枢纽使宁夏、内蒙古西部及甘肃陇东地区融入国家快速铁路网，提高了旅客出行的服务水平和运输能力，拉近了宁夏与关中天水经济区及中东部发达地区间的时空距离，有利于促进跨区域人才资源和技术的合理流动，加强区域经济合作，带动沿线第三产业发展，促进产业升级和城镇一体化发展水平，对贯彻国家西部大开发战略，充分发挥宁夏“一带一路”战略支点作用，振兴陕甘宁革命老区，促进宁夏经济社会发展意义重大。一是扩大有效投资。银西高铁建设对相关产业投资增长的拉动作用非常明显。据保守测算，每建设一公里，投资1.1亿元，消耗水泥1.1万余吨，钢材2100余吨、各类石料7万余吨。二是带动产业转型升级。银西高铁具有速度优势，沿线各地区充分利用区位优势，能够吸引壮大旅游、商贸、房地产、文化教育等现代服务业的发展，实现客流增长和经济发展之间的良性互动，同时也将带动现代物流业、电子商务、新型材料工业等行业驶入发展“快车道”。三是推动沿线城市发展。银西高铁对沿线产业带和城市现代服务业的培育，以及沿线地区人口流动速度提升和人口聚集，均具有重要的促进作用。特别是以现代化高铁站为依托的综合交通枢纽，不仅仅是集多种运输方式为一体的交通综合体，更是集交通、商业、商务等功能为一体的城市综合体。四是改善群众出行条件。银西高铁具有高速、大容量的特点，是城市内部和城市之间联系的重要纽带，既缩小了城市群的空间范围，也扩大了城市群人口的流动范围，有助于形成以银川为中心的1小时沿黄交通圈、2小时区内交通圈，实现银川至北京、西安、太原、郑州等地3～6小时直达。银西高铁建成后，通过西安枢纽，将从根本上解决银川、内蒙古西部地区南下快捷运输及运输质量问题。对宁夏来说，银西高铁不仅仅实现了去外省的便捷，已经开通的银川到吴忠段实际上承担起了城际铁路功能，实现了两地群众的短途旅行、公务出行，甚至是上下班通勤。

银西高铁的建成运营，意义重大、影响深远。从国家层面看，银西高铁建设是建设交通强国、铁路先行的又一生动实践，完善了“八纵八横”高铁网，通过以线串点，以点带面，有利于促进东中西部良性互动、协调发展，推动西部大开发战略深入实施。作为我国首条一次性建成里程最长的有砟高铁，为探索推广有砟高铁的建设标准和技术体系作出了重大贡献。从区域发展看，银西高铁串联陕甘宁革命老区，是一条黄金旅游线、革命传统教育线和巩固脱贫攻坚成果的小康线，结束了陇东地区没有铁路的历史，极大地便利了沿线群众出行。同时有利于促进区域经济协同发展、基础设施互联互通、生产要素统筹配置、公共服务共建共享，增强区域发展的开放性、协同性和整体性，全面提升区域整体优势。对宁夏来说，银西高铁开通运营，打通了以银川为中心的沿黄城市带和以西安为中心的关中城市群之间的便捷通道，改善了宁夏的区位条件，拉近了宁夏与东南部发达地区的时空距离，对提升宁夏对外开放水平，加速人流、物流、资金流和信息流融通，助力加快建设黄河流域生态保护和高质量发展先行区、全面融入“一带一路”倡议和双循环新发展格局将发挥重要的作用。

（中国铁路兰州局　提供）

大事记

DASHIJI

NINGXIA YEARBOOK

编辑◎黄　鑫

1月

2日　自治区党委书记陈润儿主持召开自治区人大常委会党组会议，学习贯彻十三届全国人大常委会第十五次会议精神及全国人大常委会深入学习贯彻习近平总书记关于坚持和完善人民代表大会制度的重要思想，加强和改进人大代表工作交流会精神，听取自治区第十二届人大第三次会议筹备情况汇报。

3日　宁夏社会工作联合会第二次会员大会在银川市举行。会议围绕宁夏社会工作需求和发展趋势，发布《社会工作方法小组工作基本规程》，这是宁夏首个社会工作方法领域地方标准。

是日　宁夏地理空间基础信息共享库（一期）分别获得2019全国地理信息产业优秀工程金奖、全国优秀测绘工程奖银奖。

6日　宁夏首个区级农业高新技术产业示范区落户永宁县闽宁镇和望远镇。示范区以“生态高值农业”为主题，以葡萄酒产业为主导，通过优化产业发展布局、集聚创新资源，加快培育现代种业（种鸡、葡萄种苗）、农产品高值加工产业，发展壮大高新技术产业。

7日　2020全国乡村春晚盐池分会场演出精彩上演。

8日　自治区政府任命的国家工作人员宪法宣誓仪式在自治区政府礼堂举行。自治区主席咸辉监誓并讲话，自治区政府2019年以来任命的自治区有关部门和单位的52名负责人依法进行了宪法宣誓。

是日　2020年全区文化科技卫生“三下乡”暨“我们的中国梦”——文化进万家集中示范活动在青铜峡市瞿靖镇瞿靖村文化广场启动。

8—9日　宁夏军区党委十二届四次全体（扩大）会议在银川市召开。

9日　自治区政府新闻办举行《宁夏回族自治区中长期青年发展规划（2019—2025年）》新闻发布会。

10—14日　自治区政协十一届三次会议在银川市召开。自治区政协主席崔波作政协常委会工作报告，副主席李彦凯作提案工作报告。自治区领导陈润儿、咸辉等出席大会开幕式和闭幕式，参加联组讨论，听取大会发言，与委员共商宁夏高质量发展大计。会议通过《自治区政协十一届三次会议决议》《自治区政协2020年协商计划》《自治区政协提案委员会关于十一届三次会议提案审查情况的报告》。

11—15日　自治区第十二届人民代表大会第三次会议在银川市召开，自治区主席咸辉作政府工作报告。会议听取并分组讨论了自治区政府工作报告、自治区2019年国民经济和社会发展计划执行情况与2020年国民经济和社会发展计划报告、2019年全区及区本级预算执行情况和2020年全区及区本级预算报告、自治区人大常委会工作报告、自治区高级人民法院工作报告、自治区人民检察院工作报告。大会通过了关于相关报告的决议。陈润儿当选宁夏回族自治区第十二届人民代表大会常务委员会主任，艾俊涛当选自治区监察委员会主任。大会举行了宪法宣誓仪式，陈润儿、艾俊涛分别进行了宪法宣誓。陈润儿在大会闭幕时作讲话。

14日　中国安全生产协会公布第一届国家安全科技进步奖获奖项目名单，宁夏推荐申报的《大容量电炉变压器差动保护系统及应用》《大型能源基地电力安全关键技术、防御系统研发及应用》获科技创新项目二等奖、《基于安全生产的移动风电场作业协同平台》获科技创新项目三等奖。

15日　自治区党委召开纪念自治区人大设立常委会40周年暨人大工作座

谈会。自治区党委书记陈润儿出席会议并讲话。

16日　全区“不忘初心、牢记使命”主题教育总结大会在银川市召开。自治区党委书记陈润儿出席会议并讲话，中央第五巡回督导组副组长符太增出席会议并讲话。会议由自治区主席咸辉主持，自治区政协主席崔波出席。

17日　自治区党委召开中央驻宁及自治区新闻媒体座谈会，自治区党委书记陈润儿主持会议并讲话。

19日　全区离退休干部先进集体和先进个人表彰大会在银川市举行。会上宣读了《中共中央组织部关于表彰全国离退休干部先进集体和先进个人的决定》《自治区党委组织部、老干部局、离退休干部工委关于表彰全区离退休干部先进集体和先进个人的决定》，为受表彰的先进集体和先进个人代表颁奖，4名获奖代表在会上作交流发言。

是日　宁夏简泉湖国家湿地公园、宁夏镇朔湖国家湿地公园和宁夏平罗天河湾国家湿地公园3处国家级湿地公园试点通过验收。至此，全区国家级湿地公园已增至14处。

21日　自治区党委常委会召开会议，传达学习习近平总书记对新型冠状病毒感染的肺炎疫情防控工作的重要指示和李克强总理的批示、全国组织部部长会议等精神，安排部署新冠肺炎疫情防控工作。自治区党委书记陈润儿主持会议并讲话，强调要坚持依法依规、属地管理，完善机制、合理应对，依靠科学、实事求是，全力做好疫情防控工作。

22日　自治区新型冠状病毒感染的肺炎疫情防控工作领导小组召开第一次会议，安排部署全区疫情防控工作。

是日　国家卫生健康委确认宁夏首例输入性新型冠状病毒感染的肺炎确诊病例。

是日　18时起，全区启动突发公共卫生事件四级应急响应。

24日　自治区党委书记陈润儿主持召开视频调度会，对新冠肺炎疫情防控工作进行再部署再安排。

25日　宁夏启动防控新型冠状病毒感染的肺炎疫情二级应急响应。

是日　宁夏启动重大突发公共卫生事件一级响应。

27日　自治区党委书记、自治区党委应对新型冠状病毒感染肺炎疫情工作领导小组组长陈润儿主持召开常委会扩大会议，强调要认真学习贯彻习近平总书记重要讲话和中央政治局常务委员会会议精神，坚定信心、同舟共济，科学防治、精准施策，深入动员组织，坚决打赢疫情防控阻击战。

28日　宁夏第一批援助湖北抗疫医疗队的135名医护人员和2名队员乘坐飞机，奔赴武汉抗击新型冠状病毒感染肺炎疫情一线。

29日　自治区党委印发《关于坚决贯彻落实习近平总书记重要指示精神　加强党的领导　为打赢疫情防控阻击战提供坚强政治保证的通知》。

31日　自治区科技厅启动新型肺炎应急科技攻关研究项目，对首批认定的15个项目给予1245万元经费支持。

2月

1日　宁夏应对新型冠状病毒感染肺炎疫情工作指挥部通知，为切实加强新型冠状病毒感染的肺炎疫情防控工作，根据《中华人民共和国传染病防治法》《中华人民共和国突发事件应对法》等有关法律法规和制度规定，自治区政府发布《关于延迟企业复工学校开学和行政事业单位实行弹性工作制的通知》，要求自治区内各类企业不早于2020年2月9日24时前复工；自治区内各级各类学校（高校、中小学、中职学校、幼儿园等）在自治区未明确开学日期前，一律不得擅自提前开学；在保证疫情防控工作正常开展和机关单位日常运转的基础上，自治区内各级各类行政事业单位实行弹性工作制至2020年2月9日。

2日　自治区主席、自治区应对新型冠状病毒感染肺炎疫情工作指挥部指挥长咸辉到蔬菜批发市场、仓储物流中心和社区超市督导检查生活必需品保供稳价工作。咸辉强调，要始终坚持以人民为中心的发展思想，政府和企业协同发力、同舟共济，全力保障生活必需品市场供给和物价平稳，备足备好“米袋子”“菜篮子”，努力让人民群众放心宽心安心。

3日　经过自治区专家诊疗组和医护人员14天精心诊治和护理，宁夏首例确诊的新型冠状病毒感染肺炎患者治愈出院。这是新型冠状病毒感染的肺炎疫情出现以来宁夏首个被治愈患者。

是日　宁夏公安暂时停止各地户政大厅及派出所户籍室现场业务的办理，提倡群众通过“互联网+公安”政务平台办理户籍业务。

4日　自治区主席、自治区应对新型冠状病毒感染肺炎疫情工作指挥部指挥长咸辉主持召开指挥部第三次会议，传达学习中央应对疫情工作领导小组会议和全国防控物资暨春运错峰返程运输保障电视电话会议精神，贯彻落实自治区党委应对新型冠状病毒感染肺炎疫情工作领导小组第2次会议精神，听取疫情防控工作推进情况汇报，研究部署下一步疫情防控工作。国务院应对疫情联防联控工作机制第29工作指导组组长衣梅参加会议。

5日 自治区党委书记、自治区党委应对新型冠状病毒感染肺炎疫情工作领导小组组长陈润儿深入中卫市中宁县调研督导疫情防控工作，强调要坚决贯彻落实习近平总书记重要讲话、重要指示精神和党中央重大决策部署，把人民群众生命安全和身体健康放在第一位，教育群众自觉履行法律责任，主动配合查验、调查、隔离观察，采取坚决有效措施，切断病原传染渠道、阻断疫情扩散途径，坚决打赢疫情防控阻击战。

6日 自治区党委常委会召开扩大会议，深入学习贯彻习近平总书记在中央政治局常委会会议研究应对新型冠状病毒感染肺炎疫情工作时的重要讲话精神，听取全区疫情防控工作情况汇报，研究部署下一阶段工作。

是日 自治区党委召开新型冠状病毒感染的肺炎疫情防控工作视频会议，自治区党委书记、自治区党委应对新型冠状病毒感染肺炎疫情工作领导小组组长陈润儿出席会议并讲话，强调要深入学习贯彻习近平总书记重要讲话精神，落实落细防、控、治、保各项措施，依法有效遏制疫情蔓延扩散，坚决打赢疫情防控阻击战。自治区主席、自治区党委应对新型冠状病毒感染肺炎疫情工作领导小组第一副组长咸辉主持会议并讲话。国务院应对疫情联防联控工作机制第29工作指导组组长衣梅出席。

8日 自治区主席咸辉主持召开自治区政府第55次常务会议，传达学习习近平总书记重要讲话精神，学习贯彻党中央、国务院以及自治区党委关于疫情防控工作有关会议精神；审议通过促进中小企业健康发展、强化金融服务、工伤保险等含金量高的具体"硬核"保障措施。

是日 自治区政府第55次常务会议审议通过《关于应对新冠肺炎疫情影响 促进中小微企业健康发展的若干措施》，从加大信贷支持、稳定职工队伍、减轻企业负担、加大财政扶持、强化服务保障5个方面提出18条支持中小微企业发展的"硬核"措施，以帮助中小微企业提振信心、稳定运行。政策执行期暂定为6个月。

9日 自治区高院、检察院、公安厅、司法厅联合发布通告，依法严惩妨害新型冠状病毒肺炎疫情防控刑事犯罪。

10日 自治区主席、自治区应对新冠肺炎疫情工作指挥部指挥长咸辉主持召开指挥部第四次会议，传达学习党中央、国务院相关会议和文件精神，学习贯彻自治区党委相关会议精神，对全区疫情防控工作再安排再部署。国务院应对疫情联防联控工作机制第29工作指导组组长衣梅参加会议。

12日 自治区党委召开常委会(扩大)会议暨应对新冠肺炎疫情工作领导小组第4次会议，听取全区重点人员数据信息排查与社会动态分析研判管控工作情况汇报，研究部署下一步疫情防控工作。

13日 自治区党委和政府召开新冠肺炎疫情防控工作视频会议，学习贯彻习近平总书记在中央政治局常委会会议上的重要讲话精神，通报当前全区疫情形势，部署下一步疫情防控工作。自治区党委书记、自治区党委应对新冠肺炎疫情工作领导小组组长陈润儿出席会议并讲话，强调要坚决贯彻习近平总书记重要讲话精神，清醒认识当前疫情的严峻复杂形势，严格落实早发现、早报告、早隔离、早治疗措施，全面强化疫情防控统一领导，确保打赢疫情防控阻击战。

14日 自治区党委书记、自治区党委应对新冠肺炎疫情工作领导小组组长陈润儿在银川市暗访督查疫情防控工作，并主持召开座谈会，强调要坚决贯彻习近平总书记关于疫情防控工作的重要指示精神，严格落实返工、返校、返程人员各项管控措施，坚决有力遏制疫情蔓延扩散，以进攻态势更加主动打好疫情防控阻击战。

16日 自治区党委书记、自治区党委应对新冠肺炎疫情工作领导小组组长陈润儿主持召开专题会议，研究自治区领导分工、深入园区抓好疫情防控和帮助企业复产工作方案，安排部署园区疫情防控和企业复产工作。

17日 自治区党委书记、自治区党委应对新冠肺炎疫情工作领导小组组长陈润儿到自治区第四人民医院调研督导传染病防治综合楼项目扩建情况，强调要按照自治区党委和政府的部署要求，坚决防止疫情感染、坚决防止安全事故、坚决防止工程返工，高质量、高水平、高效率推进项目建设，确保如期建成、如期投入使用。

是日 中组部办公厅《关于印发学习贯彻习近平新时代中国特色社会主义思想全国好课程推荐目录的通知》，自治区党委组织部和自治区党校(行政学院)推荐的3门课程：自治区党校教授李喆主讲的《深刻认识把握中国共产党人的初心和使命》、王丛霞教授主讲的《习近平生态文明思想》、周晓军教授主讲的《习近平总书记全面依法治国新理念新思想新战略》，入选中组部学习贯彻习近平新时代中国特色社会主义思想全国好课程推荐目录。

17—18日 自治区党委书记、自治区党委应对新冠肺炎疫情工作领导小组组长陈润儿到自治区应对新冠肺炎疫情工作指挥部办公室及各工作组，看望工作人员，了解疫情防控和运用大数据排查重点人群情况，对各项工作给予肯定，对工作人员的辛勤付出表示感谢，勉励大家毫不松懈地抓好疫情防控工作，继续发挥好抗“疫”指挥协调作用。

19日 自治区党委书记、自治区党委全面依法治区委员会主任陈润儿主持召开自治区党委全面依法治区委员会第三次会议，强调要坚决贯彻习近平总书记在中央全面依法治国委员会第三次会议上的重要讲话精神，全面提高依法防控、依法治理能力和水平，为打赢疫情防控阻击战提供有力法治保障。自治区主席、自治区党委全面依法治区委员会副主任咸辉出席。

20日 自治区党委常委会召开扩大会议，学习贯彻习近平总书记在中央政治局常委会会议上关于疫情防控形势和做好下一步疫情防控工作的重要讲话精神，听取自治区应对新冠肺炎疫情工作指挥部关于疫情防控工作情况的汇报，研究部署下一步工作。自治区党委书记、自治区党委应对疫情工作领导小组组长陈润儿主持会议并讲话，强调要认真学习贯彻习近平总书记重要讲话精神，坚持精准施策、持续抓好疫情防控，精心组织实施、保持经济平稳运行。

是日 由宁夏建投集团承担装修的自治区第四人民医院扩建项目，经过3000多人连续15个昼夜的奋力作战，项目顺利经过验收，基本具备收治条件。2月9日、2月17日，自治区党委书记、自治区党委应对新冠肺炎疫情工作领导小组组长陈润儿，自治区主席、自治区应对新冠肺炎疫情工作指挥部指挥长咸辉分别到建设现场，详细了解、及时帮助解决存在的困难和问题，确保自治区第四人民医院传染病防治综合楼项目的建成启用，从根本上提升了全区传染病救治能力和水平，也在宁夏建筑史上树立了一个高水平谋划、高标准建设、高效率推进的标杆工程。

是日 宁夏向湖北省襄阳市3家医院捐赠6台价值140余万元的呼吸机运抵襄阳市并举行捐赠仪式。

21日 自治区第四人民医院传染病防治综合楼工程交付使用。该楼分为住院楼、门诊楼、附属用房、固废回收间，提供符合收治呼吸道传染病的病床154张，项目总建筑面积1.64万平方米。

23日 自治区召开持续抓好疫情防控和保持经济平稳运行视频会议。自治区党委书记、自治区党委应对新冠肺炎疫情工作领导小组组长陈润儿出席会议并讲话，强调要坚决有力贯彻落实习近平总书记重要讲话精神，毫不放松抓好疫情防控、精准施策巩固扩大战果，保持经济社会平稳发展、努力实现全年目标任务。

是日 全区18个高速公路收费站解除交通管制。

25日 自治区党委书记陈润儿在自治区扶贫办调研并主持召开座谈会，强调要坚决贯彻落实习近平总书记关于扶贫工作重要论述，坚持精准扶贫精准脱贫基本方略，清醒认识疫情带来的不利影响，高质量完成脱贫攻坚任务，坚决实现脱贫攻坚的圆满收官。

是日 经自治区人力资源和社会保障厅备案审核，宁夏第一张电子职称证书正式发放。

26日 自治区党委召开常委会扩大会议暨应对新冠肺炎疫情工作领导小组第5次会议，深入学习贯彻习近平总书记在中央统筹推进新冠肺炎疫情防控和经济社会发展工作部署会议上的重要讲话精神，审议《自治区统筹推进新冠肺炎疫情防控和经济社会发展工作的实施方案》《关于在全区各行各业各条战线广泛开展“我身边的战‘疫’模范”推选活动的意见》，听取自治区公安厅关于疫情对社会稳定影响评估及应对措施的汇报、自治区扶贫办关于积极应对疫情影响做好脱贫攻坚工作的汇报。

28日 自治区党委办公厅、人民政府办公厅印发《在全区各行各业各条战线广泛开展“我身边的战‘疫’模范”推选活动的通知》。

29日 宁夏首例采用血浆治疗的危重型新冠肺炎患者治愈出院。

3月

1日 自治区扶贫开发领导小组2020年第1次会议暨全区脱贫攻坚“四查四补”工作会议在银川市召开，传达国务院扶贫开发领导小组积极应对新冠肺炎疫情决战脱贫攻坚电视电话会议精神。审议通过《关于同心县、原州区、海原县和红寺堡区退出贫困县序列的意见》《自治区扶贫开发领导小组2020年工作要点》《关于全面开展“四查四补”高质量打赢脱贫攻坚战的实施方案》等文件。西吉县就全面开展“四查四补”情况发言。

2日 自治区党委书记、自治区党委应对新冠肺炎疫情工作领导小组组长陈润儿主持召开自治区党委应对新冠肺炎疫情工作领导小组第6次会议，听取境外疫情输入防控工作情况汇报，审议通过《关于全面落实进一步保护关心爱护医务人员若干措施的通知》，强调各地各部门要坚决贯彻落实习近平总书记重要指示精神，用心用情保护关心爱护医务人员，尽心尽力帮助他们解决实际困难，让他们全身心投入抗疫斗争。

4日 经自治区应对新冠肺炎疫情工作指挥部同意，由自治区政府办公厅开发的“宁夏防疫健康码”正式上线。疫情期间，在宁人员和到宁人员可通过手机登录“我的宁夏”APP申领个人专属健康信息码，凭码出行，实现信息快速核验、精准管控、一次申报、全区通用，并将逐步实现跨省共享互认。

是日 中信银行银川分行主承销的宁夏农垦集团有限公司2020年度第一期5亿元3年期中期票据成功缴款。这是宁夏第一笔疫情防控债券，将用于春耕生产和稳定农副产品供应。

是日 宁夏首个核医学门诊及标准化核医学防护病房在自治区人民医院正式投入使用，此项技术可达到早期发现病灶和诊断疾病的目的。

5日 自治区主席、自治区应对新冠肺炎疫情工作指挥部指挥长咸辉主持召开自治区应对新冠肺炎疫情工作指挥部第7次会议，传达学习习近平总书记在中央政治局常委会会议上的重要讲话精神和中央应对新冠肺炎疫情工作领导小组会议精神；听取自治区应对境外疫情输入防控工作情况汇报，研究部署严防境外输入相关工作，强调各地各部门要根据疫情实际分区分级推进复工复产，把经济社会发展各项工作做细做实；指导企业严格实施疫情防控措施，推动纾难解困帮扶政策落地落细，促进规模以上工业、重点企业、重大项目复工达产；周密组织春季农业生产，做好农产品保供稳价工作；开展援企、稳岗、扩就业工作，保持社会就业稳定；切实降低疫情影响，着力解决“两不愁三保障”突出问题，确保如期实现脱贫攻坚目标。

是日 宁夏回族自治区人民政府发布关于同心县、原州区、海原县、红寺堡区退出贫困县序列的公告。

是日 西吉县援助武汉医疗队队员逯噁玲、陈东月、何华、朱文军、周晓玲在东西湖方舱医院工作期间，因表现突出，先后被中共东西湖方舱医院临时委员会和武汉东西湖方舱医院授予“先进标兵”称号。

9日 宁夏印发《关于向高等院校全面下放职称评审权限的通知》，向全区19所普通本科高等学校、高等专科学校、高等职业院校下放职称评审权限，突出用人单位在人才评价中的主导作用，最大限度激发高校教师教书育人积极性和创新创业创造活力。

12日 国务院应对新冠肺炎疫情联防联控机制工作指导组反馈会在银川市召开。指导组组长衣梅反馈了对宁夏的指导意见，自治区主席、自治区应对新冠肺炎疫情工作指挥部指挥长咸辉出席会议并讲话。

13日 4辆集装箱式大货车从位于银川市贺兰县德胜工业园区的宁夏塞尚·金河集团出发，将4万桶、价值2000万元的浓缩牛乳蛋白粉运往湖北，配发给在湖北省抗击新冠肺炎疫情的全国各地医务人员。

16日 在自治区诊疗专家组全体成员护送下，宁夏最后2例新冠肺炎确诊患者——65岁的张某和23岁的丁某走出自治区第四人民医院隔离病区。至此，宁夏战“疫”实现“四个零”目标：确诊病例清零、密切接触者清零、医务人员零感染、确诊病例零死亡。

是日 按照区内开放、省界管控的原则，除自治区批准在机场、车站、国省干线省界入宁通道、高速公路收费站出口设置的检疫站点外，各市、县（区）不得在市界、县界以及乡村、城市道路设置检疫站点，已经设置的要立即撤销。

18日 宁夏驰援韩国庆尚北道防疫物资启运仪式在银川市举行。自治区政府筹集的1000个N95医用口罩、10000个医用外科口罩、20000个普通医用口罩和1000个护目镜正式启运，助力韩国庆尚北道疫情防控工作。

20日 宁夏第一批、第三批支援湖北医疗队圆满完成任务返回银川市。

是日 国务院复工复产调研座谈会在银川市举行，国务院复工复产赴宁调研工作组组长、民政部副部长詹成付向自治区党委、政府反馈调研意见。

21日 宁夏宝廷新能源有限公司与宁夏财险共保体签订复工复产综合保险保单，宁夏首单“复工复产企业疫情防控综合保险”在宁东工业园区落地。

23日 国能宁煤年产70万吨煤制烯烃新材料示范项目环评报告书获生态环境部批复，该项目的获批对宁夏煤炭就地转化提升附加值、走好高质量发展新路子具有重要意义。

是日 自治区民政厅公布最新出台的《家庭寄养规范》宁夏标准，规定家庭寄养工作术语和定义、基本要求、寄养条件、寄养关系的确立、跟进服务、寄养关系的解除、儿童再安置等内容。

25日 由宁东基地管委会和宁夏大学合作共建的宁东现代煤化工中试基地项目正式开工建设。

是日 “放心游固原”第十六届宁夏六盘山山花节改变传统办节模式，采取网络线上举办为主、线下为辅、线上线下互动、全国全网推介营销方式，打造旅游品牌形象。

26日　银川都市圈城乡东线供水工程开工仪式在吴忠市利通区举行。银川都市圈城乡东线供水项目总投资15.8亿元，包括净水厂、蓄水库、扬水泵站等11座建筑物，铺设输水管道145公里，将于2020年年底实现向利通区城区供水，2021年年底全面建成通水，将惠及利通区、灵武市、青铜峡市79.1万城乡居民。

是日　海原县积雪深度20~25厘米，达到暴雪标准。此次降雪为1961年海原国家基本气象站有数据记录以来最大的一次降雪。

4月

4日　宁夏社会各界举行哀悼活动，深切悼念抗击新冠肺炎疫情斗争中牺牲的烈士和逝世同胞。

8日　蒙牛集团(灵武)奶业全产业链高质量发展百亿集群项目开工现场会在灵武市临港产业园举行。自治区党委书记陈润儿在银川市会见蒙牛集团总裁卢敏放。

14日　自治区国资委组织22户区属国企、驻宁央企负责人深入西吉县实地调研，决定投入1400万元助力西吉县决战脱贫攻坚，帮扶内容涉及种植养殖业、农机设备购置、温棚修缮、扶贫车间建设等续建和新建项目。

17日　自治区卫生健康委收到一封来自国务院应对新型冠状病毒肺炎疫情联防联控机制(医疗救治组)的感谢信，对宁夏在新冠肺炎疫情防控和医疗救治工作中取得的成绩给予充分肯定。

是日　宝丰能源太阳能电解水制氢储能及综合应用示范项目在宁东能源化工基地开工建设。该项目是目前国内最大的一体化可再生能源制氢储能项目，涉及太阳能电解水制氢、氢气储运、加氢站、氢能交通示范应用、与现代煤化工耦合制高端化工新材料等领域，填补了宁夏氢能产业的空白。

22日　宁夏中南部城乡饮水安全水源工程获2019年度生产建设项目国家水土保持生态文明工程，这是宁夏首次获此殊荣。

26日　经自治区机构编制委员会办公室批准，宁夏人事考试中心正式加挂“宁夏回族自治区公务员考试测评中心”牌子。

28日　宁夏中南部地区供水“主动脉”——清水河流域城乡供水工程在同心县开工建设。工程估算总投资24.48亿元，2022年竣工，预计2025年引水量可达6164万立方米，将解决中卫市沙坡头区和中宁县、海原县，吴忠市红寺堡区和同心县、固原市原州区6个县(区)135.75万城乡居民生活、规模化养殖和工业产业园区发展用水问题。

是日　由共青团中央、全国青联主办的第24届“中国青年五四奖章”评选结果揭晓，石嘴山市中医医院心血管内科副主任医师朱斌榜上有名。

是日　共青团中央公布2020年“全国向上向善好青年”名单，国网宁夏电科院设备状态评价中心状态检测室主管马飞越、宁夏大学农学院食品加工与安全专业2018级硕士研究生禹文杰、宁夏体育职业学院举重专业2018级学生马妮娜3名青年榜上有名。

29日　国家开发银行宁夏分行与自治区水利厅签署战略合作协议，融资支持总投资逾500亿元的宁夏重点水利基础设施建设，涉及银川都市圈东线供水、清水河流域城乡供水等重要工程。

30日　自治区党委书记陈润儿在银川市会见杉杉控股有限公司董事局主席郑永刚。

是日　全区庆祝“五四青年节”暨表彰大会在银川市召开。会议表彰了第十二届“宁夏青年五四奖章”获得者及全区“两红两优”集体和个人，部分代表作交流发言。

是月　最高人民法院发布2019年中国法院十大知识产权案件和50件典型知识产权案例，银川市中级人民法院审理的侵害“免耕式双垄沟全铺膜覆土联合作业机”发明专利权一案入选。

是月　自治区党委办公厅、政府办公厅印发《关于加快推进公共法律服务体系建设的实施意见》，提出了全区公共法律服务体系建设的中长期发展规划，加快构建全区覆盖城乡、便捷高效、均等普惠的现代公共法律服务体系，全面提升公共法律服务能力和水平。

5月

1日　632名游客从石嘴山市大武口火车站搭乘“石炭井号”旅游列车前往大磴沟车站，开启“看工矿忆传承、游生态贺兰山”主题旅游。当日起，银川始发开往石炭井汝箕沟的7524／5次列车被正式冠名为“石炭井号”旅游列车。

6日　宁夏将新冠肺炎疫情防控应急响应级别由重大突发公共卫生事件省级二级响应调整为三级响应。

8日　由自治区党委宣传部、自治区党委网信办、自治区扶贫办联合举办的“决战西海固——脱贫攻坚看宁夏”主题采访活动正式启动。来自《人民日报》、新华社、《光明日报》等11家中央驻宁媒体和自治区主要媒体记者，到全区9个重点贫困县(区)进行深入采访。

是日 福建省援宁挂职干部座谈会在银川市召开。会议听取福建省第十一批援宁工作队工作情况及有关意见建议，就进一步做好干部援宁工作进行安排部署。

10日 云上2020年中国品牌日活动宁夏分会场启动，中国自主品牌博览会宁夏馆线上开馆。

13日 自治区政府与伊利集团签订战略合作框架协议，共同打造宁夏伊利千亿元奶产业链集群项目。自治区党委书记陈润儿、自治区主席咸辉在银川市会见伊利集团董事长潘刚一行，并出席签约仪式。

15日 2019年度国家重点研发计划“主要经济作物优质高产与产业提质增效科技创新”重点专项——“宁夏贺兰山东麓葡萄酒产业关键技术研究与示范”项目获科技部立项支持。该项目总经费2760万元，其中国家重点专项支持2645万元。

是日 全国妇联发布660户2020年度全国抗疫最美家庭，宁夏10户家庭上榜。

21—27日 中国人民政治协商会议第十三届全国委员会第三次会议在人民大会堂召开。住宁全国政协委员此次向大会提交60余件提案。

22—28日 第十三届全国人民代表大会第三次会议在人民大会堂召开。出席第十三届全国人大第三次会议的宁夏代表团拟向大会提交53件议案建议，其中提交议案2件，建议51件。

27日 全区党校（行政学院〈校〉）校（院）长会议在银川市召开。

28日 第十三届全国人大第三次会议宁夏代表团举行全体会议，审议大会有关决议决定草案、法律草案修改稿。

是日 同心县被中国发展基金会授予2019年度阳光校餐示范县。

29日 宁夏庆祝“全国科技工作者日”暨科技工作者座谈会在银川市召开。

是日 以“非遗进万家·文旅展风采”为主题的2020年宁夏黄河流域非遗作品创意大赛及系列展演活动在中卫市沙坡头旅游区启幕开赛。

31日 全区小学一年级、二年级、三年级学生复课。至此，全区小学阶段学生全部复课，标志着宁夏中小学全部复课。

是月 根据国家2019年营商环境评价反馈情况，银川市综合成绩位居参评城市前列，其中政务服务、开办企业、登记财产、获得电力等4项指标在全国领先，改革经验在全国推广。

是月 国务院办公厅政府信息与政务公开办公室下发的《2019年度政务公开评估情况通报》，确定宁夏回族自治区人民政府为优秀单位。

是月 隆德县河湖长制、银川市西夏区农村人居环境整治、宁夏养老服务体系建设、隆德县落实重大政策措施共4项工作成效显著，获国务院督查激励。

6月

1日 宝丰能源上市募集资金投资项目——焦炭气化制60万吨/年烯烃项目前段焦炭气化制220万吨/年甲醇项目一次开车成功并产出合格甲醇产品，该项目采用目前世界单套产能最大的220万吨/年甲醇合成塔和国产最大的10.5万标准立方米/小时空分机组，开创多项行业第一。

3日 贺兰段、永宁段市政主管网建设完工，西线供水水源正式并入两县主管网。标志着贺兰县、永宁县居民彻底摆脱往年夏季用水高峰水压不足的问题。

5—6日 教育部党组书记、部长陈宝生一行到宁夏调研教育脱贫攻坚工作并召开座谈会。其间，先后深入宁夏职业技术学院、西吉县将台堡镇西坪小学、将台堡镇中心幼儿园、吉强镇袁河中学、西吉县职业中学、宁夏师范学院进行实地调研，并走访劝返复学学生家庭。

8—10日 中共中央总书记、国家主席、中央军委主席习近平在宁夏视察。习近平总书记先后到吴忠、银川等市，深入农村、社区、防洪工程、农业产业园区等，就统筹推进常态化疫情防控和经济社会发展工作、巩固脱贫攻坚成果、加强生态环境保护、推动民族团结进步进行调研。强调决胜全面建成小康社会决战脱贫攻坚，继续建设经济繁荣、民族团结、环境优美、人民富裕的美丽新宁夏。

是日 在中国社会科学院法学研究所、社会科学文献出版社联合发布的《中国政府透明度指数报告（2019）》中，评估结果显示：在省级政府透明度指数排名中，宁夏位列第九名；在较大的市政府透明度指数排名中，银川市位列第七名。

是日 自治区第十二届人大常委会第二十次会议听取和审议《宁夏回族自治区引黄古灌区世界灌溉工程遗产保护条例（草案）》，这是宁夏首次立法保护引黄古灌区。

9日 自治区生态环境厅首次发布全区水环境质量状况排名，涉及地级和县级城市地表水、主要排水沟水环境质量状况。

10—13日 国务院安委会第十考核巡查组对宁夏2019年度安全生产和消防工作进行考核巡查。

12日 由自治区文化和旅游厅选

送、宁夏演艺集团歌舞剧院创作演出的音乐剧《花儿与号手》，入选2020年度国家舞台艺术精品创作工程前10名，成为该工程重点扶持剧目，这也是宁夏歌舞剧院继舞剧《花儿》夺得中宣部第十二届精神文明建设“五个一工程奖”之后再获殊荣。

14日 宁夏首个草业博士(专家)指导工作站落户吴忠市利通区，为全区草产业及畜牧业发展提供科技支撑。

17日 光明乳业股份有限公司、中卫市政府、宁夏农业投资集团三方签订战略合作协议，共同投资建设奶产业种养加全产业链项目。自治区党委书记陈润儿在银川市会见光明乳业董事长濮韶华一行。

23日 自治区党委书记陈润儿调研枸杞产业发展情况并召开座谈会，强调要坚决贯彻习近平总书记视察宁夏重要指示精神，把“枸杞之乡”的品牌叫响，把枸杞产业的实力做强。

是日 在第33个国际禁毒日到来之际，国家禁毒委在北京召开全国禁毒工作先进集体和先进个人表彰大会，对全国100个禁毒工作先进集体和100个先进个人进行表彰，宁夏有1个集体、2名个人受到表彰。

29日 第九届中国创新创业大赛(宁夏赛区)暨“中国银行杯”第五届宁夏创新创业大赛开赛。大赛由自治区科技厅、团委等部门联合主办，在电子信息、新材料、新能源及节能环保、生物医药、先进制造、互联网等领域展开。

30日 宁夏向印度尼西亚国际友城西努沙登加拉省捐赠的3万个一次性医用口罩从银川市装车启运。这批防疫物资带着宁夏人民的友好情谊和慰问，驰援印度尼西亚西努省抗击新冠肺炎疫情。

是月 国家林业草原局日前公布2020年国家重要湿地名录，共有29处湿地入列，宁夏银川市兴庆区黄河外滩湿地、吴忠市黄河湿地、盐池哈巴湖湿地、青铜峡库区湿地、固原市原州区清水河湿地、中宁县天湖湿地6处湿地位列其中。

是月 自治区政府办公厅印发《关于加快落实政务服务改革有关重点任务的通知》，明确全面提升行政审批和政务服务“一网通办”水平，最大程度实现“网上办、掌上办、马上办、就近办、一次办”。

是月 黄河农村商业银行面向西吉县建档立卡贫困户家庭大学毕业生定向招聘100名员工，助力贫困家庭加快脱贫，助推西吉县如期脱贫摘帽。

是月 自治区机关事务管理局、自治区发展改革委、自治区财政厅联合印发《宁夏节约型机关创建行动方案》，在全区县级及以上党政机关全面深入开展节约型机关创建行动，以提高资源利用效率，降低机关运行成本，推行绿色办公。

7月

1日 “追随总书记的足迹”——宁夏新闻工作者礼赞黄河诗词歌赋朗诵会在吴忠市举行。中央驻宁媒体与宁夏13家新闻媒体的40多名新闻工作者吟诵华章，礼赞黄河。

2日 中央文明办、生态环境部揭晓“美丽中国，我是行动者”主题系列活动百名最美生态环保志愿者名单，宁夏青年吴尚轩、刘鹏入选2020年全国百名最美生态环保志愿者。

3日 中央宣传部以云发布的方式，向全社会宣传发布“闽宁对口扶贫协作援宁群体”先进事迹，授予他们“时代楷模”称号。

6日 自治区教育厅向首批立项建设的10个“自治区级职业教育教师教学创新团队”授牌，加快推动职业教育教学改革创新，加强高素质“双师型”教师队伍建设。

8日 《关于促进文化创意产品和特色旅游商品发展奖补办法》发布，提出加快推进宁夏文化旅游产业融合发展，把文化创意融入旅游产品开发全过程，进一步引导扶持文化创意产品和特色旅游商品的研发、生产、宣传和销售。

10日 银川河东国际机场首次采用波音787梦想客机执飞银川—广州航线航班。

14日 守旺宁夏·电商助农“双十工程”正式启动。自治区商务厅借助北京字节跳动科技有限公司平台资源优势，开展以今日头条、抖音、西瓜视频等为核心，集合腾讯、淘宝、京东、快手等各类平台矩阵，以十项举措力争撬动全网十亿流量，为大山里的农产品“连线”，为深居田间的特产“引流”，搭建农产品供需的“电子桥梁”。

15—16日 全国政协副主席、交通运输部党组书记杨传堂到宁夏调研交通扶贫工作。

是日 全国地方政协秘书长工作交流座谈会在银川市召开，全国政协副主席兼秘书长李斌出席会议并讲话。

16日 2020全国特色农产品经销商宁夏行活动在中卫市启动。来自全国各地的200名经销商走进中卫，实地考察，对接洽谈，助推宁夏更多特色农产品走向市场。

17日 全区首个乡镇党校在永宁县

闽宁镇正式揭牌成立，标志着该镇653名党员有了“家门口”的党校。

是日 自治区发展改革委与中石化华北油气分公司举行签约仪式，就宁夏油气资源勘探开发达成战略合作意向。

20日 宁夏首张取水许可电子证照在线成功生成并向企业发放，这标志着宁夏率先在黄河流域实现省、市、县三级取水许可电子证照在线办理。

22日 自治区政府第71次常务会议审议通过《中国(银川)跨境电子商务综合试验区实施方案》，明确力争到2022年培育不少于3个跨境电商示范园区和孵化基地，重点扶持100家以上跨境电商企业，银川跨境电商年交易额增长15%以上，将银川建设成为具有一定影响力的区域性跨境电子商务集聚区、产业示范区，内陆地区对外开放新高地。

是日 “人民网党性教育六盘山基地”在六盘山干部学院挂牌成立，并启动“党建创新课程体系”全国招生。

27日 文化和旅游部、国家发改委共同发布第二批全国乡村旅游重点村名单，宁夏共有20个村入选。

是日 以“自主、共享、高效、发展”为主题的第七届宁夏种业博览会在平罗县种子小镇泰金种业产业园启幕。

是月 全国政协提案委员会公布2019年度(全国政协第十三届第二次会议)好提案，共有55件提案入选。住宁全国政协委员朱奕龙提交的《关于为基层干部“减负减压”的提案》位列其中。

8月

1日 自治区党委书记陈润儿在银川市会见到宁夏考察项目、对接合作的中粮集团党组书记、董事长吕军一行。

4日 新修订的《地理标志产品盐池滩羊》(DB64/T1545-2020替代DB64/T1545-2018)由自治区市场监督管理厅公告发布，主要对原标准中有关屠宰等内容进行了修订，增加了盐池滩羊肉的水分、蛋白质、粗脂肪等理化指标，为国家地理标志产品“盐池滩羊”的保护提供了科学的技术支撑。

5日 自治区党委书记陈润儿在银川市会见中石油天然气集团董事长、党组书记戴厚良，双方就开展合作进行深入交流。

6—9日 乌拉圭驻华大使费尔南多·卢格里斯访问宁夏，对宁夏生态保护、特色产业建设、交通物流和基层治理等工作发展进行了调研。

8日 由自治区文明办、自治区关心下一代工作委员会、自治区文史研究馆、自治区老龄健康服务中心、银川市总工会主办的宁夏首届孝德文化节“微孝”摄影书画展在银川市开展，共展出60幅优秀作品，包括20幅摄影作品、40幅书画作品。

是日 中国消费扶贫生活馆宁夏馆开馆暨善意购云商城首届电商直播节(西吉专场)活动在银川市举行。

9日 银川市商务局(政府口岸办)与青岛市政府口岸办签订口岸合作协议书，促进银川市对外开放水平和通道建设，营造良好的跨境贸易营商环境。

10日 福建广播电视局与宁夏广播电视局、福建广播影视集团与宁夏广播电视台在银川市分别签署战略合作协议。

11日 自治区政府召开全区“晒文旅、晒优品、促消费”大型文旅推介活动部署会议，安排部署推介内容，推动全区文化和旅游产业高质量发展。

13日 经中国林场协会2020理事会推选，中宁县林场入选2019年度“全国十佳林场”，其“多种经营，良种兴场”的发展经验得到推广。

是日 由自治区科协、江苏省科协、福建省科协联合举办的2020年江苏、福建院士专家宁夏行活动接近尾声。活动期间，中国科学院院士都有为、郑兰荪、孙世刚、朱永官，中国工程院院士蒋建春、张佳宝及知名专家励建安、高益槐等33名院士专家分别深入各地，围绕农业装备、特色产业、医疗卫生、生态保护等方面的瓶颈问题，答疑解惑，“把脉问诊”，助推高质量发展。

18日 宁夏单体投资规模最大的交通项目——银川至昆明高速公路太阳山开发区至彭阳段项目开工建设。自治区党委书记陈润儿宣布开工。中国铁建股份有限公司党委常委、副总裁李宁致辞。

19—23日 由全国人大常委会委员、全国人大民族委员会副主任委员洛桑江村为组长，全国人大民族委员会副主任委员丹珠昂奔为副组长的全国人大常委会专题调研组，到宁夏就民族团结进步创建、脱贫攻坚、生态文明建设等工作开展专题调研。

20日 第九届中国创新创业大赛(宁夏赛区)暨“中国银行杯”第五届宁夏创新创业大赛、第十届宁夏青年创新创业大赛复赛在固原市举行。大赛由自治区科技厅、团委等部门和固原市政府共同举办，秉承“科技创新，成就大业”办赛宗旨，采用“现场路演、面对面答辩、现场出结果”的评审方式分组开展。

21日 宁波经促会、浙江恒逸集团向吴忠市红寺堡区捐资建校仪式举行。捐资仪式举行之前，自治区党委书记陈润儿在银川市会见全国政协委员、宁波经促会会长杨戌标，浙江恒逸集团董事长、香港杭州商会会长邱建林等企业家一行。

是日　顺丰大型无人机首次载货从宁夏起飞，近1小时后成功抵达内蒙古目的地机场，这是国内首次将大型无人机用于物流场景。

23—29日　宁夏与全国同步开展科技活动周，主题是"科技战疫　创新强国"。

26日　9时30分，西银客专甘宁段与陕西段在甘肃庆阳宁县境内西银客专黄家沟大桥接轨，标志着西安至银川客运专线全线铺轨工程完成。

27日　国网宁夏电力检修公司首次完成过境特高压输电线路±1100千伏吉泉线带电消缺作业。

28日　自治区政府与中国电信集团有限公司签订《5G示范区建设战略合作框架协议》，共同推进5G网络在宁夏的规划建设和示范应用。自治区党委书记陈润儿、自治区主席咸辉在银川市会见中国电信董事长柯瑞文一行，并见证签约。签约仪式后，咸辉、柯瑞文共同为宁夏工业和信息化研究院揭牌。

29日　宁夏草牧业工程技术研究中心揭牌成立。该中心将围绕西北干旱半干旱地区草地资源管理与利用、牧草育种与高效生产、草畜耦合与现代草牧业等方面承担一批国家和地区重大项目。

30日　第四届中国亚麻籽产业发展高峰论坛暨产销对接会在吴忠市召开。中国粮油学会正式命名吴忠市为"亚麻籽油之乡"。

是月　《道地药材标准汇编》《中药材商品规格等级标准汇编》正式出版，收录中华中医药学会发布的现行道地药材标准共157项，"宁夏枸杞"位列其中。这是国内首次以团体标准形式发布"宁夏枸杞"为道地药材。

是月　全国工商联医药业商会和中药材基地共建共享联盟在江西南昌市举行2019年度中国医药行业最具影响力榜单发布会，揭晓2019年度中国优质道地中药材十佳规范化种植基地名单，宁夏玺赞庄园枸杞有限公司入选榜单。

是月　中国围棋协会向吴忠市文化旅游体育广电局发去复函：吴忠市获得"全国围棋之乡"称号。

是月　宁夏大学、卡塔尔NAAAS集团、华新国联（北京）企业管理有限公司三方代表就"美丽多哈"项目合作事宜举行线上签约仪式。签约将依据中国—阿拉伯国家技术转移中心与卡塔尔自由区管理局签署的合作框架协议，实施宁夏大学绿色智能节水灌溉技术与装备在卡塔尔的示范推广，进一步促进宁夏创新技术成果转移转化。

9月

1日　2020年全区"民族团结月"活动在贺兰县启动。

3—4日　福建省委书记于伟国，福建省委副书记、代省长王宁率领福建省党政代表团到宁夏考察闽宁对口扶贫协作推进情况。

4日　自治区政府与交通银行股份有限公司签订战略合作协议。自治区党委书记陈润儿、自治区主席咸辉在银川市会见交通银行股份有限公司党委书记、董事长任德奇一行，并共同见证签约。

是日　平罗县政府与西吉县政府签署对口电力扶贫协议，平罗县连续5年将大唐平罗发电有限公司在投产后形成的主要财政收入县级留成部分的50%用于支持西吉脱贫攻坚和乡村振兴。这是宁夏加强政企合作、落实国家电力扶贫举措的一次成功实践。

5日　2020年第三届宁夏体育大集在银川市金凤区毓秀体育健康公园拉开序幕。体育大集以"运动·融合·快乐"为主题，吸引了来自全区近40个体育协会的代表队数千人参赛、40多家体育用品企业参展。

6日　第27届比利时布鲁塞尔国际葡萄酒大奖赛在捷克布尔诺市落幕，同期，国际组委会正式宣布将2021年第28届大赛举办权授予宁夏银川市。比利时布鲁塞尔国际葡萄酒大奖赛1994年创办于比利时布鲁塞尔，素有"酒界奥斯卡"之称，是全世界最具权威的三大国际葡萄酒赛事之一。

7日　全区乡村治理暨扶持壮大村级集体经济现场观摩推进会在吴忠市召开。

8日　全国抗击新冠肺炎疫情表彰大会在北京举行。宁夏共有20人获全国抗击新冠肺炎疫情先进个人，5个集体获全国抗击新冠肺炎疫情先进集体，3人获全国优秀共产党员，3个党组织获全国先进基层党组织。

是日　全区电子信息产业高质量发展推进会在银川市召开。会议提出要把宁夏打造成为西部有一定影响力的电子信息产业集聚高地。

是日　宁夏电子信息及新材料产业推介会在福建省厦门市举行，福建省商务厅与宁夏商务厅签署《福建和宁夏两省（区）商务领域合作补充协议》，两省（区）将在加大产业合作力度、开展园区共建活动、拓展特色产品销售、深化国际经贸交流等重点领域继续加强合作。

是日　中阿博览会暨宁夏优势产业

推介对接会系列活动·走进青海在西宁市举行。

10日 中央宣传部、教育部向全社会公开发布2020年"最美教师"先进事迹。宁夏固原市西吉县第四幼儿园教师马文燕获2020年"最美教师"称号。

是日 自治区召开新材料产业高质量发展推进会，传达学习自治区党委常委会（扩大）会议及自治区建设黄河流域生态保护和高质量发展先行区第一次推进会精神，介绍了《加快推进新材料产业高质量发展的实施方案》主要内容及政策方向，动员部署加快推进新材料产业高质量发展工作。

是日 2020年宁夏全区秋冬农田水利基本建设启动暨高效节水灌溉现场推进会在同心县召开，安排部署秋冬农田水利基本建设重点工作。

11日 自治区科技厅联合中国工程院在银川市启动实施中国工程科技发展战略宁夏研究院2020年重大战略咨询研究项目——"黄河流域（宁南山区）水土保持与生态环境建设战略研究"。

12日 西吉县将台堡镇红军长征会师纪念园里红旗招展、歌声飘扬，李军、王艳、舒桐、翟墨4位戏曲名家与西吉县各界代表800余人汇聚纪念园广场，欢唱《奋斗新时代》。当天，"我们的中国梦"文化进万家系列活动与2020年中央广播电视总台"心连心"慰问演出活动走进西吉县，在将台堡开启首场演出录制活动。

是日 由宁夏应急管理指挥部、宁夏军区主办的纪念海原大地震100周年军地联合应急救援演练在海原县举行。

13—14日 全国台联党组书记、会长，中国侨联副主席黄志贤带领全国台联调研组一行到宁夏调研考察，并召开座谈会。

14日 自治区科技厅出台《关于科技创新支撑引领先行区产业高质量发展的实施意见》，提出到2025年，成功创建国家科技成果转移转化示范区，努力建设东西部科技合作示范区；在优势特色领域，掌握更多事关产业高质量发展的关键核心技术，培育更多"单项冠军"产品，区域科技创新体系整体效能明显提升，创新驱动战略取得明显成效。

15日 全区九个重点产业与专业建设和人才培养供需"对接月"启动，推进产教融合和校企合作，促进专业设置与产业需求对接，为全区九个重点产业高质量发展提供坚实的专业支撑和人才保障。

15—16日 自治区党委和政府在固原市召开建设黄河流域生态保护和高质量发展先行区第二次推进会。自治区党委书记陈润儿出席会议并讲话，强调要深入贯彻落实习近平总书记视察宁夏重要讲话精神，以更高政治站位、更强战略定力、更实工作举措，坚决扛起保护和改善生态环境的重任，加快建设黄河流域生态保护和高质量发展先行区，持续建设天蓝地绿水美的美丽宁夏。

是日 西北五省（区）政协助推协同向西开放协商座谈会在甘肃省兰州市召开，这是西北五省（区）政协协商建立"服务丝绸之路经济带建设协作交流机制"后召开的首次会议。自治区政协主席崔波参加会议并作交流发言。

16日 由自治区科技厅、团委、教育厅等部门联合主办，中国银行宁夏分行独家冠名赞助的第九届中国创新创业大赛（宁夏赛区）暨"中国银行杯"第五届宁夏创新创业大赛、第十届宁夏青年创新创业大赛决赛在银川市举行。

是日 由湖南演艺集团、宁夏演艺集团共同主办的"湘"遇宁夏——2020宁夏第二届湖南文化艺术活动周交响音乐会在宁夏人民剧院开幕。

17日 自治区党委书记陈润儿、自治区主席咸辉在银川市会见到宁夏考察项目的复星国际董事长郭广昌，复星国际全球合伙人、党委书记李海峰一行。

18日 自治区枸杞产业高质量发展联席会议在银川市召开。会议审议《宁夏枸杞产业高质量发展"十四五"规划（2021—2025年）》和枸杞产业标准体系、中国枸杞检验检测中心建设、中国枸杞研究院建设和国家级中宁枸杞市场建设工作方案。

是日 由黄河流域九省（区）社科院主办、宁夏社会科学院承办的黄河流域生态保护和高质量发展理论研讨会在银川市开幕，来自中国社科院和沿黄九省（区）社科界的专家齐聚一堂，共商共谋黄河流域生态保护和高质量发展大计。会上由宁夏社会科学院主持研创，青海、四川、甘肃、内蒙古、陕西、山西、河南、山东等省（区）社科院协作编撰的《黄河流域蓝皮书——黄河流域生态保护和高质量发展报告（2020）》出版发行。

20日 宁夏"互联网+城乡供水"示范省（区）建设启动会在银川市举行。自治区党委书记陈润儿、水利部副部长叶建春出席会议并讲话。

是日 宁夏现代畜牧业数字信息化建设启动仪式暨平罗县5G未来牧场示范基地揭牌仪式在平罗县举行，标志着全区现代畜牧业正式步入数字信息化发展的快车道。全区首家5G未来牧场示范基地的建成将推动政府信息系统和公共数据互联开放共享，形成数字信息化"共建共享共赢"的宁夏模式。

21日 石嘴山海关正式揭牌，这是海关总署批准在宁夏设立的4个隶属海关之一，受银川海关直接领导，承担辖区保税监管场所及海关监管货物、物品的实际监管工作。

22日 石嘴山工贸职业技术学院举行揭牌仪式，该校是在原宁夏工业学校的基础上设置的专科层次的普通高等职业学校，学院以全日制专科教育为主，继续教育、培训鉴定为辅，逐步形成“以工为主，工、贸、管、服全面发展”的专业格局。

是日 中国华融资产管理股份有限公司宁夏分公司“发挥金融资产管理公司风险化解功能 助力黄河流域高质量发展先行区建设”专题签约会议暨分公司成立仪式在银川市举行。中国华融宁夏分公司与宁夏5个地级市政府签署战略合作协议。

23日 石嘴山市召开建市60周年表彰大会，表彰为石嘴山经济社会发展作出杰出贡献的先进集体和模范人物。

是日 素有“酒界奥斯卡”之称的第27届比利时布鲁塞尔国际葡萄酒大奖赛榜单发布，中国产区共获100枚奖牌，宁夏产区再登顶，以48枚奖牌位居中国奖牌榜的第一名。

24日 由自治区党委宣传部、文化和旅游厅、广播电视局等单位组织开展的“晒文旅·晒优品·促消费”（简称“两晒一促”）大型文旅推介活动在宁夏卫视《宁夏文旅荟》栏目首播，向全国人民展示宁夏自然风光、民俗风情、特色风物、人文风韵、城乡风貌之美。

是日 宁夏自然资源学会在银川市成立。该学会旨在加强资源学理论、方法及宁夏自然资源学科体系建设，组织宁夏自然资源开发、管理评价和可持续发展及应用研究，引领区内外自然资源研究的新进展和发展趋势。

25日 由宁夏商务厅、福建省商务厅、宁夏博览局主办的2020宁夏出口商品闽上行在福建省厦门市闽南古镇节庆广场拉开序幕。

是日 以“政企携手同行，共促消费扶贫”同心县农产品专场活动在中国消费扶贫生活馆宁夏馆正式启动。

26日 2020年宁夏职工群众“劳动者之歌”文艺会演在银川市光明广场举行。

29日 全区促进民族团结进步工作会议在银川市召开。自治区党委书记陈润儿出席会议并讲话，强调要深入学习贯彻习近平总书记关于民族工作的重要论述和视察宁夏重要讲话精神，坚决守好促进民族团结生命线，着力建设民族团结进步示范区，不断开创民族团结进步事业新局面。

是日 国家卫生健康委和外交部共同举办中国与阿拉伯国家联盟（阿盟）成员国联合抗击新冠肺炎疫情专家视频会。自治区政协副主席、卫生健康委主任马秀珍在视频会上介绍了宁夏抗疫经验。

30日 是我国第七个烈士纪念日，自治区暨银川市各界在银川烈士陵园向人民英雄敬献花篮，缅怀英雄先烈、传承红色基因、弘扬革命精神。石嘴山市在贺兰山烈士陵园、吴忠市在涝河桥烈士陵园、固原市在长城梁革命烈士纪念园、中卫市在中宁南河子公园庄重举行向人民英雄敬献花篮仪式。

10月

1日 自治区党委、人大、政府、政协机关分别举行升国旗仪式，共庆中华人民共和国71华诞。

是日 第三届中国（宁夏）国际车展暨第十二届中国西部（银川）房·车博览会在银川国际会展中心启幕。

是日 由中国动漫集团、自治区文化和旅游厅共同主办的AFN2020“一带一路”（宁夏）动漫节在银川花博园开幕。

9日 全区产业工人队伍建设改革推进会议在银川市召开。

10日 自治区现代枸杞产业高质量发展推进会议在银川市召开。

是日 由宁夏风翔九天影视文化传媒股份有限公司出品的都市人文纪录片《我的城》银川集，在中央广播电视总台CGTN国际纪录频道面向全球播出。

11日 黄河流域生态保护和高质量发展先行区院士专家战略咨询会在银川市召开，中国工程院党组书记、院长李晓红出席会议并讲话，中国工程院副院长邓秀新和苏义脑、赵宪庚、陈勇、屠海令、任南琪、陈坚、彭苏萍、梅旭荣、段金廒、段长青11位院士专家先后发言，为宁夏推动黄河流域生态保护和高质量发展先行区建设、谋划“十四五”发展献计献策。

是日 中国工程院、宁夏回族自治区人民政府合作委员会第一次会议在银川市召开。

13日 由自治区团委、自治区少工委、宁夏青年联合会主办的2020年“从小学先锋 长大做先锋”少先队建队日暨纪念抗美援朝70周年主题教育活动在银川市举行，全区中小学少先队辅导员及少先队员代表400余人参加活动。

14日 全国政协副主席刘奇葆率团到宁夏开展推进长征国家文化公园建设和革命文物保护专题调研。

是日 由自治区林业和草原局、中卫市人民政府主办的第二届宁夏苹果大赛暨沙坡头苹果节在中卫市沙坡头区永康镇彩达村开幕。

18日 闽宁特色产品展示展销嘉年华在银川市启幕。嘉年华共有250多家福建企业、80家宁夏企业参展，设置了乡味宁夏馆和福建特色产品展示馆。标准展区共71个展位，分设闽宁企业商品展区、宁夏企业商品展区和贺兰山东麓葡萄酒展区3个区域。

是日 第四届中国绿化博览会在贵州省黔南布依族苗族自治州开幕。绿博会宁夏展园，以黄河流域生态保护和高质量发展为主线，展现“塞上江南　黄河人家”的生态魅力。

是日 第十七届中国西部民歌（花儿）歌会在银川市开幕，共有18支代表队、200余名歌手参赛。歌会共设开幕式、2场民歌专场比赛、1场原生态“花儿”专场比赛、闭幕式暨颁奖仪式、优秀节目惠民演出等板块。

19日 2020年全国脱贫攻坚先进事迹巡回报告会在银川市举行。会前，自治区党委书记陈润儿、自治区主席咸辉会见国务院扶贫办党组成员、副主任夏更生带队的报告团。

是日 由自治区党委组织部，自治区党委老干部局、离退休干部工委联合举办的全区离退休干部“梦圆小康　情暖重阳”诗会在宁夏老年大学夕阳红剧场精彩上演。

是日 经银川海关现场检验检疫合格，首批500公斤灵武长枣起运发往泰国，标志着宁夏又一特色农产品进军国际市场。

20日 上午8时10分，DJ1931次综合动检列车从银川站驶出，一路向南开往西安方向，经过2小时58分运行，于11时08分安全抵达西安北站，首次实现西安至银川高速铁路客运专线全线拉通试验。

是日 全国双拥模范城（县）命名暨双拥模范单位和个人表彰大会在北京举行。其中，宁夏银川市、吴忠市、彭阳县、青铜峡市、贺兰县、中宁县被评为“全国双拥模范城（县）”，固原市弘文中学被评为“全国爱国拥军模范单位”，银川黄河军事文化博览园党支部书记索德胜、宁夏固原进元驾驶人培训学校校长聂广进被评为“全国爱国拥军模范”。

是日 宁夏银行业消费纠纷调解中心成立，进一步加强银行消费权益保护工作，为群众提供更多纠纷解决渠道。

21日 自治区党委书记陈润儿、自治区主席咸辉、自治区政协主席崔波在银川市拜会到宁夏出席第九届宁夏贺兰山东麓国际葡萄酒博览会的全国政协副主席梁振英。

是日 自治区党委书记陈润儿、自治区主席咸辉在银川市会见到宁夏出席第九届宁夏贺兰山东麓国际葡萄酒博览会的中粮集团副总裁陈朗、烟台张裕集团董事长周洪江等重点国内大型企业嘉宾代表。

21—22日 全国易地扶贫搬迁后续扶持工作现场会在银川市召开。中共中央政治局委员、国务院扶贫开发领导小组组长胡春华出席会议并讲话。

22日 以“荟聚葡萄酒之都　共圆紫色梦想”为主题的第九届宁夏贺兰山东麓国际葡萄酒博览会在银川市开幕。全国政协副主席梁振英出席大会并讲话。

是日 第九届宁夏贺兰山东麓国际葡萄酒博览会·中法葡萄酒论坛在银川市举行。国内外嘉宾齐聚一堂，围绕“葡萄酒文化的对话与传承”发表真知灼见、分享成功经验。全国政协副主席梁振英、自治区政协主席崔波出席。

是日 第九届宁夏贺兰山东麓国际葡萄酒博览会重要活动之一，世界葡萄酒旅游论坛暨“世界十大最具潜力葡萄酒旅游产区”评选活动在银川市举行。

23日 “宁夏所需　香港所能”主题座谈会在银川市召开。会议共叙宁港深情厚谊，共谋两地合作发展。全国政协副主席梁振英、自治区党委书记陈润儿出席座谈会并讲话。

是日 宁夏与湖南两省（区）在湖南省长沙市举行科技合作交流会，就实施创新驱动战略和加强科技创新合作进行深入交流，自治区科技厅与湖南省科技厅正式签署宁湘科技合作框架协议，湖南省成为与宁夏建立东西部科技合作关系的第10个省（区）。

是日 第九届宁夏贺兰山东麓国际葡萄酒博览会葡萄酒品牌盛典在银川市永宁县闽宁镇启幕——现场发布“第九届宁夏贺兰山东麓国际葡萄酒博览会葡萄酒”评选结果并为获得大金奖和金奖的酒庄（酒款）现场颁奖；颁发贺兰山东麓·金树国际葡萄酒电影电视艺术节优秀葡萄酒影视作品奖，举行专题片《黄河谣》开机仪式，展播获奖影视作品，为本届博览会画上圆满句号。

是日 由宁夏贺兰山东麓葡萄与葡萄酒联合会组织的2020年宁夏贺兰山东麓葡萄酒产区领军人才高素质农民培训班在银川市开班，产区各酒庄企业管理人员、酿酒师、市场销售人员、农技人员等共计350人参加。

26日 自治区药品监督管理局举行2020年全国安全用药月宁夏系列活动启动仪式，2020年全国安全用药月的主题是“安全用药，战‘疫’同行”。

27日　自治区全域创建“食品药品安全区”动员大会在银川市召开，全面启动宁夏全域创建“食品药品安全区”工作。

是日　由自治区教育厅联合自治区新闻出版局、老干部局、民政厅、人社厅、文旅厅、科技厅、文联等单位共同举办的第三届全区“全民终身学习活动周”在中卫市启动。“全民终身学习活动周”的主题是推动全民终身学习，加快建设学习型城市。

是日　银川城投·文化城城市候机楼正式启动运营，该候机楼内开设了值机服务、机场巴士、机票预订、航旅问询、酒店预订、旅游服务、行李寄存、餐饮休闲购物等服务。

29日　2020年清洁能源国际论坛在银川市举行。来自能源领域的院士专家、企业代表围绕论坛主题“大力发展清洁能源，服务产业转型升级”发表真知灼见，为宁夏高标准建设国家新能源综合示范区建言献策。

是日　宁夏演艺集团与辽宁省文化演艺集团在沈阳市签署战略合作框架协议。双方将充分发挥各自文化艺术优势，在文艺创作、艺术培训、演出市场、课题研究等多领域多渠道开展广泛深入的交流合作。

30日　宁夏医科大学总医院举行授牌仪式，为2020年新获批的6个国家临床医学研究中心宁夏分中心授牌。分别是国家骨科与运动康复临床医学研究中心宁夏分中心、国家慢性肾病临床医学研究中心宁夏分中心、国家妇产疾病临床医学研究中心宁夏分中心、国家感染性疾病临床医学研究中心宁夏分中心、国家代谢性疾病临床医学研究中心宁夏分中心、国家血液系统疾病临床医学研究中心宁夏分中心。

是日　宁夏青年职业技能大赛在银川市落幕，48名优秀选手脱颖而出，分别获得各工种一等奖、二等奖、三等奖，将被授予“自治区技术能手”或“宁夏青年岗位能手”荣誉称号。

是月　宁夏科通新材料科技有限公司、宁夏钢铁(集团)有限责任公司、宁夏煤炭基本建设有限公司、宁夏东吴农化股份有限公司、宁夏亘峰嘉能能源科技股份有限公司5家企业的技术中心被认定为2020年度自治区企业技术中心。

是月　银川市全面推行“1230”审批服务改革新模式，入选国务院办公厅政府职能转变办公室选编的《深化“放管服”改革优化营商环境典型经验100例》。

是月　生态环境部发布《关于命名第四批国家生态文明建设示范市县的公告》《关于命名第四批“绿水青山就是金山银山”实践创新基地的公告》。其中，吴忠市获国家生态文明建设示范市称号、石嘴山市大武口区被命名为第四批“绿水青山就是金山银山”实践创新基地，至此宁夏实现国家生态文明建设示范市县创建和“两山”实践创新基地建设实现“零突破”。

是月　农业农村部、国家林业和草原局等七部门开展中国特色农产品优势区创建和遴选工作，遴选出第四批中国特色农产品优势区，“宁夏回族自治区银川市贺兰山东麓酿酒葡萄”榜上有名，成为宁夏唯一上榜的特色农产品。

11月

1日　宁夏与全国同步开始第七次全国人口普查的正式入户登记阶段，全区近4万名普查指导员和普查员入户登记各个家庭的信息。

是日　宁夏“十三五”交通运输重点工程——京藏高速公路改扩建四十里店至平罗西半幅工程试通车，标志着京藏高速石嘴山至中宁段改扩建工程全线通车。

2日　“2020银川国际智慧城市博览会”开幕。博览会以“创新智慧城市、赋能社会治理、推动高质量发展”为主题，来自日本、约旦、吉尔吉斯斯坦等国家城市的代表，以及北京、天津、重庆、江苏、浙江、福建等23个省(自治区、直辖市)的350余名城市嘉宾代表出席博览会。

4日　自治区政协召开“推进我区长城、长征国家文化公园建设”专题协商会。自治区政协主席崔波出席会议并参加座谈交流。

5日　中核汇能有限公司与同心县人民政府签订战略合作框架协议。签约仪式前，自治区党委书记陈润儿在银川市会见中核集团党组书记、董事长余剑锋一行。

是日　固原市黄河水调蓄工程具备通水条件，开始向其“心脏”——何家沟水库蓄水。

是日　在全国2020年全民终身学习活动周中，自治区党委老干部局“塞上金秋”离退休干部宣讲团和宁夏大学关工委学习宣传大通道获全国“终身学习品牌项目”奖；宁夏大学人文学院原教授白述礼、中卫市离退休干部周胜令、平罗县教育局教研室原主任任登全获全国“百姓学习之星”奖。

是日　由北京市中医管理局、自治区卫生健康委、自治区中医药管理局主办的第八届北京中医药专家宁夏行活动在银川市启动。京宁两地共同签署《京宁2021—2023年推进中医药传承创新发展帮扶合作协议》。

6日 中卫市沙坡头区镇罗镇乡村治理中心成立，整合镇综治、民生、公安、司法等部门进行集中办公，探索创新基层社会治理。

是日 全区"互联网+医疗健康"推进会在西吉县召开，安排部署全区"互联网+医疗健康"示范区建设工作。

7日 由蓝思科技股份有限公司携手浙江晶盛机电股份有限公司共同合资建设的工业蓝宝石晶体制造项目在银川经济技术开发区开工建设。该项目的落地开工建设是继隆基硅材料、银和半导体、天通蓝宝石、汉尧石墨烯、中太镁业后又一个新材料龙头项目，夯实了宁夏"世界最大工业蓝宝石生产加工基地"的地位。

7—9日 中共中央政治局委员、中央政法委书记郭声琨在宁夏调研政法工作。

9日 全区"12345"文化助盲行动文化骨干培训班开班，标志着全区"12345"文化助盲行动正式进入实施阶段。

10日 中央文明办公布第六届全国文明城市入选城市名单和复查确认保留荣誉称号的前五届全国文明城市名单。银川市、石嘴山市榜上有名。

12日 上午10时，2辆TIR国际卡车班列驶出宁夏银川综合保税区跨境电商海关监管中心卡口，标志着宁夏首趟"一带一路"跨境电商国际卡车班列正式发车。

13日 学习贯彻党的十九届五中全会精神中央宣讲团走进宁夏大学，中央宣讲团成员、工业和信息化部党组成员、副部长王志军围绕新冠疫情防控中体现的中国制度优势、"两个一百年"奋斗目标如何实现、青年人如何融入国家发展与师生们共同交流。

是日 首届全区高校大学生学习党史、新中国史、改革开放史、社会主义发展史主题演讲比赛在银川能源学院举办。全区高校推选的45名优秀选手参赛，全区高校师生代表300余人到现场观看比赛。

16日 自治区人民政府正式批复同意西吉县退出贫困县序列，标志着"苦甲天下"的西海固地区全部脱贫"摘帽"。至此，全区9个贫困县（区）全部实现脱贫摘帽，标志着宁夏区域性整体贫困问题基本得到解决，历史性地告别绝对贫困。

17日 自治区党委书记陈润儿、自治区主席咸辉在银川市会见浙江中国小商品城集团党委书记、董事长赵文阁一行。

是日 由中国文物保护基金会与自治区文化和旅游厅共同主办的第十二届"薪火相传"宣讲活动在银川市举行。宁夏葫芦烙画传承人陶瑞珍和固原砖雕（魏氏砖雕）传承人团队分别被评为第十二届"薪火相传"杰出个人和杰出团队。

18日 自治区党委书记陈润儿、自治区主席咸辉在银川市会见中国电子科技集团董事长、党组书记陈肇雄一行。

是日 自治区人民医院（西夏分院）儿童医疗中心大楼正式建成并投入使用。该院西夏分院将转变为以儿童、妇产为主，专科特色鲜明的三甲医院，服务银川市西夏区及永宁县闽宁镇的群众。

是日 国家电投集团宁夏能源铝业有限公司青铜峡分公司申报的"普通铝锭铸造的流量监控系统"创新项目，获得国家发明专利，此专利实现了铝液流量及铝锭单重在线控制，填补了国内连续铸造机铝液流量无法实现自动监控的空白。

是日 西北地区首座船舶馆——银川船舶馆在银川黄河军事文化博览园正式建成开馆。展馆是由银川市政府与中国船舶集团携手共建，建筑面积4500平方米，是军博园"五馆"建设中最大的一个展馆。

19日 宁夏完成第二次全国污染源普查各项工作任务，历时三年。此次普查建成了宁夏第二次全国污染源普查规范统一的数据库，存储了2100余张数据库表、46万余个数据字段、187万余条数据记录，形成了宁夏第二次全国污染源普查"一张图"。

是日 7时20分，D55303次动车组列车从银川火车站驶出，开往西安方向，经过3小时51分试运行，于11时11分安全抵达西安北车站，这是西银客专首次进行全线运行试验。

20日 银川市沈阳路快速通道（宏图街—友爱街）通车。通车后，西夏区到兴庆区的通行时间将从30分钟以上缩短至15分钟之内，全程无红绿灯，设计时速为每小时80公里。沈阳路快速通道是银川市"九横十九纵"城市主干路网骨架之一，是全市首条快速通道，全长约21.88公里，估算总投资约36.02亿元。

是日 由自治区教育厅主办的第二届宁夏"互联网+教育"装备博览会在银川市举办，新奇有趣的3D打印和人工智能设备、可自助体验的"网红"朗读亭、触屏可控的智慧课桌亮相博览会。

20—21日 全国人工智能助推教师队伍建设暨加强新时代乡村教师队伍建设现场推进会在石嘴山市召开。教育部副部长孙尧参加会议并讲话，自治区副主席杨培君参加会议并致辞。推进会上，自治区教育厅、石嘴山市和上海市、湖北省、华中师范大学、西安电子科技大学等代表作交流发言。与会代表还观摩了石嘴山市第三中学、宁夏中小学教师智能研训基地（石嘴山）、石嘴山市第十五小学等人工智能试点学校。

21日 作为国家舞台艺术精品创作工程重点扶持剧目，由宁夏演艺集团歌舞剧院创排的大型原创音乐剧《花儿与号手》在中山市文化艺术中心上演，标志着《花儿与号手》南方巡演正式开启。

22日 由工业和信息化部人才交流中心主办，宁夏赛区预选赛由北京师范大学银川学校、宁夏悦高智能开发教育科技有限公司（银川乐高机器人学校）等单位共同承办的第十二届蓝桥杯全国软件和信息技术专业人才大赛青少年编程组宁夏预选赛开赛，全区217名青少年参赛。

24日 2020年全国劳动模范和先进工作者表彰大会在北京人民大会堂隆重举行。宁夏36名全国劳动模范和先进工作者受到表彰。

25日 作为建党100周年献礼影片《我的父亲焦裕禄》在银川市正式杀青。

是日 高速公路河东国际机场至银川市区段打造的5G高速公路已完成11个基站建设，建成后可实现5G信号全覆盖。这条路段将成为该公司与宁夏移动联手打造的宁夏第一条5G网络全覆盖高速公路。

26日 自治区市场监督管理厅"12315"投诉举报热线统一接诉平台正式上线运行，彻底改变过去由各市、县市场监管部门分散接听模式，由自治区市场监督投诉举报中心集中接听分级交办，消费者遇到市场监督管理部门监管职能范围内的食品药品安全、产品质量、物价、知识产权、反不正当竞争、广告等问题诉求，可通过拨打全区统一的"12315"投诉举报热线"一站式"反映处理。

是日 宁夏大学、西夏区人民政府举办共建宁夏大学附属小学签约仪式。宁夏大学附属小学分为东、西两个校区，西校区为设有29个教学班的西夏区第九小学，东校区为设有18个教学班的西夏区第十一小学，两所学校均为公办小学。

27日 在中国年度最佳雇主颁奖盛典上，银川市、无锡市、苏州市、青岛市等9个城市获得"2020中国年度最佳引才城市"殊荣。

是日 国家文物局发布第一批国家级长城重要点段名单，宁夏境内的明长城三关口段、明长城北岔口段、明长城盐池县头道边段、战国秦长城原州区段入选名单。

是日 京藏高速石嘴山至中宁段、银百高速宁东至甜水堡段、西吉至会宁高速三条高速公路正式通车。

29日 闽宁协作和对口支援座谈会在福州市召开。会上，两省（区）深入学习贯彻党的十九届五中全会精神和习近平总书记重要讲话精神，共话闽宁两省（区）深厚情谊，共谋新阶段深化闽宁协作大计。福建省委书记于伟国主持会议并讲话，自治区党委书记陈润儿讲话，自治区主席咸辉通报宁夏脱贫攻坚情况，福建省省长王宁通报福建对口帮扶宁夏情况。自治区政协主席崔波、福建省政协主席崔玉英出席。

29—30日 自治区党委书记陈润儿、自治区主席咸辉带领宁夏党政代表团，到福建省宁德市、福州市考察，追寻总书记光辉足迹，感悟总书记思想伟力，学习福建省改革发展、扩大开放、生态建设、改善民生等方面的好经验好做法。福建省委书记于伟国，福建省省长王宁陪同考察。自治区政协主席崔波参加。

12月

1日 自治区党委召开离退休干部座谈会，就自治区"十四五"经济社会发展和2035年远景目标规划编制听取意见与建议。自治区党委书记陈润儿主持会议并讲话，希望各位老领导老同志充分发挥政治优势、经验优势、威望优势，离岗心向党、退休不退志，与全区人民一道奋斗"十四五"、奋进新征程，在向着第二个百年奋斗目标进军的历史大潮中书写新篇章、创造新辉煌。

3日 农业农村部、国家发展改革委等八部委联合印发《关于同意宁夏回族自治区建设国家农业绿色发展先行区的函》，要求宁夏从加强资源保护与节约利用，探索农业绿色发展典型模式；增强绿色优质农产品供给，提升农业发展质量和效益；创新体制机制，强化对农业绿色发展的政策支持；建立协同推进机制，充分发挥先行区示范带动作用四个方面推动落实。

6日 中国共产党宁夏回族自治区第十二届委员会第十二次全体会议在银川市召开。

是日 中央组织部、中央宣传部公布"最美公务员"评选结果，刘立飞等32人被确定为"最美公务员"。宁夏固原市原州区政府办公室四级主任科员、驻官厅镇东峡村第一书记海萍上榜。

9日 国家文化和旅游部资源开发司向宁夏回族自治区文化和旅游厅发函，六盘山红军长征旅游区达到申报创建国家AAAAA级旅游景区景观质量要求，同意将该景区列入国家AAAAA级旅游景区创建名单。

10日 全国爱卫办公示拟命名国家卫生城市（区）名单发布，中卫市、固原市、灵武市榜上有名。

13日 《中共宁夏回族自治区委员会关于制定国民经济和社会发展第十四个五年规划和二〇三五年远景目标的建议》发布。

15日 自治区召开全区脱贫攻坚工作新闻通气会，全区建档立卡时的80.3万名贫困人口全部脱贫，1100个贫困村全部脱贫出列，9个贫困县全部脱贫摘帽。全区累计投入各类财政扶贫资金468亿元，75%以上分配给了贫困县。闽宁协作24年来，福建省累计投入帮扶资金33.69亿元。"十三五"期间，经福建省招商引资落地宁夏产业项目521个，累计投资总额近300亿元，建成闽宁产业园10个，形成纺织轻工、食品加工和中药材等一批特色产业。实现了从深度贫困到消除绝对贫困的根本性转变。

16日 中卫遥感卫星定标场启用仪式在"2020云天大会"期间举行，中国科学院、中国工程院院士李德仁致辞。该定标场是全球首个集成像遥感卫星和非成像测高卫星的综合定标与真实性检验场地。

17日 由自治区总工会组织的争做奋斗者、建功"十四五"全区劳模精神"三进"宣讲活动走进宁夏旅游投资集团，现场百余名职工聆听了宣讲。

是日 文化和旅游部正式公布第二批97个国家全域旅游示范区名单，青铜峡市和平罗县上榜。

18日 由自治区党委网信办指导、宁夏新闻网主办的"贺兰山网评"大赛正式启动。大赛参赛作品可围绕幸福小康、乡村振兴、先行区建设、生态保护、守护乡愁、高质量发展、民生福祉、社会热点等议题开展网上述评，以独特视角、丰富内涵、感染力强的作品，全方位、多角度网聚智慧力量，构筑积极向上的网络空间精神家园，凝聚建设美丽新宁夏的网上正能量。

21日 宁夏慈善总会第五次会员代表大会在银川市召开。自治区党委书记陈润儿、自治区主席咸辉发去贺信。中华慈善总会副会长刘伟应邀出席会议。全国政协民族和宗教委员会副主任齐同生出席会议并当选宁夏慈善总会第五届理事会会长。

是日 以"发展信创产业、助力先行区建设"为主题的宁夏信创产业发展峰会在银川市举行。自治区党委常委、秘书长赵永清，自治区副主席吴秀章出席峰会开幕式并为"宁夏回族自治区信创保障基地"揭牌。

22日 自治区党校（行政学院）中国共产党思想理论资源数据库和黄河流域生态保护和高质量发展数据库正式开通。

23日 自治区主席咸辉主持召开自治区双拥工作领导小组会议，强调要认真学习贯彻习近平总书记关于双拥工作的重要论述，全面落实全国双拥模范城（县）命名暨模范单位和个人表彰大会精神，深刻把握双拥工作形势，全面落实双拥工作任务，不断提升双拥工作水平，使双拥工作始终保持蓬勃生机，努力开创双拥工作新局面。

是日 自治区党委召开贯彻新时代党的组织路线、加强领导班子建设暨培养选拔优秀年轻干部工作座谈会。自治区党委书记陈润儿出席会议并讲话，强调要深入学习领会和贯彻落实新时代党的组织路线，切实加强领导班子建设，培养选拔优秀年轻干部，为继续建设经济繁荣民族团结环境优美人民富裕的美丽新宁夏提供坚强组织保证。

是日 石嘴山市全国首列粉煤灰多式联运出口班列正式发运。班列由宁夏中泰实业公司和中国外运华中有限公司宁夏分公司共同实施，首趟班列满载40个集装箱，货重1280吨。此次班列开运是全国第一次以国际班列多式联运形式发运非洲国家、第一次实现粉煤灰整列出口，是宁夏口岸发展史上的重要成果。

24日 中国工程院调研黄河黑山峡水利枢纽工程宁夏座谈会在银川市召开。自治区党委书记陈润儿出席会议并讲话，自治区主席咸辉主持。自治区水利厅负责人汇报了黄河黑山峡水利枢纽工程推进情况，中国工程院院士张建云、钮新强、胡春宏、王复明、孔宪京、邓铭江和水利部水利水电规划设计总院原副院长梅锦山先后发言。大家认为，黑山峡水利枢纽工程在优化水资源配置、调节黄河水沙关系、推动黄河流域生态保护和高质量发展上具有重要作用。中国工程院将积极发挥国家高端智库作用，通过调研充分了解有关情况，进一步凝聚院士专家力量，围绕河段开发过程中的工程技术问题积极建言献策，为党中央决策提供参考。

是日 甘肃境内老君坡（宁甘界）至会宁段通车。至此，西会高速实现全线贯通，从固原上高速前往兰州里程将缩短60多千米，时间将节省近1个小时。西会高速顺利通车将打通固原、西吉至会宁、定西等地便捷快速通道，对完善宁夏与甘肃高速公路网结构，加强两省（区）相关地区经济交流、改善投资环境，带动区域经济建设具有重要意义。

25日 "全国知名浙商宁夏行"活动

在银川市举行，300多名区内外知名浙商齐聚塞上江南，围绕“汇聚浙商力量，助推宁夏高质量发展”主题，共叙友谊、共话合作、共谋发展。在当天下午举办的“全国知名浙商宁夏行”论坛上，自治区党委书记陈润儿出席论坛并致辞，自治区主席咸辉出席论坛。浙江省人大常委会原副主任、浙商发展研究院院长王永昌作主题演讲，全国政协委员、宁波市政协原主席、宁波经促会会长杨戌标致辞。

是日 宁夏开放大学（原宁夏广播电视大学）正式揭牌成立，这所“互联网+教育”新型大学将服务宁夏全民终身学习教育，推进开放教育、社区教育、老年教育体系建设。

25—26日 团中央青年宣讲团来到宁夏，以“青春新征程 奋进‘十四五’”为主题，宣讲党的十九届五中全会精神。宣讲活动分别围绕“创新、协调、绿色、开放、共享”五大发展理念，深入银川市、石嘴山市和吴忠市进行宣讲，与宁夏青联部分委员、学联代表、学生骨干、宁夏青年讲师团、宁夏援助湖北医疗队代表、疫情防控青年志愿者、青年社会组织负责人、创业青年、企业青年职工、农村致富带头人等各界青年深入交流。

26日 银西高铁正式开通运营，标志着宁夏全面融入全国高铁大网络。自治区党委书记陈润儿出席列车首发仪式并宣布开通，自治区主席咸辉，国家铁路集团总经理杨宇栋出席并致辞，自治区政协主席崔波出席，自治区副主席刘可为主持首发仪式。

是日 下午2时40分，首发的银西高铁“贺兰红”冠名列车从银川火车站开出。“贺兰红”冠名列车正式运营，标志着宁夏葡萄酒“走出去”有了新通道。

是日 第五届吉林国际冰雪产业博览会、第八届中国旅游产业发展年会在吉林省长春市开幕，揭晓了2020年度中国旅游产业影响力风云榜。宁夏三个项目荣登2020中国旅游产业风云榜。其中，宁夏“晒文旅·晒优品·促消费”大型文旅推介活动入选2020年度中国旅游影响力营销案例，《星空朗读》走进宁夏活动入选2020年度中国旅游影响力节庆活动，银川市入选2020年度中国夜游名城。

27日 “宁夏贺兰山东麓葡萄酒西安体验中心”在陕西西安市挂牌运营，将利用银西高铁开通带来的利好条件，在葡萄酒教育、品鉴交流、葡萄酒定制服务、产学研交流等方面开展合作，整合各自资源，放大产区优势，开拓更加广阔的葡萄酒及衍生品销售市场。

31日 中央农村工作领导小组办公室印发《关于宁夏全区开展乡村治理示范创建的批复》，同意宁夏全区开展乡村治理示范创建，宁夏成为全国首个整省区开展乡村治理示范创建的省（区）。

是月 水利部公布第三批节水型社会建设达标县（区）名单，宁夏固原市原州区、西吉县、中卫市沙坡头区、中宁县达标，至此，全区有9县（区）被评为节水县域达标县。

是月 宁东能源化工基地管委会与韩国晓星集团签订年产36万吨氨纶及其原料配套项目合作协议。自治区党委书记陈润儿、自治区主席咸辉在银川市会见韩国晓星集团中国区董事长李宰宇、晓星化工（嘉兴）有限公司总经理金圣修一行。

是月 文化和旅游部公布第四批全国旅游标准化示范单位，经实地验收和评审，全国共有28个试点单位达到工作标准和试点目标，固原市榜上有名。

宁夏综览

NINGXIAZONGLAN

NINGXIA YEARBOOK

编辑◎霍丽娜

地理人文

【地理环境】宁夏回族自治区，简称宁，位于祖国西北部的黄河中上游地区，地处北纬35°14′～39°23′，东经104°17′～107°39′。东邻陕西省，西部、北部接内蒙古自治区，南部与甘肃省相连，总面积为6.64万平方千米。从地理位置看，宁夏在全国东、中、西三大带划分中，位于中部、西部过渡区，是西北地区距离华北最近的省（区），区位优势明显。地形南北狭长，南北相距456千米，东西相距约250千米。全境海拔1000米以上，地势南高北低，落差近1000米，呈阶梯状下降。黄河从宁夏中北部穿越12个县市，流程397千米。贺兰山是银川平原的天然屏障，主峰为敖包疙瘩，海拔3556米。宁夏平原是发展农业的理想绿洲，自古就享有“塞北江南”“塞上明珠”盛誉。在中国自然区划中，宁夏跨东部季风区和西北干旱区，西南靠近青藏高寒区，大致处在中国三大自然区的交会、过渡地带。在中国国土开发整治的地域划分上，宁夏位于中部重点开发区的西缘或西部待开发区的东缘，北部和中部系“三北”防护林建设工程的重点地段，南部属于黄土高原综合治理区和“三西”地区范围。宁夏远离海洋，深居内陆，南端（固原地区南半部）属暖温带半干旱区，中部（固原地区的北部至盐池、同心一带）属中温带半干旱区，北部（银川平原）则为中温带干旱区，南北气候悬殊，是典型的大陆型气候。全年各地年平均气温为6.9℃～11.5℃，大部地区较常年偏高0.5℃～1.6℃，宁夏降水量南多北少，且大都集中在夏季。

【自然资源】2020年，宁夏可利用黄河水40亿立方米，占分配总量的7%；已探明煤炭储量469亿吨，居全国第六位，其中宁东煤田探明储量393亿吨，被列为国家14个大型煤炭基地之一；有大中型火电站20座，人均发电量居全国第一位；探明矿产资源50多种，人均自然资源潜值为全国平均值的163.59%，居全国第五位。

【地形地貌】宁夏在地理上分为三大板块：一是北部引黄灌区，地势平坦，土壤肥沃，素有“塞上江南”的美誉；二是中部干旱带，干旱少雨，风大沙多，土地贫瘠，生存条件较差；三是南部山区，丘陵沟壑林立，部分地域阴湿高寒，是国家级贫困地区。黄河自中卫入境，向东北斜贯于河套平原之上，顺地势经石嘴山出境。平原上土层深厚，地势平坦，加上坡降相宜，引水方便，便于引流灌溉。宁夏地貌复杂，山地迭起，盆地错落，大体可分为：黄土高原，鄂尔多斯台地，洪积冲积平原和六盘山、罗山、贺兰山南北中三段山地。平均海拔1000米以上。按地表特征，还可分为南部暖温带平原地带、中部中温带半荒漠地带和北部中温带荒漠地带。全区从南向北表现由流水地貌向风蚀地貌过渡的特征。宁夏地处黄土高原与内蒙古高原的过渡地带，地势南高北低。从地貌类型看，南部以流水侵蚀的黄土地貌为主，中部和北部以干旱剥蚀、风蚀地貌为主，是内蒙古高原的一部分。境内有较为高峻的山地和广泛分布的丘陵，也有由于地层断陷又经黄河冲积而成的冲积平原，还有台地和沙丘。

【三大山脉】宁夏著名的山脉有贺兰山、六盘山和罗山。贺兰山绵亘于宁夏的西北部，南北长200多千米，东西宽15～60千米。山地海拔多在1600～3000米，主峰达3556米。古人称之为“朔方之保障，沙漠之咽喉”。山势巍峨雄伟，既削弱了西北寒风的侵袭，又阻挡了腾格里沙漠流沙的东移，成为银川平原的天然屏障。山中有丰富的煤炭等矿产资源。山麓部分，1500米以下为荒漠草原带；

1500米以上出现覆盖度较大、草本植物生长较高的山地草原及旱生灌木丛带；2000米以上，有以云杉、油松等为主要成分的森林；森林带以上，有一定面积的高山灌丛草甸带，是较好的夏季牧场。贺兰山的山脊是我国荒漠草原与荒漠、季风区和非季风区、外流区域和内流区域的分界线。山岭中间，也有一些较低矮的山口，成为东西交通要道。其中三关口是银川通往内蒙古阿拉善盟的重要通道。六盘山，古称陇山，位于宁夏南部，耸立于黄土高原之上，是一条近似南北走向的狭长山脉。主峰米缸山位于泾源县和尚铺村以南，海拔2930米，山势高峻，山路曲折险狭，须经六重盘道才能到达顶峰，六盘山因此而得名。山腰地带降雨较多，气候较为湿润，宜于林木生长，有较繁茂的天然次生阔叶林，使六盘山成为突起于黄土高原之上的一个"绿岛"，也是宁夏重要的林区之一。罗山，位于宁夏南部同心县。地理坐标为北纬37°11′～37°25′，东经106°04′～106°24′。罗山有效地阻滞了毛乌素沙漠的南侵，是宁夏中部的绿色生态屏障，也是宁夏中部重要的水源涵养林区。罗山自然保护区始建于1982年7月1日，2002年7月设立为国家自然保护区，自然保护区面积为33710公顷，土壤以山地灰钙土、山地灰褐土为主。属典型的温带大陆性气候。保护区内有野生植物资源65科170属275种，有野生动物资源22目114种82个亚种。近年来，保护区通过继续组织实施天然林保护工程、"三北"四期造林工程、国家级自然保护区二期建设工程和中德合作造林项目，封山育林15万亩，新造林地3万亩，罗山森林覆盖率由9.4%提高到40%。罗山的水源涵养能力得以提高并改善了区域气候的整体功能。

【历史沿革】宁夏历史悠久。元朝灭西夏后，以平定西夏、稳定西夏、西夏"安宁"之意，取名"宁夏"，宁夏因此而得名。宁夏是中华远古文明的发祥地之一。灵武市水洞沟旧石器时代文化遗址中发掘出来的石器、骨器和用火痕迹表明，远在距今3万年前后，宁夏境内就有了人类活动。商、周时期，称为胡（北狄）、羌（西戎），后又有称为猃狁（熏育、荤粥）的游牧部落活动。春秋战国时期，固原南部属秦，其余地区分别为义渠、乌氏、朐衍诸戎部族的聚居地。秦昭王三十五年（前272）灭义渠诸戎国，将三陇大片土地并入秦国，归北地郡管辖，宁夏全境被纳入中原王朝版图。秦始皇统一六国后，派兵北逐匈奴，在宁夏屯垦，沿黄河置县，开创了移民开发引黄灌溉农业的历史。汉代，宁夏各县先后分属北地郡和安定郡，实施移民屯垦，经济得到开发。三国两晋南北朝时期，宁夏地区政权更替，民族大融合进一步发展。唐朝宁夏属关内道，次年在灵州（今宁夏吴忠市利通区境内）设大都督府、朔方节度使。天宝十四载（755）"安史之乱"爆发，太子李亨进入宁夏，次年在灵武郡（灵州一度改郡）登基继承帝位，即唐肃宗。当时，宁夏已成为中国东西交通贸易的重要通道之一。北宋宝元元年（1038），党项族首领李元昊以宁夏为中心，建立地方割据政权，国号大夏（史称"西夏"）。蒙古成吉思汗二十二年（1227）蒙古灭夏，于蒙古中统二年（1261）在西夏故地设立西夏中兴等路省。元至元二十五年（1288）降为甘肃省宁夏府路，始有"宁夏"地名。明朝设宁夏卫所屯田。清朝设甘肃省宁夏府、固原州。民国十八年（1929年）设宁夏省，辖除固原地区及海原县以外的现有市、县及内蒙古的阿拉善旗、额济纳旗和磴口县。1949年9月23日，宁夏省解放，辖区范围与中华民国时相同。1954年，撤销宁夏省，将原属宁夏省的阿拉善旗、额济纳旗和磴口县划归内蒙古自治区。1958年10月25日，宁夏回族自治区成立，辖原属甘肃省的银川专区、吴忠回族自治州、西海固回族自治州及泾源县、隆德县。1969年，内蒙古自治区巴彦淖尔盟所属的阿拉善左旗和阿拉善右旗的5个公社并入宁夏。1979年，这些地区又划回内蒙古自治区。

【行政区划】宁夏是中国5个少数民族自治区之一，下辖银川、石嘴山、吴忠、固原、中卫5个地级市，灵武、青铜峡2个县级市，永宁、贺兰、平罗、盐池、同心、西吉、隆德、泾源、彭阳、中宁、海原11个县，兴庆、西夏、金凤、大武口、惠农、利通、红寺堡、原州、沙坡头9个市辖区，193个乡镇（103个镇、90个乡），47个街道办事处。按照自然地理和经济条件，宁夏可分为两大板块。沿黄经济区：包括银川、石嘴山、吴忠、中卫4个地级市及所辖永宁、贺兰、平罗、灵武、青铜峡、中宁等10个市县。该地区处于河套平原，资源丰富，且综合条件较好，经济发展水平较高，以43%的土地面积集中了全区57%的人口，占90%以上的经济总量和财政收入，是宁夏的精华地带和经济发展的龙头，自唐代便有"塞北江南"之美誉，也是国家主体功能区规划建设的18个重点开发区之一。中南部地区：包括红寺堡区、原州区、盐池县、同心县、西吉县、隆德县、泾源县、彭阳县、海原县9个国家扶贫开发重点县（区）以及沙坡头区、中宁县的山区，处于中国半干旱黄土高原向干旱风沙区过渡的农牧交错地带。

【旅游资源】宁夏自古就有“塞北江南”的盛誉。宁夏的“三山一河(贺兰山、六盘山、罗山、黄河)”“两沙一陵(沙湖、沙坡头、西夏陵)”“两堡一城(将台堡、镇北堡、古长城)”,展现了深厚的文化底蕴和独特的自然风光。数百公里的秦长城、明长城遗迹横亘于塞上,被专家誉为“中国的长城博物馆”。风光旖旎的沙湖距银川市56千米,1994年被国家旅游局评为全国35个王牌旅游景点之一。沙坡头的治沙成果蜚声中外,被联合国授予“全球环保500佳”。须弥山石窟初凿于北魏,兴盛于北周,唐代至明朝均有开凿,是中国最重要的石窟艺术宝库之一。华夏西部影城、贺兰山岩画、西夏陵、青铜峡鸟岛、水洞沟遗址等景点和古迹,在国内外具有很高的知名度。宁夏鸣翠湖国家湿地公园、阅海湿地公园、青铜峡黄河生态园等一批休闲度假旅游景区为广大游客提供了假期休闲放松的场所。红色旅游文化资源也很丰富。1926年,中国共产党在宁夏建立了特别支部。1935年10月初,毛泽东等率领中央红军,翻越六盘山,经过西吉、海原、隆德、固原等地,到达陕北。在翻越六盘山时,毛泽东写下了著名的《清平乐·六盘山》。两百多位革命家、政治家、军事家、开国元勋、将帅先后在宁夏生活和战斗过。随着沿黄生态经济带的建设,“天下黄河富宁夏”也被赋予了新的内涵。宁夏有着可进入性最强、安全系数最高、交通最为便利的沙漠景区。宁夏沙漠紧邻河流、湖泊、草原,旅游资源丰富多样。沙坡头、沙湖、黄沙古渡等景区都是利用奔腾的黄河和丰富的水资源,使沙水相依。宁夏博物馆、固原博物馆、宁夏科技馆、国务院直属口五七干校博物馆等展现了宁夏不同的文化。贺兰山东麓形成一条南起甘城子、北至石嘴山的百余公里葡萄长廊。

【农业资源和物产】黄河流经宁夏397公里,素有“天下黄河富宁夏”之美誉。农业综合生产水平在西北地区名列前茅,属国家级“两高一优”农业示范区,是我国四大自流灌区和七大商品粮基地之一。有待开发的荒地1000万亩,有可利用的草地3400万亩。宁夏光照充足,昼夜温差大,环境洁净,有利于发展优质高效的枸杞、牛羊肉、奶业、马铃薯、瓜菜、优质粮食、淡水鱼、葡萄、红枣、优质牧草、农作物制种、苹果、道地中药材等特色种养业和农村清洁能源、农业循环经济。良好的农业生产条件,形成了具有区域竞争力的13个特色优势产业。特别是枸杞、酿酒葡萄、甘草、瓜果、马铃薯、优质牛羊肉等特色产业,在西部乃至全国都有影响。依托丰富的农副产品和动植物药用资源,粮食加工、绒毛皮加工、肉奶制品、葡萄酿酒等优势产业发展势头良好,枸杞、抗生素、羊胎素等医药保健系列产品发展迅速,“塞北雪”“圣雪绒”“夏进”“西夏王”等一批知名品牌快速成长。沿黄河两岸水产养殖条件优越,全区人均水产品占有量居西北地区首位。

【人口发展】截至2020年年底,全区常住人口为7202654人,与2010年第六次全国人口普查相比增加901304人,增长14.3%,年平均增长率为0.14‰。全区共有家庭户2535074户,集体户126808户,家庭户人口为6709343人,集体户人口为493311人。平均每个家庭户的人口为2.65人,比2010年第六次全国人口普查减少0.6人。全区常住人口中,汉族人口为4612964人,占人口总数的64.05%;各少数民族人口为2589690人,占人口总数的35.95%,其中回族人口为2523581人,占人口总数的35.04%。与2010年第六次全国人口普查相比,汉族人口增加543552人,增长13.36%;各少数民族人口增加357752人,增长16.03%,其中回族人口增加332602人,增长15.18%。全区常住人口中,男性人口为3668938人,占人口总数的50.94%;女性人口为3533716人,占人口总数的49.06%。总人口性别比(以女性为100,男性对女性的比例)为103.83,与2010年第六次全国人口普查总人口性别比105.09相比,下降1.26个百分点。全区常住人口中,0~14岁人口为1468004人,占人口总数的20.38%;15~59岁人口为4760508人,占人口总数的66.09%;60岁及以上人口为974142人,占人口总数的13.53%,其中65岁及以上人口为692824人,占人口总数的9.62%。与2010年第六次全国人口普查相比,0~14岁人口的比重降低1.10个百分点,15~59岁人口的比重降低2.85个百分点,60岁及以上人口的比重上升3.95个百分点,65岁及以上人口的比重上升3.21个百分点。全区常住人口中,拥有大学(指大专及以上)文化程度的人口为1248938人,拥有高中(含中专)文化程度的人口为967429人,拥有初中文化程度的人口为2140403人,拥有小学文化程度的人口为1880672人(以上各种受教育程度的人包括各类学校的毕业生、肄业生和在校生)。与2010年第六次全国人口普查相比,每10万人中:拥有大学文化程度的由9152人增至17340人,拥有高中文化程度的由12451人增至13432人,拥有初中文化程度的由33654人减少为29717人,拥有小学文化程度的由29826人减少为26111人。与2010年第六次全国人口普查相比，全区常住人口中，15岁及以上人口的平均受教育年限由8.82年提高至9.81年。全区常住人口中，居住在城镇的人口为4678654人，占人口总数的64.96%；居住在乡村的人口为2524000人，占人口总数的35.04%。与2010年第六次全国人口普查相比，城镇人口增加1660307人，乡村人口减少759003人，城镇人口比重上升17.06个百分点。全区常住人口中，人户分离为3362670人，其中，市辖区内人户分离为855675人，流动人口为2506995人。流动人口中，外省流入人口为675119人，区内流动人口为1831876人。与2010年第六次全国人口普查相比，人户分离增加1828188人，增长119.14%。全区总人口分5个地级市看，银川市人口为2859074人，占全区常住人口的39.69%；石嘴山市人口为751389人，占人口总数的10.43%；吴忠市人口为1382713人，占人口总数的19.2%；固原市人口为1142142人，占人口总数的15.86%；中卫市人口为1067336人，占人口总数的14.82%。5个地级市人口比重与2010年的第六次全国人口普查相比，银川市人口所占比重上升8.07个百分点，石嘴山市、吴忠市、固原市、中卫市人口所占比重分别下降1.09个百分点、1.02个百分点、3.63个百分点、2.33个百分点。

（王会宁）

经济建设

【经济运行状况】2020年，全区实现生产总值3920.55亿元，按不变价格计算，比上年增长3.9%。其中，第一产业增加值338.01亿元，增长3.3%；第二产业增加值1608.96亿元，增长4%；第三产业增加值1973.58亿元，增长3.9%。第一产业增加值占地区生产总值的比重为8.6%，第二产业增加值占地区生产总值的比重为41%，第三产业增加值占地区生产总值的比重为50.4%，比上年提高0.2个百分点。全年全区规模以上工业中，高技术制造业增加值比上年增长9.9%。全年水电、风电、太阳能等可再生能源发电量352.4亿千瓦时，比上年增长9.4%。全年变压器产量比上年增长8.2%，数控金属切割机床产量比上年增长36.7%，工业机器人产量比上年增长26.5%。全年全区工业技术改造投资比上年增长18%。全年全区网上零售额按卖家所在地分，实现零售额209.4亿元，增长10.3%，其中实物商品零售额63.2亿元，比上年增长39.5%。

【财政税收】2020年，全区一般公共预算总收入704.1亿元，比上年下降5.8%。其中，地方一般公共预算收入419.4亿元，比上年下降1%。在地方一般公共预算收入中，税收收入263.8亿元，比上年下降1.4%，占地方一般公共预算收入的62.9%。

【国内贸易】2020年，全区实现社会消费品零售总额1301.39亿元，比上年下降7%。按经营地统计，城镇消费品零售额1123.81亿元，比上年下降7.1%；乡村消费品零售额177.58亿元，比上年下降6.7%。按消费类型统计，商品零售额1137.04亿元，比上年下降7%；餐饮收入额164.35亿元，比上年下降7.2%。在限额以上单位商品零售额中，粮油、食品类零售额比上年增长14.1%，饮料类比上年增长2.7%，烟酒类比上年下降2.7%，服装、鞋帽、针纺织品类比上年下降16.7%，化妆品类比上年下降10.8%，金银珠宝类比上年下降18.5%，日用品类比上年下降10.6%，家用电器和音像器材类比上年下降15.8%，中西药品类比上年增长10.8%，文化办公用品类比上年下降16%，通信器材类比上年下降24.5%，石油及制品类比上年下降13.3%，汽车类比上年下降1.3%。

【对外经济】2020年，全区货物贸易进出口总额123.17亿元，比上年下降48.8%。其中，出口86.68亿元，比上年下降41.8%；进口36.49亿元，比上年下降60.3%。货物贸易进出口差额（出口减进口）50.19亿元。对“一带一路”沿线国家和地区进出口总额39.06亿元，比上年下降43.2%。其中，出口35.02亿元，比上年下降31.4%；进口4.04亿元，比上年下降77.3%。全年全区实际使用外商直接投资2.72亿美元，比上年增长8.4%。全区新设外商投资企业22个，合同外资金额6.15亿美元，比上年下降88.2%。其中，信息传输、软件和信息技术服务业签订利用外商直接投资合同额1.9亿美元，比上年增长137.7%。

【固定资产投资】2020年，全区全社会固定资产投资比上年增长4.8%。其中，固定资产投资（不含农户）增长4%。在固定资产投资（不含农户）中，第一产业投资比上年增长15.6%，第二产业投资比上年增长15.6%，第三产业投资比上年下降5.3%。工业投资增长15.7%，占固定资产投资（不含农户）的比重为45.5%。基础设施投资比上年下降15.3%，占固定资产投资（不含农户）的比重为17.4%。民间固定资产投资增长7.8%，占固定资产投资（不含农户）的比重为56.9%。全年全区房地产开发投资433.27亿元，比上年增长7.5%。其中，住宅投资308.59亿元，增长比上年9.5%；办公楼投资4.08亿元，比上年下降40.8%；商业营业用房投资61.87亿元，比上年下降0.1%。

【居民收支消费】2020年，全区全体居民人均可支配收入25735元，比上年增长5.4%。按常住地分，城镇居民人均可支配收入35720元，比上年增长4.1%；农村居民人均可支配收入13889元，比上年增长8%。2020年，全区居民人均消费支出17506元，比上年下降4.3%。按常住地分，城镇居民人均消费支出22379元，比上年下降7.4%；农村居民人均消费支出11724元，比上年增长2.3%。

【消费品市场】2020年，全区实现社会消费品零售总额1301.4亿元，同比下降7%，降幅连续11个月收窄。从全年看，社会销售品零售总额增速从大幅下降向降幅不断收窄并逐步趋稳转变，消费品市场呈现持续回升、稳步复苏态势。零售、住宿和餐饮行业降幅不断收窄，批发业保持稳定。

【农业经济】2020年，全区粮食种植面积1018.75万亩，比上年增加2.7万亩，粮食总产量380.49万吨，比上年增产7.34万吨，比上年增长2%，连续17年实现丰收。全年全区肉类总产量33.77万吨，比上年增长0.7%。禽蛋产量13.86万吨，与上年持平。牛奶产量215.34万吨，比上年增长17.4%。水产品产量16.16万吨，比上年增长2.5%。2021年年底，全区生猪存栏90.02万头，比上年增长22.7%；肉牛存栏120.65万头，比上年增长24.2%；奶牛存栏57.38万头，比上年增长31.2%；羊存栏596.11万只，比上年增长4.9%；活家禽存栏1181.82万羽，比上年下降8%。全年生猪出栏98.6万头，比上年增长2.1%；肉牛出栏71.99万头，比上年增长0.1%；羊出栏625.13万只，比上年增长7.8%；活家禽出栏1386.7万羽，比上年下降19.6%。

【工业经济】2020年，全区全部工业增加值1283.69亿元，比上年增长4.2%。规模以上工业增加值增长4.3%。在规模以上工业中，分轻重工业看，轻工业增加值下降0.7%，重工业增加值增长5%。分经济类型看，国有控股企业增加值下降1%；股份制企业增长3.7%，外商及港澳台商投资企业增长9%；非公有工业增长10.1%，其中私营企业增长10.5%。分门类看，采矿业增加值下降1.9%，制造业增长5.4%，电力、热力、燃气及水生产和供应业增长6%。全年全区规模以上工业中，电力行业增加值比上年增长4.6%、化工行业比上年增长1.5%、冶金行业比上年增长1.7%、有色行业比上年增长2.9%、轻纺行业比上年下降2.8%、机械行业比上年增长29.4%、建材行业比上年下降0.9%、医药行业比上年增长5.1%、其他行业比上年增长23.7%。工业产品销售率为97.4%。全区发电装机容量5942.7万千瓦，比上年增长12.2%。其中，火电装机容量3326.4万千瓦，比上年增长3.3%；水电装机容量42.6万千瓦，比上年增长0.1%；风电装机容量1376.6万千瓦，比上年增长23.3%；太阳能发电装机容量1197.1万千瓦，比上年增长30.4%。全年全区规模以上工业企业利润203.9亿元，比上年下降9%。分经济类型看，国有控股企业利润37.6亿元，比上年下降50.3%；股份制企业145亿元，比上年下降19.1%；外商及港澳台商投资企业57.3亿元，比上年增长35.4%。分门类看，采矿业亏损5.7亿元，同比盈转亏39亿元；制造业利润152.2亿元，比上年增长16.9%；电力、热力、燃气及水生产和供应业57.4亿元，比上年下降5.3%。

【建筑业】2020年，全区具有资质的总承包和专业承包建筑业企业748家，全年完成建筑业总产值641.81亿元，比上年增长6.7%。建筑业企业房屋建筑施工面积2107.74万平方米，比上年下降6.4%；房屋竣工面积756.98万平方米，比上年增长11.5%；竣工产值320.07亿元，比上年增长6.7%。按建筑业总产值计算的劳动生产率30.26万元/人，比上年增长3%。

【金融业】2020年，全区金融机构本外币各项存款余额7136.24亿元，比年初增加675.82亿元。其中，人民币各项存款余额7121.31亿元，比年初增加677.89亿元。金融机构本外币各项贷款余额7981.87亿元，比年初增加656亿元。其中，人民币各项贷款余额7782.59亿元，比年初增加615.31亿元。2020年年底，全区上市公司14家，总股本206.15亿股，总市值1357.41亿元，比上年增长6.7%。其中，流通市值723.2亿元，比上年增长26%。全年证券交易额12737.98亿元，比上年增长46%。2020年年底，全区在全国中小企业股份转让系统挂牌公司48家，比上年下降11.1%。2020年年底，全区省级营业性保险分公司23家，全年实现保费收入210.71亿元，比上年增长6.6%。支付各类赔款和给付66.12亿元，比上年增长4%。

【邮电业】2020年，全区完成邮政业务总量24.98亿元，比上年增长25%。邮政业完成邮政函件业务240.06万件；包裹业务8.82万件；快递业务量7317.77万件，快递业务收入11.83亿元。全年全区完成电信业务总量924.4亿元，比上年增长24.2%。2020年年底，全区电话用户总数890.6万户，其中移动电话用户839.2万户。(固定)互联网宽带接入用户283.6万户，比上年增加24.5万户。移动互联网用户712.7万户，比上年增加26.8万户；移动互联网接入流量115767.2万千兆字节，比上年增长32.3%。

【交通运输】2020年，宁夏提前一年实现全区所有乡镇、建制村"通硬化路、通客车"目标。全区完成新改建农村公路1694千米。红寺堡区迈入"四好农村路"全国示范县行列，彭阳县韩财公路等10条农村公路获宁夏"最美农村路"称号。编制完成《银川都市圈交通运输一体化实施方案》。开通利通区至灵武、大武口至平罗等4条城际公交线路，实现银川、吴忠、石嘴山公交一卡通与全国互联互通。全区运营新能源公交车1330辆，约占公交车总量的30%。全年完成公路水路固定资产投资141亿元，为自治区计划任务的118%。石嘴山市、固原市完成年度投资计划的220%。"五路一桥"6个重点项目建设进展顺利，其中京藏高速"四改八"主线通车运营，泾源至华亭高速公路主体完工，全区首个公路PPP项目石嘴山红崖子黄河大桥建成通车。8个国（省）道升级改造项目按期完工，国道307线盐池至高沙窝段等3个项目当年开工、当年建成。全年完成公路建设2220千米。全区公路和高速公路通车里程分别达到3.66万千米、1788千米，公路网密度每百平方千米55千米，高于全国平均水平。全年减免高速公路通行费5.05亿元。全面完成228套门架系统、384条ETC车道改造任务，7处省界收费站如期撤站。全区普通国省干线公路技术状况指数达到84.9，路面技术状况指数81.5，优良路率为77.3%。实施普通公路安全生命防护工程907千米，改造危桥17座。全区4791辆客车、4926辆危货车辆安装智能视频监控装置，2108辆城市公交车安装改造驾驶区域防护隔离装置。组织水上交通安全检查60批次，水上交通全年"零事故"。全年全区货物运输总量4.4亿吨，比上年增长0.8%；货物运输周转量764.75亿吨千米，比上年增长7.7%。全年全区旅客运输总量0.38亿人千米，比上年下降37.5%；旅客运输周转量99.76亿人千米，比上年下降37.1%。2020年年底，全区民用汽车保有量171.5万辆，比上年底增长8.1%。其中，私人汽车保有量155.6万辆，比上年增长8.2%；民用轿车保有量81.07万辆，比上年增长6.4%；私人轿车77.52万辆，比上年增长6.9%。

【社会物流】2020年，全区社会物流总额完成7025.26亿元，比上年下降4.2%，增速较上年同期回落8.9个百分点。全区工业品物流总额完成4536.4亿元，比上年增长1.1%，呈现逐步回升态势。工业品物流占全社会物流总额的64.6%，拉动社会物流总额增长0.7个百分点。批发业物流需求有所回落。全区批发业物流总额完成1843.26亿元，比上年下降18.2%，呈现稳步收窄态势。批发业物流占全社会物流总额的26.2%，下拉社会总物流增速5.6个百分点。农产品物流需求增速较快。全区农产品物流总额完成589.39亿元，比上年增长21.4%。进口货物物流需求持续下滑。全区进口货物物流总额完成36.5亿元，比上年下降60.3%。单位与居民物品物流总额增速平稳。全区民生相关单位及居民物品物流总额完成19.71亿元，比上年增长6.2%，增速比社会消费品零售总额高13.2个百分点。全区完成快递业务量7317.77万件，比上年增长49.6%，增速比全国平均水平高18.4个百分点，在全国排名第二位；快递业务收入11.83亿元，比上年增长24.7%，增速比全国平均水平高7.4个百分点。

【水资源利用】2020年，全区水资源总量11.04亿立方米。平均降水量310毫米，比上年下降10.4%。总用水量70.2亿立方米，比上年增长0.43%。其中，生活用水3.71亿立方米，比上年增长8.6%；工业用水4.19亿立方米，比上年下降5.3%；农业用水58.64亿立方米，比上年下降1.7%。万元地区生产总值用水量199.7立方米，比上年下降3.33%；万元工业增加值用水量34.3立方米，比上年下降9.12%。

【全域旅游】2020年，青铜峡市、平罗县成功创建第二批国家全域旅游示范区。黄河、长城、长征国家文化公园建设稳步推进，梳理重点项目29项，高质量完成各项规划编制。实施旅游景区铸魂提质增效工程，评定AAAA级旅游景区9家、省级旅游度假区4家，全区A级以上旅游景区达到101家。2020年，全区接待国内外游客、实现旅游总收入分别比2015年增长86.44%和23.42%，年均分别增长13.27%和4.3%。以融合发展为突破口，创新沙漠游、星空游、长城游、乡村游、红色游、研学游等旅游新业态。中卫黄河宿集、沙漠星空等特色休闲度假产品成为"网红"品牌。青铜峡黄河大峡谷AAAAA级景区创建工作取得实质性进展，六盘山红军长征景区被列入国家AAAAA级旅游景区创建名单。《将台堡红军长征纪念园红色旅游发展典型案例》被列入"全国60个红色旅游发展典型案例"。六盘山红色游、生态游、乡村游产品影响力不断提升，贺兰山、长城、沙漠仰望星空研学旅游产品备受北上广等高端客源市场青睐。出台《宁夏乡村旅游发展三年行动方案（2020—2022）》，修订《宁夏乡村旅游示范点评定标准》《宁夏特色旅游村评定规范》，进一步推动乡村旅游精品化、特色化发展。命名五星级、四星级乡村旅游点37家，推出乡村旅游线路28条，20个村入围第二批全国乡村旅游重点村名录，乡村旅游带动10万多人在家门口就业。镇北堡村支部书记李飞等10人被文化和旅游部评为“全国乡村文化旅游能人”；《宁夏六盘山隆德联社“文化旅游系列贷”助力精准扶贫》《宁夏西吉龙王坝村穷山村实现了华丽变身》2个典型案例入选“世界旅游联盟旅游减贫案例100件”；乡村旅游助力脱贫攻坚做法得到文旅部表扬。在全区AAAA级以上旅游景区新建文明旅游志愿服务驿站28座、文明旅游志愿服务岗25个。

（王会宁）

政治建设

【从严治党】2020年，宁夏对全面从严治党年度任务进行分工并监督落实，对2019年度党风廉政建设责任制检查考核反馈问题整改落实情况跟踪督办，督促各级党组织细化全面从严治党“三个清单”（问题清单、责任清单、措施清单），全区共查处落实“两个责任”（主体责任、监督责任）不力问题246个、处理317人、给予党纪处分57人。出台纪律监督、监察监督、派驻监督、巡视监督统筹衔接实施办法，动态更新党员领导干部廉政档案，将监督置于被监督单位日常工作，全区纪检监察机关约谈领导班子成员、重点岗位人员1197人次，回复组织部门党风廉政意见7.6万人次，提出暂缓或否定性意见472人次。稳步推进检举举报平台建设和推广应用工作，全区共受理信访举报17891件次，其中检举控告7390件次，初次举报5794件次。坚持严管厚爱结合、激励约束并重，落实容错纠错机制，精准开展规范问责，教育回访受处理处分干部2722人次，为238名受到失实举报干部澄清正名，激励干部担当作为，保护干事创业积极性。出台《关于规范政商交往行为　推动构建亲清政商关系的意见》，进一步厘清政商交往边界、规范政商交往行为。

【政治巡视】2020年，宁夏完成3轮对32个部门（单位）党组（党委）的常规巡视，同步检查选人用人和意识形态责任制落实情况，共发现“四个落实”（落实责任、落实措施、落实政策、落实目标任务）方面问题1220个，移交问题线索56件，提交专题报告8份。十二届自治区党委巡视全覆盖完成率82.1%。对9个县（区）开展脱贫攻坚专项巡视“回头看”，发现扶贫领域问题229个。制定加强巡视整改工作的意见，建立巡视发现问题责任清单，对自治区党委前八轮巡视整改情况开展“回头看”，推动全面整改、系统整改、彻底整改。加强巡视巡察上下联动，对9个县（区）党委巡察工作开展专项检查，全区共完成对403个部门（单位）常规巡察，延伸巡察村（社区）937个。

【党风廉政建设】2020年，宁夏发现并推动整改问题1939个。开展人防系统腐败问题专项治理，监督推动职能部门开展违建别墅、“挖湖造景”、盲目合村并居、农村乱占耕地建房等问题专项清查整治，加强对坚决制止餐饮浪费行为的监督检查，确保党中央政令畅通、令行禁止。坚决扛起疫情防控政治责任，问责处理防疫责任落实不力党员、干部781人，加强对复工复产、复市复学以及做好“六稳”工作、落实“六保”任务的监督检查，为统筹推进疫情防控和经济社会发展提供坚强纪律保障。2020年，全区纪检监察机关共处置问题线索9209件、立案2125件、处分2305人，其中厅局级32人、县处级177人。开展“天网2020”行动，追回外逃职务犯罪人员1名。协助自治区党委开展“廉洁从政警示日”“廉政警示教育周”系列活动，编发区管干部违纪违法典型案件《忏悔警示录》，制作扫黑除恶警示教育片《染黑的权力》，对新任职领导干部进行廉政谈话，组织2.6万名党员干部到自治区廉政警示教育中心接受教育。开展享乐主义、奢靡之风问题专项监督检查，全区查处违反“中央八项规定”精神问题232起、批评教育帮助和处理325人、给予党纪政务处分186人，自治区纪委监委对24起典型问题公开通报曝光。大力纠治形式主义官僚主义，深入整治贯彻党中央决策部署只表态不落实、维护群众利益不担当不作为、违规向基层摊派任务、搞“指尖上的形式主义”等突出问题，加强对基层减负措施落实情况的监督。对疫情防控工作中擅离职守、推诿扯皮、有令不行、瞒报漏报等行为严查快处，督促市县党委、政府加强统筹，减少重复统计事项，确保基层党员干部全身心投入疫情防控工作。全区查处形式主义、官僚主义问题78起，处理141人，给予党纪政务处分63人。

【政务信息公开】2020年，宁夏及时公开决策类政府信息，主动公开行政规章、规范性文件558件。其中制定《宁夏回族自治区国家赔偿费用管理办法》等规章6件、《自治区人民政府办公厅关于印发自治区工业经济稳增长二十四条意见的通知》等规范性文件34件，均按程序予以公开。聚焦新冠肺炎疫情防控、“六稳”“六保”任务等中心工作，公开各项政策措施351件。加强政策性文件规范管理，清理与上级文件规定、经济社会发展实际不一致的政策性文件10件。公开

“优化营商环境148条”、减税降费、“证照分离”“指尖秒办”“一件事一次办”等改革举措。发布《乡镇(街道)权力清单指导目录》等5个清单目录，指导基层规范用权；发布“我的宁夏”APP可办理审批服务事项清单、可查询事项清单、可办理和查询的公共服务事项清单等3个清单，引导企业和群众掌上办、指尖办，打造24小时不打烊的数字政府，“我的宁夏”政务APP注册达512.35万人，占全区常住人口的74%；“指尖办”事项由上线初期的560项增加到1314项，“掌上查”事项由3200项增加到3368项，350个事项实现“跨省通办”；日均启动达50万次，累计办事近100万件、缴费1.4亿元；营商环境综合评价连续3年居全国第11位。集中发布全区及自治区本级2019年预算执行情况、决算报告报表和2020年预算草案，除保密单位外，公开率均为100%。2020年，自治区政府系统承办人大代表建议207件、政协委员提案419件，全部办复并按程序公开。发布《关于2020年自治区政府工作报告主要任务落实进展情况的报告》等督查报告，接受公众监督。编印《宁夏回族自治区审计厅审计结果公告》3期，重点公开《关于2019年度自治区本级预算执行和其他财政收支情况的审计工作报告》等公众关注的审计结果。公开发布新冠肺炎疫情防控措施、恢复生产生活秩序实施方案、分区分类推进复工复产、推广使用防疫健康码、优化常态化防控机制等各类政府信息。发布各类涉农政策及资金、扶贫对象等政府信息，集中公开《宁夏回族自治区人民政府关于西吉县退出贫困县序列的公告》。深化“互联网+教育”示范区建设信息公开，教育信息化水平居全国第七位。

【政务公开平台】截至2020年年底，宁夏开设认证各类政务新媒体共1174个，其中，政务微博429个、微信公众号(订阅号)668个、移动客户端12个、其他政务新媒体65个。做好新媒体集中宣传，完成多项多批次信息发布任务，各地及时准确发布重要信息和数据。全年全区政务新媒体集中转载发布稿件3200余篇，阅读量150万多人次。全年编发《自治区人民政府公报》24期，编校90多万字，做到内容“全覆盖”、编校“零差错”、赠阅“零延误”。推动政府公报线上线下同步发行，在自治区人民政府门户网站《政府公报》专栏发布电子版，与微信公众号同步发行。推动历史公报数字化，为公众查阅利用提供多样化服务。提升市、县(区)公报办刊质量，全区27个市、县(区)全部创办政府公报，实现政府公报“全覆盖”。

(王会宁)

文化建设

【文化事业】2020年，全区文化系统共有艺术表演团体11个，博物馆75个。全区共有公共图书馆27个，文化馆27个。全区出版各类报纸13种，出版期刊35种，出版图书2855种。围绕决胜全面建成小康社会、建党100周年重大主题，推出话剧《高沙窝脱贫记》、京剧《花漫一碗泉》、秦腔《擎天一柱》等一批优秀剧目，扶持秦腔《灵州长歌》、京剧《红高粱》等新创剧目7部，打磨提升舞剧《不到长城非好汉》等优秀剧目4部。6部剧(节)目入选文化和旅游部“庆祝中国共产党成立100周年舞台艺术精品创作工程”重点扶持作品。音乐剧《花儿与号手》入选2020年度全国舞台艺术重点创作剧目名目、2020年度国家舞台艺术精品创作扶持工程重点扶持剧目。与东方歌剧院签订战略合作协议，联手打造大型舞台艺术和旅游演艺精品。组织创作“抗击新冠肺炎疫情”主题艺术作品200余部(件)，得到社会各界一致好评。2020年，宁夏建立“文化大篷车”宣传党的创新理论、伟大实践和政策措施“飞入寻常百姓家”新机制，完成演出100场次，实现22个县(区)全覆盖。银川市举办“天下黄河·魅力银川”第四届黄河文化旅游节，搭建黄河流域九省(区)城市交流平台。中卫市举办“2020黄河数字音乐节”，打造高标准、高质量全国性知名数字音乐节活动。举办第十七届中国西部民歌(花儿)歌会，选手数量和作品质量创历年新高。2020年，宁夏深入实施戏曲振兴工程，复排京剧《扈家庄》、秦腔《庄妃与多尔衮》等经典剧目；支持秦腔现代戏《狗儿爷涅槃》拍摄数字电影；指导《中国戏曲剧种全集·宁夏卷》初稿与出版社顺利签约。举办“奋进新时代·梨园谱新篇”2020年宁夏新年戏曲晚会。组织开展“戏曲进校园”“戏曲进乡村”等文化惠民演出超过1000场次。

【公共文化服务】2020年，宁夏扶持农村文化示范点385个，支持45个农民文化大院开展特色文化活动。完成第五次全国文化馆评估定级工作。县级图书馆、文化馆总分馆制加速推进，建立图书馆分馆132个、文化馆分馆87个，优质文化资源进一步向基层延伸。建设旅游厕所119座、旅游道路标牌978个。健全A级旅游景区管理系统，旅游景区动态化管理、信息化水平得到提高。公共文化服务标准化、均等化实现五级全覆盖。固原市创建第四批国家公共文化服务体系示范区（项目）通过集中审批答辩，全区80%的地级市创建了国家公共文化服务体系示范区，宁夏示范区创建走在全国前列。西夏区文化馆和图书馆等5个单位被列入国家级公共服务机构文化和旅游融合试点，贺兰县文化馆等7家单位获“第八届全国服务农民、服务基层文化建设先进集体”称号。

【文化惠民】2020年，宁夏制定并印发《关于提高基层文化惠民工程覆盖面和实效性的实施意见》等制度文件，推动城乡文化资源优化配置。开展“我们的中国梦”——文化进万家集中示范活动近200场次，40项活动在《学习强国》平台展播。开发“文旅相伴　宅家无憾”微信公众号，上线各类艺术作品200余部。精选31部艺术作品，通过“送戏下乡·线上专场”进行网络展播。编创“戏曲进校园艺术云课程”，向广大少年儿童普及戏剧常识。引导景区落实首道门票免减政策，吸引“宁夏人游宁夏”。“清凉宁夏”“欢乐宁夏”等群众性文化惠民品牌活动贯穿全年。完成“送戏下乡”惠民演出2326场次、广场文化演出1425场次。

【文化遗产保护】2020年，宁夏启动全国重点文物保护单位、自治区文物保护单位保护范围、建设控制地带纳入国土空间规划工作。指导姚河塬遗址、大麦地岩画等全国重点文物保护单位完成保护规划编制，依法划定保护范围和建设控制地带。实施固原古城（二期）、中卫高庙等重点文物保护单位保护修缮工程和盐池县唐平庄会议旧址等革命文物保护修缮项目。聚焦长城国家公园（宁夏段）建设，实施长城横城至花马池段文化旅游廊道建设及明长城青铜峡市北岔口段、水洞沟段墩台等长城重点段落修缮工程和抢险加固工程。持续推动西夏陵申遗，《西夏陵保护规划文本》通过国家文物局审批。完成宁夏黄河文化遗产、全区革命文物调查工作。编制《宁夏革命文物保护利用规划》，公布全区革命文物名录。

【广播影视】2020年，宁夏在纪录片、动画片、广播电视节目、网络视听节目、公益广告等方面着力打造精品力作，被国家广电总局评为广播电视公益广告“优秀组织机构奖”。开设的《品牌宁夏》《故事》栏目收视率均居同时段电视节目前列；电视纪录片《变迁》获第26届电视文艺“星光奖”提名奖，少儿节目《童声说法》、纪录电影《重走来时路》分别被国家广电总局评为优秀奖、纪录片优秀长片奖；大型都市人文纪录片《我的城》（银川集）被中央广播电视总台中国国际电视台选中，于2020年10月10日21点，在中央广播电视总台国际纪录频道面向全球播出，10月24日零时起开始全网免费推送。宁夏全力支持和参与电视剧《山海情》创作拍摄，献礼全面建成小康社会。精心打磨5集纪录片《塞上江南》，10月21—25日在央视科教频道首播，并在区、市、县三级广播电视台多轮重播。筹办第五届宁夏公益广告大赛，征集作品近3000件。组织完成6支扶贫、安全生产主题公益广告的摄制，在区、市、县三级广播电视台展播。制作完成并申请上线重点网络影视剧9部，审核通过8部，其中《那片沙那片海》《劫犯在逃》《我的师兄惹不起》等在爱奇艺、优酷等网络平台上线播出。公益宣传系列短视频《宁夏故事2020》完成项目申报和前期策划；电视理论片《思想的田野》（宁夏篇）完成节目策划摄制。开展安全隐患排查和整治，确保重要保障期广播电视播出安全。完成16项宁夏卫视节目备案审查工作。开展全区安全大检查，检查出各类广播电视安全问题72项，下发整改通知书20份。全面加强广播电视播出机构、节目制作机构、网络传送机构的监督管理，办理70余家单位办证申请、年检、换证审核事项。深入开展境外卫星电视传播秩序专项整治，查处非法销售商32家，查扣、拆除非法卫星接收设施60台（套）。2020年，县级融媒体中心省级技术平台和11个县级融媒体平台设备安装工作全部完成。启动实施红寺堡区应急广播体系建设项目。泾源县石娃娃山转播站开播试运行。宁夏IPTV集成播控分平台完成与全国IPTV集成播控总平台以及宁夏IPTV内容服务平台、传输平台的规范对接，全区IPTV在网用户达到108万户。研究制定模拟电视关停工作方案，分阶段、分区域、分节目组织开展全区模拟电视关停工作。启动宁夏广播电视监测监管平台升级改造项目，项目建设完成后可实现对全区IPTV节目的实时监测。

（王会宁）

社会建设

【社会保障】截至2020年年底，全区参加城镇职工基本养老保险240.11万人，比上年增加13.51万人。参加城乡居民基本养老保险238.65万人，比上年增加43.99万人。参加基本医疗保险658.76万人，比上年增加25.02万人。企业职工基本养老保险省级统筹首批通过国家考核验收。制定基本养老金计发基数过渡办法，实施公务员职务与职级并行制度、员额制法官检察官等特殊群体退休后养老待遇计发标准，兑现2019年“中人”退休待遇，推进机关事业单位养老保险制度改革落地和退休人员养老金平稳过渡。率先在全国实现工伤保险医疗费区内异地就医即时结算。规范工伤康复，制发4类80项工伤保险辅助器具配置。落实社保阶段性降费和减免政策，为参保单位和参保个人减负107.47亿元。城乡居民基本养老保险最低缴费档次由100元调整为200元，为47.95万名城乡居民每人每月调增基础养老金10元，66.25万名机关企事业单位退休人员月人均养老金调增5%。失业保险金标准提前一年由75%提高至90%。全区城镇职工养老（含机关事业单位）、失业、工伤、城乡居民养老保险参保分别达到240.11万人、102.73万人、132.56万人、238.65万人，同比分别增长5.96%、5.51%、10.86%、22.6%。建档立卡贫困人口基本养老保险参保54.96万人，实现应保尽保。新建项目参加工伤保险，参保率100%，高于目标任务10个百分点。出台《国有资本充实社保基金实施方案》和《职业年金基金受托人考核管理办法》，落实企业职工养老保险基金中央调剂制度，启动基本养老保险基金投资运营。追回少缴社会保险费150.63万元、冒领养老金617.61万元。社会保险公共服务平台接入全国统一平台，如期完成37家集团公司178家企业10.22万名国有企业退休人员人事档案移交社会化管理服务改革接管任务。落实社保经办领域利企便民31条措施，企业开办与社保登记同步“秒批”，92%的社保业务实现网上办理，13项社保业务高频办理事项下沉基层实行全区通办。开通电子社保卡114个签发渠道，累计发行社保卡706.79万张，签发电子社保卡248万张，基本实现人社业务和涉农惠农资金发放“一卡通”。

【创业就业】2020年，全区城镇新增就业人员7.3万名，年底全区城镇登记失业率为3.92%。全年全区农民工总量为98.1万人，减少8万人，比上年下降7.5%。推动出台应对疫情稳就业等政策，全年城镇新增就业7.3万人，完成年度目标任务的101.4%；城镇登记失业率3.92%，低于国家控制目标1.58个百分点。实施企业稳岗扩岗专项支持计划，为212家重要医用物资企业、重要原辅材料生产企业解决用工4772人；为5185家企业拨付稳岗返还3.91亿元，惠及78.26万人；为参保单位减免三项社保费47.63亿元，稳定4.21万户企业、102.6万名就业岗位。实施高校毕业生就业促进行动和离校未就业百日攻坚行动，高校毕业生就业率达90%。强化闽宁等省际劳务协作，农村劳动力转移就业80.27万人，完成年度目标任务的114.7%。实施就业援助专项行动，8858名城镇就业困难人员实现就业，5.33万名城镇失业人员实现再就业，692户“零就业”家庭实现动态清零，为8.6万名失业人员发放失业补助金2.75亿元。新认定自治区级创业孵化示范基地10家，评选优秀大学生创业项目57个，发放创业担保贷款18.13亿元，新培育创业实体1.27万个，创造新岗位3万个，创业带动就业6.57万人。全年开展职业技能培训24.4万人次，支持1271家企业开展以工代训8.7万人，发放补贴资金1.21亿元。成立银川人力资源服务产业园，对深度贫困地区人力资源进行服务培训。

【劳动关系协调】2020年，宁夏出台全区稳企稳岗稳定劳动关系政策12条和构建和谐劳动关系措施17条。全年补签劳动合同6.3万份，其中小微企业补签近2万份。全年网上办件量达54.5万件，其中网上签订劳动合同32.2万件，解除22.3万件。对全区354个重点工程项目实施重点监控，组织实施根治欠薪夏季执法检查、保障农民工工资支付互观互检暨明察暗访和冬季攻坚专项行动。向社会公布重大劳动保障违法行为10件、纳入“黑名单”2件。全年受理劳动保障监察举报投诉209件，为2176名劳动者追回工资2056.4万元，劳动者举报投诉案件数、拖欠工资金额及人数同比分别下降45.9%、37.1%、36.4%。推进“互联网+调解”便利服务，85%的乡镇（街道）调解组织实现网上调解服务。完善仲裁制度机制，创新办案方式、优化办案流程，全区共受理劳动人事争议案件7370件，结案率、调解成功率分别达到90.7%、62.6%。

【人才工作】2020年，宁夏出台选拔青年拔尖人才124名、选送中青年人才赴区外深造36名，兑现1253名全日制博士、275名重点院校重点学科毕业硕士工作补助和安家费7768.56万元，组织高级研修、急需紧缺人才和岗位骨干人才培训项目62期培训6000余名。组织专业技术人才参加网络培训超过10万人。技工院校招生同比增长130%，新培养高技能人才4903人；举办宁夏电气设备安装工职业技能竞赛、第三届宁夏巾帼创业创新大赛、首届人力资源服务业大赛，选派优秀选手参加全国扶贫技能、职业技能等赛事活动。宁夏推荐的宗立冬被人社部、中宣部表彰为全国10位“最美基层高校毕业生”之一，并在全国巡回作报告。落实分类推进人才评价机制改革指导意见和特殊人才评审办法，修订完成自然科研、实验、中小学教师、经济等系列职称评审标准，设置实验、工艺美术、技工学校、经济等系列正高级职称，推行职称网络申报评审和职称电子证书管理。向高等院校全面下放职称评审权限，对在疫情防控工作一线作出贡献的医疗卫生及其他领域专业技术人员评审职称给予政策倾斜。5.84万人取得职业资格证书，2.04万人通过专项职业能力考核。选拔国务院政府特殊津贴推荐人选28名，入选国家"百千万人才工程"人数在西部处于领先地位。选拔享受自治区政府特殊津贴专家40名、"塞上英才"9名、"自治区技术能手"15名。加强人才载体建设与动态管理，新建高技能人才培训基地和技能大师工作室10个，新建人才小高地13个、博士后科研工作站2个、继续教育基地2个、专家服务基地10个，取消18个院士工作站资格。为首批1872名高层次人才发放"宁夏高层次人才电子证书"，组织200名高层次人才休假疗养；争取国家留学人员回国创业启动项目和高层次留学人才回国资助项目各1项，协调专家服务基层101场次。

【人事制度改革】2020年，宁夏出台事业单位工作人员奖励实施细则、特设岗位管理办法以及创新创业升级版政策。提高专业技术中高级岗位结构比例，单独核增定向评价高级专业技术岗位，引导人才向基层流动。对高层次、高职称、高技能人才和急需紧缺人才，不受时间限制实行自主公开招聘，为各级各类事业单位公开招聘工作人员4626名，支持宁夏大学等48家事业单位自主公开招聘426人。评聘全区事业单位专业技术二级岗位39人。聘用的高层次人才参考人才市场价格合理确定薪酬水平，实行年薪制、协议工资、项目工资等灵活多样的分配方式。调增乡镇补贴标准，乡镇机关事业单位工作人员收入高于县直机关同职级人员20%以上。事业单位工作人员参照公务员平时考核奖平均水平，在绩效工资总量内按季发放平时考核奖；实行事业编警务人员绩效工资制度，妥善解决警察同岗不同待遇问题。提高卫生防疫津贴标准，为参与疫情防控的医疗卫生机构核增一次性绩效工资总量。援鄂医疗队员、自治区第四人民医院隔离病区医务人员薪酬水平提高2倍。完善区属国有企业工资总额信息披露办法，建立规范的企业薪酬调查信息发布体系。全面清理规范各类评比达标表彰及示范创建活动，取消82项自治区级以下创建示范活动，压减率达68.3%。健全完善人事考试疫情防控措施，升级公务员面试评分系统和人事考试网上巡查指挥系统，组织完成55项人事考试，服务考生29.3万人次。

【医疗卫生】截至2020年年底，宁夏共有医疗卫生机构4574个，其中医院218个；基层医疗卫生机构4247个，其中卫生院205个，城市社区卫生服务机构231个，村卫生室2172个；专业公共卫生机构94个，其中疾病预防控制中心25个，卫生监督机构24个。全区卫生技术人员58627人，其中执业医师和执业助理医师22240人，注册护士25972人。全区医疗卫生机构实有床位41261张，其中医院35565张，基层医疗卫生机构4094张。全年全区总诊疗3969.83万人次，入院106.89万人次。用41天基本阻断本地疫情传播势头，用54天实现确诊病例治愈清零，实现了不发生死亡病例、不发生医务人员感染、不发生社区传播的目标。完成援鄂疫情防控救治工作和赴沙特阿拉伯、科威特国际抗疫行动。所有县（区）具备核酸检测能力，设置救治床位3334张，重症床位805张。健康宁夏建设17项核心指标中11项指标提前实现目标，其中婴儿死亡率、5岁以下儿童死亡率等6项指标低于全国平均水平。全区医联体建设覆盖所有二级及以上公立医院和90%以上的社区卫生服务机构及乡镇卫生院。全面落实现代医院管理制度，6家公立医院开展调整优化医疗收入结构及比价关系试点，完成55家公立医院改革绩效评价。建立药品质量和临床合理用药及药物不良反应监测评价机制。推进医疗机构应用、服务、资源等云化部署，初步实现自治区、市、县三级医疗信息互联互通。推动远程电生理、影像、病理等诊断中心建设，开展远程会诊、常见病慢性病复诊等。加强标准建设和大数据研究，国家健康医疗大数据研究院、中科院·宁夏"互联网+医疗健康"标准化研究院暨医疗健康物联网创新开放实验室建设推进顺利，宁夏"互联网+医疗健康"国家区域中心建设工作启动。推动出台《关于促进宁夏"互联网+医疗健康"产业发展的意见》。5个地级市已全部建成影像、心电、超声等区域远程诊断中心。全区2182家村卫生室全部接入全域医疗健康信息专网，人工智能辅助诊疗系统建设覆盖9个贫困县（区）的全部基层医疗机构，累计为基层医务人员提出诊断建议近18万次，规范门诊电子病历近14万份。在同心县、红寺堡区、原州区、西吉县、海原县5家综合医院建设10个县级重点专科。免费开展妇女儿童相关疾病筛查，完成农村适龄妇女免费宫颈癌HPV检查163941名、免费乳腺癌检查126059名，完成新生儿遗传代谢病筛查和听力筛查67360名、66801名，筛查率分别为99.3%、98.5%，均超额完成年度任务。持续做好贫困患者救治，"三个一批"（大病集中救治、慢病随访服务、重病兜底保障)救治或签约服务93235人,救治比例达99.68%。对贫困县实行领导包抓、蹲点指导,全面摸排贫困人口大病集中救治和慢性病管理情况。对西吉县及80个挂牌督战村逐一核查,改造6个乡镇卫生院分院,基本医疗保障落实到位。加快推进区域医疗中心建设,呼吸、神经、传染病、创伤、心血管5个专科国家区域医疗中心完成自治区级评估。持续实施优质服务基层行活动和"千名医师下基层"对口支援活动,2020年全区新增3所乡镇卫生院、1所社区卫生服务中心达到国家推荐标准。印发《自治区党委人民政府关于促进中医药传承创新发展的实施意见》。

【社会服务】截至2020年年底,全区共有各类提供住宿的社会服务机构132个,其中养老服务机构108个,儿童收养救助服务机构9个。社会服务床位21429张(不包括社区床位数),其中养老机构床位18900张(不包括社区日间照料床位4765张、社区全托服务床位2197张),儿童福利和救助机构床位996张。全区共有社区服务机构和设施2787个,其中社区服务中心62个,社区服务站2047个。2020年,宁夏出台《养老机构公建民营实施办法》,首次明确公建民营实施原则、收费指导标准、扶持政策措施、组织实施程序等一系列创新举措,已有36个养老服务项目实施公建民营,吸引民间投资1.2亿元,盘活闲置床位近10000张。广东华邦美好家园、湖南德合等全国知名养老企业入驻宁夏。2020年9月,宁夏老年人服务中心、西夏区敬老院被民政部、国家发展和改革委评审为《公办养老机构改革优秀案例》。在全国率先出台《宁夏社会组织监督管理办法》,建立联动监管、联合执法等8项机制和社会组织负责人"黑名单"制度,划出16条诚信自律红线。连续3年推进22个县(区)低保等社会救助审核确认权限下放乡镇街道改革,第一个实现省域县区全覆盖。宁夏儿童福利院被中组部确定为贯彻落实习近平新时代中国特色社会主义思想、在改革发展稳定中攻坚克难的生动案例。宁夏被国务院通报为落实养老服务业支持政策积极主动、养老服务体系建设成效明显的地方,属国务院督查激励的5个省份之一,在2020年国务院大督查及专项督查中予以"免督查"。全区新建儿童之家100个,90%以上城乡社区拥有1家儿童之家。开展"合力监护、相伴成长""儿童福利信息动态管理"专项行动,兜住农村留守儿童和困境儿童的人身安全底线,宁夏被民政部确定为"护童成长"——儿童关爱服务体系建设试点省(区)。宁夏社会福利院社会管理和公共服务综合标准化试点项目、精神障碍实施"三位一体"服务标准化项目通过国家评估验收。

【脱贫攻坚】2020年,宁夏民政兜底困难群众脱贫。创新优化政策支持,出台推进深度贫困地区民政领域脱贫攻坚实施方案、民政领域脱贫攻坚22项重点任务、支持西吉县兜底脱贫26条措施等政策文件,建立支出型贫困家庭救助机制,施行低保家庭就业渐退期。城乡低保标准分别提高到600元/月和4560元/年,机构内孤弃儿童、社会散居孤儿养育津贴标准分别提高到1249元和937元。强化疫情防控期间困难群众生活保障,6次启动物价联动机制,发放物价补贴7555万元,累计救助348万人次;为1165名未参保失业人员发放一次性临时救助金206.83万元。动员社会组织参与精准扶贫,累计筹集资金42.56亿元,实施帮扶项目2043个,惠及困难群众60余万人次。红寺堡区大河乡石炭沟村、龙源村驻村扶贫、隆德县张程乡扶贫联系点工作成效显著,贫困户全部脱贫出列。通过全区民政系统共同努力,现行标准下全区80.3万名建档立卡脱贫人口中,有19.4万人通过低保和特困供养兜底脱贫,占脱贫人口总数的24.2%,促进了"三保障"目标实现。

【教育事业】截至2020年年底,宁夏有各级各类学校3476所(含小学教学点484所),教职工111351人。全年全区学前教育毛入园率为88.51%,小学学龄人口入学率为100%,初中阶段毛入学率为112.9%,高中阶段毛入学率为93%,高等教育毛入学率为54.7%,小学六年巩固率为100.3%,初中三年巩固率为99.6%。建立健全学习教育、调查研究、检视问题、整改长效机制,"8+2"专项治理的39个具体问题、89项整改措施全部完成。遴选30所中小学开展党组织领导下的校长负责制试点,党组织对标争先计划、教师党支部书记"双带头人"工作室建设、"双培双带"工程、教育系统"书记项目"等15项重点任务有序推进,考核命名五星级基层党组织166个,发展党员1383名,基层党组织"五个一"标准化建设覆盖率达到98%。巩固深化"清风校园"建设成果,全年受理举报信访件25件,初核10件,谈话函询6人,约谈2人,诫勉谈话3人,批评教育3人,下发纪检监察建议书1份,审理违纪违法案件2件。在全国率先以省为单位出台《关于深化习近平新时代中国特色社会主义思想进教材进课堂进师生头脑工作的实施方案》。组织高校实施300余项"三全育人""课程思政"改革试点项目,指导中小学"一校一策"落实《德育工作指南》。成立自治区大中小学思政课一体化建设指导委员会，建立五市中小学思政课建设联盟和"首都"带"首府"工作机制，组织开展"同上一堂思政课"等活动。出台加强新时代学校体育、美育和劳动教育3个《实施意见》，持续推进青少年近视综合防控行动和体质提升工程，创建劳动教育示范基地100个、示范校300个。整改完成城镇小区配套幼儿园治理任务279个，公办园在园幼儿占比达56.8%，普惠性幼儿园覆盖率达到89%。中小学66人以上超大班额全部消除，56人以上大班额占比2.8%，达到国家"控制5%以内"的要求。民办义务教育学校与公办学校实现同步招生，县级义务教育质量监测全覆盖得到国务院教育督导办充分肯定。实现县域高中阶段教育普及目标，全区高中阶段毛入学率超过93%。中职招生、高职招生突破6万人，建设自治区级高水平高职院校4所、高水平专业群12个，"1+X"证书制度试点学生达到1.4万人。北方民族大学、宁夏师范学院分获博士学位、硕士学位授权单位。宁夏教育云完成扩容升级，全区中小学200兆以上互联网接入率、"班班通"多媒体教学设备配备率、在线互动教室建设率、数字校园覆盖率、数字教育资源教材配套率均达到100%。建成"互联网+教育"指挥中心，教学管理服务实现一块屏指挥、全流程可视和多系统融合。承办全国人工智能助推教师队伍建设暨加强新时代乡村教师队伍建设现场推进会，挂牌成立华中师范大学人工智能教育宁夏研究院，实施未来教师培养创新行动、教师信息素养提升行动、"十百千万"领航人才培育等项目，每年培养"人工智能+学科专业"复合型师范生1500余名，培训教师10万余人次，宁夏教师在全国"一师一优课，一课一名师"活动中获奖率居全国第一。安排新建幼儿园40所，统筹下达民办园纾困资金1.9亿元；新建扩建城市中小学和乡镇学校70所、校舍面积35万平方米，改造普通高中学校办学条件45所，开工率均达到100%；改造高考标准化考点学校32所，改造考场1963个，竣工率达到100%。实施"公费师范生安置""特岗教师""西部计划""三支一扶"等12个项目计划，落实毕业生求职补贴、就业后社会保险补贴、创业奖励等激励政策，截至9月1日，高校毕业生初次就业率达76.7%，完成中央教育工作领导小组秘书组下达的70%目标任务。贫困地区学前教育毛入园率达到84%，小学六年巩固率达到99.5%，初中三年巩固率达到100%。加强农村两类学校建设，辍学学生实现动态清零。乡村教师平均每人每月最低补贴1200元（含乡镇工作补贴），最高达到3040元。消除D级危房3.8万平方米、分类改造整治C级危房1.72万平方米。安排营养改善计划膳食资金2.35亿元、家庭困难大中专在校学生价格临时补贴1277.82万元；下达学生资助补助经费8.44亿元，资助73.47万人次。组织银川市优质学校与西吉县薄弱学校结对帮扶，教育部部长陈宝生亲自赴西吉县挂牌督战脱贫攻坚，全力支持西吉县如期实现脱贫摘帽。召开全区中小学校园治理现场观摩推进会和全区高等学校校园治理座谈调研推进会，开展校园治理示范县（区）和示范校创建活动，开办《市县长谈教育》节目，催生一批"教育书记"和"教育市县长"。开展中小学教师减负专项整治，制定25项具体措施，建立自治区督检考中小学清单和进校园社会事务清单，清理比例分别达73%和83%。完善校园防范抵御宗教渗透机制，开展国家通用语言文字推广使用、教材管理、课题论文、校园网络、学生社团及对美交流合作等专项排查6次，梳理排查教育领域涉政治安全风险点19个，通报和约谈相关学校负责人2人。

【科学技术】2020年，全区登记自治区级科技成果399项，比上年增长71%。其中，基础理论成果54项，应用技术成果324项，软科学成果21项。全年申请专利量12924件，比上年增长39.4%。其中，发明专利3049件，比上年增长20.8%；专利授权量7709件，比上年增长38.9%；发明专利授权量703件，比上年增长17.6%。全年共签订技术合同1874项，技术合同成交额22.52亿元。截至2020年年底，全区拥有国家级工程技术研究中心3个，自治区级工程技术研究中心72个；国家级重点实验室3个，自治区级重点实验室38个（含省部共建国家重点实验室培育基地2个）；自治区级产业技术协同创新中心5个，自治区临床医学研究中心25个，自治区技术创新中心304个；国家级企业（集团）技术中心（含分中心）12个，自治区级企业（集团）技术中心86个；国家地方联合工程研究中心26个，自治区工程研究中心19个。

【应急管理】2020年，宁夏共发生各类生产经营性事故196起，比上年下降11.3%；死亡168人，比上年下降1.8%。亿元GDP生产安全事故死亡人数为0.04人，比上年下降6.5%；道路交通万车死亡率为2.28，比上年上升11.96%；煤矿百万吨死亡人数为0.11人，比上年上升65.7%。

【体育事业】2020年，宁夏通过线上线下举办新年登高、市民运动会、社区运动会、农民篮球争霸赛、大漠运动健身大赛、“宁夏奔跑”系列赛、“薪火传承·中国健康跑”宁夏盐池站等全民健身活动和各类健身培训共516项(次),参加人数达115万人次。建设150公里健身步道、3个全民健身中心、5个拼装游泳池、40个多功能运动场和提档升级250个村综合文化服务中心。全年宁夏运动员参加国际国内比赛共取得金牌5枚、银牌8枚、铜牌7枚。全年有139人达国家一级运动员等级标准,603人达国家二级运动员等级标准,84人获得“国家一级裁判员”等级称号。举办第三届宁夏体育大集,参展体育企业、个体工商户达到40家,涵盖体育用品、装备器材、体育旅游精品项目等10余个项目类别,线上直播点击量超过450万人次。全区体育彩票累计销售13.3亿元,筹集公益金3.74亿元。银川市获批“国家体育消费试点城市”,贺兰山运动休闲体育公园入选“全国体育服务综合体典型案例”,沙湖旅游区被评为“国家体育旅游精品景区”。举办线上亲子运动会,6万多个家庭16.9万人次参加,网上点击量259万人次。举办各级青少年冬令营、夏令营共13个项目73期,4500多名青少年参加。举办全区青少年锦标赛,有1万多名青少年参赛,近300人次达一级运动员等级、1200人次达二级运动员等级,参赛项目、人数和达标运动员人次均实现同比翻番,冬季项目和攀岩项目首次进入全区青少年锦标赛。体育职业教育首批大学毕业生就业率达到90%,获得自治区2020年度高校毕业生就业工作考核良好等次。新建足球场10个,超额完成国家社会足球场地建设指导目标,建成率位列全国第二。组织开展各级各类足球比赛27项,5000多人参赛。制定《支持全区冰雪运动场所　广泛开展冰雪赛事活动　促进体育消费实施方案》,策划筹办第七届全国大众冰雪季宁夏站暨陕甘宁越野滑雪(滑轮)挑战赛(六盘山)、“滑向2022”全国滑雪俱乐部大众公开赛(宁夏站)滑冰邀请赛等各级各类冰雪赛事活动70余项。组织培训滑雪职业指导员93人、滑雪社会体育指导员240人、高山滑雪一级裁判员48人、滑轮教练员40人、滑轮裁判员22人、滑轮推广普及培训500人,组织开展以青少年为重点的“万人冰雪”推广普及活动。全区各级各类体育社会组织参与、承办全区80%以上全民健身活动。面向基层健身设施建设资金达1.7亿元,举办社区运动会、市民运动会、农民篮球争霸赛等面向基层的全民健身活动,开展面向基层社会体育指导员培训3500人。投入410万元用于82个贫困县(区)村级农民健身工程提档升级,安排2976万元支持山区八县(区)建设全民健身步道、多功能运动场、维护体育设施,投入670万元支持贫困地区开展全民健身活动。

【住房城乡建设】2020年,宁夏推进城镇老旧小区改造,开工改造老旧小区265个,完成改造33628户(套),被住建部通报表扬。开工改造城镇棚户区6202套,基本建成保障性住房5364套,发放租赁补贴9026户。加大新市民、年轻群体、低保户和城市“夹心层”等低收入住房困难人群住房保障力度,累计入住公共租赁住房16.4万套。改造农村危窑危房1.74万户,实现“建档立卡”贫困户危房全部清零,在全国率先全面推开抗震房改造,完成改造2.2万户。全区商品房和住宅库存去化周期分别为10.4个月和4.2个月。完成全区13条黑臭水体整治任务。建设改造公园14个、小微游园11个,全区城市绿化总面积达到1252.52公顷。实施一批海绵型建筑小区、道路广场、公园绿地项目,城市建成区海绵建设达到20%。5个地级市全部建成数字化城市管理平台。处理生活垃圾135万吨。做好全区2683个、1.8亿平方米住宅小区物业区域疫情防控工作。高标准完成20个美丽小城镇、100个美丽村庄建设。启动重点镇和高质量美丽村庄建设、传统村落保护等新形态、新模式村镇建设项目。开展农村生活垃圾分类和资源化利用示范创建,农村生活垃圾得到有效治理的村庄达到95%。实施绿色建筑面积1036万平方米,完成既有建筑节能改造200万平方米,建筑节能标准设计执行率100%,全区装配式总建筑面积达100万平方米。发布《智慧工地建设技术标准》,实施智慧建管试点项目36个,19.8万名农民工纳入实名制管理平台。开展质量安全与企业管理标准化双考评、标准化建设观摩、建筑工人技能大赛等活动。印发《关于推进全区施工图设计文件审查制度改革工作的通知》等政策,6类工程不再进行施工图审查。进一步精减流程、优化环节,对一般既有建筑(含老旧小区)改造等6类高频办理项目实行“定制审批”,全流程审批时限政府投资项目控制在85个工作日以内、社会投资项目控制在60个工作日以内、小型低风险项目控制在25个工作日以内,疫情防控期间推行工程建设项目简减审批改革经验被国家工改办以2020年1号文件向全国推广,工程建设项目审批“一张网、集成办”改革被国家发展和改革委作为“一省一案例”收录在《中国营商环境报告2020》中向全国推广。共取消、合并政务服务事项11项,精简资质申报材料八大类121项。

(王会宁)

生态文明建设

【生态保护】2020年，宁夏制定《先行区建设实施意见》《污染防治攻坚战成效考核办法》等政策措施，完成2019年污染防治攻坚战成效考核。争取国家、自治区专项资金23.74亿元，助力打好污染防治攻坚战。完善省级生态环保督察机制，实现5个地级市和宁东能源化工基地环保督察全覆盖。2016年第一轮中央环境保护督察反馈的41项具体问题，已完成40项。2018年中央环保督察“回头看”及水环境问题专项督察反馈的57项具体问题，已完成整改54项。习近平总书记到宁夏视察期间对贺兰山生态保护和环境综合整治成效给予肯定，中央环保督察办将整治做法向全国作经验推广。实施严格的生态环境分区管控政策，加强规划环评管理，开辟环评审批“绿色通道”。国能宁煤70万吨/年煤制烯烃、红四煤矿及洗煤厂等项目环评获得生态环境部批准。吴忠市、大武口区分别创建生态文明建设示范市和“绿水青山就是金山银山”实践创新基地。加快构建生态环境监测网络，地表水水质自动监测站建设取得进展，全区25个环境空气自动监测站、37个水质自动监测站、120个热点网格运行平稳，自动监控数据传输有效率走在全国前列。建成生态红线监管、机动车遥感监测平台，实现生态环境数据的集成管理和协同共享。

【环境执法监管】2020年，宁夏全面推进排污许可核发和登记，提前完成3117家排污许可证核发清理整顿。加快推进自然保护区问题整治，全区自然保护区人类活动点位2646处，整改完成率达到99.74%，贺兰山、六盘山、罗山点位整改完成率为100%，国家重点生态功能区县域考核取得历史最好成绩。落实“双随机一公开”制度，推行远程执法、移动执法、交叉执法，全区立案查处环境违法案件479件，罚款3532.42万元。

【污染防治】2020年，宁夏完成大气污染治理项目287个，臭氧超标天数同比减少23天。5个地级市环境空气质量平均优良天数为311天，比例为85.1%，细微颗粒($PM_{2.5}$)平均浓度为33微克/立方米，比上年上升13.8%；可吸入颗粒物(PM_{10})平均浓度为65微克/立方米，同比下降1.5%。实施控源截污、生态修复、末端提升等综合整治措施，加强人工湿地、污水处理厂等治污工程建设和管理，采取“取缔一批、整治一批、规范一批”排查治理各类排污口441个，完成全区县级及以上城市饮用水源地“一源一策”任务，“千吨万人”水源地保护区划定得到生态环境部充分肯定。全年黄河干流宁夏段入境至出境断面水质均为Ⅱ类优，地表水国控考核断面达到或好于Ⅲ类水质比例为93.3%。全面完成重点行业企业用地土壤调查，实施农村生活污水治理项目107个。开展危险化学品、铅蓄电池、医疗废物、尾矿库专项排查，实施重金属减排行动。“清废行动2020”排查的17个问题全部整治到位，核准危险废物跨省转移44万吨，销毁易制毒化学品10.45吨。完成重点企业碳排放报告核查、发电企业全国碳交易系统开户、配额测算、温室气体排放清单编制等工作，开展碳达峰课题研究和碳减排能力培训。2020年全区碳排放强度约5.179吨/万元，同比下降2%左右，首次出现下降。噪声污染防治成效明显，全区5个地级市城市区域昼间噪声等效声级为53.5分贝，昼间区域声环境质量等级为二级。

（王会宁）

NINGXIA
YEARBOOK

中共宁夏回族自治区委员会

ZHONGGONGNINGXIAHUIZUZIZHIQUWEIYUANHUI

编辑◎贾虎林

综　述

【学习宣传贯彻习近平总书记视察宁夏重要讲话精神】2020年，自治区党委把学习宣传贯彻习近平总书记视察宁夏重要讲话精神作为首要政治任务始终抓在手中，安排部署，组织动员，掀起学习宣传热潮，狠抓贯彻落实。深入进行学习，召开自治区党委常委会(扩大)会议、离退休厅级以上干部情况通报会，发挥领导干部示范作用。举办全区领导干部专题研讨班、党委理论学习中心组会议，组织省级领导和市县部分主要负责人集中交流，通过领导讲党课、理论大讲堂、干部大讨论等方式，组织广大党员干部在学习中深化认识、凝聚共识。分领域组织专题培训，分批次开展集中轮训。开展多手段、全景式宣传，通过融媒体、新媒体、微传播等手段和文化大篷车、社会小板凳等方式，展示习近平总书记对宁夏的关心关怀。组建区、市、县三级宣讲团集中宣讲9500场次，开设专栏专题，多频次宣传报道，使习近平总书记重要讲话精神家喻户晓、人人皆知。召开自治区党委十二届十一次全会，对学习贯彻工作进行全面部署，作出《关于深入学习贯彻习近平总书记视察宁夏重要讲话精神，继续建设经济繁荣民族团结环境优美人民富裕的美丽新宁夏的决定》，把习近平总书记重要讲话精神转化为全区上下的共同意志和共同行动。制定先行区建设《实施意见》，召开两次推进会议，渐次展开先行区建设各项任务。出台《关于坚决扛起政治督查责任，持续深入推动习近平总书记视察宁夏重要讲话精神全面贯彻落实的意见》，由省级领导牵头包抓重点任务，实行清单式管理、项目化推进、全过程跟踪，推动各项工作落地见效。

【疫情防控】2020年，自治区党委构建高效有力组织指挥体系，全力应对新冠肺炎疫情防控工作。第一时间作出安排部署、组建专门机构、启动应急响应，分级分类全面部署，确立“防控治保”总体思路，形成立体防控布局。提前预测预警、因疫分区分级、精准动态防控，先后5次调整应急响应级别和防控对策。压实市县乡村属地责任，组织1.4万个基层党组织、17.6万名党员干部内防扩散、外防输入，用41天时间基本阻断疫情传播势头、实现确诊病例零报告，用54天时间实现确定病例清零、密切接触者清零、医务人员零感染、确诊病例零死亡“四个零”的目标。注重全面防控、系统防控、闭环防控，严格落实社区、校区、园区、厂区“四区”责任，抓好农贸市场、大型商场、文化广场、宗教活动场所“四场”防控，严把境外人员信息、入境口岸查验证、分类转运隔离、全程跟踪监管“四个关口”，形成广大医务人员、社区工作者、公安民警、下沉守点工作人员、志愿者联防联控、群防群控的防控体系。在做好疫情防控的同时，分区分类推进复工复产、援企援岗、减税降费，稳定产业链、保障供应链。确保防疫期间全区社会大局稳定。健全完善常态化疫情防控机制，提前部署秋冬季疫情防控。开展“我身边的战‘疫’模范”评选活动，召开全区抗击新冠肺炎疫情表彰大会，弘扬抗疫精神。

【脱贫攻坚和生态建设】2020年，宁夏全面打赢精准脱贫攻坚战。坚持持续发力、严把标准，紧盯剩余贫困人口，抓住堡垒县、关键乡、薄弱村和重点户，西吉县由自治区党委主要领导挂牌督战，由市县领导双挂帅双督战80个薄弱村，西吉县高质量脱贫，宁夏全域历史性地解决绝对贫困问题。深入开展查补，堵住精准扶贫的漏洞，补齐公共服务的短板，加强群众增收的弱项。制定加强和完善移民搬迁后续扶持的相关意见，加快产业发展，强化就业保障，促进社会融入，确保移民群众搬得出、稳得住、能致富。召开闽宁对口扶贫协作第二十四次联席会议，组织党政代表团到福建省考察学习，推动闽宁协作由扶贫为主向全面协作转变。打好污染防治攻坚战，推进生态保护和环境治理，守住改善生态环境生命线。蓝天、碧水、净土保卫战取得阶段性胜利，中央环保督察及“回头看”反馈问题加快整改，国家下达的大气、水污染防治任务全面完成，地级城市空气质量优良天数比例超过84.4%，黄河干流宁夏段稳定保持Ⅱ类优水质，土壤环境质量总体保持稳定。对5个地级市和宁东能源化工基地实施首轮省级生态环保督察全覆盖，查处破坏环境行为，巩固生态保护成果。编制完成“一河三山”生态保护修复规划，统筹山水林田湖草沙开展自然修复、人工修复、综合康复，整治“挖湖造景”问题，植树造林、草原修复、荒漠化治理249万亩。

【经济高质量发展】2020年，自治区精准供给政策促“稳”，用好中央抗疫特别国债、增加地方政府专项债券等政策，出台“六保36条”“工业稳增长24条”等助企纾困政策，为企业降低成本100亿元以上，减税降费105.5亿元。召开重大项目建设工作会议，开展重点项目建设现场观摩，全区80个重点项目有序推进，为稳增长发挥关键作用。出台释放消费潜力支持服务业健康发展的政策措施，举办一系列促消费活动，积极培育消费新热点，开拓线上消费新模式，全区消费市场回暖向好。坚持“巩固、增强、提升、畅通”方针，加快产业结构调整、发展动能转换，推动重点产业发展，确定新型材料、清洁能源、葡萄酒、枸杞、奶产业等九个重点产业，建立“一个产业、一个专班、一个方案、一套政策”推进机制，引进一批国内知名的国企和民企，带动重点产业发展。加快传统产业升级，持续推动新型产业壮大，加快发展电子商务、“互联网+”、大数据、人工智能等新业态新模式，开工建设绿色铸造、芳纶、石墨烯等新兴产业项目，高新技术装备制造、软件信息、网络零售等行业保持两位数增长。在创新驱动发展上持续用力，大力推动科技创新、模式创新、业态创新、制度创新。全区R&D经费投入强度达到1.54%，组织实施重大科技项目12项、重点研发计划项目477项，批建重点实验室、工程技术研究中心17家，建成省部级攻坚煤炭高效利用与绿色化工国家重点实验室中试基地。发挥企业主体作用，引导企业对冶金、有色、化工、建材4个重点行业的29项关键技术开展攻关，形成一批先进技术成果，新培育高新技术企业、科技小巨人企业185家。在深化改革开放上持续用力。2020年年初确定的75项重点改革任务全面完成。实施国有企业改革三年行动，持续深化“放管服”、商事制度、多评合一改革，全面推行“一窗受理、集成服务”新模式，88.5%的事项“不见面”办理。融入“一带一路”建设，新设外商投资企业12家、境外投资企业18家，实际利用外资、对外直接投资实现逆势“双增长”。加强与京津冀、长三角、粤港澳等发达区域产业合作，实施招商引资合同项目1209个。举办第九届宁夏贺兰山东麓国际葡萄酒博览会，参展企业、展销酒款、观展人数、签约金额创历届之最。城乡协调发展，协同推进新型城镇化和乡村振兴战略，促进城乡协调发展。集中实施城镇供水、污水处理、道路整治、特色街区等项目，推进老旧小区改造、海绵城市建设、城市生态绿化，城市功能日趋完善。农村人居环境整治三年行动圆满收官，高标准建设一批美丽小城镇、美丽村庄。

【民生保障】2020年，自治区制定稳就业保就业“13条”“18条”等具体政策，采取减负稳岗、困难补贴、定向招录的措施，保障退役军人、高校毕业生、农民工等重点群体就业。实施就业创业服务攻坚季行动，抓好技能提升，增加公益岗位，积极搭建平台，鼓励灵活就业、兼职就业、积极创业，全区城镇新增就业7.22万人，农村劳动力转移就业80.15万人，城镇登记失业率低于国家控制目标1.51%。优先发展教育。推进城乡义务教育优质均衡发展，促进普通高中多样发展、职业教育提质升级、高等教育内涵发展，学前教育毛入园率达到88.5%、普惠性幼儿园占比82.6%，实现从学前教育到高等教育全部普及目标，主要发展指标均超过全国平均水平。加快推进“互联网+教育”示范区建设，与全国1000多所优质学校结对共建，教育信息化水平综合排名全国第七位。提高医疗服务水平。以健康宁夏建设为统领，深化医疗卫生体制改革，持续推进分级诊疗，全面开展县域医共体和城市医联体建设，推进县级综合医院重点专科建设，促进医疗资源下沉共享。推行“互联网+医疗健康”，开展远程会诊、常见病慢性病复诊，实施社区卫生服务中心和县级医院传染病综合防控救治能力提升项目，免费开展妇女儿童相关疾病筛查工作，基本医疗服务水平显著提升。深化社会保障体制改革，完善企业职工基本养老保险省级统筹配套政策，提高城乡居民养老保险最低缴费档次，扩大社会保障覆盖面，城镇职工养老、失业、工伤、城乡居民养老保险参保人数持续增加。强化兜底帮扶，启动物价联动机制，提高城乡低保标准，确保疫情之年困难群众基本生活不受影响。制定积极应对人口老龄化中长期规划，实施36个“公建民营”养老服务项目。加快建立多主体供给、多渠道保障、租购并举的住房制度，推进保障性安居工程建设，50万名群众住房条件得到改善。

【依法治区】2020年，自治区加强和改进地方立法、法律法规实施、重大事项决定和监督工作，及时作出《关于依法防控新型冠状病毒感染肺炎疫情　坚决打赢疫情防控阻击战的决定》。支持政协积极履行职能，落实党委会同政府、政协制定年度协商计划制度，创新“有事好商量”“大家来商量”等协商方式，围绕编制自治区“十四五”规划议政建言，助推宁夏高质量发展。巩固发展爱国统一战线，出台支持民主党派更好的履行参政党职责“21条”，研究制定加强新时代民营经济统战工作、加强和改进新时代党外知识分子思想政治工作《实施意见》，大力推动宁港澳台和海外经贸合作。高度重视做好群团工作，纵深推进群团改革。严格落实党管武装责任，夯实国防动员和后备力量建设基础，提升军民融合发展水平。全面贯彻党的民族政策，坚持民族区域自治制度，举办自治区党委领导干部促进民族团结进步研讨交流会，召开全区促进民族团结进步工作会议，巩固民族团结局面。推进马克思主义民族观宗教观“百场万人”大宣讲，开展“黄河水甜、共产党亲”主题教育，铸牢中华民族共同体意识。深化民族团结进步创建，创新完善“585”创建机制，开展全区民族团结进步创建观摩活动，评选命名一批自治区级创建示范单位，支持中卫市等18个单位创建全国民族团结进步示范单位。推进嵌入式社会结构和社区环境建设，开展“结对子”“手拉手”“心连心”活动，促进各民族交往交流交融。加快依法治区进程，运用法治思维和法治方式推动改革、促进发展、维护稳定、完善治理。抓好法治政府建设，完善政府权责清单，探索县(区)党政主要负责人年终述法试点，建立依法治区决策咨询专家团队，指导企业依法合规经营，服务企业防范化解风险。抓好平安宁夏建设，全面深化政法领域改革，纵深推进扫黑除恶专项斗争，启动政法队伍教育整顿，有序推进市域社会治理试点工作，创新探索“塞上枫桥”做法，全区信访形势持续平稳向好，公众安全感连续多年居全国前列。加强安全生产监管，做好食品药品安全工作。抓好法治宣传教育，开展“七五”普法，深入学习宣传《中华人民共和国宪法》(以下简称《宪法》)、《中华人民共和国民法典》(以下简称《民法典》)，推进法律“八进”，推动形成尊法学法守法用法的浓厚氛围。推进基层治理。召开自治区党委第十二届十次全会专题研究部署基层治理工作，制定出台“1+6”政策文件，推进乡村、社区、宗教、校园、企业、社团6个领域治理，厘职能、建机制、强责任，构建严密的组织体系、清晰的责任体系、高效的服务体系、有力的保障体系。厘清基层治理权责边界，为乡镇下放权力83项，实行基层治理“一网统管”、政务服务“一网通办”，社保、低保等审批事项平均办理时间由52天缩短到28天。基层治理工作取得实质性成效。依法加强宗教治理。全面贯彻党的宗教工作基本方针，认真落实《宗教事务条例》，旗帜鲜明整治宗教领域“三化”突出问题，全面摸清底数、全面列出清单、全面落实责任、全面对账销号，做到整治工作城乡全覆盖不留盲区、领域全覆盖不留死角、场所全覆盖不留后患。“三化”治理工作受到中央领导的充分肯定。依法管理宗教事务，严格宗教场所审批监管，压减宗教活动频次规模，加强教职人员队伍建设，坚决防范网络传播宗教，逐步实现由“管住”向“管好”转变。坚决抵御境外宗教渗透，从严管理经文班，严控境外资金用于宗教活动，依法解决佛教、道教、天主教、基督教领域突出问题，维护宗教领域和顺平静。坚持我国宗教中国化方向，创新开展“五进”宗教场所活动，召开宗教人士代表座谈会，引导宗教界和广大信教群众始终听党话、跟党走。

【思想文化宣传】2020年，自治区强化党对意识形态工作的领导，掌握意识形态工作的领导权、话语权、主动权。完善意识形态工作责任制实施细则、考核办法，压实党委(党组)主体责任，提高意识形态领域治理能力。中央巡视反馈意识形态领域问题全部整改到位，对32家单位开展专项检查，对市县部门开展巡视检查，推动意识形态工作落细落实。实施维护意识形态安全托底工程，推进网络空间治理，加强各类阵地管理，意识形态领域总体平稳、可管可控。壮大主流思想舆论。大力宣传党的主张，深入反映群众呼声，新闻舆论工作呈现主阵地更加巩固、主旋律更加高昂、主力军更加过硬的良好态势。实施决胜全面小康凝心聚力工程，中共十九届五中全会精神等重大主题宣传出新出彩。深化社会主义核心价值观“六进”活动，实施思想道德建设引领工程，推进新时代文明实践中心试点工作，闽宁对口扶贫协作援宁群体被中宣部授予“时代楷模”。推进媒体深度融合发展，自治区融媒体平台基本建成，19个县级融媒体中心建成投入运行，策划拍摄外宣纪录片《天下黄河富宁夏》，全媒体、立体化、多角度讲好宁夏故事。推动文化繁荣发展。积极繁荣文化事业，发展文化产业，满足人民群众精神文化生活新期待。启动新一轮“文化大篷车”基层百场巡演，开展文化进万家等文化惠民演出，率先实现贫困地区村级综合文化服务中心全覆盖，打造电视剧《闽宁镇》、诗集《西北辞》、音乐剧《花儿与号手》等文艺精品。深化文化体制改革，加强区属文化企业监督管理，推动文化旅游融合发展，长城、长征国家文化公园建设有力推进。

【全面从严治党】2020年，自治区把管党治党作为政治责任、本职责任、共同责任进行专题研究，听取每一位常委履行主体责任情况汇报，健全清单式责任分解、常态化责任落实、全过程责任考评“三个体系”，明确自治区党委42项责任清单和班子成员112项任务清单。加大跟踪问效力度，问责处理落实“两个责任”不到位的干部382人、处分54人，着力解决责任主体不清、责任履行不力、责任追究不严的问题。加强党的政治建设。坚持旗帜鲜明讲政治，广大党员干部“四个意识”更加牢固、“四个自信”更加坚定、“两个维护”更加自觉。全面落实自治区党委领导重大工作体制机制，专题听取自治区人大常委会、政府、政协、高级法院、检察院党组汇报。召开“不忘初心、牢记使命”主题教育总结大会，抓好巩固深化成果工作，引导广大党员干部坚定信仰信念信心、自觉做到“三个不动摇”。统筹政治督查、政治考察、政治巡察“三察（查）一体”，抓好中央巡视、督察（查）反馈问题整改，对脱贫攻坚、重大项目、深化改革、“三化”治理等开展大督查，推动党中央决策部署有效落实。加强干部队伍建设。坚持正确用人导向，统筹干部培育、选拔、管理、使用，出台落实《2019—2023年全国党政领导班子建设规划纲要》具体措施，开展自治区党委管理领导班子政治素质专项考察，完善领导班子和领导干部考核体系，注重在改革发展主战场、维护稳定第一线、服务群众最前沿考察识别、选拔使用干部。研究任免干部8批339人次，8个贫困县（区）12名党政正职被提拔使用或晋升职级。实施“一把手”政治能力提升计划、干部专业能力提升工程，全面落实职务与职级并行制度，加强对“一把手”和领导班子的监督，强化“有形”监督措施，实现“有效”监督覆盖。实施“人才+产业行动计划”，开展“院士专家宁夏行”活动，鼓励引导人才向基层流动，评选一批“塞上英才”“塞上名家”。加强基层组织建设。牢固树立重视、关心、爱护基层的鲜明导向，推动基层党组织全面进步、全面过硬。实行乡镇干部工资待遇优厚、选拔使用优先、生活条件优待“三优”政策，工资高于县直机关同职级干部20%，人均月增资1000元左右，增强基层干部扎根基层的信心、动力和热情。实施基层党建“六项行动”，推动社区党组织—网格党支部—楼栋党小组全覆盖，扩大非公有制企业和社会组织“两个覆盖”。开展农村党建“抓乡促村、整乡推进、整县提升”示范县乡创建活动，集中整顿软弱涣散村党组织，全面部署村（社区）“两委”换届工作，创建“让党中央放心、让人民群众满意”模范机关，着力解决“机关病”“灯下黑”“两张皮”问题。推进党员教育平台一体化建设，整治共产党员信教参教问题，排查整顿农村发展党员违规违纪问题，保持党员队伍的先进性和纯洁性。加强反腐倡廉建设。自治区党委常委会决定，把每年3月23日作为“廉洁从政警示日”，开展廉政警示教育周活动，召开全区领导干部廉政警示教育大会，通报剖析违纪违法典型案例，引导各级领导干部始终秉持“赶考”心、坚定走好“赶考”路。坚持“严”的主基调不动摇，保持高压态势，深化标本兼治，一体推进不敢腐、不能腐、不想腐。全区纪检监察机关共处置问题线索8704件、立案2076件、处分2267人，其中厅级干部29人、处级干部172人。持续发力纠治“四风”，落实“中央八项规定”及其实施细则精神，开展享乐主义奢靡之风专项监督、制止餐饮浪费行为专项检查、作风突出问题专项治理，拓展“基层减负年”工作，纠正脱离实际的官僚主义、空喊口号的形式主义特别是指尖上的形式主义。开展冒名顶替上大学、盲目合村并居、农村乱占耕地等突出问题专项治理，问责落实疫情防控责任不力、违反工作纪律的党员干部781人。完成十二届自治区党委第八轮、第九轮巡视，对前七轮巡视整改情况进行集中督查，对9个贫困县（区）开展脱贫攻坚专项巡视“回头看”。

（贾虎林）

重要会议

【中共宁夏回族自治区第十二届委员会第十次全体会议】2020年5月7—8日在银川市举行。出席全会的有自治区党委委员69人，候补委员6人。自治区纪委委员、有关方面负责人和在宁中共十九大基层代表、部分自治区第十二次党代会基层代表列席会议。全会由自治区党委常委会主持。自治区党委书记陈润儿代表常委会作讲话。全会以习近平新时代中国特色社会主义思想为指导，深入学习贯彻中共十九届四中全会精神和习近平总书记视察宁夏时的重要讲话精神，审议通过《中共宁夏回族自治区委员会关于完善基层治理体系提高基层治理能力的若干意见》。自治区党委常委、政法委书记张韵声就《若干意见(讨论稿)》向全会作说明,自治区党委常委、统战部部长白尚成就加强宗教治理工作进行部署。全会指出,推进国家治理体系和治理能力现代化,基层治理是重要基础。中共十八大以来,习近平总书记就基层治理作出一系列重要论述、提出一系列重大举措,明确要求推动社会治理重心向基层下移、构建基层社会治理新格局。2016年习近平总书记视察宁夏时,对加强党的基层组织和基层政权建设提出明确要求,是宁夏加强基层治理的根本遵循。《若干意见》聚焦这一目标任务,提出推进基层治理的总体要求、指导原则、工作重点、具体举措。

【中共宁夏回族自治区第十二届委员会第十一次全体会议】2020年7月20—21日在银川市召开。出席全会的有自治区党委委员69人,候补委员6人。自治区纪委委员、有关方面负责人和在宁中共十九大基层代表、部分自治区第十二次党代会基层代表列席会议。全会由自治区党委常委会主持。全会深入贯彻落实习近平总书记视察宁夏重要讲话精神,审议通过《中共宁夏回族自治区委员会关于深入学习贯彻习近平总书记视察宁夏重要讲话精神,继续建设经济繁荣民族团结环境优美人民富裕的美丽新宁夏的决定》《中共宁夏回族自治区委员会关于建设黄河流域生态保护和高质量发展先行区的实施意见》《中国共产党宁夏回族自治区第十二届委员会第十一次全体会议决议》。自治区党委书记陈润儿代表常委会作讲话。自治区党委副书记、自治区主席咸辉分析上半年全区经济形势,就下半年经济工作作安排部署。全会指出,6月8—10日,习近平总书记视察宁夏并发表重要讲话,饱含对宁夏各族人民的亲切关怀,满怀对宁夏各项事业的殷切希望,寄予对宁夏党员干部的深情嘱托。自治区党委把学习宣传贯彻习近平总书记重要讲话精神作为重大政治责任,认真组织学习,集中深入研讨,广泛宣传宣讲,全区干部群众思想上有了新感悟、政治上有了新升华、行动上有了新动力,前进的目标更明确了,发展的信心更坚定了,干事的动力更强劲了。全会审议通过了中共宁夏回族自治区纪律检查委员会关于王某、马某某严重违纪违法问题的审查报告,确认自治区党委常委会之前作出的给予王某、马某某开除党籍的处分。全会号召,全区各级党组织和广大党员干部要更加紧密地团结在以习近平同志为核心的党中央周围,坚持以习近平新时代中国特色社会主义思想为指导,深入学习贯彻习近平总书记视察宁夏重要讲话精神,不忘初心、牢记使命,真抓实干、开拓进取,努力建设黄河流域生态保护和高质量发展先行区,继续建设经济繁荣、民族团结、环境优美、人民富裕的美丽新宁夏,为实现“两个一百年”奋斗目标、实现中华民族伟大复兴的中国梦作出新的更大贡献。

【中共宁夏回族自治区第十二届委员会第十二次全体会议】2020年12月6—7日在银川市举行。出席全会的有自治区党委委员64人,候补委员6人。自治区纪委委员和有关方面负责人列席会议。中共十九大代表、自治区第十二次党代会代表中的部分基层同志也列席了会议。全会由自治区党委常委会主持。自治区党委书记陈润儿作讲话。全会听取和讨论了陈润儿受自治区党委常委会委托作的工作报告,审议通过《中共宁夏回族自治区委员会关于制定国民经济和社会发展第十四个五年规划和2035年远景目标的建议》。陈润儿就《建议(讨论稿)》向全会作说明。全会充分肯定自治区党委第十二届九次全会以来常委会的工作。一致认为,一年来,面对国际国内形势的深刻变化,面对新冠肺炎疫情的严重冲击,常委会坚持以习近平新时代中国特色社会主义思想为指导,在以习近平同志为核心的党中央坚强领导下,坚决贯彻党中央重大决策部署,深入学习宣传贯彻习近平总书记视察宁夏重要讲话精神,以建设黄河流域生态保护和高质量发展先行区统领经济社会发展全局,团结带领全区广大干部群众,牢固树立新发展理念,坚持稳中求进工作总基调,全力抗击新冠肺炎疫情,加快补齐全面建成小康社会短板,不断满足人民群众对美好生活的新期盼,推进治理体系和治理能力现代化,加强和改进宣传思想文化工作,推动新时代全面从严治党向纵深发展,守好促进民族团结、维护政治安全、改善生态环境“三条生命线”,走好一条高质量发展的新路子,美丽新宁夏建设迈出新的重大步伐。

表1　　宁夏回族自治区第十二届党委2020年常委会会议一览表

时　间	主持(参会领导)	议　　题
1月3日	自治区党委书记陈润儿	传达学习习近平总书记对做好“三农”工作重要指示和中央农村工作会议、全国扶贫开发工作会议精神,研究全区“三农”工作,审议《关于抓好“三农”领域重点工作　确保如期实现全面小康的实施意见》

续表

时间	主持(参会领导)	议题
1月17日	自治区党委书记陈润儿	传达学习习近平总书记在中央政治局“不忘初心,牢记使命”专题民主生活会上的重要讲话精神及中央有关通报精神,提出贯彻要求
1月21日	自治区党委书记陈润儿	传达学习习近平总书记对新型冠状病毒感染的肺炎疫情防控工作的重要指示和李克强总理的批示精神,安排部署新型冠状病毒感染的肺炎疫情防控工作
1月21日	自治区党委书记陈润儿	听取自治区人大常委会、政府、政协、高级法院、检察院党组工作汇报
1月27日	自治区党委书记陈润儿,自治区领导崔波、李锐、马秀珍等参加	召开自治区党委常委会(扩大)会议,强调要认真学习贯彻习近平总书记重要讲话和中央政治局常委会会议精神,坚定信心、同舟共济,科学防治、精准施策,深入动员组织坚决打赢疫情防控阻击战
2月6日	自治区党委书记陈润儿。国务院应对疫情联防联控机制第29工作指导组组长衣梅,自治区领导崔波、李锐、马秀珍等参加	召开自治区党委常委会(扩大)会议暨应对新冠肺炎疫情工作领导小组第3次会议,深入学习贯彻习近平总书记重要讲话精神,听取全区疫情防控工作汇报,研究部署下一步工作
2月12日	自治区党委书记陈润儿。国务院应对疫情联防联控机制第29工作指导组组长衣梅,自治区领导崔波、李锐等参加	召开自治区党委常委会(扩大)会议暨应对新冠肺炎疫情工作领导小组第4次会议,听取全区重点人员数据信息排查与社会动态分析研判管控工作情况汇报,研究部署下一步疫情防控工作
2月20日	自治区党委书记陈润儿。国务院应对疫情联防联控机制第29工作指导组成员,自治区领导崔波、李锐等参加	召开自治区党委常委会(扩大)会议,学习贯彻习近平总书记在中央政治局常委会会议上关于疫情防控形势和做好下一步疫情防控工作的重要讲话精神,听取自治区应对新冠肺炎疫情工作指挥部关于疫情防控工作情况的汇报,研究部署下一步工作
2月26日	自治区党委书记陈润儿。国务院应对疫情联防联控机制第29工作指导组组长衣梅,自治区领导崔波、李锐等参加	召开自治区党委常委会(扩大)会议暨应对新冠肺炎疫情工作领导小组第5次会议,深入学习贯彻习近平总书记在中央统筹推进新冠肺炎疫情防控和经济社会发展工作部署会议上的重要讲话精神,审议《自治区统筹推进新冠肺炎疫情防控和经济社会发展工作的实施方案》《关于在全区各行各业各条战线广泛开展“我身边的战‘疫’模范”推选活动的意见》,听取自治区公安厅关于疫情对社会稳定影响评估及应对措施的汇报
2月27日	自治区党委书记陈润儿	传达学习习近平总书记2月26日在中央政治局常委会会议上的重要讲话精神,传达中央组织部《关于组织党员自愿捐款支持新冠肺炎疫情防控工作的通知》。陈润儿、咸辉、姜志刚、张超超、艾俊涛、赵永清、张韵声、白尚成、张柱、潘武俊、李金科、石岱等自治区领导积极响应中共中央对广大党员的号召,为支持新冠肺炎疫情防控工作捐款
3月20日	自治区党委书记陈润儿	召开自治区党委常委会(扩大)会议暨应对新冠肺炎疫情工作领导小组第8次会议,传达学习习近平总书记3月18日在中央政治局常务委员会会议上的讲话、关于农村乱占耕地建房问题的重要批示精神;传达学习《中共中央办公厅印发〈关于2019年智能工业政治局贯彻执行中央八项规定情况的报告〉和〈关于解决形式主义突出问题为基层减负工作情况的报告〉的通知》精神,研究贯彻意见
4月1日	自治区党委书记陈润儿	召开自治区党委常委会(扩大)会议暨应对新冠肺炎疫情工作领导小组第9次会议,传达学习习近平总书记在3月27日中央政治局会议上的重要讲话、对四川省凉山州西昌市森林火灾的重要批示精神
4月7日	自治区党委书记陈润儿	传达学习中央关于推动高质量发展的有关文件,听取有关工作汇报

续表

时　间	主持(参会领导)	议　　题
4月15日	自治区党委书记陈润儿	传达学习习近平总书记4月8日在中央政治局常委会会议上的重要讲话、关于安全生产的重要批示精神
4月15日	自治区党委书记陈润儿,自治区主席咸辉出席并讲话,自治区政协主席崔波出席	召开自治区党委常委会会议暨扶贫开发领导小组2020年第2次会议
4月29日	自治区党委书记陈润儿	召开自治区党委常委会(扩大)会议,传达学习习近平总书记在中央政治局会议上的重要讲话精神,听取一季度全区经济运行情况汇报,研究部署当前经济工作
5月6日	自治区党委书记陈润儿	召开自治区党委常委会(扩大)会议暨应对新冠肺炎疫情工作领导小组第11次会议,传达学习习近平总书记在4月29日中央政治局常务委员会会议上的重要讲话精神,审议自治区应对新冠肺炎疫情工作领导小组《关于健全完善常态化新冠肺炎疫情防控工作机制的意见》,研究部署常态化疫情防控工作
5月15日	自治区党委书记陈润儿	传达学习习近平总书记在中共中央政治局常委委员会会议上的重要讲话精神、关于巡视工作的重要讲话精神,研究部署贯彻落实工作
5月17日	自治区党委书记陈润儿	听取自治区机关工委工作情况汇报,研究部署做好关心下一代工作
6月5日	自治区党委书记陈润儿	学习贯彻习近平总书记关于统计工作重要指示批示精神,研究部署国家统计局关于督察宁夏回族自治区防范和惩治统计弄虚作假情况反馈意见整改工作
6月11日	自治区党委书记陈润儿	召开自治区党委常委会(扩大)会议,传达学习习近平总书记6月8—10日视察宁夏时的重要讲话和重要指示精神,研究贯彻落实工作
6月19日	自治区党委书记陈润儿	召开自治区党委常委会会议暨应对新冠肺炎疫情工作领导小组第12次会议
7月8日	自治区党委书记陈润儿	召开自治区党委常委会会议,传达学习中央有关文件精神,听取全区意识形态工作情况汇报
7月17日	自治区党委书记陈润儿	听取2020年上半年全区经济运行情况汇报,分析当前经济形势,安排部署下一步重点工作
7月23日	自治区党委书记陈润儿	召开自治区党委常委会会议暨理论学习中心组学习会,学习习近平总书记在中央政治局第二十一次集体学习时的重要讲话精神,并围绕贯彻落实新时代党的组织路线开展研讨交流
8月4日	自治区党委书记陈润儿	召开自治区党委常委会会议暨应对新冠肺炎疫情工作领导小组第13次会议
8月4日	自治区党委书记陈润儿	召开自治区党委常委会会议,听取完善治理体系提高基层治理能力工作情况汇报,研究部署下一步工作
8月17日	自治区党委书记陈润儿	传达学习习近平总书记关于全面从严治党重要论述和党中央有关文件精神,听取2020年上半年党风廉政建设和反腐败工作、自治区党委常委落实全面从严治党主体责任情况汇报,审议《落实全面从严治党主体责任清单》《加强对"一把手"和领导班子监督的实施办法》,研究部署进一步落实全面从严治党主体责任工作
8月21日	自治区党委书记陈润儿	召开自治区党委常委会(扩大)会议,传达学习习近平总书记向全国医务工作者、全国青联学联会议及广大青少年、高校毕业生作出的重要指示和回信精神,研究部署建设黄河流域生态保护和高质量发展先行区重点特色产业发展工作
8月21日	自治区党委书记陈润儿	召开自治区党委常委会(扩大)会议,传达学习习近平总书记视察安徽、吉林等地重要讲话精神,研究部署推进建设黄河流域生态保护和高质量发展先行区重点特色产业发展工作

续表

时　间	主持(参会领导)	议　　题
8月29日	自治区党委书记陈润儿	召开自治区党委常委会(扩大)会议,传达学习习近平总书记在经济社会领域专家座谈会上的重要讲话精神、对"十四五"规划编制工作的重要指示精神、向中国人民警察队伍授旗时的训词,研究部署推进清洁能源、新型材料、枸杞产业发展工作,审议有关文件
8月31日	自治区党委书记陈润儿	召开自治区党委常委会(扩大)会议,传达贯彻习近平总书记在中央第七次西藏工作座谈会上的重要讲话精神,研究部署推进肉牛和滩羊、绿色食品、文化旅游等重点产业发展工作。
9月28日	自治区党委书记陈润儿	传达学习习近平总书记在第三次中央新疆工作座谈会上的重要讲话精神,学习习近平总书记在教育文化卫生体育专家座谈会、联合国成立75周年纪念峰会上的重要讲话精神和关于"三农"、机要保密、反恐维稳等工作的重要指示批示精神,研究贯彻意见
10月18日	自治区党委书记陈润儿	传达学习习近平总书记视察广东重要讲话精神,在深圳经济特区建立40周年庆祝大会上的重要讲话和关于脱贫攻坚工作重要指示精神等,学习《中国共产党中央委员会工作条例》,传达学习全国政法领域全面深化改革推进会精神、全国扫黑除恶专项斗争第三次推进会精神,听取全区扫黑除恶专项斗争和退役军人安置工作情况汇报
10月24日	自治区党委书记陈润儿	传达学习习近平总书记在纪念中国人民志愿军抗美援朝出国作战70周年大会上的重要讲话,听取自治区政府党组2020年前三季度全区经济运行情况,研究部署下一步工作
10月31日	自治区党委书记陈润儿	召开自治区党委常委会(扩大)会议,传达学习党的十九届五中全会精神,研究部署学习贯彻工作
11月20日	自治区党委书记陈润儿	传达学习习近平总书记在中央依法治国工作会议上的重要讲话精神,在全面推动长江经济带发展座谈会、浦东开发开放30周年庆祝大会、江苏省考察时、上海合作组织成员国元首理事会第二十次会议上的重要讲话,在第三届巴黎和平论坛上的致辞、向中国法治国际论坛的致信、对平安中国建设作出的重要指示精神,研究贯彻意见
12月3日	自治区党委书记陈润儿	传达学习习近平总书记近期发表的一系列重要讲话精神,研究制定宁夏国民经济和社会发展第十四个五年规划和2035年远景目标重大问题,决定召开中国共产党宁夏回族自治区第十二届委员会第十二次全体会议
12月20日	自治区党委书记陈润儿	传达学习中央经济工作会议精神,研究部署贯彻落实工作
12月22日	自治区党委书记陈润儿	召开自治区党委常委会会议暨全面深化改革委员会第十一次会议
12月29日	自治区党委书记陈润儿	召开自治区党委常委会会议暨应对新冠肺炎疫情工作领导小组第16次会议,听取自治区应对新冠肺炎疫情工作指挥部关于做好冬春季疫情防控工作的汇报,对全区疫情防控工作进行再动员、再部署、再落实

【自治区党委全面深化改革委员会第九次会议】2020年3月13日召开。会议传达学习习近平总书记在中央全面深化改革委员会第十二次会议上的重要讲话精神,听取全面深化改革委员会各专项小组汇报,审议通过自治区党委深改委《2019年工作总结报告》《2020年工作要点》等文件,审议通过《关于建立健全城乡融合发展体制机制和政策体系的实施意见》《关于统一规划体系更好发挥自治区发展规划战略导向作用的实施意见》《关于加快推进公共法律服务体系建设的实施意见》等5个改革方案。自治区党委书记陈润儿主持会议并讲话。自治区主席咸辉参加。

【自治区党委全面深化改革委员会第十次会议】2020年7月15日召开。会议传达学习习近平总书记在中央全面深化改革委员会第十三次、第十四次会议上的重要讲话精神,审议通过《关于进一步完善多元解纷机制　加强诉源治理的实施意见》《关于在全区法院实行环境资源类案件集中管辖的方案》《关于改革完善宁夏粮食储备体制机制　加强粮食储备安全管理的实施意见》《关于推进区直党政机关和事业单位经营性国有资产集中统一监管的实施方案》《宁夏回族自治区深化政府采购制度改革实施方案》《关于学前教育深化改革规范发展的实施意见》6个改革方案。咸辉、姜志刚及自治区党委全面深化改革委员会委员参加。自治区党委书记陈润儿主持。

【自治区党委全面深化改革委员会第十一次会议】2020年12月22日召开。会议传达学习了习近平总书记在中央政治局会议、中央政治局常务委员会会议、中央政治局第二十六次集体学习、党外人士座谈会、气候雄心峰会，中央全面深化改革委员会第十五次、第十六次会议上的重要讲话精神，向首届全国职业技能大赛的贺信。审议通过《关于推动基础设施高质量发展的实施方案》《关于强化知识产权保护的实施意见》《关于促进中医药传承创新发展的实施意见》《关于深化医疗保障制度改革的实施意见》和义务教育、劳动教育、教育督导、中小学教师减负等8个改革方案。自治区党委书记陈润儿主持会议并讲话。

（童会东）

组织工作

【干部教育培训】2020年，自治区党委组织部坚持把学习宣传贯彻习近平总书记视察宁夏重要讲话精神作为首要政治任务和重大政治责任，下发通知，把习近平总书记视察宁夏重要讲话精神纳入干部教育培训的主要内容，列为各级党委（党组）中心组、各党支部“三会一课”学习的重要内容。分期分批对全区935名区管领导干部进行集中轮训，6名省级领导、6名区直单位主要负责人作专题辅导。筹备召开自治区党委庆“七一”座谈会，组织全区各条战线优秀基层党员代表，围绕学习习近平总书记重要讲话精神畅谈体会感悟和贯彻思路，推动学习入脑入心、宣传走深走实、贯彻见行见效，教育引导各级党员干部切实增强“四个意识”、坚定“四个自信”、做到“两个维护”。自治区党委印发《关于深入实施干部政治能力和专业能力提升工程的意见》，提出18项具体措施，强化干部思想淬炼、政治历练、实践锻炼、专业训练。探索疫情防控新形势下的干部教育培训新途径，举办党的十九届四中全会精神专题网络轮训班，对全区8100多名县处级以上领导干部进行“线上轮训”。聚焦高质量发展、提升治理能力、打赢脱贫攻坚战等开展精准化靶向培训，举办培训班58期，培训厅处级干部3860人。

【疫情防控】2020年，自治区党委组织部及时响应自治区党委号召，先后召开12次专题部务会，围绕动员各级各领域党组织、发挥党员干部人才作用、做好一线医务人员及其家属保障等工作下发8个文件，部务会成员带队分赴一线督导疫情防控，以战时的状态、思维和作风狠抓落实。全区各级领导班子和领导干部坚守岗位、靠前指挥，党员干部冲锋在前，设立临时党组织5987个、党员先锋岗8592个，组织党员自愿捐款7417万元（党员参与率99%），“火线”发展党员334名，让党旗在疫情防控斗争第一线高高飘扬，奋战在抗疫一线的80个基层党组织和100名党员被自治区党委授予抗疫“先进基层党组织”和“优秀共产党员”称号。

【基层优化改革】2020年，自治区党委组织部推进基层整合审批服务执法力量改革试点工作，建立简约精干的基层组织体系、审批服务便民体系、基层综合执法体系，推动人往基层走、物往基层用、钱往基层花、劲往基层使。坚持工资待遇优厚、选拔使用优先、生活条件优待，强化基层干部队伍建设。在干部选拔任用上，把基层一线作为培养选拔干部的主阵地，8个贫困县（区）12名党政正职得到提拔使用或晋升职级，1500余名在疫情防控、扫黑除恶等工作中实绩突出的基层干部得到职级晋升。上调乡镇工作补贴标准，将乡镇干部月工资水平从高于县直机关同职级人员4.7%提高到20%，月人均增资914元，使4.85万名乡镇干部受益，督导落实基层干部健康体检、带薪休假、关怀帮助制度。

【“不忘初心、牢记使命”主题教育】2020

2020年3月5日，全区召开组织部长视频会议

年，自治区党委组织部筹备召开全区“不忘初心、牢记使命”主题教育总结大会，全面总结主题教育工作，巩固深化主题教育成果。开展“回头看”专项督查，坚持思想不松、责任不变、标准不降，持续推进整改整治工作任务落实。把“当下改”和“长久立”相结合，查找制度漏洞和短板，从坚持常态化学习教育、常态化查摆检视问题、常态化整改整治等方面，研究提出15条巩固主题教育成果措施，推动党员干部时时叩问初心、守护初心。

【干部队伍建设】2020年，自治区党委组织部注重在急难险重任务、重大风险考验中考察干部政治素质，组织开展疫情防控专项考察，6个督导考察组、41名干部驻扎防控一线。组织区管领导班子和领导干部全覆盖政治素质专项考察，安排8个专项考察组历时1月，访谈领导干部4901名，基层群众300多名，走访村居社区、项目现场128个，广泛听、反复核、细心评、深入议，透过工作事例、工作实绩、群众反映，把“讲政治”从抽象化的概念具象为“用事实说话”的以事察人，自治区党委书记陈润儿专门听取汇报。制定《领导干部政治素质考察办法》，建立横向全覆盖、纵向全链接、全区“一盘棋”的政治体检体系，推动全区领导干部政治素质考察常态化制度化规范化。落实《2019—2023年全国党政领导班子建设规划纲要》，坚持以党的政治建设为统领，从6个方面研究提出20条具体举措，全面加强各级领导班子政治、思想、组织、作风、能力、纪律建设。自治区党委重用一批政治素质过硬、敢于担当负责、工作实绩突出的干部，自治区党委常委会研究任免干部10批387人次。召开贯彻新时代党的组织路线、加强领导班子建设暨培养选拔优秀年轻干部工作座谈会，自治区党委书记陈润儿出席会议并讲话，对贯彻落实新时代党的组织路线，培养选拔优秀年轻干部作出动员部署。开展厅处级年轻干部起底摸排工作，提前储备一批政治素质过硬、经过基层历练、经历风险考验的优秀年轻干部。突出政治培养、能力培养、品德培养、实践培养，加大优秀年轻干部培训锻炼力度，紧扣年轻干部成长经历、专业特长、培养方向，选派47名干部赴中央国家机关和福建、上海、浙江挂职锻炼，安排122名经历单一的年轻干部到区直部门跟班学习，连续举办4期全区年轻干部示范培训班，带动各级组织部门培训年轻干部1200余人。推进“5123工程”，坚持动态管理，实行优胜劣汰，补充培养对象55名，提拔使用培养对象99名。修订完善干部监督工作联席会议制度、领导干部任前公示办法等5项制度，加强“12380”举报办理工作规范化建设，完善干部监督工作机制。结合巡视工作选派19个专项检查组，对5个地级市、4个县（市）区、37个区直单位和3家区属企业开展选人用人工作专项检查和“回头看”。开展领导干部个人有关事项报告专项整治，抽查核实6247人，摸排问题112个，提醒谈话704人次，如实报告率明显提升，受到中组部专项检查组充分肯定。稳妥推进家庭财产数额较大人员查核验证。加强领导干部配偶、子女及其配偶经商办企业行为常态化管理。受理信访举报216件，查核213件，办结率98.6%。

【基层组织建设】2020年，自治区党委组织部着力提高党建引领基层治理能力。围绕党组织在基层治理中的作用发挥情况，深入农村、城市、非公经济组织和社会组织蹲点调研，高质量起草“1+3”调研报告。研究制定《关于进一步加强党建引领基层治理的若干措施》，深化基层治理体制机制改革，推动全区27个街道完成改革任务，推动社区扩能减负，开展“社区万能章”治理专项行动。加大基层治理保障，新设乡村治理专项经费，健全村（社区）干部收入正常增长机制，在全区推行社区工作者职业化体系建设。完善基层治理机制，建立市级领导班子成员包抓乡镇、县级领导班子成员包抓村、乡镇党委班子成员包村联户，453名厅处级干部包抓联系127个乡镇1299个村，1736名乡镇党委班子包抓联系2203个村9.8万户，市、县、乡、村四级干部累计协调解决基层治理问题1.9万个。从严落实党建工作责任制，着力加强基层组织体系建设。抓好各地各系统党（工）委书记述职评议考核工作，建立市、县、乡党委书记抓基层党建“四个清单”。印发自治区党委和各常委落实全面从严治党主体责任清单，以“清单化”形式推动全面从严治党任务落实落地。研究制定《关于实施“六项行动”进一步加强全区基层党建工作的意见》《关于党支部规范化建设的指导意见》等重要文件，系统谋划、分类指导，补齐基层党组织领导基层治理、推动改革发展短板。拓展党的基层组织和工作的有形覆盖和有效覆盖，持续加大在村民小组、特色产业上建立党组织力度，指导各地优化调整村（社区）党组织240个，成立网格（村民小组）党支部961个、设立网格党小组7515个、确定党员联系户9.1万户。推动全区新增设城市社区81个，核增社区“两委”职数1267个，构建“社区党委（党总支）—网格（片区）党支部—院落（楼栋）党小组”三级社区党组织链条，新增网格党支部489个。坚持边摸排、边组建、边巩固，重点加强产业园区、商务楼宇、商圈市场、互联网企业等薄弱环节和新兴领域的“两个覆盖”，非公企业和社会组织党组织覆盖率较上年分别提高10个百分点。稳步推进村（社区）“两委”换届。筹备召开全区村（社区）“两委”换届工作会议，研究制定换届工作意见和工作方案，对全区村（社区）两委换届作出安排部署。成立全区村（社区）“两委”换届工作领导小组，组建5个工作指导组，包抓联系全区22个县（区），确保换届工作平稳有序。统筹推进各领域党建工作。农村领域，巩固扫黑除恶专项斗争成果，部务会成员带头提级督办20个重点村，带动各地持续排查整顿软弱涣散基层党组织，375个软弱涣散村实现晋位提升，实施扫黑除恶“线索清仓”行动，基层党组织组织力明显增强。召开全区抓党建促决战决胜脱贫攻坚暨基层党建工作重点任务推进会，推进“三大三强”促脱贫富民行动和“两个带头人”工程，培育村党组织和农村致富“二合一”带头人1067人，确定村干部后备力量6900余名。及时调整不合格不胜任第一书记和驻村工作队员571名，对80个挂牌督战村党组织书记和1773名驻村第一书记全覆盖培训。启动农村党建“抓乡促村、整乡推进、整县提升”示范县乡创建行动。大力扶持壮大村级集体经济，消除空壳村536个，经营收益在5万元~10万元、10万元~50万元的行政村同比增长122%和34%。城市领域，持续完善“四联四化”机制，实施“六增六提”党建引领社区治理行动。机关领域，全面开展创建“让党中央放心、让人民群众满意”模范机关活动。国企领域，制定落实国有企业基层组织工作条例的若干措施，建立区属国有企业党委前置研究讨论重大事项清单，开展“国企党建质量巩固年”活动，提升国有企业党建工作质量。狠抓非公经济组织和社会组织领域“五强五促”行动、教师党支部书记“双带头人”培育工程，发挥党建引领保障作用。开展党员教育管理。组织开展“抓党建促脱贫富民大宣讲”“党课开讲啦”“学习身边榜样”活动，分级分类抓实党员普遍轮训。从严整治党员信仰宗教和参与宗教活动，建立党支部定期自查报告机制，督促对7137名教职人员进行审核备案。开展国有企业退休职工党员组织关系转入街道社区党组织管理工作，215户企业移交退休职工党员组织关系15749人，占移交总数的98.9%。从严做好发展党员工作，加强在高知识群体和大学生群体中发展党员，优化党员队伍结构。指导开展流动党员教育管理试点工作。开展农村发展党员违规违纪问题整顿，排查“带病入党”等情况792人，从源头上保持党员队伍先进性、纯洁性。

【人才强区建设】2020年，自治区党委组织部跟进自治区党委建设黄河流域生态保护和高质量发展先行区战略部署，围绕九个重点产业发展，研究谋划《“人才+重点特色产业”行动计划方案》，实施清洁能源、电子信息、文化旅游等一批重点产业人才项目，新建产业人才小高地13个。开展江苏、福建、湖南“院士专家宁夏行”，邀请54名院士专家为先行区建设建言献策、把脉会诊。制定并印发《关于鼓励引导人才向基层流动的若干措施》，从编制管理、职称评聘、鼓励创业等7个方面提出19条改革措施，促进人才向基层一线和脱贫攻坚地区流动。推动出台《关于完善事业单位高层次人才工资分配激励机制的实施意见》等一系列政策性文件，在银川市、中卫市、宁东能源化工基地等开展“政府出钱、企业育人”试点工作，向19所区内高校下放高级职称自主评审权，县乡全面推开专业技术人员“定向评价、定向使用”机制，激发人才创新创业活力。统筹开展全区人才盘点工作，摸清各支人才队伍建设现状。深化人才计划优化整合，自治区级人才计划压减45%，实施领军人才培养工程，改进青年拔尖人才、托举工程选拔机制，组织评选“塞上英才”人选9名、“塞上名家”人选96名、自治区领军人才培养对象24名、青年拔尖及托举人才培养对象326名。克服疫情影响积极开展招才引智，出台线上招聘、网络面试等5条创新措施，主动对接西安交通大学、西北工业大学等知名高校，推动企事业单位引进博士、硕士研究生1000余名。落实党政领导干部直接联系人才制度，分领域举办高层次人才国情区情研修班，培育中青年骨干人才700余人。认定首批1872名高层次人才，发放高层次人才证，跟进配套子女入学、配偶就业、医疗保健等21项优待服务，打通优待政策落实“最后一公里”。跟踪抓好疫情防控一线医护人员职称晋升、岗位聘用、休假疗养等政策落实，激发广大人才“爱国奋斗、实干兴宁”的使命感和责任感。

【公务员管理】2020年，自治区修订并印发《公务员范围规定》《公务员登记办法》《公务员职务、职级与级别管理办法》《参照公务员法管理的单位审批办法》《公务员录用实施办法》《公务员调任实施办法》等6项基础配套制度，提升公务员管理科学化、法治化、规范化水平。巩固深化职务与职级并行制度实施成果，严格落实职级职数使用事前申报制度，推动全区2.5万余名公务员套转职级，1.1万人次晋升职级。开展专业技术类、行政执法类公务员分类管理，指导地级市以下市场监管部门列入行政执法类公务员实施范围。制定承担行政职能事业单位改革和机构改革中人员过渡登记工作方案，完成自治区15家单位人员过渡登记。做好对参公管理单位的重新认定。规范调任工作，畅通国有企业事业单位优秀人才进入党政机关的渠道。积极应对疫情防控影响，严格落实主体责任，周密制定应急预案，有序开展公务员分类分级考录，确保5.97万名考生安全参加笔试、3500多名考生安全参加面试，统一招录公务员1289名，面向39所原“985”工程高校招录选调生180人。认真做好新疆西藏内地专项招考、公安院校公安专业专项招考、中央驻宁单位公务员招录等专项考试。配合完成自治区法官检察官遴选委员会和惩戒委员会换届及全区124名法官和46名检察官遴选入额面试等工作。分5期对全区统一招录公务员和新录用选调生1300多人进行初任培训，每期学制12天，教育引导走好职业生涯第一步。在自治区党校举办厅级干部培训班、县处级干部进修班、乡镇党委书记进修班7期，培训各级各类公务员280人。会同区直机关工委实施“千名机关党组织书记培训工程”，培训党支部书记1107名。制定《公务员平时考核实施办法》，全面推行平时考核工作，将考核结果与效能目标考核奖金挂钩，结合工作实绩分季度发放考核奖金。首次对区管领导干部年度考核为优秀的或连续3年考核为优秀的进行嘉奖或记功，营造“优者奖”的良好氛围。用好用活用足奖励政策，指导公安、司法系统对疫情防控期间表现突出的451名公务员给予嘉奖或记功，对自治区直属机关单位获得文明单位荣誉的部门进行及时奖励。完成全区4.2万名公务员年度考核晋级晋档，落实相关待遇。深化拓展“两满意”活动，组织推荐17名“最美公务员”和4名全国“人民满意的公务员”，充分发挥先进典型引领示范作用。组织220名区直机关优秀公务员和抗疫先进公务员代表开展健康休养，激励各级公务员更好履职尽责、担当作为。

（王长龙）

宣传工作

【理论武装】2020年，自治区实施习近平新时代中国特色社会主义思想入脑入心工程，打牢全区干部群众团结奋斗的共同思想基础。建立党委（党组）理论学习中心组成员包抓分管领域学习机制，推动各级党委（党组）理论学习中心组学习规范化。自治区党委举办理论学习中心组学习会12次，举办领导干部维护政治安全、促进民族团结和改善生态环境等专题研讨班、学习班、读书班4次，带动全区各级党组织学懂弄通做实。集中开展党的十九届四中、五中全会精神学习宣传，组建自治区党委宣讲团分级分类分众宣讲。持续推广“学习强国”学习平台，举办首届宁夏“学习强国”达人挑战赛。开展习近平新时代中国特色社会主义思想“七进”和学校“三进”、理论工作者轮流巡回主讲和基层宣讲员定期宣讲，开展各类宣讲9500余场次，推动党的创新理论“飞入寻常百姓家”。重点围绕学习贯彻习近平总书记视察宁夏重要讲话精神，组织社科理论工作者完成“建设黄河流域生态保护和高质量发展先行区”“疫情期间社会治理”等26个重大现实问题研究，举办习近平同志《论党的宣传思想工作》理论研讨会、黄河流域生态保护和高质量发展理论研讨会。宁夏广播电视台开设“微党课”，《宁夏日报》推出“思想周刊”48期，刊发理论成果360余篇。

【新闻舆论】2020年，自治区聚焦主题重点，精心设计议题，谋划主题采访，开设专题专栏，新闻舆论工作呈现主阵地更加巩固、主旋律更加高昂、主力军更加过硬的良好态势。深入报道习近平总书记关于疫情防控重要讲话和指示要求，及时宣传中央关于疫情防控决策部署，集中反映全区各地抗击疫情实际行动，举办新闻发布会16场，凝聚攻坚克难战疫情的强大合力。统筹疫情防控和经济社

2020年10月12日，首届宁夏“学习强国”达人挑战赛决赛在银川市举办

会发展，在媒体开设《聚焦"六稳"看发展》等专栏，助力"六大秩序"全面恢复、"六大领域"全面复市。实施决胜全面小康凝心聚力工程，优化《宁夏日报》版面，改版提升《宁夏新闻联播》，开展"全面建成小康社会·百城千县万村"调研行采访，推出系列特别报道；组织"脱贫攻坚看宁夏""走向我们的小康生活"等重大主题宣传和"决胜2020·小康有我"等网上宣传，推出一大批见事见理的深度报道。实施外宣品牌塑造工程，推出系列电视节目《品牌宁夏》，人文纪实栏目《宁夏时间》在阿联酋中阿卫视开播，拍摄外宣纪录片《天下黄河富宁夏》，全媒体、立体化、多角度讲好中国故事、宁夏故事。制定《全区县级融媒体中心建设实施方案》《加快推进媒体深度融合发展的实施意见》等文件，自治区融媒体云平台项目基本建成，全区5个地级市均完成报台整合并建成融媒体中心，19个县级融媒体中心建成投入运行，全媒体传播体系基本形成。

【精神文明建设】2020年，自治区以深化群众性精神文明创建活动为载体，不断培育和践行社会主义核心价值观，着力弘扬共筑美好生活的时代新风。深入实施思想道德建设引领工程，制定贯彻《新时代公民道德建设实施纲要》《新时代爱国主义教育实施纲要》的具体举措和《自治区道德模范荣誉称号管理暂行办法》，深化"德耀宁夏"行动，推出一批"最美人物""宁夏好人"，闽宁对口扶贫协作援宁群体被中宣部授予"时代楷模"。开展社会主义核心价值观"六进"活动，推动核心价值观融入《自治区促进民族团结进步工作条例》等法规规章；精心组织"让有信仰的人讲信仰"活动，推出《警魂》《白衣执甲逆风行》系列丛书。深化群众性精神文明创建，健全文明单位奖励激励机制，银川市、石嘴山市继续被确认为全国文明城市，银川市兴庆区镇河村等20个村镇、银川市第一人民医院等49个单位、宁夏大学等6所学校、平罗县白琴家庭等8户家庭分别获"第六届全国文明村镇""文明单位""文明校园""文明家庭"称号，灵武市被命名为全国未成年人思想道德建设先进城市。推进志愿服务制度化常态化，深化拓展新时代文明实践中心试点工作，全区22个县（区）组建志愿服务队伍8581支，开展活动3.7万余场次，王兰花志愿服务团队做法得到习近平总书记充分肯定。

【文化建设】2020年，自治区实施文化惠民工程，启动新一轮"文化大篷车"基层百场巡演，开展文化进万家、"戏曲进乡村"等演出4000余场次，12个基层单位获得第八届全国服务农民、服务基层文化建设先进集体。制定《全民阅读促进条例》。完善公共文化服务体系，率先在全国实现行政村综合文化服务中心全覆盖，固原市创建第四批国家公共文化服务体系示范区（项目）顺利通过现场评定。精心打造文艺精品，打造电视剧《闽宁镇》，诗集《西北辞》、歌曲《听到花儿就想家》、音乐剧《花儿与号手》、话剧《闽宁镇移民之歌》等一批优秀作品获得国家级大奖或入选重点扶持。推动文旅融合发展，"两晒一促"（晒文旅、晒优品、促消费）文旅线上推介异彩纷呈，长城、长征、黄河国家文化公园建设有力推进，全区A级以上旅游景区达到100家。深化文化体制改革，制定自治区属文化企业监督管理暂行办法等制度，有线电视"全国一网"整合工作进展顺利。

【意识形态工作】2020年，自治区实施维护意识形态安全托底工程，坚决守好维护政治安全生命线。修订《党委（党组）意识形态工作责任制实施细则》和《考核办法》，制定《党委（党组）落实意识形态工作责任制正面清单和负面清单》，出台并严格落实《全区意识形态领域防止出现政治性风险问题监测预警审核制度（试行）》，中央巡视反馈意识形态领域问题全部整改到位，意识形态工作得到全面加强。对市县部门开展巡视检查，分32家单位开展专项检查，意识形态工作责任制落实专项检查实现市、县（区）党委巡察全覆盖。做好民族宗教、高校等领域意识形态风险防控和"扫黄打非"等工作，全区意识形态领域总体平稳、可管可控。

（韩　玺）

统战工作

【政治引领】2020年，自治区积极推进习近平新时代中国特色社会主义思想、习近平总书记关于加强和改进统一战线工作重要思想和视察宁夏重要讲话精神学习宣传贯彻工作，举办各类培训16批次、参训700余人次，推动学习走深、走心、走实。在统一战线各领域开展"不忘合作初心，继续携手前进"等主题教育，增强"四个意识"、坚定"四个自信"、做到"两个维护"，统战成员的思想统一、感情认同达到新高度。多形式、全方位深入学习贯彻中共十九届五中全会精神，引导统战成员牢牢把握新发展阶段、新发展理念、新发展格局核心要义，凝聚建设社会主义现代化国家的强大合力。聚焦自治区党委第十二届第八次、第九次、第十次、第十一次全会提出的重点任务、重要举措，以深化统一战线"大学习、深调研、重落实"活动为抓手，形成理论创新成果142项、实践创新成果52项，不断汇聚起统一战线奋进新时代的智慧和力量。

【参政党建设】2020年，自治区贯彻落实《中共中央关于加强中国特色社会主义参政党建设的意见》，研究并制定宁夏《实施意见》，支持民主党派更好地履行中国特色社会主义参政党职责。推进政党协商，制订并印发2020年协商计划，分别就政府工作报告、完善基层治理体系、提高基层治理能力等召开座谈会和征求意见会，健全工作联系、协商反馈等保障机制，推动参政党协商制度化、规范化、程序化。借助党派中央智力优势，邀请各民主党派到宁夏开展“南水北调西线工程与黄河水资源开发利用”等专题调研，围绕黑山峡水利枢纽建设等自治区重大规划建设建言献策；完善“党委出题、党派调研、政府采纳、部门落实”参政议政专题调研机制，形成传统制造业优化升级、“互联网+医疗健康”等重点调研课题6个，完成黄河流域生态保护和高质量发展等调研报告68篇，提交放开地摊经济等社情民意120余篇，为自治区党委和政府科学决策提供参考。聚焦决战脱贫攻坚，协助各民主党派区委会对口9个重点贫困县(区)开展脱贫攻坚民主监督，建立健全常态化联系和民主监督工作机制。支持民主党派加强自身建设，建立统战部理论学习中心组与民主党派区委会领导班子联合学习制度，开展联合学习3次。落实民主党派季度联席会议制度，协助民主党派建立完善民主生活会、内部监督管理等制度，推动民主党派提高政治把握能力。支持民主党派找准社会服务切入点，开展捐资助学、扶贫帮困、医疗服务等惠民活动。

【民族团结】2020年，自治区落实守好促进民族团结生命线工作部署，召开全区促进民族团结进步工作会议，举办专题研讨交流，推进《自治区促进民族团结进步工作条例》立法工作。以铸牢中华民族共同体意识为主线，开展“结对子”“手拉手”“心连心”等群众性交流活动，组织“塞上儿女一家亲，同心共筑中国梦”主题民族团结月活动，全方位、多角度、广覆盖讲好民族团结故事。持久开展“百场万人”大宣讲活动，组织编写《“石榴籽”故事丛书》，印发《马克思主义“五观”基本问题口袋书》7万册，发放至全区所有基层党组织，实现党员干部、高校师生、统战成员、基层群众“四个覆盖”。研究并制定《自治区民族团结进步创建示范单位管理办法》，修订完善创建指标考核评价体系，推进创建工作制度化、常态化、规范化。向国家民委推荐上报35个第八批全国民族团结进步示范区示范单位，指导中卫等11个市、县(区)做好创建工作。开展全区民族团结进步创建观摩活动，评选命名103个自治区级创建示范单位。

【民族宗教】2020年，自治区推进宗教领域突出问题治理，推动宗教工作从抓点向抓面铺开、从表层向深层转变、由管住向管好推进、由治标向治本深化。协助自治区党委出台完善基层治理体系提高基层治理能力“1+6”意见，全面统筹、有效整合基层治理资源，加强基层宗教治理。通过减上补下，协调为22个县(区)统战宗教部门下拨行政编制，推动乡(镇)、街道配备统战委员、宗教专干，有效解决基层力量薄弱的问题。坚持用社会主义核心价值观引领、用中华优秀传统文化浸润、用中华传统美德教育感化、用社会主义现代文明影响，推进“五进”宗教场所活动，引导宗教界人士和信教群众爱国爱教、正信正行、向善向好。引导宗教界主动适应社会制度、适应社会道德、适应社会文化。坚决执行疫情期间“两个暂停”的要求，全区宗教领域保持和谐稳定。建立宗教教职人员数据库和“负面清单”，严格资格证、聘任证“双证管理”，实行综合评价、处罚处置和退出机制。

【非公有制经济“两个健康”】2020年，自治区党委统战部研究并制定《关于加强新时代民营经济统战工作的实施意见》，引导民营经济人士坚定发展信心，促进民营经济健康持续发展。协助落实《优化营商环境条例》和自治区促进民营经济健康发展20条等政策措施，优化民营经济发展环境。实施民营经济人士素质提升工程，加大年轻一代和党员民营经济人士的教育培训力度，成立工商联青年企业家委员会，建立完善代表人士信息数据库。推动建立党委和政府与商会组织、民营企业沟通协商制度，努力构建“亲”“清”的新型政商关系。动员民营企业积极投身疫情防控一线，先后捐款捐物1亿多元。严格落实防控措施，支持企业有序推进复工复产，为打赢疫情防控阻击战贡献力量。实施宁夏统一战线“助力脱贫攻坚”行动，通过产业扶贫、智力扶贫、捐赠扶贫等多种方式，助力精准脱贫。协助燕宝慈善基金会举行2020年奖学金发放仪式，共发放奖学金3.3亿多元。协助中央统战部“新时代民营企业家培养计划”培训班到宁夏开展移动校园活动，做好政策宣讲、企业参访、招商引资推介等活动，宣传宁夏营商环境，吸引外地民营企业到宁夏投资创业。

【社会阶层人士统战工作】2020年，自治区党委统战部研究并制定《关于加强和改进新时代党外知识分子思想政治工作的实施意见》,完善全区党外知识分子数据库和无党派人士、留学归国人员重点人士库。指导市、县(区)建立完善新的社会阶层人士统战工作联席会议制度,加强网络人士统战工作,深化“党建+统战”工作模式,构建多层次、社会化工作格局。在全区高等院校、科研院所、国有企业、科技园区、创业中心等单位场所重点打造实践创新基地。支持党外知识分子精准开展社会服务,组织归国留学人员开展“双创”论坛、沙龙活动等,协助欧美同学会举办2020中国(银川)医疗健康产业高质量发展论坛,协助银川市推进海归小镇建设。协助全国新的社会阶层代表人士考察团围绕“决胜全面建成小康社会、决战脱贫攻坚”主题到宁夏开展国情考察暨建言献策专题调研活动,为宁夏脱贫攻坚和乡村振兴战略献计出力。

【港澳台侨海外统战工作】2020年,自治区党委统战部以宁夏海外联谊会、侨联、台联、黄埔同学会等机构为抓手,推动宁港澳台和海外经贸合作。借助国家部委工作平台,高质量承办“海外华裔青少年寻根之旅夏令营”“外派华文教师”等项目,积极推动文化交流。召开自治区第八次归侨侨眷代表大会。出台宁夏《加强新时代海外统战工作的实施意见》。

(胡晓丽)

深化改革

【概况】2020年,自治区党委深化改革委员会牢记习近平总书记“推动改革开放取得新突破”殷殷嘱托,坚持解放思想和实事求是相统一,坚持顶层设计和基层实践相结合,坚持推动工作和完善机制相协调,把准把牢正确政治方向,系统谋划、科学统筹好各项改革。学习科学理论凝聚改革力量。坚持把学习贯彻习近平总书记关于全面深化改革的重要论述、两次视察宁夏重要讲话精神和中央深改委会议精神作为首要政治任务与第一议题,紧跟党中央步伐,紧随总书记指引的航向,通过召开党委常委会、深改委会议、中心组理论学习会、举办专题学习班等形式,准确把握国内国际形势和经济发展阶段性变化,不断提高改革的思想自觉、政治自觉、行动自觉,进一步凝聚推动宁夏全面深化改革的强劲动力。对标顶层设计抓好配套落实。认真贯彻党的十九届四中全会精神,自治区党委第十二届十次全会审议通过《中共宁夏回族自治区委员会关于完善基层治理体系提高基层治理能力的若干意见》,配套制定乡村、社区、宗教、校园、企业、社团6个实施意见,对基层治理重大改革作出系统部署。按照习近平总书记“努力建设黄河流域生态保护和高质量发展先行区”要求,召开自治区党委第十二届十一次全会,研究制定先行区建设的《实施意见》,确立建设河段堤防安全标准区、生态保护修复示范区、环境污染防治率先区、经济转型发展创新区、黄河文化传承彰显区的“五个区”目标定位,提出一系列重大改革任务。2020年,自治区党委深改委共召开3次深改委会议、1次国企改革座谈会,审议出台26个重要改革方案,有的放矢地推出一大批有力度、有温度、接地气的改革举措。完善工作机制推动改革落地。强化改革主体责任,坚持和加强党对全面深化改革的集中统一领导,深改委主要领导、专项小组组长以及深改委委员一手抓改革方案设计、一手抓改革举措落实。各地各部门党委(党组)严格落实改革主体责任,“一把手”对牵头任务和配合任务做到亲自部署、亲自把关、亲自协调,自治区党委深改委年初确定的75项重点改革任务全部完成。健全督察考核机制,建立改革提醒单、催办单、督办单制度,探索创新集中督察、专项督察、暗访督察、调研督察等方式,提高改革督察时效。自治区党委和政府主要领导同志领衔,各专项小组、牵头部门负责组织落实,先后开展国企改革、优化营商环境、基层社会治理、综合执法改革等重点改革落实情况督察。组织开展宁夏全面深化改革情况督察调研,形成专题报告。修订自治区党委全面深化改革考核细则,分层分类分项对76个自治区部门(单位)和27个市、县(区)改革任务落实情况进行精准考核。加大典型宣传,营造良好氛围。注重挖掘基层典型,加大改革宣传力度,全年编发《改革动态》24期。银川市被列为“科创中国”全国首批22个试点城市之一,是西北地区唯一入选城市。固原市原州区金融扶贫案例被联合国列为扶贫开发课程,为世界扶贫工作贡献“中国智慧”和“中国方案”。彭阳县“互联网+城乡供水”被《人民日报》头版以《云“解”塬上渴》为题进行深度报道。红寺堡区“135”基层社会治理入选《人民日报》《民生周刊》“2020年民生示范工程”案例。西夏区被评为全国农村人居环境整治激励县。宁夏医联体建设的改革经验在中央改革办《改革情况交流》刊登。

【科技和经济体制改革】2020年,自治区深化科技体制改革,全年全区R&D经费投入54.51亿元,投入强度达到1.45%,增幅居全国第四位、西部首位。深入推进东西部科技合作,实施科技合作项目143项,形成“10+9”合作格局。围绕重点产业推进“揭榜挂帅”,实施自治区重大科技项目12项、重点研发计划项目477项。新培育企业技术中心10家，累计培育国家高新技术企业293家、认定科技小巨人107家、备案科技型中小企业1233家，规模以上企业研发投入比重同比增长10%。改革科技项目支持方式，对企业研发项目采取“前引导”和“后支持”，探索联合基金下沉式管理，推进科研资金“包干制”改革试点。健全完善科研监管机制，通过“双随机一公开”加强科研诚信管理。持续推进“放管服”改革。出台“优化营商环境148条”，全面推行登记注册“一网通办”“一窗受理、集成服务”新模式，88.5%的事项可“不见面”办理。创新“互联网+窗口”服务模式，实现包含全部登记注册业务和特种设备等17个高频政务服务事项“跨省通办”。制定《“证照分离”改革全覆盖试点实施方案》，对298项涉企经营许可事项分类实行“告知承诺”“先证后核”“先核后证”准入模式，一大批企业反映的难点、堵点问题得到解决。“我的宁夏”APP用户量达到512万人，占全区人口的74%，1314个事项能够“指尖办”，3300个事项可以“掌上办”，网上政务服务能力连续两年排名全国第11名。推行交通建设项目电子招投标，实现监理、设计类招标项目“远程不见面开标”，建立“宁夏公路建设项目信息化管理平台”。制定工程建设、政府采购、土地和矿业权水权交易、国有产权交易、医药招标采购等电子化交易“一规程四标准”。激发各类市场主体活力。通过构建有效市场和有为政府，继续深化要素市场化配置改革，加快完善新时代社会主义市场经济体制，营造公平竞争的市场环境。推进国资国企改革，制定自治区《区直党政机关和事业单位经营性资产集中统一监管实施方案》《推进国有资本投资运营公司改革实施方案》，国企改革总体设计趋于完善。宁夏农垦集团公司所属5户二级、三级企业完成混合所有制改革，8户企业全面完成党委会、董事会、总经理办公会议事规则修订和权责清单制定，法人治理运行不断规范。完成国企退休人员社会化管理，使群众共享改革发展成果。激发民营经济活力。制定《关于营造更好发展环境支持民营企业高质量发展的实施意见》，落实“稳增长24条”“中小微企业18条”，出台“服务业16条”，开展民营企业“融资难融资贵”专项督查。推进清理拖欠民营企业中小企业账款工作、发放融资租赁补贴、落实电价补贴等，解决一批民营企业的难点痛点问题。做好园区改革下半篇文章。推进园区基础和公共服务平台建设，认定高质量发展示范园区2个，完成16家自治区级开发区整合优化规划用地范围，园区企业成本下降10%以上，亩均产值较改革前提高1.5倍。推进财税金融改革。完善自治区和市县收入分配机制，稳步推进教育、科技、交通运输、生态环保、自然资源等领域财政事权和支出责任划分。推进预算管理一体化系统建设，探索建立财政可承受能力评价机制，在全国率先创建“三保”监测系统。出台九个重点产业财政支持政策，将枸杞、葡萄、肉牛等重点特色产业纳入农业保险中央财政补助范围。制定《自治区深化政府采购制度改革实施方案》，完善政府采购活动中的阳光公平交易规则。推广“盐池模式”“蔡川模式”“张易模式”“扶贫保”等金融扶贫模式，助力打赢脱贫攻坚战。深化多层次资本市场改革发展，“凯添燃气”成为全国首批32家新三板挂牌精选层公司。推进法人银行保险机构改革，完成38家法人银行机构股权托管。实施地方金融机构改革，实现对全区小额贷款公司、融资担保公司、区域性股权市场的数字化、穿透式监管全覆盖。协调推进城乡融合发展。深化农村综合改革。完成全域承包地确权登记颁证和农村集体产权制度改革整省试点任务，多项成果为修订《土地管理法》贡献“宁夏经验”。探索土地承包权依法有偿退出、土地承包权抵押担保、土地托管、土地股份合作等“三权分置”的有效实现形式，宅基地“房地一体”确权登记实现应颁尽颁，农村综合改革实现量的不断增加和质的持续提升。永宁县完成全国首例公共资源交易平台水权交易，同心县与原州区、青铜峡市，盐池县与利通区开展跨县短期水权转让交易，水权水价水市场改革纵深推进。推进新型城镇化改革。总结推广银川市、盐池县、惠农区红果子镇国家第三批新型城镇化综合试点经验，加快大中小城镇协同发展。全区所有市、县（区）和宁东基地管委会全部完成城市执法体制改革，5个地级市、10个县建成数字化城管平台。

【司法行政体制改革】2020年，自治区持续深化行政体制改革。调整优化发改、公安、应急等部门机构职能配置，健全完善统战、市场监管、司法等部门归口管理、协调配合工作机制。完成森林公安管理体制改革。推进事业单位改革，“一家一策”提出改革初步意见。在西夏区、青铜峡市、中宁县、彭阳县开展基层整合审批服务执法力量改革试点，制定5张权责利清单，推动乡镇街道聚焦主责主业。协同推进司法体制改革。深化人员分类管理改革，健全各类人员业绩考评体系，常态化开展法官、检察官员额确认退出工作，做到有进有出、优胜劣汰。全面落实司法责任制，审限内结案率保持在99%。着力破解人案突出矛盾，提出并推动深化体制机制改革10项措施。制定《自治区关于进一步完善多元解纷机制　加强诉源治理的实施意见》《关于加快推进公共法律服务体系建设的实施意见》，为诉讼源头治理、化解基层矛盾，加大公共法律服务供给提供制度保障。大力推进综合执法改革。深化市场监管、生态环境、文化市场、交通运输、农业等5个领域行业综合执法改革，推行城市管理领域整合行政执法事项实行跨领域跨部门综合执法改革。吴忠市在市辖区探索开展综合执法试点，构建统筹城乡、市区一体、三级贯通、全域覆盖的体制机制。积极推进群团组织改革。制定《运用互联网促进产业工人队伍建设方案》。建立宁夏中长期青年发展统计监测指标体系，推动市县两级普遍建立规划实施工作联席会议机制，提升团的服务力。

【宣传文化领域改革】2020年，自治区不断创新舆论宣传形式，坚持中央地方媒体联动、网上网下同频共振，全力抓好习近平总书记视察宁夏宣传报道，全媒体联动报道形成"刷屏"之势。推进媒体融合，自治区融媒体平台基本建成，19个县级融媒体中心试运行。实施外宣品牌塑造工程，持续推出系列电视节目《品牌宁夏》，策划拍摄外宣纪录片《天下黄河富宁夏》，讲好宁夏故事。不断创新文明创建机制。实施思想道德建设引领工程，出台贯彻新时代爱国主义教育实施纲要的具体举措、道德模范荣誉称号管理暂行办法，推出"时代楷模"闽宁对口扶贫协作援宁群体。推进"五大文明"创建，出台文明单位创建激励奖励办法，银川市、石嘴山市顺利通过全国文明城市复检验收，全区县级以上文明乡镇、文明村占比分别达73.8%、63.7%。推进新时代文明实践中心试点工作，整合三级公共服务场所5257个。健全文旅融合机制。制定《关于落实先行区建设要求　推进文化旅游业高质量发展的实施意见》《关于进一步激发文化和旅游消费潜力的实施意见》，推进全景全业全时全民"四全"发展模式。西夏区、沙坡头区成功创建首批国家全域旅游示范区，青铜峡黄河大峡谷AAAAA景区创建通过文化和旅游部景观质量评审，启动黄河、长城、长征"三大文化公园"建设。开展唱响"宁夏味道""宁夏好物"征集推广等文旅活动，挂牌成立"宁夏文化旅游产业发展（上海）促进中心"，文化旅游产业深度融合体制机制进一步完善。

【社会领域改革】2020年，自治区全面打赢精准脱贫攻坚战，开展"四查四补"，统筹推进疫情防控和脱贫攻坚，持续保持攻坚态势，完成剩余1.88万名贫困人口脱贫退出任务，西吉县如期高质量脱贫，宁夏全域历史性地解决绝对贫困问题。出台《建立脱贫不稳定人口与边缘易致贫人口防止返贫致贫监测预警和动态帮扶机制的实施方案》，推动全面脱贫与乡村振兴机制、政策、治理有效衔接。大力实施就业优先政策。出台应对疫情稳就业保就业"13条""18条"、促进高校毕业生就业"12条"、退役军人"暖心就业25条"等政策，落实社保费减免缓返补政策，实施企业稳岗扩岗专项支持计划、职业技能提升行动、"铁杆庄稼保"、就业创业服务攻坚季行动等系列措施。建立健全劳动关系风险监测预警与分析制度，开展规范小微企业劳动用工管理专项行动和集体协商"稳就业促发展构和谐"行动，促进劳动关系共商共建共创共享。深化社会保障体制改革。制定基本养老金计发基数过渡办法，完善企业职工基本养老保险省级统筹配套政策，调整被征地农民养老保险政策，城镇职工养老、失业、工伤、城乡居民养老保险参保人数持续增加，社会保障覆盖面不断扩大。出台《关于深化医疗保障制度改革的实施意见》，完善大病保险协议内容和经办规程，规范全区城乡居民大病保险业务经办和异地就医结算，落实药品集中带量采购和使用工作，推动多元复合式支付方式改革。制定《全面实行基本医疗保险基金市地级统收统支的意见》《城乡居民大病保险资金管理办法》，进一步完善医保基金监管体系。制定《关于改革完善社会救助制度　做好最低生活保障等社会救助确认权限下放工作实施方案》，城乡低保、临时救助等审批权限全面下放至乡镇和街道。率先在全国整省推行工伤保险医疗费即时结算，落实社保经办领域利企便民31条措施。制定积极应对人口老龄化中长期规划，实施36个"公建民营"养老服务项目。推进教育综合改革。制定《深化教育教学改革全面提高义务教育质量的实施意见》《全面加强新时代大中小学劳动教育的实施意见》《深化新时代教育督导体制机制改革的实施意见》《减轻中小学教师负担的具体措施》，出台推进义务教育优质均衡发展、学前教育深化改革规范发展的政策措施，打出一整套教育改革"组合拳"。着力建设全国唯一的"互联网+教育"示范区，"互联网+教育"达标县和数字校园实现"五个全覆盖"。聚焦先行区建设及九个重点产业发展，举办校企"对接谈""对接行""对接策"系列活动，促进专业链、产业链、人才链融合发展。继续深化医药卫生体制改革。"互联网+医疗健康”创新发展，加快医疗机构应用、服务、资源等云化部署，初步实现区、市、县三级医疗信息互联互通。持续推进分级诊疗制度建设，在全区22个县(区)全面开展县域医共体和城市医联体建设，医联体建设覆盖所有二级及以上公立医院和90%以上的社区卫生服务机构及乡镇卫生院。全面落实现代医院管理制度，6家公立医院开展调整优化医疗收入结构及比价关系试点，完成55家公立医院改革绩效评价。建立完善医疗卫生行业综合监管制度，协同推进卫生监督执法体系建设。制定《关于促进中医药传承创新发展的实施意见》，助推中医药振兴。着力加强基层社会治理。按照一体谋划、全面覆盖、政策打包、系统推进的思路，制定出台基层治理“1+6”政策文件，推进乡村、社区、宗教、校园、企业、社团6个领域治理，构建严密的组织体系、清晰的责任体系、高效的服务体系、有力的保障体系。深化民族团结进步创建，创新完善“585”创建机制，制定自治区《民族团结进步示范区示范单位管理办法》，巩固民族团结生动局面。持续抓好平安宁夏建设，创新方法推动信访制度改革落地落实，纵深推进扫黑除恶专项斗争，有序推进市域社会治理试点，探索创新“塞上枫桥”做法，公众安全感连续多年位居全国前列。制定《深化改革加强食品安全工作的实施意见》《全域创建“食品药品安全区”实施方案》，全力守护人民群众“舌尖上的安全”。不断提升全民健身实效。制定《宁夏“一地一品”全民健身品牌赛事活动评选办法及考评细则》《全区中小型体育场馆和学校体育设施向社会开放的指导意见》，全民健身与全民健康相互促进、有效嵌入。出台《宁夏足球改革发展“十四五”实施方案》。

【生态文明体制改革】2020年，自治区持续打好污染防治攻坚战，纵深推进生态保护和环境治理，牢牢守住改善生态环境生命线。以“四尘”同治、“五水”共治、“六废”联治为主要抓手，蓝天、碧水、净土保卫战取得阶段性胜利，中央环保督察及“回头看”反馈问题加快整改，国家下达的大气、水污染防治任务全面完成，地级市空气质量优良天数比例超过84.4%，黄河干流宁夏段稳定保持Ⅱ类水质，土壤环境质量总体保持稳定。继续强化生态环境保护修复。制定《宁夏天然林保护修复制度实施方案》，编制完成“一河三山”生态保护修复规划，实施贺兰山东麓山水林田湖草生态保护修复试点、矿山地质环境恢复治理、全域国土综合整治项目等32个。统筹山水林田湖草沙开展自然修复、人工修复、综合康复，一体推进森林、草原、湿地、流域、农田、城市、沙漠“七大生态系统建设”，整治“挖湖造景”问题，植树造林、草原修复、荒漠化治理共计249万亩，绿色空间不断扩大、绿色家底更加厚实。不断创新自然资源服务保障发展机制。高质量完成第三次国土调查，全面调查核实山水林田湖草沙城八类资源要素，编制完成黄河宁夏流域生态保护“1+5”底数图册，摸清先行区建设自然资源底数。全面实施国土空间规划工程，加快编制自治区国土空间规划，压茬编制市县国土空间总体规划，有序编制22个“多规合一”实用性村庄规划，“四级三类”国土空间规划体系初步建立。推进生态环境领域重大改革。加快完善市场化、多元化的生态补偿机制，按照“谁污染谁付费、谁减排谁受益，谁破坏谁付费、谁治理谁受益”的原则，推动自然资源资产有偿使用。制定推进土地要素市场化配置18条意见，探索提出生态保护修复、乡村振兴战略、重大项目用地保障等方面10余条先行先试政策，释放土地资源改革红利。制定《关于在全区法院实行环境资源类案件集中管辖的方案》，建立“河长+警长+检察长”工作机制，提升生态文明建设法治化水平。

【党的建设和人才制度改革】2020年，自治区强化基层组织体系建设，制定《关于实施“六项行动” 进一步加强全区基层党建工作的意见》《关于进一步加强党建引领基层治理的若干措施》，提高基层党建整体质量和水平。狠抓农村基层党组织建设，开展农村党建“抓乡促村、整乡推进、整县提升”示范县乡创建行动，推进“三大三强”行动和“两个带头人”工程，整顿软弱涣散基层党组织，推动375个软弱涣散村和后进村晋位提升。调整优化城市基层党组织设置，构建“社区党委(党总支)—网格(片区)党支部—院落(楼栋)党小组”三级社区党组织链条。开展“建设让党中央放心、让人民群众满意模范机关”创建活动，规范机关基层党组织建设。抓好非公企业和社会组织党建工作，重点加强产业合作社、产业园区、商圈市场、互联网企业等薄弱环节和新兴领域的“两个覆盖”，厚植基层治理组织根基。深化人才发展体制机制改革。制定《关于鼓励引导人才向基层流动的若干措施》，从编制管理、职称评聘、鼓励创业等5个方面提出15条改革措施，打通人才向基层一线和脱贫攻坚地区流动的渠道。出台《关于完善事业单位高层次人才工资分配激励机制的实施意见》，向19所区内高校下放高级职称自主评审权。积极引进培育人才，实施8个“人才+产业行动计划”，用好本土人才，培养实用人才，柔性引进100多名院士专家到宁夏开展科技咨询、技术指导。推进党的纪律检查体制、国家监察体制和纪检监察机构改革，完善派驻机构工作机制，制定派驻机构考核办法和派驻纪检监察组组长年度考核实施办法，推动派驻监督“形神兼备”。出台《自治区纪委监委机关监督检查审查调查措施使用规定》《派驻机构监督检查审查调查措施使用管理办法》，修订自治区监察委员会与高级法院、检察院办理职务犯罪案件工作衔接办法、各级司法行政机关支持配合纪检监察机关查办案件工作办法等制度，进一步推动纪法贯通、法法衔接。

（徐应科）

政策研究

【调查研究】2020年，自治区党委聚焦事关全局的发展重点、改革痛点、民生热点、治理难点，有针对性地开展调查、有目的性地进行研究、有指向性地做好转化，全年形成调研报告28篇，自治区领导批示45篇（次）。围绕宁夏全面建成小康社会进程分析、黄河流域宁夏段生态保护和高质量发展、全面脱贫与乡村振兴有效衔接、宁夏政策性移民情况、高校毕业生就业情况、常态化疫情防控下落实“六保”任务、宁夏融入新发展格局、金融业支持实体经济发展、民营经济发展情况等主题，形成一批有价值、有深度、有分量的调研报告。积极推进调研成果转化，关于黄河流域宁夏段生态保护和高质量发展、西吉县应对新冠肺炎疫情决战脱贫攻坚的调研，成果转化为建设黄河流域生态保护和高质量发展先行区《实施意见》和脱贫攻坚“四查四补”工作方案的具体措施，针对机关党建工作中出现的问题提出对策和建议，吸收进自治区党委关于机关党的建设工作决策部署，有些经自治区领导批示后转化到市县厅局工作中。

【推进改革】2020年，自治区党委围绕推进治理体系和治理能力现代化，推动改革由全面推进、集厚成势向系统集成、协同高效转变。抓好改革顶层设计，制定自治区党委《深入贯彻落实〈中共中央关于坚持和完善中国特色社会主义制度推进国家治理体系和治理能力现代化若干重大问题的决定〉的实施意见》和任务分工方案，确定336项改革任务，搭建起完善治理体系、提升治理能力的“四梁八柱”。筹备召开3次自治区党委深改委会议，审议出台构建区域协调新机制、食品安全监管体制改革、深化政府采购制度改革等26个重要改革方案，开展70多项改革试点，银川市“一枚印章管审批”“一体式集成审批”和“1230”审批服务模式得到国家发改委高度评价，石嘴山市以自治、德治、法治“三治”融合推动乡村治理的做法被中央改革办印发全国。抓好改革责任落实，建立承接中央改革任务落实台账，实行提醒单、催办单、督办单“三单督办”制度，通过协助开展“省级领导包抓督查、党委政府全面督查、专项小组专项督查”等方式，不折不扣贯彻落实中央改革部署。

【财经服务】2020年，自治区党委财经委员会办公室紧扣党委中心工作和全区经济领域重大问题，发挥牵头抓总、统筹协调、决策服务作用，组织召开黄河流域生态保护和高质量发展项目谋划推进会，督促有关部门梳理十大类109个重大项目；围绕扩大有效投资，促进宁波经促会、复星国际、杉杉集团等八批近百名企业家率团到宁夏考察，在新材料、葡萄酒、商贸物流、文化旅游等方面达成合作意向，促成浙江恒逸集团向红寺堡区捐资3000万元建设弘德学校；牵头举办“知名浙商宁夏行”活动，吸引数百名浙商到宁夏投资考察，积极推动成立宁夏宁波促进会和宁夏杭州商会。

（孙　月）

保密工作

【党管保密】2020年，自治区坚决贯彻落实习近平总书记重要指示批示精神，牢牢把握保密工作政治属性，严守政治纪律和政治规矩，切实把“两个维护”落实到保密工作全流程。9月，自治区党委书记陈润儿作出批示，自治区党委常委会会议传达学习习近平总书记关于保密工作重要指示批示精神，强调各级领导干部要从泄密案件中汲取教训，坚持底线思维，增强保密意识，严守保密纪律，落实保密责任。全面加强自身建设，健全各级保密组织，压实主体责任、监管责任；加强思想淬炼、实践锻炼、专业训练，更加重视专业化建设，培养引进讲政治、懂业务、会管理的保密人才；深入推进党风廉政建设，建立健全风险防控体系，强化权力监督制约，持续整治形式主义、官僚主义突出问题，打造让党放心、让人民群众满意的模范机关。10月28日，全区保密工作会议在银川市召开，会议认真贯彻落实习近平总书记重要指示批示精神，专题安排部署保密工作。建立考核激励机制，将保密工作开展情况纳入全区效能目标管理考核指标，明确考核内容、方式、程序，层层压实责任，确保党管保密各项要求落到实处。

【保密宣传教育】2020年，自治区依托宁夏保密教育实训平台，组织中央驻宁各单位、自治区各大型企业领导班子成员和市、县(区)党委保密委成员及涉密人员约1万人参加保密教育轮训,以警示促警醒、以实训求实效。持之以恒抓好涉密人员上岗、在岗、离职离岗等关键节点的保密教育培训工作,做到先培训后上岗、在岗经常培训、先教育再离职离岗,采取案例视频+技术演示的方式,开展保密违法案例警示教育,抓好被忽视人群的保密教育提醒。各级保密部门每年都举办涉密人员培训班,确保所有涉密人员接受保密培训。探索创新保密宣传教育机制,将保密宣传教育与主题党日活动、涉密人员成长、完善保密制度三个方面相融合,在各机关党支部中开展"法在心中·法在行中"保密主题党日活动,在涉密人员中开展"保密助我成长"大讨论,举办全区保密法治建设专题培训班和全区基层保密治理专题研讨班,提升全区保密干部依法行政能力。组织围绕形势教育、"三大管理"、保密法律法规等5个专题进行保密法治宣讲,全区共举办保密法治讲座400余场次,2万余名党员干部接受保密教育,1300余名党支部书记讲保密专题党课,150多个机关(单位)修订完善保密规章制度,保密法治理念和法治思维方式明显提升。

【保密监督检查和管理】2020年,自治区加大指导管理力度,严格监管防范措施,强化依法行政,推动落实机关、单位保密监管主体责任。部署开展全区保密要害部门部位防泄密风险排查工作。依法依规严格开展保密检查、案件查办和密级鉴定工作,推动机关单位认真履行保密工作主体责任,严格各项日常保密管理。对2019年保密检查出的有关问题在全区范围内进行通报,同时对有关单位和个人严肃追责问责,充分发挥保密监督检查"利剑"作用,起到"处理一个、警示一批、教育一片"的效果。组织开展保密自查自评工作,及时发现纠正违规行为,推动问题隐患整改,保密检查实现日常化、经常化,做到全流程、全方位、全覆盖。持续强化定密管理,稳步推进解密工作,全面完成2010年以来国家秘密解密和规范定密标识工作,区直各部门(单位)修订完善定密操作指南,对2010年产生的秘密级事项以及2020年到期的国家秘密事项进行集中解密审核,逐步推进定密工作程序化、规范化、制度化。各地各部门(单位)持续做好涉密人员分类确定、审查和在岗、离岗保密管理,把好入口关、管好在岗关、堵好离岗关,完善涉密人员管理台账。印发市、县(区)保密部门任务清单,明确基层保密部门工作任务和职责范围,夯实基层保密工作基础。加强新冠肺炎疫情防控期间保密管理,健全完善工作机制,规范信息发布工作流程,严格落实保密提醒制度,消除疫情期间网上办公、视频会议等存在的泄密隐患。加强统一考试保密管理,先后配合有关部门(单位)做好考试保密相关工作,确保试卷安全保密。依法开展保密行政审批。严格规范审查认定程序,围绕每个操作细则逐一进行讨论、明确分工、责任到人,对现场审查中发现的问题逐项明确整改意见,对问题较多的单位明确整改时限和要求。突出"全流程"服务,提高审批审查和监督管理质效,提升运用法治思维和法治方式管理国家秘密的能力和水平,加强对各类市场主体资质认证、资格认定过程中各环节的指导与服务。

2020年5月18日,银川河东国际机场公安分局在自治区保密局开展主题党日活动

【保密科技支撑】2020年,自治区加强网络保密管理,强化涉密网络规划建设、运维保障、信息管控等全过程管理,规范涉密网络使用审批,完成涉密信息系统测评审查,提升了保密科技监管水平。加强保密技术监管人才培养,组队参加第二届全国网络保密技术监管技能大赛,取得第4名并获"最佳进步奖"和"三等奖"两个奖项。

【保密服务保障】2020年,自治区深化"放管服"改革,强化资质管理,努力为各类保密资质(格)单位提供高效服务,先后完成军工单位保密资质、涉密信息系统集成资质、涉密档案数字化加工资质授予、变更及年审工作。完善涉密载体销毁管理体系，加强重要涉密部门（单位）保密服务，先后为各地各部门（单位）销毁纸介质载体323吨、各类设备4200余台、光电磁介质10万余个。2020年销毁量比上年增长80%，保密技术服务保障水平得到提升。加大重要会议活动保障力度，出台《自治区重要涉密会议活动保密工作指南》，先后为有关会议和活动提供保密技术服务，确保重要涉密会议活动安全保密。

（孙　悦）

党史研究

【概况】2020年，自治区聚焦习近平总书记视察宁夏重要讲话精神，紧扣坚决打赢脱贫攻坚战，全面建成小康社会以及迎接中国共产党成立100周年主线，深入开展党史研究和文献征编。推动《中国共产党宁夏历史第三卷（1978—2012）》编撰工作取得重大进展。印发《自治区党委办公厅关于印发〈中国共产党宁夏历史第三卷（1978—2012）编撰工作方案〉的通知》，成立宁夏党史第三卷编委会并召开第一次会议，宁夏党史第三卷编撰工作全面启动并有序推进。完成宁夏开展民族团结进步教育基本教材《“石榴籽”故事丛书》10个故事的创作。围绕纪念抗战胜利75周年深化宁夏抗战研究，形成3个研究专题。打造《党史研究参阅》资政品牌，推出《贯彻落实自治区党委第十二届八次、九次全会精神　奋力推进宁夏高质量发展》《我国五年规划（计划）的历史回顾》等12期研究专题，其中《用好红色资源　传承红色基因　走好新时代的长征路》获自治区领导批示。开展党史党建课题研究，其中《新中国成立70年来党的建设成就与经验研究》获自治区党建研究会优秀成果一等奖，另有2项研究课题获优秀成果三等奖。做好文献资料征集工作，高效完成《习近平总书记2020年视察宁夏资料汇编》（内部资料）编印工作。征集宁夏扶贫攻坚文献资料，完成2020年宁夏党史大事记编辑工作。统筹推进庆祝中国共产党成立100周年重点工作。拍摄制作党史专题片《初心铸就辉煌》，编写《中国共产党宁夏历史大事记（1949—2019年）》。立足职能、主动作为，助力全区疫情防控。统筹做好网上网下宣传舆论引导，即时跟进宁夏疫情防控史料收集和编研工作，启动编写《宁夏防控新冠肺炎疫情重要文献选编》《宁夏防控新冠肺炎疫情工作大事记》。开展专题研究，撰写刊发《中国共产党70多年来领导中国人民应对重大自然灾害的伟大实践和经验启示》研究专题。紧扣“十四五”时期党和国家重大战略决策，聚焦“十四五”时期重要历史节点，起草完成《宁夏党史和文献工作规划（2021—2025年）》（征求意见稿）。深化宁夏红色资源研究，全面开展红色遗址遗迹调查研究，先后8批次对全区红色遗址遗迹深入调研，摸清红色家底。

【党史宣传教育】2020年，自治区着力打造“宁夏党史学习教育网”，紧扣中共十九届四中、五中全会精神和习近平总书记视察宁夏重要讲话精神以及自治区党委第十二届九次、十次、十一次、十二次全会精神等开辟学习专栏，大力推进党的创新理论网络学习。即时跟进宣传热点，增设栏目进行宣传阐释。着力提升“宁夏党史”微信平台建设水平，做好日常维护，坚持每日更新内容，及时推送热点信息。围绕新冠肺炎疫情防控、坚决打赢脱贫攻坚、抗美援朝等主题制作微场景8期，上传各类理论文章和视频1352篇（条）。提高《宁夏党史》办刊水平，增设学习专栏，丰富刊物内容，增加原创文章，提高文章质量，全年编发《宁夏党史》6期。参加“深入学习贯彻习近平总书记视察宁夏重要讲话精神”“党的十九届五中全会精神”宣讲活动，开展“四史”“七进”活动和“共和国故事汇”巡回报告会，累计宣传宣讲60余场次。完成宁夏中共党史学会（党史人物研究会）第五届理事会换届工作。

2020年9月24日，《中国共产党宁夏历史第三卷（1978—2012）》编委会第一次会议召开

【党史阵地建设】2020年，自治区严格落实意识形态工作责任制，将意识形态工作纳入室务会重要议事日程，与党建工作、业务工作同部署同考核，召开专题会议3次，开展专项督查2次，修订《自治区党委党史研究室意识形态工作责任制实施办法》等制度3项。加强意识形态阵地建设，严格管理"一网一刊一平台"，旗帜鲜明地反对历史虚无主义和各种错误思想，持续治理"三化"问题，加强网评员队伍建设，做到守土有责、守土负责、守土尽责。认真履行党史作品审读职能。先后审读《长征、长城国家文化公园（宁夏段）建设保护规划》《宁夏回族自治区长征、长城文化遗址保护方案》《红军长征胜利会师纪念馆陈列展览方案》等6项规划、布展方案以及1部影视剧《历史的选择》、4部党史书稿，并提出修改意见。

（张　瑾）

区直机关党的建设

【概况】2020年，区直机关工委围绕中心抓党建、抓好党建促发展，建立党建工作跟进机制，发挥党建引领作用，激励党员干部在贯彻落实自治区党委中心工作中担当作为。印发《关于在疫情期间落实"三强九严"工程　发挥党组织战斗堡垒作用和党员先锋模范作用的通知》，动员526个党组织和4500多名党员干部奋战抗疫一线、组织复工复产、参与基层治理，划拨650万元党费、筹集捐款近1000万元支援抗疫一线，22个先进集体和35名先进个人受到国家和自治区先进表彰，44个集体和97名个人在全区范围内通报表扬。制定《关于抓党建促决战决胜脱贫攻坚工作的指导意见》，推动区直机关开展"党建助力脱贫攻坚"活动，选派600多名机关党员干部补充脱贫攻坚一线，开展支部结对子、干部下基层、志愿献爱心和"党建+技术支贫""党建+济困帮贫""党建+扶志扶贫"活动，把机关党组织融到扶贫产业链上，帮助解决脱贫能力不足、产业扶贫困难、农副产品滞销等问题。围绕守好"三条生命线"、走出一条高质量发展新路子展现新作为，深入开展"梦想与奋斗"主题活动，推动党建与业务相互促进。2020年，区直机关加强对文明单位的动态管理，采取明察暗访等方式督查复验到届单位，对11个全国文明单位、15个自治区文明单位、4个区直机关文明单位进行考核验收。7个单位被命名为第六届全国文明单位，4个被确定为自治区文明单位，32个单位申报区直机关文明单位，协调奖励各级文明单位。

【学习宣传贯彻习近平总书记视察宁夏重要讲话精神】2020年，习近平总书记视察宁夏发表重要讲话后，区直机关各部门（单位）通过党组（党委）会议、理论学习中心组学习、全体党员干部会议进行传达学习。6月17日，自治区党委书记陈润儿调研区直机关学习宣传贯彻习近平总书记视察宁夏重要讲话精神情况，提出区直机关要在深入学习、广泛宣传、准确把握、贯彻落实四个方面走在前、作表率。区直机关工委第一时间印发《关于在学习宣传贯彻习近平总书记视察宁夏重要讲话精神上走在前作表率的通知》《区直机关学习贯彻落实习近平总书记视察宁夏重要讲话精神，传承红色基因，坚定理想信念，激发奋斗精神指导意见》，指导区直机关各级党组织深入学习贯彻，组织集中宣讲168场次，受众2.1万余人，开展"学习总书记重要讲话，激发奋斗精神"主题党日活动，2.21万名在职党员参加活动，接受教育；利用宁夏机关党建网、宁夏机关党建微平台、《新时代先锋》杂志，开展"区直机关走在前作表率""奋斗'十四五'　奋进新征程"等系列宣传，刊发500多篇（条）稿件，推广经验做法43个。

【理论武装】2020年，区直机关制定《关于进一步加强区直机关党组（党委）理论学习中心组学习的指导意见》，把学习贯彻习近平新时代中国特色社会主义思想作为区直机关中心组学习的"第一议题"、支部学习的"第一内容"、党员学习的"第一任务"。开展党员"大学习"活动，实施青年理论学习提升工程，运用互联网、大数据、云计算等新技术，探索网络上、云端上、指尖上的党建模式，开展微宣讲、微党课、微故事评比，应知熟记知识测试、读书班、征文竞赛、读书演讲等，强化理论武装。用好"学习强国"平台，举办"学习强国"知识竞赛等，印发《关于用好"学习强国"学习平台　力戒形式主义的指导意见》，建立健全非党员和离退休人员学习组织，全年新增学员近8000人。

【党性教育】2020年，区直机关落实《中共中央关于加强党的政治建设的意见》和自治区《关于加强党的政治建设的具体措施》，建立学习贯彻习近平总书记重要讲话、指示批示精神"回头看"机制。巩固拓展"不忘初心、牢记使命"主题教育成果，通过重温党章、重温入党誓词、重温革命烈士家书，加强党史、国史、改革开放史和社会主义发展史教育，开展"信仰与忠诚"党性教育、"扛起共产党人的责任"集中公诺等系列主题活动，举办"信仰与忠诚"党务干部培训班，命名区直机关党性教育基地等，锤炼党员党

2020年6月24日，全区机关党的建设暨创建“让党中央放心、让人民群众满意”模范机关工作会议在银川市召开

性。排查党员信仰宗教和参与宗教情况，审批各类讲座、报告等137场次。

【创建模范机关】2020年，自治区党委召开全区机关党的建设暨创建“让党中央放心、让人民群众满意”模范机关工作会议，制定模范机关创建方案，区直机关印发《区直机关“让党中央放心、让人民群众满意”模范机关认定命名办法（试行）》，从侧重于解决基本制度、基本要求不落实的“灯下黑”向强化政治机关意识、创建模范机关转变，明确2020年年底前，模范机关要达到总数的30%以上；2021年到建党100周年时，模范机关达到50%；2022年到党的二十大召开之际，模范机关达到80%。2020年，区直机关27家单位命名为区直机关创建模范机关达标单位。

【机关党组织建设】2020年，区直机关压实党组（党委）书记领导责任、机关党委书记直接责任、党支部书记主体责任，制定《关于进一步加强对机关党建工作督查指导的意见》，完善党组织书记抓党建“责任清单”，坚持“四项报告制度”等，督促党组织书记以上率下、带头履责。完善机关党建工作制度，制定“三强九严”、互观互检交流、党建工作量化考评、应知熟记知识测试、“四项报告”等5项工作制度，建立起以“三强九严”工程为主的党建基本制度、以“三级三长”机制为主的督导检查制度和以星级评定为主的考核评价制度。加强党支部标准化规范化建设，推动党组（党委）书记建立党支部工作联系点，提高“三会一课”质量，规范党员政治生日、党员公共承诺等仪式，开展支部品牌创建、“互观互检”、星级评定等，提高支部建设质量。截至2020年年底，区直机关已建五星级党支部140个、四星级党支部484个、三星级党支部920个，总结推广党建工作示范名录52个。

【正风肃纪】2020年，区直机关力戒形式主义，统筹规范督查检查考核机制，排查机关党建工作中存在的形式主义问题，纠治理论学习、组织生活、基本制度落实等方面存在的形式主义问题，举办区直机关纠治形式主义工作会议，召开以整治形式主义突出问题为主题的专题组织生活会。工委制定纠治形式主义重点任务清单和发文会议负面清单，从自身改起，为基层减负。开展“讲政治、转作风、作表率”活动，建立完善督导调研机制，重点整治督查频次过多过滥、浮于表面等问题。带头落实党员干部联系服务群众制度，整治“慵懒散推拖”突出问题。落实党风廉政建设责任制，充分发挥机关纪委作用，认真开展监督执纪问责，2020年审理区直机关违纪违法案件40起。持续开展“六廉”活动，做好对新入职党员干部和新任职党员领导干部的纪律教育与廉政教育，把纪律摆在前面。

【群团工作】2020年，区直机关发挥工青妇桥梁纽带作用，开展“梦想与奋斗·建设美丽新宁夏”主题实践活动，举办“战疫情·展巾帼风采”“美丽中国，我是行动者”等主题活动，推荐全国“五一劳动奖”1人，全国“工人先锋号”1人，全国劳动模范1人，自治区级劳动模范21人，全国“三八红旗手”（集体）2个、全区“三八红旗手”（集体）10个。动员区直机关支持银川市创建全国文明城市，印发倡议书，注册志愿者7000余人，常态化开展志愿服务。印发《关于进一步加强区直机关学雷锋志愿服务活动的指导意见》，举行学雷锋志愿服务进社区活动启动仪式，组织96个单位的志愿者与所在地的社区结对子，开展志愿服务。

（刘福杰）

机构编制

【优化机构职能体系】2020年，自治区推进党中央深化党和国家机构改革等重大决策部署落实落地。开展自治区机构改革“回头看”，跟踪了解部门职责运行情况，调整优化发改、公安、应急、外事等部门机构职能配置，协调统战、市场监管、司法等部门健全完善归口管理、协调配合等机制，推动机构职责由“物理整合”向“化学融合”转变。推进事业单位改革，完成从事经营活动的14家事业单位改革任务，推动事企分开。分级组织对全区6000多家事业单位调研评估，全面梳理各单位职责任务、机构编制、管理体制、运行机制等方面问题，摸清事业单位“底数”，对区直599家事业单位“一家一策”提出改革初步意见，并按照“成熟一批，改革一批”的原则，对交通、地质等行业先行推进改革，压缩编制规模，整合优化机构职能，推动相关领域的改革和发展。

【基层治理】2020年，自治区推进乡镇(街道)、综合执法等方面改革，探索构建基层社会治理新格局。推进基层整合审批服务执法力量改革。选取西夏区、青铜峡市、中宁县、彭阳县开展改革试点，推动乡镇(街道)聚焦主责主业。统一规范乡镇(街道)党政机构和事业单位设置，组建党建工作办公室、社会事务管理办公室、综合行政执法办公室等简约精干的基层组织架构。系统推进基层审批服务便民化、基层综合执法、整合基层网格和指挥平台等配套改革，努力实现“一网通办”“一支队伍管执法”“一网统管”。制定乡镇(街道)赋权清单、权力清单、政务服务清单等5个指导目录，理顺县乡关系。采取“减县补乡”等办法，充实基层人员编制，乡镇(街道)人员编制平均增幅32.1%，初步构建精干高效的基层治理体系。推进综合行政执法体制改革。坚持5个领域综合执法+跨领域跨部门综合执法的“专综结合”模式，做好市场监管、生态环境保护、文化市场、交通运输、农业等5个领域综合执法改革，推动实现“一支队伍管执法”。继续在银川市、吴忠市依托城市管理领域综合执法，探索开展跨领域跨部门综合行政执法改革，集中执法事项，整合优化执法资源，下沉执法重心，初步构建统筹城乡、市区一体、三级贯通的综合行政执法体制机制，较好破解多头执法、多层执法、重复执法等基层治理难题。

【服务经济发展需要】2020年，自治区助力保障黄河流域生态保护和高质量发展先行区建设，围绕总书记赋予的建设黄河流域生态保护和高质量发展先行区历史使命，按照自治区党委决策部署，着眼九个重点产业发展需要，积极调整优化肉牛和滩羊、奶产业发展等方面技术服务、产业推广机构编制配置，跟进文化旅游、电子信息、枸杞等特色产业机构设置、职能配置、人员力量配备研究，研究调整贺兰山东麓葡萄酒产业园区党工委管委会机构设置，加强管委会统筹协调和服务保障职能，为打造“葡萄酒之都”“高端奶之乡”“高端牛肉生产基地”“滩羊之乡”和绿色食品等产业强化体制机制保障。加快推动园区高质量发展。跟踪调研开发区管理机构整合优化情况，指导市县完善园区体制机制。调整优化宁东基地党工委管委会机构设置，强化经济发展、投资招商服务和安全生产监管职能，鼓励探索实行“管委会+专业化机构”模式，完善管理体制，创新运行机制，助推宁东高质量发展。

【优化机构人员配置】2020年，自治区加大事业编制挖潜创新，采取深化改革、内部挖潜、压缩规模等方法，加大事业编制资源统筹力度，通过地质、水管单位、国有林场、交通运输等行业改革收回事业编制，重点保障教育、卫生、生态环境等领域公共服务需求。推进基础教育均衡发展。针对城镇化进程加快、移民搬迁所带来的市县中小学教职工编制配置结构性问题，采取“收、调、控”等办法，为学生数增加较多的银川等6个市县增加部分中小学教职工编制，推进市县中小学教职工编制均衡合理配置。为解决幼儿园“上学难”“入园难”问题，出台加强公办幼儿园人员配备工作的意见，采取编制配备和政府专项保障相结合的方式，从体制机制上解决公办园教职工不足的问题，最大限度保障群众教育资源需求。围绕落实自治区“1+6”文件，采取“减上补下”、动态调整等方式，筹措行政编制，有针对性地保障到重点地区、重点层级和重点领域，缓解基层宗教、应急领域事多人少等矛盾，加强基层治理力量。持续聚焦社会热点问题。结合疫情防控工作，全面梳理疫情防控涉及的公共卫生体制机制问题，提出完善重大疫情防控体制机制意见建议。在5所高校进行人员总量管理试点，坚持因地制宜、“一校一策”，印发《试点实施方案》，按标准核定备案人员数，并赋予其相应的用人自主权和分配自主权，解决试点高校编制不够、用人机制不活、办学活力不足等问题。

【机构编制法治建设】2020年，自治区强化机构编制法治理念，把《中国共产党机构编制工作条例》《“三定”规定制定和实施办法》《机构编制监督检查工作办法》等法规制度纳入各级党校培训内容，引导各级干部树立“编制就是法制”的意识。完善各项配套制度。对标《条例》各项规定，印发《关于贯彻落实〈中国共产党机构编制工作条例〉进一步规范机构编制管理的通知》，对动议、论证、审议决定、组织实施作出细化和规范。全面梳理2000年以后自治区现行的机构编制法规制度及规范性文件，废止修订14份与《中国共产党机构编制工作条例》内容不一致、不协调的文件，保证机构编制政策规定上下统一、左右衔接、要求一致。开展机构编制监督检查，组织超审批权限设置机构等问题自查自纠，做好机构编制巡视审计工作，先后对35个区直部门及县区开展专项检查，对区直10家新组建或职能调整较大的部门进行调研评估，推动《中国共产党机构编制工作条例》、“三定”规定等法规制度和规范性文件落实落地，增强机构编制工作的严肃性和规范性。

（胡　尊）

档案管理

【档案服务】2020年，自治区人大办公厅在筹办《宁夏人大五十年》大型图片展中利用档案资料800余卷、照片档案1000多张，有效发挥档案资政作用。自治区档案馆打造浓厚“党味”和独具“档味”的党性教育品牌，完善配套设施，完善管理制度，优化讲解员队伍，接待区直机关和企事业单位120多个基层党组织近2000余名党员开展党性主题教育活动。自治区档案馆与宁夏广播电视台联合制作《档案宁夏》融媒体节目，推出《扶贫篇》《工业篇》系列专题，通过档案真实还原“闽宁对口扶贫协作”伟大实践和宁夏工业发展光辉历程；联合银川市档案馆通过《档案博览》“宁夏档案”微信公众号刊发相关防疫信息50余篇、宁夏援鄂医疗队员战疫日记18篇、档案部门防疫动态信息50余篇和战疫模范事迹宣讲稿件22篇，为打赢疫情防控阻击战贡献档案力量。银川市、中卫市档案馆开展以“档案见证小康路，聚焦扶贫决胜期”为主题的宣传教育活动，制作宣传展板30块，印发宣传手册1600多本，接待群众2300余人，营造决胜全面建成小康社会的良好氛围。固原市档案馆充分发挥“爱国主义教育基地”功能，制作《从红军长征会师地走出的抗美援朝老战士——张书忠》短视频，依托馆藏的《红军长征在固原——纪念中国工农红军长征胜利80周年展览》，开展爱国主义教育和革命传统教育，收到良好效果。加强档案服务民生工作，以完善服务制度、提高服务效能为重点，督促各综合档案馆修订完善《档案馆指南》《档案利用制度》《档案利用服务规范》等制度，开展电话查询、跨馆查档和委托查档服务，让利用者少跑腿、省时间、办成事。自治区档案馆与黄河流域九省（区）档案机构签订《民生档案“异地查档、跨馆服务”合作协议》，协调陕西省档案馆为自治区政府研究室提供1978—2010年《陕西省政府工作报告》，济南市档案馆为兴庆区月牙湖回民中学2名教师资格认定问题提供帮助。银川市、石嘴山市、兴庆区档案馆在查档大厅增设便民设施，提供延时查档、预约查档、节假日查档服务，档案查阅利用服务评价满意度达100%。固原市档案馆、中卫市档案馆重视事关群众切身利益的土地确权、集体林权、粮食生产功能区划定、精准脱贫等涉农档案的整理收集归档工作，此类档案在惠农政策落实、化解产权纠纷、维护农民合法权益等方面发挥重要作用。全年全区各级综合档案馆利用档案18341人次、79087卷（次）。

【档案宣传】2020年，自治区党委办公厅档案执法监督处设立《中国档案》杂志、《中国档案报》宁夏通联组，协调各地各部门（单位）、各综合档案馆通讯员，组织向各类媒体投送反应宁夏档案工作经验做法、重要科研成果、重点宣传活动的稿件，提升了档案宣传工作影响力，自治区档案局获2020年度中国档案杂志社和中国档案报社优秀通联单位。全区各级档案馆聚焦重要时间节点、聚焦党和国家中心工作深入挖掘馆藏档案信息资源，配合做好党史、新中国史、改革开放史、社会主义发展史宣传教育，开展党性教育、革命传统教育和爱国主义教育，主动讲好档案故事，高标准办好各类专题档案展览，推出一批有特色、有影响力的高质量档案文化精品。自治区档案馆拍摄电视专题系列纪录片《西部岁月之牵挂》《西部岁月之奠基人》，银川市档案馆组织开展“法律十进”法制宣传教育活动，吴忠市电视台公共频道、综合频道全天候主要时段，轮流播放档案法宣传字幕，推送《档案记忆：七大档案馆直播亮宝》纪录片，宣传档案法的精髓要义，固原市档案馆发放《见证红色固原》800余本、发放档案知识读本彩页5万余册、现场解答群众咨询1.5万多人次。

【档案征集和鉴定】2020年，自治区档案局共接收重大会议活动档案1645件（张、册、盘）、机关单位到期档案23787件（张、册、盘）、各类民生档案19985卷（件），共征集文书、照片、实物、名人以及电影海报档案等8573件。固原市档案馆组织开展革命老战士口述资料档案收集工作，完成对谭德本、王贵廷、张书忠3名老战士的采访；平罗县档案馆征集到宣统元年知县卢求古编纂的《平罗县地理调查表册》，为平罗历史研究提供史料依据。建立健全《档案开放鉴定制度》《档案鉴定与销毁制度》等馆藏档案鉴定开放工作机制，各地综合档案馆成立馆藏档案鉴定开放工作领导小组，依法开展已到期档案鉴定和涉密文件清理工作，对馆藏已开放档案进行重新鉴定审核，对期满到期应开放档案逐件鉴定。

2020年6月9日，自治区档案局开展“6·9国际档案日”宣传活动

全年共完成52个全宗10万件档案的鉴定，撰写52个全宗鉴定报告。

【档案法规制度体系建设】2020年，自治区档案局与自治区人大法制工作委员会、自治区司法厅协调沟通，启动《宁夏回族自治区档案条例》及相关规范性文件的修订工作。及时转发国家档案局颁布的近30项制度标准，并会同自治区人社厅、财政厅、税务局、林业局、扶贫办等部门，联合下发相关专业类业务档案管理规定，编印《档案法律法规规章汇编》，完善档案法规制度体系，实现法律制度向档案治理效能的转化。各市、县（区）档案局馆按照《各级各类档案馆收集档案范围的规定》，制定本级档案馆接收范围实施细则，确定进馆档案门类，出台关于声像和实物档案管理、档案征集工作相关规定，夯实依法管档制度建设。

【档案行政管理】2020年，自治区党委办公厅2个档案业务处室会同档案馆收集处组成检查调研组，深入区直36个部门（单位）和部分市、县（区）档案馆，采取座谈交流、实地查看、现场答疑等方式，重点对落实档案事业发展“十三五”规划纲要和谋划“十四五”规划情况进行全面摸底，并组织各市、县（区）档案局馆及区直各部门（单位）认真自查《全国档案事业发展“十三五”规划纲要》及《宁夏回族自治区档案事业发展“十三五”规划纲要》执行情况，形成《自治区档案事业发展“十三五”规划纲要执行情况自查报告》。指导自治区纪委监委、统战部、卫健委、专用通信局等单位档案部门加强规范化建设，督促自治区原法制办、原安监局、原物价局等机构改革撤并单位及时制定《档案处置与管理办法》，确保档案处置与机构改革同步推进，巩固全区档案工作基础。

【重大建设项目档案管理】2020年，自治区档案局积极服务重大项目建设工程，修改完善《宁夏重大建设项目档案验收工作指南》，与自治区发展改革委、工业和信息化厅等项目投资主管部门建立工作联系机制，确保项目档案工作与工程建设同部署、同开展、同验收。严把项目档案验收质量关，建立全区建设项目档案专家库，对重大项目采取“预验收”制度，“成熟一个、验收一个”，组织完成国家能源集团宁夏煤业公司400万吨煤炭间接液化示范项目、煤化工副产品深加工综合利用项目、中南部城乡饮水安全水源工程、贺兰县档案馆申报的国家重点档案保护与开发项目等重大项目档案指导验收工作。银川市、吴忠市档案馆按照《宁夏回族自治区第二次全国污染源普查档案验收移交工作的通知》要求，对所属各县（市、区）污染源普查档案进行验收，核实各地污染源普查档案完成情况，并当场反馈存在的问题。经整改，全部完成向同级档案馆和生态环境部门移交普查档案的工作。

【档案信息化建设】2020年，自治区档案局构建档案信息化基础平台，在各级综合档案馆推广应用“分布式档案管理系统”，在区直机关（单位）推广应用“电子档案管理系统”，为数字档案馆建设奠定坚实基础。结合安可替代工程，谋划建设“宁夏档案业务综合管理平台”及党委组织部数字化档案室试点工作。各级综合档案馆加大馆藏档案特别是珍贵档案数字化工作力度，为档案安全保管、快捷利用、实现网上查阅及异地备份奠定基础。自治区档案馆已录入电子目录130万条，建立电影海报、胶片等多门类、多载体的档案数据库，扫描文书档案7.16万卷，数字化率达到83%。吴忠市档案馆对近年接收进馆的文书档案、土地确权档案、林权档案等全部进行数字化加工，共扫描608万页，数字化率为90%以上，基本实现电子查档。固原市档案馆组织人员赴陕西渭南档案馆专题学习调研档案信息化建设工作，制定了《固原市数字化档案馆建设项目可行性研究报告》。

【档案安全】2020年，全区各级综合档案馆牢固树立“安全第一”理念，严格落实档案安全工作责任，加强档案风险管控、应急管理体系和能力建设，落实档案安全检查、人员值班、隐患排除、应急管理等制度规定，确保档案绝对安全。制定下发《档案安全风险隐患排查整治工作方案》，健全防火、防水、防爆、防盗、防灾、防泄密等方面工作预案，采取人防、物防、技防有机结合方式，切实加强档案实体保护。固原市档案库存所有档案进行盘点和梳理汇总，对放置不合理的档案进行重新规划和布排，兴庆区档案馆组织全体人员到宁夏消防职业技能培训学校参加“消防常识暨单位消防安全对策”专题培训，全年全区没有发生档案安全事故。

（徐鸣飞）

党校教育

【概况】2020年，自治区党校（行政学院）深入学习贯彻习近平新时代中国特色社会主义思想和习近平总书记关于党校办学治校系列重要指示精神，认真贯彻落实《中国共产党党校（行政学院）工作条例》和全国全区干部教育培训《规划》，坚持党校姓党、质量立校、从严治校，狠抓常态化疫情防控，深入开展习近平新时代中国特色社会主义思想和习近平总书记视察宁夏重要讲话精神教育培训。发挥干部培训、思想引领、理论建设、决策咨询作用，实施名师培养工程，自治区党委印发《贯彻落实〈条例〉的若干措施》，扎实做好省级党校（行政学院）办学质量评估工作，抓重点、补短板、强弱项、保支撑、夯基础。贯彻落实党的十九届五中全会精神和自治区党委第十二届十二次全会精神，科学编制全区党校（行政学院）“十四五”规划和校（院）学科建设、科研发展专项规划，推进“全国有特色、西部创一流、西北走在前”的一流校（院）建设取得新成绩。首次获全国党校（行政学院）系统科研工作进步奖，获2019—2020年“全国节约型公共机构示范单位”称号。

【教学培训】2020年，自治区党校把握学习贯彻习近平新时代中国特色社会主义思想中心任务，举办2期厅级干部学习贯彻习近平新时代中国特色社会主义思想培训班，承办4期自治区领导和区管干部学习贯彻习近平总书记视察宁夏重要讲话精神学习班，培训学员946人。自治区党委书记陈润儿作开班第一讲。注重原著学习，开设《习近平谈治国理政》（第一卷、第二卷、第三卷）等经典导读，习近平新时代中国特色社会主义思想教学内容占理论教育课时均在65%。对标《课程体系和教学大纲》，开发109门课程，形成“总论+原著导读+分论+攻坚克难案例+特色”课程体系。围绕贯彻落实习近平总书记视察宁夏重要讲话精神，开发新课程15门。开发“努力建设黄河流域生态保护和高质量发展先行区”等5个富有宁夏特色的教学案例和教学基地，开发案例式、体验式、讲授式等特色课程42门。联合人民出版社建立中国共产党思想理论资源数据库，为开展教学培训、科研咨询等提供翔实的数据资源服务。始终把教学培训作为党校（行政学院）中心工作，突出抓好党的理论教育和党性教育，认真贯彻落实党中央和自治区党委重大决策部署，不断优化班次设置，开设新任厅级干部培训班、厅级干部“防范化解重大风险”进修班、中青年干部培训班、县处级干部进修班、新任处长任职培训班、乡镇党委书记进修班等主体班次28个，培训学员2610人次。开展合作培训、送教上门39期，培训学员4072人次。招录党校在职研究生181名。承办全区第一期年轻干部培训班，陈润儿书记利用3个半天时间参加座谈交流，逐一听取46名学员发言并讲话。持续深化用学术讲政治的教学改革，专题召开坚持用学术讲政治推进会暨研讨会，组织开展校（院）精品课大赛和全区党校（行政学院）系统精品课大赛，评选精品课4门、优质课5门。积极推行团队学习法等研究式教学，健全教学质量评价体系，着力提升教学质量。

【科研工作】2020年，自治区党校坚持重大时段搭平台、重大节点有声音、重大问

2020年12月26—29日，全区第一期年轻干部培训班在自治区党校（行政学院）举办

题亮观点，大力宣传阐释党的创新理论，发表理论宣传文章161篇，其中在《人民日报》《光明日报》等中央级报刊发表16篇，为近年来最多，在《宁夏日报》《共产党人》等自治区党报党刊发表145篇，有12篇理论宣传文章被“学习强国”全国总平台推送。理论建设方面，把科研作为校（院）发展的基础支撑，积极申报国家课题，争取承担省级课题。立项各类课题66项，其中国家社科基金项目5项，立项数量连续3年位于西部党校（行政学院）前列。承担中组部、中宣部、全国党建研究会重大科研项目3项，立项全国地方党校（行政学院）重点调研课题3项、自治区社科规划项目11项，教研人员均承担不同层次的研究课题。组织教研人员参加全国性理论研讨会6次，入选文章19篇。决策咨询方面，用好教师、学员两支力量，聚焦党和国家中心工作、自治区党委政府重大决策部署，立项智库课题16项、调研咨询特别委托课题24项。报送决策咨询报告34篇，其中15篇获副省（部）级以上领导17次批示。在《光明日报》刊发智库建言文章10篇，在《宁夏日报》刊发对策建议文章55篇。聚焦提高科研质量，完善科研激励约束机制，发挥学术委员会顶层设计、系统谋划作用。加强青年学术创新团队建设，厚植学术研究基础，举办2次校（院）“青年学者10人论坛”。加强优秀学术著作资助力度，出版著作8部。

【网络培训】2020年，自治区党校坚持干部教育培训与互联网融合发展，建好用好办好管好宁夏干部教育培训网络学院，严把网络培训和网络课程政治关、纪律关、质量关。开设县处级以上干部学习贯彻中共十九届四中全会精神专题网络培训班5期，培训学员8100人次，培训其他公务员4万人次。坚持引进优质网络课程和自主开发特色课程并举，从中央党校（国家行政学院）等引进视频课程500课时，微课150门，自主开发具有宁夏特色的网课15门。全年累计培训副科级以上领导干部和公务员3.9万人次。

【办学质量评估】2020年，自治区党校把做好省级党校（行政学院）办学质量评估作为提高办学质量的重要抓手，召开校（院）办学质量评估动员大会。坚持边查边改、以评促改，抓重点、补短板、强弱项、保支撑、夯基础，把高质量要求体现到办学治校各领域各方面。对标评估指标体系，认真开展自查自评，自查评估整体能够达到优秀等次。聚焦提高教学质量，深化用学术讲政治教学改革，开展校（院）精品课大赛和全区党校（行政学院）系统精品课大赛。

（常建军）

老干部工作

【思想政治建设】2020年，自治区老干部局坚持把学习贯彻习近平新时代中国特色社会主义思想、习近平总书记视察宁夏重要讲话精神及习近平总书记关于老干部工作重要指示精神作为首要政治任务，加强离退休干部思想政治引领，认真落实离退休干部政治待遇，以学习会、培训班、通报会、座谈会、参观考察、党日活动等形式，组织老干部深入学习贯彻党的路线方针政策，教育引导离退休干部增强“四个意识”，坚定“四个自信”，做到“两个维护”。通过自治区老干部局“塞上金秋一网一刊一号”宣传平台，深入学习贯彻中共十九届四中、五中全会，习近平总书记视察宁夏重要讲话精神和中央、自治区党委决策部署，“塞上金秋”宣讲团深入基层开展宣讲230余场次，受众人群达5万人次；开展全区离退休干部“我看脱贫攻坚新成就”专题调研，举办“牢记初心使命、助力脱贫攻坚”征文比赛，组织省级离退休干部党支部赴延安开展主题党日、参观考察自治区重点项目等活动，凝聚思想共识，引导离退休干部始终听党话、跟党走。

【党组织建设】2020年，自治区老干部局召开全区市、县（区）离退休干部工作座谈会，交流经验办法、研究改进措施，推动离退休干部工作补齐短板、创新突破。指导全区各地在离退休干部党员集中居住地、老年大学、活动中心、涉老团体建立地缘型、趣缘型、业缘型离退休干部党组织，全区各地自上而下成立“三缘型”离退休干部党组织193个。印发《自治区党委离退休干部工委党建工作经费使用管理办法（试行）》，规范自治区党委离退休干部工委党建工作经费管理。实施党建工作项目化管理，对工作成效明显的离退休干部党建工作重点联系单位给予经费支持，切实发挥典型示范带动作用。下发《关于开展离退休干部党支部结对共建活动的通知》，组织74个区直部门（单位）离退休干部党支部与县（区）直单位或乡镇（街道）离退休干部党支部联帮结对，以开展“五个一”（召开一次座谈会议、讲好一堂党课、开展一次主题党日、组织一次参观考察、开展一次志愿服务）活动为抓手，推动构建离退休干部党组织优势互补、资源共享、共同发展的党建工作格局。

【老干部活动】2020年，自治区老干部局围绕中心履行职能，以“银色先锋”党建工作品牌为抓手，精心打造“银色先锋”党建工作室，建立党建服务“菜单”，拓展和丰富党组织学习内容与活动方式，满

2020年6月21日，自治区老干部局组织省级离退休干部赴延安开展主题党日活动

足离退休干部党员多层次、多元化的学习活动需求。召开全区离退休干部“双先”表彰大会，培树先进典型，激发队伍活力，引领广大离退休干部主动融入和服务宁夏改革发展大局，推动“银色先锋”党建工作品牌不断深化。以“银耀宁夏”志愿服务为载体，出台《关于加强新时代离退休干部志愿服务工作的实施意见》，印发《关于在全区离退休干部中开展“三关爱”志愿服务活动的通知》，组织近万名离退休干部开展送科技、送教育、送健康、送文化下基层以及“五老”爱心救助、捐资助学等各类志愿服务活动千余场次，“银耀宁夏”志愿服务品牌从顶层设计到活动内容有效衔接，推动了志愿服务活动规范化常态化。以“银霞满天”文化活动为依托，组织开展全区离退休干部“梦圆小康·情暖重阳”大型诗会、“共庆辉煌伟业·同享祖国荣光”主题书画展、“银霞满天”离退休干部优秀文化节目征集展播活动，各地各部门组织老同志通过网络线上与线下相结合，以视频直播、美篇制作、节目录制等形式，展示老同志积极健康的精神风貌，传播社会正能量，推动“银霞满天”文化活动创新开展。

【服务管理】2020年，自治区老干部局加强信息化、规范化、精准化建设，精准细致做好服务管理工作，助推离退休干部工作提质增效。推动信息化与离退休干部工作深度融合，全面运行宁夏离退休干部服务管理信息平台，推广“塞上金秋”APP，印发《离退休干部工作人员“塞上金秋”APP使用管理办法》，开展信息系统定级备案和等保测评工作，建立常态化数据更新维护机制。认真落实离退休干部政治、生活待遇，健全落实走访慰问、情况通报、阅读文件、参观学习和参加重要会议活动等制度机制，组织对各地离退休干部服务管理、“两项待遇”“三个机制”落实等工作开展调研督查，推动政策精准落实。继续为区属改制破产企业离休干部提供政府购买服务，使服务项目更加贴合老同志需求。抓好中央、自治区离退休干部工作政策的贯彻落实，积极适应机构改革后的工作需要，出台《关于规范干部退休后有关事项的通知》，对离退休干部各项待遇作出明确和规范。对宁夏近几年制定出台的离退休干部工作政策文件进行收集整理和分类汇总，编印《宁夏离退休干部政策文件选编》，为各级老干部工作部门掌握政策、开展工作提供依据，提升离退休干部服务管理水平。

【老干部阵地建设】2020年，自治区老干部局筑牢宣传阵地，严格落实意识形态工作责任制，继续抓好塞上金秋“一网一刊一号”宣传阵地建设，针对疫情防控形势，创新宣讲团网络点单听课形式，线上听课受众群体5万余人，开辟离退休干部宣讲新模式。组建“塞上金秋”采编员队伍深入基层采访，夯实和壮大宣传队伍，扩大宣传工作影响力和辐射面。规范学习阵地，宁夏老年大学严格校园疫情防控措施，7000名老年学员安全复课，学校优化课程设置，健全学员组织体系，丰富校园文化内容，以线上与线下相结合的方式举办老年大学校园文化节，开展“梦圆小康、情暖校园”主题书画、摄影、剪纸、工艺作品展和“校园好声音”比赛，老年大学规范化建设水平不断提升。拓展活动阵地，老干部活动中心立足建设“政治活动中心、文化教育中心、健身娱乐中心”，利用阵地资源，拓展阵地服务功能，组织各“趣缘型”离退休干部党支部、外市县在银川居住“地缘型”离退休干部党支部和区直单位离退休干部党支部联合开展开放式主题党日活动，依托“银色先锋”党建工作室为离退休干部党组织开展活动提供优质服务保障，推进服务水平提质升级。

（郑大海）

网络安全和信息化

【概况】2020年以来，全区网信系统坚持正能量是总要求、管得住是硬道理、用得好是真本事的理念，突出政治引领、顶层设计、统筹协调、体系完备、落实求效，促进网信工作高质量发展，提升统筹协调、正面宣传、舆情引导、综合治理、安全保障和数字引领能力与水平，全面推进网络综合治理体系建设，为建设黄河流域生态保护和高质量发展先行区，建设好经济繁荣、民族团结、环境优美、人民富裕的美丽新宁夏营造安全稳定繁荣的网络空间，提供可靠的网络安全保障和有力的信息化支撑。

【网络宣传】2020年，自治区加强网上正面宣传，网上主旋律高昂正能量充沛。持续做好习近平新时代中国特色社会主义思想网上传播。制定《习近平新时代中国特色社会主义思想进网络实施方案》《学习宣传贯彻习近平总书记视察宁夏重要讲话精神网上宣传工作安排》等，组织区内主要新闻网站及其新媒体平台，开设《学习路上》《理论新境界》等专题专栏，开展《党员说》《青年说》等网上公开课，创作长图、H5、视频等形式的新媒体作品，推动习近平新时代中国特色社会主义思想成为网络空间最强音。组织开展党的理论知识网上答题活动，参与者超过27万人次。做好疫情防控和经济社会发展网上宣传，协调组织中央新闻网站、商业网站平台、政务新媒体、自媒体等各类新媒体资源，及时推送疫情防控决策部署、预防知识等稿件信息，策划创作《战“疫”·说法》等系列新媒体作品，设置“抗击疫情　宁夏有我”网民互动话题，累计发布短视频作品8万余条，播放量超过11.6亿次，各类作品总阅读（播放）量超过17亿次。做好重大主题网上宣传。做好“决胜2020”“中国梦·黄河情”“西部开发新脉动”和《摆脱贫困》系列微视频等中央网信办、中央重点新闻网站举办的全国重大主题网络宣传活动在宁采访、拍摄等配合工作。围绕中心，主动策划开展“决胜2020小康有我”“黄河两岸是我家”“贺兰山东麓葡萄酒之都”“信息化助力高质量发展”等系列网上主题宣传活动，举办“聚合新媒体　聚焦新宁夏”第十六届全国网络媒体宁夏行和“遇见宁夏”网络名人宁夏行活动。在确保舆论导向的基础上，网上宣传项目面向国内主要媒体、主流网络平台招标，调动国内各类新媒体平台参与讲好宁夏故事，针对脱贫攻坚、全面小康、自治区九个重点产业发展等，运用图文、直播、短视频等方式，精心打造一批鲜活的新媒体作品，总传播量超42亿次，其中“贺兰山东麓葡萄酒之都”主题宣传阅读量超过3亿次。统筹发挥新闻网站、商业网站、政务新媒体、自媒体和正能量网民力量，形成扫黑除恶专项斗争、平安宁夏、《民法典》、健康宁夏、禁毒宣传及《宁夏文旅荟》等专项重点工作网上宣传的强大合力。丰富优秀网络文化供给。实施“争做中国好网民”工程，在新媒体开设《网络中国节》专题专栏，发布原创新媒体稿件作品479篇（部），阅读量超过1030万次。银川市围绕疫情防控，组织制作各类新媒体作品300余个，阅读量超过1.3亿次；开展“不文明行为随手拍”等活动，累计征集作品5万余篇（条、部）。石嘴山市策划“华彩60年　奋进石嘴山”网络活动，创作、征集相关短视频270余部，传播量超过1600万次。吴忠市策划“因为有你”主题短视频65部，制作网络文明系列公益短视频40余部。固原市举办第八季“网络达人浪固原”活动，微博话题累计阅读量超过3亿次。中卫市围绕文化旅游、云计算等重点产业，共发布作品590余个，阅读量达8400万次。

【网络综合治理】2020年，自治区加强网络生态治理，推进“清朗2020”“扫黄打非”等40多类专项行动，履行属地网络平台信息内容管理责任，加强网上巡查和有害信息举报处置，及时清理网上有害信息，重点查处淫秽色情、博彩赌博、侵权仿冒等网络违法违规行为。全年依法取消备案关闭违法网站252家，协调封堵568家境外接入的违法网站，依法关停问题自媒体账号301个。区市两级网信办约谈违规网站、账号责任人30次，清理违法和不良信息19.6万余条。全年共受理处置各类网络有害信息举报1100余件。强化互联网行业管理。培育成立8个互联网企业党组织，互联网企业党组织覆盖率由28%提升到50%左右，党的工作覆盖率由60%提高到100%。制定《自治区互联网企业党建工作报告制度（试行）》，强化党组织在促进企业健康发展、加强网络治理中的战斗堡垒作用。

【网络安全保障】2020年，自治区党委网信办牵头建立网络安全保障工作联席会议机制，形成网络安全监管部门信息共享、态势研判、综合检查、重要工作会商的工作合力。对部分党政机关、企事业单位进行现场检查，并督促做好问题整改。开展网络安全宣传周活动，组织形式多样的宣传活动559场，受众达30万人。50余家单位分别举办本系统本行业网络安全业务培训，6600多名干部职工、企事业单位相关工作人员的网络安全风险意识得到提升。维护公共卫生领域个人信息安全。落实中央网信办安排部署，制定进一步做好疫情防控期间重要数据与个人信息安全保护工作相关措

2020年9月23日，"第十六届全国网络媒体宁夏行活动"探访西鸽酒庄

施，对重要数据和个人信息的采集、使用、存储、传输等环节进行严格规范，依法关闭41款违规采集个人信息的APP和微信小程序，保留"我的宁夏—防疫健康信息码""电子健康码"等应用，实现疫情防控期间数据最小化收集、最大化利用，推动疫情精准防控，降低个人信息泄露风险。增强网络安全防护能力。提升技术管网治网能力，加强常态化监测预警，自治区党委网信办、公安厅、安全中心宁夏分中心巡查发现全区重点网站、重要信息系统网络安全漏洞9.2万余个，发布网络安全整改通报1382份，整改率100%。提升网络安全应急处置水平。在全国和自治区"两会"等重要敏感时段，加强对全区重点网站、重要信息系统的预警监测和信息通报，确保全区网络安全态势平稳有序。及时处置网络安全事件，全年未发生重大及以上网络安全事件。自治区公安厅组织开展全区"护网2020"网络安全实战攻防对抗演习，发现整改一批网络安全重大隐患和漏洞。

【互联网建设和数字经济】2020年，自治区"数字政府"建设领导小组办公室和自治区党委网信办组织开展政务数据资源开放试点，形成第一批开放目录900余项、开放数据5000余万条。宁夏政务服务平台与国家平台实现对接融合，"宁夏网上办事大厅"已实现在全国平台"单点登录、全国漫游、无感切换"。"我的宁夏"APP注册人数达507.49万人，累计办事120万件。"互联网+监管"系统上线试运行，梳理全区监管事项目录清单1240项、检查事项清单1.59万项，覆盖执法人员1.49万人。启动"宁政通"APP建设，打造全区统一的移动政务办公平台。信息惠民服务提质。基本建成"互联网+教育"8个示范县(区)，百所标杆学校和人工智能实验学校稳步推进，建成在线互动课堂教室4327间。在全区60家二级以上公立医疗机构推行电子健康码就诊服务"一码通行"，累计申领激活电子健康码近200万人。在南部山区9个县(区)全部乡村医疗机构开展人工智能辅助诊疗系统应用，有效提升基层医务人员诊疗服务水平。西夏区、平罗县、利通区、盐池县被列为国家数字乡村试点，农产品网络零售额达87.03亿元，同比增长40.65%。信息基础设施建设提速。工信部正式批复国家(中卫)新型互联网交换中心，并于2020年12月16日正式揭牌，建成后将直接打通基础电信企业、大型互联网企业、云服务企业间的互联通道，显著提升宁夏互联网在全国布局中的战略地位。提升城乡宽带接入水平，100兆以上宽带用户比例达到97.2%，居全国第三位。5G网络加快部署。截至2020年年底，开通基站4082个，建设规模同比增长4倍左右，实现5个地级市辖区和县区重点区域连续覆盖，5G在医疗、教育、智慧矿山、工业互联网等领域的应用逐步显现。数字经济发展提量。数字产业化发展迅速，全区电子信息产业产值规模达到400亿元，同比增长35.6%，其中软件业务收入连续5年在20%以上增速。云计算产业稳步发展，大数据中心规模达到近30万台服务器，较年初增长约52.6%。北斗卫星导航系统应用工作有序开展，全区所有"两客一危"车辆和90%以上的重型载货汽车安装使用北斗定位终端，气象观测、水文监测、应急救援等领域使用北斗通信功能消除传统通信盲点。产业数字化水平提升，互联网赋能制造业转型升级，累计建成智能工厂26个、数字化车间48个，600余家工业企业上云。宁夏2个工业互联网项目入选2020年国家试点示范。全区网络零售额达230.08亿元，同比增长20.44%。贺兰县、青铜峡市、中宁县入选国家"互联网+"农产品出村进城工程试点县，永宁县入选全国100个县域数字农业农村发展水平评价工作先进县。

（马　力）

港澳台事务

【概况】2020年，自治区党委港澳台工作办公室深入学习贯彻习近平总书记在《告台湾同胞书》发表40周年纪念会上的重要讲话精神，与自治区党委宣传部共同开展中央“26条措施”的宣传报道工作，联合印发《关于持续深入开展进一步促进两岸经济文化交流合作若干措施宣传报道工作的通知》。《中华人民共和国香港特别行政区维护国家安全法》(简称《香港国安法》)颁布实施后，宁夏高度重视，把学习宣传贯彻该部法律作为当前和今后一个时期港澳工作的一项重要任务，全力以赴抓好落实。将此作为2020年度学法重点内容，制订专门学习计划，争当学法排头兵。围绕《香港国安法》原文、中央有关部门负责人在国务院《香港国安法》新闻发布会上的讲话等，组织集体学习、专题辅导、学习交流和竞赛答题，组织观看有关视频资料，使广大干部职工把思想和行动统一到中央港澳工作部署上来，切实增强广大干部职工维护国家安全责任感和使命感。开展线上线下全方位、多角度、多途径宣传。线上充分利用宁夏新闻网微信公众号、宁夏日报手机APP、微信群、朋友圈等平台推送《香港国安法》全文、法条解读等相关学习资料；线下通过宁夏电视台、《宁夏日报》等区内主要媒体持续开展宣传报道，特别是专访区内港澳代表性人士、香港企业家对颁布实施《香港国安法》的看法，以及宁夏港澳台办负责人对颁布实施《香港国安法》的理解和今后工作的打算，在全区港澳台系统引起强烈共鸣，并一致表示坚决拥护并支持全国人大常委会通过《香港国安法》。《宁夏新闻联播》5月26日播出《众望所归　势在必行——国家推进涉港国家安全立法在宁夏各界引起热烈反响》专题新闻，效果良好。在《宁夏日报》、宁夏电视台、宁夏新闻网等主流媒体平台进行集中宣传报道，累计刊发新闻、专题、专访等各类稿件64篇(条)。自治区党委、政府发布《关于进一步加强新时代我区对台工作的意见》，对全区推进对台工作起到重大指导作用。完成《当前形势下进一步推进宁台交流合作的报告》《面向港澳台地区招商引资存在的问题及对策建议》、贯彻落实习近平总书记重要指示批示精神“回头看”的报告、贯彻落实自治区党委第十二届八次全会《实施意见》任务分工方案牵头改革任务推进情况的报告等各类工作报告20余份。深度思考总结近年来在政商、文化、青年、教育、基层和社区治理等方面交流经验与做法，形成《新时代促进两岸交流交往和两岸同胞心灵契合的路径探索》研究报告，连续3年被中央台办评为“优秀调研课题”。收集整理习近平总书记2012年11月至2020年5月公开发表的讲话及相关文稿，在全国率先编印《习近平总书记关于港澳台工作重要论述摘编》，分发全区各市、县(区)港澳台工作干部学习。梳理整理港澳台应知应会基本知识编印成册，编印《香港国安法相关资料汇编》，通过逐一走访慰问港企港胞向他们发放宣讲，使他们充分认识到“维护国家安全，人人有责”“维护国家主权、统一和领土完整是包括香港同胞在内的全中国人民的共同义务”，凝聚港澳台胞力量，自觉遵守法律，自觉履行维护国家安全责任，为香港繁荣稳定、长治久安，为共同捍卫中国国家主权、安全和发展利益，发挥每个人应有的作用。规范因公赴港澳团组人员程序审批，全年因公赴港澳台12个团组94人次，赴港澳制证9册，办理签注10人次。

【访问交流】2020年8月18—20日，香港特区政府驻京办梁志仁一行到宁夏考察。参观宁东能源化工基地、宁夏博物馆、贺兰山东麓葡萄酒庄等，与在宁港资企业代表会面，了解其经营和发展情况；拜会宁夏党委、政府并分别与党委、政府有关部门举行座谈会，双方就深化在经

2020年1月28日至2月4日，宁夏杂技团在台湾高雄关帝庙广场演出

贸、投资、文化、青年交流等领域合作交流交换意见；助力“引进来”和有潜力企业“走出去”。做好澳门慈善和社会服务界人士采访团到宁夏访问工作，采访团一行考察昊善社会工作发展服务中心、燕宝慈善基金会、宁夏儿童福利院、宁夏老年人服务中心等，推动两地互学互鉴。

【多领域合作交流】2020年，宁夏搭建经贸信息平台，与台湾多家商协会举办在线视频推介会，与目标投资企业、投资人云对接，相互沟通、交换投资信息。筛选符合宁夏发展方向的目标企业100余家，建立重点企业数据库，促进招商资源高效对接，推动精准招商、靶向招商。与银川市台湾同胞投资企业协会签署《委托代理招商引资协议书》，制定“以商招商”工作实施方案和推进计划，利用重要社团、商协会平台优势，积极邀请目标企业到宁夏考察。台湾台丽国际集团签订投资10亿元合作框架协议，拟在宁投资建设“宁夏台丽综合科技示范庄园”；兰州正林农垦食品有限公司拟依托固原马铃薯基地投资马铃薯加工产业。对台交流取得成效。应势调整交流思路和方式，推动对口交流从线下向线上延伸。主动与台湾新党、高雄关帝庙委员会、朝阳科大等岛内项目负责人，以及重要社团、商协会等保持线上云交流，共商“银川—高雄社区牵手活动”“中华儿女文史体验营塞上行”等交流项目的活动方案制定和评估工作。对台现状及动态进行分析研判，及时调整“宁台青年助力西部脱贫攻坚”交流活动。精心设计参访考察地点、路线、行程，组织厦门市海沧区海峡城乡发展基金会、厦门海投文旅产业有限公司派往宁夏泾源县驻点扶贫台湾青年、宁夏扶贫青年志愿者共17人开展为期5天的交流活动，搭建拓宽新平台，开辟交流活动新路径。支持宁夏文艺团体入岛演出，做优“欢乐春节”系列文化交流活动。春节期间，宁夏演艺集团赴岛内开展文化交流活动，赴多地巡演18场次，观众达38000人次。该项目作为宁台文化交流品牌项目首次纳入文化和旅游部“欢乐春节”系列活动。推动注册成立宁夏粤港澳大湾区“互联网+医疗健康”协同创新中心，与粤港澳大湾区生命高科技企业建立经常性、机制化联系，开启宁夏与港澳深度合作的有效模式。通过市场化方式把粤港澳大湾区互联网医疗产业技术向宁夏转化落地，引进企业30余家，其中深圳旭宏科技有限公司投资2亿元，建设旭宏互联网心脏专科医院和成立旭宏医疗器械智能制造中心项目正式落地，建设期为3年，计划2022年年底前完成全部投资。协同创新中心通过“招商、投资、服务”三位一体化运营，引进“互联网+医疗健康”产业生态孵化企业，发展宁夏“互联网+医疗健康”产业。提升宁夏与港澳农业合作。宁夏成为首批签署大湾区“菜篮子”建设战略合作协议的省（区）之一。2020年，“菜篮子”基地由9家增加到14家，其中有9家被香港渔农自然护理署授予信誉农场。全区供港蔬菜面积达25.7万亩，生产企业97家。组织参加2020世界数字农业大会及广东省第十九届种业博览会，对接供港蔬菜品种资源，初步达成菜心、芥蓝等叶类蔬菜良种繁育基地合作意向，丰富香港市民“菜篮子”，宁夏蔬菜产业品牌影响力得到逐步提升，增加贫困地区农民增收致富新途径。

【服务保障】2020年，根据中央“惠台26条措施”，自治区党委港澳台工作办公室联合自治区发改委印发《宁夏贯彻落实“惠台26条措施”办事指南》，分别向在宁28家台资企业、银川市台湾同胞投资企业协会、自治区30个相关部门和各市、县（区）政务大厅邮寄发放，确保中央“惠台26条措施”在宁夏落地、落实、落细，为台胞台企在宁发展提供更便利的条件。及时为港澳台胞（企）纾困解难。与公安机关沟通协调，在全区22个县（区）公安机关政务窗口全部开通港澳台胞居住证办理业务，在宁港澳台胞共有113人自愿申领港澳台胞居住证。针对使用居住证在部分酒店住宿、市场监管部门工商备案时仍需提供台胞证等情况，与公安、文化旅游、市场监管等部门进行多次协调，予以解决，确保与宁夏居民享受同等待遇。及时化解涉港澳台投诉、矛盾纠纷。按照“属地管理、分级负责”和“谁主管、谁负责”的原则，发挥各地市港澳台办作用，对当地港澳台企复工复产、经营情况、投诉事项进行摸排，成功化解涉港澳台投诉协调案件2起，其中待进入司法程序1件，帮助追回各种款项150余万元，增强港澳台企满意度和获得感。

（吴灵捷）

宁夏回族自治区人民代表大会

NINGXIA YEARBOOK

NINGXIAHUIZUZIZHIQURENMINDAIBIAODAHUI

编辑◎王玉琴

重要会议

【自治区第十二届人民代表大会第三次会议】2020年1月11—15日，自治区第十二届人民代表大会第三次会议在银川市举行。大会共举行三次全体会议，大会主席团常务主席、执行主席陈润儿主持会议。会议听取和审议了自治区主席咸辉作的政府工作报告、自治区人大常委会副主任李锐作的自治区人大常委会工作报告、自治区高级人民法院院长沙闻麟作的自治区高级人民法院工作报告、自治区人民检察院检察长时侠联作的自治区人民检察院工作报告，审查了自治区国民经济和社会发展计划、财政预算报告，通过了各项决议草案。大会补选陈润儿为自治区第十二届人大常委会主任，艾俊涛为自治区监察委员会主任。大会完成各项议程后，自治区党委书记、人大常委会主任陈润儿在闭幕会上讲话。

【自治区第十二届人大常委会第十七次会议】2020年1月4日，自治区第十二届人大常委会举行第十七次会议。自治区人大常委会党组副书记、副主任李锐，副主任姚爱兴、左军、吴玉才、彭友东、董玲及委员共56人出席会议。李锐主持会议并在会议结束时讲话。自治区副主席刘可为，自治区监察委员会副主任郑震，自治区高级人民法院院长沙闻麟，自治区人民检察院检察长时侠联，邀请的10名自治区人大代表及自治区人大常委会副秘书长、办公厅和各工作委员会负责人，各市、县(区)人大常委会负责人列席会议。会议审议通过《宁夏回族自治区水污染防治条例》，听取审议自治区人民政府关于2018年度自治区本级预算执行和其他财政收支审计结果落实情况的报告、自治区人大常委会代表资格审查委员会关于个别代表的代表资格变动情况的报告。会议听取审议自治区第十二届人大第三次会议筹备情况的报告，审议了自治区第十二届人大第三次会议议程草案、选举办法草案、主席团和秘书长名单草案、列席人员名单等有关文件，审议自治区人大常委会工作报告(稿)，通过自治区人民代表大会常务委员会关于列席和邀请列席自治区第十二届人民代表大会第三次会议人员的决定。

【自治区第十二届人大常委会第十八次会议】2020年2月11日，自治区第十二届人大常委会举行第十八次会议。自治区人大常委会党组副书记、副主任李锐，副主任姚爱兴、左军、董玲及委员共38人出席会议。李锐主持会议并在会议结束时讲话。自治区监察委员会主任艾俊涛，自治区副主席杨培君，自治区高级人民法院院长沙闻麟，自治区人民检察院检察长时侠联，自治区人大常委会副秘书长、办公厅和各工作委员会负责同志列席会议。会议表决通过《宁夏回族自治区人民代表大会常务委员会关于依法防控新型冠状病毒肺炎疫情　坚决打赢疫情防控阻击战的决定》。

【自治区第十二届人大常委会第十九次会议】2020年3月27日，自治区第十二届人大常委会举行第十九次会议。自治区党委书记、人大常委会主任陈润儿，自治区人大常委会党组副书记、副主任李锐，副主任姚爱兴、左军、吴玉才、彭友东、董玲及委员共52人出席会议。陈润儿主持会议并在会议结束时讲话。自治区副主席张超超、自治区监察委员会主任艾俊涛、自治区高级人民法院院长沙闻麟、自治区人民检察院检察长时侠联，自治区人大常委会副秘书长、办公厅和各工作委员会负责人，自治区人民政府及相关厅局负责人，各市、县(区)人大常委会负责人列席会议。会议决定任命赖蛟为自治区人民政府副主席，审查批准了2020年自治区本级预算调整方案，听取审议自治区高级人民法院关于家事审判工作情况的报告，审议自治区人大常委会代表资格审查委员会关于个别代表的资格变动情况报告，通过了有关人事任免案。

【自治区第十二届人大常委会第二十次会议】2020年6月8—9日，自治区第十二届人大常委会举行第二十次会议。自治区人大常委会党组副书记、副主任李锐，副主任姚爱兴、左军、吴玉才、彭友东、董玲及委员共49人出席会议。李锐主持会议并在会议结束时讲话。自治区监察委员会主任艾俊涛、自治区副主席吴秀章、自治区高级人民法院院长沙闻麟、自治区人民检察院检察长时侠联，自治区人大常委会副秘书长、办公厅和各工作委员会负责人，自治区人民政府及相关厅局负责人，各市、县(区)人大常委会负责人列席会议。会议传达学习第十三届全国人大第三次会议和全国政协第十三届第三次会议精神，初审自治区引黄古灌区世界灌溉工程遗产保护条例草案、自治区公安机关警务辅助人员条例草案、自治区眼角膜捐献条例草案，审议通过《〈宁夏回族自治区建筑管理条例〉等6件地方性法规修正案》，作出关于加强检察机关公益诉讼工作的决定，审查批准《银川市人民代表大会常务委员会关于废止〈银川市基本农田保护规定〉的决定》；听取和审议自治区人民检察院关于检察机关公益诉讼工作"回头看"情况的报告，审议了自治区人大常委会执法检查组关于检查《宁夏回族自治区社会科学普及条例》实施情况的报告、关于检查《中华人民共和国出境入境管理法》《中华人民共和国护照法》实施情况的报告；通过了有关人事任免案以及个别代表的代表资格变动和补选代表的代表资格审查报告。

【自治区第十二届人大常委会第二十一次会议】2020年7月27—28日，自治区第十二届人大常委会举行第二十一次会议。自治区党委书记、人大常委会主任陈润儿，自治区人大常委会党组副书记、副主任李锐，副主任姚爱兴、左军、吴玉才、彭友东、董玲及委员共49人出席会议。陈润儿主持会议并在会议结束时讲话。自治区监察委员会主任艾俊涛、自治区副主席杨东、自治区高级人民法院院长沙闻麟、自治区人民检察院检察长时侠联，邀请的10名自治区人大代表，自治区人大各专门委员会不是常委会组成人员的委员和常委会副秘书长、办公厅及各工作委员会负责人，自治区人民政府相关厅局负责人，各市、县(区)人大常委会负责人列席会议。会议审议通过《宁夏回族自治区引黄古灌区世界灌溉工程遗产保护条例》《宁夏回族自治区眼角膜捐献条例》，审查批准《石嘴山市养犬管理条例》，作出自治区资源税适用税率等有关事项决定，听取审议自治区政府关于2020年以来国民经济和社会发展计划执行情况的报告、关于2019年全区及区本级财政决算草案的报告、关于2019年度自治区本级预算执行和其他财政收支情况的审计工作报告、关于全区脱贫攻坚与乡村振兴战略有效衔接工作情况的报告和自治区人大常委会代表资格审查委员会关于个别代表的代表资格的报告，审查批准2019年自治区本级决算，审议通过有关人事任免案。

【自治区第十二届人大常委会第二十二次会议】2020年9月25—27日，自治区第十二届人大常委会举行第二十二次会议。自治区党委书记、人大常委会主任陈润儿，自治区人大常委会党组副书记、副主任李锐，副主任姚爱兴、左军、吴玉才、彭友东、董玲及委员共50人出席会议。陈润儿主持会议并在会议结束时讲话。自治区监察委员会主任艾俊涛、自治区人民政府副主席杨东、自治区人民检察院检察长时侠联、自治区高级人民法院副院长李帆，邀请的10名自治区人大代表，自治区人大各专门委员会不是常委会组成人员的委员和常委会副秘书长、办公厅及各工作委员会负责人，自治区政府相关厅局负责人，各市、县(区)人大常委会负责人列席会议。会议审议通过了自治区公安机关警务辅助人员条例，初审了自治区全民阅读促进条例草案、自治区促进民族团结进步工作条例草案、自治区中医药条例修订草案、自治区技术市场促进条例修订草案，审查批准了中卫市文明行为促进条例，听取审议了自治区政府关于全区公安机关执法规范化工作情况的报告、关于"互联网+医疗健康"示范区建设情况的报告、关于固体废物处置利用情况的报告、关于2020年1—8月全区及区本级财政预算执行情况的报告，听取审议自治区人大常委会执法检查组关于检查《中华人民共和国农业技术推广法》和《宁夏回族自治区实施〈中华人民共和国农业技术推广法〉办法》实施情况的报告，审查批准了2020年自治区本级预算调整方案(第二次)，审议通过了有关人事任职的议案。

【自治区第十二届人大常委会第二十三次会议】2020年11月23—25日，自治区第十二届人大常委会举行第二十三次会议。自治区党委书记、人大常委会主任陈润儿，自治区人大常委会党组副书记、副主任李锐，副主任姚爱兴、左军、吴玉才、彭友东、董玲及委员共48人出席会议。陈润儿主持会议并在会议结束时讲话。自治区监察委员会主任艾俊涛、自治区人民政府副主席赖蛟、自治区人民检察院检察长时侠联、自治区高级人民法院副院长李帆,邀请的10名自治区人大代表,自治区人大各专门委员会不是常委会组成人员的委员和常委会副秘书长、办公厅及各工作委员会负责人,自治区政府相关厅局负责人,各市、县(区)人大常委会负责人列席会议。会议审议通过自治区全民阅读促进条例、自治区促进民族团结进步工作条例、自治区中医药条例、自治区技术市场促进条例及自治区实施《中华人民共和国消防法》办法等5件地方性法规修正案,审查批准了吴忠市村庄规划条例、固原市城市环境卫生管理条例;作出关于召开自治区第十二届人民代表大会第四次会议的决定;听取审议自治区政府关于2020年环境状况和环境保护目标完成情况的报告、关于2019年度国有资产管理情况的综合报告、关于2019年度企业国有资产(不含金融企业)管理情况的专项报告、关于自治区第十二届人大第三次会议代表建议办理情况的报告;听取审议自治区人大常委会关于自治区第十二届人大第三次会议代表议案及部分代表建议、批评和意见办理结果的报告,自治区人大常委会执法检查组关于检查《中华人民共和国体育法》《宁夏回族自治区体育工作条例》实施情况的报告、关于检查《中华人民共和国公证法》实施情况的报告;自治区人大常委会法制工作委员会关于自治区第十二届人大以来暨2020年备案审查工作情况的报告,自治区人大常委会代表资格审查委员会关于个别代表的资格变动情况报告;审议通过了有关人事任免的议案。

(吴凌之)

立法工作

【概况】2020年,自治区人大常委会坚持科学立法、民主立法、依法立法,全年审议通过地方性法规18件(其中,制定5件,修订13件),通过法规性决定2件,废止地方性法规1件,批准设区的市法规5件,审查备案自治区政府规章、设区的市规范性文件34件,向全国人大常委会、国务院报送地方性法规备案文件18件。听取和审议"一府两院"工作报告15个,开展执法检查11次,作出重大事项决定13项,依法任免国家机关工作人员83人次。

【重点领域立法】2020年,自治区人大常委会修订自治区技术市场管理条例、旅游条例,集中修改涉及优化营商环境的法规,助力加快经济结构调整、产业转型升级、新旧动能转换。制定公安机关警务辅助人员条例、促进民族团结进步工作条例,修订实施城市居民委员会组织法办法,提升社会治理能力和水平。修订中医药条例,保障和促进中医药事业发展,保护人民健康。制定全国首部专门规范眼角膜捐献的地方性法规,鼓励支持和规范眼角膜捐献工作,受到社会各界的好评。制定全民阅读促进条例,提高公民科学文化素质和社会文明程度。制定引黄古灌区世界灌溉工程遗产保护条例,深度挖掘黄河文化价值,得到国家灌溉委员会的高度评价。

【完善依法立法机制】2020年,自治区人大常委会坚持党对立法工作的领导,发挥人大在立法工作中的主导作用,督促指导政府及其部门认真履行立法工作相关职责,把握好立项、起草、审议等关键环节。新增11个基层立法联系点,扩大覆盖领域。发挥立法专家咨询委员会智库作用,确保每件法规至少有2名专家全过程参与。积极开展立法协商,拓宽社会各方面参与地方立法渠道。提前介入设区市立法工作法规草案的起草修改,从体例、内容、技术等方面给予指导,及时提出意见建议,解决法规的合法性、合理性、规范性问题,提高设区市的立法质量。对全国人大常委会2019年以来审议的86部法律草案,研究提出修改建议100余条,有30多条被吸收采纳,为国家法律制定贡献了宁夏智慧,得到全国人大常委会的肯定。

(吴凌之)

监督工作

【概况】2020年,自治区人大常委会聚焦全区经济社会发展的重点领域和人民群众关注的热点难点问题,推动有关方面改进工作、解决问题。全年听取审议"一府两院"专项工作报告15个,开展执法检查11次。

【"三大攻坚战"监督】2020年,自治区人大常委会听取审议审计查出问题整改情况的报告,督促政府及相关部门完善风险评估和预警机制,防范化解债务风险,助力做好"六稳"工作、落实"六保"任务。听取审议脱贫攻坚与乡村振兴衔接工作情况的报告,推动落实精准脱贫战略,巩固脱贫成果。开展土壤污染防治法执法检查,听取审议固体废物处置利用情况、2020年环境状况和环境保护目标完成情况的报告,开展"中华环保世纪行——宁夏行动",推进美丽新宁夏建设。

【高质量发展监督】2020年,自治区人大常委会高度关注全区经济发展,加强计划执行和预决算审查监督,继续推进人大预算审查监督重点拓展改革，不断完善自治区政府向自治区人大常委会报告国有资产管理情况相关工作制度，确保预决算审查监督和国有资产监督管理工作有序推进。开展农技推广"一法一办法"执法检查，促进现代农业发展。作出关于资源税适用税率等有关事项的决定，加强资源管理，推进合理开采，促进节约利用，保护生态环境。

【民生改善和社会治理法律监督】2020年，自治区人大常委会对全国人大常委会关于全面禁止非法野生动物交易、革除滥食野生动物陋习、切实保障人民群众生命健康安全的决定和野生动物保护法开展执法检查。组织检查《中华人民共和国慈善法》《中华人民共和国体育法》《宁夏回族自治区体育工作条例》《宁夏回族自治区社会科学普及条例》等法律法规执行情况，听取审议"互联网+医疗健康"示范区建设情况的报告，专题调研医疗保障改革、乡村治理工作情况，推动关系人民群众切身利益的民生事业发展，满足人民日益增长的美好生活需要。开展公证法执法检查，听取审议自治区人民政府关于公安机关执法规范化工作、自治区高级人民法院关于家事审判工作、自治区人民检察院关于公益诉讼工作情况的报告，作出关于加强检察机关公益诉讼工作的决定，促进严格规范公正文明执法，维护司法权威。

【法律监督】2020年，自治区人大常委会严格落实"有件必备、有备必审、有错必纠"要求，将依法报备的规范性文件纳入备案审查范围，共审查备案自治区政府规章、设区的市规范性文件34件，向全国人大常委会、国务院报送地方性法规备案文件18件。全面梳理评估涉及《民法典》内容的地方性法规，与媒体联合举办"走进民法典"融媒体系列直播节目，推动《民法典》深入人心，有效实施。依法组织宪法宣誓，激励和教育任职人员忠于宪法、遵守宪法、维护宪法。

（吴凌之）

代表工作

【概况】2020年，自治区人大常委会始终把支持和保障代表依法履职作为重要工作，完善联系机制，强化服务保障，统筹协调议案建议办理，切实发挥代表主体作用。全年邀请50余名代表参加常委会执法检查、视察调研活动，30名代表列席常委会会议。召开人大代表座谈会，与基层代表交流情况、听取意见、提出要求，推动人大代表工作创新发展。尊重代表主体地位，提高代表服务保障水平。召开全区人大代表工作经验交流会，推动提高人大代表工作质量。严格执行自治区人大代表活动经费管理使用意见的规定，依法保障代表履职经费。完善代表履职档案，加强代表履职情况督导，全力推动代表履职能力提升。

【代表议案建议办理】2020年，自治区第十二届人大第三次会议主席团交付的10件立法议案，已审议通过法规5件，其余列为立法调研项目，适时提请常委会会议审议。对代表提出的220件建议，依法交由各承办单位研究办理，已全部办理完毕，并反馈代表。确定黄河流域生态保护、中医药发展、文化建设等13件建议由各专门委员会和工作委员会重点督办。"一府两院"高度重视办理工作，政府领导领衔办理，主任会议成员分别带队重点督办，关于促进宁夏贺兰山东麓葡萄酒产业高质量发展、加快黄河黑山峡水利枢纽工程立项建设等建议办理取得积极成效。

（吴凌之）

重要活动

【全国人大常委会在宁夏调研检查】2020年7月20—24日，全国人大监察和司法委员会副主任委员李伟率调研组到宁夏，就公安机关执法规范化建设工作情况开展调研。自治区人大常委会副主任左军陪同调研。8月16—19日，全国人大常委会副委员长张春贤率执法检查组到宁夏，就全区贯彻实施《中华人民共和国慈善法》情况进行检查。自治区人大常委会副主任左军陪同检查。8月18—24日，全国人大常委会委员、全国人大民族委员会副主任委员洛桑江村率调研组到宁夏，就宁夏民族团结进步创建、脱贫攻坚和生态文明建设工作开展调研。自治区人大常委会副主任彭友东陪同调研。

【执法检查】2020年4月27日，自治区人大常委会副主任吴玉才带领执法检查组赴石嘴山市、银川市，就宁夏贯彻实施《中华人民共和国出境入境管理法》《中华人民共和国护照法》情况进行检查。5月6—7日，自治区人大常委会副主任姚爱兴带领执法检查组赴银川市、吴忠市，对全区贯彻实施《宁夏回族自治区社会科学普及条例》情况进行检查。6月17—18日，自治区人大常委会副主任姚爱兴带领执法检查组赴银川市、石嘴山市，对全区贯彻实施《全国人民代表大会常务委员会关于全面禁止非法野生动物交易、革除滥食野生动物陋习、切实保障人民群众生命健康安全的决定》和《中华人民共和国野生动物保护法》情况进行检查。8月5—6日，自治区人大常委会副主任姚爱兴带领执法检查组赴银川市、石嘴山市，对全区贯彻实施《中华人民共和国土壤污染防治法》情况进行检查。8月25—27日，自治区人大常委会副主任董玲带领执法检查组赴银川市、石嘴山市、吴忠市，对全区贯彻实施《中华人民共和国农业技术推广法》和《自治区实施〈中华人民共和国农业技术推广法〉办法》情况进行检查。10月10日、10月12日，自治区人大常委会副主任左军带领执法检查组，对全区贯彻实施《中华人民共和国体育法》《宁夏回族自治区体育工作条例》情况进行检查。10月26—28日，自治区人大常委会副主任左军带领执法检查组赴银川市、吴忠市、固原市，对全区贯彻实施《中华人民共和国公证法》情况进行检查。

【专题调研】2020年6月24日、6月30日，自治区人大常委会副主任董玲带领调研组赴银川市、石嘴山市、吴忠市，就全区脱贫攻坚与乡村振兴有效衔接、全区乡村治理情况开展专题调研。7月9日，自治区人大常委会党组副书记、副主任李锐带领调研组，就全区地方金融回应企业贷款融资需求、支持复工复产情况在银川市开展调研。7月10日，自治区人大常委会副主任彭友东带领视察组赴石嘴山市，对中央环保督察“回头看”反馈问题整改情况进行调研督办。7月14—15日，自治区人大常委会副主任左军带领调研组赴银川市、石嘴山市，对全区医疗保障制度改革进行调研。8月25—27日，自治区人大常委会副主任左军带领视察组赴银川市、石嘴山市、中卫市，对全区公安机关执法规范化情况进行专题调研。9月7—9日，自治区人大常委会副主任姚爱兴带领视察组赴银川市、吴忠市，就全区“互联网+医疗健康”示范区建设和依法防控新冠肺炎疫情工作情况进行调研。9月10—17日，自治区人大常委会副主任彭友东带领调研组赴西藏自治区，就促进民族团结进步立法情况、生态保护方面立法情况、设区的市人大常委会备案审查工作情况开展调研考察。9月16—17日，自治区人大常委会副主任左军带领调研组赴银川市、吴忠市，对全区“七五”法治宣传教育工作情况进行调研。10月14日，自治区人大常委会副主任董玲带领调研组对第十二届人大第三次会议上杨振如等代表提出的《关于制定〈银川都市圈城乡西线供水保护条例〉的议案》（议字第005号）开展立法调研。10月23日，自治区人大常委会副主任吴玉才赴中卫市，对自治区企业国有资产（不含金融企业）管理情况进行专题调研。10月25—31日，自治区人大常委会副主任姚爱兴带领调研组赴广东省、福建省，就《宁夏回族自治区技术市场管理条例》修订工作进行专题调研。

【重点督办建议】2020年6月22日，自治区人大常委会副主任吴玉才带领督办组，就张仙蕊等12名代表提出的关于修改《宁夏回族自治区促进中小企业发展条例》议案及雷光新代表提出的《关于支持民营企业发展的建议》（建字第018号）开展“三合一”，即“立法调研+议案办理+重点建议督办”专题调研。8月24日，自治区人大常委会副主任左军带领督办组赴银川市，实地调研了解全区建立预防性侵未成年人联动机制工作开展情况，就自治区第十二届人大第三次会议上高鹏代表提出的《关于建立预防性侵未成年人联动机制的建议》（建字第216号）进行督办。8月26日，自治区人大常委会副主任左军带领督办组赴石嘴山市、中卫市，就自治区第十二届人大第三次会议上马鹏斐代表提出的《关于修订〈宁夏回族自治区道路交通安全条例〉第三十条第四款内容的建议》（建字第019号）进行督办。9月3日，自治区人大常委会副主任彭友东带领督办组，就自治区第十二届人大第三次会议期间李培润代表提出的《关于成立全区中医药健康产业园的建议》（建字第045号）、李会珍代表提出的《关于引进、培养基层中医药人才的建议》（建字第089号）、罗刚等3名代表提出的《关于促进中医药发展的建议》（建字第148号）进行督办。9月4日，自治区人大常委会副主任董玲带领督办组实地深入相关企业，就周涛等6名代表提出的《关于在利通区成立自治区级奶牛良种繁育中心的建议》（建字第121号）、姬文泽代表提出的《关于支持青铜峡市生猪产业发展的建议》（建字第219号）办理情况进行督办。9月17日，自治区人大常委会副主任姚爱兴带领督办组赴银川市，就自治区第十二届人大第三次会议上马国兵等代表提出的《关于推进城市垃圾分类处理工作的建议》（建字第008号）进行督办。9月17日，自治区人大常委会副主任董玲带领督办组赴海原县，就许正清等6名代表提出的《关于支持海原县创建自治区级小杂粮产业示范县的建议》（建字第209号）进行督办。9月22—23日，自治区人大常委会副主任彭友东带领督办组赴泾源县，就自治区第十二届人大第三次会议上马威虎等7名代表提出的《关于加大泾源县森林草原防火基础设施建设的建议》（建字第179号）进行督办。9月24日，自治区人大常委会副主任董玲带领督办组，就自治区第十二届人大第三次会议上毛凤玲等3名代表提出的《关于促进宁夏贺兰山东麓葡萄酒产业高质量发展的建议》(建字第50号)进行督办。9月28日,自治区人大常委会副主任左军赴银川市,就自治区第十二届人大第三次会议上朱丽敏、韩娜、张继勋3名代表提出的《关于加大对社会组织发展扶持力度的建议》(建字第069号)进行督办。9月28日,自治区人大常委会副主任吴玉才带领督办组赴银川市和吴忠市部分县(区),就马俊等9名代表提出的《关于加快推动我区文化旅游融合发展的建议》(建字第023号)进行督办。10月12日,自治区人大常委会副主任姚爱兴带领督办组赴盐池县,就自治区第十二届人大第二次会议上韩向春等3名代表提出的《关于将盐池县纳入长城国家文化公园(宁夏段)建设重点区域的建议》(建字第152号)进行督办。10月29—30日,自治区人大常委会副主任董玲带领督办组,就何健等15名代表提出的《关于加快黄河黑山峡水利枢纽工程立项建设的建议》(建字第220号)进行督办。

【重大事项决定】2020年,自治区人大认真贯彻中央和自治区党委关于健全人大讨论决定重大事项制度、政府重大决策出台前向人大报告的实施意见,全年共作出重大事项决定决议13项。为推动"一府一委两院"依法履职,作出关于政府工作报告的决议、关于自治区2019年国民经济和社会发展计划执行情况与2020年国民经济与社会发展计划的决议、关于2019年全区及区本级预算执行情况和2020年全区及区本级预算的决议、关于自治区人大常委会工作报告的决议、关于自治区高级人民法院工作报告的决议、关于自治区人民检察院工作报告的决议。为贯彻落实党中央和自治区党委关于疫情防控的决策部署,坚决打赢疫情防控阻击战,作出关于依法防控新型冠状病毒肺炎疫情坚决打赢疫情防控阻击战的决定。为加强政府预算监督,作出关于批准2020年自治区本级预算调整方案、批准2019年自治区本级财政决算等决议。为加强资源节约集约利用与生态环境保护,确保《中华人民共和国资源税法》在全区顺利实施,作出自治区资源税适用税率等有关事项的决定。为加强检察机关公益诉讼工作,维护国家利益和社会公共利益,作出关于加强检察机关公益诉讼工作的决定。

(吴凌之)

专门委员会

【法制委员会】2020年,法制委员会共召开法制委员会会议13次,对18件法规草案、1件法规性决定草案进行审议,向常委会会议和主任会议提出法规草案的审议结果报告、修改情况报告102件(次),法规草案修改稿、表决稿38件(次)。坚持立法计划、立法重大项目和立法中的重大问题、重要事项报请自治区人大常委会党组研究决定。贯彻落实党中央和自治区关于坚持依法防控疫情的重大决策部署,及时组织起草并提请审议《关于依法防控新型冠状病毒肺炎疫情 坚决打赢疫情防控阻击战的决定草案》,为政府等有关部门依法采取防控措施提供制度保障和法律依据。抓好高质量发展立法。注重立法决策与改革决策相衔接,审议《宁夏回族自治区实施消防法办法》《宁夏回族自治区旅游条例》等法规,对涉及自治区机构改革和行政机关职责调整的事项及时进行相应修改;审议《宁夏回族自治区技术市场促进条例》,强化各级政府促进技术市场发展的责任,规范技术合同认定登记、财政奖补、金融支持的条件与程序,保障技术市场健康发展。做好惠民立法。审议《宁夏回族自治区中医药条例》,充分发挥中医药保护人民健康的独特优势;审议自治区眼角膜捐献条例,为促进眼角膜捐献公益事业发展提供有力支撑。推进社会领域立法。审议《宁夏回族自治区促进民族团结进步工作条例》,铸牢中华民族共同体意识;审议《宁夏回族自治区公安机关警务辅助人员条例》,推动辅警管理规范化、制度化、法治化。抓好弘德立法工作。审议《宁夏回族自治区引黄古灌区世界灌溉工程遗产保护条例》,注重引黄古灌区遗产保护、利用,突出传承黄河文明、弘扬黄河文化,营造全社会共同参与保护黄河的浓厚氛围;审议《宁夏回族自治区全民阅读促进条例》,推动社会主义核心价值观内化于心、外化于行。这是西北地区首部促进全民阅读的地方性法规。参与国家立法,做好《民法典》学习宣传实施工作。先后完成长江保护法草案、刑法修正案(十一)草案、乡村振兴促进法草案等80余件(次)法律草案征求意见工作,提出修改建议100多条,30余条意见建议被采纳,为国家法律的制定修订贡献宁夏智慧。开展法规清理工作,维护法治统一。贯彻落实习近平法治思想和中央全面依法治国工作会议精神,按照自治区党委部署要求,开展地方性法规集中清理工作,将自治区现行有效的174件地方性法规和56件法规性决定决议全部纳入清理范围,解决地方性法规与上位法不一致、与改革发展要求不适应的问题,维护社会主义法治统一。严把合法性审查,指导设区的市开展立法工作。不断加强与设区的市人大常委会沟通协调,严格把握合法性审查标准，提高立法质量，对设区的市报送审批的4件、废止的1件地方性法规完成统一审议。在法规立项时，指导设区的市在法定权限范围内，以“小切口”为突破点，立足实际需要确定立法项目，把可能存在的合法性、合理性、适当性问题解决在法规报批前。完善立法工作机制，提高立法质量和效率。完善和拓展基层立法联系点，加强21家基层联系点建设。改进立法专家咨询工作，每部法规确定2名专家全程跟进，充分发挥专家咨询委员会智库作用。

【财政经济委员会】2020年，财政经济委员会共召开财经委员会全体会议7次，协助常委会开展立法工作2项，审议计划、预算等报告草案11项，专题调研6次，参加全国人大财经干部视频培训6期，督办完成1件重点处理建议、办理2件代表议案。立法工作：围绕社会信用、公共资源交易管理、水陆交通管理等进行立法调研、论证，为相关领域立法提供有益借鉴。监督工作：聚焦“十四五”规划，服务人代会听取和审查“十四五”规划与2035年远景目标纲要，做好各项前期准备工作。听取和审议自治区人民政府关于2020年以来自治区国民经济和社会发展计划执行情况报告，推动高质量发展各项任务要求落到实处。起草《自治区十二届人大常委会贯彻落实〈自治区党委关于建立自治区政府向自治区人大常委会报告国有资产管理情况制度的实施意见〉五年规划（2018—2022）》，形成《我区国有资产管理情况报告制度汇编》，推动各市、县（区）建立报告制度，推进全区国有资产管理情况报告和审议监督工作制度化、规范化。听取和审议自治区人民政府关于2019年度国有资产管理情况综合报告、企业国有资产（不含金融企业）专项报告；依法审查2019年预算执行和2020年预算、2019年决算、2019年预算执行和其他财政收支情况审计、2020年1—8月预算执行情况及2019年预算执行和其他财政收支审计结果落实情况等报告；根据疫情防控和经济发展需要，适时对预算进行两次调整。聚焦企业“融资难、融资贵、融资慢”问题，开展地方金融监管工作专题调研。开展关于自治区企业国有资产（不含金融企业）管理情况专题调研。代表工作。督办刘辛彧等12名代表关于出台《宁夏回族自治区优化营商环境条例》议案、张仙蕊等12名代表关于修改《宁夏回族自治区促进中小企业发展条例》议案、雷光新代表《关于支持民营企业发展的建议》（建字第018号）。常委会分管副主任领衔督办，于6月、10月分别带队赴吴忠市、银川城建集团等开展专题调研，听取代表对办理工作的意见要求，主动通报办理情况，办理落实率和问题解决率均达到100%，代表均表示满意。

【监察和司法委员会】2020年，监察和司法委员会共召开监司委全体会议4次，协助常委会开展立法工作2项、听取和审议专项报告3项、作出决定1项、执法检查1次、专题调研1次、督办1件重点处理建议，制定并出台委员会联系代表办法。立法工作：制定《宁夏回族自治区公安机关警务辅助人员条例》，及时向常委会提出立法建议，开展立法调研，为常委会高质量审议通过条例做好基础工作。开展《宁夏回族自治区见义勇为人员奖励和保护条例》修订调研。联合有关部门在区内外开展立法调研，深入了解全区见义勇为人员奖励和保护工作基本情况、存在的主要问题并形成专题调研报告。开展《宁夏回族自治区法制宣传教育条例》修订调研。按照自治区党委《关于推动社会主义核心价值观融入法治建设立法修法工作的意见》，组成联合调研组，开展专题调研。监督工作：协助常委会听取和审议自治区人民政府公安机关执法规范化工作情况的报告。常委会审议前，重点围绕基层执法规范化、民生警务、智能警务、队伍建设等方面进行专题调研，为常委会组成人员审议提供有价值的参考。常委会审议后，及时整理转交审议意见，推进全区公安执法规范化建设。协助常委会听取和审议自治区高级人民法院家事审判工作情况报告。举办家事审判“法律业务大讲堂”，请家事审判法官就审判队伍专业化、诉讼程序规范化、家事纠纷综合协调解决机制等工作情况进行介绍，为协助常委会审议报告做好充分准备。听取和审议自治区人民检察院关于公益诉讼检察工作“回头看”情况的报告并作出加强公益诉讼工作的决定。连续3年协助常委会将检察机关公益诉讼工作纳入监督计划。作出《关于加强检察机关公益诉讼工作的决定》，为加强公益诉讼检察工作提供保障。协助常委会对《中华人民共和国公证法》贯彻实施情况开展执法检查。常委会执法检查组对全区公证机构设置、人员配备、公证业务开展、公证体制改革等情况进行全面了解，为推动公证法律法规有效实施以及修订公证条例奠定良好基础。代表工作：做好人大代表建议的办理工作。坚持把办理督办代表议案建议与立法、监督等方面工作紧密结合，在开展公安执法规范化建设专题调研的同时，合并督办《关于修订〈宁夏回族自治区道路交通安全条例〉的建议》和《关于加强低速电动车管理的建议》，专题督办《关于建立预防性侵未成年人联动机制的建议》。健全服务代表机制。制定《自治区人大监察和司法委联系代表办法》，规范邀请人大代表参与执法检查、集中视察、专题调研等活动，拓展代表旁听庭审和参加法院、检察院开放日活动。做好联系代表工作。落实常委会组成人员联系代表制度，建立监察司法委组成人员联系代表微信群，开展“双联”活动，委员会组成人员带头通过电话、走访等方式联系人大代表，加强日常沟通，听取意见建议，全年共邀请14名代表参与执法检查、专题调研等工作。

【社会建设委员会】2020年，社会建设委员会共开展立法工作2项、执法检查1次、专题调研1次、办理重点督办建议1件。立法工作：推动全区慈善工作立法。8月中旬，开展《宁夏回族自治区慈善事业促进条例》区内立法调研。调研组先后深入吴忠市、固原市和银川市的农村、社区、慈善组织、慈善企业，了解条例执行中存在的困难和问题并起草立法调研报告。为贯彻落实习近平总书记对家庭教育的重要指示，由社会建设委员会牵头，自治区妇联、北方民族大学专家学者参加，组成《宁夏回族自治区家庭教育促进条例》起草工作小组，对条例草案文本及有关资料进行讨论修改完善，初步形成《宁夏回族自治区家庭教育促进条例(草案)》及说明、家庭教育政策法规汇编等资料。完成规范性文件备案审查工作。审查《自治区人民政府办公厅印发关于推进养老服务高质量发展的实施意见》《自治区人民政府关于应对新冠肺炎疫情影响进一步稳定就业工作的实施意见》等7份规范性文件并反馈审查意见。监督工作：对《中华人民共和国体育法》和《宁夏回族自治区体育工作条例》实施情况进行检查。检查组深入社区、学校、体育场馆，全面了解掌握全区体育工作现状、存在的困难和问题，形成执法检查报告，提请常委会会议审议，推动《中华人民共和国体育法》和体育工作条例的有效实施。为全面贯彻落实中共中央、国务院《关于深化医疗保障制度改革的意见》，推动宁夏医疗保障制度改革，7月中旬，对全区医疗保障改革工作进行专题调研并形成专题调研报告。10月中旬，联合自治区医疗保障局先后赴天津市、江西省调研，推动宁夏医疗保障制度改革。代表工作：7月7日、9月28日，分别组成督办组赴兴庆区社会组织创新发展中心、金凤区长城中路街道五里水乡社区和银川东耀培训中心，督办朱丽敏、韩娜、张继勋3名代表提出的《关于加大对社会组织发展扶持力度的建议》。

（吴凌之）

工作委员会

【法制工作委员会】2020年，法制工作委员会服务自治区人大常委会审议通过法规18件(打包修改法规11件)和法规性决定决议2件、服务自治区人大常委会批准设区的市地方性法规4件，废止1件；受理审查规章、规范性文件34件；向全国人大常委会、国务院报备地方性法规备案文件18件。坚持党对立法工作的全面领导。认真贯彻落实自治区党委和常委会党组决策部署，严格执行请示报告制度，立法计划建议、立法中的重大问题、重要事项、重要情况及时向常委会党组请示报告。加强立法工作统筹谋划和组织服务。科学编制立法计划草案，认真做好立法计划组织实施服务工作，提前介入，研究吸纳各方意见，认真做好法规草案起草、调研、论证、修改工作，为常委会会议审议做好服务。研究起草关于依法防控新型冠状病毒肺炎疫情坚决打赢疫情防控阻击战的决定草案建议稿，法工委综合法规处被自治区党委和政府评为全区抗击新冠肺炎疫情先进集体。创新科学立法民主立法机制。创新起草方式，探索采取三方联合起草形式，提高法规起草质量。扩大基层立法联系点数量和覆盖领域，在原有10家的基础上新增11家。每部法规确定2名专家全程跟进，出台立法工作引入第三方评估办法，制定立法咨询专家咨询费支付办法，充分发挥专家咨询委员会智库作用。开展立法工作协商，将《宁夏回族自治区引黄古灌区世界灌溉工程遗产保护条例(草案)》与自治区政协委员开展立法协商，使立法最大限度获得各方共识。推进备案审查服务工作。逐步完善备案审查工作制度，改进备案审查工作方法，强化备案审查制度刚性。加大备案审查信息平台使用力度，将设区的市政府规章纳入平台数据库，定期督查规范性文件报备情况。首次向自治区人大常委会报告备案审查工作情况。加强对设区的市立法服务工作指导帮助。以“小切口”为突破点，提前介入设区的市立法工作，与各设区的市共同研究讨论，从立法项目、体例、内容、技术等方面给予指导，把规范性、合理性、合法性问题解决在法规报批前，做到严格审查把关。做好法律草案修改工作，认真督办代表建议。对36件(次)法律草案提出修改意见建议，部分建议被全国人大常委会法工委采纳。做好《关于成立全区中医药健康产业园》《关于引进、培养基层中医药人才》《关于促进中医药发展》等代表意见建议的督办工作，代表对督办结果表示满意。开展《民法典》和相关法律法规宣传教育。举办《民法典》学习专题辅导讲座，邀请全国人大常委会法工委民法室负责人到宁夏授课。与宁夏广播电视台新闻广播共同举办《走进民法典》融媒体系列直播节目，解读《民法典》，推动《民法典》在宁夏的学习宣传和贯彻实施。加强自治区法规宣传、解读、阐释工作，对新出台法规通过各类媒体进行发布，和办公厅共同举办法律法规知识竞赛活动，普及法律知识，提高社会公众知晓率。加大立法研究工作力度。组织对立法规划计划编制、公共卫生法治保障、引黄古灌区灌溉工程遗产保护立法等方面开展课题研究，撰写《地方立法规划编制的实践与思考》《让千年古渠焕发新活力》等理论研究文章，为做好立法服务工作提供智力支持。

【监察和司法工作委员会】2020年，监察和司法工作委员会服务和保障自治区人大常委会完成立法方面工作2项、听取和审议专项报告3项、作出决定1项、开展执法检查1次、专题调研1次、督办人大代表重点处理建议2件。立法工作：完成《宁夏回族自治区公安机关警务辅助人员条例》（以下简称《条例》）的制定。结合支部“法律业务大讲堂”活动，邀请自治区公安厅、司法厅立法局相关人员介绍《条例》制定的背景、目的意义、立法依据、规范内容、争议焦点等内容。先后两次组织召开座谈会，紧扣《中共中央关于加强新时代公安工作的意见》有关精神和自治区党委要求，反复推敲酝酿，逐条逐句比较斟酌，围绕劳动合同签订、职业保障、层级晋升、薪酬待遇、择优录用等事关辅警切身利益问题等提出具体建议。开展《自治区见义勇为人员奖励和保护条例》修订调研。认真学习自治区党委相关文件，深入了解全区工作基本情况、存在的问题，形成专题调研报告呈送自治区党委政法委。开展《宁夏回族自治区法制宣传教育条例》修订调研。按照自治区党委《关于推动社会主义核心价值观融入法治建设立法修法工作的意见》和常委会年度立法计划，结合“七五”法治宣传教育验收评估，在区内组织专题调研，深入了解全区普法工作、人大常委会法治宣传教育决议与条例的落实情况并形成立法调研报告。监督工作：做好听取和审议自治区政府推进公安执法规范化情况报告服务保障工作。重点围绕基层执法规范化、民生警务、智能警务、队伍建设等内容进行调研，详细了解全区公安机关执法规范化工作情况，指出存在的问题和不足。做好听取和审议自治区高级人民法院家事审判工作情况报告服务保障工作。组织开展前期调研，及时汇总、整理、反馈常委会组成人员提出的审议意见，加强跟踪督办，促使各级法院不断完善家事审判工作机制，提升家事审判工作质量。做好听取和审议自治区人民检察院关于公益诉讼检察工作“回头看”情况的报告并作出决定服务保障工作。协助常委会通过听取审议专项工作报告、开展专题调研、持续跟踪监督等方式，支持和促进检察机关开展公益诉讼工作。做好《中华人民共和国公证法》贯彻实施情况开展检查的服务保障工作。协助常委会执法检查组赴全区部分市、县（区），采取现场观摩、查阅资料、听取汇报、座谈交流等形式，对自治区贯彻实施《公证法》的情况、公证机构设置和人员配备、公证业务开展、公证体制机制改革情况，以及法律法规实施中的主要矛盾和问题进行全面了解，为推动实施《公证法》及修订《自治区公证条例》奠定良好基础。代表工作：合并督办自治区人大代表马鹏斐提出的《关于修订〈宁夏回族自治区道路交通安全条例〉》议案和郑学文代表提出的《关于加强低速电动车管理的建议》，专题督办高鹏代表提出的《关于建立预防性侵未成年人联动机制的建议》。制定《自治区人大监察和司法委联系代表办法》，从制度层面规定邀请人大代表参与执法检查、专题视察、专项调研等活动的操作规范，组织代表旁听法院庭审和法院、检察院开放日活动，增强代表监督司法工作、行政执法的深度和广度。

【预算工作委员会】2020年，预算工作委员会协助财政经济委员会组织召开财经委全体会议7次，开展立法工作4项，服务人大常委会审议计划、预算等报告草案11项、专题调研6次，参加全国人大财经干部视频培训6期，督办完成1件重点处理建议、办理2件代表议案。立法工作：推进年度立法计划项目的落实。与自治区政府相关部门共同做好促进中小企业发展条例修订工作，做好有关法规草案审议准备。推进立法预备项目调研论证。协助财政经济委员会开展社会信用、公共资源交易管理立法调研，参予厅局组织的水陆交通管理调研，为相关领域立法提供有益借鉴。作出自治区资源税适用税额的决定，统筹考虑周边省份同类税种的税负水平、具体适用税率、计征方式及减征免征等情况，依法审查并提出税额建议。监督工作：服务常务会依法审查和批准2019年预算执行和2020年预算、2019年决算、2019年预算执行和其他财政收支情况审计、2020年1—8月预算执行情况及2019年预算执行和其他财政收支审计结果落实情况等报告。依法审查和批准2020年自治区本级预算调整方案，听取和审议自治区政府关于2020年自治区国民经济和社会发展计划执行情况报告、自治区人民政府关于2019年度国有资产管理情况综合报告、企业国有资产(不含金融企业)专项报告;服务财经委起草《自治区第十二届人大常委会贯彻落实〈自治区党委关于建立自治区政府向自治区人大常委会报告国有资产管理情况制度的实施意见〉五年规划(2018—2022)》,形成《我区国有资产管理情况报告制度汇编》,推动各市、县(区)建立报告制度,稳步有序推进宁夏国有资产管理情况报告和审议监督工作制度化、规范化。落实自治区人大预算审查监督重点向支出预算和政策拓展部署,利用预算联网监督系统采取线上线下同步审查形式,做好自治区第十二届人大第四次会议关于自治区2020年预算执行情况与2021年预算草案的报告、2021年区本级财政预算草案预先审查工作。协助财政经济委员会开展地方金融监管工作专题调研和自治区企业国有资产(不含金融企业)管理情况专题调研。代表工作:认真督办刘辛彧等12名代表《关于出台〈宁夏回族自治区优化营商环境条例〉》议案、张仙蕊等12名代表《关于修改〈宁夏回族自治区促进中小企业发展条例〉》议案、雷光新代表《关于支持民营企业发展的建议》(建字第18号)。

【**教育科学文化卫生工作委员会**】2020年,教育科学文化卫生工作委员会服务自治区人大常委会开展立法工作4项、听取和审议专项工作报告2个、专题调研1次、办理代表议案4件、督办重点处理代表建议1件。立法工作:制定《宁夏回族自治区全民阅读促进条例》,明确了全民阅读的意义和原则,填补了全区全面、系统规范全民阅读工作的立法空白。制定《宁夏回族自治区眼角膜捐献条例》,为促进全区眼角膜捐献事业发展提供法治保障。修订《宁夏回族自治区中医药条例》,将当前宁夏中医药发展的重大政策及举措纳入地方立法,为宁夏全区中医药事业发展提供法治保障。修订《宁夏回族自治区技术市场促进条例》,对于推动全区技术市场健康发展、鼓励和支持相关单位开展技术转移与成果转化,助力宁夏创新驱动战略,支撑高质量发展等具有重要意义。配合法制工作委员会完成《宁夏回族自治区人口与计划生育条例》《宁夏回族自治区实施〈中华人民共和国文物保护法〉办法》的修订工作。做好规范性文件备案审查工作。完成对《自治区人民政府关于印发深化产教融合推进职业教育改革发展实施方案的通知》等8件规范性文件的备案审查工作。监督工作:对《宁夏回族自治区社会科学普及条例》进行执法检查。重点检查全区社会科学普及工作机制、体系、队伍建设、社会责任落实、保障措施等工作情况以及存在的问题,有针对性地提出要进一步发挥政府主导作用、加大条例贯彻实施力度、适时对条例进行修改等6个方面的意见建议。《宁夏回族自治区社会科学普及条例》执法检查报告入选自治区党委办公厅二季度优秀调研报告汇编。听取和审议自治区人民政府"互联网+医疗健康"示范区建设情况报告。助力全区"互联网+医疗健康"示范区建设创出具有示范引领意义的可复制、可借鉴、可推广的"宁夏经验"。《关于"互联网+医疗健康"示范区建设情况的调研报告》入选自治区党委办公厅三季度优秀调研报告汇编。对全区依法防控新冠肺炎工作进行专题调研。在深入了解宁夏贯彻实施《中华人民共和国传染病防治法》,新冠肺炎疫情防控能力建设、物资保障、救治水平等工作情况以及存在的短板和不足的基础上形成调研报告,供常委会参阅。代表工作:完成自治区第十二届人大第三次会议第001号、003号、008号、009号代表议案办理工作,自治区全民阅读促进条例、眼角膜捐献条例,自治区发展中医药条例、技术市场管理条例草案已经常委会审议通过,实现当年立案当年办结的工作目标。督办韩向春等3名代表提出的《关于将盐池县纳入长城国家文化公园(宁夏段)建设重点区域的建议》(建字第152号),自治区将明代河东长城盐池段作为核心区段纳入《长城国家文化公园(宁夏段)建设保护规划》,国家文物局拨付359万元用于盐池县明长城青羊井段本体保护修缮工程。自治区财政从追加的全域旅游资金中拨付给盐池县450万元,用于横城至花马池文化旅游廊道(道路部分)项目建设,解决了宁夏东部旅游环线毛不喇古城至水洞沟景区的交通问题。

【**民族宗教外事侨务工作委员会**】2020年,民族宗教外事侨务工作委员会开展立法工作1项、执法检查1次、专题调研2次、办理重点督办建议1件。立法工作:完成《宁夏回族自治区促进民族团结进步工作条例》制定工作。监督工作:开展出入境管理法和护照法执法检查工作。编印"两法"检查手册,学习"两法"内容,采用点面结合、抽查与自查相结合、执法主体与服务对象相结合、法律监督与法律完善相结合的检查方式,到自治区公安厅、银川市、石嘴山市及涉外企业进行实地检查。委托吴忠市、固原市、中卫市人大常委会及自治区教育厅、科技厅、文化和旅游厅等10个单位进行自查。形成执法检查报告,并对常委会组成人员审议意见的落实进行跟踪督办。开展全域旅游示范区创建和侨务工作调研。9月下旬，对自治区全域旅游示范区创建情况进行调研，了解全区全域旅游示范区创建工作方面存在的短板和不足，提出意见和建议。11月上旬，组织调研组就侨务立法及华侨权益保护法实施，赴广东、福建两省调研，撰写调研报告。代表工作：认真做好马俊等9名代表提出的《关于加快推动我区文化旅游融合发展的建议》（建字第023号）的督办工作。研究制订督办工作计划，明确督办重点及责任人和时限。代表对建议办理工作表示满意。

【代表联络与选举任免工作委员会】2020年，代表联络与选举任免工作委员会开展自治区人大常委会组成人员联系代表和人大代表联系群众活动，增强代表履职实效。首次召开常委会主要领导与列席常委会会议代表座谈会，围绕深入学习贯彻习近平总书记关于坚持和完善人民代表大会制度的重要思想和视察宁夏重要讲话精神、努力建设黄河流域生态保护和高质量发展先行区等内容进行座谈，听取代表的意见建议，梳理闭会期间代表建议5件，转交有关部门研究处理。支持和保障代表依法履职。组织在宁全国人大代表和自治区人大代表开展以“推动建设黄河流域生态保护和高质量发展先行区”和“推进全面脱贫与乡村振兴有效衔接”为主题的专题调研，广泛听取社会各方面意见建议，保证党的路线方针政策及自治区党委的决策部署得到全面贯彻和有效执行。提高代表议案建议办理工作实效。第十三届全国人大第三次会议期间，全区21名全国人大代表就涉及宁夏经济社会发展中的重大问题，提出的黄河流域生态保护与修复中实施差异化政策等4件建议，被全国人大常委会列为重点督办建议，数量质量实现“双增双提”，为宁夏改革发展提供有力支持。自治区第十二届人大第三次会议期间，人大代表提出10件议案、220件建议。多件议案被列入人大常委会立法计划和人大常委会重点督办事项。召开全区人大代表工作经验交流会。总结交流近年来全区人大代表工作经验，分析工作中存在的问题，研究推动做好新时代代表工作的方法和举措，提升代表工作水平。全力做好选举、人事任免和宪法宣誓服务保障工作。完成自治区第十二届人大第三次会议选举任务，保证中央和自治区党委人事意图的实现。坚持党管干部、依法任免和充分发扬民主相统一，严格按照法律法规规定，做好人事任免议案提请、任职条件初审等服务保障工作。加强与代表选举单位的联系沟通，将了解和掌握的代表出缺情况，及时向主任会议汇报，提请常委会审议。2020年，常委会共依法任免国家机关工作人员83人次，组织新任命的7名国家机关工作人员向宪法宣誓，彰显宪法权威、弘扬宪法精神。

【农业与农村工作委员会】2020年，农业与农村工作委员会完成涉农立法工作3项，监督工作3件、办理代表议案3件、重点督办建议5件。立法工作：完成《宁夏回族自治区引黄古灌区世界灌溉工程遗产保护条例》的制定工作，被国家灌排委称为“全国首部针对世界灌溉工程遗产保护的地方性法规”。开展《宁夏回族自治区动物防疫条例》立法调研。深入畜牧养殖基地、企业和场站，就条例修订与市县相关部门、企业负责同志，以及基层专业技术人员等进行深入交流，详细了解条例实施情况和存在的突出问题。做好修订自治区实施野生动物保护法办法调研论证工作。主动加强与自治区林业和草原局等部门联系沟通，开展条例修订立法调研，与常委会法制工作委员会共同向主任会议提出建议，待全国人大常委会审议通过野生动物保护法修改后，适时启动宁夏实施办法的修订工作。加强部门合作，认真做好备案审查工作。按照相关规定，对法制工作委员会转交的《美丽乡村建设高质量发展的实施意见》《全区抗震宜居农房高改造建设实施方案》等规范性文件进行认真审查并及时反馈审查意见。监督工作：推进全区脱贫攻坚与乡村振兴有效衔接。为增强常委会听取和审议全区脱贫攻坚与乡村振兴有效衔接专项工作报告的实效，组织专题调研组，到基层一线调研并向常委会会议提交调研报告。促进农业技术推广“一法一办法”贯彻执行。为促进现代农业科技的推广、示范和应用，按照常委会监督工作计划，组成执法检查组，对法律法规的贯彻实施情况开展检查，肯定成效，提出意见建议。开展全区乡村治理情况专题调研。按照常委会年度工作计划，组织专题调研组，到乡村治理一线详细了解全区乡村治理工作进展情况、存在的问题并形成调研报告。代表工作：坚持过程与结果并重，3件议案和5件重点督办建议全部办理完毕，提出议案建议的代表均表示满意。马伟等11名代表关于制定《宁夏回族自治区引黄古灌区世界灌溉工程遗产保护条例》的议案（议字第002号），被列入常委会2020年立法计划。常委会第二十一次会议审议通过该条例；针对杨振如等10名代表提出制定《银川都市圈城乡西线供水保护条例》的议案，通过实地了解、广泛征求相关部门及干部群众意见后建议待工程建设项目全部完成后，与东线供水工程等统筹考虑，适时启动相关立法工作；针对孟跃军等11名代表关于修订《宁夏回族自治区枸杞产业促进条例》的议案（议字第010号），先后十多次深入枸杞产业发展一线，全面深入了解条例实施情况。建议列入2021年常委会执法检查项目；针对毛凤玲等3名代表《关于促进宁夏贺兰山东麓葡萄酒产业高质量发展的建议》（建字第50号），先后3次深入贺兰山东麓葡萄酒产区，重点围绕产区保护、品牌培育、市场营销等工作开展调研督办，并邀请提出建议的代表参加现场督办。针对周涛等6名代表《关于在利通区成立自治区级奶牛良种繁育中心的建议》（建字第121号）和姬文泽代表《关于支持青铜峡市生猪产业发展的建议》（建字第219号），结合自治区省级领导联系包抓工业园区疫情防控和复工复产工作，常委会党组副书记、副主任李锐，副主任董玲先后3次召开协调会、4次现场指导解决问题，代表对办理工作给予肯定，表示满意；针对许正清等6名代表《关于支持海原县创建自治区级小杂粮产业示范县的建议》（建字第209号），9月16日赴海原县实地考察贾塘乡后塘村小杂粮示范基地和王塘村小杂粮种植示范基地旱作节水农业技术推广示范点建设情况，自治区农业农村厅已将海原县确定为全区小杂粮绿色高质高效示范县，助推海原县小杂粮全产业链高质量发展。提出建议的代表对办理工作表示满意。针对何健等15名代表《关于加快黄河黑山峡水利枢纽工程立项建设的建议》（建字第220号），采取电话联系、当面交谈、书面征询等方式，加强与主办单位和协办单位的工作联系与沟通，及时了解建议办理情况。自治区发改委主要领导3次到国家发改委汇报对接推进黑山峡河段开发项目。自治区水利厅积极配合黄委会做好项目功能定位、开发方案、淹没移民、环境影响四项专题论证工作，组织开展黑山峡水库淹没区甘肃移民在宁夏安置承接问题研究，破解论证难点、焦点问题。国家发改委已将黑山峡河段开发项目列入国家2020年及后续150项重大水利工程清单。代表们对办理情况表示满意。

【环境与资源保护工作委员会】2020年，环境与资源保护工作委员会开展立法工作3项、听取和审议专项工作报告2个，执法检查2次、专题调研3次、办理代表议案1件、重点督办建议1件。立法工作。制定《自治区土壤污染防治条例》、修订《自治区土地管理条例》调研论证。完成自治区建筑管理条例、自治区建设工程勘察设计管理条例等地方性法规的修订。配合全国人大环境与资源保护工作委员会，开展国家湿地保护法草案、野生动物保护法草案等法律征求意见工作。配合法制工作委员会，对自治区关于推进美丽乡村建设高质量发展的实施意见和全区抗震宜居农房改造建设实施方案等规范性文件进行备案审查。监督工作：完成全国人大常委会交办的贯彻《全国人大常委会关于全面禁止非法野生动物交易、革除滥食野生动物陋习、切实保障人民群众生命健康安全的决定》和《中华人民共和国野生动物保护法》实施情况执法检查、贯彻《中华人民共和国土壤污染防治法》实施情况执法检查，按时提交执法检查报告。完成全国人大常委会交办的《全国人大常委会关于全面加强生态环境保护、依法推动打好污染防治攻坚战的决议》贯彻实施情况专题调研，就《自治区人大常委会关于全面加强生态环境保护、依法推动打好污染防治攻坚战、建设美丽新宁夏的决议》实施情况进行调研。配合全国人大环资委，完成《关于加强黄河流域生态环境保护的专题调研报告》征求意见工作。完成听取和审议自治区人民政府关于2020年环境状况和环境保护目标完成情况的报告、关于固体废物处置利用情况的报告。完成2019年国家开展污染防治攻坚战成效“国考”自查和自治区对市、县（区）2018年度污染防治攻坚战成效考核工作。开展以“打好净土保卫战、建设美丽新宁夏”为主题的2020中华环保世纪行——宁夏行动。代表工作：全年共邀请10名常委会组成人员、6名基层自治区人大代表参加野生动物保护法执法检查、环保世纪行、重点建议现场督办等活动，听取代表意见建议。做好崔昆等代表提出的《关于制定〈宁夏回族自治区黄河流域生态保护和高质量发展条例〉的议案》（议字第004号）办理和马国兵等代表提出的《关于推进城市垃圾分类处理工作的建议》（建字第008号）的督办工作。制定《宁夏回族自治区黄河流域生态保护和高质量发展条例》的议案与制定《宁夏回族自治区建设黄河流域生态保护和高质量发展先行区促进条例》合并，列入自治区人大常委会2021年立法计划。9月17日，对8号建议进行现场督办，代表对议案和建议办理结果均表示满意。开展代表“双联”活动。赴银川市、石嘴山市、宁东能源化工基地和盐池县，实地调研全区经济社会发展和环境保护工作情况，与基层代表进行交流，向代表通报常委会工作情况，听取意见建议。

（吴凌之）

NINGXIA YEARBOOK

宁夏回族自治区人民政府

NINGXIAHUIZUZIZHIQURENMINZHENGFU

编辑◎张明鹏

综　述

【疫情防控】2020年疫情突发，宁夏第一时间组建预防新冠疫情防控专门机构，及时启动一级响应，动态调整防控策略，在全国率先实行发热门诊全免费，集中患者、集中专家、集中资源、集中免费救治，仅用41天就阻断了疫情传播，没有发生死亡病例，没有发生社区传染，没有发生医护人员感染。坚决响应国家号召，组织785名优秀医疗队员驰援湖北，尽全区所能捐赠抗疫物资，选派专家支援沙特阿拉伯、科威特抗疫，完成国外包机入境银川隔观疏散，为全国防控大局作出了宁夏贡献。及时制定恢复交通运输、商业物流、企业生产、工程建设、社会医疗、校园教学"六大秩序"实施方案，分区分类推进复工复产，推广使用防疫健康码，优化常态化防控机制，将疫情影响降到最低。

【经济建设】2020年，宁夏适时出台"六保36条""工业稳增长24条""服务业16条""财政21条"等一揽子措施，投放纾困基金40亿元，清欠民营企业账款68亿元，新增贷款615亿元、减税降费130亿元，帮助企业渡过难关，力促经济逐季回升。围绕自治区党委确定的九个重点产业，制定实施方案，落实包抓机制，推动转型发展。紧盯农时抓生产，新建高标准农田108万亩，粮食生产实现"十七连丰"，总产达380.5万吨，特色优势产业占到农业的88%。加快工业结构、绿色、智能、技术四大改造，外送电量创历史新高，战略性新兴产业占比达15%，规模以上工业增加值增长4.3%。举办"两晒一促"等系列活动，促进消费加速回升。开展关键技术攻关，研究与试验发展经费投入强度为1.54%，综合科技创新水平指数提升幅度居全国第一位。狠抓自治区80个重点项目建设，京藏高速改扩建、百川锂电材料、伊利乳业产业园等一批大项目加快建设或建成投运，带动固定资产投资增长4%，扭转连续3年大幅下滑的局面。银西高铁建成通车，宁夏全面融入国家高铁网。

【城乡发展】2020年，宁夏制定先行区建设实施意见，采取针对性举措，持续打好蓝天碧水净土保卫战。深化中央环保督察及"回头看"反馈问题整改，编制"一河三山"生态保护修复规划，实现首轮省级生态环保督察全覆盖。从严落实五级河湖长制，黄河干流宁夏段连续4年保持Ⅱ类优水质，国控断面劣Ⅴ类水体和城市黑臭水体全面消除，全区优良天数311天、比例为85.1%，$PM_{2.5}$平均浓度降到33微克/立方米。完成农村人居环境整治三年行动，建设卫生户厕10.5万户，改建乡村公路1200公里，建成特色小镇12个、美丽村庄100个。固原市、中卫市成功创建国家卫生城市，吴忠市获评"生态文明建设示范城市"称号。实施城镇供水、污水处理、海绵城市等项目，五市全部建成数字化城市管理平台，改造老旧小区5.2万户、棚户区6200套，城镇化率预计达61%。

【改革开放】2020年，宁夏制定"优化营商环境148条"，"证照分离"改革实现全覆盖，企业开办时间压缩到1个工作日内，比全国平均水平少了3天。加快"数字政府"建设，"我的宁夏"APP用户量达到全区人口的74%，1314个事项能够"指尖办"，3368个事项可以"掌上查"，营商环境综合评价连续3年居全国第11位。启动国企改革三年行动，退休人员全部移交社会管理。农村集体产权制度改革试点等全国推广。优化融资结构，扩大直接融资，晓鸣农牧、沃福百瑞通过上市审议，上市企业达15家。在全国率先建立政府债务监测平台，超额完成隐性债务年度化解任务。获批建设国家农业绿色发展先行区、中国(银川)跨境电子商务综合试验区、国家(中卫)新型互联网交换中心。全年招商引资实际到位资金1599亿元,增长11.3%。

【民生事业】2020年,宁夏将75%的财力用于民生事业,10个方面24项民生实事全面完成。实行区市县三级领导挂牌督战,安排扶贫资金103亿元,开展“四查四补”,深化闽宁扶贫协作,决战脱贫攻坚取得决定性胜利。全国易地扶贫搬迁后续扶持工作现场会在宁夏召开,宁夏经验全国推广。制定稳就业保就业“13条”“18条”,城镇新增就业7.3万人,农村劳动力转移就业80.3万人,均超额完成年度任务。深化“互联网+教育”示范区建设,基本消除义务教育大班额,普惠性幼儿园覆盖率为89.1%,教育信息化水平居全国第七位。加快“互联网+医疗健康”示范区建设,县域医共体和城市医联体建设全覆盖,区市县三级医疗信息互联互通。建设智慧水利,成功获批“互联网+城乡供水”示范区。深化社会主义核心价值观“六进”活动,启动新一轮“文化大篷车”基层百场巡演,创排《山海情》《塞上江南》等一批文艺精品,公共文化服务体系建设走在西部前列,全民健身蓬勃开展。哲学社会科学、决策咨询、参事文史、新闻出版、广播电视、文学艺术、统计档案等事业取得新进步。连续16年调增企业退休人员养老金标准,持续提高城乡居民基础养老金、医保、低保和残疾人补贴标准,为1.7万名优抚对象提高抚恤补助标准,健全养老服务体系获得国务院通报激励。累计发放价格临时补贴9650万元,困难群众生活得到基本保障。认真落实乡村、社区、宗教、校园、企业、社团治理任务,制定出台“五个清单指导目录”,为乡镇(街道)下放事权83项。纵深推进平安宁夏建设,扫黑除恶三年行动战果丰硕,安全生产国家考核连续4年优秀,以“四个最严”守好群众“舌尖上的安全”。全面贯彻党的民族政策和宗教工作基本方针,坚决整治宗教领域突出问题,5个地级市和15个县(区)成为全国民族团结进步示范市县(区)。第七次全国人口普查登记顺利完成。国防动员、双拥共建、人民防空、应急救援、地震、气象、红十字、慈善、老龄、工会、青年、妇女儿童等工作又有新发展。

【政治建设】2020年,自治区人民政府深入学习贯彻习近平总书记视察宁夏重要讲话精神,按照自治区党委全会决定,制定政府系统分工方案,广泛宣传宣讲,确保落实到各级政府具体工作中。全面加强政府党组建设,严格执行重大事项向党委请示报告、重大决策出台前向人大常委会报告制度,提请自治区党委研究重大事项56件,提请自治区人大常委会制定、修改地方性法规18件。办理人大代表建议207件、政协委员提案419件,办复率均为100%。建立重大行政决策咨询专家库,续聘法律咨询委员会成员和法律顾问,全面完成“七五”普法。注重源头化解矛盾纠纷,信访总量下降39.8%。从严执行中央八项规定及其实施细则精神,持之以恒纠治“四风”问题。认真落实“过紧日子”要求,自治区本级压减一般性支出14.2%、“三公”经费32.8%。持续为基层减负,自治区政府层面会议压缩20%、督查事项减少10%。全面履行党风廉政建设责任,加强财政、审计日常监督,对违纪违法案件零容忍。加大督查考核激励,奖优罚劣、奖勤罚懒,形成干事创业的鲜明导向。

(王会宁)

重要会议

【自治区政府第三次全体(扩大)会议】2020年1月17日,自治区主席咸辉主持召开自治区政府第三次全体(扩大)会议,贯彻落实自治区“两会”精神,对《政府工作报告》确定的目标任务,再安排、再部署、再落实。会议强调,全区政府系统要深入学习贯彻自治区“两会”精神,按照“九个聚焦”的部署要求,心无旁骛抓工作,铆足干劲促落实,确保全面完成各项目标任务,坚定不移走好高质量发展新路子。自治区党委常委、自治区副主席张超超,自治区副主席王和山、刘可为、马汉成、杨培君、吴秀章分别结合各自分管领域对2020年工作进行安排部署。自治区副主席杨东作出书面安排。

【自治区应对新冠肺炎疫情工作指挥部第五次会议】2020年2月17日,自治区主席、自治区应对新冠肺炎疫情工作指挥部指挥长咸辉主持召开指挥部第五次会议,传达学习中央和自治区党委有关会议精神,分析研判当前疫情防控形势,研究部署下一步工作。国务院应对疫情联防联控工作机制第29工作指导组组长衣梅参加会议。会上,自治区领导和指挥部有关负责同志张超超、赵永清、张韵声、王和山、刘可为、杨培君、杨东、吴秀章、马秀珍,就支援湖北疫情防控、做好医疗资源调配、重点人员大排查、民用防护用品物资短缺、织牢农村疫情防控网、推进企业有序复工复产等进行研究会商。咸辉一一回应并提出明确要求,要坚决响应党中央号召,盯紧重点领域和关键环节,集中资源办大事,集中力量办实事,抓细抓牢疫情防控各项工作。

【自治区应对新冠肺炎疫情工作指挥部第九次会议】2020年3月30日，自治区主席、自治区应对新冠肺炎疫情工作指挥部指挥长咸辉主持召开指挥部第九次会议，传达中央政治局会议、中央应对新冠肺炎疫情工作领导小组会议等中央和自治区有关会议精神，分析研究当前形势，安排部署进一步加快建立同疫情相适应的经济社会运行秩序和防范境外疫情输入等工作。自治区领导和指挥部有关负责人张超超、赵永清、张韵声、李金科、王和山、刘可为、杨培君、杨东、吴秀章、马秀珍参加会议并提出具体要求。

【防汛救灾工作会议】2020年6月29日，自治区党委政府召开防汛救灾工作会议，传达习近平总书记对防汛救灾工作的重要指示。自治区党委书记陈润儿主持会议并讲话，强调要深入学习领会、坚决贯彻落实习近平总书记的重要指示，扎实做好防汛救灾工作，确保不发生堤防决口、水库溃坝、城市受淹，确保人民群众生命财产安全。自治区党委副书记、自治区主席咸辉对全区防汛救灾工作进行安排部署。自治区政协主席崔波出席。

【自治区扶贫开发领导小组2020年第三次扩大会议】2020年6月30日，自治区扶贫开发领导小组召开2020年第三次扩大会议。自治区党委书记、自治区扶贫开发领导小组组长陈润儿主持会议并讲话。自治区主席、自治区扶贫开发领导小组组长咸辉出席会议并讲话。自治区领导姜志刚、赵永清、张柱、王和山、马汉成出席。会议以视频形式召开。会议传达学习了习近平总书记视察宁夏重要讲话精神、中央农村工作领导小组脱贫攻坚与实施乡村振兴战略有机衔接工作座谈会精神、国务院扶贫开发领导小组脱贫攻坚督战工作电视电话会议精神，通报了上半年全区脱贫攻坚工作情况，听取了全区脱贫攻坚普查和“四查四补”工作开展情况汇报。

【自治区党委退役军人事务工作领导小组第二次全体会议】2020年7月8日，自治区党委退役军人事务工作领导小组召开第二次全体会议，深入学习贯彻习近平总书记关于退役军人工作的重要论述，传达中央退役军人事务工作领导小组第6次全体会议精神，研究部署全区退役军人工作重点任务。自治区党委书记、自治区党委退役军人事务工作领导小组组长陈润儿主持会议并讲话。自治区主席、自治区党委退役军人事务工作领导小组第一副组长咸辉出席会议。会议审议通过了《关于加强新时代退役军人工作的实施意见》等6个文件。

【自治区政府第四次全体（扩大）会议】2020年7月21日，自治区主席咸辉主持召开自治区政府第四次全体（扩大）会议，深入贯彻落实习近平总书记视察宁夏重要讲话重要指示精神，传达学习自治区党委十二届十一次全会精神，讨论自治区政府落实党委全会《决定》的分工方案，通报2020年自治区政府工作报告主要任务落实情况。会上，自治区党委常委、常务副主席张超超对《分工方案》作说明并安排分管工作，自治区副主席王和山、刘可为、马汉成、杨培君、杨东、吴秀章、赖蛟安排相关工作。自治区发改委、生态环境厅、商务厅、扶贫办负责人发言。

【自治区应对新冠肺炎疫情工作指挥部第13次会议】2020年7月22日，自治区主席、自治区应对新冠肺炎疫情工作指挥部指挥长咸辉主持召开指挥部第13次会议。会议听取了当前疫情防控情况汇报，分析研判疫情形势，安排部署了下一阶段防控工作。自治区领导张超超、赵永清、王和山、杨培君、吴秀章、马秀珍等参加会议并提出要求。

【全区粮食安全责任制座谈会】2020年7月27日，全国粮食安全省长责任制考核工作动员部署视频会议后，自治区政府立即召开全区粮食安全责任制座谈会，自治区党委副书记、自治区主席咸辉出席会议并讲话，强调要坚决贯彻习近平总书记关于粮食安全的重要指示精神，深入落实全国视频会议要求，压实粮食安全责任，确保耕地质量安全、粮食生产安全、粮食供销安全，为保障国家粮食安全贡献宁夏力量。自治区党委常委、常务副主席张超超主持会议并作具体要求，自治区副主席王和山参加会议并安排相关工作。自治区发展和改革委、农业农村厅、粮食和物资储备局负责人发言。

【全区推进法治政府建设工作电视电话会】2020年8月3日，自治区政府召开全区推进法治政府建设工作电视电话会议，自治区主席咸辉出席会议并讲话。自治区党委常委、常务副主席张超超，自治区副主席王和山、刘可为、马汉成、杨培君、吴秀章、赖蛟参加会议。自治区副主席杨东主持会议。会议还听取了全区法治政府建设专项督察情况汇报，银川市、石嘴山市大武口区和国家税务总局宁夏税务局作了书面交流。宁夏法学会副会长、宁夏社科院院长张廉受邀作法治政府建设专题讲座。

【全区推进高质量发展重点项目建设现场观摩总结会】2020年8月7日，全区推进高质量发展重点项目建设现场观摩总结会在银川市召开。自治区党委书记陈润儿出席会议并讲话。自治区主席咸辉主持并讲话，自治区政协主席崔波出席。会前，陈润儿、咸辉带领区直有关部门(单位)、各市县(区)主要负责人，分南北两路用两天时间对银川市、石嘴山市、吴忠市、中卫市和宁东能源化工基地的31个重点项目进行了现场集中观摩。自治区在职省级领导出席会议。崔波、姜志刚、张超超、艾俊涛、白尚成、石岱、李锐、刘可为、吴秀章作了点评发言，自治区发展改革委、工业和信息化厅等8个区直单位与银川市等4个市、县(区)作了交流发言。

【自治区红十字会第六次全区会员代表大会】2020年8月24日，自治区红十字会第六次全区会员代表大会在银川市召开。会前，自治区党委书记陈润儿、自治区主席咸辉接见会议代表。中国红十字会总会党组成员、副会长孙硕鹏，自治区领导姜志刚、赵永清、白尚成、石岱、杨培君参加接见或出席开幕式。姜志刚在开幕式上讲话，对近年来全区红十字会的工作给予肯定。孙硕鹏代表中国红十字会向大会召开表示祝贺。开幕式上，自治区妇联主要负责人代表群团组织致贺词。大会审议通过了自治区红十字会第五届理事会工作报告和《宁夏回族自治区红十字会事业发展规划(2021—2025年)》，选举产生了自治区红十字会第六届理事会、监事会。自治区红十字会第六届理事会聘请陈润儿、咸辉为自治区红十字会名誉会长，选举杨培君为自治区红十字会会长。

【第四次总河长会议】2020年8月24日，自治区召开第四次总河长会议，听取全区河湖长制工作情况汇报，研究审议有关文件，安排部署下一步工作。自治区党委书记、总河长陈润儿主持会议并讲话，强调要认真贯彻落实习近平总书记在黄河流域生态保护和高质量发展座谈会上的重要讲话及视察宁夏重要讲话精神，牢记总书记嘱托，认真落实河长制，切实保护母亲河，增强责任担当、解决突出问题、凝聚强大合力，努力建设黄河流域生态保护和高质量发展先行区。自治区主席、副总河长咸辉出席会议。自治区党委、人大、政府、政协在职省级领导，法检两长，各地级市总河长，自治区河长制重点责任单位负责人参加会议。

【建设黄河流域生态保护和高质量发展先行区第一次推进会】2020年9月3日，自治区党委和政府在银川市召开建设黄河流域生态保护和高质量发展先行区第一次推进会。自治区党委书记陈润儿出席会议并讲话，强调要深入贯彻落实习近平总书记视察宁夏重要讲话精神，横下一条心、认准一条路、铆足一股劲、拧成一股绳，大力推进重点产业发展，为建设黄河流域生态保护和高质量发展先行区提供有力支撑。自治区主席咸辉主持会议并讲话，自治区政协主席崔波出席会议。自治区在职省军级领导出席会议。会议以视频会议形式召开，自治区设主会场，各市、县(区)设分会场。

【"时代楷模"闽宁对口扶贫协作援宁群体座谈会】2020年9月3日，"时代楷模"闽宁对口扶贫协作援宁群体座谈会在银川市召开。福建省委书记于伟国、自治区党委书记陈润儿出席会议并讲话，福建省代省长王宁主持会议，自治区主席咸辉出席会议。座谈会上，"时代楷模"闽宁对口扶贫协作援宁群体代表黄水木、张性魁、林占熺、杨明、陈金通分别发言。福建省领导胡昌升、赵龙、郑新聪、郑建闽、王光远、林钟乐，厦门大学党委书记张彦，自治区领导赵永清、李金科、石岱参加座谈会。

【闽宁互学互助对口扶贫协作第24次联席会议】2020年9月4日，闽宁互学互助对口扶贫协作第24次联席会议在银川市召开。会上，闽宁两省(区)深入学习贯彻习近平总书记关于扶贫工作重要论述、东西部扶贫协作座谈会和视察宁夏重要讲话精神，共叙闽宁深厚情谊，共商扶贫协作大计，共谋两地合作发展。福建省委书记于伟国讲话，自治区党委书记陈润儿主持会议并讲话。福建省代省长王宁、自治区主席咸辉分别介绍了两省(区)经济社会发展情况。自治区政协主席崔波出席会议。会上，福建省副省长郑建闽和自治区副主席王和山签署了联席会议纪要。福建省领导胡昌升、赵龙、郑新聪、王光远、林钟乐，厦门大学党委书记张彦，自治区领导姜志刚、张超超、赵永清、张柱、李金科、石岱、李锐、马汉成参加会议。

【自治区政府与交通银行签订战略合作协议】2020年9月4日，自治区政府与交通银行股份有限公司签订战略合作协议。自治区党委书记陈润儿、自治区主席咸辉在银川市会见交通银行股份有限公司党委书记、董事长任德奇一行，并共同见证签约。根据协议，交通银行将通过产融结合、投贷联动等多样化手段，围绕宁夏黄河流域生态保护和高质量发展先行区建设、重点产业发展、基础设施建设、脱贫攻坚等领域，加大信贷资金支持力度，全方位提供普惠金融，加快推进宁夏产业转型、高质量发展；通过金融授信方式，支持宝丰能源集团延链补链壮链强链，在煤化工精深加工方面形成产业集群、打造竞争优势、树立行业标杆。自治区领导张超超、赵永清参加会见签约仪式。

【庆祝第36个教师节座谈会】2020年9

月10日，自治区党委、政府召开庆祝第36个教师节座谈会，学习贯彻习近平总书记对广大教师和教育工作者的寄语，向全区广大教师、教育工作者和离退休教师送上节日祝福与诚挚问候。自治区党委书记陈润儿出席会议并讲话，自治区主席咸辉主持会议。座谈会上，优秀教师代表李翠华、吴健、李玉玲、马翠玲、仇千记、张清林、方建春、李玉鼎作交流发言。自治区领导赵永清、李金科、姚爱兴、杨培君出席座谈会，各高等院校主要负责人，全区优秀校长代表、优秀教师代表参加。

【全区深化“放管服”改革优化营商环境电视电话会议】2020年9月11日，全国深化“放管服”改革优化营商环境电视电话会议结束后，自治区政府随即召开全区深化“放管服”改革优化营商环境电视电话会议。自治区主席咸辉出席会议并讲话，强调要坚持以习近平新时代中国特色社会主义思想为指导，坚决贯彻落实党中央、国务院决策部署，严格按照全国电视电话会议安排部署和李克强总理讲话要求，在自治区党委的领导下，把深化“放管服”改革作为抓好“六稳”工作、落实“六保”任务的重要举措，最大限度优化营商环境，最大限度激发市场活力。自治区党委常委、常务副主席张超超主持会议并提出贯彻落实要求，自治区副主席王和山、吴秀章、赖蛟在主会场参加会议，马汉成在固原分会场参加会议。

【建设黄河流域生态保护和高质量发展先行区第二次推进会】2020年9月15—16日，自治区党委和政府在固原市召开建设黄河流域生态保护和高质量发展先行区第二次推进会。自治区党委书记陈润儿出席会议并讲话，强调要深入贯彻落实习近平总书记视察宁夏重要讲话精神，以更高政治站位、更强战略定力、更实工作举措，坚决扛起保护和改善生态环境的重任，加快建设黄河流域生态保护和高质量发展先行区，持续建设天蓝地绿水美的美丽宁夏。自治区主席咸辉主持会议并讲话。会前，陈润儿、咸辉带领区直有关部门（单位）与各市、县（区）主要负责人，先后到隆德县、泾源县、彭阳县进行观摩，实地了解渝河流域综合治理项目、六盘山重点生态功能区生态环境建设和保护、泾河源镇河北村乡村治理和全域旅游、三关口生态治理工程、阳洼流域生态治理项目、红河镇柴沟流域产业发展项目、彭阳县生态城市建设项目情况。自治区领导姜志刚、张超超、艾俊涛、赵永清、张韵声、张柱、李金科、石岱、李锐等参加会议。

【自治区扶贫开发领导小组2020年第四次会议】2020年9月21日，自治区扶贫开发领导小组召开2020年第四次会议。自治区党委书记、自治区扶贫开发领导小组组长陈润儿主持会议并讲话，强调要深入学习贯彻习近平总书记对脱贫攻坚工作作出的重要指示精神，增强紧迫性、有效性、前瞻性，再紧弦、再鼓劲、再聚焦，抓好脱贫重点任务，全面攻克最后堡垒，确保如期完成决战决胜脱贫攻坚目标任务。自治区主席、自治区扶贫开发领导小组组长咸辉出席会议并讲话。自治区政协主席崔波出席会议。会议传达学习了习近平总书记近期对脱贫攻坚工作作出的重要指示精神，学习了国务院扶贫开发领导小组克服疫情灾情影响，确保如期全面脱贫电视电话会议、全国扶贫办主任座谈会精神，听取了自治区扶贫办工作情况汇报，审议了《2020年贫困县退出评估检查工作方案（西吉县）》。自治区领导姜志刚、张超超、艾俊涛、赵永清、张韵声、李金科、石岱、李锐、王和山、刘可为、马汉成、杨东、吴秀章、马秀珍出席会议，自治区扶贫开发领导小组成员单位负责人参加。

【自治区政府促进消费工作座谈会】2020年9月25日，自治区主席咸辉主持召开自治区政府促进消费工作座谈会，强调要深入贯彻习近平总书记视察宁夏重要讲话重要指示精神，认真落实党中央、国务院“六稳”“六保”决策部署，按照自治区党委、政府工作安排，压实责任、明确任务、增补措施，千方百计让消费信心“足”起来、消费市场“热”起来、消费需求“火”起来、消费品质“提”起来。自治区党委常委、自治区常务副主席张超超，自治区副主席赖蛟参加会议并提出工作要求。自治区相关部门和五市人民政府负责人参加会议。

【全区促进民族团结进步工作会议】2020年9月29日，全区促进民族团结进步工作会议在银川市召开。自治区党委书记陈润儿出席会议并讲话，强调要深入学习贯彻习近平总书记关于民族工作的重要论述和视察宁夏重要讲话精神，坚决守好促进民族团结生命线，着力建设民族团结进步示范区，不断开创民族团结进步事业新局面。自治区主席咸辉主持会议，自治区政协主席崔波出席会议。自治区党委常委、统战部部长白尚成对促进民族团结进步工作作出具体部署。会上，银川市、吴忠市、大武口区、彭阳县、沙坡头区负责人作发言。自治区在职副省级以上领导，区直各部门、中央驻宁各单位、各大型企业，各市、县（区）党委和政府主要负责人、统战部部长、民族宗教局局长等参加会议。

【全区抗击新冠肺炎疫情表彰大会】2020

年9月29日，全区抗击新冠肺炎疫情表彰大会在宁夏人民会堂隆重举行，544名先进个人、144个先进集体和100名优秀共产党员、80个先进基层党组织受到表彰。自治区党委书记陈润儿出席会议并讲话，自治区主席咸辉主持会议，自治区政协主席崔波出席会议。与会人员观看了《我身边的战“疫”模范》宣传片。自治区党委副书记姜志刚宣读《自治区党委、人民政府关于表彰全区抗击新冠肺炎疫情先进个人和先进集体的决定》《自治区党委关于表彰全区抗击新冠肺炎疫情优秀共产党员和先进基层党组织的决定》。自治区领导一同为全区抗击新冠肺炎疫情先进个人和先进集体、优秀共产党员和先进基层党组织代表颁奖。会上，全区抗击新冠肺炎疫情优秀共产党员、自治区第四人民医院重症医学科副主任刘伯飞，全区抗击新冠肺炎疫情先进个人、支援湖北医疗队成员、自治区人民医院重症医学科护理主管阚天燕，全区抗击新冠肺炎疫情先进个人、吴忠市利通区金星镇金花园社区党总支书记张丽萍，全国抗击新冠肺炎疫情先进个人、共青团银川市委员会西部计划志愿者脱继龙，全国抗击新冠肺炎疫情先进集体、先进基层党组织代表、自治区公安厅出入境管理总队党支部书记、总队长俞馨吾，全区抗击新冠肺炎疫情先进基层党组织代表、西部机场集团宁夏机场公司党委书记、董事长巴麻仁欠发言。自治区在职副省军级以上领导，各市、县(区)党委和政府主要负责人，区直各部门(单位)、中央驻宁各单位、各大型企业主要负责人，全国抗击新冠肺炎疫情先进个人和先进集体、优秀共产党员和先进基层党组织代表，行业系统干部职工代表参加大会。

【全国易地扶贫搬迁后续扶持工作现场会】2020年10月21—22日，全国易地扶贫搬迁后续扶持工作现场会在银川市召开。中共中央政治局委员、国务院扶贫开发领导小组组长胡春华出席会议并讲话。自治区党委书记陈润儿致辞，国家发展和改革委员会党组副书记、副主任唐登杰主持会议，自治区主席咸辉参加会议并发言。湖北省、湖南省、云南省、甘肃省有关负责人作交流发言。与会代表观看了宁夏易地扶贫搬迁后续扶持工作宣传片。会议期间，胡春华在陈润儿的陪同下到永宁县闽宁镇考察“万企帮万村”和东西部扶贫协作等工作进展情况。21日，与会人员分3个组，到银川市、石嘴山市、吴忠市等地的易地扶贫搬迁安置点进行现场观摩。国务院副秘书长高雨、国务院扶贫办副主任欧青平，国家有关部门和单位负责人，有关金融机构负责人，有易地扶贫搬迁任务的22个省(自治区、直辖市)政府分管负责人以及发改、扶贫部门主要负责人，“三区三州”政府负责人出席会议。自治区领导姜志刚、王和山分别参加有关活动。

【自治区应对新冠肺炎疫情工作指挥部第15次会议】2020年10月23日，自治区主席、自治区应对新冠肺炎疫情工作指挥部指挥长咸辉主持召开指挥部第15次会议，强调要深入学习贯彻习近平总书记重要讲话重要指示精神，坚决落实党中央、国务院决策部署，按照常态化疫情防控要求，持续做好外防输入、内防反弹工作，一以贯之地织密织牢秋冬季疫情防控网，全力巩固来之不易的疫情防控成果。自治区领导刘可为、杨培君、杨东、马秀珍参加会议并提出要求。

【“宁夏所需、香港所能”主题座谈会】2020年10月23日，“宁夏所需、香港所能”主题座谈会在银川市召开。会议共叙宁港深情厚谊，共谋两地合作发展。全国政协副主席梁振英、自治区党委书记陈润儿出席座谈会并讲话，自治区主席咸辉主持会议，自治区政协主席崔波出席会议。座谈会上，自治区副主席赖蛟介绍了宁夏与香港经贸合作情况，自治区有关部门就深化宁港两地具体合作事项作汇报。第十三届全国政协委员、香港中华出入口商会副会长黄英豪，香港特区政府商务及经济发展局原局长苏锦樑，中国银行(香港)原总裁、“一带一路”国际合作香港中心董事岳毅，香港特区政府前新闻统筹专员冯炜光，香港酒类行业协会会长何耀康围绕加强宁港经贸文化交流合作作发言。自治区党委常委、秘书长赵永清参加座谈。

【学习贯彻党的十九届五中全会精神中央宣讲团报告会】2020年11月13日，学习贯彻中共十九届五中全会精神中央宣讲团报告会在银川市举行。中央宣讲团成员、工业和信息化部党组成员、副部长王志军作宣讲报告。自治区党委书记陈润儿主持报告会。自治区党委副书记、自治区主席咸辉，自治区政协主席崔波出席会议。王志军从“十四五”规划《建议》是习近平总书记亲自领导、汇聚全党全社会智慧的重要成果，全面建成小康社会取得决定性成就，“十四五”时期我国仍处于重要战略机遇期，但国内外环境发生深刻变化，进入新发展阶段、贯彻新发展理念、构建新发展格局是党中央制定“十四五”规划和2035年远景目标的全局战略考虑，2035年基本实现社会主义现代化的远景目标和“十四五”时期我国经济社会发展的目标，“十四五”时期我国经济社会发展的指导方针，“十四五”时期经济社会发展和改革开放的重点任务，坚持党的全面领导、动员各方面力量为实现“十四五”规划和2035年远景目标而团结奋斗等8个方面，对中共十九届五中全会精神进行了系统解读，对全会提出的一系列新思想新论断新部署新要求进行了权威辅导，并现场解答了干部群众关心关注的热点话题。报告会以视频会议形式召开，各市、县（区）设分会场。自治区在职省级领导和部分离退休省级老同志，区直各部委办厅局、人民团体、直属事业单位，各民主党派宁夏区委会，中央驻宁各单位、各大型企业主要负责人及部分中层以上干部代表，离退休厅级党员干部代表，自治区宣讲团成员，民营企业家、高校师生代表，以及银川市部分干部代表在主会场参加报告会。当天下午，王志军到宁夏大学，与高校师生就学习贯彻中共十九届五中全会精神进行互动交流。

【闽宁协作和对口支援座谈会】2020年11月29日，闽宁协作和对口支援座谈会在福州市召开。会上，两省（区）深入学习贯彻中共十九届五中全会精神和习近平总书记重要讲话精神，共话闽宁两省（区）深情厚谊，共谋新阶段深化闽宁协作大计。福建省委书记于伟国主持会议并讲话，自治区党委书记陈润儿讲话，自治区主席咸辉通报宁夏脱贫攻坚情况，福建省委副书记、省长王宁通报福建对口帮扶宁夏情况。自治区政协主席崔波、福建省政协主席崔玉英出席。自治区领导赵永清、张柱、李锐、王和山、赖蛟，福建省领导赵龙、郑新聪、林宝金、张广敏、郑建闽、郭宁宁、林钟乐参加会议。

【自治区改善农村人居环境工作领导小组会议】2020年11月26日，自治区主席、自治区改善农村人居环境工作领导小组组长咸辉主持召开自治区改善农村人居环境工作领导小组会议，强调要深入学习贯彻中共十九届五中全会精神，全面落实习近平总书记关于改善农村人居环境的重要指示批示精神，认真落实全国农村人居环境整治三年行动方案验收工作视频推进会部署，紧盯目标任务，压紧压实责任，坚持问题导向，抓实抓细工作，努力建设生态宜居美丽乡村。自治区党委副书记、自治区改善农村人居环境工作领导小组副组长姜志刚，自治区副主席、自治区改善农村人居环境工作领导小组副组长王和山、刘可为出席会议并就相关工作提出具体要求。自治区改善农村人居环境工作领导小组成员单位负责人参会，有关部门作工作汇报。

【宁夏慈善总会第五次会员代表大会】2020年12月21日，宁夏慈善总会第五次会员代表大会在银川市召开。自治区党委书记陈润儿、自治区主席咸辉发来贺信。中华慈善总会副会长刘伟应邀出席会议。全国政协民族和宗教委员会副主任齐同生出席会议，并当选宁夏慈善总会第五届理事会会长。自治区党委常委、政法委书记张韵声讲话，自治区领导吴玉才、王和山出席会议。会议审议通过宁夏慈善总会第四届理事会工作报告、财务报告，审议修改了宁夏慈善总会《章程》《会费管理办法》，选举产生了宁夏慈善总会第五届理事会。张韵声作重要讲话。

【自治区环保督察工作领导小组会议】2020年12月21日，自治区主席、自治区环保督察工作领导小组组长咸辉主持召开领导小组会议，强调要深入学习习近平生态文明思想，坚决贯彻中共十九届五中全会和中央经济工作会议精神，按照自治区党委全会安排部署，一以贯之地抓好生态建设，毫不放松推进环境治理，坚定不移加强污染防治，坚决守好改善生态环境生命线。咸辉指出，2020年6月，习近平总书记视察宁夏赋予我们努力建设黄河流域生态保护和高质量发展先行区的时代新使命。生态环境保护督察是党中央作出的重大改革举措和重大制度安排。要坚决走生态优先绿色发展之路，决不以牺牲环境为代价换取一时一地的经济增长。自治区副主席、自治区环保督察工作领导小组副组长刘可为就相关工作提出具体要求。会议听取了生态环境保护工作情况，审议了关于银川市、吴忠市、固原市生态环境保护督察情况的报告。

【自治区双拥工作领导小组会议】2020年12月23日，自治区主席咸辉主持召开自治区双拥工作领导小组会议，强调要认真学习贯彻习近平总书记关于双拥工作的重要论述，全面落实全国双拥模范城（县）命名暨模范单位和个人表彰大会精神，深刻把握双拥工作形势，全面落实双拥工作任务，不断提升双拥工作水平，使双拥工作始终保持蓬勃生机，努力开创双拥工作新局面。自治区党委常委、组织部部长石岱，自治区副主席王和山，宁夏军区副政委邓艳平参加会议。会议听取了2020年双拥工作和下年工作思路汇报，审议了《自治区双拥工作领导小组成员单位工作职责》。

【中国工程院调研黄河黑山峡水利枢纽工程宁夏座谈会】2020年12月24日，中国工程院调研黄河黑山峡水利枢纽工程宁夏座谈会在银川市召开。自治区党委书记陈润儿出席会议并讲话，自治区主席咸辉主持。座谈会上，自治区水利厅负责人汇报了黄河黑山峡水利枢纽工程推进情况，中国工程院院士张建云、钮新强、胡春宏、王复明、孔宪京、邓铭江和水利部水利水电规划设计总院原副院长梅锦山先后发言。自治区领导张超超、赵永清、王和山参加座谈会。

【自治区安委会第四次全体会议】2020年12月25日，自治区主席、安委会主任咸辉主持召开自治区安委会第四次全体会议，传达全国安全生产工作视频会议和中办国办《关于做好2021年元旦春节期间有关工作的通知》精神，分析研判形势，安排部署工作。会议通报了全区安全生产工作及专项整治三年行动情况，并对"两节"安全生产、疫情防控、民生保障、市场供应、食品安全等作出安排部署。自治区党委常委、常务副主席、安委会副主任张超超，自治区副主席、安委会副主任王和山、刘可为、杨培君、杨东、吴秀章、赖蛟参加会议并讲话。自治区交通运输厅、银川市、宁东管委会负责人作发言。

【建设黄河流域生态保护和高质量发展先行区第三次推进会】2020年12月30日，自治区党委和政府召开建设黄河流域生态保护和高质量发展先行区第三次推进会。自治区党委书记陈润儿出席会议并讲话，强调要深入学习贯彻中共十九届五中全会、中央经济工作会议和习近平总书记视察宁夏重要讲话精神，切实抓好基础设施重大工程项目建设，为建设黄河流域生态保护和高质量发展先行区提供有力支撑。自治区主席咸辉主持会议并讲话，自治区政协主席崔波出席会议。会上，银川市、石嘴山市、吴忠市、固原市、中卫市、宁东基地管委会和自治区发展和改革委、工业和信息化厅、交通运输厅、水利厅、农业农村厅、商务厅负责人围绕推进先行区建设，汇报了2020年重大基础设施、重点产业项目的谋划推进落实情况，以及下一步工作打算。自治区领导张超超、艾俊涛、赵永清、白尚成、张柱、李金科、石岱、李锐等出席会议。各市、县（区）党委和政府主要负责人，自治区有关部门、部分中央驻宁单位主要负责人参加会议。

（王会宁）

重要活动

【福建省党政代表团在宁夏考察】2020年9月1—2日，福建省委常委、副省长赵龙带领福建省党政代表团先行组到固原市考察。代表团一行先后到隆德县残疾人托养中心、宁夏黄土地农业食品有限公司、宁夏浩德纸业包装有限公司、西吉县偏城乡涵江村、宁夏丰源纺织有限公司，实地了解闽宁扶贫协作开展情况和取得成效。9月3—4日，福建省委书记于伟国，福建省委副书记、代省长王宁率领福建省党政代表团到宁夏考察闽宁对口扶贫协作推进情况。自治区党委书记陈润儿，自治区党委副书记、自治区主席咸辉陪同考察。福建省领导胡昌升、赵龙、郑新聪、郑建闽、王光远、林钟乐，厦门大学党委书记张彦，自治区领导姜志刚、赵永清、张柱、王和山、马汉成参加考察。

【宁夏"互联网+城乡供水"示范省（区）建设正式启动】2020年9月20日，宁夏"互联网+城乡供水"示范省（区）建设启动仪式在银川市举行。自治区党委书记陈润儿、水利部副部长叶建春出席会议并讲话，自治区主席咸辉主持会议。启动仪式上，陈润儿、咸辉、叶建春和清华大学科技园管委会主任、启迪控股党委书记李志强共同启动宁夏"互联网+城乡供水"省级示范（区）建设。自治区党委常委、秘书长赵永清出席启动仪式，自治区副主席王和山介绍宁夏"互联网+城乡供水"情况，自治区副主席、固原市市长马汉成和李志强发言，区直有关部门（单位）和各地级市、部分县（区）负责人参加。

【2020年全国大众创业万众创新活动周】2020年10月15日，2020年全国大众创业万众创新活动周启动仪式后，宁夏分会场活动在银川市同步启动。自治区主席咸辉出席会议并讲话。启动仪式后，咸辉一行还到银川经济技术开发区秋季人才招聘会现场，了解大学生等重点群体就业情况。自治区党委常委、常务副主席张超超主持启动仪式。"双创"活动周以"创新引领创业，创业带动就业"为主题，采用线上线下相结合的方式展开，线上搭建"全国双创活动周宁夏云上分会场"，线下分别开设6个高校、8个开发区和7个部门专场，开展创新创业成果展示、论坛讲堂、竞赛集训等50多场活动。

【自治区政府与中粮集团签订战略合作框架协议】2020年12月14日，自治区政府与中粮集团在银川市签订战略合作框架协议。自治区党委书记陈润儿、自治区主席咸辉会见中粮集团党组书记、董事长吕军，中粮集团党组副书记、总裁栾日成一行，共同见证签约，并为农业农村部酿酒葡萄加工重点实验室、中粮宁夏葡萄酒工程技术中心揭牌。当天，中粮集团与自治区政府签订战略合作框架协议，中粮名庄荟国际酒业有限公司与宁夏贺兰山东麓葡萄产业园区管委会签订宁夏贺兰山东麓葡萄酒推广项目战略合作协议，中粮饲料有限公司与灵武市政府签订反刍饲料生产线投资协议。根据协议，中粮集团将发挥在农产品贸易、加工、销售、研发等方面的优势，通过建设酿酒葡萄种植基地、建立技术标准、打造品牌、发展旅游、产学研结合等措施，助力宁夏葡萄酒产业高质量发展。自治区领导赵永清、王和山参加相关活动。

【自治区政府举行宪法宣誓仪式】2020年12月23日，自治区政府举行宪法宣誓仪式。自治区主席咸辉监誓并讲话。根据《中华人民共和国宪法》和《宁夏回族自治区人民政府及其各部门任命的国家工作人员宪法宣誓实施办法》，2020年1月以来自治区政府任命的自治区有关部门和单位的28名负责人依法进行宪法宣誓。宣誓现场国徽高悬，国旗庄严，宣誓台上摆放着《中华人民共和国宪法》。下午3时，自治区党委常委、常务副主席张超超宣布宪法宣誓仪式开始。全体人员齐唱中华人民共和国国歌。随后，领誓人手抚宪法，领诵誓词，其他宣誓人列队站立，跟诵誓词，许下铮铮誓言，作出庄严承诺。宣誓后，咸辉指出，宪法宣誓是学习贯彻习近平法治思想的具体行动，对弘扬宪法精神，维护宪法权威，建设法治政府，具有重要意义。希望大家以实际行动兑现庄严承诺，努力向党和人民交出合格答卷。自治区副主席王和山、刘可为、杨培君、杨东、吴秀章、赖蛟，自治区人大代选工委负责人，自治区政府秘书长及有关部门主要负责人见证宣誓。

【"全国知名浙商宁夏行"活动】2020年12月25日，"全国知名浙商宁夏行"活动在银川市举行，300多名区内外知名浙商齐聚塞上江南，围绕"汇聚浙商力量，助推宁夏高质量发展"主题，共叙友谊、共话合作、共谋发展。在当天下午举办的"全国知名浙商宁夏行"论坛上，自治区党委书记陈润儿出席论坛并致辞，自治区主席咸辉出席论坛。浙江省人大常委会原副主任、浙商发展研究院院长王永昌作主题演讲，全国政协委员、宁波市政协原主席、宁波经促会会长杨戌标致辞。杉杉集团董事局主席郑永刚、中控集团创始人褚健、中国小商品城集团副总裁危刚、宁夏浙江商会会长叶建敏、中国资本论坛秘书长董志龙、浙江微医集团董事长廖杰远，围绕助力宁夏高质量发展，就优化营商环境、发展工业互联网、发挥中国小商品城优势、双循环背景下民营经济发展新机遇、数字产业化和产业数字化等作发言和演讲。活动期间，举行了知名浙商投资宁夏项目签约仪式和"宁浙友好商会"合作签约仪式，共签约项目18个，计划总投资89.74亿元。揭牌成立宁夏宁波经济促进会、宁夏杭州商会。自治区领导张超超、赵永清、赖蛟，全国异地浙江商会、全国异地宁波商会、全国异地杭州商会、宁夏浙江商会、宁夏宁波经济促进会、宁夏杭州商会的150名会长、副会长，以及来自全国各地的200多名企业家参加相关活动。

【银川至昆明高速公路太阳山开发区至彭阳段开工建设】2020年8月18日上午，宁夏单体投资规模最大的交通项目——银川至昆明高速公路太阳山开发区至彭阳段项目开工建设。自治区党委书记陈润儿宣布开工，自治区主席咸辉、自治区政协主席崔波出席开工仪式。中国铁建股份有限公司党委常委、副总裁李宁致辞。银川至昆明高速公路(G85)总长2322千米，为国家高速公路网规划的11条纵向线之一，纵贯宁夏、甘肃、陕西、重庆、四川、云南六省(自治区、直辖市)，是中国西部地区重要的南北向公路运输通道，也是《国家高速公路网规划》中重要的组成部分。这次开工建设的银川至昆明高速公路太阳山开发区至彭阳段项目是国家百项交通扶贫骨干通道工程，全长237千米，项目起点位于太阳山开发区北侧的磨山台，途经红寺堡区、太阳山开发区、同心县、海原县、原州区、彭阳县，止于彭阳县红河镇高寨塬(宁甘界)。项目批复概算总金额261亿元，建设工期4年，是宁夏继红崖子黄河公路大桥、银川至百色公路宁东至甜水堡段之后，又一条政府和社会资本合作模式实施的PPP公路项目。项目建成后，将进一步补齐宁夏对外开放交通短板，推动六盘山集中连片特困区、陕甘宁革命老区脱贫攻坚，为宁夏建设黄河流域生态保护和高质量发展先行区提供有力交通保障。开工仪式前，陈润儿、咸辉、崔波调研了银川至昆明高速公路太阳山开发区至彭阳段项目规划设计、建设施工准备情况。自治区领导张超超、赵永清、李锐出席开工仪式，自治区副主席刘可为主持。

【银西高铁正式开通运营】2020年12月26日，银西高铁正式开通运营，标志着宁夏全面融入全国高铁大网络，迈上加快发展新征程。自治区党委书记陈润儿出席列车首发仪式并宣布开通，自治区主席咸辉、国家铁路集团总经理杨宇栋出席会议并致辞，自治区政协主席崔波出席，自治区副主席刘可为主持首发仪式。9时许，陈润儿宣布银西高铁正式通车。陈润儿、咸辉、崔波等自治区领导乘坐列车，与大家一起感受高铁速度，共同迎接高铁时代。银西高铁位于宁夏、甘肃、陕西三省(区)境内，是我国"八纵八横"高铁网的重要组成部分，通过西安枢纽与西成、大西、徐兰等高铁衔接，使宁夏融入互联互通的全国高铁"朋友圈"。正线全长618千米，投资805亿元，宁夏境内182千米，设银川、银川东、河东机场、灵武北、吴忠、惠安堡6个车站，设计时速250千米。银西高铁开通后银川到西安的铁路运行时间由原来的14小时28分缩短至3小时04分。其间，陈润儿、咸辉、崔波、杨宇栋调研并听取了银西高铁总体建设、列车开行方案以及吴忠站建设运营情况。自治区领导张超超、赵永清、吴玉才，兰州铁路局集团董事长杨伟军、总经理徐安策等出席活动。

（王会宁）

督查督办

【概况】2020年，自治区政府督查室共开展或参与各类督查督办、调研活动31次，形成各类专报、报告29件；以自治区政府或政府办公厅名义报送、印发各类文件34件。

【决定事项和批示件落实】2020年，自治区政府督查室对政府常务会议决定事项逐项交办、滚动督查，共督办决定事项123项，已落实111项，已在推进12项。对主席批示件全口径办理机制进行优化，即到即转、及时督办、精细管理，共办理主席批示件3323件，同比增长48%；形成《自治区政府领导批示办理情况报告》22期；其中转办、督办关于疫情防控的批示件1106件，确保关于疫情防控的部署要求及时得到落实。

【建议提案办理】2020年，自治区政府督查室将自治区政府承办的207件人大代表建议和419件政协提案，交由81个单位具体承办，层层压实办理责任。通过自治区政府领导督办调研、重点建议提案跟踪督查、所有提案复文审查等方式，全力推进办理工作。会同自治区人大、政协开展重点建议提案督办活动17次；办理自治区人大审议意见15件；自治区政府系统承办的建议提案已全部办理并答复。同时，承办的2件全国人大建议也已全部办复。

【网络意见办理】2020年，自治区政府督查室修改完善《“主席信箱”留言办理说明》及《“主席信箱”留言办理工作细则（实行）》，对各类问题线索及时转办、催办和答复。共办理答复群众反映问题1841件，同比增长87%，其中办复《主席信箱》来信1409件，《人民网·领导留言板》网民留言221条，形成办理情况月报11期；办理国务院“互联网+督查”交办的问题线索211件。2020年11月，自治区政府办公厅被人民网评为“2020年度人民网网民留言办理工作活力奋进单位”。

（王会宁）

发展研究

【调查研究】2020年，自治区人民政府研究室、自治区发展研究中心通过约见访谈、函询、电话询问、集约打捆、联合调研等，聚焦全面建成小康社会、建设黄河流域生态保护和高质量发展先行区、“十四五”规划、经济运行、“三大攻坚战”“六稳六保”、九个重点产业、优化营商环境等重大问题，精心策划选题，制订调研计划，并请自治区政府领导点题，精选调研题目29项，组织干部深入研究，形成《推进黄河流域生态保护和治理》《打造高质量发展更优营商环境》《我区“十四五”时期“扬优势补短板强弱项”系列研究报告》《我区产业发展系列研究报告》《上半年经济形势分析报告》等高质量调研报告42篇，其中26篇得到自治区领导批示，宁夏农业供给侧结构性改革和服务业供给侧结构性改革研究2项成果获自治区政府社科奖，为领导科学精准决策提供智力支撑，实现了研究成果的有效转化。自治区主席咸辉在调研报告上作肯定性批示。

【决策咨询和信息服务】2020年，自治区人民政府研究室、自治区发展研究中心编发《决策参考》80期、《信息快递》65期，其中10期得到自治区政府领导批示，应用推广“健康码”等建议直接进入决策转化为工作措施。出版《宁夏经济》6期、刊载120余篇实践和思考文章。贯彻《国务院重大行政决策暂行办法》，主动担当开展决策咨询，承接自治区重大行政决策专家库日常管理服务工作，研究制订《自治区人民政府重大行政决策咨询论证工作规则（试行）》《自治区人民政府重大行政决策咨询论证专家库专家管理办法（试行）》“两个办法”，建立重大行政决策事项目录、专家库和联系清单，为政府决策科学化、民主化和法治化奠定坚实基础。围绕自治区推动经济社会发展重大政策、重大措施，组织力量，对70多个政策性文件提出修改意见及建议，得到相关厅局认可，政策咨询作用发挥明显。在各类媒体上发表理论文章48篇，宣传习近平总书记视察宁夏重要讲话精神，解读自治区党委、政府改革措施，为全社会攻坚克难、提升信心鼓劲助威，使宁夏经验走向全国，让全国了解宁夏。

（闫建铭）

信访工作

【概况】2020年，全区信访总量同比下降39.81%。其中，受理的群众来信同比上升45.91%；接待群众来访同比批次下降32.24%、人次下降62.65%；受理网上投诉同比下降7.3%。信访事项及时受理率、按期办结率、满意度参评率和群众满意率分别为98.69%、96.46%、86.26%和93.26%。

【来访接待处置和办理】2020年，自治区信访局为做好常态化疫情防控和来访群众接待工作，提早预防、提前筹划，科学及时处置群体性突发信访事项，依法依规制订《自治区信访局疫情防控期间来访接待应急处置预案》和《关于新冠肺炎疫情后大规模上访预防和接待处置工作预案》，全面落实机关疫情防控措施，加强来访接待场所日常防护，切实把疫情后来访接待各项工作部署得更周密，把各项应对措施准备得更充分，确保实现“零感染”“零风险”。根据新冠疫情形势变化和政策调整，及时编制和转发《涉疫信访事项办理政策指引》4期，各级信访部门对涉疫情信访事项“特事特办、快办”，压实首办负责制，接诉即办、马上就办，第一时间解决群众合理诉求、维护群众合法权益。共受理涉及新冠疫情信访事项208件次，已全部办结，平均办结时间2.5天，群众满意率为99%。向自治区党委和政府报送信息68期，为自治区制定完善政策、防范化解风险提供有益参考。

【建立“网上盯、实地督”机制】2020年，自治区信访局认真贯彻落实《国家信访局关于印发“大督查、大调研、大接访”活动实施方案的通知》，结合宁夏信访工作实际，制定并印发实施方案，紧紧围绕治理重复信访、化解信访积案和涉疫情信访问题的目标任务，进行精准督查、精准接访、精准调研。建立分片区盯网工作机制，自治区信访局领导每天至少利用1个小时查看包抓片区网上信访事项登记、转交、办理、送达等环节相关情况，对发现的问题及时向有关信访部门、责任单位提出建议和整改要求。自治区信访局领导每季度深入各自联系包抓的地级市，对专项工作开展情况进行“全覆盖”调研指导。建立信访事项网上督查周通报制度，每周对信访事项办理情况进行通报，建立问题整改清单，压缩登记、受理、办理时间印发《信访事项网上督查情况通报》42期，涉及登记录入、受理办理、答复送达、审核把关等环节存在的22类问题共700余件信访事项，95%以上已整改到位。

2020年8月13日，自治区信访局和银川市兴庆区凤凰北街街道结对共建活动启动

【智能辅助系统应用】2020年，自治区信访局抢抓宁夏作为国家信访局信访业务智能辅助系统开发建设试点的机遇，有序推进全区信访业务智能辅助系统建设工作。系统于2020年5月正式上线运行，拓展开发智能判重、规范化检查、智能接谈、语音投诉、智能指引等智能化应用，提升信访工作标准化、规范化、科学化水平。推进《信访接待办理规范》等6项信访工作地方标准宣传贯彻，促进信访业务信息化与标准化深度融合。信访事项办理“三率”稳步提升，办理时限大幅缩短，信访业务各环节运行更加规范、操作更加精准，全区信访工作质量效率和公信力稳步提升。

【信访矛盾化解】2020年，自治区信访局对2019年以来重复信访事项和信访积案进行大清仓、大起底，层层排查、逐级交办。做到底数清、情况明，将符合条件的信访事项全部纳入工作范围、逐案核对。各地各部门建立相应工作台账，逐件明确包案领导、责任单位和时限要求。坚持发展新时代“枫桥经验”，学习借鉴浙江省安吉县矛盾纠纷“一站式接收、一揽子调处、全链条解决”工作模式，建立自治区社会矛盾调处化解中心，同时指导推动在基础好的市、县（区）开展试点。石嘴山市社会矛盾调处化解中心于5月下旬挂牌成立，并向全区各市、县（区）、乡镇（街道）延伸推广。信访矛盾纠纷化解逐步从碎片治理向集成治理、被动治理向主动治理、突击治理向长效治理、单向治理向多元治理转变。自治区信访局心理咨询室于10月初建成投入运行，通过购买专业服务的形式，拓展多元化解新渠道。持续推进“三无”县（区）、乡镇（街道）、村（社区）和“人民满意窗口”创建工作。红寺堡区、隆德县、泾源县、彭阳县、海原县跻身全国信访工作“三无”县区行列，创建率为22.7%。

【法治建设和编纂志书】2020年，自治区信访局加强对依法分类处理工作的协调推动，根据机构改革后各部门职能调整的实际，牵头各有关部门，初步制定出依法分类处理清单。在《信访条例》修订实施15周年之际，全区各级信访部门开展形式多样的宣传教育活动，进一步形成依法办事、依法维权的良好氛围。编纂宁夏信访系统首部志书，年初启动编纂工作，对全区信访工作发展历程及取得的成绩进行全面回顾总结，集中展示宁夏信访干部围绕“为民解难、为党分忧”的政治责任，在信访工作中作出突出贡献。

（曹丽娜）

外事工作

【概况】2020年，自治区党委召开外事工作委员会第三次会议，审议有关文件。制定《自治区外办党组关于贯彻落实〈中国共产党重大事项请示报告条例〉实施细则》，明确每年向中央中外办、外交部、自治区党委和政府报告事项清单。成立外办疫情防控涉外工作专班，前后出台4份工作文件，合力织牢涉外疫情防控网。组织召开2次全区外事重点工作座谈会，开展省级领导因公出国出访成果落实调研，统筹协调全区各地市、各厅局、高校外事工作和对外交往。对自治区党委第五巡视组巡视反馈的29个问题全部完成整改销号。

【涉外疫情防控】2020年，新冠肺炎疫情发生后，自治区外办出台双向人员管控措施，开通7个语种24小时咨询服务热线，使用7种语言实时发布疫情防控信息及各类安全提醒1400余条，为境外宁夏居民和在宁外国公民提供及时、准确、权威的疫情防控资讯。全面摸底，动态掌握宁夏在境外人员信息和在宁外国人信息，做好领事保护和抗疫协助工作。对在宁外国公民特别是留学生、外籍教师和企业外籍员工等做好疫情防控管理、服务和安抚工作。积极开展抗疫国际合作，认真完成国家对外医疗援助任务，参与宁夏赴沙特阿拉伯、科威特抗疫医疗专家组国际抗疫援助任务。推动宁夏援贝宁医疗队支持当地政府开展疫情防控工作。向宁夏在埃及、苏丹等国留学生提供口罩等防护用品，协调使领馆对确诊感染新冠肺炎的境外宁夏居民开展救治和慰问捐助。先后32次照会24个国家驻华使领馆，通报和宣传宁夏疫情防控举措，制作《我在宁夏银川，我为中国加油》小视频，邀请在宁外国公民出镜发声，转发国际友城声援宁夏抗疫工作的视频，累计发布各类原创文章、视频、推送消息120余篇，浏览量达230万次。

【第五届中阿博览会筹备】2020年，宁夏召开第五届中阿博览会筹备工作座谈会，自治区外办认真落实聚焦经贸务实合作办会要求，主动拜会外交部、中外办有关司局，扎实推进第五届中阿博览会、中国（宁夏）国际葡萄酒博览会顶层设计、嘉宾邀请、翻译礼宾、宣传推介等筹备工作。参与筹备召开第九届宁夏贺兰山东麓国际葡萄酒博览会，助力宁夏葡萄酒产业高质量发展。向外交部沟通通报了宁夏第五届中阿博览会、中国（宁夏）首届国际葡萄酒博览会总体方案和筹备进展，提出希望外交部支持的具体事项。推动外交部将宁夏红酒列为2020年重点推广的2个地方优势特色产品之一，面向宁夏驻外使领馆、驻华外交机构等进行推广。

【对外交流与合作】2020年，自治区外办充分利用视频会议、电话、电子邮件等线上模式开展不见面外事活动，组织举办宁夏—韩国忠清南道枸杞产业合作对接会等线上会议5次，助推宁夏有关厅局、高校、企业开展对外经贸人文等交流合作。推动全区葡萄酒、奶产业、枸杞、健康养老产业及高校间国际合作。接待乌拉圭驻华大使访问宁夏，成为宁夏新冠疫情防控取得阶段性胜利后首位到访宁夏的外国驻华大使，为推动宁夏与乌拉圭在畜牧业、奶产业、葡萄酒等领域务实合作奠定基础。

【国际友城联系】2020年，自治区外办深入推进国际友城试点工作，密切与重点国际友城间的联系，新冠肺炎疫情期间与宁夏国际友城良性互动、互致慰问，互相给予支持，疫情初期收到各友城捐赠的口罩10.4万个、橡胶手套1.3万副、500套防护服等防护物资。国外疫情暴发后，积极开展对外捐赠，累计向巴基斯坦、意大利、日本、俄罗斯、埃及等14个国家地方政府捐赠价值800余万元的防疫物资。巩固和深化与日本国岛根县、俄罗斯图拉州、韩国庆尚北道等国际友城务实合作。

【外事管理和服务】2020年，自治区外办与驻外使领馆保持密切联系，动态掌握境外宁夏居民信息，及时妥善处置涉宁夏企业和居民领保案件。提升服务意识，优化涉外事项办事流程，在宁夏疫情防控取得阶段性胜利的情况下赴中卫市开展因公出访政策、APEC商务旅行卡、外国人来华邀请及领事认证等业务推介活动，为宁夏企业和个人“走出去”提供便利。推动在银川召开外交部2020年全国外事工作地方片会。与湖南省外办签订《宁夏回族自治区和湖南省外事工作交流合作机制备忘录》，细化合作方式，完善交流机制，整合宁湘两省（区）外事资源，促进重大外事活动平台合作共享。协调外交部在自治区党校举行“外交外事知识进党校”活动，培训党校学员、全区外事系统干部200余人。举办外事讲堂16期，着力提升外事干部政治素质、业务能力、政策水平和业务能力。

（张 涛）

参事工作

【参政议政】2020年，自治区参事室组织参事赴甘肃省、河南省专题调研黄河流域生态保护和高质量发展具体做法，形成调研报告《建设黄河流域生态保护和高质量发展先行区的思考与建议》，为自治区建设黄河流域生态保护和高质量发展先行区提供参考建议。围绕自治区党委《关于深入学习贯彻习近平总书记视察宁夏重要讲话精神 继续建设经济繁荣、民族团结、环境优美、人民富裕的美丽新宁夏的决定》，组织参事就宁夏中药材产业、枸杞产业、葡萄酒产业、黄河文化建设等重大课题深入开展调研，形成《关于加快我区中药材产业“逆”势发展的建议》《关于举办“中国宁夏国际影像艺术节”的建议》《关于加强我区企业家健康管理工作的建议》《关于加快推进我区黄河文化建设的建议》等参事建议8篇，其中，自治区党委和政府主要领导共批示6篇，相关研究成果和政策建议得到有关部门采纳，并转化成政策措施更好地服务经济社会发展，参事调研、建言献策、参政咨询、决策服务的广度、深度和质量明显提升。对标脱贫攻坚战略目标任务，在同心县、原州区、海原县和红寺堡区等贫困县区陆续脱贫摘帽后，积极主动思考“后脱贫攻坚”时期扶贫工作，及时开展“制度扶贫”“法治扶贫”“社会扶贫”等前瞻性课题研究，探索建立解决相对贫困的长效机制。向自治区政府呈报《我区收入水平略高于建档立卡贫困户群体政策支持的问题及对策》，得到自治区领导高度重视，意见建议被有关部门采纳，为坚决打赢脱贫攻坚战提供智力支持。

【助力疫情防控】2020年，自治区参事室发挥医学领域参事专业特长，组织参事正面宣传新冠肺炎疫情防控知识，及时解答有关疑问、剖析错误传闻；号召参事发挥智库作用，形成《疫情背景下的宁夏经济如何走出一条高质量发展新路》《强化公共卫生事业管理 全力做好传染病防控工作》等参事建议。在疫情防控常态化后，根据自治区党委和政府关于统筹推进疫情防控与经济社会发展总体要求，组织参事就宁夏做好“六稳”工作、落实“六保”任务等重大课题，赴永宁县、惠农区、利通区、盐池县等地，深入建筑、交通运输、葡萄酒企业等生产一线，深入了解企业在疫情防控、复工复产、职工返岗、政策落实等方面存在的困难和问题。在银川市召开座谈会，邀请有关企业和行业协会等，共同研讨新形势下扎实做好“六稳”工作、全面落实“六保”任务的意见建议，并形成参事建议，供政府决策参考。

【沟通协作】2020年，自治区参事室积极做好国务院参事室到宁夏调研的对接协调、组织安排和服务保障等工作，围绕进一步贯彻落实党的宗教工作基本方针，探索总结依法管理宗教事务实践经验，坚持我国宗教中国化方向和“一带一路”框架下开展中阿合作及脱贫攻坚等重大课题开展调研，深入县（区）一线，摸清底细详情，确保调研工作深入扎实、课题内容丰富、调研成果丰硕。迎接重庆市、吉林省等省（市）政府参事调研组到宁夏调研学习，展示宁夏改革发展成果。

【巩固壮大爱国统一战线】2020年，自治区参事室组织参事深入吴忠市第二建筑公司、宁夏德昌建设发展集团、宁夏览翠酒庄有限公司、宁夏金昱元化工公司等企业调查研究，与企业面对面交流探讨，了解企业产品研发、技术团队建设、核心竞争力、市场前景、转型发展等实际情况，询问企业发展中急需解决的困难和问题，征求意见建议，并对企业发展给予指导。针对企业发展中存在的一些问题，参事们利用自己的社会影响力，积极协助解决相关问题，帮助企业渡过难关，进一步促进民主政治深入推进，不断巩固和壮大党的爱国统一战线，促进党的执政基础更加坚强牢固。积极与自治区党委组织部、统战部协调对接政府参事新聘、续聘、解聘等具体事宜，做好政府参事聘任准备工作。

（王会宁）

文史研究

【馆员服务思想引领】2020年，宁夏文史研究馆坚持围绕馆员、研究员的生活和学术研究服务保障展开工作。在做好馆员书刊征订、交通费按时发放的基础上，专门邀请名家书写寿联并由馆领导带队上门为3名80岁馆员祝寿，为每名馆员

2020年9月24日，宁夏文史研究馆组织部分馆员、研究员及机关党员干部赴固原市开展“不忘初心 走好新的长征路”主题党日活动（图为在青石嘴战斗纪念碑下合影）

邮寄生日贺卡送去生日祝福；工作人员采取打电话、发微信、上门等多种方式，关心关爱馆员研究员，询问解决生活困难。推进馆员影像资料库第二阶段建设，确定3家合作单位同步展开拍摄工作。积极鼓励和支持馆员做好学术研究成果出版工作，按照个人申请、专家评审、会议研究的程序，给予5名馆员专著补贴。推动研究员自我管理，将210名研究员按照专业类别分为文史、书法、绘画、其他专业4个专业组，便于发挥更加高效的作用。积极开展馆员文库、馆员书架建设，制作165名历任馆员的信息资料盒，按照灵活、自愿的原则面向馆员收集馆员著作和馆员文史藏书并集中保存，既协助馆员收藏留存，又便于馆员及文史爱好者开展学习交流。创新方式方法，更加注重做好馆员、研究员的思想引领和凝心聚力工作。尝试通过网络平台召开馆员视频学习会议和研究员视频学习会议，确保馆员每月一次理论学习按时开展，为每一名馆员订购并寄送《习近平关于社会主义文化建设论述摘编》《国是咨询》《工作通讯》《文史馆致馆员研究员的一封信》《文史馆2020年工作要点》等材料，及时将自治区疫情防控指示精神和有关工作情况进行传达，引导和服务馆员、研究员共同做好疫情防控工作。下半年，文史研究馆抓住馆员、研究员对习近平总书记到宁夏视察重要讲话反响强烈的契机，积极回应，编印更新《馆员学习资料》4期，多次组织开展集中研讨交流，赴吴忠市金花园社区、黄河岸边、贺兰山志辉原石酒庄等地现场考察学习，引导加深对脱贫攻坚、民族团结、生态保护与发展等重点内容的理解，不断增强“五个认同”、铸牢中华民族共同体意识。

【建言献策】2020年，宁夏文史研究馆继续以“成为我区文史研究工作的窗口和学术平台”为目标，对馆刊《宁夏文史》进行优化改版，先后设置《抗击新冠病毒疫情》诗词赋专栏和书画专栏、《纪念抗美援朝70周年》《海原大地震100周年》等专栏。全力推进“闽宁对口协作20年发展历程回顾”口述史项目第二阶段计划，完成宁夏、福建两地采访和资料收集工作。与全区各市、县（区）史志办积极开展文史资料征集工作，征集相关文史资料221本（件），对5000余册馆藏书籍进行数字化处理。围绕自治区文化建设、群众关心的热点问题等方面，以及服务自治区“坚决守好三条生命线、走出一条高质量发展的新路子”开展调查研究、建言献策，重点对“我区建设长城文化公园的历史文化资源调查研究”“继承和弘扬民族团结优良传统研究”“回汉支队的历史对铸牢中华民族共同体意识的现实意义研究”3个专题开展调研。向自治区党委及有关部门报送《从“单家集夜话”追溯宁夏民族团结优良传统研究》《关于传承和发扬红色基因　建设新时代民族地区共产党员党性修养教育基地的报告》《民族地区统战工作应下大力气加强和促进本地区文化认同》调研报告。向自治区政协提交提案9份，其中：立案2份，分别为《关于对长征文化园建设中突出“单家集夜话”主题的提案》《关于解决共享单车超量投放导致社会问题的提案》；转社情民意3份，分别为《建设自治区老年人群健康信息综合管理平台》《建设宁夏回族自治区革命烈士陵园的建议》《关于加强保护建设和利用本地区民族团结红色基因工程的提案》；转来信2份，分别为《关于设立适龄唐氏综合征儿童定点融合幼儿园（学校）的提案》《关于加强基层残疾人工作者队伍建设的提案》。

【文史项目】2020年，宁夏文史研究馆筹划“宁夏文史研究馆研究丛书”项目，启动实施《宁夏简史》《宁夏历代古诗词赋——清代诗人曾畹诗五百首》和“宁夏家谱村志体例与规范”等文化建设项目，搜集整理《认识岩画》《贺兰山岩画文字》《宁夏岩画拓片集》《宁夏岩画线描图集》《宁夏岩画彩色照片集》等岩画研究系列丛书，助力提升宁夏地域文化特色研究水平。积极开展送文化进基层活动，组织馆员、研究员赴革命老区盐池县雷记沟村，为全体村民赠送裱装书画作品、现场书写春联；赴武警宁夏机动支队开展“送文化　进警营”活动。发挥门户网站、广播和微信公众号等平台宣传作用，定期对《宁夏文史》优质稿件和馆藏书画精品进行选登推介，每周制作播出《寻味宁夏——〈宁夏文史〉系列节目》，编印《宁夏文史馆笔会常用词句集萃》。牵头举办“弘扬伟大抗疫精神　建设繁荣美好家园”书画巡展，协助宁夏孝文化发展促进会开展“传承孝道文化　凝聚时代精神”暨宁夏首届孝德文化节等活动，助力开展社会主义核心价值观教育、传承和弘扬中华优秀传统文化。

（杨伟峰）

地方志编纂

【概况】2020年，自治区地方志办公室继续以《地方志工作条例》《全国地方志事业发展规划纲要（2015—2020年）》为指导，积极开展基层业务指导，努力推动志鉴编修出版工作。全面完成二轮志书编纂工作。2020年，出版专业（部门）志书3部，区、市、县三级综合年鉴15部。采取“以会代培”“以评代培”及专题培训班的方式，先后开展基层业务培训十多次。

【机构设置】2020年，自治区地方志办公室内设综合科、业务指导科、年鉴科、资料征集科。现有工作人员13人，其中编审2人，副编审7人，编辑4人。在5个地级市地方志工作机构中，银川市、石嘴山市与党史、档案合署，吴忠市、固原市、中卫市与党史合署。在22家县（区）地方志工作机构中，银川市兴庆区、金凤区、西夏区，灵武市、贺兰县、永宁县、平罗县、同心县、红寺堡区、隆德县与党史、档案合署，石嘴山市大武口区，惠农区、青铜峡市、盐池县、彭阳县、西吉县、泾源县、海原县、中宁县及固原市原州区、中卫市沙坡头区与党史合署，吴忠市利通区暂无地方志工作机构。

【自治区主席重视地方志工作】2020年12月15日，自治区地方志办公室及时向自治区主席、宁夏地方志编审委员会主任咸辉报送《关于2020年全区地方志工作情况汇报》，重点汇报宁夏第二轮修志规划任务全部完成，区、市、县三级综合年鉴编纂出版任务全部完成。咸辉主席在工作汇报上批示：“请培君同志阅并主持召开委员会会议总结工作、部署安排。对全区地方志、古籍整理工作取得成绩点赞！要再接再厉，努力把各项工作做得更好，对存在的问题要认真研究解决。”

【志书编纂】截至2020年年底，宁夏第二轮规划的52部志书已累计出版44部，约占规划总数的84.6%；5部移交出版，1部完成终审。其中，省级志书规划25部，累计出版25部；市级志书规划5部，累计出版《银川市志》《石嘴山市志》《固原市志》3部；另外《吴忠市志》《中卫市志》已移交出版；县级志书规划22部，累计出版《盐池县志》《彭阳县志》18部，《同心县志》《石嘴山市大武口区志》《中卫市沙坡头区志》《银川市兴庆区志》《银川市金凤区志》5部移交出版。出版《宁夏体育志》《宁夏西干渠志》《宁夏青铜峡灌区渠首志》3部。《宁夏生态环保志》已完成终审正在修改。启动编纂《宁夏黄河志》《宁夏农业志》《宁夏国家级自然保护区志》《宁夏金林场志》。

【村志编纂】2020年，自治区地方志办公室认真组织开展编纂宁夏村志系列丛书编纂工作。2020年6月，受新冠病毒肺炎疫情影响，自治区财政厅决定缩减《宁夏村志》丛书编纂出版经费，将原规划编纂出版的22部村志压缩至7部，分别是

2020年8月25—29日，宁夏地方志系统业务培训班在银川市举办

《四十里店村志》《杨郎村志》《原隆村志》《龙泉村志》《塔桥村志》《杨柳村志》《杨坪村志》，其余15部志书，原则上鼓励各市、县（区）及村镇在经费条件允许的情况下自行出版，不具备出版条件的暂缓编纂出版工作，待自治区财政厅安排专项经费时再安排编纂出版事宜。充分动员整合社会力量参与编修，在凸显乡村特色的基础上，补充完善篇目大纲，通过访谈、录音、查档等方式，多方搜集文字、图片、实物、口述资料，尽可能全面记述村落的发展历史。截至2020年年底，已完稿准备送审的有《龙泉村志》《杨坪村志》《四十里店村志》，《塔桥村志》《杨郎村志》《杨柳村志》基本完稿。

【《宁夏年鉴(2020)》出版】2020年11月，由自治区人民政府主管（主办）、宁夏地方志办公室编纂的《宁夏年鉴(2020)》由方志出版社出版。杨培君主编。设特载、专文、宁夏综览、大事记、中共宁夏回族自治区委员会、宁夏回族自治区人民代表大会、宁夏回族自治区人民政府、政协宁夏回族自治区委员会、纪委监委、民主党派与工商联、群众团体、法治、军事、经济管理、金融、农业、水利、工业、商贸服务、经贸合作、交通邮政通信、开发区和园区建设、住房和城乡建设、自然资源管理、生态环境、教育、科学技术、社会科学、文化旅游、体育、出版传媒、卫生健康、社会管理、民族宗教、市情概览、人物和荣誉、附录共37个类目，全书129.3万字。

【"5·18地方志工作宣传日"活动】2020年5月18日，为充分发挥志鉴成果在区情教育、地情研究中的独特作用，自治区地方志办公室在宁夏大学开展"5·18地方志工作宣传日"暨志鉴成果进校园活动，自治区地方志办公室主任贠有强、宁夏大学图书馆馆长车进参加活动。自治区地方志办公室向宁夏大学赠送《宁夏通志》《宁夏年鉴》《宁夏地方史话丛书》《宁夏地方历史文化论丛》《银川市志》《银川年鉴》等各级各类志书、年鉴、文史资料及地情资料类图书，共计150余册。

【宁夏方志网改版上线】2020年，宁夏方志网经改版后，重新设计网站结构和布局，已正式上线运行，设置的主要栏目有机构设置、政策法规、志书编纂、年鉴编纂、行业志书编纂、旧志整理、村镇志、家谱编修、史话口述史、方志书库、方志动态、重要公报、方志人物、"5·18"宣传、地方历史文化研究、方志园地、方志馆。全年编发转载内容20多篇。

【地方历史文化研究】2020年，自治区地方志办公室加大地方史志研究，先后立项国家课题1项，自治区课题1项，宁夏重大现实问题研究。在国家核心期刊发表学术论文3篇。《宁夏地方历史文化论丛(第六辑)》由宁夏人民出版社出版发行。

【《宁夏史志》编印】2020年，自治区地方志办公室主办的《宁夏史志》刊印6期，刊发文章、信息等96篇，44万字，累计出刊205期。贠有强主编。该刊设《方志文化》《红色记忆》《史迹寻踪》《古迹考辨》《学术园地》《宁夏记忆》《乡贤名流》《口述历史》《地域文化》《动态信息》等栏目。每期向全国省、市、县地方志工作机构及相关专家学者赠阅或交流近400册。

【方志工作年度考评】2020年12月，自治区地方志办公室组织开展全区地方志工作年度考评。考评工作采取量化打分的办法，分自治区级、市级两个层次组织进行，先由银川市、石嘴山市、吴忠市、固原市、中卫市地方志工作机构各自对所辖县（区）修志工作机构年度工作进行初评，再报自治区地方志办公室终评，其间自治区地方志办公室向5个地级市各分派2人督促检查考评工作。12月1日，自治区志办召开考评会议，经会议表决，评出2020年度地方志工作市级优秀一等1个、二等3个、三等1个，县级优秀一等2个、二等5个、三等4个。

【业务培训】2020年8月25—29日，自治区地方志办公室组织开展的宁夏地方志

2020年5月18日，自治区地方志办公室在宁夏大学举办"5·18地方志工作宣传日"暨志鉴成果进校园活动

系统业务培训班在银川市举行。自治区地方志办公室和全区27个市、县(区)地方志系统业务人员,以及参与全区各级、各类志鉴编纂工作的相关人员,共计80余人参加培训。宁夏社会科学院副院长田光锋在开班仪式上讲话,自治区地方志办公室主任负有强对培训工作提出具体要求。培训班上,人民教育出版社副编审、博士赵志峰从质检角度谈了方志与年鉴的编辑策略;苏州市志办副主任、二级调研员陈其弟就乡镇志编纂的实践分享了工作经验;宁夏文物考古研究所所长朱存世就宁夏考古历史与现状作了讲解;北京万方数据有限公司的王维就如何利用数字化技术构建智慧方志产品来助力地方文化的振兴作了讲解;山西省地方志研究院方志编研室主任高生记就编纂精品年鉴应该重视的问题进行了分析;自治区党校教授王丛霞对习近平总书记到宁夏重要讲话精神进行了深入剖析;安徽省志办省志编纂处原处长王晖、浙江省志办研究员颜越虎分别就村志编纂方法与质量控制、志书编修形势与扶贫志编修作细致梳理和分析。通过培训不仅提高了全区地方志系统人员的业务能力和水平,也为推动志鉴编纂"两全目标"任务全面完成创造良好条件。

【黄河文化专题研究】2020年,为贯彻落实习近平总书记在黄河流域生态保护和高质量发展座谈会上的讲话精神,抓好宁夏黄河文化脉络梳理,深度挖掘黄河文化蕴涵的时代价值,弘扬黄河文化,讲好黄河故事,自治区地方志办公室围绕主题开展理论研究。组织部门全体人员参加黄河文化理论文章撰写工作,共撰写提交文章13篇,其中1篇得到自治区领导批示,1篇被《共产党人》刊载,3篇被《宁夏日报》理论版刊载。成立专题调研组,于8月31日至9月6日先后到灵武市、红寺堡区、中卫市、固原市等地就黄河历史遗存及现状进行调研,加强对宁夏黄河文化资源的普查和梳理,有利于进一步深入挖掘黄河文化蕴涵的时代价值,延续历史文脉,为宁夏全域振兴增色添彩。

(张明鹏)

NINGXIA YEARBOOK

政协宁夏回族自治区委员会

ZHENGXIENINGXIAHUIZUZIZHIQUWEIYUANHUI

编辑◎郭勤华

综　述

【抗击疫情】2020年，自治区政协坚决贯彻中共中央和自治区党委决策部署，投身抗击新冠肺炎疫情斗争。发出倡议书广泛动员全区各级政协组织、各参加单位和广大委员参与疫情防控斗争。发挥履职通APP、提案和社情民意信息等作用，就疫情防控、复工复产、依法治理等报送情况和意见建议230多条。宣传疫情防控知识，倡导“见面不握手、改行拱手礼”，围绕“面对疫情做好心理维护”等主题，举办4期网上委员大讲堂。召开抗疫一线委员座谈会，交流经验、鼓舞斗志。按照自治区党委安排部署，政协领导深入所联系的开发区和工业园区，指导企业做好疫情防控和复工复产。广大委员立足岗位各展所长，医药卫生领域的委员冲锋一线，经济领域的委员全力生产保障，交通管制、社会治安、社区工作等战线的委员日夜值守，许多委员慷慨解囊、捐款捐物，展示了为国履职、为民尽责的责任与担当。

【理论学习】2020年4—11月，全区政协系统集中开展“新时代新使命新样子”学习讨论活动，对标中央和自治区党委加强和改进政协工作的重大部署，发挥政协党组理论学习中心组的引领作用，主席会议集体学习的带动作用，习近平新时代中国特色社会主义思想学习研讨会的辐射作用，功能型党支部和机关党支部的基础作用，理论研究会对实践的指导作用，综合运用委员集中培训、委员学习座谈会、机关干部大讲堂等载体，深化理论武装，查找履职短板，完善工作举措，实现从党组成员到主席会议成员、从常委到委员、从委员到机关干部学习讨论全覆盖。召开全区市县政协工作经验交流会，提出加强和改进政协工作的65项举措。

【专门协商机制建设】2020年，自治区政协规范协商内容，认真落实党委会同政府、政协共同制订的年度协商计划。丰富协商形式，在开好全体会议、常委会议、专题协商会议的基础上，探索开展对口协商、界别协商、提案办理协商和“有事好商量”协商，协商计划所有议题均同步开展网络议政，推行提案“清单式”管理。首次以“开题会”形式明确议题学习、调研、协商的重点方向，改进专题议政性常委会讨论方式，增设讨论发言互动环节。突出靶向引领，协商会议前形成体现调研过程中协商成果的协商报告讨论稿。推动协商成果转化，制定协商议政质量评价办法，建立协商成果采纳、办理、落实情况统计制度，坚持协商会议成果、提案、社情民意信息相互贯通，建立向党政部门摘要转送协商会议上委员意见建议的机制，推动协商议政由“干了多少”向“干出成效”转变。

【协商议政】2020年，自治区政协召开“围绕‘十四五’规划制定建言献策”常委会议，形成专题报告，为党委决策提供参考。开设10个网上专题议政专栏，向自治区“十四五”规划起草组及相关部门转送委员建议37条。围绕“加强健康宁夏建设、提高人民健康水平”议题开展三级联动协商，召开“以科技创新为引领、推动制造业高质量发展”专题议政性常委会议，一些建议被纳入自治区“十四五”规划。围绕“完善农村面源污染治理和垃圾处理机制、促进全区黄河流域生态改善”“完善引导鼓励农村青年劳动力就业创业政策体系”“发挥协商民主在县域治理中的作用”“促进中药材产业发展”“推进长城长征文化公园建设”等议题开展专题协商，提出一批有价值的意见建议。就促进全区民营经济健康持续发展、创新素养教育教学评价体系建设等开展民主监督，有效推动重点工作落实。围绕启元药业环保整改和职工就业、在市区设立落叶景观道路等问题，召开6次对口协商、7次界别协商、10次“有事好商量”协商，助推一批民生热点难点问题得到解决。认真落实省级领导包抓重点产业工作机制，推动解决产业发展问题。积极参与立法协商，就自治区铁路安全管理规定、促进中小企业发展条例等法规草案，相关界别委员提出意见建议。积极参与沿黄九省（区）政协黄河流域生态保护和高质量发展协商研讨、西北五省（区）政协助推协同向西开放协作交流、西部13省（区）政协助推西部陆海新通道建设座谈会，为推动省际间协作发展贡献政协智慧和力量。

【凝聚共识】2020年，自治区政协坚持把凝聚共识贯穿履职全过程，融入视察考察、调查研究、协商议政活动中。探索凝聚传播共识工作的方法载体，制定政协秘书长会议，协调各民主党派、工商联在政协开展经常性工作办法，畅通各民主党派参加政协工作的共同性事务情况交流渠道。开展以凝聚共识为目的的委员参观活动6次，开展谈心谈话、走访看望委员活动。成立25个界别委员工作室，设立5个“委员会客室”，创新开展14期“网上委员大讲堂”，2个专委会有关界别试点联系15个社会组织，拓展委员联系界别群众渠道。发挥港澳委员深化宁港澳交流合作的积极作用，开展中华人民共和国成立后宁夏移民资料收集，围绕全面深入持久推进全区民族团结进步创建工作进行协商，倡议并参与编写“石榴籽”故事丛书，编辑完成《宁夏文史资料集萃》（抗美援朝卷），举办全区政协民族和宗教委员会工作培训班，组织散居少数民族界和宗教界委员专题视察，引导各族各界群众汇聚同心共筑中国梦的强大合力。

（马生海）

重要会议

【全体委员会议】2020年1月10—14日，中国人民政治协商会议第十一届宁夏回族自治区委员会第三次会议在银川市召开。自治区党政领导出席开幕会和闭幕会，听取委员发言，参加联组讨论，与委员们共商改革发展大计。与会委员列席自治区第十二届人民代表大会第三次会议，听取并讨论自治区主席咸辉所作的自治区政府工作报告，讨论自治区2019年国民经济和社会发展计划执行情况与2020年国民经济和社会发展计划草案的报告，讨论2019年全区及区本级财政预算执行情况和2020年全区及区本级预算草案的报告，讨论自治区高级人民法院工作报告和自治区人民检察院工作报告，对上述报告表示赞同，并提出意见和建议。会议审议并赞同自治区政协主席崔波、副主席李彦凯分别代表政协第十一届宁夏回族自治区委员会常务委员会所作的工作报告和提案工作情况的报告。举行选举大会，增选刘金星、陆军、陈永奎（藏族）、康占平、雷挺为自治区政协第十一届委员会常务委员。审议通过自治区政协第十一届第三次会议决议、《政协宁夏回族自治区委员会2020年协商工作计划》和《政协宁夏回族自治区委员会提案委员会关于第十一届第三次会议提案审查情况的报告》。

【第十一届第十次常委会会议】2020年1月3—4日，自治区政协召开第十一届第十次常委会会议。自治区政协主席崔波出席会议并讲话。出席会议的常委会组成人员应到97人，实到84人，符合规定人数。会议审议通过政协第十一届宁夏回族自治区委员会常务委员会第十次会议议程；听取自治区政府关于政协第十一届宁夏回族自治区委员会第二次会议以来提案办理情况的通报；听取关于全区“扫黑除恶”专项斗争情况的通报；听取政协宁夏回族自治区委员会各专门委员会2019年工作述职。通过关于召开政协第十一届宁夏回族自治区委员会第三次会议的决定；通过政协第十一届宁夏回族自治区委员会常务委员会工作报告；通过政协第十一届宁夏回族自治区委员会常务委员会关于提案工作情况的报告；通过政协宁夏回族自治区委员会

2020年5月31日至6月1日，政协第十一届宁夏回族自治区委员会常务委员会第十二次会议召开

2020年协商计划(草案);通过政协第十一届宁夏回族自治区委员会第三次会议议程(草案)、日程;通过政协第十一届宁夏回族自治区委员会第三次会议秘书长、副秘书长名单;通过政协第十一届宁夏回族自治区委员会第三次会议选举办法(草案);通过有关人事事项。自治区政协副主席李彦凯、洪洋、马力、郭虎、冯志强、王紫云、马秀珍和秘书长阮教育出席会议。

【第十一届第十一次常委会会议】2020年1月13日,自治区政协召开第十一届第十一次常委会会议。自治区政协主席崔波出席并主持会议,副主席李彦凯、洪洋、马力、郭虎、冯志强、王紫云、马秀珍和秘书长阮教育出席会议。常委会组成人员应到96人,实到90人,符合规定人数。

【第十一届第十二次常委会会议】2020年5月31日至6月1日,自治区政协召开第十一届第十二次常委会会议。自治区政协主席崔波出席会议。出席会议的常委会组成人员应到101人,实到84人,符合规定人数。会议传达学习第十三届全国人大第三次会议精神、全国政协第十三届第三次会议精神、审议通过有关人事事项。5月31日,自治区政协常委在分会场参加全区传达贯彻全国"两会"精神会议。自治区党委常委、常务副主席张超超应邀作关于全区新冠肺炎疫情防控和经济社会发展情况的通报。与会人员围绕贯彻落实全国"两会"精神,建立健全常态化疫情防控机制,推动经济社会发展进行分组讨论、建言献策。自治区政协副主席主持会议。自治区政协副主席李彦凯、张守志、洪洋、马力、郭虎、冯志强、王紫云、马秀珍和秘书长阮教育出席会议。

【第十一届第十三次常委会会议】2020年7月2日,自治区政协召开第十一届第十三次常委会会议。自治区政协主席崔波出席会议并讲话。出席会议的常委会组成人员应到98人,实到86人,符合规定人数。会议传达学习了习近平总书记视察宁夏重要讲话精神;审议通过自治区政协第十一届常委会第十三次会议议程;传达全国政协第十三届常委会第十二次会议精神;听取自治区副主席吴秀章关于全区企业科技创新情况报告;自治区政协副主席王紫云就《关于以科技创新为引领,推动制造业高质量发展的协商报告(审议稿)》作说明。会议围绕"以科技创新为引领,推动制造业高质量发展"协商建言,并开展专题学习、分组讨论;自治区政协委员李良、刘佳、解方、王春秀、王波、相卫国、何学虎、陈红缨、周涛、潘志军、罗万里、蒋杨贵作大会发言。自治区政协副主席马秀珍主持会议。自治区政协副主席李彦凯、张守志、洪洋、马力、郭虎、冯志强和秘书长阮教育出席会议。

【第十一届第十四次常委会会议】2020年9月27日,自治区政协召开第十一届第十四次常委会会议。自治区政协主席崔波出席会议。出席会议的常委会组成人员应到98人,实到81人,符合规定人数。会议审议通过自治区政协第十一届常委会第十四次会议议程;传达学习全国政协第十三届常委会第十三次会议、自治区党委第十二届第十一次全会精神;听取自治区副主席杨培君作《关于健康宁夏建设工作情况的报告》;自治区政协副主席郭虎就《加强健康宁夏建设,提高人民健康水平的协商报告(审议稿)》作说明;自治区政协副主席马秀珍围绕"推进健康宁夏建设,保障人民群众健康"作专题讲座。会议围绕"加强健康宁夏建设,提高人民健康水平"协商建言,并开展专题学习、分组讨论;张杰、杜勇、马中勇、杨立华、王生林、张亚红、陈红缨、孙瑛、童安荣、刘媛、杨文炯、范文杰12位政协常委和委员围绕协商主题作大会发言。自治区政协副主席李彦凯主持会议。自治区政协副主席张守志、马力、冯志强、王紫云和秘书长阮教育出席会议。

【第十一届第十五次常委会会议】2020年11月20日,自治区政协召开第十一届第十五次常委会会议。自治区政协主席崔波出席会议并讲话。出席会议的常委会组成人员应到98人,实到83人,符合规定人数。会议传达学习全国政协第十三届常委会第十四次会议精神;围绕贯彻落实中共十九届五中全会精神、制定全区国民经济和社会发展第十四个五年规划和2035年远景目标协商议政。自治区党委副书记姜志刚应邀出席开幕会并围绕学习中共十九届五中全会精神作专题报告。自治区政协副主席张守志主持开幕会。自治区政协副主席李彦凯、洪洋、马力、冯志强、王紫云、马秀珍和秘书长阮教育出席会议。

【黄河流域生态保护和高质量发展先行区实施意见专题座谈会】2020年7月10日,自治区党委书记陈润儿与自治区政协领导班子座谈贯彻落实习近平总书记视察宁夏重要讲话精神,征求对黄河流域生态保护和高质量发展先行区实施意见的建议,强调要深入学习贯彻习近平总书记视察宁夏重要讲话精神,牢记嘱托、在服务国家大局下担当使命、大力建设先行区,奋发作为、在服务发展战略中抢抓机遇、加快高质量发展。自治区政协主席崔波出席会议并发言。自治区政协领导李彦凯、张守志、洪洋、马力、郭虎、冯志强、王紫云、马秀珍、阮教育紧扣深入贯彻落实习近平总书记视察宁夏重要讲话精神，围绕建设黄河流域生态保护和高质量发展先行区作发言。自治区领导赵永清、刘可为参加座谈。大家一致认为，习近平总书记视察宁夏并发表重要讲话，指明了宁夏前进的方向、赋予宁夏时代重任，极大激发了全区人民的奋斗精神。自治区党委认真组织开展学习宣传贯彻，精心研究谋划先行区建设，体现了讲政治、顾大局、抓机遇、促发展的强烈使命担当。大家各抒己见、建言献策，陈润儿不时与大家交流，共同探讨研究为什么建设先行区、建设什么样的先行区、怎样建设先行区的重大问题。陈润儿感谢大家的中肯意见，希望大家发挥优势，参政议政、凝心聚力，与党委和政府一起高起点高标准谋划推进先行区建设。陈润儿指出，黄河流域在我国经济社会发展和生态安全方面具有十分重要的地位。中华人民共和国成立后，中国共产党带领沿黄军民推进黄河治理保护取得重大成就，特别是党的十八大以来，习近平总书记和党中央确定了“节水优先、空间均衡、系统治理、两手发力”的治水思路，引领黄河流域经济社会发展和人民生活发生了翻天覆地的变化，但黄河一直体弱多病，水患风险仍然存在、流域生态环境脆弱、资源利用效率低下、发展质量效益不高等问题突出。习近平总书记站在中华民族伟大复兴千秋大计的战略高度，深入调研、科学谋划，将黄河流域生态保护和高质量发展确定为重大国家战略。这一战略决策部署，事关沿黄人民福祉、事关生态文明建设、事关历史文化传承、事关区域经济发展、事关综合国力提升，意义重大、影响深远。建设先行区是国家使命、是宁夏担当。要牢记嘱托、担当使命，在站位国家大局、服务国家大局中来思考、谋划和推进先行区建设，共同抓好大保护、协同推进大治理，唱好新时代的“黄河大合唱”。陈润儿强调，建设黄河流域生态保护和高质量发展先行区既是使命也是机遇，抓住机遇就会赢得一个时代的发展，错过机遇就会耽误一个时代的发展。国家的发展战略、宁夏的时代重任，为推进经济结构调整、加快转型发展带来了难得的机遇，为推进环境污染治理、保护改善生态带来了难得的机遇，为推进黄河堤防建设、确保黄河安澜带来了难得的机遇，为推进城乡一体化发展、提升区域实力带来了难得的机遇，也为推进改革创新实践、扩大对外开放带来了难得的机遇。要把建设先行区作为战略资源、战略机遇，奋发作为，负重前行，在服务发展战略中抢抓机遇，在保护中发展、在发展中保护，加快高质量发展，担当新时代重任，做好先行区文章。

【全国政协调研组与住宁全国政协委员座谈会】2020年8月19日，全国政协副主席郑建邦率领全国政协调研组一行在宁夏调研，其间看望住宁全国政协委员并在银川市召开座谈会，听取委员们履职情况汇报和意见建议。自治区政协主席崔波主持会议。戴秀英、马宗保、赵庆丰、李保平4名住宁全国政协委员作重点发言，畅谈履职感受，分享履职收获，并从强化提案办理协商机制、支持政协委员扎实开展调研、组织开展跨行业调研、加强政协委员个人履职保障等方面提出意见和建议，与全国政协调研组深入交流。郑建邦要求：住宁全国政协委员不忘初心、牢记使命，要以人民为中心履职尽责，坚持把维护好发展好最广大人民根本利益作为工作的出发点和落脚点，把促进民生改善作为着力点，抓住民生领域重要问题建言资政，协助党委和政府破解民生难题，增进人民福祉，做到人民政协为人民。要坚持建言资政和凝聚共识双向发力，发挥人民政协专门协商的机构作用，更好地专出特色、专出质量、专出水平，把人民政协的制度优势更好地转化为国家治理效能。要把加强思想政治引领、广泛凝聚共识作为履职工作的中心环节，更好地成为坚持和加强党对各项工作领导的重要阵地，用党的创新理论团结教育引导各族各界代表人士，在共同思想政治基础上化解矛盾和凝聚共识。

【专题协商会】2020年7月3日，自治区政协采取现场交流和视频连线深度结合的方式召开“全区创新素养教育教学评价体系建设情况”专题协商座谈会，自治区政协主席崔波、副主席郭虎和秘书长阮教育参加。8月14日，召开“完善农村面源污染治理和垃圾处理机制，促进全区黄河流域生态改善”专题协商座谈会，自治区政协主席崔波，副主席冯志强和秘书长阮教育参加。8月19—20日，围绕“就业创业培训政策”“基本公共服务和社会保障政策”“金融政策”“农业用地政策”4个子专题，分别召开专题协商座谈会，自治区政协领导参加。9月25日，召开“如何全面深入持久推进全区民族团结进步创建工作”专题协商座谈会，自治区政协主席崔波，副主席马力和秘书长阮教育参加。10月27日，召开“如何发挥协商民主在县域治理中的作用”专题协商座谈会，自治区政协主席崔波、副主席马秀珍和秘书长阮教育参加。11月4日、11月13日，围绕“推进全区长

2020年9月28日，宁夏人民政协理论研究会“新时代新使命新样子”理论研讨会暨2020年年会在银川市召开

城、长征国家文化公园建设”召开2次专题协商座谈会，自治区政协主席崔波，副主席洪洋和秘书长阮教育参加。11月18日，围绕“加强宁夏澳门中药材产业合作，促进宁夏中药材产业发展”在彭阳县与澳门特别行政区委员、澳门企业家召开专题协商座谈会，自治区政协副主席张守志参加会议。12月3日，召开“国务院《优化营商环境条例》在全区贯彻落实情况”专题协商座谈会，自治区政协主席崔波，副主席王紫云和秘书长阮教育参加。

【政协秘书长工作会议】2020年7月15—16日，全国地方政协秘书长工作交流座谈会在银川市召开。会议围绕推进人民政协事业在坚持中发展、在巩固中完善，努力创建让党中央放心、让人民群众满意的模范机关进行交流研讨，并就制定有关制度文件征求意见和建议。全国政协副主席李斌，副秘书长潘立刚、曲凤宏、金学锋出席会议。会前，自治区党委书记陈润儿、自治区主席咸辉、自治区政协主席崔波拜会李斌。自治区领导赵永清、李彦凯参加。崔波在会上致辞。15名政协机关负责人作交流发言。8月6日，全区各市、县（区）政协秘书长工作交流座谈会在银川市召开。会议深入学习贯彻习近平总书记视察宁夏重要讲话精神，传达全国地方政协秘书长工作交流座谈会精神，围绕“新时代新使命新样子”学习讨论活动和努力创建让党中央放心、让人民群众满意的模范机关进行交流研讨。

（马生海）

重要活动

【考察调研】2020年7月16日，全国政协副主席、交通运输部党组书记杨传堂带领调研组，深入固原市西吉县硝河乡新庄村、偏城乡下堡村、吉强镇水泉村，分别就“两不愁三保障”落实、扶贫车间、劳务就业和“交通+产业”等情况进行调研。自治区党委常委、固原市委书记张柱，自治区政府副主席刘可为陪同调研。8月19—22日，全国政协副主席、民革中央常务副主席郑建邦率领全国政协外事委员会调研组到宁夏，围绕“讲好中国人权事业发展成就的故事”进行调研，自治区政协主席崔波主持座谈会并陪同调研。8月14日，水利部调研组到宁夏，对全国政协第十三届第三次会议期间由全国政协委员崔波、齐同生、韩勇、多杰热旦、努尔兰·阿不都满金、郑福田联名提交的《关于加快建设南水北调西线工程，为黄河流域生态保护和高质量发展提供水资源保障的提案》调研并反馈相关办理情况。10月14日，全国政协副主席刘奇葆率领由全国政协委员、专家学者组成的全国政协考察团，赴西吉县将台堡红军会师纪念馆，就“推进长征国家文化公园建设和革命文物保护”开展专题调研，并向中国工农红军长征将台堡会师纪念碑敬献花篮。自治区政协主席崔波，自治区党委常委、固原市委书记张柱陪同考察。10月22日，全国政协副主席梁振英出席第九届宁夏贺兰山东麓国际葡萄酒博览会。

【理论学习研讨】2020年4月2日，全区政协“新时代新使命新样子”学习讨论活动动员会暨专门委员会工作视频网络会议在银川市召开，各市、县（区）政协设27个分会场。自治区政协主席崔波作动员讲话。自治区党委常委、统战部部长、政协党组副书记白尚成出席会议，自治区政协副主席李彦凯主持会议，政协副主席洪洋、马力、郭虎、冯志强、王紫云、马秀珍和秘书长阮教育出席会议。4—11月，围绕“深刻理解新时代的科学内涵”“深刻理解人民政协在新时代的新使命”“努力干出新时代人民政协的新样子”3个专题，以党支部为单位，召开7次专题讨论会。自治区政协主席崔波，副主席李彦凯、张守志、洪洋、马力、郭虎、冯志强、王紫云、马秀珍和秘书长阮教育参加所在党支部讨论。4月24日，开展习近平新时代中国特色社会主义思想学习研讨会第一次学习研讨活动，主题为“习近平生态文明思想”，自治区政协副主席冯志强主讲，自治区政协主席崔波，副主席李彦凯、洪洋、马力、郭虎、王紫云、马秀珍和秘书长阮教育参加。7月13日，开展习近平新时代中国特色社会主义思想学习研讨会第二次学习研讨活动，主题为《战略思维与“四个全面”战略布局》，自治区政协副主席张守志主讲，自治区政协主席崔波，副主席李彦凯、洪洋、马力、郭虎、王紫云、马秀珍和秘书长阮教育参加。9月4日，开展习近平新时代中国特色社会主义思想学习研讨会第三次学习研讨活动，主题为《专门协商机构建设》，自治区政协副主席李彦凯主讲，自治区政协主席崔波，副主席张守志、马力、王紫云、马秀珍和秘书长阮教育参加。9月28日，召开宁夏人民政协理论研究会“新时代新使命新样子”理论研讨会暨2020年年会，研究会会长、自治区政协党组副书记李彦凯出席会议并讲话。12月11日，开展习近平新时代中国特色社会主义思想学习研讨会第四次学习研讨活动，主题为《习近平外交思想》，邀请自治区政府外事办党组书记、主任李琛主讲，自治区政协主席崔波，副主席李彦凯、洪洋、马力、郭虎、冯志强、王紫云、马秀珍和秘书长阮教育参加。

【培训讲座】2020年8月11—13日，自治区政协委员学习培训班在银川市委党校开班。自治区政协主席崔波围绕“民主的本质”“社会主义协商民主的发展历程”“人民政协是社会主义协商民主的重要渠道和专门协商机构”“落实协商民主的本质要求，努力干出人民政协新样子”四个方面，系统阐释社会主义协商民主这一特有形式和独特优势，全面阐述新时代人民政协应有的新样子。自治区政协副主席李彦凯作开班动员讲话，并围绕习近平总书记视察宁夏重要讲话精神进行传达辅导。全国政协委员、北京大学国际关系学院原院长贾庆国，中国人民政协理论研究会原秘书长、全国政协研究室原副主任原冬平，分别以《国际格局与我国外交面临的挑战》《贯彻中央最新决策部署，开创新时代政协工作新局面》为题进行专题授课。自治区政协各界别委员、全区各市县政协主席及部分自治区政协机关干部共315人参加培训。11月25日，自治区政协举办《产业数字化》专题讲座，自治区政协主席崔波出席并讲话。他强调要高度重视大数据学科人才的培养，加强校企合作，培养本地人才，推动数据分析在医疗、教育等各领域的有效应用；要加强数据分析在企业发展中的应用，争取在“十四五”发展进程中，宁夏率先将数据分析引入企业管理，让数据分析在服务宁夏高质量发展新路子中发挥重要作用。自治区政协副主席王紫云参加讲座。苏州国云数据创始人马晓东应邀以“产业数字化”为主题，立足大数据理论知识，从为什么要进行数智化转型、数智化转型的5个推动要素等方面进行讲解，并现场交流学校大数据学科建设及人才培养建设，此次讲座对宁夏各高校（学院）大数据学科建设及发展有着积极的启示和引导作用。自治区教育厅、工业和信息化厅、宁夏各高校（学院）及自治区政协经济委员会、教科卫体委员会等近50名负责人现场聆听讲座。

（马生海）

重点提案督办

【概况】2020年，自治区政协第十一届第三次会议确定重点提案27件，占实际交办提案数的6%，其中：经济建设类13件，政治建设类1件，文化建设类2件，社会建设类7件，生态文明建设类4件。14件重点提案由自治区党委、政府主要领导和自治区政协主席、副主席领衔督办，另外13件重点提案由自治区政协各专门委员会督办，提案委员会督办5件。截至2020年12月14日，已督办25件，承办单位均已答复提案人。27件重点提案均得到不同程度落实和回应。从主办单位对重点提案的答复类型看，A类提案为23件，占总数的85%；B类提案为4件，占总数的15%。委员对提案办理满意率达100%，较好地发挥了重点提案在全区提案办理工作中的示范引领作用。

【提案督办】2020年，自治区政协采取办前协调会、专题调研、办理协商座谈会、实地考察、走访等方式开展提案督办工作。领导重视。领衔督办重点提案领导对提案督办工作亲自指导，有的提案在办理前有明确批示，督促承办单位，紧盯重点难点，完善办理方案，细化推进措施，按照时间节点要求，切实办出质量、办出成效。全年督办的25件重点提案，全部由领衔督办的省级领导和专门委员会的主要领导亲自参加调研或主持督办座谈会议。沟通协商。各承办单位更加注重提案的分析研究，确定牵头分管领导和具体承办业务处室，确保办出实效；更加注重沟通协商，在办理过程中做到办理前沟通联系、办理中征求意见、办理后跟踪回访；主动与督办领导（督办部门）联系，制定办理方案并征求意见。在

2020年12月28日，全区政协提案工作经验推广现场会在银川市召开

重点提案的办理过程中，多次与党委常委办、党委督查室、政府督查室等部门进行充分沟通。办理实效。各承办单位根据本单位和协办单位的职能，吸收委员提出的合理化建议，推动相关工作取得成效。自治区商务厅从强化政策引领、加大资金支持，推动管理体制改革、优化园区营商环境、实施开放带动战略等方面夯实开发区开放型经济聚集载体作用。自治区工业和信息化厅制定《关于实施"四大改造"打好工业转型发展攻坚战的实施方案》，搭建企业融资服务平台，为缓解企业融资难发挥积极作用。自治区农业农村厅统筹中央及自治区各类项目资金37122万元，治理盐碱耕地2.8万亩，将22.1万亩盐碱耕地改造为高标准农田，建设盐碱地农艺改良技术试验示范田10万亩等，并编制《宁夏引黄灌区盐碱地生态治理和高质量发展示范区实施方案》《关于推进葡萄酒产业高质量发展的实施意见》。为农户统一配备分类垃圾筒，由农户初次分类，保洁员定时上门收集，引进专业保洁公司负责垃圾分类治理，加大财政支持力度，人均垃圾治理运维经费，川区120元左右、山区80元以上。自治区发展和改革委编制《宁夏中南部生态保护治理与高质量发展规划》，加大对六盘山地区的支持力度，除原州区以外，其他县（区）都被列为国家级限制开发的生态地区，享受国家重点生态功能区转移支付政策，给予固原市人才引进政策更优惠。自治区卫生健康委在西夏区科技产业园内划拨土地约80亩，规划建设中医药科技产业园，作为中医药健康产业园组成部分。自治区文化旅游厅将做好历史文化名城、名村以及黄河沿线传统村落保护工作，推动文物和非遗保护传承利用，推进文物与旅游相结合，多措并举促进黄河文化保护与传承。自治区党委统战部制订宗教界人士中长期教育培训规划和年度计划，并力争到2022年将所有统战系统从事民族宗教工作的干部轮训一遍。自治区教育厅制定《自治区西部一流大学和一流学科二期建设方案（2021—2025年）》，全面落实《加快建设宁夏高水平本科教育行动计划》，打造100个国家和自治区级一流本科专业点，提升高校服务地方经济社会发展的能力。自治区扶贫办继续执行摘帽贫困县、出列贫困村和脱贫人口帮扶政策，保证工作力度不减。建立监测预警和动态帮扶机制，继续落实现有脱贫攻坚帮扶政策，巩固脱贫成果。自治区住房和城乡建设厅强化监管，确保从源头解决供热设施不达标的问题。推广节能智能控制设备，降低供热成本。加快集中供热项目建设，优化集中供热顶层设计。自治区卫生健康委以健全疾病预防控制机构和专病防治机构为要义，医疗机构为依托，基层医疗卫生机构为网底、覆盖城乡的疾病防控体系，建立上下联动的分工协作机制。建立新型冠状病毒实验室生物安全评估和监督管理制度，确保全区新型冠状病毒实验室生物安全。督导检查。为防止B类重点提案出现"重答复、轻落实"甚至"只答复、不落实"等现象，对2019年的两件重点提案进行跨年度跟踪督办"回头看"。对自治区林业和草原局上年承办的《关于实施草原稀疏林建设，防止全区草原生态系统退化的提案》进行"回头看"，先后制定《宁夏贺兰山国家级自然保护区管理局天然林资源保护工程森林管护管理办法》《宁夏贺兰山国家级自然保护区管理局林地资源管理办法》等28项规章制度，采取加快荒漠草原生态系统和黄土沟壑丘陵区生态系统修复及多功能林建设等一系列措施，草原生态系统保护与植被修复成效显著。先后出台《自治区关于促进科技成果转移转化的实施意见》《自治区促进科技成果转移转化行动方案》《关于促进科技中介机构发展的意见》等政策文件，发挥政府资金和政策的激励作用，激发各类创新主体科技成果转移转化的积极性，加快科技成果扩散、流动、共享、应用，推动转化应用一批带动产业转型升级、惠及民生福祉的重大科技成果。

表2 宁夏回族自治区政协第十一届第三次会议重点提案督办情况表

序号	提案编号	提案题目	提案者	承办单位	督办领导或部门	协调部门
1	60	关于夯实国家级经济技术开发区开放型经济聚集载体作用的提案	陈生荣	自治区商务厅	陈润儿	自治区党委办公厅
1	403	关于全区工业园区整合后转型发展的提案	马　凯	自治区工业和信息化厅	陈润儿	自治区党委办公厅
2	113	关于进一步促进全区制造业高质量发展的提案（主提案）	自治区工商联	自治区工业和信息化厅	咸　辉	自治区政府办公厅
2	113	关于推进全区制造业高质量发展的提案	民建宁夏区委会	自治区工业和信息化厅	咸　辉	自治区政府办公厅
2	113	关于进一步推动制造业和现代服务业融合发展的提案	民建宁夏区委会	自治区工业和信息化厅	咸　辉	自治区政府办公厅
2	113	关于以科技创新引领制造业高质量发展的提案	王林伶	自治区工业和信息化厅	咸　辉	自治区政府办公厅
3	385	关于建立河套（宁夏）引黄灌区盐碱地生态治理和高质量发展示范区的提案■	自治区政协农业和农村委员会、教科卫体委员会、潘多俊	自治区农业农村厅	崔　波	自治区政协农业和农村委员会
4	353	关于破解全区葡萄产业发展瓶颈的提案■	丁　波	宁夏贺兰山东麓葡萄产业园区管委会	姜志刚	自治区党委办公厅
4	254	关于金融业支持葡萄酒产业发展的提案■	张华清	自治区农业农村厅	姜志刚	自治区党委办公厅
5	314	关于“管好用好政府投资基金，助推宁夏产业转型升级、服务地方实体经济发展”的提案■	马　炜	自治区财政厅	张超超	自治区政府办公厅
5	250	关于坚决做好防范化解金融风险重要工作的提案■▲	李祝民	自治区地方金融监管局	张超超	自治区政府办公厅
5	406	关于完善政府性融资担保体系，切实解决中小微企业融资难融资贵的提案	刘日巨	自治区地方金融监管局	张超超	自治区政府办公厅
6	249	关于支持建设六盘山生态经济区的提案	马玉芳	自治区发展和改革委员会	李彦凯	自治区政协提案委员会
7	333	关于建设全区中医药健康产业园的提案	童安荣	自治区卫生健康委员会	张守志	自治区政协港澳台侨和外事委员会
8	299	关于加大宁夏黄河文化保护传承的提案（主提案）	民进宁夏区委会	自治区文化旅游厅	洪　洋	自治区政协文化文史和学习委员会
8	299	关于开展“黄河+”文化研究及产业开发的提案	丁　洪	自治区文化旅游厅	洪　洋	自治区政协文化文史和学习委员会
9	162	关于加快全区基层宗教干部培养的提案	自治区政协民族和宗教委员会	自治区党委统战部	马　力	自治区政协民族和宗教委员会
10	227	关于推动全区高等教育高质量内涵发展，提升高校培育紧缺领域创新型专业人才能力的提案	王春秀	自治区教育厅	郭　虎	自治区政协教科卫体委员会

续表

序号	提案编号	提案题目	提案者	承办单位	督办领导或部门	协调部门
11	417	关于推进农村生活垃圾资源化减量化处理的提案(主提案)	霍健明	自治区农业农村厅	冯志强	自治区政协人口资源环境委员会
		关于农村垃圾处置的提案	马海伦			
		关于实施农村生活垃圾分类管理的提案	毛明杰			
12	105	关于加快建立稳定脱贫长效机制,防止“断奶”返贫的提案(主提案)▲	周晓涛	自治区扶贫办		自治区政协农业和农村委员会
		关于进一步强化全区脱贫攻坚工作的提案	李焕民			
		关于人才助力脱贫的提案	自治区政协民族和宗教委员会			
		关于加强扶贫扶志工作,确保全面完成脱贫任务的提案	强海峰			
		关于建立健全扶贫综合保障体系的提案	晋晓勇			
		关于做好2020年扶贫攻坚和乡村振兴有机衔接的提案	何炳善			
13	322	关于进一步完善提高全区供热安全性和智能性建设水平的提案■	王润强、王　宁、马玉清	自治区住房和城乡建设厅	王紫云	自治区政协经济委员会
14	420	关于改革和完善重大疫情防控体制机制的提案(主提案)▲	九三学社宁夏区委会	自治区卫生健康委员会	马秀珍	自治区政协社会和法制委员会
		关于健全应急治理体系,提升城市免疫力的提案	杜　勇			
15	296	关于积极发挥宁夏区域性股权市场功能,推进全区多层次资本市场建设的提案■	民进宁夏区委会	自治区地方金融监管局	自治区政协提案委员会	自治区政协提案委员会
16	352	关于推进宁夏技术市场高质量发展的提案▲	赵功强	自治区科技厅		
17	200	关于尽快启动全区黄土高原丘陵沟壑区治沟造林地项目的提案	民盟宁夏区委会	自治区林业和草原局		
18	435	关于降低疫情对全区经济社会发展影响的提案(主提案)▲	民革宁夏区委会	自治区发展和改革委员会		
		关于进一步支持全区民营企业复产稳产工作的提案	自治区工商联			
		关于疫后工业企业尽快恢复生产经营的提案	民建宁夏区委会			
		关于疫情中后期支持中小民营企业的提案	范文杰			
19	134	关于多点发力推进家庭签约医生服务的提案	九三学社宁夏区委会	自治区卫生健康委员会		
	73	关于完善社区家庭病床制度,破解居家医疗难题的提案	农工党宁夏区委会			
20	338	关于提升全区污水处理厂污泥资源化处置利用水平的提案■	袁　斌、高相虎、王润强	自治区生态环境厅	自治区政协经济委员会	自治区政协经济委员会
21	340	关于完善和细化养殖业用地政策,切实解决养殖用地紧缺矛盾的提案▲	沙湧波、万　平等8人	自治区自然资源厅	自治区政协农业和农村委员会	自治区政协农业和农村委员会

续表

序号	提案编号	提案题目	提案者	承办单位	督办领导或部门	协调部门
22	383	关于加强宁夏黄河段湿地野生鸟类栖息地保护的提案■▲	马平安、文军等8人	自治区林业和草原局	自治区政协人口资源环境委员会	自治区政协人口资源环境委员会
23	221	关于有效降低全区苯丙酮尿症发病率的提案■▲	王琦、刘娟、杜勇	自治区卫生健康委员会	自治区政协教科卫体委员会	自治区政协教科卫体委员会
24	124	关于切实给社区减负的提案(主提案)■▲	自治区政协社会和法制委员会	自治区民政厅	自治区政协社会和法制委员会	自治区政协社会和法制委员会
		关于减轻基层社区工作负担的提案	买若春			
25	24	关于大力发展乡村旅游，助推宁夏乡村振兴的提案(主提案)	民革宁夏区委会	自治区文化和旅游厅	自治区政协民族和宗教委员会	自治区政协民族和宗教委员会
		关于推动自治区旅游业发展的提案	蔡德升			
		关于进一步加快全区乡村全域旅游发展的提案	强海峰			
26	146	关于加强全区一村(社区)一法律顾问工作的提案▲	民革宁夏区委会	自治区司法厅	自治区政协港澳台侨和外事委员会	自治区政协港澳台侨和外事委员会
27	240	关于加强全区特色农产品品牌建设的提案(主提案)	民建宁夏区委会	自治区农业农村厅	自治区政协文化文史和学习委员会	自治区政协文化文史和学习委员会
		关于推动区域特色品牌发展的提案	罗万里			

注：带“■”号为清单式提案，带“▲”号为民主监督性提案

（马生海）

专题协商

【制造业科技创新】2020年4月，由自治区政协6位副主席带队，各民主党派、工商联参与，赴5个地级市及所辖县（区）和宁东能源化工基地170多家规模以上制造业企业进行专题调研，开展一对一“沉浸”式访谈和大范围座谈，同时依托宁夏大数据应用实验室开展宁夏规模以上制造业企业科技创新情况问卷调查，聘请宁夏大学经济管理学院5名博士开展课题性研究，通过开展网络议政征集政协委员建议80条。6月，分别组织召开调研成果交流会，征求意见后，形成1个综合调研报告和7个专题调研报告。7月2—3日，自治区政协召开第十一届第十三次常委会议协商讨论，形成《以科技创新为引领，推动制造业高质量发展的协商报告》，报送自治区党委。建议：政府和企业提高科技创新意识，形成制造业高质量发展合力；加大对企业科技创新资金支持，形成制造业高质量发展的驱动力；构建产学研企协调联动的新机制，培育制造业高质量发展的向心力；支持企业培养自己的人才队伍，打造制造业高质量发展的支撑力。

【健康宁夏建设】2020年7月，由自治区政协5位副主席带队，自治区、市、县三级政协联动，各民主党派、政协各界别90余人参加，分赴区直单位和5个地级市，就“加强健康宁夏建设，提高人民健康水平”议题，分5个专题进行调研，通过网络议政收集委员建议333条，针对调研中发现的具体问题，与相关部门召开5次协商会，分别形成5个专题调研报告。组织宁夏大数据实验室、宁夏疾控中心等机构起草《加强健康宁夏建设，提高人民健康水平——健康知识公众认知与行为调查报告》等3份研究性报告。9月27—28日，自治区政协召开第十一届第十四次常委会议协商讨论，形成《加强健康宁夏建设 提高人民健康水平的协商报告》，报送自治区党委。建议：做好重大疾病防控。树立“个人是自身健康第一责任人”的理念，倡导健康生活方式。提升基层医疗卫生机构服务防控能力。用好“互联网+医疗健康”手段，做到重医疗更要重预防。

【农村青年就业创业】2020年5月19—22日，农业和农村委员会组织部分政协委

员,联合民建宁夏区委会、自治区团委、妇联就此专题进行调研,宁夏大学协同开展课题研究。调研组在走访自治区有关厅局了解政策情况后,分5组10个小分队深入5个地级市及贺兰县、平罗县、同心县、海原县、泾源县、原州区和10个乡村进行解剖麻雀式调研。8月19—20日,围绕“就业创业培训政策”“基本公共服务和社会保障政策”“金融政策”“农业用地政策”4个子专题,进行分类协商、一事一议。经广泛协商讨论后,形成协商报告。建议:系统研究并出台关于完善引导鼓励农村青年劳动力就业创业的政策意见,完善就业创业培训政策,完善农用地和金融支持产业发展政策,完善社保、教育、权益保障等政策。

【农村环境治理】2020年,自治区政协推动完善农村面源污染治理和垃圾处理机制,促进全区黄河流域生态改善。4—6月,人口资源环境委员会组织部分委员,联合农工党宁夏区委会、宁夏社会科学院,分4个调研组赴利通区、青铜峡市、彭阳县的10个典型村镇和吴忠国家农业科技园区,登门入户与当地农民、基层负责人交流,并采用调查问卷和座谈交流等方式进行调研,同时通过网络议政收集委员建议355条。8月14日,召开专题协商会议,形成《完善农村面源污染治理和垃圾处理机制,促进全区黄河流域生态改善协商报告》。建议:秉承“就地、简约、效能”的理念,从“化肥减量”“农药减量”“农用残膜回收处理”“农村污水处理”“水产养殖污染治理”“垃圾回收处理”“危废回收处理”“宏观层面”8个方面完善机制,有针对性地进行专项治理。

【民主协商】2020年,自治区政协积极发挥民主协商在县域治理中的作用。5月11—18日,社会和法制委员会分4个调研组赴银川市、吴忠市、中卫市的7个县(区)15个基层单位开展调研,9月7—9日进行了补充调研。开展网络议政,征求政协委员建议283条。10月27日,召开专题协商会议,形成《如何发挥协商民主在县域治理中作用的协商报告》。建议:深入贯彻落实《中共中央关于加强社会主义协商民主建设的意见》和党的十九届五中全会精神,充分认识协商民主在县域治理中的重要意义,继续重点加强政党协商、政府协商、政协协商,积极开展人大协商、人民团体协商、基层协商,探索社会组织协商,通过加强协商民主建设,推动自治区党委《关于完善基层治理体系　提高基层治理能力的若干意见》贯彻落实,推进全区县级治理体系和治理能力现代化。

【民族团结进步创建】2020年,自治区政协全面深入持久推进全区民族团结进步创建工作。6月,民族宗教委员会组织调研组分成4个小组,采取分散调研与集中调研、问卷调查与走访座谈相结合的方式开展调研。委托宁夏社会主义学院就“如何全面深入持久推进全区民族团结进步创建工作”进行问卷调查和结果分析,同时对“提升民族团结进步创建工作水平”开展可行性研究。通过网络议政收集委员建议465条。9月25日,召开专题协商会议,形成《如何全面深入持久推进全区民族团结进步创建工作的协商报告》。建议:紧紧围绕铸牢中华民族共同体意识工作主线,促进各民族交往交流交融,深化民族团结进步宣传教育,完善民族团结进步创建工作的长效机制,提升民族宗教事务依法治理水平。

【产业合作】2020年,自治区政协加强宁夏澳门中药材产业合作,促进宁夏中药材产业发展。6月,带领港澳台侨和外事委员会部分委员,自治区科技厅有关专家及各市、县(区)政协委员组成调研组,先后深入吴忠市、固原市5个中药材种植县(区)开展调研,调研组先后召开调研情况座谈会、宁夏澳门中药材企业线上交流会议,同时开展网络议政,征集政协委员建议345条。澳门特别行政区委员同步开展调研,收集澳门中药材产业发展情况并反馈至调研组。10月23日,组织召开宁夏澳门中药材企业线上交流会议,澳门企业确定到宁夏考察意向。11月16—19日,澳门特别行政区委员及5家澳门中药材企业(掌握澳门中药材进出口市场份额90%)到宁夏考察。11月18日,在彭阳县召开专题协商会议,与澳门特别行政区委员、澳门企业家互动交流并达成共识,形成《加强宁夏澳门中药材产业合作,促进宁夏中药材产业发展的协商报告》。建议:明确全区中药材产业种植环节主管部门,按照道地性要求优化生产布局,加大对重点产区的支持,完善质量标准控制和质量检测体系,加快培育市场体系,协调推进人才培养和技术研发,探索推进“中药材+”发展模式。

【文化公园建设】2020年,自治区政协推进全区长城、长征国家文化公园建设。4—8月,自治区政协文化文史和学习委员会调研组深入全区16个县(区),就全区长城、长征国家文化公园建设规划进行调研,并赴贵州省考察学习,针对编制规划提出建议。通过网络议政收集委员建议248条。在充分调研的基础上,自治区政协分别召开2次专题协商会,形成《推进全区长城、长征国家文化公园建设的协商报告》。建议:尽快整理史料文集,统筹编制保护和建设规划,强化文化公园主题功能区建设,大力弘扬两种革命精神等。

【优化营商环境】2020年，自治区政协贯彻落实国务院《优化营商环境条例》促进宁夏民营经济健康持续发展。10月15—19日，经济委员会组织部分委员赴银川市、石嘴山市和宁东能源化工基地及部分企业开展民主监督调研。通过网络议政收集委员建议172条。12月3日，召开专题协商会议，形成《国务院〈优化营商环境条例〉在全区贯彻落实情况民主监督协商报告》。建议：健全配套政策，提高政务服务水平；加强信用体系建设，打造亲商安商环境；强化法治思维，提高依法履职水平；搭建开放平台，促进企业平等竞争。

【创新素养教育教学评价体系建设】2020年4月10日，自治区政协组织住宁全国政协委员围绕"全民健身场地设施建设情况"开展调研，形成《宁夏全民健身场地设施建设情况调研报告》，报送全国政协。5月19—21日，教科卫体委员会组织政协委员和专家，分两组赴中卫市、固原市25所学校（幼儿园）开展监督性调研。通过网络议政收集委员建议276条。7月3日，采取现场交流和视频连线深度结合的方式召开协商会议，形成《全区创新素养教育教学评价体系建设情况监督性协商报告》。建议：评价体系要以学生评价为主，继续推动建立系统的创新素养教育教学评价体系，加大教育管理人员和教师的培训力度，加大考试改革的指挥棒力度，加大各级教育行政部门推动和指导力度。

（马生海）

专门委员会

【提案委员会】2020年，提案委员会深入落实习近平总书记视察宁夏重要讲话和指示精神，全国政协第十三届第三次会议及自治区党委第十二届第十次、第十一次、第十二次全会精神等，召开全体会议8次，分党组会议5次，主任会议5次，功能型党支部会议7次，民主生活会1次，组织生活会1次，参会330人次，参与发言讨论85人次。开展"新时代新使命新样子"学习讨论活动，制定提案委员会"新时代新使命新样子"学习讨论活动实施方案，召开学习座谈会6次，参会103人次，交流发言39人次。围绕政协专题议政常委会议题开展调研，以"宁夏制造业发展如何引进配置创新型人才，发挥人才作用"为专题，赴石嘴山市大武口区、惠农区、平罗县，深入中色（宁夏）东方集团有限公司、宁夏科通新材料科技有限公司等10家企业进行调研，收集各方面意见建议100余条，召开座谈会5次，视频会议2次，参加调研座谈交流200余人次，形成《充分发挥人才在科技创新中的支撑作用》的调研报告。加大重点提案遴选与督办力度。将重点提案由上年的23件增加至27件（增加的4件由提案委员会督办）。27件重点提案中清单式提案10件，民主监督性提案10件。提高提案办理质量和实效。自治区政协第十一届第三次会议以来，共收到提案941件，审查立案658件，立案率为69.93%。其中，有291件同类提案合并为82件处理。邀请政府有关部门人员和提案委员会委员参与四级提案立案审查9000余人次。根据疫情形势和有关要求，通过网上交办提案449件。全年共提交清单式提案328件，实际交办155件。制订《中国人民政治协商会议宁夏回族自治区委员会"清单式"提案质量和提案办理质量评议办法（试行）》。参与提案质量评议5500余人次、提案办理质量评议5300多人次。提案质量良好等次以上占提案总数的97.1%，办理质量满意率为95.1%。通报表扬优秀提案134件，办理优秀提案134件，提案承办先进单位15个。有效运用提案办理协商平台。注重发挥重点提案示范引领作用，开展同类提案集中协商，问效提案持续跟踪协商，对2019年度提案办理质量不满意的6件提案进行二次办理。加强履职平台建设，优化提案服务。建立培训服务机制，对写提案、办提案、督办提案能力进行全链条培训。搭建网上云端平台，发表各类信息170余条，发布各类信息550余条，互动交流600人次。召开提案管理系统工作会议10余次，进行系统调试20余次，对提案办理、评议模块等问题进行解答600余人次。协助住宁全国政协委员履职建言。全国政协第十三届第三次会议期间，住宁全国政协委员共提交提案69件，经审查立案61件（并案6件），转意见和建议8件，立案率为88.41%。其中，《关于加快建设南水北调西线工程，为黄河流域生态保护和高质量发展提供水资源保障的提案》《关于将推动河套灌区现代农业发展提高农产品质量列入国家黄河流域生态保护和高质量发展规划纲要的提案》《关于以大保护大治理推动黄河全流域高质量发展的提案》3件提案被确定为2020年全国政协重点提案。

【经济委员会】2020年，经济委员会以"新时代新使命新样子"学习讨论活动为统揽，在督促委员自学规定书目的基础上，采取分党组、功能型党支部、全体委员等多个层次组织学习。组织召开分党组学习会5次，功能型党支部学习会7次，全体委员学习讨论会10次，参加委员共计320余人次，100多人次交流发言，委员刊发理论文章2篇。认真落实专题协商计划。开展“以科技创新为引领　推动制造业高质量发展”常委会协商议政，采用视频会议组织调研组成员学习政策文件，开展培训辅导，由6位副主席带队，各民主党派、工商联共同参加，赴5个地级市和宁东能源化工基地170多家规模以上制造业企业开展调研。聘请宁夏大学教授进行课题性研究，形成的协商报告得到自治区党委书记陈润儿批示“政协党组围绕推动制造业发展进行了深入调研和协商”，自治区主席咸辉批示“政协的报告针对性很强，值得研究落实，要按照润儿同志批示要求抓好落实”。自治区科技厅专门报送《关于落实政协第十一届常委会第十三次会议专题协商报告有关措施的报告》，从4个方面提出具体落实措施。开展“国务院《优化营商环境条例》在全区贯彻落实情况”民主监督性协商议政，所提建议由自治区政府办公厅细化研究落实，12个厅局提出具体措施。开展“健康产业发展”常委会协商议政子课题调研，组织区、市、县三级政协委员，围绕“健康产业发展”主题赴中卫市沙坡头区、中宁县及银川市兴庆区开展调研，提出强化健康产业政策引领、突出健康产业特色优势、集聚社会资源发展合力、培养健康产业专业人才等建议在《协商报告》中吸收采纳。聚焦社会关注热点问题，开展多种形式协商调研。组织部分委员调研惠农区18家典型企业经济运行情况，形成《关于惠农区工业经济转型的调研报告》，陈润儿书记在调研报告上批示“这份报告对惠农区工业经济转型既客观总结了实践成效，也深刻揭示了经验启示”，自治区副主席吴秀章批示“请工信厅认真研阅、总结，进一步调查研究，适时在惠农召开一次园区会议”。组织部分委员赴金凤区、灵武市、同心县，就全区羊绒产业发展情况深入调研并召开4次座谈会，形成《关于宁夏羊绒产业发展情况的调研报告》，得到陈润儿书记批示关注。就启元药业环保整改和企业生产、职工生计等问题进行“有事好商量”协商，形成《宁夏回族自治区政协协商议事会议纪要》，推动企业环保整改和相关问题解决。围绕“民宿经济对策研究”先后赴中卫市、银川市开展界别协商调研活动，形成的调研报告对民宿健康可持续发展提出4条对策建议。建言献策和社情民意，组织并邀请政府领导与民营企业家座谈。提出的优化公平竞争市场环境、降低融资成本、支持民营企业转型等建议受到自治区领导和有关部门重视。开展以产业数字化发展、宁夏创业谷发展、枸杞产业发展等为主题的界别活动，民建界别开展全区农村电商发展情况调研活动。成立“潘志军委员会客室”，首次会客活动围绕“数字化智慧牧业”。全年共报送社情民意35篇，20篇被采用，其中《促进服务业民营企业健康稳定发展》等意见建议被自治区“促进中小企业健康发展18条”吸纳；《全区广电网络发展存在的瓶颈问题》，由自治区党委常委李金科作出批示；《关于提升餐饮外卖服务质量的建议》，市场监管厅对提出的“互联网+明厨亮灶”作为餐饮行业重点工作加以推广，这些社情民意的提出推动了有关问题的解决。加强交流合作，参加西北五省（区）政协助推协同向西开放协商座谈会，向全国政协和国家有关部委报送宁夏重大项目和政策建议，助推向西开放贡献政协智慧和力量。参加助推西部陆海新通道建设座谈会，与西部13省（自治区、直辖市）政协同志就如何发挥政协作用、建立政协合作机制、助推区域经济协调发展等内容互动交流，提出宁夏对外开放发展的建议。

【农业和农村委员会】2020年，农业和农村委员会共承担专题协商1项，完成专题调研5次，界别活动8次，召开各类协商会议16次，召开线上线下学习活动9次，功能型党支部赴平罗县宝丰镇开展活动3次。坚持把理论学习、把“新时代新使命新样子”学习大讨论活动贯穿于委员会工作全过程，举办各类学习活动9次，分党组探索开展“1+X”共建共享活动（“1”即自治区政协农业和农村委功能型党支部，“X”为自治区农业农村厅相关党支部和基层政协功能型党支部及基层党支部等）。首选平罗县宝丰镇，围绕打造地方养羊小镇和盐碱地改良等方面开展3次共建共享活动。组织参加委员会专题调研和常委会协商议政调研，编写《中国脱贫攻坚100例》提供典型案例的任务，选编报送11个宁夏脱贫攻坚典型案例，入选4个宁夏脱贫“好故事”。紧扣“三农”工作，建言资政，探索疫情防控背景下的履职新模式。围绕“如何完善引导鼓励农村青年劳动力就业创业政策体系”议题调研协商，力促农民就业增收，形成的协商报告得到自治区领导陈润儿、张超超的重视和批示。与自治区农业农村厅、科技厅、水利厅和内蒙古自治区政协及相关部门联合协商，形成《河套灌区宁夏内蒙古现代农业发展、农产品质量提升》的提案。建立界别协商平台，成立农业界别工作室，制定界别工作室工作办法，并围绕党委政府重大决策，高频率、高质量、灵活多样地开展界别活动，形成《加快休闲农业发展，促进农民增收的调研报告》。赴四川省、海南省考察休闲农业，形成《海南省基层协商民主建设工作情况汇报》。督办《关于建立稳定脱贫长效机制》的提案，就《巩固脱贫攻坚成效，持续推进减贫工作》开展监督性视察。持续关注全区特色养殖业现代化发展的问题，出台《宁夏动物活体抵押贷款管理办法(试行)》，促进全区畜牧业快速发展。出台《关于规范设施农业用地管理　促进现代农业健康发展的通知》等文件，细化完善全区设施农业用地管理政策。全年提出社情民意54篇，政协办公厅采用33篇，其中《关于解决全区奶产业发展饲草料供给问题的建议》得到自治区领导刘可为批示；《关于完善全区奶产业利益联结机制的建议》被自治区党委办公厅采用。

【人口资源环境委员会】2020年，人口资源环境委员会把思想政治引领作为履职中心环节，组织学习讨论会5次、专题学习会7次、知识讲座3次、委员大讲堂1次、领导干部大讲堂4次，开展“深学笃用、务实践行、凝聚共识”功能型党支部主题党日活动。牵头成立“宁夏关注森林活动”省级组织机构。鼓励委员选择“第二界别”，设立农工党、共青团、青联“界别委员工作室”。组织农工党界别委员观摩宁苗生态集团公司生态科研项目，组织青联界别委员考察小任果业公司农业高质量发展，组织共青团界别委员参加“共青团与政协委员面对面”活动。设立“储建平委员会客室”，加强对党外知识分子、非公有制经济人士、新社会阶层人士政治引领。提升专题协商高质量发展。“完善农村面源污染治理和垃圾处理机制，促进全区黄河流域生态改善”专题协商，得到自治区党委和政府、政协领导的高度肯定。围绕“如何发挥科技创新在中小企业发展中的基础作用”和“加强健康宁夏建设，提高人民健康水平”专题赴固原市调研，提交《加快贫困地区生态环境建设》《全方位干预健康影响因素》调研报告。以“石膏资源的保护开发”为主题，开展对口协商。为助力疫情防控，开展“野生动物保护”界别协商。为促进疫情后旅游业恢复，就“设立落叶景观道路”问题，开展“有事好商量”。联合农工党界别委员赴六盘山、罗山、贺兰山、白芨滩4个国家级自然保护区和天河湾国家湿地公园视察，提交《关于科学管理黄河湿地候鸟栖息地的建议》《关于细化人工繁育野生动物目录的建议》。向全体委员转发全国政协《“革除滥食野生动物的陋习从我做起”倡议书》。邀请中医专家作《中医药防疫与养生知识》专题讲座。加强提案和社情民意工作，报送专委会集体提案6件、委员个人提案46件、大会发言7篇、社情民意60篇。召开重点提案《关于推进农村生活垃圾资源化减量化处理的提案》督办会，对《关于加强宁夏黄河段湿地野生鸟类栖息地保护的提案》进行现场督办。

【教科卫体委员会】2020年，教科卫体委员会加强思想理论学习，组织委员学习13次，把“新时代新使命新样子”学习讨论活动与疫情防控和日常理论学习结合起来，每月运用“履职通”APP和微信群进行线上交流，3次开展视频网络专题讨论，召开专题组织生活会。全年开展各类调研4次、对口协商1次、“有事好商量”4次。其中，牵头并参与常委会调研2次，开展监督性调研1次，完成全国政协网络议政调研1次。围绕常委会议题“加强健康宁夏建设，提高人民健康水平”，聚焦“全方位干预健康影响因素”“维护全生命周期健康”“防控重大疾病”“公共卫生疾控体系”“健康产业发展”和“互联网+医疗健康”等专题，组织区、市、县三级政协联动调研。收集网络建议333条，转化提案4篇、社情民意3篇。针对调研中发现的具体问题，与相关部门召开5次协商会，共同研究解决方法，提前转化调研成果。委托宁夏大数据实验室组织健康知识公众认知与行为调查，开展数据分析，形成研究性报告。围绕常委会议题“以科技创新为引领，推动制造业高质量发展”，就“强化科技政策引导，激发企业创新主体作用”组织分组、分散专题调研，并形成调研报告。围绕协商计划议题“全区中、小学(幼儿园)创新素养教育评价体系建设情况”组织监督性调研。采取现场交流和视频连线结合的方式，与教育部门召开协商会议，向自治区党委报送《全区中、小学(幼儿园)创新素养教育评价体系建设情况协商报告》。按照全国政协工作安排，协同全国政协教科卫体委员会围绕“加强全民健身场地设施建设”在银川市展开调研，协调两位住宁全国政协委员在全国政协网络议政远程协商会议宁夏分会场进行交流发言。针对“西医大夫不能开中药”“医院检查结果不互认”“跨科室看病需多次挂号”等看病难题开展对口协商，促进问题解决。聚焦统一管理建立医教联合体、生态移民医保卡两地通用、疫情期间自主择业军人贷款难、中华传统医术应用等问题，开展“有事好商量”。举办“产业数字化”专题讲座及座谈交流，研究探讨数据分析对企业数字化转型发展的重要作用和促进数据分析人才培养的方法路子，转化社情民意2篇，其中1篇得到自治区领导批示。全年共开展视察和调研活动10次。先后组织科协界别视察宁夏企业科技创新能力提升情况、“三农呼叫中心”发挥作用情况、枸杞产业质量提升情况和全民科学素质提升情况。组织科技界别委员视察宁夏科技园区创新发展情况、了解科技特派员在农村创新创业中存在的问题。组织教育界别委员视察小区配套普惠性幼儿园工作开展情况。组织体育界别委员视察宁夏冰雪运动开展情况，组织民盟界别委员调研石嘴山市人工智能助推教师队伍建设行动试点工作。组织医药卫生界别委员视察宁夏药品市场价格定价情况等。创新建立界别委员联系社团组织工作机制。组织各界别先后与宁夏科技特派员创新创业协会等10个社会团体开展工作对接，召开界别委员联系社会团体工作座谈会，建立联系机制、明确工作职责、增进相互了解。将99名界别委员按照专业类别相同、工作地点相近的原则，分成10个小组，对口联系相应协会，开展调查研究，听民声、聚民意、解民忧，获取建言资政、参政议政所需第一手资料。全年共反映问题10条，现场对接形成解决方案2项，撰写提案和社情民意5篇，为全面推广界别委员与社会团体联系机制积累经验。加强民生保障、增进民生福祉建言献策，全年共提交大会发言材料2篇，提案165件(委员会1件、委员164件)、社情民意93篇(委员会39篇、委员54篇)，列为政协分管领导及专委会督办提案3件，分别是王琦委员提交的《关于有效降低全区苯丙酮尿症发病率的提案》，王春秀委员提交的《关于推动全区高等教育高质量内涵发展，提升高校培育紧缺领域创新型专业人才能力的提案》，赵功强委员提交的《关于推进宁夏技术市场高质量发展的提案》。马瑞霞委员提交的社情民意《关于将自治区文化馆原址改建为“互联网+区域医疗中心”的建议》得到自治区政府领导的批示。围绕学习贯彻中共十九届五中全会精神以及抗疫防疫、健身养生等社会关注、群众关心的热点话题，开设“委员大讲堂”活动，6名委员先后讲课，试行开展委员联系社区活动，结合开展全国“两会”精神宣讲等契机，组织委员走进街道社区、走近基层干部群众，根据诉求主动开展调研、讲座、科普宣传等活动，逐步探索形成互动机制，让委员能更深入地了解基层、参与社会治理，更广泛地凝聚共识，写出更接地气的提案和社情民意，为群众办更多实事。开展网络议政活动，先后推出“‘十四五’期间，宁夏如何推动科技创新”“‘十四五’期间，推动宁夏经济社会高质量发展在指导思想上应特别强调什么”等网络议政，共收到意见建议近700条，为助力政协工作贡献了智慧。积极投身抗疫工作，先后提交《关于加强疫情防控期饮用水水源保护区生活源的消杀防控的提案》《关于建立健全应对突发公共卫生事件应急物资储备机制的提案》《关于重新核定城市公立医院备案人员总量的提案》，并利用“委员大讲堂”宣讲防疫抗疫知识。副主席郭虎包抓泾源工业园区疫情防控，4次到现场督察，并为六盘山高级中学、银川二中北塔分校协调大量防疫物资。委员田炜宁主动请缨奔赴湖北，成为最美逆行者。先后接待内蒙古、四川、河南等省(区)政协到宁夏考察团，加强联络交流，提高工作效能。多次走访自治区教育厅、卫生和健康委员会、体育局、宁夏医科大学等10余家对口联系单位，建立起相互支持配合的工作关系。争取到香港福建希望工程基金会黄家荣捐款50万元，对中宁县红梧完全小学10名优秀教师进行表彰。

【社会和法制委员会】2020年，自治区政协社会和法制委员会着力加强党的建设，强化专委会协商职能，发挥委员主体作用。全年共召开分党组会议11次，研究专委会重点工作，组织全体委员学习5次，功能型党支部组织理论学习8次。改进党员委员联系党外委员办法。由原来党员委员单独联系党外委员改为编组联系，共分8个小组，每个小组确定负责人，要求各组每年开展集中联系活动不少于2次，委员参加活动不少于1次。有针对性地开展个别联系，谈心谈话，交流思想。开展“不忘初心　牢记使命”主题党日和党外委员专题视察活动。强化专委会协商职能，完成年度专题协商议题调研。向自治区党委报送《如何发挥协商民主在县域治理中的作用协商报告》。完成自治区政协常委会议题调研，提交《关于全区公共卫生疾病控制体系情况调研报告》，探索政协协商纳入社会治理的新形式。《自治区政协2020年工作任务分工方案》要求专委会负责探索政协协商纳入社会治理体系的新形式，开展对口协商。与自治区民政厅开展“疫情防控中全区社区管理存在的问题”的对口协商，整理出疫情防控中社区管理方面存在的问题11条，提出建议11条，反映社情民意7条，《华兴时报》、“学习强国”宁夏平台作了专题报道。与自治区公安厅、司法厅就“全区公安、司法戒毒场所整合”问题进行对口协商。在实地调研的基础上召开协商会，政协委员与公安厅、司法厅相关人员就戒毒场所“合”还是“不合”、如何整合进行深入探讨，形成《全区公安、司法戒毒场所整合对口协商报告》。开展界别协商活动，组织社会福利和社会保障界别与自治区民政厅就“全区农村留守和困境儿童福利兜底保障工作"进行界别协商，反映社情民意4条。开展"有事好商量"活动。就"全区认罪认罚从宽制度适用情况"，组织部分委员与自治区检察院、法院、司法厅、公安厅、财政厅进行协商，提出律师全覆盖和提高法律援助律师补贴标准两个建议。制定《关于开展人民检察院审查起诉刑事案件律师辩护全覆盖试点工作实施方案》《宁夏回族自治区法律援助案件质量评定及补贴管理办法》开展立法协商。就《宁夏回族自治区引黄古灌区世界灌溉工程遗产保护条例(草案)》《宁夏回族自治区水污染防治条例(草案)》开展立法协商，提出修改建议27条，自治区人大常委会法制工作委员会采纳24条。对自治区人民政府10部法规规章提出修改建议39条。组织社会福利和社会保障界别委员考察了宁夏残疾人康复中心及0~6岁儿童康复救治项目实施情况，提交社情民意2份。组织工会界别委员赴吴忠市，调研职工带薪年休假情况并形成调研报告。组织妇联界别委员到兴庆区掌政镇春林村、镇河村了解全区农村妇女参与决策管理情况。组织九三学社界别委员，到贺兰县"城乡生活垃圾科普教育基地"、习岗镇新平村、青铜峡陈袁滩镇滨河新村，视察全区农村生活垃圾分类治理工作情况。分别在荣锦苑社区春熙社会工作室、银川市妇女儿童活动中心、宁夏总工会职工服务中心、九三学社社员活动室挂牌成立委员工作室。开展政协联系社会组织试点，与自治区民政厅联系，对全区社会组织整体情况进行摸底。选取宁夏社会组织总会、宁夏律师协会、宁夏就业创业者协会、宁夏志愿者协会、宁夏社会工作联合会5家作为联系对象，将社会和法制委委员按界别成立5个组，分别对口联系5个社会组织，开展5次联系活动，形成调研报告2份、社情民意20多条。起草《关于开展政协委员按界别联系社会组织试点工作的指导意见》，全区各级政协全面开展政协委员按界别联系社会组织试点工作。

【民族和宗教委员会】2020年，民族和宗教委员会始终坚持正确的政治方向，将民宗委作为用党的创新理论团结教育引导委员的重要平台，先后召开全体会议、主任会议、学习座谈会13次。始终坚持党对政协民族宗教工作的全面领导，以抓好民宗委党的建设为引领，强化民宗委委员的思想政治共识。落实党员委员参加双重组织生活的要求，精心策划，开展专题学习、主题党日等活动，发挥功能型党支部作用，召开理论学习会4次。加强与党外委员的联系，提升民宗委党组织的思想政治引领能力，推动党建工作与履职工作深度融合。开展"新时代新使命新样子"学习讨论活动。召开全体委员会议，采取线上线下相结合的方式，围绕"新时代　新使命　新样子"3个专题，分别邀请3名委员作辅导，30多名委员踊跃发言，交流学习体会。建言资政，发挥专门协商机构作用。围绕"如何全面深入持久推进全区民族团结进步创建工作"开展专题协商，先后编发专题学习资料3期，邀请专家学者辅导培训4次，召开调研座谈会10次，征集网络议政建议465条，委托宁夏社会主义学院承担调查问卷设计和子课题研究，形成《如何全面深入持久推进全区民族团结进步创建工作的协商报告》。制定《编写〈"石榴籽"故事丛书〉的工作方案》。对《"从依法管理乡村宗教事务的需要，看加强基层治理能力建设"协商报告》进行跟踪问效，就石嘴山市贯彻落实自治区党委政协工作会议精神情况进行督查，组织委员对《宁夏回族自治区促进民族团结进步工作条例》《关于加强和改进新形势下天主教工作的实施意见》《关于治理佛道教商业化问题的实施意见》等5份法规文件征求意见稿提出修改意见，报送相关部门。关注民情，配合全国政协民宗委"民族地区旅游业发展""民族地区'十四五'经济社会发展若干重大问题""构建各民族共有精神家园，铸牢中华民族共同体意识"等专题调研，报送相关材料3份。开展重点提案督办工作，对自治区政协第十一届第三次会议第162号提案和第24号提案进行现场督办。做好提案和反映社情民意工作，全年共提交提案58件，其中2件集体提案被列为重点提案。形成社情民意信息62篇，其中6篇以《建言》形式报送全国政协，1篇大会发言作为自治区政协第十一届第三次会议口头发言。建言资政发挥界别优势。根据特邀界二组、民进界、宗教界和散居少数民族界的特点与实际情况，分别就银川市设施农业建设、加强全区长城长征公园保护建设、新时代坚持宗教中国化方向、少数民族大学生创新创业等，组织开展主题明确、内容丰富的界别活动，搭建界别委员参政议政、相互交流的平台。探索建立宗教界、散居少数民族界、民进界委员工作室，各工作室结合界别特点，开展活动，打通政协委员走进基层、联系群众的"最后一公里"。凝聚共识，抗击疫情。创建"杨占武委员会客室"，发挥牵头委员作用，形成团队合力，助力全区宗教和顺。邀请部分宗教界委员、宗教界代表人士，围绕"宗教界如何为实现'十四五'规划和2035年远景目标凝聚共识、献计出力"座谈交流。创办"委员沙龙"，制定工作方案，每月邀请一名在各自领域有专长的委员担任主讲。先后作“中国北方长城与民族交流”“‘一带一路’建设与成就”“如何撰写社情民意信息”“运动健康及损伤修复”“中医养生与保健”“书法鉴赏”等主题讲座。强化委员履职尽责担当，聚焦“如何全面深入持久推进全区民族团结进步创建工作”协商议题，有针对性地开展学习培训，举办全区政协民族和宗教委员会工作培训班，传达全国暨地方政协民宗委工作座谈会议精神，邀请全国政协民宗委领导及自治区相关部门负责人围绕“如何做好政协的民族宗教工作”“如何做好全区的民族工作”“如何做好全区的宗教工作”作专题辅导。开展“民族团结月”系列活动，举办“加强民族政策宣传教育，铸牢中华民族共同体意识”专题讲座、开展民族政策宣传教育进社区、视察少数民族大学生创业就业情况、制作宣传标语等，宣传党的民族政策。

【港澳台侨和外事委员会】2020年，港澳台侨和外事委员会加强理论武装，广泛凝聚思想共识。结合开展“新时代新使命新样子”学习讨论活动，召开全体委员会议、委员学习座谈会、分党组会议、功能型党支部会议共19次，分专题进行学习、交流、研讨。深入调查研究，务实建言献策。围绕“加强宁夏澳门中药材产业合作，促进宁夏中药材产业发展”开展专题协商活动，采取网络议政与实地调研相结合、小规模调查与大范围论证相结合的方式，广泛征求意见建议，组织召开宁夏澳门中药材企业视频交流座谈会，邀请澳门中药材企业代表到宁夏考察，组织委员、宁澳企业代表与自治区有关部门协商交流达成共识，相关建议被自治区《关于促进中医药传承创新发展的实施意见》吸收采纳。组织部分委员并邀请专家组成3个调研小组，深入40多家外资企业座谈交流，将其创新启示、经验提交常委会。主动对全区港澳台资企业疫情防控和复工复产情况开展调研，帮助企业尽快恢复正常生产。发挥界别优势，广泛凝聚共识。围绕“全区脱贫群众后续产业发展情况”组织民革界别委员和界别群众开展监督性协商，与自治区有关部门面对面交流，就“摘帽后扶贫工作力度不变、投入不减，抓实产业发展促增收”“夯实脱贫攻坚的产业基础，才能保持、巩固脱贫摘帽成效”等意见建议达成共识。围绕“畜禽废弃物资源化利用与产业高质量发展”开展界别视察活动，报送社情民意《大力培育发展畜禽养殖废弃物资源化利用产业》。围绕“关注未成年人保护工作和平安校园建设”开展界别视察活动，委员们结合两年来对未成年人保护工作和平安校园建设跟踪调研情况，提出意见建议，得到检察、司法等部门的采纳。建立民革和侨联、台联2个界别委员工作室并制定《界别委员工作室职责》，听取界别群众意见，反映群众诉求。提交提案，反映社情民意。全年共有32件提案立案，其中1件被列为重点提案。报送社情民意信息55篇，采用12篇，其中1篇选送全国政协，2篇得到自治区领导批示，2篇得到有关厅局高度重视和积极回应。推动2件重点提案办理落实。扩大交流交往。《中华人民共和国香港特别行政区维护国家安全法》颁布后，引导香港特别行政区委员学习好、贯彻好《香港国安法》，撰写文章在媒体发表、进入社区向居民深度宣传、开展社团讨论及20多次街站、社区“挺法”活动，发挥港澳委员宣传作用。香港特别行政区委员高志森导演的纪录片《世界看宁夏》，获得2020年中美电影节“中华文化传播力奖”，助推宁夏文化旅游走向世界。港区委员蔡德升被香港特别行政区政府委任为太平绅士。港澳委员为抗击疫情积极奉献爱心，向宁夏捐款共计55万元、医用外科口罩11000只、普通一次性口罩30000只。向香港澳门市民宣传疫情防控政策措施、捐款捐物、提供防疫帮助，受到社会各界良好评价。香港特别行政区委员郑俊武、徐小龙为全区招商引资牵线搭桥，促成港企投资项目落户银川。澳门特别行政区委员何嘉伦、魏雄为促进宁澳中药材产业合作，组织5家澳门中药材企业（掌握澳门中药材进出口市场份额90%）到宁夏考察，促成两地企业合作意向，助力全区中药材产业发展。接待全国政协、广东省政协、吉林省政协考察组，向考察组宣传宁夏经济社会发展情况和宁夏政协开展的特色工作。与自治区侨联联合举办“宁夏侨界2020年迎新春茶话会”活动，动员海外侨胞和归侨侨眷发挥自身优势，引资引智引力，为建设美丽新宁夏积极贡献力量。

【文化文史和学习委员会】2020年，文化文史和学习委员会积极发挥分党组、功能型党支部作用，分别召开9次分党组会议和8次功能型党支部（扩大）会议，利用网络资源和视频技术，组织引导委员加强理论学习，筑牢团结奋斗的共同思想政治基础。开展“新时代新使命新样子”学习讨论活动，全年3次集中学习讨论和5次视频会议，参加委员235人次，讨论交流137人次，收集发言材料36篇。利用调研考察、界别活动等机会，组织三级政协委员参观利通区政协“三新”活动成果并进行工作交流。与石嘴山市政协联手，开展自治区政协、石嘴山市政协及大武口区政协、惠农区政协三级政协委员"三新"活动交流座谈会。4—8月，成立调研组深入全区16个县(区)，就长城、长征国家文化公园建设规划编制进行调研，并赴贵州省考察学习，形成《推进全区长城、长征国家文化公园建设的协商报告》，经自治区政协第58次主席会议审议通过。召开宁夏历史文化座谈会。接待全国政协文化文史和学习委员会、全国政协文史出版社、湖南省政协、辽宁省政协、海南省政协到宁夏考察、调研工作。全年共开展各类调研考察视察活动30次。专委会提交提案4件，立案2件。本委委员24人提交提案103件，立案并案58件，转来信15条，转社情民意30条。专委会报送社情民意信息35条，被采用9条，本委22名委员参与报送社情民意信息80条，采用15条。完成常委会书面发言4份。完成宁夏政协理论研究会理论文章征稿2份。完成2020年督办的2个重点提案。主办自治区政协委员、中国国家画院国画院副院长于文江写生个人画展，与海南省政协联合举办《阮江华山水画作品展》，为参加抗疫一线委员座谈会的委员赠送书法作品4幅作为留念。与银川市传媒集团合作举办《朔方人文科学大讲堂》20场。在《人民政协报》及网站报道专委会工作10余篇、《华兴时报》及网站报道30余篇。设立社科、新闻出版、文化艺术3个界别委员工作室，组织多界别委员联合开展活动。自治区新闻出版界和文化艺术界委员与石嘴山市、县两级政协委员，围绕石嘴山市长城保护和老矿区生态旅游问题进行考察、座谈，提交的2篇社情民意被采纳。文化艺术界别委员就电影行业如何应对疫情影响以及文化影视产业发展改革情况、社科界别委员就如何加强公共图书资源管理、新闻出版界别委员就媒体融合等内容开展的界别活动，提交多篇社情民意和委员提案。疫情期间委员关注民生的10余篇社情民意被采纳。在政协系统所有微信群推送文化艺术界委员曹佳乐推荐的每日一曲。郝彤和曹佳乐委员合作的《七律·抗疫》、曹佳乐委员与全国政协干部段启明合作的《政协委员之歌》2件作品均被选入"学习强国"。开展第一批委员会客室试点工作，拓宽界别活动渠道，增大基层诉求的采集范围。启动宁夏移民资料征集工作，完成《宁夏文史资料集萃》(抗美援朝卷)编辑工作，报国家新闻出版署履行重大选题备案程序。征集《西夏文献(文物)发现整理工作纪实》专辑稿件。

(马生海)

纪委监委

JIWEI JIANWEI

NINGXIA YEARBOOK

编辑◎霍丽娜

综 述

【监督检查纠治】2020年，全区查处违反中央八项规定精神问题232起、批评教育帮助和处理325人、给予党纪政务处分186人，自治区纪委监委对24起典型问题公开通报曝光，持续释放越往后越严的强烈信号。加强对为基层减负措施落实情况的监督，推动形成求真务实、真抓实干的鲜明导向。全区查处形式主义、官僚主义问题78起，处理141人，给予党纪政务处分63人。

【政治巡视】2020年，自治区纪委监委持续深化政治巡视，完成3轮对32个部门（单位）党组（党委）的常规巡视，同步检查选人用人和意识形态责任制落实情况，共发现“四个落实”方面问题1220个，移交反映领导干部问题线索56件，向自治区党委、政府提交专题报告8份，十二届自治区党委巡视全覆盖完成率82.1%。对9个县（区）开展脱贫攻坚专项巡视“回头看”，发现扶贫领域问题229个。出台《关于区直部门（单位）党组（党委）开展巡察工作的实施意见》，为区直机关规范开展内部巡察提供政策依据。对9个县（区）党委巡察工作开展专项检查。全区共完成对403个部门（单位）的常规巡察，延伸巡察村（社区）937个，发现“三个聚焦”方面问题4572个、脱贫攻坚方面问题189个、问题线索222个。开展民生领域损害群众利益问题的集中整治，梳理分析近两年来信访举报、监督检查、巡视巡察、专项审计发现的问题，拓宽线索来源，精准有力处置，全区查处民生领域腐败和作风问题305件，处理483人，给予党纪政务处分226人。全区各级派驻机构共处置问题线索2096件，谈话函询274人次，初步核实2083人次，立案335件，处分302人。

【从严治党】2020年，自治区纪委监委发挥全面从严治党协助职责和监督责任，协助自治区党委对全面从严治党年度任务进行分工并监督落实，对2019年度党风廉政建设责任制检查考核反馈问题整改落实情况跟踪督办。坚持信访举报、党风政风监督、监督检查和审查调查工作季度分析制度，精准研判全面从严治党形势，督促各级党组织细化全面从严治党“三个清单”，推动“两个责任”落到实处。全区共查处落实“两个责任”不力问题246个，处理317人，给予党纪处分57人。2020年，自治区纪委监委分层分领域对深化派驻机构改革工作开展调研，召开深化派驻机构改革工作推进会，建立健全规范派驻机构履职的制度体系，修订派驻机构考核办法，调整优化监督对象，创新派驻机构协作区机制，落实派驻纪检监察组组长述职述责制度。年内制定并出台《关于规范政商交往行为推动构建亲清政商关系的意见》，规范政商交往行为。落实容错纠错机制，精准规范开展问责，教育回访受处理处分干部2722人，为238名受到失实举报干部澄清正名。

【执纪执法】2020年，自治区纪委监委开展“制度规范建设年”活动，制定规范性制度61件，对自治区纪委监委出台的326件规范性文件全面评估清理。完善与监察体制改革相适应、相配套的制度机制，实现司法程序与审查调查之间的顺畅高效衔接。制定申诉案件办理办法，审慎稳妥开展申诉复查，保障党员权利，维护党纪国法严肃性。制定《自治区纪委监委机关工作人员之间打听干预监督检查审查调查工作和请托违规办事的报备及处理办法》，对新任职纪检监察干部进行集体廉政谈话，开展纪检监察干部家属廉洁警示教育和干部家访活动，筑牢内部拒腐防变“防火墙”。邀请特约监察员参与监督检查、巡视巡察、工作督查，主动接受外部监督。以零容忍态度坚决整治“灯下黑”，全区共谈话函询纪检监察干部54人，组织处理69人，给予党纪政务处分15人。

（罗 倩）

重要会议

【自治区第十二届纪委第四次全会】2020年1月21日，中国共产党宁夏回族自治区第十二届纪律检查委员会第四次全体会议在银川市举行。自治区党委书记陈润儿出席全会第一次大会并讲话。自治区党委、人大、政府、政协省级领导及法检两长等出席会议。全会由自治区纪律检查委员会常务委员会主持。全会以习近平新时代中国特色社会主义思想为指导，全面贯彻中共十九大和第十九届二中全会、三中全会、四中全会，十九届中央纪委四次全会，自治区党委第十二届八次全会、九次全会精神，回顾2019年纪检监察工作，部署2020年任务，审议通过自治区党委常委、纪委书记、监委主任艾俊涛代表自治区纪委常委会所作的《坚守初心使命、忠诚履职尽责，为全面建成小康社会提供坚强保障》工作报告。

【新闻发布会】2020年1月22日，自治区纪委监委召开全区党风廉政建设和反腐败工作情况新闻发布会，从坚决践行“两个维护”政治责任，坚决整治群众身边腐败和作风问题，深化纪检监察体制改革，锲而不舍纠治“四风”，坚定不移深化政治巡视，认真履行监督第一职责，一体推进不敢腐、不能腐、不想腐和从严从实加强自身建设八个方面通报了2019年全区党风廉政建设和反腐败工作情况。自治区纪委常委、监委委员、秘书长张晓明参加发布会。

2020年1月21日，中国共产党宁夏回族自治区第十二届纪律检查委员会第四次全体会议在银川市召开

【全区领导干部廉政警示教育大会】2020年3月23日上午，自治区党委书记陈润儿和其他省级领导到自治区廉政警示教育中心，集体参观廉政警示教育展、观看警示教育片，现场接受党性党风党纪教育。下午，自治区党委召开全区领导干部廉政警示教育大会，启动全区廉政警示教育周活动。陈润儿出席会议并讲话，他强调要深入学习贯彻习近平总书记关于全面从严治党的重要论述和党中央的部署要求，在新时代的赶考路上，始终秉持赶考心，答好时代大考题，交出合格新考卷。会议以视频会议形式召开，自治区主席咸辉主持，自治区党委常委、纪委书记、监委主任艾俊涛通报了党的十八大以来自治区查处的区管干部违纪违法典型案件，自治区党委、人大、政府、政协省级领导及法检两长在主会场出席。

【全区贫困县（区）纪委书记工作例会】2020年6月2日，自治区纪委监委召开全区贫困县（区）纪委书记工作例会，深入学习贯彻习近平总书记关于扶贫工作的重要论述、在决战决胜脱贫攻坚座谈会上的重要讲话以及中央政治局常委、中央纪委书记赵乐际在七省（区）纪委书记座谈会上的讲话精神，研究部署深入推进扶贫领域腐败和作风问题专项治理工作，自治区党委常委、纪委书记、监委主任艾俊涛出席会议并讲话。自治区纪委监委领导、自治区党委巡视办负责同志，各市、县（区）纪委监委主要负责人，自治区纪委监委派驻发改委、民政厅、财政厅、自然资源厅、住房和城乡建设厅、水利厅、农业农村厅、审计厅、检察院纪检监察组组长，12家扶贫领域专项治理联席会议成员单位分管领导参加会议。

【全区扫黑除恶专项斗争监督执纪问责工作推进会】2020年6月19日，自治区纪委监委召开全区扫黑除恶专项斗争监督执纪问责工作推进会，贯彻落实党中央、中央纪委国家监委和自治区党委关于扫黑除恶专项斗争部署要求，推动“伞网清除”“以案治本”各项工作。自治区党委常委、纪委书记、监委主任艾俊涛主持会议并讲话。

【全区深化纪检监察派驻机构改革工作推进会】2020年7月17日，全区深化纪检监察派驻机构改革工作推进会在银川市召开，会议深入学习贯彻习近平总书记关于加强派驻监督的重要论述，传达学习自治区党委书记陈润儿关于深化派驻监督的讲话精神，交流经验，查找问题，对深化派驻机构改革、提高派驻监督全覆盖质量作出安排部署。自治区党委常委、纪委书记、监委主任艾俊涛出席会议并讲话。自治区纪委常委、监委委员，区直各部委办厅局、人民团体、直属事业单位、区属国有企业、高等院校党组（党委）主要负责人，各市、县（区）纪委监委主要负责人，自治区纪委监委各派驻机构、派出机构和各区属国有企业、高等院校纪检监察机构主要负责人，自治区纪委监委机关各单位负责人等参加会议。

【全区贫困县（区）纪委书记工作例会】2020年9月14日，自治区纪委监委召开全区贫困县（区）纪委书记工作例会，深入学习贯彻习近平总书记关于脱贫工作的重要论述和指示精神，传达学习中央政治局常委、中央纪委书记赵乐际有关批示和中央纪委办公厅《关于在全面脱贫的关键阶段切实加强纪律监督力克形式主义、官僚主义、建设领域奢靡之风　善始善终抓好扶贫领域腐败和作风问题专项治理的通知》精神，交流经验，查找不足，对进一步做好脱贫攻坚监督工作，深入开展扶贫领域腐败和作风问题专项治理作出安排部署。自治区党委常委、纪委书记、监委主任艾俊涛主持会议并讲话。会议以视频形式召开，自治区扶贫办负责人，自治区纪委监委有关负责人，自治区纪委监委派驻检察院、发改委、民政厅、财政厅、自然资源厅、住房和城乡建设厅、交通运输厅、水利厅、农业农村厅、审计厅纪检监察组等负责人，自治区纪委监委机关相关厅部室负责人在主会场参加会议。各市、县（区）纪委监委及相关部门负责人在各地分会场参加会议。

【全区纪检监察信访举报工作会议】2020年9月25日，自治区纪委监委举办全区纪检监察信访举报工作会议，传达学习全国纪检监察信访举报工作会议精神，安排部署当前和今后一个时期信访举报工作。会议以电视电话形式召开。自治区纪委监委相关领导，各派驻机构、派出机构，各区属国有企业、区管高校纪检监察机构主要负责人，自治区纪委监委机关相关部室主要负责人在主会场参加会议。市、县（区）两级纪委监委主要负责人、分管信访举报工作的相关负责人在分会场参加会议。

【自治区新任领导干部集体廉政谈话会】2020年9月25日，自治区纪委监委组织召开自治区新任领导干部集体廉政谈话会，对2019年10月以来自治区党委提拔和调整任用的区管领导干部集体开展廉政警示教育。会前组织新任领导干部到自治区廉政警示教育中心接受教育，观看廉政警示教育片《永葆政治本色》。部分新任领导干部代表作了就职表态发言。自治区党委常委、纪委书记、监委主任艾俊涛出席会议并讲话。

【全区纪检监察案件审理工作座谈会】2020年10月27日，自治区纪委监委召开全区纪检监察案件审理工作座谈会，传达学习中央纪委国家监委纪检监察案件审理工作研讨班精神，进一步贯彻落实中央纪委《关于加强和改进案件审理工作的意见》，安排部署下一步工作。五市纪委监委分管审理工作负责人、案件审理室主要负责人，自治区纪委监委审理工作联系点分管领导和业务骨干参加座谈。自治区纪委常务副书记、监委副主任郑震参加会议并讲话。

【自治区反腐败案件查处协调领导小组会议暨全区追逃追赃和国企境外腐败治理工作协调会】2020年11月27日，自治区反腐败案件查处协调领导小组会议暨全区追逃追赃和国企境外腐败治理工作协调会议召开。会议传达学习全国追逃追赃工作培训班精神和自治区党委书记陈润儿批示要求及贯彻落实意见。自治区党委组织部、自治区公安厅、银川市纪委监委、固原市纪委监委分别围绕追逃追赃和防逃工作开展情况进行发言。会上审议了《自治区国际追逃追赃和区属国有企业境外腐败治理协调机制工作规则》《自治区国际追逃追赃和区属国有企业境外腐败治理工作分工方案》。

【特约监察员座谈会】2020年1月6日，自治区纪委监委召开座谈会，听取特约监察员对即将召开的自治区纪委十二届四次全会工作报告的意见建议。与会特约监察员对全区纪检监察工作特别是《工作报告》发表了意见建议。自治区纪委常务副书记、监委副主任郑震主持座谈会，自治区纪委常委、监委委员、秘书长张晓明参加会议。

【离退休干部通报会】2020年1月9日，自治区纪委监委召开情况通报会，向委机关离退休干部通报了2019年全区党风廉政建设和反腐败工作。自治区党委常委、纪委书记、监委主任艾俊涛参加会议并讲话，自治区纪委常务副书记、监委副主任郑震主持会议，自治区纪委常委、巡视办主任刘跃成参会，自治区纪委常委、秘书长、监委委员张晓明会上通报情况。

（罗　倩）

重要活动

【督导疫情防控】2020年，自治区党委常委、纪委书记、监委主任艾俊涛多次就疫情防控调研督导有关工作。1月28—29日，深入吴忠市利通区、同心县、红寺堡区部分社区、乡村、医院、商场、交通枢纽等地，督查指导新型冠状病毒感染肺炎疫情防控工作。2月5日，深入盐池县督导疫情防控工作，实地查看车辆排查登记、人员体温监测筛查等情况，同时就物资储备、一线工作人员的工作生活等问题进行详细了解。2月9日，赴同心县韦州镇督导疫情防控工作。2月14日，赴青铜峡市督导疫情防控工作。2月17日，赴盐池县督导工业园区疫情防控、企业复工复产工作。先后到宁鲁石化有限公司、宁夏金裕海化工公司检查企业疫情防控和复工复产情况，帮助解决口罩短缺等问题，并主持召开由县委、县政府相关领导，工业园区负责人和部分企业家代表参加的座谈会。2月25日，到盐池县调研指导疫情防控和复工复产工作，看望慰问部分援助湖北医务人员家属。3月2日，到银川市纪委监委留置场所调研指导疫情防控工作。3月24日，到吴忠市调研督导复学准备工作。

【调研脱贫攻坚工作】2020年，自治区党委常委、纪委书记、监委主任艾俊涛和自治区纪委监委多次调研督导脱贫攻坚工作。4月22—23日，艾俊涛调研西吉县脱贫攻坚及扶贫领域腐败和作风问题专项治理工作，并主持召开座谈会，听取西吉县脱贫攻坚工作和扶贫领域腐败和作风问题专项治理情况汇报。4月26日，艾俊涛到盐池县调研脱贫攻坚工作并指导盐池县委常委会2019年脱贫攻坚成效考核反馈问题整改专题民主生活会。4月下旬至5月上旬，自治区纪委监委领导班子成员对盐池县、红寺堡区、同心县等9个贫困县（区）开展扶贫领域腐败和作风问题专项治理大调研。调研采取明察暗访、个别谈话、查阅资料台账等方式开展，重点对自治区党委“四查四补”工作要求落实、“两不愁三保障”、脱贫工作绩效、脱贫攻坚政策连续性稳定性、扶贫项目资金监管使用，以及脱贫摘帽后“不摘责任、不摘政策、不摘帮扶、不摘监管”等监督检查和扶贫领域腐败与作风问题专项治理推进情况进行调研。

【调研视察】2020年5月8—9日，中央纪委副书记、国家监委副主任徐令义，中央纪委国家监委第八监督检查室主任陈章永一行4人到宁夏调研纪检监察案件查办工作。6月18日，自治区党委常委、纪委书记、监委主任艾俊涛一行在石嘴山市调研学习贯彻习近平总书记视察宁夏时的重要讲话精神，推进经济社会发展特别是做好“六稳”工作、落实“六保”任务以及生态环境保护建设等情况。7月29日，艾俊涛一行调研宁东能源化工基地贯彻落实习近平总书记视察宁夏重要讲话精神情况，实地察看国能宁煤公司煤炭间接液化项目、泰和新材公司、宝丰能源集团等企业生产经营情况及宁东干部教育培训基地、宁东政务服务大厅运行情况。10月13—14日，艾俊涛一行到贺兰山东麓葡萄酒产业园区和银川高新技术开发区调研当地贯彻落实习近平总书记视察宁夏重要讲话精神情况，实地察看葡萄酒产业发展和银川市高新技术企业发展情况。11月30日，艾俊涛一行到自治区公共资源交易管理局调研公共资源交易平台建设运行情况及工程建设和政府采购领域突出问题专项整治基础数据采集工作。

（罗　倩）

监督检查和审查调查

【“四项监督”】2020年，自治区纪委监委出台“四项监督（纪律监督、监察监督、派驻监督、巡视监督）统筹衔接实施办法，建立“四项监督”信息、力量、手段、成果等资源共享机制，打通各类监督内在联系，把“四项监督”作为“四种形态”的工作方式，实现同向发力。完善政治生态分析研判评价机制，动态更新党员领导干部廉政档案，通过列席党委（党组）会议、指导民主生活会、实地监督检查、受理信访举报等形式，把监督寓于被监督单位日常工作。全区纪检监察机关约谈领导班子成员、重点岗位人员1197人次，回复组织部门党风廉政意见7.6万人次，提出暂缓或否定性意见472人次，推动党员干部习惯在受监督环境中工作生活。推进检举举报平台建设和推广应用工作，全区纪检监察机关共受理信访举报17891件（次），其中检举控告7390件（次），初次举报5794件（次）。实事求是运用“四种形态”批评教育帮助和处理党员干部12885人次，其中运用第一种形态谈话函询、提醒批评10443人次，占比为81.1%；运用第二种形态给予轻处分、组织调整1781人次，占比为13.8%；运用第三种形态给予重处分、职务调整412人次，占比为3.2%；运用第四种形态处理严重违纪违法、触犯刑律249人次，占比为1.9%，其中涉嫌职务犯罪、移送检察机关73人。

【专项清查整治】2020年，自治区纪委监委紧紧围绕党中央重大决策部署以及自治区重大战略任务做实监督，发现并推动

2020年1月22日，宁夏回族自治区纪委监委召开新闻发布会

整改问题1939个，推动“两个维护”成为自觉。开展人防系统腐败问题专项治理，监督推动职能部门开展违建别墅、“挖湖造景”、冒名顶替上大学、盲目合村并居、农村乱占耕地建房等问题专项清查整治，加强对坚决制止餐饮浪费行为的监督检查，确保党中央政令畅通、令行禁止。

【监督脱贫攻坚战】2020年，自治区纪委监委深入贯彻中央纪委加强扶贫领域专项治理指导意见，召开两次贫困县（区）纪委书记工作例会，自治区纪委监委领导班子成员深入联系县（区）蹲点调研，各级纪检监察机关精准施策，有力保障高质量打赢脱贫攻坚战。对2018年以来扶贫领域腐败和作风问题线索进行大起底，推动线索清仓、问题清零。专项治理开展三年来，共查处扶贫领域腐败和作风问题830起，处理1404人，给予党纪政务处分775人，移送司法机关27人。

【审查调查反腐败】2020年，全区纪检监察机关共处置问题线索9209件、立案2125件、处分2305人（其中厅局级32人，县处级177人）。自治区纪委监委处置问题线索288件、立案26件、处分33人。严肃查处神华宁夏煤业集团有限公司原董事长、自治区审计厅原厅长、宁夏公路管理中心原主任严重违纪违法案件，对自治区人大常委会原党组成员、秘书长立案审查调查。查处国家监委指定管辖的中国有线电视网络有限公司原副总经理严重违纪违法案件，为中央纪委国家监委推行“室·组·地”联合办案模式探索有益经验。在高压震慑和政策感召下，宁夏公路建设管理局原局长等12人向纪检监察机关主动投案，33人主动交代问题。开展“天网2020”行动，追回外逃职务犯罪人员1名。深化扫黑除恶专项斗争，2018—2020年，全区立案查处涉黑涉恶腐败和“保护伞”问题508件，处理1045人，给予党纪政务处分843人（其中区管干部29人），移送司法机关58人（其中区管干部5人），取得“打伞破网”重大战果。集中优势兵力加强重点案件攻坚，中央督导组交办的“8+1”案件（线索）和209件督办件、1807件一般问题转办件以及全国扫黑办交自治区纪委监委直查直办的55件线索全部办结。

（罗　倩）

巡视巡察

【概况】2020年，自治区纪委监委及时传达全国巡视工作会议暨中共十九届中央第五轮巡视动员部署会、中央第六轮巡视动员部署会等会议精神，深化政治巡视、推动巡视巡察由有形覆盖向有效覆盖转变。制定并印发《2020年自治区党委巡视机构工作要点》，明确工作要求和重点工作任务。

【巡视监督检查】2020年，自治区纪委监委坚持以党的政治建设为统领，严格按照“四个落实”要求开展监督检查。将各地各部门学习贯彻中共十九届五中全会精神、落实意识形态工作责任制、树立马克思主义民族观和宗教观，统筹推进常态化疫情防控和经济社会发展、做好“六稳”工作、落实“六保”任务，推动自治区党委守好“三条生命线”、走出一条高质量发展新路子及努力建设黄河流域生态保护和高质量发展先行区等情况纳入监督检查内容，确保中央和自治区党委重大决策部署落到实处。制定十二届自治区党委第八轮、第九轮、第十轮巡视工作方案，将选人用人、意识形态责任制落实情况专项检查方案纳入巡视总体方案，加强巡视工作规范开展。坚持组办联审巡视报告制度，探索建立巡视工作领导小组集中听取巡视中期情况汇报机制。探索完善与纪检监察、组织、审计、信访等部门的协作配合机制，邀请相关职能部门“一对一”“面对面”向巡视组通报情况，加强与派驻纪检监察组协作配合，促进纪检监督、派驻监督、巡视监督贯通融合。

【巡视整改反馈】2020年，自治区纪委监委坚持把整改落实作为巡视工作的落脚点，研究制定《关于进一步加强巡视整改工作的意见》，明确了被巡视党组织整改主体责任、自治区纪委监委和党委组织部日常监督责任、巡视办统筹协调责任，理顺了整改监督工作机制。制定并出台《关于规范巡视移交工作的意见》《自治区党委巡视组巡视意见反馈办法》。建立完善巡视发现问题"四个责任"清单，落实双反馈和双报告制度，持续传导整改工作压力，规范巡视意见反馈移交、整改情况报送、整改情况公开、履行职责情况报告等工作流程，推动巡视整改落实落地落细。提请自治区党委下发《关于对自治区党委巡视反馈意见整改情况开展"回头看"的通知》，并完成对十二届自治区党委历轮巡视整改情况"回头看"。坚持问题导向，向纪检监察机关移交反映领导干部问题线索33件，涉及区管干部8人。向自治区党委和政府、自治区党委深化改革办公室、自治区扶贫办等移交专题报告7份，工作建议30余条，充分发挥标本兼治的战略作用。

【基层巡视】2020年，自治区纪委监委开展巡察工作专项检查，为巩固前两轮市县（区）巡察工作专项检查成效，在十二届自治区党委第八轮脱贫攻坚专项巡视"回头看"期间，同步对盐池县等9个县（区）党委巡察工作开展专项检查，认真查找主体责任履行、巡察质量不高等方面存在的突出问题，督促市、县（区）党委限期整改，提升巡察工作规范化水平。持续加大指导督导力度。在十二届自治区党委第十轮巡视期间，同步开展对吴忠市委、隆德县委巡察工作指导督导试点，结合实际完善《2020年度市县（区）党委巡察工作考核细则》，督促市县（区）党委落实主体责任，推动市县（区）巡察工作高质量发展。探索建立区直部门（单位）巡察工作制度，组织起草并提请自治区党委印发《关于区直部门（单位）党组（党委）开展巡察工作的实施意见（试行）》，为区直部门（单位）党组（党委）开展内部巡察工作提供政策依据。起草《关于巡视巡察上下联动实施意见》，推动自治区党委6个巡视组与市县（区）29个巡察组实现成果共享。起草下发《市级交叉巡察工作方案》《关于探索提级巡察和交叉巡察方式开展巡察工作的通知》，推动实现交叉巡察制度化常态化。研究出台《关于加强村（社区）延伸巡察工作的指导意见》，明确监督重点、组织实施、操作规范等内容，狠抓贯彻执行和调研督导，有效提升村（社区）延伸巡察工作质效。

（罗　倩）

2020年6月8日，全区纪检监察工作专题讲座在银川市举办

廉政教育

【正风反腐宣传】2020年，自治区坚持一体推进不敢腐、不能腐、不想腐，推进警示教育常态化制度化规范化。自治区党委将每年3月23日定为"廉洁从政警示日"，每年开展"廉政警示教育周"活动。2020年活动期间，36名省级领导、223家单位、728名区直单位主要负责人到廉政警示教育中心接受教育。研究起草《关于做深做实查办党员干部违纪违法案件"后半篇文章" 推动以案为戒以案示警以案促改以案正风工作的实施意见》，将廉政警示教育周活动的一些成功实践以制度形式巩固下来，指导督促各地各部门分级分类扎实开展内容丰富、形式多样的警示教育活动。对新任职区管干部进行廉政谈话，组织2.6万名党员干部到自治区廉政警示教育中心接受教育。2020年，自治区纪委监委制定查办违纪违法典型案件"三会两书两报告"工作办法和召开以案促改专题民主生活会暂行办法，全区纪检监察机关制发纪检监察建议书1130份。编印自治区干部违纪违法典型案件《忏悔警示录》（2019年版），拍摄制作警示教育片《染黑的权力——宁夏涉黑涉恶腐败和保护伞问题典型案例警示录》。督促各级党组织加强思想道德和党纪国法教育，推进廉洁文化和家风建设，引导广大党员干部筑

牢不想腐的思想堤坝。

【纪律教育】2020年，自治区纪委监委持续通报曝光，以强大的舆论震慑开展警示教育。召开全区领导干部廉政警示教育大会，通报剖析违纪违法典型案例。发布审查调查和党纪政务处分信息20次，涉及17人，通报曝光扶贫领域腐败和作风问题典型案例15起18人，侵害群众利益的不正之风和腐败问题3次8起，违反中央八项规定精神问题10次26起。在春节、五一、十一等节假日前向全区党员领导干部发送"过廉节"提醒短信7万余条。

【廉政文化建设】2020年，自治区纪委监委围绕中共十八大以来自治区纪检监察工作护航脱贫攻坚工作，统筹抓好廉政文化建设，策划拍摄电视专题片《为了庄严的承诺》，于自治区纪委监委五次全会前在宁夏电视台播出。对固原市、中卫市和区直有关部门廉政文化建设工作进行专题调研，整合廉政文化资源。与区属主流媒体对接，策划开展廉政公益广告、廉政短视频、廉政歌曲MV创作展播活动，推出《青春是用来奋斗的》《说给一双手听》等作品。

（罗　倩）

民主党派与工商联

MINZHUDANGPAIYUGONGSHANGLIAN

NINGXIA YEARBOOK

编辑◎黄　鑫

民革宁夏区委会

【概况】2020年，民革宁夏区委会辖4个市级委员会，1个区直工委，1个直属固原支部，3个县级委员会，2个小组，共有基层组织56个（其中，总支4个，支部52个）。截至2020年年底，全区共有党员1274人（其中，银川市委会397人，石嘴山市委会134人，吴忠市委会167人，中卫市委会191人，区直工委357人，直属固原支部28人）。民革党员中各级人大、政府、政协和党派机关公务员230人（其中，副省级1人，厅局级6人，县处级55人，乡科及以下168人）。

【抗击疫情】2020年，全区民革各级组织和全体党员以及企业家联谊会积极投入抗击疫情一线，捐款捐物，累计捐款225.48万元，捐赠消毒液、防护服、口罩等防疫物资价值2550.43万元。组织相关领域党员专家开展专题调研，提出的关于降低疫情对全区经济社会发展影响的建议得到自治区党委、政府领导肯定。

【组织发展】2020年，民革宁夏区委会制定《民革宁夏区委会2020年组织建设年活动实施方案》，连续三届坚持召开五年一次民革全区组织工作会议，以会代培，加强对各级组织特别是基层支部领导班子成员思想政治教育。配套制定区委会关于加强组织建设的实施意见，编制宁夏民革党员应知应会手册，探索组织建设年工作半年通报和动态报送机制，得到民革中央认同和批示。制定区委会2021—2025年组织发展规划，严格标准条件，规范工作程序，首次组织拟发展党员集体见面会、新发展党员入党宣誓，端正动机、坚定信念。全年共发展党员两批53名。其中，大学以上学历52人，硕士学历9人，博士学历3人。民革界别特色37人，民营经济人士3人，高质量完成民革中央和自治区党委统战部规定的指标任务。举办2020年新党员培训和参政议政骨干党员培训，选派党员干部参加民革中央、自治区党委组织部、统战部举办的各类培训班，全面提升党员干部综合素养。以党员之家和示范支部创建为抓手，督促指导基层组织开展达标支部建设和示范支部创建。开展市级组织建设摸底调研，提前谋划市县组织政治交接。强化基层组织负责人队伍建设，基本完成基层组织换届，调整充实一批优秀年轻党员担负基层组织工作。研究制定宁夏民革基层组织换届材料模板，制定并下发区委会基层组织换届工作指导意见，获得民革中央充分肯定并转发民革各省级组织借鉴实施。

【专题调研】2020年，民革宁夏区委会主要负责人主动参与自治区新冠疫情防控、黄河流域生态保护和高质量发展先行区建设、“十四五”规划和2035年远景目标等协商议政，其中关于自治区编制“十四五”规划《建议》中“作为中长期优先战略的实施，应重视农产品加工业对农业效益提升的影响”和“需专章谈小城镇的建设，尤其是产业培育问题”两条建议，被自治区党委充分吸收采纳。围绕实现稳定可持续脱贫，以直通车形式建议自治区推进枸杞产业高质量发展、促进农产品加工业优化升级，得到自治区党委、政府、政协主要领导重要批示，对推动农业农村部和自治区政府共建国家级中宁枸杞市场提出了重要的针对性建议，获得自治区副主席王和山的充分肯定和采纳。开展“乡村振兴”“建设新时代农业特区，保障和改善民生”“省级组织履职能力建设”委托课题调研，形成的区域成果被民革中央采纳。关注全区制造业高质量发展和健康宁夏建设主题，调研并形成加强高技能人才培养、助力全区制造业高质量发展、以科技创新引领优化升级、推动全区制造业高质量发展、健康宁夏控烟刻不容缓等9项报告。

【建言献策】2020年，民革宁夏区委会坚持把调研成果转化、专家约稿、重点提案培育等途径作为形成高质量提案和大会发言的重要抓手，在自治区政协十一届三次会议上作《为建设美丽新宁夏贡献党派力量、做强全区农业高质量发展的“芯片”》口头发言。全年提交13件集体提案，绝大多数得到承办单位的高度重视和有效办复，其中《关于大力发展乡村旅游 助推宁夏乡村振兴》等多件提案被自治区政协重点督办。先后在自治区政协第十一届十三次、十四次常委会上作《推动产学研 用深度融合促进全区制造业创新发展》《健康宁夏亟待补齐健康知识普及的短板》大会口头发言。在自治区政协第十一届三次会议以来提案质量和提案办理质量评议中，区委会5条集体提案和民革界别政协委员12条个人提案被评为优秀提案。

【社情民意】2020年，民革宁夏区委会建立健全社情民意信息上下联动采编机制，全年采编社情民意信息305篇，区委会采用108篇(其中，银川市委会16篇，石嘴山市委会10篇，吴忠市委会23篇，中卫市委会4篇，区直工委54篇，直属固原各支部1篇)。报送民革中央21篇，采用6篇。报送自治区政协90篇，采用47篇(其中，《宁夏政协信息》23篇，《社情民意》17篇，直报信息7篇)。《关于优化精神病门诊大病审批流程》等信息被自治区领导批示并得到相关厅局答复，《关于建设黄河黑山峡水利枢纽工程》等信息被全国政协单篇采用，区委会信息工作在自治区政协反映社情民意信息积分排名中位列第一。

【民主监督】2020年，民革宁夏区委会积极投身宁夏统一战线“助力脱贫攻坚”行动，按照“寓监督于帮扶之中，寓帮扶于监督之中”的工作原则，借助自治区政协港澳台侨和外事委员会搭建的界别协商平台，联合自治区农业农村厅、扶贫办、商务厅、工信厅等单位，针对红寺堡区和泾源县两个监督县区返贫机制监测开展专项调研型民主监督，监督成果得到自治区党委书记陈润儿阅示批复。

【社会服务】2020年，民革宁夏区委会坚持巩固传统社会服务阵地，建立宁夏民革活动中心，建立联谊会和书画院服务区委会中心工作机制。调整优化中山书画院组织机构，举办抗击疫情网络书画作品展览。推动联谊会先后与江西企业家联谊会、广西企业家联谊会签订全面战略合作协议，组织会员企业家投资珲春海洋经济合作发展，企业家联谊会和中山书画院功能作用得到充分发挥。发挥党员人才优势，整合各方面扶贫资源，先后组织企业家联谊会向定点帮扶村捐赠净水设备、办公桌椅、村部改造总价值10.5万元，协调党员会员企业开展“温暖守护捐助计划”，捐赠价值4万余元温暖包，为盐池县8所小学捐赠价值80万元多功能运动场和体育器材，为吴忠市利通区11所小学捐赠价值64万元净水设备，惠及9000余名中小学生。支持驻村扶贫队落实种植3000亩黄花菜、2000亩优质苜蓿、养殖1000头肉牛的“321”产业布局，持续巩固对口扶贫村脱贫实效。

【媒体宣传】2020年，民革宁夏区委会加强与《人民政协报》《团结报》《宁夏日报》《华兴时报》等主流媒体合作，宣传报道全区民革专项抗疫、法治教育、议政调研、“壹基金”系列捐赠和驻村扶贫等重要工作和重大活动，人民网央视频、民革中央网、《宁夏日报》《海峡两岸》等媒体专题报道区委会牵头组织的台湾青年企业家宁夏行活动。改版《宁夏民革》杂志，策划阻击疫情、资政群议等特稿专题。全年在中央及省级媒体刊发宣传稿件642篇(其中，《团结报》8篇，团结网201篇，民革中央网站315篇，《华兴时报》118篇)，微信公众号推送时事信息96期429条，终端年点击量达4.7万次。

【祖国和平统一工作】2020年，民革宁夏区委会全面贯彻中共中央对台方针政策，准确把握“十三五”时期推进两岸关系和平发展与祖国和平统一的战略定位，及时商请民革中央，联合民革中央联络部、自治区台办、银川市台企协会，共同邀请19个特色农业、电子信息、精细化工等领域优秀青年企业家和企业家协会组织，举办台湾青年企业家宁夏行活动，为探索宁夏引进台湾先进技术、人才、资源、经营管理理念以及资本、技术和外部市场，签订战略协议，达成意向成果，此次活动被列入民革中央2020年祖国和平统一工作的重要成果，并获得民革中央副主席郑建邦重要批示。

（宋虎彪）

民盟宁夏区委会

【概况】截至2020年年底，民盟宁夏区委会有市级委员会5个，县级委员会3个；75个基层组织(包括1个基层委员会，16个总支委员会，58个支部)，盟员2329名。在全体盟员中，有全国政协委员2名，自治区人大代表5名，市级人大代表14名，县级人大代表7名，自治区政协委员28名，市级政协委员60名，县级政协委员87名。

【抗击疫情】2020年，民盟宁夏区委会将疫情防控和促进经济社会发展双重任务作为建言献策的重点，向民盟中央、自治区党委、自治区政协报送社情民意信息177件。《关于谨防因"疫"返贫致贫的建议》被民盟中央采编报送中共中央办公厅，12件信息被民盟中央采编报送全国政协，23件被自治区政协采编，《关于自治区出台传染病防治条例的建议》得到自治区有关领导的批示，《关于复工复产的建议》和《做好动物疫情防控工作的建议》分别被自治区市场监管厅和农业农村厅采纳。宁夏民盟书画院制作的《同心抗"疫"》书画作品展在微信公众号展出作品33幅，盟员梁建华创作歌曲《感谢有你》被"学习强国"收录，盟员马金莲参与了湖北文联的视频录制，盟员高卫国撰写的论文《全面提高依法治理能力为疫情防控提供有力法治保障》获评民盟中央法治论坛优秀论文，盟员李燕被评为银川市"三八红旗手"，其撰写的《恪尽职守　战疫在一线》获第十届宁夏医学优秀学术论文二等奖。全区各级盟组织、盟员共计捐款32.88万元，捐赠各类物资价值197.83万元，盟员王芳平捐赠价值98万元亚麻籽油等物资，盟员朱建华捐赠抗疫资金10万元，并确保所在公司"不减员、不降薪"。共有22名盟员参与一线救治工作，盟员杨晓芸、马刚参加自治区援鄂医疗队，获得民盟中央和自治区"抗疫先进个人""我身边的抗疫模范"等多项表彰，杨晓芸被授予湖北省"新时代最美逆行者"称号，盟员张艳芬、王文华分别获得民盟中央和民盟宁夏区委会的表彰，机关干部王晶家庭被自治区评为"最美抗疫家庭"，民盟宁夏区委会被民盟中央评为"抗击新冠肺炎疫情先进集体"。民盟宁夏区委会对盟员典型事迹进行了宣传报道，制作宁夏民盟抗疫专题片，以典型宣传展示新时代盟员的觉悟和担当。自治区主席咸辉对民盟宁夏区委会在疫情防控期间的工作情况汇报作出肯定性批示。

【思想建设】2020年，全区各级盟组织把学习贯彻中共十九届五中全会精神和习近平总书记视察宁夏重要讲话精神作为当前的首要政治任务和长期的重大政治责任，深刻领悟精髓要义，强化思想理论武装。召开全区民盟思想宣传工作会议，制定意识形态和网络安全年度工作计划，牢牢掌握意识形态工作领导权，坚持巩固马克思主义在意识形态领域的指导地位。从区委会机关学习入手，探索思想政治宣传教育在载体、形式、内容、理念上的创新。制定理论学习中心组学习制度和年度思想政治建设学习计划，与统战部联合举办第二期"和声"大讲堂，邀请全国政协常委、北京大学国际关系学院教授贾庆国做国际形势和中国安全专题讲座。运用"会易通"远程系统，加强区委会机关和基层盟组织在学习上的协同推进，让"学习也是工作"更加深入人心，机关带动全盟学习型组织建设的格局已初步形成。主委冀永强到5个地级市传达全国"两会"精神。银川市委会举办"同心大讲堂"，石嘴山市委会联合各党派举办学习会，吴忠市委会组织盟员参加"统战系统读书月"活动，固原市委会组织盟员参加"烈士纪念日"活动，中卫市委会邀请市委党校教授为盟员授课，高校工委在宁夏职业技术学院图书馆创建"红色经典书屋"。课题《民盟加强思想建设的实践与探索》获民盟中央理论研究课题优秀奖，论文《新媒体环境下民主党派加强意识形态工作的思考》获全区统战理论政策研究优秀成果一等奖，《协商民主在信息网络时代面临的机遇、困境及对策》入选宁夏政协成立70周年理论研讨会专集。盟员杨兴中、祝丹撰写的理论文章在《宁夏政协》刊登。

【组织建设】2020年，民盟宁夏区委会共发展盟员71人，主界别为70%以上。高校工委组织发展注重数量质量并重，发展代表人士数量达到全年代表人士发展数的75%。2020年，新挂牌成立"盟员之家"1个。教育委员会、老龄委员会围绕家乡建设新成就，分别举办教师节联谊活动和敬老祝寿活动。依托上海社会主义学院平台成功探索以线上直播方式举办培训，实现"不出户"享受到上海的优质培训资源。分别在江西井冈山和浙江宁波举办参政议政业务骨干和基层组织负责人培训班，深化对习近平治国理政新思想和红色革命教育的学习。全年共举办5期培训班，培训盟员332人。银川市委会创新资源共享培训模式，与民建银川市委会联合举办参政议政培训班。民盟石嘴山市平罗县总支等5个基层组织获评民盟中央盟务工作先进基层组织，盟员严玉华、师淑莲被评为自治区优秀政协委员。

【参政议政】2020年，民盟宁夏区委会力请民盟中央副主席王光谦率调研组一行到宁夏调研黄河水资源开发利用工作，为宁夏更好融入国内大循环为主体的新发展格局问诊把脉，民盟中央将调研成果形成《关于加快南水北调西线工程论证规划和建设的建议》，并获得习近平总书记重要批示。区委会承担民盟中央《创新驱动支撑黄河流域生态保护和高质量发展的调研报告》等3个重点调研课题，以"创新驱动支撑生态环境保护修复及高质量发展"为主题举办第三届生态研讨会暨建设黄河流域生态保护和高质量发展先行区议政建言会，研讨为促进黄河流域治理与保护提出科学建议。

银川市委会完成《关于黄河流域生态保护和高质量发展的调研报告》。积极参加高层政治协商，在自治区党委政府召开的协商会、座谈会上围绕完善基层治理体系提高基层治理能力、建设黄河流域生态保护和高质量发展先行区、自治区“十四五”规划制定等自治区重点工作提出意见和建议。全国政协委员冀永强、李保平参加“加强全民健身场地设施建设”网络议政远程协商会，李保平作交流发言。区委会承担的《关于推进我区长城国家文化公园建设的调研报告》获自治区党委书记陈润儿批示。为促成固原市纳入国家高铁网，向自治区政府提交《关于规划建设固原市联通定西至庆阳高速铁路的建议》。为将宁夏生态文明建设纳入中科院科技评价体系，提交了《关于尽快启动“美丽新宁夏”生态文明建设科技工程的建议》，两项建议均获自治区主席咸辉批示办理。分别在中卫市、石嘴山市举办教育、经济研讨会，围绕研讨主题与当地党委协商议政。各基层组织注重加强与政府部门的对口联系，银川市委会召开对口联系工作会议，吴忠市委会与市教育局开展“有事好商量”专题协商，对口联系活动的开展拓宽了盟员知情渠道和参政议政思路。区委会承担的国家发展改革委西部大开发项目《宁夏综合养护通道基础设施建设前期研究》顺利结题。主委冀永强向全国政协提交大会发言《“校门已关、家门未开”，孩子去哪儿?》，被30多家媒体报道和转载，宁夏区委会向全国政协会提交《关于推动学校体育馆对外开放》等多件提案，其中《关于推进职务发明成果转化的提案》被全国政协提交国家科技部答复。区委会在自治区政协十一届三次全会上提交6件大会发言和10件集体提案，自治区政协对《关于尽快启动我区黄土高原丘陵沟壑区治沟造林地项目的提案》等两件重点提案进行现场督办和督办“回头看”。区委会《关于加强宁夏方言保护与研究的提案》《关于加强我区地方戏曲数字化管理的提案》被评为自治区政协优秀提案。围绕自治区政协常委会专题议政，先后提交《冶金！冶金！如何科技培育变“金”?》等3篇口头发言。固原市委会关于规范小区物业管理的建议被列为市委书记重点督办提案和市政协协商议题。中卫市委会《关于老年教育情况的调研报告》获市委书记批示。区委会注重发挥区情研究中心、专门委员会等智库机构的平台作用，坚持举办生态、教育、经济等特色论坛，参与民盟中央主题论坛，《关于西北地区都市圈建设的思考——以银川都市圈为例》等4篇论文分获民盟中央经济、教育、法治论坛优秀论文。区委会获民盟中央2019年度参政议政工作优秀成果奖。

【社会服务】2020年，民盟宁夏区委会坚持开展注重培育“造血功能”的帮扶工作，在给予适当物质帮助的同时，重点从教育扶贫、文化提升、科技信息、市场观念等方面帮助村民开阔视野，“志智双扶”成效显著。助力教育医疗帮扶，深化沪宁合作关系，组织中小学骨干教师赴上海进行交流培训，为宁夏教师学习先进省(区)的教育理念搭建跨省合作的平台。联系促成上海民盟同舟公益基金会向银川市中小学幼儿园捐赠价值超过100万元的直饮净水设备。区委会组建医疗志愿服务队到帮扶村开展“健康扶贫　送医下乡”志愿服务活动，诊疗患者百余人。银川市、石嘴山市、中卫市3个市委会引进山东百格基金开展“大爱无疆，同心助学”教育精准帮扶助学捐赠活动，共捐赠教学设备、软件等价值650万元。固原市委会加强与民盟上海交通大学委员会的合作，为上海交通大学深入研究固原芳香植物提供帮助，此项研究获得国家专利。石嘴山市委会开展“手拉手”支教活动，帮助盟内学科骨干教师与贫困学生结成帮扶对子。盟员朱建华结对帮扶海原县米湾村，为村民捐款8万元。区委会班子成员带领调研组先后到原州区、彭阳县的8个村对脱贫攻坚中的新情况新问题新挑战进行调研。针对疫情导致的脱贫难度增加返贫风险提高、扶贫产业发展基础薄弱等重点突出问题提出针对性的意见建议，自治区党委书记陈润儿对区委会脱贫攻坚民主监督调研报告作出肯定性批示。

（李　静）

民建宁夏区委会

【概况】2020年，民建宁夏区委会共有3个市委会、1个区直工委、9个总支、1个基层委员会、54个支部、1个小组(盐池小组)。会员总数1443人，平均年龄48.3岁，经济界会员1053人，具有各类专业技术职称的会员938人。

【抗击疫情】2020年，民建宁夏区委会第一时间成立疫情防控工作领导小组，召开疫情防控工作专题会议，发出倡议书和慰问信，号召各级组织和全体会员迅速行动起来，以实际行动支持和参与疫情防控。主委杨培君多次深入定点医院、社区、市县(区)医院、疾控中心、卫生健康等部门开展调研，督促指导做好疫情防控、流行病学调查和医疗救治保障工作。全区158名会员、机关工作人员参与抗击疫情一线，累计捐款392.6万元，捐物价值496.1万元，购买湖北农产品18.4万元，帮助销售湖北实验仪器170.5万元，会员所在企业为小商户提供专项补助资金1600万元。区委会领导班子成员主动对接、服务会员所在企业，实地走访宁夏润泽丰源法律服务有限公司等32家会员所在企业，召开文旅企业复工复产等8场座谈会，宣传自治区党委、政府支持民营企业发展的有关政策，推动会员所在企业科学精准有序复工复产。区委会广泛收集意见建议，整理编发社情民意41篇，其中《关于将隐瞒疫情者列入征信黑名单的建议》等4篇被自治区政协采用。提交提案6件，《关于疫后工业企业尽快恢复生产经营的建议》被列为重点提案。开展银企对接活动，采取统一部署、独立组织、线上线下同步开展的方式，组织区内银行与50余家会员所在企业建立联系，有5家企业与银行达成信贷合作，签订合同并发放贷款1800万元，从而有利于解决企业家关注度高、反映强烈的融资难问题。区委会在会刊、网站设立《抗击疫情，宁夏民建在行动》专栏，集中报道各级组织和广大会员在抗击疫情过程中涌现的先进典型和优秀事迹。通过网站、微信群及时发布官方消息，普及防疫知识。向民建中央、自治区党委统战部和相关媒体报送信息简讯60余篇。会员周莉薇获“全国抗击新冠肺炎疫情先进个人”称号。会员丁冬梅、王成、马国峰、姬晓怡被评为“民建中央抗击新冠肺炎疫情先进个人”。会员张俊平、曹慧萍、丁原被评为“全区抗击新冠肺炎疫情先进个人”。会员企业宁夏然尔特实业集团有限公司被评为“全区抗击新冠肺炎疫情先进集体”。

【思想建设】2020年，民建宁夏区委会结合庆祝建会75周年等重大活动，巩固深化“不忘合作初心，继续携手前进”主题教育活动成果。主委杨培君作题为《向山而行、争攀高峰，学习〈中国民主建国会章程〉，做合格会员》的宣讲。与自治区党委统战部联合举办“和声大讲堂”，搭建思想教育新平台。开展理论研究，征集文章20余篇。开展主题书画摄影展，收集会员作品122幅，在宁夏民建网站专栏展示。全区各级组织共开展各类活动30余次，参加活动会员1000余人。打造“一网一刊一号”宣传主阵地，新开通“宁夏民建”微信公众号，广泛宣传习近平新时代中国特色社会主义思想，报道民建中央、区委会重大会务活动、基层支部活动动态及会员先进事迹，刊发参政议政成果，营造积极向上的舆论氛围。做好各基层组织微信群的引导工作，增强组织的感召力、凝聚力。全年编发简讯260余篇，被民建中央网站及其他媒体采纳150篇。《宁夏民建》出刊6期。区委会被评为民建中央网站2020年度组稿先进单位。民建宁夏区直工委、民建吴忠市利通区总支被评为“民建成立75周年全国先进集体”。会员马明禄、王晓丽、李立、何香莲被评为“民建成立75周年全国优秀会员”。

【组织建设】2020年，民建宁夏区委会坚持领导班子述职评议制度、中心组学习制度，规范议事决策和管理程序，建立后备干部队伍数据库，实行动态管理，开展会员接待日活动，举办新会员学习班、骨干会员培训班等培训6次，参训学员300余人，选派20余名会员参加民建中央、自治区政协、自治区党委统战部等组织的学习培训。落实区委会领导班子成员联系基层组织制度，班子成员多次先后前往会员企业力成电气以及吴忠仪表、宁夏职业技术学院等参加活动。探索建立基层组织积分制管理，建立“六个一”考核指标，即每年至少召开1次总结会议、提交1篇提案或社情民意、发表1篇新闻简讯或理论文章、开展1次社会服务活动、参加1次学习培训、每季度开展1次组织生活，量化活动要求。银川市委会开展的《民法典》宣讲进社区等活动，石嘴山市委会发挥农技专家服务队作用，组织开展的下乡、入户、赶集、培训、讲课、送材料活动，吴忠市委会开展的“点亮微心愿·圆梦在社区”等活动，区直工委开展的一月座谈集中学习活动，中卫市总支依托社会服务基地雷锋车队开展的爱心捐助活动。制定并印发《民建宁夏区委会会内监督工作管理办法（试行）》《民建宁夏区委会领导班子民主生活会实施办法（试行）》，完善委员履职量化登记制度，坚持新入会会员宣讲仪式制度，召开思想动态座谈会，掌握基层组织换届工作准备情况，为市级组织换届工作提供纪律保障。

【建言献策】2020年，民建宁夏区委会聚焦全区改革发展重点，积极履职建言。在全国政协十三届三次会议上，提交《关于实施新一轮西部大开发税收优惠政策的建议》《关于加强非物质文化遗产保护传承工作的建议》《关于以全装修成品住宅建设提高房屋质量的建议》3件提案。在自治区政协十一届三次会议上，提交大会发言7篇，副主委陈庆成代表区委会作题为《打通“三个堵点”，培育良好营商土壤》的发言。提交集体提案10件，委员个人提案41件。其中《关于加强我区特色农产品品牌建设的建议》等4件提案被选为重点提案。《关于推进我区制造业高质量发展的建议》等2件提案由自治区主席咸辉现场督办。区委会主动与提案承办部门加强沟通联系，增强提案的办理成效，所提交的提案办复率为100%。全国政协委员、自治区政协民建界别委员积极参与读书活动、网络议政活动等，发表意见建议，做到思想时刻在线、履职随时连线。向自治区政协十一届十三次、十四次常委会议提交15篇大会发言，副主委马中勇代表区委会作题为《为民间特色诊疗技术的挖掘保护建言》的发言，副主委解方代表区委会作题为《以产共用协同创新，促进制造业自主创新》的发言。

【专题调研与社情民意】2020年，民建宁夏区委会结合民建中央、自治区党委重点课题和自治区政协年度协商计划及常委会议题，共确定4个调研课题，分别由主委、副主委担任组长，组织会内专家和会员骨干组成专题调研组，深入市、县（区）及相关部门开展调研，形成并报送《宁夏黄河流域城市群高质量发展的调研报告》等5篇调研报告，其中《关于我区特色农产品品牌建设情况的调研报告》得到自治区领导陈润儿、姜志刚批示。成立民建委员界别工作室，组织3次界别调研。积极参加政治协商，在自治区党委、政府、政协召开的座谈会、协商会、征求意见会上，区委会领导围绕加强黄河流域生态保护和高质量发展先行区建设、"十四五"规划建议、民营企业健康发展等内容作5次发言，多条意见、建议得到采纳。全年向自治区政协编辑报送社情民意信息120篇，其中《以新基建推动我区经济高质量发展》等20篇被采用，《关于抢抓银西高铁开通机遇，大力推动我区旅游产业发展的建议》得到自治区副主席赖蛟批示。向民建中央编辑报送社情民意信息18篇，被综合采用1篇，其中《关于进一步巩固脱贫成果，建立脱贫攻坚长效机制的建议》被全国政协采用。区委会被评为自治区政协2019年履职考核优秀参加单位、2018—2019年度反映社情民意信息工作先进单位，全区统战系统2019年度信息工作先进集体。解方、潘志军、马刚、马然、刘国莲、杨彩红、欧治国、周晓涛、鲁宝杰、温天明、马彦学、马晓燕、茹小侠、韩靖、郭嘉15名会员被评为自治区政协2019年履职考核优秀委员。

【社会服务】2020年，民建宁夏区委会对同心县脱贫攻坚进行民主监督，完成《2020年度对口同心县脱贫攻坚民主监督工作调研报告》《2016—2020年脱贫攻坚民主监督工作报告》。撰写的《关于新时代脱贫攻坚民主监督工作的思考》等2篇文章被选入《民建脱贫攻坚总结及研究文集》，《加强贫困地区农村基层组织和人才队伍建设的调研报告》被评为民建中央脱贫攻坚相关工作总结研究优秀论文二等奖。副主委解方在民建中央理论研究委员会全体会议上作《民主党派做好新时代民主监督工作的思考——以民建宁夏区委会脱贫攻坚民主监督实践为例》的大会发言。实施爱德基金会"e万行动孤儿助养"项目，资助孤儿800人，捐赠金额100多万元。实施中华思源基金会项目，新增5个"思源·佑华教育移民班"，资助学生250名，资助金额150万元（累计开设35个"思源·佑华教育移民班"，资助学生1750名，资助金额1050万元）。实施"思源·佑华教育育才班"项目，新增资助高一新生55名（累计资助学生618名，资助金额200万元）。参与"助山里娃圆梦读书"项目，为宁夏思源教育移民班捐赠2台电脑。发动机关干部及会员参与民建中央发起的"聚光福·稳脱贫"光伏扶贫丰宁专项行动，共有402人参与，筹款13.38万元。开展消费扶贫工作，2020年消费扶贫5.84万元。组织企业家会员参加民建中央组织的非公经济前沿圆桌视频会议、第七期民建中央企业家培训班等。

（罗　莉）

民进宁夏区委会

【概况】2020年，民进宁夏区委会辖5个市委会，1个区直工委，2个县委会，共有86个基层组织（其中，1个基层委员会，9个总支，76个支部）。2020年，新发展会员80名（其中，区直部门19名，银川市23名，石嘴山市11名，吴忠市12名，固原市5名，中卫市10名）。

【抗击疫情】2020年，民进宁夏区委会积极参加疫情防控，及时报送抗疫建议和社情民意信息，大力宣传抗疫事迹和先进人物。1月26日、31日两次发出倡议书，广大会员迅速响应，以志愿者身份下沉社区，共捐款捐物405万元，3幅作品入选民进中央民进书画家抗击疫情作品展。区委会向民进中央和自治区推荐抗疫先进模范共64人，宁夏医科大学总支委被民进中央评为"全国抗击新冠肺炎疫情先进集体"称号，李斌、马瑞霞、章玉明、申剑钢、景俊被评为"全国抗击新冠肺炎疫情先进个人"。陈兵、章玉明、张蓓被自治区党委、政府评为"全区抗击新冠疫情先进个人"，孙忠胜被自治区机关工委评为"我身边的战'疫'模范"。

【思想建设】2020年，民进宁夏区委会召开6次主委会、4次常委会、2次中心组学习会，常态化开展主题教育活动。领导班子召开4次专题学习会发挥领学示范作用，并前往主题教育活动联系点开展调研，督促指导地方组织和基层组织开展活动。常委会通过不同形式，组织开展政治理论学习，学习统一战线和多党合作的历史、方针、政策、理论与制度。围绕履职能力建设、思想政治建设、组织建设举办3期专题培训班，182人参加学习。各市委会相继举办会史学习班、履职能力培训班33次，1091人参加培训。推荐11名会员参加中央统战部、自治区党委统战部、民进中央的有关培训班。实现基层组织领导班子成员接受教育培训的全覆盖。举办"我身边的先进"宣讲报告会2次，8名会员分享先进事迹。首次承办全区统一战线"和声大讲堂"，邀请中国孔子研究院院长杨朝明博士到宁夏作《用传统文化照亮复兴之路》专题讲座。2020年，承担的民进中央参政党理论课题《新时代民进作风建设研究》通过验收。征集统战理论政策研究和统战工作实践创新阶段性成果的理论文章8篇报送自治区党委统战部。突出宣传平台主阵地作用，在会刊和网站开设《学习习近平总书记视察宁夏重要讲话精神》《不忘合作初心　继续携手前进》《同舟共济　众志成城　共抗疫情》等专栏。全年编印4期《宁夏民进》，网页刊发稿件240余篇，微信公众号刊发稿件35篇，在《人民政协报》、民进中央网站、宁夏电视台、《宁夏日报》等媒体上刊载报道100余篇。征集"我身边的战'疫'模范"文章115篇。配合民进中央、自治区党委统战部征集"全面小康·统战心声"专题稿件和助力决胜全面小康感悟文章10余篇。

【组织发展】2020年，民进宁夏区委会注重代表人士队伍建设，制订《民进宁夏区委会2020年会员发展规划》，加强主界别人才的物色与培养。全年新发展会员80人，截至12月底，全区共有会员1658人，其中主界别占比66.3%，具有各类专业技术职称的会员占67.8%。一批骨干会员走上新岗位，柳萍在中国戏剧家协会第九次全国代表大会上再次当选为副主席。金忠杰担任民进中央青年工作委员会副主任。王晓兵、徐宝、郝运清被聘用为自治区人民政府法律咨询委员会组成人员。王晓兵被聘用为自治区人民政府法律顾问。温旭茹担任中卫市审计局副局长。席恒、石虎麟、屈子强当选为银川市书法家协会副主席。李晓春当选银川市美术家协会主席。开展星级组织评定，2020年新增五星级组织1个、四星级组织4个。

【双岗建功】2020年，会员张燕成获得2020年中国人民志愿军抗美援朝出国作战70周年纪念章，赵惠娥被评为"全国劳动模范"和"石嘴山建市60年感动石嘴山先进个人"，马瑞霞被评为"全国先进工作者"，宫波、李小雄被评为"全区劳动模范"，陈怀被评为"全区先进工作者"，陈兵、沈志慧、王明林被评为"全区优秀医务工作者"，刘明、沙湧波被评为"自治区政协反映社情民意信息先进个人"，王莲喜、刘明、李小雄、胡迅雷入选自治区级非物质文化遗产保护研究工作专家库，马辉享受自治区政府特殊津贴，吴心华、张守宗、申剑钢被评为"民进中央脱贫攻坚民主监督先进个人"，汪晓、付元、牛丽、张丽杰被评为"民进中央全国履职能力建设先进个人"，张丽被评为"民进全国会史工作先进个人"。

【参政议政】2020年，民进宁夏区委会积极履职尽责，参政议政成果丰硕。住宁全国政协委员在全国政协有关会议上，提交《坚持固本强基，构建新型乡村治理体系》等3篇书面发言。提交《关于健全完善我国重大疫情防控机制的建议案》等4件提案和6篇社情民意信息。其中《关于以黄河大保护大治理推动流域大发展的建议案》获全国政协重点督办，4篇社情民意信息被采用。区委会提交民进中央的《关于加快推进黄河流域上中游地区水环境综合治理的提案》被全国政协第十三届三次会议确定为重点办理提案，获民进中央参政议政一等奖。向自治区政协第十一届三次会议提交14件集体提案、14篇大会发言，有5件提案被列为重点提案。其中《关于加大宁夏黄河文化保护传承的提案》《关于积极发挥宁夏区域性股权市场功能　推进我区多层次资本市场建设的提案》被列为自治区领导重点督办提案。在自治区政协第十一届三次会议上作《做好"四点半课堂"，写实民生答卷》的大会发言。向自治区政协常委会报送6篇大会发言，作2次口头发言。区委会连续4年被评为"民进中央民进省级组织参政议政工作先进单位"。区委会深入调查研究，广泛集智聚力，制定《民进宁夏区委会2020年重点调研理论研究题目及时间安排》，确定《我区创新素养教育教学评价体系建设情况调研》等19个调研课题，全部形成调研报告。区委会领导带领民进中央经济委员会和区委会联合调研组赴银川市金凤区、西夏区、永宁县，就《提升基层治理效能，促进社会和谐稳定》开展调研，形成的调研报告被民进中央2020年重点考察调研报告综合采用，调研成果得到中共中央主要领导同志批示。区委会领导带队调研全区奶产业、基础教育质量状况，《关于我区奶产业高质量发展的调研报告》得到自治区党委常委白尚成批示。区委会全年向自治区政协报送信息83篇，《关于进一步维护社会稳定，营造打赢疫情防控战役良好舆论氛围的建议》等2篇被自治区政协采用，《加强畜禽疾病疫情防治工作，促进贫困地区养殖产业健康发展》等13篇被自治区政协《建言》《社情民意》采用，《关于加强对艺术人才队伍建设政策扶持的建议》被自治区党委常委、宣传部部长李金科批示，《“新冠”考验民办幼儿园生存》等2篇被全国政协采用。向民进中央报送34篇，《关于“十四五”实施学生营养餐改善计划升级行动的建议》等5篇被民进中央采用。2020年，民进宁夏区委会领导先后参加自治区党委、政府、政协召开的协商会、征求意见会等8次，就《政府工作报告》、基层治理、黄河生态保护与高质量发展、“十四五”规划编制等提出高质量意见建议5次，报送书面建议9次。部分建议得到自治区党委、政府、政协采纳。

【民主监督】2020年，民进宁夏区委会继续对西吉县、盐池县开展脱贫攻坚民主监督，先后在西吉县将台堡镇西坪村、盐池县王乐井乡朱记圈村等近20个行政村，调研脱贫增收支柱产业等，形成3份书面报告，报送自治区党委，得到主要领导阅示。区委会获“民进中央脱贫攻坚民主监督先进集体”称号。

【社会服务】2020年，民进宁夏区委会围绕自治区党委“打造奶产业千亿产值”重大战略部署，成立奶产业专家服务团，开展调研和咨询服务活动。12月21—22日，联合宁夏农业农村厅在吴忠市举办全区奶产业高质量发展培训班。继续派出3名干部在隆德县张程乡张程村帮扶点开展驻村帮扶工作，捐赠5万元的防疫物资和书籍等，联系魏基成慈善机构捐赠价值11万元的御冬棉衣、棉被。区委会和5个市委会举办民进“迎新春、送春联——书画家进社区”“书香·彩虹”活动，为群众书写对联近3000副。参与民进中央对贵州省安龙县的脱贫攻坚，区委会向品学兼优贫困生捐赠4.8万元。配合民进中央在西吉县举办“同心·彩虹行动”助力挂牌督战乡村教师培训班。联合相关企业慰问自治区人民医院援鄂医务人员，捐赠价值36万元的精品大米。联合宁夏医科大学总支、区人民医院支部和银川市第一人民医院开展“助力健康关注基层”活动。邀请会员专家长期为全区大型养殖场、专业养殖户做技术指导工作。

（曹立庆）

农工党宁夏区委会

【概况】2020年，农工党宁夏区委会辖银川市、石嘴山市、吴忠市3个市级委员会、中卫市1个市级总支委员会、1个区直机关工委和65个基层支部。截至2020年年底，全区共有党员1135人。

【抗击疫情】2020年，农工党宁夏区委会积极响应中共中央号召，第一时间面向全区农工党员发出抗击疫情倡议书，号召全区广大农工党员积极投身抗击疫情。5名医疗战线农工党员主动请缨，白衣执甲、逆行出征，奔赴湖北武汉、襄阳等地抗击疫情。全区180余名农工党员在区内各医院、高速路口、机场等地开展发热病人救治、防疫隔离、公共场所消毒防护等工作。300余名农工党员作为志愿者，在社区登记过往人员信息、测量体温等工作，参与疫情防控。据不完全统计，全区农工党员累计捐款30余万元，捐赠医疗设备、各类防疫物资折合人民币达215.3万元。区委会编印《新型冠状病毒感染防控科普知识80问》10万册在全区免费发放，向大众普及通俗易懂的新冠肺炎防控科普和法律知识，指导民众正确认识、做好防护、维护健康。区委会主要领导面向全区41个政协单位，通过微视频的形式，以“疫情面前如何维护心理健康”为内容，开展政协委员大讲堂首场讲座，讲座内容被农工党中央网站和中宣部“学习强国”选用。疫情期间，向农工党中央和自治区政协报送社情民意信息42篇，《加强我国公共卫生体系建设的建议》等13篇信息被自治区政协采用。向自治区政协报送《关于积极应对新冠肺炎疫情影响　加强我区脱贫攻坚工作的建议》等5件与疫情相关提案，被自治区党委、政府采用。陈中伟、常海强、童安荣、卢燕、杨晓军、肖爱民6人被授予全区农工党系统新冠肺炎疫情防控“特殊贡献奖”荣誉称号。

【思想建设和宣传工作】2020年，农工党宁夏区委会强化思想政治建设，注重学习效果，引导广大党员持续深入读原著、学原文、悟原理，做到学以致用，不断增强全区农工党员的思想政治共识。开展培训强化思想认同，在固原市六盘山干部学院举办新党员培训班，在福建省社会主义学院举办“追寻领袖足迹，凝聚政治共识”培训班，强化党员理论武装。安排骨干党员、机关干部参加农工党中央、自治区党委统战部举办的专题学习培训，不断提高党员干部的思想认同和履职能力。结合农工党成立90周年组织开展系列纪念活动，举办纪念农工党成立90周年座谈会，开展庆祝农工党成立90周年理论征文活动，上报农工党中央的3篇征文获一等奖。10件作品入选庆祝中国农工民主党成立90周年暨第二届“美丽中国”摄影展。在农工党中央举办的纪念农工党成立90周年表彰大会上，农工党宁夏区委会获得16项先进集体和先进个人荣誉称号。开展“和声大讲堂”活动，邀请农工党中央生态环境专委会委员王东研究员到宁夏，做《面向美丽中国的黄河流域水生态环境保护现状及对策》的专题讲座。以新媒体为依托加强对外宣传工作，推进网站、微信群、年刊融合发展，形成层次分明、覆盖全区党员的宣传阵地，区委会全年在各类媒体、网站刊发稿件200多篇，图片200余幅。

【组织建设】2020年，全区共有农工党员1135人，其中主体界别农工党员占59%，中高级职称的农工党员占80%。召开两次全体扩大会议，进行届中调整，届中增补区委会委员1名、常委2名、副主委1名。推进基层组织建设，与自治区党委统战部、各地市委统战部进行三方协商，为地市级组织和基层组织换届做好前期筹备工作。推进“农工党党员之家”建设工作，已建成10个党员之家。在全区范围内开展基层组织调研工作，重点督促检查基层组织履职能力，提升基层组织参政议政、建言献策的能力和水平，并鼓励加强基层组织的纵向和横向交流合作。强化内部监督，设立并向全区各级组织及广大党员公布内部监督工作热线电话，听取意见和建议，处置问题和线索，开展日常党内履职监督及廉洁警示教育。召开监督委员会全体会议，增补监督委员会委员1名。举办培训班，对监督委员全体委员进行培训。对1名违法农工党员作出开除党籍处分决定。

【参政议政】2020年，农工党宁夏区委会加强调查研究，重点调研课题《宁夏疾病预防控制体系建设的现状调查及对策》得到陈润儿书记批示。向自治区政协第十一届三次全会提交大会发言15篇。参加“以科技创新为引领，推动制造业高质量发展”议题调研，形成《固原市制造业在科技创新中的“六难”与“六策”》调研报告。参加自治区政协界别协商议题“我区野生动物生存保护现状”座谈会，区委会作《进一步加强野生动物保护宣传力度》《我区应出台禁食野生动物“黑白名单”》交流发言。参加《完善农村面源污染治理和垃圾处理机制，促进我区黄河流域生态改善》议题调研，形成《宁夏农膜回收情况调研报告》《青铜峡市农膜、有害包装物回收利用案例分析报告》。在第十五届中国生态健康论坛上作《关于促进宁夏黄河流域生态发展的几点建议》的大会发言。《农工党宁夏区委会对口海原县脱贫攻坚民主监督工作的调研报告》《宁夏农村厕所改造现状调研报告》获农工党中央2019年度优秀调研报告一等奖，《宁夏“医养结合”养老服务现状及对策》获三等奖。设立第一个自治区政协农工党界别委员工作室。全年向农工党中央报送5件提案，其中《完善社区家庭病床制度，破解居家医疗照顾难题的提案》被采用。向自治区政协报送的15件提案全部立案。在2020年全国两会上，提交的8件提案全部立案。《关于为老年患者提供连续性医疗服务》《关于加强我国公共卫生体系建设》《关于提高烟草税和烟草价格》3件提案被《人民日报》《光明日报》及《全国政协报》等主流媒体转载。关于《如何保护青少年远离传统烟草产品和电子烟》的建言被中央电视台《新闻联播》、中央广播电视总台《中国之声》等主要媒体播报。《关于推进人民政协立法协商制度体系建设的提案》《我国少年法庭制度亟待完善的提案》被《人民政协报》、人民政协网等媒体转发。《关于解决我区医疗机构短缺药品问题的提案》等被自治区政协评为优秀提案。《关于加快推进我区养老机构医养结合服务的提案》《推进我区家庭病床制度建设的提案》被列为自治区政协重点督办提案。全年向农工党中央和自治区政协报送社情民意信息88篇，《重大疾病防控亟待关口前移》等3篇被全国政协采用，《关于完善〈未成年人保护法〉中控烟相关规定的建议》等15件被农工党中央采用，《建议尽快成立中医药防治传染病专科》等24件被自治区政协采用。

【社会服务】2020年，农工党宁夏区委会深入海原县2个乡镇8个贫困村开展脱贫攻坚民主监督调研，形成《农工党宁夏区委会对口海原县脱贫攻坚民主监督工作的调研报告》和《2017—2020年度农工党宁夏区委会脱贫攻坚民主监督工作总结》报送自治区党委统战部。依托驻村工作队，开展系列扶贫活动，向海原县疫情防控指挥部捐赠1吨次氯酸钠浓缩消毒液，防疫知识图书1万册，支持海原打好疫情阻击战。向对口帮扶的海原县红羊村捐赠24台用于田间除草、病虫害防治的农用机械。联系有关医疗机构，为2名红羊村建档立卡户进行“强直性脊柱炎”免费治疗。开展农工党2020年环境与健康宣传周活动，与中卫市总支联合举办健康知识讲座和义诊活动，区委会主要领导为中卫市统战系统干部职工做健康知识讲座，组织专家在中卫市沙坡头区镇罗镇李嘴村开展联合义诊活动，发放近万元的药品和数百份健康知识宣传册。

（田　雷）

九三学社宁夏区委会

【概况】2020年，九三学社宁夏区委会辖4个市级委员会、1个总支社、1个直属工作委员会、8个基层委员会、45个支社。

全年新发展新社员55名，截至2020年年底，全区共有社员1164人。

【抗击疫情】2020年，九三学社宁夏区委会强化舆论引导，推送科普知识，积极宣传奋战抗疫一线社员的担当作为和奉献精神。在《团结报》《华兴时报》、社中央网站等主流媒体刊发稿件近40篇。在社区委网站、微信公众号、微信群推送各类疫情防控工作稿件124篇。启动"即收即报"工作机制，向社中央、自治区党委办公厅、自治区政协反映疫情相关信息45篇，17篇被采用。向社中央提交的《把我国公共卫生安全上升为国家安全战略》的建议，被社中央采用并报全国政协。疫情期间有6名社员赴湖北参加援鄂医疗队，180名社员投入一线医务工作。王航等3名社员利用"互联网+医疗"积极助力疫情防控工作，被中央电视台等主流媒体报道。全区社员个人捐款13.98万元，通过社员所在企业捐款、捐物、提供服务折合人民币约1180万元。社医科大学委员会被九三学社中央委员会评为"先进集体"，田炜宁等6名社员被授予"湖北抗疫一线优秀社员"，赵彦科等3名社员被评为"全区先进个人"。张志远被国家三部委授予"全国卫生健康系统新冠肺炎疫情防控工作先进个人"。

【理论宣传】2020年，九三学社宁夏区委会推进思想理论研究，完成社区委三个中心换届工作，选优配强理论研究队伍。申报自治区统战部重点课题2项，开展思想理论招标立项课题13项，向自治区党委统战部上报理论研究成果7篇。做好网络舆情风险防控化解和社员思想动态调查分析，形成关于思想政治工作及社员思想动态、民主党派成员思想状况的调查报告。拓展宣传渠道，创新宣传载体，社区委网站及微信公众号共发布信息735篇，在社中央网站及其他社外各类媒体平台发布消息161篇。编辑出版3期社讯。社石嘴山市委会被九三学社中央委员会评为"2020年全国宣传思想工作先进集体"，姚春玲、谢磊被评为"2020年全国宣传思想工作先进个人"。

【组织建设】2020年，九三学社宁夏区委会印发组织发展、后备干部建设等实施意见及发展社员工作程序等相关制度。完成社吴忠市委届中调整、中卫总支社领导班子人事调整。宁夏大学委员会被评为"九三学社创建75周年全国优秀基层组织"。举办社区委参政议政能力提升培训班，与九三学社福建省委会联合举办骨干社员培训班，举办第28期新社员学习班。蒋齐被中共中央、国务院授予"全国先进工作者"荣誉称号，秦毅被评为"全国职工职业道德建设标兵个人"，田炜宁被评为"全国优秀医院院长"，哈春芳被评为自治区"塞上英才"，倪新莉、吴忠兰等12名社员科研成果获自治区科学技术进步奖，李勇等6名社员入选自治区青年拔尖人才，左健扬等4名社员入选宁夏青年科技人才托举工程，贾孟辉等3名社员被评为自治区"塞上名医"，曹云娥获第二届宁夏创新争先奖。

【参政议政】2020年，九三学社宁夏区委会在自治区党外人士座谈会和相关意见建议征求会上，分别就数字经济与实体经济融合发展、"互联网+医疗健康"、提升国企创新能力、基层治理体系和治理能力现代化、"十四五"规划建议等方面提出意见建议，部分建言被吸收采纳，"科研代工"写入自治区党委"十四五"规划建议。以直通车报送的《加强城市社区卫生服务体系建设》《在固原市建立生态放牧试验区》的建议，得到自治区党委书记陈润儿的批示。向全国政协第十三届三次会议提交提案材料10件，其中，《改进科技成果评价机制，引导科学研究服务国家战略》等4件建议引发热议并被"学习强国"平台采用。向政协宁夏第十一届三次会议提交集体提案14件，提交大会发言8件。《改革和完善重大疫情防控体制机制》《多点发力推进家庭签约医生服务》等提案被自治区政协列为重点提案。全年完成重点调研课题15件，招标课题52件。完成自治区党委重点调研课题《以制度建设为抓手，进一步推动我区"互联网+医疗健康"示范区建设》、《实施创新驱动战略，引领国企高质量发展》调研报告提交第十五届全国"九三论坛"。与自治区政协联合开展黄河宁夏段调沙调水调研。联合社各市委及专委会，围绕奶产业、全科医生开展专题调研。向九三学社中央委员会、自治区相关部门报送社情民意信息104篇，其中6篇被全国政协采用，4篇被社中央采用，1篇被自治区统战部采用，42篇被自治区政协采用，4篇得到自治区相关领导批示。

【社会服务】2020年，九三学社宁夏区委会围绕推进脱贫攻坚与乡村振兴的有效衔接，与隆德县共同谋划"十四五"时期产业振兴富民等措施，持续巩固脱贫攻坚成果。组建九三学社宁夏区委科普专家库，完善社的科普传播体系。开展九三学社中央专家科普行活动，分别在宁夏统一战线"和声大讲堂"、宁夏大学、北方民族大学、宁夏医科大学开展主题讲座。联合石嘴山市、固原市社委会开展"送医送药下乡健康义诊"和关爱"老饭桌"送温暖活动。基层社开展"义诊健康讲座”“健康家庭教育乡村行”“慰问贫困母亲”“小学生进校园科普行”等活动。提升定点帮扶帮困实效，协调县级配套资金93万元，对帮扶村养牛场、现代大棚等设施进行建设，促进惠泽村集体经济发展。运用互联网帮助发展黄花菜产业。开展送科技送文化送温暖进惠泽活动，慰问困难群众25户，为群众书写春联200余副。九三学社宁夏区委会被评“2016—2020年全国社会服务工作先进集体”，徐向阳、张玉清被评为“全国社会服务工作先进个人”。

（杨　磊）

宁夏工商业联合会

【概况】2020年，宁夏工商联现任领导班子16人（其中，党组书记1人，主席1人，专职副主席3人，企业家兼职副主席11人）。宁夏民间商会会长1人，副会长10人（其中，企业家副会长6人）。工作机构有办公室、经济联络处、组织和商会处、宣传教育处、扶贫和法律服务中心。全年全区共有县级以上组织28个，直属商协会326家，会员47326个。

【抗击疫情】2020年，宁夏工商联督促指导严格落实疫情防控决策部署，及时采取下发通知公告、印发倡议书、推送防控举措等方式，全区民营企业和商会未发生新冠传染病例。民营企业和商会积极参加社会志愿活动，捐款捐物支援抗疫，截至2020年4月底，全区近千家民营企业和商会组织捐款捐物超过1.9亿元。其中宁夏湖北商会等6家商会、宁夏马连富电力科技有限公司等13家民营企业受到全国工商联通报表扬。编印《应对新冠肺炎疫情惠企政策》2000册赠送企业，引导民营企业采取错峰倒班、延长工时等措施，科学有序推进复工复产复市。帮助民营企业做好员工返岗等工作，妥善处理因疫情影响所产生的合同纠纷和劳动争议。加强跟踪监测和调研，及时了解和反映民营企业复工复产面临的困难问题，共商应对困难的思路措施，积极做好政策宣传、沟通交流和鼓舞士气等工作。

【思想建设】2020年，宁夏工商联召开常委会和民营企业座谈会，开展“送政策·进民企”等系列活动，组织开展中共十九届五中全会和全国“两会”精神及《民法典》等专题宣讲，教育引导广大民营企业经济人士加强理论学习，坚定听党话跟党走的政治自觉。深入贯彻全国民营经济统战工作会议精神，落实与民营经济代表人士联系交流和谈心谈话制度，主动走访困难民营企业和所属商会，及时回应重大关切，给予政策指引和帮助指导。在六盘山干部学院举办理想信念教育专题培训，发挥所属商会党组织作用，在将台堡等地开展党课教育和主题党日活动，激励民营企业家走好新时代的长征路，扛起“六稳”“六保”政治责任。成立宁夏工商联青年企业家委员会，举办民营企业高质量发展专题培训。探索建立疫情防控培训新模式，组织民营企业家参加知名经济学家线上专题讲座，引导其正确面对经济形势。开展“我身边的战‘疫’模范”系列宣传，在区内外媒体共推出13个集体26名企业家抗疫复产典型事例，宁夏工商联副主席、宁夏宝丰集团董事长党彦宝获得“全国抗疫先进个人”称号、第十一届“中华慈善奖”。紧跟中央和自治区重大工作部署开展宣传工作，在区内外媒体及时推出一系列宣传报道，在宁夏工商联网站和微信公众号及时推送惠企政策和工作动态，办好《宁夏商会》杂志。全年编发商会杂志6期，微信公众号推送各类信息360多条。开展民营经济人士思想状况大调研，建立舆情员队伍，加强分析研判，实践创新成果荣获全国工商联二等奖。

【组织建设】2020年，宁夏工商联指导成立宁夏企业道德促进会，指导7家商会按程序完成换届，推动37家乡镇、街道商会完成登记注册。开展“四好”商会建设互学互评活动，评定16家自治区工商联和11家全国工商联“四好”商会。严格落实改革举措，推动党的领导写入所属商会章程，推行商会会长等主要人选综合评价和任前考察备案，督促完善法人治理结构和内部运行管理等规章制度，加强所属商会规范化建设。抓紧抓实商会党的建设，打造宁夏江苏商会等3家党建示范点，指导宁夏湖南商会等4家商会成立党组织，接转宁夏四川商会等7家商会党组织归口工商联管理。加大教育培训，直属会员单位党委发展党员37名，处理违纪党员3名。

【服务民营经济发展】2020年，宁夏工商联开展重点课题调研，收集汇总职工返岗难、供销链条不畅通等问题，及时报送相关部门协商解决。围绕企业创新转型、政策落实等问题，全年向宁夏政协报送提案22件（立案18件、并案4件），社情民意80篇，采用12篇。与建行宁夏分行、宁夏银行签署《合作协议》，联合举办金融政策宣讲和产品推介，先后向6家银行推送300多家民营企业融资需求，协调解决100多家企业超过20亿元的信贷支持。邀请中央统战部民营企业家培训班学员和湖南民营企业家代表团到宁夏考察调研。开展教学和考察交流，协助举办“知名浙商宁夏行”等活动，开展上海、北京、江苏等地走出去宁商“家乡行”活动，组织宁夏民营企业家走出去考察学习，参加各类博览会和产业推介，促进区内外企业资源共享、合作共赢。与公、检、法等部门建立协商沟通机制，组织民营企业家走进检察机关增进认同，开展检察护航民企活动。与自治区公安厅经侦总队研究护航民企工作。与自治区司法厅联合开展民营企业“法治体检”、宪法进企业和法律“三进”等活动，宣讲解读《民法典》等，依法保护企业合法权益。组织推荐民营企业家参加座谈会和意见征询会，面对面反映诉求和建议。贯彻落实自治区党委第十二届十一次全会精神，研究制定4个方面31条具体措施和17项33条落实清单，引导广大民营企业积极参与黄河流域生态保护和高质量发展先行区建设。围绕自治区九个重点产业布局，组织异地宁夏商会参加第九届宁夏贺兰山东麓国际葡萄酒博览会，组织宁夏异地商会和民营企业到石嘴山市、吴忠市开展考察交流和产业对接。吴忠市组织300多家食品企业成立产业联盟，促进重点产业高质量发展。

【扶贫工作】2020年，宁夏工商联引导民营经济人士巩固拓展帮扶成果，开展“百企帮百村”摸排调研，组织民营企业和商会负责人走进帮扶村精准对接，确定实施26个项目、投入173万元发展产业，拓宽村民增收渠道。争取福建省工商联、福建省光彩会“闽商援宁光彩资金”100万元，用于西吉县硝河乡范湾村等3个贫困村壮大集体经济。宁夏厚生记食品有限公司、西吉县工商联等4家单位被评为“全国‘万企帮万村’先进单位”。联合开展“全区消费扶贫月”活动，组织70多家民营企业和商会负责人，在西吉县将台堡开展消费扶贫推介活动，多家民营企业与西吉县18家扶贫车间签订供货协议。帮助宁夏闽宁情商贸有限公司和福建宁夏商会等企业（商会），推进闽宁扶贫协作和消费扶贫，支持宁夏善易购农业科技发展有限公司创建消费扶贫宁夏馆，线上线下集中展销宁夏优质特色农产品1100多种。引导和支持民营经济人士量力而行参与捐资助学、扶贫济困等慈善事业。宁夏燕宝慈善基金会2020年捐款3亿元，资助贫困学生3万人。

（雷声远）

群众团体

QUNZHONGTUANTI

编辑◎马　静

宁夏回族自治区总工会

【重要会议】2020年4月10日，自治区总工会第十二届第三次全委（扩大）会议以视频会议形式在银川市召开。会议传达了自治区党委副书记姜志刚关于工会工作的批示精神，听取并审议了自治区总工会第十二届委员会常委会工作报告，安排部署了2020年工会工作。自治区总工会主席左军主持会议并讲话。自治区总工会党组书记、常务副主席马利明作工作报告。姜志刚在批示中充分肯定了2019年全区工会工作。10月9日，全区产业工人队伍建设改革推进会在银川市召开。会议交流了全区产业工人队伍建设改革推进工作进展情况，安排部署了下一步工作。自治区党委副书记姜志刚肯定了全区产业工人队伍建设改革所取得的成绩，分析了工作中存在的问题，对推进产业工人队伍建设改革提出了明确要求。自治区推进产业工人队伍建设改革协调小组成员、卫健委负责人和各成员单位联络员，各市总工会主席和企业工会代表等70余人参加会议。

【疫情防控和复工复产】2020年2月4日，自治区总工会为宁夏首批137名援鄂医疗队员每人发放5000元慰问金，并延续发放至最后一批援鄂医疗队员，共六批785人。为自治区定点医院和5个地级市总工会提供专项资金支持，市、县（区）总工会筹款筹物3280万元，开展走访慰问1300余次。及时发出倡议，全区近3万名工会干部组建119支志愿服务队，与全区各条战线防控人员一道，筑起疫情防控的坚强屏障。2月19日，印发《关于在疫情防控企业复工复产期间做好工会工作的通知》，出台关爱职工、维权维稳、保障发展等10项措施，帮助企业复工复产。打造区域性、行业性工资集体协商“双百”示范点，促进援企稳岗。开展“守护健康、情暖职工”职业健康体检活动，为近4万名职工每人补助体检费200元，为企业稳定复产、职工安全复工提供有力保障。提升“不见面”服务，根据疫情防控需要，及时将维权服务向线上延伸，通过“12351”平台办理职工各类诉求3466余件。开通24小时心理援助热线，招募43名志愿心理咨询师开展线上辅导，开设“职工心理健康空中驿站”，受众18万余名职工。上线“宁工惠”扶贫商城，帮助贫困地区搭建农副产品网销渠道。自治区总工会权益保障部被自治区党委政府表彰为全区抗疫先进集体。

【纾困扶贫】2020年，自治区总工会制定困难职工帮扶管理实施细则，推动工会班、结对帮扶、送温暖常态化制度化，推进全区217个工会组织与6532户困难职工家庭长期结对帮扶工作，建档立卡困难职工由2016年的5.9万户减少到2502户，脱困率为95.8%，通过全国和自治区第三方评估。加大对同心县下马关镇平远村和陈儿庄村2个扶贫点扶贫力度，巩固脱贫成果。为助力宁夏困难职工解困脱困，南京证券股份有限公司于1月3日和12月22日两次为宁夏困难职工捐赠资金，共计350万元。

【思想政治宣传教育】2020年，自治区总工会指导各级工会通过党组会、党组理论学习中心组学习会、专题辅导、研讨交流等多种方式，深入系统学习习近平新时代中国特色社会主义思想，认真贯彻落实习近平总书记视察宁夏重要讲话精神，教育广大工会干部进一步增强“四个意识”、坚定“四个自信”、做到“两个维护”。9月4日，自治区总工会举办《习近平谈治国理政》第三卷专题辅导讲座。加强职工思想引领。推动出台《关于加强和改进新时代产业工人队伍思想政治工作的实施意见》《关于加强企业职工文化建设工作的意见》。在区内外主流媒体刊播工会新闻651篇，在工会自媒体推文272期，组建12个宣讲组，向全区职工宣传党的创新理论，推动习近平总书记到宁夏视察重要讲话精神进企业、进车间、进班组。开展“中国梦·劳动美”系列主题宣传活动，引导广大职工听党话、跟党走。落细落实党的决策。制定《自治区总工会贯彻落实习近平总书记对宁夏重要指示批示精神2020年重点工作任务分工》，对标施策、对表推进、对账落实。认真落实中央和自治区党委重大决策部署，制订《自治区(部)级劳动模范认定办法》《落实小微企业工会经费支持政策实施细则》等配套制度14项。

【产业工人队伍建设】2020年，自治区总工会推进产业工人队伍建设改革，定期协调成员单位落实改革措施，促进年度59项改革任务有效落实。完成工会承担的12项年度改革任务。制定《自治区职工劳动和技能竞赛指导意见》《自治区劳动和技能竞赛效能评估办法》《自治区职工科技创新成果奖评选管理办法》，提高全区重点工程示范性劳动竞赛和职工职业技能竞赛规范化建设水平，激发职工创新创造热情。《宁夏产业工人队伍建设改革研究》被全国总工会评为“优秀研究成果”。围绕自治区重大项目、重点工程、特色产业，在全区组织开展银西铁路工程项目、银川都市圈城乡东线供水工程项目、宁夏宝丰能源集团有限公司煤制烯烃等6项自治区重点工程示范性劳动竞赛。开展全区疫情防控、新能源汽车技术技能竞赛、全区创新创业大赛、全区旅游饭店服务技能大赛等14项20多个工种(项目)的职工职业技能竞赛。带动各级工会开展劳动技能竞赛2800余项，参赛职工40万人次。发挥劳模示范引领作用，2家劳模创新工作室被命名为“全国示范性劳模”和“工匠人才创新工作室”，新培育创建自治区级劳模创新工作室10个，累计达到81家。弘扬劳模精神、劳动精神、工匠精神引领风尚，坚持面向一线、面向基层，推选全国劳动模范和先进工作者36名，自治区劳动模范和先进工作者228名，其中抗疫一线医务工作者19名。制定《自治区(部)级劳动模范认定办法》《劳模专项补助资金使用流程》《省部级劳模特殊困难帮扶金发放标准》《自治区(部)级劳动模范临时性困难救助办法》，以制度化建设推动劳模服务管理工作的科学化、规范化。为所有健在的2526名全国和自治区(部)级劳模全面发放春节慰问金314.5万元。发放全国、自治区(部)级劳模生活困难补助金和特殊困难帮扶金598人次576万元。安排231名劳动模范和抗疫一线医护人员疗(休)养，开展服务劳模“五个一”活动。召开全区劳模大会，开展劳模精神“三进”活动，并通过报刊、网络等多种途径，弘扬劳模精神、劳动精神、工匠精神，激励广大职工在各行各业奋勇拼搏、建功立业。

【服务职工群众】2020年，自治区总工会整合39项服务职能，建成自治区总工会职工服务中心，为广大职工提供线上线下一站式服务，示范带动全区各级工会组织整合优化资源，提升服务质量。在全区打造100个户外劳动者示范服务站。落实“六稳”“六保”任务，联合人社部门开展技能培训促就业活动，力争使每名参训人员掌握1~2门就业技能，70%以上实现就业或自主创业。举办第三届家政服务业职业技能竞赛暨“最美家政人”推荐选树活动，促进家政行业向精细化、标准化和职业化发展，提高家政服务人员的技能素质。开展“基层组织建设年”活动，新组建工会1341个，覆盖单位2592家，新发展会员9.2万余人，扩大工会组织覆盖面。8月18日，全区首家葡萄产业工会联合会在西夏区志辉源石酒庄成立。开展职工之家建设和厂务公开民主管理工作评选，16个基层工会组织分别被全国总工会表彰为“全国模范职工之家”“全国模范职工小家”，8家企事业单位分别被评为“全国厂务公开民主管理先进单位”“全国厂务公开民主管理示范单位”，5名基层工会干部被表彰为“全国优秀工会工作者”。2020年，自治区总工会开设“空中驿站”，开展线上职工心理健康“云减压”公益活动，线上心理辅导75期，线下讲座26期，逾10万名职工参加活动。开展“两癌”筛查工作，对全区新产业新业态、建档立卡困难女职工及上年度检查中发现的疑似病例共6543名女职工进行筛查。组织47283名女职工参加“安康保”，为23名患“两癌”女职工理赔204.04万元。打造10个自治区级工会爱心托管班，全区已开设工会爱心托管班近400个。打造10个自治区级(示范性)“妈咪小屋”，完成全区100个女职工休息室、哺乳室图书配送工作。

【“智慧工会”建设】2020年，自治区总工会开展“智慧工会”建设提升年活动。在初代“宁工惠”APP开发的基础上，重新迭代，最终落地22个功能模块，涵盖工会关键基础业务及职工普惠活动等功能。“宁工惠”职工服务平台被全国总工会、国家网信办评为“全国20家最具影响力的平台之一”。启动建设宁夏产业工人教育培训网络学院。推进工会普惠性服务。指导全区各级工会做好会员实名录入、会员卡办理和普惠服务工作，全区工会会员实名制录入120.5万人，累计办理会员卡49.34万张，共开展线上线下普惠项目212项(其中,短期项目120个,长期项目92个)。开展“致敬劳动者·定格劳动美”宁夏职工手机摄影大赛,活动期间网络累计访问量突破100万。发挥线上“职工书屋”“职工课堂”优势,疫情期间免费提供图书20万余册、上传微课近300门,帮助职工提升技能水平和职业素质。开展网络招聘活动,对接企业用工需求,搭建网络招聘信息平台,1300多家用人单位在招聘栏目里发布3400余个岗位,助力复工复产。开展首届全区工会经审干部网络知识竞赛、全区职工第十九届五中全会网络知识竞赛、职工满意度测评等活动20余场,工会干部职工累计参与20余万人。及时收集处理舆情信息,形成专报,提供决策依据。舆情专报《关于天元锰业职工诉求情况的报告》和调研报告《新冠肺炎疫情影响下的农民工就业问题》分别刊登在《2020年互联网舆情风险排查报告》和2020年《中国工运》第二期。强化网络信息安全工作,营造安全健康文明的网络环境。

【调查研究】2020年,自治区总工会开展全区产业工人队伍基本状况调查,形成《全区产业工人队伍基本状况调查报告》《全区产业工人队伍思想政治工作情况调研报告》《宁夏产业工人队伍技能素质状况调研报告》,及时反映全区产业工人队伍的基本状况、职工思想政治工作情况和需关注的问题,有针对性地提出对策和建议,提供领导参阅。指导各级工会围绕重点工作深入调研,调研成果汇编成《2019年宁夏工会理论调研成果选集》。完成《宁夏工会年鉴(2019年)》编撰工作。汇编发行《新时代宁夏工会的实践与探索》一书。编辑《宁夏工运》6期。启动宁夏工运史研究工作,编撰《宁夏工会改革与发展概况(1978—2020年)》。工会统计工作被全国总工会办公厅列为全国工会系统三个试点之一。全区工会统计年报数据基层直报率为90.18%,领先全国工会系统。

【公益培训】2020年,自治区工人文化宫整合公益培训资源,尝试打造“宁工学堂”公益培训品牌。疫情期间,尝试开展云课堂,上传文化艺术体育课程26节,职业技能培训121课时,确保职工停工不停学。推进公益培训提档升级,组建合唱、舞蹈团和瑜伽、乒乓球和羽毛球提高班,尝试将完全无偿公益培训转变为部分低偿公益培训。满足职工合奏需求,尝试组建民乐团。开启职工投入人力+乐器、文化宫投入教师+场地的共建共享模式。将检验公益培训成果与送文化进企业结合,尝试组织公益培训学员排演整台文艺节目送到企业职工一线,既满足了企业职工的精神文化需求,又满足了职工演员的舞台表演需求。

【工人疗养】2020年,自治区工人疗养院拟订《自治区工人疗养院新老院区一体化管理整体发展功能定位和搬迁运行初步方案》,确定打造“全国先进、西北一流”疗(休)养院发展目标,突出劳模职工疗(休)养、康复医疗、职工健康管理、养老托护等特色服务功能,为推进疗养院转型升级和高质量可持续发展明确方向、路径和措施。签订新一轮《关于宁夏医科大学总医院与宁夏工人医院康复专科技术合作协议》,工人疗养院接管了康复合作的经营自主权,初步解决了康复合作不规范问题。研究拟订了《自治区工人疗养院(医院)科室岗位设置及全院岗位竞聘实施方案》等方案,为全院改革做了前期准备工作。工人疗养院迁建项目完成内外装修装饰、外网土建、绿化基础、强弱电、消防、锅炉空调上下水、医疗专项等17个标段的工程,累计完成投资额31087万元,占总投资的82%。

(杨佳宗)

共青团宁夏回族自治区委员会

【政治建设】2020年,自治区团委“学习点亮青春”品牌被列入区直机关示范名录;在“学习强国”平台推广被评为“全区先进单位”;“党员大学习”活动被区直机关通报表扬。落实理论学习中心组成员包抓分管部门理论学习制度,通过集中学习、驻点调研、专家授课、研讨交流等方式,提升学习质量。通过落实重大事项报告制度、上级团组织列席下级团组织民主生活会等举措,以系统党建推动共青团事业发展。修订《宁夏共青团落实意识形态工作责任制实施方案》。加强青年网络文明志愿者队伍建设,选拔培育核心骨干100名,遴选70余人组建宁夏共青团信息员队伍,举办网络意识形态专题培训班,组织开展舆情实战演练,发布正面引导信息2000余条,积极弘扬网络正能量。以青少年民族团结促进工程为统揽,开展马克思主义民族观和党的民族理论政策“百场万人”大宣讲、“塞上儿女一家亲 同心共筑中国梦”等活动200余场次,对全区共青团员信仰宗教和参与宗教活动进行排查整治,引导青少年树牢中华民族共同体意识。

【疫情防控】2020年,自治区团委发布《致全区各级团组织和广大团员青年倡议书》《宁夏青年志愿者防疫志愿服务规范》,招募1.1万余名志愿者、志愿服务组织20余家,服务总时长50万小时。募集款物260余万元,向湖北捐赠善款20万元、医用口罩1.2万只，向襄阳市捐赠10万元防护物资。动员专业心理疏导志愿者440余人开展心理援助，发布心理调适音频、开展在线疏导，开展“一对一”包片热线直通服务，服务受众5.6万人次。组建540余支青年突击队投身应急物资生产和复工复产。1名西部计划志愿者获评“全国抗击新冠肺炎疫情先进个人”，2名团干部获“全区先进个人”，4名青年志愿者、2个青年志愿服务组织分别获评“全国抗击新冠肺炎疫情青年志愿服务先进个人”“全国抗击新冠肺炎疫情青年志愿服务先进集体”。

【青少年教育引导】2020年，自治区团委开展“五四精神　传承有我”“同上一堂队课”“致敬抗美援朝　争做时代新人”等活动，参与青少年90余万人次。探索“理论学习+社会实践+政务实习”模式，青年马克思主义者培养工程培育高校、企业、农村等领域骨干2700余名。青年朱斌获第24届“中国青年五四奖章”，马飞越、禹文杰、马妮娜获评2020年“全国向上向善好青年”。开展第12届“宁夏青年五四奖章”、2017—2019年度“两红两优”评选表彰工作，营造“学做典型争做典型”的良好氛围。巩固拓展网络引领阵地，主动融入全区宣传格局，牢固树立“全团一盘棋”思想，团属新媒体矩阵联动80余次，在省级以上新闻媒体宣传报道410余篇。

【服务青年】2020年，宁夏共青团综合服务平台上线运行，就业岗位发布、志愿者招募等工作推动更加便捷有效，线上凝聚服务青年渠道得到拓宽。建立《宁夏中长期青年发展规划（2019—2025年）》（以下简称《规划》）统计监测指标体系，协调对接自治区14个厅局委办组建统计监测队伍，印发《统计监测工作方案》，明确工作制度、统计机制等。推动市县两级普遍建立青年发展规划实施工作联席会议制度，落实工作进展月报制度。推动《规划》有关内容被纳入自治区“十四五”规划。概算1.89亿元的宁夏青少年活动中心（银川市青少年宫）开工建设，填补了宁夏没有省级实践育人阵地的空白。维护青少年合法权益，“青少年零受害、零犯罪社区（村）”“未成年人检察社会支持体系”全国试点创建，落地兴庆区、平罗县、大武口区。挂牌成立自治区政协“共青团、青联界别委员工作室”。开展“共青团与人大代表、政协委员面对面”调研37场，形成建议、议案15件，提案34件。解决青少年成长发展难题，举办线上招聘会，动员2100余家企业，提供就业岗位4万余个，帮助1454名建档立卡贫困户家庭大学毕业生就业。2020年，自治区团委举办青年创新创业大赛，培育和挖掘优秀项目312个。开展“创业就业导师团走基层”“创业故事分享会”等活动60场，线下参与3000余人，覆盖5万人，导师结对帮扶创业青年90人。500余个青年文明号联动开展“号声嘹亮·青年文明号向祖国报告”岗位体验、志愿服务等活动，宁夏大唐大坝发电公司维护部电气班等4个集体被命名为“全国青年安全生产示范岗”。联合开发“青农贷”“青农e贷”等青年创业贷款产品，协助发放贷款2.7亿元，帮助解决资金难题。举行相亲交友进军营、进企业等活动，服务青年婚恋交友。开展“情暖高墙　关爱孩子”帮扶工作。

【脱贫攻坚】2020年，自治区团委实施宁夏共青团投身打赢脱贫攻坚战“六项行动”。希望工程筹集款物3537万元，资助学生9645名。推荐同心县团委《贫困户蜕变金蓝领》等5个项目入选“国务院扶贫办志愿者扶贫典型案例50佳”。争取团中央经费68万元，为西吉等县（区）青年提供创业培训等服务。深化闽宁共青团合作，争取经费245万元，筹集价值1195万元网络课程，拓展闽宁特色农产品销售渠道，“闽宁协作助残乐购商城”销售中药材、干果、土蜂蜜等特色农产品1500万元。面向农村青年致富带头人和产业发展带头人，开展“后疫情时代的电商选择”云培训等活动20余场。邀请区内外主流媒体开展“千年黄河上高原　脱贫富民展风采”媒体采风活动，形成原创新闻35篇，总点击量达179万人次。推荐“美丽乡村　垃圾分类”“亲青星球”2个易地扶贫搬迁安置社区项目获2020年“伙伴计划”全区团委重点项目。自治区主席咸辉批示：自治区团委围绕中心，服务大局，充分发挥共青团的组织优势和智力优势，主动融入全区脱贫攻坚热潮中，贡献了力量，取得了成绩。

【培养产业人才】2020年，自治区团委紧扣全区重点产业，遴选100名农村青年赴河南考察对接产业发展。邀请中央党校、黄河水利委员会等单位专家学者和河南、甘肃、福建、宁夏4省（区）青年企业家，举办“聚合青年力量　赋能产业发展”主题活动，进行产业宣传推介。举办宁夏青年职业技能大赛，吸引大中小企业组建41支队伍参赛，选树一批“自治区技术能手”，为产业发展培育人才。开展“精心呵护母亲河　建设美丽新宁夏”主题宣教活动，动员30余万名青少年参加，联系50余家环保组织实施“守护父亲山”等项目。“青铜峡陈袁滩镇”“树新林场青年林项目”入选共青团中央13个国家级重点项目。

【基层团组织和少工委建设】2020年，自治区新建非公企业团组织467个、社会组织团组织74个。各级团组织联动发力，广泛筹措资金，建成146个团的基层阵地。开展“对标定级”“智慧团建”，强化组织功能发挥。加强团队干部培训，培训7600余人次，提升为党做好青年群众工作能力。招募1290名西部计划志愿者，增设新时代文明实践中心专项，优先确保西部计划志愿者在乡镇（街道）全覆盖。2020年，全区1371所中小学校全部成立少工委。构建了将少先队建设纳入学校基本建设项目等机制，全团带队抓出新成效。兴庆区开展“红领巾提案”，帮助少先队员解疑释惑、解决问题。推进改革，基层一线、新兴领域和知识分子等青年代表比例在团的委员会、青联委员中大幅提升，组织结构不断优化。开展行业协会脱钩工作，理顺工作机制，指导其更好发挥作用。区市县三级教育团工委运转顺畅，学校共青团基础性、源头性、战略性地位得以凸显。

（王存博）

宁夏回族自治区妇女联合会

【思想政治建设】2020年，自治区妇联持续开展习近平新时代中国特色社会主义思想大学习大宣传大宣讲，创新“巾帼学堂”“读原著学原文悟原理”等学习载体，组建妇联干部、执委、“三八红旗手”等宣讲小分队，开设《牢记嘱托》《向总书记汇报》等专栏，全区各界妇女学习习近平总书记视察宁夏重要讲话精神的热烈反响被“学习强国”平台首页推送。贯彻落实习近平总书记关于家庭家教家风的重要论述，推动家庭文明建设，组织动员广大妇女在“议家风家规、讲家庭故事、展家庭风采、秀家庭梦想、树家国情怀”的过程中接受教育。举办邻里节、分享会、知识竞赛、编创情景剧等，引导全区各族妇女树牢中华民族共同体意识。

【疫情防控】2020年，全区1.8万名妇联干部、执委、巾帼志愿者坚守乡村社区一线，开展隔门喊话、摸排登记、代买代办等服务。开通7条“心理·健康·维权”热线并将服务下沉到726个村（社区）微信群，疏导情绪，化解矛盾，覆盖群众11.1万名。开设“网上学技”“停课不停学”和家庭教育等微课堂，开展“记录不寻常的假期时光”等主题活动。募集物资378万元，定向支援湖北疫情重灾区20万元，捐赠1000份爱心包、牛奶等物资慰问抗疫一线医护人员。联合29家单位、社会组织和商家开展“礼遇最美抗疫人”活动，对全区受表彰的抗击新冠肺炎疫情567名先进个人、150个先进集体及108个家庭开展宣传、公益、教育、消费和金融“五重”礼遇。

【巾帼行动】2020年，自治区妇联推进巾帼脱贫行动，争取闽宁扶贫协作资金200万元，扶持妇女发展种养殖、手工制品等产业，固原市妇联建立以手工制品为主的巾帼扶贫车间。协调搭建巾帼“双创”农特产品网络销售渠道，助力消费扶贫。开展“送精品课下乡”等活动，争取资金资助650名贫困女生完成学业，在1441个村（社区）举办识字班培训4.8万名妇女。发放农村妇女创业担保贷款19.01亿元，扶持1.8万名农村妇女创业，累计发放126.09亿元，扶持21.7万人次妇女增收致富。指导创建自治区“最美庭院”200个，实施基层妇女工作者“双培双带”项目，举办高素质女农民及新型农业经营主体巾帼致富带头人培训班，助推2021年村“两委”换届中女性比例达标。创建20个自治区巾帼创业创新基地，与农业农村厅联合认定25个“宁夏农村创业创新示范基地”并分别给予20万元项目资金支持。打造巾帼家政实训基地，订单式培训1200名家政服务人员，举办巾帼家政服务技能竞赛及“巾帼家政服务和巾帼助力扶贫展示进社区”系列活动，评选20名宁夏“最美家政人”，推荐3家龙头企业参加家政服务业提质扩容“领跑者”行动。

【家庭文明建设】2020年，自治区妇联加

2020年9月25日，自治区举行全区“五好家庭”、家庭工作先进集体（个人）表彰暨2020年度“最美家庭”表彰大会

强家庭建设参与基层社会治理，实施家家幸福安康工程，充实“最美家庭”品牌，常态化寻找宣传展示“最美家庭”，涌现出自治区抗“疫”最美家庭99户、“最美家庭”98户、“五好家庭”98户。建立“最美家庭”和“礼遇最美家庭”双联盟机制，推进家庭教育指导服务，开展“爱润万家·好家庭好家教好家风”七进活动，推进“十三五”家庭教育规划评估及家庭教育指导大纲、家长行为规范宣传培训。构建线上线下家庭教育指导服务网，开展家庭教育亲子实践活动，吴忠市妇联、银川市妇女儿童活动中心获“第六届全国未成年人思想道德建设工作先进单位”，宁夏3家机构被命名为“全国亲子阅读实践基地”、10家单位被命名为“全国家庭教育创新实践基地”。参与基层社会治理。建立“大走访大排查+关爱帮扶”常态化工作机制，组织各级妇联干部、执委等开展摸底排查、化解矛盾、协调联动、关爱帮扶等工作。打造“兰花芬芳巾帼红”志愿服务品牌。

【妇女儿童权益维护和服务】2020年，自治区妇联健全完善维权机制。以“两规划”终期评估和“新两规”编制为重点，推动妇女儿童发展重难点指标落实。自治区妇联与检察院、高级人民法院等单位出台《关于建立推动妇女儿童权益保护工作的合作机制》《关于推进人身安全保护令制度的实施办法》等，农业农村厅出台《关于在全区农村集体产权制度改革中维护妇女合法权益的通知》，共同营造妇女儿童权益保障良好环境。落实基层维权工作。充分发挥“12338”妇女维权热线作用，联合自治区司法厅建立第二批律师事务所妇女儿童维权工作站10个。实施“中国妇女法律援助行动”，办理法援案件82起，为受援人挽回经济损失551.37万元。举办250场《民法典》《宁夏回族自治区妇女权益保障条例》《中华人民共和国反家庭暴力法》“和谐婚姻家庭大讲堂”“抵制高额彩礼”、女童保护安全知识等巡讲。强化婚姻家庭矛盾纠纷化解工作，获得全国妇联通报表扬。抓好妇女儿童关爱服务，持续做好贫困妇女“两癌”筛查+救助+保险+关爱工作，救助958名城乡贫困“两癌”患病妇女，关爱服务300名患病妇女，帮助540名患病妇女理赔“爱妮保”1612.9万元，自筹资金为3600多名城镇低保妇女提供“两癌”筛查。开展“把爱带回家”等活动，春节期间各级妇联筹集160万元物资，为3200余名外来务工妇女、单亲母亲、患重病妇女、留守儿童、困境儿童等送去党和政府的关爱与温暖。

【基层组织建设】2020年，自治区妇联指导成立宁夏税务局系统妇女工作委员会，兴庆区妇联、惠农区妇联等在妇女就业集中的家居百货商场、家政行业等成立妇联组织，党的妇女工作手臂有效延伸。实施“基层妇联领头雁培训计划”，举办基层妇联组织成员宁夏示范培训班和全国县级妇联主席宁夏培训班，线上线下培训各级妇女工作者2万余人次。落实执委分组负责制，建立基层妇联执委参与工作、述职、激励培育、动态调整等制度机制。

（陆少波）

宁夏回族自治区文学艺术界联合会

【重要会议】2020年4月16日，自治区文联第八届主席团第三次（扩大）会议在银川市召开。会议研究了第八届全委会委员变动事宜、自治区文联第八届第三次全委会事宜。自治区文联党组书记、副主席崔晓华作题为《牢记初心使命　坚持守正创新　为建设美丽新宁夏作出新贡献》的工作报告，总结自治区文联2019年工作，部署2020年工作。自治区文联主席杨洪涛主持会议。

【文艺助力抗击疫情】2020年1月29日至3月26日，新冠肺炎疫情发生以来，自治区文联先后印发《自治区文学艺术界联合会倡议书》《宁夏“抗击新冠肺炎”疫情主题文学、朗诵作品集征稿启事》《关于抗击疫情主题文艺作品征集审核推送发布流程的通知》《自治区文联关于进一步开展万众一心抗击疫情主题文艺创作的通知》《宁夏抗击新冠肺炎疫情纪实》系列出版物征稿启事和《关于推荐“我身边的战‘疫’模范”的通知》等。截至3月底，共征集抗击疫情主题文艺作品8724件（幅），在“宁夏文艺界”网刊发63期707件作品，在各文艺家协会、部门微信平台共推送作品1428件（幅），并向新华网、《人民日报》客户端、《光明日报》客户端、“学习强国”等媒体平台刊发信息80多篇，推送作品480多件。

【调研考察】2020年6月3—5日，中国文联理论研究室副主任董涛一行到宁夏调研。调研组在吴忠市利通区召开关于加强基层文联工作座谈会，吴忠市文联及所属县（区）文联、银川市永宁县文联、灵武市文联等基层文联负责人参加，自治区文联党组成员、副主席兼秘书长庾君主持。7月20日，中国文联副主席、中国民间文艺家协会（以下简称“民协”）主席潘鲁生，中国民协理论研究处副处长孔宏图一行到宁夏，对《中国民间文学大系》《中国民间工艺集成》“两大工程”编纂工作进行指导和实地调研，并在银川

2020年10月30日，宁夏首届曲艺小品大赛颁奖晚会在银川市举办

市召开工作推进会。自治区文联党组成员、副主席樊虹陪同调研。

【文艺改革】2020年3月2日，自治区文联出台《文艺家签约工作实施办法（试行）》，建立签约文艺家制度，开展文艺家签约工作。根据规定，签约文艺家坚持重大题材组织化创作与自主创作相结合，优先签约重大题材创作的文艺家，每期签约人数若干名，期限2年，给予创作补助，续签不得超过2期。签约期间，对文艺家实行质量与数量相结合的计分考核制，专家评审组对每期签约文艺家完成创作任务情况进行评议，评出优秀签约文艺家若干名。根据2020年主题创作的特殊要求和实际情况，按照规定，在各文艺家协会推荐基础上，经文联党组会议研究，首期签约10名文艺家，开展为期2年的主题文艺创作。4月，《朔方》编辑部并入宁夏文学艺术院后，先后组织刊发《抗疫情专辑》《改稿班作品辑》《地方作品专号》《脱贫攻坚纪实作品特辑》等，并开展第四届《朔方》文学奖评奖，提前策划2021年编辑计划，开辟并加强《本刊推荐》《朔方新锐》《本期一家》《同期品评》等5个主打栏目。10月15—16日，全区深化基层文联改革建设现场交流推进会先后在吴忠市、贺兰县召开，来自全区各市、县（区）文联，自治区文联相关部（室），各区级文艺家协会的主要负责人40余名参会。自治区文联党组书记、副主席崔晓华，自治区文联二级巡视员、宁夏民协主席刘伟，吴忠市委常委、宣传部部长高建博出席。

【荣誉奖项和文艺赛事】2020年6月1日，中国作协发布2020年度“中国少数民族文学之星丛书”和中国作协少数民族文学理论评论家签约项目评审结果公告，宁夏青年作家马金莲、乌兰其木格分别入选。8月23日，宁夏诗人马占祥创作的诗集《西北辞》获得第12届全国少数民族文学创作骏马奖。自治区副主席杨培君作出批示，予以肯定。11月23日，第24届“中国少儿戏曲小梅花荟萃”终审结果揭晓，由宁夏剧协选送的刘儒英获（个人项目）京昆组业余A组“小梅花”称号。宁夏剧协被评为活动优秀组织单位。1月28日，第33届中国电影金鸡奖颁奖仪式在福建厦门市举行，根据宁夏作家漠月的短篇小说《放羊的女人》改编、北京电影学院青年电影制片厂拍摄的文艺电影《白云之下》的导演王瑞斩获最佳导演奖。12月3日，自治区文联“六个一心连心”文艺惠民工程在2019年度自治区学雷锋志愿服务“四个十佳”先进典型推荐评选活动中，被推选为最佳志愿服务项目。2020年8月，由自治区党委宣传部、自治区文联主办，“学习强国”宁夏学习平台和宁夏摄协承办的“塞上江南　美丽宁夏”摄影作品征集活动，征集到2343幅摄影作品。共评选出优秀组织奖5个，一等奖5个，二等奖10个，三等奖20个，优秀奖50个。10月30日，由自治区党委宣传部、自治区文化和旅游厅、自治区文联主办，宁夏曲杂协等承办的宁夏首届曲艺小品大赛落下帷幕。历经7个月，经过初选、复评、决赛3个阶段，分别评出作品一等奖、二等奖、三等奖，表演一等奖、二等奖、三等奖和优秀组织奖。

【文艺人才研修培训】2020年8月22—25日，由自治区文联主办，宁夏民协、宁夏文学艺术院共同承办的“花儿漫六盘　颂歌献给党”——宁夏文联第十五期文艺（花儿）研修班在固原市举办。全区60多名学员参加研修学习。8月27—30日，由自治区文联主办，宁夏文学艺术院、宁夏作协承办，吴忠市文联协办的“宁夏文联首期诗歌诗词朗诵研修班”在青铜峡市举办。全区40名诗歌诗词骨干作者和朗诵爱好者参加研修学习。9月8—11日，自治区文联在银川市举办首期文艺志愿者培训班，全区50名文艺志愿服务骨干参加培训，中国文联文艺志愿服务中心主任冀彦伟为学员授课。

中国人寿保险股份有限公司宁夏分公司党委书记、总经理刘彦军向全区文艺志愿者捐赠文艺志愿者保险计划保单。10月21—22日，由自治区文联主办，宁夏评协、宁夏作协联合宁夏大学人文学院、北方民族大学文学与新闻传播学院、宁夏师范学院文学院共同承办的“西部文学”研讨培训活动在宁夏大学国际交流中心举行。自治区文联党组成员、副主席雷忠致辞，甘肃省文联党组成员、副主席王正茂作开班讲话。河北省文联副主席陈建忠、云南省文联一级巡视员张维明、中国社会科学院研究员李建军出席开幕式。10月，宁夏文学艺术院“三多一推”（多层次、多门类、多形式、推人才）人才培训工程被宁夏授予2020年“终身学习品牌项目”称号。“三多一推”人才培训工程，采取线上线下相结合的办班方式，联合各部室协会承办各类培训、研修、改稿、高研班28期，自主培训文艺人才1834人次，创历年培训人数之最。11月6日，“共祝中国梦·温暖农村娃”2020新农村少儿舞蹈美育工程少数民族舞蹈课堂在固原市彭阳县第四小学正式启动。11月27—29日，自治区文明办、自治区文联组织文艺志愿者前往固原市，举办2020年“圆梦工程”文艺培训志愿服务行动——固原市西吉县线下文艺培训班。西吉县52名艺术教师、爱好者参加了培训。

【文艺展览展演】2020年5月15日，由自治区文联、宁夏摄影家协会主办，宁夏博物馆承办的自治区文联2019年文艺创作扶持项目——《长渠流润宁夏川》李鹏摄影作品展在宁夏博物馆举办。9月1—17日，为纪念中国人民抗日战争暨世界反法西斯战争胜利75周年、中国人民志愿军抗美援朝出国作战70周年，传承伟大抗战和弘扬伟大抗美援朝精神，宁夏作协举办“致敬伟大的爱国主义”诗歌诵读会，宁夏书法家协会举办“纪念中国人民抗日战争暨世界反法西斯战争胜利75周年——宁夏书协理事书法网络展”“纪念中国人民志愿军抗美援朝出国作战70周年宁夏书协理事书法网络展”，宁夏民协组织向全区民间文艺工作者征集“纪念中国人民抗日战争暨世界反法西斯战争胜利75周年”“中国人民志愿军抗美援朝出国作战70周年”剪纸、楹联、葫芦烙画等民间文艺作品。书法和民间文艺作品在宁夏文艺界网、协会微信公众平台、《宁夏日报》艺术风尚微信公众平台展出。9月22日，由自治区党委宣传部、自治区文联主办的“美丽新宁夏·脱贫攻坚全面建成小康社会美术摄影主题作品展”在银川市开幕，展览展出美术作品114件、摄影作品135件。全区广大艺术工作者通过画笔和镜头聚焦脱贫攻坚主战场，展示就业、生态、教育、健康、文化等各行各业扶贫成果，特别是习近平总书记亲自倡导的闽宁对口扶贫协作模式所取得的辉煌成就。9月25日，由自治区文联主办，宁夏书法家协会承办的“书写华章 赞美黄河”宁夏中国书协会员书法精品展在银川西部美术馆开幕。共展出全区中国书协会员的81件作品，作品从内容、书写、装饰都体现出新时代艺术创作对思想精深、艺术精湛、制作精良的不懈追求和生动展陈，是书法家们讲好“黄河故事”，延续历史文脉，增强文化自信的情感表达和艺术实践。10月20日，黑龙江省文联主办的美术、书法、摄影、剪纸交流展在银川西部美术馆开幕，中国书协理事、黑龙江省书协主席张戈主持。自治区文联党组书记、副主席崔晓华，黑龙江省文联党组成员、副主席戴立然分别致辞。其间，共同签署两省（区）《关于加强文艺交流合作的双边协议》，并进行加强文艺工作座谈交流，两省（区）艺术家进行了现场创作交流笔会。10月23日，由自治区文联、同心县委宣传部共同主办的“宁夏2020年中国农民丰收节”文艺惠民慰问演出活动在同心县举行。10月24日，由中国民协、自治区文联主办，中国文联民间文艺艺术中心、宁夏民协、中共盐池县委县政府共同承办的“我们的节日·中国（宁夏盐池）重阳节暨我们的节日·传承与发展研讨会”系列活动在宁夏盐池县启动。11月13日，由自治区文联主办、宁夏摄协承办的“宁夏第十届摄影艺术展”在银川美术馆举办。宁夏摄影艺术展览是由自治区文联主办、宁夏摄协承办的展现宁夏最高摄影艺术水准的展览，5年一届，已经连续举办九届。此次艺术展共收到区内投送稿件2996件、8163幅作品，多媒体作品25件。经过专家评委初评和终评，共评选出各类入展、获奖作品197幅（组）进行展示。11月22日，由自治区文联、北京当代中国写意油画研究院、宁夏日报报业集团、宁夏报业传媒集团有限公司联合主办的“天下黄河——中国百名油画家主题作品展”在银川美术馆开幕。展览以“天下黄河·美丽新宁夏”为主题，集中展出全国近百名油画家精心创作的百余幅黄河主题油画作品，通过“万古长河·大美江山”“泽被华夏·生态家园”“黄河铸魂·民族崛起”“砥砺图强·河海汇流”四大主题版块，以精神与图式的艺术探索为宗旨，集中表现黄河、赞美黄河，展现改革开放以来黄河两岸发生的重大历史变迁。12月15日，由自治区文联、宁夏摄协主办，民盟吴忠市委会、青铜峡市摄影家协会承办的自治区文联2020年扶持文艺创作项目——《梨园人家》南长滩扶贫影像曹文德摄影作品展在银川市美术馆举行。展出的100幅摄影作品是作者历时3年,往返南长滩村20余次拍摄的精选佳作,内容包含当地村民日常生活、辛勤劳作以及生活习俗,是作者深入基层、用影像助力脱贫攻坚、讲述宁夏黄河故事的具体体现。

【文艺志愿活动】2020年1月8—17日,自治区文联组织宁夏书协、宁夏音协、宁夏影视协、宁夏民协、宁夏曲杂协、宁夏评协文艺志愿服务小分队先后到吴忠市利通区新时代文明实践站(秦桥社区、新华社区)、吴忠市消防支队、中卫市海原县关桥乡麻春村、同心县杨河套子村、宁夏大学,西吉县新营乡、兴隆镇下范村、将台堡镇等开展"六个一心连心""我们的中国梦"——文化进万家、"同心同书·祖国新春好"等文艺活动,向群众捐赠2020年迎新春祥瑞包、书法作品、春联以及书籍资料等慰问品。1月16—19日,中国文联、中国摄协、自治区文联、宁夏摄影志愿服务小分队一行到海原县海城镇王井村、武塬村和彭阳县草庙乡新洼村、红河镇红河村开展文艺志愿服务活动。4月30日,自治区文联《公益文艺课》栏目首次在宁夏教育厅教育资源公共服务平台"空中课堂"推出。课程涵盖文艺理论,文学艺术创作与欣赏,文艺批评等内容。授课老师包括中国文联文艺评论中心副主任周由强、知名影视编剧陈建忠、自治区著名文学艺术评论家郎伟等。5月22日,自治区文联在第七个"中国文艺志愿者服务日"到来前夕,开展"'文艺进万家　健康你我他'到人民中去"文艺志愿服务主题活动。内容包括线上文艺演出、文艺培训、摄影展览等。通过录制音视频和网课,依托抖音、宁夏文艺界网站、各文艺家协会微信公众号等多种载体,开展"文艺进万家　健康你我他"到人民中去文艺志愿服务主题活动。5月23日是毛泽东同志《在延安文艺座谈会上的讲话》发表78周年纪念日。自治区文联围绕"脱贫攻坚""抗击疫情"和新时代文明实践中心建设,以"云端送艺"形式,组织开展一系列线上文艺志愿服务活动。该活动是自治区文联探索"互联网+文艺"志愿服务的崭新工作模式,扩大文艺志愿服务的覆盖面,提升文艺传播效果的有效实践。12月22日,由中国文联文艺志愿服务中心、自治区文联共同主办,宁夏文艺志愿服务中心承办,中国文学艺术基金会中国文学艺术发展专项基金提供资助的"'送欢乐下基层'文艺志愿服务活动走进龙王坝慰问演出"在西吉县龙王坝举办。

【文艺研讨交流】2020年6月15日,由中国作协创联部、自治区文联、宁夏作协联合举办的李进祥作品研讨会在同心县举行。中国作协全委会委员、自治区文联党组成员、副主席雷忠,中国作协全委会委员、宁夏作协主席郭文斌出席会议。7月28日,为宣传动员全区文艺力量参与脱贫攻坚工作,自治区文联与中卫市、固原市在银川市联合召开"文评面对面"脱贫攻坚题材作品研讨会,对《翻越最后一座"高山"——固原脱贫攻坚纪事》《大搬迁》两部现实移民题材作品进行研讨,40余名作家、评论家参加。9月21日,由中国作协创联部和自治区文联主办的"弘扬黄河文化"2020宁夏文学周暨宁夏青年作家创作会议在银川市开幕。中国作家协会党组成员、书记处书记邱华栋,中国作家协会创联部主任彭学明,自治区党委宣传部副部长吴静,自治区文联党组书记、副主席崔晓华等出席启动仪式。12月28日,自治区文联、宁夏评协和宁夏作协召开宁夏文学作品改编影视广播剧创作趋势研讨会。

【协会活动】2020年4月10日,宁夏作协召开2020年宁夏文学工作会议,会议讨论了《宁夏文学2020—2025年创作规划》和《2020年宁夏重大文学题材创作扶持方案》,研究了2020年宁夏作家定点深入生活创作基地工作。5月20日,由宁夏书协主办的宁夏第12届临摹书法展(网络展)在《宁夏日报》艺术风尚、宁夏书协微信公众平台上开始分期展览。展览共收到全区800余名作者的书法篆刻临摹作品,有10名作者获优秀奖,177名作者入展。8月5日,"2020年陕西、山东、宁夏三省(区)音乐家采风创作活动"在银川市启动。9月14日,由自治区文化馆和宁夏曲杂协主办,盐池县文化馆承办的全区首届曲艺小品大赛改稿会及表演提高班在盐池县文化馆举办。9月29日,由宁夏舞协、广东舞协、中共江门市蓬江区委宣传部共同主办的2020迎国庆"戴爱莲杯"人人跳全国群众舞蹈调演宁夏选拔暨第三届全区"百姓艺术健康舞"展演在银川市举行。10月20—24日,宁夏评协分别与北方民族大学文学与新闻传播学院、宁夏师范学院文学院成立宁夏文艺评论创研基地,并邀请中科院博士生导师李建军教授在宁夏大学、北方民族大学、石嘴山市文联、宁夏师范学院文学院进行授课。10月26日,由宁夏美协主办的"2020宁夏综合材料与雕塑艺术作品展"在银川美术馆开展。展览是宁夏美协雕塑、综合材料、绘画壁画艺术委员会自成立以来,在宁夏境内作为独立展的首次亮相,汇集了全区优秀综合材料绘画作品104件、雕塑作品37件。12月14日，宁夏摄协组织银川市摄协、石嘴山市摄协、兴庆区摄协、贺兰县摄协、大武口区摄协以及惠农区文联、惠农区摄协组成三级协会联动志愿服务小分队，深入惠农区礼和乡星火村、红果子镇下营子村开展“欢乐进万家 温暖全家福”走基层活动。宁夏摄影家协会给礼和乡星火村、红果子镇下营子村两个村委会赠送“脱贫攻坚 全面建成小康社会”摄影作品10幅，小分队组成六个摄影小组分别进入村民家中，拍摄全家福30幅并现场打印装框赠送给村民。

（那 坤）

宁夏回族自治区科学技术协会

【概况】2020年，自治区科协成立自治区党校科协分校（科技人才学院），打造科技界没有围墙的精神高地。广泛宣传优秀科技工作者的事迹，引导广大科技工作者向先进典型看齐。在宁夏大学等6所学校举办科学家精神“传承2020”宁夏行活动，举办“创新引领未来”主题展，“中国科学家精神主题展”宁夏巡展活动，集中宣传展示科学家精神和我国改革开放以来取得的重大科技成就。在高校开展科学道德和学风建设宣讲83场次。开展以“科技为民、奋斗有我”为主题的“全国科技工作者日”系列活动280余场次。举行庆祝“全国科技工作者日”暨科技工作者座谈会，对第二届“宁夏创新争先奖”和“宁夏离退休专业技术人才突出贡献奖”获得者进行表彰奖励，自治区党委、政府领导与科技工作者代表座谈交流并看望慰问了科技工作者团队。疫情期间，传播“科普中国”文章110万余篇。开展宁夏科协预防新型冠状病毒科普知识科普宣传和网络竞赛，举办“一起战‘疫’”在线科普活动21期。组织动员宁夏医学会、护理学会、营养学会等学会，开展心理咨询、流行病学调查、助力复工复产等工作，提出建议50余条，建言献策8篇，宣传报道“最美逆行者”和战“疫”模范典型事迹300余人，捐款捐物300多万元。

【科技促进经济发展】2020年5月，自治区人民政府与中国科协签订全面战略合作协议。推动银川市成为“科创中国”全国首批22个试点城市之一，为西北地区唯一入选城市。在银川市、石嘴山市分别成立中国（银川）新材料产业协同创新联盟、中国氰胺产业技术创新战略联盟等协同创新组织，为宁夏产业发展提供科技服务。联合中国科协清洁能源学会联合体等10家全国学会，在宁夏举办高端学术交流活动，并建立长期合作机制。在全区范围开展“科创中国”平台推广应用，初步建立问题库、项目库、开源库。推动银川市开展“科创中国”试点城市建设工作。中国科协专家服务团两次到银川市开展调研服务，9名院士和22名专家针对银川市重点特色产业发展中的31项需求，开展技术指导、成果应用科技服务活动。自治区科协组建“科创中国”宁夏科技服务团队7支，吸纳115名专家学者加入，常态化开展科技服务活动。举办中国（银川）新材料产业协同创新联盟成立大会暨中国（银川）新材料产业高质量发展高端论坛，银川市政府与中国金属学会、中国材料研究学会、中国机械工程学会、中国有色金属学会分别签订长效服务合作协议，相关企业与院士专家、高等院校签订4项框架合作协议。深入贯彻落实《关于科协系统实施创新驱动助力工程的实施意见》，对建设科技创新服务站等13个项目和43个学术交流项目予以立项支持，组织全区学会、市县科协开展科技创新、人才培养、成果转化和技术推广应用工作，全区共举办线上线下学术活动近300场，举办知识产权战略巡讲培训活动和一线创新工程师培训班5期。举行宁夏第四届创新方法大赛企业专项赛。

2020年12月21日，中共宁夏区委党校科协分校（宁夏科协科技人才学院）揭牌成立

【新时代文明实践中心建设】2020年，自治区科协牵头成立由宁夏护理学会、宁夏医学会、宁夏老科协等组成的科技志愿服务联合体。动员全区科协系统组建各类科技志愿服务队伍623支，招募志愿者1.7万余名，开展服务活动2000余场次。在助力新时代文明实践中心建设中，各级科协组织充分发挥“三长”作用，引导组建科技志愿服务队420支，开展科技服务活动1200余场次。平罗县科协被中央文明委确定为首批中央文明委重点工作项目基层联系点、示范点和直报点。

【科技服务乡村】2020年，自治区科协利用《宁夏三农呼叫》平台，联合自治区党委组织部深化“抓党建促脱贫富民大宣讲活动”，共开展远程视频授课82场，现场技术培训31场，培训农民11万人次。在中国老科学技术工作者协会支持下，组织20名国内著名医学专家深入海原县开展“助力乡村振兴健康行”活动，为5000余名群众进行义诊、科普等服务。

【决策咨询】2020年，自治区科协修改完善《自治区科协决策咨询类调研课题管理办法》，围绕自治区重点工作，共征集调研课题76个，对品牌农业建设、科技工作者状况调查等12个课题进行立项支持，为党委政府决策提供参考。编辑出版《宁夏科协》6期、《科技决策咨询》5期。组织政协科协界别委员开展活动4次，上报社情民意22条，被采用8条。

【荣誉和服务】2020年，中卫市柔远镇农技站站长梁玉斌获得全国创新争先奖状，实现全区获此奖项“零”的突破。梁玉斌、杨正军在全国优秀基层科协“三长”（医院院长、学校校长、农技站长）评选中获奖。平罗县陶乐镇农业服务中心主任白静获得全国十大基层科普点赞人物、中国科协2020年优秀科技志愿者等荣誉。组织实施第五批自治区青年科技人才托举工程，培养名额由100名增加到150名。完善全区科协系统工作人员联系服务科技工作者机制，发挥科技工作者状况调查站点作用，了解新时代科技工作者面临的新情况新问题。开展“智慧科协”试点工作，充分利用宁夏已经入驻的11个“智慧科协”子系统，打造沟通联络和咨询服务平台。

【全民科学素质评估和科普活动】2020年，自治区科协开展宁夏“十三五”全民科学素质总结评估工作，调查结果显示：2020年，宁夏公民具备科学素质的比例为7.72%，比2015年的4.01%提高了3.71个百分点，提升幅度为92.5%。银川市、石嘴山市、吴忠市、固原市、中卫市公民具备科学素质的比例分别为10.8%、6.3%、5.9%、5.2%、5.5%，提升幅度为52.1%、18.9%、156.5%、173.7%、175%，其中银川市公民具备科学素质的比例超过全国平均水平。组织各成员单位和各市县（区）科协开展科普宁夏宣传、全民科学素质网络知识竞赛、青少年科技创新大赛、青少年科学节等品牌科普活动200余场次。争取中央下拨科技馆免费开放、流动科技馆区域化展览等方面项目资金5435万元，新建吴忠市科技馆和同心县科技馆；全区6个免费开放科技馆进行展区改造和展品更新，提升科技馆展览服务能力。中国科协4套流动科技馆区域常态化巡展资源落地，完成本级3套资源配备，确定平罗县、中宁县等7个试点县（区）开展巡展活动。全区25辆科普大篷车，开展活动1904天1812场次，累计行程16.4万公里，受益群众184万人次，分别比上年增长70%、63%、46%和100%。提升科普信息化水平。持续打造“科普中国·宁夏全媒体科普传播云平台”，“睛彩宁夏”点击量达到64万人次。将“科普中国”优质视频资源引入宁夏干部教育培训网络学院“科学素养”选修课，点播量达到20余万人次。在《新消息报》设置《科普宁夏》专栏，共刊登科普知识40余期。加强“科普中国”落地应用，APP注册人数达到9.4万人，占全区人口比例的1.25%，分享文章2758万篇，在全国传播活跃榜上排名第四。

【院士专家宁夏行和学术交流】2020年，自治区科协围绕自治区九个重点产业，充分发挥引才聚智作用，牵头组织43名院士、517名专家到宁夏参加各类人才交流活动。与湖南、江苏、福建三省科协开展院士专家宁夏行活动。邀请13名院士、41名高层次专家到宁夏，开展座谈交流72场，举办报告会37场，达成意向性合作协议28项，签订合作协议3项，特聘院士专家5人。建立“院士专家宁夏行”成果清单，推动所签协议落地见效，建立长期合作关系。在中国科协支持下，组织著名数学家杨乐等9名院士、14名专家到宁夏休假考察，并开展学术交流、技术对接、座谈交流。围绕建设黄河流域生态保护和高质量发展先行区以及清洁能源、葡萄酒、新材料、大数据等产业发展，开展“塞上学术月”、资深专家论坛、青年科学家论坛等综合性品牌学术交流活动，先后举办2020年清洁能源国际论坛、黄河流域生态保护和高质量发展科技高峰论坛、贺兰山东麓葡萄酒产业高质量发展高峰论坛、黄河流域现代化生态灌区高质量发展高端论坛、大数据与宁夏智慧城市建设研讨会等高端学术交流活动和线上线下学术交流活动，为宁夏产业发展研讨交流、建言献策。

【学会工作】截至2020年年底，全区共有省级学会72个。加强学会治理，接收符合条件的56家全区学会、5家高校科协为自治区科协团体会员。对11家学会开展脱钩改革，解除业务主管关系。开展"学会党支部规范化建设年"活动，实现学会党的组织和党建工作覆盖率均为100%。宁夏化学分析测试协会成立宁夏分析检测与认证公共服务平台，制定并实施19项团体标准。宁夏机械工程学会承接工程系列职称评审、职业技能鉴定工作。宁夏食品安全协会承接自治区粮食储备局《宁夏好粮油》之稻谷、小麦、玉米、大米、亚麻籽油的标准制定和发布。参与国家市场监管总局《水果制品生产许可审查细则》具体技术指标制定工作。宁夏农学会组织开展全区农作物种质资源普查与征集活动。

【基层科协组织建设】2020年，全区22个县（区）241个乡（镇、街道）全部成立科协组织。制定并印发《宁夏基层科协"三长"人员管理办法（试行）》《关于建立提升基层科协组织力"3+1"工作调研指导机制的意见》。强化激励保障措施，实施"三长"示范引领项目50个，对"三长"开展科学普及、志愿服务、调查研究、学术交流等给予支持。银川市科协、石嘴山市科协、吴忠市科协、海原县科协等15家单位被评为"2020年度全国科普日活动优秀组织单位"。银川市科协打造"科创中国"样板间，促进银川经济融合发展，并将科创中国试点城市建设纳入银川市"十四五"规划。吴忠市科协正式建成吴忠科技馆并免费对外开放，建筑面积5992平方米，设置展品200余件。石嘴山科协承办"我和我的祖国"——中国科学家精神主题展全国巡展活动，接待2万多名群众参观。中卫市科协创建青少年科学工作室5个。固原市助力脱贫攻坚和乡村振兴，建设"互联网+农业科普"创新服务平台。

【青少年科技活动】2020年9月19日，自治区科协与银川市人民政府等九部门开展2020年宁夏（银川）全国科普日暨第五届宁夏青少年科学节主场活动。分科技创新成果展示、青少年科技活动展示、科普助力脱贫攻坚展示、科普助力疫情防控、科普大篷车5个板块集中展示宁夏科技推动经济社会发展和科技创新发展历程以及新成就、新成果。宁夏在"全国科普日"开展系列科普联合行动300余项，其中线上活动3项，校园科普活动34项，农村科普活动29项，社区科普活动33项，企业与各类科普基地活动19项，各市县开展系列科普活动200余项。同时举办的第五届宁夏青少年科学节开展第三届青少年创意编程暨智能设计大赛、青少年机器人竞赛暨人工智能创新挑战赛等青少年科技创意竞赛。12月5日，全区第35届青少年科技创新大赛机器人竞赛在盐池县社区健身中心开幕。比赛由自治区科协、自治区教育厅、吴忠市人民政府等联合主办，比赛内容包括机器人综合技能比赛、机器人创意比赛、WER工程创新赛、VEX机器人工程挑战赛、WRO常规赛、MakeX机器人挑战赛、机器人普及赛7个实体项目以及虚拟机器人比赛。通过5个地级市竞技选拔，全区187支参赛队560名中小学生参加了决赛。大赛共评选出青少年科技创新项目80个，科技辅导员创新项目55个，青少年科技实践活动60个，少年儿童科学幻想绘画120幅，青少年科学影像作品90个。推荐选拔部分一等奖项目（作品）参加第35届全国青少年科技创新大赛。

（杜　涓）

宁夏回族自治区社会科学界联合会

【概况】2020年，宁夏社会科学界联合会围绕自治区党委全面建成小康社会的工作，以认真学习贯彻习近平新时代中国特色社会主义思想、推进宁夏高质量发展为主题，举办2020宁夏社会科学学术年会及分会，加强社科界政治引领，使社会组织积极参与经济社会发展，凝聚发展合力，推动美丽新宁夏建设。社科类社会组织聚焦脱贫攻坚任务，继续推进社会组织与宁夏深度贫困村结对帮扶，助力脱贫攻坚。举办"朔方人文科学大讲堂"，深入基层开展"社科理论工作者轮流巡回主讲+基层宣传员定期宣讲"活动，做好正面宣传和热点引导，使全区广大干部群众深刻认识决胜全面建成小康社会的历史意义，深刻认识全面建成小康社会背后的制度优势。举办2020年科普周系列活动，以"凝心聚力、决胜全面小康、决战脱贫攻坚"为宣传主题，着力讲好全面建成小康社会的奋斗故事，营造决胜全面建成小康社会浓厚氛围。加强智库建设，围绕推进宁夏全面建成小康社会的焦点、热点问题，联系社科专家，将服务决策的研究成果上报自治区党委。《学者》编发专栏，《宁夏社科界》网站开辟专题，刊发和转载宣传全面建成小康社会重大意义、伟大历程和辉煌成就内容。

【黄河流域生态保护和高质量发展先行区理论研讨会】2020年9月3日，宁夏社科联召开"社会组织学习贯彻习近平总书记视察宁夏重要讲话精神　建设黄河流域生态保护和高质量发展先行区理论研讨会"。参加研讨会的有关专家学者及社科联有关人员共35人。会议的主题是深入学习贯彻习近平总书记视察宁夏重要讲话精神，为建设黄河流域生态保护和高质量发展先行区建设美丽新宁夏发挥应有的作用。宁夏社会学会会长、研究员陈通明，宁夏统计学会秘书长伊生福，宁夏经济学会副会长、教授杨旭东，宁夏金融学会秘书长王青，宁夏中共党史学会副秘书长纳建萍，宁夏诗词学会副会长张嵩等作交流发言。专家学者围绕生态环境、自然资源、文化传承、人口承载能力等视角深入开展交流，探索建设黄河流域生态保护和高质量发展先行区的工作思路和实施策略，为推动黄河流域生态保护、综合治理、产业转型、民生改善和黄河文化建设等作出积极的、有益的、前瞻性的探索和实践。

【朔方人文科学大讲堂】2020年3月26日，在诗人海子去世31周年之际，宁夏社科联联合自治区政协文史和学习委员会、自治区文史研究馆、宁夏社会科学院等8家单位举办"活在这珍贵人间"2020纪念海子线上主题诗会，开启2020年首场朔方人文大讲堂活动。在纪念中国人民抗日战争暨世界反法西斯战争胜利75周年之际，宁夏社科联朔方人文大讲堂银川分讲堂邀请银川市委党校副教授余瑛作党史国史系列专题报告会。

【中卫市社科普及教育基地】2020年，经宁夏社科联审核验收，中卫市沙坡头区滨河镇新墩花园社区、迎水桥镇何滩村、宁夏阳光大麦地文化创意有限公司等为自治区级社科普及教育基地。截至2020年年底，中卫市共有中卫市委党校、中卫市图书馆、中卫市文化馆、沙漠博物馆、中宁县枸杞博物馆、海原县地震博物馆等社科普及教育基地12个。2020年，中卫市沙坡头区滨河镇新墩花园社区联合市博慧社工服务中心开展以"春暖花开　感恩有你"为主题的爱国主义教育活动，引导青少年培育和践行社会主义核心价值观。

【对口扶贫】自2018年6月开始，宁夏社科联组织20家社会组织结对帮扶20个自治区级深度贫困村，以"扶志、扶智"为重点，发挥社会组织的专业属性和自身优势开展结对扶贫工作。宁夏区域经济科学发展促进会党支部通过现场宣讲，在村办公场所、居住集中区书写张贴脱贫攻坚标语等方式激发贫困群众的主动性、积极性和创造性。宁夏翻译协会等4家社会组织党支部开展教育扶贫。宁夏艺术摄影学会党支部以"影像文化扶贫"谋划做好中卫市南长滩村帮扶工作。宁夏艺术摄影学会南长滩摄影创作基地自挂牌以来，启动"南长滩影像扶贫行动2018—2020"活动。多次组织会员集中创作南长滩影像专题作品，宣传当地自然景色、民俗文化资源，并积极争取非遗传承、旅游宣传、传统文化村落展示等项目落地南长滩村，帮助提升现有农家乐文化内涵，多渠道吸引游客，促进村民增收。宁夏律师学研究会通过"送法下乡"活动，开展普法教育，帮助群众增强法治意识，送去法律援助，出实招助力精准扶贫。宁夏爱国主义教育学会将文冠果种植项目引入西吉兴平村，通过农业科技公司合作和专家现场指导解决了文冠果种植的"千花一果"和"移栽成活难"的技术难题以及"丰产难销"的销售难题。已建成1200亩文冠果经济示范林和年产600万株的文冠果育苗基地。

【宁夏诗词学会】2020年12月6日，宁夏诗词学会在宁夏图书馆举行2020宁夏社会科学学术年会分会。北方民族大学教授左宏阁以《黄河文化中的宁夏诗词探析》为题，对历史遗迹、黄河景观、黄河古渠进行解读。宁夏诗词学会会员和诗词爱好者以抗击疫情为主题，用诗词曲赋的形式，通过对白衣天使、防控一线人员、宁夏援鄂医护人员等先进典型的抒写，表现抗击疫情中大爱无疆的感人事迹和全国人民众志成城抗击疫情的精神。学会主办的《夏风》诗刊编辑推出"抗疫诗词曲"专辑，先后收到抗疫诗词曲200余首，刊出诗词曲作品70余首。在《夏风》诗刊创刊一百期之际，宁夏诗词学会特别推出《夏风》一百期诗词曲小辑和相关理论文章，刊登区内外贺诗200余首，反映了《夏风》刊行百期的发展变化。

【宁夏钱币学会】2020年9月5日，宁夏钱币学会联手宁夏银行、农业银行宁夏分行、建设银行宁夏分行等9家会员单位，在银川市宝湖湾社区、枫林湾社区，开展"人民币知识宣传进社区"文艺会演活动，开办老年人专场"人民币知识大讲堂"。学会会员以案说法，情景再现生活中常见的假币骗局、钱币收藏品诈骗以及收到假币应该如何正确处理。通过简单易懂的漫画、真假对比，用"一触摸、二透视、三倾斜"的方法，手把手地教老年人识别人民币的防伪特征并演示如何使用人民币小型鉴别仪。活动加强了老年人自觉抵制假币的意识，并普及了反假币知识。

【宁夏统计学会】2020年3月，宁夏统计学会开展2019年度《统计与经济》内刊优秀文章评选活动，共评选出优秀文章35篇，评选结果在宁夏统计信息网站进行了公示并对获奖者进行通报表彰。8月12日，宁夏统计学会召开2020年第一次会长办公会。会议审议了2019年宁夏统计学会工作报告，审定了宁夏统计学会2020年工作计划，审议了《统计与经济》编审办法，研究学会机构人员变动调整工作，研究慰问中宁县徐套乡徐套村工作，征求了与会领导对今后做好学会工作的意见和建议。9月9日，宁夏统计学会党支部党员到中宁县徐套乡徐套村开展下基层慰问活动。学会结合工作实际，讲解精准扶贫、农村居民收入统计等内容，了解掌握徐套村现状及存在的问题，向徐套村赠送统计学会相关资料，并为徐套村拨付了扶贫专项经费。

【宁夏中外经济发展合作协会】2020年4月30日，宁夏中外经济发展合作协会党支部及会员单位的爱心人士到宁夏儿童福利院进行慰问，给孩子们送去价值1万多元的生活用品，并和孩子们互动交流，了解孩子们的现状和未来的学习生活保障等情况，并呼吁社会各界更多的爱心人士加入关爱行动中。8月19—21日，由宁夏中外经济发展合作协会、宁夏门球协会主办的宁夏第27届门球赛在银川湖滨体育场开赛，全区39支代表队参加比赛。9月5日，宁夏中外经济发展合作协会召开第三届会员大会。大会审议通过协会第三届第一次会员大会《选举办法》及第三届理事、常务理事、会长、执行会长、常务副会长、副会长、秘书长、监事会建议名单。大会审议并通过《宁夏回族自治区中外经济发展合作协会章程（草案）》《工作报告》《财务工作报告》。9月8日，在庆祝第36个教师节之际，宁夏中外经济发展合作协会党支部和银川市第五中学党支部召开教师座谈会，与会者认真学习了习近平总书记视察宁夏时重要讲话精神和关于教育工作的重要论述，表彰先进典型，相互交流工作经验。9月22日，宁夏中外经济发展合作协会党支部与宁夏建发城市花园物业党支部联合举办了以“塞上儿女一家亲，同心共筑中国梦”为主题的2020年民族团结月活动座谈会，与会人员交流了党建工作经验，认识到民族团结的重要性，增强了民族团结意识。疫情爆发后，协会发出为“新型冠状病毒疫情”做好防疫捐赠倡议，共计捐款金额8900元，捐赠物资价值25万多元，学会部分会员参加了抗击疫情志愿服务活动。

【宁夏爱国主义教育学会】2020年7月25日，在建军93周年来临之际，由宁夏爱国主义教育学会、自治区文化馆、银川市文化馆、银川市文旅局联合主办的红星艺术团“不忘初心、牢记使命”主题文艺汇报专场演出在银川市举行。9月8日，宁夏爱国主义教育学会举办《新时代爱国主义教育实施纲要》座谈会，自治区有关部门领导、专家学者和老同志参加。与会专家就新时代进一步加强爱国主义教育，提升振奋民族精神，凝聚民族力量，实现中华民族伟大复兴中国梦进行了深入探讨。10月19日，宁夏爱国主义教育学会红星艺术团与银川演艺集团，在宁夏区直机关工委举办的《牢记嘱托，砥砺前行——学习贯彻习近平总书记视察宁夏重要讲话精神成果展示》会上，联合演出了大型情景党课剧《不到长城非好汉》《新长征，党旗红》。10月31日，宁夏爱国主义教育学会退役军人红星艺术团的60多名老军人们受自治区退役军人事务厅和有关部门委托，为到宁夏驻训的东部战区陆军部队进行慰问演出。12月9日，宁夏爱国主义教育学会退役军人红星艺术团为宁夏警官职业学院2400多名学员进行“不忘初心、牢记使命”暨“四史”教育专场文艺演出。

【宁夏艺术摄影学会】2020年年初，宁夏艺术摄影学会号召广大会员用相机记录身边抗“疫”故事。组织设计发布“长江黄河并肩战疫”系列主题海报，传递众志成城、抗击疫情的决心与力量。会员李正隆广泛收集宁夏援鄂医护人员战“疫”工作影像，设计制作系列海报被宁夏日报客户端、《宁夏法治报》等媒体采用。副会长娄广臣制作抗疫宣传视频为爱点亮战“疫”前行路。宁夏艺术摄影学会南长滩影像扶贫行动自2018年启动以来，组织会员320余人深入中卫南长滩村扶贫攻坚一线开展创作，先后开展“南长滩影像方联”专题作品创作、“看见+”摄影工作坊、“心映南长滩”作品交流研讨、“塞上黄河第一村”南长滩影像扶贫公益摄影作品巡展。李鹏《转瞬之间南长滩》专题作品参加第四届中国凤凰民俗摄影

2020年10月19日，宁夏爱国主义教育学会红星艺术团与银川演艺集团联合演出大型情景党课剧

双年展，曹文德《梨园人家》南长滩影像扶贫摄影个展在银川市展出。2020年，宁夏艺术摄影学会"朔地风骨"宁夏长城风光摄影作品展先后在石嘴山市、银川市、吴忠市、盐池县巡展，自2018年首展以来已累计巡展6站，累计展出时间近2年，现场观众超过10万人次。为传承弘扬长城精神、宣传推介宁夏长城的历史文化内涵、展现长城的壮美文化景观起到积极的促进作用。9月25日，由中国艺术摄影学会联合河南、青海、宁夏等九省（区）文化和旅游厅共同主办的"大河上下"第十二届黄河流域九省（区）艺术摄影展在河南郑州市隆重开幕。宁夏作者分获一等奖1名、二等奖2名、三等奖3名、优秀奖24名。获奖参展作品用影像讲好宁夏"黄河故事"，展示了宁夏努力建设黄河流域生态保护和高质量发展先行区进程中的新变化、新风貌、新成就。11月5日，"塞上黄河天际流"专题摄影展在石嘴山市文化馆举办。展览用影像艺术方式讲述宁夏"黄河故事"，汇集全区10名摄影作者的120幅作品，通过表现黄河风光、风土人情、脱贫攻坚、生态保护、星空景观、长城遗产等10组专题作品，展现出宁夏黄河独特的自然生态、丰厚的人文内涵和多彩的生活景象。12月1日，宁夏艺术摄影学会启动"乡村里的宁夏"摄影计划，聚焦宁夏美丽乡村，助力乡村全面振兴。从全区遴选首批20名摄影作者分别确定拍摄一个村庄，以"六盘山上、贺兰山下、黄河岸边、长城内外"不同地域的村庄为叙事主线，多视角展现宁夏独特的自然生态、丰厚的人文内涵和多彩的生活景象。12月12日，宁夏艺术摄影学会在银川市举办2020年度"金凤凰奖"颁奖典礼，对娄广臣、曹文德2名会员进行表彰，"金凤凰奖"是宁夏艺术摄影学会设立的最高奖项，也是该奖项设立以来首次评选颁奖。

【宁夏社会学会】2020年11月29日，宁夏社会学会在银川市召开第三次会员代表大会。宁夏社会科学界联合会党组书记、主席杨占武，自治区党校副校长李培文，国家统计局宁夏调查总队副总队长王旭明，宁夏社会科学院副院长田光锋，自治区政府研究室副主任韩治泰等领导出席大会。宁夏大学、北方民族大学、宁夏社会科学院、自治区党校、宁夏师范学院等单位的143名会员代表参加了会议。会议听取了学会会长陈通明所作的《宁夏社会学会第二届理事会工作报告》，听取了《关于学会章程修订的说明》《宁夏社会学会第二届理事会财务情况和对主要负责人任职期间经济责任专项审计的报告》《宁夏社会学会第三届理事会理事、常务理事、会长、副会长、监事会组成人员、秘书长及副秘书长人选名单的说明》。大会表决通过了《宁夏社会学会章程》《宁夏社会学会会费及其他经费管理规定》，表决选举了宁夏社会学会第三届理事会理事、常务理事、会长、副会长、监事会组成人员、秘书长及副秘书长人选。根据选举结果，宁夏社会科学院研究员李保平担任新一届宁夏社会学会会长。

【宁夏金融学会】2020年12月1日，宁夏金融学会举办2020年优秀课题展示会暨宁夏社会科学学术年会分会。来自宁夏金融学会会员单位和全区人民银行研究系统的70名代表参加会议。会议通报了2020年宁夏金融学会和银川中心支行重点调研课题获奖名单；展示汇报了"LPR机制改革、地方政府债务、金融减贫效率、互联网贷款风险管理"4项课题。点评嘉宾肯定了课题的选题及成效，并从实证分析、模型运用、文献选择以及规范性、政策建议、成果转化等不同视角对部分课题提出了建议。

【宁夏企业家协会】2020年1月28日，宁夏企业家协会党支部发出《关于联防联控新型冠状病毒肺炎疫情的倡议书》，由宁夏企业家协会党支部发起，宁夏企业家协会、宁夏房地产业协会、宁夏水利行业协会、银川市房地产业协会、阿拉善SEE塞上江南（宁夏）项目中心、正和岛宁夏岛邻机构和行动教育宁夏校友会等7家机构，联合发起"宁夏企业慰问宁夏援鄂抗疫医疗队定向捐赠"活动。1月30日至2月1日，宁夏青龙管业股份有限公司、宁夏中房实业集团股份有限公司、宁夏荣恒房地产集团有限公司、宁夏民生地产（现北控宁生城市投资发展有限公司）、宁夏卓德实业集团有限公司等102家企业和个人参与捐赠活动，捐赠资金共计894.36万元。2月2日，宁夏企业慰问宁夏援鄂抗疫医疗队定向捐赠仪式在宁夏红十字会举行。截至2月24日，共计170家企业和个人（其中包括163家企业、7名个人）参与捐款活动，捐款总额达1083.85万元人民币。

（史光明）

宁夏回族自治区归国华侨联合会

【重要会议】2020年1月17日，自治区侨联第七届第八次全委会议在银川市召开。中国侨联副主席、自治区侨联主席朱奕龙作2019年工作报告并安排部署2020年工作，副主席郑大鹏主持会议，传达了中央书记处办公会议重要指示精神，副主席藏志勇传达了中国侨联十届三次全委会议精神。自治区侨联委员、各地级市侨联负责人和机关全体干部参加。9月8—9日，自治区第八次归侨侨眷代表大会在银川市召开，自治区党委常委、统战部部长白尚成，中国侨联党组成员、副主席隋军，自治区人大常委会副主任吴玉才，自治区副主席吴秀章，自治区政协副主席张守志出席开幕式。中国侨联副主席、自治区侨联主席朱奕龙主持大会。隋军代表中国侨联致辞。自治区第八次侨代会代表、中国侨联和区直有关部门负责人共200余人参加大会。大会听取和审议了自治区侨联第七届委员会工作报告，选举产生了自治区侨联第八届委员会，表彰了自治区归侨侨眷先进个人和侨联系统先进集体、先进工作者。12月30日，银川市金凤区第一次归侨侨眷代表大会在银川市召开。会议听取了《金凤区第一次归侨侨眷代表大会筹备工作报告》，选举产生了金凤区侨联第一届委员会。12月23日，吴忠市青铜峡市侨联成立大会暨第一次归侨侨眷代表大会在青铜峡市召开。

【疫情防控】2020年，新冠肺炎疫情发生后，自治区侨联成立疫情防控工作专班，积极协助捐赠医疗物资运输通关。发动海内外侨胞捐款164万元，捐赠抗疫物资1210万元。深入侨资企业调研复工复产和疫情防控情况，帮助协调解决实际困难。做好疫情防控期间困难侨胞兜底保障工作，看望慰问生活困难侨胞24户，发放专项救助金68000元。向海外侨胞分享国内疫情防控经验做法，广泛宣传归侨侨眷和海外侨胞抗疫先进典型事迹。常海强、梁少荣分获"全国抗击新冠肺炎疫情先进个人"和"自治区抗击新冠肺炎疫情先进个人"称号，银川市侨联、自治区侨联办公室主任张存喜分获"全国侨联系统抗击新冠肺炎疫情先进集体"和"全国侨联系统抗击新冠肺炎疫情先进个人"。组织全区归侨侨眷和侨企向海外疫情严重的10多个国家的侨社侨团和留学生捐赠价值21万元的"侨爱心健康包"，帮助海外侨胞抗击疫情，共渡难关。

【交流宣传】2020年5月15日至7月14日，自治区侨联邀请海外173名华裔青少年参加四期"亲情中华·为你讲故事"网上夏令营——宁夏营活动，通过网络平台学习中华民间传统故事、宁夏文化以及防疫知识。营员们通过录制小视频、语音、图文打卡、绘画等方式汇报学习成果，一起交流互动，感受中华文化的博大精深，领略塞上江南独特美丽，体验美丽新宁夏建设发展成就，增进对祖(籍)国的文化认同和情感认同，活动得到《人民日报(海外版)》等媒体的广泛报道。11月，经中国侨联批准，自治区侨联申报的"六盘山红军长征纪念馆"被确认为第八批"中国华侨国际文化交流基地"，宣传了中华优秀传统文化和红色文化，提升了中华文化的影响力。自治区侨联干部、侨资企业、侨界群众、侨商会会员参与中国侨联办公厅举办的"纪念归侨侨眷保护法颁布30周年暨第二届侨商杯法律知识竞赛"并获组织奖三等奖。深入10家社区、侨企和乡村，对《中华人民共和国宪法》《中华人民共和国民法典》《中华人民共和国归侨侨眷权益保护法》及其《实施办法》等法律法规开展形式多样的普法宣传和法律咨询志愿服务活动，发放各类资料6000余册，受众为1000余人。

【闽宁对口协作】2020年7月9—11日，中国侨联副主席、福建省侨联党组书记、主席陈式海率领"闽宁对口协作"访问团到宁夏开展对口帮扶工作。访问团共捐赠70万元在固原市实施扶贫帮扶项目，其中新庄小学"福建侨心图书室"项目30万元、大岔村太阳能路灯项目15万元、西吉县贫困大学生助学金项目10万元、偏远村级小学校服项目12.4万元、慰问13户困难侨眷2.6万元。协调推动福建侨企昇兴集团股份有限公司在银川市投资建厂。

【基层组织建设】2020年，自治区侨联探索"地方侨联+高校侨联+校友会"工作模式，成立"华侨大学宁夏校友会"，推动银川金凤区、吴忠利通区、青铜峡市和宁夏医科大学成立侨联组织，在侨界群众集中的街道社区新建"侨胞之家"10个，其中中卫市长安社区"侨胞之家"被评为2018—2020年度全国侨联系统优秀"侨胞之家"，有关县区侨联成立筹备换届工作有序推进，在全区成立县(区)及高校侨联工作取得一定成果，侨联组织覆盖面不断扩大，作用发挥日益明显。为更好地促进基层侨联组织建设与规范发展，向全区5个县(区)和高校侨联颁发信用代码证书。

【参政议政】2020年，全区侨联界别政协委员共向自治区政协第十一届三次会议提交提案10份，社情民意6份。8月7日，成立自治区政协台联、侨联界别委员工作室，注重发挥工作室的"窗口作用"，不断密切与广大归侨侨眷的联系。自治区政协副主席张守志为工作室授牌。11月4日，组织侨联界别政协委员赴沙坡头检察院就未成年人保护工作开展专题调研。全国政协委员、中国侨联副主席、自治区侨联主席朱奕龙连续13年出席全国"两会"，2020年向全国政协第十三届第三次会议提交提案12份，内容涵盖脱贫攻坚、环境治理、教育培训、医疗健康等方面。朱奕龙主席亮相"委员通道”，通过网络视频方式接受媒体采访，传递了海内外侨胞参与“一带一路”建设，推动构建人类命运共同体的坚定信心。

【送温暖惠侨活动】2020年，自治区侨联利用元旦、春节等传统节日开展“送温暖、献爱心”活动，对全区142户归侨侨眷和基层侨务工作者进行走访慰问。6月，组织为全区65岁以上老归侨进行健康体检。在西夏区宁朔北路社区、大武口区怡心社区和裕园社区等“侨胞之家”开展丰富多彩、富有侨界特色的主题系列活动，向归侨侨眷送上节日的祝福，为“侨胞之家”捐赠涉侨法律法规和侨务政策书籍、防疫物资，丰富了侨界群众的精神文化生活。向石嘴山市困难侨眷发放临时专项救助金，开展专业技能培训，为再就业创造良好条件。

【慈善捐助】2020年，自治区侨联动员全区侨企和归侨侨眷为援建“华侨冬奥冰雪博物馆”捐款20.8万元。联络海外侨社团和慈善公益捐助项目，与银川爱尔眼科医院实施“精准扶贫侨爱心·光明行”宁夏站公益项目，在石嘴山市、吴忠市和固原市实施白内障援助手术1415例，眼健康义诊384场，到院检查患者1783人。积极联系澳大利亚魏基成慈善机构，为全区13个县（区）捐赠御寒冬衣4816件，棉被200件。联系香港荣通有限公司、宁夏荣光科技集团等4家侨企，为银川一中、育才中学的14名优秀贫困高考毕业生捐赠价值7万元的笔记本电脑。银帝集团、宁夏外事旅游汽车有限公司、宁夏日盛高新产业股份有限公司、宁夏华祺实业集团有限公司，银川市侨联副主席马立江、石嘴山市侨联秘书长尹玉金分获全国侨联系统助力脱贫攻坚先进集体和先进个人通报表彰。2020年7月23—25日，组织“侨爱心——送温暖”医疗队，赴西吉县开展义诊和侨法宣传活动，免费为400多名贫困群众进行检查、诊断和治疗，并送去6500多元的日常用药。连续两年在宁夏育才中学协助捐建“树人班——正佳侨心班”，连续13年为宁夏育才中学、固原一中捐建“珍珠班”。协调欣欣教育基金会捐资10万元，对南部山区6所小学硬件设施进行改善。

（张嘉明）

宁夏回族自治区残疾人联合会

【概况】2020年，全区“两不愁三保障”全面实现，55495名建档立卡残疾人全部脱贫，闽宁残联协作共同打造的隆德县“托养”。政策资金保障有力。制定并出台惠残政策81项，托养机构补贴等10余项标准在西部领先。累计投入资金16.27亿元，是“十二五”的2.05倍。基础设施日益完善。新建（续建）残疾人服务设施35个（竣工30个，在建5个，已投用20个），总面积达14.7万平方米，在西部率先实现县级康复、托养、综合服务设施“三者有其一”。民生水平大幅提升。残疾人收入增速跑赢全区平均水平1.84个百分点，“两项补贴”年均受益20.4万人次，9.6万名困难残疾人纳入低保，享受托养服务的残疾人累计达3.8万人次，残疾儿童少年入学率为99.8%，城乡残疾人年均就业5.7万人。康复服务有效覆盖。康复服务率和辅具适配率分别为92.9%和91.3%，均超出80%的目标值10个百分点以上。0～6岁残疾儿童康复救助标准由每人1.2万元提高到2万元，实现救助服务全覆盖。文化体育成果丰硕。举办首届残疾人文化艺术节，建成全国首家省级视障文化服务中心，年均文体活动参与人数5万人次以上，第十届残运会暨第七届特奥会奖牌总数由上届全国第31位跃升至全国第22位。发展环境不断优化。实施困难残疾人家庭无障碍改造11958户，机场、火车站、图书馆等公共场所的无障碍设施有效覆盖。举办自强模范、助残先进等事迹报告会16场次。公益助残捐款（物）总价值突

2020年12月11日，宁夏残联参加在福建省福州市举办的第29个“国际残疾人日”暨第十届“闽台残疾人文化周”活动

破1亿元，12.7万名残疾人获益。残联改革深入推进。区市县残联改革方案全面出台，残工委成员单位为残疾人办实事制度和年度述职制度有效落实，90%以上的县（区）建有残联组织和机构，区市两级和86%的县（区）建有残疾人专门协会。

【疫情防控和"六保"工作】2020年，自治区残联坚持把残疾人的生命安全和身体健康放在第一位，抓实抓细各项防疫措施落实，取得残疾人和残疾人工作者"零感染"成果。制定《做好疫情常态化防控和全面落实"六保"任务工作方案》，提出的"20条措施"已全部落实到位。在财政部门支持下，为受疫情影响的1019家残疾人就业单位和个体工商户落实补贴235.6万元。完成残疾人实用技术培训5538人次、职业技能培训3050人次，新增就业2223人。宁夏残疾人康复中心被自治区党委政府评为"全区抗击新冠肺炎疫情先进集体"，宁夏盲人协会被区直机关工委评为"全区'我身边的战疫模范'"。

【残疾人脱贫攻坚】2020年，自治区残联逐户走访未脱贫户、监测户、边缘户"三类人群"7832人，推动排查出的7663个问题和需求"扫底清零"，助力剩余4257名建档立卡残疾人全部脱贫。联合民政部门建立"两项补贴"动态调整机制，生活补贴、护理补贴每年分别调高到120元、480元，达到全国平均水平。为1500户贫困家庭实施"阳光助残小康计划"项目，为6144名贫困重度肢体和智力、精神残疾人提供托养服务。落实闽宁合作项目17个、资金1485万元。中国残联"共享芬芳　共铸小康"公益演出走进隆德、西吉、海原3个脱贫攻坚重点县，为奋战在脱贫一线的干部群众送去了精神盛宴。宁夏残疾人辛宝同作为全国残疾人脱贫代表参加了国新办中外记者见面会，用自身经历讲述了宁夏脱贫故事。

【残疾人民生实事】2020年，自治区残联始终把办好残疾人民生实事作为头等大事和最大政治任务、最大民心工程，压实责任、完善机制、强力推进，确保三项牵头民生事项落地生根、残疾人广泛受益。全年累计为5.9万名残疾人提供基本康复服务，完成计划任务的184%；为3136户贫困重度残疾人家庭无障碍改造，完成计划任务的131%，实现全区建档立卡重度残疾人家庭无障碍改造"动态清零"。创新建立"545"工作机制，对1626名0～6岁残疾儿童实施康复救助，宁夏残疾儿童康复救助工作经验在全国残联系统交流推广，被中国残联、民政部、卫生健康委确定为残疾儿童康复救助定点服务机构管理试点省（区）。

【建立优待残疾人发展环境】2020年，自治区残联组织开展"小康路上　奋斗有我"全区自强与助残脱贫典型事迹媒体采访与巡回宣讲活动，引起广泛关注和强烈共鸣。举办"匠心独具　圆我梦想"残疾人文创作品主题展，现场观展人数4000多人。出台残疾人信息消费、政府采购支持残疾人就业、就业年龄段残疾人意外伤害保险等优惠政策，惠及残疾人46万多人次。建立区、市、县三级无障碍环境建设督导队。将残疾人创业补贴申请等10项服务事项纳入"宁夏政务服务网""我的宁夏"政务移动端，实现全流程在线办理。新建"爱心接力、循环使用"辅具服务项目示范点56个，实现县（区）政府驻地全覆盖。为135名贫困重度肢体残疾人适配电动轮椅。引进实施惠残公益项目5个，惠及残疾人1.9万名。

【基层服务创新】2020年，宁夏康复中心开展的"家庭微笑计划阳光助残志愿服务项目"入选全国学雷锋志愿服务"四个100"先进典型名单。自治区盲人协会实施"助跑盲人子女学习成长行动"，为65户困难盲人家庭提供义务家教，帮助盲人子女完成学业。银川市金凤区采取政府购买服务的方式公开选聘残联专职委员，有效解决专职委员工资待遇低、流动性大等问题。石嘴山市积极争取财政支持，将残联专职委员岗位补贴提高到当地最低工资标准2倍。吴忠市开展"关注听力健康　播撒爱的希望"助听器适配项目，为500名残疾人改善听力功能。固原市实施的"隆隆薯扶贫助残电商扶贫项目"，在第四届"中国创翼"大赛上获得"全国优秀创业创新项目奖"。中卫市实施脊髓损伤残疾人生活重建训练项目，帮助重度肢体残疾人提升生活品质。

（杨娟娟）

宁夏回族自治区红十字会

【重要会议】2020年8月24日，宁夏回族自治区红十字会第六次全区会员代表大会在银川市召开，会议聘请陈润儿、咸辉为名誉会长，选举杨培君为会长，田永华为常务副会长，李珍为监事长。选举产生第六届理事会和第六届监事会，基本构建理事会决策、执委会执行、监事会监督的新型治理结构。会议审议通过《宁夏回族自治区红十字事业发展规划（2021—2025年）》。

【疫情防控】2020年，自治区红十字会先后制定《捐赠款物使用管理办法》《捐赠款物使用管理监督办法》《捐赠款物调配发放公开工作制度》等13项制度办法或规范性文件，坚持"集体决策、快进快出、物走账清、零库存、公开透明”原则，依法管理使用接受捐赠款物，全区红十字会全年筹集款物和争取援助项目资金20222.93万元。全区红十字系统共接受捐赠款物19750.29万元。其中，自治区红十字会本级累计接受捐赠款物10384.88万元，执行率100%，约300万件急用医疗类物资第一时间送达疫情防控一线。实施人道主义援助，联合宁夏心理卫生协会组织24名心理学专家成立疫情心理辅导志愿服务队，联合自治区卫健委推动康复者血恢复期血浆捐献活动，8名康复者先后实现捐献。紧急调拨帐篷、折叠床、棉被等物资，支持140多个医疗机构、社区或乡（镇）卫生院建立临时分诊处。统筹做好常态化疫情防控和经济社会发展工作，为5个地级市及13个工业园区协调解决消毒酒精44吨、消毒剂19923瓶，助力复工复产工作。自治区红十字会备灾救灾中心被表彰为“全国抗击新冠肺炎疫情先进集体”，银川市红十字会、中卫市红十字会被表彰为“全区抗击新冠肺炎疫情先进集体”，石嘴山市红十字会、吴忠市红十字会被表彰为“中国红十字会抗击新冠肺炎疫情先进集体”。

【体制改革】2020年，全区红十字系统深化改革，区本级和5个地市级全部理顺管理体制，22个县级红十字会理顺19个。区本级和吴忠等4个市级红十字会设立党组，党的领导得到明显加强。自治区红十字会文明办等7个单位印发《关于加强红十字基层组织建设的意见》，制定《全区红十字事业高质量发展的实施方案》，加强红十字会基层组织建设，推进红十字事业高质量发展。落实“制度建设年”要求，制定和修订各类制度36项并严格执行，提升了依法建会、从严治会质量。

【“三救”工作】2020年，自治区红十字会加强中国红十字（宁夏）赈济救援队装备建设，参与纪念海原大地震100周年应急救援演练、西北五省（区）突发公共卫生事件应急演练，提高救援队的快速反应和实战能力。成立赈济救援、医疗救援、搜救救援三支志愿服务队，指导各市红十字会成立相应队伍，逐步形成以中国红十字（宁夏）赈济救援队为引领，各类社会志愿救援力量为补充的应急救援格局。开展群众性防灾减灾活动，累计举办专题宣传活动14场、防灾减灾演练8场、公益讲座5场，促进了社区群众防灾减灾及应急避险能力的提升。结合疫情防控，推进应急救护“五进”工作，在党政机关、学校、社区大力宣传党和政府关于疫情防控工作的决策部署以及疫情防控知识，推动应急救护知识的宣传普及，开展普及性讲座129期16322人参加，红十字救护员培训67期3160人。依托宁夏医科大学总医院、自治区人民医院场所建设宁夏红十字应急救护实训基地，建成宁夏红十字应急救护培训基地。首次在银川火车站、汽车站等7个人员密集场所投放自动体外除颤仪，当好人民群众身体健康的“守护者”。推进人道救助工作，开展“红十字博爱送万家”活动，救助慰问困难群众，发放款物248.12万元，受益群众15118户43393人，让困难群众感受党和政府的温暖。针对困难群众、大病患儿等特殊群体开展“天使阳光基金”“小天使基金”“博爱助学”等活动，发放救助款133.6万元，18名白血病患儿、48名先天性心脏病患儿、26名困难学生得到救助。

【“三献”工作】2020年，自治区红十字会推动造血干细胞捐献、遗体和人体器官捐献工作。引导广大群众积极参与无偿献血和造血干细胞捐献工作，造血干细胞采集血样2187人份，实现造血干细胞捐献16例，累计实现捐献65例，创历年新高。推动颁布实施《宁夏回族自治区眼角膜条例》，成立眼角膜救助基金，广泛宣传“器官捐献、生命永续”的理念。全年新增志愿登记者5517人，成功实现遗体捐献11例，眼角膜捐献2例。

【志愿服务】2020年，自治区红十字会加强志愿服务和基层红十字组织工作，建立完善工作制度。调整组建7支志愿服务队，组织动员基层红十字组织和红十字志愿者，面向社区居民群众宣传科学防控疫情知识，协助开展健康检测和入户排查工作。结合“5·8红十字博爱周”活动，开展青少年书法作品征集、红十字运动知识网络答题、“我身边的战‘疫’模范”系列宣传等活动，组织高校红十字会申报志愿服务项目，调动基层红十字组织和志愿者的工作积极性。

【扶贫援助】2020年，自治区红十字会实施各类援助项目，继续推动西吉县10个博爱家园项目、4所卫生室建设有序实施，为西吉县6所村卫生室配备医疗卫生设备，让更多群众从中受益。争取中国红十字基金会支持，选送20名儿科医生到上海儿童医学中心参加培训，提高儿科医生的诊疗水平。向西吉县被服厂采购价值50万元的棉衣棉被，助力精准扶贫。

（安鹏闻）

法治

FAZHI

NINGXIA YEARBOOK

编辑◎霍丽娜

立法工作

【概况】2020年，自治区完善地方性法规和政府规章草案公开征求意见和公众意见沟通反馈机制，推动建立11个基层立法联系点。开展政府规章立法后评估，用执法司法的实践检验立法质量。研究起草立法风险评估管理办法草案。围绕建设黄河流域生态保护和高质量发展先行区重大决策，推动自治区出台相关条例，将《民法典》中有关规定率先引入《宁夏回族自治区技术市场促进条例》立法，完成有关条例草案的立法调研论证。《宁夏回族自治区引黄古灌区世界灌溉工程遗产保护条例》是全国首部引黄古灌区世界灌溉工程遗产的地方性法规。

（张弼超）

【立法实践】2020年，自治区在全国范围内先行探索立法风险防范化解机制，制定《宁夏回族自治区司法厅开展行政立法风险评估办法（试行）》，明确立法风险评估内容，细化立法评估工作程序，将立法风险评估制度嵌入法规规章草案的审查办理全过程。年内，建立健全立法基层联系点制度，确定西夏区朔方路街道办事处、石嘴山市大武口区朝阳司法所、辅德律师事务所等11个基层立法联系单位，发挥基层立法联系点"民意直通车"作用。采取召开座谈会、咨询会、论证会等形式，充分听取人大代表、政协委员、民主党派、工商联、无党派人士、人民团体、社会组织的意见和建议。2020年，自治区司法厅审查办理地方性法规草案2件、政府规章草案2件，分别是《宁夏回族自治区引黄古灌区世界灌溉工程遗产保护条例（草案）》《宁夏回族自治区促进中小企业发展条例（修订草案）》《宁夏回族自治区铁路安全管理若干规定（草案）》《宁夏回族自治区地震预警管理办法（草案）》。其中，《宁夏回族自治区引黄古灌区世界灌溉工程遗产保护条例》作为全国首部引黄古灌区世界灌溉工程遗产的地方性法规，得到中国国家灌溉排水委员会表扬。《自治区铁路安全管理若干规定》颁布出台。

（杨　蕾）

【《宁夏回族自治区公安机关警务辅助人员条例》】2020年9月27日，宁夏回族自治区第十二届人民代表大会常务委员会第22次会议通过，2021年1月1日起施行。该条例以中央和国务院相关文件精神为依据，将自治区多年来辅警管理工作行之有效的做法，上升为法规制度，在立法过程中注重辅警管理与《中华人民共和国劳动法》等法律法规的衔接，坚持以理顺辅警管理体制机制为核心，以完善管理制度、落实职业保障为重点，推动辅警队伍建设和人员管理制度化、规范化、法治化。

【《宁夏回族自治区眼角膜捐献条例》】2020年7月28日，宁夏回族自治区第十二届人民代表大会常务委员会第21次会议通过，2020年9月1日起施行。该条例重点围绕如何更好地促进眼角膜捐献事业发展，着力解决当前眼角膜捐献工作中存在的突出问题，对政府及相关各方职责、捐献登记、分配使用、监督管理等方面作出具体规定，并加大对眼角膜捐献者的权益保护，从而进一步规范和促进眼角膜捐献事业发展。是全国首个制定眼角膜捐献的地方性法规。

【《宁夏回族自治区中医药条例》】2020年11月25日，宁夏回族自治区第十二届人民代表大会常务委员会第23次会议修订，2021年1月1日起施行。该条例以贯彻落实习近平总书记关于发展中医药事业、建设健康中国的重要论述为主线，旨在推动自治区中医药发展。

【《宁夏回族自治区技术市场促进条例》】2020年11月25日，宁夏回族自治区第十二届人民代表大会常务委员会第23次会议修订，2021年1月1日起施行。该条例通过强化政府及相关部门推进技术市场发展的责任、完善技术转移服务体系、提升技术市场服务功能、创新技术市场服务模式、壮大技术市场人才队伍等方式，解决自治区技术市场发展的突出问题。

【《宁夏回族自治区促进民族团结进步工作条例》】2020年11月25日，宁夏回族自治区第十二届人民代表大会常务委员会第23次会议通过，2021年1月1日起施行。该条例立足于自治区属多民族聚居区和多宗教并存、少数民族占比大、南北发展不平衡等实际情况，坚持以习近平新时代中国特色社会主义思想和习近平总书记关于民族工作的重要论述为指导思想，将"铸牢中华民族共同体意识"作为逻辑主线，贯穿始终。整体内容围绕"三个离不开""五个认同"和自治区确定的"守好三条生命线""走出一条高质量发展的新路子"等重要目标任务，立足自治区实际，聚焦解决促进民族团结进步工作的体制机制、政府及部门和社会职责等重大问题，将自治区多年来开展促进民族团结进步工作的成功实践经验上升为法规制度。

【《宁夏回族自治区全民阅读促进条例》】2020年11月25日，宁夏回族自治区第十二届人民代表大会常务委员会第23次会议通过，2021年1月1日起施行。该条例以制度建设为抓手，发挥政府在全民阅读中的引导作用，解决当前全民阅读促进工作中存在的突出问题，并有针对性地提出各项全民阅读保障措施，是自治区首部规范全民阅读的地方性法规。

【《宁夏回族自治区重大行政决策规定》】2020年12月19日，自治区人民政府第81次常务会议审议通过，经宁夏回族自治区人民政府第115号政府令印发，2021年3月1日起施行。该规定将县级以上地方人民政府的重大行政决策活动全面纳入法治化轨道，保障了人民群众对重大行政决策的知情权、参与权、监督权，是自治区依法治区和法治政府建设进程中具有重要意义的立法。

（马　娜）

政法工作及综合治理

【概况】2020年，全区刑事案件同比下降10.51%，八类主要刑事案件同比下降13.9%，命案发生数由2017年的70起下降至2020年的51起，公众安全感连续11年保持在90分。中共中央政治局委员、中央政法委书记郭声琨，国务委员、公安部部长赵克志到宁夏调研时对宁夏政法工作均给予充分肯定，自治区党委书记陈润儿对自治区党委政法委牵头开展疫情防控、扫黑除恶专项斗争、政法队伍教育整顿等工作作出批示肯定。

【学习贯彻《中国共产党政法工作条例》】2020年，全区政法系统学习贯彻《中国共产党政法工作条例》（以下简称《条例》），制定《贯彻落实〈条例〉任务分工方案》，逐条逐项明确责任部门、工作要求和具体措施。全区政法机关开展学习"不忘初心、牢记使命"主题教育，开展学习习近平新时代中国特色社会主义思想大学习大研讨大培训活动，举办政法领导干部专题研讨班和宁夏政法大讲堂。在《宁夏政法》《宁夏法治》《宁夏日报》《宁夏法治报》开辟学习专栏和宣传窗口广泛宣传，推动《条例》深入人心。自治区党委常委会审定并印发《自治区党委贯彻〈中国共产党政法工作条例〉实施细则》，将领导主体具体化、职责任务清单化、工作运行机制化。自治区党委政法委修订了《自治区党委政法委员会工作规则》，制定了《自治区党委政法委员会委员述职制度》《政治督察工作办法》《纪律作风督查巡查工作规定》《执法监督工作规定》等配套制度，推动出台协助纪委监委做好监督检查审查调查工作实施办法、协助党委及其组织部门管理政法干部实施办法。自治区党委办公厅、政法委对5个地级市、10个县（区）和自治区政法各单位以及平安宁夏建设协调小组成员单位贯彻落实《条例》情况开展实地督查，形成督查报告和问题清单，督促相关地方和部门整改落实，确保《条例》不折不扣贯彻落实到位。

【抗击疫情】2020年，全区政法机关当好疫情防控一线排头兵和维护社会稳定主力军，投入疫情防控阻击战，推动疫情防控工作各项措施落地见效。自治区政法委牵头组建重点人员数据信息排查、社会动态分析研判管控、境外疫情防控工作"三个专班"，全面启动"日调度、日报告、日推送、日反馈"战时工作机制。统筹公安、卫生、民航、铁路、通信管理及移动、联通、电信公司，建立全区疫情防控数据基础台账。统筹各市县公安民警、政法综治干部、社区人员、网格员、志愿者两万余人，组建由公安民警、政法干部任临时党支部书记的排查小组2000多个，全面排查全区2000多个社区（村）。自治区政法委印发《关于依法严惩新型冠状病毒感染肺炎疫情防控期间违法犯罪的通告》和《关于依法严厉打击新型冠状病毒肺炎疫情期间违法犯罪的通告》，排查涉疫矛盾纠纷890件，推动公安机关侦办涉疫刑事案件27起19人，侦办全国首例境外输入性确诊病例案件，被最高人民检察院、公安部确定为典型案例。查处6起确诊病例故意隐瞒病情、行程、接触史，妨害疫情防治的违法犯罪行为。出台《关于政法机关依法保障疫情防控期间复工复产的实施意见》，依法严厉打击扰乱医疗秩序、市场经济秩序等十类妨害疫情防控、复工复产的违法犯罪行为。审慎使用逮捕和查封、扣押、冻结等强制性措施，最大限度减少对企业正常生产经营影响。

【平安宁夏建设】2020年，自治区政法委健全组织机构，组建成立平安宁夏建设协调小组，5个地级市均成立由市委书记或市委政法委书记任组长的平安建设协调小组，党委领导、政府主导、部门主责、基层主抓的工作格局基本成型。召开平安宁夏建设工作会议、平安宁夏建设协调小组会议、办公室主任会议、各专项组工作会议，研究起草《关于加快推进社会治理现代化　建设更高水平的平安宁夏的实施意见》，研究出台平安宁夏建设协调小组各专项组工作规则等文件，建立完善请示报告、沟通协调、信息报送等制度机制。完善考核体系，研究起草《平安宁夏建设领导责任制实施办法》《平安宁夏建设考核奖惩办法》。

【社会治安防控】2020年，自治区政法委加强社会治安防控体系建设，常态化部署开展武装巡防。建立宁夏人口基础信息共享库，社会治安"人防""物防""技防"水平持续提升。开展网络传销风险隐患集中排查化解专项行动，对区内6家重点风险公司开展现场约谈和检查工作，对4家公司采取停业、退赔、退出宁夏市场等处理措施。健全落实打击整治电信网络新型违法犯罪联席会议制度，组织开展"云剑-2020"行动，侦破电信网络诈骗案件1883起，止付冻结涉案账户6071个1.55亿元。开展全区P2P网贷平台专项清理整治，清理取缔P2P网贷平台31家，实现清零工作目标。开展煤矿、非煤矿山等16个公共安全重点行业专项整治，发现问题15735项，排查隐患28601条，责令停产整顿113家。

【市域社会治理和基层治理】2020年，全区市域社会治理现代化试点工作会议召开，印发《关于开展市域社会治理现代化试点工作的通知》，全面部署推动全区试点工作。成立平安宁夏建设协调小组市域社会治理专项组，制定并印发工作规则和重点工作任务清单。5个地级市被列为试点城市，分别成立由市委书记任组长的市域社会治理工作领导小组，市域社会治理组织领导体系逐步完善，对照全国《共性工作指引》、自治区《区域特色工作指引》，指导推进试点工作。建立覆盖市、县、乡、村4级的专业性、行业性人民调解组织524个，涵盖21个重点行业领域，将矛盾风险防控在市域，化解在基层。全区推进4级综治中心规范化建设，240个乡镇（街道）配齐政法委员，95%以上矛盾纠纷在基层得到化解。"塞上枫桥"、人民调解"四张网"、"法官村官双助理"等经验做法在全国交流推广。

【服务经济社会发展】2020年，自治区政法委健全完善政策法规体系，出台《关于充分发挥政法机关职能作用　为建设黄河流域生态保护和高质量发展先行区提供法治服务保障的实施意见》《依法保障服务民营企业健康发展21条意见》《宁夏回族自治区自然资源保护行政执法与刑事司法衔接工作办法》等政策性文件。依法平等保护各类市场主体权益。开展依法严厉打击破坏黄河流域和贺兰山等自然保护地生态环境及野生动物资源违法犯罪专项行动，破获宁夏云海碳素制品有限公司污染环境案等一批大案。审结环境资源类案件3101件，生态环境公益诉讼案件立案同比上升22.5%，侦办破坏黄河流域和贺兰山生态环境违法犯罪案件161件。开展涉众型经济领域风险专项排查整治，依法处置中华人民共和国成立以来全国金融票据领域涉案金额最大、涉及群体最多的宝塔石化特大票据诈骗案，推动上陵实业、中银绒业等"僵尸企业"破产重整，牢牢守住不发生系统性金融风险底线。全区检察机关与各级河长制办公室共同开展

2020年8月28日，自治区党委书记陈润儿（右三）调研全区政法队伍建设工作

“携手清四乱、保护母亲河”专项行动，发出诉前检察建议235件，督促治理污染水域面积1282亩、污染和非法占用河道277千米。加大环境保护执法力度，审结环境资源类案件3101件。腾格里沙漠环境污染公益诉讼系列案被最高人民法院列入全国十大环境公益诉讼典型案例，督促8家企业投入5.69亿元修复受损生态环境。全年立案公益诉讼案件线索940件，同比上升38.2%；发出诉前检察建议881件，实现政治效果、法律效果、社会效果和生态效果有效统一。开展司法救助工作，依规有序发放国家司法救助资金2300万元。

2020年7月13日，宁夏举办“深入学习贯彻习近平总书记视察宁夏重要讲话和关于加强政法队伍建设重要指示精神　全面提升全区政法工作现代化水平”专题研讨班

【扫黑除恶专项斗争】截至2020年年底，全区共打掉涉黑涉恶犯罪集团和团伙126个（其中，涉黑组织21个，涉恶犯罪集团27个，涉恶犯罪团伙78个），抓获犯罪嫌疑人2118人，破获涉黑涉恶刑事案件2256件，依法查封、扣押、冻结涉案资产47.59亿元。全区各级纪检监察机关共受理涉黑涉恶腐败和“保护伞”问题线索2868件，立案508件，给予党纪政务处分843人。自治区政法委应用联合办案、交叉办案、提级办理、交叉督办等形式，突破一批涉黑涉恶腐败和“保护伞”案件，所有县（区）实现“打伞破网”零突破。自治区政法委把加强基层组织建设作为铲除黑恶势力滋生土壤治本之策，对36个涉黑涉恶涉霸村提级挂牌整治，排查整顿软弱涣散村党组织542个。对全区14332名村“两委”成员进行资格审查，审查出存在问题的1181名（其中，清理489名，处理692名），补配485名。实施“三大三强”促脱贫富民行动和“两个带头人”工程，制定党建引领基层治理24条措施，有效补齐乡村治理短板。自治区政法委把焦点对准涉黑涉恶违法犯罪易发多发的重点行业领域，印发整治指导意见、整治细则，专项整治方案，先后开展打击黄赌毒的“清风行动”、金融放贷领域突出问题专项整治、工程建设领域专项治理、“黑导游”“黑作坊”“黑车”排查整治等各类专项行动47个，发出2635份“三书一函”，整治一批行业领域乱点乱象。坚持依靠群众，全民参与，落实举报奖励措施，兑现举报奖励金57.1万元，群众举报问题线索占问题线索总数的近60%。加大舆论宣传力度，累计制作展板、宣传单、宣传画报等4.2万余件，滚动播放扫黑除恶宣传广告9.8万余次，中央媒体刊播宁夏稿件6000余篇（条），宁夏主要媒体刊播稿件1.4万余篇（条），自治区扫黑办组织拍摄制作5部专题宣传片，宁夏长安网“法治直播”等平台开展网络直播13场次，为纵深推进专项斗争提供强大舆论支撑。

【深化改革】2020年，自治区政法委召开自治区司法体制改革专项小组第12次、第13次会议，制定并印发《2020年贯彻落实〈全区政法领域全面深化改革实施方案〉重点工作任务》《自治区司法体制改革专项小组2020年重点工作任务》，召开全区政法领域全面深化改革推进会，78项改革举措取得阶段性成果。自治区公安边防、消防、警卫部队如期改制，森林等行业公安机关机构改革稳步落实。法院、检察院内设机构改革及司法行政机关重新组建工作总体完成。率先在全国出台《关于全面深化城乡社区警务改革的指导意见》。在自治区法学会设立党组，全区所有县（区）成立法学会。完成宁夏见义勇为基金会第二届理事会换届工作，见义勇为工作“宁夏模式”受到中华见义勇为基金会充分肯定。完善执法司法制约监督体系，建立自治区执法监督专家库，开展政法单位执法检查、案件评查和政治督察。修订院庭长监督管理“四类案件”办法，主要办案质效指标持续向好。开发完成宁夏跨部门涉案财物集中管理信息系统，西夏区上线试运行。出台《关于加强民事执行检察监督协作机制的意见》，2020年全区民事生效裁判监督案件抗诉改变率达90.32%。深化刑事诉讼制度改革，出台“三类人员”出庭制度及“三项规程”实施办法，健全侦查、检察、审判衔接机制。开展审查起诉刑事案件律师辩护全覆盖试点，推动刑事案件审查起诉阶段律师辩护率由2017年的50%提升到2020年的100%。出台《刑事案件适用认罪认罚从宽制度工作实施细则》，全年全区认罪认罚从宽制度平均适用率为84.4%。建立员额遴选递补机制，遴选员额制法官124名、检察官46名。自治区人大常委会审议通过《宁夏回族自治区公安辅警管理办法》，执法司法辅助队伍建设正式纳入地方立法保障。推进证明事项清理工作，完善证明事项清单，推行证明事项告知承诺制试点工作。司法行政审批事项办理环节压缩10%、办结时限压缩20%、申请材料减少30%。全面推动“互联网+公安政务服务”改革，审批服务事项网上办理基本全覆盖，“宁警通”APP业务办结率居全国第四。全面放开全区县（市）城区及建制镇落户限制，完成公安部户籍人口城镇化率目标要求。推进人民法院两个“一站式”建设，现代化诉讼服务质效评估得分位居全国第九、西北第一。健全完善科技支撑体系，自治区政法委牵头建设宁夏人口基础信息共享库，建成宁夏政法协同办案系统，实现28类数据共享使用。“雪亮工程”应用不断拓展，利用视频监控破获案件数为全部案件数的60%以上。全区建成运行9个法院现代化诉讼服务体系平台，宁夏公安大数据智能化应用建设顶层设计在全国率先完成。加强对防止干预司法相关规定执行的监督落实，7起司法人员与特殊关系人不当接触交往问题被依纪处理。

（孔维达）

法治政府建设

【概况】2020年，宁夏深化行政审批改革，重新梳理司法行政职权事项81项，对行政审批事项业务流程再造，实现事项承诺办结时限比法定办结时限压缩20%，申请材料减少30%以上，办理环节压缩10%。规范重大行政决策，自治区政府建立自治区人民政府2020年度重大行政决策事项目录和自治区政府重大行政决策咨询论证专家库，并对拟列入的决策事项和专家候选人选进行审查，推动《重大行政决策程序暂行条例》落实。落实《行政诉讼法》关于“被诉行政机关负责人应当出庭应诉”的规定，司法厅主要负责人首次出庭应诉律师诉司法厅不作为行政诉讼案件，示范推动自治区行政机关负责人出庭应诉成为常态。加强行政执法监督，在全区开展“执法不作为、乱作为”专项治理，建成运行宁夏行政执法监督平台，完成与全区444家行政执法机关数据对接，向“互联网+监管”推送行政执法有关数据16189条。完成对自治区52个部门等涉及的5200余项事项的法制审核。司法厅与自治区党委编办联合起草《自治区权力清单和责任清单动态管理办法（修订稿）》，印发《关于使用中央编办机构编制云平台“权责清单管理系统”有关事宜的通知》。全面清理地方性法规、政府规章和行政规范性文件，司法行政部门共提请自治区政府、自治区人大常委会修改11件地方性法规，建议废止3件、修改6件政府规章，建议废止12件、宣布失效7件行政规范性文件。严格按要求向国务院、自治区人大常委会报送（备）3件政府规章和29件行政规范性文件。开展自治区涉政府产权问题专项治理，依法受理78件符合条件线索，核实48件，处理31件，督促相关部门和单位向企业支付欠款1753万余元。开展法治政府建设示范创建活动，委托第三方机构对自治区法治政府建设情况进行全面评估，并向中央依法治国办报告有关情况。2020年，全区共申报法治政府综合示范创建单位23个，单项示范创建项目26个，申报对象覆盖全区37个地区和部门。

（张弼超）

【立法调研与规范性文件管理】2020年，自治区人大常委会审议通过地方性法规18件，自治区政府制定修改政府规章5件。提高立法质量，设立基层立法联系点11个，畅通立法项目征集、征求公众意见和立法后评估渠道。全年共开展区内外立法调研及立法论证会、征求意见会、座谈会100余场次，广泛听取人大代表、政协委员、社会公众对立法工作的意见建议。严管规范性文件，落实行政规范性文件“四级政府、三级监督”备案监督制度，自治区政府共制定行政规范性文件34件，备案审查政府规章、行政规范性文件180件，对151件政府规章和465件行政规范性文件进行清理，制定的政府规章、行政规范性文件全部按规定向国务院、自治区人大常委会报备。

【规范行政决策程序】2020年，自治区规范决策程序，修订《宁夏回族自治区重大行政决策规定》。制定自治区人民政府2020年度重大行政决策事项目录，确定重大行政决策事项24个。健全决策智库，建立自治区政府重大行政决策咨询论证专家库，聘任55名区内外专家参与政府重大行政决策。聘用新一届自治区政府法律咨询委员会委员和法律顾问32名。邀请法律顾问列席政府常务会议、参与政府立法和重大问题处理等120余次。加强合法性审查，将合法性审查作为推动政府科学依法决策的必经环节，凡提请自治区政府常务会议审议的重大议题，必须先期进行合法性审查，未经合法性审查或经审查不合法的，一律不提交会议讨论，全年共审查自治区政府及政府办公厅各类文件、协议291件。

【规范执法】2020年，自治区深化行政执法改革，探索推动地级市将简便易行和在基层发生频率高、专业技术要求适宜的343项执法事项下放至市辖区。制定乡镇（街道）赋权清单和权力清单指导目录，将涉及民生保障、城乡管理等基层管理迫切需要且能有效承接的97项审批服务执法事项下放乡镇（街道）。加大重点领域执法力度，聚焦食品药品、自然资源、环境污染、非法建筑、网络信息等重点领域，加大执法力度，严查违法行为，全年对食用农产品和食品抽检量为每千人6.4批次，消除违规建设项目1687处，清理不良违法信息11.6万余条，关闭违法违规网站1362家，1220个自然资源领域行业乱点乱象整治到位。提升执法规范化水平，建成并运行宁夏行政执法监督平台，规范行政执法行为。开展执法不作为乱作为专项治理，自查自纠执法不公、随意执法、粗暴执法、过度执法和以罚代管等突出问题582个，追究责任人66人。

【规范行政权力运行】2020年，宁夏严格执行请示报告制度，坚持重大事项向党委请示报告、重大决策出台前向人大常委会报告，自治区政府提请自治区党委研究重大事项56件，办理人大代表建议207件、政协提案419件，办复率100%。按规定时限完成党内法规和中央有关文件要求的每年必须向党中央和国务院报告的23项工作。强化行政权力内部监督，加强预算收支绩效管理、地方政府债务风险监管和政府采购等重点领域监督。在全国率先建立政府债务监测平台，超额完成隐性债务年度化解任务。加大重大政策措施落实情况审计力度，自治区本级一级预算单位审计全覆盖。开展疫情防控资金和捐赠款物专项审计，促进防疫物资专款专用。全面深化政务公开，优化电视、广播和政务网站等媒体政务公开功能，健康有序运行全区1148个政务新媒体，全方位、多视角公开先行区建设、“放管服”改革、服务民生等领域信息，及时跟进解读法律法规和政策文件，有效满足公众政务信息需求。

【行政应诉和化解矛盾纠纷】2020年，全区各级行政复议机构共受理行政复议案件679件，审结614件，责令履行、撤销或确认违法案件113件。全区仲裁机构共办结仲裁案件21321件，标的额16.3亿元。推动行政机关负责人出庭应诉工作常态化制度化，全年共发生一审行政应诉案件1790件。依法多元化解矛盾纠纷，坚持诉调、公调、访调有机结合，调解与律师、公证等法律服务紧密衔接，协调联动化解各类矛盾纠纷，使95%以上的矛盾纠纷从源头化解，信访总量下降39.8%。强力攻坚信访积案，开展集中治理重复信访、化解信访积案专项工作，重复信访事项办结率为61.8%。加快信访工作信息化智能化建设，信访事项及时受理率、按期办结率和群众满意率分别为98.4%、97.1%和93.3%。

【法治政府示范创建地验收核查】2020年9月，自治区党委全面依法治区委员会办公室全面启动2020年法治政府示范创建验收工作，对申报2020年度自治区法治政府示范创建的地区和单位进行实地验收核查。此次验收对照《法治政府建设示范指标体系》100项具体指标，通过网络检索、查阅资料、系统演示、现场测试、实地考察、个别访谈基层执法人员等方式，对申报综合示范创建和单项示范创建的单位进行验收核查。

【法治建设专项督察和调研】2020年5月19日，宁夏部署开展营造法治化营商环境保护民营企业发展专项督察“回头看”和法治政府建设专项督察。由自治区党委依法治区办牵头，组成6个督察组，对5个设区的市和部分区直部门进行督察。督察内容包括营造法治化营商环境、保护民营企业发展专项督察问题整改情况，党政主要负责人履行推进法治建设第一责任人职责情况，贯彻落实《重大行政决策程序暂行条例》情况，全面推行行政执法公示制度、执法全过程记录制度、重大执法决定法制审核制度情况和加强行政规范性文件制定和监督管理情况。对督察发现的问题，列问题清单，督促被督察地区、部门进行整改，整改工作于10月30日前全部完成。8月，自治区党委全面依法治区委员会办公室专门组成调研组对法治宁夏、法治社会建设开展专项调研。调研主要针对自治区部分市、县（区）和区直部门，通过召开座谈会、实地走访乡镇（街道）、村（社区）、行业协会、律师事务所，与相关人员及群众代表进行谈话交流，向有关人员发放调查问卷等多种方式开展调研。调研内容重点围绕完善法律规范、法治实施、法治监督、法治保障、党内法规制度和促进社会规范体系建设等展开。调研后形成的报告，为修改完善《法治宁夏建设规划（2020—2025年）》《宁夏回族自治区法治社会实施方案（2020—2025年）》等提供重要支撑。

【法治政府建设工作电视电话会议】2020年8月3日，自治区政府召开全区推进法治政府建设工作电视电话会议，自治区主席咸辉出席并讲话。咸辉强调，要深入贯彻落实习近平总书记全面依法治国新理念新思想新战略和视察宁夏重要讲话重要指示精神，全面提升依法行政水平，纵深推进法治政府建设，为宁夏治理体系和治理能力现代化提供坚强法治保障。会议还听取了全区法治政府建设专项督察情况汇报，银川市、大武口区和国家税务总局宁夏税务局作了书面交流。宁夏法学会副会长张廉受邀作法治政府建设专题讲座。

（马　姣）

公　安

【经济案件侦查】2020年，全区共立非法集资案件24起，破案20起，抓获嫌疑人33名。自治区公安厅、检察院、法院联合印发《关于办理非法集资刑事案件的指导意见》。推进非法集资积案陈案化解工作。开展"攻坚打虚打骗"两年专项行动，加大对空壳公司暴力虚开等涉税犯罪打击力度，成功破获"6·15特大虚开增值税专用发票案"等大案要案。全区共破获涉税案件53起，移送起诉43起，抓获嫌疑人45人，挽回经济损失1200余万元。开展打击传销违法犯罪专项行动，开展打击防范传销示范县（区）创建活动，推广贺兰县"以房管人"治理传销模式，指导贺兰县破获"6·25特大组织领导传销案件"，抓获传销骨干120人，全面采取刑事拘留强制措施。2020年，共破获传销案件52起，抓获249人，移送起诉109人。创新宣传方式。5月15日，联手中国警察网、平安宁夏，借力"快手"直播平台，对贺兰县打击传销"端窝点"行动进行现场直播，吸引300余万网民在线观看，超80万点赞，《人民公安报》刊登其做法和经验。打击涉企犯罪"护航行动"，研究出台《全区经侦部门服务后疫情时期经济社会发展十条措施》，助力企业复工复产。2020年，全区共破涉企经济犯罪案件124起，抓获113人，挽回经济损失4284万元。开展"猎狐2020"专项行动，在缉捕境外经济犯罪逃犯的基础上，将境内经济犯罪逃犯纳入"猎狐2020"专项行动追逃范围，2020年抓获境内上网逃犯104名，逃犯数量下降57.7%。

【打击食品药品环境领域违法犯罪】2020年，宁夏公安机关制定并下发《昆仑2020专项行动实施方案》，自治区公安厅和各地公安机关相继组织开展打击地域性特色食品农村假冒伪劣食品违法现象、保健市场乱象百日行动以及制售假冒伪劣防护物资、黄河流域宁夏段污染环境集中整治、全区河湖"清四乱"（乱占、乱采、乱堆、乱建）、非法采砂犯罪等14个行动战役。全年全区共破获食品、药品、环境领域犯罪案件94起，抓获犯罪嫌疑人112人，涉案金额1.67亿元。公安部督办3起，自治区公安厅督办6起，发起全国集群战役5起。年内全区未发生涉食品药品环境重大公共安全事件、有重大影响的舆情炒作热点、由食品药品环境问题引发的规模性群体事件。疫情期间，全区各级公安机关打击涉疫药品和防护物资违法犯罪，开展打击制售假劣涉疫情物资、制售假冒伪劣防护物资违法犯罪等专项行动。特别在防护产品领域，以口罩为重点，同时紧盯护目镜、防护服、防护手套、卫生消毒用品等医疗器械、医用卫生材料以及药品等各类疫情防控物资。破获销售"飘安"假冒伪劣口罩案，抓获犯罪嫌疑人两名，查获假冒伪劣一次性"飘安"牌口罩50200只、3M口罩等防护用品166只，公安部将该案列为全国疫情防控期间侦办的典型大要案件，予以通报表扬。推动整治集贸市场食品安全问题，特别是对疫情期间囤积居奇、哄抬物价、制售伪劣食品等犯罪线索进行深入摸排。开展维护重大节日期间餐桌安全行动，建立突发食品安全检查事件应急处理机制，加强对食品生产经营主体的管理，以流动食品摊点、小作坊、小商店、小餐馆较为集中的集贸市场为重点对象，坚决取缔"黑工厂""黑窝点""黑作坊"。全年全区共侦办食品案件21起，抓获犯罪嫌疑人45人。结合"百万民警进千万家"等活动，联合市场监管等部门，出动执法人员4969人次集中对保健品行业、医疗器械行业、农村农贸市场、食品加工企业等食品药品环境违法犯罪频发领域开展280余次执法检查，共侦破案件36起，端掉制假售假等犯罪窝点3个，打掉犯罪团伙3个，抓获违法犯罪嫌疑人54人。全区公安机关食品药品环境侦查部门与自治区生态环境厅、水利厅联合制定《关于黄河流域宁夏段污染环境违法犯罪集中打击整治行动方案》，部署开展黄河流域宁夏段污染环境违法犯罪集中整治、危险废物安全专项整治三年行动、整治环境污染违法犯罪等专项行动和依法严厉打击破坏黄河流域与贺兰山等自然保护地生态环境及野生动物资源违法犯罪专项行动。2020年，累计侦办环境污染案件38起，抓获犯罪嫌疑人55人，成功破获宁夏中辰广汇鑫源矿业有限公司非法采矿案、石嘴山市河滨街西泰煤化工有限公司涉嫌污染环境案等。

【维护网络安全】2020年，全区公安部门对519个APP、21万个微信公众号和694万余个新浪微博账号开展检查，排查梳理38个网络安全风险点，检查处置了337处各类信息错误，摸排全区3万余个

"翻墙"线索。处置涉政类线索137条，办结刑事案件5起，侦办本地涉政类案件104起(其中，在侦刑事案件3起，行政拘留17人，批评教育84人)，人员查清率、查处率均为100%。推动网警巡查执法及净网志愿者工作。开通抖音网警账号，发布宣传文章视频13000余篇，短视频500余条，网民点击浏览2000余万人次，点赞评论1万余条。开展网络直播2次，与宁夏电视台、宁夏广播电台合作录制电视节目7期，广播节目6期。

【刑事案件侦查】2020年，中央督导组、公安部和自治区公安厅扫黑办下发线索办结率达100%。中央督导组、自治区扫黑办和公安厅挂牌案件全部移送起诉。35名涉黑涉恶目标逃犯(公安部A级逃犯2名)全部到案。打掉涉黑涉恶犯罪团伙18个，抓获违法犯罪嫌疑人193人，破获各类刑事案件274起，查封、扣押、冻结涉案资产25.6亿元。"云剑"行动成效显著。全年侦破电信网络诈骗案件1883起，百起电诈案件抓获22.4人，止付冻结涉案账户6071个1.55亿元，涉电诈前科重点人员信息排查和采集率达100%。侦破命案积案24起，抓获历年命案积案逃犯26名，成功侦破隆德县"1988·1·25故意伤害致死案"，抓获山西"1995·12·1系列抢劫杀人案"逃犯刘某。50起现发命案实现全破，特别是成功侦破中宁县"8·15故意杀人案"、惠农区"10·14抢劫杀人案"，连续4年全破现发命案，八类主要刑事案件破案率为94.4%。全年破获多发性侵财案件9536起，抓获犯罪嫌疑人5369人，"两抢"案件破案率为97.3%，快速侦破海原县"6·17入室抢劫案"。检察机关提起公诉1610人，审判机关有效判决1487人，判处5年以上231人。制定并印发《关于进一步加强全区公安机关刑事科学技术工作的决定》，开展三项技术破案会战，指纹、DNA和人像比对中抓获现行盗抢案件犯罪嫌疑人745名，通过DNA比对和Y系排查，比对侦破贺兰县"2003·5·7抢劫杀人案"，石炭井"2004·5·3杀人焚尸案"以及内蒙古"2005·1·20李某被杀案"等一批历年命案积案。部署全区开展"断卡"专项行动，打掉涉"两卡"犯罪团伙25个，抓获犯罪嫌疑人632人，公安部下发"断卡"行动线索7批次19条，落地核查率为74%，通过线索核查直接抓获犯罪嫌疑人16人。

【禁毒工作】截至2020年年底，全区在册吸毒人数31740名，年度增幅下降至0.68%，连续4年控制在3%以下。2020年，全区吸毒人员5840名，较上年下降33%，吸毒人数占总人口比例下降至万分之十以内，吸毒人员戒断三年巩固率提升至81%。全年破获部(省)级毒品目标案件16起，摧毁制贩毒团伙5个，缴获毒品数量同比增长48.6%，外流贩毒人数同比下降33%。对342名涉毒重点嫌疑人员进行建档立卡，落实全程跟进、实时研判、精准打击。全年破获毒品刑事案件70起，抓获犯罪嫌疑人159名，缴获各类毒品折合海洛因106.8公斤、制毒物品1.1吨，摧毁制贩毒团伙5个、制毒窝点1处。先后组织破获"4·07特大贩卖运输毒品案""9·10非法生产制毒物品案"等部级毒品目标案件16起。被外省(区)查获外流贩毒人数同比下降33%。组建宁夏公安机关"拔钉追逃"行动领导小组，对两批共11名重大涉毒在逃人员进行挂牌督捕，开展跨区域警务协作，先后抓获历年涉毒在逃人员8名，其中从境外抓获"钉子"逃犯5名。连续第七年部署开展吸毒人员"大收戒"行动，推进毛发检毒技术应用，累计查处吸毒人员551人次，强制隔离戒毒163名，始终保持"应收尽收、应戒尽戒"，吸毒引发"两抢一盗"等侵财类案件持续下降。紧密结合疫情防控工作实际，组织开展"吸毒人员大排查大管控大宣传"专项行动，全区社区戒毒社区康复执行率100%以上，执行巩固率上升至88%，保持涉毒肇事肇祸"零发生"。发动乡镇(街道)基层组织和社区禁毒专干推进"百千万计划"，严格落实吸毒人员网格化管理服务措施，规范异地执行衔接工作，巩固完善吸毒人员查获处置、强戒出所接茬、社区戒毒康复、帮扶回归社会的全流程服务管理模式。

【社会治安工作】2020年，自治区公安厅治安总队牵头组织自治区社会面研判管控和全区防疫站点查控两个专班工作开展涉疫研判。开展"百万警进千万家"活动，强化不稳定问题排查管控，先后作出57次工作部署，调整工作重点和方向80余次。全区启动高等级勤务，在主要入宁道口启动检疫检查站点279个，配合重大安保启动公安检查站17批次，共计连续工作290余天，累计检查车辆487.5万辆(次)，人员822.3万人次，集中医学留观15946人，通报属地处置31847人，送医检查761人。开展依法严厉打击涉疫情违法犯罪活动，共依法办理涉疫情违法犯罪案件924起，打击处理违法犯罪人员1613人次。组织查获全国首例涉境外输入型疫情防控违法犯罪案件。依托社区警务工作设立代办点300个，实现12项户籍业务村级代办，为老年人、残疾人及偏远地区群众提供预约上门代办服务，服务困难群众办理、代领身份证等户籍业务3600余件。指导基层户籍民警加强"互联网+户政"业务的办理和咨询答复工作。成立打击治理跨境赌博工作专班，部署查控治理公安部通报涉及宁夏涉赌收款银行账户3个、涉赌拓展账户41个，协调开户银行不收不付、限制非柜面交易。印制《关于新冠肺炎疫情期间依法严厉打击跨境赌博和电信网络诈骗犯罪的通告》3万份，在人员密集场所和社区张贴宣传。协助安徽、陕西、江苏、黑龙江等省公安机关核查、抓捕涉及跨境赌博违法犯罪人员6名，核查涉宁集群战役线索11条。全年全区共侦破跨境赌博、网络赌博案件53起，抓获犯罪嫌疑人159名，冻结涉案资金1600余万元。

【严格执法和服务社会】2020年，全区公安机关及时印发《宁夏公安机关疫情防控期间公安机关现场执法指引》，同步开展涉疫执法问题和风险排查化解工作。排查风险隐患案件25起，未发生因涉疫案件引发复议诉讼和公共安全事件。全国首家出台《国境卫生检疫行政执法与刑事司法衔接工作办法》，被海关总署推广学习。中宁县丁某某涉嫌妨害国境卫生检疫案，被公安部、最高检作为典型案例发布。2020年，检察机关作出绝对不起诉人数、存疑不起诉人数同比分别下降25%、7.69%，纠正违法数同比下降22.22%。因地制宜加快推进执法办案管理中心建设，建设完成18个(相对集中16个、高度集中2个)，完成率为85.7%。严格落实执法全流程记录制度，全面推行执法智能监督，围绕警情、案件、人员、物品、卷宗、场所六要素，对42个执法风险点实时预警监督，实现对执法活动全过程、实时性、智能化、可视化的监督管理。2020年，受理群众网上咨询办事365.7万件，办结率为100%，群众满意率99%以上。强力推动公安窗口“7×24小时”全天候服务，建成26个“无人警局”，推广上门代办服务，为偏远、贫困及特殊人群提供便利，打通服务群众“最后一公里”。治安户籍事项村级代办、交管“流动车管所”、出入境“九办措施”，加快网上网下、城市农村融合发展。组织企业、群众座谈会，征求意见建议316条，从解决群众和社会各方面关心关切的问题入手，推动出台服务保障高质量发展便民利企15项措施。深化民警办案积分管理，全区490个基层办案单位、2998名办案民警、525名法制员，实现积分管理全覆盖。

【出入境管理】截至2020年12月24日，全区共精准管控境外入境宁夏籍人员8722人、到宁夏外国人2451人，做到无一人漏管失控。实施大数据支撑下的精准防控，争取国家移民管理局和自治区外办、安全、商务等16家单位支持，汇集融合通信、铁路、民航数据，落地跟踪5个地级市防控工作信息，建立横向、纵向数据搜集网络，构建大数据支撑下的精准防控工作体系。全量掌握可能入境到宁夏人员预警信息，工作专班结合自治区教育厅、商务厅、外事办、海关、边检总站等各部门推送信息，综合运用多种手段比对分析，梳理出全区登记常住外国人1161人，排查梳理出境未归宁夏籍人员19286名，涉及155个国家和地区，排查出在疫情较重国家和地区的宁夏籍人员4852人，实现清仓见底。全量摸排入境外国人和宁夏籍人员出入境信息，实时更新入境人员动态信息，每日对已出境宁夏籍人员和到宁夏外国人近2万条数据滚动排查，重点关注疫情突出国家往来航班、人员及出入境数据变化情况，通过各种途径获取入境到宁夏人员铁路、航班信息，每日实时更新入境人员动态信息，先后编发推送预警信息276期，即时信息593期，出入境人员信息265期，工作情况专报244期，核查、推送拟回宁夏人员7083人次，及时向厅领导报告疫情防控工作情况。建立口岸入境人员实时信息共享通报机制，将宁夏籍居民在与中国接壤毗邻16国及港澳台地区出境未归人员共计3526人录入边检梅沙系统，全面布控，确保入境即可预警。启动出境入境人员异常情况倒查反馈机制，将往来国边境轨迹异常的宁夏籍人员列为疫情期重点关注人员，联合技侦部门及属地公安机关形成发现预警、研判分析、落地掌控的全链条监测管控模式。2020年，自治区公安厅共有3批8名“抗疫”模范荣立集体二等功一次，获得“全国抗疫模范先进基层党组织”和“全国抗疫先进集体”双表彰，代表宁夏公安机关到北京参加全国抗疫表彰大会，并在全区抗击新冠肺炎表彰大会上作经验交流发言。

【机场公安】2020年，宁夏机场警卫模式更加多元，警卫安全体系进一步完善。机场公安局依托警卫基础信息采集平台和任务风险评估机制，对“人、地、物、事”等警卫安保要素整体性评估、系统化掌控，研究制定疫情形势下各项警卫、要客安保工作方案，完成自治区参加全国“两会”代表、援鄂医疗队、援鄂司法警察及国家援助沙特阿拉伯、科威特包机警卫任务及其他包机安保任务。航班疫情防控高效有序、机场安全屏障作用突出。机场公安局牵头成立了银川河东国际机场疫情防控检疫站点联合指挥部，成员单位先后囊括自治区卫健委、宁夏边检总站、银川河东国际机场海关、银川市政法委、银川市水务局、银川市教育局、西部机场集团宁夏机场有限公司、西部机场集团物流公司等13个，先后召开现场协调会13次，工作机制根据需要先后调整5次，从进港旅客管控到复工复产后进出港旅客管控并重，再到境内外、进出港旅客两个双线重点管控，后来转入常态化疫情防控阶段，整体以精准施策、迅速控制、切断传播为导向，以“防控最严、流程最优、时间最短、风险最低”为目标，组建专班24小时开展境外重点人员情报指令数据信息排查、推送、跟踪落地精准管控，现场持续协调、适时调整旅客引导、检测点设置、集中转运隔离、风险分流控制等具体流程，提前筹备国际客货航班、公务机复航及备降航班保障预案，完成国际包机保障任务，坚决防控境内外疫情输入。机场公安局被共青团宁夏区委、宁夏青联授予“宁夏青年五四奖章集体”荣誉称号，被自治区公安厅授予“新型冠状病毒感染肺炎疫情防控阻击战成绩突出集体”荣誉，3名民警、辅警被评为“新型冠状病毒感染肺炎疫情防控阻击战成绩突出个人”，2名民警获个人嘉奖荣誉。抗疫感人事迹被“全国民航公安在线”“平安宁夏”“学习强国”、《宁夏法治报》等媒体报道20余次。

【交通管理】2020年，全区共发生道路交通事故2706起，死亡596人，受伤2719人，直接经济损失883.72万元，与上年同比分别下降29.03%、26.87%、31.36%、18.17%；发生较大道路交通事故4起，造成13人死亡，5人受伤，同比分别下降69.23%、70.46%、86.49%。自治区连续8年未发生重特大道路交通事故。全年全区投入10万人次警力在全区258处疫情检查点开展工作，检查车辆1000万余辆次，开通高速公路绿色通道8424次，网上办理牌证业务10.78万次，完成4次重要物资运输安全保障任务，完成撤站撤卡恢复交通运输秩序工作，受到公安部通报表扬。严密部署、高效管控，完成习近平总书记视察宁夏警卫任务。开展全区集中统一行动90次，严查交通违法行为437.2万起。严管严控农村交通秩序，新建警保合作劝导站155个。全面治理农村“马路市场”“坡改平”等问题隐患，以农村超员载客、货车拖拉机违法载人为重点进行专项整治，全年农村地区交通事故“四项指标”同比分别下降32.33%、33.33%、38.68%和25.41%。开展清缴报废机动车专项行动，制定并出台有关清缴报废机动车的具体措施，加快老旧车淘汰，共报废老旧车辆29104辆，清理逾期未报废车辆73575辆，清缴率为71.95%。完善信息“两客一危”（班线客运车、旅游包车、危险货物运输车）重点车辆登记通报机制，全区“两客一危”检验率为98.23%，报废率为98.37%。严把重点车辆驾驶人培训考试关和从业准入关，培训满分教育驾驶人1.1万人次，审验教育驾驶人学习15.2万人次，重点车辆驾驶人审验率为97.54%，换证率为99.4%。开展312国道全国样板路示范创建，对排查出的固西、同海高速隐患以自治区道交委名义挂牌督办，先后排查整改国省、县乡道路隐患671处。推进“千灯万带”建设，新增减速带1521条、信号灯112个、反光柱162处、中央隔离柱153处。强化宣传提升群众交通安全意识，全年在中央级媒体刊发稿件360余篇、自治区级媒体刊发3900余篇，推送微信、微博、头条等平台宣传信息13.6万条，发放资料20.8万份，曝光高风险企业1300家、违法行为3500起，推送警示提示短信950万条，举办“122全国交通安全日”发布会。

【森林公安】2020年，宁夏优化贺兰山林区治安管理机制，调整民警责任区划，加强巡逻防护、森林防火巡查、情报信息收集，及时排查化解各类影响林区治安稳定的隐患。提升林区治安防控信息化水平，宁夏贺兰山无线数字巡护侦查系统一期建设项目已编制建设方案。开展“惠民利企大调研大走访”活动，组成4个调研组分赴5个地级市走访权利人企业11家，相关行政部门和检法机关8家，发放调查问卷44份，征求意见建议35条，针对合理化意见认真研究开展整改。调配警力和防疫物资，配合各地疫情防控指挥部做好检查、登记、隔离观察、应急处置等工作。强化野生动物领域执法检查。协调自然资源、林草等相关行业主管部门开展联合执法检查活动，强化对集贸市场、餐馆、野生动物驯养繁殖等重点场所的清理整治。协调铁路、交通、民航和运管部门，加强对非法运输野生动物行为的监管排查。2020年，自治区破坏野生动物资源类案件发案率明显下降。截至11月30日，全区各级森林公安机关共出动警力10287人次，清理集贸市场、餐饮场所884处，受理并查处各类森林草原野生动物案件50起，打击处理违法犯罪人员61人，收回林地413619.63平方米，查获涉案立木蓄积525.51立方米，收缴国家Ⅱ级重点保护动物20只，收缴国家Ⅰ级重点保护动物制品30件，涉案金额543.64万元。

【疫情防控】2020年，自治区公安厅牵头组建重点人员排查、社会动态研判管控、境外疫情防控3个工作专班，各地成立2332个由公安民警牵头的排查防控组，启动由公安机关牵头负责的258个疫情检查站点，24小时开展检查检疫。进入常态化防控阶段后，坚持“外防输入、内防反弹”，精准管控入境到宁夏人员，严密防范严厉打击非法出入境等违法犯罪活动，侦办的全国首例境外输入病例案件被列为全国典型案例，完成沙特阿拉伯包机入境银川疫情防控任务，持续做好监管场所疫情防控工作。公安厅出入境管理总队党支部获“全国抗疫模范先进基层党组织”和“全国抗疫先进集体”，平罗县公安局警官李长青被评为“全国抗疫先进个人”。15个集体分获“全国抗疫先进集体”“全区抗疫先进集体”、33名个人分获“全国抗疫先进个人”“全区抗疫先进个人”。

（孙　强）

检　察

【概况】2020年，宁夏检察机关共办理各类案件19087件（其中，审查逮捕案件3262件，审查起诉案件7393件，刑事、民事、行政申诉案件1065件；公益诉讼案件1127件，诉讼活动违法监督案件6240件）。中宁县检察院办理的丁某某妨害国境卫生检疫案被最高人民检察院、公安部作为典型案例向社会发布。盐池县检察院办理的王某某挪用资金案入选全国检察机关扶贫领域职务犯罪典型案例。银川铁路运输检察院办理的一起危害铁路运行安全案件，入选全国铁路安全生产领域公益诉讼十大典型案例。银川市兴庆区检察院办理的马某某组织未成年人进行违反治安管理活动案，入选全国检察机关维护妇女儿童权益优秀案例。银川市金凤区检察院办理的黄某某危险驾驶案入选全国检察机关“醉酒驾驶”不起诉典型案例。

【惩治刑事犯罪】2020年，全区检察机关共批准逮捕各类犯罪嫌疑人3197人，提起公诉8058人。依法从严从快办理制假售假、妨害公务等涉疫案件，提前介入引导侦查，维护疫情防控秩序，起诉48人。依法严惩故意杀人、涉枪涉爆等严重犯罪，盗抢骗、黄赌毒等多发性犯罪，食药环等危害民生犯罪，起诉2433人。依法起诉电信网络诈骗、“套路贷”“校园贷”等新型犯罪203人，起诉非法吸收公众存款、集资诈骗、传销等涉众型犯罪162人。强化监检衔接，对监委移送案件起诉65人，其中原厅级干部8人。立案侦查和处理司法工作人员渎职侵权犯罪8件8人。

【扫黑除恶专项斗争】扫黑除恶专项斗争以来，全区检察机关共批捕黑社会性质组织、恶势力犯罪集团和恶势力犯罪团伙犯罪1455人、起诉1614人，纠正漏捕漏诉225人。其中，2020年起诉567人。成功公诉马某某等人组织、领导、参加黑社会性质组织案等一批重大影响案件，实现“案件清结”100%。按期核查办结中央督导组、各级扫黑办交办线索423件，实现“线索清仓”100%。规范涉黑涉恶案件提前介入侦查的工作做法被全国扫黑办予以肯定。在办案中注重分化瓦解黑恶势力，提高诉讼质效。彭阳县检察院办理的明某某等人恶势力犯罪集团案，22名被告人全部自愿认罪认罚。共摸排移送涉黑涉恶腐败及“保护伞”线索611条，起诉黑恶势力“保护伞”36人。引导侦查、甄别涉黑涉恶财产38.3亿余元，对990名被告人提出罚金刑量刑建议，对86名被告人提出没收个人全部财产量刑建议，对75件涉黑涉恶案件提出财产处置意见，针对财产刑执行制发检察建议、问询函50份，彻底铲除黑恶势力经济基础。

【诉讼监督】2020年，全区检察机关共监督公安机关立案207件、撤案492件，同比分别上升22.5%和41.8%。纠正漏捕漏诉349人，纠正侦查活动违法184件。提出刑事抗诉120件，采纳率为53.5%。纠正刑事审判活动违法38件，采纳率为94.7%。纠正减刑、假释、暂予监外执行不当111人，同比上升113.5%；纠正刑罚执行与监管活动违法88件，同比上升27.5%；纠正社区矫正违法144人，同比上升50%。做强民事诉讼监督，提出民事抗诉49件，改变率为88.9%，同比增加25.1个百分点。提出再审检察建议99件，采纳率为60.6%，同比增加18.4个百分点。对民事审判和执行活动违法行为提出检察建议849件，采纳率为99.1%。与法院加强民事执行检察监督协作机制建设，共同破解“执行难”问题。深化虚假诉讼专项监督，纠正“假官司”45件。做实行政诉讼监督，提出行政抗诉2件，采纳1件，提出再审检察建议1件。对行政审判和执行活动违法行为提出检察建议240件，采纳率为95%。对328件不支持监督申请的案件强化释法说理，引导息诉服判。开展促进行政争议实质性化解专项活动，化解行政争议32件。开展服刑人员违规领取养老金专项监督活动，保障养老金规范使用。

【公益诉讼】2020年，自治区检察院制定实施《充分发挥检察职能服务保障建设黄河流域生态保护和高质量发展先行区的意见》。与自治区河长办、公安厅建立“河长+检察长+警长”工作机制。与内蒙古、甘肃等地检察机关加强协作，推动黄河、贺兰山、六盘山、腾格里沙漠跨区域生态保护。开展“公益诉讼守护美好生活”“联手治乱象、合力护资源”专项活动。对“携手清四乱、保护母亲河”专项行动排查问题整改进行“回头看”。办理生态环境和资源保护领域公益诉讼案件768件，督促治理修复被污染、破坏的林地、耕地、湿地和水域。办理食品药品安全领域公益诉讼案件80件。开展“保障农村食品安全”专项监督活动。银川市检察机关对社会高度关注的两起制售有毒、有害凉皮、豆芽案，在追究被告人刑事责任的同时，诉请法院判令其支付十倍惩罚性赔偿金并向社会公开道歉。办理国有财产保护和国有土地使用权出让领域公益诉讼案件48件，向有关行政机关发出督促履职诉前检察建议47件，挽回国有财产损失398万余元。落实自治区人大常委会《关于加强检察机关公益诉讼工作的决定》，探索在交通运输、危险化学品管理、小区消防安全、个人信息保护、地方农产品品牌保护、文化遗产及英烈纪念设施保护等领域办理公益诉讼案件231件。

【服务经济社会发展】2020年，自治区检察院制定服务保障“六稳”“六保”14条实施意见，优化法治化营商环境。起诉危害非公经济发展犯罪69人。排查办结涉非公经济控告申诉案件281件。持续推进涉民营企业刑事诉讼“挂案”专项清理活动，排查出的33件久侦未结案件已清理办结18件。对涉案民营企业经营者依法慎用羁押性强制措施，不捕率高于总体刑事犯罪不捕率23.8个百分点，依法保护企业正常生产经营活动。全区检察机关办理司法救助259件，同比上升32.1%，对339人发放救助金557万元，防止因案致贫、因案返贫。其中，救助建档立卡贫困户68户109人，发放救助金184万元，服务保障打赢脱贫攻坚战。全区检察机关起诉侵害妇女、未成年人、老年人、残疾人及农民工合法权益犯罪1069人。为194名未成年人和残疾人提供司法救助。对407件请求给付劳动报酬、抚养费、赡养费等案件支持起诉。对336名轻微涉罪未成年人依法不捕、不诉、附条件不起诉，并开展帮教工作。牵头建立3项预防性侵未成年人长效工作机制、9处未成年被害人“一站式”取证救助办案场所。快速办理涉军案件及涉军信访事项，提供法律咨询，开展司法救助。加强军地检察协作，银川铁路运输检察院联合兰州军事检察院办理全国首例军事专用铁路公益保护案。2020年，全区检察机关依法不捕1776人、不诉1927人，不捕率、不诉率同比增加7个百分点和11.8个百分点。对自愿如实供述罪行，承认指控犯罪事实，愿意接受处罚的8481名犯罪嫌疑人依法从宽处理，降低司法成本，促进社会和谐。认罪认罚从宽制度适用率为86.8%，确定量刑建议法院采纳率为97.9%，居全国前列，相关工作经验在全国交流推广。针对办案过程中发现的社会治理问题，特别是在扫黑除恶专项斗争中发现的矿产资源、交通运输、金融放贷、娱乐服务等行业问题，向相关部门制发检察建议1726份，上门宣告送达776份。充分发挥检察建议“堵漏建制”作用，促进依法行政，预防违法犯罪，推动乡村、社区、校园、企业治理和行业清源，实现“办理一案，治理一片”的社会效果。加强“12309”检察服务中心建设，畅通“信、访、网、电、视频”诉求表达渠道，为群众提供高效便捷的“一站式”服务。持之以恒做好对群众反映问题7日内程序回复、3个月内办理过程或结果答复。在全国率先实现检察听证三级院全覆盖，对414件案件组织公开听证。通过公开听证、检察长接访、领导包案、律师参与等方式，努力推动案结事了人和。在“法治进校园”全覆盖基础上深化检校合作，287名检察官兼任中小学法治副校长，为8.4万余名学生讲授法治课。通过线上线下渠道发布法治宣传信息1万余条，为群众提供法律服务和咨询，推动全民尊法学法守法用法。

【检察改革】2020年，全区检察机关在市、县公安机关执法办案管理中心设立33个派驻检察室，实现基层派驻全覆盖。通过案件信息实时共享、提前介入引导侦查、联席会议定期通报等方式，规范执法行为，实现监督关口前移。推进审查起诉案件律师辩护全覆盖试点，石嘴山市、金凤区、同心县和西吉县4个试点地区检察院与司法行政机关密切配合，在审查起诉环节为568名未聘请辩护人的犯罪嫌疑人指派律师，维护其合法权益。推进认罪认罚控辩协商全程同步录音录像试点，银川市两级检察院作为全国试点单位，对516名犯罪嫌疑人认罪认罚具结过程全程同步录音录像，提高控辩协商透明度和公信力，确保认罪认罚自愿性和真实性。对银川监狱、吴忠监狱开展跨市交叉巡回检察，发现并推动解决监狱在监管执法、刑罚执行工作中存在的问题，维护刑事执行公平公正。深化司法责任制改革，设置12类88种业务类型357项具体考评指标，引导、倒逼检察官更新司法理念。

（韩　冰）

法　院

【概况】2020年，全区法院共受理各类案件25.8万件，审理并执行结案24.1万件，结案率同比上升4%，未结数同比下降42.3%；法官人均受案233件，人均结案217件，排名全国法院第12位，西北法院第一位。高级法院机关等3家法院被命名为“第六届全国文明单位”。全区法院25个集体和39名个人受到自治区级以上表彰，贺兰县法院获评“全国模范法院”，大武口区法院陈美荣、泾源县法院史有明等5名法官分获“全国先进工作者”“全国模范法官”“全国法院办案标兵”。全年全区法院共受理各类刑事犯罪案件9623件，审结9234件。自治区高级法院与纪委监委下发职务犯罪案件纪法衔接办法，审结职务犯罪案件99件。坚持罪刑法定、疑罪从无，准确适用认罪认罚从宽制度，依法宣告23名被告人无罪，刑事案件律师辩护实现全覆盖。加强减刑假释信息化办案平台应用，依法对1498名罪犯予以减刑假释。

【扫黑除恶专项斗争】2020年，自治区高院牵头印发《黑社会性质组织犯罪案件证据收集、固定、审查指引》等16份指导性文件，确保扫黑除恶专项斗争在法治轨道上运行。以“案件清结”“黑财清底”为目标，扎实推进“六清”行动，一审审结涉黑涉恶案件143件，判处罪犯1653人，结案率为100%，判处罚金等财产刑、追缴违法所得5.7亿元，判处没收个人全部财产65人。垄断公共交通的马某某、盗采煤炭资源的肖某某、控制地下赌场的段某等危害一方的黑恶分子被绳之以法。重大案件挂牌督办、领导包案、提级管辖等做法得到全国扫黑办肯定。逐案成立“执行专班”，全面查控涉案财产，执结涉黑涉恶刑事案件524件，执行到位金额3.9亿元。依法对6起恶势力犯罪案件未予认定，确保所办案件经得起历史和法律检验。

【民事纠纷调解】2020年，自治区高院围绕“1+6”基层社会治理政策体系出台指导意见，提出15项举措。推进诉源治理实质化，以自治区“两办”名义出台《关于进一步完善多元解纷机制　加强诉源治理的实施意见》，将民事行政案件万人起诉率指标纳入地方综合考核项目。全年诉前化解纠纷28784件，确认调解协议有效10128件，受案数自2012年以来首次下降。下沉司法资源，主动参与无讼村居创建，成立法官工作站、审务工作室、退休法官法律咨询室，贺兰县法院创新“1+4+3”乡村治理模式，青铜峡市法院在9个司法所设立“薛伟萍调解工作室”。

【抗击疫情】2020年，全区法院机关严格落实疫情防控部署，3000余人次干警参与入户排查、值守卡口等一线防疫工作。落实“六稳”“六保”任务，及时出台服务疫情防控总体战、保障复工复产等指导性文件10余份。依法严惩扰乱疫情防控秩序犯罪，妥善审理因疫情引发的合同违约、劳动争议等案件，审结涉疫刑事案件29件，化解涉疫矛盾纠纷106件。发挥智慧法院优势，开启“指尖”立案、“云端”办案、“智慧”执行新模式，推动案件网上便捷受理、在线高效化解，主动为中小微企业纾困解难。网上立案12706件，在线开庭1485件，电子送达50056次，线上调解68902次，实现疫情防控和审判执行“双战双赢”。

【生态和自然资源保护】2020年，自治区高院制定并出台《关于服务保障黄河流域生态保护和高质量发展先行区建设的意见》。建立自然资源执法司法衔接机制，自治区高级法院等9部门联合制定并印发《自然资源保护行政执法与刑事司法衔接工作办法》《联合打击破坏自然资源违法犯罪工作机制的意见》，汇聚生态保护强大合力。加大审判工作力度，审结各类涉环境资源案件2939件，追究刑事责任86人。完善专门化审判机制，建立“三审合一”审判工作机制，促进“一河、三山、两漠”等重点区域生态保护。

【优化营商环境】2020年，自治区高院着力防范化解金融风险，制定并出台《关于支持银行业金融机构、地方金融组织加快不良资产处置的若干意见》，妥善化解在全国有重大影响的宝塔集团票据纠纷系列案件。加强知识产权司法保护，审结专利、商标权纠纷等知识产权案件1678件，成立知识产权司法保护宁东服务站，将“司法温暖”送到“企业门前”。健全企业破产联动协调机制，石嘴山、中卫、吴忠中院探索建立企业破产专项资金制度，加快化解过剩产能、促进市场出清。依法保护市场主体活力，对69家企业暂缓强制措施，对1608件民商事案件采取“活封”“活扣”保全措施，为企业释放资金4.69亿元、土地1102亩、厂房26万平方米，帮扶55家企业复工复产。

【依法行政】2020年，自治区高院支持监督行政机关依法行政，审结各类行政案件和国家赔偿案件4486件，连续11年发布行政审判白皮书，发出司法建议598份，政务环境得到优化。推动行政争议实质性化解，完善区、市、县三级府院联席会议制度，成立县级行政争议协调化解中心，一审行政案件和解撤诉率多年为20%左右。常态化邀请领导干部旁听庭审，提高行政机关负责人出庭应诉率，首例区直机关行政首长出庭应诉案件公开审理，成为一堂生动的“民告官”“告官能见官”的法治公开课。

【保障权益服务社会】2020年，全区化解民间借贷、征地拆迁、交通事故、劳动纠纷、建设工程等民生领域和脱贫攻坚过程中的各类矛盾纠纷154019件，审结145209件，结案率为94.28%。依法保护消费者权益，严厉打击生产“毒凉皮”、销售“假茅台”等犯罪行为，守护群众“舌尖上的安全”。深化家事审判方式改革，引入专业人员修复家庭关系，推行判前辅导、案后帮扶，审结婚姻家庭案件14844件，调解率为34.6%。深入实施人身安全保护令制度，签发人身保护令36件，在施暴者与受害家庭成员之间竖起“隔离墙”。依法支持涉军停偿后续工作，审结涉军案件63件，宁夏军区在全国率先完成资产移交。加大司法救助力度，为困难当事人发放救助金728.9万元，缓减免诉讼费721.1万元。坚持司法服务“三农”，高级法院驻村帮扶点贫困人口实现清零。固原法院奋战在脱贫攻坚主战场，诉前化解涉农纠纷6000余件，争取扶贫资金426万元，帮助1678户近万人实现脱贫。2020年，全区“一站式”多元解纷和诉讼服务体系十大平台全部建成并投入使用，贯通大厅、网络、热线、移动终端的线上线下立体化智慧诉讼服务新模式全面建立，多元解纷和诉讼服务水平实现整体跃升。推进审判辅助事务社会化改革，5个地级市统一建成“邮政集约送达服务中心”，实现诉讼文书安全、精准、高效投送。搭建法院与综治、公安、司法等法律服务联动机制，加强诉讼与仲裁、公证、行政复议的程序衔接，人民法院调解平台与205个调解组织、781名特邀调解员在线联动调解纠纷37020件。金凤区、平罗县、盐池县法院被评为“‘一站式’建设全国百家先进单位”。

【执行监督】2020年，全区法院巩固“基本解决执行难”工作成果，开展涉金融、民生等专项执行行动，执结案件79668件，执行到位金额198.5亿元，全区法院“3+1”核心指标全部达标，12项质效指标优于全国平均水平。出台《关于加强综合治理从源头切实解决执行难问题的实施意见》，在构建综合治理格局、健全协作联动机制、提升源头治理实效方面迈出新步伐。执行指挥中心实体化运行，执行工作“三统一”格局全面构建，“电子封条”查封、淘宝网直播拍卖、VR全景在线看房、“法拍贷”等新举措成效明显。全年网拍标的物4161件，成交额12.5亿元，同比增长36.2%，为当事人节省佣金4235.5万元。坚持信用惩戒与正向激励并行，发布失信被执行人名单30999人次，限制高消费59081人次，判处拒不执行判决裁定罪11人，7924名失信被执行人在自动履行义务后信用得到修复。

【提速案件审理】2020年，全区法院推进诉讼案件繁简分流、轻重分离、快慢分道，完善“分调裁审”机制，健全简案快审制度，全区法院成立民事速裁团队52个，适用简易程序、小额诉讼程序审结案件98664件，占民事一审案件的75.9%。经全国人大常委会授权，银川地区全面开展民事诉讼程序繁简分流改革试点，推行“智能识别+人工辅助”分案，探索“无人记录”庭审，实施道路交通事故网上一体化处理，简单案件审理驶入“快车道”。改革后小额诉讼程序适用率提高15.6个百分点，案件审理平均用时19天，简易程序办案周期缩短11.7天，创造了“银川试点经验”。

【审判监督】2020年，全区法院细化法官权责清单，强化院庭长对“四类案件”的监督，促进审判权规范运行。院庭长发挥示范作用，主办案件80445件，占案件总数的33.4%。完善审委会、专业法官会议制度，推行类案强制检索，统一裁判尺度和法律适用。加强审判流程节点管控，严格案件审限管理，强化审判态势分析，对指标异常法院及时“纠偏提醒”。强化审级监督，审结二审案件12650件，审结再审审查案件2434件，启动再审程序488件。

【网上办案】2020年，自治区建成“智审、智服、智管、智执”线上应用系统，打造覆盖审判执行全流程、各环节的网上办案体系，实现节点可查询、进程可监控、全程可追溯，真正让信息数据“变量”成为审判质效“增量”。发挥大数据集成作用，引入案件权重系数，对法官业绩实施科学考核和动态评价，有效激活法官内生动能。优化升级四大公开平台，通过网站、短信、微信等向当事人推送案件流程信息14.1万条，网上发布裁判文书18.4万份，直播案件庭审2.8万场，群众访问量和在线观看人数突破4000万人次。

（康　莹）

司法行政

【法治宁夏建设】2020年，自治区司法厅建立依法治区办决策咨询专家团队，提请自治区依法治区委员会制定并印发《关于深入学习贯彻习近平总书记视察宁夏重要讲话精神　扎实推进〈民法典〉实施的意见》和工作方案，以农村为重点，开展律师宣讲、普法大宣讲、法律知识竞赛、理论研讨会等形式多样的解读宣传活动。成立工作专班，做好合法性审核工作，为出台《关于完善基层治理体系　提高基层治理能力的若干意见》和《乡村、社区、宗教、校园、企业、社团6个重点领域实施意见》打下坚实基础。组织1.2万余名群众投票评选出食品药品安全“四个最严”要求专项行动等5件“法治为民办实事”项目，活动被中央依法治国办刊载报道。完善督察工作制度，提请自治区党委办公厅、政府办公厅印发《宁夏回族自治区法治政府建设与责任落实督察工作实施办法》。开展营造法治化营商环境、保护民营企业发展专项督察“回头看”和法治政府建设专项督察。

【扫黑除恶专项斗争】2020年，自治区司法部门围绕线索“清零”目标，采取“监所研判自查、局扫黑办筛查、厅扫黑办组织互查”的方式，研究制定攻坚行动方案，针对外省(区)线索，加强沟通协调，发送商情协调函，对摸排的涉黑涉恶问题线索逐条“销号”，全面提高线索核查进度和质量。围绕“长效常治”任务四清单，深入开展专项整治，完成自治区下达司法厅重点整治任务目标，堵塞行业领域监管漏洞；推动从建立健全矛盾风险防范化解、铲除黑恶势力犯罪土壤、监管改造矫治并举、防范和打击“伞”“网”并重“四个维度”靶向发力，建立完善各项制度机制25项，实现全系统扫黑除恶常治长效。按照“统一核查、统一负责、统一报送”的要求，针对中央和自治区交办转办线索，制定核查方案，落实领导包案，选派精干力量，组成核查组进行直接核查，将核查结果按时反馈举报人，线索形成“闭环管理”。针对重大疑难线索，通过线索研判分析会、集中讨论会等形式解决疑难问题，确保线索核查质效。中央和自治区督办转办线索查结率和反馈率达到100%。

【抗击疫情】2020年，自治区司法部门为自治区疫情防控提供法治保障，选派5人进驻自治区疫情工作指挥部，为自治区政府出台疫情防控相关政策、规范性文件进行合法性审核。整理汇编32万余字的《新型冠状病毒肺炎疫情防控法律法规和政策选编》，编印《新型冠状病毒感染肺炎疫情当前防控工作有关法律知识问答手册》20万册，编制《疫情防控法律知识25问》在《宁夏日报》刊发。服务企业复工复产，出台公共法律服务疫情防控工作10项措施，在宁夏法律服务网开通“疫情防控法律服务”专区，“12348”平台提供“不打烊”法律咨询服务，累计解答咨询问题15914个。组建6个“应对疫情律师公益法律服务团”和10个“律师党员先锋队”，助力企业稳产稳工稳岗。做好监所疫情防控，出台疫情防控“十个一律”工作规定，监所执行战时纪律，实行隔离封闭管理，20名女警千里驰援湖北。制定常态化疫情防控“十项措施”，稳妥调整值班执勤模式，不断完善应急处置机制，加强监所精准防控，全区监所实现“零感染”。

【监所监管】2020年，自治区监狱局共梳理各类规章制度169项，废止33项，修改51项，新立33项。吸取扫黑除恶专项斗争中暴露的系统内执法司法腐败案件教训，开展全区监狱系统执法规范化建设提升年活动，与自治区检察院开展为期1个月的联合巡检，推进监狱执法工作规范运行。按照《贯彻落实全国统一的司法行政戒毒工作基本模式工作指南》完善司法行政戒毒制度，健全工作机制，完善流程标准，推进全国统一戒毒模式落实落地。推进教育戒治“个十百千”工程，开展戒毒医疗工作巩固攻坚年活动，扩大运动戒毒覆盖面，提高教育戒治质量。

【人民调解和社区矫正】2020年，自治区司法厅提请自治区依法治区办印发《关于坚持发展新时代“枫桥经验” 进一步加强调解工作的实施意见》，构建基层治理矛盾纠纷预防化解综合机制，打造“塞上枫桥”工作品牌。联合自治区高级人民法院等3部门建立物业纠纷多元化解机制，提升化解物业纠纷水平，工作信息被国务院办公厅采用。出台《关于深入开展价格争议纠纷调解工作的意见》，拓展调解领域。加大矛盾纠纷排查化解力度，截至2020年年底，共排查风险隐患38675次，化解矛盾纠纷47475件，成功率为96.9%以上。自治区“塞上枫桥”被司法部、“学习强国”《法治日报》《中国司法》《宁夏日报》等刊发。面向社会公开选任第二届自治区级人民检察院人民监督员，指导5个地级市做好第二届市级人民检察院人民监督员选任工作，共选任区级、市级人民监督员144名。举办全区第二届人民检察院人民监督员聘任宣誓仪式暨初任培训班。指导各地选任人民陪审员1248名。2020年，自治区依据《社区矫正法》开展制度废改立，废止三类9项规章制度，修订《宁夏社区矫正工作评价指标》，制定《宁夏社区矫正执法管理标准》。推动市县乡镇人民政府依法成立社区矫正委员会，4个设区的市依法设立社区矫正机构，7个县(区)依法设立社区矫正委员会。

【普法宣传教育】2020年，自治区司法厅指导完成27个市、县(区)和56个责任单位的年度普法责任“四清单一办法”。全面部署疫情防控法治宣传教育，通过发放法律知识手册、以案释法、微动漫、微视频、公益广告等方式强化宣传，累计发放手册、书签20余万份，创作法治文化作品30余部，全区45万多人参加疫情防控法律知识竞赛。印发《加强〈民法典〉学习宣传工作方案》，将《民法典》学习宣传纳入各级党委(党组)中心组学习，组织《民法典》专题培训班、专题讲座和全区大宣讲活动，推动全区掀起学习宣传《民法典》热潮。开展2020年“12·4国家宪法日”暨“宪法宣传周”系列宣传活动，先后举办新闻发布会、大宣讲、有奖征文、诵读、推送宪法宣传公益短信和“宪法全屏”等主场活动、重点活动、媒体宣传活动、主题日活动等，深入学习宣传习近平法治思想，大力弘扬宪法精神。组织“七五”普法验收培训班，对全区5个地级市、10个县（区）、9个区直部门进行实地抽验，完成“七五”普法规划电子台账、自查报告、创新案例的总结梳理，并向中宣部、全国普法办、司法部上报，确保“七五”普法顺利收官。支持全区10个法治文化基地建设资金390万元，指导每个市重点打造一个青少年法治教育实践基地。协调有关部门将《社区矫正法》等31门法律法规课程纳入国家工作人员网上学法课程，不断提高领导干部法治思维能力。自治区多部门联合印发《关于推动国家工作人员旁听庭审活动常态化制度化的实施意见》，推动国家工作人员旁听庭审活动常态化、制度化，年内国家工作人员现场或网上至少旁听庭审1次。深入5个地级市和15个县（区）及24个乡镇、行政村进行调研，印发自治区《关于加强法治乡村建设的实施意见》和分工方案。在全区开展“助力脱贫攻坚和乡村振兴”法治宣传主题教育实践活动，推进一村建设一个以上法治文化阵地，实施“法律明白人”培养工程，实现“一村一法律顾问”全覆盖。推动各地各部门开展“送法下乡入户”活动300余场次，举办各类培训班200余场次，培养法律明白人1.2万余人，印发各类法律知识读本30多万册。

2020年4月22日，自治区司法厅援鄂工作队凯旋

【公共法律服务】2020年，自治区党办、政办印发《关于加快推进公共法律服务体系建设的实施意见》，统筹整合法律服务资源进驻县（区）公共法律服务中心及延伸到村（社区），安排中央政法转移支付资金800万元为每个乡镇（街道）、村（居）公共法律服务工作站（室）配备公共法律服务智能终端机。提档升级宁夏“12348”公共法律服务热线为7×24小时“全时空”服务。升级改造宁夏法律服务网，开通“我的宁夏”APP法律服务专区，实现智能化“掌上办”“指尖办”。开展“法援惠民生　扶贫奔小康”品牌活动，自治区经验做法在司法部视频会上作交流。宁夏法律援助在全国率先开展审查起诉律师辩护全覆盖试点工作，石嘴山市等4个试点地区办理法律援助审查起诉律师辩护案件191件。全年全区办理各类法律援助案件13847件，为19383名受援人避免或挽回损失14943.5万元。开展律师助力脱贫攻坚专项行动，对贫困地区重大扶贫脱贫开发项目开展“法治体检”。全区律师行业近千名律师成立各类法律服务团队67个，为民营企业提供开展法律政策宣讲，指导企业依法合规经营，服务企业风险防范化解。在律师行业中深入开展“民法典十进”宣讲活动。组建“律师宣讲团”“女律师宣讲团”等，针对机关、企业、社区、农村、学校等受众群体，采取专题讲座、微信推送、现场法律咨询、以案释法、法律知识问答等形式，围绕《民法典》体系、特点、新规定及其重大社会意义等，开展系统化、常态化《民法典》宣讲活动，让《民法典》融入各阶层、各领域。全区400余名律师，为村、社区、企业和机关事业单位等开展“民法典十进”宣讲活动700余场次，惠及3万余人。

【司法行政改革】2020年，自治区建成运行宁夏行政执法监督平台，完成与全区444家行政执法机关数据对接，向“互联网+监管”推送行政执法有关数据16189条。建立自治区司法厅立法专家库和备案审查专家委员会，开展地方性法规、政府规章的立项论证，地方性法规草案、政府规章草案和行政规范性文件草案的起草、调研、修改等工作。制定《关于推动国家工作人员旁听庭审活动常态化制度化的实施意见》，指导全区各地各单位（部门）采取网上观看或者现场旁听等形式，安排国家工作人员每年至少旁听庭审1次，把热点案（事）件依法处理的过程，变成全民普法公开课。重新梳理司法行政职权事项81项，对行政审批事项业务流程再造，实现事项承诺办结时限比法定办结时限整体压缩20%，申请材料整体再减少30%以上，办理环节整体压缩10%。实现自治区涉外法律服务“零突破”。建立由24名律师组成的宁夏涉外律师人才库，为自治区重大涉外经贸活动提供专业法律服务。宁夏浩晟律师事务所联合外省五家律所在泰国设立泰国大拓律师事务所，迈出宁夏律所走出国门第一步。

（张弼超）

仲裁工作

2020年5月21日，自治区司法厅领导带领相关处室负责人到中卫仲裁委员会调研

【概况】2020年，宁夏共有仲裁机构5家，固原仲裁委于2020年年底完成省级司法厅登记报司法部审核备案。全区共办结仲裁案件8552件，涉案标的额18.14亿元。2020年，区、市两级司法行政部门严格履行对仲裁机构的监督、指导职能，紧盯届满不换届、超越仲裁执业范围、违法更变登记事项、违规跨地域设立分支机构和业务站点等问题，开展仲裁行业清理整顿专项行动，规范仲裁行业发展秩序。加强行业指导，对各仲裁机构的组织设置、队伍建设、运行机制、案件质量、工作成效等情况进行调研督导。

【仲裁服务】2020年，全区各仲裁机构将仲裁工作纳入公共法律服务体系建设总体布局，促进平台融合、服务融通。结合公共法律服务实体、热线、网络平台，推动仲裁服务向乡村、街道、社区、企业延伸，加大保险、物业、装修、医疗等关系群众切身利益的纠纷案件办理力度，覆盖各行业的仲裁调解纠纷解决机制得到完善，提升了仲裁在化解民商事纠纷中的首选率。银川仲裁委出台《关于仲裁进社区、进企业、进行业实施方案》，提出仲裁融入基层社会治理工作构想。中卫仲裁委建立“人民调解+仲裁+信访”工作模式，2020年共计受理处理“人民调解+仲裁+信访”案件1000余件，涵盖物业、侵权、医患、劳务、消费维权、信访等20余类纠纷。

【仲裁信息化建设】2020年，全区各仲裁机构综合运用大数据、云服务、人工智能等信息技术手段，建立网络化的案件管理系统，用“信息化”赋能仲裁事业发展。银川仲裁委安装的庭审电子监控器系统，采用先进、成熟的音视频编(解)码技术和网络传输技术，可实时进行音视频信息采集、编码、解码、存储、录像、回放，为仲裁庭审信息化建设提供技术支撑。依托互联网技术，不断完善“互联网+仲裁”的数字化案件管理系统，完善仲裁程序和工作流程，为当事人提供便捷高效的仲裁服务。银川仲裁委研发并启用互联网在线仲裁平台，实现网上申请、网上受理、网上通知。中卫仲裁委于疫情期间启用互联网仲裁确认系统和互联网仲裁审理系统，降低了当事人解决纠纷的时间成本和经济成本。对多起当事人在外地的纠纷进行了实时在线开庭审理，全年全区共受理国内互联网消费金融纠纷1.9万余件，争议总金额达2.3亿元。

（王世奇）

军事

JUNSHI

NINGXIA YEARBOOK

编辑◎王晓华

宁夏军区

综　述

【政治思想建设】2020年，宁夏军区坚决贯彻政治建军方略，坚持不懈用习近平新时代中国特色社会主义思想和习近平强军思想武装头脑、引领发展。积极参加上级、并同步组织本级理论培训，全年56次集中学习党中央、中央军委重大决策部署和习近平主席重要讲话。全面深入贯彻军委主席负责制，制定贯彻落实习近平主席军委扩大会议讲话任务分工方案和措施办法，研究细化重大事项请示报告清单。巩固深化“不忘初心、牢记使命”和“传承红色基因、担当强军重任”主题教育，广泛开展“强军有我、使命在肩”实践活动，传承弘扬“贺兰山精神”。

【军事战备建设】2020年，宁夏军区坚决贯彻习近平主席练兵备战一系列决策指示，认真修订抗震救灾、抗洪抢险等应急预案，全面做好遂行任务准备。认真落实首长机关训练，指导吴忠市、中卫市军地联合开展战略能源通道综合防护演练，在自治区组织海原大地震100周年应急救援演练之时，开展人防指挥部实战化演习，提高各级组织指挥和军地联合遂行任务能力。深化民兵调整改革，探索“五位一体”民兵编组模式，总结推广石嘴山市非公企业编兵和利通区“833”规范化整组试点经验，全面提升民兵编建质量，接受中央军委国防动员部检查考评，并获全国第七名。开展群众性练兵比武活动，组织民兵教练员、专武干部集训暨比武竞赛和直属单位群众性练兵比武，中卫军分区获得比武竞赛团体总分第一名。坚持以考促训、以评促建，严密组织年度练兵备战综合考评，银川警备区获总评第一。推进自治区民兵训练基地、全区4G应急通信系统等重点工程建设，战备训练保障体系逐步完善。

【国防动员建设】2020年，宁夏军区以应对强敌国防动员准备为靶向，精准对接落实动员需求，首次组织人民防空、交通战备、信息动员专业保障队伍现地点验，开展退役军人转服现役应急动员征召。研发国防动员综合信息系统，组织国防动员潜力统计调查，建立数据对接机制，组织重点领域专项核查，为战时快速动员提供数据和技术支撑。出台《自治区高校大学生应征入伍激励政策实施办法》，加大征兵宣传、培训和督查力度，连续9年无查实的征兵信访举报线索和违纪问题。落实军民协作派驻规定，制定驻军单位军民协作工作协调机制运行办法。军地联合组织“爱我国防”大学生演讲比赛、录制国防教育“空中课堂”、开办“老兵新传”专栏，持续深化全民国防教育。

【基层基础建设】2020年，宁夏军区认真贯彻《军队基层建设纲要》和军委国防动员部《实施办法》，聚焦“三个过硬”制定年度抓建基层计划，细化人武部、干休所、直属单位、基层武装部、民兵营连建设标准。军区党委常委集中开展两轮帮建指导，研究解决10个方面矛盾问题，答复31条意见，为基层办实事。调整军区机关和干休所党组织设置，抓好基干民兵党组织预建，做好干部调整使用、文职人员招录、士官选晋退役、转业干部安置、老干部服务保障等工作。出台《自治区基层人民武装部建设实施细则》，指导打造建设样板，组织基层专武干部培训考评，抽考基层武装部规范化建设全部达标。推动油料社会化保障，完成被装精确申领发放试点，实施军区大院给水接引市政、北围墙翻建等工程，改善工作生活条件。

【疫情防控】2020年，宁夏军区坚决贯彻落实习主席重要指示和军委决策部署，及时成立疫情防控领导小组，先后8次召开专题会议、47次下发通知，加强疫

2020年9月14日，固原市原州区举行入伍新兵欢送大会

情防控领导。严格营区封闭式管理，严控人员流动和聚集性活动，严抓出入询查、体温检测、通风消毒、佩戴口罩、分散就餐等措施落实，做好常态化疫情防控，集中隔离返营人员并进行核酸检测，确保军区系统"无传播""零感染"。组织抗疫捐款29.19万元，支援宁夏援鄂医疗队137套作训服，援助自治区第四人民医院170张高低床，动员指挥民兵19万余人次，参与完成排查检测、警戒执勤、洗消杀毒等任务，助力打赢疫情防控人民战争、总体战、阻击战。银川警备区出动民兵10.2万人次，执行集中隔离点位封控、交通要道设卡防控等任务。

【依法治军建设】2020年，宁夏军区深入学习贯彻习近平主席依法治国、依法治军重要论述，广泛开展"条令法规学习月"活动，组织管法创新课题研究，对照法规清理整治管理领域负面问题强化法治意识。研究制定《军区抓建战备、训练、工作、生活秩序总体方案》，健全完善组织机构，指导银川警备区、固原军分区和永宁县、原州区人武部开展"四个秩序"建设试点，验收推广经验做法。开展安全大检查和保密工作集中整治，军区安全稳定工作量化评比位列28个省军区第三名。

（宁夏军区）

战备建设

【军地联合演练】2020年8月21日、9月25日，宁夏军区现地指导中卫军分区、吴忠军分区开展战略能源通道军地联合演练。宁夏军区首长、自治区领导，军区机关各办局、应急管理厅相关领导，各军分区（警备区）司令员和机关人员、各人武部部长和军事科科长等参加了现场观摩。9月12日，宁夏军区战备建设局联合自治区应急管理指挥部共同举办纪念海原大地震100周年军地联合应急救援演练。军地相关单位（部门）、专业队伍及陕西、甘肃、青海地震局工作队参演。应急管理部、地震局相关领导，自治区副主席王和山出席演练活动，军区司令员郑威波、副政委丁学仁和机关相关办局领导、各军分区（警备区）主官、战备建设处处长现场观摩指导。

【民兵军事建设】2020年6月9—23日，宁夏军区按照"基础理论辅导、专业技能训练、四会教学组训、集训结业考核"的方法步骤，围绕通信保障、抗震救灾、工程抢修、防化救援、防空、无线报务6个专业共40项内容，组织民兵教练员和民兵报务员进行集中强化训练，系统规范民兵军事训练组织实施程序、内容和方法步骤，解决专业课目难组训的现实困难，培养一批组训任教骨干，为提升军事训练质量、推动军事斗争国防动员准备提供人才支撑。2020年，宁夏军区先后3次向自治区政府分管领导汇报民兵训练基地建设推进情况、协调建设经费等事项，争取地方政府支持。12月16日，自治区政府召开专题会议通过民兵训练基地建设经费需求，明确经费来源。军区战备建设局、自治区发改委、自治区财政厅等有关部门及专家对项目可行性研究报告造价进行专题评审论证，审核通过工程总造价，自治区民兵训练基地建设进入实质性推进阶段。

【民兵调整改革】2020年3月24日，宁夏军区采取总结部署、业务辅导、系统讲解的方式，依托电视电话会议系统组织全区各级相关业务人员进行民兵调整改革业务培训。传达学习军委国防动员部会议精神，总结2019年全区民兵调整改革工作，安排部署2020年民兵调整改革工作任务。军区机关办局分别围绕民兵组织整顿、战备训练、基层建设、政治工作、综合保障进行专题辅导，并就2020年工作任务对口进行明确，数据信息室组织新的信息系统安装调试、操作使用和数据审核等内容培训，为抓好年度民兵整组工作奠定基础。11月28日至12月1日，军委国防动员部民兵预备役局第四考评组采取数据审核、查阅资料、电话抽查、集结拉动相结合的方法，对军区机关、中卫军分区机关和中宁县人武部后备力量建设"十三五"规划和2020年深化民兵调整改革任务落实情况进行检查考评，并对2018年、2019年接受检查考评的银川警备区机关、石嘴山军分区机关、石嘴山市惠农区人武部、吴忠市利通区人武部问题整改情况进行“回头看”。经量化打分、综合评定，宁夏回族自治区最终得分929分、总评优秀，位居全国28个省军区第七名，其中中卫军分区机关在全国受检25个军分区（警备区）中名列第三。

【民兵组织整顿】2020年5月8—9日，宁夏军区以“深化军烈属、退役军人帮扶成果，编组以退役军人为主体、应急力量为骨干、专业力量为支撑、新质力量为拓展的新型应急应战民兵力量体系，聚力提升省军区动员备战能力”为主题，采取现地分组观摩、异地同步召开视频会议的方式，依托吴忠市利通区人武部，组织区、市、县三级军地领导开展民兵组织整顿工作研讨交流活动，中央军委国防动员部和西部战区首长机关莅临指导。活动具体展示以退役军人为主体，依托社会零散退役军人和退役军人团体及企业、行业系统编组基干民兵应急、专业、特殊三种类型分队，优选干部骨干和预建党组织情况；系统规范民兵整组8项工作，细化为33个具体步骤，形成“833”规范化民兵整组流程；互动演示利用《宁夏军区国防动员综合信息系统》和“国防动员短信群发平台”，开展兵役征集、民兵编建和退役军人应急征召行动；集中研讨“帮扶—编兵—训练—管理—使用”五位一体退役军人编组和非公企业民兵编建等重难点问题。

【军队院校招生】2020年，宁夏军区与自治区教育厅、自治区公安厅联合印发《关于做好2020年解放军和武警部队院校招收普通高中毕业生政治考核工作的通知》。由宁夏教育考试院、解放军第942医院等单位，协商确定考生面试、体检时间、地点及具体事宜，组织召开面试、体检工作协调会、业务培训，拟制《2020年解放军和武警部队院校招收普通高中毕业生体检面试工作实施方案》。结合疫情防控要求和面试体检工作实际，依托宁夏教育考试院网站公开发布《2020年军校招生体检知情告知书》《2020年宁夏普通高中毕业生报考军校指南》。解放军第942医院和面试组人员完成考生面试体检，宁夏教育考试院完成9所院校考生的投档、录检、档案整理和寄送工作，向军委训练管理部上报《招生工作总结报告》。

【学生军训】2020年，宁夏军区协调派遣现役军官与院校军事教师共同完成全区19所普通高等学校学生的军事理论课教学任务。银川警备区、石嘴山军分区派遣基干民兵、退役军人，完成宁夏大学、北方民族大学、宁夏警官职业学院、宁夏工商职业技术学院学生的军事技能训练任务。12月21—27日，战备建设局组织全区新任职军事教师进行学生军训业务培训，强化学生军训业务骨干法治观念，提高队伍整体素质。联合自治区教育厅，采取购买服务模式引进学生军训信息化管理系统，在全区各承训单位、教育行政部门、大中专学校推广使用，实现军训计划线上报备、军训排期、资质认证、教练员验证、军事理论在线考核和军训实时监管等功能，通过借助信息科技力量大幅提升全区学生军训工作质效。

（宁夏军区）

政治工作

【主题教育】2020年，宁夏军区注重发挥“传承红色基因、担当强军重任”主题对年度思想政治教育的统领作用，坚持“省军区统资源、军分区上大课、人武部搞活动、直属队小辅导、干休所讲传统”的方法，结合抗日战争胜利75周年，按照“1238”的总体思路，聚焦1个主题，划分2个阶段，围绕3个专题，实施8项配合活动，即“强军有我、使命在肩”群众性实践活动、“强军思想进百连”理论宣讲、结合抗疫开展教育活动、深入推进“红色资源挖掘工程”、举办先进事迹报告会、开展精品优质课评选、巩固深化退役军人帮扶工作、创新开展网络思想政治教育，着力推进主题教育走深走实、富有成效。

【助力脱贫攻坚】2020年，宁夏军区坚决按照军委国防动员部部署要求，聚力加强脱贫攻坚，以提升巩固帮扶成效为指向，以突出产业帮扶和壮大村集体经济为重点，持续加强产业、党建、文化、教育等帮扶措施，一对一、点对点督导项目落实和量化考评，助推28个帮扶村6961名群众稳定增收、无一返贫，打造一批看得见、前景好、有收益的好项目。特别是军区机关，针对“两村六校”加大帮扶投入力度，制定31条具体措施，援建肉牛养殖合作社、蔬菜保鲜冷库，推广西芹品种改良、营养养殖计划等，举行文化下乡、医诊上门等活动，总结推出一批切实管用的帮扶工作模式。6月，军委国防动员部工作组现场核查军区机关帮扶的“两村”，并抽查海原县帮扶的窑儿村，称赞军区机关帮扶工作“着眼实、精度高、效果好、是样板”。宁夏军区15次在《解放军报》《中国国防报》反映报道有关帮扶情况，中央电视台军事频道《军事纪实》栏目深入吴湾村专题拍摄纪实片，成为全军重点宣传的3个优秀单位之一。

【双拥创建】2020年，宁夏军区持续督导和协调军区系统及各驻军单位积极参与

2020年10月16日，贺兰山少年军校成立

双拥模范城（县）创建活动，助推脱贫攻坚、助学兴教、平安创建、维稳处突等工作落实。联合自治区退役军人事务厅以自治区双拥办名义，协调7个成员单位组成工作组，对全区18个市、县（区）双拥工作进行终期考评，推荐表彰奖励对象。着眼解决官兵后顾之忧，协调自治区教育厅，妥善解决辖区驻军部队官兵子女入学入托问题。坚持打造新型双拥宣传和国防教育阵地，依托银川市西夏区第十一小学援建打造全区第一所半军事化管理、特色化教育的城区少年军校——“贺兰山少年军校”，指导常态开展“十项活动”。坚持“一户一策”精准帮扶军烈属和退役军人家庭，推动帮扶成果向国防动员转化，聚焦备战打仗拓展“宁夏经验”的做法，被中央退役军人事务工作领导小组办公室、军委国防动员部党委和西部战区党委转发。推进双拥模范城（县）创建，慰问保障到宁演训部队。银川市、吴忠市和彭阳县、青铜峡市、贺兰县、中宁县被表彰为“全国双拥模范城”。

（宁夏军区）

驻宁部队

【抗疫救援】2020年2月2日，解放军第942医院32名队员组成医疗队奉命抵达武汉，支援武汉抗击新冠肺炎疫情，按医疗队根据抗疫指挥部要求，分批次进驻火神山医院，被调配在7个科室9个岗位。干部骨干带头执行命令、带头科学预防、带头吃苦奉献、带头履职尽责、带头严守纪律，与兄弟单位医护人员一道并肩奋战70天。他们发挥精神心理学组的作用，重点排查因新冠肺炎失去家人的患者16名，及时进行心理疏导，确保住院患者身心同时治疗，有效缓解隔离病人心理焦虑情绪蔓延，圆满完成疫情救治任务。医疗队队长兼护士长金萍获全国“三八红旗手”称号，第942医院呼吸科主任（火神山医院感染六科二病区主任）赵晓燕和中医科主任医师朱蔚获“全国抗疫先进个人”。党晓丽、任静荣立三等功，郝银丽、陆融、张慧敏、冯作鹏等受到嘉奖。

【定点帮扶】2020年，驻宁某部队坚持把脱贫攻坚当作党委工程来抓，担负起主体责任，结合实际情况，主动协调驻地扶贫办、定点帮扶贫困村、军地合作企业，科学周密制定脱贫攻坚实施方案及配套计划，仔细研究确定年度扶贫工作目标并具体细化工作内容。该部定点帮扶的中宁县喊叫水乡北沟沿村和硷台子村共有9户建档立卡贫困户。脱贫攻坚小组坚持“帮强带领群众脱贫致富战斗堡垒”的思路和理念，同该村党支部班子一道，制订发展规划、理清抓建思路、选定创收项目、拓宽致富渠道，采取助筹资金、增援力量、帮建骨干、技能培训等方法，重点对建档立卡贫困户进行扶贫帮困。创新发展扶贫产业模式，如期按协议书要求注入扶贫项目资金，与扶贫产业达成合同以来，扶贫产业项目创收均达到预期，为建档立卡贫困户发放红利总计达96780元。同时常态开展助学兴教活动，帮助19名贫困生完成高中学业，为喊叫水乡下庄子完全小学捐赠价值13.7万元的“智慧校园”教学管理平台系统，为提高教学质量、帮促学生成长、逐步实现智能教育奠定坚实基础。参与社会公益活动，结合部队党委常委结对帮扶建档立卡贫困户慰问走访时机，组建医疗服务队开展“送医药、送健康、送温暖”活动，进村入户为村民送医送药、巡回义诊、义务体检，投入4.5万元为北沟沿村安装20盏太阳能路灯；投入6.2万元，为北沟沿村集中购买一批树苗，参与“生态扶贫”建设和美丽乡村建设。全年累计向两村投入扶贫经费114.2万元，9户建档立卡贫困户已全部脱贫，村民全部实现“两不愁三保障”目标。

（宁夏军区）

国防动员

【人民武装】2020年，宁夏军区认真贯彻中央军委国防动员部《基层武装部建设要则》，结合宁夏实际，按照《宁夏回族自治区基层人民武装部建设实施细则》，明确软件资料建设标准，打造基层武装部建设样板。5月31日至6月24日，对全区新任职基层武装部长围绕军事理论、基本技能和业务工作进行集中培训，培训采取理论辅导、专题研讨、集体作业、实践训练、经验交流、个人自学、参观见学的方法，结合培训考核同步进行任职考评。10月19—30日，宁夏军区动员局副局长姜绍杰带战备建设局、动员局有关人员，采取实地查看、查阅资料、抽查询问、现场打分等方式，对全区44个乡镇(街道)人民武装部规范化建设情况进行量化考评，受考基层武装部全部达标。

【交通战备】2020年4—11月，自治区交通战备办公室与驻宁部队及其上级单位运输投送机构对接，组织军地相关部门和有关市(县)交通战备办公室实地勘察国防公路和部队进出道路建设需求，在充分论证可行性的基础上，编制上报《宁夏回族自治区国防交通建设发展“十四五”规划》，向自治区国防动员委员会报送《交通战备“十三五”规划总结评估工作的报告》。8月，宁夏军区、自治区发改委、交通运输厅向国家交通战备办公室、国家发改委和交通运输部上报《〈“十三五”国防交通基础设施建设规划〉执行情况总结评估报告》。10月，开展民用运力国防潜力调查，组织各市(县)交通战备办公室和全区公路、铁路及民航等行业战备办，以部队驻地及其周边地区为重点，先后3次在全区进行调查统计，完成潜力统计调研报告，并参加数据会审。9月7—10日，自治区交通战备办公室在吴忠市组织“装配式公路战备钢桥架设培训班”。宁夏公路管理中心、宁夏路桥工程股份有限公司及有关市(县)国防交通专业保障队伍技术骨干参加培训。培训采取理论授课、钢桥架设训练的方法组织实施。通过培训，提高国防交通专业保障队伍的业务技能和应急保障能力。在全区交通战备系统进行调研活动，摸清全区交通战备现状。9月21—27日，为规范国防交通储备仓库建设质量和储备物资管理水平，自治区交通战备办公室组织物资储备仓库设计、建设和管理单位相关人员，赴浙江、安徽、广东等省调研学习国防交通仓库建设和管理经验做法，为高起点、高标准建设自治区国防交通物资储备仓库打好基础。

【信息动员保障】2020年，自治区信息动员办公室按照工业和信息化部以及自治区党委、政府关于加强新冠病毒感染肺炎疫情防控工作的部署要求，组织各基础电信运营企业和宁夏铁塔公司，向自治区疫情防控部门及时报送涉疫情分析数据，对全区各级疫情防控指挥部、党政机关、定点医院、交通枢纽等重点区域进行全方位通信保障。自治区信息动员办公室被自治区直属机关工委评为“我身边的战‘疫’模范集体”。推动“平台”应用，提升城市治理能力。6月30日，由宁夏通信管理局建设的宁夏应急处突精准信息定向发布平台正式上线，初步实现短信、电信诈骗预警、电子围栏、热力图分析等功能。8月11日、8月13日，通过宁夏气象局提供的雨水灾害区域范围，结合该平台对受灾区域进行信息精准发布，成功推送近40万条预警信息。利用该平台电子围栏技术有效提升自治区林草局对全区重点自然资源保护区森林防火能力。组织企业参加银川市政府组织的地震应急演练、宁夏消防组织的无预案地震救援拉动演练、自治区应急管理厅组织的纪念海原大地震100周年军地联合应急演练等，同时指导各企业多次开展防汛抗旱、抗震救灾等应急通信保

2020年2月4日，解放军第942医院援鄂医疗队在火神山医院集体合影

障专项演练，提升应急保障水平。完成“两会”、广交会、闽宁特色产品展、贺兰山东麓葡萄酒博览会、国家司法考试等通信服务保障。按照“模块化动员”思想，结合信息动员工作实际及可能承担的动员任务，组建信息动员专业保障队伍。6月下旬，宁夏军区战备建设局联合保障局分别前往各成员单位对保障队伍进行现地点验，详细了解装备性能和队伍保障能力，对服务保障工作给予肯定，并就队伍管理中存在的问题提出意见和建议。

【国防教育】2020年8月31日，由自治区党委宣传部、自治区国防教育办公室主办，宁夏广播电视台公共频道承办的“我的国防观——全媒体互动观点分享活动”电视节目成功举办。节目邀请石嘴山市退役军人王富国、黄河军事文化博览园负责人索德胜等十多名各行业选手分享他们的国防观。场外各行各业的网友通过在线观看，发表评论和感悟。9月18—19日（全民国防教育日当天）在宁夏公共频道上播出，《直播60分》公众平台上同步推送。同时在宁夏国防教育网播出半年。为加强国防教育法规制度建设，自治区国防教育办公室根据《2020年全区国防教育工作要点》安排，依据国家《国防教育基地命名管理办法》，结合工作实际，新修订《宁夏回族自治区国防教育基地命名管理办法》，该《办法》经自治区国防教育委员会审议通过，已印发并执行。由党委宣传部和自治区退役军人事务厅、宁夏军区政治工作局、自治区国防教育办公室联合主办的《老兵新传》栏目，在《宁夏日报》和宁夏广播电视台《宁夏新闻联播》上刊播，报道王富国、范军刚等22名退役军人在各个领域取得的突出成绩，宣传他们永葆军人本色在各自岗位建功立业、奋勇争先的优秀品质。开展以“奋进新时代　聚力强军梦”为主题的全民国防教育系列活动。2020年上半年，对2019年评出的国防教育优秀微视频作品进行网上集中展播，通过“讲好国防故事　传播国防声音”的形式对群众进行宣传和教育。精心挑选出8部优秀微视频作品，在“学习强国”宁夏平台、宁夏国防教育网、全区各级新闻网站、户外电子屏、车载宣传等媒体上进行展播，观看群众达百万人，营造出热爱国防、尊崇军人的浓厚社会氛围。石嘴山军分区拍摄的微电影《入列》被中国电影基金会评为2020年度优秀奖。自治区国防教育办公室组织自治区党校教师为“百场国防形势报告”录制了《以习近平强军思想为指引　全面推进国防和军队现代化》《红军长征西征在宁夏》两堂网络课程，通过自主链接的方式观看学习，广泛开展宣讲活动。自治区国防教育办公室精心策划制作国防教育公益片《什么是国防》，自7月开始，在全区各媒体、网站、户外电子屏等上播出，增强民众国防意识。开展第四批自治区国防教育基地评选命名工作，命名17个第四批自治区国防教育基地，扩大自治区国防教育基地阵容和影响力。开展国防教育阵地创建工作。2020年，评选命名市级国防教育基地26个，创建国防教育示范社区27个，打造利通区“初心馆”等一批国防教育基地，创建兴庆区富宁街西关社区等一批国防教育示范社区和主题公园。惠农区、大武口区和平罗县在主要街道设立国防教育一条街，利用繁华街道灯箱广告宣传国防知识。此外，石嘴山市贺兰山精神国防教育主题公园等一些建设项目已通过立项。宣传军地联合防疫抗疫工作。指导各级国防教育办公室和人武部门注重抓好军地联合防疫抗疫宣传工作，组织提供部队、退役军人、民兵抗疫先进事迹的宣传稿件100余篇，在宁夏国防教育网站和“塞上国防”微信公众号上刊登并转发，点击量100多万人次。宁夏国防教育网、“塞上国防”微信公众号、宁夏广播电视台《国防时空》等栏目，截至11月底，宁夏国防教育已编采转发稿件4700多条，图片2000多张。“塞上国防”微信公众号发稿1200多篇，年点击阅读量超过160万人次。融媒体

2020年2月6日，大武口区民兵应急连骨干民兵连续四天五夜转运500余吨抗疫物资

栏目《国防时空》已播出48期，听众达到200多万人次。石嘴山市协同军分区在《石嘴山日报》开设的《初心·军魂》国防教育专栏，成为人们关心国防和军队、了解退役军人、学习国防知识的窗口和课堂。中卫市新闻媒体开设《国防教育》《国防之声》《中卫双拥》《老兵在线》等专题专栏，让国防教育走进千家万户，营造实干担当、全域动员的良好氛围。

（宁夏军区）

武警宁夏总队

综　述

【政治建设】2020年，武警宁夏总队突出强化政治引领，铸魂育人富有成效。聚焦中共十九届四中全会、五中全会和习近平主席重要讲话精神等重点内容，组织党委中心组带领机关开展理论学习、团以上干部理论轮训和基层“双百”微课活动。开展“传承红色基因、担当强军重任”主题教育、“深入学训词、奋斗决胜年”专题教育和经常性思想教育，建立集中审课、网络查课、推门听课、总结评课机制，开办网上“教育超市”，为基层配发智能教学设施，提升教育质效。加强部队文化建设，投入经费开展“一队一品”文化活动，举办“奋斗强军”文艺演出，利用军史长廊、图书馆站、荣誉墙建设加强宣传报道。

【军事训练】2020年，武警宁夏总队落实“3+1”战备值班力量、部队编携配装和指挥机构加强部署，推进特战、工兵、防化、救援等新型力量建设，组织战备拉动检查和军事训练专项督察，战备水平持续提升。严格按照“十六字”执勤思路组勤管勤，开展执勤安全教育整顿，抓好勤务分类指导，排查整治19处执勤硬隐患，固定目标连续19年执勤无事故，信息通联执勤安保领域“智慧磐石”工程完成率均为100%。全年圆满完成习近平主席在宁夏视察、自治区“两会”重大安保和经常性押解押运、警戒设卡等临时任务。坚持以新大纲为遵循，召开军事训练研讨推进会，开展“练指挥、练谋略、练战法”和“创纪录、争尖兵、当擂主”群众性练兵活动，分批抓好教练员集训考核，组织新兵教育训练、冬季野营拉练、“魔鬼周”极限训练和卫士演习，加大训练保障投入力度，迎接军委军事训练监察受到肯定，参加武警部队“运筹”比武取得名次。

【基层服务】2020年，武警宁夏总队组织基层支队党委（支部）书记网上培训和特战、通信、预提指挥士官等七类专业骨干集训，开展3个批次当兵蹲连和考察帮建，狠抓经常性基础性工作落实。注重解难帮困，改善官兵工作生活条件，协调地方意向安置转业干部，为特困官兵提供救济补助，为官兵协调解决子女入学入托问题，举办干部退役仪式、军地青年联谊和官兵集体婚礼，组织理论、文化、心理、法律服务“四下基层”，承诺并完成9件实事。开展“条令年”和暑期百日安全竞赛活动，利用“勤训管教保”网上巡查、明察暗访等机制，正规抓建秩序，全过程盯抓13个专项整治、消除122个问题隐患。

【后勤保障】2020年，武警宁夏总队围绕“后勤变前勤”目标，修订后装保障方案，完善固原前置物资储备点建设，投入经费规范各支队战备物资库，补充战备物资、野战食品，落实后装训练进课表，开展后装岗位大练兵，保打赢能力持续提升。按照新标准精细规范办伙模式，跟进做好健康体检、弹药供给、服装发放、车辆调配、武器装备巡检巡修等日常保障，投入经费升级改造军械库和兵器室。开展后勤装备重点行业领域整肃治理、住房清理整治、被装清仓查库、车辆交通安全和涉枪涉弹问题专项整治，健全经费管理、工程建设、物资采购运行机制，推进军委审计反馈总队装备管理使用和医院财经管理问题整改。

【重点工作】2020年，武警宁夏总队对8个领域81项建设任务细化清单、压实责任，扭住重点逐个攻关，积极争取建设用地，协调减免部分费用，填补了支队教导队建设的历史欠账，所有规划项目全部落实。严肃抓好改革情况自查自纠，清理11个议事协调机构，纠治6个单位未按建制实体运行问题，按编制分流借调超编人员、调配车辆装备器材，落编运行全部到位。坚持把疫情防控作为政治任务，建立专班值守、碰头会商、联动协作、请示报告等机制，刚性落实制度规定，研究细化防控措施，抽组编配应急力量，严格部队内外管控，专题组织党课辅导和警示教育，筹措购买防疫物资，隔离观察返营官兵，投入经费筹建核酸检测实验室，确保疫情“不输入、零感染”。持续推进扶贫攻坚，投入经费助推项目升级改造，13个贫困村全部摘帽。

（李　杨）

支队建设

【银川支队】2020年，银川支队加强思想政治引领，聚焦中共十九届四中、五中全会和习近平主席重要讲话精神，严密组织党委中心组带机关理论学习和基层“双百”微课活动，按照“正、实、活、新”要求精心组织“传承红色基因、担当强军重任”主题教育、“深入学训词、奋斗决胜年”专题教育和经常性思想教育。推进支队军史长廊和图书馆（站）、中队荣誉墙建设。开展“强军风采”系列文化活动，获武警部队“战歌嘹亮”歌咏演唱和“战地号角”军乐视频会演两个二等奖，编排创作的舞蹈《听令·出征》获“兵写兵、兵演兵”文艺创演三等奖，支队以第一名的成绩被总队表彰为“新闻宣传工作先进单位”，被总队政治工作部表彰为“‘强军风采’群众性文化活动优秀组织单位”，4人被表彰为先进个人。全年各项任务完成顺利。严格按照“十六字”执勤思路组勤管勤，深入开展执勤隐患排查治理，84处隐患逐一对表清零。协调目标单位投入经费为执勤十七中队构建科技强勤体系。严格按计划抓好首长机关训练，扎实开展“魔鬼周”极限训练、勤训轮换，严密组织冬季大练兵、“创纪录、争尖兵、当擂主”比武竞赛等活动，持续掀起群众性练兵热潮，1人被武警部队表彰为“优秀参谋人员”，1人被武警部队表彰为“全能特战精兵”“特战极限勇士”。规范落实“3+1”战备值班力量体系和编携配装要求，严格正规战备值班秩序，细化完善各类预案，整建制拉动兵力抽组体系更加完备。全年动用兵力，圆满完成习近平主席到宁夏视察、“两会”重大安保和各类临时勤务。精确指导基层建设，研究并制订《按纲服务指导基层计划》《精准帮建计划》，对2个连续4年未跨入先进的中队实施重点帮带。完善《大队工作规范实施细则（试行）》，摸索季度按纲建队考核方法，2个大队、7个中队被表彰为先进单位。组织官兵家属健康体检，评选表彰好军嫂，协调官兵参加联谊活动和集体婚礼。依法从严建设部队，学习贯彻《武警法》，开展“条令年”活动，制作《正规化管理图册》，组织试点观摩，塑造军队好样子、军营新面貌、军人新形象。常态落实疫情防控措施，筹措购置防疫物资，开设隔离室，实施隔离，确保疫情“不输入、零感染”。支队被武警部队表彰为“安全工作先进单位”“暑期百日安全竞赛活动优胜单位”。加强后勤装备保障服务，围绕“后勤变前勤”目标修订后装保障方案，优化应急保障力量抽组运用和编携配装，定期组织拉动演练，完成“魔鬼周”极限训练、勤训轮换等大项活动伴随保障任务。推进后勤重点行业领域整肃治理攻坚清零活动，全面推行小额零星物资军网商城集中采购和5种招标方式，按要求完成信息化设备、支队数据库、基层兵器室改造等30余项招标采购。完善执勤十中队营房配套设施，在永宁中队建成生产生活服务中心。深化整风整改全面从严治党，深入贯彻全军党建会议精神和《军队党的建设条例》。抓实党课、党日、党费，抓严思想汇报、批评与自我批评、领导干部过双重组织生活，增强班子原则性战斗性。2020年，银川支队被武警部队表彰为“抓建基层先进支队”。推进政治领域官僚主义专题清除纠治，纠治基层“微腐败”和不正之风，依规依纪实施纪律处分，对负有相应责任的基层党组织、大（中）队主官进行追责问责，实现“问责一个、警醒一片、促进一域”的效果。

2020年1月13日，金凤区政府慰问武警银川支队

【石嘴山支队】2020年，石嘴山支队以党委中心组学习、政治能力训练、党日活动为抓手，推动“不忘初心、牢记使命”主题教育常态化制度化，巩固“深入学训词、奋斗决胜年”专题教育成果。推进政治领域官僚主义专题清除纠治，专门成立工作组先后3个波次“过中队、过场所、过库室、过电脑、过书架”。学习贯彻武警部队领导在总队思想政治教育座谈会上的讲话精神，统筹推进“传承红色基因、担当强军重任”主题教育，探索开展“月课”教育、士兵讲堂、“双百”微课解读教育模式。开展“强军风采”群众性文化活动，加强“一队一品”文化队伍建设，打造形式多样、时代特色鲜明的军营电声乐队、竹竿舞、腰鼓、舞狮等特色节目，举办“奋进新时代、起航新征程”春节联欢晚会和“不忘初心、不负韶华”欢送退役士兵文艺演出。规范政治环境建设，投入经费推进支队军史场馆、图书馆站建设，专门安排人员赴山东总队参观学习，借鉴经验做法，率先完成执勤一中队、二

2020年9月30日，石嘴山武警支队官兵参加烈士纪念日公祭活动

中队荣誉墙和图书流通站试点建设任务。推动精准扶贫工作，援建平罗县陶乐镇庙庙湖村和大武口区星海富民村党员活动室、乡村大舞台、标准化温棚、养殖场等，帮助贫困户重建危房，协调解决滞销农产品，支队定点帮扶的5户建档立卡贫困户已全部脱贫。练兵备战取得新成效。狠抓正规化执勤，推进执勤方式优化调整，定期组织值班干部业务培训，紧盯网络和实地、检查和讲评两条线，坚持每日覆盖检查、每周分析讲评、每月录像通报。开展“学规定、查隐患、补漏洞、保安全”执勤安全教育整顿，对照八类77项重点检查内容，及时排查治理隐患问题，完成机关电视会议室、中队作战勤务值班室和机关基层营区周界等设施系统升级改造以及石嘴山市看守所监墙哨位改建任务。开展“修方案、学方案、推方案”活动，修订完善六类14种战备方案，细化“3+1”战备力量和武装联勤巡逻、警戒设卡编携配装，提高实战实备能力水平。全年完成武装押解、两警联勤巡逻、全国“两会”等临时勤务。严格实战化训练，组织教练员集训、勤训轮换以及每季度“魔鬼周”极限训练。开展“按纲施训、依法治训、安全组训”专项教育整顿，召开军事训练研讨会，严密组织“创纪录、争尖兵、当擂主”群众性练兵比武活动和“强军杯”军事体育运动会。表彰训练优胜单位和训练尖子，探索推行士官军事训练不合格末位淘汰和单位军事训练不达标追责问责机制，倒逼官兵自觉把加强军事训练作为促进个人成长进步的内生动力，营造“训练有功、训练有为、训练有位”的浓厚氛围。推动基层建设。认真贯彻武警党委1号文件精神，制定支队《党委机关按纲服务指导基层计划》和中队《一队一案》，用好季度按纲建队考核、“三家”活动、“双争”评比、“双向”讲评等载体抓手，每周协调2~3名部门副职以上领导深入基层开展“月蹲周”活动，每月常委列席基层按纲建队形势分析会，定期组织警士官集训、召开士官队伍建设大会，帮助基层不断提升按纲抓建能力。抓正规严秩序，认真学习贯彻《正规化管理若干规定》，开展“条令年”和正规化建设专项整治活动，组织机关干部、基层主官、新毕业学员到兄弟单位参观见学，在执勤二中队打造正规化管理样板，促进各项工作依法运转、规范落实。充分发挥“勤训管教保”平台作用，常态开展突击检查和现地督查，全面整治与规定要求不相符的“土政策”“土规定”9条，增强各级遇事找法、办事依法、事事守法的思维模式和行为习惯。抓安全守底线，贯彻新修订的《军队安全管理条例》《军队保密条例》，牢固树立“安全靠建、管理要严”理念，开展学安全警句、呼安全口号、翻安全计时牌和“暑期百日安全竞赛”等活动，定期组织安全员培训。提升后勤装备保障。贯彻武警部队《后勤战备工作基本规范(试行)》，抓好“一组三队”建设，开展专业兵“一专多能”培训，提升保障队伍素质。结合伙食费上调和军粮供应保障调整实际，指导基层科学制定食谱，合理调整伙食，官兵满意率为98%以上。拓展后勤领域清查治理、家底经费清理整治和行车安全专项整治活动，促进后勤各项建设依法依规、健康持续发展。推进设施建设，坚持人力、物力、财力向军事训练、执勤战备保障倾斜，投入经费用于支队作战数据室、靶场、训练馆及惠农中队、机动中队训练场建设整修，基层营区整治和四项设施建设，修缮机关营门，铺设家属院巷道，协调地方政府拨付经费支付惠农中队采暖设备经费，拆除燃煤锅炉房。

【吴忠支队】2020年，吴忠支队加强思想政治引领力度，坚持把思想政治建设作为首要任务，借力强军网、军职在线APP和“宁夏武警”微信号等媒介，常态开展党委中心组带机关理论学习、党员微课，推动习近平强军思想走深走实。开展“传承红色基因、担当强军重任”主题教育和经常性思想教育，搞好“深入学训词、奋斗决胜年”教育活动，用活驻地资源开展红色教育，开办“微课堂”解读时事热点，教育质效不断提升。推进军史场馆建设和营区政治氛围营造，打造“一队一品”特色文化，广泛开展“卫士风采”群众性文化活动，提振部队精气神。红寺堡中队政治指导员、吴忠中队士官被总队表彰为“新闻宣传工作先进个人”，同心中队政治指导员被总队表彰为“‘强军风采’群众性文化活动先进个人”。提升应对强敌练兵备战能力，推进“智慧磐石”工程建设，排查治理多处执勤硬隐患，严密组织“学规定、查隐患、补漏洞、保安全”执勤安全整顿，部队实现连续21年执勤无事故。开展“修方案、学方案、推方案”活动，强化应对强敌形势任务教育，落实“3+1”战备值班、“五率六量”编携配装和指挥机构加强部署，加强战备检查和应急力量检验拉动，常态保持备战打仗良好状态。组织维稳行动和演习、抗洪抢险演练，圆满完成习近平主席在吴忠市视察、“两会”安保和武装押解、联勤巡逻、警戒设卡等各项临时勤务。贯彻中央军委开训动员令，抓好常态化疫情防控背景下军事训练，先后组织“魔鬼周”极限训练、勤训轮换和特战排驻训，组织“创纪录、当尖兵”比武竞赛，部队整体训练水平得到提升。机动中队被总队评为“军事训练一级中队”、士官张洪浩和王小刚被总队分别表彰为“优秀教练员”“军事训练标兵”。强化支队基层建设，先后组织4个批次当兵蹲连。开展官兵“夺红旗、争红星”活动，掀起“向中卫支队执勤二中队学习”热潮，吴忠中队、青铜峡中队以及多名官兵被评为“四铁”先进单位和“四有”优秀个人。落实“条令年”活动要求，深入抓《中华人民共和国武警法》《中华人民共和国安全管理条例》法规学习，专项抓酒驾醉驾、行车枪弹、网赌网贷整治，组织暑期百日安全竞赛、士官队伍教育整顿、大谈心大调查大排除等活动，做实一人一事思想和预防工作，部队实现安全稳定。帮助基层排忧解难，为官兵协调解决子女入学入园问题以及办理随军、未就业和分居补助，申请总队困难救济，组织官兵参加总队集体婚礼。支队被武警部队表彰为“安全工作先进单位”“暑期百日安全竞赛活动优胜单位”，2人被武警部队表彰为“暑期百日安全竞赛活动先进个人”。提升后勤装备保障水平。细化完善五类7种行动后装保障方案，规范“一组三队”建设，分批组织驾驶员、卫生员、军械器材员、炊事员等岗位业务培训。拓展与驻地医院、加油站、汽车站在医疗、油料、运力等领域军地联保范畴，建立长期合作应急保障机制。结合勤训轮换、“魔鬼周”集训，开展人装结合、战地野炊等科目训练，提升应急保障能力。落实物资采购、车辆管理、枪弹管控等制度规定，开展资产清查、装备普查。全年为基层官兵开展卫生健康教育，安排官兵及家属体检。投入经费改善机关和基层中队营区营房及绿化综合整治，官兵工作生活条件得到改善。完成规划建设助力脱贫攻坚。对照总队2020年规划攻坚任务清单明确的8个领域81项建设任务，有序推动“十三五”规划建设落实。支队军史长廊、中队荣誉墙和图书流通站全部建成并投入使用。精准确定党建、基础设施、产业、教育等7个方面26个扶贫项目，累计投入90多万元，推进扶贫攻坚，6个定点帮扶贫困村全部实现脱贫摘帽，支队被自治区表彰为“拥政爱民模范单位”。全面从严管党治党。贯彻军委党的建设会议精神和《军队党的建设条例》，深化“不忘初心、牢记使命”主题教育，不断加强党委（支部）班子政治能力建设，提高民主集中制质量，党内政治生活得到规范。深化政治整训，狠抓党风廉政建设，开展政治领域官僚主义专题清除纠治，纯正政治生态。盐池中队团支部被自治区表彰为2017—2019年度全区“五四红旗团支部”，机动中队班长被总队表彰为“优秀共产党员”。

2020年5月29日，武警吴忠支队向红寺堡区新庄集乡红阳村红阳小学捐赠学习用品

【固原支队】2020年，固原支队加强思想政治建设，以中共十九届五中全会精神和《习近平谈治国理政》第三卷为主线，

2020年9月30日，吴忠武警支队官兵参加烈士公祭活动

常态开展党委中心组带机关、基层理论学习，使党的创新理论直达基层、直通官兵。坚持“守正创新”，组织“深入学训词、奋斗决胜年”开年教育和“传承红色基因、担当强军重任”主题教育，开展心理服务下基层活动，官兵思想更加稳定。量身打造“一队一品”特色文化队伍，军史场馆、图书流通站别具一格。舞蹈《特种侦察兵》在武警部队“强军风采”群众性文化活动创演中获三等奖，支队被总队表彰为“文化建设先进单位”。决战决胜脱贫攻坚，挂钩帮扶的圆德村全面脱贫，机动中队被自治区表彰为“第十批民族团结进步示范军营”，西吉中队被自治区表彰为“全区拥政爱民模范单位”。强化练兵备战。抓好执勤制度落实，投入90余万元推进“智慧磐石”工程建设，排查治理隐患12处，连续37年执勤安全无事故。以维稳行动为牵引，精准落实遂行任务编携配装，建立健全“情报动态共享、社情互通协同、灾情高效联动”军地协同机制，圆满完成临时勤务21起。组织各类集训培训，参加总队集训比武成绩斐然。机动中队被总队表彰为“军事训练一级单位”。推进基层建设。以武警部队13项专项整治活动为抓手，严格落实安全工作规范要求，开展“条令年”和暑期百日安全竞赛活动，部队安全底数有效提升。支队被武警部队表彰为“暑期百日安全竞赛”活动优胜单位。增强后勤装备保障力量。贯彻“建设一切为了打仗的后勤”指示要求，动态修订应急保障方案，完善战备物资储备和“一组三队”实案化编组，分批次组织炊事员、卫生员、驾驶员、军械员业务集训培训，提升后勤队伍能力素质。整风整改全面从严治党。贯彻《军队党的建设条例》，注重强化政治能力训练，加强班子民主集中制，先后调整使用干部、选晋警士、发展党员多名，给多名官兵记功嘉奖。以通报案例为反面教材，狠抓纪律党课警示教育。设置首长信箱、纪委信箱，公布打骂体罚举报热线和常委电话，聘请风气监督员，狠抓“四风”隐形变异和基层“微腐败”纠治，部队风气建设持续好转。

【中卫支队】2020年，中卫支队加强政治引领。认真学习贯彻习近平新时代中国特色社会主义思想和习近平强军思想，开展“传承红色基因、担当强军重任”主题教育和“深入学训词、奋斗决胜年”专题教育，推进“一队一品”特色文化队伍和军史长廊、荣誉墙、图书流通站建设，筹备举办“岗位践行忠诚”先进事迹报告会，深化做好一人一事的思想心理工作，确保部队纯洁巩固。强化练兵备战。开展执勤教育整顿、专勤专训和勤训轮换，精细落实“3+1”战备值班力量、部队编携配装和加强部署，严密组织首长机关参谋业务培训、教练员集训、演习和“魔鬼周”极限训练，开展群众性“五小”练兵活动，提高遂行任务能力。圆满完成全国“两会”、国际服务贸易交易会武装警戒设卡和一级加强警卫勤务以及武装押解、武装巡逻等任务。加强基层建设。制订精准帮建计划，建立落实党委常委挂钩帮建责任制，安排党委常委带机关干部当兵蹲连，召开执勤二中队荣立一等功庆功表彰大会，开展“崇尚先进、学习先进、争当先进”主题实践活动，开展“条令年”和暑期百日安全竞赛活动。提升服务保障水平。加强“一组三队”和战勤编组建设，开展后装重点行业领域整肃治理活动，抓好新冠肺炎疫情防控，投入经费维修改造中队淋浴室和卫生间、建设完善中队训练场和中队营区安防设施、购置更新中队学习室桌椅和中队网络学习室电脑，协调军地代建办开展以更换门窗、粉刷营房为重点的营区综合整治，跟进做好子女入学、帮扶救济、服装发放、医疗转诊和健康体检等服务保障，以组织的关心温暖促进官兵安心尽责。全面从严管党治党。贯彻《军队党的建设条例》，召开组织生活会，推进政治领域官僚主义专题清除纠治，严密组织“重温初心担使命，彻纠彻改作表率”主题党日和纪检监察系统集中整治活动，常态抓好敏感事项监督，巩固深化后勤领域重点问题“清仓归零”整治成果，全面清理工程借款遗留问题，解决滞留部队战士移交问题，纠治发生在官兵身边的“微腐败”和不正之风，加大对入党考学、学兵选送、探亲休假、伙食管理等工作的跟踪督查，有效防范各类问题发生。

【机动支队】2020年，机动支队加强思想政治学习。严格落实党委中心组和基层官兵理论学习制度，开展“传承红色基因、担当强军重任”主题教育和“双百”微课活动，官兵理论素养和思维层次显著提升。探索运用“统一+轮换+自主”教育模式，灵活教育方法，组织群众性文化活动，精细做好一人一事思想工作。推进军史长廊、荣誉墙、图书分馆和“一队一品”特色文化队伍建设，聚焦精准扶贫大局，定点帮扶对象全部脱贫摘帽。特战大队被自治区表彰为“拥政爱民模范单位”，侦察股参谋谷云康获“宁夏青年五四奖章”，特战二中队副小队长裴哲宇被武警部队评为“百名优秀士官”，支队被总队表彰为“强军风采”文化活动优秀组织单位。加强练兵备战。组织冬季野营大拉练、“魔鬼周”极限训练和各类教练员集训，开展群众性练兵比武活动，完成自治区“两会”安保任务、一级警卫等大项任务，参加武警部队、总队各类比武竞赛均取得优异成绩。加强基层队伍建设。选准配强干部骨干，常态开展业务帮带和岗位大练兵活动。开展“条令年”和暑期百日安全竞赛活动。支队被武警部队表彰为“安全工作先进单位”“暑期百日安全竞赛活动优胜单位”，机动一大队大队长刘翔竹、部队管理股股长周彦明被武警部队评为“暑期百日安全竞赛活动先进个人”。全面从严管党治党。学习《军队党的建设条例》，深化“不忘初心、牢记使命”主题教育成果，组织主题党日活动，提升党员干部政治能力。

（李 杨）

2020年5月9日，武警银川机动支队为兴庆区月牙湖乡滨河家园一村社区赠送文化器材

人民防空

【概况】2020年，自治区人防办加强组织指挥体系建设，自治区人防预备指挥所和石嘴山市、固原市、中卫市人防基本指挥所、自治区人防二代机动指挥平台建成并投入使用。自治区二代机动信息处理平台完成招投标，促进构建地上与地下、预定与移动、基本和预备相补充的人防指挥场所体系工作。完成自治区本级《人民防空方案》编修，为战时防空提供可靠的指挥手段支撑。按照统一整组、联合训练、归口使用原则和模块化编组要求，统筹推动区属以上人防重点城市组建抢险抢修、医疗救护、消防、防化防疫、通信、运输等人防专业队伍，探索组建心理防护、伪装设障、信息防护新型专业队伍。综合防护能力持续增强，严格执行《宁夏回族自治区人防工程建设管理规定》。开展人防系统腐败问题专项治理，梳理2013—2019年审批事项，追缴补缴人防工程易地建设费，督促开工多个人防项目。坚持“抓治理与建长效”互促互进，结合全区工程建设项目审批制度改革，建成全区人防行政审批监管系统，建立人防工程联合审批、联合验收机制。创新监管模式，推行“双随机一公开”和重点监督相结合方式，建设全区人防行业从业行为和产品质量监管平台，对违法违规建设单位纳入诚信监管体系，确保工程质量。信息化建设水平显著提升，以“一网四系统”建设为基础，以综合集成为途径，坚持需求牵引，搞好功能设计，推动互联互通。高标准新建自治区预备指挥所指挥信息系统。训练演练工作扎实高效，把训练演练作为经常性工作，聚焦实战需求、紧盯战场变化，

在西北地区首次组织开展全区人民防空实战化演习。根据国家人防办训练计划和《人民防空训练与考核大纲》要求，开展沿黄九省（区）协同训练。在“5·12全国防灾减灾日”，出动机动指挥所和机关专业人员，配合地震、应急部门在银川光明广场组织开展“防灾减灾宣传周”活动。在“9·15全区防空警报试鸣放日”，组织机关、学校、社区开展疏散演练活动，全区各机关、学校、社区共有8.5万余人参加该疏散演练，发放各类宣传材料6000余册。

【全区人防办主任会议】2020年3月20日，全区人防办主任会议以视频形式召开，主会场设在自治区人防基本指挥所，分会场分别设在国家人防重点城市人防办地面指挥中心。会议系统总结2019年全区人防工作，全面部署了2020年工作，对做好全区人防系统腐败问题专项治理作出安排。

【行政执法规范化和政务服务监管】2020年，自治区人防办结合“人防执法提升巩固年”活动和人防系统腐败问题专项治理工作，开展全区人防系统行政执法不作为乱作为专项整治，不断加强执法协调、强化执法监督、严格执法责任，建立健全“执法有依据、行为有规范、权力有制约、过程有监督、违法有追究”的执法责任体系，推动行政执法三项制度、执法责任制、执法裁量基准制度、执法责任追究等制度有效落实，努力推进全区人防系统行政执法规范化建设。2020年，自治区人防办依托全区工程建设项目审批改革系统建成全区人防政务服务监管系统，运用网络化电子化手段，做到实时查看建筑项目总建筑面积、地下人防建筑面积等关键数据以及市、县人防办审批流程、审批结果是否合法合规；查看各地涉及人防审批项目的联合竣工验收情况，市、县人防办是否按要求、按规定、按时限进行验收。便捷掌握全区各市、县任意时间跨度内人防工程总面积、总造价、办结率等关键信息的统计情况，有力促进自治区人防办对全区人防行业的指导监督，有效提升全区政务服务审批透明度。6月16—24日，自治区人防办从全区人防系统抽调具备执法资格的人员，组成两个检查组，对全区在建人防工程项目参建的建设、监理、设计、施工单位履职履责情况和工程实体质量情况进行专项检查，针对检查中发现的人防工程建设责任主体履职不到位等制定针对性解决方案，采取强化培训教育力度、解决技术短板，约谈、下发整改通知等措施，改进宁夏人防工程质量监管方式，提升人防工程质量监管水平。

【全区人民防空实战化演习】2020年12月22日，自治区人民防空指挥部启动开展全区人民防空实战化演习。演习紧贴信息化战争城市防护，按实战背景构设情况，针对现实威胁解决问题，采取“6+1”的模式，将人民防空信息防护、重要经济目标伪装防护、人员临战疏散、人员紧急疏散、抢险抢修、机动指挥所开设六项室外行动与室内演习一起筹划、同步实施。自治区、市两级人防指挥部严格按照战时实际指挥编组，以实际指挥身份，进入实际指挥背景，并使用实际指挥手段，进行实案化筹划和实际作业，全系统、全要素、全过程组织实施。自治区及各市人防指挥部组成人员、人防专业队伍、人防志愿者队伍、城市居民、重要经济目标单位参加演习。

【防空训练】2020年6月19日，根据国家人防办训练计划和《人民防空训练与考核大纲》要求，自治区人防办开展沿黄九省（区）协同训练。完成规定科目训练，有效提升专业人员业务能力。7月1日，自治区国防动员委员会综合办公室委托自治区人民防空办公室开展人民防空专业队伍点验活动。以人员核对、装备检查和应急能力检验为重点，在规定时间规定地点完成人员装备集结，形成快速反应和应急保障能力。银川市人防燃气

2020年8月12—14日，自治区人防办举办学习习近平总书记视察宁夏重要讲话精神专题培训班

抢险抢修专业队和人防供水抢险抢修专业队和各类装备、车辆参加抽点，展现人防专业队伍良好的精神风貌和“战时防空、平时救援、应急支援”的保障能力。

【业务培训与宣传教育】2020年11月23—26日，自治区人防办在银川市滨河新区举办为期4天的全区人防工程监理专业技术人员业务培训班。培训班邀请区内外人防专家围绕人防工程建设法规、监理基本知识和人防工程的建筑、结构、防护设备、暖通(防化)以及宁夏人防工程建设现状等方面进行辅导授课，课后组织书面闭卷考试。考试合格，核发人防工程监理工程师资格及上岗资格证书。2020年，自治区人防办拓展传统媒体运用方式，在宁夏经济频道开通《人民防空之声》专栏，每日在黄金时段播放人防法律法规知识、防空防灾知识等内容3~5分钟，全年共播出280余期。在宁夏经济广播微信公众号开设《人防小知识》《让我们一起学习人民防空法》《人防知识进万家》专栏，每周刊播两期人防相关法律法规知识，全年共刊播96期。每日在宁夏经济广播3个黄金整点时段(上午九点，中午十二点，下午六点)循环播放人防公益宣传用语、温馨提示相关片花，全年共播放1000余次。加强社区人防建设，在全区人防重点城市90个社区和学校，开设人防宣传栏，定期更新。充分发挥新媒体面广、快捷等优势，通过多媒体警报、各类广告屏幕、公交车辆等平台播放人防动漫片、人防工作动态，刊载人防法律法规和应急知识。与宁夏经济广播合作在微信公众号开展“庆祝中华人民共和国人民防空创立70周年人防知识有奖竞答”活动，扩大人防宣传覆盖面，活动期间访问量49334人次，其中共有26638人次参与活动。

(丁　倩)

经济管理

NINGXIA YEARBOOK

JINGJIGUANLI

编辑◎王玉琴

宏观经济管理

【概况】2020年，自治区落实新增减税降费130亿元，发放企业纾困基金40亿元。市场预期持续改善，三次产业加快恢复，经济运行逐季向好，有效稳住了经济基本盘。全年完成地区生产总值3921亿元，增长3.9%，高于全国1.6个百分点，增速居全国第四位。其中，第一产业增长3.3%，第二产业增长4%，第三产业增长3.9%。规模以上工业企业利润较一季度提高近40个百分点。内需潜力不断释放。把扩大内需作为战略基点，出台释放消费潜力16条政策措施，组织开展消费季、品牌节、网购节等系列促消费活动，全社会消费品零售总额恢复至2019年的93%。强化重大项目协调推进机制，采取现场观摩会、月度调度会、媒体公示公告、定期督查督导等措施，推进重大项目建设，扩大精准有效投资。累计实施重大项目1461个，开工率达到99.7%。自治区本级80个重点建设项目顺利推进，银西高铁开通运营，标志着宁夏正式融入全国高铁网。全社会固定资产投资由负转正，全年增长4%。其中，高技术制造业、新能源投资分别增长60.4%、61.3%，民间投资增长7.8%，投资结构得到优化。

【小康社会建设】2020年，全区经济实力显著增强，地区生产总值实现比2010年翻一番的目标，人均地区生产总值达到8500美元。人民生活持续改善，城乡居民收入实现比2010年翻一番的目标，贫困地区农民人均可支配收入增速快于全区农民收入2个百分点，城乡收入差距持续缩小。民主法治不断健全，平安宁夏扎实推进，基层治理水平全面提升。文化建设稳步推进，人均公共文化财政支出、“三馆一站”覆盖率、广播电视综合人口覆盖率提前完成目标。民生保障、公共服务、生态环境等小康补短板提速加力，人民群众获得感、幸福感、安全感进一步提升。

【三大攻坚战】2020年，全区三大攻坚战取得重大战略成果。脱贫攻坚任务如期完成。现行标准下农村贫困人口全部脱贫，“两不愁三保障”稳定实现。西吉县完成脱贫摘帽，区域性整体贫困基本消除。全国易地扶贫搬迁后续扶持工作现场会在银川市召开，宁夏移民搬迁经验向全国推广。污染防治有力推进。地级城市空气质量优良天数比率达到85.1%，黄河干流宁夏段水质连续4年保持“Ⅱ类进Ⅱ类出”，国考断面达到或好于Ⅲ类水体比例为93.3%，农用地土壤质量状况整体较好。金融风险总体可控，银行业机构不良贷款率较上年降低0.63个百分点，非法集资有效遏制，网贷机构全部出清。政府债务和企业债券风险处置稳妥推进。住宅去库存周期为4.1个月，处于合理区间。

【高质量发展】2020年，宁夏出台《关于建设黄河流域生态保护和高质量发展先行区的实施意见》。先后召开3次推进会，安排部署重点工作。制定并印发《九个重点产业高质量发展实施方案》，谋划储备先行区建设项目八大类700多个，总投资超8000亿元。黄河黑山峡河段开发等4项工程列入国家150项重大水利工程。《宁夏黄河流域生态保护和高质量发展规划》抓紧编制，“一河三山”生态保护修复规划批复实施。争取国家发展改革委、水利部、农业农村部、自然资源部制定出台支持先行区建设的实施方案和相关政策文件取得积极进展。创新能力持续提高。深入实施创新驱动战略，全社会研发与试验(R&D)经费投入强度预计达到1.54%。综合科技创新水平指数达到56.11%，迈入国家二类创新地区。加强东西部科技合作，吸引区外人才500多名，实施合作项目143项，引进转化一批新技术、新工艺、新成果。东西部科技扶贫协作经验被国务院新闻发布会推介。实施自治区重大科技项目12项，攻克工业级3D打印、太阳能电池关键材料、残膜回收机等重大关键技术，完成泵阀类优质承压铸件技术、多轴复合加工车床技术等4项“揭榜挂帅”任务，400万吨/年煤炭间接液化示范项目通过国家科技进步一等奖评审。推进科技成果转化，技术合同交易额达到22.5亿元，同比增长34.5%。培育发展创新主体，科技型企业总量同比增长44%，国家级高新技术企业达到293家，同比增长45%。转型升级步伐加快。现代农业提质增效，粮食总产量达到380.5万吨，实现“十七连丰”。枸杞、酿酒葡萄、奶产业、肉牛和滩羊等特色优势农业占农业总产值比重的88%。新型工业加快发展，泰和芳纶、宝廷低碳烷烃循环利用、伊利乳业产业园、大唐平罗电厂等一批项目建成投运，新增制造业领先示范企业14家，高技术制造业占规模以上工业增加值的比重提高1.6个百分点，制造业对规模以上工业增长的贡献率为76.8%。服务业新业态新模式加快发展，大型数据中心达到7家，软件业务收入增长21%，网络零售额增长10.3%。服务业占比持续提高，拉动经济增长1.9个百分点。

【城乡协调发展】2020年，全区推进新型城镇化发展，统筹实施城市供水、道路整治、环保绿化和老旧小区改造，科学布局城市基础教育、公共医疗、公共安全等公共服务设施，促进大中小城镇协同发展。建设改造公园14个、小微公园15个，新增城市绿化面积620公顷。城市建成区13条黑臭水体整治完成，公众满意度超过90%。改造老旧小区5.2万户、城镇棚户区6200套。完善公租房使用和退出政策，加大困难人群住房保障力度，50多万名群众住房条件得到改善。5个地级市城市户籍全面放开，农业转移人口市民化有序推进，常住人口城镇化率为61%。乡村振兴战略加快实施。金凤区、贺兰县、隆德县、泾源县、沙坡头区等乡村振兴战略示范县创建工作全面展开，盐池县和永宁县闽宁镇等“一县六镇”脱贫攻坚与乡村振兴有效衔接试点工作稳步推进。新建基层供销社50个、农村综合服务社173个，农业社会化服务面积达到155万亩。农村人居环境整治三年行动圆满收官，建设美丽村庄100个，抗震宜居农房改造全面启动，建档立卡贫困户危窑危房全部清零。一类县、二类县农村卫生厕所普及率为89%，20个行政村入围“全国乡村旅游重点村名录”，西夏区被评为“全国农村人居环境整治激励县”。自然村硬化路加快建设，完成新改建农村公路1200公里。

【改革开放】2020年，全区重点领域改革不断深化，75项年度重点改革任务全部完成。“一窗受理、集成服务”新模式全面推行，90%以上的事项进驻实体大厅，88.5%的事项实现“不见面”审批。出台优化营商环境148项措施，营商环境第三方评价覆盖全区，企业准入开办、工程建设项目审批改革经验向全国推广。“数字政府”加快推进，30多个政务信息系统整合共享，实现1314个事项可办、3368个事项可查。完成8户区属国有企业混合所有制改革。预算绩效管理全面实施，财政资金配置效率得到提升。金融创新持续推进，交通、能源等重点领域资产证券化改革试点和中小企业免担保、免抵押贷款改革试点稳步开展。全省域农村集体产权制度改革试点全面完成，农村土地制度改革受到国务院督察组肯定。文化体制改革深入推进，公共文化服务体系示范区创建覆盖率达到80%。

【开放型经济构建】2020年，全区实施准入前国民待遇加负面清单管理制度，外资投向由加工制造领域逐步扩展到服务业相关领域。银川经济开发区、石嘴山

贺兰山风力发电

市经济开发区和银川综合保税区复制自贸区改革试点经验154项，占可复制推广事项的97.8%。银川跨境电商综合试验区建设稳步推进，银川公铁物流园跨境电商建管中心、“新华丝路购”跨境电商进口商品展示中心、中国—沙特（吉赞）产业园中沙合资沙特丝路产业服务公司投入运营。强化与京津冀、长三角、粤港澳大湾区等经贸协作，招商引资实际到位资金1599亿元，增长11.3%。全区实际利用外资增长8.4%。

【生态文明建设】2020年，全区生态保护修复取得新成效，六盘山重点生态功能区降水量400毫米以上区域造林绿化、引黄灌区平原绿洲绿网提升等工程加快建设，高标准农田防护林、护路林和护堤林建设力度不断加大，完成营造林122.6万亩，森林覆盖率为15.8%。贺兰山、六盘山、罗山被纳入全国生态保护修复重大工程建设规划。沙化退化草原治理持续推进，修复草原37.4万亩，草原综合植被盖度为56.5%。黄河、清水河流域河流湿地、湖泊湿地修复扎实开展，青铜峡库区等6处湿地跻身“国家重要湿地”行列，湿地保护率稳定在55%。治理中小河流82千米、新增治理水土流失面积773平方千米。绿色低碳循环发展步伐加快。宁夏恒丰纺织、杉杉能源（宁夏）等8家企业获批“国家级绿色工厂”。绿色有机标准化农业生产基地达到23个，主要农产品抽检合格率超过98%。清洁低碳能源产业加快发展，新能源装机占全区电力装机的比重达到44%。控制温室气体排放和应对气候变化工作有序开展，电力行业碳市场启动建设。完成“散乱污”工业企业整治411家，退出落后产能155.7万吨。加强清洁能源生产供应，30万吨以下落后产能煤矿、城市建成区20蒸吨／小时以下燃煤锅炉全部淘汰。国家绿色示范公路银百高速宁夏段建成投运。新建绿色建筑占比为60%。

【民生保障】2020年，全区全面落实就业优先政策，发放就业补贴近11亿元，发放稳岗补贴3.9亿元，减免养老失业工伤3项社保费、阶段性降低社会保险费共计107.5亿元。城镇新增就业7.3万人，完成全年目标任务的101.4%，城镇登记失业率为3.92%，低于控制目标0.58个百分点。农村劳动力转移就业80.3万人，完成全年目标任务的114.7%。疫情防控一线医务人员专业技术岗位等级晋升政策全面落实，事业单位高层次人才工资分配激励机制不断完善。调增乡镇工作人员补贴标准，工资收入高于县直机关同职级人员20%以上。城乡常住居民人均可支配收入分别同比增长4.1%、8%，增速分别高于全国平均水平0.6个百分点和1.1个百分点。公共服务供给持续扩大，“互联网+教育”示范区建设加快推进，一大批优质数字教育资源和人工智能教室建成投用。完成城镇小区配套幼儿园治理279个，公办园在园幼儿占比为56.8%。“互联网+医疗健康”创新发展，区市县三级医疗信息实现互联互通。“一老一小”保障服务持续强化，建成26个社区老年人日间照料中心，每千名老人拥有机构养老床位数35.4张。新建儿童之家100个，90%以上城乡社区至少拥有1所儿童之家。婴儿死亡率、5岁以下儿童死亡率等6项指标好于全国平均水平。提档升级250个综合文化服务中心，西夏区文化馆和图书馆等4个单位被列入国家级公共服务机构文化和旅游融合试点。全民健身设施不断完善，建成健身步道150公里、足球场8个、多功能运动场40个。社会保障体系不断完善，调增了城乡居民基础养老金和机关企事业单位退休人员养老金。提高了失业保险金、工伤保险伤残津贴和供养亲属抚恤金以及孤弃儿童、社会散居孤儿津贴标准。率先在全国推行工伤保险医疗费即时结算，扩展社会保障卡公共服务范围。切实保障受疫情影响困难群众基本生活，及时启动物价补贴，提高特困供养和临时救助标准，累计发放各类救助补助资金26.1亿元。

（白凌云）

国有资产监管

【规划与改革实施方案】2020年，按照国务院国资委和自治区党委、政府部署要求，自治区国资委、8户监管企业和5个地级市国资委三级联动高质量推进国资国企“十四五”规划编制工作，已完成初稿，并结合贯彻中共中央、自治区党委《关于制定国民经济和社会发展第十四个五年规划和2035年远景目标的建议》加紧修改完善。结合宁夏国企改革发展实际，研究制订《自治区国企改革三年行动实施方案》《自治区国有企业高质量发展实施意见》，明确了全区国企改革的任务书、时间表、路线图，推动国有企业走出一条高质量发展新路子。《实施方案》已报请自治区党委深化改革委审议，《实施意见》已提请自治区政府常务会议研究。

【产权结构改革】2020年，宁夏农垦等4户企业，所属宁夏利垦牧业公司、宁夏聚通能源科技公司、宁夏君行房地产开发公司、宁夏宁东恒瑞燃气公司、宁夏海平高速公路管理公司、宁夏电投智慧能源管理服务公司、宁夏立诚建设工程咨询公司、宁夏华鑫盈科工程公司等8户二三级公司完成混改，引进民营资本3.45亿元，自治区属企业混改面为42%。宁夏建投天源达3号楼资产盘活、宁夏交投高速公路资产和收费权划转接收、宁夏昊凯生物公司股权及债权划转、宁夏悦海宾馆转企改制土地作价出资和社保费用减免、宁夏农投和宁夏国投清收抵债资产相关税费减免等改革发展问题得以解决，完成宁夏医药集团等企业破产终结。

【治理结构改革】2020年，宁夏国运等7家集团公司完成二级公司、三级公司章程和党委会、董事会、总经理办公会议事规则修订，出台外部董事选聘和管理办法，实施27名外部董事任期考评并兑现薪酬，8户自治区属国有企业完成权责清单制定，法人治理运行不断规范。完成11万名国企退休人员社会化管理和29.67亿元国有资本充实社保基金工作，帮助企业减负松绑，使群众共享改革发展成果。退休人员社会化管理工作走在全国前列，受到国务院国资委和自治区领导肯定。

【组织结构改革】2020年，宁夏建投等7户集团公司加快非主业、非优势业务剥离退出，累计压减法人单位45户，企业管控效能得到提升。推进“僵尸企业”出清，宁夏昊凯、宁夏沙湖米业、宁夏建投中建等9户企业处置低效无效资产4.1亿元、清理债务8.17亿元，增强企业发展后劲。有序推进自治区党委、政府出台的经营性资产集中统一监管实施方案。开展民营企业账款清欠，8户企业全面完成8.02亿元无分歧账款清欠任务。

【助推企业发展】2020年，自治区国资委组成2个调研组2次深入10户自治区属国有企业开展扭亏增盈提质增效稳增长调研，2次召开经营形势分析会分析形势、查找不足、研究对策、推动发展。开展“深化银企合作、助力企业发展”活动，组织17家金融机构为自治区属国有企业解决疫情期间复工复产、项目建设和生产经营资金近400亿元。截至2020年年底，全区国资系统监管和统计资产企业资产总额9453.92亿元、净资产2686.95亿元，分别同比增长7.4%和3.5%；全年实现营业收入1098.72亿元，利润12.31亿元、完成增加值415.43亿元，同比分别下降1.9%、82.3%和16.9%；已交税费110.97亿元，同比下降4.6%。其中，自治区国资委监管和统计资产的21户企业资产总额7361.78亿元、净资产1675.36亿元，同比分别增长9.1%和6.2%；全年实现营业收入1000.49亿元，利润32.89亿元、完成增加值397.88亿元，同比分别下降1.8%、58.7%和15.3%；已交税费104.51亿元，同比下降3%；国有资产保值增值率为101.8%。

【国资监管】2020年，自治区加大授权放权力度，出台权力责任清单，54项监管事项取消下放授权34项。推行“一企一策”经营业绩考核，开展工资总额管理，下达企业2020年度及2020—2022年任期经营业绩考核目标，将营业收入利润率、研发经费投入强度纳入考核指标体系，以考核引领高质量发展。组织完成1.09亿元国有资本收益收缴和5803万元国有资本经营预算支出。开展“内控体系建设年”活动、对标一流管理提升行动、规范企业投资管理、做好违规经营投资责任追究工作体系建设等工作，对融资性贸易业务开展专项检查，及时下发整改通知和提示函，挽回经济损失2000余万元，规范企业投资行为。对企业国有资本经营情况专项审计反馈的14个问题制定整改方案，明确整改措施、责任领导和完成时限，确保各项整改任务落实落细。

【抗击疫情】2020年，疫情期间，自治区国资委第一时间动员组织自治区属国有企业3198个党组织4.6万余名党员职工投入疫情防控，成立9个督导组深入18

2020年2月9日，自治区第四人民医院在传染病防治综合楼项目工地现场成立党员突击队和青年突击队

户企业开展三轮督导，出台8条硬核措施支持企业抗疫，在高速公路出入口、防疫物资保障和医疗废弃物处置一线等设立党员先锋岗、服务队1159个，投入党费859万元，捐款捐物915.58万元，保障供应紧缺防疫物资100余万件套，发放纾困基金2.2亿元，减免高速公路通行费和房租等费用8.17亿元，宁夏建投15天完成第四人民医院扩建项目，获“全国抗击新冠肺炎疫情先进集体”称号，4个先进集体、8名先进个人、2名优秀共产党员和4个优秀基层党组织被自治区党委、政府表彰，4个集体、4名个人受到国资委党委通报表扬。积极对接国务院国资委、中国电建，全力配合做好中国电建滞留沙特阿拉伯员工包机回国入境银川隔离观察疏散工作，受到国务院国资委和自治区党委政府表扬和肯定。

【助力脱贫攻坚】2020年，自治区国资委主要领导多次深入扶贫点调研指导工作，对扶贫领域腐败和作风问题整治提出明确要求，开展国资国企系统助力西吉脱贫攻坚行动，针对疫情影响导致贫困地区群众外出务工受阻、农产品销售不畅实际，实施产业、消费、劳务、金融、教育、电商等六大扶贫项目落实帮扶资金3264.49万元，发放扶贫贷款35.9亿元，解决劳务用工14.8万人次，全力对冲疫情造成损失，助力贫困群众增收脱贫，帮扶72个贫困村如期脱贫出列，国资国企社会责任有效履行，国务院国资委和自治区领导作出肯定性批示。

（李　巍）

财　政

【一般公共预算收入】2020年，全区地方一般公共预算收入419.4亿元，同比下降1%（扣除新增减税因素影响，同比增长5.6%），高于全国平均水平。其中，税收收入263.9亿元，同比下降1.4%；非税收入155.6亿元，同比下降0.3%。分级次看，区本级地方一般公共预算收入完成169.4亿元，同比下降1.7%；市县一般公共预算收入完成250亿元，同比下降0.5%。分税种看，增值税110.9亿元，同比下降3%；企业所得税28.5亿元，同比下降12.6%；个人所得税10.6亿元，同比增长4.6%；资源税20.1亿元，同比增长6.5%；城市维护建设税17.7亿元，同比增长4.5%；房产税11.3亿元，同比下降17.1%；契税21.9亿元，同比增长16.7%。专项收入33.5亿元，同比下降6.9%；罚没收入14.1亿元，同比增长54%；国有资源（资产）有偿使用收入74.3亿元，同比增长14.3%。

【一般公共预算支出】2020年，全区一般公共预算支出1480.4亿元，同比增长2.9%。分级次看，自治区本级一般公共预算支出358.8亿元，同比增长3.3%。市县级一般公共预算支出1121.6亿元，同比增长2.8%。从支出项目看，教育支出208.4亿元，同比增长16.2%，主要是加大支持义务教育与能力提升、推进教育制度改革等相关支出；社会保障和就业支出206.4亿元，同比增长11.3%，主要是落实“保居民就业”，加大社会保障和就业领域财力倾斜；卫生健康支出118.5亿元，增长11.3%，主要是支持疫情防控增加的支出；城乡社区支出121.9亿元，同比下降34.3%，主要是上年同期市县棚户区改造及地方债资金等支出较大；农林水支出253.5亿元，同比增长16.2%，主要是支持脱贫攻坚增加的支出；交通运输支出89.9亿元，同比增长1.2%；住房保障支出61.9亿元，同比增长21.9%，主要是保障性安居工程和棚户区改造加大投入；债务付息支出45.6亿元，同比增长16%。

【政府性基金预算】2020年，全区政府性基金预算收入完成159.8亿元，同比增长34.7%，主要是国有土地使用权出让收入增加。全区政府性基金预算支出完成224.2亿元，同比下降19.5%，主要是区本

2020年9月，自治区财政厅、扶贫办、供销社联合举办政府采购贫困地区农副产品政策培训和产品推介会

级专项债券收入安排的支出减少。其中，区本级政府性基金预算收入完成29.4亿元，同比下降4.9%。区本级政府性基金预算支出完成41.6亿元，同比下降51.5%，主要是政府收费公路专项债券收入安排的支出减少。

【社会保险基金预算】2020年，全区社会保险基金预算收入完成448.1亿元，与上年完成值持平。全区社会保险基金预算支出完成448亿元，同比增长11%。其中，区本级社会保险基金预算收入完成260.2亿元，同比增长9.8%。区本级社会保险基金预算支出完成280.8亿元，同比增长71.3%，主要是企业职工基本养老保险基金实行了自治区级统收统支。

【国有资本经营预算】2020年，全区国有资本经营预算收入完成2.4亿元，同比下降47.7%。全区国有资本经营预算支出完成0.8亿元，同比下降11.2%。其中，区本级国有资本经营预算收入完成2.2亿元，同比下降45%，主要是国有企业上缴股利、股息减少。区本级国有资本经营预算支出完成0.6亿元，同比下降14%。

【主体税种和地方税种】2020年，受抗击疫情和新增减税政策影响，主体税种降幅趋缓，地方税种增长较好，全区税收收入完成263.9亿元，同比下降1.4%。分税种看，三大主体税种中增值税同比下降3%，降幅较上年收窄11.6个百分点；个人所得税同比增长4.6%，实现正增长；企业所得税同比下降12.6%。受银川市房地产市场活跃等因素拉动，11个地方税种同比增长2.1%，实现连续6个月增长。分行业看，受国际油价大幅波动等因素影响，工业税收同比下降15.7%；受全区固定资产投资增速加快因素拉动，建筑业税收降幅较上月回升2.8个百分点；服务业税收相对平稳，同比下降0.4%，其中全区房地产投资增长7.3%，房地产销售面积和销售额分别增长12%和25.8%，带动房地产税收增长19.9%，拉动服务业税收回升5.3个百分点。

【疫情防控保障】2020年，自治区财政第一时间设立疫情防控专项资金、建立应急调度拨款机制，迅速研究出台覆盖疫病患者救治、重点物资保障、专项资金监管等全过程的13个政策文件，累计投入资金24.5亿元、拨付医保基金25.8亿元。在全国率先对发热门诊人员实行免费检查救治，支持完成自治区第四人民医院改扩建等一批防疫抗疫重点项目，确保绝不因财政资金问题影响疫情防控。全力促进经济企稳回升。瞄准堵点，突出重点，一次性筹措资金29.3亿元，在全国率先创新出台促进经济平稳运行的21条财政政策措施，有效对冲疫情影响。全面落实减税降费政策，全年为市场主体新增减税降费135.7亿元，有力提振社会信心。全力保障困难群众基本生活。及时下达困难群众救助资金26.1亿元，适度扩大低保和临时救助政策范围，持续做好特困人员救助供养、流浪乞讨人员救助、孤儿基本生活保障，及时将受疫情影响陷入困境的人员纳入救助范围，充分发挥财政兜底作用。

【落实"六稳""六保"政策】2020年，自治区财政争取中央一般公共预算转移支付资金990.5亿元(不含抗疫特别国债等政府性基金转移支付)，同比增长11.3%，增幅超全国平均水平。争取82亿元中央抗疫特别国债、特殊转移支付等资金倾斜支持，第一时间将直达资金255.2亿元拨付到市县基层，确保惠企利民。提前1个月完成155亿元新增债券发行工作，全部用于自治区重大项目建设，积极扩大有效投资。筹措资金落实好自治区出台的"六保36条""工业稳增长24条""服务业16条""财政21条"等政策措施，有效促进经济平稳运行。综合运用产业引导基金、纾困基金、风险补偿、融资担保、财政贴息等财政金融工具，帮助企业纾困解难。全年累计投入72亿元，当年撬动社会资本约130亿元，促进新增银行贷款615亿元。坚持把保基本民生、保工资、保基层运转放在财政支出优先位置予以足额保障，探索实行财政可承受能力评价体系，在全国率先研发启用"三保"支出动态监测系统，为市县财政平稳运行装上安全"监护仪"。调整支出结构，加大对市县转移支付力度，全年共下达市县一般公共预算转移支付资金840亿元(不含抗疫特别国债等政府性基金转移支付)，增长7.2%，其中下达市县一般性转移支付604亿元，增长19.2%。先后6次调度库款，支持市县基层兜牢兜实"三保"底线。压减非刚性、非急需等一般性支出，自治区本级一般性支出压减14.2%、"三公"经费压减32.8%、新增购置资产压减45%，压减盘活各类存量资金21亿元，优先用于保障民生等重点支出。

【助力三大攻坚战】2020年，自治区财政全力支持打赢脱贫攻坚战，持续打好投入保障、统筹整合、资金监管、绩效管理"组合拳"，全面开展"四查四补"工作，集中解决各类短板弱项问题5.3万个。全年投入各类扶贫资金103.2亿元，人均投入位居全国前列。建立横向覆盖部门纵向覆盖市、县(区)、乡的扶贫资金"制度+技术"管理模式，打通扶贫资金监管"最后一公里"。加大贫困县涉农资金统筹整合力度，县均规模达到全国平均水平的2倍。连续3年全国扶贫专项资金绩效考核优秀，一次性争取中央脱贫攻坚补短板综合财力补助资金6.1亿元。通过转移支付补助，助力西吉县成功脱贫摘帽。支持13个县（区）22.74万人彻底解决“苦咸水”问题。全力支持打赢污染防治攻坚战，持续稳定增加投入，累计安排生态环保资金168亿元，全力支持打赢污染防治攻坚战和生态保护修复重大项目实施，出台《黄河流域宁夏段横向生态补偿机制实施方案》，突出“一河三山”保护治理重点，支持山水林田湖草沙系统治理，持续打好蓝天、碧水、净土“三大战役”，保障黄河安澜。研究提出的“关于在黄河流域生态保护与修复中实施差异化政策、支持宁夏筑牢国家生态屏障的建议”，被全国人大列为年度重点督办建议。宁夏被财政部、国家林业和草原局确定为规模化防沙治沙试点省（区），财政支持生态环保工作经验被人民网、《中国财经报》报道推广。全力支持打赢防范化解重大风险攻坚战。坚决树牢底线思维和系统思维，强化风险意识，按照“八个一批”要求，坚持一县一债一策，指导市县细化完善化债方案，落实化债目标任务。建立防范化解政府债务动态监控机制，实施常态化动态监测，做到风险早发现、早预警、早处置。成功发行再融资债券160.2亿元，及时偿还到期债券本息180亿元，确保政府债务“借得来、用得好、还得上”。

【推动高质量发展】2020年，自治区财政全力促进创新驱动发展，完善创新驱动投入稳定增长机制，充分发挥科技创新类投资基金、科技后补助资金撬动作用，引导企业和社会资本加大投入。从2017年起，财政R&D投入年均增长35.7%，居全国前列，带动全社会R&D投入快速增长，2020年R&D投入强度预计达1.54%。全力支持实体经济发展，全面落实中央和自治区出台的减税降费等促进实体经济发展的各项政策措施，安排工业企业领域专项资金18亿元，支持实施“四大改造”，支持提升产业基础能力和产业链水平。创新开发区整合优化发展财政扶持政策，助力园区发展提质增效。支持清理拖欠民营和中小企业账款68亿元，提前一个月完成无分歧账款清零任务。全力促进九个重点产业加快发展，谋划财政支持九个重点产业政策措施，将宁夏枸杞、葡萄、肉牛等重点特色产业纳入中央财政农业保险补助范围，六盘山肉牛产业集群被财政部、农业农村部批准为全国50个优势特色产业集群之一。全力保障黄河流域生态保护和高质量发展先行区重大项目建设，首创重大项目开工奖励机制，支持一批打基础、利长远、增后劲的重大项目。多方筹集资金494.6亿元，全力支持银西高铁、银昆高速等重大项目顺利运营开工，争取财政部黄河流域生态保护和高质量发展专项奖补资金、国家黄河流域生态保护和高质量发展基金、黄河宁夏段综合治理等项目资金倾斜支持，为先行区建设提供强力支撑。全力保障老旧小区、棚户区和特色街区改造，支持农村危窑危房改造动态清零等，相关工作得到国家有关部委通报表扬。

【民生保障支出】2020年，全区加强普惠性、基础性、兜底性民生保障，推进基本公共服务均等化，全年民生支出达到1115.2亿元，占财政支出的75.2%。落实就业优先政策。统筹资金11.7亿元，健全重点群体就业支持体系，支持和落实援企稳岗、就业援助、公益性岗位安置等政策，做好下岗失业人员、高校毕业生、农民工、退役军人等重点群体就业，帮扶残疾人、零就业家庭等困难人员就业。支持教育优先发展。落实两个“只增不减”要求，全区财政性教育经费支出占GDP的比重达到5.7%，连续8年保持在4%以上，高于国家平均水平，全区财政教育支出突破200亿元。支持基础教育办学条件改善，新改扩建幼儿园40所，新增幼儿学位1.4万个。支持消除城镇学校大班额，新建改建城市中小学和乡镇学校校舍35万平方米。完善特殊教育保障机制，加快部区合建宁夏大学和高校“双一流”建设。提升教师待遇水平，推动优质资源向基层下沉。发挥社保兜底作用。全面推进全民参保计划，健全重大疾病医疗保险和救助机制，连续16年调增企业退休人员养老金标准，连续4年调高机关事业单位养老金标准，持续提高城乡居民基础养老金、医保低保和专项救助标准。全面加强社保基金管理工作，连续3年获得财政部社保基金预算绩效考核二等奖，首批通过全国规范养老保险省级统筹工作考核验收。将银川市纳入居家和社区养老服务改革全国试点，支持养老服务体系建设工作获国务院办公厅督察激励通报，创建的养老保险待遇发放“宁夏模式”被财政部推广。实施健康宁夏行动。建立稳定的公共卫生投入保障机制，加快补齐公共卫生领域短板弱项，支持“互联网+医疗健康”示范区建设，完善疫情防控救治体系，加快推动区域医疗中心和医联体建设。落实全民健身计划，完善健身步道和足球场地等公共体育设施。落实基本公共卫生政策，连续3年提升人均基本公共卫生补助标准，从55元提高到74元。提升公共文化服务水平。实施文化惠民工程，改造提升村级综合文化服务中心和示范点385个。支持媒体深度融合，加大主流媒体传播影响力。加快全域旅游示范区建设步伐，推进长城和长征国家文化公园建设，平罗县、青铜峡市成功创建国家全域旅游示范区。大幅提升基层治理保障水平。落实好提高乡镇干部补贴和城镇社区及村"两委"报酬政策，扶持壮大村级集体经济，全区村级组织运转经费由1.6亿元增加到4.8亿元。

【财政改革】2020年，全区持续推动财政体制改革。稳步推进教育、科技、国防、交通运输、生态环境、自然资源等领域财政事权和支出责任划分改革，出台宁夏增值税留抵退税分担机制，有效缓解基层财政退税负担。强化内控制度建设。坚持依法理财，加强法治财政建设，坚持用制度管根本管长远，建立完善市县预算审核、市县预算综合管理评价、政府投资基金管理、所属企事业单位管理等制度23项，强化内部管理制度基础。提升财政管理水平。完善全区统一的预算管理一体化规范标准，探索建立现代信息技术条件下"制度+技术"的管理机制。推行"零基预算"，持续完善项目库管理，加强定额标准体系建设，预算编制精准度和科学化水平显著提高。深化财政放管服改革和经营性国有资产统一监管。财政预算绩效管理、国有资产报告、党政机关和事业单位体制改革等工作被财政部通报表扬。

（袁海龙）

税　务

【概况】2020年，全区共组织各项收入863.6亿元，同比下降7.1%，其中税收收入534.2亿元，同比下降7.4%，完成调整后目标任务526亿元的101.6%，中央级税收入库270.4亿元，同比下降12.6%，完成调整后目标任务的100.5%；地方级税收入库263.8亿元，同比下降1.4%，完成调整后目标任务的102.7%。社会保险费收入实现280亿元，同比下降5.3%；其他收入60.4亿元，同比增长0.2%。

【服务经济社会发展】2020年，全区新增减税降费126.7亿元，依法受理核准延期缴纳税款1863户共43.61亿元，批量调减核定定额22.3万户，缓征社会保险费0.87亿元，为复工复产和援企稳岗提供支持。拓展不见面领票、不接触申报和网上办、掌上办等"非接触式"办税缴费方式，办税事项扩大至211项，90%以上涉税业务实现网上办，网上申报率为99.7%。上线运行宁夏税务APP，实现一键零申报、预约办税、进度追踪、第三方移动缴税、票种核定等全流程移动办税。优化电子税务局增值税申报自动填报功能，实现主附税费"六合一"一体化申报。形成专门机制统筹资源、专职部门智囊参谋、专班人员智力保证的数据分析服务，集合税政、服务、分析、信息和数据管理等部门建立工作机制，强化税收大数据分析处理的全环节管理，重点建立运用发票数据和财务"三张表"分析机制，突出减税降费、复工复产、经济税收运行、重点产业发展等内容，形成分析报告356篇，获地方各级党政领导批示78篇。

【依法治税】2020年，宁夏税务部门建立执法全过程记录平台和信息公示平台，公示执法信息3万余条，梳理确定5项法制审核事项，审核重大执法决定1303件。做好行政复议、应诉工作及重大案件审理，受理行政复议案件3件，行政应诉一审案件5件，审理重大案件9件。完成权责清单编制和公布工作，修订《宁夏税务行政处罚裁量基准》。宁夏税务局连续3年被评为"全区法治政府建设示范单位"，税务文化中心被司法部和税务总局命名为"第二批全国税收普法教育示范基地"。积极参与扫黑除恶专项行动，全年共立案检查纳税人507户，查补收入8.7亿元，公开和推送税收违法"黑名单"企业217户。对建筑、交通运输、金融等重点行业的130户企业实施税收专项规范。

【税务监管】2020年，宁夏税务部门完善增值税发票风险反应机制和动态"信用+风险"新型监管方式，查补税款14.5亿元。加强货物劳务税管理，在固原市试点推行中药材行业农产品进项税额核定扣除，建立成品油企业标示管理进入退出机制，顺利实现机动车销售统一发票电子信息缴税。利用"宁夏税务企业所得税管理平台"强化监控，完成12.89万户企业所得税汇算清缴。推进个人所得税改革，建立区、市、县三级网格化责任体系，完成68.11万人汇算任务。率先建立省级环境保护税征管协作机制。优化"不动产交易智能办税"系统，完善财产行为税管理模块。完成国家重大水利工程建设基金、水土保持补偿费和防空地下室易地建设费征管职责划转征收工作。自治区政府出台的《宁夏回族自治区税费保障办法》强化了部门配合协作，累计采集车辆登记、土地权属、房屋登记交易、工程项目等信息417万条。严格落实税收协定、税务备案等政策措施，办理对外支付税务备案143户(次)企业，非居民企业享受税收协定待遇14户(次)。强化非居民税收管理，加强资本与利润流向监控，组织非居民企业税收1.36亿元。推进反避税监管，加强跨境关联交易整体分析和重点企业全球"一户式”管理。

【优化营商环境】2020年，宁夏税务部门连续第七年开展“便民办税春风行动”，紧扣“战疫情促发展　服务全面小康”的主题，制定4类24项80条任务措施。联合14部门共同制定推进纳税缴费便利化改革五大类18项措施，优化营商环境。深化发票“网上申领、线下配送”服务，累计为9766户纳税人免费配送发票144.02万份。简化企业开办、注销和出口退税程序，纳税人平均等候时间、一般税务注销时间缩减50%以上，首次申领发票1个工作日办结，平均退税时间压缩至8个工作日以内。建立外商投资企业名册，落实境外投资者利润再投资递延纳税政策，续签《服务宁夏境外投资企业合作备忘录》，推动对外支付税务备案电子化，持续优化国际投资服务。深化“税银互动”合作，为5117户企业办理信用贷款19.63亿元。利用宁夏税务“获得”平台开展分类推送、一键咨询、一次解答等宣传咨询服务，受理各类咨询24.88万人次。上线“好差评”评价系统，办税缴费60万人次无差评。

【助力脱贫攻坚】“十三五”期间，宁夏税务系统依法落实各项税收扶贫优惠政策170.1亿元，共选派驻村第一书记31人、专兼职扶贫干部205人，与贫困地区结对共建党支部67个，全系统累计直接投入帮扶资金1211.1万元，引进帮扶资金681.3万元，推动结对帮扶的43个村3171户1.22万人脱贫摘帽。

（温学福）

金融监管

【概况】截至2020年年底，全区本外币贷款余额7982亿元，同比增长7.5%。其中，人民币贷款余额7783亿元，同比增长7.8%，比上年底加快1.8个百分点。按可比口径计算，全年新增贷款615亿元，同比多增236亿元，完成全年新增600亿元贷款的计划目标。为疫情防控重点保障企业发放贷款126.6亿元，向受疫情影响较大的制造业、批发零售、住宿餐饮、物流运输等行业累计发放贷款975.18亿元。对受疫情影响暂时困难的中小微企业延期还本涉及贷款金额257.57亿元、7994户，延期付息12.98亿元、2633户。保险机构复工复业组合保险产品为802家小微企业、个体工商户提供风险保障2.07亿元。建立小微企业主办银行机制，督导主办银行为企业量身定做综合性金融服务方案。对全区贷款余额3亿元以上的67家民营企业和银川市62家商业综合体，自治区地方金融监管局工作人员分片包抓，每周定期动态跟踪并协助解决融资困难和问题。推动宁夏银行、石嘴山银行和黄河农村商业银行3家地方银行，对商业综合体中的小微企业、个体工商户，开展无抵押无担保信用贷款试点，已投放贷款5124.9万元。积极发挥地方金融组织作用。截至2020年年底，全区113家小额贷款公司存量贷款22.1万笔，贷款余额48.3亿元，同比减少17.3亿元，减幅26.5%。62家融资担保机构在保户数3.47万户、195.32亿元。各政府性担保机构为2859户企业实施延期还本75.4亿元，1724户企业延期还息8.9亿元，基本做到能延尽延。宁夏股票交易中心及时开辟复工复产可转债发行“绿色通道”，协调各市金融局、政府性融资担保机构对接有发债需求的企业提供增信。

【直接融资】2020年，全区发行各类债券903.13亿元，非金融企业发行债务融资工具180.78亿元，同比增长133.2%。境内外上市公司15家，总计市值1442.43亿元，宁夏农垦集团成功发行疫情防控债5亿元，上市公司嘉泽新能发行13亿元可转债，银川住房保障投资有限公司发行保障房专项定向工具5亿元，均实现相关融资工具“零”突破。拟上市企业方面，晓鸣农牧、沃福百瑞申报创业板相继于11月通过深交所创业板上市委会议审核，凯添燃气挂牌新三板精选层，共享装备科创板申报事宜进入快车道，已报辅企业8家，上市意愿企业30余家，上市后备培育梯队初步形成。5家新三板挂牌企业实现股权增发融资1.72亿元。

【金融助推脱贫攻坚】2020年，宁夏金融扶贫“蔡川模式”（产业引领+能人带动+财政支持+金融帮扶）入选联合国中国扶贫经典案例。出台《加快推进农村综合金融服务支持乡村振兴战略工作方案》，推广河南省金融扶贫“卢氏模式”（金融服务+信用评价+产业支持+风险防控）。开展整村授信，推动农村综合金融服务与乡村振兴有机衔接，超额完成45亿元扶贫小额贷款投放任务，目标任务完成率为119.1%，金融扶贫实现“应贷尽贷”。截至2020年年底，全区扶贫小额信贷余额65.49亿元，户均贷款4.85万元，贫困户贷款覆盖率为70.8%，符合条件的建档立卡贫困户基本实现“应贷尽贷”。“扶贫保”累计为建档立卡贫困户提供风险保障4953.71亿元，有效降低了贫困户因灾、因病、因意外伤害及市场波动因素返贫的风险。实施“金融服务村村通”工程，集中消除27个金融服务“空白乡镇”，金融服务“最后一公里”基本打通。

【金融改革创新】2020年，企业续贷服务协调中心、首贷服务协调中心和企业信

2020年7月22日，自治区地方金融监管局召开创建"让党中央放心、让人民群众"满意模范机关动员会

用修复人民调解委员会共接到451笔企业的申请，金额40.24亿元。已成功办理100笔、金额12.9亿元，其中续贷49笔、金额8.2亿元；首贷35笔、金额1.5亿元；调解委16笔、金额3.2亿元，共为企业节约助贷成本693.59万元，节约银行利息成本242.7万元。推进宁夏金融监管与服务智能化建设项目，提升地方金融组织的监管和服务质效。深化要素市场化配置改革，补充地方中小银行资本实力，提升中小银行抗风险能力。通过与国家融资担保基金建立合作等举措，完善五级担保体系。创新融资担保业务"5221"风险分担机制，在隆德县实现首个协议落地。开展农村承包土地的经营权和农民住房财产权抵押贷款试点工作，推动吴忠农村产权交易中心(有限公司)有效发挥作用。建立"金融+"联席会议平台，并召开各类融资对接活动30余场，114家金融机构、1000多家企业参与。

【金融风险防控】2020年，自治区制定出台打好防范化解重大金融风险攻坚战实施方案并推动落实，妥善化解各类重点领域风险。制定出台支持金融机构加快不良资产处置意见，营造良好金融生态环境。积极防范化解高风险地方中小法人银行风险，组建黄河农村商业银行风险化解小组，完成黄河农村商业银行系统高风险机构的处置。截至2020年年底，全区银行业机构不良贷款余额、不良贷款率较年初分别减少27.9亿元、下降0.63个百分点。组建债委会89家，累计帮扶企业177户，弱化风险金额127.6亿元，多种形式续贷160.7亿元。持续加大非法集资打击力度。截至2020年年底，立案、涉案金额、涉及人员同比分别下降52.73%、37.93%、28.01%。成立自治区政府金融工作专班，协调宝塔石化、天元锰业化解债务危机。开展"扫楼"行动，对涉嫌从事非法金融活动的企业及时处置。持续开展互联网金融风险整治工作，分四批取缔30家机构P2P网络借贷业务，推进网贷机构市场出清；强化地方金融组织体系监管，先后注销131家小额贷款公司、28家典当行、6家交易场所的经营资质。

(严雪薇)

审计工作

【概况】2020年，全区审计机关共完成审计或审计调查项目581个，出具审计报告691份，查出违规及损失浪费资金2.5亿元，促进增收节支和挽回损失2.27亿元，11份审计报告(专报)得到自治区党委、政府主要领导肯定性批示。向自治区党委、政府报送各类请示、报告和信息等130多份，自治区党委、政府领导批示25件。其中，审计厅本级共完成审计项目43个，其中审计36个，专项审计调查7个。出具审计报告和专项审计调查报告47篇。审计处理处罚金额84224万元，其中应上缴财政4281万元、应原渠道归还资金76821万元、应缴纳其他资金2810万元。审计促进拨付资金到位、挽回(避免)损失722万元。审计提出建议110条，被采纳110条；促进被审计单位建立、健全规章制度83项；提交审计信息263篇，被批示、采用21件，向社会公告审计结果3篇。11月20日，自治区审计厅通过自治区文明办全国文明单位创建工作复检，继续保持"全国文明单位"和"全区文明行业"荣誉。2020年，自治区党委、政府高度重视审计工作，陈润儿书记和咸辉主席先后7次对审计工作作出批示，明确指出，全区审计机关认真贯彻落实党中央和自治区党委政府决策部署，依法履行审计监督职责，在推动政令畅通、助力打好三大攻坚战、维护财经秩序、保障和改善民生、推进党风廉政建设等方面发挥重要作用。1月4日，自治区第十二届人大常委会第十七次会议听取并审议《关于2018年度自治区本级预算执行和其他财政收支审计结果落实情况的报告》。7月27日，自治区第十二届人大常委会第二十一次会议听取并审议《关于2019年度自治区本级预算执行和其他财政收支情况的审计工作报告》。1月17日，全区审计工作会议在银川市召开，会议深入学习贯彻习近平总书记对审计工作作出的重要指示和李克强总理的要求，表彰全区优秀审计项目和审计标兵，总结2019年审计工作，研究安排2020年工作。3月11日，自治区党委审计委员会第四次会议召开，传达学习习近平总书记对审计工作作出的重要指示和李克强总理在听取审计工作汇报时的讲话精神，审定《2020年度统一组织审计项目计划》等文件。3月23日，自治区党委审计委员会办公室、自治区审计厅印发《关于贯彻落实〈党政领导干部和国有企事业单位主要领导人员经济责任审计规定〉的实施意见》《关于深入推进审计全覆盖的实施意见》，规范经济责任审计和审计全覆盖工作。6月19日，自治区审计厅印发《自治区审计厅党组关于深入学习宣传贯彻习近平总书记视察宁夏重要讲话精神的通知》。8月7日，自治区党委审计委员会办公室、自治区审计厅印发《关于认真学习贯彻习近平总书记视察宁夏重要讲话和在中央审计委员会第三次会议上重要讲话精神的通知》，深入学习贯彻习近平总书记视察宁夏重要讲话和对审计工作的重要指示批示精神。

【提升审计质量】2020年，自治区审计厅制定《关于深入推进审计全覆盖的实施意见》，推动全区2080个一级预算单位审计全覆盖。加强审计项目审计组织方式"两统筹"，有效整合人力资源，推动不同类型审计项目的统筹融合和相互衔接，实现审计项目"一审多项""一审多果""一果多用"。加大审计发现问题整改力度，统筹盘活、追回退还资金45.27亿元，加快实施项目58个，促进政策落地生效、项目加快实施、资金规范使用。推进"金审工程"三期建设，加大相关行业和领域数据采集、分析力度。强化与审计署和市县审计机关的上下联动和横向协作，避免重复审计。2020年，开展"深化审计质量提升年"活动，制定9个方面的措施，强化审前、审中、审后重要事项管控。实施的"宁夏某公司资产负债损益情况审计项目"获全国省级审计机关优秀审计项目一等奖，原州区审计局评选推荐的审计项目获全国县级审计机关优秀审计项目三等奖。全年组织各类培训55项，强化审计实务导师制，开展网络大学习知识竞赛，主动适应和服务自治区经济社会发展大局。

【财政资金审计】2020年，自治区审计厅推进预算执行审计，实现对自治区本级183个一级预算单位审计全覆盖，追回、盘活、加快拨付资金23.61亿元，健全完善制度99项。开展宁夏疫情防控资金和捐献款物专项审计及第四人民医院传染病防治综合楼（扩建）工程建设跟踪审计，及时发放捐赠物资，完善疫情防控有关制度10余项。做好新增财政资金直达市县基层直接惠企利民专项审计，抽审152个项目，涉及资金109.91亿元。

【政策跟踪审计】2020年，自治区审计厅开展全区2020年一至三季度贯彻落实国家重大政策措施情况跟踪审计和"三促进"专项审计，重点关注宁夏优化营商环境、就业优先等重大政策措施落实情况，促进实现全年经济社会发展目标任务。关注政策执行中存在的新情况新问题，注重边审边督边改，做好审计整改"后半篇"文章。关注拖欠民营企业和中小企业账款、减税降费、"放管服"改革等政策措施落实情况，促进"六稳""六保"政策措施落地见效。

【扶贫资金审计】2020年，自治区审计厅围绕"两不愁三保障"和饮水安全、"四查四补"等重点任务，对全区9个贫困县（区）和13个非贫困县（区）实施扶贫审计全覆盖，确保如期完成脱贫攻坚任务。建立扶贫审计发现问题整改台账，推动整改落实到位，促进全面打赢脱贫攻坚战。实施全区人才项目资金管理使用、困难群众救助补助资金等重点民生资金和项目审计，开展国外贷援款项目审计，推动各项惠民富民政策落到实处。

【领导干部自然资源资产审计】2020年，自治区审计厅开展领导干部自然资源资产离任（任中）审计项目34个，自治区审计厅机关与相关市县审计局联合开展贺兰山自然保护区生态环境综合整治专项审计调查，推动抓好生态环境保护，促进履行自然资源资产管理和生态环境保护责任。

【社会保障审计】2020年，自治区审计厅开展全区医疗保险基金、保障性安居工程、困难群众救助补助资金使用情况等重点民生资金和项目审计，追回、盘活、加快拨付各项民生资金7.33亿元，为国家增收节支和挽回损失580余万元，推动各项惠民富民政策落到实处。开展疫情防控资金和捐赠款物跟踪审计，促进加快分配资金4069.84万元、物资40万件，建立健全制度41项。

【固定资产投资审计】2020年，自治区审计厅聚焦自治区重大基础设施建设，推进投资审计，开展政府重点投资项目实施情况专项审计调查，配合开展工程建设和政府采购领域招投标专项治理，促进提高政府投资项目绩效。

【企业审计】2020年，自治区审计厅聚焦全面深化改革重点任务，围绕宁夏国企国资改革、重点投资项目等重点任务落实情况，开展自治区国有企业国有资本经营状况、政府重大投资项目实施情况、国有融资性担保企业运营情况等专项审计调查，促进推进国家治理体系治理和能力现代化，组织开展自治区国有企业国有资本经营状况专项审计，推动国企改革任务落实落地。

【领导干部经济责任审计】2020年，自治区审计厅贯彻落实《党政主要领导干部和国有企事业单位主要领导人员经济责任审计规定》精神，结合宁夏实际制定实施意见，坚持党政同责、同责同审，科学确定审计内容，组织对领导干部开展经济责任审计。严格落实"三个区分开来"重要要求，全面、准确、客观、公正作出审计评价，鼓励干部干事创业，促进领导干部规范用权、秉公用权、廉洁用权。

【大数据审计】2020年，自治区审计厅制定"金审工程"三期制度机制2项，细化大数据审计12条具体措施，推动审计信息化建设。组建数据分析团队，制定实施数据采集、转换、整理标准化工作流程，完成全区一级预算单位审计数据全覆盖工作。在预算执行等审计中，综合利用"财政专网"等平台，实时跟踪"直达资金监控系统"。在资源环境审计中，通过ArcGIS和91卫图，结合历史遥感影像，对比分析发现疑点，提高工作效率。

（金　荣）

统计工作

【统计服务】2020年，全区统计系统通过"统计联网"直报平台、电话和微信调查等多种形式，开展新冠肺炎疫情对全区经济及企业复工复产复商复市的影响等十余次快速专项调查，分析研判疫情对经济发展的影响，报送统计分析报告30多篇，为自治区党委和政府应对疫情、恢复生产、维护秩序提供及时可靠的统计信息支撑。紧扣全区经济社会发展主要目标，发挥统计监测评价职能，开展全面建成小康社会、高质量发展、"三新"经济、民营经济发展、工业经济新动能、公众生态环境满意度等各项统计监测，完成非公有制人才资源状况、部分行业事业单位等一系列调查，全面准确反映全区高质量发展方面的新进展、新成效。按照国家脱贫攻坚普查工作要求，灵武市、红寺堡区、同心县、泾源县和彭阳县社会经济调查队开展脱贫攻坚普查，为打赢脱贫攻坚战提供数据支撑。密切关注宏观经济形势和微观经济主体运行态势，强化预警预判，加强统计进度分析，每月在自治区政府常务会议上汇报全区经济运行情况。建立工作专班，组织实施电子信息、新型材料、清洁能源、绿色食品、枸杞产业、奶产业、肉牛和滩羊产业、葡萄酒产业等重点选题调研。开展全面建成小康、制造业高质量发展、文化产业、R&D、节能降耗等重大经济社会问题专题研究，全年共撰写统计分析报告88期、专报24期、简明统计信息152期，其中1篇获中央领导批示，47篇（次）获自治区领导批示。利用主流媒体和新兴媒体，定期发布月度数据和分析，局主要负责人通过宁夏电视台专访、参加新闻发布会等形式解读经济运行情况，引导社会预期，宣传统计工作。及时发布统计公报，整理编印《黄河流域九省（区）经济社会发展主要指标》《中小企业统计数据手册》等统计资料，"宁夏统计"微信平台信息量和影响力在全国统计系统均位居前列。银川市统计局开展"统计服务提升年"主题实践活动，固原市统计局强化预测预报、进度分析等五项制度，走出一条"上接天线""下接地气"的统计服务之路。

【人口普查】2020年，自治区党委书记陈润儿亲自参加普查现场登记，强调第七次全国人口普查是我国进入新发展阶段开展的一次重大国情国力调查，是党和国家工作中的一件大事。自治区主席咸辉在接受现场登记后，深入基层社区现场调研指导，要求共同把人口普查这件"国事"扎实有序办好。自治区常务副主席张超超多次主持召开会议，研究部署人口普查工作，自治区人口普查领导小组各成员单位全力支持配合，充分调动各方力量，带动全社会参与。各级普查办按期顺利完成普查机构组建、经费落实、物资准备、区划绘图、户口整顿、"两员"选聘、业务培训和普查摸底等准备工作。自治区人口普查办公室、5个地级市和6个县（区）完成普查综合试点工作。举办宁夏第11届中国统计开放日暨第七次全国人口普查宣传月启动仪式，全区各地利用广播、电视、微信、抖音、快手、报刊客户端、"学习强国"平台等媒体，迅速掀起"七人普"宣传高潮。从2020年11月1日到12月10日，全区3.85万名普查人员采用电子化的采集方式，上门入户进行全面调查。配合国务院第七次全国人口普查事后质量抽查工作组，完成对中宁县和西夏区6个普查小区的人口普查事后质量抽查工作。全区人口普查工作得到各地各部门的支持和参与，公安部门有序推进户口整顿及全力配合清查摸底、现场登记工作，自治区统计局和自治区党委宣传部印发《第七次全国人口普查宣传工作方案》，自治区统计、财政、人社部门印发《关于做好第七次全国人口普查经费保障工作的通知》，推动普查各项工作落实到位。银川市、吴忠市等将第七次全国人口普查工作列入政府工作报告。中卫市向全市公职人员发出《第七次全国人口普查邀您来打卡》的倡议书，彭阳县协调录制人口普查宣传资料在全县乡村大喇叭滚动播放，石嘴山市、隆德县、西吉县、盐池县通过致中小学学生家长的一封信、黑板报、学校课间广播、“小手拉大手”等形式广泛宣传人口普查知识。兴庆区、金凤区、沙坡头区采取灵活多样的方式，压实人口普查比对复查暨长表登记业务培训工作。

【统计改革】2020年，自治区统计局深入推进28项统计改革任务落地见效。地区生产总值统一核算正式实施，实现了5个地级市生产总值汇总数与全区数、各市所辖县(区)汇总数与所在市级数衔接。建立全区民营经济统计监测核算方案并实施分行业、分领域统计监测核算工作。建立全区“三新”经济统计监测制度和实施方案，对全区“三新”经济、战略性新兴产业、高技术产业、电子商务等行业、领域实施监测并进行增加值核算，填补了全区民营经济、“三新”经济统计监测及核算空白。推进劳动工资统计改革，完成500万元~5000万元固定资产投资项目联网直报改革、农林牧渔业季度报表联网直报改革、石油天然气行业法人单位与产业活动单位并重统计改革试点任务。

【依法统计】2020年，自治区统计局开展统计普法宣传，推动统计法进各级党校、社会主义学院，自治区统计局领导带头到自治区有关部门和市县开展统计法律法规专题讲座。全年共举办统计法治专题讲座近百场次。整理编印《领导干部统计法律法规汇编》《统计执法常用法律规范》发送至全区科级以上领导干部和全区统计系统干部。举办全区统计法治工作会议暨业务培训班。制定修订普法责任制考核、执法监督检查和立案调查结果报告、行政处罚裁量权规范、统计违纪违法举报、统计执法“双随机”抽查等一系列制度规定。全面清理纠正违反统计法精神的文件和做法，加强统计领域诚信建设，完成统计严重失信企业联合惩戒和公示，全区依法统计依法治统水平得到提升。成立工作专班，制定统计督察反馈意见整改方案，立案查处移交问题线索，联合有关部门现场督导检查，反馈问题已全部整改。起草并提请自治区政府印发《关于进一步加强统计工作的意见》。石嘴山市统计局把防惩统计造假列入全市全面从严治党、党风廉政建设和反腐败重点督查内容，并联合纪委监委加大日常监督检查力度，形成监督常态化机制。银川市、中卫市、西夏区、大武口区、利通区、中宁县、隆德县统计局建立完善相关制度，补齐防惩统计造假责任制度短板。惠农区统计局为286名统计员建立了信用档案。

(王　楠)

公共资源交易采购

【概况】2020年，全区公共资源交易平台进场交易共13907宗，同比增长26.5%，交易总金额732.13亿元，同比下降23.3%。其中，建设工程交易4885宗，交易金额447.76亿元，节资额65.77亿元。政府采购8102宗，交易金额105.92亿元，节资额8.1亿元。国有产权交易376宗，成交金额1.16亿元。国有建设用地交易518宗，成交金额124.63亿元，溢价28.53亿元。采矿权交易25宗，成交金额4.49亿元，溢价3.03亿元。水权交易1宗，成交金额5.4亿元。药品采购金额37.46亿元，医用耗材采购金额3.04亿元，疫苗采购金额2.27亿元。

【公共资源交易目录和制度】2020年，《自治区公共资源交易目录(2018版)》修订并报自治区政府批准发布。《自治区公共资源交易目录(2020版)》共分十二大类146个子项，新增林权类、无形资产类、排污权和水权类、用能权类、司法机关和行政执法部门开展的涉诉、抵债或罚没资产处置类、机电产品国际招标类六大类，基本囊括全区所有适宜以市场化方式配置的各类公共资源，并根据国家有关法律法规和宁夏实际情况设置“进场标准”，便于规范和操作。借鉴发达地区先进经验，以全区公共资源交易实践为基础，起草《关于深化体制机制改革创新推进公共资源交易高质量发展的实施意见》。通过系统性、整体性、协同性改革创新监督机制，建立高标准统一市场，健全交易制度体系，扩大公共服务供给，构建现代治理体系，全面提高公共资源配置效率效益和公平性，激发市场活力。

【公共资源交易统一平台和体系建设】2020年，宁夏开发建设水权电子交易系统，创新实现水资源交易纳入公共资源交易统一平台。4月27日，首例水权网上交易在自治区公共资源交易平台顺利成交，成交金额5.4亿元。配合生态环境厅推进排污权交易纳入“公共资源交易”统一平台，制定排污权有偿使用制度，研究开发排污权电子化交易系统，推进排污权实施市场化方式交易。推进工程建设项目电子化招投标。推进交通项目、水利项目、房屋建筑和市政工程施工项目、政府集中采购全流程电子化交易，实现公共资源交易“一网通办”“最多跑一次”，减少人为因素干扰，提升招投标效率，防范围标串标行为。自治区公共资源交易管理局和住建、交通、水利等部门建立联席工作会议机制，印发《关于加快落实我区招标采购全流程电子化目标任务的通知》，明确相关成员单位需要配合实现全流程电子化交易的目标任务，推进公共资源交易全流程电子化交易水平。推行工程建设领域“不见面开标”和“远程异地评标”，以中卫为试点开展远程异地评标工作。自治区交易中心与中卫市、吴忠市交易中心已实现远程异地评标。开发“宁夏公共资源房屋市政建设工程数字见证系统”，并在房屋市政建设工程项目中试运行，初步实现了对房屋市政建设工程项目交易全过程的数字见证记录。2020年，全区全面升级电子交易、服务、监管平台，促进平台向“系统集成”“协同高效”发展。推动银川都市圈国有产权交易市场建设，推进全区国有产权交易市场融合升级共享工作。4月，建成全区国有产权交易系统，免费为行政机关、人民团体、事业单位资产处置等产权出售、租赁等提供交易服务，初步建立以“公共资源交易”平台为核心的国有产权共同市场，推动产权共同市场融入银川都市圈建设。印发《自治区公共资源交易平台远程异地评标场所及设备设施标准（试行）》，增强5个地级市交易中心场地及硬件设施设备配置。支持地级市交易中心结合实际提升平台服务能力，固原市交易中心创新研发移动端投标人APP“标证通”，实现“指尖上的交易”。

【医药“招采合一”平台整合共享升级】2020年，《宁夏医药“招采合一”平台整合共享升级建设实施方案》通过自治区政府常务会议审议，对医药采购平台实施整合共享升级建设。4月，通过可行性研究报告审批；7月，通过初步设计方案审批；9月，完成项目应用系统建设标段施工招标。全面深化药品集中采购和使用改革，落实国家组织药品集中带量采购和国家组织高值医用耗材集中带量采购，规范自治区招标采购、优化阳光挂网采购、升级集中带量采购，最大限度降低药品和高值医用耗材价格，在国家组织药品集中带量采购的中选结果中，有7种最小制剂价格不到1毛钱的用于治疗高血压、糖尿病等疾病的常用药。在开展国家组织高值医用耗材（冠脉支架）集中带量采购中，中选冠脉支架均价从1.3万元下降到700元左右。

【优化公共资源交易环境】2020年，全区“公共资源交易”平台与“宁夏大数据共享”平台互联互通，累计推出共享数据1899942条。公共资源交易专家库作用得到发挥，开发了专家库社会化服务系统，出台抽取规程，向政府部门、事业单位提供专业咨询、论证等专家服务。建立宁夏公共资源阳光交易系统，推进市场主体建设的交易系统与公共资源交易平台实现对接，纳入公共资源交易平台体系，提供专家抽取服务，实施阳光交易。建立健全保证金管理制度，实施保证金自动清退，推进电子保函在公共资源交易活动中的应用。在全区实行项目招标信息线上审核服务，实现“一表申请、一网通办”，同步推行工程建设项目招标人自主选择交易中心。开放全区公共资源交易数字证书市场，加快数字证书兼容互认技术对接，促进全区数字证书企业有序竞争。制定《驻宁部队项目进场交易规程（试行）》，为驻宁部队项目进场交易提供服务保障，支持国防和军队建设。

【专项治理】2020年，自治区纪委监委和自治区公共资源交易管理委员会开展全区工程建设和政府采购等重点领域突出问题专项治理。两部门组织人员赴陕西、湖南等省调研考察，研究确立了以公共资源交易平台为重要抓手，聚焦工程建设政府采购等重点领域虚假招标、串通投标、出借资质等行业乱象，以对项目全生命周期开展大数据比对分析为突破口，落实理顺公共资源管理体制、集中治理行业乱象、提升数字监管能力、建立联合惩戒体系等为重点任务，构建完备的地方立法、部门规则、交易平台规程标准“三位一体”公共资源交易法治体系的工作思路，并与自治区审计厅、公安厅等部门赴5个地级市交易中心进行数据摸底调研，制定专项整治（一阶段）及全区数据录入工作方案。

（杨晓武）

市场监管

【市场主体概况】截至2020年年底，全区实有市场主体65.9万户，同比增长5.13%。其中，企业17.79万户，同比增长3.11%；个体工商户46.48万户，同比增长6.29%；农民专业合作社1.63万户，同比下降4.17%。从市场主体结构看，企业占26.99%，个体工商户占70.54%，农民专业合作社占2.47%。总体增长幅度基本与上年持平，企业占比下降0.5个百分点。2020年无新增上市公司。2020年全区新设市场主体10.47万户，新登记企业开办时间压缩至1个工作日，分类型呈现“一增两降”态势。全年新设市场主体10.47万户，同比下降2.83%，其中：新设企业3.07万户，同比增长5.51%；新设个体工商户7.3万户，同比下降5.87%；新设农民专业合作社1007户，同比下降9.36%。日均新设企业84户，较上年的74户增长13.51%。网上设立登记率达到39.2%，其中企业设立网办率达84.9%。

表3　　2020年全区各类市场主体期末实有情况表

市场主体类型	实有数量(户)	同比(%)	占比(%)
合计	658984	5.13	100
一、企业	177916	3.11	26.99
其中：国有、集体及其控股企业	11442	5.16	1.73
私营企业	165575	2.98	25.12
外商投资企业	899	0.11	0.14
二、个体工商户	464817	6.29	70.54
三、农民专业合作社	16251	−4.17	2.47

表4　　2020年全区各类市场主体本期新设情况表

市场主体类型	新设数量(户)	同比(%)	占比(%)
合计	104669	−2.83	100
一、企业	30711	5.51	29.34
其中：国有、集体及其控股企业	1378	2.3	1.32
私营企业	29276	5.66	27.97
外商投资企业	57	11.76	0.05
二、个体工商户	72951	−5.87	69.70
三、农民专业合作社	1007	−9.36	0.96

【商事制度改革】2020年，自治区市场监管部门开发运行企业开办“一网通办”平台，实现企业登记、公章刻制、申领发票和税控设备、员工参保登记、住房公积金企业缴存登记各环节集成办理，企业开办时间压缩至1个工作日内办结，比国家要求的时限提前3个工作日。推进“证照分离”改革全覆盖试点，解决准入不准营问题。落实《自治区人民政府开展“证照分离”改革全覆盖试点实施方案》，将宁东能源化工基地和石嘴山市所辖开发区作为开展“证照分离”改革全覆盖试点单位，对宁夏承接的中央层面设定的294项、自治区设定的4项，共计298项涉企经营许可事项采取直接取消审批9项、审批改为备案6项、实行告知承诺51项、优化审批服务232项，分类推进“证照分离”改革全覆盖试点。推进企业登记注册便利化规范化，实现1800余条经营范围表述项目与523项许可事项一一对应，有效解决填报难、审核难、识别难、告知难等问题。推行简易注销和注销便利化，解决“退出难”问题。开展工业产品生产许可证制度改革，按照《国务院办公厅印发〈关于深化商事制度改革　进一步为企业松绑减负激发市场主体活力的通知〉》《市场监管总局〈关于下放五类产品工业产品生产许可证审批权限　加强事中事后监管工作的通知〉》的要求，做好五类产品生产许可审批承接工作，自2020年9月29日起，由国家市场监督管理总局下放的建筑用钢筋等五类产品生产许可的受理、审查、审批、发证工作，全部由自治区市场监管厅承接。优化工业产品生产许可审批服务，十类产品分两种方式实行许可：对食品相关产品、化肥、电线电缆、危险化学品包装物及容器四类产品实施“告知承诺”审批；对建筑用钢筋、水泥、广播电视传输设备、人民币鉴别仪、预应力混凝土铁路桥简支梁、危险化学品六类产品实施“先核后证”审批。《中国营商环境报告2020》将银川开办企业指标列为全国标杆，有效做法在全国推广。

【复工复产复商复市】2020年，自治区市场监管部门出台便利服务、延长许可、减免收费等帮扶措施14项，通过网上办、预约办、容缺办、就近办等多种服务方式，支持企业复工复产复商复市。233家农贸市场根据疫情防控形势适时有序开放，95.78%的餐饮业服务单位恢复正常经营。自治区政府印发《关于深化商事制度改革　进一步为企业松绑减负激发企业活力的实施意见》,细化任务分工14条,明确部门职责,压实工作责任,完善工作机制,推进优化营商环境、激发企业活力。充分发挥并调动检验检测等技术部门力量,加强防疫用品计量标准鉴定和检验检测,减免收费2013万元。自治区主要领导、分管领导多次开展调研并8次批示予以充分肯定。

【质量强区建设】2020年,自治区市场监管部门全面落实《质量发展纲要(2011—2020年)》,推进质量强区建设,强化质量宏观管理,开展质量提升行动,主要农产品质量安全监测、食品药品监督抽查、工业产品质量监督检查合格率持续保持在95%,规模以上企业对标覆盖率达到85%,优势特色农产品全面实施标准化生产。房屋建筑和市政工程监督覆盖率、建筑节能工程达标率、工程竣工验收合格率等均达到100%,工程竣工验收备案率提高为95%以上,新型墙体材料应用比例为88%以上。服务业增加值达1443.4亿元,同比增长3.1%;服务业增加值占GDP比重为51.6%,对国民经济增长贡献率为60.3%。全区产业质量发展水平明显改观,三次产业结构比例由9.4:49:41.6优化为3.8:49.5:46.7,服务业增加值比重由42.3%突破到50%,每万人口发明专利拥有量由0.51件增长到5.12件,科技进步贡献率由42.8%上升为55%。宁夏共享集团全流程虚拟制造系统项目获得2020年全国质量标杆。2019年全国省级政府质量工作考核结果首次从连续4年C级晋升为B级,进入全国省级政府质量工作第二方阵。强化质量管理分级分层能力培训,将质量发展工作纳入自治区高质量发展绩效目标考核体系。强化制造业质量竞争力指数测量调查分析和公共服务及部分生活性、生产性服务质量监测。开展质量比对、质量攻关、质量改进和成果发布等群众性活动以及“质量月”活动,促使企业不断提升产品和服务质量。

【商标知识产权战略实施】2020年,自治区市场监管部门编制并印发《2020年宁夏知识产权战略实施工作要点》《2020年推动宁夏知识产权强区建设工作要点》,加大商标知识产权战略顶层设计。修订并完善《宁夏回族自治区知识产权战略实施工作部门联席会议制度》,召开2020年自治区知识产权战略实施工作部门联席会议,加大商标知识产权战略的统筹协调。突出商标、专利、地理标志侵权行为的查处与整治,组织开展“大武口凉皮”注册商标专用权、“彭阳红梅杏”地理标志保护产品专项保护等知识产权执法“铁拳”行动,2020年共办理各类知识产权侵权假冒案件205件,其中商标侵权案件189件,收缴罚没款253万元,移送司法机关案件3件。国际汽车城和某商行销售侵犯注册商标专用权案入选“4·26世界知识产权日”全国典型案例。实施“主席”商标有关情况调查,提请国家知识产权局宣告宁夏一公司持有的“主席”30类及33类2个注册商标无效。规范地理标志使用与监管,建立地理标志专用标志使用动态管理机制,开展地理标志专用标志使用企业清查行动,全面规范地理标志商标许可使用行为。整合优化宁夏专利商标窗口服务资源,实现“一窗通办”,满足市场主体及社会公众便利化服务需求。2020年,共受理专利电子申请5987件,电子申请率为99.14%,办结质检、通知书自取及专利权质押登记等业务事项1.9万项,专利收费973万元;受理商标注册申请1804件,办理变更、转让、续展等后续业务1279项。2020年,全区拥有有效注册商标6.9万件,有效注册商标同比增长20.8%;全区有效发明专利同比增长15.3%,每万人口发明拥有量同比增长14.2%。

【公平竞争审查和反垄断执法】2020年,自治区市场监管部门联合自治区发展改革委、财政厅、商务厅印发《关于进一步加强公平竞争审查工作的通知》,统筹推进全区公平竞争审查工作。调整完善自治区公平竞争审查工作联席会议制度,均由各级政府分管领导担任联席会议召集人,形成自治区、市、县三级联席会议机制顺畅运行工作体系。召开自治区公平竞争审查工作联席会议全体会议。强化宣传引导和业务指导以及专题培训,使政策制定机关逐步形成履行审查程序的工作自觉,有效防范排除限制竞争政策措施的出台发布。建立健全公平竞争的审查工作机制,对市场主体反映比较强烈、问题比较集中、行政性垄断问题多发的行业和地区,重点进行多频次抽查。在全区范围内组织开展自查自评和交叉检查,总体情况良好。建立重大决策会审制度。在全区政务协同办公系统中统一嵌入公平竞争审查流程,使审查成为各政策制定机关出台经济类政策措施的必经程序,从文件批转上强化程序把关,提高审查的规范性和可操作性。2020年,全区共审查增量文件2204件,经审查修改32件、适用例外规定8件,有效预防了限制竞争行为的发生。联合自治区发展改革委、财政厅、商务厅、司法厅印发《自治区市场监管厅等五部门关于开展妨碍统一市场和公平竞争的政策措施清理工作的通知》,组织各政策制定机关有序开展清理。截至2020年年底,全区共清理文件16268件，废止203件，修改30件。推进不正当竞争执法，全区查处不正当竞争案件13件，罚款178万元。盐池县“赵某某虚假宣传案”被评选为反不正当竞争执法暨“百日行动”典型案例在全国推广。引导经营者合规经营。利用药品带量采购经销商和配送企业会议、整治生鲜乳及天然气购销时机，及时宣传公平竞争政策，引导经营者合规经营。开展全区竞争执法业务培训班。对全区生鲜牛奶购销市场纠纷情况开展调查。对宁夏伊利公司等乳品企业开展反垄断业务辅导，指导企业依法合规经营，规避违法风险。自治区市场监管部门完善反垄断案件委托、案件线索报告机制。梳理行政垄断案件线索3件，处理完结1件。石嘴山市二手车市场经营者垄断协议案件全部结案，罚款132.79万元。宁夏的反垄断执法工作得到国家市场监督管理总局的充分肯定并给予奖励执法办案经费。

【价格监督检查】2020年，自治区市场监管部门突出疫情防控期间市场价格监管，建立每日主要商品价格监测机制，加大涉疫物资价格监管和案件查办力度，全区查处疫情防控及涉民生价格违法案件163件，罚款198余万元。推进涉企收费监管工作，降低企业经营成本。重点清理转供电环节加价收费行为，联合自治区发展改革委对全区271家转供电主体进行摸底排查，对其中存在收费不规范的211家转供电主体紧盯整改，责令清退终端用户电费590万元，处理违法案件6起，罚款67.65万元，为小微经营者减少电费支出3422万元。自治区市场监督管理厅与自治区发展改革委对全区34家城市天然气供气企业开展检查，通过宣传政策、现场指导、组织召开提醒告诫会等方式，督促天然气企业主动清退天然气费用506万元，没收7.08万元。组织开展行政事业、行业协会商会收费行为检查，对区属354家行业协会、商会情况进行摸排，对108家协会、商会进行检查整治，对59家多收费用35万元督促退回。检查14家行政事业单位和中介服务机构，清理退还不动产登记收费等47.3万元。开展物流成本收费检查，组织5家铁路企业对铁路货运收费行为开展自查。公路交通收费单位和企业未发生不执行政府定价、政府指导价和不执行鲜活农产品“绿色通道”政策以及超标准收费等违规行为。配合整治医保、医疗乱象，对52家医疗机构、药品生产企业进行检查，对40家进行督促整改，立案10起，依法处理4家，罚没款100.19万元，全国平安医院创建工作得到国家10部委联合通报表扬。

【打击传销与规范直销】2020年，自治区市场监管部门完善市场监管与公安机关打击传销执法协作机制，联合自治区公安厅完成打击整治传销专项行动方案和创建“打防传销示范县（区）”工作考核，每月到贺兰县等重点地区加强指导调研。2020年取缔传销窝点640个，遣散传销人员1856人，办理传销案件659件，罚款145.19万余元，分别比上年下降60%、70%、31%和19%。配合公安机关开展“6·25”行动。联合自治区公安厅开展全区打击整治传销违法犯罪“秋季攻势”集中行动，全区市场监管部门共排摸社区（小区）74个，联合街道及社区摸排租房户439处（间），捣毁传销窝点5个，遣散传销人员31人次，立案3起，录入传销人员信息150条。其中，贺兰县市场监管局捣毁传销窝点2个、遣散传销人员3人，贺兰县重点区域的传销活动大幅下降，成效明显。加强宣传教育，播发打击防范传销公益广告，在社区、农贸市场等人员密集场所张贴宣传海报2万份，宣传、发放宣传彩页10万份，组织商户在电子屏播放打击传销标语和举报投诉电话，普及打击传销知识、宣传打击传销举报奖励办法。严格规范疫情防控期间直销企业会议及培训报备和退换货制度，积极引导直销企业落实社会责任。

【食品抽检监测及安全监管】2020年，自治区市场监管部门加大食品安全抽检监测力度，主要对大宗食品、地方特色食品、高风险食品等开展食品抽检工作，全年共完成监督抽检3.3万批次，总体合格率为98.9%，共发布食品抽检信息45期。针对发现的不合格产品，全区市场监管部门加大核查处置力度，全年共查办食品违法案件849起，取缔“黑窝点”253家。率先以省域为单位全域创建“食品药品安全区”，打造可复制可推广的宁夏办法。实施食品生产、销售企业风险分级管理，开展餐饮质量安全提升、校园食品安全守护行动，5680家小作坊全部建立“一户一档”电子化监管档案，“明厨亮灶”覆盖率为96%，全区小学、幼儿园食堂“互联网+明厨亮灶”覆盖率为88%。开展“随机查餐厅”“文明餐桌”行动，坚决反对餐饮浪费。强化高速公路服务区、旅游景区、救助站以及农村食品、保健食品安全专项治理，加强食盐安全监管，创建“放心肉菜超市”3家。

【特种设备安全监管】2020年，自治区市场监管部门开展特种设备集中整治行动，加强特种设备安全防范服务，督促指导使用单位开展隐患排查治理，确保特种设备安全运行。开展大型游乐设施专项排查整治，巩固乘客束缚装置隐患治理成果和客运架空索道隐患排查治理，组织开展压力管道带压堵漏专项排查和电梯维保质量抽查，实施压力管道生产、电梯安装（含修理）企业证后监督检查，和以旅游景区大型游乐设施和气瓶充装站为重点的节日特种设备安全保障。全区共检查特种设备企业3792家，抽查设备15878台（套），发现并消除安全隐患2167处，立案查处88件，罚款128.64万元，取缔窝点4处，责令拆除1台非法安装的大型游乐设施，注销燃煤锅炉52台，能效测试在用锅炉8台。推动落实企业安全主体责任，组织约谈重点化工企业及施工单位负责人，召开压力管道带压堵漏、压力容器带压密封专题交流研讨会等，压实企业主体责任。做好应急值守和应急处置。持续加强“96333”电梯应急处置平台建设，督导电梯维保单位做好重要时段应急保障，“96333”平台覆盖率达到99.15%，救援人员到达现场平均时间14.5分钟，现场救援平均用时2.77分钟。推进特种设备信息化监管，推进并完成全境开展车用气瓶充装信息平台建设的试点工作。研究草拟电梯维护保养模式和电梯检验、检测方式试点工作方案，推进电梯监管改革。

【质量监督抽查】2020年，自治区市场监管部门对全区制造业重点监管产品质量状况进行分析，防范产品质量安全风险。加强制造业产品质量风险监测，对全区生产制造的五大类53种产品共185批次进行抽检，不合格产品2批次。聚焦重点产品，守牢质量安全底线。制定重点监管目录和日常监督检查方案，制定并印发《2020年度全区重点工业产品质量安全监管目录》《2020年度产品质量日常监督检查方案》，优化产品质量安全监管机制，强化日常监管，注重风险防范，坚持上下联动，提高监管效能。抓好重点领域的产品质量抽检。全年围绕农资、柴油发动机、儿童学生用品、食品相关产品、消防产品、劳动防护用品、疫情防控产品、电气产品、成品油、民用燃煤等共开展十项专项监督抽检，涉及26类49种产品，抽检3420批次，合格3189批次，不合格231批次，不合格发现率为6.75%。按照《建设黄河流域生态保护和高质量发展先行区》任务分工，加强民用散煤治理，共抽检359批次。开展待售柴油货车和非道路移动机械污染排放专项抽查，共抽检300款不同类型（系族）柴油发动机，抽检全部合格。开展成品油质量专项抽查，抽样689批次，发现不合格2批次，整体合格率为99.7%。开展危险化学品及容器包装物获证企业证后现场检查。加强安全带安全帽等劳动防护用品质量抽检，共抽检3类产品210批次。联合消防救援总队抽查消防产品100批次，全部合格；抽查电气产品132批次，合格111批次，不合格21批次，不合格发现率为15.9%。

【“双随机一公开”监管】2020年，自治区市场监管部门制定《宁夏市场监管领域部门联合抽查事项清单》《宁夏市场监管领域部门联合“双随机一公开”监管实施细则》，建立全区市场监管领域“双随机一公开”（即“随机抽取检查对象，随机选派执法检查人员，抽查情况及处理结果及时向社会公开”）监管工作联席会议，健全完善“两库”，实现部门“双随机一公开”联合监管常态化。全年开展“双随机”抽查866次，其中部门联合抽查229次；检查各类市场主体1.71万户。强化企业年报公示工作，联合商务、外汇等部门共同做好“多报合一”工作。全区企业2019年度年报率为94.07%，超出总局目标9.07个百分点，特设企业年报率为100%。按照6%的比例，随机抽取8454户企业、784户农民专业合作社进行年报公示信息抽查。依法开展清理吊销工作，清理吊销企业和农民专业合作社1.33万户。强化涉企信息统一归集共享。依托国家企业信用信息公示系统（宁夏），归集涉企信息803万条。加快推进“互联网+监管”工作，监管事项数据推送量居部门榜首。对涉及市场监管厅的736项监管事项100%认领，按时完成统一身份认证、监管事项补充编辑等工作。开展部门协同监管和联合惩戒，规范企业经营异常名录、严重违法失信企业名单管理，组织对全区被列入严重违法失信企业名单异常名录满三年仍未申请移出的企业开展各项核查和提醒公告、名单上报、列严录入等工作。全年有1.43万户企业被列入异常名录，788户被列入“黑名单”。落实《失信企业协同监管和联合惩戒备忘录》，按照职责清单开展联合惩戒。全年共限制失信被执行人担任法定代表人1346人次。开展无证无照经营整治工作，全区市场监管部门共检查各类经营主体7746户，发现无照无证经营主体1174户，下发责令改正通知书672份，引导办理证照1154户，取缔20户，立案查处48户。

【广告市场监管】2020年，自治区市场监管部门开展清理整治含有“软色情”等低俗庸俗媚俗广告专项行动，整治清理使用或变相使用国家机关名义发布广告，以及含有宣传奢靡浪费等违背社会良好风尚内容的违法行为。加大对医疗、药品、保健食品、房地产、金融投资理财等关系人民群众健康安全和财产安全的重点领域广告的高压严管态势，开展虚假违法广告专项整治行动，严厉查处发“疫情财”等各类广告违法案件47件，罚没款177万元。加强对广告新兴业态监管，坚持包容审慎，开展直播带货专项整治，全区查办网络直播带货案件5件，罚没款349.5万元。加强广告监测，围绕重点问题、重点领域，开展医疗、保健食品、套路贷、非法集资广告的专项监测，全年发现涉嫌违法广告6441条(次)，违法率为0.31%，下发责令停播单61份，责令整改11份。制定并印发《自治区整治虚假违法广告联席会议工作制度》，明确各成员单位的职责和任务分工。召开自治区整治虚假违法广告联席会议暨媒体约谈会，联合处理涉嫌违法广告线索43条。优化"三品一械"广告审查模式，自建并提前实现广告审查系统跨省通办，依法依规严格审查"三品一械"广告内容，全年共办理"三品一械"广告审查62件。做好公益广告工作的规划和管理，与自治区党委宣传部、文明办、广电局等部门共同主办全区第五届公益广告大赛，获得支持宁夏公益事业传播贡献奖。

【网络交易市场监管】2020年，自治区市场监管部门强化网络商品交易及有关服务监督管理，制定并印发《自治区市场监管厅关于加强网络商品交易及有关服务行为监管工作的实施意见》，明确全区网络商品交易及有关服务监管工作职责。调整完善网络市场监管厅际联席会议制度。开展落实电子商务平台责任专项行动，检查电商平台62家，删除违法违规商品信息65条，行政指导53家(次)。建立网络交易主体监管档案，通过签订责任书、承诺书，督促电商平台加强自律，履行主体责任。建立网络经营主体数据库，及时监测更新全区网络交易经营主体数据，全区共有网络交易平台39户，平台内网店4824户，独立交易网站290户，辖区外交易平台网店3784户(其中，企业店铺1814户，个人店铺1970户)。加强网络交易信息监测，全年共开展新冠肺炎疫情防控、芬太尼销售、"双十一"网络销售等专项监测17次，监测覆盖经营主体1.89万户(次)，监测交易信息条39.72万次，发现涉嫌违法交易线索366条。组织召开自治区网络市场监管厅际联席会议，联合开展2020网络市场监管专项行动(网剑行动)，网上检查网站、网店2969个(次)，实地检查网站、网店经营者1765个(次)，督促网络交易平台删除违法商品信息87条，责任整改网站31个(次)，提请关闭网站52个(次)，责令停止平台服务的网店26个(次)，抽查核实平台内销售食品、药品、防疫用品经营者主体信息1578个(次)，查处网络违法案件8件，罚没款33.06万元。

【"放心消费在宁夏"创建活动】2020年，自治区市场监管部门贯彻落实自治区政府加快发展流通促进商业消费的实施意见，完善促进消费体制机制。联合自治区高级人民法院、消费者协会共同制定《关于建立消费纠纷诉调对接机制的指导意见》。调整完善自治区消费者权益保护工作联席会议制度，成员单位由2018年的30个调整为26个。召开全区消费者权益保护工作联席会议，总结2018年以来"放心消费在宁夏"创建工作，研究分析新形势下消费者权益保护工作任务，安排部署下一阶段工作，研究审定《宁夏回族自治区开展"放心消费在宁夏"创建活动实施方案(2021年)》。安排部署全区消费痛点堵点问题专项整治行动，加大对消费欺诈、侵犯个人信息、预付卡跑路、不公平合同格式条款等侵害消费者权益行为的打击力度。建立消费纠纷诉调对接机制，推进消费维权社会共治。加大市场监督投诉举报平台建设力度，及时完成与全国"12315"系统有效对接，全年受理咨询投诉举报8.6万件，办结率为99%，为消费者挽回经济损失2576万元。

【合同行政监管】2020年，自治区市场监管部门开展消费痛点堵点问题专项整治行动，重点整治不公平合同格式条款行为，全年全区市场监管部门共出动执法3786人次，检查各类经营场所3785家、各类经营户13774户(次)，查办案件36件，下发《责令整改通知书》17份，约谈企业9家，检查各类格式合同617份，罚没款1000余万元。加大《合同法》《消费者权益保护法》《合同违法行为监督处理办法》等法律法规宣传力度，教育引导经营者规范合同行为，提高企业合同意识。推广使用合同示范文本，与自治区农业农村厅、工业和信息化厅联合制定并印发《宁夏生鲜乳购销合同(示范文本)》。对合同示范文本使用情况开展专项检查，加强示范文本的推广使用，维护市场主体和消费者合法权益。加强疫情防控常态下合同行政监管，帮助受疫情影响严重、经营困难的餐饮、住宿、旅游、教育培训、家政、影院剧场、美容美发等行业缓解房屋租金压力，渡过难关。积极做好动产抵押登记工作，全年全区市场监管部门共办理动产抵押登记1045份，帮助企业融资达489.13亿元；根据《市场监管总局办公厅关于做好动产抵押登记职责划转有关工作的通知》要求，如期完成动产抵押登记职责划转工作，自2021年1月1日起，市场监管部门不再受理动产抵押登记的设立、变更、注销工作。

【标准化体系建设】2020年，自治区市场监管局组织起草《自治区加快推动高质量发展标准体系建设方案》，制定《自治区高质量发展标准体系框架》，确定在优势农业、先进制造业、现代服务业、城乡融合和生态环境保护及水治理五大领域建立和完善58个重点领域标准体系目录。制定并印发《自治区生产性服务业标准化三年行动方案(2020—2022)》。批准发布《儿童福利机构突发传染病疫情规范》等三项地方标准。贯彻落实自治区“三大战略”发挥标准化技术支撑作用，推动宁夏装备制造“技术专利化、专利标准化、标准产业化”走出国门，领跑行业。完善贺兰山东麓葡萄酒标准体系内容，《贺兰山东麓产区干白葡萄酒酿造技术规程》等6项葡萄酒相关地方标准通过技术审查。强化标准实施和推广，不断建立完善标准实施监督机制。大力实施企业产品和服务标准自我声明公开及监督制度。截至2020年年底，培育行业协会发布团体标准40项，623家企业上报3112项企业标准。制定并发布《宁夏回族自治区地方标准管理办法》，加强地方标准管理，全年共征集地方标准立项申报422项，经组织专家进行两轮审查论证，最终确定83项被列为2020年地方标准制修订任务。开展标准化试点建设工作，银川经济技术开发区管委会承担的国家级高端装备制造业标准化试点项目，国家级第四批社会管理和公共服务标准化宁夏儿童福利院和石嘴山市政府服务中心试点建设，经国家市场监督总局审定通过。开展国家级社会管理和公共服务标准化试点、国家基本公共服务标准化试点工作。联合自治区农业农村厅推进农业农村标准化建设。

【计量标准、检验检测和认证认可】2020年，全区新建自治区级社会公用计量标准10项，授权2家社会第三方计量技术机构建立社会公用计量标准，填补了全区社会公用计量标准空白。截至2020年年底，全区已建立自治区级社会公用计量标准142项，市级社会公用计量标准72项，县级社会公用计量标准42项。开展与人民群众生活密切相关的计量器具监督检查，规范市场计量行为，营造放心消费市场环境，全年共检查各类市场主体1962个，监督抽查计量器具13924台，查处并销毁不合格计量器具247台(件)。开展全区范围内定量包装商品净含量计量监督抽查，共抽查176批次，合格158批次，合格率为89.7%。加强检验检测重点领域监管，联合自治区住房和城乡建设厅、生态环境厅开展检验检测机构双随机抽查工作，共抽查检验检测机构62家，其中停业整顿4家，责令整改26家，自行整改16家。组织开展检验检测机构分级分类监管，完成412家检验检测机构的分级评价，其中A类54家，B类351家，C类7家，其他72家由于受疫情影响或其他原因没有开展工作。强化认证机构活动监管，联合自治区工业和信息化、药监等部门加强企业规范使用认证证书和标志的指导等。制定并发布《柴油车氮氧化物检测仪》地方计量校准规范，对60家机动车检验检测机构新国标的执行情况开展检查。多视觉开展“计量服务中小企业行”活动。

【信息化建设】2020年，自治区市场监管部门加快推进宁夏智慧市场监管一体化平台建设，制定《自治区“双随机、一公开”综合监管平台建设方案》，并通过自治区政府办公厅和自治区发改委立项审批，争取自治区信息化专项资金699万元。加强“商事制度改革”信息化支撑和管理，依据市场监管总局数据标准，优化全程电子化、公示系统，提高企业办事效率。加强与有关部门的协调对接，梳理各部门业务需求，协商数据采集方式和共享标准，开发系统接口，主动协调自治区税务局解决实名认证二次认证问题，在全国率先实现“一网通办”一次认证，将企业开办时间压缩至1个工作日以内。加强系统安全和网络安全管理，制定网络安全应急预案，组织网络安全应急演练，强化网络安全防范措施，保障好各信息系统安全稳定运行。狠抓数据质量，推进数据共享。2020年向全区1090个单位共享信息469.2万条，归集数据21.7万条，保障接口查询1506.7万次，累计为自治区“互联网+监管”推送数据3500万条，数据共享量居全区第一。

【法治建设】2020年，自治区市场监管部门梳理明确七类30种违法行为适用情形、定性依据和处罚依据，为规范疫情防控期间严格依法行政、规范执法办案工作提供保障。加强行政规范性文件管理，自治区政府修订《宁夏回族自治区食品生产加工小作坊小经营店登记管理办法》《宁夏回族自治区食品小摊点备案管理办法》，废止《宁夏著名商标认定程序规定实施细则》。稳步推进行政执法“三项制度”落实，有序推进市场监管行政执法系统与自治区行政执法监督平台对接工作，编制《自治区市场监管厅行政执法人员清单》，印发《关于贯彻市场监督管理执法监督暂行规定　规范使用执法监督文书格式范本工作的通知》。制定《宁夏回族自治区市场监管部门行政处罚裁量权适用规则和基准》《宁夏回族自治区市场监管领域实施包容免罚清单(第一批)》，为规范行政处罚自由裁量，推进包容审慎监管提供政策依据和原则指引。开展全区市场监管部门行政执法案卷评查工作，共评查案卷5207件，评选出优秀案卷30件。加强行政处罚案件核审工作，全年无复议、诉讼案件情况发生。制定《自治区市场监管厅行政复议和应诉案件办法》，按照"谁主办谁负责"的原则明确行政复议和应诉案件的职责分工与工作流程。2020年，共办理行政复议案件5件，应诉案件6件，未发生存在重大风险的败诉案件。

【科技创新】2020年，自治区市场监管部门组织申报国家市场监督管理总局"十四五"市场监管科研需求和自治区"十四五"科技创新发展规划项目，抓好在研项目管理和实施，做好科研成果登记转化工作。组织申报重大科技工程、创新团队等项目7个和国家市场监督管理总局2020年度市场监管技术保障专项项目1个、2020年度市场监管科技计划项目6个。申请筹建国家枸杞质量检验检测中心（宁夏）和国家葡萄酒质量检验检测中心（宁夏）。推进国家煤化工产业计量测试中心筹建工作。组织申报2020年度国家市场监督管理重点实验室1个和技术创新中心1个。

【全区"12315"热线消费投诉热点】2020年，全区市场监管"12315"热线平台共受理各类消费投诉21633件。其中，商品类11540件，占比53.3%；服务类10093件，占比46.7%，为消费者挽回经济损失2576.22万元。食品安全、售后服务消费投诉热度不减。同时，随着疫情防控的需要，群众消费习惯的变化也助推了新业态、新模式消费快速发展，团购、直播带货、电视购物等线上消费投诉显著攀升，卫生防疫用品投诉短期集中突增。预付费消费中，商家违约、关门"跑路"现象频发，也引起全社会对信用监管的关注。商品类投诉热点：食品安全投诉居首。全年共投诉2343件，占商品类投诉总量的20.3%。反映主要问题有：生鲜水果、肉制品、乳制品、米面粮油等食品有异味、含异物、发霉变质；预包装食品超过保质期、保质期内性状改变或标签标识不规范；食品外包装标识引人误解、虚假宣传等。交通工具投诉抬头。全年共投诉1306件，占商品类投诉总量的11.3%。反映主要问题有：经销商强制或变相强制搭售保险、指定保险公司续保；经销商不履行承诺等违约行为。如：不能按约定时间交付车辆和车辆合格证，或不能及时退付订金，取车时临时加价等；购买的新车，发现疑似存在交付日之前的维修、擦碰痕迹；售后服务不规范，故障屡修不好、过度维修、价格不透明等。服装鞋帽类投诉常见。全年共投诉1262件，占商品类投诉总量的10.9%。反映主要问题有：服装褪色、缩水、起球、扒缝；鞋面掉皮、开线、鞋底开裂等，商家拒绝修复或更换、退换，修复期过长或折旧费过高，服务态度恶劣引起消费者不满等。电视购物投诉频发。全年共投诉418件，占商品类投诉总量的3.6%。针对电视购物的投诉主要集中在保健食品、药品、通信设备、家用电器等产品，反映的主要问题有：商品质量、性能、功效等说明与实际不符，虚假、夸大宣传、欺骗、误导消费者；电视购物的经销商刻意收集购买意向人的电话、住址等个人信息，以货到付款方式邮出商品，诱导消费者签收付款。商品一旦售出，商家对服务热线进行设置，限制或干扰消费者的权益主张；不履行广告宣传承诺，或通过广告宣传赠送出的产品含有消费陷阱，不具备使用功能等。医疗器械投诉增长。全年共投诉221件，占商品类投诉总量的1.9%，较往年同期增长显著。主要表现在群众对健康生活关注程度提高，各种宣传具有保健、医疗功能的器械在全区市场悄然兴起，随之而来的关于医疗器械虚假宣传、质量问题、无资质经营二三类医疗器械等投诉增多。2020年，受疫情影响，涉及医用口罩的相关来电激增，全年共接到相关来电3459件（其中，咨询1383件，投诉452件，举报1624件）。服务类投诉热点：餐饮住宿投诉第一。全年共投诉2022件，占服务类投诉总量的20%，各季度均为服务类投诉排名第一。餐饮方面投诉的主要问题有：上半年部分商家不执行疫情期间聚餐退订政策，拒绝足额返还定金或退餐费，或要求消费者延期消费等；夏季餐饮消费中出现海鲜腐败、食品变质、含有异物等。住宿方面投诉的主要问题有：通过线上预订房间，到店登记时遭遇商家加价；预订的酒店实际住宿环境与宣传不符，或网络预订平台涉嫌发布虚假广告误导消费者；住宿卫生条件不佳，商家服务态度恶劣等。预付费投诉多发。全年共投诉1934件，占服务类投诉总量的19.1%，预付费消费普遍存在于商业零售、住宿餐饮、美容养生、娱乐健身等众多商品和服务领域，这种先付款后服务的消费模式在为消费者带来便利和实惠的同时，也存在许多隐患。常见的纠纷有以下几种情况：商家倒闭、歇业或经营主体变更，消费者预付款难追回；预付费消费合同不规范，商家规避法定责任；服务承诺难以保障，商家擅自变更服务内容、服务地点、服务价格。上半年，受前期疫情管控的影响，预付卡使用时效争议频发；下半年，经营主体变更、关门歇业情况增多，预付卡无法正常使用而引发的纠纷较为突出。停车服务投诉频发。全年共投诉972件，占服务类投诉总量的9.7%，反映的主要问题有：部分停车场未公示收费许可证、收费标准，不能做到明码标价或者明码标价不醒目，以及擅自提高政府定价标准等；部分停车场人工收费拒绝出具票据，管理人员服务态度恶劣；分时段收费，停车场一律按最高标准收取费用，或不执行免费停车规定等。在全区停车收费投诉中，银川地区有910件，占该类投诉的93.6%。电梯安全使用受关注。全年共投诉145件，占服务类投诉总量的1.4%，占特种设备相关来电的73%。主要反映：电梯运行故障。个别公共场所和居民小区电梯故障频发，出现坠层、摇晃、倾斜等情况；或运行中电梯突然停运、困人伤人；物业公司收取电梯使用费用不规范。汽车维修投诉增长明显。全年共投诉119件，占服务类投诉总量的1.2%，汽车维修保养服务投诉呈现较快增长之势。随着汽车保有量的不断增加，相关售后服务、维护、保养市场巨大，成为群众日常生活消费之一。汽车维修保养服务质量参差不齐，服务标准不统一，极易引发各类消费纠纷。投诉主要反映的问题有：经销商以未定点保养为由，拒绝履行三包义务；售后服务点虚列维修、保养项目不明码标价；汽车维修服务不予三包，更换零配件存在以旧充新、不明示零配件生产厂家及材质性能等。

【2020年度典型案例】侵害消费者权益十大典型案例：段某某恶意申请注册商标案、固原市正源天然气有限公司侵害消费者合法权益案、宁夏欧化达生物工程有限公司生产冒用他人厂名厂址化肥案、吴忠市利通区仁和堂诊所销售劣质药及欺诈消费者案、惠农区喜诺物资供应站销售侵犯"SKF"注册商标专用权轴承案、任某某无证生产销售化妆品案、宁夏萃德电子科技有限公司虚假宣传案、宁夏祥龙羊东家餐饮有限公司未取得许可证擅自从事餐饮服务案、石嘴山市二手车交易市场经营者垄断协议案、银川市子坤商务实业有限公司虚假宣传案。消费维权十大典型案例：订制家具板材供货无标识、购买虚假宣传功效保健品、诊所开药隐瞒药品真实成分、早教质量体验退费纠纷、新购农机售后维修并赔偿经济损失、儿童游乐园受伤经营者赔偿损失、羊只服油死亡维权获赔暖民心、驾校培训中途停学退返剩余学费、早教中心因疫情防控退费纠纷、未成年人购买手机退货退费纠纷。

（陈　洋）

药品监督管理

【概况】2020年3月31日，自治区政府召开全区市场监管暨药品监管工作电视电话会议，对全区2020年药品监管工作进行全面安排部署。自治区药品监督管理局认真履行疫情联防联控职责，推进自治区党委巡视反馈问题整改工作。超额完成国家药监局下达的药品、医疗器械、化妆品监督抽检任务和药品国家评价性抽检任务。开发建设的"阳光药店"信息系统当年启动、当年完成，并被评为2020年全国药品"智慧监管"典型案例。宁夏"药安早知道"宣传品牌获"2020年全国药监系统政务新媒体科普贡献奖"。在全国"两法"（《中华人民共和国药品管理法》《中华人民共和国疫苗管理法》）知识竞赛中获"优秀组织奖"，自治区药品监督管理局政策法规处三级主任科员陈思宇被国家药品监督管理局授予"全国十佳药品安全科普使者"称号。全年全区未发生重大药品安全事件和重大涉药负面舆情事件。11月23日，国家药品监督管理局党组书记李利专门听取宁夏药品监督管理局的工作汇报并提出具体指导意见和工作要求。截至2020年年底，全区共有持"药品生产许可证"的企业34家（其中，制剂及原料药生产企业13家，中药饮片生产企业15家，医用氧生产企业4家，药用辅料生产企业2家）。各企业共持有药品批准文号361个（其中，化学制剂196个批准文号中含5个医用氧批准文号，中药制剂批准文号145个，原料药批准文号20个）。全区共有持"医疗机构制剂许可证"的制剂室8家，其中3家制剂室持有医疗机构制剂批准文号66个。全区共有药品经营企业4735家（其中，药品批发企业112家，零售连锁总部62家，零售药店4561家）。全区共有医疗器械生产企业33家（其中，一类医疗器械生产企业9家，二类医疗器械生产企业24家）。共有医疗器械产品77种（其中，第一类医疗器械21种，第二类医疗器械56种）。注册品种主要有定制式义齿、热敷贴、细胞处理试剂盒、海藻生物胶、医用口罩、无线可视气管插管观察引导用喉镜等。全区共有医疗器械专营企业768家（不含备案经营）。

【疫情防控】2020年1月23日，自治区药品监督管理局召开党组会议，传达学习有关会议文件精神，决定成立由党组书记、局长王生礼任组长的新型冠状病毒肺炎应急防控工作领导小组，提出加强执法检查、加强值班值守、加强内部人员管理、加强信息发布管理、加强个人卫生防护等应急防控措施。先后印发《关于加强新型冠状病毒感染的肺炎疫情防控期间药品质量安全监管工作的通知》《关于对防控新型冠状病毒感染的肺炎疫情急用医疗器械实施特殊管理的通知》《关于切实做好新冠肺炎疫情防控期间药品医疗器械行政许可(备案)和产品注册工作的通知》等文件,分别对全区药品监管领域疫情防控工作提出要求,组织有关人员赴各市县深入各级医疗机构、零售药店等涉药单位开展执法检查,对进口、出口、捐赠等各类防控物资进行专业查验、专项抽检,对区内紧急转产医用口罩的医疗器械生产企业进行帮扶指导,对口罩生产企业产品注册、生产许可等进行全程跟踪指导服务,采取网上审批、容缺审批、先发证后检查、减免费用、合并产品注册与生产许可现场检查等办法,并与苏银产业园签订《合作备忘录》,靠前服务企业复工复产,先后完成4个防治新冠肺炎中药制剂的应急备案审查。3月24日核准制发自治区第一张医用口罩注册证和生产许可证,全年为全区5家医疗器械生产企业办理9个医用口罩产品注册证(其中,4个一次性使用医用口罩、3个外科口罩、2个医用防护口罩)。1月21日至5月14日,自治区各级药品监管部门累计检查药品、医疗器械生产经营使用单位24485家(其中,药品生产企业15家,药品批发企业含零售连锁总部172家,零售药店含连锁门店22782家,医疗机构1364家,医疗器械生产企业含拟转产医疗器械的相关企业43家,医疗器械专营企业108家,其他1家)。累计查处涉疫情防控的药械质量安全案件15起,收缴罚没款80.68万元。组织应急抽检抗疫用药品7个品种8个批次,检验结果全部合格。委托区外检验机构送检电子血压计、医用口罩等医疗器械产品6个种类29批次。印发《关于加强疫情用出口医疗器械产品质量安全监管工作的通知》,与银川海关建立沟通协调机制,对区内1027家医疗器械生产经营企业出口销售情况进行全面摸排,实行清单化管理,与自治区工信厅联合对宁夏向国外捐赠的12种27万件物资进行资质查验。11月中下旬,向240余家监管对象下发《关于加强全区药品医疗器械化妆品生产经营单位今冬明春疫情防控工作的通知》,并在每市确定1个哨点,推动建立退烧、止咳等药品销售监测制度。12月,自治区药品监督管理局医疗器械监督管理处被国家市场监督管理总局、国家药监局、国家知识产权局评为“全国市场监管系统抗击新冠肺炎疫情先进集体”,自治区药品审评查验和不良反应监测中心干部逯海龙先后被评为“全国市场监管系统抗击新冠肺炎疫情先进个人”“2020年宁夏先进工作者”。自治区药品监督管理局综合处被自治区区直机关工委评为全区“我身边的战‘疫’模范”集体,药品流通监督管理处处长黑生虎被评为全区“我身边的战‘疫’模范”个人。

【全域创建食品药品安全区】2020年10月27日,全域创建“食品药品安全区”动员大会在银川市召开,会议深入学习贯彻习近平总书记视察宁夏重要指示、重要讲话精神,全面启动宁夏全域创建“食品药品安全区”工作,要求全区各级人民政府按照《宁夏回族自治区全域创建“食品药品安全区”实施方案》部署,用3年时间,将宁夏全域建成“以落实‘四个最严’为引领,以互联网智能监管为支撑,以提升保障水平为核心”的食品药品安全区,提出创建工作总体上要实现食品药品安全整体状况良好、监管责任落实到位、管理机制运行高效、安全保障能力显著提升,生产经营者守法和诚信意识普遍增强,社会共治格局基本形成等五方面32项目标任务。药品部分具体内容包括群众对药品安全总体满意度为75%以上,城市街道社区和乡镇100%实施网格化管理,化学药及中成药抽检合格率稳定在99%以上,中药饮片抽检合格率稳定在90%以上,药品安全监督抽检不合格产品核查处置达到100%,违法案件办结率达到100%,应公开的监管信息公示率达到100%,符合“阳光药店”建设标准的零售药店为80%以上,投诉举报系统电话接通率达到100%,法定时限回复率、有效处置率达到100%等,并建设统一的食品药品安全互联网数字信息化管理平台,达到全链条数字化监管的目的;建立药品信息化追溯监管系统,实现药品的全程可追溯;加强药品生产加工过程监管、药品流通监管,建立健全药品从产地环境、种植养殖、生产加工、储存运输到终端消费各环节、全链条的“线上线下”监督管理体系,实现生产、加工、销售全过程、无缝隙监管。

【疫苗管理】2020年2月9日,自治区党委办公厅、政府办公厅印发《关于改革和完善疫苗管理体制的实施意见》,从完善疫苗监管体系、规范疫苗流通秩序、强化疫苗接种管理、强化疫苗监督检查、加强组织领导5个方面提出15条改革措施。4月1日,自治区召开疫苗管理厅际联席会议第一次会议,传达学习有关会议、文件精神,听取全区疫苗管理工作有关情况通报,研究议定2020年全区推进改革和完善疫苗管理体制的重点工作任务。按照国家疫苗监管体系评估工作部署,自治区药品监督管理局联合自治区卫生健康委员会印发《关于做好疫苗国家监管体系评估准备工作的通知》,对标世卫组织全球基准工具等国际标准,完成疫苗质量管理体系手册和44个程序文件的编制,开发建设省级疫苗电子追溯监管系统,完成《宁夏回族自治区疫苗安全事件应急预案》起草工作并按程序报自治区政府审定。积极与自治区卫生健康委协调疫苗追溯体系建设工作，宁夏免疫规划信息系统已实现与国家协同平台的对接和数据上传，其中27家疾控中心上传收发货数据覆盖率为100%，1295家接种单位上传收发货及使用数据覆盖率为37.92%。履行疫苗监管职责，对31家疫苗生产企业委托的11家配送企业的33个品种疫苗进行备案公告，对区内疫苗配送企业实施2次现场监督检查，将乡镇卫生院等疫苗接种单位纳入自治区检查对象，组织各级药品监督管理部门对疾控机构、接种单位开展全覆盖检查。

【药品注册与生产监管】2020年，自治区药品监督管理局通过压缩受理审批时限，畅通协商沟通渠道，为企业注册申报事项提供优质服务，全年完成国产药品注册事项175件，其中再注册32件，补充审批2件，补充备案141件。完成注册现场检查4家(次)，开展注册抽样8个品种16批次。启动化药注射剂仿制药的一致性评价工作，全区共有4家药品生产企业共筛选26个品种启动一致性评价工作，全年办理仿制药质量和疗效一致性评价参比制剂进口申请4项。年初按照《宁夏回族自治区药品医疗器械化妆品生产经营风险分级监督管理办法(试行)》，对33家药品生产企业、4家医疗机构制剂室、11家特殊管理药品批发企业进行风险等级评定，其中高风险企业7家。依据评定情况制定《2020年全区药品生产和特殊管理药品监督检查计划》，将16个化药制剂、18个中药制剂列为重点监管品种，明确对药品生产企业、医疗机构制剂室、特药生产经营企业、药物临床试验机构四大类别监管对象的检查内容，全年完成药品生产企业日常监督检查27家(次)、GMP符合性检查9家(次)，医疗机构制剂室检查5家(次)，药物临床试验机构检查3家(次)，实现对在产在营企业(单位)的年度监督检查全覆盖，完成特药区域性批发企业检查24家(次)，实现季度监督检查全覆盖。制定并印发《全区中药饮片专项整治工作实施方案》，分环节列清单，部署开展为期一年半的中药饮片专项整治工作。组织开展出口原料药专项检查，对已开具的22份《出口欧盟原料药证明文件》和《药品出口销售证明》进行梳理，完成现场检查4家(次)。制定《第二类精神药品等药品生产经营专项检查工作方案》，以含可待因复方口服液体制剂、曲马多、阿普唑仑、艾司唑仑、地西泮、氯硝西泮和氨酚羟考酮片等为重点品种，共检查第二类精神药品制剂生产企业2家(次)，批发企业39家(次)，未发现特药流弊现象。

【药品流通监督管理】2020年，自治区药品监督管理局启动实施“阳光药店”工程建设试点工作，完成“阳光药店”信息化系统建设项目的方案设计、立项审批、招标采购等工作，并于11月底全面完成部署测试，印发《关于开展“阳光药店”工程建设试点工作的通知》《宁夏“阳光药店”信息系统上线实施计划》《关于宁夏“阳光药店”信息系统试运行有关事项的通知》等文件，委托吴忠市市场监督管理局开展“阳光药店”LOGO征集，起草完成《“阳光药店”承诺书》模板，召开全区药品批发企业零售连锁总部监管工作例会专题部署试点工作，组织各市、县市场监督管理局遴选502家试点药店，共有108家公司、337家药店实现数据上传。认真履行药品流通领域监督管理职责。起草并印发《2020年度药品流通环节监督检查计划》，组织184家药品批发企业零售连锁总部完成书面检查，按照风险分级监管原则，组织对42家Ⅱ级风险药品批发企业零售连锁总部进行现场监督检查，全年下发责令改正通知书30份，发布《宁夏药品流通监督检查信息》6期。针对药品批发企业零售连锁总部监督检查发现的突出问题以及药品安全舆情动态，以《内部通报警示信》《提醒告诫书》的方式，警示告诫各相关企业切实履行质量安全主体责任，严格依法开展经营活动，2020年共发布《内部通报警示信》6份，《提醒告诫书》3份。开展药品流通市场专项整治。在全区范围内组织开展药品网络销售违法违规行为专项整治行动，全区共检查药品网络销售企业及零售药店403家，约谈2家，下发责令改正通知书1份，立案查处2家。开展国家组织药品集中采购和使用中选药品专项检查，全区共出动执法人员1134人次，检查国家组织药品集中采购和使用第一批、第二批中选药品配送企业9家，药品经营企业4326家(次)，医疗机构818家(次)，监督抽检中选品种100批次，对2家中选药品配送企业采取约谈、1家药品经营企业责令暂停经营活动的风险控制措施，下发责令改正通知书30份，查办药品违法案件177起，罚没款438.92万元，其中生产、销售、使用假劣药案件64起，罚没款50.39万元。联合自治区卫生健康委部署开展为期2个月的全区城乡接合部和农村地区药品医疗器械经营使用违法违规行为集中整治，全区共出动执法人员3762人次，检查城乡接合部和农村地区药品医疗器械经营使用单位3193家，发现存在违法行为的152家，下发责令改正通知书198份，立案查处41家。

【医疗器械监督管理】2020年，自治区药品监督管理局按照风险分级监督管理办法，结合2019年度监管工作共评出医疗器械二级风险企业13家，一级风险企业13家，根据风险等级合理配置监管资源，确定对企业的监管频次。同时，根据医疗器械产品自身风险，重新确定重点产品监管目录，努力实现监管科学化。对第二类医疗器械在产企业进行100%的全项目检查，在此基础上对无菌等风险等级评定为二级以上的企业开展2轮次的监督检查，共检查企业33家（次），发现问题隐患229处，对1家予以警告，对9家企业进行责任约谈，对1家企业进行停产整改。开展医疗器械流通使用环节专项整治。印发《关于加强医疗器械经营使用环节监管暨开展无菌和植入性等医疗器械监督检查计划的通知》，专项整治围绕无菌和植入性医疗器械、新冠肺炎疫情防控用医疗器械、体外诊断试剂、注射用透明质酸钠、角膜接触镜重点产品，共检查经营企业和使用单位3495家（次），对384家（次）经营企业和使用单位进行复查，162家被责令整改，警告18家，立案查处29起，注销经营许可证9家。开展医疗器械网络销售"清网"行动，按照国家药监局安排，组织各市局共检查备案的网络销售医疗器械企业593家（次），检查覆盖率为100%，重点对9家网络销售企业的连锁总部进行2轮次检查。对1家企业在微信公众号发布夸大宣传的行为给予警告。委托国家药品监督管理局南方医药经济研究所对全区网络销售医疗器械开展监测，根据监测反馈情况组织银川地区12家涉及网络销售医疗器械的企业召开交流座谈会。组织对5家医疗器械临床实验医疗机构进行现场检查。开展民营医院、农村地区的乡镇卫生院、卫生室、诊所等相对管理不规范、存在问题较多的领域重点整治，共检查使用单位1651家（次），责令整改77家，立案查处17起，警告6家。

【化妆品监督管理】2020年，自治区药品监督管理局制定《宁夏进口非特殊用途化妆品备案工作职责》等23项工作制度，编印《国家进口非特殊用途化妆品备案工作资料汇编》，推进进口非特殊用途化妆品备案能力建设。制定化妆品备案检查工作流程，全年全区共有33家企业330个产品通过网上备案，备案率为100%。纠正备案中出现的问题189个。对5家化妆品生产企业开展风险等级评定，以风险等级为基础，制订并印发《2020年度生产企业监督检查计划》，组织对在产的化妆品生产企业进行监督检查，发现物料管理、质量控制、人员培训等方面18个问题，对2家生产企业负责人进行约谈，发布化妆品生产企业监督检查信息通告3期。制定《化妆品经营单位检查指南》，开展"美妆行动"，针对群众关注度较高的美容机构化妆品质量安全问题，在全区开展美容机构化妆品专项整治工作（即"美妆行动"），从4—10月组织全区各市、县市场监管部门集中人员、统一时间，对2507家各类美容、美体（塑身）机构进行全面检查，抽检膏霜类、精华液类等产品40批次，责令限期整改化妆品经营单位139家，发现问题化妆品367盒，查扣（封）涉嫌违法违规化妆品301盒，立案查处违法违规案件31起。开展化妆品网络销售"净网行动"，按照国家药品监督管理局关于开展化妆品网络经营"线上净网、线下清源"行动部署，调查摸底区内257家化妆品电子商务平台、自建网站、平台内网络经营者，经排查全区现有37家化妆品网络经营者宣传经营化妆品。根据国家药品监督管理局有关通告要求，组织对宣邑染发膏（自然黑）、热沙水能户外防晒乳等284批次假冒化妆品在全区流通销售情况进行排查，全面下架停止销售通告的假冒化妆品产品。根据群众举报，查处无证生产化妆品案1起，该案查处无证生产化妆品产品19种12280支，罚没款24万余元。

【稽查执法】2020年2月29日，自治区药品监督管理局印发《2020年落实药品安全"四个最严"要求专项行动实施方案》，从认真落实最严谨的标准、认真落实最严格的监管、认真落实最严厉的处罚、认真落实最严肃的问责4个方面部署具体任务19项。4月22日，自治区党委依法治区委员会办公室发函将该项工作确定为2020年宁夏"法治为民办实事"5个项目之一。自治区药品监督管理局制定并印发《宁夏回族自治区药品行政处罚案卷评查办法（试行）》，联合自治区市场监督管理厅、公安厅、高级人民法院、人民检察院印发《宁夏食品药品行政执法与刑事司法衔接工作实施办法》，组织全区各级药品监督管理部门全年累计查办药品、医疗器械、化妆品一般程序违法案件341件，货值金额160.81万元，罚没款708.23万元，简易程序办理案件190件。依法注销药品批发和零售连锁总部许可证11家、零售药品经营许可证15家、医疗器械经营许可证9家，查实"挂证"执业药师2人，捣毁制假售假窝点2个，移送公安机关受理案件2起。11月中旬，联合自治区检察院对各市县药品监督管理部门办理的药品、医疗器械、化妆品案件案卷进行评查，共评查案卷65卷，一般程序案件案卷评查率为22%，评选先进办案单位5家、典型案例10起。

重新修订涉药信用信息目录(目录由原来的164条增加到186条),全年通过信用中国(宁夏)平台录入信息2151条(其中,行政许可信息384条,行政处罚信息6条,认证信息12条,产品抽检信息248条,信用评价信息46条,备案信息36条,执业药师注册信息1419条)。

【质量抽检】2020年,自治区药品监督管理局印发《关于2020年全区药品医疗器械化妆品抽检计划的通知》,全年计划抽检药品、医疗器械、化妆品共2836批次(其中,药品2160批次,医疗器械106批次,化妆品570批次)。编印《2020年宁夏药品医疗器械化妆品抽检工作指导手册》,制定并印发《宁夏回族自治区监督抽检不合格药品核查处置工作规范(试行)》《宁夏回族自治区药品质量抽检工作实施办法》,全年实际完成药品、医疗器械、化妆品抽检任务2858批次,共收到检验不合格报告27份,其中:药品检验不合格18批次,总体抽检合格率为99.17%;医疗器械检验不合格5批次,总体抽检合格率为95.45%;化妆品检验不合格4批次,总体抽检合格率为99.3%。向社会公示抽检信息6期。全年全区各级药监部门通过投诉举报热线、互联网邮箱、信访信件、上级转办等途径,共收到并办理关于药品医疗器械化妆品的投诉举报637件(其中涉案线索35件)。

【检验检测能力和标准体系建设】2020年,自治区药品监督管理局着眼于提升药品经营企业质量管理水平和专业监管能力,推动自治区药品安全技术查验中心建立健全药品查验工作"回头看"常态化机制,对检查中发现问题较多的企业进行长期跟踪,不定期开展"回头看",核实整改落实情况,确保监督检查落到实处。自治区药品检验研究院2020年11月取得CNAS认证认可证书。完成国家药品标准提高品种保胎灵的起草任务并经过复核后提交至药典委。完成阿苯达唑片和羟苯磺酸钙胶囊2个品种的体外溶出曲线的实验研究并提交中国食品药品检定研究院仿制药一致性评价办公室。完成化妆品中水杨酸、地氯雷他定等15种组分和普鲁卡因胺等7种组分共23个参数的扩项工作并获得检验资质。完成医用外科口罩、一次性使用医用口罩、医用防护口罩、医用一次性防护服4个产品的外观、结构与尺寸、鼻夹、口罩带、表面抗湿性、环氧乙烷等项目的扩项认证并获得检验资质。自治区药品监督管理局出台《关于加强宁夏枸杞等道地药材科学研究的意见》,自治区药品检验研究院建设中药质量控制重点实验室,启动国家枸杞质量检验检测中心(宁夏)建设相关工作,开展宁夏枸杞等道地药材地方标准研究,由自治区药品检验研究院主持起草的"道地药材　宁夏枸杞""道地药材　西甘草""中药材商品规格等级　枸杞子""中药材商品规格等级　甘草"4个项目被中华中医药学会编写的《道地药材标准汇编》和《中药材商品规格等级标准汇编》收录,并于2020年度出版发行。

【药品监管信息化建设】2020年,自治区药品监督管理局在2019年建成宁夏药品智慧监管平台基础上,把推广应用作为推进药品监管信息化建设的主要内容,组织对各级监管部门在实际应用中遇到的具体问题进行调研,分8期对全区所有监管人员进行培训,并采取"县县见面"的方式对推广应用情况进行调查研究,拓展了宁夏药品智慧监管平台的功能。开发建设"阳光药店"系统,构建面向公众端、企业端、监管端三类对象的应用系统,公众端建设分为"阳光药店"手机APP和阳光药店小程序,功能包括便民阳光服务、药品知识服务、公众互动服务、药店地图服务等。企业端建设分为企业诚信自律PC端和APP端,功能包括企业信息自主上报管理、药品标准库查询、企业与人员信息管理、药品经营风险预警、企业药品召回管理、店铺信息维护、执业药师人脸签到、药品信息上报等。监管端功能包括执业药师在岗情况监控、处方药和含麻药销售管理、阴凉(冷藏)区温湿度监控、投诉举报处理、药品进销存数据监控、即时消息协作、企业数据直报、系统配置管理等。自治区药品检验研究院推进完成实验室Lims系统建设并于2020年10月正式上线运行,启动数字化中药标本馆建设。

【审评查验和不良反应监测】2020年,自治区药品审评查验和不良反应监测中心共收到各类审评查验申请事项243件,其中药品生产许可21件,药品GMP符合性检查5家,药品经营许可(药品批发企业与药品零售连锁总部合计)96件,新开办药品经营企业3项,医疗机构制剂许可及变更7项,医疗机构制剂备案与再注册29个品种;医疗器械注册与延续注册23项、生产许可类19项,保健食品生产许可3项,其他事项60项,当年实际完成率为92.6%,现场检查一次性通过率为83%。全年共收到药品不良反应报告7745份,医疗器械不良事件报告报告1435份,药物滥用监测报告491份,化妆品不良反应监测报告376份,发现4个药品品种的风险信号,涉及注射用头孢曲松钠、利巴韦林注射液、注射用阿莫西林钠克拉维酸钾、人工牛黄甲硝唑胶囊及一次性使用无菌注射器、输液器等品种。全区预警事件管理系统共生成预警事件1起。

（刘建军）

煤矿安全监察

【概况】2020年，宁夏煤矿安全监察局坚持一手抓疫情防控，一手抓监察执法，以煤矿安全生产专项整治三年行动为重点，排查出各类问题18项，制定整改措施和制度28项，完成整改措施20项，积极防范化解煤矿安全重大风险，着力推进煤矿企业主体责任落实。坚持向自治区党委政府报告宁夏煤矿安全工作情况及存在突出问题等工作情况。与自治区有关部门建立违法违规行为线索移送机制，对监察执法中发现的有关违法违规行为线索及时进行移送。在煤矿复工复产关键期、全国“两会”前、汛期、岁末年初等重点时段开展联系指导，指导市县政府做好煤矿安全生产工作。全年全区煤矿共发生9起一般事故、死亡9人。

【“放管服”改革全覆盖】2020年，宁夏煤矿安全监察局按照国家矿山安监局和自治区政府关于“放管服”改革全覆盖试点安排，制定“证照分离”改革全覆盖试点事项清单落实措施并在局网站公布，实现煤矿企业安全生产许可证从申请、受理到审核、发证全流程“一网通办”，精简许可材料4份，针对不同情况审批时限由法定45个工作日分别减少为35个工作日、25个工作日和20个工作日。规范政务服务事项要求，按时完成宁夏煤矿安全监察局4个主项、4个子项、15个办理项的所有实施清单要素在宁夏政务服务平台的录入工作，实现办事要件和办事指南标准化、规范化。2020年，共办理煤矿安全许可证管理事项23个（其中新办证8个），注销3个、暂扣1个；受理煤矿安全设施设计审查（含变更）事项12个（办结11个）。

【煤矿安全监察执法】2020年，宁夏煤矿安全监察局实施分级分类监察，编制并按批复的执法计划开展工作，共监察执法298矿（次），查处一般隐患1210条、重大隐患10条，责令停产停建5矿（次），责令立即停止作业19矿（次）、停止采掘工作面25个，停用设施设备689台（套），实施行政处罚291次，累计罚款2534万元，其中监察罚款2011万元。严查重罚煤矿重大违法行为，对查出的重大隐患，在责令停产整顿的同时，实施大额处罚。创新执法方式，以枣泉煤矿为试点推进“智能化监察”理念落地，力求改变当前监察执法“手摸、眼看、脚步量”的传统方式。全面落实国家局行政执法三项制度，推进规范执法。落实国家局的部署，完成煤矿安全集中整治、“一通三防”专项监察等专项监察执法任务。依法组织调查处理灵新煤矿“4·15机电事故”等8起一般事故，牵头组织对2016年宁夏林利煤炭有限公司煤矿三号井“9·27重大瓦斯爆炸事故”整改措施落实情况开展评估。强化警示教育，针对辖区煤矿零打碎敲事故频发，组织召开宁夏煤矿事故警示教育现场会，督促辖区煤矿深刻吸取教训，坚决遏制事故发生。组织约谈国能宁煤公司、中铝宁夏能源集团；深刻汲取重庆松藻煤矿“9·27重大火灾事故”、吊水洞煤矿“12·4重大事故”教训，推动宁夏煤矿安全工作。

【煤矿安全生产】2020年，宁夏煤矿安全监察局推进“学法规、抓落实、强管理”活动，先后对6家煤矿上级公司和38处煤矿、3家培训机构、3家主要安全生产设备制造企业活动开展情况进行现场督导。推进王洼二矿实施井下亮化和视频监控全覆盖工程试点，引导煤矿根据自身需要研究应用岩巷综掘、单轨吊等先进适用技术装备，鼓励煤矿企业开展自然发火综合防治技术、井下人员精准定位技术等科研攻关。聚焦“消除事故隐患，筑牢安全防线”主题，线上线下相结合，开展内容丰富、形式多样的“安全生产月”活动。

（赵洪青）

海关和检验检疫

【概况】2020年，全区外贸进出口总值123.2亿元，同比下降48.8%（其中，出口86.7亿元，同比下降41.8%；进口36.5亿元，同比下降60.3%）。以美元计价，2020年全区外贸进出口总值17.8亿美元，同比下降49%（其中，出口12.5亿美元，同比下降42%；进口5.3亿美元，同比下降60.4%）。2020年全区进出口总值占全国进出口总值的0.04%，出口值占全国出口值的0.05%，进口值占全国进口值的0.03%。进出口、出口、进口降幅较大。2020年，全区进出口货运量34.1万吨，同比下降86.7%（其中，进口货运量28.1万吨，同比下降88.8%；出口货运量6万吨，同比下降0.8%）。进出口货值3.1亿美元，同比下降78.9%（其中，进口货值1.7亿美元，同比下降80.7%；出口货值1.4亿美元，同比下降76.2%）。检验检疫货物7111批，同比下降0.4%（其中，出境货物6702批，同比增长4.9%；入境货物409批，同比下降45.8%）。征收税款3.78亿元，同比增长20.31%。

【疫情防控】2020年，银川海关第一时间成立关区疫情防控指挥部，完成援外医疗专家包机、中国电建员工包机出入境等口岸疫情防控任务。全年共监管出入境航空器124架次、出入境人员9609人次。迅速落实“人物同防”工作部署，对关区口岸进口货物风险全面梳理排查，强化对国际快件、入境人员携带物和跨境电商渠道可能带入的高风险物品，以及查验场所等病毒检测和预防性消毒监管工作，协同地方相关部门落实全流程闭环管控可追溯的防控措施，持续巩固来之不易的防控成果。建立银川海关关长和隶属海关关长直通服务责任制，出台“延长税款缴纳期限和滞报金起征时间点”“从简从快办理进境检疫审批”“加快产品检测速度”“暂免征收加工贸易货物内销缓税利息”等15项具体措施，支持帮扶关区企业迅速复工复产。开辟专门受理窗口和“绿色通道”，保障企业生产原料、药品、防护用品、救治器械等物资快速通关。实行“一网受理、一网通办”，减少人员直接接触。加强对进出口防疫物资质量检验监管。发挥海关统计分析和监测预警作用，助力宁夏培育新的外贸增长点，关区农产品和医药品出口、钢材进口等实现单项突破或大幅增长。银川河东国际机场海关被授予“全区抗击新冠肺炎疫情先进集体”，1人被授予“全国海关系统抗击新冠肺炎疫情先进个人”。

【口岸监管】2020年，银川海关精准实施风险防控，筛查高风险重点旅客信息700余条，协助口岸海关拦截并确诊16名入境人员。快件现场人工分析布控查验率48.91%、查获率6.02%，全年共查获禁限类物品25件，快件监管有效加强。打击走私战果显著，开展“国门利剑2020”“蓝天2020”专项行动，刑事立案1起，办结2起走私枪支刑事案件，深挖扩线，发现全国涉枪走私线索200条，涉及24个海关缉私局辖区，各省地方公安和其他海关缉私已刑事立案19起。办理行政案件8起，案值7178万元。实施关区安全生产专项整治三年行动，开展四轮安全生产排查整治，督促指导关区监管作业场地和进境种羊隔离场规范整改。与自治区生态环境保护厅签订合作备忘录，联合开展口岸环节核与辐射应急演练。开展进口固体废物行业专项稽查行动，全年开展稽核查作业190起。检疫防线更加牢固，开展检疫性实蝇、苹果蠹蛾、外来杂草等16项外来有害生物监测工作，首次在出口番茄种子中检出番茄褐色皱纹果病毒，首次发现苹果蠹蛾、检疫性杂草顶羽菊和外来杂草北美苋。

【优化服务】2020年，银川海关全力支持宁夏高水平开放，制定并出台《促进宁夏中欧班列和银川综合保税区发展的支持措施》，助推宁夏加快融入西部陆海新通道。全程指导支持银川综保区跨境电商监管场所和银川公铁物流园监管场地顺利通过验收，标志着银川跨境电商综试区和宁夏多式联运建设取得实质性新进展。口岸营商环境持续优化，“提前申报”“两步申报”“两段准入”等业务改革落地落实，国际贸易“单一窗口”主要服务功能应用率100%。持续巩固压缩整体通关时间成效，全年进出口整体通关时间分别居全国第9位、第21位。落实减税降费政策，为企业减负增效，全年共办理减免税6175.23万元、原产地签证金额5.89亿美元、关税保证保险担保9648万元。简化优化企业注册登记和进出口食品资质企业备案手续。促进加工贸易内销便利化。落实关企协调员制度，为AEO企业提供“全口径”通关便利服务。及时做好海关统计分析和预警监测。为宁夏九大特色产业发展提供海关政策和技术支持服务，发挥国家枸杞重点实验室作用，实施特色农产品6项388个样品有毒有害物质监控，支持提升宁夏枸杞、葡萄酒品牌国际占有率和竞争力，促进特色产业高质量发展，助力培育新的外贸增长点，宁夏农产品和医药品出口、钢材进口等实现单项突破或大幅增长。

（马　龙）

口岸管理

【概况】截至2020年年底，宁夏有经国务院批准的对外开放口岸1个，即银川空运口岸（银川河东国际机场）。经国务院批准建设的海关特殊监管区1个：银川综合保税区；经海关总署、财政部、国家税务总局、国家外汇管理局联合批准设立的保税物流中心1个：石嘴山保税物流中心（B型）；经银川海关批准设立的海关监管场所（场地）4个：银川河东国际机场海关监管库、银川综合保税区国际快件监管中心、银川综合保税区跨境电商公共监管库、银川公铁物流港海关监管场所；进境动物隔离检疫场2个：宁夏澳亚牧业进境动物隔离检疫场、大地（宁夏）数字科技有限公司香山祖代鸡隔离场。

【口岸运行】2020年，受新冠肺炎疫情影响，银川航空口岸常态化航线于2020年2月初全部停航，口岸出入境数据大幅下滑。全年共验放出入境航班62架次、人员9769人次，货邮0.01万吨，同比分别下降93%、93%、63%。2020年12月，进口整体通关时间12.26小时，比全国平均水平快22.65小时；出口整体通关时间0.89小时，比全国平均水平快0.89小时。

【银川航空口岸疫情防控】2020年，银川航空口岸按照自治区疫情防控工作要求，完成支援沙特阿拉伯、科威特医疗专家组包机，中国电力建设股份有限公司援建沙特工作人员包机、燕宝慈善基金捐助医疗物资货运包机等航班保障任务。组织召开防控境外新冠肺炎疫情输入航班保障协调会，制定《银川河东国际机场防控境外新冠肺炎疫情输入的航班保障方案》《银川河东国际机场国际航班备降保障方案》，强化与海关、公安、卫生、边检等部门以及银川河东国际机场运营航空公司的信息互通，全面开展境外输入确诊人员的境外密切接触者和来自重点疫情国的人员信息排查工作。全年共接收横向推送信息1500余起2500余条，筛查从全国各空港口岸入境航班2800余架次50万余人次，发出宁夏籍人员即将入境预警2000余条，帮助各相关部门核实涉宁人员身份、出入境动态及案事件信息近200次。在境外疫情扩散初期，向北京、陕西、上海等省（区）机场推送染疫高风险人员12名，发现确诊病例3名。

【银川河东国际机场】2020年，银川河东国际机场起降架次、旅客吞吐量、货邮吞吐量三项指标分别为：6.1万架次、690.61万人次，5.18万吨，同比分别下降27.3%、34.7%和15.4%。2020年，银川河东国际机场在航空口岸旅检现场新投用3条出境自助查验通道验收，加装3台生物特征采集终端，满足外国人查验标准的入境通道占比提升至78%，出入境旅客手续办理效率得到有效提高，完成国际库改造，建立独立的封闭区域，配备符合海关监管要求的卡口控制系统和设备，规范场地设置，建立满足工作要求的无线网络，有效提升国际货物运输保障能力。全年国际货运班列共计发运32列1573车，货重约9万吨，货值约7553万美元，主要货物为钢材、蛋氨酸、硫酸亚铁、亚麻籽等。首次实现进口中亚亚麻籽集装箱整列运行。

【优化口岸营商环境】2020年，宁夏贯彻落实国家移民管理局各项便民利民举措，采取提前加开查验通道、开设中国公民专用通道等措施，确保出入境旅客在执勤现场候检时间不超过30分钟。研究并制定《深化"放管服"改革　优化营商环境若干措施》"促进跨进贸易便利化"9项具体措施。在外经贸政策中增加《口岸便利化项目申报指南》，支持海关监管场所经营企业提升通关自动化、信息化、智能化水平。完善《关税保证保险保费项目申报指南》，将"汇总担保""循环担保"纳入支持范围。银川综保区跨境电商监管场所和银川公铁物流园监管场地顺利通过验收，银川跨境电商综试区建设取得实质性进展；"互联网+西部快线"平台上线国际站点价格查询、订舱等功能，实现"一站式、一票制、一箱到底"便捷通关。

【国际贸易"单一窗口"建设】2020年，宁夏完成"单一窗口"两步申报系统调试、首单"两步申报"业务办理，实现"两步申报"改革正式落地。与中国电子口岸数据中心建立规范的故障申报、处理、反馈机制，完善了"单一窗口"服务运维体系。联合银川海关、银川市商务局与建行、人保等单位，举办"单一窗口"现场培训会、网上培训会，向企业宣讲"单一窗口"两步申报、出口退税、免于到场协助查验、报关单信息订阅、舱单运抵状态订阅、有毒化学品进出口环境管理放行通知单、报关单、税单、原产地证自助打印等实用功能，帮助企业提高"单一窗口"应用水平，助力企业复工复产。

（王　华）

金融

JINRONG

编辑◎郭勤华

综　述

【银行业】2020年，全区信贷总量平稳增长，结构更趋优化。截至2020年年底，全区人民币各项贷款余额7782.6亿元，同比增长7.8%。其中，工业贷款同比增长9.4%，普惠小微贷款同比增长13%，涉农贷款同比增长9.3%，金融精准扶贫贷款同比增长14.3%，均高于各项贷款增速。专项再贷款再贴现政策和两项直达实体经济的货币政策工具有效落实，有力支持了疫情防控和复工复产。2020年，全区累计发放再贷款再贴现132.4亿元，同比增长55.%。资产规模不断扩大，经营风险总体可控。截至2020年年底，全区银行业金融机构资产总额10318.9亿元，同比增长5.8%，表外业务余额同比减少2.8%，资产利润率同比上升0.14个百分点，不良贷款率同比下降0.63个百分点。地方法人银行资本充足率同比提高0.57个百分点。持续推进LPR改革，贷款利率稳中有降。地方法人银行提前一个月完成存量浮动利率贷款定价基准转换，将LPR内嵌至银行内部资金转移定价体系，不断释放改革促进降低贷款利率的潜力。2020年，全区企业贷款加权平均利率同比下降0.2个百分点。跨境业务提质增效，收支结构更趋协调。2020年，全区跨境收支总额31.2亿美元。全区跨境人民币累计收付29.1亿元，其中，与“一带一路”沿线国家收付金额同比增长30.9%。

【保险、证券业】截至2020年年底，全区保险业总资产547.1亿元，同比增长14%。全年累计实现保费收入210.7亿元，赔付支出66.1亿元，分别同比增长6.6%和4%。为821家小微企业、商户提供3.7亿元复工复产风险保障。城乡居民大病保险实现共保联办，建立“扶贫保”跨省一站式结算机制。在全国首批上线农业保险承保电子化系统，新增制种小麦、制种玉米等6个财政补贴险种，为51.9万次农户提供192亿元风险保障。截至2020年年底，全区证券交易额1.3万亿元，同比增长46%；开放式基金交易额同比增长31.9%；期货交易额同比增长21.1%。共发行信用类企业债券162.6亿元，同比增长56.3%，其中发行非金融企业债务融资工具110亿元。

【金融环境】2020年，全区推进信用体系建设，征信服务更为便捷。投产吴忠“融信通”小微企业金融服务平台，累计促成融资23.1亿元。推广政府采购线上信用融资业务，累计达成融资1.4亿元。支付惠民提振消费，国库经理水平提升。在全区3市16县（区）开展系列“重振引擎、助商惠民”大型支付促销活动，超3.8万户商户受益。开通移动支付多元化缴税费渠道，预算收入退库电子化业务实现区、市、县全覆盖。现金供应充足安全，流通环境持续优化。严格落实流通中现金消毒管理，加大原封新券现金投放，确保人民群众用上“干净钱”和“放心钱”，开展“整治拒收人民币现金”专项行动。坚持部门共建共治，加强消费者权益保护。建成宁夏银行业金融消费调解中心，打造让金融消费者满意的“12363”暖心热线，及时妥善处理金融消费者投诉咨询。

表5　　2020年宁夏主要存贷款指标表

币种	存贷款项目	1月	2月	3月	4月	5月	6月	7月	8月	9月	10月	11月	12月
	金融机构各项存款余额(亿元)	6619.6	6598.9	6818.3	6863.1	6910.1	7045.8	6970.5	7045.3	7053.3	7087.5	7088.6	7136.2
	其中:住户存款	3578.8	3568.4	3658.5	3632.1	3661.4	3752.4	3757.6	3790.7	3912.0	3876.5	3887.5	3954.1

续表

币种	存贷款项目	1月	2月	3月	4月	5月	6月	7月	8月	9月	10月	11月	12月
本外币	非金融企业存款	1342.2	1356.3	1430.8	1445.4	1442.1	1517.8	1444.3	1486.4	1459.0	1431.3	1468.7	1502.9
	各项存款余额比上月增加(亿元)	159.1	−20.7	219.4	44.8	47.1	135.6	−75.3	74.6	8.3	34.2	1.1	47.7
	金融机构各项存款同比增长(%)	6.2	6.2	5.5	7.5	7.2	8.4	6.9	7.4	7.3	8.3	9.2	10.5
	金融机构各项贷款余额(亿元)	7563.5	7591.8	7754.2	7768.6	7819.2	7878.4	7927.3	7933.7	7956.1	7966.8	7950.2	7981.9
	其中:短期	1980.2	1969.1	2056.2	2051.0	2079.8	2112.2	2101.0	2105.3	2121.7	2107.5	2105.9	2108.7
	中长期	4660.2	4656.4	4663.9	4663.2	4672.2	4697.9	4749.7	4792.8	4818.8	4879.2	4920.6	4956.3
	票据融资	738.0	778.0	844.8	853.6	864.4	819.4	827.7	790.4	772.9	739.7	738.4	731.7
	各项贷款余额比上月增加(亿元)	135.9	28.3	162.4	14.4	50.6	59.2	48.9	6.4	22.4	10.7	−16.6	31.7
	其中:短期	−4.4	−11.1	87.2	−5.2	28.8	32.4	−11.3	4.4	16.4	−14.1	−1.7	2.8
	中长期	65.9	−3.8	7.6	−0.8	9.1	25.7	51.8	43.1	26.0	60.5	41.3	35.7
	票据融资	75.7	40.0	66.8	8.9	10.7	−45.0	8.3	−37.3	−17.4	−33.2	−1.4	−6.7
	金融机构各项贷款同比增长(%)	4.5	4.9	5.6	6.2	6.7	6.6	7.2	6.8	6.5	6.7	6.7	7.5
	其中:短期	−1.0	−1.5	2.4	3.3	4.3	5.1	4.6	5.0	5.9	5.1	3.8	5.1
	中长期	8.8	8.6	7.2	6.8	6.5	6.1	6.2	6.3	6.2	7.3	8.1	8.4
	票据融资	−2.7	2.6	7.3	10.6	14.5	8.1	14.3	9.9	4.4	2.7	8.4	10.5
	建筑业贷款余额(亿元)	80.5	80.3	83.0	81.5	82.9	88.8	89.8	90.7	94.0	93.5	93.7	91.6
	房地产业贷款余额(亿元)	281.9	281.7	283.9	280.6	279.5	272.1	270.9	270.5	279.8	277.5	275.1	276.7
	建筑业贷款同比增长(%)	−5.6	−6.4	−5.2	−5.8	−5.8	1.6	4.0	4.3	11.9	11.7	14.0	15.8
	房地产业贷款同比增长(%)	−31.2	−31.5	−30.6	−32.5	−32.4	−33.8	−35.2	−34.1	−31.6	−32.1	−31.5	−30.2
人民币	金融机构各项存款余额(亿元)	6602.1	6580.6	6801.6	6846.1	6893.2	7011.1	6951.7	7027.9	7037.4	7072.0	7072.3	7121.3
	其中:住户存款	3569.0	3558.2	3647.7	3621.0	3650.6	3741.8	3747.0	3780.1	3901.5	3866.1	3877.3	3943.8
	非金融企业存款	1337.2	1351.0	1426.8	1440.9	1437.6	1495.3	1438.4	1481.4	1454.5	1427.3	1463.4	1498.9
	各项存款余额比上月增加(亿元)	158.6	−21.5	221.0	44.6	47.1	117.9	−59.4	76.2	9.5	34.6	0.2	49.1
	其中:住户存款	122.9	−10.8	89.5	−26.6	29.5	91.2	5.2	33.1	121.4	−35.4	11.2	66.6
	非金融企业存款	−40.5	13.8	75.8	14.2	−3.4	57.8	−56.9	43.0	−26.9	−27.2	36.1	35.5
	各项存款同比增长(%)	6.2	6.2	5.5	7.6	7.2	8.1	6.9	7.4	7.3	8.3	9.3	10.5
	其中:住户存款	10.3	10.0	11.3	12.0	12.9	14.8	14.7	14.9	15.6	15.2	14.9	14.4
	非金融企业存款	−0.8	1.8	2.2	6.4	−0.3	5.5	3.9	7.0	4.4	3.4	6.8	8.8
	金融机构各项贷款余额(亿元)	7355.5	7380.3	7541.4	7545.5	7594.0	7608.9	7661.3	7672.2	7693.3	7707.3	7749.2	7782.6
	其中:个人消费贷款	1404.2	1400.8	1402.4	1404.9	1409.5	1437.2	1465.0	1490.6	1517.1	1551.8	1587.7	1598.2
	票据融资	738.0	778.0	844.8	853.6	864.4	819.4	827.7	790.4	772.9	739.7	738.4	731.7
	各项贷款余额比上月增加(亿元)	138.7	24.8	161.1	4.2	48.4	15.0	52.4	10.9	21.1	14.0	41.9	33.4
	其中:个人消费贷款	4.8	−32.2	1.6	2.5	4.6	27.7	27.8	25.5	26.5	34.8	35.8	10.5
	票据融资	75.7	40.0	66.8	8.9	10.7	−45.0	8.3	−37.3	−17.4	−33.2	−1.4	−6.7
	金融机构各项贷款同比增长(%)	4.9	5.2	5.9	6.4	6.9	6.2	6.7	6.4	6.0	6.3	7.1	7.8
	其中:个人消费贷款	29.0	28.0	24.6	21.5	19.2	17.9	15.7	12.9	12.7	12.6	12.8	11.9
	票据融资	−2.7	2.6	7.3	10.6	14.5	8.0	14.3	9.9	4.4	2.7	8.4	10.5
外币	金融机构外币存款余额(亿美元)	2.5	2.6	2.4	2.4	2.4	4.9	2.7	2.5	2.3	2.3	2.5	2.3
	金融机构外币存款同比增长(%)	−2.8	−4.1	−16.6	−8.7	−1.3	115.4	17.3	10.6	2.3	−13.1	−1.9	−6.1
	金融机构外币贷款余额(亿美元)	30.2	30.2	30.0	31.6	31.6	38.1	38.1	38.1	38.6	38.6	30.6	30.5
	金融机构外币贷款同比增长(%)	−9.1	−8.5	−8.5	−2.9	−2.9	17.2	21.4	23.2	24.8	27.6	1.1	1.1

（张艳萍）

银行业

【概况】截至2020年年底，全区银行业金融机构（不包括小贷公司）资产总额10318.9亿元，同比增长5.8%，其中地方法人银行同比增长7.4%；负债总额10007亿元，同比增长5.8%，其中地方法人银行同比增长7.1%。资产利润率同比上升0.14个百分点，其中地方法人银行同比上升0.89个百分点。2020年，全区本外币各项存款余额7136.2亿元，同比增长10.5%。人民币各项存款余额7121.3亿元，同比增长10.5%，比上年底加快3.6个百分点，为近三年最高增速，全年新增人民币存款677.9亿元，同比多增263.9亿元。其中，住户存款余额3943.8亿元，同比增长14.4%；非金融企业存款余额1498.9亿元，同比增长8.8%，显示企业资金状况好转。2020年，全区本外币各项贷款余额7981.9亿元，同比增长7.5%。人民币各项贷款余额7782.6亿元，同比增长7.8%，比上年底提高1.8个百分点，为2019年8月以来最高增速，按可比口径，全年新增贷款615.3亿元，同比多增236.2亿元。分主体看，企事业单位贷款增速回升。全区企事业单位贷款同比增长6.5%，比上年底回升6.7个百分点，住户贷款同比增长11.1%。分期限看，中长期贷款保持较快增长。全区中长期贷款同比增长8%，高于各项贷款增速0.2个百分点；短期贷款及票据融资同比增长7.2%。分投向看，工业贷款投放明显多增。工业贷款同比增长9.4%，全年新增199.7亿元，同比多增171.6亿元。主要银行业金融机构制造业中长期贷款新增124.6亿元。新增基础设施行业（含交通运输、仓储和邮政业，水利、环境和公共设施管理业）贷款47.5亿元。从薄弱领域看，涉农贷款增长加快。全区涉农贷款余额2370.6亿元，同比增长9.3%，较上年底加快9.6个百分点。绿色贷款余额745.6亿元，较年初增加42.2亿元。创业担保贷款余额60.5亿元，同比增长37.5%。2020年年底，全区银行业金融机构表外业务余额

2020年12月2日，自治区主席咸辉（左一）到宁夏银保监局调研

表6　2020年宁夏银行业金融机构情况表

机构类别	机构数（个）	从业人数（人）	资产总额（亿元）	法人机构（个）
大型商业银行	463	10175	3143	0
国家开发性银行和政策性银行	16	583	1903	0
股份制商业银行	47	1465	603	0
城市商业银行	152	3258	2223	2
城市信用社	0	0	0	0
小型农村金融机构	383	5499	1820	20
财务公司	1	27	82	1
信托公司	0	0	0	0
邮政储蓄	198	1193	275	0
外资银行	0	0	0	0
新型农村机构	146	2377	308	89
其他	0	0	0	0
合计	1406	24577	10357	112

注：营业网点不包括国家开发银行和政策性银行、大型商业银行、股份制银行等金融机构总部数据；大型商业银行包括中国工商银行、中国农业银行、中国银行、中国建设银行和交通银行；小型农村金融机构包括农村商业银行、农村合作银行和农村信用社；新型农村金融机构包括村镇银行、贷款公司、农村资金互助社和小额贷款公司；“其他”包含金融租赁公司、汽车金融公司、货币经纪公司、消费金融公司等

同比减少2.8%。分业务种类看，担保类业务余额同比增长2.8%，其中保函余额同比减少20.3%；承诺类业务余额同比减少3.2%，其中贷款承诺余额同比减少3.8%；金融资产服务类产品余额同比减少5.4%，其中非保本理财产品余额同比减少4.9%。银行机构债券投资积极性较高，以购买理财、信托等方式开展的同业业务继续收缩，全区银行机构债券投资较年初增加162.6亿元，同比多增160亿元，股权及其他投资较年初减少52.4亿元。全区地方法人银行提前一个月完成存量浮动利率贷款定价基准转换，新发放贷款继续锚定LPR，将LPR内嵌至银行内部资金转移定价体系，不断释放改革促进降低贷款利率的潜力。2020年，全区企业贷款加权平均利率为4.96%，同比下降0.2个百分点，其中小微企业贷款利率同比下降0.27个百分点。宁夏市场利率定价自律机制加强存款自律，有序压降不规范存款创新产品，维护存款市场竞争秩序，银行机构负债端成本基本稳定。

【金融市场】2020年，全区社会融资规模增量为872.4亿元，同比多增71.7亿元。其中，人民币贷款新增575.9亿元，同比多增206.2亿元，占同期社融增量的66%，同比提高19.8个百分点；宁夏地方政府债券净增198.1亿元，同比少增68.1亿元，占同期社融增量的22.7%；非金融企业债券和股票净融资25.7亿元，同比少融资51.4亿元，占同期社融增量的2.9%。跨境收支总额31.2亿美元，同比减少1.9亿美元。跨境人民币累计收付29.1亿元，其中，与“一带一路”沿线国家收付金额同比增长30.9%。2020年，宁夏开展债券及同业拆借交易的银行间市场成员共有18家，比上年增加13家。全区银行间市场成员债券回购成交量同比增长33.1%，其中债券质押式回购占货币市场交易量的96.2%。债券回购加权平均利率为1.64%，同比降低0.65个百分点，债券回购净融入资金同比减少42.3%。银行间市场成员同业拆借交易量同比增长51.3%，净融入资金同比增长5.3%。拆借资金加权平均利率为1.75%，同比降低0.61个百分点。2020年，全区金融机构累计签发银行承兑汇票594.6亿元，同比减少22.1%；年底银行承兑汇票余额541.2亿元，同比增长5.4%。票据融资累计发生额2926.1亿元，同比增长23.8%；年底票据融资余额731.7亿元，同比增长10.5%，较上年底加快9.1个百分点。票据直贴加权平均利率3.04%，同比下降0.58个百分点；转贴现加权平均利率2.68%，同比下降0.63个百分点。2020年，全区银行间外汇市场成员外汇交易量同比增长11.3%，其中卖出美元占全部交易的96.8%。商业银行代理个人上海黄金交易所黄金交易量同比减少24.4%，占商业银行全部黄金交易量的比例同比下降13个百分点；人民币账户金累计成交量同比增长22.5%，占商业银行全部黄金交易量的比例同比升高9个百分点。

【金融支持经济发展】2020年，宁夏下调金融机构存款准备金率，实施普惠金融定向降准考核，累计释放地方法人银行中长期资金61.3亿元。落实“比例考核”存款准备金率调整政策，做好县级三农金融事业部执行差别化存款准备金率考核。按季开展宏观审慎评估工作，发挥好宏观审慎评估在逆周期调节和结构优化中的作用。根据疫情防控和复工复产进度，有序落地专项再贷款、再贷款再贴现专用额度和普惠性再贷款再贴现政策，有力支持了疫情防控和复工复产。2020年，全区累计发放再贷款再贴现132.4亿元，同比增长55%。全区在MPA评估中提高小微企业、民营企业融资和制造业融资的考核权重，引导金融机构加大对小微企业、民营企业和制造业的信贷支持力度。下调金融机构存款准备金率，实施普惠金融定向降准考核，累计释放地方法人银行中长期资金61.3亿元。落实专项再贷款政策，向疫情防控

2020年4月15日，宁夏农业农村厅与中国农业银行宁夏分行签订《金融服务乡村振兴战略合作协议》

表7　　　　2020年宁夏金融机构人民币贷款各利率区间占比表

单位:%

月份		1月	2月	3月	4月	5月	6月	7月	8月	9月	10月	11月	12月
合计		100	100	100	100	100	100	100	100	100	100	100	100
LPR减点		3.4	13.5	15.7	11.5	12.3	8.6	9.5	7.3	9.7	7.5	14.4	13.4
LPR		1.8	1.3	2.3	3.6	4.0	3.2	3.6	6.9	5.8	8.9	6.5	7.7
LPR加点	小计	94.8	85.2	81.9	84.8	83.7	88.2	86.9	85.7	84.5	83.7	79.1	78.9
	(LPR,LPR+0.5%)	13.4	18.6	15.7	13.6	8.6	16.3	6.7	5.8	8.4	6.2	9.0	8.1
	(LPR+0.5%,LPR+1.5%)	14.1	10.4	14.4	18.2	18.7	18.9	21.4	19.8	18.1	19.1	16.7	16.8
	(LPR+1.5%,LPR+3%)	18.5	11.0	15.7	13.9	13.6	14.6	16.8	17.5	19.3	18.4	18.8	20.1
	(LPR+3%,LPR+5%)	20.1	14.9	15.8	17.6	17.2	16.2	14.9	16.2	15.0	17.3	14.3	14.9
	LPR+5%以上	28.8	30.2	20.3	21.4	25.6	22.2	27.1	26.4	23.6	22.7	20.4	19.0

企业发放优惠贷款8.07亿元,加权平均利率仅为2.51%。用足用活再贷款专用额度,督促法人机构快速精准发放优惠利率贷款19亿元,加权平均利率4.44%,驰援11000余户企业复工复产。通过推荐重点企业名单、强化银企对接,金融机构累计向名单内776户企业发放贷款404.8亿元,支持18.8万人就业。用好1万亿再贷款再贴现政策,引导金融机构累计发放符合政策要求贷款107.3亿元,支持各类主体5.8万户。建立复工复产企业债券融资对接机制,利用疫情防控债务融资工具绿色通道政策,积极满足企业多层次融资需求,宁夏农垦集团有限公司成功发行宁夏首单5亿元疫情防控中期票据。大力推进两项直达工具落实。6—12月,全区银行机构对60.6亿元到期普惠小微企业贷款办理延期还本,全年新增普惠小微信用贷款42.6亿元。全年市场报价利率改革,促进降低实体经济融资成本,全区企业贷款加权平均利率为4.96%,同比下降0.2个百分点,其中小微企业贷款利率同比下降0.27个百分点。加大支农再贷款投入力度,支持宁夏地方法人金融机构在农村地区开展整村授信,促进农业特色产业发展,全区涉农贷款余额2370.6亿元,较年初增加201.3亿元。支持打造电商服务生态链,以固原地区为试点,建成410个便民金融服务站,23.4%的站点实现"便民金融服务站+农村电子商务服务站"的有效对接。大力开发专项金融产品,提升金融精准扶贫针对性。金融精准扶贫贷款余额545.42亿元,按可比口径,同比增长14.3%。

【外汇管理】2020年,全区跨境收支总额31.2亿美元,同比减少1.9亿美元,其中收入17.6亿美元,同比增长2.9%;支出13.6亿美元,同比下降14.5%。全区跨境人民币累计收付29.1亿元,其中,与"一带一路"沿线16个国家发生跨境人民币结算业务,收付金额同比增长30.9%。外汇交易平稳增长,黄金交易出现分化。2020年,全区银行间外汇市场成员交易量同比增长11.3%,其中卖出美元占全部交易的96.8%。商业银行代理个人上海黄金交易所黄金交易量同比减少24.4%,占商业银行全部黄金交易量的比例同比下降13个百分点;人民币账户金累计成交量同比增长22.5%,占商业银行全部黄金交易量的比例同比升高9个百分点。推进外汇管理便利化服务。人民银行银川中心支行联合自治区商务厅等7部门建立贸易金融联动服务机制,出台外贸企业融资白名单制度,加强信息互通、资源共享,共同促进银行提升线上服务水平、创新融资产品和避险工具等,降低外贸企业交易成本。全面落实新修订的全口径跨境融资宏观审慎政策,有针对性地指导企业利用新政融入境外较低成本资金。放宽资本项目外汇资金结汇使用限制,推进资本项目收入支付便利化改革落地。2020年,全区累计流入境外融资资金同比增长174.9%,外商直接投资实际到位资金同比增长45.3%。坚持"扩面、增量、惠企",创新拓展跨境金融区块链应用场景,全区外汇银行上链率达到93.8%,企业服务贸易单笔付汇时间由1～2天缩短为以分钟计算,全年企业采用"链上非接触"方式办理备案付汇业务9476万美元。

【金融服务】2020年,吴忠市推广"融信

2020年8月13日，人民银行银川中心支行召开全区金融运行分析暨金融委办公室宁夏协调机制会议

通”小微企业融资服务平台，促成150家企业线上融资23.1亿元。全区推广政府采购线上信用融资业务，累计达成融资1.4亿元。优化征信服务模式，个人信用报告自助查询网点实现市、县两级全覆盖，全年对外提供查询服务近60万笔，个人征信系统累计收录宁夏地区自然人近500万。全区3个地级市16个县（区）开展系列“重振引擎、助商惠民”大型支付促销活动，通过云闪付APP投放消费券，带动线下消费复苏，超3.8万户商户受益。开通移动支付多元化缴税费渠道，预算收入退库电子化业务实现区、市、县全覆盖，保证个人所得税汇算清缴、增值税留抵退税等相关财税改革政策落地见效。2020年，共办理各类退库业务36.2万笔，金额58.01亿元。严格落实流通中现金消毒管理，加大原封新券现金投放，强化现金业务“收支两条线”，提升流通中人民币整洁度。开展“整治拒收人民币现金”专项行动，扩大人民币现金知识宣传，在银川市50多条公交线路、1000多辆公交车上持续滚动播放整治拒收现金宣传视频，及时受理拒收现金群众投诉，开出宁夏第一张拒收人民币现金罚单。加强消费者权益保护，建成宁夏银行业金融消费调解中心，打造让金融消费者满意的“12363”暖心热线，及时妥善处理金融消费者投诉咨询。

【跨境业务改革】2020年，宁夏深化跨境业务“放管服”改革，促进跨境贸易投资便利化。全年全区跨境收支总额31.2亿美元（其中，收入17.6亿美元，支出13.6亿美元）。通过跨境金融区块链贸易融资平台办理链上贸易融资业务59笔，共计495万美元，有效节约企业融资成本。全区跨境人民币累计收付29.1亿元，其中，与“一带一路”沿线16个国家发生跨境人民币结算业务，收付金额同比增长30.9%。全区办理跨境人民币业务企业数量比上年增加157家。

（张艳萍）

【金融风险防范和金融监管】2020年，全区共处置不良贷款192.77亿元，同比多处置10.78亿元；年底不良贷款余额278.82亿元，同比减少27.9亿元；不良贷款率3.44%，同比下降0.63个百分点。通过债委会机制，帮扶企业192户，弱化风险金额176.18亿元，续贷145.91亿元。强化流动性管理，提升资产负债流动性匹配度，银行超额准备金率保持稳定，银行体系流动性合理充裕。地方法人银行多渠道补充资本，资本充足率同比提高0.57个百分点，其中一级资本充足率提高0.65个百分点，抵御风险能力增强。积极配合自治区政府做好重大风险化解工作，及时做好风险状况提醒报告。健全法人机构异常经营行为监测预警机制，绘制涵盖7个模块62张图的全区金融风险图谱，风险监测预警能力持续提升。推动黄河农村商业银行发挥大股东作用，加快农合机构风险化解，督促法人机构落实早纠和监管部门要求，累计增资扩股2.35亿元、化解不良资产150多亿元，高风险机构数量降至4家。联合开展“亮剑-2020”专项行动，对304个违规企业银行账户及相关企业、264名违规出租出借出售账户人员实施联合惩戒。配合做好扫黑除恶工作，发挥“金融放贷行业专项治理”牵头作用，开展金融放贷乱象排查，全力协助侦办公安部挂牌督办重大涉毒案件，以“洗钱罪”逮捕犯罪嫌疑人1名。推进宝塔石化集团及其财务公司风险处置，高风险农小机构实现监管指标达标。加强银行保险案件防控，影子银行业务规模大幅压降，实施地方融资平台公司债务信息与银行共享比对，石嘴山银行中卫分行客户提前取款事件得到稳慎处置，31家网贷机构全部良性退出。开展市场乱象整治“回头看”和“合规建设深化年”活动，严肃查处违法违规问题，金融风险攻坚取得新进展。

（王春梅）

保险业

【概况】截至2020年年底，全区保险业总资产547.1亿元，同比增长14%，其中人身险公司资产规模增长15.9%。全年累计实现保费收入210.7亿元，赔付支出66.1亿元，分别同比增长6.6%和4%。为821家小微企业、商户提供3.7亿元复工复产风险保障。城乡居民大病保险实现共保联办，建立“扶贫保”跨省一站式结算机制。在全国首批上线农业保险承保电子化系统，新增制种小麦、制种玉米等6个财政补贴险种，为51.9万次农户提供192亿元风险保障。截至2020年年底，全区共有保险法人公司1家，财产保险省级分公司10家，人身保险省级分公司13家。

【保险服务】2020年，宁夏积极引导保险创新，提升保险服务实体经济的效能，经济“减震器”和社会“稳定器”的功能得到凸显。推出复工复产组合保险产品，为821家小微企业、商户提供3.7亿元风险保障，向15.3万人次捐助198.1亿元保额的保险。城乡居民大病保险实现共保联办，积极推进商业健康保险一站式结算服务，实现商业保险与社会医疗保险无缝对接。全面实施车险综合改革，与公安、应急等部门建立道路交通事故“快速发现、及时救援、有效救治、妥善救助”四位一体联动机制。在全国首批上线农业保险承保电子化系统，新增制种小麦、制种玉米等6个财政补贴险种，开展农险“保收入”“保价格”试点，为51.9万次农户提供192亿元风险保障。

表8　2020年宁夏保险业基本情况统计表

项目	数量
总部设在辖区的保险公司(家)	1
其中：财产险经营主体(家)	1
寿险经营主体(家)	0
保险公司分支机构(家)	23
其中：财产险公司分支机构(家)	10
寿险公司分支机构(家)	13
保费收入(中外资，亿元)	210.7
其中：财产险保费收入(中外资，亿元)	67.9
人身险保费收入(中外资，亿元)	142.9
各类赔款给付(中外资，亿元)	66.1

【保险改革】2020年，全区先后出台支持配合宁夏中小银行保险机构加强和改进党的建设8项举措。高质量“引金入宁”，华融、太平人寿等4家金融机构省级分支机构落户宁夏。制定宁夏银行业保险业公司治理三年行动方案责任分工和任务台账，开展“强化公司治理年”专项活动。加强对股东穿透式监管，完成39家法人银行机构股权托管。批准筹建红寺堡农商行、隆德农商行。推动出台关于加快农业保险高质量发展实施意见，推动开展农业特色产品保收入保价格试点，在全国首批施行农险承保电子化。配套出台车险综合改革细化监管措施。制定促进宁夏社会服务领域商业保险发展实施方案和五年发展规划，加快推进商业养老保险改革。宁夏商业健康保险一站式结算服务取得突破性进展，为全国“互联网+医疗健康”工作贡献宁夏经验。

（王春梅）

证券业

【概况】2020年，宁夏有14家境内上市公司(其中，深交所8家，上交所6家)，1家境外上市公司。上市公司股本总额206.15亿股，流通股股本150.61亿股，同比分别增长1.9%、27.17%；总市值1357.41亿元，流通市值723.2亿元，同比分别增长6.7%和26.02%。有48家新三板挂牌公司，股本合计35.29亿股，同比增长10.8%，覆盖农牧业、制造业、纺织业、文体卫生、批发零售、信息传输软件和信息技术服务业、科学研究等行业。全年累计直接融资60.85亿元。全年宁夏无法人证券公司、期货公司和基金管理公司，共有17家证券分公司、42家证券营业部、3家期货分公司、2家期货营业部，1家独立基金销售机构和48家基金代销机构。证券经营机构投资者累计开立资金账户240.35万户，全年证券交易额12737.98亿元，同比增长46%。期

2020年9月15日，宁夏医疗保障局与人保财险宁夏分公司签订《城乡居民大病医疗保险承办服务框架协议》

货投资者开户11428户，客户权益6.13亿元，全年期货交易量1220.92万手，交易金额9707.93亿元。宁夏在中国证券投资基金业协会登记备案的私募基金管理人有55家，同比增加3.77%；管理基金137支，同比增长1.48%；基金实缴规模255.14亿元，同比减少5.06%。全区企业共发行信用类债券162.6亿元，同比增长56.3%，其中嘉泽新能源发行13亿元可转债，宁夏农垦集团发行5亿元疫情防控专项债。

表9 2020年宁夏证券业基本情况统计表

项目	数量
总部设在辖区的证券公司(家)	0
总部设在辖区的基金公司(家)	0
总部设在辖区的期货公司(家)	0
年末国内上市公司数(家)	14
当年国内股票(A股)筹资(亿元)	0
当年发行H股筹资(亿元)	0
当年发行国内债券筹资(亿元)	162.6
其中：短期融资券筹资额(亿元)	47.1
中期票据筹资额(亿元)	44.4

【资本市场开发培育】2020年，全区证监局落实注册制改革任务，实行多层次资本市场开发。加大注册制政策宣传力度，抢抓创业板注册改革机遇，提升创业板企业辅导验收效率和质量，辖区2家企业通过创业板发行审核。加大对申报科创板企业的政策支持和服务力度。把握新三板精选层首批挂牌机遇，辖区1家公司成为全国首批新三板挂牌精选层公司，募集资金2.49亿元。开展后备企业上市挂牌培育工作，全年辖区有7家辅导备案企业。推动上市(挂牌)公司再融资，1家上市公司发行13亿元可转债，5家新三板挂牌公司共计融资4.21亿元。推进债券融资。2020年，债券类融资43.64亿元，其中发行5只公司债券30.5亿元，1只资产证券化产品9.1亿元，3家企业在区域性股权市场发行可转债3.35亿元，各类债券余额89.86亿元。私募基金累计为辖区企业提供股权融资66亿元。提高辖区上市公司质量，贯彻落实《国务院关于进一步提高上市公司质量的意见》，召开2次党委会专题学习，研究落实措施。主动对接自治区政府有关部门开展调研，组织召开座谈会，广泛听取意见建议，会商拟订提高上市公司质量的实施方案，与5个地级市政府签订《提高上市公司质量备忘录》。加强宣传培训，对辖区上市公司董事长、董秘、财务总监及监事开展分层培训。

【上市公司监管】2020年，宁夏证监局对辖区5家上市公司、3家新三板挂牌公司、3家债券发行人开展现场检查。强化信息披露监管，每日编制信息汇摘，强化年报披露审核，逐家审阅年报，形成分析报告。对新三板挂牌公司持续开展《监管第一课》，联合股转公司走访15家新三板挂牌公司。持续开展债券发行人风险监测排查。做好证券期货基金经营机构合规监管，举办合规培训班，优化分类分级评价监管机制，对排名靠后的机构加大现场检查力度，全年现场检查12家证券期货基金分支机构、1家独立基金销售机构。强化对区域性股权市场监管。

【化解市场风险】2020年，宁夏证监局配合自治区政府相关部门，对3家高风险上市公司中2家通过破产重整化解风险，1家大股东高比例股票质押公司签订协议展期2年。稳妥处置债券违约风险，针对辖区发生的1起债券违约风险，在最短时间摸清情况，上报证监会和自治区政府，配合地方政府、交易所有序处置化解，同时对其他存量债券兑付能力进行摸排，加大风险防范力度。防范化解私募基金风险，对银川56家私募基金管理人开展“私募基金扫雷行动”，逐一摸清风险底数。了解掌握高风险交易场所情况，配合地方政府制定处置方案、推进交易场所清理整顿工作。

【投资者保护教育】2020年，宁夏证监局修订投资者保护工作分工协作实施办法，完善投资者保护分工协作机制。组织投资者代表座谈会，听取投资者意见建议。推进放管服改革优化营商环境工作。举办上市公司集体接待日活动。引导上市公司积极回报投资者，全年有3家上市公司实施现金分红23.42亿元。组织开展“5·15全国投资者保护宣传日”“股东来了”等形式多样的宣传活动。开展新《中华人民共和国证券法》《民法典》的学习宣传。推进投资者教育纳入国民教育体系，全年举办投教专题讲座27场，覆盖师生4130人次。联合地方金融、公安部门打击非法场外配资和股市黑嘴、黑APP等专项行动，净化市场环境。

（宋军仿）

【中介机构监管】2020年，宁夏证监局两次审核公布宁夏辖区私募股权、创业投资基金管理人信息。随机抽取公示宁夏证监局2020年度辖区证券经营机构。推动中介机构履职尽责，及时对新换所中介机构进行谈话提醒，对6家中介机构执业质量开展现场检查。提高稽查执法效能，提升执法全链条效率，完善查审衔接机制，完善稽查底稿体系，制定案件审理、审核项目清单，提高案件查办全链条规范化水平。

【基金公众公司监督】2020年，宁夏证监局对违反《私募投资基金监督管理暂行办法》的宁夏锋创基金管理有限公司、银川商络铸龙科技创业投资基金管理企业(有限合伙)宁夏海合资产管理有限公司3家企业，采取出具警示函监管措施，要求该公司学习私募基金法律法规及自律监管规则，加强内部管理和合规运作，关注经营风险，采取风险防范或控制措施，并在规定工作日内向本监督管理给予回复。参照《关于印发中国证监会推广随机抽查工作实施方案的通知》《关于开展2020年私募基金专项检查工作的通知》，宁夏证监局纪检监察工作人员、宁夏证券期货基金业协会工作人员及辖区私募机构宁夏中材高新投资管理公司、宁夏穆坤投资基金管理有限公司、宁夏嘉丰基金管理有限公司代表和中信证券宁夏分公司、长江证券宁夏分公司和国信证券宁夏分公司等辖区内7家证券经营机构代表，对2020年度辖区内私募基金专项现场检查对象随机抽取并公示结果。根据《证券法》规定，配合群众举报，对辖区不具备证券期货经营业务资质的宁夏金龙诚资产管理有限公司及所属平台(网站)责令取消。

【期货管理】2020年，宁夏证监局参照中国证券监督管理委员会期货管理相关管理规定，审核公布南京证券宁夏分公司、西部证券宁夏分公司、银河证券宁夏分公司等59家宁夏辖区证券经营机构信息，监督审核公布中信期货宁夏分公司、安粮期货宁夏分公司、格林大华期货银川营业部、华龙期货银川营业部等4家宁夏辖区期货经营机构信息。

表10　　2020年宁夏监管局期货市场综合统计表

分类			月份	1	2	3	4	5	6	7	8	9	10	11	12
上市挂牌公司	上市(家)			14	14	14	14	14	14	14	14	14	14	14	14
	挂牌(家)			54	54	54	52	51	51	49	49	49	48	48	48
证券经营机构	市场(家)	分公司		15	15	14	15	15	15	15	15	15	15	15	17
		营业部		44	44	44	44	44	44	44	44	44	44	44	42
	业务	开户(万户)	证券	0.92	0.62	1.66	2.27	1.92	2.13	2.27	1.83	1.93	1.5	1.86	1.66
			基金	0.67	0.63	1.21	1.42	1.21	1.30	1.51	1.24	1.20	0.9	1.14	1.04
		交易(亿元)		699.83	1906.46	3128.09	4027.56	4724.06	5599.08	7264.54	8573.86	9653.75	10455.15	11543.83	12737.98
		客户资产(亿元)		1093.03	1140.53	1049.92	1064.79	1111.26	1103.95	1315.06	1450.85	1268.02	1276.57	1418.51	1367.35
基金市场	代销机构(家)			45	45	46	46	46	46	46	46	46	47	48	48
	基金业务	开户(户)		1298407	1379940	1430921	1450607	1471599	1486346	1516165	1541347	1557668	1592995	1617312	1636898
		业务(亿元)		–	–	45.69	60.55	75.22	88.71	114.71	131.70	145.30	157.39	177.35	193.78
		销售赎回(亿元)	销售	12.96	29.13	16.55	14.87	14.67	13.49	26.00	16.99	13.60	12.09	20.17	16.32
			赎回	10.67	24.85	14.88	10.11	9.61	13.77	22.16	12.08	10.31	8.78	14.25	14.18
		保有量(亿元)		93.33	98.19	96.17	94.25	99.45	101.80	110.03	115.56	115.53	120.35	125.59	131.03
		手续费(万元)		416.30	1139.21	1987.37	2267.64	2687.19	3332.87	4621.25	5596.68	6412.63	7015.53	8202.98	9133.42
期货市场	经营机构(家)			4	4	4	4	4	4	5	5	5	5	5	5
	业务	开户(户)		10139	10190	10353	10518	106000	10695	10849	10979	11093	11167	11284	11428
		交易(亿元)		452.86	1035.62	1696.84	2212.01	2799.79	3429.43	4443.84	5427.50	6385.45	6951.92	7779.63	8743.78
		客户权益(亿元)		4.31	4.59	4.86	5.74	4.76	5.27	5.60	6.13	5.461	5.96	5.61	6.13

(郭勤华)

农业

NONGYE

NINGXIA YEARBOOK

编辑◎郭勤华

综　述

【特色产业】2020年，围绕自治区确定的重点特色产业，全区以推进农业供给侧结构性改革为主线，以“四调四化”为主要路径，加快建设现代农业产业体系、生产体系、经营体系，让宁夏更多特色农产品走向市场。全年实现农业增加值356.2亿元，增长3.2%，高于全国平均水平0.3个百分点；农村居民人均可支配收入达到13889元，同比增长8%，高于全国平均水平1.1个百分点，增速居全国第八名。

【农业科技创新】2020年，全区建设现代良种繁育基地12个，遴选推介主导品种132个、主推技术141项，主要农作物及畜禽良种覆盖率为98%以上，主要农作物耕种收综合机械化水平达到80%，农业科技进步贡献率达到60%。实施“三百三千”农业科技推广行动。组建产业技术支撑体系专家团队25个，培育科技示范主体2650个，培训高素质农民18338人次。建设科技示范基地1122个，推广奶牛性控冻精扩繁、肉牛良种繁育改良、滩羊基因编辑育种、动物疫病净化、种植业两茬高效复种等新技术新成果50多项，奶牛优良品种选育研究攻关科研成果获得自治区科技进步一等奖，培育发展新产业新业态。全国首个5G未来牧场在平罗县落地建设，加大新品种新技术推广。

【农业绿色发展】2020年，全区建设绿色食品原料生产基地23个、有机农产品生产基地8个，培育地理标志保护农产品10个，新增绿色食品128个，增长80.3%。建设高效节水灌溉70.5万亩，示范推广旱作节水技术120万亩，高效节水灌溉率库井灌区达90%、扬黄灌区达60%、自流灌区达35%，旱作节水项目区水分生产率提高10.3%。实施化肥农药减量增效行动，建立化肥减量增效核心示范区70个、农药减量控害示范区188个，测土配方施肥技术覆盖率达93.6%，化肥利用率提高到40.1%，农药利用率达40.8%。加快农业生产废弃物资源化利用。还田主要农作物秸秆137万亩，回收农用残膜1.9万吨、农药包装废弃物271.9吨，农作物秸秆、农用残膜综合利用率分别达87.6%、85%。支持1291家规模养殖场配套建设粪污处理设施，建设有机肥厂65个、第三方处理中心33个，畜禽粪污综合利用率为90%以上，高于全国平均水平15个百分点，强化绿色导向。清挖整治沟道12757千米、渠道20598千米，整修农田道路13265千米，改善灌溉面积228万亩，建成高标准农田108.3万亩，完成机械化深松整地106万亩，高标准完成农田建设任务。

【农村土地和产权制度改革】2020年，全区新增确权面积35万亩，平罗县、灵武市、沙坡头区等国家和自治区第二轮农村土地承包到期后再延长30年试点稳步推进，深化农村土地制度改革。将村集体资产全部确权到村经济组织成员集体，全区清查核实资产123.15亿元，界定集体经济组织成员身份423.24万人，实现分红1.6亿元，完成农村集体产权制度改革整省试点任务。出台《关于进一步加强农村宅基地管理与改革的实施意见》，石嘴山市、沙坡头区农村闲置宅基地和闲置住宅盘活利用试点工作稳步推进。贺兰县被确定为新一轮国家级农村宅基地制度改革试点单位。

【集体经济和社会化服务】2020年，全区创建国家级农民合作社示范社47个，新认定自治区级农民合作社示范社64个、四星级家庭农场50家，农民合作社和家庭农场分别达到6116个、15817家，推动家庭农场和农民合作社高质量发展。建立自治区扶持壮大村级集体经济联席协

2020年1月20日，自治区党委农村工作暨脱贫攻坚工作会议在银川市召开

调机制，选择388个行政村实施扶持壮大村集体经济项目，全区86.7%的村有稳定的经营性收益，多路径发展壮大村集体经济。探索开展由种植业向养殖业延伸、由产中环节向产前产后等环节延伸的菜单式、订单式、保姆式农业生产托管服务，各类农业社会化服务组织达到1141个，社会化综合服务站达到269个，主要粮食作物亩均节本增效200元，奶牛、肉牛、滩羊头均节本增效1200元、1000元、90元，加快农业社会化服务试点。自下而上征集办理基础设施、产业发展、公共服务、乡村治理等农民群众关心关切的事项1890件，完成投资19.6亿元。

【乡村综合治理】2020年，全区推进农业综合执法改革，完成农业执法机构组建，修订完善行政执法"三项制度"及16项配套制度，印发《农业综合行政执法事项指导目录》，明确执法事项235项，自治区农业农村厅被评为"全区综合执法示范单位"。牵头制定《关于完善乡村治理体系提高治理能力的实施意见》，制定5张清单，将83项事权下放乡镇，推动乡村治理重心下移、资源下沉、服务下延。兑现乡镇干部工资待遇高于县直机关同职级干部20%的政策，自治区和市县按照1∶1比例保障村级运转经费不低于10万元。推进平安宁夏建设和乡村治理体系建设，扫黑除恶三年专项行动取得成效。推进乡村振兴试点工作，创建盐池县等"一县六镇"乡村振兴试点示范点，落实财政奖补资金7800万元，与12家金融机构签订服务乡村振兴战略合作协议。

【动物疫病的疫情防控】2020年，宁夏实施督导屠宰厂、活禽交易市场、规模养殖场等从严落实防控措施，重大动物疫病强制免疫应免密度100%。全区动物防疫体系建设经验在全国重大动物疫病防控工作视频会议上进行交流。晓鸣农牧成功创建全国首个蛋鸡行业无高致病性禽流感小区和无新城疫小区。统筹做好疫情防控和农村经济发展。印发《关于切实做好疫情防控和春耕生产工作的紧急通知》，分区分类推进复工复产。组织成立技术工作组，做好春耕备耕、蔬菜生产、畜禽水产养殖等技术服务，加强生产调度和价格监测，将米袋子、菜篮子、肉案子、奶瓶子紧紧抓在手上，全力保障重要农副产品不紧缺、不脱销、不断档，全力抓好重大动物疫病防控。

【产业扶贫】2020年，全区累计建设产业扶贫示范村150个，培育扶贫龙头企业166家，规范培育扶贫产业合作社1066家，提升发展致富带头人10434名，"华润基础母牛银行"等13个案例入选全国产业扶贫"双百"典型案例，贫困地区农村居民人均可支配收入达到11624元，增长11.6%，增速高于全区农村居民收入3.6个百分点。有劳动能力的贫困户实现产业扶贫政策全覆盖，9个贫困县（区）全部摘帽，产业扶贫成为覆盖面最广、带动人数最多、取得成效最大的扶贫举措，坚持把培育产业作为脱贫攻坚的根本出路。

【农村人居环境整治】2020年，全区改造农村户厕10.5万座，整村推进350个村，农村卫生厕所普及率达到58%，其中一二类县达到89%，高于全面小康指标4个百分点。以"干干净净迎小康"为主题开展村庄清洁行动，清理农村生活垃圾220万吨、农业生产废弃物180万吨、乱堆乱建30余万座，绿化美化村庄400个。完成三年行动各项目标任务，连续两年综合评价位居西部前列。西夏区被评为"全国农村人居环境整治激励县（区）"。

（张　力）

种植业

【粮食作物】2020年，全区粮食播种面积1018.8万亩，较上年增加2.8万亩；单产373公斤／亩，比上年增长6公斤／亩，增幅1.6%，粮食总产达到380.5万吨，连续9年在360万吨以上，实现粮食生产

“十七连丰”。全区小麦面积139.4万亩，占全区农作物播种面积的13.7%，平均亩产199公斤，总产27.8万吨，占全区粮食总产的7.3%。全区水稻面积91.2万亩，占全区农作物播种面积的9%，平均亩产541公斤，总产49.4万吨，占全区粮食总产的13%。全区玉米面积484.1万亩，占全区农作物播种面积的47.5%，平均亩产515公斤，总产249.1万吨，占全区粮食总产的65.5%。全区马铃薯面积142.7万亩，占全区农作物播种面积的14%，平均亩产291公斤，总产41.5万吨，占全区粮食总产的10.9%。全区杂粮面积161.4万亩，占全区农作物播种面积的15.8%，平均亩产78.7公斤，总产12.7万吨，占全区粮食总产的3.3%。

【瓜菜产业】2020年，全区鼓励支持新建高标准设施温室1.7万亩，建设“四好”设施农业园区等标准化生产基地55个。示范推广秸秆生物反应堆、蚯蚓套种套养及精准水肥一体化等绿色提质增效技术，打造新技术示范基地19个，建设大型集约化育苗中心5个，蔬菜新品种展示园3个。建设蔬菜产业集配中心3个。举办全国知名蔬菜销售商走进宁夏云推介活动，组织召开蔬菜产销对接推进会，邀请深圳海吉星、百果园、上海卜蜂等知名企业与宁夏蔬菜企业对接，实现合同销售金额达14.06亿元，质量效益大幅提升。全区瓜菜种植面积297.6万亩，较上年增加0.8万亩，增长0.3%，总产量达到725.8万吨。12月平均蔬菜产地批发价格3.7元/公斤，同比增加0.1元/公斤，增幅3%。

【农作物制种】2020年，全区落实繁制种面积61.3万亩，生产各类良种5.7亿公斤，育繁推一体化农作物制种企业达18家，建设农作物新品种展示示范园区12个，小麦、水稻、玉米三大作物良种商品化率分别达到58%、92%、100%，良种覆盖率为95%以上，落实南繁育种基地642亩，完成国家救灾备荒种子储备种子55万公斤。青铜峡市、西吉县、平罗县、盐池县繁制种持续得到国家重点支持。组建12个特色产业专家团队，建立20个良繁基地。开展市场检查540次，检查企业209家，经营门市部1871家，查处违法种子675公斤，种子种苗抽检合格率为95%以上。开展第三次全国农作物种质资源普查与收集宁夏行动，在平罗县、永宁县、中宁县、原州区等18个县(区)对古老、珍稀、濒危、特有资源与特色地方品种开展普查工作，在5个重点县开展地方品种及珍稀濒危种质资源调查和抢救性收集行动，收集地方品种及珍稀种质资源样本30多份。召开第31次主要农作物品种审定会议，审定通过主要农作物品种40个，审核通过非主要农作物登记23个，推介2020年四大主要粮食作物主导品种24个。

【农药管理】2020年，全区加大农药安全生产监管工作，开展了17种农药的残留试验，完成了11种农药的登记工作，推进枸杞用药残留限量标准制定，农药管理体系基本建立。全区已办理农药经营许可证1478个，其中，限制使用农药经营许可证72个，无证经营已基本杜绝。全年全区取得农药生产许可证企业10家，主要以原药为主，品种涉及除草剂、杀虫剂、杀菌剂、植物生长调节剂四大类，共100个产品。全年全区抽检农药样品301个，农药质量合格率达到98%。

【“大棚房”整治】2020年，6个市级协调指导组和24个县级督导组深入全区开展“大棚房”问题专项整治“回头看”，联合自治区自然资源厅制定《设施农业用地管理办法》，建立长效机制，截至5月30日，共完成“大棚房”问题整治整改24个。

【绿色农技推广】2020年，全区建立测土配方施肥等化肥减量增效核心示范区70个，示范面积26.7万亩，测土配方施肥技术覆盖率为93.6%，化肥利用率提高到40.1%。落实农药减量及科学安全用药措施，建立农药减量控害示范区188个，专业化统防统治和绿色防控示范面积达805.6万亩，主要农作物病虫害专业化统防统治覆盖率为47.7%，全区

2020年7月28日，第五届全国知名蔬菜销售商走进宁夏云推介活动在银川市启幕

农药利用率为40.8%。推广旱作节水技术面积50.7万亩，旱作节水项目区水分生产率提高10%。建设新品种、新技术、新装备、新模式集成示范区243个，示范面积138万亩，加快麦后复种、水稻轻简化栽培、蔬菜秸秆生物反应堆、测土配方施肥、蚯蚓生物技术、有机肥替代化肥、农机农艺融合、病虫害绿色防控、水肥一体化、覆膜保墒旱作节水等绿色高质高效技术集成推广。开展农药包装废弃物回收工作，回收率为80%以上，处置率为100%，推进了种植业绿色高质量发展。

【产业融合发展】2020年，全区累计建设稻田画景观、开心农场、七彩梯田、粮食主题公园等18个，通过产加销一体化推广，推动粮食绿色高质高效园区创建与一、二、三产业融合发展紧密衔接，延长产业链，筑牢利益链，完善服务链，有效提高了粮食生产附加值。开展农业社会化综合服务站评星定级工作，实行末位淘汰动态管理，优化资源配置，完善基础设施，规范内部管理，创新服务模式，拓展服务范围，提高服务水平。2020年，全区规范建设农业社会化综合服务站200家，其中规范提升160家，新创建40家，服务面积760万亩，亩均节本增效120元以上。

（张　力）

畜牧业

【概况】2020年，宁夏围绕高效种养、畜牧业结构调整，组织开展奶产业、肉牛产业、滩羊产业、饲草产业、猪禽产业、粪污资源化利用、疫病防控专项调研，形成专项调研报告和实施意见。新建千头规模奶牛场50个，肉牛千头养殖场26个、“50”模式家庭牧场146个，滩羊千只以上规模养殖场59个、“300”模式家庭牧场118个；全区日均生鲜乳产量7300吨，同比增长21.3%；新建牛羊屠宰加工厂6个，肉牛、肉羊加工能力分别增加10万头、70万只。在全国率先实现粮改饲项目全覆盖，在21个县（区）已种植青贮玉米163.8万亩，新增高产优质苜蓿基地20万亩，推广种植黑麦草、燕麦、饲用高粱等一年生优质牧草110万亩。示范推广“小黑麦+青贮玉米”“小黑麦+燕麦”等一年两茬优质饲草高产高效种植模式。推进规模养殖场畜禽粪污资源化利用，引导养殖场流转土地种植饲草料，就地就近保障饲草、消纳养殖粪便肥水，畜禽粪污综合利用率为90%以上，规模养殖场粪污处理设施装备配套率为95%以上。全区建设有机肥厂65个、第三方处理中心33个，支持1291家规模养殖场配套建设粪污处理设施，全面完成国务院确定的目标任务。农业部门与自治区生态环境厅配合，完成1667个规模养殖场的排查，核定畜禽禁养区285个、面积6702.88平方公里，缩减1605.54平方公里。尝试种养结合、绿色发展。

【畜牧产业】2020年，伊利、蒙牛、新希望、光明等乳业龙头企业落户宁夏，新增生鲜乳日加工能力1400吨，建设标准化规模养殖场62个，完成投资54.3亿元。奶牛存栏57.4万头，同比增长31.3%，在全国增速最快。奶产量达到215万吨，同比增长17.5%，成母牛单产突破9000公斤，居全国第三，日产生鲜乳达到7700吨。争取到宁夏六盘山区国家肉牛优势特色产业集群项目，新建规模养殖场234个，建成华润五丰、福兴神农等屠宰加工厂6个，完成投资32亿元。肉牛、滩羊饲养量分别达到192万头和1221万只，同比增长13.6%和6.3%。畜禽养殖标准化示范场44个。

【生猪生产】2020年，宁夏争取稳定生猪生产中央预算内投资项目资金3100万元，全区统筹生猪专项发展资金700万元，支持生猪养殖重点县（区）开展良种引进扩繁、配套养殖设施设备。开发微信检疫申报与电子出证系统，实现产地检疫快捷出证，有效保障全区养殖户生猪及时补栏出栏。组织专家团队深入养殖场（户）开展技术指导与服务，开展线上培训8期，新（扩）建规模养殖场30个，存栏生猪85.6万头，已完成全年稳产保供任务的109.7%。

【动物疫病防控】2020年，全区重大动物疫病强制免疫畜禽8295.48万头（只、羽），应免密度达到100%，平均免疫抗体合格率为92%，超国家标准22个百分点。开展非洲猪瘟、高致病性禽流感、口蹄疫等11种动物疫病的病原学监测工作，检测样品32902份。连续3年在贺兰县、青铜峡市、盐池县开展布鲁氏菌病、结核病净化试点和技术推广，以养殖场（户）为单位，逐场监测净化。生猪屠宰企业非洲猪瘟自检和官方兽医派驻覆盖率达到100%。开展2020年违法违规调运生猪行为专项整治行动，处理违法案件10起，发出预警通报9期。完善生猪车辆备案制度，共备案生猪运输车辆412辆。

【兽药和屠宰企业监管监测】2020年，全区完成兽药质量监督抽检和兽药残留监测1039批，合格率分别为95.8%和99.02%。制订并印发《2020年全区兽药质量监督抽检、风险监测和动物源细菌耐药性监测计划》。加强兽药生产、经营、使用等环节追溯管理，全区兽药生产企业产品赋码出厂率达到100%，经营企业上传数据市县覆盖面达到100%。推行“互联网+在线监管”，在40家定点屠宰企业安装高清摄像头，实现四级联网，屠宰过程24小时远程视频监察。

【科技创新】2020年，全区加快良种繁育体系建设，培育贺兰中地、红寺堡天源等5家国家级畜禽核心育种场，开展优质高产奶牛选育、滩羊基因编辑育种和安格斯牛核心群选育等技术攻关，组建高产奶牛核心群5000万头、安格斯牛育种群1600头，培育和扩繁基因编辑滩羊核心群1021只。累计创建国家和自治区级标准化示范场146个，奶牛、肉牛、滩羊规模养殖比例分别达到98%、46%和52%，分别比2015年提高25个百分点、3个百分点和4个百分点。在全区15个奶牛、肉牛、滩(肉)羊重点养殖县(区)畜牧节本增效技术推广，建设30个示范点，推广应用营养调控、精准饲喂、清洁养殖、对标管理等24项绿色健康养殖技术。

（张　力）

饲料业

【概况】2020年，全区共批准发放和到期续展饲料及饲料添加剂生产企业13家，其中：获批准新发证企业7家，分别是宁夏仁久生物科技有限公司、宁夏华望生物科技有限公司、石嘴山市海源化工厂、宁夏泰安达生物科技有限公司、固原宝发农牧有限责任公司、宁夏大洋饲料科技有限公司和宁夏硕丰源饲料有限公司；生产许可证到期续展企业6家，分别是宁夏顺宝现代农业有限公司、宁夏沃野肥业有限公司、宁夏玉米淀粉有限公司、宁夏玉元生物科技有限公司、宁夏金维制药股份有限公司和宁夏京成天宝饲料添加剂有限公司；取得饲料添加剂产品批准文号2家，分别是宁夏乙征生物工程有限公司和宁夏伊品生物科技股份有限公司。截至2020年年底，全区共有饲料生产企业66家(其中，配合饲料32家，饲料添加剂10家，单一饲料19家，添加剂预混合5家)。全年全区66家饲料企业总产量达到149万吨，总产值81亿元，分别比上年增长16.41%和37.29%。饲料总产量和总产值增长率创近年来新高，饲料产品结构更趋合理、产品质量明显提高，饲料行业高质量发展步伐明显加快。印发《2020年全区饲料质量安全监管监测计划的通知》，开展全区饲料质量安全专项整治“绿剑”行动，对饲料原料、自配料、药物饲料添加剂退出、兽药抗菌药物、信息核查五方面进行专项整治。部级抽检19批次，自治区抽检273批次，违禁添加物检测290批次，检测合格率98%。

【无抗饲料】2020年，举办2020年度宁蒙甘陕青毗邻省(区)饲料产业发展高峰论坛，五省(区)共同签署饲料禁抗倡议书，制作《奋进中的宁夏饲料工业》宣传片，整理编印《饲料和饲料添加剂生产企业简介汇编》，小省也能办大事的做法得到农业农村部领导的肯定和与会专家的高度赞誉。印发《关于做好药物饲料添加剂退出相关工作的通知》，向全区饲料(兽药)企业、合作社、广大的养殖场(户)发放《全面禁用含促生长类药物饲料添加剂倡议书》5.4万份。与饲料专家团队开展“新型资源化饲料产品研发及高效安全利用技术研究与示范”项目研究，成果获自治区科技进步二等奖。与宁夏大北农科技公司开展“保育猪无抗饲料产品研发与推广应用试验”项目研究，研究推广无抗饲料新技术新产品。举办全区饲料监管人员政策法规和企业技术人员能力提升和统计培训班各1期，共培训人员230多人。

【科技人才培育和项目研发】2020年，宁夏抓好市县饲料监管人员、企业技术人员、自治区饲料审核专家和饲料行业专家服务团队4支队伍建设，研发试验推广新工艺、新技术、新产品。组织饲料专家团队开展宁夏本地枸杞渣、葡萄渣、马铃薯渣、柠条等非粮饲料原料研发，科研成果分别获全国农牧渔业丰收三等奖1项，自治区科技进步二等奖1项、三等奖1项。与企业开展猪低蛋白质饲料研发试验、肉鸡无抗饲料研发饲喂和保育猪无抗饲料产品研发与推广应用试验研究。

【饲料质量安全监管和稳产保供】2020年，结合疫情防控，全区开展“饲料质量安全年”活动，5个地级市、22个县(区)饲料管理部门共出动1220人次，对全区67家饲料和饲料添加剂生产企业、324家饲料经销店和150家规模养殖场(户)进行2次饲料产品质量安全专项整治行动和3次企业安全生产大检查，现场检查发现安全隐患11个，提出整改意见9条，落实整改到位9条。坚持把生产许可审核作为饲料源头管理的重要措施来抓，严格专家审核流程和考核评价，对新申报和换证企业的生产厂房、设备、人员、制度等软硬件达不到“规范”要求的，坚决不予颁证，提升饲料安全生产能力。全年组织专家审核新(换)发生产许可证16家。统筹做好疫情防控和饲料稳产保供安排部署，转发国家部委和自治区应对新冠肺炎疫情工作指挥部有关文件，印发《关于做好饲料稳产保供工作的紧急通知》等相关文件，掌握了解66家饲料生产企业的复工时间、原料库存、生产困难等具体信息，建立工作台账，提出应对措施。指导各饲料生产企业科学应对疫情，确保人员安全，组织复工复产，稳产保供。与区内外沟通协调，为37家饲料企业办理民生保供资质证明，疏通放行车辆50多车次，解决企业急需的玉米和石粉1.26万吨。组织宁夏饲料工业协会60多家会员企业、企业家向红十字会共捐款捐物660多万元。制定《2020年全区饲料质量安全监管监测计划的通知》，采取联合执法和专项整治等方式，开展饲料产品质量安全、饲料使用环节违禁添加物等4项监测，并扩大抽检的范围到规模养殖场（户），对检测不合格样品，依法进行处罚和跟踪限期整改。开展全区饲料质量安全专项整治“绿剑”行动，对饲料原料、自配料、药物饲料添加剂退出、信息核查五方面进行专项整治。

（张　力）

水产业

【概况】2020年，全区水产品产量16.2万吨，同比增长2.5%；渔业产值19.2亿元，同比增长7.6%；渔民人均可支配收入13943元，同比增长8.17%。全区发展壮大休闲渔业，将稻渔综合种养与休闲观光、渔农科普、餐饮娱乐、休闲垂钓结合起来，高标准打造“稻渔空间”模式的田园综合体15个，成为游客密集打卡的“网红”地，实现“1+1+1＞3”的产业效应，成为拉动渔业增长的新亮点。

【稻渔综合种养示范基地建设】2020年，在贺兰县、兴庆区、灵武市和平罗县建设一批集种植、养殖、科普、休闲观光、生态旅游为一体的“稻渔空间”乡村田园综合体基础上，新获批4个国家级稻渔综合种养示范基地。全区稻渔综合种养面积达到6.1万亩，同比增长39.9%。7月，农业农村部组织专家团到宁夏调研稻渔综合种养，认为“宁夏模式和经验赋予了全国稻渔综合种养发展新内涵，为全国稻渔综合种养的高质量发展提供了宝贵经验”。9月2日，全国稻渔综合种养发展提升现场会在四川省隆昌市召开，宁夏代表在大会上作了典型经验交流。

【产业结构调整】2020年，全区除河流外的渔业水域面积75.6万亩，其中渔业养殖面积58.16万亩，水产品总产量16.2万吨，实现自2017年环保督察和禁限养区划定以来的首次增长反弹。转变品种结构和养殖结构，提高渔业发展质量，鲤鱼、草鱼等常规品种“瘦身健身”养殖取得初步成功，“瘦身”鱼部分通过电商销售，比传统池塘养殖的价格翻了1～2倍，实现了常规品种提质增效。鮰鱼、鲈鱼、虾蟹等重点推广优新品种的养殖规模迅速扩大，产量同比增长12.4%。稻渔综合种养面积达到6.1万亩，同比增长39.9%，创新出“宽沟深槽”及“稻田镶嵌流水槽”“陆基玻璃缸+稻田”“陆基高位砼制养鱼池+稻田”和“池塘工程化流水槽+稻田”等符合宁夏本地特色的稻渔综合种养新模式。宁夏广银米业有限公司的“稻田镶嵌流水槽稻渔综合种养模式”获第四届全国稻渔综合种养模式创新大赛一等奖。

【科技创新】2020年，宁夏与清华大学国家重点实验室合作试验工厂化养殖南美白对虾，虾苗试验成活率达到97%，实现养殖全过程不换水、不施化肥农药、不外排尾水，亩产值为10万元以上，为宁夏发展高效节水农业、保护黄河水资源趟出了一条新路子。与中国水产科学研究院渔业机械研究所在固原市合作开展设施蔬菜温棚“鱼菜共生”试验示范取得初步成效，亩增效50%左右，化肥施用量降低44.4%，用水量降低30%，实现了鱼菜双收、节肥省水、提质增效，为提高全区设施蔬菜经济效益作出有益探索。

【质量安全监管】2020年，宁夏加强渔业生产安全监管，继续对黄河宁夏段397公里及其附属水域实施禁渔期制度，结合“中国渔政亮剑2020”系列专项执法行动，加大黄河水上、陆上巡回检查力度，累计开展渔政执法检查400余次。严格水产品质量安全监管，制定并出台《宁夏水产绿色健康养殖“五大行动”实施方案》《全面推行水产苗种产地检疫制度实施方案》。全区共设置48个水产养殖病害预测预报点，完成全区10.4万亩养殖水面的预测预报任务。全年共抽检产地及市场水产品473个，其中产地水产品抽检合格率为99.53%，市场水产品抽检合格率为97.5%。检疫水产苗种40批次17个品种7.3亿尾，未发生Ⅰ类重大疫病和Ⅱ类重大疫病。确认宁夏渔业官方兽医68名，正式启动水产苗种产地检疫出证工作。加强各类涉渔水域渔业安全生产管理，先后在全区开展2020年渔业安全生产隐患排查、渔业消防安全执法检查、渔业行业“安全生产月”“安全生产万里行”等行动和活动，全区未发生涉渔安全生产事故。

【水生生物资源养护】2020年，全区共举办增殖放流活动11次，投入585.93万元，向黄河干流宁夏段及泾河宁夏段等水域放流各类经济鱼类2762万尾，其中放流鲢鱼568.3万尾、鳙鱼75万尾、草鱼772.39万尾、黄河鲶0.5万尾、中华鳖5.37万尾、黄河鲤1340.04万尾。以实施黄河禁渔、全国“放鱼日”、水生野生动物保护科普宣传月活动为抓手，通过张贴标语、举办现场活动、印发宣传材料、邀请媒体报道等方式，强化渔业资源保护和渔业生态保护宣传，民众渔业资源和水生野生动物保护意识显著增强。2020年，组织开展5次宁夏黄河流域涉渔工程环境影响评价，对涉及5个国家级水产种质资源保护区的建设项目进行环境影响评价论证，涉及补偿资金1634万元，确认补偿资金1020万元，放流经济鱼类390万尾，加强涉渔工程生态补偿。

（张　力）

葡萄酒产业

【概况】2020年，宁夏葡萄酒产业认真贯彻落实习近平总书记到宁夏视察重要指示，落实自治区党委和政府部署要求，坚持补强弱项（建设葡萄基地）、聚焦短板（打响品牌）、锤炼内功（开展葡萄酒教育）、切准发力点（申办中国〔宁夏〕国际葡萄酒博览会、创建国家葡萄及葡萄酒产业开放发展综合试验区），依托闽宁镇加大资源整合力度，全力打响产区品牌，提升宁夏葡萄酒产业竞争力。自治区党委政府谋划确定葡萄酒产业发展的目标定位、重点任务，推动建立自治区领导包抓葡萄酒产业高质量发展工作机制，经过深入研究、部署、推进，指导编制《中国（宁夏）贺兰山东麓葡萄酒产业高质量发展规划（2021—2035年）》和《葡萄酒产业高质量发展实施方案》，明确宁夏5~15年葡萄酒产业发展的重点、方向和路径。6月，习近平总书记视察宁夏助推宁夏葡萄酒产业高质量发展。9月25日，全区葡萄酒产业高质量发展推进会在永宁县闽宁镇召开，会议在深入学习贯彻习近平总书记视察宁夏关于葡萄酒产业发展的重要指示精神，认真落实自治区党委部署要求，对葡萄酒产业高质量发展再研究、再部署、再推进，力争把贺兰山东麓打造成为闻名遐迩的“葡萄酒之都”。2020年，宁夏持续推进国家葡萄及葡萄酒产业开放发展综合试验区创建，试验区将由农业农村部牵头，联合工信部、宁夏回族自治区人民政府共同打造，农业农村部部长韩长赋已审签试验区《总体方案》，并报国务院审批后正式进入园区省部共建实质性阶段。

【产业发展】2020年，贺兰山新建标准化酿酒葡萄基地2.55万亩、改造提升低产低效葡萄园4.08万亩，葡萄园建设带动农民务工近23万人次，基地建设稳步推进。加强重点酒庄建设，贺兰红共享酒庄一期工程建成并投入使用，二期工程项目已取得选址意见书和土地预审。新审批青铜峡市、红寺堡区、贺兰县、同心县7个新（扩）建酒庄项目，总投资4亿元，4个已开工建设，建成后葡萄酒产能增加9500吨以上，重点酒庄建设全面推进。2020年6月，习近平总书记视察宁夏后，产区品牌知名度得到极大提升，到宁夏参与葡萄酒旅游人数大幅度提升，有效带动葡萄酒销售，葡萄酒庄接待游客超过80万人次。葡萄酒销售整体呈现快速增长势头，出货量环比上涨60%以上。全年宁夏葡萄酒网络销售额超过3亿元，同比增长22%以上，酒庄销售自信感明显增强，以产业促旅游的带动作用有效发挥，葡萄酒旅游和销售良性拓展。

【食品和葡萄酒学院正式成立】2020年7月24日，宁夏大学食品与葡萄酒学院正式挂牌成立，学院将围绕葡萄与葡萄酒、特色农产品加工与食品生物发酵产业，在应用基础研究、技术开发、装备研发领域培养高素质的科技创新与推广人才，为宁夏葡萄酒产业发展提供了人才和智力支撑，实现“企业留住人才”“人才反哺企业”的良性循环。

【品牌建设】2020年7月20日，欧盟理事会授权正式签署中欧地理标志协定，贺兰山东麓葡萄酒成功入选，成为受欧盟保护的中国首批地理标志。贺兰山东麓葡萄酒品牌得到认可和保护。2020年，宁夏在福建、江苏、浙江等20余个重点消费区域推介宁夏葡萄酒；先后组织和参加“2020全国特色农产品经销商知名

2020年9月18日，银川市组织20余家葡萄酒庄（企业）参加第三届（深圳）TOEwine国际葡萄酒与烈酒博览会

媒体宁夏行”、湘陕粤三省葡萄酒经销商到宁洽谈会、广东东西部扶贫协作产品交易市场宁夏特色优势农产品推介会、2020第四届中国高端酒展览会等各类葡萄酒品牌推广活动，2020国际领袖产区葡萄酒烈酒质量大赛组委会授予葡萄园区管委会“产区组织奖”；银西高铁“贺兰红”2列冠名列车正式开通运营，宁夏葡萄酒品牌打造驶入“快车道”；举办了第九届宁夏贺兰山东麓国际葡萄酒博览会，这是宁夏葡萄酒产业首次部区合作举办的盛会，社会各界856名代表参会参展，签订投资合作协议金额155.6亿元。

【产业发展论坛】2020年10月6日，宁夏葡萄酒产业发展高峰论坛在银川国际会展中心举行。论坛围绕“打造宁夏‘葡萄酒之都’创新发展路径如何走”等主题进行探讨和交流。论坛期间，宁夏天启贺兰山东麓葡萄酒酒庄联盟正式揭牌成立。30多家宁夏葡萄酒企业、酒庄成为联盟成员，将共同助力宁夏葡萄酒产业发展发力。11月15日，宁夏大学举办葡萄与葡萄酒产业高端论坛暨创新助力葡萄酒产业高质量发展科技服务活动论坛。论坛围绕葡萄种植与葡萄酒全产业链深入园区、企业与专业合作社，调研企业发展的目标和需求以及面临的困难，专家现场把脉，发挥自己的专业优势和技术储备，为企业出谋划策。高端论坛对葡萄与葡萄酒产业高质量发展对策、葡萄种植采收及采后储藏加工技术、葡萄酒品牌提升与营销策略等议题的深入调研、转化对接、研讨交流等，提供科学决策、科技和智力支撑，推进葡萄与葡萄酒产业高质量发展，为服务地方科技经济融合发展发挥积极作用。

（殷雪鹏　郭勤华）

农产品流通

【仓储冷链物流项目】2020年，宁夏争取农业农村部项目资金6661万元，建设农产品仓储保鲜冷链项目。在前期深入调研和专题培训的基础上，主要围绕水果、蔬菜两大类产品，根据灌区和山区不同条件，分类指导，分区布局，编制全区农产品仓储保鲜冷链设施建设实施方案和农产品仓储保鲜冷链设施建设技术方案，构建全区农产品仓储保鲜冷链物流体系，获得农业农村部的批复及好评。

【供销新模式】2020年，宁夏依托“乡味宁夏”，携手天天鲜、美团、饿了么等打造农产品直销线上线下一体平台——“e点菜到家”和“e点菜媒”，形成“线上点单，基地直采，线下直配，快递到家”的“点对点”销售新模式，按照“五个一”精准配送方式，上连40家企业、100多个生产基地，下接近50万居民家庭，平均每天销售2300多单，销售水果、蔬菜等，不仅解决了疫情期间鲜活农产品积压，农民“卖菜难”、市民“卖菜难”问题，“e点菜到家”被中央应对疫情工作领导小组作为典型经验推广。携手第三方运营商，打造“宁夏农村电商综合服务平台暨宁夏原产地商品官方旗舰店”，厅长、市县长、村主任及企业、合作社、家庭农场负责人齐上阵，开展“百企千村”特色农产品线上直播带货活动等68场，在区内外举办农业龙头企业网红带货培训班6期，探索宁夏“互联网+”特色农产品销售新模式，带动全区电商平台上线企业实现销售额超过24.3亿元。

【特色品牌培育开发】2020年，宁夏坚持把品牌建设与国家特色农产品优势区创建紧密结合起来，加强盐池滩羊、中宁枸杞、中卫香山硒砂瓜、西吉马铃薯、灵武长枣“中国特色农产品优势区”品牌培育，持续做强13个农产品区域公用品牌、做大30个知名农业企业品牌、做优40个特色优质农产品品牌，“银川市贺兰山东麓酿酒葡萄”申报创建第四批“中国特色农产品优势区”。争取在央视、宁夏卫视播出区域公用品牌广告宣传片，在高速公路、机场、新华影廊以及京津冀、长三角、珠三角等16个城市公交车开展“乡味宁夏”品牌宣传，开展落地游客短信推送，提升宁夏农产品品牌影响力。“宁夏贺兰山葡萄酒”“中宁枸杞”“盐池滩羊肉”“中卫硒砂瓜”4个优质农产

2020年9月22日，宁夏2020年中国农民丰收节活动在银川市永宁县闽宁镇开幕

品亮相中国品牌年度盛典，在全国区域品牌(地理标志产品)排行榜上有名。实行农产品“走出去”方式，举办中国农民丰收节、闽宁特色产品展示展销嘉年华、中国宁夏葡萄酒博览会、全国知名经销商进宁夏、浙江“宁夏客厅”展示展销等活动超过60场次，参加了第18届中国国际农交会、北京农产品展销周、青岛农产品展示展销等活动，让宁夏特色农产品走向全国。建立智慧农业行动计划。制订《宁夏数字乡村行动三年行动计划》，平罗县、盐池县、利通区、西夏区被确定为全国数字乡村试点县。开展宁夏农垦大田数字农业试点工作、平罗5G数字化牧场试点、利通区数字乡村示范建设、灵武农机无人驾驶大田作业和无人机植保试点等，重点开展农业信息化技术集成应用，辐射带动宁夏农业生产自动化、智能化水平和数字化农村建设。

【销售平台及信息化建设】2020年，宁夏围绕“讲好宁夏农产品品牌故事，传播宁夏农产品品牌形象”的目标，提升“乡味宁夏”对外宣传推介宁夏特色农产品品牌功能，采取区内外联动，“线上线下”相结合吸引粉丝，建立“宁夏优品”直销平台，拓展线上渠道。“乡味宁夏”微信公众号累计发稿477篇，阅读量信息346390次，采写宣传近百次，拍摄短视频超50个。实施“互联网+农产品出村进城”工程，在贺兰县、中宁县、青铜峡市等县(区)开展“互联网+”农产品出村进城工程试点县建设，每个项目县安排资金100万元，建立区县两级运营中心，不断创新农产品销售方式，进一步拓展农产品线上线下销售渠道，推进“互联网+”与农业农村深度融合。研究并制定《宁夏信息进村入户工程整区推进实施方案》，建设1个宁夏信息进村入户益农信息社运营服务总平台和区级益农信息社管理运维中心，以及县级益农信息社运营中心和430个村级益农信息社，宁夏益农信息社服务覆盖率超过80%。

(张　力)

种子管理

【良种繁育基地建设】2020年，全区成立12个繁育专家团队，搭建协同创新平台，开展选育研究攻关，建立良种繁育和示范推广技术体系，打造“宁字号”品种品牌。马铃薯组已初步建立较为完善的良种繁育体系，滩羊组整合项目资金开展基因编辑育种研究，冷凉蔬菜组利用分子育种技术标记主要病害抗性位点，有效加快育种进程。推动落实青铜峡国家级玉米制种大县、西吉县马铃薯和平罗县蔬菜国家区域性良繁基地项目建设。

【品种管理】2020年，全区落实国家和自治区农作物新品种区域试验35组475个品种，生产试验18组68个品种，联合体试验6组49个品种。审定主要农作物品种40个，登记非主要农作物品种104个。建设农作物新品种展示示范园区12个，示范面积2097亩，品种1845个，组织现场观摩141场7500人次。完善南繁科研育种基地生产生活设施，组织17家育种单位开展南繁育种，收获育种材料4.5万份，育种产量1.1万公斤。开展第三次全国农作物种质资源普查与收集宁夏行动，在平罗县、永宁县、中宁县、原州区等18个县(区)对古老、珍稀、濒危、特有资源与特色地方品种开展普查工作，及时征集收集入库保护，走访行政村207个，农户6200人次，征集种质资源样本551份，收集地方品种及珍稀种质资源样本42份，建立种质资源保护名录信息数据库。

【种企和种子质量监管】2020年，宁夏紧盯品种、企业、市场、基地四个重点环节，严查主要农作物种子生产经营资质、种子质量等违法违规行为。检查企业171家，经营门市部1523家，查处违法种子5456公斤。举办全区种子管理技术和转基因快速检测培训班，培训人员355人次。实施全国首家辣椒种子认证试点工作，探索辣椒种子质量认证制度，总结认证工作内在规律，完善认证程序，优化认证方案。截至2020年年底，全区种子持证企业154家，种子销售额6.73亿元。在青铜峡市、平罗县等县(区)设置种子销售价格观察点17个，通过手机APP实时报送品种信息678条、行情信息649条。举办全区种业领军人才培训班，培训种业人员680人次。疫情期间，协调为171家种企办理运输通行证，在微信推送《全区供种企业名录》，累计调度种子种薯1.33亿公斤。指导种企建立小麦、水稻、玉米种子及马铃薯种薯繁育基地，落实制种面积61.3万亩，生产各类种子5.7亿公斤，小麦、水稻、玉米三大作物良种商品化率分别达到58%、92%、100%，全区主要农作物良种覆盖率为95.3%。争取农业农村部种业司将宁夏玉米、马铃薯、小杂粮种子纳入国家救灾备荒补贴，储备种子55万公斤，补贴资金70万元。

(张　力)

农机管理

【概况】2020年，全区农机总动力达到640万千瓦，比上年增加1.6%，农机装备结构进一步优化，拖拉机拥有量达到

21.45万台，其中：大中型拖拉机4.24万台，联合收割机9700台，各种配套农机具34.12万台(套)。大马力、高性能、复式作业和畜牧业、设施农业等机械大幅增加，农业机械已成为支撑农业生产的重要物质装备。2020年，全区创建国家级主要农作物全程机械化示范县1个，示范县总数达到9个，创建自治区级“平安农机”示范县1个，区级达到18个，国家级“平安农机”示范县达到17个，全国农机安全监理岗位示范标兵20名，自治区农机安全监理岗位示范标兵60名，农机安全生产形势稳中向好。

【农机购置补贴政策】2020年，全区落实农机购置补贴项目(政策)资金17246万元(其中，中央资金16296万元，自治区资金950万元)。制定并印发《2020年宁夏农机购置补贴实施方案》，举办全区农机购置补贴暨警示教育培训班，与各县(区)农业农村部门签订《农机补贴实施暨廉政风险防控工作责任书》。推行手机APP申请办理购机补贴，最大限度确保春耕和“三夏”“三秋”农业生产机具需要。按照“自主购机、定额补贴、先购后补、县级结算、直补到卡”运行模式和“敞开补贴、应补尽补”补贴方式，认真落实“四个全面实行”(全面实行补贴辅助管理系统常年连续开放、全面实行企业网络投档常年受理、全面实行补贴受益信息和资金使用进度实时公开、全面实行补贴申请受理和资金兑付限时办理)，对15大类32个小类99个品目机械进行全面补贴，并优先保证主要农作物全程机械化所需机械和深松整地、免耕播种、高效植保、高效施肥、秸秆还田离田、残膜回收、畜禽粪污资源化利用、病死畜禽无害化处理等支持农业绿色发展机具的补贴需要。开展葡萄挖土起藤、剪枝碎枝等农机新产品补贴试点。2020年，全区农机购置补贴资金使用额达到1.72亿元，完成全年补贴资金的100%，拉动农民购机投入5.05亿元，补贴机具17108台(套)，受益农户12263户。

【农机化转型升级】制定《宁夏农业机械化转型升级行动实施方案(2020—2025年)》《关于加快我区畜牧业机械化发展的实施意见》和《关于加快推进设施种植机械化发展的实施方案》。指导各市、县(区)加快推进农业机械化由耕、种、收环节向植保、烘干、秸秆处理全过程发展，由种植业向畜牧养殖、水产养殖、瓜菜、设施种植、枸杞、葡萄、农产品初加工延伸，由引黄灌区向中南部山区扩展，促进良法良种良机配套。2020年，全区主要农作物耕种收综合机械化水平达到80%，比上年提高3个百分点，高于全国平均水平8个百分点。小麦、水稻、玉米基本实现机械化，耕种收综合机械化水平分别达到96%、99%和89%，马铃薯耕种收机械化水平达到68%，设施农业、畜牧业、渔业等机械化水平稳步提升。实施主要农作物生产全程机械化推进行动，重点示范推广机械化深松深翻整地、水稻机械化穴直播、玉米机械化收获、马铃薯机械化覆膜种植及膜上上土、农作物秸秆机械化捡拾打捆、苜蓿全程机械化、蔬菜机械化生产、葡萄关键环节机械化生产等8项技术。其中：水稻机械化精量穴播技术推广面积达到40万亩，马铃薯覆膜种植及膜上覆土技术示范推广面积达到65万亩，葡萄关键环节机械化生产达到30万亩，苜蓿全程机械化面积达到25万亩。完成机深松整地106万亩。利用农机化新机械引进与研发项目资金，引进全区急需的蔬菜收获机、黄花菜杀青烘干流水线、全混合智能精准配料设备等3台(套)，重点解决“无机可用”“无好机用”的问题。向农业农村部组织推荐全国农田“宜机化”改造和畜禽养殖机械化典型案例5个。

【农机社会化服务】截至2020年年底，全区各类农机作业服务组织达到501个。2020年，新成立农机作业服务公司10个，累计达到146个。指导作业公司推行土地托管、合同订单作业，开展规模化、标准化农机作业服务。“互联网+农

2020年10月18日，宁夏、福建两省(区)领导出席在银川市举办的闽宁特色产品展示展销嘉年华活动

机作业”“全程机械化+综合农事”等农机服务新业态新模式，推动农机服务领域不断扩大，规模化、标准化农机作业服务能力显著增强。全年全区各类农机社会化服务组织开展作业服务面积达700万亩，占全区种植面积的48%，组织1200多台联合收割机、打捆机跨省（区）开展机收作业，有效发挥农机社会化服务组织在现代农业生产性服务业中的引擎作用，实现小农户与现代农业发展有机衔接。

【农机安全监管和农机综合保险】2020年，全区农机安全监理及农业机械综合保险推进培训班在银川市举办，区、市、县、乡四级组织签订了《农机安全生产责任书》。开展安全生产月和平安农机示范县（区）创建活动，进行农机安全生产大检查，推进农机安全联组建设。全区完成拖拉机、联合收割机免费注册上牌6250台、检验95270台、审验30710人（包括换证）、培训农机驾驶操作员25448人，分别完成年度任务的212.5%、119%、128%和106%，巩固建设农机安全联组2400个。推进农机综合保险，投入260万元实施农机综合保险保费补贴项目，以45%报废补贴在全区推进，实现农机综合保险保费补贴全覆盖。全年承保拖拉机、联合收割机等农业机械2.6万多台，承担风险保障25.1亿元，广大农机户作业风险得到有效保障。全年未发生较大及以上农机事故。

（张　力）

农田整治

【概况】2020年，落实中央和自治区农田建设投资130793万元（其中，中央投资104793万元，自治区财政26000万元）。建成高标准农田108.3万亩，较年度90万亩任务增加18.3万亩，超额20.3%；发展高效节水灌溉70.5万亩，较年度62万亩任务增加8.5万亩，超额13.7%，全面完成国家下达年度任务。在6个县（区）实施7个不同类型高标准农田示范项目，高效节水灌溉制度等试验示范项目取得积极效果。自治区政府印发《关于切实加强高标准农田建设　提升国家粮食安全保障能力的实施意见》。自治区农业农村厅先后制定并印发《宁夏高标准农田建设项目验收办法》《宁夏高标准农田工程设施建后管护暂行办法》《关于鼓励受益农民（主体）参与高标准农田建设的指导意见》，编制完成高标准农田建设管理工作手册。宁夏完善高标准农田建设制度办法的工作受到农业部农田建设司的充分肯定，先后3次在行业信息上宣传报道，其中鼓励受益农民（主体）参与高标准农田建设的指导意见全文刊载，向全国推广。依托现代信息平台，完成全区“十二五”以来高标准农田的清查、信息入库和位置上图，上报上图入库项目693个、597.3万亩，农业农村部最终确定532.9万亩，全区高标准农田“一张图”基本形成，实现有据可查、全程监控、精准管理。同步开展2019年142个项目、2020年144个项目的清查和前置审核。全年全区共审查审批项目124个。举办3期全区农田项目管理培训班，培训管理人员194人、新型农民200人。理出15项日常安全生产检查重点，印发3个安全生产通知，强化隐患排查治理。

【农田水利基本建设】2020年9月10日，在同心县召开全区农田水利基本建设启动暨高效节水灌溉现场推进会，抢抓秋冬黄金施工期，在全区掀起农田水利暨高标准农田建设高潮。全年清挖整治沟道12757公里，清理整修渠道20598公里，整修农田道路13265公里，补植农田林网1.67万亩，改善灌溉面积228万亩，秸秆还田137万亩，增施有机肥184万亩，农机深松整地200万亩，治理盐碱地10万亩。

【高效节水灌溉】2020年，全区发展高效节水灌溉70.5万亩，高效节水灌溉累计达到470万亩，占灌溉面积的近50%。高效节水灌溉率库井灌区达90%、扬黄灌区达60%、自流灌区达35%。探索政府和社会资本合作建设模式、“村支部+合作社+互联网”管护模式，推广水肥一体化、按墒灌溉、精准用水、智能控制等技术逐步推广。项目区秸秆还田、机深松（翻）、增施有机肥等综合措施覆盖率达90%。组织实施退化耕地治理项目，在银北及红寺堡开展盐碱地治理示范10万亩。

（张　力）

农业科技与教育培训

【农业科技推广】2020年，全区遴选推介主导品种132个，主推技术141项，创建粮食和蔬菜优新技术示范区56个，农作物新品种展示示范区30个，农机农艺融合示范区15个，建设节水、节药、节肥高质高效综合示范区250个，畜牧业节本增效科技示范点30个。主要农作物耕种收综合机械化水平达到80%，主推技术和主导品种到位率为95%以上，农作物及畜禽良种覆盖率为98%以上，农业科技进步贡献率为60%。组织专家团队实施10项关键技术研发和20项重大实用技术推广项目。专家团队应用技术转化科技成果5项，制定企业标准2项，现场技术指导100多次，培训基层农技人员、农民技术员和农民3000人次。实施良种选育推广行动，围绕肉牛、奶牛、滩羊、冷凉蔬菜、硒砂瓜、酿酒葡萄、枸杞等特色优势产业，建设12个现代种业基地，开展优良品种选育研究攻关。在奶牛单产、性控胚胎、基因编辑、品种选育、设施种植等方面的高端技术已达到国内领先水平，奶牛专家团队科研成果获得自治区科技进步一等奖。组织召开自治区科技厅、农林科学院等部门参加科技需求对接座谈会。征集编制《产业科技需求暨科技创新重大工程项目汇编》，列入自治区“十四五”科技创新发展规划重大科技工程项目66项。基层农技推广体系项目建设得到加强。引领基层农技人员服务各类新型经营主体和农户28000人次。组织实施分级分类培训基层农技人员1531人，建设新品种新技术科技示范基地37个，培育科技示范主体2650个，招募特聘农技员27人，农技人员使用农业推广APP达到92.3%。推进“三百三千”农业科技推广行动。围绕五大特色优势产业，区市县落实技术服务组525个，农技人员1897人，服务主体1112个，科技示范基地1122个。组织推荐全国第二届“最美农技员”评选活动，平罗县农业农村局张庆华获“最美农技员”荣誉称号。组织申报神农中华农业科技奖8项。

【高素质农民培训】2020年，全区组织实施“新型农业经营主体带头人轮训计划”“创业创新青年培训计划”“现代青年农场主培养计划”“农业产业精准脱贫培训计划”和“高素质女农民培训计划”。全年完成培训任务15117人，参训学员综合满意度测评达99.8%。开展线上培训试点，线上培训达3221人。加强农民培训基础条件建设。重新认定85个自治区农民教育培训示范基地和124所农民田间学校。调整充实完善农民培训师资库，入库师资677人。参加全国农民教育培训评优评先活动。3名学员获2020年度农民教育培训“百名优秀学员”扶贫先锋，2名讲师入围“100名全国优秀农民教育培训教师”，2所学校入围“100个全国示范农民田间学校”，1家农广校培训案例入围“全国50个农民教育培训典型案例”。

【农业绿色发展】2020年，全区化肥利用率39.4%，在沿黄九省(区)位居第二；农药利用率40.2%，位居第一。畜禽粪污综合利用率90%，位居第二。农作物秸秆综合利用率86%，位居第六。农用残膜回收率84%，位居第四。完成耕地土壤环境质量类别划分工作，全区1955.14万亩耕地中，未污染的优先保护类耕地占全区耕地总面积的100%。形成全区耕地土壤环境质量类别划分工作报告、技术报告、分类清单和划分图件等成果。加强科研试验环节、种子生产经营环节监管，共检查企业43家，抽取玉米种子样品96份。检查制种田4.6万亩，检测样品396个、亲本材料26个，未发现转基因成分。

(张　力)

农业投资与综合开发

【外资项目】2020年，宁夏稳步推进国际农发基金贷款项目。编制《国际农业发展基金贷款优势特色产业发展示范项目2020年度实施计划》，下达2020年度省级财政配套资金人民币5000万元。提前编制完成《国际农业发展基金贷款优势特色产业发展示范项目2021年度实施计划》。完成国际农发基金项目第一次贷款资金提款报账556万元。累计完成国际农发基金项目采购计划(配套资金)36个，其中土建类13个，咨询服务类22个，货物类1个，共计人民币5302.36万元。开展以色列贷款项目竣工决算审核。通过公开招标方式选择瑞衡会计师事务所完成项目财务决算审计工作。经审定完成项目总投资41784万元，其中利用以色列政府贷款6000万美元(折合人民币37800万元)，完成财政配套资金3984万元。争取亚洲开发银行贷款黄河流域项目，黄河流域绿色农田建设和农业高质量发展项目列入利用亚洲开发银行贷款备选项目规划。

【科技合作】2020年，全区实施年度农业综合开发院地科技合作项目。起草2020年农业综合开发院地科技合作项目总方案和5个子项目实施方案，按照相关程序和要求，开展院地科技合作项目的选项、答辩、评审论证、资金拨付等项目工作。开展宁夏现代农业综合开发工程技术研究中心科研示范工作。完成中科院甜高粱育种制种技术试验、中科院枸杞芽菜技术示范、中科院高光效玉米种植技术示范等400亩农业科研示范任务。完成中科院甜高粱6000余亩在泾源县、原州区、西吉县、红寺堡区的示范推广任务，推进中科院华南植物园甘草、油砂豆项目在盐池县落地实施，确保全年科研任务有效落实。

(张　力)

NINGXIA YEARBOOK

水利

SHUILI

编辑◎郭勤华

综　述

【水利工作高质量发展】2020年，宁夏统筹疫情常态化防控和水利改革发展，深入落实建设黄河流域生态保护和高质量发展先行区战略，努力践行水利改革发展总基调，大力推进“四水同治”，加快构建现代水网体系、水利脱贫攻坚、重大项目建设等重点任务实现突破，水利工作取得显著成效。坚决落实“两不愁三保障”要求，开展农村饮水安全“四查四补”清零行动，55万名农村居民饮水安全水平巩固提升任务全面完成，1.88万户建档立卡户饮水安全问题全部清零，5.48万人饮水氟超标、22.74万人苦咸水问题全部解决，全区贫困县（区）自来水普及率为99%以上、供水保证率达95%。坚决落实黄河大保护大治理重大国家战略，自治区主要领导力推黑山峡水利枢纽工程治黄不可替代作用形成共识，相关省（区）部委单位认真落实习近平总书记“加快论证、尽快决策”的重要指示形成合力。工程列入《黄河流域生态保护和高质量发展规划纲要》，纳入国家2020—2022年重点推进的150项重大水利工程，列为先行区建设“十大工程项目”首位。中国工程院调研报告上报国务院，四项专题论证已近结题，可研报告修编完成，工程立项建设迎来曙光。坚决落实“把水资源作为最大的刚性约束”要求，加快破解“黄河流域最大的矛盾是水资源短缺”的问题，编制宁夏以水定需管控、九大产业高质量发展用水保障、深化用水权改革“三个实施方案”，在全国开展水资源承载能力监测预警机制建设、实现取水行政许可电子证照全域线上发放，率先在黄河流域建立重点监控用水单位名录。出台《宁夏回族自治区有关行业用水定额（修订）》，78家县（区）单位节水型载体达标，加大分布式污水处理中水回用一体化合同节水试点。全区最严格水资源管理工作得到国家考核认可，获激励资金2500万元，以水定需管控率先推进。

【重大水利项目】2020年，宁夏推进重大项目建设部署，抢抓中央强化内循环“拉内需”和先行区建设“窗口期”历史机遇，举全行业之力狠抓重大水利项目建设。谋划的七大类48项总投资超1800亿元的重点水利项目全部纳入相关规划，为现代水利建设奠定坚实基础。采取领导包抓、专班推进、专项督办等措施，银川都市圈东线和中线、清水河流域城乡供水等自治区25项重大水利工程开复工22项。全区水利投资达90亿元，同比增长14%，再创历史新高。完成投资70亿元，有效地发挥了夯基础、促发展、惠民生的作用。

【黄河保护治理】2020年，宁夏坚决落实黄河流域生态保护和高质量发展先行区建设部署，牵头编制《黄河宁夏段生态保护治理规划》，水利部出台《关于支持宁夏建设黄河流域生态保护和高质量发展先行区的指导意见》，力争作出示范、创造经验、打造样板。建立“河长+检察长+警长”机制，全部划定河湖管理范围，“清四乱”实现规范化常态化。治理水土流失面积861平方千米，开出生产建设项目水保专项整治行动黄河流域信用监管“第一单”，水土保持监管日益加强。坚决贯彻习近平总书记“切实把确保人民生命安全放在第一位落到实处”的重要指示，成功应对黄河1号、黄河2号、黄河4号洪水和22场次暴雨洪水，确保人民生命财产安全。

【推行河长制湖长制】2020年，全区各地各部门认真贯彻落实习近平总书记“9·18重要讲话”“1·03重要讲话”精神，全面落实自治区党委第十二届八次全会精神，按照持续实施三大战略，守好“三条生命线”“走出一条新路子”总体部署，完善河湖管理体系，加强河湖空间管控，推进河湖长制六项重点任务协同共治，河湖面貌和水环境质量显著改善，黄河干流宁夏段水质实现Ⅱ类进Ⅱ类出，15个国考断面水质全部达到国家考核要求，河湖长制工作连续两年受到国务院通报激励。2020年，颁布《宁夏河湖管理保护条例》《宁夏水污染防治条例》，完成河湖长制督导检查等6项制度修订，河湖治理保护制度体系基本健全，各项工作纳入法治轨道。河湖长主动履职尽责，年度自治区级河长巡河督导22人次，各级河湖长巡查河湖51.3万余人次。实行“1+N”督导巡查（1季度1次明察+若干次暗访），开展督导调研、暗访检查11次，印发交办督办单39份、《情况通报》18期，各类河湖问题得以有效解决。畅通公众参与渠道，统一全区监督举报电话，邀请自治区主要媒体参与暗访检查，凝聚全社会共治合力。严格落实水资源最大刚性约束要求，全区万元GDP用水量、工业增加值用水量同比下降1.1%、5.1%，农田灌溉水有效利用系数为0.54以上，利通区、永宁县、灵武市、青铜峡市、彭阳县获评“全国节水达标县”，宁东能源化工成为全国首个煤化工废水“近零排放”园区。继续打好蓝天、碧水、净土保卫战，取缔封堵58个入河湖（沟）工业企业直排口，22个工业园区废水全部集中达标处理，36个城镇污水处理厂实现一级A排放，化肥施用量实现零增长、农药使用量实现负增长。在全国率先完成地表水型水源地专项行动问题整治，13个城市黑臭水体和支流劣Ⅴ类水体全部清零，渝河入选全国首批17个示范河湖建设名单，13条重点入黄排水沟人工湿地均已建成发挥效益，15个国考断面Ⅲ类及以上优良水质比例达到80%。加大水生态修复，年度植树造林135万亩，森林、草原覆盖率分别提高到15.2%、56%，完成湖泊湿地生态补水2.43亿立方米，累计完成退耕还湿7.91万亩，治理水土流失面积920平方千米。2020年，完成清水河、典农河岸线保护利用规划、河道采砂规划等“6+1”规划，启动河湖管理保护“十四五”规划编制。加快明晰管理界线，全区规模以上河湖划界全部完成，规模以下河湖完成率为60%以上。开展“四乱”整治攻坚，台账内1358个问题100%销号，啃掉了黄河生态园、黄河岛别墅等一大批违建“硬骨头”，永宁县河道违建影响行洪安全案入选最高检十大典型案例。完成河湖长制信息平台升级，开展清水河、葫芦河等无人机巡测，实现手机APP巡河巡查问题随时发现、实时上传、及时转办处理，河湖监管能力不断提升。

2020年9月10日，全区秋冬农田水利基本建设启动暨高效节水灌溉现场推进会在同心县举行

【水文化建设】2020年，宁夏水博馆围绕“保护传承弘扬黄河文化”，不断强化水历史文化宣传展示和文物遗迹征集保护，各项工作取得一定成效。7月28日经自治区第十二届人大常委会第二十一次会议表决通过《宁夏引黄古灌区世界灌溉工程遗产保护条例》（以下简称《条例》），于9月1日起正式施行。该《条例》是全国首个针对灌溉遗产进行保护的地方性法规，在世界灌溉工程遗产保护工作中具有里程碑意义。挖掘保护文物，征集到仿秦汉时期陶水管及盖板7件，仿汉代铁质工具7件。收集6月8日习近平总书记到宁夏视频、照片及向习总书记汇报的宁夏水利工作展板，及时更替相关展陈单元。在国家图书馆找到清末《宁夏河渠图》，全尺寸复制后进行装裱展示。同时收集到清末宁夏水利监收同治王全臣所著《大清渠录》电子版，完成点注出版，彰显悠久的宁夏水文化。在灌区关键闸口、建筑物、渠道旁布设宁夏引黄灌溉工程遗产纪念碑5块，设置世界灌溉工程遗产保护碑46处。印制《条例》中英文单行本1万册，分发给灌区各相关单位，提升各单位依法保护遗产意识。制作宁夏历史文化宣传短

视频，利用宁夏大厦多媒体系统持续宣传播放一年。积极与自治区党委宣传部、宁夏广电总局联合筹拍纪录片《塞上江南》，于10月21—25日在中央电视台科教频道播出，从更加宽广的视角展示宁夏经济社会发展的历史变迁和建设成就。以《条例》正式实施为契机，在宁夏卫视《新闻报道》《新闻话题》栏目，《宁夏日报》《中国水利报》等媒体进行广泛宣传报道，并在宁夏交通广播电台进行一周的滚动播报，增强公众保护意识。

（张雪艳）

供水保障

【概况】2020年，宁夏加大现代化灌区建设力度，西干渠扩整砌护、惠农渠节水砌护改造全部完成，城乡供水体系加快完善。应对中南部地区中到重度干旱，压减水稻种植面积20万亩，保障了1000万亩农田均衡受益，为全区粮食生产实现"十七连丰"提供支撑。全年完成农业灌溉引水58.9亿立方米、生态补水2.58亿立方米、工业城市供水7.52亿立方米，为打赢疫情防控的人民战争、总体战、阻击战提供保障。

【农业供水】2020年，全区农业实际灌溉面积974万亩，粮食作物种植比例达到61.81%，其中玉米、水稻、小麦比例分别为45.93%、10.06%、5.82%。水量分配情况。自治区水利部门依据《黄河水量调度条例》《水利部水量分配计划》以及自治区政府有关最严格水资源管理制度的规定，坚持"以水定需，量水而行，总量控制，统筹配置"等原则，强化水资源最大刚性约束，编制印发《2020年全区水量调度方案》，将国家分配宁夏的水量分配到各大干渠、各市县及有关单位。干渠及黄河小型农业引（提）水工程共分配取水量61.85亿立方米。分配各县（区）取用黄河水量53.9亿立方米。实际取用水情况。2020年，干渠及黄河小型农业引（提）水工程全年实际引黄水量58.92亿立方米。各县（区）实际取用黄河水量50.77亿立方米。

【水量调度】2020年，全区水资源由自治区水利调度中心实行统一调度，其中各大干渠取水口由自治区水利调度中心直接调度；沿黄工农业取水口、中南部库井灌区和黄河支流，由各县（区）、用水单位根据水利部门下达的水量分配计划，制定水量调度方案进行调度；地下水及非常规水实行取用水报备制，由县（区）水务局依法监督管理。严格执行水利厅下达的水量分配计划，依据黄河来水和灌区用水实际，制订月、旬调度计划，强化计划用水管理。如水量分配计划需要调整，由水利部门根据实际情况作出相应调整。坚持"以水定需，量水而行，总量控制，统筹配置"等原则，强化水资源最大刚性约束，落实"以水四定"管控措施，完善引黄水量分配方案，各市、县（区）年度用水总量和各大干渠年度引水总量及时段引水流量严格控制在下达的指标之内。均衡受益的原则。县（区）际断面和干渠控制断面引水实行"先交后用，交够再用"原则，保障灌区上下游、左右岸均衡受益。

【生态补水】2020年，自治区水利部门根据国家分配宁夏的用水指标，统筹各业用水需求，制定《2020年全区水量调度方案》，将典农河、沙湖等重点湖泊湿地生态补水计划纳入全区水量分配计划。2020年下达全区湖泊湿地生态补水计划2.4亿立方米（其中，夏秋灌1.91亿立方米，冬灌0.49亿立方米）。灌溉期间，积极协调农垦集团、各有关市县、各水管单位，采取提前放水、延迟停水及与农业错峰补水等措施，确保补水计划落实。每月召开调度例会，通报湖泊湿地生态补水情况，督促各水管单位落实补水计划。2020年累计向湖泊湿地生态补水2.58亿立方米，占年度计划的107%。其中，典农河生态补水6941万立方米，占全年补水计划的105%；沙湖生态补水4280万立方米，占全年补水计划的102%。

（张雪艳）

【工业及城市生活用水】2020年，宁夏水务投资集团有限公司完成供水3.79亿立方米，较上年3.1亿立方米同比增长22.03%。其中工业供水22644万立方米，城乡居民生活供水、行政事业单位用水、经营服务用水、特种行业用水、绿化供水、节水灌溉用水、水源供水、农村人饮等实现供水共计15281万立方米。其下辖12家供水企业：宁夏宁东水务有限责任公司、宁夏太阳山水务有限责任公司、宁夏中源水务有限公司、宁夏长城水务有限责任公司、宁夏六盘山水务有限公司、宁夏水投中宁水务有限公司、宁夏水投红寺堡水务有限公司、宁夏水投银川水务公司、宁夏水投平罗水务公司、宁夏水投中卫水务公司、宁夏水投盐池水务公司、宁夏水投吴忠水务公司，主要负责向周边工业园区、城乡居民、生态环境综合治理提供用水。宁夏宁东水务有限责任公司全年分别向宁东煤化工园区、临河园区、灵州矿区供水，共完成工业供水12160万立方米，比上年下降0.26%；宁夏太阳山水务有限责任公司向吴忠市太阳山工业开发区完成供水585.27万立方米，比上年下降21.85%；宁夏长城水务有限责任公司向上海庙工业园、滨河新区红墩子工业园、宁东煤化工区及宁东临河工业园区实现工业供水3907.72万立方米，比上年增长11.31%；宁夏六盘山水务有限公司实现城市工业供水625.16万立方米，比上年增长25.54%；宁夏中宁水务有限公司向中宁县宁新工业园区和石空工业园区工业供水1440.63万立方米，比上年增长12.33%；宁夏水投红寺堡水务有限公司向红寺堡区弘德慈善工业园区及城区工业供水73.59万立方米，比上年增长14.11%；宁夏水投银川水务有限公司向贺兰生态纺织产业示范园区工业供水41.07万立方米，比上年下降44.13%。宁夏水投平罗水务有限公司向宁夏精细化工基地园区工业供水536.57万立方米，比上年增长35.89%。宁夏水投中卫水务公司向宣和工业园区供水2371.24万立方米。宁夏水投盐池水务有限公司向盐池县工业供水216.96万立方米，比上年增长3.05%。宁夏水投吴忠水务有限公司向吴忠市利通区、金积工业园区工业供水685.94万立方米，比上年增长128.32%。宁夏宁东水务有限责任公司实现绿化供水2020.57万立方米，比上年增长13.81%。宁夏太阳山水务有限责任公司向太阳山园区周边城乡生活供水、吴忠市利通区农村饮水、绿化供水1010.49万立方米，比上年下降4.6%。宁夏长城水务有限责任公司向滨河新区实现农村饮水、绿化供水42.75万立方米，比上年增长135.15%。宁夏中源水务有限公司实现向海原新区、海原县城、同心县城乡生活、节水灌溉、绿化饮水供水2277.05万立方米，比上年增长27.21%。宁夏六盘山水务有限公司实现固原市区、西吉县、彭阳县城乡生活、农村饮水供水2381.77万立方米，比上年增长13.47%。宁夏水投中宁水务有限公司实现城乡生活、农村饮水供水1004.66万立方米，比上年增长21.16%。宁夏水投红寺堡水务有限公司实现城乡生活、农村饮水、绿化供水916.44万立方米，比上年增长17.56%。宁夏水投平罗水务有限公司实现农村饮水、园区绿化供水113.07万立方米，比上年增长49.68%。宁夏水投银川水务公司实现城乡生活、农村饮水、绿化供水93.89万立方米，比上年增长47.64%。宁夏水投中卫水务公司实现城乡供水、农村饮水、绿化用水、节水灌溉等1850.16万立方米，比上年增长487.77%。宁夏水投盐池水务有限公司实现城乡生活、农村饮水、绿化等供水761.65万立方米，比上年增长9.5%。宁夏水投吴忠水务有限公司实现城乡生活、农村饮水、绿化等供水2764.24万立方米，比上年增长19.47%。

（郭勤华）

水利工程建设管理

【黄河宁夏段二期防洪工程】该工程主要建设内容包括新建、改造堤防16.65千米，治理河段76处，新建、加固坝垛1005道，工程总长度186千米，配套完善管理设施设备等，工程总投资29.76亿元（其中，中央预算内投资18.01亿元，地方配套资金11.75亿元），建设范围涉及中卫市、吴忠市、银川市、石嘴山市4个地级市及所辖的10个县（区）。2020年11月，自治区水利厅、发改委、财政厅组织有关单位和专家对项目进行竣工验收。工程建成后，完善了河段防洪工程体系，提高河道防洪防凌能力，在2018年、2019年、2020年汛期，黄河宁夏段二期防洪工程经受大于3000立方米／秒的洪水考验达60多天，超过黄河宁夏段河道整治流量（卫宁段2500立方米／秒、青石段2200立方米／秒），工程护佑沿河百姓，实现"堤防无一决口、人员无一伤亡"，工程坝垛整体安全运行，维护了沿黄各地区社会稳定，为自治区经济社会可持续发展提供了安全保障。

【贺兰山东麓防洪治理工程】2020年，贺兰山东麓防洪治理工程完成镇朔湖拦洪库提升改造、金山拦洪库闸门修复工程，消除防洪工程安全度汛隐患；实施永宁县中干沟、银川市桑园沟、贺兰县沙井子沟等18条泄洪沟治理项目，疏通、治理沟道70余千米，有效提升沟道行洪能力，贺兰山东麓"导、拦、滞、泄"为一体的防洪工程体系不断完善，银川市、石嘴山市等城市防洪保障能力增强。

【清水河防洪治理工程】清水河防洪治理工程共涉及沿线的海原县、同心县、原州区、红寺堡区、沙坡头区和中宁县6个县（区）。2020年8月，自治区发展改革委、水利厅分解下达清水河治理工程资金26000万元，其中中央预算内15600万元，自治区预算内统筹2800万元，县级配套7600万元，计划治理总长度45.48千米。按资金下达计划，清水河海原县、同心县、原州区、红寺堡区、沙坡头区、中宁县段计划治理长度分别为21.3千米、5.13千米、3.96千米、5.24千米、3.38千米、6.47千米。9月，工程开工建设，由涉及的6个县（区）根据规划分别实施。各项目县（区）分别成立项目法人，项目法人单位均已完善机构设置，制定工作职责和相关规章制度，组建的项目法人组织机构、人员素质和数量基本可满足建设管理需要。工程建设过程严格实行"四制"（项目法人责任制、招标投标制、建设监理制和合同管理制）管理。项目资金管理严格执行财政部《中央财政水利发展资金使用管理办法》《国有建设单位会计制度》和《基本建设财务管理规定》等规章制度，由项目法人实行专户储存、专账核算、专款专用，无挤占和挪用现象。截至2020年年底，6县（区）共完成清水河综合治理总长度31.79千米，占计划任务的69.9%；完成治理总投资15922万元，占总投资的61.2%。全面提高区域防洪能力，确保河道防洪安全，两岸农田、公路、工厂等设施得到有效保护，保障了沿线农民的生命安全和财产安全。河段河势得以有效控制，塌岸问题得以改善，为沿河土地资源开发提供有力保障，同时土地资源得到保护，土地利用结构可以得到合理调整。项目区群众生产生活条件有效改善，农民生活水平显著提高，对减轻农民负担、促进农村经济发展、调整产业结构、发展商品生产、增加农民收入、密切党群干群关系、维护民族地区的社会稳定起到关键性作用，生态环境也明显改善，区域抗御自然灾害的能力大幅提高，树立了党和政府在人民群众中的良好形象。

【红寺堡一至五干渠更新改造工程】2020年，红寺堡一至五干渠更新改造工程按照初设批复实施道路工程和渠道建筑物的维修改造工作，年内完成改造巡护道路总长94.7千米，配套交通桥2座，漫水桥6座，过水路面27座，有效改善了巡护道路状况，确保了不良天气的通过性；维修改造渠道建筑物共37座，其中渡槽28座、渠涵9座，对临水面降糙处理增大过流能力。红寺堡一至五干渠更新改造后，供水能力和保障率明显提升，可满足设计流量由25立方米／秒增加到28立方米／秒的要求。

【西干渠扩整改造工程】银川都市圈城乡西线供水项目由水源工程和西干渠扩整工程两部分组成，宁夏水利工程建设中心承担西干渠扩整工程，其主要建设内容是改造扩整渠道112.6千米，改造渠系建筑物95座，新建泵站4座以及配套供电和信息化建设等内容，概算投资6.78亿元，两年完成工程主体。工程分批次实施，2018年12月至2019年4月完成4座泵站和泵站自动化工程建设；2019年9—10月实施西干渠扩整改造工程第一批，完成渠道砌护改造19.98千米，渠系建筑物45座；2019年9月开始实施综合信息化自动化工程。全年完成投资3亿元。2020年年初，响应自治区推进复工复产和号召，完成渠道砌护改造47.7千米，渠系建筑物97座，完成安装调试测控闸门93套、改造安装水闸12座、安装38套渠道视频、综合管理业务系统建设完成系统测试上线，进入试运行阶段，全年完成投资2.8亿元。

【银川都市圈城乡中线供水工程】2020年7月，自治区发展改革委批复银川都市圈中线供水工程可研报告，工程为Ⅲ等中型工程，主要建设内容包括新建水源取水泵站1座，装机容量10000千瓦，总扬程52米；建设泵站加压供水管道13.62千米；建设重力输水管道43.62千米、配水管道67.63千米供水至田间蓄水池，新建蓄水池21座，总容积169万立方米，概算总投资13.31亿元。2020年10月26日工程正式开工。截至2020年年底，工程完成泵站施工围堰244米，黄河围堰顺利合龙，基坑土方开挖完成70万立方，压力管道沟槽开挖完成4.5千米，压力管道安装完成3.3千米，年度完成投资15098万元。工程主要是对兴庆区、平罗县河东灌区各级泵站进行整合、改善取水条件，在黄河右岸溜山头建设水源泵站，实施管道供水，建成统一的供配水工程，提高供水保证率和水资源利用效率，解决区域取水困难和高质量发展问题。工程供水范围涉及银川市兴庆区月牙湖乡，平罗县红崖子乡、陶乐镇、高仁乡。

（张雪艳）

【银川都市圈城乡东线供水工程】该工程概算总投资14.82亿元，总工期24个月，受益人口72.18万人，工程将于2021年全面建成通水。工程主要建设内容包括：首部取水工程，改造东干渠710米、新建节制闸和进水闸各1座；新建青镇泵站和支泵站共4座；新建三星塘沉沙调蓄水库1座，其中库容142万立方米，沉沙池库容20万立方米；改扩建金积水厂、第二水厂各1座，新建第四水厂和灵武水厂各1座；铺设输配水管道总长145千米。截至2020年年底，项目完成投资7.39亿元，占总投资的50.9%。首部取水工程全部完工。青镇泵站项目完成主厂房、副厂房封顶及机电设备安装。三星塘水库项目完成水库库体、沉砂池土方开挖，输水隧洞贯通和输水塔混凝土浇筑。净配水厂一标段项目完成翻板滤池、加药间、清水池主体封顶。净配水厂二标段项目完成清水池、化验楼主体封顶及厂区管道安装。输水总管线安装完成37.1千米。

【固海扩灌扬水更新改造工程】固海扩灌扬水更新改造工程包括固海扩灌扬水更新改造工程和西吉供水工程两部分。固海扩灌扬水更新改造工程：包括更新改造泵站19座，更换主机组109套及配套辅助设备、金属结构等；改造进水闸、前池、出水池等水工建筑物；翻建、维修主副厂房21052平方米；更换压力管道8.8千米，配套防洪及巡护道路工程，完善管理设施工程。更新改造干渠、支渠砌护

67.66千米；翻建、维修改造渠道建筑物425座；治理渠道高边坡、渠道防洪工程等；铺设砼巡护道路190.95千米及配套建筑物20座。新建调蓄工程4座。西吉供水工程：包括新建泵站3座，铺设输水管线长80.92千米，配套各类管线建筑物652座及管理设施等。建设供电线路、综合自动化和信息化工程。工程年总供水量13172万立方米，灌溉面积68.44万亩。工程估算总投资27.61亿元，概算总投资25.66亿元。主体工程总工期36个月。第一批固扩骨干一至六泵站于2020年9月1日开工建设，包含固扩骨干一至六泵站主（副）厂房、110千瓦变电所土建，设备安装及自动化控制系统等。11月15日，水工及土建主体工程完工，进入机电安装阶段。截至2020年年底，变电所主要设备已安装完成，泵站副厂房电气设备安装完成，一泵站、二泵站、三泵站、五泵站主机泵安装完成，正在进行四泵站、六泵站主机泵安装。该工程通过对原固海扩灌扬水工程更新改造，消除病险情，降低能耗，增强调蓄能力，提升现有灌区供水保障能力，并延伸供水至西吉县，为西吉县城乡生活、工业产业发展提供应急备用水源。

2020年11月5日，固原市黄河水调蓄工程建成通水

【清水河流域城乡供水工程】该工程是为解决清水河沿线沙坡头、中宁、红寺堡、同心、海原、原州3市6县（区）42乡镇135.74万城乡居民生产生活、产业发展用水问题，巩固区域脱贫攻坚成果，努力建设黄河流域生态保护和高质量发展先行区而建设的重大水利项目，是国家2020—2022年重点推进的150项重大水利工程之一，同时也是宁夏党委、政府确定的“一号水利工程”。工程2020年4月由自治区发改委批准建设，6月自治区水利厅初设批复，概算投资23.66亿元。宁夏水投集团为项目法人单位，负责工程的建设、运营。工程自2020年7月开工，由取水、输水、调蓄、净水四部分组成，主要建设内容包括新建井群20组、加压泵站4座、调蓄水池9座，铺设输水管道196千米，沿线新（改）建8座净配水厂。工程规划2025年取水规模6216万立方米/年，设计总净扬程699.6米，是全区总扬程最高、输水距离最长的扬水工程。2021年6月将完成同心县以上段，2022年6月全面建成，其中2020年度完成投资7.2亿元。

【中卫市城乡供水一体化工程】2020年，中卫市政府与宁夏水投集团正式签订合作协议，不断深化城乡供水项目合作，整合沙坡头区城乡所有涉水业务，深入开展水务一体化建设，服务人口增至42万。中卫市城乡供水一体化工程开工建设重点项目3个，概算总投资7亿元，截至2020年年底，累计完成投资2.28亿元。中卫市第三污水处理厂及集污管网工程。概算总投资2.28亿元。项目建成后将解决沙坡头区东线柔远、镇罗污水处理问题，缓解东城区污水处理压力。项目初期设计日处理污水2万立方米，远期设计为日处理污水4万立方米，敷设集污管网15.9千米。2020年，已完成17个单体工程土建主体施工及部分管网敷设、检查井的浇筑工作，累计完成投资1.2亿元。中卫市河北地区城乡供水工程。该项目是解决沙坡头区无备用水源及完成水源替换的重点项目，对优化水资源利用结构、改善水生态环境、全面推进中卫市社会经济发展具有重要意义。项目概算总投资4.72亿元。2020年完成30千米输配水管道的敷设，累计完成投资1.01亿元。工业园区水资源综合利用工程。2020年9月，宁夏水投中卫水务公司与中卫市政府、中卫禹兴水务有限公司签订中水厂合作运营三方协议，园区中水厂正式启动运行。2020年，投资750万元完成7.5千米中水管道铺设及宁钢集团、紫光蛋氨酸企业中水管道连通工作，破解了中水厂运维难题，实现了水资源循环综合利用的环保目标，减少了黄河排入量，为中卫市工业园区水环境治理奠定了基础。

（郭勤华）

【现代化灌区惠农渠节水改造工程】2020年1月，自治区水利厅批复现代化灌区建设项目，主要建设内容是干渠砌护11.34千米，支干渠改造30.86千米，配套干渠渠堤巡护道路11.34千米，对砌护改造范围内54座建筑物进行改造，其中临渠抽水站7座，节制闸2座，测量断面2处，斗口43座，工程概算总投资13590万元。2020年3月5日正式开工。截至2020年年底，11.34千米干渠砌护全部完成，30.86千米支干渠（昌滂渠、昌渠）砌护加高改造全部完成，建筑物改造完成53座，其中临渠抽水站7座，测水断面2处，斗口44座，节制闸1座，年度完成投资13090万元。工程主要是对惠农渠干渠进行以节水改造为主的砌护整治，解决干渠渗漏、无渠堤、安全运行等问题；增加干渠输水流量6立方米／秒，解决礼和、兴惠泵站6.4万亩农田灌溉困难问题，配套改造渠道建筑物及测控一体化量测水设施，提升灌区信息化管理水平。

【现代化灌区试点县建设项目】2020年，自治区水利部门坚持"试点先行、总结经验，延伸扩面、稳步推进"的工作思路，全面提升现代化灌区覆盖面，为实现水资源优化配置和精准管理夯实基础。印发《关于加快2020年度现代化生态灌区项目建设前期工作的通知》，对2020年度现代化生态灌区项目建设前期工作进行安排，召开秦汉渠灌区利通区灌域工作座谈会，从不断提高供用水管理水平、加强水资源管理、做好项目前期工作和后续建设工作等方面对工作进行安排部署。印发《关于大力推广盐池模式　强化节灌工程管理　推进现代化生态灌区建设的通知》，坚持先易后难、探索推进。在汉延渠管理处、盐环定扬水管理处、秦汉渠管理处召开2020年灌区灌溉服务能力现代化观摩推进会，现场观摩、座谈交流学习灌区灌溉服务能力现代化相关经验和典型做法。在江苏省扬州市举办黄河流域高质量发展暨现代化灌区建设高级研修班，主要围绕灌区建设与管理、中国干旱半干旱区生态修复实践、生态文明背景下的大运河文化带建设、自动化与信息化等方面内容进行培训，为建设现代化灌区奠定理论和实践基础。为进一步规范、指导各地各部门开展现代化灌区建设，加快推进现代化灌区建设延伸扩面，在总结试点县（区）和兄弟省（区）经验的基础上，印发《现代化生态灌区建设技术导则》。推进平罗县、利通区、青铜峡市、贺兰县等现代化灌区建设项目。《姚伏镇现代化生态灌区田间量测水设施建设项目初步设计》《利通区2020年水资源保障（汉渠关于现代化生态灌区）建设项目初步设计》《青铜峡市现代化灌区项目2020年西贴渠量测水设施改造工程建设方案》《贺兰县现代化生态灌区项目2020年常信立岗片区田间建设工程初步设计》等取得批复。项目按要求实施。灵武市、盐池县、青铜峡市、同心县、中宁县完成现代化灌区可行性研究报告编制，平罗县对《平罗县现代化生态灌区建设可行性研究报告》进行修编。

【黄河黑山峡水利枢纽工程】2020年6月8日，习近平总书记视察宁夏期间，自治区水利厅厅长白耀华代表自治区对黄河黑山峡河段开发进展情况汇报，习近平总书记作出"深入论证、尽快决策"的重要指示。自治区党委书记陈润儿、主席咸辉就建设黄河流域生态保护和高质量发展先行区建设相关重大项目事宜向中央政治局常委、国务院副总理韩正专题汇报，韩正副总理在《宁夏工作汇报》中作出重要批示。经自治区党委、政府积极争取，河段开发列入中共中央、国务院印发的《黄河流域生态保护和高质量发展规划纲要》（以下简称《纲要》）和国务院2020—2022年重点推进的150项重大水利工程。《纲要》提出要深化黑山峡河段开发重大专题论证，完善以骨干水库等重大水利工程为主的水沙调控体系，优化水库运用方式和拦沙能力。促请部委积极支持，助推黑山峡水利枢纽尽快立项。自治区党委、政府紧抓水利建设新一轮高潮期，及时沟通协调，部委表示将全力以赴。自治区领导陈润儿、咸辉拜会国家发改委、水利部领导，何立峰主任表示，工程坝址非常珍贵、不可替代，应坚持积极审慎原则，认真开展研究论证，扎实做好前期工作，待相关重大专题论证完成后，将会同水利部认真研究，条件成熟后呈报中央决策。时任水利部部长鄂竟平表示，黑山峡河段高坝大库对整个黄河治理开发来说是最优方案，已支持列入150项重大水利工程内，要按照开工项目去推进。在水利部副部长叶建春、黄委会主任岳中明到宁夏调研之际，自治区水利厅厅长白耀华汇报黑山峡水利枢纽工程进展情况，同时，专程拜会时任水利部副部长蒋旭光（现任中国南水北调集团有限公司党组书记、董事长），力促工程尽早开工建设。对接国家权威部门，形成推进河段开发新共鸣。为深入贯彻落实习近平总书记视察宁夏重要指示精神，自治区水利厅及时收集提供相关资料，水利部中水北方勘测设计研究有限责任公司，主动站位服务重大国家战略大局，组织相关专家和技术队伍，开展并完成黄河黑山峡水利枢纽工程可研修编工作。自治区水利厅积极对接中国科学院、工程院等国家权威部门，对枢纽工程立项建设问诊把脉。2020年9月14日，中国科学院组织50多位院士专家专题调研黄河流域，向中共中央、国务院上报《关于黄河流域生态保护和高质量发展的水与工程方略建议》，明确提出“加快启动黑山峡河段枢纽建设论证”。12月24日，中国工程院组织院士专家专题调研黄河黑山峡水利枢纽工程，并召开座谈会，调研组认为黑山峡水利枢纽地理位置优越，修建高坝大库可以有效解决黄河上游地区防凌、供水与发电的矛盾、调控河段水沙关系和调蓄南水北调西线调入水量等问题，具有不可替代性，建比不建好，早建比晚建好，应尽快决策开发。调研报告和建议已报国务院，国务院副总理胡春华作出重要批示。

【黄河宁夏段综合治理工程】2020年6月，习近平总书记到宁夏视察期间提出“宁夏要努力建设黄河流域生态保护和高质量发展先行区”。自治区党委第十二届十一次全会出台《关于建设黄河流域生态保护和高质量发展先行区的实施意见》，以“一河三山”为坐标，构建“一带三区”生态生产生活总体布局，集中力量谋划实施一批重大生态保护治理项目。为扎实做好黄河宁夏段生态保护治理，努力建设黄河流域生态保护和高质量发展先行区，自治区水利厅组织编制《黄河宁夏段生态保护治理规划（2020—2025年）》，自治区党委、政府于2020年11月7日进行批复。聚焦“保障黄河安澜、保护修复生态、治理环境污染、优化资源利用、加快生态建设、发展黄河文化”保护治理目标，规划实施堤防达标、河道整治、环境治理、生态绿化、道路交通、文化建设、智慧黄河七大工程。估算投资531.6亿元。委托黄委设计院编制《黄河宁夏段河道治理工程可行性研究报告》。2020年12月7日，自治区第十二届委员会第十二次全体会议审议通过《关于制定国民经济和社会发展第十四个五年规划和2035年远景目标的建议》，明确黄河宁夏段河道治理工程为宁夏“十四五”期间实施的“十大工程项目”之一。工程估算投资约60亿元，主要实施堤防达标工程、河道整治工程、滩区治理工程、排涝泵站工程和智慧水利建设等。《黄河宁夏段河道治理工程可行性研究报告》已编制完成，并委托水利部水规总院进行技术讨论。

【陕甘宁革命老区供水工程】陕甘宁革命老区供水工程从规划的黑山峡水库跨区域调引黄河水，受益群众包括陕西延安和榆林、甘肃庆阳、宁夏吴忠4市14个县（区）的315万人，供水对象包括受水区城乡生活用水、规模化养殖用水和工业产业用水。工程结合黄河流域规划，经对黄河干流黑山峡、青铜峡、晋陕峡谷、白龙江等多水源方案比选，综合考虑黑山峡水源方案具有供水保证率高、水质优良、运行条件好等综合优势，推荐从黄河黑山峡水库库区右岸取水，自西向东敷设重力自流输水箱涵穿越宁夏中卫市、中宁县、红寺堡区，新建泵站扬水向东经咚咚山隧洞穿越宁陕边境后向陕西省自流供水至陕北榆林、延安地区，干线末梢输水至延安王瑶水库。沿线向红寺堡区、利通区孙家滩、盐池县、同心县东部及甘肃庆阳地区分水，至陕西省延安市总扬程255米，至甘肃省庆阳市总扬程219米。骨干工程线路总长度933千米，配套工程线路总长约1257千米，估算总投资约397亿元。陕甘宁革命老区供水工程规划方案已完成并经水利部水规总院咨询论证。经过咨询讨论，参会专家、受水区代表一致认为开展陕甘宁革命老区供水工程规划对有效解决该区域的缺水矛盾意义重大，工程建设十分必要，经技术比选推荐黑山峡水库为工程水源。2020年9月9日，自治区水利厅组织对工程水资源配置方案进行初步审查，明确具体受水范围、工程任务、供水对象，突出了工程在解决区域城乡供水和产业发展用水问题上的重要作用。

【水利规划编制】2020年，习近平总书记视察宁夏时，赋予宁夏“努力建设黄河流域生态保护和高质量发展先行区”的时代重任。水利部大力支持、率先出台《关于支持宁夏建设黄河流域生态保护和高质量发展先行区的意见》，自治区党委全会通过建设先行区实施意见和“十四五”规划建议，将治水作为先行区建设的主线和关键高规格全面部署，水利发展顶层设计全面优化升级，按照“1+12+N”框架体系，高起点编制发展规划、综合规划、专业规划和专项规划，擘画先行区建设水安全保障宏伟蓝图。发展规划。根据《自治区国民经济和社会发展“十四五”规划与2035年远景目标纲要》的要求，编制完成《宁夏水安全保障“十四五”规划》（以下简称《规划》），明确“十四五”时期水利发展与改革的总体思路、总体目标和阶段目标、水利发展与改革管理任务、重大工程建设布局、实施计划及保障措施等。主要包含防洪抗旱减灾、水资源开发利用和节约保护、农村水利、水土保持、河湖管理、水利政策法规、水利建设管理、水文及水利信息化、水利人才开发等内容。2020年12月23日，组织水利部门有关单位对《规划》进行审查，配合做好《规划》审批工作。综合规划。为深入贯彻“节水优先、空间均衡、系统治理、两手发力”的中央新时期治水思路，落实黄河流域生态保护和高质量发展重大国家战略，围绕自治区推进“四水同治”、构建兴利除害的现代水网体系的决策部署，编制《宁夏水安全保障规划

（2020—2035年）》（以下简称《规划》）编制。《规划》按照黄河流域生态保护和高质量发展的总体要求，结合习近平总书记视察宁夏重要讲话精神，在分析自治区水安全现状与问题、研判水安全面临形势与机遇的基础上，提出今后一个时期自治区水安全保障的思路方略、任务与布局，谋划“一主两副重点保障，一带三区绿色融合”的水安全保障体系建设方案，是今后一个时期宁夏水安全保障建设的行动指南。专业规划。建立健全“十四五”水利规划体系，编制《宁夏水利基础设施空间布局规划》，作为国土空间规划的重大专题研究和支撑性规划。先后完成水利基础设施与“三区三线”的协调性分析并提出调整红线的意见。编制《宁夏城乡供水“十四五”规划》《宁夏农村供水“十四五”规划》。编制《宁夏黄河流域生态保护和高质量发展先行区建设水资源配置规划》《宁夏节水型社会建设“十四五”规划》《宁夏水土保持“十四五”规划》《宁夏智慧水利“十四五”规划》《宁夏河湖管理“十四五”规划》《宁夏大中型水库移民后扶持“十四五”规划》《宁夏非常规水资源利用规划》等专项规划，做到全区水利科学构建一本规划图。专项规划。围绕黄河流域生态保护和高质量发展重大国家战略，以及自治区先行区建设顶层设计，编制完成《黄河宁夏段生态保护治理规划（2020—2035年）》。编制《宁夏黄河流域生态保护和高质量发展先行区建设水利专项规划》。编制《清水河生态保护治理规划》《苦水河生态保护治理规划》，推进黄河重要支流生态保护修复。编制完成《贺兰山东麓防洪减灾体系建设规划》，完善贺兰山东麓防洪减灾体系。围绕自治区空间规划和九个重点产业布局，编制完成《宁夏重点特色产业高质量发展用水保障方案》，力保先行区建设各业高质量发展用水安全。

【水利工程管理】2020年，自治区水利厅对标高质量发展和黄河大治理大保护要求，围绕工程建设、市场监管和工程运行等方面，强化水利工程建设管理，提升水利工程运行管理水平，圆满完成各项建设任务。在疫情防控不利影响下，推进新建、续建水利工程开（复）工工作，银川都市圈城乡东西线供水工程、惠农渠节水改造工程等17项续建、新建重大项目全面复工开工，年内有25项重大水利项目完成投资51.7亿元，投资完成率为73%。加强水利工程建设质量监管，组织市县及有关项目法人，对全区在建水利工程质量管理开展自查自改，对25项重大水利工程和清水河综合治理等工程开展质量专项检查，在建工程共检查8批次，发现问题355个。推进水利工程施工、监理、勘测设计等招标投标全流程电子化工作，发布标准施工、监理电子招投标标准化文本，对全区重大水利工程开标现场进行现场监督56次，涉及金额35亿元。加快推进完工项目验收工作，完成灌区续建配套2016—2017年工程、宁夏大型灌排泵站固海扬水泵站、黄河宁夏段二期治理工程、清水河治理工程2012—2015年项目、中南部城乡饮水供水源工程及连通工程（原州区、彭阳片区）、中卫市南山台子泵站等一批重点水利工程竣工验收工作，全年共完成各类工程竣工验收项目324项，完成验收的项目投资超100亿元，基本扫除历史遗留的验收老大难问题，工程竣工验收率创历史新高。推进建设管理信息化技术应用，开发宁夏水利工程建设管理综合业务平台，推进“互联网+工程管理”，实现工程现场动态管理，并在惠农渠节水改造工程、西干渠扩整改造工程和固海扩灌更新改造工程中全过程使用。完善水利建设市场监管体系，推行水利工程质量检测等资质资格审批制度改革，试行告知承诺制和备案制，开展水利工程质量检测乙级资质“双随机、一公开”监督检查，完成资质审批及备案11家。推行宁夏水利建设市场主体信用管理应用，建立647家市场主体信用档案，审核信用档案116家，对有良好行为的企业予以信用奖励206次。开展扫黑除恶和清欠农民工工资等专项行动，实现21条扫黑除恶线索销号全部清零，贯彻《保障农民工工资支付条例》，组织各市县120余人次参加网上宣传贯彻学习，对渠道水管单位所属14家企业2018年改制以来承揽工程的情况进行检查，未发现转包、违法分包等问题。组织开展水利工程二级造价工程师考试教材、大纲编写，推进宁夏水利工程二级造价工程师考试事宜。继续推进国有水利工程划界工作，全力推进基本完成厅直属水管单位直管工程和市县国有水利工程共39个责任单位的划界工作。完成永宁县、贺兰县等6个县（区）的小型水管体制改革验收工作，全区小型水管体制改革工作已全部通过区级验收。落实工程运行管理监督检查制度，配合水利部及相关单位开展水库、堤防、水闸等水利工程运行管理监督检查，共发现在建和在运工程问题416个，完成17座小型水库的竣工验收和除险加固工作。印发《宁夏回族自治区小型水库工程维修养护定额标准》以及大中型灌区、泵站工程4项标准化规范化管理实施办法（试行）和考核标准，开展全区灌区、泵站、水库等工程的标准化规范化管理工作。

【水利安全生产监管】2020年，全区未发生水利生产安全事故。制定推进全区水利安全生产领域改革发展的实施办法，落实重点任务责任，统筹推进全区水利安全生产领域改革发展，完成2020年度水利安全生产管理制度、标准规范、监督检查等9项重点任务，重大水利工程建设推行远程实时监控。修订《宁夏水利建设市场主体信用管理办法》，将标准化达标建设纳入信用管理体系，建立激励机制，鼓励水利生产经营管理单位开展标准化建设。申报标准化评审单位28家，经严格评审，向水利部推送一级达标单位3家，评审通过二级达标单位11家。制定水利安全生产风险管控与事故隐患排查治理办法、水利安全生产事故隐患排查治理暂行规定等制度，建立健全水利安全生产风险管控和隐患排查治理机制。各管理单位每月开展危险源辨识和隐患排查治理，并填入安全信息监管系统，实行隐患排查、落实整改、验收销号、闭环管理。全区规模以上水利工程2708个已全部录入信息系统，累计辨识危险源4719个，全部制定管控措施；排查隐患1085个，已整改1084个，整改率99%。按照年度督查检查计划，统筹开展综合监管、专业监管和日常监管，制定检查清单，实行清单式检查，开展各类监督检查40次，派出120组次427人次，自治区水利部门领导带队检查126次。协同开展综合检查。按照一次检查对多个专业领域同时开展综合检查的思路，开展综合检查1次，派出8个组，统筹安全生产专项整治、水旱灾害防御、工程建设与运行、水资源等12个专业领域，制定检查清单，每个专业领域的安全生产事项都纳入检查清单，实行清单式检查，对26个市县进行综合检查。抽查项目293个，发现反馈各类问题756个，已全部整改落实。统筹开展专项检查。开展河湖、水库、在建工程等8个专业领域专项检查。紧盯25项重点水利建设工程安全监管，制定工作方案，明晰质量、安全、专项整治行动等7类1440条清单，组建9个巡查组，将25项重大工程巡查任务明确到业务处室，落实安全监管责任，开展专项检查2批次10个项目，发现反馈问题249个。排查河湖“四乱”问题196个，已整治192个；对所有河道采砂情况进行全面清查。开展水旱灾害防御检查12次，对小型水库全覆盖检查，发现问题644个，已整改513个，约谈8家单位。加强日常监管。紧盯岁末年尾、“两会”、节假日和工程建设、运行高峰期等重要时段，加密检查频次，水利部门领导带队暗访30多次，对重点工程检查12次，发现整改问题521个，保障了重要时段、重点领域安全生产形势稳定。

（张雪艳）

水资源管理

【概况】2020年，宁夏平均降水量310毫米，较多年同期偏多7.3%，水资源总量11.04亿立方米，其中天然地表水资源量8.96亿立方米，地下水资源量17.77亿立方米，地表水与地下水资源量的不重复量2.08亿立方米。国家分配宁夏2020调度年黄河耗水指标41.49亿立方米，比正常年份多分配1.49亿立方米，据此制订《2020年宁夏水利分配及调度计划》，确定2020年取水总量73.27亿立方米，各市、县（区）和各行业用水总量65.33亿立方米。取水总量中：地表水66.34亿立方米（黄河干流64.83亿立方米，支流1.51亿立方米）、地下水6.37亿立方米、非常规水0.56亿立方米。加强水资源管理，强化水资源刚性约束。编制《宁夏以水定需管控实施方案》《宁夏水资源“十四五”配置规划》，提出“十四五”期间不同行业不同区域用水总量和用水效率控制红线指标，将有限的水资源合理分配到各区域各行业，强化管控措施，保障生活用水及重点生态、优势特色产业发展用水，助力宁夏高质量发展先行区建设；完善刚性约束指标体系，研究确定地下水水位、水量和管理指标，印发《清水河和苦水河生态流量保障实施方案》，有效保护水生态、水安全；推动水资源集约节约利用，开展宁东地区水资源优化配置及水务一体化研究，加大非常规水资源利用，逐步实现同网同价。深化取水许可改革。全面推行取水许可电子证照。依托全国一体化在线政务服务平台和自治区水行政审批系统，开发完成、上线运行取水许可电子证照系统，实现取水许可电子证照跨地区、跨部门共享互认，提高行政服务效能。加强水资源监督考核。加强水资源全过程管理，强化事中、事后监管，提升监管效能。严格取水许可管理，超载地区实行双限批。开展取水许可审批清理、延续和换发，备案入库32项，核减水量582万立方米。对同心县、平罗县及沙坡头区实行双限批。推进解决历史遗留难点问题，解决六盘山中南部城乡饮水工程、太阳山供水工程等四项长期未解决的工程取水许可问题。在黄河流域率先开展取水工程核查登记专项行动。将2.04万个各类取水工程（设施）信息全部登记入库，分类建立问题台账，逐项推进落实整改。实施全口径用水统计，提高监测预警能力。印发《宁夏用水统计调查制度实施办法（试行）》，健全用水统计工作体系，首次开展全口径用水统计通报；印发《宁夏水资源承载能力监测预警管理办法》，在全国率先开展水资源承载能力监测预警机制建设。加强地下水开发利用监督管理。梳理排查现有自备井分布情况和用水情况，持续推进公共供水工程管网覆盖范围内、自然保护区内自备井关停，推进超采区治理，超采区地下水水位变化纳入水利部通报。通过关停自备井及水源替换等实现地下采补平衡，全年关停自备井258眼。其中，银川市浅层超采区第三季度、第四季度水位上升幅度位列全国第一。完成最严格水资源管理制度考核，获得国家考核激励资金2500万元。

【水资源开发利用】2020年，宁夏总取水量70.2亿立方米，比上年增加0.3亿立方米。按行业分，其中农业取水量58.64亿立方米，占总取水量的83.5%；工业取水量4.19亿立方米，占总取水量的6%；生活取水量3.71亿立方米，占总取水量的5.3%；人工生态环境补水量3.67亿立方米，占总取水量的5.2%。按取水水源分，其中取黄河水62.77亿立方米，占总取水的89.4%；取当地地表水0.83亿立方米，占总取水的1.2%；取地下水6.14亿立方米，占总取水的8.7%；其他水源0.47亿立方米，占总取水的0.7%。2020年，宁夏总耗水量38.89亿立方米，比上年增加0.83亿立方米。按行业分，其中农业耗水量30.48亿立方米，占总耗水量的78.4%；工业耗水量3.22亿立方米，占总耗水量的8.3%；生活耗水量1.52亿立方米，占总耗水量的3.9%；人工生态环境耗水量3.67亿立方米，占总耗水量的9.4%。按水源分，其中耗黄河水34.12亿立方米，占总耗水的87.7%；耗当地地表水0.59亿立方米，占总耗水的1.5%；耗地下水3.72亿立方米，占总耗水的9.6%；耗其他水0.47亿立方米，占总耗水的1.2%。2020年，全区万元GDP用水量179立方米，较2015年下降26.8%；万元工业增加值取水量34.3立方米，较2015年下降31%；农业灌溉亩均实际取水量591立方米，较2015年下降16%；灌溉水有效利用系数0.55，较2015年提高10%。

【节水型社会建设】2020年，自治区水利等多部门印发《2020年全区节约用水工作要点》，明确了各行各业节水年度“任务书”，实现节水工作多部门携手发力、各行业深度参与的良好开局。召开宁夏节约用水“十四五”规划编制工作座谈会，编制完成《宁夏节水型社会建设“十四五”规划》《宁夏非常规水源利用规划》《宁夏分布式节水治污规划（送审稿）》，共谋共商全区“十四五”节水大计。自治区水利厅、工业和信息化厅、机关事务管理局、教育厅等部门，共同下达节水型企业、公共机构节水型单位、水利行业节水机关、节水型高校建设年度任务，推动3个县（区）、14家企业、7所高校、54家公共机构、81个水利行业机关开展节水达标建设。自治区重点用水行业规模以上节水型企业达到85.7%，宁东能源化工基地煤化工园区建成国内首套3000立方米/小时的化工废水及矿井水处理装置，成为全国首个实现废水“近零排放”的大型综合工业园区。开展公共领域节水载体达标建设，自治区级节水型机关达到90.4%、节水型事业单位达到70.2%；全区各级水务局节水机关建设全部达标，完成水利部要求的建设任务；建成节水型高校4所，占全区高校比例的20%。全区共14个县（区）启动开展县域节水型社会建设，隆德县、盐池县通过自治区县域节水型社会建设达标验收，沙坡头区、中宁县、原州区、西吉县通过黄委会复核。中卫市全国节水型社会创新试点通过中期评估。建立用水定额标准体系，2020年9月22日，自治区政府印发《宁夏回族自治区有关行业用水定额（修订）》，确立宁夏22种农作物、117种工业产品、28种服务业用水定额标准，为深度节水控水提供依据。对19家公共机构节水达标建设及用水定额与计划用水执行情况进行检查。27个市、县（区）全部按规定开展规划和建设项目节水评价、建立节水评价登记台账，全年共有3个规划、30个建设项目通过节水评价审查。自治区、市、县三级水行政主管部门分别发布重点监控用水单位名录，391个取用水单位用水节水纳入重点监控管理。下达《2020年宁夏水量分配及调度计划》，年取用水1万立方米以上的工业企业计划用水管理率达到99.7%。开展分布式污水雨水处理中水回用一体化合同节水试点，全区污水就地处理回用能力达到670立方米/日，宁夏YW-SBBR分布式污水处理及回用技术成功入选国家成熟适用节水技术推广目录。

【依法治水】2020年，宁夏水利部门坚持以习近平新时代中国特色社会主义思想为指导，深入贯彻落实习近平法治思想，对标对表全面推进依法治水，水利法治建设取得一定成绩。提升依法履职能力印发工作要点，明确责任部门、工作任务和年度经费预算。将法治建设工作纳入效能考核目标，作为衡量党政领导班子及其第一责任人工作实绩的重要内容，推进领导干部述法常态化制度化。加强权责清单规范管理，调整新增行政职权7项，印发94项权利清单指导目录，完善权责清单动态管理机制，指导市、县（区）做好清单统一规范工作，持续推进权责清单“四级四同”。规范重大行政决策行为，严格落实《重大行政决策程序暂行条例》，完善法律顾问制度，发挥水资源开发利用、水土保持、规划计划、防汛抗旱等重大水行政决策专家咨询制度及专家咨询库力量，有效落实重大水行政决策风险评估机制。严格落实重大事项决策和重大行政执法决定要求，全面推进行政执法三项制度实施。筑牢依法治水基础。加强立法建设，推动《宁夏回族自治区引黄古灌区世界灌溉工程遗产保护条例》出台实施，积极配合水利部、黄委会开展黄河法立法调研工作。加快重点领域法规修改，深入落实习近平总书记到宁夏视察讲话精神，开展《宁夏黄河流域水生态立法意见》《银川都市圈西线供水保护条例立法意见》等立法调研，将《宁夏回族自治区城乡供水条例》和《宁夏回族自治区水工程管理条例》列入2021年立法计划。推进《自治区取水许可和水资源费征收管理实施办法》修订工作。加强规范性文件管理，对近30年的规范性文件进行梳理、核查、审定，清理废止136件行政规范性文件，印发1990—2019年规范文本汇编。自治区水利厅行政规范性文件制定和监督管理，被自治区依法治区委员会列为全区法治政府建设示范项目。按照自治区依法治区委员会部署，对28项涉水地方性法规、政府规章及自治区规范性文件对照清理原则进行逐条梳理，提出46条修订意见建议。落实普法治理责任。印发《自治区水利厅行政执法三项制度实施细则通知》及配套制度，做到执法行为公开，执法程序规范，过程记录真实，执法决定合理。加强执法人员资格清单管理，梳理核查行政执法资格人员166名，保证行政执法人员信息公开透明。印发《水行政处罚自由裁量权参照执行标准》，制定裁量标准130项。对176项行政许可决定全部网上双公示，促进水利执法更加规范。制定完善水行政执法程序流程图，明确各类行政执法活动的步骤和环节，优化办事流程、提高办事效能。全面开展河湖执法三年行动攻坚战，建立完善行政执法与刑事司法衔接机制，有效推进涉水公益诉讼。水利、司法部门联合开展宁夏黄河流域水行政执法专项监督检查。全面完成"陈年积案"清零，清理取缔河道违规采砂点129处，整治河道岸线3722千米，拆除河道管理范围内违法建筑物73万平方米，全面禁停黄河宁夏段河道采砂；携手检察机关开展专项行动，下发诉前检察建议书235份；清理生活、建筑垃圾3.9万吨，取缔封堵58个入河湖、排水沟工业企业污水直排口。推进黄河流域生产建设项目水土保持专项整治，全面排查水土保持违法违规行为，整治水土保持"未批先建、未验先投"等三类违法违规问题1656个，依法关停自备井258眼，行业监管能力明显提升。率先在黄河流域开展取水口专项整治，无证取用水存量问题加快解决，新增取用水严格论证和许可。对水利部巡察反馈的"银星一号煤矿、银星二号煤矿、宋新庄煤矿"违规取水问题，按照黄委会要求，制定整改方案，明确措施和责任，行政处罚已执行到位，其他整改措施已按要求推进。严格落实普法责任制，利用"中国水周""宪法宣传周"等重点节日，以"法律六进"为抓手，开展"线上+线下"宣传，充分依托全国中小学生节水教育社会实践基地和宁夏科普教育基地、宁夏水利博物馆等，把普法宣传融入水利科普文化中。开展《民法典》宣传，举办专题讲座20场次。完成"七五"普法验收、法治政府建设考核等工作。全面开展扫黑除恶专项斗争。提高政治站位，加强组织领导，完善工作机制，压实工作责任，深入宣传引导，强化行业治理，专项斗争与综合治理相结合，开展水利工程建设、河湖管理、水土保持重点领域专项整治行动，推进扫黑除恶斗争常态化，自治区水利厅获"全区扫黑除恶专项斗争先进单位"。

【水权交易和水价改革】2020年，宁夏结合黄河流域生态保护和高质量发展先行区建设有关要求，积极推进用水权改革，水权交易实现由政府主导向市场化的逐步转变。完善制度体系，搭建交易平台。完善水权交易制度体系，联合印发《宁夏回族自治区水权交易流程指南(试行)》，明确水权交易流程，规范交易行为，实现交易流程无缝衔接。率先将水权交易纳入公共资源交易体系，以公共资源交易平台为依托，开发建设"宁夏回族自治区水权网上交易系统"，宁夏水资源作为公共资源实现了统一交易。强化水权交易行业指导监管。推进全区水权交易，创新水权交易方式，开展跨县域、跨区域长期或短期水权交易，推动开展水权转换试点后评估。2020年，全区共开展原州区和同心县跨县域、红寺堡区县域内2笔短期水权交易。其中原州区政府转让2000万立方米黄河水水资源使用权给同心县政府，转让期限为1年，单方水价格为0.16元，总价320万元，为全区第一宗短期水权交易。红寺堡区水量交易中心完成灌域内交易水量445万立方米，转让期限1年，交易金额256万元，涉及灌溉面积5.3万亩，交易企业(大户)24家。通过宁夏水权收储交易中心开展2笔跨区域水权交易。4月27日，全国首例公共资源交易平台水权网上交易在宁夏公共资源交易平台顺利成交。该宗水权交易受永宁县人民政府委托，以网上挂牌的方式转让区域水权。宁夏宁东开发投资有限公司成功竞得永宁县2000万立方米／年农业节水收储水权指标，转让期限为25年，每年单方水价格为1.08元，总价逾5.4亿元。该宗水权网上交易，标志着水权交易纳入公共资源交易体系取得成功。

【水利投融资体制改革】2020年，自治区水利厅与国家开发银行宁夏分行、农业银行宁夏分行分别签署500亿元、600亿元的战略合作协议，让金融活水注入宁夏“水脉”。开展水利项目筹资方向及模式研究，在资金筹措上融合“政、银、企”，在疫情对经济造成一定冲击的背景下，2020年，全区水利投资规模迈上90亿元新台阶，较上年同比增长14%，实现逆势增长、再创历史新高，其中：争取中央水利投资24.4亿元，是上年的1.8倍；自治区和市县投资34.6亿元，同比增长68%；利用政策性金融、吸引社会资本投资31亿元，占全区水利投资的1／3。

【农村饮水安全】2020年，自治区水利部门推进饮水安全巩固提升工程建设，加大农村饮水安全水源工程、供水管网连通、自来水入户改造和信息化建设力度，全年新建农村饮水安全巩固提升工程24处，完成投资3.03亿元，巩固提升55万农村居民的饮水安全水平，全面完成“十三五”农村饮水安全巩固提升任务。全区农村自来水普及率达到91%，集中供水工程覆盖人口比例达到98.5%。完成饮水型氟超标改水工作，重点推进灵武市、利通区饮水型氟超标改水工程建设，通过替换水源、安装除氟设施等措施，解决4.05万名农村人口饮水型氟超标问题，地方病防治专项三年攻坚行动涉水任务全部完成。完成苦咸水改水工作，争取到国家解决苦咸水问题专项资金3.57亿元，协调地方配套资金3.08亿元，涉及全区13个县(区)的14处苦咸水改水工程将于11月底全部建设完工，当地22.75万人的苦咸水问题将得到全面解决。

【中小河流治理】2020年，实施银川市桑园沟、贺兰县沙井子沟、永宁县中干沟等12条中小河流治理项目和盐池县新桥村沙沟等2条山洪沟治理项目，2020年项目共治理河长62.8千米，完成投资1.19亿元。做好“十四五”时期中小河流治理项目储备，推进梳理23个项目中小河流治理项目和16个重点山洪沟治理项目的前期进展，及时向水利部报备。

【水文概况】2020年，全区共发生大范围降雨27场次，平均降雨量310毫米，较多年平均偏多近一成，单站最大累计降雨量为固原市泾源县新民乡石沟阳洼站1068毫米。贺兰山沿线、清水河、红柳沟、苦水河等流域部分沟道先后出现洪水过程。黄河宁夏段汛情概况：受上游降雨影响，黄河连续3年出现大流量洪水过程。黄河宁夏段共形成四次编号洪水，入境下河沿站最大流量为3540立方米／秒，宁夏段入境流量2000立方米／秒以上持续近3个月。2020年，受降雨影响，贺兰山沿线、清水河、红柳沟、苦水河等流域部分沟道先后出现不同量级洪水过程111次，实测最大为8月4日苦水河红沟窑站洪峰流量362立方米／秒，调查最大为8月4日盐池县麻黄山乡刘拐沟站449立方米／秒。

【水文水资源监测预警】2020年，全区推进水文现代化建设，在宁夏引黄自流灌区建成大型混凝土标准化监测断面2处、引水干渠流量自动在线监测系统17处，经比测分析正式启用，引黄灌区干渠水量自动在线监测实现全覆盖，实现了干渠监测方式由人工监测向自动监测的跨越式发展。在贺兰山东麓重点防洪区大武口、汝箕沟水文站，清水河泉眼山水文站，分别建成定点雷达自动在线监测系统；在苏峪口水文站建成定点雷达、侧扫雷达、视频测流等多种流量自动在线监测系统。全面接管宁夏区域黄河水资源管理与调度系统信息化设备运维，按照“资源整合、并联运行、一点单发、实时同步”的思路，对38处灌区引排水监测站点进行维护，设备在线率、达标率大幅提升。完善水文综合业务系统测验整编平台，实现水文监测资料互联网云平台录入、存储、计算分析处理、合理性检查和形成整编数据源的全业务流程信息化。建设全区统一的自动在线监测测控与数据共享平台，实时共享监测数据，提升水文水资源监测服务的信息化水平。水文测报成效显著，及时购置配发防汛测报设备物资454台(套)，完善测验方案及报汛任务书等技术方案，开展国家基本水文站测报质量提升专项整治行动，提升水文测报质量；全年启动洪水预报300余站次，发布预报作业82次，成功测报111次洪水过程；发布水雨情简报25期，发送水文情报、预警信息30万余条；黄河宁夏段共形成4次编号洪水，密切监视水情发展趋势，逐日预测分析，及时发布黄河入境流量和境内水位变幅滚动数值预报；开展17处引黄灌区引水监测断面、60处入黄排水沟监测断面水量监测工作；优化水文监测站网，新建自动蒸发站1处，购置称重式雨量计4套，探索解决降雪、蒸发自动在线监测问题；推进地下水超采区评估与监测工作，开展银川市、石嘴山市超采区30眼自备井改监测井建设；深入分析地下水动态，完成宁夏地下水管控指标确定工作。水环境监测能力持续提升，开展水环境质量检测，完成109个水质监测断面、142个国家地下水监测站4万余项次水质指标的检测分析工作；利用河湖长制激励资金1000万元，在典农河等重点水质监测断面建设15处光学法水质自动在线监测站，购置9套水质应急监测设备；开展水量水质同步监测，每月为“河长通”APP提供并整理115个监测断面水质监测数据和评价结果8000余条，为河湖长制提供数据支撑。

（张雪艳）

防汛防凌抗旱

【防洪减灾】2020年，自治区各级水利部门有序推进全区水旱灾害防御工作，全区水利防洪工程运行正常，护佑黄河1号、黄河2号、黄河4号洪水安澜过境，有效应对95场次暴雨洪水，防洪工作取得工程无大险、群众零伤亡的成绩，抗旱工作实现有旱情、无旱灾的成效，保障人民群众生命财产安全和经济社会平稳发展。汛期，宁夏共发生大范围的降雨53场次，受降雨影响，共有35条河（沟）道发生洪水95场次，最大为苦水河上游红沟窑8月4日15时51分洪峰流量362立方米／秒。入汛后，黄河宁夏段入境平均流量2517立方米／秒，较多年同期偏多1.4倍。黄河上游分别出现第1号、第2号、第4号三场编号洪水，8月23日15时18分，入境瞬时流量达3540立方米／秒，为年度黄河宁夏段入境最大流量。黄河宁夏段入境流量大于2500立方米／秒达64天，大于3000立方米／秒达23天。沿河水位较汛前最大涨幅在1.2~3.65米。受暴雨洪水影响，红寺堡区、永宁县等地部分沟道堤防和护岸、排洪渠以及渠道、渡槽、供水管道等水利工程受损，碱井子沟、水套沟、周圈沟等沟道河岸出现淘蚀坍塌险情；西吉县、彭阳县、隆德县等地部分水库上坝道路、坝后退水渠受到不同程度损毁，部分淤地坝坝坡出现冲沟、坝顶道路部分塌陷、排洪渠水毁等。受黄河洪水影响，黄河宁夏段部分河段出现河势摆动、河道下切、滩槽变化，中宁县石空湾、青铜峡市细崾子塀等14处河段防洪工程出现根石走失、坝垛护岸基础沉陷等水毁情况，永宁县东升、平罗县四排口等7处河段河势变化较大、受水流顶冲严重，出现河岸坍塌险情，威胁标准化堤防安全。为全力做好防汛工作，自治区水利厅组织召开全区水旱灾害防御视频会议，制定并印发《2020年全区水旱灾害防御工作要点》，明确责任和要求。针对每次强降雨过程，提前下发防御紧急通知8期。汛前，自治区水利厅先后30余次对重点区域、重要环节进行暗访督导。配合黄委会编制并印发《2020年黄河超标准洪水防御预案》，督促指导各地开展城市超标洪水防御预案、水旱灾害防御预案及327座水库调度方案和应急抢险预案修订完善工作，统筹开展水旱灾害防御演练19场。对全区1400套雨水情、工情监测设备和800余套预警设备进行维护，与自治区通信管理局沟通合作，依托“三大运营商”建立的定向发布平台。5月20日起，开展24小时值班值守，组织开展会商15次，累计发布水情通报39期，山洪灾害联合预警3次，发送监测预警短信24万余条。及时对黄河青铜峡市细崾子塀、中宁县石空湾以及永宁县闽宁镇导洪堤、红寺堡区红柳沟护岸等水利防洪工程进行水毁修复，对黄河永宁县东升、平罗县四排口，以及碱井子沟、水套沟等坍塌河段进行应急加固，实施永宁县中干沟、银川市桑园沟、贺兰县沙井子沟等12条中小河流治理项目，疏通、治理沟道70余千米，完成彭阳县乃河、店洼、石头崾岘，西吉县什字、夏寨、马莲、张家嘴头水库，以及灵武市旗眼山等10座水库除险加固项目。落实全区327座水库防汛“三个责任人”，批复青铜峡、沙坡头两座水利枢纽工程干流水库调度运行计划，完成44座重点中小型水库汛限水位核定入库，加强线上线下监管，有效发挥水库拦洪削峰错峰作用。黄河1号洪水入境前，组织沿黄各地拆除中卫市常营、平罗县红崖子、石嘴山市滨河3座浮桥，关闭中卫市乌玛高速公路大桥、镇罗黄河大桥等涉河在建工程，停运码头、渡船，开展滩区人员管控工作。在宁夏经济频道、宁夏气象公众号播放和推送山洪灾害防御知识短片，向群众发放宣传材料10.35万套，制作安装宣传牌487块，提升公共防灾减灾意识；对各级水旱灾害防御责任人、水库“三个责任人”开展水旱灾害防御业务培训19场，累计培训人员1910人次，进一步提高工作人员防御应对能力。

【防凌】2020年凌汛期，受气候变化、水库调蓄等因素影响，黄河宁夏段凌汛呈现封河早、流量大、水位变幅大等特点。2020年12月29日，黄河宁夏石嘴山河段首次出现流凌，较多年平均流凌日期推迟14天。12月31日，黄河宁蒙河段封河上首进入宁蒙交界石嘴山麻黄沟，封河日期较多年平均提前9天。2020—2021年凌汛期黄河宁夏段流量多在700~900立方米／秒，比多年平均流量偏多40%。封河期，麻黄沟河段水位最大涨幅4米，其他河段在1.0~1.8米。1月26日，黄河宁夏段出现开河；2月10日，黄河宁夏段全线开河，首次开河时间较多年平均提前7天，全线开河时间较多年平均提前12天。封河期黄河宁夏段河道槽蓄增量约为1.5亿立方米，与多年平均河道槽蓄增量基本持平。受2020年黄河大洪水过程和2020—2021年度凌汛期水位变化等影响，部分河段河道滩槽、河势摆动较大，水流顶冲淘蚀沿河水利防洪工程。据初步统计，沿河中卫市徐庄、中宁县黄庄、吴忠市罗家湖下段、青铜峡市唐滩、灵武市河忠段、平罗县施家台子等市、县(区)10余处治理段出现根石走失、坝垛护岸基础沉陷等险情灾情，共造成工程直接经济损失1000余万元，应急加固需投入资金5000余万元。为全力做好年度防凌工作：自治区水利厅于2020年11月24日组织召开视频会议，安排部署黄河宁夏段防凌工作。印发《关于做好黄河防凌工作的通知》，切实将责任落实到监测预警、水工程调度、巡查值守、抢险技术支撑等各个环节。凌汛前及时督促相关单位和企业，根据度凌方案关闭乌玛高速公路大桥涉河在建工程，拆除惠农电厂浮桥，封闭京星等渡口、封堵部分穿堤建筑物。凌汛期，沿黄各级水利部门加强重点河段、重点工程、重点部门巡查和涉河工程设施依法防控工作，开展入黄主要干沟水位上涨倒灌防范工作。针对凌汛风险隐患及灾害特点，提前组织沿黄水利部门对中宁县石空湾、平罗县施家台子等10余处受水流顶冲段工程进行加固，夯实防洪防凌工程基础。在贺兰县金贵、青铜峡市唐滩等河段出现险情时，当地水利部门全力组织工程应急加固，确保水利防洪工程安全，提升沿黄水利工程防洪凌能力。水利部门负责人针对极端天气变化及重要节点，对防凌工作多次进行现场检查指导。针对重大天气、封开河期等关键节点，会同宁夏气象局，开展防凌会商10余次，并严格落实24小时值班值守，通过视频监控、断面定点观测及巡测等多种手段，提高监测预报的精准度，全面及时掌握水情、凌情、工情发展变化，在关键时间节点，加密测报频次。积极联系央视、新华社、宁夏电视台、《宁夏日报》等媒体宣传报道宁夏防凌工作，在宁夏经济频道、宁夏气象局公众号等媒体上播放“凌汛期，远离河道、确保安全”防凌公益宣传动漫90余次，及时做好凌情宣传报道，开展防凌宣传和涉河人员管理，多方位增强公众凌汛防御意识。同时，保障信息畅通，凌汛期发布凌情通报、简报43期，确保防凌各项工作规范有序进行。

【抗旱】2020年，自治区水利部门按照“先生活、后生产”的原则，合理使用和调配好现有水资源，统筹抓好生活、生产用水。宁夏旱情总体好于常年，中南部地区蓄水量较多年同期基本持平，人畜饮工程水源充足，城乡居民用水正常，生态用水量相对充足。扬黄灌区灌溉稍段存在阶段性灌溉供水紧张的问题。主要旱情为盐池县麻黄山、同心县预旺、红寺堡区大河及海原县西部等乡镇，旱农作物短暂受旱，全年未出现连片受重旱或绝收情况。做好抗旱保障基础工作。编制“固原市抗旱应急水量调度方案和抗旱调度一张图”，厘清易旱区水源工程运行保障、覆盖范围、调度运行等底数，为抗旱防御提供决策支持。按月动态统计全区294座水库、206座淤地坝、71座蓄水池蓄水。定期与水文、气象等部门会商，完成旱情形势分析1期，水旱灾害形势分析报告2期，形势会商报告2次，报送落实自治区政府领导关于中部干旱带旱情批示报告1期，旱灾防御工作总结2期。优先保障人饮安全。加强全区水资源统一调度和计划用水管理，制定多水源联合并用方案，综合利用有限水资源，优化水量调配分配。推行城乡供水一体化管理和专业化运行，发挥以宁夏水投、中铁水务供水为主，市县供水为补充的全区城乡供水体系优势。及时修订完善应急水量调度预案，发挥中南部城乡供水水源工程、中部干旱带应急水源工程等骨干供水工程和应急备用水源工程作用，全面提升供水能力水平，保障全区人饮水安全。针对盐池县和同心县部分地区用水高峰期阶段性紧张的问题，因地制宜、分类施策，盐池县在供水工程末端增加管道，保障大水坑、麻黄山片区供水水量，通过东郭庄等农村人饮巩固提升改造工程，解决麻黄山等7个乡镇43个村庄2254户8034人的用水问题，在用水高峰时段启动骆驼井备用水源，缓解县城及周边乡镇共5万人供水压力。同心县采取分区、分片、限时、限量等供水方式，自4月上旬实行县城夜间间歇供水，保障供水高点和管网末端用户用水需要；利用西部人饮工程富余生产能力，调配小洪沟水厂和马家洼子供水工程，为县城补充供水，保障高峰期正常供水。加强灌区灌溉保障。严格遵循“以水定值，定额管理，总量控制”原则，科学合理编制年度、灌季、时段引配水计划并严格审核，准确下达灌季水量指标，执行周用水计划管理制度，深入基层单位及灌区，认真做好各时段用水调查和水量调度预案的编制。严把“不超计划、不超指标、不超定额”3条水资源管理红线，切实抓好生态移民、高效节水农业等项目的用水管理，禁止向未通过水资源论证和未履行水量调剂审批手续的新开发农田供水。盐环定、固海、红寺堡三大扬水系统较计划提前1周左右加机上水至满负荷运行，适时调整系统运行方式及干渠配水流量，实现农田均衡灌溉；红寺堡黄河水源泵站同时开启4台机组加大流量向高干渠补水，七星渠高干渠超设计流量2.5立方米/秒供水，全力保障扬水灌区作物及时灌溉。提前对灌溉供水工程系统及机井补水设备等进行安全检查检修，认真做好供水运行期间水泵、机电设备、闸门和渠道的全面检修养护，消除安全隐患，保证系统安全运行。在灌溉低峰期向盐环定、固海、红寺堡灌区的隰宁堡、杜窑沟、石山子、马塘、高崖、新庄集等水库蓄水池蓄水，灌溉高峰期从蓄水池向干渠补水，实现渠库互补，缓解灌区供用水矛盾。在固海五干渠、固海六干渠和固扩七干渠等6条干渠设立15个供水点，向中宁县喊叫水乡硒砂瓜基地等区域无偿提供水量160万立方米，保障生产灌溉用水。

（张雪艳）

水土保持

【概况】2020年，宁夏坚持山水林田湖草沙系统治理统筹治理，守住守好改善生态环境生命线，坚持生态优先、绿色发展。完成新增水土流失治理994平方千米、重点预防保护面积1207平方千米，分别超目标任务24%和0.6%。打造出隆德渝河流域综合治理、彭阳大沟湾和柴沟流域综合治理等“山水林田湖草”系统治理新典型。加大重点地区水土流失治理力度，加大对贫困县（区）支持力度，把水土保持生态建设与农业结构调整结合起来，与发展特色产业结合起来，精准配置水土保持防治措施，实施小流域综合治理、坡耕地整治、病险淤地坝除险加固等国家水土保持重点工程，形成水土保持生态、经济社会效益多赢的格局。实施水土保持重点工程79项，其中24条小流域治理、49座淤地坝除险加固和6个坡耕地水土流失综合治理工程，完成水土流失治理面积496平方千米、投资2.3亿元，分别超目标任务5%和21%。强化淤地坝安全监管，汛前根据人员变动情况，组织对淤地坝安全度汛工作进行部署和督查，对相关县（区）水务局和水保工作站负责人及技术骨干进行培训，指导县（区）基层修编完善应急预案，制定切实可行的“防、抢、撤”措施，全面落实“三个责任人”责任。全年分4批次对10个县（区）的95座淤地坝进行安全度汛督查。对存在的83个问题以“一县一单”形式通报，督促限期整改，实现全区淤地坝安全度汛，未发生一起事故，确保淤地坝安全度汛和人民群众生命财产安全。

【水土监管】2020年，全区开展人为水土流失卫星遥感常态化监管。利用2020年上半年和下半年不同时相的卫星遥感影像在全区范围内开展2次生产建设项目水土保持遥感监管，解译疑似违法违规图斑3736个，各级水行政主管部门通过现场复核后认定查处水土保持违法违规项目953个。查处生产建设水土保持违法违规行为，持续深入开展水土保持领域扫黑除恶专项整治和黄河流域生产建设项目水土保持专项整治行动，对遥感监管、日常检查发现的生产建设水土保持违法违规行为建立台账、严格查处、逐一销号。累计完成1633个生产建设项目的建设状态核实工作，初步认定存在“未批先建”“未批先变”“未实施防治措施”“未开展监测”“未验先投”“未缴纳补偿费”等六类违法违规行为情形的项目750个。开展水土保持信用监管，发挥信用监管在水土保持强监管中的作用，将4家建设单位列入“重点关注名单”，其中利通区开出黄河流域九省（区）生产建设项目水土保持信用监管“第一单”。对生产建设项目水土保持设施自主验收滞后的18家生产建设单位的负责人、4家监理监测单位的技术负责人进行了约谈。随机抽取已接受自主验收报备并出具证明的20个生产建设项目进行水土保持设施自主验收核查，对15个项目同意作出“自主验收主要程序履行、验收标准和条件执行未发现严重问题”结论，实现生产建设项目水土保持设施自主验收核查“零突破”。完成42件水土保持设施验收材料完整性和符合格式性审核。提高水土保持方案技术评审工作的科学化和规范化水平，强化水土保持方案对工程的约束和控制作用，从源头上预防人为水土流失。完成水土保持方案技术评审60件，协助水土保持处批复50件，依法征收水土保持补偿费5968余万元。加强水土保持重点工程监管，随机抽取3个在建项目、3个已竣工验收项目，利用无人机航摄影像89.3平方千米、高分卫星影像14幅，对实施措施逐个图斑现场复核，精准掌握水土保持重点工程建设管理情况，确保工程建设成效，实现粗放式管理向“图斑—小流域—项目片区—项目县”为主线的图斑精细化管理转变。

【水土监测】2020年，宁夏按照《水利部办公厅关于做好2020年度水土流失动态监测工作的通知》，开展水土流失动态监测项目。项目覆盖银川市、石嘴山市、吴忠市、中卫市的14个县（区）32528平方千米的区域。通过对土地利用类型及面积、植被覆盖度、水土保持措施数量及分布等内容的监测和模型计算，连续3年实现水土流失动态监测全覆盖。及时准确掌握年度间全区水土流失面积、强度、分布特征等变化。11月，依据《中华人民共和国水土保持法》和《宁夏回族自治区实施〈中华人民共和国水土保持法〉办法》等法律法规的规定，发布了《宁夏回族自治区2019年水土保持公报》（以下简称《公报》），公报全区水土流失状况、水土流失综合防治、水土保持监督管理、重要水土保持事件等。《公报》显示，2019年，全区水土流失总面积1.59万平方千米，占全区国土面积的23.93%，较2018年减少241.11平方千米，减幅1.5%。全区共新增水土流失治理面积920.42平方千米，完成水土保持投资9.3亿元。截至2019年年底，全区累计完成治理面积21837平方千米，总体治理程度达到55.74%。按照水土保持监测站网标准化、规范化、信息化、科学化建设要求，安装完成5套径流泥沙自动监测和15套监控设备，经过2018—2020年连续3年升级改造，全区水土保持监测智能感知网络初步构建。整编彭阳县王洼、海原县树台、西吉县马建、盐池县刘窑头等水土保持监测站点自建站起至2019年近40年的降水、径流、泥沙等基础观测数据录，实现历史观测资料的数字化。启动《水土保持生态监测站点建设与监测技术规范》地方标准制定工作。2020年1月，宁夏水土保持动态监测管理系统及移动端正式上线运行，区、市、县水土保持机构三级已利用系统进行业务管理或数据录入，各级水土保持机构35个、技术服务单位15个、生产建设相关单位200多家、用户超过1100个使用该系统。系统上线以来为生产建设项目卫星遥感监管、重点工程信息化监管、水土流失动态监测等工作的开展提供了有力支撑。新开展宁夏水土流失风险评价课题研究、宁夏水土保持监测监管关键技术研发与多维度平台开发等2项研究课题，延续项目宁夏水土保持生态环境治理战略与小流域治理关键技术创新研究稳步有序推进。宁夏淤地坝运行风险研究、宁南山区坡改梯耕地质量监测及提升关键技术研究与示范分获2019年度自治区对外科学技术合作奖、自治区科技进步三等奖，宁夏水土保持动态监测管理系统被水利部列入《2020年度水利先进实用技术重点推广指导目录》。宁夏水土保持监测监管关键技术研发与多维度平台开发、宁东能源化工基地水土保持生态环境动态监测与研究分获自治区水利科技进步奖一等奖、二等奖。

（张雪艳）

水利科技

【科技创新】2020年，自治区水利部门围绕党委中心工作，以科技管理和水利标准化为重点加快推进水利科技创新。印发《关于进一步加强水利标准化规范化工作的指导意见》，从水资源等八个方面明确水利标准化提升的目标和任务。开展《宁夏水治理标准体系框架》研究，其中6项水利地方标准被列入自治区编制计划。编制《宁夏水利科技“十四五”发展规划》。全年安排科技计划109项，同比增长38%，其中新开74项，比上年同期增长90%。2020年度5项水利研究成果获得自治区科技奖。组织申报并评选出2019—2020年度水利科技进步奖31项。科技部专项《西北典型区生活节水与污水再生利用技术研发与示范》通过中期评估。两项成果获得2019年度自治区科技奖，其中《宁夏淤地坝运行风险研究》首次获得自治区对外科学技术合作奖，《宁南山区坡改梯耕地质量监测及提升关键技术研究与示范》获得自治区科技进步三等奖。完成渡槽降糙增流试验等15项课题验收。印发《宁夏水利科技成果汇编（2017—2019）》，包括获奖成果65项，其中省部级成果8项，宁夏水利科技成果57项。发布55项水利新成果、新工艺、新材料、新设备应用实例的指导目录。开展辐射井应用、测控一体化闸技术等7项重点技术推广工作。组织开展2020年自治区水利厅“全国科普日”活动，围绕节约水资源，支撑先行区建设，设立水利厅主会场和厅属各单位、各市县区水务局分会场，开展水科普知识问答、科技阵地宣传、科技领军人才讲座等活动。编辑《有声有色水科普》读物4册3万余字。

【智慧水利与信息化建设】2020年，自治区水利厅组织编制印发《宁夏水联网数字治水总体规划》，编制完成《宁夏智慧水利“十四五”规划》，智慧水利“云、网、端、台”基础夯实，并积极筹划一批数字化新基建项目。数字治水产业被纳入自治区创新驱动战略2020年重点任务和自治区九大特色产业的电子信息产业进行培育。宁夏水联网数字治水产业园已入驻高新企业27家，累计产值3.51亿元。“互联网+城乡供水”成为全国智慧水利典型案例，先行先试由彭阳县扩大到全区，自治区水利厅被水利部授予“智慧水利先行先试单位”，中期评估被水利部评为优秀等次。宁夏水利科学研究院聚焦宁夏现代水治理，投入2000万元开展实施《隆德山水林田湖系统研究及示范设计》等数字治水统筹项目10项，完成水联网开放基金项目20项，自治区重大专项《宁夏水联网数字治水关键技术研发与实践》启动实施。开展城乡供水技术路线和建设模式科创服务。发挥研究院平台作用，引进院士专家到宁夏交流咨询。开展"网络安全年"活动，全年发送网安告知书111份，预警短信1万余条，宁夏做法在水利部网络安全工作座谈会上进行交流，并出台了《水利信息化建设与管理办法》《水利数据中心水利信息分类规范》，基本构建起水利信息化规划、建管、安全、运维等"一规划六制度十三规范"的基础框架体系。

【科技合作与交流】2020年，自治区水利厅与清华大学、彭阳县盛泽水务投资有限公司、彭阳县水利服务中心、长江勘测规划设计研究有限责任公司、北京慧图科技股份有限公司等多家单位完成《宁夏"互联网+农村供水"关键技术研究》，自治区水旱灾害防御中心与天津大学、宁夏黄河整治工程指挥部办公室、基康仪器股份有限公司完成《黄河宁夏段防洪减灾工程方案优化与智能监管关键技术》，自治区河湖事务中心与中国水利水电科学研究院、宁夏水利科学研究院、宁夏水文水资源监测预警中心完成《宁夏引黄灌区生态系统水平衡机制与综合节水实践》，自治区水利工程建设中心和华北水利水电大学、兰州理工大学、宁夏盐环定扬水管理处、安德里茨(中国)有限公司、南瑞集团有限公司、浙江水利水电学院完成《宁夏盐环定扬黄工程节能增效关键技术研究与应用》，宁夏水利科学研究院与宁夏大学、西北农林科技大学、宁夏农垦农林牧技术推广服务中心完成《黄土高原扬黄灌区(宁夏)增粮增效技术研究与示范》，自治区水文水资源监测预警中心与北京艾力泰尔信息技术公司完成《基于"互联网+"的宁夏水文监测数据采集与计算处理研究》等6项科技成果申报自治区科学技术进步奖，其中4项通过复评。

(张雪艳)

工业

GONGYE

编辑◎张　哲

综　述

【工业经济运行】2020年，宁夏率先在全国出台“稳增长24条”“中小微企业18条”“财政21条”等硬核政策，累计为36万用电户落实电价优惠政策10.4亿元，帮助企业融资超过500亿元，支持企业纾困基金39.3亿元，全年累计降低实体经济成本110亿元以上。全年全部工业增加值达1283.69亿元，比上年增长4.2%；规模以上工业增速率先在全国实现由负转正，连续6个月位居全国前三，全年增速为4.3%。全年完成规模以上工业企业首轮对标，企业劳动生产率平均提升29%、管理成本平均下降27%，64%的重点产品能耗实现下降，连续3年稳步提升。制造业加快向先进水平迈进，宝廷新能源循环利用、华夏特钢年产80万吨石膏制酸、日盛化工年产12万吨氯化石蜡、晟晏实业富锰渣综合利用等一批传统产业改造升级项目顺利实施。全年全区工业固定资产投资同比增长15.7%，高于全国15.6个百分点，增速排名全国第六；工业技术改造投资同比增长18%，高于全国30.8个百分点，增速排名全国第三。在新型材料、电子信息、清洁能源等新兴产业开展精准招商，蓝思科技总投资76亿元工业蓝宝石晶体项目，从达成意向到落地开工仅用一个月时间；宁东基地与韩国晓星集团，签订年产36万吨氨纶及其原料配套项目合作协议；银川隆基光伏15GW单晶硅棒切片、百川新材料41万吨锂电材料、泰和新材差别化氨纶等一批战略性新兴产业项目建成投产。出台《关于加快培育氢能产业发展的指导意见》，宝丰太阳能电解水制氢储能示范项目一期制氢厂房全部完成、国电投宁东可再生能源制氢示范项目开工建设。

【企业转型升级】2020年，全区实施工业互联网平台及应用试点项目28个，其中，国家级试点项目7个，建设互联网+先进制造业示范项目6个，建成国家级工业互联网应用体验推广中心，40余个工业互联网平台投入运行，实现600多家企业上云、千台设备联网，智能制造能力评估工作经验在全国推广，全区规模以上工业企业数字化研发设计工具普及率为55%以上、关键工序数控化率为50%以上，从企业到行业的数字化转型取得突破性进展。实施重点节能环保项目33个，新培育认定绿色工厂18家、绿色园区2家、绿色产品14个，散乱污企业阶段性清零，非公“僵尸企业”85%出清，20家企业淘汰落后产能155.7万吨。创建工业固废外运外销试点，培育

共享集团世界首个万吨级铸造3D打印智能工厂

资源综合利用示范企业8家，全年一般工业固废利用率为42%，同比提高10个百分点。出台《关于深化开发区体制机制改革的实施意见》，宁东能源基地、银川经济开发区等4家开发区实现“管委会+公司”模式改革。组织实施园区低成本化改造项目58个，总投资62亿元。石嘴山市成为“全国资源型城市转型示范城市”，惠农区产业转型升级经验在全区推广。

【科技创新】2020年，全区先进装备、冶金、化工等6个领域累计实施40个科技“揭榜挂帅”项目，取得阶段性成果102项，研发新技术、新产品27个，形成专利45项，10家企业12个项目获得首台(套)重大技术装备认定，共享铸造获批国家技术标准创新基地，银川市成功创建“科创中国”试点城市，规模以上企业研发投入比重同比增长10%以上，有研发活动工业企业占比为30%。宁夏北斗数据中心建设取得实质进展，国内首个稀有金属铍产业战略联盟成立。开展工业APP推广活动，“全流程虚拟铸造系统解决方案”等2个工业APP在全国推广，18个大数据产业试点示范项目顺利实施。中卫市举办三届“云天大会”，获批建设国家级新型互联网交换中心；吴忠市建成西北首个工业互联网标识解析二级节点。推动三大运营商与国能宁煤、宁夏京能等企业合作，打造一批5G+工业互联网、5G+远程运维等5G应用示范场景，产业发展植入强大互联网基因。应用制造+服务新模式，培育认定服务型制造示范企业17家、自治区工业设计中心3家，2家企业入选国家智慧健康养老应用试点示范名单，服务型制造有力促进产业融合化发展。

巨能机器人装配工厂关节机器人自动化生产线

【扶持民营经济】2020年，宁夏出台《完善企业治理体系提高企业治理能力的实施意见》，印发《关于营造更好发展环境支持民营企业高质量发展的实施意见》。破解企业发展难题，持续抓好清理拖欠民营企业中小企业账款工作，清理台账内无分歧账款68亿元，清偿比例100%，提前一个月完成国务院下达任务。运用工业风险补偿金，帮助企业协调对接银行贷款，累计发放贷款247亿元；拓宽企业融资渠道，帮助186户企业转贷30亿元，节约成本1740万元；向106户企业发放融资租赁补贴8362万元，撬动融资租赁368亿元，为民营经济持续健康发展提供资金支持。培育优质市场主体，新认定“专精特新”中小企业176家，示范企业、标杆及隐形冠军企业95家，23家企业入围国家级专精特新“小巨人”，实现全区“小巨人”企业“零”的突破。全年全区规模以上私营工业增加值同比增长10.5%，高于全国平均水平6.8个百分点；民间投资同比增长7.8%，高于全国平均水平6.8个百分点。

【防疫保障】2020年，宁夏制定《防控物资和市场供应及生产生活保障工作方案》，建立涵盖19个单位的快速响应、协调联络、信息发布工作机制。疫情期间，协调调运口罩666万只、医用防护服6万件、护目镜3万副，保障了全区防控一线需求。建立“168”融资专项对接平台，出台鼓励防疫产业投资“8项措施”，实行专职干部驻厂帮扶机制，全区从疫情初期没有一家口罩生产企业、防护服储备不足500套，发展到口罩日产能700万只、防护服日产能1万套、消杀用品日产能3000吨，防疫物资产能储备充足。

【技术改造投资管理】2020年，全区工业固定资产投资、工业技术改造投资双双呈现“好于预期、快于同期、高于全国”的良好态势，达到“十三五”最高水平。工业固定资产投资同比增长15.7%，高于全国15.6个百分点，增速排名全国第六；工业技术改造投资同比增长18%，高于全国30.8个百分点，增速排名全国第三，其中制造业技改投资增长23.2%，较制造业投资高23个百分点。滚动实施“三个100”重点工业项目。2020年，自治区对320个自治区重大工业项目实行月调度、月分析，强化融资服务、要素保障，累计解决项目建设问题60个，融资问题80多个。截至2020年年底，320个自治区重大项目全部开工，其中138个项目建成投产，贡献产值超过200亿元。2020年，自治区引导企业加快向高端化、智能化、绿色化、融合方向转型，新认定智能工厂7个、数字化车间21个，绿色工厂10个，机器人示范项目6个。全区智能化、绿色化改造投资增长13.2%，高出全年预定目标5.2个百分点。开展制造业领先示范企业（产品）培育，认定装备制造、精细化工、光伏材料、稀有金属等制造业行业领先示范企业（产品）14个，共享大型水轮机叶片入选国家制造业单项冠军示范产品。落实"4321"机制，规范专项资金征集、下达环节，简化工作流程。开发网上资金申报平台，压缩办理时限，加快专项资金拨付进度，全年为756个制造业企业（项目）下达专项资金9.5亿元，资金拨付率超过95%。

（惠兴龙）

煤炭工业

【煤炭资源】截至2020年年底，全区煤炭累计查明资源储量343.96亿吨，保有资源储量325.52亿吨，煤炭保有资源储量全国排名第八。其中贺兰山煤田累计查明资源储量37.76亿吨，保有资源储量31.25亿吨，保有资源储量全区占比9.6%；宁东煤田累计查明资源储量279.5亿吨，保有资源储量268.59亿吨，保有资源储量全区占比82.51%；香山煤田累计查明资源储量2.66亿吨，保有资源储量2.5亿吨，保有资源储量全区占比0.77%；宁南煤田累计查明资源储量24.04亿吨，保有资源储量23.17亿吨，保有资源储量全区占比7.12%。

【煤炭生产】截至2020年年底，全区共有生产建设煤矿47处，产能规模12625万吨/年，其中：生产煤矿27处，产能规模10255万吨/年；建设煤矿20处，设计能力2370万吨/年。2020年全区煤炭产量8152万吨。煤炭工业的快速发展也极大地带动和促进了电力、煤化工产业的发展，截至2020年年底，全区已建成火电装机3326万千瓦，煤制甲醇、煤制烯烃等新型煤化工产能1300万吨。

（惠兴龙）

新能源

【概况】截至2020年年底，全区风电装机规模达到1377万千瓦，同比增长23.3%；光伏发电规模1197万千瓦，同比增长30.4%。全年全区新增清洁能源发电装机543万千瓦。全区新能源发电装机规模达到2574万千瓦，占全区电力装机比重的43.8%；新能源发电量达到330亿千瓦时，占全区发电量比重的18.66%。新能源电力外送不断扩大，充分利用"西电东送"基地地位和银东、灵绍、昭沂外送通道，加强与东部受电省（区）的中长期送电合作和市场交易，2020年宁夏外送电量793.62亿千瓦时，通过风光火打捆外送新能源电量113.94亿千瓦时，同比增长19.09%，占外送总电量的14.35%。实现"输煤"向"输电"再到"输绿电"的转变和提升，为全国能源优化布局和大气污染防治作出积极贡献。截至2020年年底，新能源弃电量7.88亿千瓦时，其中风电弃电量4.37亿千瓦时，风电利用率97.76%；光伏弃电量3.51亿千瓦时，光伏利用率97.4%；新能源利用率97.6%。非水可再生能源电力在能源消费总量中的消纳比重由2016年的19.1%提升至2020年的21.43%，居全国第三位。

【新能源开发模式】2020年，宁夏不断创新新能源开发模式，结合各地资源条件，集约高效利用土地资源，探索光伏多样化开发模式，建成中卫百万千瓦沙漠光伏电站、宝丰红墩子农光互补电站、贺兰通威渔光互补电站、闽宁镇光伏设施农业、盐池光伏滩羊养殖、工商业屋顶分布式等"光伏+"项目，推动光伏发电与荒漠化治理、农业种植、旅游观光、水产养殖、工业厂房等高效组合，实现清洁能源与枸杞、奶产业、肉牛滩羊、文化旅游等融合发展。支持清洁能源制造企业，利用物联网、大数据和云计算等新一代信息技术，提升智能化管理、运行、维护的后市场服务能力，实现清洁能源制造企业与生产性服务业融合发展。

【新能源装备制造】2020年，宁夏紧盯"双碳目标"，助力实现"碳达峰碳中和"，以重点企业为抓手，吸引隆基、中车株洲、天津中环、东方希望等新能源产业领军企业到宁夏投资，抢占晶硅产业链高端、价值链顶端、技术链尖端。2020年，全区单晶硅棒产能达到41GW（约占世界单晶硅棒产能的1/6，占全国产能的25%），单晶硅片产能26GW，电池片产能10GW，组件产能1.5GW，风电设备组装能力135万千瓦。小牛自动化持续加大技术研发投入，开发光机电一体化设备、太阳能前端智能焊接等行业领先的智能化产品，推进光伏组件制造环节自动化发展。银川威力传动通过采用WMS、MES、DNC等系统实现数据采集、多端协同、大数据可视，提高生产率、降低制造成本，实现数据驱动制造。着眼提高新能源资源开发效益，积极引导区内企业应用金风科技、浙江运达、华为、阳光电源等先进技术装备，高品质推进新能源资源开发。

（惠兴龙）

冶金和有色金属工业

【冶金工业】2020年，全区冶金行业规模以上工业企业84家，完成工业增加值134亿元，同比增长1.7%，占全部规模以上工业增加值的12.3%。主要产品产量钢材482万吨，铁合金322.6万吨，金属锰62万吨，同比分别增长57.4%、-16.4%和2%。

【有色金属】2020年，全区有色金属工业规模以上企业27家，完成工业增加值26.2亿元，同比增长2.9%，占全部规模以上工业增加值的2.4%。主要产品中十种有色金属产量133.4万吨，同比下降1.9%；电解铝产量127.2万吨，同比下降4.6%；铝材产量53.7万吨，同比增长9.8%。

【技术创新】2020年，宁夏通过淘汰落后产能和技术改造，电解铝技术装备水平得到提升，青铜峡铝业、宁创新材料吨铝交流电耗下降约300千瓦时。电解铝深加工得到发展，建成今飞轮毂300万件汽车轮毂、锦宁巨科40万吨铝板带加工、广银铝业30万吨铝棒加工、青铝15万吨板带材、浩源铝合金10万吨铝棒材、金创铝业5万吨铝型材加工等生产线。

（惠兴龙）

建材工业

【概况】2020年，全区建材工业规模以上企业165家，完成工业增加值40.3亿元，同比下降0.9%，占全部规模以上工业增加值的3.7%。主要产品水泥产量1977.5万吨，同比增长4.8%；碳素制品产量150.4万吨，同比增长6.2%。在全区水利基建等投资带动下，建材行业整体效益持续提升，实现利润12亿元，同比增长23.2%。

【装备工艺】2020年，全区水泥熟料产能2209万吨，全部为新型干法水泥生产工艺。石膏产业已形成年采矿200万吨，年产石膏粉300万吨、石膏装饰线条2.5亿支、石膏高晶板300万平方米、石膏涂料5000吨、纸面石膏板6000万平方米、无纸面石膏板1000万平方米的生产能力。金晶科技是全区唯一浮法玻璃生产企业，产能425万重量箱，投资建设的太阳能光伏轻质面板项目，将填补全区太阳能光伏基板玻璃生产空白。

（惠兴龙）

化学工业

【概况】截至2020年年底，全区规模以上化工企业206户，全年工业增加值同比增长1.5%，占规模以上工业增加值的27.1%。宁夏的现代煤化工已经发展成为化工行业的支柱产业。国能宁煤煤制油及副产品深加工项目实现长周期运行；宝丰集团煤制烯烃生产能力逐步扩大，并积极在多牌号、高性能产品方面探索和实践；中石化长城能化积极探索与现代纺织业协同发展。在龙头骨干企业的带动下，宁东能源基地被国家列为4个现代煤化工产业示范区之一，已成为全国重要的煤制油和煤基烯烃生产基地，西北首个过千亿元园区。

【石油化工】2020年，中石油宁夏石化发挥行业领军企业作用，组织实施VOCs综合治理项目及成品油国VI标准改造，加速实施高品质油品供给侧结构性调整；中石油宁夏石化拥有的单套生产能力国内最大、首套自主知识产权的“45/80”大化肥项目建成投产，打破国外企业在大化肥行业的技术垄断，成为我国化肥工业的一个重要里程碑。大地化工所辖神州轮胎已建成240万条轮胎生产线及炭黑、钢帘线配套装置，在高性能航空子午线轮胎领域进行积极探索，军用航空轮胎研制和生产已获得国家武器装备科研生产单位二级保密资质认证，通过C919大飞机轮胎动试。

【电石化工】2020年，全区有电石生产企业28家，总装机容量287.85万千伏安，产能575万吨，电石本地利用率为70%左右，主要用于生产聚氯乙烯、1,4-丁二醇、聚乙烯醇、石灰氮、单氰胺、双氰胺等深加工产品，其中氰胺产业处于国内龙

天通银厦新材料有限公司蓝宝石拉晶车间

宁夏天元锰业集团有限公司年产60万块阳极板制作项目自动化生产线

头地位，是我国氰胺系列产品的重要出口创汇产地，并积极向下游盐酸胍及硝基胍等胍盐类产品、肌酸、盐酸二甲双胍、饲料蛋白等高附加值产品延伸。金昱元固原盐化工项目稳定运行，产业规模化发展效应进一步发挥。日盛集团主要产品ADC发泡剂、水合肼产量占全国比重分别为80%、70%以上。

【精细化工】2020年，全区精细化工产业规模逐步扩大，在化工行业中占比大幅增长，一大批新项目落地全区，石嘴山、宁东能源化工基地、中卫市等地精细化工产业逐步集聚。食用香料、偶联类医药中间体、高品质有机颜料、高分子抗老剂、新型液晶材料、高效环保农药、紫外线吸收剂、抗氧化剂、聚合物助剂等精细化工产品及光刻胶、液晶材料、电致发光材料、光稳定剂、光引发剂、电子级酸等电子化学品项目陆续达产达效，促进上下游产业接续发展，提升产品附加值。

（惠兴龙）

装备制造

【概况】截至2020年年底，全区装备行业共有规模以上企业125家，全年实现工业增加值同比增长29.4%，增加值占全部规模以上工业增加值的5%。全行业有国家级企业技术中心7家，自治区级企业技术中心17家，国家级工程实验室11家，国家级技术创新示范企业4家，国家产业创新中心1家，高新技术企业数量占全区高新技术企业数量的30%。

【技术升级】2020年，装备制造业数字化研发设计工具普及率为91.1%，质量竞争力指数达到85.4，规模以上企业研发经费支出占主营业务收入比重的3.9%、每亿元主营业务收入有效发明专利达到2.14件。

【高端装备制造】2020年，宁夏高端装备制造业标准研究能力得到提高，通过了国家首批高端装备制造业标准化试点考核评估，引领产业迈向中高端。高档数控机床、智能仪器仪表、电工电气等行业数字化、网络化、智能化生产步伐加快，形成一些可复制推广的智能制造新模式，共享集团3D打印铸造设备在全国推广应用，天地奔牛研制的智能控制高效刮板输送机达到世界先进水平。

（惠兴龙）

轻工业

【概况】2020年，全区轻工行业主要有食品加工、包装印刷和家具皮革等，规模以上工业企业234家，其中食品加工企业164家，占全部轻纺企业总数的55%，培育形成一大批比较优势突出、宁夏元素鲜明的特色主导产业。全区轻纺行业是全区转方式、调结构的主导产业，也是自治区打造黄河流域生态保护和高质量发展先行区的重要支撑产业，2020年推进先行区建设所确立的九个重点产业中，有5项（枸杞、葡萄酒、奶产业、肉牛滩羊、绿色食品）与轻纺行业直接相关。截至2020年年底，全区轻纺行业规模以上工业企业299家，主要涵盖乳制品、粮油加工、枸杞、葡萄酒、包装、纺织、烟草等领域，实现工业增加值63.2亿元，同比下降2.8%，占全部规模以上工业增加值的5.8%。

【食品产业】2020年，全区规模以上乳制品企业12家，实现工业总产值约130亿元，宁夏伊利成为全球单体超高温灭菌乳产能最大工厂。2020年，全区有规模以上枸杞深加工企业15家，锁鲜枸杞、冻干枸杞、枸杞酵素、枸杞叶菜等生产设备和工艺不断改进，12款特膳食品、4款保健产品批量生产，枸杞原浆生产线达到10条、分装线达到32条，枸杞原浆产能达到1.5万吨以上，枸杞鲜果加工转化率达到25%，龙头加工企业沃福百瑞90%的产品出口欧美市场，企业正在努力冲刺A股主板上市。2020年，宁夏吸引中粮集团、蓝思科技、正大国际等知名企业扩大或新增投资，宁夏葡萄酒产品出口20多个国家和地区，已形成49.2万亩酿酒葡萄种植面积、1.3亿瓶葡萄酒年

宁夏伊利乳业有限责任公司安慕希高端畅饮系列生产线

产量、261亿元综合产值的规模。

【纺织行业】2020年，宁夏依托本地资源优势挖掘和外部先进技术及产业资本的引入，全区纺织工业形成羊绒纺织和棉纺织两大支柱产业，共有各类纺织企业64户，占全部轻纺企业的21%。其中羊绒纺织形成灵武、同心两大羊绒产业集聚区，具有年生产加工无毛绒5000吨、羊绒条1200吨、羊绒纱3000吨、羊绒衫1200万件的能力，形成原绒购销—洗绒梳绒—绒条—纺纱—染整—针织—面料—服装的完整产业链，无论装备、工艺、技术、规模等，均有独特的优势。棉纺织产业在引入山东如意集团和恒丰集团后，全区棉纺产业步入全产业链发展的新时期。向上对接宁东煤化工，促进煤化工产品与纺织用化纤原料转承对接，协调建成宁东泰和新材3万吨差别化氨纶项目，引进滨河恒意6万吨氨纶和恒力生物新材料5万吨高档尼龙基材料等项目；向下发展面料及成衣制作，努力打造多纤维并存、原料—纱线—面料—成衣完备的全产业链纺织工业体系。如意科技在滨河新区布局的高档衬衫面料、西装、女装、袜子等项目陆续投产达效，实现由面料向成衣的升级。全区纱线产能已达到170万锭，具备除染整环节外的全部棉纺产业链。

【烟草工业】2020年，全区烟草行业规模以上企业只有湖南中烟吴忠卷烟厂一家，年生产计划16万箱，主要产品为白沙精品、白沙精品2代等，2020年产值为22.46亿元以上，利税16.92亿元，上缴税金位于全区企业前列。

（惠兴龙）

软件产业和电子信息制造业

【概况】2020年，全区共有软件和信息技术企业500多家，其中规模以上软件企业83家，新三版上市企业15家，高新技术企业36家，占全区高新技术企业总数的15%。全年规模以上软件和信息技术企业完成软件业务收入29.5亿元，同比增长23.6%，形成大数据中心、云计算等产业优势，具有工业、医疗、教育、政务、水利应用软件等产业特色，培育吸引了亚马逊、西云数据、共享创新、信友、计服、美利云、希望、方达等一批龙头骨干企业，依托银川经济技术开发区、中卫西部云基地，加快构建“一核一基地多园区”。2020年，电子信息产业规模达到300亿元。其中，电子信息制造业规模以上企业26户，完成工业总产值210亿元，同比增长37%；规模以上软件和信息技术企业83家，实现软件业务收入29.5亿元，同比增长23.6%，增速高于全国10.3个百分点，其中云服务收入同比增长35%，工业软件收入同比增长32%，成为产业增长新亮点。电信业务收入60.2亿元，同比增长2%。建成7座大型数据中心，在建亚马逊二期、电信一期、移动二期、爱特云翔4座大型数据中心，已安装服务器30万台，总装机能力达到50万台，上架率达60%，数据中心PUE能耗水平低至1.1，达到国内领先水平。国家（中卫）新型互联网交换中心于2020年12月11日获批，与杭州、深圳同步进入全国互联网交换中心第一阵营。

【产业培育】2020年，全区共培育和引进500多个工业APP，1个国家优秀工业APP，30个自治区优秀软件产品。支持1个国家大数据产业试点示范项目，一批自治区大数据产业试点示范，涉及工业、医疗、旅游、金融、政务等领域，促进大数据的融合应用。中卫西部云基地亚马逊一期、美利云一期、中国移动一期、天云网络、中国联通等6个大型数据中心已建成；美利云二期、炫我科技2个数据中心项目机房主体已完工；爱特云翔、中国移动二期数据中心已开工建设；中国电科集团承接中兴智慧银川数据中心，安装服务器30万台，新增12.4万台。

【光伏制造】2020年，全区有规模以上光伏制造企业12户，产值约占全区电子信息制造业工业产值的87%。产品涉及单晶硅和多晶硅铸锭/拉晶、切片、太阳能电池、光伏组件等，同时带动太阳能基板玻璃和石英坩埚等配套产业发展，初步

银川威力传动技术股份有限公司智能制造工厂

形成"铸锭—拉晶—切片—电池片—组件"的光伏制造全产业链。

【锂电产业】2020年，全区有规模以上锂电池制造企业4户，产值约占全区电子信息制造业工业产值的5%。宁夏杉杉能源公司锂离子电池正极材料三期产能达到5.5万吨，中化锂电池1万吨三元正极材料项目已陆续投产，宁夏汉尧石墨烯公司1万吨三元正极材料项目和宁夏百川新材料有限公司50000吨负极材料项目已建设。

【半导体材料】2020年，全区有规模以上半导体材料制造企业2户，产值约占电子信息制造业工业产值的2%。宁夏中欣晶圆半导体公司打造了国际先进水平的8英寸、12英寸半导体硅片生产和研发基地。宁夏中晶半导体材料公司是国内主要的分立器件半导体硅棒生产企业之一。

【电子专用材料】2020年，全区有规模以上电子专用材料企业2户，产值约占电子信息制造业工业产值的2%。宁夏天通银厦公司生产的400KG级工业蓝宝石晶体技术全国领先。宁夏海力电子公司是国内主要电极箔生产企业之一。

【信息技术服务】2020年，全区新增规模以上手机、清洁机器人、LED等规模以上企业4户，完成产值10亿元，填补了区内智能通信终端、智能服务机器人生产领域空白，全区电子信息制造业逐步向多元化、智能化、高质量方向发展。

（惠兴龙）

民营经济和中小企业

【概况】2020年，全区规模以上私营工业增加值同比增长10.5%，高于全国平均水平6.8个百分点。全区私营企业、个体工商户分别达16.6万户、46.5万户，较上年同期分别增长3%和6.3%。全区民间投资同比增长7.8%，增速高于全国平均水平6.8个百分点，其中，工业民间投资增长9%，房地产民间投资增长15.2%。民间投资占全区投资的比重由上年的54.9%提高到56.9%。民营企业是创新发展的主力军。截至2020年年底，全区289户国家高新技术企业中，民营企业271户，占比为93.8%。

【中小企业】2020年，全区1166户规模以上中小微工业企业营业收入下降2.4%，降幅较大型企业、全部规模以上工业分别缩小3.7个百分点和1.8个百分点；利润总额增长22.9%，增速较大型企业、全部规模以上工业分别提高58.8个百分点和31.9个百分点；营业收入利润率5.1%，同比提高1个百分点，分别高于大型企业、全部规模以上工业1.6个百分点和0.8个百分点。企业效益分化明显，1205户规模以上工业企业中，150户中型企业营业收入1215.5亿元，同比下降1.7%；利润总额48.3亿元，同比增长43.3%。832户小型企业营业收入1113.3亿元，同比下降4%；利润总额62.9亿元，同比增长6.9%。184户微型企业营业收入129.2亿元，同比增长6.7%；利润总额14.8亿元，同比增长48.7%。全区规模以上中小微工业企业资产总计5594.6亿元，同比增长3.2%；负债合计3625.6亿元，同比增长2.3%；所有者权益合计1969亿元，同比增长5%；资产负债率64.8%，同比降低0.6个百分点。

（惠兴龙）

NINGXIA
YEARBOOK

商贸服务

SHANGMAOFUWU

编辑◎马　静

国内贸易

【概况】2020年，宁夏社会消费品零售总额1301.4亿元，比上年的1399亿元下降7%。按经营地统计，城镇消费品零售总额1123.8亿元，乡村消费品零售总额177.6亿元。按消费类型统计，商品零售额1137.1亿元，餐饮收入额164.3亿元。全区零售业、住宿业、餐饮业分别实现零售额753.6亿元、8.7亿元和155.9亿元，同比分别下降4.5%、26.4%和5.8%，降幅较一季度分别收窄8.5个百分点、19.5个百分点和26.3个百分点；较上半年分别收窄3.61个百分点和7.6个百分点。批发业实现零售额383.1亿元，同比下降11.5%，较一季度收窄2.4个百分点，与上半年基本持平。批发和零售、住宿、餐饮4个行业零售额分别占全区社会消费品零售总额的29.4%、57.9%、0.7%和12%。共有限额以上批发和零售贸易业、住宿和餐饮业法人企业676个，年底从业人数47940人(其中，批发业法人企业239个，年底从业人数12846人；零售业法人企业296个，年底从业人数24436人；住宿业法人企业69个，年底从业人数5991人；餐饮业法人企业72个，年底从业人数4667人)。全区餐饮收入4个季度分别增长-32.8%、23.6%、12.5%、1.6%。累计看，全年全区餐饮收入同比下降7.2%。国庆、中秋期间，自治区商务厅监测的41家餐饮企业实现营业总额1254.23万元，同比增长14.93%。批发和零售贸易业企业商品销售总额2721.9万元，比上年的3134.9亿元下降13.2%。其中，限额以上企业1452.6亿元，限额以下企业1269.3亿元。限额以上批发和零售贸易业企业商品购进总额1481.8亿元，商品销售总额1452.6亿元(其中，批发1051.1亿元、零售401.5亿元)，年底库存总额76.7亿元。

【市场运行监测和信息服务】2020年，全区商品零售价格指数为100.6(上年价格为100)；居民消费价格指数为101.5(上年价格为100)，其中城市101.7，农村101。全年居民消费价格同比上涨1.5%。全区主要生活必需品供应充足，价格走势基本符合预期。自治区商务厅监测数据显示，12月，猪肉价格较上年同期回落，但环比上涨1.8%。蔬菜价格受冬季极寒气候等因素影响，同比、环比均有所上涨。提高信息服务水平，推动批零住餐企业上限入库，在5个地级市主城区及商贸活动发达的市县开展消费品市场摸底调研，及时发现成长能力强且经营可持续的批零住餐企业，鼓励其中符合标准的法人企业及个体工商户申报纳入社会消费品零售总额统计范围。编制《宁夏市场动态监测数据汇总》和“宁夏蔬菜批发交易指数”，运用可视化方式图文并茂地展示市场动态情况，为政府部门和市场主体提供决策参考。形成《2019商贸流通业发展报告及行业分析报告》等专题分析，增强统计监测信息的决策支撑作用。公共服务强化区级商务预报平台与宁夏财经网、宁夏新闻网开展多媒体合作，采取共建专栏、依托宁夏新闻网开通商务预报手机版等新方式，构建多渠道、常态化的发布体系，拓宽信息发布渠道，扩大信息受众面。节假日市场运行监测方面，扩充监测样本、优化样本结构、提高样本代表性，形成每日动态分析、节后汇总报告机制，全面深入分析全区疫情后节日市场运行趋势，及时发现和总结消费市场出现的新问题、新情况和新特点，为企业经营、居民消费、政府决策提供有效信息服务。

【市场建设和消费促进】2020年，宁夏共支持建设“菜篮子”连锁超市4个、改造提升城市便民智慧市场3个和乡镇农贸市场7个。开展10场汽车下乡活动。2020年，全区限额以上单位汽车类商品零售额同比增长15.4%。从自治区商务厅监测的重点汽车销售企业数据显示，汽车销售额增速从4月开始止跌回升，连续9个月保持正增长，成为推动消费品市场回暖的积极因素，农村消费潜力和城乡市场基础设施得到释放和完善，服务功能不断提升，城乡居民消费环境持续改善。举办"缤纷塞上　惠民乐购"消费季、"爱尚宁夏　乐享生活"购物季，加快推动宁夏夜间经济发展，开展"夜宁夏　潮生活"等促进夜间消费系列活动，开展首店经济试点，提升消费辐射力。配合出台支持服务业健康发展"16条"等惠企政策，落实财政专项资金。围绕消费促进和市场保供重点工作，协调推出系列报道。2020年，先后在银川市召开闽宁精准产销对接洽谈会、在贺兰县举办"合作共赢，助推乡村振兴"主题对接活动、在西吉县召开消费扶贫暨助力西吉县脱贫攻坚农校产销对接活动，通过形式多样的产销衔接活动，拓宽宁夏特色名优农产品销售渠道，带动产业转型升级，提升产业发展效益。

【市场应急调控保障】2020年，自治区制定并印发《宁夏回族自治区新冠肺炎疫情防控期间蔬菜保供稳价工作方案》《商务厅疫情防控期间蔬菜保供应急处置方案》，建立紧急状态下的临时指挥及会商机制，形成外地货源保供预案、本地货源保供预案、政府储备投放预案、应急运输保障预案、舆情监测和新闻宣传预案等5个预案，提升市场预警和应急调控能力，保障疫情期间宁夏蔬菜市场供应和价格稳定。强化市场保障供应，疫情期间出台《关于推广"社区抗疫服务站"经验的通知》，引导设立"便民服务站"，推广无接触配送，避免疫情感染风险。做好市场应急处置工作，针对新冠肺炎疫情、防汛抗旱、冰冻雨雪突发气象灾害及重大节日等敏感节点，及时安排部署各地完善应急预案、加强市场监测预警、加大应急供应保障及开展安全隐患排查等工作。针对非洲猪瘟疫病冲击，组织5个地级市商务主管部门加强肉类市场价格运行监测，稳定市场供应，落实自治区1000吨冻猪肉储备任务，推动各地落实"菜篮子"市长负责制。印发《关于做好2020年度自治区储备肉活畜储备管理工作的通知》，适时增加自治区冻猪肉及活畜牛羊储备数量，做好活畜储备工作，对自治区重要商品储备企业实施动态管理，督促企业落实社会责任，确保自治区储备数质量合格、管理规范，指导地市加强产销衔接，确保生活必需品货源充足。

【拓展国内市场】2020年，宁夏采取整合专项资金、加强产销对接、拓展销售市场和延伸服务功能等措施，规范原35家外销窗口运营管理，支持有实力企业在一线城市、二线城市新建集产品销售、餐饮体验、文化旅游资源推介等为一体的外销窗口，力促形成外销窗口的规模效应、品牌效应和区域效应。2020年在厦门市、泉州市、南京市、贵阳市新建运营5家，北京市、宁波市、石家庄市等7家实施企业进入试运营或装修。2020年，外销窗口实现销售额4.96亿元。借助福建烟草海晟专卖渠道，促成自治区商务厅与漳州海晟连锁公司签订宁夏产品贸易合作示范项目协议，漳州、泉州2400家烟草专卖店仅销售宁夏葡萄酒就为30万余瓶。

【展会平台促销】2020年，宁夏借助全国各类展会平台，扩大宁夏品牌产品、优势特色产业的知名度和市场竞争力，组织区内优势特色企业开展"宁夏优品全国行"主题活动。组织"宁夏优品西宁行""宁夏优品郑州行""宁夏优品北京行"等十场活动，参展企业360家，参展人员810人，设立直播间开展网红直播带货十场，助推参展企业签订一批销售合同及意向协议。利用网上广交会、糖酒会平台，寻求更多的商机和合作。组织7次培训，从政策解读、平台使用流程、直播营销、线上引流等方面，对参展企业进行培训，指导153家企业(其中贫困县区企业37家)开展"云对接""云展示""云洽谈""云签约"，组织近600场网上广交会直播，成交2722万美元。组织宁夏28家葡萄酒企业参加糖酒会云展，举办"宁夏贺兰山东麓葡萄酒专题云展直播"主题活动。闽宁特色产品展示展销嘉年华期间，设置"闽宁特产馆"，组织81家企业八大品类200余款产品，通过乡味宁夏微商城、严选店和宁夏农村电商综合服务平台天猫店三大端口进行线上展销。

(赵和璧)

电子商务

【概况】2020年，宁夏推动线上线下联动消费，发展直播电商等消费新业态新模式，将消费扶贫与电商上行紧密结合，全年电商发展总体保持积极向好态势。2020年宁夏电子商务主要交易数据指标统计显示，线上消费保持快速增长，网络交易额与网络零售额规模继续扩大，同时实物商品销售结构继续优化，扶贫产品销路持续攀升，服务型消费加速回暖。

表11 2020年宁夏电子商务主要交易数据表

指标名称	指标体量(亿元)	同比增速(%)
网络交易额	1399.21	2.14
网络零售额	230.08	20.44
实物型网络零售额	194.31	27.21
服务型网络零售额	35.77	−6.57
农村网络零售额	125.46	21.92
农产品网络零售额	87.03	40.65
网商数量(家)	114103	−

【网络零售】2020年，宁夏电商实现良好增长，网络交易与零售规模继续扩大，同比增速分别高出全国1.65个百分点、8.88个百分点。2020年，宁夏网络交易额实现1399.21亿元，同比增长2.14%，较全国高出1.65个百分点。网络交易额中，大宗及B2B网络交易额实现1169.13亿元，在网络交易额中占比83.56%；网络零售额实现230.08亿元，同比增长20.44%，较全国高出8.88个百分点，较网络交易额高出18.3个百分点，在网络交易额中占比16.44%，较上年同期提升2.5个百分点。网络零售额中，实物型网络零售额、服务型网络零售额分别实现194.31亿元、35.77亿元，在网络零售额中分别占比84.45%、15.55%，其中实物型网络零售额在整体网络零售额中占比较上年同期提升4.49个百分点。

【农村电子商务】2020年，宁夏农村网络零售额实现125.46亿元，占宁夏整体网络零售额的54.53%，同比增长21.92%，较全国农村网络零售额增速高出6.1个百分点，在全国农村网络零售额中的占比较上年同期提升0.03个百分点。农村网络零售额中，农村实物型网络零售额实现111.9亿元，占农村网络零售额的89.19%，在整个农村网络零售额中处于优势地位，较上年同期提升2.49个百分点，对农村零售电商发展贡献增强。实施电子商务进农村综合示范和农村电商“筑梦计划”，全区近一半的示范县跻身国家“农村电商提档升级”工程。建立覆盖广泛的农村电商公共服务体系。建成县级电商公服中心15个，“一站多业”乡村电商服务站点1209个，基本实现乡村全覆盖，形成线上线下融合、上行下行贯通的农村电商公共服务体系。建立衔接通畅的农村电商物流配送体系。共建成15个县级物流配送中心、246个乡镇快递网点、650处快递末端公共服务站点，2047个行政村全部实现直接通邮，快递服务乡镇覆盖率达到100%，城乡双向流通“微循环”基本畅通。建立多渠道、多层次、多形式的农村电商人才孵化体系。2020年，全区农村电商累计培训超2万人，打造了一支“下地能弯腰、上桌点鼠标”的新型农村电商队伍。强化示范带动，提升工作成效。召开全区电子商务进农村现场会，促进各地互鉴互学，统筹推进城乡电商发展，推动打造一批“升级版”综合示范县。2020年，平罗县、西吉县、海原县、同心县获批升级版示范县，争取中央支持专项资金8000万元。

【电商助推消费】2020年，宁夏积极打造本土电商节会品牌，催生电商融合产业发展新模式，激发消费新活力。持续打造“阅宁夏·鉴优品”全民电商节，引领电商消费新热点。2020年全民电商节共计496名电商达人、378家企业参与，参与企业活动期间实现线上销售额51.54亿元，较上年同期相比平均增幅超28.7%，培育、孵化一批宁夏新电商达人，发掘推广一批电商产业融合发展应用案例，丰富大众消费体验。组织实施“双品网购节”等电商消费促进活动，探索出“线上引流+实体消费”的消费新模式，活动期间参与企业实现销售额6257.67万元，现场实际成交客流42万人，实现销售、客流双增长。加强线上平台合作，直播助农活动成效明显。为各地搭建直播电商引流合作渠道，中宁县、同心县、红寺堡区、平罗县等县(区)领导走进直播间，为当地产品代言，促进特色产品销售。启动守旺宁夏·电商助农“双十工程”，发起直播电商“个十百千万”行动，为各地搭建电商助农平台。“双十工程”直播助农活动4个小时实现线上销售81.96万元，主会场、分会场直播间浏览量174.6万人次，活动期间抖音平台总曝光量3275万人次。

【电商产业模式创新】2020年，宁夏顺应数字经济发展趋势，积极发展直播电商、社群电商、新零售业态等新模式，促进电商产业快速发展。推进与阿里巴巴、字节跳动等数字产业龙头企业合作，促进电商新兴业态发展。灵武抖音电商小镇，通过直播电商实现特色农产品销售超1亿元。推动传统商贸流通业加快模式创新、数字化升级。推进全区各大商圈、美食街区及重点商贸企业等，发展直播电商、门店社群等新业态，实施“云逛街”“云车展”等活动，聚人气增流量，实现销售快速回暖增长。组织全区118家电商企业，在疫情期间开展无接触服务、同城配送、社群服务等电商新模式，推动解决农产品滞销，满足群众消费需求。引导传统企业加快经营模式创新、数字化升级。编制宁夏首个O2O纸联网媒介《宁夏e购攻略》，打通线上线下消费新通路，提升消费人气和流量。增强电商宣传全渠道声浪。开通“宁夏商务”抖音官方账号，宣传商务工作新成效，已发布作品142个，粉丝超8.3万人，获赞突破100万人次，发起的“巨量中国　守旺宁夏”话题，观看量破亿次。据统计，全年宁夏电商工作在新华社、央视财经、《人民日报》《光明日报》《宁夏日报》等各类媒体共发表消息近300篇。

【商务扶贫】2020年，宁夏举办闽宁精准产销对接活动，推动福建企业与宁夏农产品龙头企业签订农产品采购协议金额600多万元。搭建线上消费扶贫平台，与拼多多、京东等开展战略合作，开设“宁夏优品馆”消费扶贫专区，开展“山海携手·优品云行”闽宁协作消费扶贫周活动，推动特色扶贫产品上行。促成福建企业采购宁夏贫困地区产品超亿元，扶贫产品进商超、进学校、进食堂采购额为800多万元，创新开展“一厅带一县”“助力西吉脱贫攻坚”等10场消费扶贫活动，协调各大连锁超市设立35个消费扶贫专区，入驻扶贫企业45家，累计实现销售额3477万元，拓宽贫困地区农产品销售渠道。针对就业需求，重点开展手工串珠编制技能、家电维修、烹饪等技能培训，定向培训贫困地区建档立卡户1500人。

（赵和璧）

物流业

【概况】2020年，全区完成社会物流总额7025.26亿元，同比下降4.2%，降幅较上月收窄0.3个百分点。其中：农产品、工业品、单位与居民物品物流总额分别为589.39亿元、4536.4亿元、19.71亿元，同比分别增长21.4%、1.1%、6.2%；批发业、进口货物物流总额分别为1843.26亿元、36.5亿元，同比分别下降18.2%、60.3%。完成货运量44024.91万吨，同比增长0.8%。完成货运周转量764.75亿吨/公里，同比增长7.7%。2020年，全区社会物流总费用666亿元，同比增长1.7%，增幅较上年回落4.8个百分点。社会物流总费用与GDP的比率为17%，较上年同期下降0.5个百分点。从结构看，运输费用同比增长2.1%，占总费用的78.7%；保管费用同比增长1%，占总费用的15.2%；管理费用同比下降2.4%，占总费用的6.2%。2020年，全区物流相关行业实现增加值376.22亿元，按可比价格计算，同比增长0.5%，物流相关行业增加值占GDP的9.6%，占比较上年同期低0.5个百分点。其中，交通运输业、仓储、邮政业实现增加值181.88亿元，同比增长4.4%；批发零售业实现增加值194.34亿元，同比下降3.3%。2020年，铁路货运量和货运周转量稳步增长。完成铁路货运量8633.61万吨，同比增长5.9%，铁路货运量占全区货运量的19.6%，占比较上年同期提高0.9个百分点，拉动全区货运量增长1.1个百分点。完成铁路货运周转量214.62亿吨公里，同比增长0.5%，增速较一季度、上半年和前三季度分别回升63.8个百分点、6.4个百分点和2个百分点。公路货运量和货运周转量逐步回稳。完成公路货运量34216.62万吨，完成公路货运周转量483.67亿吨公里，同比增长10.6%，航空货运量及货运周转量增速放缓。完成航空货运量2.97万吨，同比下降10.8%，完成航空货运周转量3733.27万吨公里，同比下降8.5%。管道货运量及货运周转量运行平稳。完成管道货运量1171.71万吨，同比增长2.1%。完成管道货运周转量66.09亿吨公里，同比增长12.2%。2020年，物流业固定资产投资同比下降3.1%。其中，交通运输仓储邮政业投资额同比下降3.9%，批发零售业投资额同比增长17.7%。2020年，重点调查的49户物流企业累计实现物流业务收入75.74亿元，同比增长48.5%，增幅较上年同期回升41.1个百分点；物流业务成本71.58亿元，同比增长55.2%，增幅较上年同期回升47.9个百分点；营业利润2.99亿元，同比下降7%；职工薪酬4.47亿元，同比增长23.4%。

【物流运行】2020年，宁夏工业品物流需求持续增长，全年工业品物流总额完成4536.4亿元，同比增长1.1%，呈现逐步回升的态势。工业品物流占全社会物流总额的64.6%，拉动社会物流总额增

2020年12月29日，即将投入试运行的京东“亚洲一号”永宁电商物流园一期项目

长0.7个百分点。批发业物流需求有所回落。受疫情影响，全区批发业物流总额完成1843.26亿元，同比下降18.2%，但随着疫情防控形势好转，呈现稳步收窄态势。批发业物流占全社会物流总额的26.2%，下拉社会总物流增速5.6个百分点。农产品物流需求增速较快。全区农产品物流总额完成589.39亿元，同比增长21.4%。进口货物物流需求持续下滑。受疫情影响，全区进口货物物流总额完成36.5亿元，同比下降60.3%，降幅持续扩大。单位与居民物品物流总额增速平稳。受内需驱动的电商快递、冷链物流、即时配送等民生物流成为疫情下增长亮点，全区与民生相关单位与居民物品物流总额完成19.71亿元，同比增长6.2%。全区完成快递业务量7317.77万件，同比增长49.6%，增速比全国平均水平高18.4个百分点，在全国排第二位；快递业务收入11.83亿元，同比增长24.7%，增速比全国平均水平高7.4个百分点，在全国排第15位。

【政策措施】2020年，宁夏各部门深化合作联动，联合印发《关于推进宁夏铁路物流发展的若干措施》。与兰州铁路集团签署战略合作协议，合力对宁夏重点物流企业、外贸企业的铁路运输予以更加优惠的政策，帮助企业有效降低铁路物流成本，全年为全区240家实体企业降低铁路费用1.67亿元。先后联合威海港、天津港在银川市召开业务推介会，针对宁夏企业推出一系列港口收费优惠政策。2020年，天津港、威海港已为宁夏20多家企业降低港口费用1590万元。协调国家电网宁夏公司，将13家冷链物流企业电价由一般商业用电调整为农业生产用电，有效降低企业经营成本。

【物流项目建设】2020年，宁夏利用1860万元专项资金在全区支持建设34个物流项目，配套社会投资61687.89万元，其中供应链项目21个，城乡配送项目13个，包括新百物流、小任果业、茂鑫通、六盘山交通集团、菜鲜生等一批物流重点项目。全年共新建冷库15座，面积44400平方米；新建常温库1个，面积4400平方米；新建物流配套设施23596.15平方米；新建物流园区面积15200平方米，购置各类物流配送车辆65台、物流器具14335件(套)。

【便民生活商圈】2020年，宁夏支持传统零售业转型升级，推动新零售、新业态、新模式发展，打造"一刻钟便民生活服务圈"，新华百货、建发大阅城、万达广场等零售企业通过创新消费模式提升线上获客能力，通过线上商城、直播、社群等方式为线下赋能，为消费者提供更全面、多层次的购物体验。加快发展城市社区商业，引导各市将社区商业网点规划作为城市商业网点规划的重要内容，鼓励企业把发展社区商业与社区创业、就业结合起来，发挥社区商业在带动就业、促进和谐等方面的作用。味福季在街口设置早餐便民网点200多处，食鲜汇在社区门口设置便民蔬菜车50多辆，绿野鲜踪在社区里开设便民小店200余家。发展品牌连锁便利店。自治区发展改革委等12个部门制定并印发《关于推动品牌连锁便利店加快发展的实施意见》，印发《全区品牌连锁便利店三年行动方案》，重点培育支持实体零售企业开展品牌化、连锁化、智能化发展，更好地发挥便利店服务民生和促进消费的重要作用。评选认定6家品牌连锁便利店。推动特色商业街区(步行街)改造提升，对全区现有特色街区和步行街进行摸底调研，起草《加快推进步行街改造提升建设实施方案(征求意见稿)》，制定自治区级步行街改造提升技术指标，完成石嘴山市大武口区步行街和吴忠市万达步行街改造提升项目。促进绿色循环发展，按照商务部和国家发改委关于开展绿色商场创建活动要求，完成1个国家级绿色商场、12个自治区级绿色商场、23个绿色饭店评选认定工作。

【家庭服务业】2020年，宁夏开展家政提质扩容"领跑者"行动，银川市被国家发改委、商务部列为首批家政试点"领跑城市"。指导5个地级市和中标企业高标准完成家政信用信息建设工作，截至2020年年底，已完成329家家政企业、4000名家政从业人员的信息采集录入工作。

【名优品牌培育】2020年，宁夏做好"宁夏老字号""宁夏优品"宣传活动，制定"宁夏老字号"标识使用规范，支持宁夏饭店餐饮协会研发28道独具特色的枸杞菜品，编辑印制《宁夏老字号》《宁夏优品》宣传画册各6000册、宣传折页2万份，拍摄制作老字号、优品短视频38个。

(赵和璧)

供销合作

【概况】2020年，全区供销合作社系统实现购进总额73.9亿元，完成销售总额83.8亿元，实现利润总额1.39亿元，分别比上年增长7.5%、3.4%和30.9%。面对新冠肺炎疫情，全系统牵线搭桥蔬菜种植基地和社区居民，采取"线上集单、产地直采、厂家供应、线下配送"方式，解决疫情期间农产品"卖难"和居民生活必需品"买难"问题，共向城乡居民供应蔬菜、水果等生鲜农产品12万多吨，粮油、乳制品等生活必需品5152吨，帮助农民消化滞销蔬菜1650吨。为湖北及宁夏抗疫一线捐款捐物价值251万元，组织销售湖北果蔬产品1355吨。发挥农资供应主渠道和价格“稳压器”作用，调运销售各类化肥19万吨，小麦、水稻、玉米种子375万公斤，保障春耕生产。有序组织社属企业复工复产，区本级社有企业在自身亏损、经营困难的情况下主动为承租商户减免租金250.8万元。直属企业宁夏金桥物流公司在疫情期间开通直发德国的“中欧班列”，积极融入“双循环”经济格局。

【两个体系建设】2020年，全区供销合作社系统加快推进新型基层组织体系和现代农业社会化服务体系建设。用足用活自治区财政支持供销社综合改革资金，以“嫁接式”“联合式”股权投资方式，投资5000万元，撬动社会投资1.5亿元，新投资4家农业产业化龙头企业，累计出资企业达25家，恢复新建基层供销社38个、农村综合服务社星级社291个、农业服务中心56个、庄稼医院68个，基层组织体系覆盖面提升至90.2%，带动全系统开展农业社会化服务面积159万亩。吸纳10家有产权链接的农业社会化龙头企业为成员社。发挥农资供应主渠道作用，将化肥淡储规模由9万吨调增至15万吨，带动全系统储备供应化肥38万吨。彭阳县供销社发起成立汇合农民专业合作社联合社，服务辣椒基地1.2万亩，使全县80%的辣椒种植户受益。贺兰县、金凤区供销社拓展基层服务业务，开展农资供应、测土配肥、统防统治、电子商务等全产业链服务。彭阳县、吴忠市合作基金互助试点初见成效。石嘴山市社与本地银行合作建立产业发展扶持机制，向6家社属企业发放产业扶持资金310万元。全区供销合作社治理机制日益规范、服务能力显著增强。

【数字供销助力消费扶贫】2020年，全区供销合作社系统大力发展“数字供销”。编制的《宁夏供销社“数字供销”建设项目建议书》被列入自治区“十四五”规划，自治区政府致函全国供销合作总社，提出与总社共同建设“数字供销”全国示范区。供销合作社系统与宁夏广电传媒集团战略合作，推动“中国供销频道”落地宁夏试点。依托总社“扶贫832”平台和“供销e家”，助力宁夏消费扶贫，线上销售地方特色农产品7512万元。牵头组织全区20多家农业企业参加北京、海南、重庆等农产品展示交易会，建成运营广东东西部扶贫协作产品交易市场“宁夏馆”，开展网络直播带货的有益探索和尝试。展会累计现场交易额434万元，协议交易额2.2亿元，“数字+展会”“线上+线下”为解决全区农产品销售难问题提供了“供销社方案”。全系统完成农副产品市场交易额82.9亿元，同比增长27.9%。

【宁夏数字供销消费节】2020年，自治区供销社认真贯彻落实《关于促进消费扩容提质　加快形成强大国内市场的实施意见》，依托2020年宁夏“双品网购节”活动，与新浪宁夏、蒲公英建材网、大型商场、众多地产商等品牌装修企业、品牌建材商等多家平台联合，通过“宁夏数字供销”微信公众平台发放“家装电子消费券”“消费扶贫电子消费券”等形式，举办“宁夏数字供销消费节”线上活动，借助互联网平台拉动消费。宁夏供销电子商务产业发展有限公司利用“五一”小长假在银川市各大建材家居商场举办“宁夏数字供销消费节”线下活动。消费者通过扫码关注“宁夏数字供销”微信公众号就可领取“免费家装消费券”。活动历时3个月，并通过线上线下在宁夏区内共发放3000张约抵扣1.1亿元家装费的“免费家装消费券”。

【广东东西部扶贫协作产品交易市场宁夏馆开馆】2020年，广东东西部扶贫协作产品交易市场宁夏馆开馆暨宁夏特色优势农产品推介会活动在广州市举行。广东东西部扶贫协作产品交易市场“宁夏馆”是依托广东东西部扶贫协作产品交易市场创办的全面宣传推介宁夏特色农产品的综合平台。宁夏馆总面积为392平方米，宁夏9个国家级贫困县（区）的52家企业入驻参展，上架的特色优质农产品共有12类510余种。通过采取农产品实物和音像图片展示、现场零售、网上直销、产品基地实时对接、贸易配对撮合、集中结算等方式，全面宣传推介宁夏名特优农产品。此次产销推介活动以“买宁货、助脱贫”为主题，旨在借助广东省资源，把优质、生态、安全的宁夏扶贫产品和特色优势农产品推向市场、走进粤港澳大湾区、迈向全国，拓展粤宁扶贫协作新领域，做大做强消费扶贫，持续推进以“数字供销”为牵引的“五个供销”建设，不断完善农产品销售组织体系、供应链体系和基础设施体系，帮助宁夏贫困地区群众实现增产增收，促进东西部扶贫协作行稳致远、再创佳绩。广东省供销合作社联社与宁夏供销合作社联社签订战略合作框架协议，广东东西部扶贫协作产品交易市场管理公司与宁夏供销电子商务产业发展有限公司签订合作协议，宁夏供销电子商务产业发展有限公司与深圳市宁夏商会及中远华创有限公司签订《购销协议》。

【“扶贫832”销售平台】2020年，自治区供销社开展“扶贫832”销售平台专项推

2020年12月，宁夏供销集团公司获全国供销合作总社评选的“金扁担”改革贡献奖

进活动，开展政府采购贫困地区农副产品政策培训和产品推介会。宁夏“扶贫832”销售平台已入驻72家供应商，上线500余种扶贫产品，累计完成上线交易额502万元，实现各级预算单位注册3294家，采购账号激活比例达到98%；自治区财政采购份额预留2225.88万元，预留比例8.06%，完成区内采购交易额514.05万元，区外采购交易额1300万元。宁夏供销电子商务产业发展有限公司（“扶贫832”平台宁夏运营中心）技术人员对预算单位在“扶贫832”平台注册、采购及结算流程做了专题培训与交流互动，并在培训会现场对“扶贫832”平台上线的宁夏8个贫困县（区）的农副产品进行了推介。

【合作销售优质农产品】2020年，上海市供销社和中国农业生产资料集团公司组成考察组，到宁夏考察宁夏供销系统特色优质农产品，先后到玺赞庄园枸杞、宁夏中杞生态农业科技公司（中国枸杞交易市场）、中卫市供销集团、红寺堡汇达阳光生态酒庄、宁夏吉送通城乡物流公司、盐池鑫海食品公司、宁夏昊鑫现代农业开发公司等企业，实地考察宁夏枸杞、葡萄酒、牛羊肉、大米、小杂粮、瓜菜等具有地方特色的优质农产品生产经营情况。考察组表示要加强与宁夏供销社的交流与协同联动发展，与宁夏供销系统企业对接，通过上海供销社“供销e家”老字号品牌集成店，把宁夏特色优质农产品销往上海。同时，充分利用上海供销社和中国农业生产资料集团公司在品牌塑造、资产运营、金融服务及农业社会化服务等方面的优势，共同打造农业生产服务、农产品加工服务、农产品流通销售服务的农业社会化服务全产业链，让宁夏特色优质农产品通过“供销e家”走向上海，走向全国，走向世界。

【政企协作】2020年，自治区供销社与中国人民养老保险有限责任公司就加强合作、优势互补，服务黄河流域生态保护和高质量发展先行区建设，助推脱贫攻坚，促进乡村振兴，达成战略合作协议。中国人民财产保险公司宁夏分公司将结合供销社系统特点，加强对脱贫攻坚、乡村振兴、“三农”服务领域金融保险产品的研究创新，打造企业年金、农业保险、险资直投等一揽子保险服务产品，为供销合作社系统提供多层次综合性金融保险服务，为农产品供应、农业生产物资供应、日用消费品销售提供金融保障，支持供销社加快建设现代农业综合服务体系和新型基层组织体系，深入推进现代供销、开放供销、市场供销、数字供销、活力供销建设，大力提升为农服务能力，共同服务全区农业高质量发展。

【农产品参展】2020年，宁夏供销合作社组织系统16家企业（专业合作社）八大类150个单品参展第23届中国（海南）国际热带农产品冬季交易会，集中展示了枸杞、葡萄酒、黄花菜、羊肉、粮油等宁夏优质特色农产品。展会期间，宁夏供销电子商务产业发展有限公司开展网上直播活动，通过“线上+线下”融合方式，充分运用直播电商新业态新模式和线上会展多样化的体验优势展示宁夏特色优势农产品及供销合作社发展农产品流通、助力脱贫攻坚等方面成果，并加强与东南地区城市交流与贸易合作。

【春耕农资调用储备和市场监管】2020年，自治区供销社充分发挥农资流通主渠道作用，采取多种有力措施，做好春耕备耕农资调运储备供应工作。做好化肥储备资金筹措和货源组织调运。协调指导各市县供销社及宁夏供销集团所属农资经营服务企业做好需求调查，把握市场行情，采取有力措施，采取自储、代储和联储等方式，备足备好农资商品。宁夏供销集团现代农业综合服务公司与联储分销的农资经营企业克服困难，筹措资金，组织货源，确保农资商品供应充足。全区供销系统及区内各农资经销商组织调运到位各类化肥16万吨，约占春耕用肥需求的80%；调运储备小麦、水稻、玉米种子370万公斤；储备农药500吨、农膜4500吨。抓好农资商品质量和价格稳定。创新模式，提高服务水平。

充分依托庄稼医院、综合服务社、专业合作社等基层服务组织，创新服务模式，推行全程托管、订单服务，开展代耕代种、测土施肥、技术咨询和农民培训等农业社会化服务，为稳定农产品生产提供保障。2020年，全区化肥淡储任务总量9万吨，其中尿素3万吨，磷酸二铵4万吨，复合肥2万吨。各市县供销社所属农资经营服务企业建立完善农资商品可追溯机制，加大对农资商品监管力度，规范进货渠道，严把质量关，实行进货查验、销售监控等制度，做到进销存各环节商品质量无缝对接，坚决杜绝假冒伪劣农资商品进入供销社网络流通领域。抓好市场监督检查。宁夏供销集团对化肥淡季商业储备企业进行检查指导，各级供销社积极配合工商、质监、物价等有关部门，开展农资市场秩序的整顿，严厉打击生产、销售假冒伪劣农资商品行为，杜绝假冒伪劣农资和坑农害农现象发生。抓好行业自律。加强宁夏农资流通协会行业自律，引导会员依法竞争，维护市场竞争秩序和价格秩序。监督协会会员守法诚信经营，杜绝坑农害农现象，打造守法、文明、诚信、有序的农资市场秩序，以优质的产品和服务净化市场。

（赵紫宇）

粮食和物资储备

【概况】2020年，全区粮食种植面积1018.75万亩，同比增加2.7万亩，增幅0.3%。其中，小麦139.39万亩，同比减少22.27万亩，减幅13.8%；稻谷91.22万亩，同比减少10.86万亩，减幅10.6%；玉米484.09万亩，同比增加34.42万亩，增幅7.7%。全区粮食总产量380.49万吨，同比增加7.34万吨，增幅2%。其中，小麦27.79万吨，同比减少6.83万吨，减幅19.7%；稻谷49.39万吨，同比减少5.7万吨，减幅10.3%；玉米249.07万吨，同比增加18.6万吨，增幅8.1%。全区有规模以上粮油加工业企业180家，年加工能力765万吨，加工总量263.2万吨，实现工业总产值114亿元。

【粮食储备安全管理】2020年，宁夏全面落实粮食安全省长负责制，成立以自治区政府常务副主席为组长的自治区政府粮食安全省长责任制考核工作领导小组。细化粮食安全省长责任制考核指标，压实各级政府和有关部门责任，各级政府和有关部门重粮抓粮力度不断增强。加强粮食储备安全管理。自治区党委全面深化改革委员会第十次会议，审议通过《关于改革完善宁夏粮食储备体制机制　加强粮食储备安全管理的实施意见》，推进任务落实。完善粮食和物资储备基础设施建设。维修改造原粮仓77202平方米、成品库房15594平方米，完成平罗县储备库2.3万吨仓房改扩建和石嘴山市、兴庆区储备库优质稻谷降水保鲜项目。强力推进智能化粮库系统改造应用和粮食信息化平台互联互通工作，组织完成省级平台项目终验；完善自治区救灾物资储备库基础设施建设和安防系统智能化升级改造。坚守“两个安全”政治责任。落实安全生产责任制，及时对北海子库16041吨储备粮进行移库，全系统安全生产“零事故”。

【粮食调控保障】2020年，宁夏研究提出《关于推进自治区原粮储备生产基地建设　切实增强粮食安全保障能力实施方案》，依托引黄灌区产粮大县，每年建设自治区储备小麦、优质稻谷生产基地各10万亩左右，建设自治区原粮储备生产基地，解决全区储备粮源对外依存度高和口粮安全保障压力日益增加等问题。建立保供稳市调控粮源机制，有效应对粮食风险挑战。报请建立临时储备，使地方粮食储备增加到60万吨，食用油储备增加到1.4万吨。保障能力由4.5个月提升到6个月，增强宁夏粮食安全保障能力。发挥应急保障体系作用，助力打赢疫情防控阻击战。及时启动国家、区、市、县四级联动机制，全区75家应急粮油承储企业、53家应急粮油加工企业、35个成品粮配送中心、305家应急供应网点、64家运输企业、344台应急运输车辆，迅速反应、全力保供。51家应急加工企业全部复工复产。办理《粮食运输证明》669次，畅通流通渠道。开启价格监测日报机制，全天候监测市场价格动态，有效应对同心县大米销量波动异常情况，并主动回应社会关切，引导理性消费。发挥政策性粮食“调节器”作用，组织公开竞价销售24次，投放原粮8.5万吨，保证粮油加工企业原粮供应；储备企业销售10万吨商品玉米，保证区内养殖和饲料企业需求。举办2020宁夏（中卫）Ⅲ级粮食应急演习，提高应急保障水平。

【应急救灾物资保障】2020年，宁夏完成5个品种660万元应急救灾物资采购，确保有效应对重大灾害和公共事件发生。加强救灾物资日常监管及代储商品的监督检查，对5290件超期救灾物资进行处置，回收残值约9.2万元。做好疫情防控期间应急物资调运，向各类检疫卡点分18批调运帐篷、棉衣、折叠床等救灾物资36795件，分2批调运方便面、纯净水、消毒液等应急救灾商品32万瓶（包），得到自治区疫情防控指挥部的充分肯定。

【粮食产业高质量发展】2020年，自治区确定粮食产业化支持项目17个，拉动社会投资7400万元。实施"优质粮食工程"。引导农民种植适应市场需求的绿色优质粮食，强化"优粮优价"意识，完善"优粮优价"的市场机制。累计完成投资6.83万元，落实优质粮食种植30万亩，建设线上销售平台和线下销售门店（专柜）近2000个，5个"优质粮食工程"示范县优质粮食产量年均增长10%以上，"好粮油"品牌产品销量年均上涨30%以上，"五优联动"体系已具雏形。自治区质检中心和吴忠市质检站、中卫市质检站、盐池县质检站完成设备招标采购，质检体系建设稳步推进。促进区域产销流通。组织52家企业的220个品牌参加第三届全国粮食交易大会，签约交易粮食和粮油产品约96万吨，交易额约12.8亿元。科学编制"十四五"规划，征集重点项目151个；开展《地方粮食安全保障立法若干问题研究——以宁夏为视角》软科学课题研究，将粮食安全保障办法列入立法调研计划。

【社会化粮食服务】2020年，宁夏落实粮食收购政策，设立分散收购点，对接种植大户，提供运输工具，采用干湿兼收、带棒和籽粒双向收购等方式，全区夏秋粮收购约130万吨，拉动农民增收近5.2亿元。全年外购粮食150万吨，销售粮油245万吨，守住"种粮卖得出"底线。帮助粮油和农产品加工企业融资4.3亿元，巩固粮食融资监管渠道。主动与国网宁夏电力有限公司对接，为宁夏粮食烘干项目争取农业生产用电政策，极大降低用电成本。全区64个粮食产后服务中心，累计清理烘干粮食140多万吨、收购农户粮食170万吨，减少粮食损失约5万吨以上，助农增收1亿元以上。配合"跨越青铜峡-2020"演训任务，快速、准确地将优质大米、面粉、食用油等配送到外训部队驻地。以资金支持、捐赠物品、消费扶贫等方式支持帮扶2个贫困村巩固脱贫成果，助力乡村振兴。

【粮食监管】2020年，宁夏严格落实行政执法"三项制度"，推进"双随机一公开"监管工作。做好夏秋粮收购和元旦、春节等重大节日、全国"两会"等重大活动期间粮油市场的专项检查，开展大清查发现问题整改"回头看"和涉粮问题整改"回头看"专项行动。全区各级粮食和物资储备部门发起检查事项197次，完成检查事项179次。全区无重大涉粮案件发生，有效维护了全区粮食流通秩序。建立超标粮食处置长效机制；安排年度各类粮食质量安全监测样品共2000余份，严防超标粮食流入宁夏口粮市场。

【节粮宣传与人才培育】2020年，宁夏开展粮食科技周、世界粮食日、"粮安宁夏"美术展、"爱粮节粮拒绝餐饮浪费""粮油科技进军营"等主题活动，营造节粮减损良好氛围。制定为基层减负重点措施20条，改进工作作风。实施"人才兴粮"战略，开展粮油仓储管理员初级、中级职业技能鉴定，培育"自治区级学术技术带头人后备人选"和"自治区技术能手"。粮食局有1个单位、1名个人分获"全国粮食和物资储备系统先进集体"和"全国粮食和物资储备系统先进工作者"荣誉称号；有2个单位、3名个人获得国家局和自治区抗"疫"模范表彰。

（李云彤）

2020年9月23日，自治区粮食和物资储备局领导调研驻村扶贫工作

烟草专卖

【专卖管理】2020年，全区各级烟草专卖局联合多部门部署打击涉烟领域违法行为"雷霆-Ⅲ号"专项行动、电子烟市场治理专项行动，紧盯"互联网+物流寄递"领域开展打假打私斗争和打击卷烟非法流通、市场治理工作。全年查处各类涉烟案件3573起，查获涉案卷烟1308.07万支，其中查获假私卷烟案件1820起，查获假私卷烟264.71万支，公安机关依法抓获涉烟违法犯罪嫌疑人29名，其中刑事拘留18名、逮捕11名。全区"雷霆-Ⅱ号"专项行动和银川"3·06非法经营雪

茄烟案”被公安部、国家烟草专卖局通报表彰；石嘴山“5·28非法经营案”“6·10非法经营案”、银川“11·27销售假冒注册商标商品案”达到国标网络案件标准。全面运用宁夏烟草市场监管“145”工作规范，推进“互联网+监管”“双随机、一公开”、行政执法“三项制度”等新型监管工作方法落实，严厉打击销售假冒卷烟、非法流通、无证经营等涉烟违法行为，卷烟市场净化率始终保持在98%。公安、商务、市场监管与烟草等部门开展专项行动，加大电子烟监管力度，严格规范电子烟市场秩序。制定全区烟草政务服务事项清单，开展“证照分离”改革试点全覆盖，围绕“一网通办”目标要求，全面形成“网上办”“掌上办”办证环境，推进“好差评”制度建设，持续提升烟草政务服务水平。全区“5日办结率”为98%以上，网上办件率占比35.3%，政务服务好评率为99.98%。

2020年5月27日，银川市烟草专卖局联合银川市市场监管局开展电子烟联合检查

【卷烟经营管理】2020年，全区在卷烟品牌布局优化上，将资源要素向中高端品牌（规格）集中，促进品牌集中度持续提高。在品牌引入退出上，做到提升结构与保障中低档卷烟有效供给、重点品牌与区域性品牌有效互补、工业企业之间协调发展“三个兼顾”。在品牌培育上，坚持问题导向、创新驱动、责任落实，组织实施全区普一类卷烟专项营销及鄂烟、川烟专题营销，探索“线下+线上”、终端数据挖掘、新品市场预热、诚信互助小组宣讲、网络直播等培育手段创新，提升品牌培育能力水平。抓住“增强信心、促进动销”的终端建设主要矛盾，围绕助力终端有序恢复经营，强化工商营销资源整合投入。开展面向消费者的营销活动，引导卷烟零售户线上线下经营有机结合。利用终端云POS消零结算通道和微信订货平台，协调金融信贷机构开展消费返利增值服务，终端建设实现规模扩展和生态优化。全区卷烟零售户平均毛利率为15.09%，同比提高0.33个百分点；户均毛利达到3732元，同比提高0.83%；建设现代零售终端7555户，比重为25%；客户满意度连续9年位列全国烟草行业第一。从网格化管理、专业化分工方面，探索客户经理岗位职能转型途径和模式，初步形成以终端建设为重点设置专职专岗，以城乡结合为方式配置服务资源，以团队运作为形式对接网格管理的工作方法。针对疫情突发事件影响所暴露出的卷烟销售管理制度、规则与卷烟市场、消费的不适应性，围绕既“管住”又“管好”的优化方向，完善档位扩展投放功能，增加市场类型、商圈类型扩展应用模块，为不同类型客户、不同区域客户进行分区、分户施策提供规则支撑，有效解决在货源供应上“不能调、不会调、没法调”的问题。

（潘　亮）

经贸合作

JINGMAOHEZUO

NINGXIA YEARBOOK

编辑◎马　静

招商引资

【概况】2020年，宁夏实施招商引资合同项目1263个，实际到位资金1599.32亿元，同比分别增长14.3%、11.25%。其中：新建项目923个，实际到位资金1119.77亿元；续建项目340个，实际到位资金479.55亿元。开展联动招商，自治区主要领导亲自对接华润、蓝思、复星等一批国内知名企业到宁夏考察洽谈项目，并带队外出招商10余次，支持5个地级市聚焦九个重点产业开展专题招商活动十余场，组织开展精准招商、网上招商、网络推介640场，国内外500强和各类目标企业到宁夏考察1000余次，对接洽谈项目1200多个，一批重大项目落地建设。强化产业招商，策划编制重点产业招商引资项目册和6个招商引资行动计划，编辑制作6部重点产业专题宣传片，依托资源禀赋条件和产业基础，引进683个"延链补链强链"项目，九个重点产业实际到位资金813.08亿元，分别占全区招商引资项目总数和到位资金总额的54.08%、50.93%。突出大型优质企业招商目标，先后对接伊利集团、中化国际股份有限公司、新希望集团有限公司和韩国晓星集团等国内外行业领军企业，落地一批产业链长、技术含量高、附加值大、环境友好的大项目，大项目的占比明显提升。加强投资促进服务，建立区、市、县三级重大项目联动工作机制，制定并出台《招商引资专项资金管理办法》，完善招商引资项目统计体系和督查考核体系，兑现2019年招商引资奖补资金9612万元，开展招商引资项目"金融+"服务活动，协调金融机构为100余家企业提供授信贷款19亿元，有效解决企业融资难、融资贵问题。京津冀、长三角、粤港澳大湾区等重要投资来源地实施项目数634个，同比增加99个，占全年实施项目数的50.2%，比上年提高1.8个百分点；实际到位资金1039.91亿元，同比增加144.02亿元，占全区实际到位资金的65.02%，比上年提高2.72个百分点。总投资10亿元以上的项目147个，实际到位资金692.69亿元，同比分别增长15.75%和4.66%；5亿元至10亿元项目127个，实际到位资金341.94亿元，同比分别增长18.69%和34.35%。银川市、吴忠市、固原市、中卫市实际到位资金分别为549.81亿元、379.38亿元、141.73亿元和202.25亿元，同比分别增长21.3%、9.14%、19.79%和29.33%。石嘴山市和宁东能源化工基地实际到位资金分别为187.07亿元和139.08亿元，同比分别下降9.61%和10.33%。

【商务洽谈会】2020年9月4日，闽宁对口扶贫协作第二十四次联席会议在银川市召开，自治区商务厅与福建省达成经贸合作项目35个，计划总投资157.3亿元。其中，在宁夏投资合作项目31个，计划投资155.7亿元；在福建投资合作项目1个，计划投资1亿元；贸易合作项目3个，贸易额6000万元。涉及葡萄酒、绿色食品、新材料、文化旅游、电子信息等重点产业以及服务业和其他产业等多个领域。12月25日，"全国知名浙商宁夏行"活动在银川市举行，300多名区内外知名浙商齐聚宁夏，活动期间，举办了"全国知名浙商宁夏行"论坛和项目签约仪式，共签约项目18个，计划总投资89.74亿元。

【区域经济合作】2020年，宁夏研究并制定《区域经济合作实施方案》，依托高层互访、经贸交流、投资推介等渠道，聚焦京津冀、长三角、粤港澳和沿黄九省（区），重点开展产业对接、园区共建、贸易合作。精心筹备闽宁对口扶贫协作工作，赴福建开展经贸对接交流活动，对接合作项目35个，总投资157.3亿元。赴上海、江苏开展经贸活动，推动与自治区政府驻外办事处和商协会建立合作机制，共同开展项目策划、产业推介、招商对接、实地考察等具体业务合作。组织参加黄河流域生态保护和高质量发展协作区第三十一次联席会议和2020年呼包银榆经济区第八届联席会议，推介宁夏发展情况、重点产业和营商环境，推荐清洁能源、新型材料、绿色食品等重点招商引资项目，进一步强化产业发展合作联动。

（赵和璧）

对外贸易

【概况】2020年，宁夏实现进出口总额17.86亿美元，比上年的34.9美元下降48.8%。出口总额12.57亿美元，比上年的21.6亿美元下降41.8%，占全区GDP 3920.55亿元（相当于568.41亿美元）的2.21%，占全国出口额的0.48‰。进口总额5.29亿美元，比上年的13.3亿美元下降60.3%。出口商品销往138个国家（地区）。进口商品来自65个国家（地区）。对"一带一路"国家进出口额5.66亿美元，比上年的10.03亿美元下降43.55%。其中，出口额5.07亿美元，比上年的7.44亿美元下降31.74%；进口额0.59亿美元，比上年的2.59亿美元下降77.43%。宁夏出口"一带一路"国家主要商品有：黄金制品、铁矿砂、天然橡胶、无烟煤、亚麻子、机器零件、聚乙烯、木材等。主要出口商品：双氰胺、板材热轧机、抗菌素、机器、赖氨酸酯及盐、轮胎、四环素盐、金首饰及零件、钽丝、维生素C及其衍生物、甲硫氨酸、焦炭、铁合金等产品。宁夏与印度、泰国、马来西亚、越南、俄罗斯等52个"一带一路"沿线国家开展贸易往来，实现进出口总额5.66亿美元，占全区进出口总额的31.7%，较上年提高2.9个百分点，其中，出口5.08亿美元，占比40.39%；进口0.58亿美元，占比11.06%。

【进出口贸易状况】2020年，宁夏除吴忠市外，其他4个地级市及综保区进出口均出现不同程度的下降。银川市（不含综保区）、石嘴山市、固原市、中卫市分别实现进出口57.1亿元、39亿元、0.1亿元和18.2亿元，分别下降10.2%、10.4%、28.4%和50.6%；吴忠市实现进出口2.8亿元，同比增长25%。银川综保区实现进出口5.8亿元，同比下降93.7%，进出口额较上年减少86.8亿元，占比从上年的38.5%降至4.7%。分产品看，农产品出口稳步增长，机电、纺织服装产品出口降幅收窄，高新技术产品出口占比提升。全年农产品出口10.9亿元、同比增长35.5%，其中：枸杞、果蔬汁分别出口2.7亿元、1.7亿元，分别同比增长20.9%、11.2%；机电产品出口15.3亿元、同比下降42.5%；纺织服装出口1.7亿元，同比下降61.5%；高新技术产品（含宁夏目录）出口26.5亿元、同比增长0.7%，出口额占货物贸易出口额的30.6%，占比较上年提高12.7个百分点。全区工业制成品出口74.3亿元，占出口比重的85.7%，初级产品出口占出口比重的14.3%。分企业看，重点企业出口乏力，70%的企业出现下滑。全区重点监测的30家企业完成出口额60.2亿元、同比下降12.5%，降幅低于全区出口降幅28.9个百分点，占全区出口额的69.5%。其中：9家企业保持增长，21家企业出现不同程度下降。顺元堂生物科技、贝利特、紫光天化、启元药业等企业出口增势良好，贺兰山冶金、如意纺织、滨河磨料磨具、青鑫炭素等企业出口降幅较大。分企业性质看，国有企业进出口降幅较小，民营企业和外商投资企业降幅较大。国有企业实现进出口21.8亿元、同比下降20.2%、占比17.7%；集体企业进出口4344万元、同比下降36%、占比0.4%；民营企业进出口80.2亿元、同比下降53.8%、占比65%；外商投资企业进出口20.8亿元、同比下降45.2%、占比16.9%。数据显示，民营企业尽管出现较大降幅但仍然是全区外贸的主力军。分市场看，对欧美日韩出口下滑，对"一带一路"沿线国家和地区占比提高，对部分新兴市场出口增长较快。宁夏与全球144个国家和地区有贸易往来，市场分布变化较大。欧盟和东盟分别从2019年的第三大贸易出口伙伴和第五大贸易出口伙伴跃升为第一大贸易出口伙伴和第二大贸易出口伙伴。传统市场中，对香港地区出口2.5亿元、同比下降88.3%；对欧盟、美国、日本、韩国分别出口13亿元、10.7亿元、6.4亿元、6.3亿元，分别同比下降39.5%、37.2%、36.4%和26.4%；对阿拉伯国家和地区出口2.8亿元、同比下降85.4%；对"一带一路"沿线国家出口35亿元、下降31.7%、占比40.4%，占比提高5.9个百分点。新兴市场中，对泰国、以色列、菲律宾出口增势良好，分别同比增长117.9%、12.4%和17.2%。分贸易方式看，加工贸易下降明显，一般贸易占比提高。由于国际航班停航，银川综保区加工贸易大幅萎缩，受此影响，全年加工贸易仅完成进出口9.4亿元、同比下降86.9%、占比7.6%，较上年下滑22.3个百分点；其中：来料加工进出口4.5亿元、同比下降93.3%；进料加工进出口4.9亿元、同比增长2.8%。一般贸易进出口110.9亿元、同比下降26.1%、占比90%，较上年提高27.2个百分点；保税仓库进出境货物2亿元、下降88.4%、占比1.6%。从价格看，部分重点出口商品量价齐升，重点进口商品量价波动较大，部分特色优势产品出口强劲。枸杞出口4469吨、同比增长16.1%,出口平均价格提高4.2%,出口额2.7亿元、同比增长21%;抗菌素出口2157.7吨、同比增长27.7%,出口平均价格提高10.7%,出口额6.4亿元、同比增长41.4%;维生素C出口10360.5吨、同比增长8.7%,出口平均价格提高4.5%,出口额2亿元、同比增长16%。主要进口商品中,锰矿石进口量96.7万吨、同比下降76.3%,进口平均价格下降3.4%,进口额8亿元,较上年减少26.9亿元;其他铌、钽、钒矿砂进口量1105吨,同比增长375.6%,进口平均价格提高22.1%,进口额2.8亿元、同比增长480%;热轧含硼合金钢(非卷材)进口量2118吨、同比增长29%,进口平均价格下降6.1%,进口额1.7亿元、同比增长21.5%;硅材料进口量653吨、同比增长50%,进口平均价格提高6.4%,进口额1.2亿元、同比增长59.4%。

表12　2020年宁夏主要出口商品情况表

商品名称	出口金额(万美元)	占出口总额比重(%)
双氰胺	10136.72	19.16
泰乐菌素	9273.06	17.52
金属锰	5837.42	11.03
机床及铸件	5378.84	10.16
赖氨酸酯及盐	5308.67	10.03
钽铌铍制品	4774.26	9.02
橡胶轮胎	4333.23	8.19
铁合金	4186.80	7.91
枸杞	3951.92	7.47
金首饰及零件	3372.58	6.37
维生素C及其衍生物	2862.82	5.41
果蔬汁	2507.32	4.74
活性碳	2499.35	4.72
四环素及盐	2398.01	4.53
蛋氨酸	2204.74	4.17
饲料添加剂	2195.03	4.15
林可霉素及盐	1233.94	2.33
焦炭及半焦炭	1176.53	2.22
碳化硅	1140.43	2.16
电极碳糊	1105.20	2.09

表13　2020年宁夏主要进口商品情况表

商品名称	进口金额(万美元)	占进口总额比重(%)
锰矿砂	11603.79	9.23
铁矿砂	4455.59	3.54
其他铌、钽、钒矿砂	4042.68	3.22
非货币用金制品	2688.55	2.14
自动控制仪	1842.14	1.47
催化剂	1834.31	1.46
硅	1678.02	1.33
机器零件	801.75	0.64
天然橡胶	739.84	0.59
草饲料	544.41	0.43

表14　2020年宁夏主要出口(销售)市场情况表

国别(地区)	出口金额(亿美元)	占出口总额比重(%)
印度	16165	12.86
美国	15579	12.39
日本	9309	7.41
韩国	9141	7.27
泰国	8943	7.11
荷兰	4591	3.65
巴西	4555	3.62
德国	4347	3.46
中国台湾地区	3916	3.12
马来西亚	3755	2.99
中国香港地区	3670	2.92

表15　2020年宁夏主要进口(购买)市场情况表

国别(地区)	进口金额(亿美元)	占进口总额比重(%)
日本	10211	19.29
加纳	6719	12.70
南非	5192	9.81
澳大利亚	4042	7.64
德国	3983	7.53
扎伊尔	3933	7.43
美国	3144	5.94
中国香港地区	1523	2.88
俄罗斯	1358	2.57
阿拉伯联合酋长国	1310	2.48

【贸易高质量发展政策措施】2020年,宁夏出台《关于支持出口产品转内销的政策措施》《关于进一步做好稳外贸稳外资工作的实施意见》。修订《2020年外经贸发展专项资金申报指南》,印发《促进全区外贸转型升级基地建设发展的政策措施》。支持企业出口转内销,出台政策支持企业利用电子商务等互联网信息手段拓展营销渠道,投保短期国内贸易信用险,出口转内销产品检测认证,在境内展会设立外贸产品销售专区专柜。搭建转内销平台,联合福建省商务厅、宁夏博览局举办2020闽宁出口商品巡回展,丰富国内市场供给、激发国内消费潜能的同时,落实保市场主体、保产业链供应链稳定任务。

【银川跨境电商综合试验区建设】2020年,银川市制定加快推进跨境电商发展支持政策,按照"一区多园"建设思路,积极开展企业招商、平台搭建、人才培养等工作。完成宁夏跨境电商监管服务系统评估,银川公铁物流园海关监管区基础设施通过验收,建成投用银川公铁物流园跨境电商监管中心,"新华丝路购"跨境电商进口商品展示中心投入运营。兴庆数字经济产业园暨中国(银川)跨境电子商务综合试验区兴庆园正式开园,园区面积3.2万平方米,签约入驻各类企业合计50多家,孵化创业企业30家,累计实现跨境电商交易6848万元。银川综合保税区跨境电商公共监管库通过银川海关验收,标志着中国(银川)跨境电子商务综合试验区在宁夏正式落地。银川跨境电商综试区(综保区片区)已建成电商集聚区、物流仓储区、通关监管区、产业综合配套区与商务服务配套区(进口商品展示交易中心)五大功能区,先后开通了"1210"保税备货业务和"9610"跨境

2020年9月17—18日，中国（银川）跨境电商综合试验区建设推进大会暨跨境电商高质量发展论坛在银川市举办

电子商务出口业务。阅海湾中央商务区已入驻跨境电商企业7家。中关村双创中心宁夏炬点电子商务有限公司跨境电商出口基地实现跨境电商交易近1亿元。银川综保区与河南保税集团开展深度合作，率先在全国开通面向欧亚大陆的国际卡车班列，吸引全国跨境电商、一般贸易等货源向银川集聚。中欧公铁快线项目顺利推进，银川公铁物流园与阳关捷通（北京）贸易服务有限公司签订框架协议，将开展银川跨境电商中欧公铁快线项目，推动中欧公铁联运模式创新。举办中国（银川）跨境电商综试区建设推进大会暨跨境电商高质量发展论坛，成立EWTO研究院与银川综保区电商学院（实训基地），累计开展跨境电商人才培训4期，培训人员260人。

【贸易便利化】2020年，宁夏深化外经贸行政审批备案事项“放管服”改革，全面落实对外贸易经营者备案和原产地企业备案“两证合一”，实现企业备案“一次受理、一次备案、一次发证”。实现进出口许可证、两用物项、机电产品等许可事项全流程无纸化办理。商务部门联合外汇局宁夏分局、银川海关及保险、银行等金融机构赴银川市、石嘴山市、吴忠市、中卫市、宁东能源化工基地开展调研，覆盖重点外贸骨干企业50多家，帮助企业解决疫情期间遇到的通关便利、出口退税、融资等方面的困难问题。商务部批准宁夏华润五丰公司供港澳活牛自营出口经营权及2020年供港活牛配额610头。向商务部申请将宁夏泉水药业公司列入国家医疗物资出口企业白名单。在商务部支持下，将整张生水貂皮从加工贸易禁止类目录剔除，助力银川综保区加工贸易稳定发展。商务部批准宁夏宝众祥石化仓储公司燃料油非国营贸易进口资质。

（赵和璧）

对外投资与合作

【概况】2020年，宁夏新设境外投资企业15家，比上年减少2家，计划投资总额31205万美元，比上年减少29.4%，中方计划投资额31119万美元，比上年减少25.6%。投资目的地为开曼群岛、美国、沙特阿拉伯、阿拉伯联合酋长国、日本、毛里塔尼亚、蒙古国等国家。对外投资存量46亿美元。推动智慧宫成为“一带一路”建设文化产业领军企业，宁夏智慧宫文化传媒有限公司在阿拉伯联合酋长国迪拜设立的智慧未来文化服务公司，主要经营海外互联网产品。2020年，企业向“一带一路”沿线国家翻译出版阿拉伯语、波斯语等6语种图书1100余种，销售200万册，占阿拉伯国家图书市场90%的份额，同时制定阿拉伯联合酋长国、沙特阿拉伯、埃及等国中文教育标准，打造“智慧学中文”品牌。第四届中阿博览会沙特吉赞和阿曼杜库姆园区7个签约项目已全部开工建设；中阿万方在杭州举办“中国—阿曼（杜库姆）产业园项目招商推介会”，采取“线上+线下”结合方式，召开产能合作与项目投融资专题会；广州泛亚聚酯项目一期建设正常推进，山东新丝路集团年产500万条高档毛毯生产线、山东威海鸿通管材600千米油田专用管道生产、阿曼杜库姆新时代材料有限公司10万平方米道路专用砖生产等项目入驻阿曼（杜库姆）产业园。宁夏赴“一带一路”沿线国家境外企业数35家，对外直接投资存量1.9亿美元，比上年增长3.6%，投资目的地发展到罗马尼亚、柬埔寨、沙特阿拉伯、阿曼、新加坡、蒙古国、缅甸、印度、马来西亚、阿拉伯联合酋长国、埃及、约旦、越南、俄罗斯。2020年，向蒙古国、阿拉伯联合酋长国、阿曼、沙特阿拉伯和哈萨克斯坦等“一带一路”沿线国家投资651万美元，占境外投资总额的5%，主要行业为商务服务业、制造业、餐饮业、批发和零售业、科学研究和技术服务业。编制印刷《支持企业走出去政策汇编》和《中国与阿拉伯国家产能合作发展报告》等政策指导性文件。制定并出台《自治区商务厅关于主动融入和服务“一带一路”建设实施方案》，牵头汇总整理宁夏商务领域“一带一路”建设推进情况，为全区“走出去”企业参与“一带一路”建设提供政策指导。签订对外承包工程合同项目4个，合同金额10199万美元，比上年的630万美元增长1519%；完成营业额8204万美元，比上年的1880万美元增长336%，主要在泰国、沙特阿拉伯、埃塞俄比亚、赞比亚开展工业建设、电力工程建设、交通运输建设等工程承包业务。中国电力建设集团宁夏工程有限公司的境外工程承包业务主要依托其总公司山东电建开发国际EPC项目，并自主开发国际施工业务，海外在建的燃气增压站项目、变电站及开关站工程建筑安装工程、变电站与开关站项目、输配电改造、燃气增压站运行和维护项目等进展良好。

【劳务合作】2020年，受疫情影响，宁夏外派劳务人数大幅下降。对外劳务合作当年累计派出各类劳务87人，同比下降87%。截至2020年年底，在外各类劳务308人，同比下降57%，主要派往沙特阿拉伯、埃塞俄比亚、赞比亚、日本从事电力工程建设、交通运输建设、机械加工、电焊等工作。当年新签劳务人员合同工资总额2.4万美元，劳务人员实际收入总额308.64万美元。宁夏境外承包工程项目在“一带一路”国家实施的有：中电建宁夏工程有限公司建设的沙特MGS燃气增压站二期项目和沙特吉赞IGCC POWER BLOCK项目，项目进展顺利；宁夏重工起重设备有限公司的泰国新科原有限公司钢厂建设项目部分工程，主要承包建设内容为1700毫米热连轧生产线项目。2020年一期工程部分设备已生产完毕，已完成出口合同4份，累计出口金额约3.6亿元人民币。2020年，对外劳务合作向“一带一路”国家外派劳务主要为中电建沙特工程项目派出15人。

（赵和璧）

外商投资

【概况】2020年，宁夏外商投资企业联合年报企业248家，同比增长34.8%。营业收入375.72亿元，利润总额41.85亿元，纳税总额26.54亿元，研发投入2.4亿元，年底从业人数2.5万人。2020年，“一带一路”沿线国家对宁夏投资企业1个，实际使用外资2722万美元。境外投资者主要来自于新加坡。主要投向生物科技研发，饮料及鹿胎素、保健食品、化妆品的生产及销售，枸杞种植，马鹿养殖等。

【加大外商投资促进力度】2020年，宁夏认真研究国家已经出台的鼓励外商投向中西部地区的政策措施，全区5个地级市、国家级经济开发区和银川综合保税区，统筹各类招商资源，形成纵向联动、横向协作的投资促进工作机制，提升市场化、专业化水平。充分运用信息化手

表16　　2020年宁夏利用外资分行业统计表

行业	企业个数	同比±(%)	实际使用外资金额(万美元)	同比±(%)
总计	22	−12	27242	8.43
农、林、牧、渔业	1	−66.67	73	−47.86
采矿业	0	−100	0	
制造业	6	−45.45	9473	−37.58
电力、热力、燃气及水生产和供应业	0	−100	7065	251.49
建筑业	2		0	
批发和零售业	2	−60	1988	437.3
交通运输、仓储和邮政业	0		119	−89.06
住宿和餐饮业	1		0	
信息传输、软件和信息技术服务业	3		8000	100
房地产业	0		395	−77.17
租赁和商务服务业	2	0	0	
科学研究和技术服务业	1	−50	0	
水利、环境和公共设施管理业	0		0	−100
居民服务、修理和其他服务业	2		0	
卫生和社会工作	1		0	
文化、体育和娱乐业	1		129	

表17　　2020年宁夏利用外资分国别(地区)统计表

国别(地区)	企业个数	同比±(%)	实际使用外资金额(万美元)	同比±(%)
总计	22	-12	27242	8.43
印度	0	-100	0	
日本	0	-100	0	-100
马来西亚	0		1988	
新加坡	1	0	734	-32.54
韩国	0	-100	0	-100
哈萨克斯坦	0	-100	0	
英国	1		0	
德国	2	100	7	
法国	1		0	
意大利	1		0	
奥地利	0		131	-80.15
俄罗斯	0	-100	0	
加拿大	1		0	
美国	0	-100	8000	84.12
萨摩亚	0		73	
投资性公司投资	0	-100	119	-80.46

段,通过远程推介、视频会议、网上洽谈、“云签约”等在线招商方式,加大招商引资力度。根据宁夏产业和资源特色,有针对性地承接东部地区产业转移。

【申报设计中国(宁夏)自由贸易试验区】2020年,宁夏起草《关于进一步做好稳外贸稳外资工作的实施意见(送审稿)》,申请设立中国(宁夏)自由贸易试验区,积极与商务部国际贸易经济合作研究院对接中国(宁夏)自由贸易试验区总体方案事宜。向自治区党委报送《自治区商务厅关于申建自由贸易试验区有关情况的报告》,向自治区政府报送《关于设立中国(宁夏)自由贸易试验区的建议》,建议列入第十三届全国人民代表大会第三次会议宁夏代表团建议素材。建议抢抓国家推进西部大开发形成新格局、建设黄河流域生态保护和高质量发展先行区等重大战略机遇,立足宁夏发展实际,结合国家层面需要突破的制度障碍,聚焦国家有关注、地方有需求的试点领域,找准宁夏申建自贸试验区的特色定位,积极启动申建中国(宁夏)自由贸易试验区。

【优化外商投资环境】2020年,宁夏落实《中华人民共和国外商投资法》及其配套规定,实施准入前国民待遇加负面清单管理制度,加大宣传解读和培训力度,确保外商投资促进、保护和管理的各项制度有效实施。完善外资大项目工作机制,在重点外资项目工作专班基础上,建立外资大项目包抓机制,做好重点项目甄别和信息收集,动态更新外资项目库,建立企业问题清单,对辛普劳(中国)食品公司、华润风电(海原)公司等14个重点外资大项目实施台账管理和“一对一”个性化跟踪服务。完善外商投资信息报告体系,落实好《外商投资信息报告办法》等规定,协调五市商务主管部门,对接联系外资样本企业按月开展外贸外资信息直报。安排专人为全区外资企业进行2019年度报告、企业注册、变更信息等提供业务咨询服务,企业年报率达100%。保障外商投资合法权益,召开外商投资企业座谈会,加强对话交流,听取意见建议,及时回应和帮助外资企业协调员工返岗、原材料供应等问题,加强用地、用水等要素保障。发挥外商投资企业投诉工作机制作用,营造法治化国际化便利化营商环境。

(赵和璧)

NINGXIA
YEARBOOK

交通 邮政 通信

JIAOTONG YOUZHENG TONGXIN

编辑◎张 哲

公路水路建设与管理

【概况】2020年,全区完成公路水路固定资产投资145亿元,超年度计划20亿元,实现逆势增长,领全区基础设施投资之先。高速公路在建里程600千米,京藏高速"四改八"全线贯通,银川至百色、西吉至会宁高速公路建成通车,新增高速公路通车里程158千米,打通高速公路省际出口2个;续建新开普通国省干线562千米,普通国道二级以上比重95.8%,普通省道二级及以上比重41.5%,并且总体基本达到三级及以上标准,普通国道二级及以上比重、国省干线沥青水泥路面铺装率指标位居全国前列、西部第一。新改建农村公路1214千米,改善20万名农村群众出行条件。公路建设:截至2020年年底,宁夏公路通车总里程36901千米,较上年底增加325千米,公路密度55.57千米/百平方千米。按技术等级分:高速公路1946千米(其中国家高速公路里程1561千米),一级公路1954千米,二级公路4155千米,三级公路5511千米,四级公路23308千米,等外公路27千米。按行政等级分:国道3928千米(其中国家高速1561千米),省道里程2940千米(其中地方高速385千米),农村公路里程28490千米(其中,县道824千米,乡道9079千米,村道18587千米),另有专用公路1543千米。水路建设:截至2020年年底,宁夏黄河银川段航运建设一期第五批次工程、黄河中卫市沙坡头枢纽至白马乡航运建设工程顺利开工建设,黄河吴忠段航运二期工程已进入施工图审批阶段,黄河石嘴山段航运建设一期工程开展初步设计,黄河宁夏段航运工程建设正稳步推进。城市交通建设:截至2020年年底,全区拥有巡游出租车16611辆,同比增加1.6%;拥有城市公共汽电车3998辆、4695标台,同比分别减少0.2%、0.4%;城市公共汽电车运营线路条数486条、10423.4千米。

【公路运输服务】2020年,全区完成公路营业性客运量2902万人,旅客周转量28.2亿人千米,同比分别减少40.83%、38.66%,完成公路营业性货运量3.4亿吨,货物周转量483.67亿吨千米,同比分别减少0.42%、增加10.58%。支持开通夜市公交、旅游公交、农村公交运营线路,试点开通16条定制公交线路。争取1.2亿元银川都市圈城际公交补助资金,已开通4条城际公交线路。4个地级市和银川都市圈内实现辖区公交一卡通互联互通,18个市县实现公交线上非现金支付功能,13个市县实现APP、微信公交信息实时查询。新增133辆新能源公交车,争取8057万元新能源公交车运营补助资金。吴忠市出台网约车实施细则,全区新许可12家网约车公司。二级及以上汽车客运站全部实现联网售票,圆满完成道路客运电子客票试点工作,实现"扫码"进站等功能。大力开展"互联网+客运"、定制客运服务模式,积极推广"宁夏出行""石嘴山出行""全微通"等服务平台,开通银川至定边、固原至西安等53条定制客运线路,有效解决"门对门"运输服务需求。结合全区农村人口密度、分布等情况,因地制宜采取公交延伸、农村客运公交化运营、"互联网+农村客运"等模式,提升农村客运通达度,乡镇通公交比例达到56.4%。完成2个城乡交通运输一体化示范县创建验收工作。全区17家企业完成网络货运线上服务能力认定和许可。完成铁路货运量8633万吨,实现全年目标的116.57%,完成运输结构调整三年行动计划任务。银川公铁物流园完成投资2.7亿元,石嘴山市富海物流完成投资3.8亿元。建成危货电子运单系统,完成银川市绿色货运

2020年9月10日，青兰高速和福银高速交叉的枢纽互通—白家高庄互通立交

示范配送项目验收工作。2020年新增11家机动车驾驶员培训学校，新增4家综合性能检测站，新增270家三类以上汽车维修企业，道路运输服务能力明显提升。建成8个乡镇综合交通运输服务站和2个“司机之家”，指导银川市建成1家驾驶员共享经营性训练场。建立汽车排放检验与维护制度，建成M站21个。全区2名公交车司机获全国“最美公交车司机”称号。

【“四好农村路”建设】2020年，全区完善农村公路管理养护体制。按照《国务院办公厅关于深化农村公路管理养护体制改革的意见》等相关要求，代政府起草的《宁夏回族自治区推进“四好农村路”高质量发展实施意见》《宁夏回族自治区深化农村公路管理养护体制改革实施方案》已印发实施。按照管理养护工作基础较好、典型示范带动性强、推广价值高的标准，自治区向交通运输部、财政部推荐西吉县、原州区为农村公路管理养护体制改革试点地区，西吉县、原州区被交通运输部、财政部确定农村公路管理养护体制改革试点地区。筹备“四好农村路”现场会相关工作，起草“四好农村路”现场会实施建议方案及领导讲话材料，收录“四好农村路”相关制度并汇编成册。

【水路运输服务】2020年，宁夏水路运输主要以水上旅游客运为主，渡运为辅。全区有营运资质的水路运输企业共23家，其中从事水上旅游客运的18家（AAAAA级景区3家），经营公路渡口（黄河浮桥）运输的5家；个体营运渡口13道，营运性渡船22艘。全区共有各类船舶和水上浮动设施1500余艘，船舶种类主要有车客渡船、浮桥承压舟、拖轮、采砂船和旅游客船（包括普通旅游客船、快艇等）。另外约500艘（架、座）为5米以下非机动游乐船舶，分布于各城市公园。水路运输从业人员约2100名，在册船员1145名。2020年，累计完成水路客运量98.9万人，水路旅客周转量616.9万人千米。

【体制改革“放管服”改革】2020年1月22日，自治区交通运输综合执法监督局挂牌成立。10月8日，吴忠市红寺堡区交通运输综合执法大队挂牌。全区5个地级市以及明确设立交通运输综合执法机构的14个县（区）交通运输综合执法机构全部挂牌成立运行，全区交通运输综合执法改革全面完成。8月3日，自治区道路运输事务中心和宁夏路网监测与应急处置中心揭牌成立。12月31日，自治区党委编委印发《关于调整自治区交通运输厅部分所属事业单位机构编制事项的通知》，撤销宁夏公路建设管理局，同意宁夏公路管理中心划入原宁夏公路建设管理局承担的普通国省干线建设职责，同意设立自治区公路水路发展中心、自治区交通宣传事务中心、自治区公路联网收费清分结算中心。2020年，宁夏加快推动行政审批事项取消下放工作。取消2项行政审批事项、下放1项其他类政务服务事项，全年共受理政务服务事项7051件，全部办结。11月3日，印发《自治区交通运输厅关于贯彻落实“证照分离”改革事项全覆盖工作的通知》，率先对12项优化服务和2项取消审批的“证照分离”改革事项在全区交通运输系统进行全覆盖推广，确保“证照分离”改革任务顺利落实。完成“三减一提升”目标任务。自治区本级压减申请材料压减率32.7%，环节压减率22.2%，承诺办结时限比法定办结时限整体压缩率达63.6%。通过推行网上办、就近办、一次办，自治区本级即办件事项数量9件，占比17.3%，超过10%的要求，政务服务事项网上审批比例达73%。推动交通运输政务服务“好差评”制度落实。制定《自治区交通运输厅跨省大件运输并联许可“好差评”工作实施方案》，安排部署全区跨省大件运输并联许可“好差评”省级系统建设工作。12月24日，全区“好差评”省级系统通过验收，正式上线运行。自系统上线运行以来，共接收到381条评价信息，好评率为100%。

【重要法规规章制度】2020年，自治区修订《宁夏回族自治区公路路政管理条例》《宁夏回族自治区治理货运车辆超限超载办法》，推进《宁夏回族自治区水上交通运输安全条例》立法课题研究。组织开展涉及民法典、优化营商条例和公平竞争审查的规章、规范性文件、政策措施清理工作。全面集中清理党内法规、地方性法规、政府规章和规范性文件，对涉及交通运输的4部地方性法规、14部政府规章和6件自治区行政规范性文件提出清理意见，报自治区人大常委会、司法厅审核。推进机关制度建设，制定修改制度32件。

【公路建设监管与道路养护】2020年，《宁夏公路工程施工分包管理实施细则》印发。开展公路建设市场专项整治行动，实现全区公路建设项目检查全覆盖。依托交通运输厅综合检查，开展2020年公路建设市场督查。推进电子招投标工作实质性进展，交通建设项目全面推行电子招投标，实现监理、设计类招标项目“远程不见面开标”。开展2019年度在宁夏从事公路工程建设项目的121家施工、设计、监理企业的信用评价工作。对公开招标的公路建设项目开标评标活动全部进行行政监督。截至2020年年底，普通国省干线优良路率为92.13%，MQI为90.92，PQI为89.44，投资3.89亿元实施普通国省干线公路养护工程项目38项、2019年续建项目1项，生命防护工程117.74千米，危桥1座，完成率100%。日常养护方面，投入资金3180.69万元，处治各类路面病害999017.88平方米；投入资金851万元，路面灌缝1803996.39延米；投入资金492.44万元，维修桥梁239座。

【交通运输综合执法管理】2020年，全区开展4次专项整治行动，共检测货运车辆1765.13万余辆(次)，查处违法超限超载车辆1.47万余辆(次)，同比减少15.73%，其中，查处“百吨王”1705辆，同比增加68.81%；消除违法行为1.37万余辆(次)，卸载货物32.08万余吨，同比增加66%；抄送公安交管部门计分5.45万余分，同比增加12.94%，报送严重违法失信行为信息161条，被交通运输部审核公示到信用交通网站5条；高速公路和普通国省干线公路超限超载率分别控制在0.5%和2%以内。2020年，累计清理堆积物、垃圾等565处8601立方米、整治违章建筑2127处；清理规范摆摊设点占道经营694处；拆除非公路标志标牌3503块；整治公路安全保护区内违法采砂、采石37处，违法搭接平交道口和占地挖掘公路22处，城镇过境段脏乱差342处；制止违法涉路施工26处，违法跨越和穿越公路设施7处。各市、县(区)交通运输局、宁夏公路管理中心、自治区交通运输综合执法监督局等42个相关单位进行全面排查、清理整治，拆除违法违规设施281处，公示保留385处。优化大件运输许可服务机制。制定《宁夏回族自治区大件运输许可服务与管理实施细则(试行)》，开展大件运输大走访活动。共走访重点企业32家，开展座谈交流19次，收到问卷调查表1139份，意见和建议16条，全面摸清企业在办证和运输过程中存在的困难与问题，全年共办理大件运输许可6514件。

【交通科技创新】2020年，宁夏依托乌海至玛沁公路(宁夏境)青铜峡至中卫段工程(国内首条穿越沙漠腹地的高等级公路)，开展“基于绿色生态理念的沙漠腹地高速公路建设关键技术研究”，取得阶段性成果。“BIM技术在公路勘察设计中的应用研究”等7个科研项目通过结题验收。突破重点建设工程关键技术瓶颈制约，推动六盘山特长公路隧道施工/通风排水、湿陷性黄土路基处理等技术研发应用，有效支撑了青兰高速六盘山

福银高速公路彭青枢纽

隧道、青银高速和京藏高速改扩建等综合交通枢纽等工程建设。《道路用废旧沥青活性恢复及低碳节能施工技术研究》获得自治区对外科学技术合作奖。高速公路、普通国省道废旧路面材料回收率为100%，循环利用率分别为95%、80%。“六盘山特长公路隧道自然风利用节能技术研究”科研课题获中国公路学会科学技术二等奖，节省费用1400余万元。“宁夏道路养护工程技术研究中心”“宁夏公路数字信息化工程技术研究中心”“宁夏公路检测技术创新中心”“宁夏智慧交通技术创新中心”创新平台先后挂牌成立。

【信息化建设】2020年，全区建设完成高速公路路网监控系统，共计接入视频1301路，实现区内高速公路沿线重点区域的可视化监测。建设完成“行政执法综合管理信息系统”“宁夏公路网交通情况调查数据采集与服务系统工程(一期、二期)”“道路运政管理信息系统”“公路水路建设与运输市场信用信息服务系统”“大件运输许可审批平台”等信息系统建设，不断深化公路运营监管大数据应用。建成重点营运车辆公共服务平台，对全区9097台“两客一危”车辆、54831台8吨以上载重货车100%实现卫星定位监控。

【安全生产】2020年，全区交通运输行业推进交通运输安全管理和安全执法监督“两个责任体系”建设，落实内部“管”的常态责任到基层、到企业、到岗位，落实外部“监”的执法责任全过程、全领域、全覆盖。实施“双重预防机制”，全面建立安全风险防控和隐患排查治理双重预防机制，危货运输、旅客运输、公路建设、水上安全等重点领域“双重预防”实现全覆盖。推进“三年行动”，开展交通运输安全专项整治，检查单位1191家，查处非法营运车辆902辆、非法超限超载货车9606辆、警示约谈单位25家、行政处罚325次，全年企业累计自查隐患1565处。牵头开展铁路环境安全隐患整治，创新黄河库区段汛期差异化通航管理。全年全区交通运输行业发生生产安全事故15起、死亡18人、受伤25人，与上年同期相比，事故起数上升15.4%，死亡和受伤人数分别下降14.3%、19.4%。

【抗击疫情】2020年疫情期间，全区交通运输行业做到高速公路、国省干线192个人口24小时查验检测全覆盖，累计投入41万人次奋勇抗疫，检测旅客2261万人次，移交异常旅客244名。全力保通保畅保运，开通高速公路“绿色通道”133条，畅通应急物资运输568辆(次)，“点对点”精准保运2.1万人次，有效保障“三返”人员和防控物资顺畅通行。全年实现全行业防控工作零失误、干部职工零感染、交通投资正增长、运输支撑全保障。2020年，全行业4个集体、308人次分别受到交通运输部、自治区党委政府及交通运输厅表彰奖励。

【服务农村建设】截至2020年年底，全区新改建农村公路近8000千米，推动400余个建制村、近4000个自然村通硬化路，全区20户及以上自然村通硬化路率达到98.8%，惠及农村人口100余万人。提前两年实现所有建制村“通硬化路”，提前一年实现所有建制村“通客车”，助力9个贫困县(区)脱贫摘帽。建设旅游路产业路资源路700千米以上。原州区、红寺堡区成功创建“‘四好农村路’全国示范县”。选派帮扶干部51人次，投入资金1314万元，帮助6个贫困村成功脱贫出列。

(徐　娜)

铁路建设与运输

【概况】中国铁路兰州局集团有限公司管辖的宝兰高铁、兰新客专、银兰客专、银西高铁4条高铁线，陇海、兰新、兰渝、兰青、包兰、宝中、干武、太中、定银、中川、西平、天华、敦煌、兰州北环线、周家庄联络线15条干线和其他(平汝、红会、嘉镜、玉门南线)4条支线，连接着甘、宁、青、新、蒙、陕、川等7省(区)，是西北交通运输和经济建设的大动脉。截至2020年年底，兰州局营业里程6051.5千米，其中宁夏境内1349.5千米，正线延展长度1909.9千米。2020年，国铁集团下达兰州局基本建设续建项目分别为银川至西安铁路467838万元(含装备购置187838万元)、吴忠至中卫铁路13354万元(含装备购置3354万元)、中卫至兰州铁路840000万元、包头至银川铁路银川至惠农段125000万元。6月20日，全国普速列车开始实施电子客票，兰州局集团公司管内陇海、天华、兰新、干武、敦煌等15条铁路线路的64个普速、高普混合铁路车站同步实施、覆盖。7月27日，宁夏首条高铁银兰客专银中段开通“铁路e卡通”业务。该业务开通后旅客无须提前购买车票，进站、乘车、出站所有环节只需出示手机二维码即可完成。

【运输主要指标】2020年，时速250千米新型“复兴号”动车组首次在银西高铁上线运行，扩大“环西部火车游”产品影响力，所有普速站车开通电子客票业务。全年兰州局完成旅客发送量4635.35万人，客发恢复度达到70.8%、排名全国铁路第一，其中宁夏境内旅客发送量531.36万人；旅客周转量24895.16百万人千米，其中宁夏境内旅客周转量

2407.64百万人千米。截至2020年年底，全区2020年累计完成铁路货运量8633万吨，实现全年目标的116.57%。2018—2020年铁路货运量累计增量目标1752万吨，实际增加3473万吨，实际完成比既定目标翻了近一番。

【项目建设】2020年6月8日，中兰客专全线首座超千米隧道——营盘山隧道按照预定工期贯通。6月27日，西银客专重难点控制性工程——上阁村隧道贯通，标志着西银客专全线通车进入倒计时。8月21日，新建中兰客专岔沟特大桥连续梁合龙。8月22日，新建中兰客专跨国道G341大桥连续梁合龙。8月23日，新建中兰客专水泉特大桥跨既有线架梁施工完成。9月21日，中兰客专(甘肃段)最大制梁场——靖远制梁场经过725天艰苦鏖战，完成613榀的预定箱梁预制任务，为实现工期总目标奠定了基础。9月29日，新建中兰客专铁路川口村跨京藏高速公路特大桥98米连续梁合龙。10月7日，新建中卫—州兰客专控制性工程之一——最长黄土隧道盘岘山隧道贯通，标志着中兰客专建设取得突破性进展。11月4日，新建中兰客专漫湾特大桥节段预制拼装简支箱梁完成架设，中兰客专建设取得突破性进展。11月5日，西银客专甘宁段开始进行运行试验。西银客专是国家中长期铁路网规划中“八纵八横”高铁网包(银)海通道的重要组成部分，线路全长618千米。11月5日，新建中兰客专(甘肃段)全线首座牵引变电所房屋主体结构封顶，标志着新建中兰客专(甘肃段)站后房建工程建设进入全面攻坚阶段。12月16日，新建中兰客专(宁夏段)接触网第一杆组立，中兰客专(宁夏段)站后工程进入施工阶段。12月28日，中兰客专甘肃段控制性工程——宝台山隧道、转石梁隧道相继贯通。

【专列开通】2020年6月9日，由兰州局集团公司承运的宁东能源化工基地“粉煤灰资源化”外运专列在银川南站首发。8月19日，DJ1938次综合动检车从宁夏吴忠站驶出，经过1小时零1分的运行，安全到达甘肃庆城车站，标志着西银客专甘宁段吴忠至庆城间单列逐级提速275千米/小时的试验圆满完成。12月26日，银西高铁开通运营，举行列车首发仪式。自治区党委书记陈润儿出席仪式并宣布发车，自治区主席咸辉，国铁集团董事、总经理、党组副书记杨宇栋出席仪式并致辞，自治区副主席刘可为主持仪式。兰州局集团公司党委书记、董事长杨伟军，总经理徐安策，银西铁路公司总经理赵平参加仪式。

2020年12月23日，宁夏—几内亚全国首列粉煤灰班列从石嘴山市启运

【视察调研】2020年2月1日，自治区主席咸辉、副主席刘可为到银川车站检查疫情防控工作，看望慰问坚守一线的干部职工、公安干警和武警战士。4月16—17日，自治区副主席刘可为陪同国铁集团董事、党组副书记甄忠义在固原市原州区调研铁路定点扶贫工作。12月1—3日，国铁集团建设部专员兼副主任吴明友带领初步验收委员会各位委员，对新建银西铁路吴忠至西安北段工程开展初步验收工作。

【扶贫工作】2020年国铁集团、兰州局集团公司累计投入资金2200万元，实施产业帮扶、住房安全补强提升、技术培训、农产品营销、扶智扶志、教育扶贫和原州区“十四五”发展规划编制。全年铁路系统累计购买固原市原州区特色农副产品1795.8万元，完成任务指标的359%；帮助销售2426万元，完成任务指标的809%。累计培训基层干部2627人、技术人员5293人，分别完成任务指标的656.7%、756.1%。引入帮扶资金3463.57万元，完成任务指标的865.8%。

(杨雍梅)

民用航空建设与运输

【概况】2020年，宁夏机场有限公司累计完成运输起降6.76万架次、旅客吞吐量738.6万人次、货邮吞吐量5.28万吨，同比分别增长-26.3%、-34.2%和-14.5%。其中，银川河东国际机场三项指标分别完成6.11万架次、690.6万人次、5.18万吨，同比分别增长-27.3%、-34.7%和-15.4%；中卫机场、固原机场分别完成旅客吞吐量22.22万人次和25.77万人次，同比分别增长-16.3%和-32.2%。中卫、固原、月牙湖机场通航飞行分别累计完成3.62万架次、1.49万架次和1.19万架次，同比分别增长-17.1%、-26.9%和-38%，累计飞行时长分别为4900小时、6432小时和4962小时，月牙湖机场较上年同期增加4.2%。2020年，宁夏机场有限公司加强资源协同，制定事权清单、经营管理改革方案，调整商业收费模式，打造"银川印巷"特色综合体。

2020年12月21日，邮政航空公司开通"银川—南京"货运航线

【机场建设】2020年，宁夏机场有限公司顺利完成打赢蓝天保卫战三年行动计划，推动"四型机场"建设专项任务，开展民航专业工程专项整治排查整改，完成飞行区整治项目、助航灯光设备更新改造项目、A-CDM系统建设及能源计量管理系统等重点项目建设，全年累计执行投资约7800万元。宁夏机场有限公司深入研究《四型机场建设导则》《全国四型机场建设要素调研报告》，从功能定位、安全管理体系建设、绿色建筑规模结构、航班生产与数据中心系统建设、航站楼商业与服务设施规划等方面研究制定年度"四型机场"建设任务清单。平安机场重点完成SMS体系修编及审核，同步强化安保管理体系建设，提高运行环境安全度。绿色机场重点搭建水电智慧能源平台，编制绿色机场建设行动计划及水资源消耗控制方案。智慧机场完成A-CDM系统二期、站坪调度系统升级的前期研究，建成机场巴士运营管理平台。人文机场重点构建航站区管理体系、研究"四维"评价体系，编制特色文化表达实施方案，建成"银川印巷"商业集成体，打造富有特色、便捷、人本的旅客服务平台。重点抓好APU替代设施使用与建设工作。研究制定操作规范指南，完成登机桥管理系统升级改造、完善APU替代设施使用监控平台功能，全年APU替代设施使用率达100%。加快调整飞行区车辆结构。严格把控车辆采购计划，全年购置新能源车辆20台。自2018年9月1日至2020年年底，新能源车辆占比55%，健全飞行区内车辆管控制度，为车辆安全运行提供保障。落实超标车辆尾气改造工作。研究制定银川机场尾气改造方案，完成改造超标车辆59台。结合银川河东国际机场未来五年车辆购置、更替情况及场区实际充电需求，启动机场充电桩建设整体规划编制工作。顺利实现机坪供油管线全覆盖。2018年中航油宁夏分公司启动银川河东国际机场机坪加油管线建设项目，经过两年时间，完成对机场近、远机位整体铺设供油管线工作。

【航空安全】2020年，宁夏机场有限公司重构升级安全管理体系，重构体系手册框架，丰富完善安全要素，规范优化管理程序。升级体系运行机制，修订机场使用手册、机场安保方案，畅通安全管理脉络。补充完善9个单位、56部手册及三区运行安全标准，建立系统化手册框架，夯实安全生产运行基础。建立实施安全风险隐患双重预防机制，实现风险管控与隐患整治的联动作用，助推"班组找问题、中层控风险、高层治隐患"工作理念落地。强化人员岗位能力建设，分类完善人员安全培训大纲，以岗位需求指导安全培训，各层级关键领导、安全管理人员持证100%，全年安全管理人员培训考核370人次。启动安全管理信息化建设，西部机场集团公司以银川河东国际机场为试点，在集团范围内推广建立线上安全管理信息系统，实现风险管控、隐患治理、绩效检测与信息分析联动。在运行安全方面，宁夏机场有限公司顺利实施银川河东国际机场助航灯光改造项目、机坪加油管线建设项目、飞行区整治项目以及固原机场跑道治理项目。系统开展机坪刮碰防范、外来物防范和鸟击防范工作，排查治理隐患42项，培训考核机坪保障人员3077人次，建立完善机坪运行管理规则，开展机场周边生态环境治理、机场道面适用环境治理、机坪运行环境治理，银川河东国际机场全年未发生航空器刮碰事件，外来物损伤和责任鸟击事件同比分别下降57%、91%，支线机场全年未发生航空器剐碰、外来物损伤和责任鸟击事件。开展安全从业人员工作作风建设，完成13项重点任务、77条行动计划。形成具有机场公司安全特色的安全品牌，提升核心竞争力。2020年，宁夏机场有限公司完成习近平总书记到宁夏考察、“两会”等重大活动航空运输保障任务。完成援鄂医疗队运输、防疫物资运输以及接运境外中国公民回国等一系列疫情防控重大航空运输任务。

【航空服务】基本服务。2020年，宁夏机场有限公司积极推动服务管理改革，整合服务职能，将机场服务顶层设计与服务现场管理职能合并由协调中心整体负责，打造专业专职、紧贴一线、闭环管理的服务管理新机制。理顺投诉受理渠道，将中卫机场、固原机场服务投诉统一归口至“96111”服务热线，精准收集旅客诉求，快速解决服务问题。全年受理各类投诉109起，办结率、旅客满意率均达到100%。完善标准体系，系统梳理银川河东国际机场服务标准，建立机场服务指标库，确保服务质量标准符合千万量级机场标准要求。加强过程管控，每日收集旅客意见建议，每月开展ACI机场服务质量测评，每季度开展第三方满意度评价等，定期开展专项质量监查，主动发现问题、实现闭环管理。“宁来宁往”中转服务。2020年，宁夏机场有限公司不断优化流程、丰富产品，构建空空、空铁、空地多式联运新格局，实现多种交通方式零换乘，全面满足旅客多元化出行需求。“宁来宁往”品牌满意率超过70%。优化空空中转服务体验。制定《宁夏机场有限公司中转服务质量标准(暂行)》，系统评估中转服务产品，调整中转服务供应商及服务产品，加快中转休息场所集中化建设，建成投运中转休息场厅，中转客流增长19.8%。持续推进空铁联运。制定《宁夏机场有限公司空铁联运服务保障方案》，加强与铁路部门的信息交互，实现空铁基础信息共享交互应用，充分发挥银川河东国际机场综合交通枢纽优势，提高空铁联运换乘满意度和旅客便捷性，缓解银西高铁开通对航空市场的冲击，互转旅客超过34万人次。拓展空地联运范围。西部机场集团宁夏机场有限公司与自治区道路运输企业达成战略合作，利用双方在运输资源上的优势，以宁夏境内外高铁、机场巴士覆盖盲区为支撑，加大地空联运力度，丰富机场服务功能。特殊旅客“爱心红丝带”服务。优化候机环境。设立休闲茶座区、视听影音区、儿童娱乐区、读者阅读区、轮椅区休息区、物品暂存区、综合接待区七大功能区的特殊旅客服务中心。设立专职服务人员。成立特殊旅客保障“初心班组”，由专人全程陪同特殊旅客直至登机。班组成员全部接受专业化培训，包括服务意识、服务礼仪、特殊旅客需求及服务流程等。一站式特色服务。引导员手持“需要帮助请找我”字样的引导牌，在候机楼内主动寻找特殊旅客，重点关注首次乘机旅客、老年旅客及带小孩旅客等，为其系挂“爱心红丝带”，提供专人全程引导，享有优先值机、优先安检、优先登机、特殊旅客服务中心候机等服务。开通“塞上行”平台，开通线上预约功能。2020年共保障特殊旅客14214人次，收到锦旗及表扬信千余次、电话及口头表扬不计其数，获得行业内外的关注和一致好评。“塞上行”品牌建设。2020年，宁夏机场有限公司不断深化“塞上行”品牌建设。3月，为感恩抗疫医护人员，为宁夏全区援鄂医护人员注册办理“塞上行·守护卡”958张；推出同行卡、易行卡、通道卡，有效满足不同客户服务需求；线上推广“乐享空铁”联运服务产品，购票旅客可享快速值机和高铁票抵扣两项服务；创新销售模式，与第三方专业销售机构合作售卡。开通“机场小姐姐”抖音账号，截至2020年年底，发布视频25期，累计播放量70.6万次，点赞量5721人次，粉丝1628人；年度“塞上行”差旅服务业务完成西部机场集团内72家成员企业全覆盖，全年通过微信公众号、微信朋友圈、城市候机楼台签广告等渠道宣传推广“塞上行”散客购票业务，销量较上年增加31%。2020年1月8—9日，中国民用机场协会、中国民航信息网络股份有限公司在银川河东国际机场开展“民航旅客遗失物品全国统一查找平台”试运行系统培训及意见征询工作，银川河东国际机场成为全国首家试点运行单位。为加快平台建设进度，银川河东国际机场积极配合，做机场创新服务的践行者和参与者，先行先试，查漏补缺，总结经验和做法，为平台持续改进和相关管理标准的出台提供基础依据。

（张　萍）

邮　政

【概况】截至2020年年底，全区邮政行业业务总量完成24.98亿元，同比增长25.01%。2020年，邮政行业业务收入（不包括邮政储蓄银行直接营业收入）完成19.71亿元，同比增长6.21%。全行业共有从业人员11260人，同比增长6.31%，其中快递服务企业从业人员8198人，同比增长3.2%。2020年，邮政寄递服务业务量累计完成8579.8万件，同比增长6%；邮政寄递服务业务收入累计完成8631.41万元，同比增长22.44%。函件、包裹业务下降趋势有所放缓。全年函件业务量完成240.06万件，同比下降11.75%；全年包裹业务量完成8.82万件，同比下降17.11%。全年订销报纸业务完成7175.16万份，同比增长3.5%。全年订销杂志业务完成400.2万份，同比增长4.31%。汇兑业务依然大幅下降。全年汇兑业务完成7.87万笔，同比下降44.66%。快递业务较快增长，发展势头良好。全年快递服务企业业务量完成7317.77万件，同比增长49.6%；快递业务收入完成118260.12万元，同比增长24.65%。同城快递业务增势较快。全年同城快递业务量完成1122.93万件，同比增长31.02%；实现业务收入10375.58万元，同比增长44.12%。异地快递业务保持较高增幅。全年异地快递业务量完成6043.09万件，同比增长51.89%；实现业务收入59010.75万元，同比增长20.82%。国际／港澳台快递业务呈现上升趋势。全年国际／港澳台快递业务量完成151.75万件，同比增长171.75%；实现业务收入946.03万元，同比增长14.5%。其他业务收入完成47927.86万元，同比增长26.1%。同城、异地、国际／港澳台快递业务量占全部业务量比例分别为15.35%、82.58%和2.07%，业务收入占全部收入比例分别为8.77%、49.9%和0.8%。民营快递企业市场份额较大。全年民营快递企业业务量完成6854万件，实现业务收入105752.21万元。民营快递企业业务量市场份额为84.92%，业务收入市场份额为85.84%。

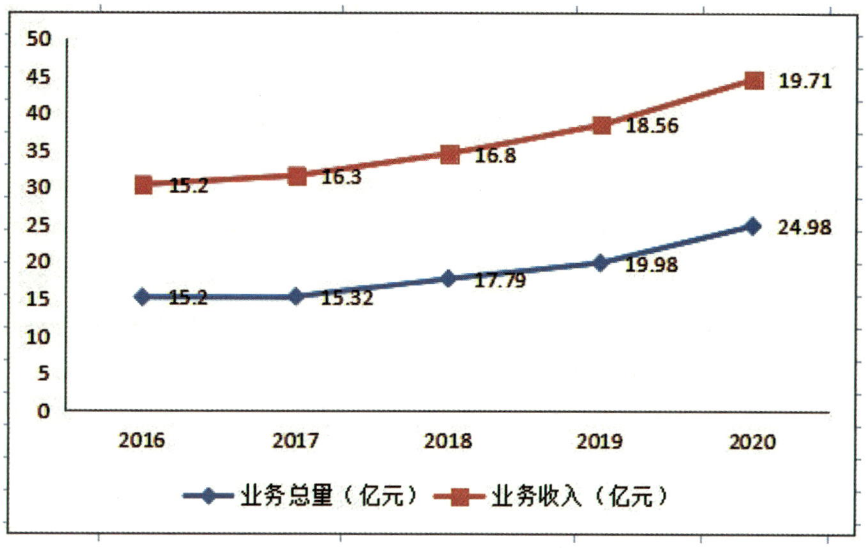

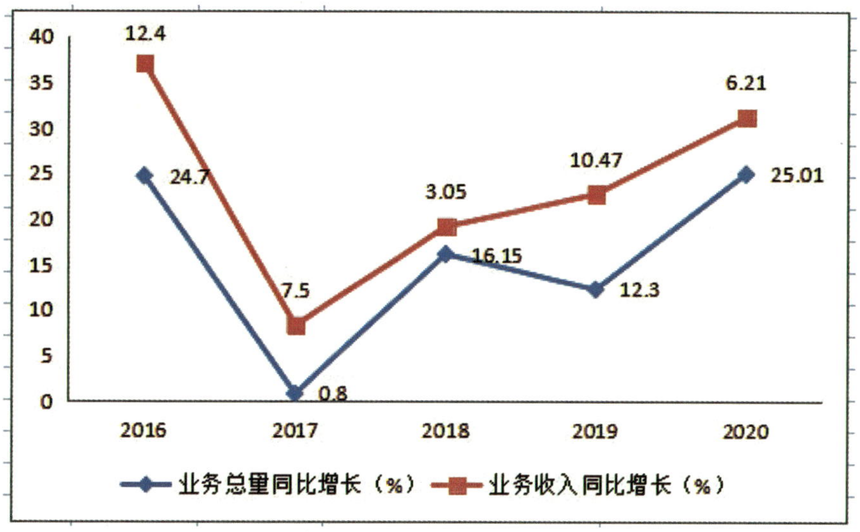

2016—2020年宁夏邮政行业业务发展图

表18　　2016—2020年宁夏快递业务发展统计表

时间	业务总量(万元)	比上年增长(%)	业务收入(万元)	比上年增长(%)
2016年	3241.5	45.2	58591.2	21.2
2017年	3721.5	14.8	67784.4	15.7
2018年	6771.33	81.95	81303.04	19.94
2019年	4891.61	−72.2	94877.36	16.7
2020年	7317.77	49.6	118260.12	24.65

【经营能力】2020年，全区全行业拥有各类营业网点1637处，其中设在农村的600处。快递服务营业网点1255处，其中设在农村的387处。全区拥有邮政信筒信箱483个，比上年底减少16个。全区拥有邮政报刊亭总数55处，比上年底增加19处。全行业拥有各类汽车1359辆，比上年底增长10.58%，其中快递服务汽车716辆，比上年底增长1.42%，快递服务电动三轮车保有量3086辆，比上年底减少12.2%。2020年，全区邮政邮路总条数278条，比上年底增加88条。邮路总长度(单程)8.47万千米，比上年底增加2.07万千米。全区邮政农村投递路线230条，比上年底增加30条；农村投递路线长度(单程)1.71万千米，比上年底增加0.37万千米。全区邮政城市投递路线734条，比上年底增加197条；城市投递路线长度(单程)2.07万千米，比上年底增加0.38万千米。全区快递服务网路条数736条，比上年底增加140条；快递服务网路长度(单程)11.08万千米，比上年底增加1.75万千米。2020年，全区全行业平均每一营业网点服务面积为40.56平方千米；平均每一营业网点服务人口为0.44万人。邮政城区每日平均投递2次，农村每周平均投递6次。全区年人均函件量为0.4件，每百人订有报刊量为7份，按出港件计算，年人均快递使用量为10.2件，年人均快递支出164.25元。

【服务社会】2020年，疫情期间全区所有网点、揽投部始终保持100%对外服务，履行“四不中断、四免费办”承诺，免费寄递防疫物资27车次、50余吨。主动做好民生保障工作，帮助解决“农民卖菜难，市民买菜难”，累计寄递证照、教材、药品20余万件、配送果蔬2.36万单。全面完成定点扶贫任务，助力自治区实现全域脱贫摘帽。加快推进电商扶贫，成功运作西吉土豆、同心苦荞茶等7款产品上线“学习强国”扶贫助农商城；建成8个扶贫地方馆，打造万单扶贫大单品18个，销售额234万元，培育256名电商扶贫能手，提前超额完成电商扶贫三年规划目标。助力宁夏滩羊肉、葡萄酒等重点特色产业发展，继续引进邮航落地银川，开通“银川—南京”直航线路及“银川—西安”高铁运邮线路，将宁夏滩羊肉等产品发往全国，累计完成寄递量9.1万件，实现寄递收入1200万元。建成5个集约送达中心，全力抓好法院专递项目。加快推进国际互换局建设，助力“双循环”发展新格局。聚焦惠农合作，全年走访对接农民合作社1784户，两项及以上业务合作率达到42%。与自治区农业农村厅签署合作协议，共同推动邮政惠农服务。加快县、乡、村三级物流体系建设，与区内15家民营快递签订合作下乡进村协议，在同心县、西吉县试点开展“邮快合作下乡”。做好医药项目，全年实现配送费2.43亿元，建成9家中邮大药房，搭建起“金融+寄递+医药零售”的协同发展模式。推进农村电商发展。以提升邮乐购站点质效、做优消费品下乡、助力农产品进城、搭建协同场景为抓手，建成数字化优质邮乐购站点509个。丰富线上平台商品，邮乐网地方馆上架商品达到748款；持续抓好“邮政农品——卖全国、买全国”项目，宁夏滩羊肉纳入“中国邮政基地农产品”，实现销售收入946万元。

【深化改革】2020年，宁夏邮政整合区运管部、物流公司和邮区中心局，设立寄递运营中心(虚拟机构)，按照市场化运作模式，对其下达收入、利润等指标，实行“实体化”运营，实现网络运营由管理型向生产型转变。集中运营管理、指挥调度等资源，减少职责错位和交叉；推进邮件运输实现集约化、市场化配置，压降运输成本。开通银川至广州、杭州、南京等7条经济航空邮路，大力推行快包集包作业模式，有效提升出口邮件全程时限。2020年，实施揽投部拆段扩部增人，累计新增揽投部31个、揽投人员153人，揽投部总数超出竞品。推行准加盟、加盟制，充分利用社会资源解决新增特快揽投人员来源问题，建成准加盟揽投部20个，新增准加盟人员124人；在39

2020年11月17日，“双十一”期间，银川邮区中心局平稳运行保障邮件时限

个揽投部实施“众创众享”，明确经营目标和政策，揽投员由“单兵作战”变为“团队营销”，揽收能力持续提升。推行普邮、快包、特快分网作业，释放揽收力量。以业绩、能力为标杆，对揽投部经理开展绩效评价，调整重点揽投部经理，增强经营能力。坚持把普服网点作为寄递业务的经营点，在吴忠市金积镇和扁担沟镇邮政所实施准加盟模式，采取自有员工“领创”和社会力量注册公司准加盟的方式，推进普服，实现营、收、投一体化发展。领创人员根据淡旺季需求灵活雇员，释放营业、投递人员发展特快业务，有效解决人工成本大幅增长的问题，投递深度、服务质量等指标全部达标。加大基层经营发展激励力度，配套营销费用和人工成本用于加快金融、特快等高效业务发展，企业效益和员工收益实现双提升。对基层单位充分放权授权，资源配置向直接创造收入、利润的经营一线倾斜，绩效激励重点向网点、揽投部和营销团队负责人倾斜。对计件岗位推行无底薪改革，明确计件单价标准上限，提升人工成本投入产出效益。提前下达2021年经营利润和人工成本预算，配套不同奖励政策，激发各经营单位内生动力。

【信息化和效能建设】2020年，宁夏邮政推动信息技术深度融入经营、管理全过程，先后完成员工工时管理、金融统一柜面等9项集团统推工程，完成金融权益积分、“税邮云”小程序等11项省内自建项目；搭建面向内部的“企业服务平台”和面向用户的“客户服务平台”。强化信息数据分析，重点对包分机效能提升、揽投部内勤人员压降、邮件信息预处理压降等工作开展写实分析，用信息化手段解决经营发展的难点、堵点问题，推进“科技兴企、科技强企”。全年完成投资计划2450万元，较上年增加158%。改造更新营业网点36处，其中金融网点18处；加大金融、寄递等设备投入力度。引进e快寄系统、购置社保卡寄递智能化邮封设备，增配胶带机设备和狂扫设备。面向社会公开招聘软件开发、数据分析人员，引进寄递专业人才，提升信息技术及寄递专业能力。创新培训模式，开设“互联网+微课堂”，推进优质培训资源精准“配对”。举办“读书分享会”，引导干部转变观念、创新工作方法，提升领导力。开展资产清查和欠费专项治理，强化寄递成本管控，压降环节件均成本。寄递欠费清收效果显著。加强服务管控，建立快速理赔机制，理赔及时率为100%。持续创建“平安邮政”，防范化解重大风险，实现金融资金“零”案件、安全生产“零”重大责任事故。信息网安全运行竞赛活动排名全国第一位。多个单位分获“全国邮政系统先进集体”“全国邮政系统优秀党支部”及自治区“巾帼标兵岗”等称号。5名员工分获全国交通运输系统“抗击新冠肺炎疫情先进个人”、全国邮政“抗击新冠肺炎疫情先进个人”、自治区“抗击新冠肺炎疫情先进个人”称号，5名员工分获“全国邮政系统先进个人”及“自治区劳动模范抗击新冠肺炎疫情先进个人”等称号。

（高丽君）

信息通信

【概况】2020年，全区电信业务总量924.4亿元，同比增长24.2%，营业收入64.2亿元。全区电话用户总数890.6万户，其中移动电话用户数达到839.2万户，比上年底增加10.9万户，5G套餐优惠达到177.9万户，固定电话用户51.4万户，比上年底减少2.5万户。固定互联网宽带用户283.6万户，比上年底增加24.5万户，移动互联网宽带用户703万户，比上年底增加7.7万户，总数达到986.6万户。IPTV用户达到232.8万户，物联网终端用户达到111.8万户。

【基础设施建设】2020年，全区完成固定资产投资21.7亿元，其中4G投资2.5亿元，5G投资7亿元。新建光缆线路2.9万千米，光缆线路总长度达到26.9万千米。移动电话交换机容量达到1633万户，移动电话物理站址数达到46416个。新建4G基站1018个，4G基站总数达到34505个；新建5G基站3367个，达到4082个；移动通信基站总数达到52944个，移动电话基站室内分布系统数达到6120个。全区互联网省际出口带宽达到每秒444万兆比特，互联网宽带接入端口数达到550万个，其中城市宽带接入端口数达到426.9万个，农村宽带接入端口数达到123.1万个。成功申报国家（中卫）新型互联网交换中心试点，成为全国继杭州、深圳之后的第三个试点城市。互联网数据中心服务器数量达到66705台，较上年增长9021台，互联网业务收入达到7.6亿元，同比增长65.2%。

【信息服务应用】2020年，《数字中国建设发展报告（2020）》正式发布，宁夏信息服务应用水平排名位居全国第六、西部第一。宁夏网、大数据中心等“新基建”项目建设。建设开通5G基站4082个，实现各市和县（区）重点区域5G网络覆盖。提升4G网络覆盖水平，全区4G基站达到3.5万个。继续实施电信普遍服务试点项目，实现全区所有行政村光纤和4G网络100%覆盖。持续扩大千兆光

2020年12月16日，全国第三个新型互联网交换中心在中卫市挂牌

网的覆盖范围，全区已实现光纤网络全覆盖，光纤接入端口数达到543万个，城市光纤网络接入能力超过100兆，部分小区已达到1000兆能力。农村行政村光纤网络接入能力接近100兆，与城市网络水平相当，固定宽带平均接入速率达到132.4Mbit／s。宁夏以提速降费服务惠民为抓手，大幅降低信息通信费用，让老百姓享受优质低价的信息服务。2020年，信息通信服务应用发展良好，宽带业务持续增长，固定宽带接入用户家庭普及率达到120.6部／百户，居全国第五位。固定互联网宽带接入用户中光纤接入用户占到97.3%，100兆以上用户占到97.2%，分别居全国第二位、第三位。移动宽带用户普及率达101.2部／百人，居全国第四位。月户均移动互联网接入流量达到16.8G，居全国第五位。国家（中卫）新型互联网交换中心在中卫“云天大会”正式揭牌，提升了网络互联互通能力，拓展了应用服务水平。推进“5G+”发展，推进5G在工业互联网、教育、医疗、环保、电力等方面的应用，发挥吴忠西北首个工业互联网标识解析节点作用，标识注册量已突破200万个。发挥通信大数据平台支撑作用，为疫情防控提供重要支撑，累计向全区报送到宁夏数据10万余条。对全区城市规划、交通旅游、森林防火、公安安全等提供高效可靠的信息通信服务，促进全区城市治理体系和治理能力现代化建设。

【信息通信市场及互联网监管】2020年，全区通信部门持续“放管服”改革，全面加强“双随机一公开”监管，加强信用监管，自治区通信管理局与人民银行、市场监管、税务等部门实行信息共享和联合惩戒。组织开展“绿色迎新”，签订《自律承诺书》，维护校园市场秩序。审批增值电信企业33家，全区增值企业达到143家，对10家未按照要求上报的增值电信企业纳入电信业务不良名单。跨地区码号备案5597个、局号697个，96码号（5位）2.4万个，96码号（6位）2400个。提升携号转网服务，累计携转3.6万户，1小时携转成功率超过99%。完成“两会”及商务会展等重要通信保障，完成各类应急保障任务150余次，出动应急保障人员569人，派出应急通信车230车次，组织开展演练109次。2020年，全区新增备案网站533个，备案主体达到7616个，网站总数达到9878个，注销备案1109个，清理空壳网站1724个，清理空壳主体1571个，开展备案抽查，对17家信息不准确的网站责令限期整改，处置违规网站321个。2020年，宁夏制定并出台《工业互联网标识管理办法》《宁夏工业互联网标识解析二级节点赋码规则（试行版）》，依托吴忠标识解析二级节点，推动标识解析应用工作，标识解析量达到200万个。推动“宁夏工业互联网安全态势感知平台（二级）”项目建设，完成3家基础电信运营企业全部骨干网出省流量及城域网流量采集全覆盖，与基础电信企业、工控安全企业、安全监测平台支撑企业建立处置机制和安全服务拓展，对接隆基硅、蒙牛乳业等30余家工业企业，累计监测工业互联网侧攻击事件4378万余次，发现公共互联网侧攻击事件5.82亿余次并及时进行处置。组织宁东能源化工基地70余家工业企业开展工业互联网安全培训，组织召开“5G+工业互联网”推进会，举办宁夏第一届工业互联网网络安全技能大赛，全区8家信息通信企业、6所高校46支队伍138名选手参加比赛。

【疫情防控】2020年，全区通信部门通过公益短信宣传、营业厅引导等方式，推广“通信行程码”，通过通信大数据平台，向自治区疫情防控指挥部报送到宁夏用户数据超过300多万条。组织全行业为党政机关、定点医院、交通枢纽等重点地区进行全方位的通信保障，出动应急保障人员9万多人，车2万多辆，油机2000多台，重保基站近千处，保障各专线累计近3万条，为疫情期间的旅游、文化娱乐、住宿餐饮等3000多家中小企业降低资费，为全区540家网吧减免3个月通信接入费用，减免费用超过1700多万元，为中小企业1万多条宽带免费升级至100兆，向全区用户发送疫情提醒短信超过60亿条。

【信息安全管理】2020年，全区通信部门开展"断卡"行动和信息通信行业"扫黑除恶"行动，制定相关管理制度、实施方案，严厉打击、治理惩戒非法开办贩卖电话卡等违法行为。完善网络诈骗防范系统，对26.1亿次外省来话进行监测，拦截呼叫2001万次，拦截恶意号码7.6万个，向自治区公安厅发送精准预警短信近万条，成功劝阻受骗群众1000多起。组织召开2020年度骚扰电话综合整治工作会，共拦截95／96开头的骚扰电话4500万次，拦截骚扰电话号码10.4万个，阻止呼叫1300多万次。

【手机APP监管】2020年，全区通信部门依托"宁夏移动互联网智能终端应用软件(APP)安全检测监管服务平台"，常态化开展网上网下安全检测服务，线下各营业厅累计检测手机1.8万部，检测APP达到60.3万部，检出问题APP达到154款，线上平台接收到各运营商APP样本497.5万款，检出问题APP样本221款，已全部下架处理。

【惠民援企】2020年，全区通信部门为落实"六稳""六保"任务，切实为中小企业纾难解困，通过"双G双提"，为百兆以下用户免费提速至100兆，为中小学和教师免费提速至300兆，百兆用户成为主流，千兆用户不断增长，百兆及以上用户达到275.8万户，占宽带用户的比例为97.2%，居全国第三，千兆用户达到8113万户，较上年增长5253户，向中小企业定向降费，为企业"上云""上平台"提供优惠，全区中小企业专线和宽带降费超过15%，月均移动互联网接入流量达到16.8G，居全国第四，比上年增长38.5%，移动互联网接入流量资费水平2.4元／G，居全国第六，比上年增长7.7%。2020年，宁夏通信管理局联合自治区残联，对全区23万名残疾人语音、流量、宽带和IPTV给予8.5折优惠。"十三五"期间，全国电信普遍服务投入资金700亿元，宁夏信息通信行业积极争取国家电信普遍服务试点项目，累计在农村地区投资18.88亿元，其中争取中央财政补贴3.68亿元，拉动企业自筹资金15.2亿元，实现全区8675个自然村、1336个行政村、751个建档立卡贫困村全光纤覆盖，建成4G基站2617个，在全国率先实现全区100%行政村和95%的自然村光纤宽带网络覆盖，实现全区所有中小学校、10600个班级宽带网络覆盖，深入实施网络精准扶贫和消费扶贫，为全区11776户困难学生、8386个教师宽带用户免费提速，为全区建档立卡户提供套餐五折优惠，推进天虎云商彭阳馆上线，通过宁夏电信公司IPTV上线引流事宜，推动特色产品消费扶贫。

【通信质量监督】2020年，宁夏制定并印发《宁夏信息通信行业安全生产专项整治三年行动实施方案》《关于妥善做好疫情防控期间通信施工安全生产的通知》，修订并完善《宁夏通信建设工程安全生产管理办法》《宁夏通信建设工程管理约谈实施办法》。开展银川市和同心县通信线路安全隐患专项整治和小区用户皮线专项整治，组织企业自查安全隐患点5439处，用户皮线安全隐患小区5981个，对银川市小区用户皮线隐患小区2993个、同心县通信线路安全隐患点1984个。受理通信建设工程项目质量监督申报核准通过2809项，受理竣工备案核准通过1685项。开展通信质量及安全生产随机监督检查3次，检查项目105项，检查现场23处，排查隐患574处。开展通信施工企业"三类人员"安全生产考核，两期共1059人参加考核、316人参加继续教育。

（唐光强）

NINGXIA YEARBOOK

开发区和园区建设

KAIFAQUHEYUANQUJIANSHE

编辑◎王玉琴

综　述

【经济运行】2020年，宁夏23个开发区（工业园区）共有工业企业2000户，其中规模以上工业企业1014户，占全区规模以上工业企业户数的86%。入园企业数比上年同期增加338户。实现工业总产值3645.4亿元，同比增长6.9%；实现工业销售产值3534.2亿元，同比增长6.3%；工业生产电力消耗920.6亿千瓦时，同比下降0.6%。实现营业收入3659.9亿元，同比下降0.7%；实现利润149.4亿元，同比下降5%；盈利企业实现盈利额252.3亿元，同比增长8.7%。

【银川市所属开发区（工业园区）】2020年，银川市共有7个开发区（工业园区），即宁东能源化工基地开发区、银川经济技术开发区、宁夏永宁工业园区、宁夏贺兰工业园区、银川高新技术产业开发区、银川综合保税区、苏银产业园。共有企业779户，占全区开发区（工业园区）企业的39%；其中规模以上工业企业344户，占全区规模以上工业企业的29%。共实现工业总产值1610.5亿元，同比增长5.6%，占全区23个开发区（工业园区）工业总产值的44.2%；共实现工业销售产值1550.9亿元，同比增长5.5%，占全区23个开发区（工业园区）工业销售产值的43.9%；工业生产电力消耗323亿千瓦时，同比增长2.5%。共实现营业收入1641.4亿元，同比增长6.4%，占全区23个开发区（工业园区）完成营业收入的44.8%；实现利润115.2亿元，同比增长16.4%，占全区23个开发区（工业园区）利润总额的77%；盈利企业实现盈利额157.2亿元，同比增长13.2%。

【石嘴山市所属开发区（工业园区）】2020年，石嘴山市共有3个开发区（工业园区），即石嘴山高新技术产业开发区、石嘴山经济技术开发区、宁夏平罗工业园区。2020年，石嘴山市3个开发区（工业园区）共有工业企业392户，占全区开发区（工业园区）企业的19.6%；其中规模以上工业企业289户，占全区规模以上工业企业的24.6%。实现工业总产值950.5亿元，同比增长16.2%，占全区23个开发区（工业园区）工业总产值的26%；实现工业销售产值939.3亿元，同比增长16.5%，占全区23个开发区（工业园区）工业销售产值的26.6%；工业生产电力消耗271.6亿千瓦时，同比增长1.7%。共实现营业收入764.2亿元，同比增长1.6%，占全区23个开发区（工业园区）完成营业收入的20.8%；实现利润19.2亿元，占全区23个开发区（工业园区）利润总额的12.8%；盈利企业实现盈利额36.8亿元，同比增长23.2%。

【吴忠市所属开发区（工业园区）】2020年，吴忠市共有5个开发区（工业园区），即吴忠太阳山开发区、宁夏吴忠金积开发区、宁夏青铜峡工业园区、宁夏盐池工业园区、宁夏同心工业园区。2020年，吴忠市5个开发区（工业园区）共有工业企业466户，占全部开发区（工业园区）企业的23.3%；其中，规模以上工业企业233户，占全区规模以上工业企业的19.9%。共实现工业总产值572.1亿元，同比增长6.7%，占全区23个开发区（工业园区）工业总产值的15.7%；实现工业销售产值542亿元，同比增长3.4%，占全区23个开发区（工业园区）工业销售产值的15.3%；工业生产电力消耗115.4亿千瓦时，同比下降0.8%。共实现营业收入556.6亿元，同比增长3.5%，占全区23个开发区（工业园区）营业收入的15.2%；实现利润12.9亿元，同比下降8.6%，占全区23个开发区（工业园区）利润总额的8.6%；盈利企业实现盈利额22.6亿元，同比增长3.8%。

【固原市所属开发区（工业园区）】2020

年，固原市共有5个开发区（工业园区），即宁夏固原经济开发区、宁夏西吉工业园区、隆德县六盘山工业园区、泾源县轻工产业园区、彭阳县王洼产业园区。2020年，固原市5个开发区（工业园区）共有企业178户，占全区开发区（工业园区）企业的9%；其中规模以上工业企业32户，占全区规模以上工业企业的2.7%。共实现工业总产值83.5亿元，同比增长8.1%，占全区23个开发区（工业园区）工业总产值的2.3%；实现工业销售产值81.9亿元，同比增长5.9%，占全区23个开发区（工业园区）工业销售产值的2.3%；工业生产电力消耗25.1亿千瓦时，同比增长25.8%。共实现营业收入95.6亿元，同比增长6.8%，占全区23个开发区（工业园区）营业收入的2.6%；实现利润6.5亿元，同比下降32.7%，占全区23个开发区（工业园区）完成利润的4.3%；盈利企业实现盈利额7.3亿元，同比下降29.3%。

【中卫市所属开发区（工业园区）】2020年，中卫市共有3个开发区（工业园区），即宁夏中卫工业园区、宁夏中宁工业园区、中卫市海兴开发区。2020年，中卫市3个开发区（工业园区）共有企业185户，占全区开发区（工业园区）企业的9.2%；其中规模以上工业企业116户，占全区规模以上工业企业的10%。共实现工业总产值428.7亿元，同比下降5.3%，占全区23个开发区（工业园区）工业总产值的11.8%；实现工业销售产值419.8亿元，同比下降6.3%，占全区23个开发区（工业园区）工业销售产值的11.9%；工业生产电力消耗185.4亿千瓦时，同比下降10.9%。共实现营业收入602.1亿元，同比下降21.1%，占全区23个开发区（工业园区）营业收入的16.4%；实现利润-4.4亿元，同比盈转亏27.7亿元；盈利企业实现盈利额28.3亿元，同比下降9.3%。

（席　黎）

国家级开发区和园区建设

宁夏内陆开放型经济试验区

【概况】2020年，自治区印发《关于推动全区贸易高质量发展的实施意见》，安排外经贸发展专项资金1.93亿元，帮助企业降低经营和交易成本。全年对“一带一路”沿线国家出口35亿元，占全区出口总额的40.4%，占比提高5.9个百分点。积极开拓国际市场，其中对泰国出口增长117.9%，对以色列出口增长31.9%，对菲律宾出口增长17.2%。疫情期间执行航空性收费优惠减免政策，累计减免930.9万元，2020年银川河东国际机场旅客吞吐量690.6万人次，达到上年的65.3%。机场已开通96个城市130条航线，对省会城市全部恢复直航。推动国际货运班列恢复运营，2020年宁夏国际货运班列发运32列1523车，货重8.93万吨、货值7478万美元，主要发运货物为钢材、蛋氨酸、硫酸亚铁、亚麻籽等。落实合作共建西部陆海新通道框架协议，投资2000万元成立陆海新通道运营宁夏有限公司，确定以中卫市为主建设区域物流分拨中心和货物集散中心。推动第四届中阿博览会签约成果落地实施，宁夏签约的95个投资合同2020年开工68个，开工率为71.6%，实际到位资金162.4亿元。自治区印发《中国（银川）跨境电子商务综合试验区实施方案》，银川跨境电商综试区兴庆园签约入驻跨境电商企业50家。银川公铁物流园海关特殊监管区挂牌运营，石嘴山保税物流中心（B型）开展俄罗斯木材、哈萨克斯坦亚麻籽等保税进口业务。

【境外投资】2020年，新设境外投资企业15家，境外直接投资1.26亿美元。中沙合资沙特丝路产业服务公司正式运营，中国—沙特（吉赞）产业园广州泛亚聚酯有限公司石油化工化纤一体化项目稳步推进。中阿农业技术转移海外分中心在毛里塔尼亚开展奶牛胚胎移植、牧草和水稻种植及农业机械技术示范培训，在约旦开展蔬菜种子试验示范和研发生产，在吉尔吉斯斯坦开展冬季蔬菜栽培试验示范等技术活动。2020年，新设外商投资企业22家，实际利用外资2.72亿美元，同比增长8.4%。全年银川海关累计为企业办理关税担保9648万元。

（戴　华）

银川综合保税区

【概况】截至2020年11月底，银川综合保税区进出口总额8071.9万美元，比上年同期下降93.62%。跨境电子商务实现“零突破”，网购保税进口业务累计完成1000单，货值3万元。进出区物流总量为6600吨，招商引资累计到位资金5.05亿元，新注册企业21家。全年银川综合保税区复工复产企业25家，复工率为55.56%，其中规模以上企业复工率达到100%。

【项目投资建设】2020年，银川综合保税区计划实施项目27个，计划总投资69.4亿元。其中，政府类投资项目6个，总投资0.7亿元（已全部开工建设）。社会类投资项目21个，计划总投资68.7亿元。重大基础设施储备项目5个，计划总投资6.7亿元。2个重点建设项目共投资99.26亿元，均已纳入国家重大建设项目储备库，分别是银川空港型国家物流枢纽项目，总投资28.7亿元、银川航空物流

2020年11月12日，银川综合保税区与宁夏邮政公司签定合作协议

港项目，总投资70.56亿元。

【招商引资】2020年，银川综合保税区共跟踪洽谈项目50个，其中重点储备项目26个，全年落地项目21个，总投资68.7亿元。引进江苏包天下哈萨克高档面点保税加工、元瑞众进口中亚地区大宗农产品保税加工、昊蒙公司高档水果保鲜出口、中清科技熔喷布及日产800万只口罩出口加工、翼凯来自旋翼机组装出口加工项目、环大昕洋磁动力发电机组及磁能灯制造出口加工等项目，实现招商项目规模与质量“双提升”。

【优化营商环境】2020年，银川综合保税区实行服务专员负责制，项目落地前由投资促进部明确服务专员进行招商跟踪服务，项目落地后由业务部室明确服务专员完成项目建设、通关通检、有关资质办理的全流程服务。开通黄金珠宝国际货运包机。申请开通银川—香港—银川货运包机，畅通黄金原料及其饰品进出口物流通道。实施进口亚麻籽通关一体化政策。对接银川海关，与乌鲁木齐海关协调促成园区企业进口亚麻籽业务可在阿拉山口粮食口岸完成检疫，在银川综保区内完成清关，简化通关流程，提高通关时效。开展货物分类监管业务，利用“仓储货物按状态分类监管”政策实现重20吨、货值8万美元的白俄罗斯非保税冷冻牛肉进入银川综保区储存，与保税货物一同集拼、分销周边地区，有效盘活企业闲置仓储资源，节省运营成本，促进综保区内外贸一体化发展。配合进境肉类指定监管场地申报及验收，对接自治区口岸管理办公室、银川海关，配合进境肉类指定监管场地申请工作和项目的预验收与终验工作。推动国际邮件互换站申报建设，对接宁夏邮政公司，按照南宁国际邮件互换局“三关合一”创新监管模式，高起点、高标准谋划国际邮件互换局建设方案，向市政府申请项目建设及信息化系统、设备专项资金，研究制定银川国际邮件互换局补贴管理办法。

（席　黎）

宁东能源化工基地开发区

【产业升级】2020年，宁东能源化工基地开发区建设宁东（国家级）现代煤化工产业示范区，坚持煤炭清洁高效安全利用，推动现代煤化工向精细化、高端化、集群化方向发展，构建煤制油、煤基烯烃、精细化工三大产业集群，以及与新型材料、新能源、生物医药、电子化学品等新兴产业互为补充、协调发展的产业格局，形成400万吨煤制油、320万吨煤基烯烃、600万吨煤化工下游产品，煤化工占经济总量比重达到47.5%。实施煤制油质量效益提升工程，推进宝丰煤制烯烃、鲲鹏乙二醇、信广和芳纶原料等重大建设项目，开工建设136个项目，总投资1865亿元，年度投资255亿元。推进稳增长24条等政策落地见效，完成技术改造30项，实施工业对标行动，补全56家规模以上企业28个行业指标对标体系，对标率100%，国能宁煤集团等3家企业获评自治区标杆奖。

【复产复工】2020年，在新冠疫情防控背景下，宁东能源化工基地开发区精准实施分区分级管控和企业一对一、点对点服务，1家企业转型生产医用口罩及防护服。保障重点企业生产要素，畅通未停产企业原料产品运输，解决煤化工企业原料煤供应及关联企业原料供应。创新出台复产复工15条措施，拿出2亿元资金，从降低生产要素成本、财政支持、稳定职工队伍等方面助力复工复产，兑现应对疫情奖励资金2800万元，为企业减税5.7亿元、降成本2亿元、融资43亿元、担保贷款7.1亿元以上。有序组织外省到宁夏的返岗人员超过1万人；工业企业复产复工率为100%，未发生一起输入性病例，受到国务院复工复产赴宁调研工作组高度评价，获评“全国石化行业疫情防控先进集体”。

【科技创新】2020年，宁东能源化工基地开发区鼓励引导企业加大研发投入，科技创新专项立项19项，新建自治区级科创平台7家，重点建成国内首家现代煤化工中试基地，举办中试基地发展研讨会。实施"现代煤化工、精彩在宁东"品牌培育计划，总结提炼品牌价值和相关标准，培育国家高新技术企业4家、"专精特新"企业5家，新认定国家级绿色工厂1个、智能工厂1个、数字化车间1个。实施技能人才培养引进三年计划，新引进技术工人3400余人，评选"宁东头雁""宁东工匠"，举办宁夏化工行业职业技能竞赛，打造现代煤化工产业人才高地。成立氢能产业发展中心，出台氢能产业发展配套政策，布局建设一批全产业链氢能项目，举办氢能产业与能源转型发展论坛，让绿氢赋能宁东高质量发展。

【环境保护和安全生产】2020年，宁东能源化工基地开发区持续推进2015—2022年环保行动计划，执行最严格大气污染物排放标准和水资源管理制度，率先建设重点企业VOCs排查和管控平台，实现"散乱污"企业清零，投资4.43亿元完成5个储煤场全封闭改造。建设国家大宗固废综合利用基地，成立固废综合利用产业联盟，鼓励支持煤矸石土地复垦、矸石山生态环境恢复、粉煤灰外运，工业固废综合利用率为43.9%，同比提高12.6%。实施重点单位节能目标考核，启动能耗在线监测平台建设，6个项目单位能耗达到国际先进水平。推进安全生产专项整治三年行动和安全生产标准化创建六年行动，组织消防、道路交通、建筑施工、危化品等重点领域安全隐患排查整治51次，推进建设特勤消防站、应急训练基地、危化品停车场等项目。

（席　黎）

银川经济技术开发区

【概况】2020年，银川经济技术开发区实现工业总产值369亿元，同比增长25%；规模以上工业增加值同比增长23%。完成固定资产投资120.6亿元，同比增长6.2%。一般公共预算收入15.9亿元，同比增长5.7%。全年招商引资到位资金82亿元。积极应对和防范疫情，是西北地区第一家点对点包车接返员工的园区，是西北地区最先出台政策、支持企业平稳发展的园区，是第一家利用网络召开园区疫情防控及复工复产工作视频会议的单位，自治区政协主席崔波调研指导开发区疫情防控工作时，给予"动手早、措施实、效果好"的高度评价，企业复工"七个必须"和隆基硅材料、小巨人机床、舍弗勒轴承等疫情防控的经验做法在全区园区企业中推广。

【招商引资】2020年，银川经济技术开发区促成正威国际等一批意向性企业落户。创新"线连线""屏对屏"的线上"云招商"模式，确保疫情期间招引力度不减、项目对接不断。共签约北京同仁堂、康佳&银鑫汇、蓝思科技、深圳日永光电等项目35个，协议资金260亿元。重点跟踪项目13个，总投资57亿元。依托隆基新材料、天通蓝宝石、银和半导体等行业领军企业，招引产业链上下游关联企业，形成"招一个带一群、来一群带一堆"的聚集效应。加强对接深圳手机协会、深港智能电子产业联合会等各大产业协会，帮助企业精准对接目标客户。

【项目投资建设】2020年，银川经济技术开发区下达二批固定资产投资项目共72个，计划总投资455亿元，年度投资165亿元，年内已全部开复工，开工率100%。其中，23个列入自治区级重大项目、5个列入自治区级重点项目、10个列入银川市级重点项目。推进隆基单晶硅棒和切片、中轴科技轴承小镇等重点项目建设。隆基年产15GW单晶硅棒和切片项目累计完成投资34亿元，完成900台单晶炉和180台切片机安装，年内产值可突破亿元。中轴科技轴承小镇项目累计完成投资24亿元，12条生产线已投入生产，完成42家轴承生产企业注册。石墨烯改性三元正极材料和导电浆料项目累计完成投资16.3亿元，一期年产3000吨正极材料项目开始试生产，二期2号车间、3号车间设备已安装到位。创新"EPC+F+管理公司"等投资新模式，重点推进总投资100亿元的智能终端产业园项目，年内完成一期40万平方米厂房招商和大部分项目投产，完成二期31万平方米厂房建设。重点推进总投资200亿元中轴小镇建设，年内完成一期、二期35万平方米正常生产经营，三期30万平方米厂房交付使用。重点推进高端综合配套区项目建设，加快道路、绿化等基础配套工程建设。

【产业培育提升】2020年，银川经济技术开发区规划布局五大新材料、三大专业化园区产业体系，在"建链、强链、补链、延链"上下功夫，做大做强产业规模，形成产业集群效益。共培育高新技术企业71家，占全区总数的35%，国家及自治区科技型中小企业243家。重点推进以隆基股份单晶硅材料为代表的光伏材料、以汉尧石墨烯新材料为代表的导电材料、以银和大尺寸半导体硅片为代表的半导体材料、以天通银厦蓝宝石为代表的蓝宝石材料、以中太镁业镁合金板带材为代表的镁合金五大新材料行业全产业链项目建设，全力打造五大新材料产业园区。重点推进小巨人、共享集团、舍弗勒、隆基宁光等一批龙头企业的优势项目，着力打造高端化、信息化、智能化的现代装备产业集群。建设以高端轴承为代表的高端装备智造小镇，创新产业、金融、智能制造、供应链服务等12个智能化平台设置，打造企业“拎包入驻”模式，实现从原材料、加工、组装直至成品销售的全产业链体系。创新厂房租赁和企业自建相结合的发展模式，建成70万平方米装备配套、资源共享的智能终端产业园，实现东部智能终端产业转移的快速承接和聚集。建设以健康食品、保健食品、中药饮片等生产线与相关配套设施为主的生命健康产业园，打造高度自动化、信息化、智慧化的生命健康医疗产业体系。同仁堂大健康项目已完成投资1.1亿元。累计获得知识产权2100余项，通过“十三五”服务业改革试点评审。推进5G智慧园区建设，建成公共政务平台、工业互联网平台，实施智慧应急和大数据中心建设。建成力成智能配网成套开关设备，共享3D打印等一批数字化工厂。

【优化营商环境】2020年，银川经济技术开发区推行“一线工作法”，完善项目建设联席会议制度，强化项目调度力度和频次，一线协调服务，一线排忧解难，一线解决问题，确保重点项目顺利、快速、有效推进。创新融资模式，搭建银政企对接平台，向金融机构推介一批大项目、好项目，通过发行企业债券、土地专项债和重点项目融资贷等形式募集资金，缓解企业项目建设资金短缺问题，已融资近20亿元，带动社会资本投资近100亿元。全面落实中央和自治区、银川市各项稳企惠企政策措施，紧紧围绕行政审批、用工、税费、生产要素等重要领域和关键环节，推动各级产业发展扶持政策落地达效。开展多场次校企地人才工作对接恳谈会、网络专场招聘会以及区内外院校师生对接洽谈，畅通企业与求职人员双向选择渠道，开展企业急需紧缺人才和用工需求信息征集、调查工作掌握重点企业中长期人才和用工需求，切实解决企业用工难题。

（席　黎）

石嘴山经济技术开发区

【概况】2020年，石嘴山经济技术开发区规模以上工业企业累计实现工业总产值470亿元，同比增长31.8%；完成工业固定资产投资46亿元，同比增长10%；实现进出口额7.2亿元，同比增长17%。推进惠企政策落地落实，争取自治区复工复产奖补资金350万元，86家规模以上企业复产83家，复产率为96.5%，30个市级重点项目开（复）工28个，开工率为92.8%，园区规模以上工业增加值增速达18.4%。陆港经济区、危化品铁路专用线、西北矿产品交易中心、保税物流中心期货交割库已建成投运，加紧建设天泰仓储物流项目。2020年，惠农口岸货物吞吐量达835.08万吨，同比增长42.05%。

【项目建设】2020年，石嘴山经济技术开发区57个重点项目已开工项目54个，开工率为94.7%。落地建设东润生物年产1万吨工业明胶、矽盛光电年产4GW单晶硅棒硅片等一批项目。高标准谋划多元合金、精细化工、长链聚酰胺、香精香料、光敏材料五大百亿专业产业园区，其中多元合金、精细化工已达百亿目标，转型升级成效凸显。

【招商引资】2020年，石嘴山经济技术开发区落实招商引资项目55个，到位资金80.57亿元。多次赴江浙等省、市进行招商，组织招商引资项目集中签约仪式4次，签约项目16个，总投资达70.9亿元，已全部落地，其中14个已开工建设。引进加拿大投资企业1家（萨瑞斯）、港澳台投资企业1家（卓越新材料），由内资转为港澳台投资企业1家（开德来），实际利用外资65万美元。

【科技创新】2020年，石嘴山经济技术开发区新增高新技术企业7家、自治区科技型中小企业7家。宝马兴庆获批组建自治区硅基多元合金工程技术研究中心。宝利源、荆洪生物2个项目被列为国家重点“科技助力经济”支持项目。引进颜德岳、陈新滋2位院士，成立香精香料系列产品研发及有机催化技术研究应用2个院士工作站。国家小微企业创业创新示范基地复审通过，获批自治区级科技企业孵化器。R&D经费支出3.02亿元，较2018年增长53%，R&D投入强度达1.92%，居全区第六。

（席　黎）

银川高新技术产业开发区

【概况】截至2020年11月底，银川高新技术产业开发区工业总产值同比增长84.13%，固定资产投资同比增长21.51%。全年工业总产值增长75.4%，固定资产投资增长20.81%。年内，开发区200家企业及个体经营户已累计复工197家、复工率为95.5%，其中：18家规模以上工业企业及其他54家重点企业全部复工，128家商贸服务业及个体经营户复工125家、复工率为97.6%。

【产业结构调整】2020年，银川高新技术产业开发区按照“瘦身压产、降债造血、优化重整”的基本思路，引导新澳羊绒主动发挥龙头企业带动作用，精准对接引进江浙地区优质关联项目和战略合作伙伴，全年生产羊绒纱线1200吨，带动园区10家上游羊绒分梳企业恢复产能。通过“绒易贷”、融资担保公司为园区6家企业担保协调贷款3300万元，促成昱辉、鑫煌等10家企业生产无毛绒253吨。探索“园区+工业地产”模式，引入社会资本建成再生资源集散基地，35家企业进驻基地运营，年回收集散废旧资源200万吨；全年实施循环经济产业项目15个，云耀10万吨再生铜综合利用等3个项目建成投产，晨宏科技20万吨再生铅资源化利用等3个项目进行设备安装，中再资源40万吨废钢等9个项目顺利推进，对接正威集团年产50万吨再生铜新材料产业园项目落地。加快推进绿色食品产业发展，蒙牛乳业集团乳制品加工生产建设项目落户临港产业园。蒙牛项目的入驻，带动包装、饲料加工、现代物流等上下游产业链企业进驻，形成“引进一个，带来一批”的招商引资“葡萄串效应”。

【项目投资建设】2020年，银川高新技术产业开发区实施项目20个、总投资32.7亿元，储备项目8个、总投资18.7亿元，其中：谋划实施项目全部开工、完成投资6.28亿元。储备项目开工1个，其他项目均已完成项目备案，办理项目前期手续。围绕产业延链、补链、强链，组织“走出去”“请进来”招商活动65批次，全年签约项目11个、协议资金90.46亿元。实施复工招商引资项目15个、到位资金17.8亿元，同比增长18%。谋划“十四五”期间实施重大项目53个、总投资512亿元。

【科技创新】2020年，银川高新技术产业开发区核心区规模以上企业实现主营业务收入27.84亿元，R&D经费支出完成3100万元，R&D占主营业务收入比重1.1%，申报各项专利300余件，授权专利81件，园区累计有效发明专利达到57件。组织恒业、瑞银、西部皮草、金太阳药业、金双禾米业5家企业申报国家高新技术企业，园区共有国家高新技术企业11家，同比增长57.1%。亿美生物被列入自治区专精特新“小巨人”企业名单，新增国家级科技型中小企业11家、自治区级科技型中小企业9家、自治区级农业高新技术企业1家。新增自治区级研发平台3个，累计达到30个，银川高新区中小企业公共服务平台被认定为国家级示范平台。高质量举办银川市第四届“创新创意在银川”“智创高新、四季路演”活动，吸引100多名创业人才和52个创业项目参与。

【优化营商环境】2020年，银川高新技术产业开发区承接市县级经济管理权限37项，协调银川市委编办设立银川高新区审批服务中心，制定并完善《高新区承接经济管理权限赋权目录》《银川高新区行政审批事项办理指南》等配套文件，全面推行项目审批服务代办制，逐步构建网上审批规范化、集中审批便利化、审批管理扁平化的“互联网+政务服务”新模式。全面推行项目帮办代办服务制度，为企业提供一对一、精准化的“保姆式”服务。全年共办理项目备案47个，完成项目环评批复11个，核发建设工程施工许可证13个。

（席　黎）

苏银产业园

【概况】2020年，苏银产业园总投资38亿元的24个项目开工率100%，固定资产投资增长173%，全口径税收增长54.39%。学习借鉴苏州工业园区“先工业、后商业”的经验，实施“走出去、请进来”战略，采取以商招商、小分队招商、委托招商等措施，抢抓东部产业转移重大机遇，先后到长三角、京津冀、珠三角等地开展招商活动35余次，举办15场招商推介会，开拓医疗健康、电子信息、先进制造、生态环保等领域近120个项目源。截至2020年年底，苏银产业园新增注册企业275家。累计落地项目64个，总投资72.9亿元。其中：工业项目37个，总投资68.8亿元（拿地工业及配套项目21个，总投资53.24亿元，投产后产值可达121.56亿元，累计供应工业用地1133亩。租赁厂房工业项目12个，总投资13.96亿元，累计盘活原有存量厂房6.3万平方米。增资工业项目4个，总投资1.6亿元）。基础设施项目6个，总投资4.1亿元。数字经济／三产服务类项目21个。已落地的64个项目中，33个来自东部地区，占比52%，园区已逐步成为东部企业家及产业转移的首选区。对接由美籍华人朱加生博士主导的反渗透膜环保新材料、包头高端铝板深加工项目等，积极跟踪意向投资项目300余个，努力形成“储备一批、签约一批、开工一批、投产一批”的产业发展良性循环。园区成立以来未发生一起安全生产事故，共有2家单位获“银川市安全生产先进单位”、2人获“自治区安全生产先进个人”、2人获“银川市安全生产先进个人”荣誉称号。

【园区规划和项目建设】2020年，苏银产业园学习苏州工业园区“先规划、后建设”经验，在完成总体规划、产业规划的基础上，编制完成一期景城控规，二期横城、横山控规以及综合能源、智慧园区和包含水电气暖等8个专章的市政基础设施等专项规划，同步完成区域环评、安评、水（资源）评等专项论证，基本完成园区“1+1+N”规划体系。开发“智慧苏银”管理软件并投入使用，可快速浏览、共享涵盖历年影像、城市规划、土地管理、市政管线及规划审批等八大类35个小项图层的信息数据，为园区规划建设管理及服务提供智能化和数字化手段。推动园区总投资38亿元的24个项目全部开工建设，年度完成计划投资9.5亿元。银得利科技、粤泰科技、绿歌科技等7个工业类项目年内达产，长河大街隧道等4

个基础设施项目年内建成使用。厚土路、蒙恬路、九州通医药3个项目被评为区、市两级标准化示范工地，园区建筑工程质量管理进一步规范化、精细化。

【优化营商环境】2020年，苏银产业园学习借鉴苏州工业园区亲商服务理念，努力做到“一切为投资者着想、一切为投资者服务”。把“亲商、富商、安商、扶商”作为一切工作的出发点和落脚点，对每一个入园企业和客商，都提供24小时全天候周到服务。优化“E站式”服务中心效能，为投资者和居民提供优质高效的政务服务。“E站式”服务中心共办结各类许可事项15900件，实时办结率100%，基本实现“园区事，园内办”目标。开工建设12万平方米“标准化”厂房，12月底主体基本完工，已有多家企业预租标准厂房，意向租用面积近5万平方米。开工建设8.6万平方米员工集宿区，为落地企业提供质优价廉、生活配套完善的员工宿舍，为企业解决后顾之忧。帮助银东饮料、粤泰科技等12个项目租赁闲置厂房，让企业“当年签约、当年投产”。用好用活苏银产业园招商优惠政策以及产业发展优惠政策，对每一位投资者做到“既承诺，必兑现”。累计向逸睿公司、银得利科技、连华科技等18家企业兑付产业发展奖励，共计4076万元，帮助企业“留得下，发展好”。出台《苏银产业园农民工工资保证金管理实施细则》，减轻企业开工建设的资金压力。苏银税务分局即将由市区迁入苏银产业园，可就近、快速为入园企业提供便捷服务。

【高端产业与园区建设】2020年，苏银产业园坚持高端产业定位，联合德勤（中国）公司研究产业定位及规划，确定以医疗健康、电子信息、先进制造业为主，精细化工、现代纺织为辅的“3+2”产业体系。招商团队紧扣三大主导产业进行精准招商，加快推进生物医药、电子信息、先进制造产业聚集发展。园区正式落地的37个工业项目中，有13个医疗健康类项目、5个电子信息类项目、16个先进制造类项目以及3个精细化工类项目，三大重点鼓励发展的产业占比为92%。坚持“两高两低”的择商标准。牢固树立“亩产论英雄”的思维导向，牢牢把握亩均投资强度高、亩均产出高，资源消耗低（特别是土地资源、工业用水消耗低）、环境影响低的“两高两低”招商标准，既招商，又择商。园区已拿地的21个工业及配套项目，亩均投资强度达251万元，亩均产值可达513万元，亩均税收可达31万元。已投产的粤泰科技、中科院5000万像素高清摄像头、小司南机器人、连华科技水质量检测仪等项目占地面积都不大，但产值都比较高，对环境影响都非常低，这就是园区始终坚持不变的招商方向和发展重点。

【环境保护】2020年，苏银产业园实现“污水全部截流、中水100%回用”，投资1.03亿元建设工业污水处理厂，填补了园区没有工业污水处理厂的短板。工程完成之后，污水处理规模达到5万立方米/日。计划投资2.4亿元建设中水厂，将全部中水综合用于工业生产、园林绿化、生态补水等，一期一阶段可日处理中水1.25万立方米/日，最大限度减少黄河取水量，计划次年建成并投入使用。坚持把环评作为项目落地的前置条件，已累计通过嘉盛德半导体新材料等20个项目的环评报告，亚辰环保涂层新材料、多力醋酸酐等项目因环评未通过，已推荐给周边的化工园区，单个项目投资额都在3亿元以上。施行重点企业“一企一测”制度，实时监测企业排污情况，园区鑫尔特新能源等3家企业已安装环境在线监测设备并同步连接银川市环境信息中心，实现环境动态监测。

【科技创新】2020年，苏银产业园推动欧美同学会海归小镇（银川·医疗健康）落地建设，已完成海归小镇（医疗器械）的发展定位及整体规划，重点发展生物制药、医疗器械、中药保健等产业，联合管理机构和产业引导基金设立等工作已在加快推进中。11月19日，中国（银川）医疗健康高质量发展论坛在悦海宾馆举办。全国人大常委会副委员长陈竺专致贺信并发表视频讲话，中国工程院院士李兰娟亲临现场作主旨演讲，共有来自欧美同学会总会、分会以及医疗健康领域的专家、企业家约500人参加，为区、市医疗健康产业高质量发展贡献才智，助推区、市经济社会高质量发展。11月20日，举办银川海归小镇（筹）项目签约推进会，总投资达33.9亿元的10个项目成功签约，总建筑面积1.2万平方米的海归小镇首开区奠基仪式举行。发挥企业在创新驱动中的作用，园区规模以上企业累计完成研发投入9104万元，R&D投入强度达2.1%。累计申报并授权各项专利52件，其中有效发明专利5件，实用新型专利47件。新增磐泰能源、百川通清洁能源、美邦寰宇3家国家级高新技术企业，新增敏杰装备制造、连华科技等6家自治区科技型中小企业，新增苏大天宫3家省级众创空间，新增中法孵化器、银川加速器等3家创新创业服务机构，累计孵化企业108家，为园区经济社会发展提供新动力。深化与中科院自动化所、宁夏大学、宁夏医科大学的战略合作，为三大产业提供科技人才保障。举办2次“苏银合作·智领未来”创业大赛，征集苏银两市优质项目73个，获得第一的"江苏画你文创"已在园区注册成立银川画你文化传播有限公司,可为全国各大城市、产业园、规划馆等提供整合、传播、推广等全流程设计策划服务。建立跨区域协同发展科技创新平台,探索跨区域科技创新合作机制,联合自治区统战部、港澳台办、卫健委等部门,推动"宁夏—粤港澳大湾区协同创新中心"落户园区。与"协同创新"中心建立合作互利的招商平台,通过"招商、投资、服务"三位一体化运营,引进一批高投入、高产出的"互联网+医疗健康"项目,打造西部"互联网+医疗健康"产业集聚区。已意向签约深圳旭宏互联网医院+心脏检测设备智能工厂等项目,园区医药健康产业进一步集聚发展。

(席　黎)

石嘴山高新技术产业开发区

【概况】2020年,石嘴山高新技术产业开发区实现工业总产值160亿元,同比增长9.1%,其中规模以上工业产值138亿元,同比增长8%,装备制造、新材料两大主导产业产值115亿元,同比增长9.9%。共实施建设项目65个,其中工业及商贸服务业项目48个,基础设施项目17个。全年完成固定资产投资19亿元。盈氟金和、恒达纺织等项目陆续投产,锂电池、智能制造产业园建设加速推进,博石高科、九天科技、金晶太阳能光伏面板等一批重大产业项目相继签约落地。创建国家级绿色园区,获评自治区高质量发展示范园区,推动结构、技术、智能、绿色"四大改造",推动杉杉能源获评自治区制造业行业领先示范企业,中色金航钛业、盈氟金和2项产品获评领先示范产品,天地奔牛等3家企业获评自治区服务型制造示范企业,埃肯铸造智能自动化球化剂生产系统等2个项目获评自治区机器人推广应用示范项目。旭樱新能源等4家企业分别获评国家和自治区级绿色工厂,盈氟金和获评"自治区智能工厂",杉杉能源、贺东庄园获评"自治区数字化车间"。高新区共有各类绿色工厂9家,智能工厂1家,数字化车间4家,创建总数居全市和全区前列。

【科技创新】2020年,石嘴山高新技术产业开发区R&D投入强度达2.47%,研发投入和研发总量均居全区第三(高新区研发投入强度达3.01%),有研发投入规模以上企业占比达60%。全年新增国家高新技术企业4家、自治区科技小巨人企业4家、自治区科技型中小企业19家,总数分别达24家、8家、69家。新增自治区企业技术中心、技术创新中心等平台8个,总数达到31个。园区企业获批自治区及以上立项科技项目38项,其中重大项目3项,天地奔牛反井钻机、西北稀有金属材料研究院仪表级金属铍材2个项目获得自治区科技进步一等奖。

【基础设施建设】2020年,石嘴山高新技术产业开发区争取中央老工业基地改造、山水林田湖草、自治区低成本化园区建设等资金,实施机械加工区等4个片区排水管网完善工程、第三污水厂提标改造工程、贺兰山南路拓宽工程、杉杉变电站二期、吉宏变电站提升改造工程,新建规划一路、规划二路2.4千米,新建消防站1座。全年共计实施基础设施项目11个,年度完成投资2亿元。

【"僵尸企业"处置】2020年,石嘴山高新技术产业开发区共有"僵尸企业"54家,已累计处置49家,涉及土地面积3320亩。全年共处置18家,盘活土地1567亩,其中通过政府收储等方式处置华亿镁业、北方重工等3家755亩。通过兼并重组方式处置鸿基工贸、佳宁机械等8家330亩。通过腾笼换鸟方式处置浩达汽车、东方市政等5家445亩;通过法院裁决方式处置瑞安汇工贸、鑫腾工贸2家37亩。对接处置宁沪太阳能、上海科迈瓷业、四季春空调、青年汽车等企业。

(席　黎)

国家农业科技园区

【概况】2020年,宁夏5个国家农业科技园区始终坚持以科技创新为主线,以体制机制创新为动力,以资源高效集约利用、生态农业功能全面开发为重点,加快构建特色产业技术体系,充分发挥园区示范带动作用,带动农民增产增收,已经成为全区农业科技创新的主战场。2020年,自治区科技厅印发《关于加强各类农业科技园区建设》的通知,强化功能定位,加快集聚发展,启动编制园区新一轮规划,助力国家农业科技园区建设再上新台阶。

【银川国家农业科技园区】2020年,银川国家农业科技园区依托自治区科技项目引进设施蔬菜、果树、花卉等新品种和展示温室智能化管理等20项新技术,整装技术在中国蔬菜之乡寿光转化。紧紧围绕农业、生态、科技、特色、休闲等5个主题,开展设施园艺新品种引进和新型设施结构、高品质栽培、智慧管理等技术研发和示范。开展科技培训,引进、孵化优势特色企业,带动当地就业提升。通过举办新品种推介会、农业嘉年华等活动,提高园区知名度。利用广播、电视、网络、微信等多媒体渠道进行宣传,创建互惠共享的营销模式。

【石嘴山国家农业科技园区】2020年,石嘴山国家农业科技园区依托种业龙头企业集成种业创新资源,搭建创新平台培育抗病番茄新品种取得新突破。园区核心区面积达到4.8万亩，农民人均可支配收入达18100元，比全市农民人均收入高20.6%。惠农区绿色农产品加工园区获批石嘴山自治区级农业高新技术产业示范区。柔性引进区内外知名专家33人，组建农业专家团队12个，实施科技项目35个，引进新品种、新技术42个，建成院士工作站1个。培育科技型中小企业36个，高新技术企业10个，宁夏泰金种业公司被认定为国家高新技术企业，以企业作为创新主体，有效带动产业高质量发展。园区重视信息化建设，指导企业逐步应用云计算、大数据等信息技术，升级改造一批软硬件设备，使"互联网+农业"更好地服务企业生产经营，探索利用"区块链+农业"等新技术在园区开展创新示范，实现互利共赢。

【吴忠国家农业科技园区】2020年，吴忠国家农业科技园区实现农业总产值18.5亿元，同比增长10.01%。其中，奶牛存栏达到8万头，奶产量38.5万吨，奶产业产值14.56亿元；肉牛、公犊出栏1.92万头，产值1.7亿元；肉羊出栏2万只，产值0.27亿元。中国（宁夏）奶业研究院奶牛营养与饲料科学研发实验室建成并投入运营。2020年共落实招商引资项目11个。围绕主导产业关键技术开展科技创新与试验示范8项，研发喷药施肥一体机2套，累计引进示范瓜菜新品种36个，示范应用常绿油桃袋式栽培、高品质番茄栽培等重点技术8项，引进示范温室专用起垄机、温室专用移栽机等设施农业新装备5台（套）；围绕奶业研究院实施的5个东西部科技合作项目有序开展，积极推进与中国农业大学合作建设的教授工作站建设。园区以"生态高质量奶业"为主题获批吴忠自治区级农业高新技术产业示范区。

【中卫国家农业科技园区】2020年，中卫国家农业科技园区重点以枸杞、肉牛、硒砂瓜三大特色产业为核心，引领创新、聚合发展，以枸杞产业为主导，积极培育自治区农业高新技术产业示范区。园区核心区面积5.28万亩，入园56家企业。推进园区科技创新体系建设，实施"硒砂瓜优质抗病品种引进选育及配套栽培技术研究与示范"等3个自治区重点研发计划项目，新培育1家国家高新技术企业，3家自治区农业高新技术企业，培育认定6家自治区技术创新中心。园区重点突出强化科技创新，推动产业向高端化、绿色化、智能化、融合化方向发展，力争将园区打造成西北地区特色农业发展的样板区、"一带一路"农业科技创新的集聚示范区、沿黄生态保护和高质量发展的示范区。

【固原国家农业科技园区】2020年，固原国家农业科技园区在瓜菜种苗工厂化繁育和创新平台建设等方面取得长足发展，肉牛生态养殖大规模转化推广，冷凉蔬菜新品种新技术集成示范1000亩。在蔬菜种植核心区新建智能联栋温室1座、净菜分拣车间1处，使蔬菜从菜苗到蔬菜分拣加工形成完整产业链。改造提升大棚36栋，全面推行无土栽植、南果北种等栽培科技成果转化、示范引领更加明显。2020年园区入驻企业总数38家，建成省级技术创新中心13家，省级试验基地2个，研发机构7家，研发人员达226人，各级创新平台从基础条件、主体设施、专业实验室等方面进行了全面的建设及完善。同时，重点对农业新型经营主体带头人、脱贫带头人等开展精准培训，完成农民培训8727人次。

（于　浩）

自治区级开发区和园区建设

中卫工业园区

【概况】2020年，中卫工业园区完成工业总产值220亿元，完成固定资产投资24亿元，实现税金4.95亿元。2020年，园区设立独立财政，探索"管委会+公司"改革，完成科投公司重组高新集团，实行市场化运作，将总投资3.8亿元的第二固废填埋场、综合物料管廊等项目委托代建，除自有0.9亿元项目资金外，高新集团已落实和对接项目融资2.4亿元，有效盘活专项资金，撬动社会资金，为园区发展引入"源头活水"。先后完成20项自治区级经济管理权限和73项细化赋权承接，建成园区服务中心，实行"一门受理""全程代办"。推行全员岗位聘任、绩效考核、差异化薪酬和职务职级并行改革，独立招聘工作人员10名。完成7项"区域评"改革事项并实现共享，基本实现"园区的事园内办，企业的事园区办"。园区推进"生态园区，绿色工厂"建设，获批为国家级绿色园区，瑞泰科技获"2020年度中国石油和化工行业绿色工厂"称号。

【项目建设】2020年，中卫工业园区共实施项目57个（其中企业实施项目40个，基础设施项目17个）。亚马逊AWS二期等数据中心开工，中夏云信、卫星矩阵等项目进展顺利，国内首个遥感卫星定标场正式启用，国家（中卫）新型互联网交换中心获批挂牌，云计算和大数据产业规模不断壮大。总投资135亿元的中化循环产业园于11月20日正式开园，尼龙66、苯乙酮等4个项目开工建设，化工板块由基础化工原料向高端新材料转型迈出新步伐。建成宁钢1580高炉、中化锂电池二期和协鑫单晶设备升级项目，冶金和新材料板块技术革新步伐加快。

【招商选商】2020年，中卫工业园区坚持招商引资和选商引资并重，以产业链招商、以商招商、第三方招商、对赌式招商为主导，实行专业化、公司化、全天候、驻点式精准招商，重点引进云计算大数据、化工新材料、生态环保等关联度大、带动性强的产业，吸引上下游企业集聚发展。先后组织8次外出招商、12次本地商务对接，促成浙江中环兴等项目落地，对接洽谈中百润良等企业到中卫考察。全年实施项目总数40个，招商引资实际到位资金28.73亿元。园区提升承载能力，修编总体规划并取得中卫市政府批复。推进园区低成本化改造，建成南区蒸汽管网、联通数据中心电缆沟和瑞泰集中供热中心等项目，开工建设西区综合管廊，中水回用项目建成投运，中卫工业园区成为西北地区首个实现中水全部回用“吃干榨净”的园区，有效提升园区循环化水平、降低企业综合成本。

（席　黎）

吴忠太阳山开发区

【概况】截至2020年11月底，吴忠太阳山开发区38家规模以上企业完成工业总产值123.8亿元，同比增长1.44%，实现工业增加值增速17.4%。2020年，亿洁炭业、水务公司、通达煤化、三峡太阳山新能源、鹏旭环保等5家企业被纳入年报规模以上企业。退库企业4家，华骏煤业因停产退库、德惠道路因行业转变退库、红川农业科技因原料供应不足退库、索米亚因市场因素退库。年内共完成上争资金9607.92万元。其中，银川都市圈应急储气设施项目建设专项资金5755.35万元，新型工业化发展专项资金1426万元，水污染防治专项资金800万元，智能工厂、绿色工厂和数字化车间等专项资金214.8万元，融资租赁补助资金255.62万元，招商引资工作奖励资金466.75万元，企业研发费用补助421.2万元。

【项目投资建设】2020年，吴忠太阳山开发区计划实施项目55个，其中，续建项目13个，新建项目42个；工业项目41个，基础设施及其他项目14个。项目计划总投资145亿元，通达稳定轻烃技术改造、亿洁炭业脱硫脱硝活性焦、常晟药业氟尼辛葡甲胺等医药、坤正生物左旋肉碱及其盐类、长明天然气应急储气调峰站及气化、易达天然气焦炉气制LNG、常晟药业吉米沙星等原料药扩建、金塔环保工业固废综合处置等55个项目已开工建设，开工率100%；市级重点建设项目12个全部开工建设（含调整项目1个），区级重点建设项目4个（坤正医药、长明天然气调峰站、天元瑞晟医药）已开工。全年实际完成固定资产投资42亿元，同比增长20%。

【招商引资】2020年，吴忠太阳山开发区先后赴北京、河北、江苏、山东、河南、辽宁、江西、安徽、福建等9省（直辖市）考察9批次，对接企业50余家。签约项目18个，协议投资68亿元。跟进对接河北天元药业、江苏苏海药业、郑州民众制药、南京华狮新材料等9个医药项目，力争年内再成功签约医药项目1个。促成正江电子新材料绝缘漆树脂、煤化工延链煤制氢、华申橡塑矿山设备传输带制造、新卡奔科技石墨电极制造、常州恒辉光电光伏组件制造、达农科技鲜黄花菜加工等13个意向性项目，年内成功签约3个。截至10月底，共实施招商引资项目27个，实际到位资金51.2亿元。其中：新建项目22个，到位资金34.38亿元；续建项目5个，到位资金16.82亿元。2020年年底，27个招商引资项目全部开工建设。其中，宝瑞隆煤焦油及烷烃综合利用升级改造、亿洁炭业脱硫脱硝活性焦等5个项目建成投产；通达煤化稳定轻烃技术改造、易达焦炉气制LNG、鹏旭环保联苯醇等12个项目计划年内建成投产；港兴新材料有机酸及衍生产品、天元瑞晟氨基酸等7个项目按计划持续推进；通达煤化二期焦炉煤气甲烷化制LNG、忠同科技原料药等5个项目积极开展前期工作。

（席　黎）

永宁工业园区

【概况】2020年，永宁工业园区围绕装备制造、建筑装饰材料、葡萄酒产业、现代物流等产业开展精准招商、产业链招商，主攻龙头企业、引进配套企业，延伸和完善产业链，培育产业集群，提升产业竞争力。全年园区42家规模以上企业完成工业总产值34.07亿元，同比增长4.03%，完成工业增加值7.37亿元，同比增长2.76%。截至11月底，园区15家商贸物流企业实现交易额183.58亿元，同比增长32.91%。

【项目投资】2020年，永宁工业园区共实施项目24个，总投资64.31亿元，计划年内总投资7.88亿元，其中新建项目10个、续建项目11个，所有项目已全部开工。全年完成固定资产投资4.71亿元，同比增长3.28%。园区15家商贸物流企业实现交易额173.81亿元，同比增长37.17%。

【招商引资】2020年，永宁工业园区探索建立跨开发区招商引资、利益共享的合作机制，加强与银川经济技术开发区等兄弟园区合作，选派干部常驻江苏省昆山市开展驻点招商。围绕装备制造、建筑装饰材料、葡萄酒产业、现代物流等产业开展精准招商、产业链招商，主攻龙头企业、引进配套企业，延伸和完善产业链，培育产业集群，提升产业竞争力。园区对接中钢集团、东方希望集团、山东商会、广东商会等招商引资项目11个，计划总投资28亿元。中钢新型材料（宁夏）有限公司年产2万吨特种石墨项目、京东“亚洲一号”永宁电商物流园等8个项目已落地，完成固定资产投资2.01亿元。

（席　黎）

贺兰工业园区

【概况】2020年，贺兰工业园区59家规模以上工业企业累计完成工业总产值82.12亿元（同期基数为86.28亿元），同比下降4.83%，完成销售总产值74.57亿元，产销率为90.8%。医药化工业累计完成产值29.93亿元，同比下降7.34%；农副产品加工业累计完成产值29.22亿元，同比增长0.19%；机电建材制造业累计完成产值20.08亿元，同比下降7.88%；其他行业累计完成产值2.88亿元，同比下降4.46%。泰益欣生物2020年累计完成产值22亿元，大北农科技、西夏嘉酿2家企业累计工业产值为5亿元以上，3家企业累计完成工业总产值37.05亿元，占比45.1%；园区达到1亿元～5亿元的企业13家，分别是华瑞源、辛普劳、百泓新材料等，13家企业累计完成工业总产值27.88亿元，占比33.95%。2020年，泉水药业、方众砼业、胜华电缆、虎城防水材料等7家企业因年主营业务收入达不到2000万自然掉规，融神威自动化仪表厂因变更注册地至军民融合产业园已退库。新增辉宇鑫建材、厚生记饮品2家规模以上企业。

【商贸服务】2020年，贺兰工业园区65家限上商贸企业累计完成销售额179.44亿元（同期基数为155.08亿元），同比增长15.7%。中油北斗、新华书店、九岛商业等8家其他商贸业累计完成总销售额87.88亿元，同比增长43.7%；汽车销售业累计完成总销售额79.76亿元，同比增长0.2%；医药销售业累计完成总销售额14.78亿元，同比下降9.9%。限上商贸销售额达到17亿元以上的有3家企业，累计完成销售额80.99亿元，占限上商贸总销售额的45.13%。其中：销售额排名前三的是中能北方天然气、中油北斗、宝庆实业，同比增长分别是52.9%、-3.1%、260.7%。

【税收收入】2020年，贺兰工业园区1029家企业完成税收收入12.97亿元，同比增长3%，其中县本级收入5.03亿元，同比增长10.5%。德胜片区943家企业完成税收11.86亿元，同比下降3%。暖泉片区86家企业完成税收收入10807万元，同比增长222%。纳税超过1000万元的企业有26家，纳税总额8.37亿元，占园区总税收的64.5%。其中，润景房地产、西夏嘉酿、煤炭基地建设3家企业纳税超过5000万元，累计纳税3.19亿元，占园区总税收的24.6%；巨力房地产、中宸置地、亘元房地产等9家企业纳税超过2000万元，累计纳税3.2亿元，占园区总税收的24.6%；辛普劳、金润宝、昊盛房地产等14家企业超过1000万元，累计纳税1.98亿元，占园区总税收的15.3%。

（席　黎）

平罗工业园区

【概况】截至2020年11月底，平罗工业园区内141家规模以上企业累计实现产值363.2亿元（含电力反馈84.1亿元），同比下降4.2%，降幅较上月收窄1.5个百分点；工业增加值同比增长2.7%，较上月扩大0.6个百分点。11月实现工业产值39.2亿元，同比上涨11.9%，环比上涨18.4%；12月实现工业产值31.5亿元，比11月份下降7.7亿元，累计实现工业产值394.7亿元，同比下降6%，降幅比11月份扩大1.8个百分点。

【优势产业】2020年，平罗工业园区内四大优势产业实现工业总产值215.8亿元，同比下降11.3%，环比上涨12.8%，下拉产值增速9.1个百分点。其中：多元合金实现产值99.5亿元，同比下降14.7%，环比上涨17.1%；电石化工实现产值41.6亿元，同比下降18.9%，环比上涨23.9%；碳基材料实现产值61.8亿元，同比上涨7.3%，环比上涨4.7%；装备制造实现产值12.9亿元，同比下降27.4%，环比下降9.4%，为同比降幅最大产业。三大特色产业持续增长，实现总产值63.3亿元，同比增长9.6%，拉动产值增速1.8个百分点。其中：精细化工产业实现产值40.7亿元，同比增长12.7%；农副产品深加工实现产值3.8亿元，同比增长2.8%；其他产业实现产值18.8亿元，同比增长4.7%。

【重点投资项目】2020年，平罗工业园区计划实施重点项目141个，概算总投资251.4亿元，年度计划投资75.1亿元，已开工135个，开工率为95.7%，完成投资43.9亿元，占年度总投资额的58.4%。其中：工业项目123个（新建26个，续建18个，技改79个），概算总投资240.2亿元，年度计划投资67.1亿元，已开工118个，开工率为95.9%，当月完成投资5亿元，累计完成投资38.3亿元，占年度投资的57.1%；基础设施项目18个，概算总投资11.2亿元，年度计划投资8亿元，已开工17个；2020年完成投资5.6亿元，占年度投资的70%。12月工业项目完成投资3亿元，累计完成投资41.3亿元，同比增长14.7%。承担石嘴山市级重点建设项目21个，概算总投资130.7亿元，年度计划投资34.7亿元,已开工项目21个,开工率达100%,完成投资31.8亿元,占年度总投资额的91.6%。其中:工业项目17个,概算总投资125.9亿元,年度计划投资31.5亿元,已完成投资29亿元,占年度总投资额的92.1%。基础设施项目4个,概算总投资4.8亿元,年度计划投资3.2亿元,现已完成投资2.8亿元,占年度总投资额的87.5%。2020年计划实施工业技改项目79个,概算总投资127.5亿元,年度计划投资32亿元,已开工75个,开工率为94.9%,现累计完成投资23.2亿元,占计划投资的72.5%。其中:新建项目61个,概算总投资33.1亿元,年度计划投资17.9亿元,现完成投资6.1亿元;续建项目18个,概算总投资94.4亿元,年度计划投资14.1亿元,现完成投资17.1亿元。截至2020年年底,累计完成投资25亿元,占计划投资的78.1%。自治区级重点项目中承建43个,已开工37个,重点技改项目已开工21个,开工率为91.3%。重点新开工项目已开工8个,开工率为80%,10个重点拟投产项目全部开工,已试生产项目8个。

【重点产品价格】2020年,平罗工业园区重点监测的11种工业品价格环比8升1平2降,其中活性炭(55#)上涨4.3%,活性炭(60#)上涨4.1%,碳化硅(一级)上涨5.6%,碳化硅(二级)上涨2.3%,硅铁(75#)上涨0.9%,硅铁(93#)上涨6.3%,双氰胺上涨14.4%,电石上涨1.8%,硅锰(普通)持平,水泥下降0.4%,碳素下降3.3%。同比5升6降,其中硅铁(93#)上涨12.1%,硅锰(普通)上涨1.7%,水泥上涨8.6%,双氰胺上涨56.4%,电石上涨11.8%,活性炭(55#)下降23.2%,活性炭(60#)下降24.4%,碳化硅(一级)下降9%,碳化硅(二级)下降11.1%,硅铁(75#)下降0.9%,碳素下降42%。能源消费有所上升。

【企业运营效益】截至2020年11月底,平罗工业园区规模以上企业减停产面达54.6%,同比净减产值22亿元,下拉产值增速7.3个百分点。从增产情况看:累计增产企业64家,增产面45.4%,较10月持平,累计增加产值28.6亿元。增量较大的企业有:滨河碳化硅增产3.8亿元、大垠实业增产3.6亿元、正鍪新材料增产2.6亿元、丽珠制药增产1.5亿元、科瑞达石化增产1.6亿元、蓝田农业增产1.4亿元。从减停产情况看:受市场价格低迷、企业订单减少、产量降低和企业设备检修等因素影响,累计减停产企业77家,同比减少产值50.6亿元。累计减量较大的企业有:万顺冶金减产11.2亿元、大地循环减产7.2亿元、神州轮胎减产4.3亿元、永和泰冶化减产3.4亿元、东升冶金减产1.9亿元、宁源冶金减产1.2亿元;停产企业12家,同比减少产值10.3亿元。预期经济增长点发挥作用不足。2020年摸排经济增长点45个,可新增产值20.34亿元。其中:规模以上企业拟投产新项目9个,增产2.48亿元,已投产5个,增加产值1.32亿元;未进入规模以上企业拟投产新项目36个,增产17.86亿元。已投产27个,已进入规模以上企业3个,12月进入规模以上企业19个。

(席 黎)

青铜峡工业园区

【概况】2020年,青铜峡工业园区累计完成工业总产值134.4亿元,同比(上年126.9亿元)增长5.9%,净增产值7.5亿元,工业增加值同比增长5.8%;实现工业销售值136.2亿元,同比(上年同期125.4亿元)增长8.6%。规模以上企业累计实现工业产值128.8亿元,同比(上年同期116.1亿元)增长10.9%。完成固定资产投资20.01亿元(上年同期21亿元),同比下降4.7%。完成上争资金6000万元,完成全年目标任务(年度目标任务6000万元)。中源有色、领航生物、吉宏包装、苏锡铜业、国昌实业、圣泰环保、嘉惠道路7家企业已进入规模以上企业行列。

【产业运营效益】截至2020年年底,青铜峡工业园区三大主导产业呈现"两升一降",实现工业总产值93.17亿元,占园区总产值的69.32%,环比持平,其中:有色金属材料产业累计实现工业产值76.92亿元,占园区总产值的57.23%,同比(上年同期为62.9亿元)增长22.3%,环比增长1.8个百分点;精细化工产业累计实现工业产值12.13亿元,占园区总产值的9.03%,同比(上年同期为10.38亿元)增长16.9%,环比增长5.3个百分点;汽车零部件及智能制造产业累计实现产值4.12亿元,占园区总产值的3.06%,同比(上年同期为5.2亿元)下降20.8%,环比下降0.5个百分点。截至2020年年底,6个辅助产业呈现"三升三降"趋势。其中:冶金产业实现产值11.61亿元,占园区总产值的8.64%,同比(上年同期为11.39亿元)增长2%;农副产品及食品加工产业实现产值7.7亿元,占园区总产值的5.73%,同比(上年同期为6.66亿元)增长15.7%;包装印刷产业实现产值3.16亿元,占园区总产值的2.35%,同比(上年同期为2.79亿元)增长13.4%;电力产业实现产值9亿元,占园区总产值的6.7%,同比(上年同期为10.15亿元)下降11.3%;建材产业实现产值8.98亿元,占园区总产值的6.68%,同比(上年同期为16.55亿元)下降45.7%;纺织产业实现产值7678万元,占园区总产值的0.57%,同比（上年同期为8957万元）下降14.3%。精细化工、有色金属材料净增产值分别为1.76亿元、11.02亿元。化工企业中，京成天宝、中涛新材料、大禹新材料等企业生产平稳，产品价格有所回升，领航生物生产趋于稳定，产值增加。有色金属企业中，青铝分公司、铝业科技、宏宇铝业、鼎辉工贸、苏锡铜业因价格上涨，产值增幅大。装备制造企业中的新大众产品畅销，产值增幅较大，奇立城、思达机械、昌立轴承的投产带动了园区制造业产业产值的稳步增长。其他产业中，农副产品及食品加工行业销量走高，涨幅明显，同比增长15.7%，主要集中在塞外香（增长2.2%）、法福来（增长35%）、新希望（增长78.7%）、明珠园（增长50.4%），增幅较大。包装印刷产业下游企业需求逐步增加，吉宏包装、圣泰环保等企业增幅较大。建材行业的蒙龙、富安隆、凯旋商贸等企业的客户及价格稳定，产值增加。冶金主要是青鑫碳素及新投产的海盛实业增幅较大。主要企业总计增加产值约27.7亿元。2020年年底，主要减量集中在有色金属企业中的鑫电线缆，因季节、市场原因产值下滑；青铝发电受行业主管部门持续限电，产值下降12.5%；嘉琪隆硅铁产品价格持续低迷，产值下降58.6%；蓝伯碳素产值下滑5.8%；有色金属行业中鑫电线缆冬季处于淡季，产能下降17.3%；和兴碳基碳化硅产品价格低位徘徊，下降12.9%；大海公司停产，产值下降74.6%；众虎智农、民乐机械、威格瑞斯等企业受市场影响产能下降；仁和纺织因纱线价格低迷，产值下降14.3%；建材行业中青龙管材因季节影响，需求量减小，产值下降幅度达58.8%，亿昀公司、长庆支撑剂、宏达砼业冬季停产，产值下降62.4%。主要减产企业总计减少产值约20.2亿元。

【招商引资】2020年，青铜峡工业园区共洽谈招商项目38个。已落地24个，涉及新征地12个，盘活企业或租赁厂房12个，收购盘活闲置用地约658亩，租赁盘活厂房12.7万平方米左右，其中：奇力城机械、昊仁砂业、轴承谷昌立4个项目已建成试生产；天泽、中泰、万向新元等5个项目进行钢结构及部分设备安装，其他7个项目因季节影响停工；亚辰、永利、海利等8个项目积极办理前期手续；对接的14个项目5个已落地入园。

【项目投资建设】截至2020年年底，青铜峡工业园区27个工业项目中15个项目已建成试生产，即：吴忠领航一期、海盛实业一期、宁夏亿昀、吉宏包装、东昊硝基胍、云锦支撑剂、鼎辉三期、银丰新材料、京成天宝综合回收利用等；天泽新材料、农加进行部分设备安装，万向新元、中泰新能等项目进入冬季停止施工。5个基础设施项目中，污水处理厂二期（新材料区块）、交通物流园铁路专用线、尾水水质提升及回用、新材料区块纬二路延伸段及宏达路、嘉宝区块污水处理厂项目已建成投入运行。全年32个计划实施项目完成招商引资任务27.6亿元，占年度投资（年度计划投资35亿元）的78.9%。

（席　黎）

中宁工业园区

【概况】截至2020年11月底，中宁工业园区完成工业总产值181.23亿元，同比下降15.9%，占全县工业总产值的72.64%。2020年，园区制定并印发《关于支持工业园区整合优化和创新发展的若干财政政策》《中宁工业园区铝电一体化实施方案》《人事薪酬制度实施方案》提请中宁县委常委会研究。将承接的14项行政职权交由园区企业服务工作站办理，累计为绿电科技年产12万吨金莒草、宁夏环保科技产业园等12个项目办理备案，为北星精工陶瓷技术有限公司3万吨高温结构陶瓷基复合材料技改项目建筑工程办理施工许可证。区域评改革已完成环境影响评价、地质灾害危险性评估、压覆重要矿产资源评估、气候可行性论证、水土保持方案、建设项目安全预评价等6项评估，洪水影响评价根据专家评审意见进行修改；加快推进园区总规修编、“十四五”供电规划和产业发展详细规划工作；积极申报第五批增量配电业务改革试点项目。申报自治区高新技术产业开发区，深入天元锰业、仓满制通等企业进行高新技术企业申报辅导培训，早康枸杞、仓满制桶2家企业完成第一批国家级高新技术企业申报工作（已公示），兴尔泰新型材料等10家企业入库国家科技型中小企业，早康枸杞被认定为自治区数字化车间。制定淘汰落后产能计划和僵尸企业处置方案，通过多种方式盘活闲置土地，通过招商引资的方式引进“电转草”项目盘活宏岩矿业。

【项目建设】2020年，宁夏晟皓铝业有限公司铝棒及铝线材加工制作项目已完成建设，因铝水供应问题暂时停产。电凯智能植物工厂电转草、宁夏环保科技产业园等招商引资项目进展顺利，生活垃圾卫生填埋场、固废填埋场、铁路专用线、铁路翻车机项目相继复工、进展顺利。督促42万吨电解金属锰智能化生产、48万吨电解金属锰智能化生产项目、3000万吨保税仓项目、5000万吨保税仓项目做好前期手续办理工作。做好“十四五”项目谋划，对接宁夏天元锰业集团公司、国储五三六处等企业谋划“十四五"重点项目44个。

【安全生产】2020年，中宁工业园区与天元锰业集团各企业、赛马水泥等40家企业签订安全生产管理目标责任书、安全承诺书；指导各企业修订、完善安全生产责任制度，编制《宁夏中宁工业园区安全生产综合应急预案》。开展"安全生产月"、安全生产风险分级管控、安全生产突发事故应急救援演练、硝酸铵及危险化学品储存专项检查等活动，进行安全检查并定期复查督促整改，全年共排查企业419家，排查出问题隐患1165条，已整改972条，整改率为83%。组织园区60余家企业安全环保相关人员参加高空作业危险源分析与预控、安全生产相关法律法规和"特殊作业"安全教育知识培训。

【绿色工厂建设】2020年，中宁工业园区做好2020年度"生态园区、绿色工厂"建设工作，组织天元锰业集团、赛马水泥等6家企业申报2020年自治区级"绿色工厂"。完成瀛海天祥、裕隆冶金、新世纪冶炼环保技改和少斌汽配厂燃煤锅炉拆除，完成裕隆冶金废气收集技改，瀛海天祥1#干法熟料生产线窑头"电改袋"粉尘达标治理等项目技改工作，整治散乱污企业10家，治理工业炉窑企业13家，按照环境污染风险四级色标管理制度共督查检查企业218次，查出隐患275条，督促整改253条，整改率92%。

（席　黎）

固原经济开发区

【概况】2020年，固原经济开发区实现工业总产值50亿元以上，同比增长11%；招商引资到位资金23亿元，同比增长10%；固定资产投资12亿元，同比增长18.8%；开发区地方税收1.5亿元，与上年持平。统筹推进疫情防控与复工复产，4月底前园区企业全部复工复产。为企业协调贷款2亿元，减免税金、房租500多万元，争取各类资金3000多万元。争取自治区工信厅疫情防控专项资金184万元，用于企业疫情防控和复工复产。

【招商引资】2020年，固原经济开发区"请进来"洽谈项目31次，"走出去"开展招商活动13次，考察企业80多家，已洽谈推进项目52个，接待福建省漳州市芗城区等考察团，全年引进宁夏雪锦羊绒针织衫、中山华人礼服、永春雨具制品等项目14个。引进的投资过亿元的羽欣华耀年产6万吨PVC环保热稳定剂及5万吨水滑石生产项目于2月底开工。明锋金银丝生态纺织产业园已签约。新鑫盛建材年产10万吨压裂用支撑剂石英砂生产、宝发农牧10万吨植物蛋白饲料项目已建成投产达效。天楹垃圾焚烧发电、宁夏建材建筑废弃物综合利用项目筹备建设。争取自治区成效突出重点开发区奖补资金4000多万元，主要实施建成兴工大道维修改造、园区智能化管理等4个低成本化改造项目，国家环保部督办的园区污水处理厂、固废堆场两个项目全部建成投运。

【优化营商环境】2020年，固原经济开发区印发《开发区优化营商环境政策资料汇编》，举办减税降费政策宣传解读暨银企对接会，让企业了解政策、掌握政策、用好政策。完成"一区三园"调规扩容、各园区控制性详规、主导产业规划、规划环评和9项"区域评"项目，"十四五"规划编制基本完成，园区总体规划修编已经固原市人民政府批复。通过开发区投资公司提供担保，为丰源纺织解决融资困难，银团担保贷款具备分期放贷条件。制定开发区"园长制"管理办法，协调解决园区企业反映的道路、供水、供电、供气、环卫保洁等方面问题60多件。筹措13万元为园区配备垃圾集中收储箱25个，有效解决垃圾乱堆乱倒问题。21名科级以上干部每人联系1家重点企业，密切与企业联系，推动政策落实，助推企业发展。改造完成审批服务大厅，承接区、市下放的42项审批事项，实行全程领办代办。开展安全生产三年行动计划，建成投运污水提升泵站在线监测系统，增强环保监测能力。举办安全生产暨消防标准化建设现场观摩会，筹措5万元为50家企业110名安全管理员进行安全生产和职业健康培训，帮助企业安监人员依法取得从业资格证书。对中央环保督察"回头看"反馈的3个问题和自治区党委环保督察反馈的3个问题已按要求整改完成。推行重点信访事项"包案化解""三调联动"机制。化解园区拖欠农民工工资案件39件，涉及人数424人、金额783万元，办理回复"12345"便民服务热线投诉25件。多方拆借资金，解决民营企业欠款2014万元。加强园区科技创新，培育国家高新技术企业2家、自治区科技型企业12家、"专精特新"成长标杆企业、示范企业8家，创建自治区高新技术产业开发区，已通过专家评审。

（席　黎）

盐池工业园区

【概况】2020年，盐池工业园区完成工业总产值83亿元。争取各类扶持资金6000余万元，兑现创新驱动"25条"扶持资金2348万元，帮助天利丰争取纾困基金8000万元，协调落实企业信贷资金约10亿元。2020年，园区实施新续建项目16个，完成固定资产投资9.4亿元。苏沪新材料、环太荞麦(一期)、新辰新材料等7个项目年内建成或试生产。巨拓二期、天利丰低温重大核心装备研发实验中心、盛华龙石膏等9个项目按建设计划推进。采取政府投资和社会化投资相结合的方式，投资约1亿元（其中，政府投资5000余万元），完善园区基础设施建设。建设一般工业固废处置场（一期）、石膏产业扶贫基地1.2千米道路及公用配套工程，区块二8.7千米供水管网、2.3千米道路及雨污管线、2.2万立方米尾水收集池和青山综合服务区项目。

【招商引资】2020年，盐池工业园区外出招商18次，邀请客商到盐池考察40批次，对接洽谈意向性项目40个，引进上海欣海国际左卡尼汀食品添加剂、四川达科特年产50万立方米高纯氦气等14个项目，计划投资83.78亿元。瑞峰能源焦炉煤气制20万吨LNG联产30万吨合成氨、汉唐能源50万吨甲醇制乙醇产业链一体化、嘉华固井60万吨低密度固井材料、丰利源4万吨油田轻烃精细化加工等项目积极办理前期手续。举办2020中国（盐池）国际石膏展览会暨优质石膏应用与发展高峰论坛，与中国建材联合会、湖南平江县及高新技术产业园区、圣戈班石膏签订石膏产业发展战略框架协议。

【产业转型升级】2020年，盐池工业园区修订《创新驱动战略推动工业经济高质量发展实施意见》，鼓励企业加大科技研发投入，2020年企业R&D研发投入1.4亿元，科技投入强度为1.3%。新增深燃众源、鑫海食品2家国家级高新技术企业，新增金裕海碳四深加工、天利丰天然气综合利用、鑫海食品滩羊产业3家自治区技术创新中心，培育神瑞工贸、嘉华固井2家专精特新示范企业，培育科技型中小企业4家，天利丰被评为“数字化车间”和“科技小巨人企业”，国内首套BOG提氦示范项目顺利通过科技成果鉴定。石膏产业基地被中国建材联合会命名为“中国天然石膏制品基地”，批复建设“全国天然石膏应用研究中心”，成功注册“盐池石膏”商标。制定建筑装饰装修用石膏粉宁夏地方标准。支持金裕海化工、恒汇鲁丰、天利丰能源等企业加快技术改造步伐，处置僵尸企业6家，盘活土地438亩。

（席　黎）

自治区慈善产业园区

吴忠金积工业园区

【概况】2020年，吴忠金积工业园区规模以上企业61家，完成工业总产值169.9亿元，同比增长8.1%，规模以上企业工业增加值同比增长9.5%。招商引资到位资金2.66亿元，上争项目资金共完成10569万元，完成固定资产投资12.58亿元，同比下降34.8%，新增规模以上企业11家。

【项目建设】2020年，吴忠金积工业园区确定实施项目25个，计划总投资76亿元。其中新建项目21个，续建项目4个。伊利奶产业园年产828吨液态奶生产线、无菌杯安慕希生产线、中铁建西北区域装备制造基地一期、超宇熔喷布及民用普通口罩生产线、利鑫众盈农副产品包装等11个项目建成投产，自动化绿色精密铸锻产业园项目投入试生产。兄弟包装瓦楞纸、鑫浩源技改等4个项目的设备已安装并投入试运行。苏润粮油、申能热电全封闭煤场、首拓环保静脉产业园、金属回收汽车拆解等7个项目快速推进。

【招商引资】2020年，吴忠金积工业园区紧扣主导产业延链、补链、强链，采取以商招商、第三方专业化团队招商等方式，借助伊利乳业、恒丰纺织、吴忠仪表等一批龙头企业，吴忠市委、市政府和园区主要领导先后15次带队赴江苏、四川、河南等地深度对接悦达、中亚等27个招商引资意向性项目，搜集招商信息142条，促成苏润粮油深加工、中华雪中央厨房、超宇熔喷布、恒久源配方奶粉等11个项目签约落地，签约金额11.4亿元。

【招才引智】2020年，吴忠金积工业园区对园区80多家企业专业技术人才、关键岗位人员信息、行业领军人才等12类信息进行摸底调查，形成金积工业园区人才库。柔性引进渤海大学博士刘贺、上海华东理工大学教授王泽建等30名高层次人才组建辣椒色素提取研发团队、中药生物替代品技术人才等研发团队，为企业开展复合调味料、冬虫夏草等生物发酵产品的研究。邀请中国工程院院士陈君石、江南大学教授王兴国等20名国内专家出席在吴忠市召开的第四届亚麻籽产业高峰论坛。

【科技创新】2020年，吴忠金积工业园区提高企业对于研发费用税前加计扣除优惠政策知晓率，帮助企业梳理符合申报条件的科技政策，积极申报重大研发项目和一般研发项目。举办科技型小微企业发展与服务机构洽谈会、科技金融政策解读及科技型企业申报专题、企业价值链顶端设计与管理、企业R&D经费投入等培训7场次，培训800余人次。深入企业开展“一企一策”高新技术企业培育，建立科技小巨人、高新技术企业培育备选库，对申报高新技术企业分类、分批的开展指导和培育工作，2020年新增中恒创越、银星流体、夏进制箱、金梯腐塑等11家高新技术企业，众源交通、银珠蓝箭等9家科技小巨人企业，睿泰天成、蓝医人、成峰包装等15家自治区科技型中小企业。累计培育高新技术企业20家,小巨人企业20家,自治区科技型中小企业59家。

【服务企业】2020年,吴忠金积工业园区规划建设科技企业孵化器,引进19家小微企业入驻科技孵化器办公,为12家企业提供知识产权、财税法律等服务。帮助检测中心扩增500多项检测内容,提升食品检测中心服务能力。与吴忠市金融局推荐君星坊“功能性亚麻籽粉补充剂科技成果转化示范项目”等6个项目申报“科技助力经济2020”重点专项,申报支持资金800多万元,筛选16家中小微企业的科技项目申请2020年度科技型中小微企业融资需求入库项目,9家企业融资3000多万元。对接中国工商银行、宁夏银行、宁夏股权托管交易中心等多家金融融资机构,举办“银企”对接和区域性股权市场融资等专题培训,帮助企业落实贷款融资3.9亿元。

（席　黎）

西吉工业园区

【概况】截至2020年年底,西吉工业园区有入园企业28家,其中工业企业23家,占企业总数的82.1%。开展生产经营活动的20家,倒闭企业4家,关停企业占比为20%,园区2020年规划建设面积1500亩,完成建设面积1500亩。截至2020年年底,《西吉工业园区总体规划(修编)》已通过西吉市人民政府审批。园区规划环评、水资源论证、压覆矿产资源评估、水土保持、安全评价、地质灾害危险性评估、地震安全性评价均已完成。园区洪水影响评价工作已完成报告编制,并上报自治区水利厅进行审批。2020年,西吉工业园区外出招商2次,邀请莆田市国有资产投资有限公司、亲亲食品、金蛋蛋等公司负责人到园区对接考察15次,引进亲亲食品、金蛋蛋、绿康农业、建西供应链4家公司。

【基础设施建设】2020年,西吉工业园区消防给水和供热改造项目、园区污水在线监测设备采购安装项目、园区一般工业固废收集站项目竣工验收并投入运行,园区马铃薯休闲食品厂房和闽宁产业园16#厂房、17#厂房完成配电改造。园区一般工业固废处置场项目完成所有建设内容。概算总投资3200万元(一期概算投资2000万元)的西吉县文强新型保温材料生产加工项目,已完成一期3栋共4500平方米车间厂房建设和设备安装,并投入运行;概算投资1397万元的宁夏西吉工业园区东区15#、16#、17#厂房建设项目和概算投资269万元的园区闽宁产业园厂房维修改造项目(二期)均已竣工验收。

（席　黎）

同心工业园区

【概况】截至2020年年底,同心工业园区共有入园企业73家,投产企业56家,2020年园区完成工业总产值49.11亿元,同比增长14.42%。规模以上工业完成增加值4.59亿元,同比增长11.14%。完成固定资产投资11.8亿元,同比增长55.4%。全年新增入园企业20家。帕罗羊绒、豪龙建材、爱心煤化工等重点项目11月正式投产。嘉铂睿环保溶剂、久兴环保、泰佑化工等项目按时完成年度建设任务。享口福、春蕾印刷、润泽体育、瑞泽防护网、安信电力等项目实现当年入园当年投产。银山能源、俊伟食品、回春葡萄籽、满山红枣业等续建项目及羊绒二期项目区以帕罗为龙头的其他8家企业和现代物流城项目全力推进。

【基础设施建设】2020年,同心工业园区开工实施各类基础设施项目11个,总投资2.2亿元,其中扶贫产业园拓展区扶贫车间项目,新建标准化厂房3.2万平方米。扶贫产业园供暖工程11月完工并投入使用,羊绒园区二期建设项目区供水、供电、道路等配套工程全部完工,精细化工产业园热力中心项目已完成锅炉安装,太升路给排水项目及蒸汽管道项目已实施,一般工业固废填埋场已投入运行,精细化工产业园污水处理厂开始设备调试;中核宿舍楼及华平科瑞科技研发楼投入使用。

【招商引资】2020年,同心工业园区实施招商引资项目32个,当年外方总投资60.2亿元,申报到位资金49.28亿元,占区市目标任务45亿元的108.52%,超额完成本年度招商引资目标任务。北京新发地供应链公司、山东鲁怡集团、同芯电子特种气体、富源能源等项目陆续签约;积极洽谈中核科技园区、爱心循环经济产业园项目。

【园区规划和调研报告】2020年,同心工业园区扩建规划得到自治区政府批复,规划范围扩大到508公顷。发挥同润园投资开发公司的融资功能,贷款4500万元用于精细化工产业园区热力中心项目,实现园区融资“零”的突破。编制《宁夏同心工业园区压覆矿产资源调查报告》《宁夏同心工业园区地质灾害危险性评估报告》《宁夏同心工业园区洪水影响评价报告》《宁夏同心工业园区水土保持区域评估报告》《宁夏同心工业园区水资源论证报告》,实现区域评估成果入园企业共享。开展《黄河流域生态保护清水河县城段高质量发展先行区规划》编制工作,拟订《宁夏同心工业园区人事薪酬制度改革绩效方案》,配套制定入园企业网格化管理方案,将网格员服务效能与绩效奖励挂钩。

（席　黎）

中卫市海兴开发区

【概况】截至2020年年底，中卫市海兴开发区有商贸企业23家，个体工商户772家，工业企业28家（含第三区块），培育形成新能源及装备制造、农副产品深加工及仓储物流、轻工纺织三大主导产业，初步形成“一园三区”工业发展格局。2020年完成工业产值4亿元，同比增量3.4亿元。完成税收0.46亿元，同比增量0.01亿元，增速2.2%。完成工业投资1.28亿元，同比增量0.93亿元，增速为266%。开发区累计实现工业投资总投资20.13亿元，土地投资强度为141.01万元／亩。累计实现工业产值20.02亿元，土地产出强度140.24万元／亩。2020年技术合同成交额1059万元，增长90.8%。开发区新引进1家国家级高新技术企业，为中车株洲电力机车研究所有限公司。成立中卫市海兴国有资产投资运营有限公司，并鼓励民间资本参与工业园区基础设施、公用设施等建设。

【招商引资】2020年，中卫市海兴开发区联合海原县外出开展专题招商10场次，接待来访考察客商12批次，对接洽谈招商项目31个，重点实施招商引资项目10个，储备项目21个，计划总投资17.71亿元；2020年度计划投资7.66亿元，实际到位资金5.9亿元。举办农业综合项目招商洽谈会，签约资金达5.8亿元。建立海原县和海兴开发区联合招商机制，与彭阳县王洼产业园区开展跨园区合作，探索跨开发区招商引资项目收益、财税分成及重点统计指标分成机制。制订并出台《海兴开发区招商引资扶持奖励政策（暂行）》《海兴开发区关于促进工业园区保障房特色餐饮一条街发展若干规定（暂行）》。全面落实国家和区、市、县支持民营经济发展的有关政策和减税降费政策，为宁夏中原塑业科技有限公司等7家企业落实各类减免奖补资金共496万元。完成开发区《招商项目册》《投资指南》《开发区招商引资通讯录》，建成开发区展厅，委托谷川联行在“招商网络”和“去哪儿网”搭建海兴开发区园区页面，并投放宣传广告和相关推广信息，浏览量超过300万次，访客数超过110万人次。

【安全生产】2020年，中卫市海兴开发区制定并印发《海兴开发区安全生产专项整治三年行动方案》，各部门按照总体方案分别制定工业园区、医院、敬老院、文化娱乐、消防、企业等各行业领域安全生产专项整治三年行动子方案。成立8个督查检查专项行动小组，共开展安全生产专项检查14次，检查单位54家（次），排查安全隐患87处，督导问题42个，整改完成87处，整改率100%。开发区无化工区，全年未发生安全生产事故。

【优化营商环境】2020年，中卫市海兴开发区实施简政放权措施，完成项目审批服务代办制改革任务，设立海兴开发区政务大厅，建立企业服务工作站，开通企业办事绿色通道，有效推进企业项目“一站式”审批代办服务工作，实现“企业的事园区办，园区的事园内办”。完善政务大厅软件及硬件设施，建立海原县、海兴开发区审批信息共享平台，简化办事流程，缩短审批时限。将开发区智慧园区建设纳入数字海原建设范畴，提升开发区智慧政务服务。

【基础设施建设】2020年，中卫市海兴开发区投资1520.5万元实施污水处理厂提质增效项目，建成污水处理厂二沉池、除臭设施、生化池曝气改造、池体加盖、缺氧池加热、生态湿地泵房及配套管网等。投资502万元建成开发区孵化园一期消防改造工程，投资6409万元实施农副产品深加工及仓储物流基地项目，投资732万元实施一般工业固废填埋场项目，投资1520.5万元实施开发区污水处理厂改造工程项目。

（席　黎）

彭阳县王洼产业园区

【概况】2020年，彭阳县王洼产业园区工业总产值227960万元，同比增长3.7%，完成工业销售产值212661万元，增加3%。其中王洼煤业公司煤炭产业产值212398万元；农特产业园区工业产值15043万元，同比降低3%，完成工业销售产值13034万元。全年税收总额为31066万元。其中王洼煤业税收为30047万元。园区就业总人数为5518人，其中王洼煤业有限公司就业4532人，其他非煤矿业生产企业从业人数为986人。全年用电9183万千瓦时。万元GDP耗水4.6立方米。全年为孵化园19家企业及时减免房屋租赁费25.31万元，缓缴厂房租赁费46万元。为云雾山等23家独立办厂企业减免房产和城镇土地使用税78万元。为园区42家企业减免税金2137万元，缓缴水电费52万元，解决企业贷款3600万元。2020年，彭阳县王洼产业园区实施线上营销成新业态，邀请网红和销售大腕为园区企业培训新的销售理念，使企业改变传统销售习惯，尝试线上销售模式，帮助企业渡过难关。截至2020年年底，线上销售总额为3254万元，同比增长28%。

【招商引资】2020年，彭阳县王洼产业园区与彭阳县投资促进中心等单位先后到河北、天津、四川、福建、浙江、西藏等地开展精准招商和以商招商，并委托第三方中介招商。引进彭阳栖凤食品有限公司、彭阳县富味思农业科技有限公司、宁夏龙军飞商贸有限公司、宁夏皇甫商贸有限公司彭阳第三分公司、宁夏顺盈商贸有限责任公司和宁夏解忧电子商务有限公司彭阳分公司等6家小微企业。引进宁夏东昂冷链物流、宁夏蜀蓉科技有限公司和宁夏鑫犇纺织有限公司落户园区。2020年，王洼产业园区招商签约资金35400万元，与上年同期相比增长210%。招商实际到位资金13500万元，同期相比增长50%。

（席　黎）

隆德县六盘山工业园区

【概况】截至2020年11月底，隆德县六盘山工业园区实现工业总产值4.2亿元，同比增长31.3%。园区共有入园企业60家，解决就业2213人。疫情期间，与银行对接帮助企业融资贷款6553万元，展期贷款1920万元，为5家小微企业推荐担保800万元，确保企业高质高效生产。2020年，园区获得“固原市巾帼建功先进集体”。

【项目建设】2020年，隆德县六盘山工业园区新建项目9个，总投资0.63亿元。完成固废填埋场、园区一期排污管网、集中供能续建一期项目、香雪换热站项目、孵化园四期I区等项目建设。迪百特、泽棋食品、宏利粮油和南凤粮油、永兴粮油、忠恒鑫6家食品企业启动农副产品深加工项目厂房建设。盘隆果业沙棘饮料生产线已投产。

（席　黎）

隆德县六盘山工业园区

泾源县轻工产业园区

【概况】2020年，泾源县轻工产业园区实现工业总产值2852万元，解决就业200余人，招商引资企业5家，协议投资额2亿余元，完成固定资产投资1.05亿元。《园区总体规划》通过评审，《绿色发展规划》完成编制，《“十四五”发展规划》完成初稿编制。试点社会购买服务，引进专业物业服务公司承担园区物业服务和市政设施管护，提升园区物业服务水平。完善公共服务平台，园区创业孵化示范基地被认定为自治区级创业孵化示范基地，蜂蜜检测中心投入运行，园区科技研发转化能力得到提升。创新土地供应方式，统一规划建设厂房，采取先租后让、租让结合等土地、厂房供应方式，提高园区节约集约用地水平，促进资源要素不断向高质量发展集聚。优化营商环境，协调金融机构贷款展期1450万元，落实贷款600余万元。完成六盘山泾河食品公司污水处理设施提升改造，园区污水达标排放，聘请第三方公司对园区及园区企业污水收集处理、达标排放等情况排查评估，排查评估结果上报自治区相关厅局。

【园区建设】2020年，泾源县轻工产业园区立足生态型科技型轻工产业园区定位，按照“大集中、小分散”空间布局，打破“一企一厂”封闭经营模式，投资5000万元，开工建设园区产业孵化车间项目。10栋2.3万平方米厂房主体工程基本完成，附属工程完成工程量的80%，研发展示服务中心已开始基础施工。产业孵化车间项目建成后，让企业“拎包入驻”、共享配套设施，减轻企业落地成本，提升资源要素集聚水平。提升商贸流通配套设施，智慧旅游创业谷二期项目完成主体施工，宏达汽贸二期项目建成试运行，推进电商“双百”工程，培训电商学员117人，创设“泾水六盘”区域公共品牌，供园区农副产品免费使用。

【招商引资】2020年，泾源县轻工产业园区围绕农副产品精深加工、旅游类产品加工主导产业，突出精准理念，立足县域“1+4”特色优势产业和“四个一”林草产业示范成果，先后对接引进黑果花楸、中蜂、小杂粮等5家农副产品精深加工企业入驻园区。众天蜂业、富康源黑果花椒完成生产设备安装，众天蜂业收购建档立卡户蜂蜜10吨，金菊堂中药科技完成厂房建设，怡康源食品、拓程生物科技实施厂房主体施工。

（席　黎）

表19

2020年宁夏开发区(工业园区)主要经济指标一览表

园区名称	入园工业企业单位数(个)		已开发面积(亩)		园区基础设施投资(千元) 本年投资		工业总产值(千元)		工业销售值(千元)		营业收入(千元)		利润总额(千元)		盈利企业盈利额(千元)		亏损企业个数(个)		亏损企业亏损额(千元)		工业生产电力消费(万千瓦时)	
	总量	同比(%)	总量	同比(%)	总量	同比(%)	1-本季	增减(%)	1-本季	增减(%)	1-本季	增减(%)	1-本季	增减(%)	1-本季	增减(%)	1-本季	增减(%)	1-本季	增减(%)	1-本季	增减(%)
全区总计	2000	20.3	649353	8.3	4822658	101.6	364544566	6.9	353423267	6.3	365997556	-0.7	14943764	-5.0	25230519	8.7	633	14.9	10286755	37.5	9206532	-0.6
规下企业	986	33.7	—	—	—	—	26210231	19.6	25739221	18.6	23091221	22.6	612521	9.5	1128958	177.4	328	27.1	516437	-30.4	1643228	6.9
一、银川市	779	20.4	320142	326	3445094	95.9	161051507	5.6	155097825	5.5	164145333	6.4	11518652	16.4	15723690	13.2	236	15.7	4205038	5.3	3230690	2.5
宁东能源化工基地开发区	75	29.3	165000	69.2	994000	82.9	103251224	1	98609130	0.5	102147080	2.1	6151353	-20.1	9283887	-7.4	16	-44.8	3132534	34.6	2712690	-0.4
银川综合保税区	12	0	6000	0	36214	379.8	56184	-80.5	58147	-80.4	141929	-53.3	-24191	0.3	0	—	4	0	24191	148.1	755	-70.8
宁夏永宁工业园区	280	45.8	26915	5.2	0	0	5240994	10.3	5146588	9	5796469	6.5	49767	4.8	190282	6.2	95	63.8	140515	-77.3	31862	6.3
宁夏贺兰工业园区	156	0.6	33259	-16.6	21750	28.6	8472687	-3.9	7840974	-4.9	9172158	2.4	775158	122.7	905819	84.1	44	29.4	130661	-9.2	84164	33
银川高新技术产业开发区	110	20.9	12357	6.8	46920	22.3	4756248	25.9	4477338	16.9	5253476	0.7	-179634	-1.3	120871	114.3	35	6.1	300505	-19.5	24418	-29.1
二、石嘴山市	392	33.3	162974	-1.1	807874	252.5	95054059	16.2	93937820	16.5	76419040	1.6	1921954	72.9	3680030	23.2	137	1.5	1758076	-6.3	2716293	1.7
石嘴山高新技术产业开发区	81	17.4	23250	4.9	26212	37.5	15520834	5.7	14967786	6.7	14737146	15.1	1143457	61.3	1317700	36.5	17	6.3	174243	-32.2	105206	-2.5

续表

园区名称	入园工业企业单位数（个）		已开发面积（亩）		园区基础设施投资（千元）本年投资		工业总产值（千元）		工业销售值（千元）		营业收入（千元）		利润总额（千元）		盈利企业盈利额（千元）		亏损企业个数（个）		亏损企业亏损额（千元）		工业生产电力消费（万千瓦时）	
	总量	同比(%)	总量	同比(%)	总量	同比(%)	1-本季	增减(%)	1-本季	增减(%)	1-本季	增减(%)	1-本季	增减(%)	1-本季	增减(%)	1-本季	增减(%)	1-本季	增减(%)	1-本季	增减(%)
石嘴山经济技术开发区	106	-2.8	57900	-22.1	201400	157.8	46722748	36.4	46541340	35.7	27640331	2.9	1022695	279.8	1505499	52.1	33	-26.7	482804	-33	1011159	6.6
宁夏平罗工业园区	205	76.7	81824	19.8	580262	427.6	32810477	-0.2	32428694	0.4	34041563	-4.3	-244198	-3.8	856831	-17	87	17.6	1101029	22.5	1599928	-0.8
三、吴忠市	466	14.5	75120	-25.6	310770	70.5	57214706	6.7	54208939	3.4	55658649	3.5	1293640	-8.6	2261414	3.8	157	28.7	967774	26.8	1153608	-0.8
宁夏吴忠太阳山开发区	67	4.7	841	-97.8	24145	-0.4	14169987	4.6	14009615	4.9	13402022	11.3	-25609	-1.4	356451	-0.8	23	4.5	382060	58.3	69966	-5.4
宁夏吴忠金积工业园区	113	-1.7	28998	10.6	1423	3.7	17060356	6.3	16695281	7.1	19574189	10.6	836552	-1.3	989765	3.8	29	26.1	153213	44.4	216341	4.4
宁夏青铜峡工业园区	124	21.6	24580	1.4	142000	201.9	13068084	8.8	13365189	12.6	12398275	4.8	202936	-16.2	406437	23.7	51	13.3	203501	135.2	773433	-8.5
宁夏盐池工业园区	119	38.4	17140	107.1	4982	11.6	8325902	7.4	8059497	3.6	8260743	-2.5	307223	169.4	441579	38.4	42	40.0	134356	-34.5	92126	160.7
宁夏同心工业园区	43	7.5	3561	3.0	138220	408.8	4590377	7.4	2079357	-45.3	2023420	-45.5	-27462	-1.2	67182	-69.3	12	500.0	94644	-23.7	1742	42.2
四、固原市	178	11.9	16345	26.2	136470	128.2	8355511	8.1	8195607	5.9	9562968	6.8	649406	-32.7	734836	-29.3	34	25.9	85430	13.1	251575	25.8

续表

园区名称	入园工业企业单位数（个）		已开发面积（亩）		园区基础设施投资（千元）本年投资		工业总产值（千元）		工业销售值（千元）		营业收入（千元）		利润总额（千元）		盈利企业盈利额（千元）		亏损企业个数（个）		亏损企业亏损额（千元）		工业生产电力消费（万千瓦时）	
	总量	同比（%）	总量	同比（%）	总量	同比（%）	1—本季	增减（%）	1—本季	增减（%）	1—本季	增减（%）	1—本季	增减（%）	1—本季	增减（%）	1—本季	增减（%）	1—本季	增减（%）	1—本季	增减（%）
宁夏固原经济开发区	79	11.3	10066	0.0	41980	75.2	5245612	8.9	5178557	5.3	5910386	7.8	302437	-37.9	372591	-33.0	21	10.5	70154	2.5	225628	18.6
宁夏西吉工业园区	26	4.0	1500	0.0	8160	56.9	332813	20.9	265165	15.9	286831	27.6	39457	-13.0	40447	-10.8	1	—	990	—	1998	192.7
隆德县六盘山工业园区	41	13.9	1387	0	25790	75.9	456382	15.4	431562	17.9	423169	18.5	17961	-24.7	30215	-0.4	8	60	12254	89.3	12985	1134.0
泾源县轻工产业园区	9	50	138	0	46970	2032.1	52731	21.8	43747	15.9	39099	6.2	3993	20.1	4783	20.5	1	-66.7	790	22.7	1407	3702.7
彭阳县王洼产业园区	23	9.5	3254	0	13570	260.3	2267973	3.1	2276576	4	2903483	1.8	285558	-29.4	286800	-29.1	3	—	1242	—	9557	20.3
五、中卫市	185	19.4	74772	-5.8	122450	34.6	42868779	-5.3	41983099	-6.3	60211566	-21.1	-439888	-27.7	2830549	-9.3	69	9.5	3270437	321.5	1854366	-10.9
宁夏中卫工业园区	106	7.1	23689	-21.7	46290	645.6	22616476	4.9	22467910	5.8	23216175	6.6	1422597	13.8	1725220	4.7	39	-4.9	302623	-24	847022	-7.1
宁夏中宁工业园区	57	23.9	40280	4.2	56080	20.4	19886438	-15.8	19177121	-18.3	36690026	-32.6	-1871317	-29.7	1092547	-25.8	19	5.6	2963864	713.9	1007010	-13.8
中卫市海兴开发区	22	120	10803	3.1	20080	14.1	365865	331.8	338068	297.1	305365	371.6	8832	0.2	12782	1075.9	11	175	3950	-70.3	334	174.9

（席　黎）

住房和城乡建设

ZHUFANGHECHENGXIANGJIANSHE

NINGXIA YEARBOOK

编辑◎贾虎林　郭勤华

综　述

【住房保障】2020年，宁夏推进老旧小区改造，完成全区2000年以前建成住宅小区调查摸底，建立改造项目建设、施工、监理、监督和社区群众“五位一体”监管体系，共改造老旧住宅小区36247户（套），完成投资157312万元，得到群众普遍欢迎，得到住房和城乡建设部通报表扬。严把棚户区改造范围标准，计划改造城镇棚户区住房5300套，实际开工6202套，占年度计划的117.1%，完成投资13.39亿元。发放租赁补贴9031户，改善30多万名群众的住房条件。加大新市民、年轻群体、低保户和城市“夹心层”等低收入困难人群住房保障，建成公租房信息化系统并在全国率先使用，严格准入退出机制，累计入住公租房17.27万套。加快农村危房改造，坚持区市县乡（镇）四级联动、一线督导，改造农村危窑危房1.74万户，实现“建档立卡”贫困户危房全部清零。在全国率先全面推开抗震房改造，完成农房调查和抗震性能评估24万户，实施抗震宜居农房改造2.2万户，占年度计划任务的107%。

【房地产业】2020年，宁夏坚决贯彻“房子是用来住的，不是用来炒的”理念，以稳地价稳房价稳预期为目标，坚持因城施策、“一城一策”，督导银川市出台市场调控“银八条”，因地制宜发展房屋租赁和二手房市场，鼓励房地产企业从绿色、节能等方面提升房屋供给质量，推动全区房地产市场平稳健康发展。全年全区房地产投资433.3亿元，同比增长7.5%；商品房销售面积1094.8万平方米，同比增长8.4%；商品房待售面积993.1万平方米，同比增长3.7%。商品房和住宅库存去化周期均持续处于合理区间。预防房地产市场风险防控，印发《2020年整顿规范房地产市场秩序方案》，明确35项违法违规行为和市场乱象问题，有效防范和化解房地产风险。倡导房地产企业针对疫情期减免房租，累计减免9000万元。发挥住房公积金支持职工个人合理住房消费作用，推进公积金管理标准化、服务规范化，全区归集住房公积金115.79亿元，同比增长4.9%，提取住房公积金88.32亿元，同比增长7.3%。

【新型城镇化发展】2020年，宁夏以推进内涵式新型城镇化发展为重点，制定《2020年全区新型城镇化建设重点任务》，明确4个领域、18个方面具体任务，统筹实施城市供水、污水处理、道路整治、园林绿化、生态环保、特色街区和老旧管网改造等重点项目，加快大中小城镇协同发展。加快城市更新改造。联合有关部门争取各类资金104380.09万元，完成老旧小区计划任务36247户（套），占年度计划任务的69.33%；开工16038户（套），开工率为100%，完成投资157312万元。有效解决一批基础设施老化、服务功能不健全等问题。科学推进城市地下综合管廊建设和入廊工作，各地累计开工建设管廊项目62.3千米，形成廊体61.49千米，完成投资76.26亿元。加强城市生态建设，按照“300米见绿、500米成园”要求，指导各市、县（区）对标国家及自治区“十三五”目标，加强园林绿化项目建设。2020年，全区共实施园林绿化项目96项，概算投资4亿元，新建绿化总面积600余公顷，年度城市建成区绿地率提高0.5个百分点。持续推进污水处理提质增效三年行动，累计争取各类补助资金2.86亿元，支持各地建设一批城镇污水收集和处理设施。全区13条黑臭水体整治任务全部完成，并按照住房和城乡建设部、生态环境部要求开展整治效果评估，公众满意率均为90%以上。

【乡村建设】2020年，宁夏按照“到2020年全区所有乡镇和90%规划村庄达到美丽乡村建设标准”目标，高标准完成20个美丽小城镇、100个美丽村庄建设。以乡村振兴、高质量发展为方向，自治区政府出台《关于推进美丽乡村建设高质量发展的实施意见》，启动重点镇和美丽宜居村庄、传统村落等新形态、新模式村镇建设项目。按照“两次六分、四级联动”治理模式和先易后难、稳步推进原则开展农村生活垃圾治理，试点推进农村生活垃圾分类和资源化利用示范项目创建，加快农村生活垃圾治理全覆盖，整治销号全区75个非正规垃圾堆放点，生活垃圾有效治理的村庄达到95%。利通区、隆德县被评为2020年度全国农村生活垃圾分类和资源化利用示范县。

【建筑产业】2020年，宁夏加快建筑产业化进程，推进绿色建筑和进装配式发展，全年实施绿色建筑面积1440万平方米，完成既有建筑节能改造185万平方米、可再生能源应用试点示范55093平方米，建筑节能标准设计执行率100%，全区装配式建筑总面积达到100万平方米，培育2个装配式建筑产业化示范基地，3个自治区级建筑产业化基地，其中宁夏建筑工业装配产业化有限公司被评为国家级产业化基地，全年完成区内企业建筑产值641.81亿元，同比增长6.7%。出台鼓励与区外先进建筑企业联姻合作、优化资质管理的优惠政策，加快人员资质管理改革，推动企业竞争力提升。转变建筑市场监管方式，积极推进“智慧建管”，发布《智慧工地建设技术标准》，建立覆盖勘察设计、施工图审查、招投标、施工许可、合同管理、工程建设安全管理、质量管理、竣工验收备案各环节的协同平台，实施智慧建管试点项目36个，19.8万名农民工被纳入实名制管理平台。

【质量安全管理】2020年，宁夏深化以“加强工程质量安全监管”等为重点的建筑领域突出问题专项整治，搭建关键岗位人员线上管理平台，运用设备物联技术强化升降机等关键部位监测，开展质量安全与企业管理标准化双考评、标准化建设观摩、建筑工人技能大赛等活动，提升工程质量安全精细化、精准化管理水平。承接消防职能调整，出台《关于进一步做好特殊建设工程消防设计审查工作的通知（试行）》，印发《关于做好建设工程消防验收工作的通知》，依托自治区工程建设项目审批管理系统推进建设工程消防设计审查验收备案网上办理。完成《宁夏建设工程勘察设计管理条例》修订，印发《关于推进全区施工图设计文件审查制度改革工作的通知》《关于开展施工图设计文件免审试点的通知》等政策，六类工程不再进行施工图审查，在区内甲级、乙级设计企业开展免审试点。

【深化改革】2020年，宁夏全面深化工程建设项目审批制度改革，精减流程、优化环节，所有事项实现100%网上办理，对一般既有建筑（含老旧小区）改造等六类高频办理项目实行“定制审批”，全流程审批时限政府投资项目控制在85个工作日以内、社会投资项目控制在60个工作日以内、小型低风险项目控制在25个工作日以内，疫情防控期间推行的“三加两变”审批改革经验被国家工程建设项目审批制度改革工程领导小组办公室以2020年1号文件向全国推广，工程建设项目审批“一张网、集成办”改革被国家发展改革委作为“一省一案例”收录在《中国营商环境报告2020》中向全国推广。加大行政审批改革力度，推进层级压缩、材料精简、流程再造，加快“一窗受理、一网通办、一次办结”审批服务改革，共取消、合并政务服务事项11项，精简资质申报材料八大类121项。制定《全区住房和城乡建设领域“证照分离”改革全覆盖试点实施方案》，对住房和城乡建设领域13项涉企经营许可事项实行清单化管理，“证照分离”改革在全区率先一步到位。推进“互联网+监管”，对4700多家区内外建筑企业、7.5万名从业人员进行信用管理，企业覆盖率为95%以上。总结推广银川市、盐池县、惠农区红果子镇国家第三批新型城镇化综合试点经验。

【勘察设计与消防】2020年，宁夏共有勘察设计企业128家，其中，甲级资质企业16家，具备施工图审查资质的机构7家（其中，一类机构5家，二类机构2家），125家外省勘察设计企业登记诚信信息。全年行业营业收入达到31.1亿元，行业从业人员达到5455人，其中各类专业注册人员1033人。全区共受理建设工程消防设计审查707件，办结689件；受理建设工程消防验收768件，办结749件；受理建设工程消防验收备案583件，办结561件；办结率分别达到97.45%、97.53%和96.23%。2020年，修订《宁夏建设工程勘察设计管理条例》，印发《宁夏回族自治区工程勘察设计企业和勘察设计注册工程师信用评价管理办法（试行）》，构建以信用为核心的市场监管体制。缩小施工图设计文件审查范围，对未涉及主体承重结构变动的立面改造等六类小型工程施工图实施免审。开展勘察设计单位施工图免审试点，认定2家免审试点企业。开展年度全区勘察设计市场质量专项执法检查，检查企业46家，抽检项目60个，对存在问题的勘察设计企业给予诚信扣分。制定并印发《关于做好建设工程消防验收工作的通知》《关于进一步做好特殊建设工程消防设计审查工作的通知(试行)》等相关文件，明确消防设计审查验收的程序、法律文书等，为全区建设工程消防设计审查验收工作提供政策支撑。4月，组建涵盖建筑、结构、给排水、暖通、电气、建筑施工、建筑消防等专业领域的消防专家库，充分发挥专家的技术支撑优势。

【法制建设和普法工作】2020年，宁夏落实中央、自治区法治政府建设与责任落实督察工作规定，推行主要负责人带头述法制度。制定并印发《2020年全区住房和城乡建设系统推进依法治建和法治政府建设重点任务分工方案》《2020年住房和城乡建设系统普法依法治理工作要点及落实分工方案》，修订《住房和城乡建设厅普法责任制“四清单一办法”》。成立住房和城乡建设厅法治建设领导小组，印发《关于加强普法和法治政府建设联络协调工作的通知》，建立全区住房和城乡建设系统法治建设信息报送、培训交流、协调会商及联络负责工作机制。公开选聘2家律师事务所为住房和城乡建设厅机关及厅属单位提供法律服务。推进行业立法，完成《宁夏建筑管理条例》《宁夏建设工程勘察设计管理条例》《宁夏建设工程造价管理条例》“打包”修订。自治区政府出台《关于推进美丽乡村建设高质量发展的实施意见》。对廉租住房和经济适用住房保障办法开展立法后评估，提出修订及建议。强化规范性文件审查、清理，对6件住房和城乡建设厅发布的规范性文件进行合法性审查并及时报备，报备率、及时率、规范率均为100%。对住房和城乡建设领域11件地方性法规、10件政府规章、6件党内规范性文件、13件自治区政府规范性文件、345件住房和城乡建设厅发布的规范性文件开展集中清理，清理工作被自治区政府办公厅通报表扬。开展法治培训和法治宣传，完善学法用法制度，组织《宪法》《民法典》专题培训4次，增强住房和城乡建设厅系统干部法治素养和依法行政能力。以“宪法宣传周”“安全教育培训月”“节能宣传月”等活动为载体，开展“法律八进”活动。利用网络媒体打造线上普法阵地，充分运用数字化城管平台开展“互联网+城管法治宣传”行动，增强普法宣传实效。开展住房和城乡建设厅系统“七五”普法验收评估，得到住房和城乡建设部法规司及自治区依法治区办充分肯定。法治建设和普法工作经验被《中国建设报》刊载。推动规范公正文明执法，作出行政处罚6件，开展专项行政检查5次，全部向社会公示。强化执法全过程记录培训，实现执法记录仪对现场执法活动实时监控和记录备案全覆盖。实行重大执法决定法制审核提前介入，将法制审核“关口”前移，变“后续审查”为“会审前置”。开展扫黑除恶专项斗争，重点加强工程建设和房地产领域突出问题专项整治，办结督导组交办及自行摸排线索12件。加强监管和信用体系建设，修订《宁夏工程建设项目审批事中事后监管办法》，制订《宁夏预拌混凝土企业信用评价管理办法(试行)》《宁夏工程勘察设计企业和勘察设计注册工程师信用评价管理办法(试行)》《宁夏房地产开发企业信用信息管理办法(试行)》，完成建筑市场监管服务系统与自治区“互联网+监管”系统数据对接，进一步加强事中事后监管，有效提升行业监管水平。

【教育培训和专业技术队伍建设】2020年，宁夏制定并印发《2020年全区住房和城乡建设系统教育培训计划》，争取培训资金140万元，全年共安排培训项目31个，培训全区住房和城乡建设系统干部职工5000余人。印发《关于开展2020年厅系统干部网络培训的通知》，对全区住房和城乡建设系统84名学员网络学习情况及时进行督学，县处级以上干部完成学习贯彻党的十九届四中全会精神厅处级干部网络轮训任务。选派7名干部参加自治区党校春秋季学期教育培训班。选派10名干部参加全国住房和城乡建设系统领导干部致力于绿色发展的城乡建设专业能力提升系列培训班。完成全区住房和城乡建设系统人才盘点工作，共盘点助理工程师以上专业技术人员1514人，一级执业注册工程师4820人。完成全区住房和城乡建设系统高层次人才信息统计补录工作，增加补录高层次退休人员以及研究生学历人员25人。推荐1人为自治区青年拔尖人才培养工程人选。印发《关于进一步规范建筑施工企业主要负责人、项目负责人和专职安全生产管理人员安全生产考核及教育培训工作的通知》《2020版全区建筑施工企业“安管人员”安全生产考核题库》等文件，强化安全生产考核管理工作。全面推行电子证书，对核发的“安管人员”和特种作业人员42711件纸质证书全部换发电子证。推动二级建造师、安管人员和特种作业人员电子证照纳入自治区统一电子证照库，总计入库79075件。全年组织建筑领域从业人员教育培训26357人，其中安管人员10048人，施工现场专业人员1727人，特种作业人员3024人，建筑工人11558人；开展住房和城乡建设领域施工现场专业人员职业培训试点，完成培训8期次、1727人；组织二级注册建造师继续教育5458人次。

(金　鹏)

新型城镇化建设和城市管理

2020年，银川市公交运营车辆中投入新能源车辆615辆（图为新能源公交车在公交车场充电）

【概况】2020年，宁夏围绕国家和自治区新型城镇化"十三五"规划及年度重点工作，编制并印发《2020年自治区新型城镇化建设重点任务工作》，落实建设黄河流域生态保护和高质量发展先行区要求，以促进人的城镇化为核心，有序推进农业转移人口市民化，完善顶层设计，优化城镇空间格局，加快城镇建设由规模扩张向质量提升转变，提升城市功能和宜居水平，支持特色小镇有序发展，推动城乡融合发展，推进新型城镇化有序发展。2020年，宁夏常住人口城镇化率为64.96%；户籍人口城镇化率为47.09%，比上年提高0.7个百分点。坚持以改善城市人居生态环境为主线，以提升城市承载力和综合竞争力为重点，不断推进城市基础设施建设，加强城市运行管理，全区人均城市道路面积达到26.36平方米，城市污水处理率达到97.02%，公共供水普及率达到98.08%，燃气普及率达到91.06%。

【城镇化试点】2020年，宁夏将城镇化试点与推进全区城镇化工作有机衔接，下达城镇化试点奖补资金400万元。第三批国家新型城镇化试点顺利通过国家发改委评估验收。银川市在优化营商环境、推动审批服务改革、探索形成智慧城市建设新格局和推行"互联网+医疗健康"模式等方面取得良好成效；盐池县加快城乡一体化进程，在推进城乡供水一体化、大水坑石油小镇建设、盐池滩羊产业发展、医疗改革等方面，全面推进国家新型城镇化综合试点工作向纵深发展；红果子镇完善行政管理体制改革，营造宜居环境，推进城乡融合发展，创建一、二、三产业融合发展示范区，为新型城镇化发展创造良好环境。

【城管执法和城市治理】2020年，宁夏加强城管执法机构和执法队伍建设，开展"强基础、转作风、树形象"专项行动，推行行政执法"三项制度"，全面提升文明执法水平。推动数字城管向民生领域延伸，5个地级市全部建成数字化城市管理平台，银川市举办全球智慧城市峰会。规范开展"地摊经济"管理和公厕提档升级、"见框停车"等行动，保障城市秩序。印发《关于全面开展生活垃圾分类工作的实施意见》，编制全区生活垃圾分类规范和评价标准，垃圾分类工作全面推开，共处理生活垃圾135万吨。推进物业管理标准化服务，做好全区2683个、1.82亿平方米住宅小区物业区域疫情防控。印发《全区住房和城乡建设系统扫黑除恶专项斗争2020年工作要点》，加强工程建设和房地产领域突出问题专项整治，中央督导组及"12337"举报平台交办的5个线索全部办结。

【历史文化名城和历史建筑保护】2020年，宁夏贯彻落实《中共中央　国务院关于进一步加强城市规划建设管理工作的若干意见》《住房和城乡建设部历史文化街区划定及历史建筑确定工作方案》，制定《宁夏回族自治区历史建筑确定标准》，在全区5个地级市和灵武市、青铜峡市开展历史建筑及潜在对象的摸排、确定、建档和公布挂牌确定工作。截至2020年年底，全区共确定挂牌公布历史建筑44处（其中，银川市22处，石嘴山市13处，吴忠市1处，固原市5处，灵武市1处，青铜峡市2处）。完成历史建筑（一期）测绘建档及保护图则制定27处，完成挂牌27处。

【地下综合管廊建设】2020年，银川市、石嘴山市、吴忠市、宁东管委会开工建设城市地下综合管廊62.3千米。截至2020年年底，累计形成廊体61.49千米，累计完成投资77.26亿元。其中，银川市开工建设43.62千米，累计形成廊体43.62千米，累计完成投资62.42亿元。

【海绵城市建设】2020年，在固原市先行先试海绵城市基础上，宁夏围绕"渗、滞、蓄、净、用、排”的六字方针，结合城镇老旧小区改造，新建改建道路、广场、停车场、公园绿地等建设项目，通过透水铺装、建设雨水花园等措施，增强道路、绿地对雨水的消纳功能；新建、改扩建一批城市生活污水处理厂、再生水厂、雨污分流、排水防涝、黑臭水体治理等项目，全面推进海绵城市建设。全区7个设市城市累计建成海绵城市面积为123.62平方千米，占全区设市城市建成区总面积的24.95%。城市水环境明显改善，人民幸福感、获得感和安全感不断增强。

【城镇水污染防治】2020年，宁夏推进全区城市黑臭水体整治工作，13条黑臭水体整治任务全部完成，按照住房和城乡建设部、生态环境部要求开展整治效果评估，公众满意率均为90%以上。持续开展城镇污水处理提质增效三年行动，争取资金支持固原市城镇污水处理提质增效、中卫市长城街老旧集污管网改造、隆德县城北片区排污管网配套设施建设等项目建设。2020年，全区城市生活污水排放总量为36756万立方米，污水处理总量为34691万立方米，城市生活污水处理率为97.02%。

【人居环境改善】2020年，宁夏贯彻落实《自治区住房和城乡建设厅贯彻落实中央环境保护督察“回头看”及水环境专项督察反馈意见整改方案》《自治区住房和城乡建设领域打赢蓝天保卫战三年行动计划（2018—2020年）》，全面做好住房和城乡建设领域大气、水、土壤污染治理工作。指导银川市积极创建国家生态园林城市，同心县、中宁县积极创建国家园林县城，石嘴山市积极做好国家园林城市复查整改。指导各地调整优化城市绿化布局，提升绿化品质，按照“300米见绿、500米成园”要求，指导各市、县（区）对标国家及自治区“十三五”目标，加强园林绿化项目建设。2020年，全区共实施园林绿化项目96项，概算投资4亿元，新建绿化总面积600余公顷，年度城市建成区绿地率提高0.5个百分点。

（金　鹏）

美丽乡村建设

【概况】2020年，宁夏紧扣脱贫攻坚和全面建成小康社会目标任务，围绕“产业兴旺、生态宜居、乡风文明、治理有效、生活富裕”乡村振兴战略总要求，统筹抓好疫情防控和村镇项目建设，高质量推进美丽乡村建设发展。高标准完成美丽小城镇20个、美丽村庄建设100个。自治区政府制定并出台《关于推进美丽乡村建设高质量发展的实施意见》，面向乡村现代化建设，谋划启动重点小城镇和高质量美丽村庄、传统村落保护等新一轮美丽乡村建设重点工程，推动美丽乡村建设向更高层次迈进。加快智慧乡村建设，配套研发《宁夏村镇建设在线监管信息系统》，优化项目建设流程，全面实现乡村建设项目从项目立项、申报、审批、实施、竣工验收、资金拨付、成果展示全流程、全路径监管，切实提高村镇建设和管理水平。支持新建“集聚提升类、城郊融合类”高质量美丽村庄50个，占年度任务的100%，完成固定资产投资2.71亿元，占年度总投资计划的181%。

【特色小（城）镇】2020年，宁夏巩固提升特色小城镇培育创建成果，加强特色小城镇建设日常指导监督管理，及时调整配齐驻镇志愿服务联络员，落实特色小城镇自治区财政奖补资金5000万元，整合和吸引社会投资1.2亿元。实施年度各类项目31个，其中建设产业园区5个，吸纳就业1.5万人，特色小城镇连城带乡的作用明显增强，发展层级得到提升。“十三五”期间，自治区财政对特色小城镇累计奖补资金达6亿元，整合和拉动社会投资120多亿元，开工建设各类项目380多个，小城镇聚集辐射带动能力显著提升，成为推进新型城镇化、实施乡村振兴战略的新引擎。

【农村危窑危房改造】2020年，宁夏组建县级查补工作专班、住房和城乡建设厅一线督战工作组、派驻技术指导组，建立并严格落实“日查周调月改季住半年评”即增即改、动态清零工作机制，排查核定的1.74万户贫困户危窑危房于2020年6月30日改造完成，如期实现脱贫攻坚贫困群众住房安全有保障目标。对19.08万户建档立卡贫困户住房安全有保障工作进行逐户核验，全部通过国家验收。危窑危房改造经验做法得到住房和城乡建设部肯定及推广。“十三五”时期，各级财政累计支持补助70.6亿元，社会融资和群众自筹350亿多元，改造危房危窑49.25万户，近半数常住农户从危房搬进新房，群众住房条件和农村环境面貌得到改善，脱贫攻坚贫困户住房安全有保障任务目标完成。

【抗震宜居农房建设】2020年，自治区政府出台《全区抗震宜居农房改造建设实施方案》，印发《宁夏农村住房抗震性能评估导则（试行）》《宁夏抗震宜居农房加固改造建设技术导则》等标准规范，研发宁夏抗震宜居农房改造建设在线监管信息系统及手机APP端数据采集系统，在全国率先全面推开抗震房改造，在逐户开展农房调查和抗震性能评估基础上，对达不到抗震设防要求的唯一住房支持实施抗震宜居农房改造，已完成农房调查和抗震性能评估24万户，实施抗震宜居农房改造2.2万户，占年度计划任务的107%。开展排查消除农村住房不安全因素专项行动，排查出全区农村住房总量112.9万户（其中，安全住房110.26万户，非贫困户等C级危房1.7万户、D级危房0.94万户），制定《全区农村非贫困户和自主迁徙居民等特殊群体危房整治专项行动方案》，对其中符合抗震宜居农房改造政策的纳入补助范围提前实施改造，对房屋闲置、不愿意改造和另有安全住房等不符合支持政策的，综合采取劝导到安全房居住、拆除新建、停住封存并过渡安置、空置清理等措施，加大清理整治力度，共结合危窑危房改造建新拆危清理不安全住房15万户，基本消除农村住房安全隐患。

（金　鹏）

【农村生活垃圾治理和村庄清洁行动】2020年，宁夏印发《关于建立农村生活垃圾分类治理体系的指导意见》《全区县域农村生活垃圾治理专项规划及年度治理计划》，建立科学高效垃圾收运体系，在配齐保洁员、垃圾箱、直收直运收集车、压缩转运车辆的同时，试点推进可回收垃圾、有机垃圾等源头分类减量和资源化利用。累计配置各类分类垃圾箱（筒）26万余个、大中小型垃圾收集转运车辆7500多辆、农村生活垃圾中转站223个、填埋场187个、村环卫保洁员2万余名，55个非正规垃圾堆放点全部整治销号，建设垃圾分类分拣示范点435个，全区95%的村庄农村生活垃圾得到有效治理。永宁县、利通区、隆德县被评为"全国农村生活垃圾分类和资源化利用示范县"。全区开展村庄清洁行动"春节战役""夏季战役""秋冬季战役"，农村人居环境得到有效改善。2018—2020年，村庄清洁行动实现所有行政村全覆盖，参与群众达398.6万人次，累计清理生活垃圾220万吨以上、农业生产废弃物180万吨以上、乱堆乱建30万余座、残垣断壁35万余处，绿化美化村庄400个。结合新冠肺炎疫情防控，引导农民群众自觉清扫卫生，及时消毒垃圾收运设施，确保疫情防控期间清洁行动不断档，从源头预防和控制疾病传播。西夏区、利通区被评为"全国村庄清洁行动先进县"。探索构建农业废弃物资源化利用的有效治理模式。全区畜禽粪污资源化利用率达到90%、农作物秸秆综合利用率达到85%、废旧农膜回收率达到84%。

【农村生活污水治理】2020年，宁夏制定并印发《宁夏农村生活污水治理实施意见》《宁夏农村生活污水处理设施建设运维技术指导意见》《宁夏农村生活污水排放标准》，根据农村不同区位条件、村庄人口聚集程度、污水产生规模，采取就近纳入城镇排污管网、相对集中污水治理或新建一体化小型治理设施等方式，梯次推进农村生活污水治理。累计建设污水终端治理设施218座，铺设管网2000千米以上，一、二类县农村生活污水治理率达到30%，三类县农村生活污水治理率达到15%。全区804条河流、沟道和118个湖泊全部纳入河湖长制管理，落实河长3670名、湖长228名，实现河湖"全覆盖"和"应管尽管"。兴庆区、中宁县、沙坡头区引入大数据、智慧云平台，实现农村生活污水处理设施自动运行，远程控制。隆德县被评为"全国农村生活污水治理示范县"。

【农村厕所改造】2020年，宁夏制定农村"厕所革命"实施意见及3个技术指导意见。因地制宜选择改厕模式，推广钢筋混凝土三格化粪池、节水防冻等改厕技术，有效破解干旱寒冷地区水冲式厕所技术难题。建立自治区改厕产品合格名录，连续备案发布5批11家合格企业名录，将3家不合格企业列入黑名单，从源头上提高农村改厕质量。强化施工全过程监管，自治区成立2个质量抽查组并聘请第三方监理对化粪池质量、施工安装、冬季保暖等关键环节进行现场巡检，发现问题，限期整改。围绕改厕合格率、完成率、使用率和满意度，自治区和市一级以不低于10%的比例随机抽验，县乡按照100%比例全面自验，做到所有乡村、改厕模式、产品类型、施工企业全覆盖，确保改一个、成一个、用一个、一年四季都能用。逐县开展农村改厕"明白人"培训，累计培训8800余人。累计完成农村卫生厕所改造28万户，建设农村公厕443座，卫生厕所普及率为58%（其中，一、二类县为89%，三类县为41%）。

【生态宜居乡村建设】2020年，宁夏制定并印发《宁夏统筹推进村庄规划工作实施方案》，统筹农村生态保护修复、农村产业发展、公共基础设施布局等要素，做好村庄调查、分类和布局，推动各类规划在村域层面"多规合一"。2018—2020年，全区完成所有自然村调查统计，形成全区村庄调查数据库；按照集聚提升、特色保护、城郊融合、搬迁撤并、整治改善等5种村庄类型，完成村庄分类；开展"多规合一"村庄规划试点19个，已编制规划的村庄234个。加快补齐农村基础设施短板，持续推进乡村道路、饮水供电、危房改造、宽带通信等基础设施建设，提升农村公共服务水平。累计打造美丽村庄333个，美丽小城镇57个，特色小城镇12个，新建农村住房8万户，新建农村公路4400千米，建制村基本实现道路硬化，自然村通硬化路比重达到96%，红寺堡区、原州区被评为全国“四好农村路示范县”；太阳能热水器实现农户全覆盖，4G网络覆盖率达98%，农村自来水普及率达90%，为建成全面小康社会、实现农村现代化奠定基础。

（张　力）

住房保障

【概况】2020年，宁夏统筹疫情防控和开复工工作，坚持以“四率”（棚改开工率、基本建成率、租赁补贴发放完成率、公租房入住率）为抓手，扎实推进保障性安居工程建设。2020年，宁夏计划改造城镇棚户区住房5300套，实际开工6202套，占年度计划的117.1%；计划投资6亿元，实际完成投资13.39亿元，占年度计划的223.2%，年度绩效评价良好。同时，注重提高住房保障效率，促进住房保障高质量发展，公租房入住率始终为90%以上，通过实物配租和发放租赁补贴，为17.27万户城镇住房困难家庭提供住房保障。疫情期间，全区住房保障部门注重做好城市低收入住房困难家庭的住房保障和服务管理工作，突出解决环卫、公交、青年教师、新就业大学生及退役军人等新市民群体住房困难，全年保障公交、环卫职工2509套，青年教师、青年医生2307套，退役军人1452套，外来务工人员37640套，发放住房租赁补贴9031户。

【城镇棚户区改造获“广厦奖”】2020年，自治区政府将棚户区改造项目列入为民办实事内容，统筹疫情防控和开复工工作，坚持财力向民生项目倾斜，在实施棚户区改造项目中，宁夏除争取中央财政补助资金1.38亿元和中央预算内配套基础设施补助资金0.87亿元外，分两批下达配套补助资金2.55亿元。自治区政府坚持“为民棚改”思想，注重打造精品工程，“隆光·西萃芳庭一期”棚户区改造安置项目，获得第九届（2019—2020年度）中国房地产最高奖——“广厦奖”，“隆光·西萃芳庭二期”棚户区改造安置项目，获得第九届（2019—2020年度）“广厦奖”功能配套与物业服务优秀奖。

【公共租赁住房管理】2020年，自治区政府组织起草《关于完善城镇住房保障体系的指导意见（试行）》征求意见稿，规范完善公租房分配使用管理规定，严格保障对象资格审查，加强准入、使用、退出管理机制建设和检查，同时加强对公租房资产管理，定期组织开展资产盘点，做到“账、卡、物”相一致。公租房信息化建设有序推进，银川市正式全面启用“全国公租房信息管理系统”，成为全国首个全流程实质性应用该系统的省会城市，该系统有效解决银川市公租房在线政策查询，公租房申请、审核、审批等环节问题，实现银川市民足不出户线上申请住房保障资格、办理进度实时查询、网上自主看房、了解房源位置、物业服务标准及相关公租房政策查询，真正实现住房保障申请“网络化”，缩短业务审核受理时限，线上业务不间断受理审核的功能，并根据业务需要与不同业务部门的数据端口进行对接，全流程实现提速提效。2020年，全区5个地级市完成公租房信息系统新框架下信息采集上线工作。

（金　鹏）

房地产业和市场

【概况】2020年，宁夏贯彻落实国家、自治区有关房地产市场调控决策部署，毫不动摇地坚持“房子是用来住的，不是用来炒的”定位，突出住房民生属性，以稳地价、稳房价、稳预期为目标，督促指导各地建立和落实房地产市场平稳健康发展城市主体责任制，因城施策强调控，统筹兼顾防风险，持续整治严监管，切实维护全区房地产市场持续平稳发展运行态势。截至2020年年底，全区房地产投资433.3亿元，同比增长7.5%；商品房销售面积1094.8万平方米，同比增长8.4%；商品房待售面积993.1万平方米，同比增长3.7%，商品房和住宅库存去化周期均持续处于合理区间，全区房地产市场呈现良好运行态势。

【房地产市场整治和风险防范】2020年，宁夏开展房地产市场秩序整顿规范工作，明确重点查处房地产企业易发生的35项违法违规行为和市场乱象问题，加强全区房地产开发和中介机构及从业人员的监管，规范企业经营行为，加大对违法违规行为的查处曝光力度。全区共计检查房地产开发企业和中介机构1195余家，查处违法违规房地产企业40家（其中，开发企业10家，经纪机构4家，估价机构3家，物业企业23家）；解决各类物业矛盾纠纷7000余件，下发房地产开发企业限期整改通知书1000余份。2020年，宁夏严格落实属地管理主体责任，完善风险排查、风险预警、领导包抓、限期化解等工作机制。各市、县住房和城乡建设部门主动与自然资源、市场监督、人力资源和社会保障、税务、信访、司法、公安、银行等部门联动协作，有效防范和化解房地产市场风险，帮助有关市、县加快化解遗留的逾期交房、“烂尾楼”等问题。按照《关于印发〈2020年度自治区机关单位和市、县（区）效能目标管理考核方案〉的通知》要求，研究并制定《市县化解房地产风险考核细则》，以平时调研、检查、专项工作完成情况等为主要依据，重点考核实际工作成效，落实地方政府主体责任，促进全区房地产风险化解工作不断夯实。

【房地产市场高质量发展】2020年，宁夏推进供给侧结构性改革，统筹兼顾房地产市场去库存和高质量发展，指导各市、县结合当地实际加强房地产市场供需双向调节，促进供求平衡。积极推动全装修、装配式、绿色建筑等商品住房开发建设，落实《宁夏回族自治区商品住宅全装修项目评审办法》，充分发挥财政资金激励引导作用，鼓励房地产开发企业从绿色、节能、科技、装配式、全装修、配套设施、优质物业服务等方面提升房屋供给质量，满足市场多层次住房需求。截至2020年年底，全区8家房地产开发企业开发的15个项目获得国家"广厦奖"，促进了全区住宅品质有效提升和城市人居环境改善。

【房地产市场监测】2020年，宁夏贯彻落实住房和城乡建设部《关于进一步规范和加强房屋网签备案工作的指导意见》等文件精神，按照自治区"数字政府"等信息化工作要求，为各市、县建设"互联网+智慧房产"服务平台"，2020年，初步完成全区联网运行，有效实现全区信息系统和数据标准统一、监管和服务并重、政务云集中部署、数据省级大集中等目标任务，解决基层住房和城乡建设部门相关信息系统滞后不统一、建设资金紧张、技术人员不足、部门间信息无法实时共享等难题，促进"国家—自治区—地级市—县(区)"四级联网模式运行，成为全国房地产市场数据库的重要组成部分。各市、县均建立和完善房地产市场运行数据统计及市场监测预警指标体系，助力全国、全区房地产市场监测"一张网"建设，为各级政府监管、调控、发展房地产市场创造积极条件，为多部门实时共享数据奠定坚实基础。

【物业服务管理】2020年，宁夏印发《关于进一步做好疫情防控期间物业管理工作的通知》《住宅物业管理区域新型冠状病毒肺炎疫情防控工作操作指引(试行)》等文件，夯实属地主体责任，要求各物业企业履职尽责协助社区治理，全力做好宁夏2600多个约1.8亿平方米住宅小区物业区域疫情防控工作。12月25日，宁夏住房和城乡建设厅房地产管理处被住房和城乡建设部评为"全国住房和城乡建设系统抗击新冠肺炎疫情先进集体"。开展全区物业管理和物业信访工作调研，形成《关于宁夏回族自治区物业管理工作调研情况的报告》，有关意见建议被住房和城乡建设部采纳。落实自治区党委、政府关于优化营商环境的决策部署，印发《关于明确住宅小区内供电设施移交有关事项的通知》。修订《物业服务合同(示范文本)》，规范物业服务管理。与自治区高院联合建立多元一体的矛盾调解机制并印发相关文件，将物业矛盾纠纷纳入司法调解工作。

(全　鹏)

建筑业与质量安全

【概况】2020年，宁夏房建和市政基础设施开复工项目1257个，其中2019年续建项目788个，2020年新建项目402个，全区开复工率为95%；开复工项目中，2019年政府投资项目复工313个，2020年新建政府投资项目173个。截至2020年年底，全区有建筑业企业2418家，其中本地施工总承包特级资质1家。施工总承包一级资质企业21家，专业承包一级资质企业44家。勘察设计单位113家，其中甲级13家。工程监理企业80家，其中甲级26家。造价咨询企业118家，其中甲级28家。招标代理机构260家。全区企业完成建筑业总产值641.81亿元，同比增长6.7%；建筑业增加值326.78亿元，同比增长3.4%，占全区地区生产总值的8.34%。加强建设工程招投标管理，制定并印发《宁夏房屋建筑和市政基础设施工程电子招标投标活动监督管理工作规程》，在监督管理权限、职责、方式、事项及内容方面进行了明确。联合自治区公共资源交易监督管理局印发《关于房建和市政基础设施工程电子招标投标启用"不见面开标系统"的通知》。

【施工质量安全标准化工地和建筑施工企业考评】2020年，全区共评选自治区级施工工法53项。吴忠市人民医院迁建项目(一期)门诊医技楼、住院楼工程和石嘴山银行银川分行办公大楼两个项目获"2020年度中国建设工程鲁班奖"。按照2020年初印发的《关于开展2020年度自治区级建筑施工质量安全标准化示范工程认定工作的通知》工作部署安排，以企业创建、属地考评后推荐、自治区认定为原则，督促各地住房和城乡建设行政主管部门按照相关规定对辖区项目全数开展建筑施工质量安全标准化考评，引导全区建筑业企业加强现场安全文明施工管理，加大隐患排查治理力度，推动全区建筑施工领域安全生产管理水平稳步提升，各市、县(区)共开展项目标准化考评600余项，推荐自治区级质量标准化示范工地118项，安全标准化示范工地187项，经自治区级建筑施工质量安全标准示范工地抽查认定质量标准化示范工地112项，安全标准化示范工地158项。要求5个地级市组织相关行业专家对各辖区内施工总承包企业逐个进行考评。通过企业自查自评、各市考评上报,全区共考评建筑施工企业573家(其中,银川市206家,石嘴山市27家,吴忠市133家,固原市59家,中卫市148家),考评为优秀等级的企业69家,良好等级的企业178家,合格等级的企业93家,基本合格等级的企业121家,不合格等级的企业111家。通过考评督促建筑企业完善内部规章制度,全面提升全区建筑施工企业安全生产管理水平,形成建筑施工企业安全生产标准化、规范化,推动落实企业安全生产主体责任。

【安全生产事故】2020年,全区共发生房屋建筑及市政基础设施工程施工生产安全事故5起,死亡4人,重伤1人,无较大及以上生产安全事故发生,事故起数及死亡人数较"十三五"期间年均水平分别下降40%和55%。按照事故发生地域分析:银川地区3起,占事故总数的60%;宁东管委会2起,占事故总数的40%。按照事故类型分析:高处坠落2起,占事故总数的40%;物体打击事故2起,占事故总数的40%;车辆伤害事故1起,占事故总数的20%。

【建筑市场规范整治】2020年,宁夏制定并印发《关于进一步深化建筑领域突出问题专项整治实施方案》,明确2020年专项整治范围和工作要求。于2020年7月1日至8月20日在依法必须公开招投标的房屋建筑和市政基础设施工程项目范围内,开展恶意竞标、强揽工程、转包、违法分包、贪污腐败等突出问题专项整治工作。对宁夏圣峰建设有限公司违法分包案件进行调查,提出处罚建议,形成调查报告,转执法局进行处罚。形成《关于宁夏圣峰建筑工程有限公司违法转包行为查处情况的报告》,报自治区监察委。按照自治区监察委转办件要求,对宁港城市建设有限公司有关投诉事宜开展调查,组织房地产处、质量安全总站、招投标管理中心、执法局召开专题协调会,形成调查建议,正式启动调查工作。针对一起围标串标违法违规行为,成立专项调查组,组织起草调查方案,开展专项调查。印发《关于规范全区工程建设项目审批中介服务管理的通知》,发布自治区级工程建设领域行政审批事项中介服务事项清单,明确工程建设领域行政审批中介服务范围和收费标准,破除中介服务垄断,加强中介服务日常监管,全面规范工程建设领域行政审批中介服务管理。

(全　鹏)

建筑节能与科技

【概况】2020年,宁夏贯彻并实施《民用建筑节能条例》《宁夏回族自治区绿色建筑发展条例》,建筑节能与建设科技工作取得明显进步。截至2020年年底,新建建筑节能设计和施工阶段执行节能标准的比率达到100%,既有居住建筑节能改造实施185万平方米,新建建筑中绿色建筑占比达到64%,绿色建材评价标识工作有序推进,巩固新型墙材推广应用,新型墙体材料应用比例达到90%,加快装配式建筑发展,全区建设装配式建筑面积累计完成100万平方米,可再生能源应用规模持续扩大,新增太阳能光热建筑面积252万平方米。制定并发布八部地方标准,完善宁夏工程建设标准化专家库,开展全区工程建设标准工作落实及标准强制性条文实施情况调研。完成《宁夏回族自治区建设工程造价管理条例》的修订工作。

【建筑节能和绿色建筑】2020年,宁夏落实国家节能环保、低碳发展的产业政策,加强日常督查和服务指导,开展全区建筑节能、绿色建筑、装配式建筑实施情况专项检查,督促指导各地严格执行建筑节能、绿色建筑等工程建设标准,全区新建建筑节能整体水平提高。全年共完成新建建筑1440万平方米,新建建筑节能标准执行率达到100%。各地完成既有居住建筑节能改造共185万平方米。实施自治区生态立区发展战略,把绿色建筑、装配式建筑作为推进建筑业绿色发展的重要举措。印发《关于进一步加强绿色建筑管理工作的通知》,全面推行2019版《绿色建筑评价标准》。与自治区发展改革委等七部门联合印发《宁夏回族自治区绿色建筑创建行动实施方案》,开展为期三年的绿色建筑创建行动。年内新增实施绿色建筑面积930万平方米,绿色建筑占新建建筑比例64%。积极推广应用绿色建材,印发《宁夏绿色建材产品认证推广及生产应用实施方案》,强化绿色建材产品认证推广工作。

【建筑产业现代化和建筑科技】2020年,宁夏落实《关于大力发展装配式建筑的实施意见》,完善顶层设计,扩大政策引导效应,有序推进装配式建筑发展。全年实施装配式建筑100万平方米,培育2个装配式建筑产业化示范基地,3个自治区级建筑产业化基地,其中宁夏建筑工业装配产业化有限公司被评为国家级产业化基地。强化科技成果和实用技术推广转化,组织实施绿色施工科技示范工程、建筑业新技术应用示范工程、绿色智慧建造示范工程、装配式建筑示范工程建设,充分发挥示范引领和带动作用。推广应用工程建设关键技术和工法，以技术进步支撑装配式建筑、绿色建造等新型建造方式发展。2020年，组织完成25家企业申报的134项自治区级工法关键技术鉴定，组织新技术新产品鉴定3项；新技术新产品推广认证6项。发布《宁夏建设领域推广应用和限制禁止使用技术和产品目录（2020版技术公告）》。

【建设标准和建设法规】2020年，宁夏完成《智慧工地建设技术标准》（DB64／T 1684-2020）、《建设工程检测报告编制导则》（DB64／T 1685-2020）、《复合保温板结构一体化系统应用技术规程》（DB64／T 1539-2020）、《湿陷性黄土地区低矮居住建筑地基处理技术规程》（DB64／T 1702-2020）、《混凝土结构成型钢筋加工配送技术标准》（DB64／T 1703-2020）等8项标准的审定备案和发布。提升工程造价服务能力，健全和完善工程造价政策法律制度，完成《宁夏回族自治区建设工程造价管理条例》的修订工作。《宁夏回族自治区建设工程造价管理条例》于2020年6月9日经自治区第十二届人民代表大会常务委员会第二十次会议审议通过。

【建设工程造价管理】2020年，宁夏印发《自治区住房和城乡建设厅关于新冠肺炎疫情防控期间建设工程造价计价有关事项的通知》。贯彻落实修定后的《自治区建设工程造价管理条例》建设工程类别确认管理制度。公开造价信息发布，修订完成《关于发布全区工程材料及人工价格信息的通知》。利用工程材料及人工价格采编审系统进行价格信息的采集、编制和审核工作，按时发布6期《宁夏工程造价》。扩大全区造价咨询行业规模，增强服务工程项目建设能力。截至2020年年底，全区有本地工程造价咨询企业165家，较上年底增加32家，增长率为24%；其中甲级资质企业40家，乙级（含暂乙级）资质企业125家；外省进宁工程造价咨询分支机构216家，较上年底增加12家，增长率为5%。

（金　鹏）

住房公积金管理

【概况】2020年，宁夏归集住房公积金115.79亿元，同比增长4.9%，提取住房公积金88.32亿元，同比增长7.3%，发放住房公积金个人贷款1.66万笔，同比下降4.6%。发放住房公积金个人贷款69.77亿元，同比增长3.21%，支持职工购房208.75万平方米，为职工节约利息支出83798.89万元。截至2020年年底，全区住房公积金实缴达66.49万人，累计归集1008.72亿元，累计提取654.79亿元，累计发放个人住房贷款29.97万笔654.93亿元，个人贷款率为80.9%。落实阶段性支持政策助力企业复工复产，全区共受理1721家企业缓缴申请，涉及职工134435人，缓缴金额59598.26万元（其中，企业部分29799.13万元，个人部分29799.13万元），纾解企业资金压力，以实际行动帮助企业渡过难关。

【住房公积金运行管理】2020年，宁夏印发《实施宁夏住房公积金业务操作规范》，为实现全区住房公积金管理标准化、服务规范化、办件高效化、数据精准化、风险可控化，促进住房公积金管理服务工作提档升级，推动住房公积金行业高质量发展奠定基础。为加强和规范住房公积金管理，落实中央和自治区深化“放管服”及优化营商环境的有关要求，印发《自治区住房和城乡建设厅关于进一步规范我区住房公积金管理的通知》，落实住房公积金管理委员会决策制度、依法履行监督职责、推进归集扩面和风险防控等工作，优化提升服务水平，拓宽制度普惠面，完善健全风险防控体系，为全自治区住房公积金健康发展提供保障。

【优化营商环境】2020年，宁夏推进“跨省通办”工作。按照《住房和城乡建设部办公厅关于做好住房公积金服务“跨省通办”工作的通知》要求，完成2020年“跨省通办”任务目标。其中，个人住房公积金缴存贷款等信息查询和正常退休提取依托于综合服务平台的网上业务大厅已实现全程网办。开展“一网通办”。按照市场监管总局等六部门关于进一步优化企业开办服务的要求，与自治区市场管理厅对接“企业开通一网通办平台”，共享企业主体信息数据，实现企业开办与企业缴存登记“一网通办、一次办结”，减少审核环节，压缩开办时间。对接“好差评”系统。各中心全面贯彻落实国务院办公厅《关于建立政务服务“好差评”制度　提高政务服务水平的意见》，建立差评和投诉问题调查核实、督促整改和反馈机制的“好差评”管理体系，倒逼服务提质增效，推进公积金规范化、标准化、精细化服务再升级。

（金　鹏）

综合执法监督

【城市综合执法改革】2020年，宁夏创新城市治理机制，加强城市治理综合统筹。依托卫星遥感和无人机监测巡查系统，实现城市管理执法精细化、智能化新突破，提升城市管理执法效能。有效运用数字城管监督考核，城市管理业务实现数字化、信息化、智能化和综合化。推进城市综合管理服务平台建设联网，提高城市管理信息化水平。5个地级市及灵武市、贺兰县、永宁县、平罗县、盐池县、青铜峡市、同心县、隆德县、西吉县、彭阳县、中宁县完成数字化平台建设。落实文明执法行为规范，推行“七分服务、两分管理、一分执法”的“721”工作法，制定执法文明用语，明确紧急言行和行为标准，从根本上杜绝粗暴执法行为的发生。推进“城管进社区”，依托社区平台，建立城管社区工作站，服务为民，切实解决群众需求。建立网格化管理体系，科学划定网格单元，定人定岗定责，实行24小时巡查值班制度，加强常态化监管。

【行业监管和专项整治】2020年，宁夏加强行业监管，开展专项整治，行业乱象得到有效治理。对5家存在串标、转包问题依法进行查处。共受理质量投诉3087起，下发隐患整改通知书491份，下发停工整改通知书123份，行政处罚143.6万元。累计检查房地产企业1195家，受理投诉举报400余件，查处违法违规房地产企业55家，曝光典型案例3个，解决各类物业矛盾纠纷8000余次。截至2020年年底，自治区级共办理线索58条，已全部核查办结。通过开展专项斗争，全区建筑行业发展环境明显优化，住房和城乡建设领域突出矛盾逐步化解，服务群众和企业满意度明显提升。

【行政执法监督】2020年，全区行政处罚案件共13567件(其中，警告7087件，罚款3632件，没收违法所得17件，责令停止执业13件，经法制审核的案件2818件)。持有执法证件人员941名，法制审核人员59名。坚持公示制度，在住房和城乡建设厅网站公示行政检查结果，逐项列明表扬情况与处罚情况。自治区本级实施行政处罚6件，均在行政处罚决定书下发之日起7个工作日内将处罚结果在“信用中国(宁夏)网”“宁夏互联网+监管网”“自治区住房和城乡建设厅门户网”3个网站进行公示。

【市容市貌整治】2020年，全区提升市容市貌整治，破解城市“脏、乱、差”问题。整治占道经营、清理流动摊贩7000余处，规范乱停乱放非机动车辆15489辆，清理各类占道经营5480余人次，清理乱贴乱画、乱拉乱挂、乱树牌匾3000余处；划设停车泊位1.7万个，非机动停车线2万余米，规范非机动车辆5000余辆次，处罚非机动车乱停放210余起。加强环境综合整治，共整治背街小巷40处，维修路面1020处，人行道砖500处、改造公厕53处，拆除违法建筑4000平方米，清理卫生死角1500余处，乱堆乱放6000余处，清理各类垃圾120万余吨。加大对违规设置广告牌匾清理力度，拆除5200余块，档次提升4600余块，城市市容市貌发生较大变化。规范管理渣土运出车辆，查处扬尘、污染路面等投诉案件132起，对违规拉运、污染路面等行为进行行政处罚126500元。

【城市生活垃圾分类工作】2020年，宁夏认真贯彻落实习近平总书记关于垃圾分类工作一系列重要指示批示精神，按照国家、自治区开展垃圾分类工作的安排部署，协同有关部门，以构建投放、收集、运转、处置全链条处理体系为重点，统筹推进城乡生活垃圾分类工作。起草制定《关于进一步推进生活垃圾分类工作的实施方案》，编制《宁夏城市生活垃圾分类及评价标准》，规范城市生活垃圾类别、源头减量、分类投放与收集、分类运输、分类处理处置、分类管理等标准。建设固原市生活垃圾卫生填埋场、红寺堡区生活垃圾集中转运工程、中卫市生活垃圾填埋场和贺兰县建筑垃圾处置等一批重点项目，为垃圾分类工作提供有力支撑。全区城市生活垃圾无害化处理率达到99.86%。

【疫情防控】2020年，全区19000余名城市环卫工人和3000余名城管队员全部参与疫情防控工作。印发《关于进一步做好全区城市市容环卫系统新型冠状病毒感染的肺炎疫情防控工作的通知》《关于进一步做好全区城市管理执法系统新型冠状病毒感染的肺炎疫情防控工作的通知》《城市生活垃圾(疫情期)分类指导手册》《关于进一步做好疫情防控期间环卫保洁人员防护工作的通知》，指导各地做好从业人员安全防护和垃圾收运处等重点工作。加大生活垃圾收集、运输、处置监管力度，坚持生活垃圾日产日清。疫情期间，每日有7000余名城市环卫工人工作在一线，每日清运垃圾3000余吨。

(全　鹏)

NINGXIA YEARBOOK

自然资源管理

ZIRANZIYUANGUANLI

编辑◎马　静

综　述

【资源开发管理】2020年，全国第三次国土调查圆满收官，宁夏调查工作以“零约谈、零退回、零问责”的优异成绩，得到国务院调查办表扬，调查成果质量位列全国前三。全区国土空间规划体系建设进展顺利，生态红线内矛盾冲突问题完成评估调整，19个村庄完成“多规合一”实用性规划有序编制。规范矿产资源开发管理，13个矿山进入国家级绿色矿山名录，盐池县入选国家级绿色矿山发展示范区。推进矿业权公开出让，全部下放非煤矿山采矿权审批权。建设20处地灾隐患专业监测点，建成自治区级地灾监测预警平台。自然资源执法监管全面从严，开展全区卫片执法检查。建立公安、检察、法院、纪委监委等部门协作配合机制，开展沿黄14个县（区）破坏黄河生态问题专项执法，自然资源各类违法违规行为得到严惩重处。自然资源信息化管理体系在全国率先建成全覆盖、高精度的1∶2000基础地理信息数据库。在全国率先建立耕地保护、生态修复监测监管系统。全面推动自然资源“1+4”数据中心建设，建成集数据管理、系统集成、应用支撑和共享服务为一体的自然资源管理平台。全民所有自然资源资产清查、国有土地资源资产核算、自然资源资产负债表编制三项国家试点经验获自然资源部肯定。全面完成典农河、清水河、泾河等6条河流管理范围划定和青铜峡黄河库区湿地自然保护区确权登记，农村宅基地“房地一体”和集体建设用地确权登记发证应颁尽颁。

【管地用地】2020年，宁夏在全国率先建成节约集约利用评价监管平台，全要素、全流程、全区域、精准化开展批而未供和闲置土地盘活利用专项行动，处置低效用地5.52万亩，置换建设用地指标2.33万亩，开发区亩均投资强度、产出强度同比增长7.4%、2.91%，单位GDP建设用地面积下降4.16%。重点产业用地精准高效保障。出台保障葡萄酒等重点产业发展用地13条政策。制定统筹疫情防控和保障经济社会发展用地20条措施、优化用地审批保障建设项目用地的意见，点对点、面对面跟进服务，全年共批准建设项目用地226宗、5.33万亩。

【生态保护修复】2020年，宁夏在全国率先开展黄河流域生态现状底数清查，编制完成黄河流域宁夏段生态保护底数图册，汇集“一河三山”调查监测成果，建立三维立体时空数据库，形成生态保护修复治理“一张底图、一本账册、一个平台”。高标准完成“三山”（贺兰山、六盘山、罗山）生态保护修复专项规划编制。持续推进黄河流域矿山环境恢复治理、贺兰山东麓山水林田湖草生态保护修复试点工程等15个在建项目。持续深化贺兰山生态环境综合治理，加强区外围重点区域生态环境综合治理，11家煤矿关闭退出，20处遗留矿坑和无主渣堆完成整治，保留的12个矿山按“绿色矿山”标准实施建设，石嘴山崇岗、长胜2个煤炭集中加工区525家“散乱污”企业依法关停取缔、162家整治提升，贺兰山自然生态逐步恢复。耕地保护更加严格。坚决落实中央和自治区防止耕地“非粮化”、制止耕地“非农化”刚性要求，连续5年超额完成国家下达的耕地保护任务。

（郑　燕）

矿产资源管理

【地质和矿产资源勘查】2020年，全区实施基础地质调查项目5个，分别是灵武幅、磁窑堡幅1∶5万综合地质调查（续作）、永宁县幅、梧桐树幅、横山堡幅（宁夏境内)1∶5万综合地质调查(续作)、银川都市圈城市地质调查、宁夏卫宁平原土地质量调查、宁夏石嘴山地区富硒土地质量调查评价,总计投入财政资金785.5万元。实施地方急需矿产资源勘查项目7个,投入资金3482.25万元,其中自治区财政出资3082.25万元,带动社会资金投入400万元。累计完成钻探进尺29969.26米,槽探4451.63立方米,查明冶镁白云岩、水泥用灰岩、石膏等大矿产地6个。同心县石峡口北石膏矿勘探项目查明石膏资源量16488.77万吨,盐池县石记场石膏矿勘探项目查明石膏资源量23597.72万吨,青圪垯南段水泥用石灰岩矿勘探项目查明水泥用石灰岩资源量74812.04万吨,吴忠市青龙山西道梁南段Ⅱ区段化工灰岩勘探项目查明化工灰岩资源量19885.08万吨,中宁县烟洞山水泥用石灰岩矿勘探项目查明资源量31497.9万吨,吴忠市青龙山北段杜家圈南冶镁白云岩矿勘探查明资源量6926.2万吨。实施煤矿老矿山接替资源找矿项目2个,投入资金1866.47万元,均为社会资金。新增煤炭资源储量约1.5亿吨,可分别延长矿山服务年限38年,增加就业人数991人。6月18日,《宁夏回族自治区地质勘查基金管理办法》制定并出台,新版地勘基金管理办法删减了原管理办法对勘查矿种、勘查阶段的限制,对砂石土、石膏等低价值且社会需求旺盛的矿种予以支持,鼓励矿产勘查项目直接做到出让采矿权的勘查程度,维护了财政资金风险投资收益。

【矿产资源监管】2020年,自治区级矿产资源规划初稿已上报审核,市、县矿产资源规划启动编制;调整吴忠市、固原市、中卫市矿产资源规划,保障国家和自治区重点工程、重大项目及基础设施建设资源供应。制定并印发《宁夏矿业权人勘查开采信息公示核查工作方案》,首次采用人机结合完成2019年度信息公示核查工作,26家矿山企业列入异常名录。地质资料电子阅览室数据加工整理项目全部完成,馆藏所有地质资料实现电子查询,地质资料管理信息化水平得到提升。2020年度矿产资源国情调查完成10个矿种258个矿山外业核查。建设项目压覆矿产资源查询系统做法在全国交流。印发《关于进一步明确矿产资源储量评审备案有关事项的通知》,明确市场与政府职能界限。发布实施《宁夏煤矿绿色矿山建设规范》等4项规范,建成13家国家级绿色矿山和盐池县绿色矿业发展示范区,实施《宁夏回族自治区绿色矿山建设行动实施方案(2021—2022年)》,明确2022年年底全区所有生产矿山达到绿色矿山建设目标。

(郑　燕)

国土资源管理

【国土空间规划】2020年,宁夏研究制定《自治区国土空间规划编制工作推进方案》,接续深化空间规划“多规合一”试点成果,推进19项专题研究,形成自治区国土空间规划初步成果。初步建立自治区级国土空间专项规划现状档案库,形成《宁夏回族自治区国土空间相关专项规划调查研究报告》。研究并制订《市县国土空间总体规划编制指南(试行)》,建立月调度、季通报、年考核的工作进度推进机制,各市县国土空间总体规划编制取得阶段性成果。完成19个“多规合一”实用性村庄规划试点成果的审查完善和整理入库,将试点经验总结提炼为《宁夏村庄规划编制指南(试行)》《宁夏村庄规划用地分类指引(试行)》《宁夏村庄规划成果数据库技术规定(试行)》3项技术规范,推动村庄规划编制进入常态化。宁夏村庄规划经验做法被纳入全国村庄规划编制技术标准试点省(区)。初步搭建国土空间规划实施监督系统,服务区、市、县三级规划管理业务。印发《关于进一步规范县级土地利用总体规划修改方案审查工作的通知》,制定《过渡期市县建设用地指标保障方案》,全年共依法审查土地利用规划修改方案33个,完成建设用地合规性审查300多件。全年全区共同梳理生态保护红线内九大类、3000多平方千米、十多万处矛盾冲突。召开专题会、协调会25次,在协调解决所有矛盾问题基础上,做到了红线面积不减少、格局有优化、功能有提升。协同推动永久基本农田核实清理和城镇开发边界划定。

【耕地保护】截至2020年年底,宁夏实际耕地面积1839.25万亩,永久基本农田面积1400.23万亩,均超额完成国家下达的目标任务。自治区自然资源厅、农业农村厅和自治区统计局联合印发《2019年耕地保护责任目标考核通知》,对5个地级市履行的2019年度耕地保护责任情况实施考核。根据考核结果,自治区政府授予吴忠市、石嘴山市2019年度耕地保护责任目标考核一等奖,授予中卫市、银川市、固原市2019年度耕地保护责任目标考核二等奖。

【永久基本农田管理】2020年,全区开展永久基本农田监测监管系统应用试点,实时更新和共享永久基本农田占用、补划信息及永久基本农田储备区信息,对永久基本农田数量、质量变化情况进行全程跟踪,实现动态管理。强化永久基本农田对各类建设布局的约束,严格审查重大项目、深度贫困地区重点项目涉及占用永久基本农田的踏勘论证、规划调整，确保永久基本农田占用符合政策规定，补划数量和等别符合要求，全年全区建设占用永久基本农田805.5亩，全部按要求落实补划。

【被征地农民维权】2020年，全区各市、县按照“县级测算、市级平衡、专家论证、风险评估、县区听证、省级审核”的方式，完成区片综合地价制定工作，成果经《自治区人民政府关于公布自治区征收农用地区片综合地价的通知》印发执行。全区共划分片区41个，平均补偿标准由现行23025元/亩增至27707元/亩，涨幅20.3%。

【耕地管理与监测】2020年，全区加强耕地占补平衡管理，印发了《关于严格落实耕地占补平衡制度的通知》，规范了项目实施、验收、备案、后期管护等。加强对补充和改造的耕地监测监管，确保备案的补充耕地数量、质量和水田数量真实可靠。全年实施补充耕地项目41个，入库指标4万亩，核销指标1.97万亩，其中水田指标0.61万亩。共完成5批次1633亩补充耕地指标调剂，保障了中兰铁路、乌玛高速等国家重点项目用地。承担国家统筹补充耕地任务，首次将已备案入库的8个项目共计2.2万亩指标申请国家统筹。加强耕地日常监管和动态监测。在全国率先建成耕地保护动态监测监管系统，实现对全区各地耕地及永久基本农田变化情况不间断多维度监测监管，形成“早发现、早制止、严查处”的长效监管机制。联动永久基本农田监测监管、设施农业用地上图入库、耕地占补平衡动态监管、征地信息公开4个子系统，全面实现耕地变化信息化监测监管。

【耕地“非农化”专项行动】2020年，自治区政府办公厅印发《关于深入贯彻落实国务院部署要求　坚决制止耕地“非农化”行为的通知》，充分运用1:2000基础地理信息数据库和宁夏耕地保护动态监测监管系统，提取疑似新增问题图斑，及时下发各地核实举证，一经核实，坚决制止并立即纠正，以“零容忍”的态度坚决止住增量，妥善处置存量。

【国土空间用途管制】2020年，全区贯彻执行《中华人民共和国土地管理法》《国务院关于授权和委托用地审批权的决定》、关于用地审批权限改革、集体土地征收改革以及自然资源部“要素跟着项目走”的土地利用计划管理改革，承接国务院授权农用地转用审批事项，严格履行新的集体土地征收范围和程序。重点项目建设用地应保尽保。印发《关于强化工作统筹保障重点项目用地的通知》，建立重点建设项目用地服务保障台账，实施台账式销号管理。全年共批准建设项目用地226批（宗），总面积5.33万亩。印发《自然资源厅关于统筹新冠肺炎疫情防控服务保障经济社会发展的通知》，提出了20项保障疫情防控及经济社会发展项目用地的政策措施。制定《自然资源厅2020年脱贫工作要点》《宁夏回族自治区自然资源系统助力脱贫攻坚推进乡村振兴若干政策》，巩固脱贫攻坚成果，做好脱贫攻坚与乡村振兴支持性政策有效衔接。印发《自然资源系统支持葡萄酒等重点产业发展用地的若干政策》，制定差别化用地政策，助推葡萄酒等重点产业高质量发展。指导西吉县、海原县、同心县、红寺堡区、原州区5个深度贫困县（区）开展城乡建设用地增减挂钩跨省域调剂工作。2020年，自然资源部下达城乡建设用地增减挂钩调剂指标2700亩，获流转资金8.1亿元。开展城乡建设用地增减挂钩跨县域调剂工作，组织西吉县、灵武市增减挂钩节余指标流转使用，将西吉县原农村居民点用地拆旧复垦产生的增减挂钩节余指标1083亩调剂到灵武市用于城镇建设，西吉县获得流转交易资金4500万元。

【土地开发利用】2020年，全区20个开发区规划用地范围经审核后，16个自治区级开发区得到自治区人民政府批复。整合优化后，开发区远期规划面积689平方千米，建设用地规模525平方千米，保障了发展空间，优化了用地布局。落实建设用地“增存挂钩”机制，在全区开展批而未供和闲置土地盘活利用专项行动，加大督导、通报力度，将节约集约用地指标纳入市、县效能目标考核。全年全区共处置批而未供和闲置土地5.52万亩（其中，批而未供土地4.73万亩，闲置土地0.79万亩），全面完成自然资源部下达的处置任务，置换新增建设用地指标2.33万亩，实现应保尽保。每月对全区处置批而未供和闲置土地进行核查统计。建成集批后监管、利用评价和地价监管为一体的建设用地节约集约利用评价监管平台，实现对建设用地全要素、全流程、全区域监测，形成精细化、精准化管理链条。自治区人民政府印发《关于完善建设用地使用权转让、出租、抵押二级市场的实施意见》，积极争取银川市等3个地级市及4个所辖县（区）参加土地二级市场平台试用，及时召开5个地级市土地二级市场建设推进会，通报进展情况，分析存在问题、演示交易平台，推动整体工作。全区22个县（区）已完成城镇土地基准地价制定工作，银川市等6个市、县（区）新一轮城镇地价更新全面启动。全区23个开发区平均土地供应率和供后建成率分别达到75.29%和84.61%，开发区亩均投资强度、亩均产出强度分别为219.97万元/亩、102.69万元/亩，分别同比增长7.4%、2.91%，亩均税收4.03万元/亩，同比下降21.75%。

【国土空间生态修复】2020年，全区开展生态修复规划体系建设，在基础调查和生态现状评估的基础上，《自治区国土空间生态修复规划（2021—2035年）》初稿完成编制并通过第一轮专家评审。完成“三山”生态保护修复专项规划编制，并经自治区党委、政府批复执行，分区域、分圈层谋划七大类99个工程项目。完善生态修复制度框架，印发《关于建立生态修复治理项目储备库的通知》《探索利用市场化方式推进矿山生态修复实施意见的通知》，制定《宁夏回族自治区生态修复项目管理办法》《宁夏回族自治区生态修复项目评价标准》《宁夏矿山生态修复技术应用指南》《宁夏回族自治区矿山地质环境治理恢复基金管理办法》，下放工程项目临时用地土地复垦方案审核事项。落实生态修复项目，“三山”规划项目规划七大类99个生态保护修复治理项目，总投资186.4亿元，已推送发展改革委纳入自治区黄河流域生态保护和高质量发展规划与自治区“十四五”规划。持续推进黄河流域矿山环境恢复治理、贺兰山东麓山水林田湖草生态保护修复试点工程等15个在建项目，完成投资30.73亿元。12个“三山”规划生态保护修复项目陆续开工。国土综合整治项目中银川市兴庆区2个全域土地综合整治试点项目已获自然资源部批准。完成贺兰山东麓葡萄酒规划区范围内4市12个县（区）土地现状摸底调查，组织相关市、县（区）分区域和分时段编制国土综合整治项目可研报告。启动青铜峡市2个国土综合整治项目共1.3万亩，探索利用社会资本开展国土综合整治路径。结合村庄规划编制工作，全面调查葡萄酒产区外可实施国土综合整治区域土地现状，为枸杞、奶产业、肉牛和滩羊等重点产业发展整合用地空间。贺兰山生态环境综合治理。持续深化保护区外围重点区域生态环境综合治理，11家煤矿关闭退出，20处遗留矿坑和无主渣堆完成整治，保留的12个矿山按“绿色矿山”标准实施建设，石嘴山崇岗、长胜2个煤炭集中加工区525家“散乱污”企业依法关停取缔、162家整治提升。实施汝箕沟、石炭井生态修复及平汝线、110国道生态廊道建设，完成投资29.56亿元，治理修复面积2200公顷，贺兰山自然生态本底逐步恢复。全力争取国家项目资金支持。抢抓国家编制生态保护修复规划和建立项目储备库的重大机遇，谋划14个项目包，概算总投资369.5亿元，上报自然资源部、财政部，并多次汇报沟通，争取项目资金。

【所有者权益管理】2020年，宁夏加强所有者权益管理体系构建，高质量完成全民所有自然资源资产清查、国有土地资源资产核算及全民所有自然资源资产负债表试填三项国家试点工作，基本建立自然资源资产清查技术规范和标准体系。开展权益管理体系前沿理论和实践应用研究，共取得研究成果14项，拟定制度办法6项，申请地方标准4个，获得软件著作权2项，形成法规政策汇编1套，探索创新全民所有自然资源资产管理模式。牵头推进自然资源资产产权制度改革，协调各责任单位全面推进改革，梳理落实措施，开展改革推进情况评估，形成报告报送自治区党委深化改革委、自治区政府，促进改革任务落实。推广工业用地弹性供应，扩大标准地供地，起草推进土地要素市场化配置的实施意见，启动自治区全民所有土地资源资产配置项目建设，完善自治区国有建设用地出让、划拨、租赁、作价出资（入股）等政策，构建更加完善的土地资源要素市场化配置体制机制。开展国有自然资源资产报告编制框架体系研究，探索编制宁夏国有自然资源资产报告（范本）。编制完成自治区2019年度国有自然资源专项报告，并得到自治区人大常委会审议肯定，为听取和审议国有自然资源（资产）管理情况专项报告提供成熟编报模式。完成悦海宾馆、自治区供销社、农业农村厅旧办公楼等国有土地资产处置方案指导及意见办理。完成土地储备机构名录更新，启动自治区土地储备综合信息管理系统项目建设，持续加强国有土地资源资产管理。

（郑　燕）

调查监测

【自然资源和地理国情监测】2020年，全区共有农用地6031.2万亩，建设用地422.25万亩，未利用地1338.6万亩。更新调查成果一次性通过国家级核查，宁夏三调专题被自然资源部推送中组部远程教育平台，三调纪实选送中宣部“学习强国”教育平台在全国刊播。依照《宁夏回族自治区黄河流域自然资源调查监测工作实施方案》，实施黄河流域自然资源调查监测和三维场景建设，对黄河流域宁夏段管理范围线内自然资源进行调查监测，基本摸清宁夏黄河流域各类自然资源分布现状、利用状况、产权产籍等情况，绘制黄河流域自然资源管理“一张底图”，建立黄河流域自然资源“一本清单”，建设黄河流域自然资源数据库“一个平台”。已编制完成黄河过境段三维场景建设实施方案，相关三维场景构建工作同步推进当中。黄河流域宁夏段管理范围线内有农用地43.73万亩，建设用地3.16万亩，未利用地51.48万亩。根据黄河流域生态保护和高质量发展先行区战略要求，开展自然资源专题监测，编制完成《宁夏回族自治区贺兰山、六盘山、罗山自然保护区自然资源专项调查监测工作实施方案》，选择以宁夏重要生态屏障贺兰山、六盘山和罗山，开展森林、草原、湿地资源专项调查，探索统一自然资源调查监测体系下资源专项调查的技术方法、工作流程、指标体系和数据库标准，推进宁夏自然资源调查监测统一体系构建。2020年，完成2019年度全区地理国情监测数据整理入库、统计分析等收尾工作，为自治区宏观决策和地方经济社会发展提供基础数据。部署2020年全区地理国情监测工作，开展22个县（区）地理国情监测任务。

【确权登记】2020年，在全区创新不动产登记模式，推出不动产登记“四办”措施（畅通渠道“预约办”、创新方式“网上办”、简化手续“快速办”、内部管控“安全办”），助力企业复工复产。争取自治区信息化建设资金，建设宁夏不动产统一登记信息系统，强化部门联动，推行部门间高频信息互联共享，实行不动产登记“一窗受理、并行办理”，实现企业办事“进一个门、在一个窗口、交一套材料、跑一次路”。全区所有县（区）实现企业一般登记、抵押登记分别在4个工作日和2个工作日内完成的目标，比国家要求的5个工作日提前了1个工作日和3个工作日；不动产登记申请材料由15~21项减少为3~7项，办理环节由7个压缩为2~3个。启动自然资源确权登记，自治区人民政府印发《自治区自然资源统一确权登记总体工作方案》，制定《2020年全区自然资源统一确权登记工作实施方案》等指导性文件。以青铜峡黄河库区湿地自然保护区为试点，启动自然资源确权登记工作，完成该区域内自然资源状况调查和三维信息展示系统建设。启动700平方千米自治区级自然保护地确权登记项目，在全国率先开展省级自然保护地确权登记工作。完成典农河等6条自治区级重点河流确权登记地籍调查，联合水利部门完成371条河湖管理范围划定，实现重点河湖确权登记全覆盖。农村宅基地“房地一体”确权登记。截至2020年年底，完成全部92.7万宗宅基地权籍调查，完成符合条件“房地一体”确权登记57.8万宗。开展易地扶贫搬迁群众安置住房确权登记攻坚行动，安置住房登记发证从9049套增加到15256套，发证率从48.94%提升至82.5%，基本完成手续完善安置住房确权登记发证工作。

（郑　燕）

测绘地理信息

【基础测绘】2020年，全面完成全区22个县（区）1:2000基础地理信息数据生产任务，共形成覆盖全区8734幅数字正射影像、数字高程模型成果，74535幅数字线划图，数据量达4.3TB。同时，编制形成宁夏首个测绘地方标准《宁夏1:2000基础地理信息要素规范》。推进新型基础测绘宁夏试点建设，以1:2000基础地理信息数据为基础，完成贺兰县400平方千米地理实体数据生产和50平方千米乡村三维框架模型建设；编制《宁夏地理实体标准规范（试用版）》，完成六大类、46中类、217小类的地理实体分类体系建设。全年完成415平方千米覆盖吴忠市、石嘴山市、滨河新区、宁东等黄河流域城市区域5厘米分辨率倾斜摄影测量。完成2.21万平方千米覆盖固原市全域，沙坡头区、中宁县、海原县、同心县等区域优于0.2米分辨率航空摄影，获取3万平方千米覆盖中卫市、吴忠市、固原市密度优于1点／平方米的雷达点云数据。开展自治区基础测绘“十四五”规划调研，形成《基础测绘及地理信息发展》课题研究报告，编制完成规划初稿。

【测绘行业管理】2020年，全区优化测绘资质审批流程，取消审批服务事项所有线下环节，全部实现网上办理，审批时限压减50%以上。将测绘作业证核发下放至5个地级市自然资源局办理。全年办结测绘资质各类事项72项，办件量比上年翻一番。加强事中事后监管，开展全区40家测绘地理信息成果质量监督抽查和80家测绘资质巡查，合格率为100%，在银川市率先开展市级测绘地理信息成果质量监督检查试点，推进测绘管理职能下移。截至2020年年底，宁夏卫星导航定位基准服务系统用户达486家，年内新增61家；注册用户终端达2407台，年内新增177台。为自治区自然资源、住建、交通、水利、农业农村、应急、生态环境、气象等行业提供高精度空间定位服务。

【黄河宁夏流域地图影像】2020年，全区编制完成黄河宁夏流域生态保护治理现状“1+5”底数图册。按照“分段绘制、数图结合、岸线之内为主”的原则，深入调查、统筹协调，建立黄河流域一本账册，编制形成31万余文字、324张表格、264幅饼（柱）状图、199幅专题地图，绘制黄河宁夏流域全景影像、黄河流经10县(区)连幅影像、清水河流经3市连幅影像,全面摸清宁夏黄河流域生态环境现状底数,全方位展示黄河宁夏流域自然资源、水利、生态保护等内容。组织编制完成全区生态功能定位专题地图和生态保护修复"三山"规划专题图。

(郑　燕)

科技发展与信息化建设

【概况】2020年,《宁夏自然资源科技发展与信息化建设"十四五"专项规划》编制完成。完成自然资源宁夏卫星应用技术中心年度建设任务,为全区提供动态遥感影像和地表变化监测数据服务。制定自然资源地方标准体系目录,制定并发布工业项目建设用地控制指标、煤矿绿色矿山建设规范、1:2000基础地理信息地形要素数据规定等16个地方标准。

【人才建设与科研项目成果】2020年,自然资源系统申报自治区科学技术进步奖7项,获二等奖1项、三等奖4项;组织申报自然资源科学基金项目8个,通过自治区立项审批6个,获得自然科学基金支持51.3万元;培养区级科技人才12人,发表科技论文25篇,申请专利16项,申请软件著作权19项。获自然资源部2020年自然资源科普讲解大赛和宁夏全民科学素质网络知识竞赛优秀组织奖及个人一等奖、二等奖。自然资源管理平台、宁夏遥感影像数据中心建设项目分获中国地理信息产业协会银奖、铜奖。

【自然资源信息化体系构建】2020年,全区围绕"1+3+3"信息化体系架构,基本建成自然资源"1+4"数据中心,初步构建自然资源信息化体系,数据治理水平和数据支撑应用能力得到提升。建成统一运行支撑环境,形成横向连通各分中心、纵向贯通各级自然资源局的自然资源网络运行体系。制定数据中心建设管理技术要求和数据汇交、建库等5项建设指南,形成统一的自然资源数据和服务标准体系。丰富完善自然资源一体化数据库,对土地、矿产、测绘、林草四大类104小类数据进行整合、入库。启动数据融合集成,开展"一河三山"核心区1:2000基础地理信息数据和"三调"数据融合,初步形成自然资源数据资源体系。建成区、市、县三级部署应用的自然资源管理平台,发布数据服务159个,各数据中心围绕三大应用体系,开发建设自然资源辅助决策、生态修复监测监管等多个应用系统,为全区自然资源系统提供数据和功能服务。

【地理信息管理】2020年,全区开展地理信息安全双随机抽查,共抽查涉密测绘地理信息成果生产、使用单位13家,下发整改通知书6份,暂停2家单位成果领用资格,及时消除安全隐患。将全区76个重点部门(单位)网站纳入互联网地图监管系统实施监管,累计扫描网页48.2万页,检定分析在线地图297幅,督促整改存在问题的地图75幅。开发测绘地理信息安全监管服务系统,实现对批准提供的涉密测绘地理信息成果数据可跟踪、可查询、可预警。审批提供涉密测绘地理信息成果90件,提供各类地图、图册2000余幅(册),电子地图24000余幅。

(郑　燕)

自然资源执法

【执法巡查】2020年,全区严格落实季度卫片执法工作,制定卫片执法图斑审核判定要点,开展卫片执法检查,对黄河沿线、永久基本农田等重点地区、重点图斑强化审核,紧盯处置销号,全年核查疑似问题图斑5421个,全区违法比例持续下降。创新动态巡查预警方式,采取三级巡查、交叉巡查、重点巡查等方式,在全区共开展动态巡查4902次,发现自然资源违法行为501起,下发停止违法行为通知书397份,有效遏止了违法违规占地、采矿行为。

【重点案件查处】2020年,全区共立案查处各类违法违规案件477件(土地类298件,矿产类179件),共计罚没款5811万元,拆除各类违法建筑12.81万平方米,严厉打击了各类自然资源违法违规行为。核查疑似超层越界开采矿山企业503家,达到立案标准的予以查处,共处罚没款2426.84万元,移送公安机关10起。厅本级严肃查处自然资源部挂牌督办中卫站前广场违法批地、审计署移交大唐风电项目违法占用基本农田、京盛煤矿拖欠采矿权价款等案件。

【专项清查】2020年,全区开展集中交叉执法专项行动,对卫片执法、执法巡查、举报线索核查、矿山企业超层越界查处、例行督察整改等工作进行督导检查,严厉打击破坏耕地特别是永久基本农田、违法开采矿产资源等情节严重和群众反应强烈的违法违规行为。黄河流域专项执法。根据自然资源部有关通知要求,强化工作措施,集中工作力量,严厉打击黄河流域各类自然资源违法违规行为,不断巩固和深化专项执法工作成效,推动黄河流域自然资源保护和协同治理。

【监测监管制度】2020年,自然资源执法动态监测监管系统充分发挥科技手段辅助作用和信息中心数据优势,建立宁夏自然资源全时域动态监测监管系统,拓宽违法线索发现渠道,缩短图斑监测周期，构建提取分析、多级联动、在线审核、核查处置为一体的执法监管工作格局，先后组织开展12次2647个疑似图斑核查，厅本级对涉及所有占耕图斑进行实地核查，确定问题图斑89个。自然资源行政执法制度结合自然资源执法工作实际，印发加强和改进全区自然资源执法工作的意见、行政执法音像记录指引清单和调阅管理制度等，对《自然资源行政处罚裁量基准（土地、矿产、测绘、规划）（试行）》等进行修订和完善。

（郑　燕）

林草资源管理

【概况】2020年，全区完成造林面积5.54万公顷，占全年任务的65.6%，其中人工造林2.34万公顷，封山育林0.22万公顷，退化林分改造1.52万公顷，未成林补植1.46万公顷。义务植树819万余株，退化草原人工种草生态修复0.98万公顷，退牧还草补播改良0.6万公顷、治理0.13万公顷。2020年，宁夏全面推进黄河流域生态保护和高质量发展先行区建设。编制并完善《黄河流域宁夏段国土绿化和湿地生态修复规划（2020—2025年）》。国家林草局办公室制定并印发《支持宁夏建设黄河流域生态保护和高质量发展先行区的意见》，明确从自然保护地体系建设、退耕还湿、退耕还林还草等6个方面予以大力支持。生态推动林产业提质增效。落实自治区党委关于省级领导同志包抓重点特色产业部署要求，编制了《宁夏枸杞产业高质量发展“十四五”规划（2021—2025年）》《关于推进枸杞产业高质量发展实施意见》。新建枸杞标准化基地3万亩；枸杞保健品实现“零”的突破，2款枸杞产品获国家保健品批复，举办第三届枸杞产业（云）博览会。推进绿色丰产综合技术应用示范点建设，枸杞核心产区病虫害统防统治率达85%。推进经济林产业提质增效，新增经济林0.22万公顷，培育示范基地64个，巩固提升示范基地13个。指导开展春季果园冻害预防和补救措施，加强重点林木良种基地建设和苗木质量抽查，化解过剩苗木。增强服务保障能力，主动服务宁东能源化工基地、银川都市圈、脱贫攻坚、“六稳六保”等重要工作。审批使用林草地建设项目259件，收缴森林植被恢复费1.19亿元。争取国家项目24个，投资14.67亿元，较上年同期增加1.5亿元。通过生态补偿、造林绿化、林业产业扶贫和生态护林员精准扶贫、驻村干部定点扶贫等方式，积极投身脱贫攻坚，选聘生态护林员1.13万名，落实生态护林员补助资金1.13亿元，带动减贫约3.39万人。组织开展漠视群众利益及扶贫领域涉林草等10个工程项目资金稽查工作，提高资金使用成效。支持5个县（区）1200户种植发展庭院经济林。

【改革与依法治林治草】2020年，全区深化林业草原管理改革。完成森林公安局转隶公安厅、南华山国家级自然保护区管理处转隶自治区林业和草原局事项。开展全区62个自然保护地边界及功能区调研，形成自然保护地生态保护红线评估调整方案和全区自然保护地优化整合预案初步成果。《宁夏天然林保护修复制度实施意见》经自治区党委和政府审定并印发执行。起草了有关推进林长制改革工作的方案。西华山、香山草原已列入国家草原自然公园试点。集体林权制度改革持续深化，指导试点县发放“集体林地经营权流转证”5本，流转林地经营权58.87公顷，涉及林业专业合作社5家，流出林地户44户，全区实有集体林地经营权流转面积0.98万公顷。坚持提升依法治林治草治理能力。启动《宁夏草原管理条例》《宁夏禁牧封育条例》《宁夏野生动物保护实施办法》修订工作。编制《黄河流域宁夏段国土绿化和湿地保护修复规划（2020—2025年）》，三北工程总体规划修编和六期规划编制工作宁夏部分全面完成。压实防火责任，全区未发生重大以上森林草原火灾。鼠兔害防治面积4.89万公顷，林业有害生物成灾率控制在4‰。强化林权监督管理，推行“互联网+监管”，开展森林督查和林地“一张图”年度更新。持续开展自然保护区环境整治和人工促进生态修复，筹资4000余万元提升保护区能力建设。完成野生动物保护领域法规规章和规范性文件清理，联合自治区财政厅、公安厅等部门印发有关禁食野生动物处置补偿方案，完成禁食野生动物后续处置工作。对28处重要湿地进行重点保护修复，推进星海湖、黄沙古渡国家湿地公园调规等工作。深化“放管服”改革，编制《自治区林业和草原系统政务服务事项目录》，明确政务服务事项55项，办理项67项，在政务服务系统修改完善200项要素数据，完成近13400条要素的录入工作。审批材料由336项减少为234项，材料精简率达30.4%，办理时限整体压减为10个工作日，承诺办结时限比法定办结时限整体压缩50%。推进“证照分离”改革。为落实“证照分离”全覆盖试点改革要求，将11项行政职权列为“证照分离”改革事项，编制《自治区林业和草原系统证照分离改革清单目录》。健全法制建设，制定并印发《自治区林业和草原法治工作要点》，启动《宁夏野生动物管理实施办法》修订工作，组织相关单位赴四川、安徽等省开展立法调研，形成草案。将《宁夏枸杞产业促进条例》修订纳入立法计划，《宁夏草原管理条例》纳入立法调研计划。根据自治区党委全面依法治区委员会印发《〈关于全面集中清理全区地方性法规政府规章和行政规范性文件的工作方案〉的通知》精神，对林草方面的7部法规和规范性文件进行集中清理。

【规划编制与项目资金】2020年，编制完成《黄河流域宁夏段国土绿化和湿地保护修复规划（2020—2025年）》《宁夏林业和草原发展“十四五”规划进展及基本思路》《北部绿色发展区防护林建设项目可行性研究报告》《中部防沙治沙建设项目可行性研究报告》《南部水源涵养建设项目可行性研究报告》《自然保护地生态修复建设项目可行性研究报告》。联合国家林业和草原局经济发展研究中心编制《宁夏林业和草原发展“十四五”规划战略前期研究总报告》《宁夏自然保护地整合优化试点体系研究报告》《宁夏林业和草原发展政策研究报告》等11个分报告。全年共争取中央和自治区项目资金计划23.72亿元，较上年增加2.45亿元，增长12%。其中，争取中央资金14.54亿元，较上年增长1.4%；争取自治区财政资金9.18亿元，较上年增长36%。争取新增国土绿化地方债1亿元，银川都市圈重点项目奖补资金0.86亿元，2020年给西吉县、同心县、原州区、海原县4个国定贫困县（区）下达资金共计7亿元，占全区林业投资23.7亿元的30%。

【森林资源管理】2020年，全区加强林地定额管理，印发《自治区林业和草原局关于疫情防控期间加快林草行业行政审批工作的通知》，全流程网上办理，启动了批次用地审批和先行用地审批。共审核批准建设项目永久、临时使用林地审核审批403件，面积2498.42公顷，收缴森林植被恢复费29100.93万元。其中：审核永久占用征收林地281项，面积1847.74公顷，收取森林植被恢复费22029.9万元；审批临时占用林地115项，面积643.05公顷，收取森林植被恢复费7071.03万元；审批直接为林业生产服务占用林地7项，面积7.63公顷。2020年4月，全区启动年度林地变更调查，印发《自治区林业和草原局关于开展2020年森林督查暨森林资源管理“一张图”年度更新工作的通知》。加强采伐限额指标监管力度，全年全区采伐限额全部控制在国家下达指标之内，共下达林木采伐限额41650立方米，使用林木采伐限额9323.9立方米。加快推行林长制。8月18日，起草完成《宁夏回族自治区关于全面推行林（草）长制的意见》，组织相关单位赴安徽、江西等兄弟省（区）调研，编制完成《宁夏全面推行林长制的意见》。

【造林绿化】2020年，全区完成营造林4.89万公顷，占计划任务6.05万公顷的78.58%；六盘山重点生态功能区400毫米降水线以上区域造林绿化工程已完成3.15万公顷，占计划任务4.15万公顷的75.85%；引黄灌区平原绿网工程已完成0.54万公顷，占计划任务的78.33%；南华山外围水源涵养林工程已完成0.54万公顷，占计划任务0.67万公顷的81.7%；同心红寺堡生态经济林种植工程已完成0.51万公顷，占计划任务0.53万公顷的96.25%。

【自然保护地建设】2020年，宁夏加强自然保护地体系建设，制定并印发《宁夏建立以国家公园为主体的自然保护地体系工作实施意见》，《宁夏回族自治区自然保护地整合优化预案（征求意见稿）》于12月11日经自治区人民政府常务会议审议通过。严格自然保护地管理，协调办理了沙坡头自然保护区内居民饮用水、哈巴湖自然保护区电力设施、白芨滩自然保护区高铁配套通信以及在六盘山、沙坡头、哈巴湖自然保护区内公路建设等8个准入项目，上报贺兰山自然保护区文物修缮准入项目1个。组织对2020年中央林业改革发展资金和自治区财政资金自然保护区补助及野生动物补助项目绩效评价。

【野生动物人工繁育管理】2020年，自治区印发《关于进一步强化应急期间陆生野生动物管理工作的紧急通知》，完成全区陆生野生动物人工繁育场所摸底调查，建立按区域、按种类区分的人工繁育陆生野生动物工作台账，制定并印发《疫情防控期间加强陆生野生动物人工繁育场所管控九项要求》，建立野生动物人工繁育工作日报制度。2020年2—4月，自治区林业和草原局、市场监管厅、农业农村厅等部门先后两次调查核实各县（区）陆生野生动物人工繁育相关情况，统计全区在养陆生野生动物48种，存栏数量约66450只，其中合法养殖存栏量52231只。2020年5月，根据《国家畜禽遗传资源目录》（以下简称《目录》），区分处置全区在养陆生野生动物合法养殖与非法养殖、以食用为目的和非食用性利用，对纳入《目录》的畜禽，及时撤回或注销行政许可证件（文书）；124家陆生野生动物人工繁育主体中，转为畜禽养殖范围80家，保留7家展演展示类，取缔或引导产业转移37家。12家陆生野生动物及其制品出售单位（个人），除1家为药用保留外，其他予以取缔。起草《宁夏禁食陆生野生动物人工繁育主体退出补偿及动物处置方案》并协调落实补偿资金392万元。8月5日，自治区林草、公安、财政、农业农村、市场监管等部门联合制定并印发《宁夏禁食陆生野生动物人工繁育主体退出补偿及动物处置方案》。全区24家养殖户约17000只（纳入自治区补偿范围约14000只）在养陆生野生动物，通过放归自然、转作他用、保护收容、代养调配、无害化处理等方式全部清零。全区纳入禁食陆生野生动物退出补偿的20户人工繁育主体全部补偿到位，兑现金额总计335万元。

【森林草原防火】2020年，全区加强森林草原防火措施，印发《关于进一步做好清明、"五一"期间森林草原防火工作的紧急通知》，自治区森林草原防灭火指挥部印发《关于做好全区秋冬季森林草原防灭火工作暨开展打击森林草原违法用火行为专项行动的通知》。召开全区森林草原防火工作电视电话会议和秋冬季防火工作会议，安排部署全区森林草原防火工作，压紧压实防火责任。制作防火宣传片、公益广告和《哈嘻嘻》森林防火专题剧在电视、广播循环播放，全面推广使用"防火码"和"互联网+森林草原防火督查"系统，防火码卡口启用率、场景应用率、全区森林草原防火重点区域注册率和数据填报率均居全国前列。组织实施《宁夏石嘴山市、吴忠市、中卫市森林火灾高风险区综合治理项目》。核增防火行政编制共55名；全区共发生森林火灾8起，均为一般森林火灾，过火面积13.59公顷，受害森林面积13.33公顷，森林草原火灾数量、过火面积和受害森林面积"三下降"，森林火灾受害率低于0.9‰的预期指标；开展安全生产专项整治三年行动，形成"2+5"的安全生产专项整治框架。严格森林草原林政执法，举办林业行政执法业务培训班4期，培训执法人员300余人。深入基层开展全区林政执法队伍现状调研，形成《自治区林草局林业执法现状与建议》调研报告。持续推动"互联网+监管"应用建设，推送数据1.7万余条。

【林草科技】2020年，完成8项立项标准的征求意见稿和2项标准报批稿，征集并向市场监管厅推荐35个2021年林草标准立项建议。对推荐性国家标准计划《治沙造林技术规程》等4个项目开展再评估工作，对《紫丁香育苗及绿化种植技术规程》地方标准进行复审。启动实施2020年度11个中央财政科技项目和6个自治区财政项目，投入中央及自治区财政资金2294万元。对2019年实施的11个中央财政科技项目和13个自治区财政项目进行中期绩效考评。对2020年到期验收的8个中央财政林业科技推广示范项目和14个自治区项目进行现场查验和结题验收。征集入库2021年度16个中央财政科技项目，补充林业科技推广示范项目储备库，并安排9个中央财政项目和5个自治区财政项目，2020年中央项目资金较往年有所增加。全年全区23项林草科技成果通过国家林草局形式审查。向国家林草局推荐全国经济林咨询专家库专家16人、最美科技推广员6人，国家局聘任全国林草乡土专家10人。完成《宁夏"十三五"中央、自治区财政林业科技项目汇编》。全区共有25种林业植物新品种得到授权保护。

【林业宣传】2020年，编辑《自治区林草局疫情防控知识及政策汇编》19期，共刊发893篇文章，其中梳理出各级领导指示和政策583篇，防控知识310篇，发表于《宁夏林业》杂志或发在微信群中，供林草系统干部职工学习。通过宁夏林业和草原局网站、宁夏林业微信公众号，协调《中国绿色时报》、宁夏广播电视台、《宁夏日报》、宁夏新闻网、中国新闻社、《华兴时报》等第三方媒介，共发布林草宣传信息8811条，其中国家级媒体发布2434条，关注森林网发布信息776条，融媒体指数全国排名第四名。林草部门联合枸杞中心、产业中心制作枸杞、果树修剪视频，在宁夏电视台播放，为疫情期间果农复工复产开展网络培训，为果农增收提供技术保障。在宁夏林草局门户网站开设《万众一心、阻击疫情》《枸杞及特色经济林视频培训》专栏，发布果树修剪视频13条，预防果树霜冻视频1条，草原管理类视频6条。开展植树节网络专题宣传、大规模国土绿化行动专题宣传、森林草原防火专题宣传、全国两会精神专题学习宣传和认真学习宣传习近平总书记到宁夏视察的重要指示精神和专题宣传。编辑出版《宁夏林业》期刊6期。

【天然林保护工程稽查】2020年8月7日，自治区党委办公厅、人民政府办公厅制定并印发《宁夏天然林保护修复制度实施方案》，开展全区2019年天保工程省级复查与资金稽查工作。全年争取中央和自治区天然林保护工程、森林生态效益补偿、森林抚育资金2.34亿元，督促全区各级林草部门层层签订管护责任书和管护合同，落实管护责任，确保全区102.05万公顷天保工程森林管护任务和51.24万公顷国家级公益林得到有效保护。安排资金80万元，开展西吉等8个县（区）公益林效益监测评价工作。对全区2019年中央和自治区财政安排的退耕还林、天然林保护工程，森林生态效益补偿、生态护林员补助、林木良种补助、林业贷款贴息、森林抚育、林业科技推广、特色经济林产业、南华山水源涵养林建设10个工程项目4.5亿元资金进行稽查。

【草原保护和建设】2020年，全区加强草原保护制度建设，修订的《宁夏回族自治区草原管理条例》被自治区人大常委会列入2020—2024年5年立法规划中，起草了《宁夏基本草原保护管理办法》《进一步加强禁牧封育的意见》。启动草原自然公园试点工作，调研并征求中卫市人民政府、海原县人民政府同意，拟在中卫市香山和海原县西华山建设草原自然公园，并将请示相关资料上报国家林业和草原局。加大草原生态修复工程，2020年完成草原生态修复0.67万公顷，草原改良面积累计达57.7万公顷，草原综合植被覆盖度为56.23%。草原自然保护区补助。开展14个县（区）和符合政策的国有农牧场、天然草原自然保护区补助资金19492万元，项目涉及兴庆区、平罗县、盐池县、青铜峡市、同心县、红寺堡区、沙坡头区、中宁县、海原县、原州区、西吉县、彭阳县、隆德县、泾源县的39万农牧户。共办理草原征占用审核审批16件，征占用草原0.61万公顷，收取植被恢复费123.52万元，办理草种生产经营许可8件。

【湿地保护和建设】2020年，宁夏争取湿地保护项目资金7691万元，其中：中央财政湿地补助资金5841万元、自治区财政湿地补助资金1350万元、自治区发改委项目资金500万元。印发了《宁夏湿地保护管理中心关于落实国家审计署对宁夏湿地资源审计问题整改的通知》《宁夏湿地保护管理中心关于服务指导基层落实国家审计署对宁夏湿地资源审计问题整改的通知》。完成了全区310万亩湿地保有量任务。加快湿地公园体系建设，实行“一市一县一区一园”的目标，推动通过湿地公园建设示范，带动各市、县抓好一般湿地的保护管理。隆德县已提交《渝河自治区级湿地公园总体规划》。落实《国家林业和草原局关于进一步做好湿地监督管理工作的通知》。编制《宁夏沿黄湿地保护修复规划》《湿地“十四五”专项规划》，向国家林草局申报星海湖、黄沙古渡两个国家湿地公园调规报告，督促银川国家湿地公园分设鸣翠湖国家湿地公园、阅海国家湿地公园和调规，争取汇报协调国家林草局研究批复。扩大湿地科研宣传教育，制作宁夏湿地保护公益广告片，安排在宁夏电视台黄金时段播放，拍摄制作遗鸥科教宣传片；购置鸟类识别智能化监测管理系统，在吴忠市、固原市、中卫市购置并安装鸟类识别智能化监测管理系统，提高了宁夏鸟类监测水平和能力；印发《宁夏湿地保护管理中心关于开展2020年湿地动态监测工作的通知》文件；对宁东海子井迁徙生活的濒危国家一级重点保护鸟类遗鸥，开展持续监测，研究遗鸥迁徙生活习性，为保护遗鸥提供科学依据；利用“2·2世界湿地宣传日”和“3·3野生动物保护日”“爱鸟周”“5·22国际生物多样性日”开展宣传活动；在宁夏林业信息网刊载各类工作信息26条，在各类报刊媒体上刊载有关宁夏湿地保护信息30条。

【林果产业】2020年，全区新增经济林基地3.31万亩（其中，苹果0.7万亩、红枣0.04万亩、鲜食葡萄0.07万亩，设施果树及花卉0.8万亩、小杂果1.7万亩）。支持经果林良种繁育基地建设，新建灵武长枣、红梅杏良种繁育基地500亩。示范推广树形改造、增施有机肥、病虫害防控、精细化管理等新技术，完成果园改造5.52万亩，占年度计划任务的187%，其中：苹果2.9万亩，红枣1.2万亩，设施果树0.01万亩，红梅杏0.05万亩，桃0.06万亩，其他杂果1.3万亩。全年全区林下经济经营和利用面积11.37万公顷，实现产值5.7亿元。更新完善《自治区林业专业合作社示范社名录》《自治区示范家庭林场名录》，起草了《自治区林业和草原局中国邮政宁夏分公司共同促进农民林业专业合作社质量提升实施方案（修改稿）》。与自治区不动产登记机构沟通，推进林权类不动产登记与林业管理工作有序开展，扶持培育示范基地64个（其中新增38个），巩固提升示范基地13个。编发《新冠肺炎疫情防控期间宁夏特色经济林生产服务指南》，与自治区供销合作社联合社签订《抗疫情促发展战略合作框架协议》，确保经济林的农膜、化肥、农药、工具、机械等物资供应。通过网络视频、电话、微信群众等平台，指导广大果农做好春季果园管理和果树修剪工作。筹资制作苹果、红枣、红梅杏等技术培训电教片，通过林草局门户网站、微信公众号、电视台、“互联网+远程服务”等媒介开展技术指导和培训。9名特色经济林产业相关专家组建特色林产业电话咨询服务平台，有序推进经济林产业复工复产。制定《宁夏特色林果低温冻害及晚霜防御技术》，起草并上报《关于全区特色经济林低温冻害情况的报告》，得到自治区主要领导批示，协调自治区财政印发《关于进一步优化农业生产救灾存量资金支持　加快恢复农业生产有关工作的通知》，对受灾县（区）进行了救助，帮助果农提振信心，渡过难关，恢复生产。

【枸杞产业】2020年，与自治区供销社签订“战胜疫情　保障供给”战略合作框架协议，进行“一对一、点对点”精准服务，调度肥料9万吨、农药2000吨；组建专家服务团队，建立专家服务平台，组织中宁县6家枸杞专业合作社580名专业修剪人员，帮助同心县、海原县、红寺堡区等产区进行春季修剪。全区枸杞生产经营主体捐助现金和抗疫救援物资及枸杞产品价值893万元。枸杞产业标准化体系建设，新立项枸杞栽培地方标准两部，枸杞气象地方标准一部，枸杞原浆团体标准一部。制定《2020年宁夏枸杞病虫害绿色防控工作实施方案》，推广《国家禁用限用农药清单》《农作物病虫害防治条例》《宁夏枸杞生产第一批推荐农药品种指导目录》《第二批宁夏枸杞生产推荐农药品种使用剂量及稀释品倍数指导目录》。全区枸杞病虫害监测预报队伍达71人、测报样点达797个、监测基地面积0.47万公顷。印发《关于切实加强枸杞木虱绿色防控的通知》《关于切实加强枸杞采果前期病虫害绿色防控的通知》，制定全区及中宁县、红寺堡区、同心县等7个县（区）《枸杞木虱信息化专项监测预报及防控建议》和《枸杞采果前期病虫害信息化监测预报及防控建议》。全区枸杞基地建设，新建设枸杞基地0.2万公顷，制定并印发《枸杞绿色丰产综合技术应用示范点建设方案》，制定《宁杞1号种源保护及提纯选优实施方案》，建立宁杞1号种源保护3.33余公顷，保护宁杞1号原种1万余株，建立宁杞1号优系标准化示范园6.66余公顷。成立自治区枸杞良种繁育体系建设工作领导小组和专家委员会，确立枸杞良种繁育基地示范县1个，国家级种质资源圃2个，自治区级种源基地1个，自治区级枸杞良种繁育示范企业3个；在惠农区、泾源县、原州区、贺兰县等8个县（区）建立9个叶用枸杞实验示范点，新建叶用枸杞基地6.66余公顷，引进叶用枸杞品种1个，实验叶用枸杞品种达到3个；鼓励食品企业积极研发叶用枸杞新产品、新工艺，已研发叶用枸杞新产品10余个，批量投入生产的6个。

【退耕还林工作】2020年，宁夏向国家共争取退耕还林任务0.07万公顷。国家林草局完成2016年度新一轮退耕还林国家级检查验收工作。对2018年退耕还林开展省级复查，指导相关县（区）做好2017年和2019年县级自查工作。协调自治区财政厅下发《关于收回退耕还林工程补助结余资金的通知》。参与国家退耕中心编写的《退耕还林还草发展战略研究》，总结提炼四类宁夏退耕还林还草实用模式，在全国退耕还林工程省（区）推广示范。参与开展退耕还林高质量发展大讨论网络征文、退耕还林还草标识征集、退耕还林看中国——退耕还林还草新闻及文学作品征集等活动，退耕还林与三北工作站《新时期退耕还林发展瓶颈的分析及政策建议》征文获全国“退耕还林高质量发展大讨论”网络征文二等奖。

【三北防护林工程】2020年，宁夏争取三北防护林建设任务4.8万公顷，中央投资2.15亿元，比上年分别增长3%和13%。已完成三北工程建设任务4.75万公顷，占全年总任务的98.9%。申报2020年度综合示范区项目，对三北五期工程评估工作及重点项目建设评估，开展2020年三北工程国家重点项目检查。编制完成《宁夏三北工程总体修编规划》《宁夏三北六期工程规划》，指导各工程县（区）同步开展相关工作。11月，国家三北防护林体系工程管理服务平台率先在宁夏试点运行，国家三北局和北京林业科学研究院对27个工程市、县（区）开通了信息平台。

【林业规划编制】2020年，编制并印发《宁夏三北工程总体规划修编和六期规划编制工作方案》《宁夏三北工程总体规划修编技术方案》《宁夏三北工程六期规划编制技术方案》，完成黄河流域生态保护与高质量发展相关规划，完成《宁夏国土绿化和湿地建设规划（2020—2025）》。参与完成《“三山”生态环境保护治理规划》《守好改善生态环境生命线　建设美丽新宁夏实施方案》《黄河宁夏生态保护综合治理规划》等林草部分的规划及修改。举办全区2020年森林督查与森林资源管理“一张图”年度更新启动会暨技术培训班，制定《森林资源规划设计调查数据质量检查要点》，并对成果数据进行质量检查。开展全国陆生野生动物绿色指标体系调查，将22个县（区）及六盘山国家级自然保护区的数据汇总完成，并录入森林合理年伐量测算系统，限编基础数据已经初步完成。完成六盘山地理单元调查成果验收并上报备案。通过向专家寄递成果报告，回收专家意见的方式完成鄂尔多斯台地和陕北陇东切割塬两个地理单元调查报告中期检查验收。

【林业技术推广】2020年，对2019年度13个林业优新树种引种驯化繁育项目进行跟踪管理，组织各项目实施单位对所承担的项目开展越冬情况调查、支出绩效自评。实施2019年自治区财政科技推广林业优新树种造林示范项目，开展春季补植造林任务，进行项目中期绩效评估并通过自治区专家评估绩效检查。完成《宁夏核桃遗传资源调查编目》科技成果申报、评价，《杂交构树引种试验示范项目》科技成果评价工作。对近10年宁夏引进驯化的林业优新树种及适用基本情况开展统计、汇总、分类、调查，形成《宁夏优新树种引种应用情况汇总表》。加快乡镇林业站基础建设，新建标准化基层林业站10个，投资200万元，新建科技推广站6个。对涉及2018年标准化林业站建设的10个乡镇的林业站人员基本信息、两图两表三制度、林业站六大职能档案收集整理及项目资金使用情况全部改为电子版进行网上打分验收。

【林业有害生物防治】2020年，加强林业有害生物监测防治，与5个地级市签订《2020—2022年重大林业有害生物防治目标责任书》，落实防控责任，分解下达2020年度林业有害生物监测防治任务指标，全区按时完成年度防治任务，汇总上报全区全年林业有害生物发生防治、发生趋势和应急工作情况，发布预警通报6期。指导各地做好林业有害生物检疫除治，确保全年造林绿化用苗安全，完成松材线虫病普查工作，全区未发生松材线虫病，指导基层单位做好对外来有害生物黄花刺茄的调查除治，有效遏制外来有害生物的蔓延扩散，完成审计署反馈宁夏161家涉木企业检疫监管不到位问题的整改。全区42个监测单位及时上报监测防控野生动物疫源疫病信息，推广并指导手机移动端采集系统应用，及时处置两起贺兰山野生岩羊小反刍兽疫疫情和盐池县人为投毒致死野鸟事件，无害化处置野生动物尸体250余只。在平罗县、青铜峡市、中宁县及银川市等地，开展候鸟禽流感病毒主动预警工作，共采集、送检样品3000余份。在宁夏电视台报道全区野生候鸟的疫情监测情况，利用举办培训班、联合基层单位开展培训应急演练等形式，加强野生动物疫源疫病监测防控技术培训工作，提升队伍整体业务素质。全年共培训各级监测人员500余人。

【外援项目管理】2020年上半年，实施的世界银行项目共组织提款报账6次1.1亿元，协调项目专家、咨询专家完成项目竣工报告、财务报告、技术总结报告、终期社会经济报告、终期生态监测报告，并通过世界银行审查。自治区审计厅对项目2019年财务报账和项目执行情况进行年度审计。积极申报欧洲投资银行贷款项目，该项目是国家林草局组织宁夏等4省（区）实施的改善黄河流域生态环境、保障黄河流域生态安全的可持续沙化治理项目，贷款由中央统借统还。宁夏申报项目方案已经自治区发改委、财政厅审核，报自治区人民政府相关领导审议同意。项目规划治理荒漠化土地面积4.2万公顷，总投资1.1亿欧元，其中争取欧洲投资银行贷款5500万欧元、地方配套5500万欧元。2020年8月，第四届绿博会在贵州省都匀市举办，“宁夏园”获“第四届中国绿化博览会金奖”和“最佳植物配置奖”，宁夏林业和草原局获“优秀组织奖”。

【国有林场和林木种苗管理】2020年，宁夏国有林场加快发展，全区96个国有林场和随机抽取的19个国有林场的20名职工完成国家林草局林场种苗司国有林场改革满意度测评填报工作，推进国有贫困林场扶贫资金项目实施。深入调研全区2017—2019年中央财政国有贫困林场扶贫资金项目实施情况，组织开展2019年中央财政国有林场扶贫资金绩效评估，组织实施2020年中央财政2400万元国有林场扶贫资金项目。利用2019年争取的4000万元中央财政资金建设国有林场道路63.4公里。2020年，争取到交通部补贴国有林场道路专项资金5000万元，建设国有林场道路83公里。先后两次协助完成自然保护区与国有林场林地重叠情况调查，持续推进国有林场林地确权登记。种质资源得到保护利用，印发《关于做好当前林木种苗生产和供应的通知》《自治区林业和草原局关于使用泾源县樟子松苗木推进全区国土绿化工作的通知》，解决泾源县樟子松苗木滞销问题。完善林木种质资源普查数据信息管理库，督促各资源普查单位做好林木种质资源普查补充调查工作。组织开展第三批自治区级林木种质资源保护库申报工作，新增5处自治区级林木种质资源库。争取2020年中央财政林木良种补贴资金508万元和自治区财政林木良种补贴资金90万元，用于补贴国家重点林木良种基地、自治区级林木种质资源库、苗木培育和林木种质资源普查单位。完成2019年中央财政635万元、涉及12个项目和自治区财政182.6万元、涉及42个项目林木良种补贴资金的绩效评价。积极申报自治区科技厅重点研发项目，获得项目资金60万元。启动实施《宁夏林木种质资源收集保存评价利用技术研究与示范》项目。规范森林公园和森林旅游管理，完成全区国家级森林公园基本情况及保护利用报告，配合开展全区国家级和省级森林公园整合优化工作，初步完成全区省级森林公园总体规划资料搜集整理。指导2019年度贺兰山国家森林公园林相改造项目实施，完成年度绩效评价，起草完成全区森林康养产业发展情况报告，组织开展2020年全国森林康养基地试点建设单位和中国养生基地、中国森林体验基地、中国慢生活休闲体验区、村（镇）申报工作。

【国家级自然保护区建设管理】宁夏贺兰

山国家级自然保护区。2020年，保护区联合银川市消防怀远中队开展模拟实战演练，杜绝小火酿成大灾。强化对榆树沟等重点防火区域、重点防火时段的防控。在银川交通音乐广播开展森林草原防火公益宣传，及时更新防火标语2000余条，保护区70年无较大森林火灾。推进实施《贺兰山主要野生动植物生态特征及顶级捕食者适应性研究》等各类科研项目。宁夏六盘山国家级自然保护区。2020年，保护区完成示范园续建提升工程和引种栽植大果榛子一期建设，突出抓好400毫米降水线以上区域退化林分改造0.1万公顷。完成森林抚育0.16万公顷，中央财政林木良种补贴项目苗木培育2000万株，林业有害生物监测防治0.24万公顷，义务植树2万株。开展六盘山自治区级自然保护区总体规划工作，实施天保工程和国家重点公益林森林管护工作，全年义务植树2万株。做好天山云杉引种驯化繁育项目、红桦不同种源地引种繁育试验项目、柳叶栎、美国红栎引种驯化项目的实施；做好二龙河华北落叶松良种基地建设、林木种质资源外业调查、华北落叶松人工林生长规律及生物量调查工作。争取申报极小种群野生动植物资源调查监测科技成果，丰富林业科技创新方式。承办中国栎类学术研讨会及常务理事会，通过内外交流学习，提升林业工作水平。举办野生动物疫源疫病监测技术培训、林业技能培训，不断强化业务人员专业知识和实操本领。利用红外相机监测以非洲猪瘟为主的野生动物疫源疫病，重点做好森林鼠兔害0.01万公顷、落叶松叶蜂监测0.2万公顷、松落针病0.03万公顷的防治工作，申报落叶松叶蜂无公害防治技术成果。开展云杉梢斑螟生物学特性研究，提高森防工作的科技含量。宁夏罗山国家级自然保护区。2020年，保护区与地方消防、人武等部门联合开展防火实战演练，强化火险预警处置能力，以森林防火为重点，深入开展宣传活动，定向推送短信2万余条，悬挂宣传横幅45条、警示旗200余面、宣传彩旗100余面，更换和刷新宣传碑牌80余处，发放宣传品2000余份；结合保护区自然现状，计划采取以封育为主、人工促进治理的辅助措施，拟对保护区7条沟道（26.67公顷）实施生态修复，以林木种质资源普查、野生动物红外相机监测工作为抓手，做好保护区资源家底调查，据观测，多年未见的雕鸮（国家二级保护动物）、赤麻鸭等动物已相继出现在保护区。依托吴忠市森林火灾高风险区综合治理项目，在保护区建设8处防火视频监测点，通过积极争取地方供电部门支持，将保护区7处护林点纳入地方供电体系，累计布网拉线23千米，其中红寺堡区供电局建设3处，同心县供电局建设4处。合理设置新建施家塘管理站和3处护林点，修建完成新建施家塘管理站及小口子护林点生活用水配套设施，并对部分基层站点基础设施进行维修。修订完善《宁夏罗山国家级自然保护区资源巡护监测管理制度》等制度办法，组织开展有害生物监测防控，防火视频监控，巡护系统和红外相机管理系统培训。宁夏南华山国家级自然保护区。2020年，保护区成立海原县南华山自然保护区管理处移交工作领导小组，研究制定《南华山管理处移交自治区林草局管理工作方案》，协调海原县相关部门多次和自治区林草局人事处、计财处、保护处就南华山保护区移交事宜进行沟通会商，对人事档案、资产、自然资源等相关资料进行完善整理归档。4月10日，签订南华山国家级自然保护区正式移交自治区林业和草原局管理备忘录。2020年，保护区对落叶松红腹叶蜂、落叶松球蚜、叶象、鼢鼠、芫菁、锈病及桦树尺蠖、沙棘木虱、松材线虫、杉针黄叶甲等进行跟踪监测。投资12余万元对落叶松红腹叶蜂和鼢鼠实施科学防治，把虫鼠害降低到最低程度和可控范围内。对在保护区试验区人饮水工程临时占用林地（7.2亩）的违法行为进行整治，对责任单位行政罚款4.69万元，并完成植被恢复。投资270余万元建成关门山重点林区视频监控系统，提高火灾、人类活动的监测预报预警能力。投资200余万元新建五桥沟、灵光寺、关门山管理站森林防火视频监控机房476平方米，改善基层管护条件。投资450万元完成国土绿化任务3000亩。宁夏云雾山国家级自然保护区。2020年，保护区与当地草原防火部门和周边乡镇、村委会、监测人员签订联防协议，实行群防群护。使保护区的生物多样性得到有效保护，实现“零”火灾的目标。完成国土绿化80公顷的建设任务，退耕还草208.19公顷。配合完成保护区生态红线划定及优化整合前期工作。帮助“协议保护”示范户种植红梅杏18.67公顷，发放保护发展基金17万元。保护区被国家林业和草原局批准为第二批国家林业和草原长期科研基地。《草原生态修复治理资金项目》围栏及动物廊道工程已竣工、科研基地维修工程已完成60%、动物引进完成招标工作、智慧监测完成《实施方案》编制、评审等前期工作，《动植物保护资金项目》完成招标工作，《森林草原火灾预防和扑救项目》采购六旋翼无人机1台；开展疫情防控、野生动植物保护、科普及普法宣传教育、防火、安全生产等一系列宣传活动。研究制定《推进治理体系和治理能力现代化 推动保护区建设事业高质量发展方案》，修改完善29项规章制度。宁夏灵武白芨滩国家级自然保护区，全面梳理排查易诱发人类活动的人工设施，确立风险管护责任点227处，建立人类活动管控风险责任台账8份，将风险管护责任点落实到各护林人员日巡护路线上，制作完成管理站人工设施管控风险点、责任区巡护路线挂图8份，签订风险点管控责任书8份，护林员承诺书83份，实现风险管控包片包点责任化。成立林政巡护大队，上半年累计巡查41次，遏止偷挖偷采、违规占地、偷牧樵采等违法违规行为11次，下发责令整改通知8份，上传巡查周报19期。完成森林督察172个点位和保护区19处遥感点位外业调查工作。举办4期保护区林政巡护培训班。立行政案件13起，罚款33938元。建立“森防森抚环整”三位一体防火预案，加强林区隐患排查，完成林区内主要交通主干道路两侧开设防火隔离带479.1公顷，可燃物清理1463.27公顷。组织职工完成乔木林建设33.33公顷、栽植苗木3.7万株，退化林分改造（草方格灌木林）56.25公顷，未成林补植补造133.33公顷，栽植苗木0.7万株。提升各站点绿化景观，栽植各类苗木62464株。负责城区4处绿化工程养护工作，新实施灵武市体育场、枣博园等2处城区绿化任务，完成甘草种植30.67公顷、灵武市河滩地种植68.93公顷任务。提升生态补水供水能力，实施大泉一泵站改造、马鞍山河源泵站浮船改造，完成大泉东干渠蓄水池和长流水桑杏园蓄水池清淤2处；马鞍山二泵站新装水泵1台（套），各站维修或更换水泵9台，新装造林供水管线5.54千米，铺设地表节灌31.69万米。持续巩固治沙成果，森林抚育持续加强，完成灌木平茬158.4公顷，乔木林抚育574.93公顷，林区柠条、沙冬青病虫害防治671.6公顷。宁夏哈巴湖国家级自然保护区。2020年，保护区对遥感监测到的8处人类活动点位进行实地核实，疑似图斑37个，面积36.58公顷。争取落地6个项目，到位资金3519.9万元，已实施完成1个。实施湿地生态效益补偿项目，开展湿地受损耕地补偿、湿地生态修复、森林防火设施等项目建设。开展补植榆树等8200株，森林抚育20公顷，荒漠灌木林病虫害防治0.23万公顷，首次采用无人机药物防治0.02万公顷。开展“保护绿水青山·林草防火当先”为主题的防火宣传月活动，开展森林草原火灾风险隐患排查整治工作，排查出三类16个问题，现全部整改到位。宁夏沙坡头国家级自然保护区。2020年，保护区对“绿盾2018”点位全部整改完成，“绿盾2017”2处点位和“绿盾2019”1处点位也在整改中。完成生态环境部2019年遥感监测7处点位、国家林业和草原局2020年两批次人类活动问题点位核查上报。保护区管护成效通过生态环境部评估。配合中卫市完成自然保护区整合优化方案上报、森林资源督查、林地变更及自然保护地生态保护红线评估及划定工作。以智能巡护和覆盖保护区全境实时监控的数智中心系统全面建成。完成退化林分改造1万亩，清理环境污染物1.5万平方米，拆迁违规养殖场1家。处理违法养殖、破坏植被等违法违规案件8起，成功救护黑鹳、鹅喉羚等重点保护动物4只。新增2个管理站，维修改造原有2个管理站，科普宣教及管理业务用房主体封顶。以野外自动化感知监测系统的保护区数智中心初步建成。监测到金雕、黑鹳、鹅喉羚等139种陆生野生动物，采集植物标本200份、林下土壤样本300个。系统监测保护区内有害生物，利用树干微孔注药进行林木病虫害防治。加强疫源疫病监测，建立两级监测体系，严格执行陆生野生动物疫源疫病监测日报告制度，全年共上报信息4158条。全年累计开展科普宣教“五进”活动8次，推送科普宣教手机短信20万条，编发信息38条，自治区林业和草原局采用转发27条，其中《沙坡头管理局继续加强野生动物疫源疫病监测防控工作》被国家林业和草原局网站转发，《野生动物频繁“出镜”沙坡头自然保护区》被国家级及地方主流媒体报道。工作作风明显好转。全年争取12项中央及地方财政投资项目，已完成9项。

【2020年宁夏林草工作十件大事】1.组织完成《宁夏林业和草原发展“十四五”规划》《黄河流域宁夏段国土绿化和湿地保护修复规划（2020—2025年）》《宁夏现代枸杞产业高质量发展“十四五”规划（2021—2025年）》《三北工程总体规划修编及六期工程规划（宁夏部分）》，国家林业和草原局出台《关于支持宁夏建设黄河流域生态保护和高质量发展先行区意见》。2.成立疫情防控工作领导小组，强化野生动物疫源疫病监测防控，对全区人工繁育野生动物单位（个人）和野生动物制品出售单位（个人）进行全面摸排。印发《关于做好疫情防控期间有序复工复产的通知》。与自治区供销合作社联合社签订战略协议，为林业经营主体提供农资供给，统筹疫情防控和林草产业发展。3.“十三五”期间，依托三北防护林、退耕还林、天然林保护等国家重点林业工程，推进精准造林四大工程建

设，全面完成预期目标任务，全区完成营造林769.8万亩，森林覆盖率达15.8%，草原植被综合覆盖度达56.5%，湿地保护率达55%，完成荒漠化治理687.6万亩。2020年完成营造林122.56万亩，治理荒漠化土地90万亩，草原生态修复37.4万亩，湿地保护总面积稳定在310万亩。在第四届中国绿化博览会上，宁夏园获第四届中国绿化博览会金奖、最佳植物配置奖，宁夏林业和草原局获优秀组织奖。4.建立现代枸杞产业高质量发展包抓工作机制。按照现代枸杞等9个重点特色产业高质量发展工作机制的要求，现代枸杞产业设立种苗及种植、龙头企业培育及招商引资、市场与品牌、科技攻关、文化活杞、财政金融6个工作组，多次深入基层调研并召开产业发展推进会及联席会。5.成立宁夏关注森林活动组委会。2020年9月10日，宁夏回族自治区关注森林活动组织委员会成立并召开第一次工作会议，审议通过《宁夏回族自治区关注森林活动工作规则》《宁夏回族自治区关注森林活动三年工作规划（2020—2022）》《宁夏回族自治区关注森林活动2020—2021年工作方案》。6.宁夏林草系统助力打赢脱贫攻坚战。2020年，自治区林业和草原局下达林草资金22.9亿元，重点实施造林扶贫，开展退耕还林扶贫，推进草原生态保护扶贫；安排枸杞产业发展资金2650万元，争取中国绿化基金会扶贫资金770万元，大力发展特色经济林产业；累计选聘生态护林员1.13万名，发放补助资金1.13亿元；鼓励生态护林员累计发展庭院经济林4400多亩。7.加强国际国内合作。2020年，全面完成世界银行贷款宁夏黄河东岸防沙治沙项目，项目总投资5.54亿元，共治理荒漠化土地面积77.7万亩，被世界银行专家组评为“令人满意项目”。争取欧洲投资银行贷款项目，经国务院批准后，落实项目资金4000万欧元（约合人民币3.2亿元）。依托兰州大学草业生态系统研究优势，自治区林业和草原局与兰州大学签署科技战略合作协议。8.发布《宁夏建立以国家公园为主体的自然保护地体系实施意见》。整合优化预调出保护地范围内永久基本农田8123.85公顷、城镇建成区1252.85公顷、村庄873.89公顷。贺兰山国家公园已列入“十四五”国家公园设立计划，六盘山已纳入全国国家公园总体布局方案，宁夏2处草原自然公园入选首批国家草原自然公园建设试点，6处湿地公园被纳入国家首批重要湿地。9.出台《宁夏天然林保护修复制度实施方案》。将天然林保护和修复目标任务纳入全区经济社会发展规划，全面加强天然林保护修复，努力构筑黄河上游较为稳定的森林生态屏障，推动黄河流域生态保护和高质量发展先行区建设。10.统筹推进林草信息化建设工作，加强全区林草资源信息化管理，以国土三调数据为基础，集成现有的森林、湿地资源调查、草原资源清查等最新数据成果，形成林草资源监管“一张图”。“防火码”全面推广，宁夏森林草原防火工作被国务院考核组评定为优秀。

【重要会议】2020年1月7日，自治区林业和草原局组织召开2019年度总结表彰大会。1月15日，全国三北工程总规修编暨站（局）长会议在银川市召开，宁夏方作大会交流发言。1月20日，全区自然资源（林业和草原）工作会议在银川市召开，会议传达学习了全国自然资源工作会议、全国林业和草原工作会议和自治区“两会”精神。7月22日，自治区人民政府第71次常委会审议通过《宁夏天然林保护修复制度实施方案》。10月10日，自治区政协主席崔波主持召开全区枸杞产业及高质量发展推进会。

【疫情防控】2020年，宁夏枸杞企业为支援抗击新冠肺炎疫情踊跃捐钱捐物。其中：宁夏沃福百瑞枸杞产业股份有限公司通过银川市红十字会捐款100万元。宁钢集团（宁夏红公司）、早康枸杞股份有限公司、天仁枸杞生物科技股份有限公司、百瑞源枸杞股份有限公司、宁夏厚生记枸杞饮品股份有限公司、玺赞庄园枸杞有限公司、宁夏杞乡生物食品有限公司、宁夏红果东方生物食品有限公司、宁夏沃福百瑞枸杞产业股份有限公司、宁夏全通供应链有限公司纷纷献出爱心，向有关医疗部门及慈善机构捐款捐物共计372.93万元。

【集体与个人荣誉】2020年5月4日，自治区林业和草原局团委获2017—2019年度全区“五四红旗团委”称号。6月8日，国家林业和草原局发布《2020年国家重要湿地名录》，吴忠市黄河湿地、盐池县哈巴湖湿地、兴庆区黄河外滩湿地、固原市原州区清水河湿地、中宁县天湖湿地5处湿地被录入国家重要湿地。7月15日，银川市永宁县闽宁镇原隆村、西夏区镇北堡镇昊苑村等19个行政村入选国家林业和草原局公布的第一批国家森林乡村名单。9月18日，“张国庆劳模创新工作室”在红寺堡区举行挂牌仪式。12月9日，马林、崔新琴、张健、蒲潘、李学军、刘好生、王前军、邵建海、朱金忠、马占林被国家林业和草原局聘任为林草乡土专家。

【重要赛事活动】2020年6月28日，由宁夏林业和草原局主办，宁夏枸杞产业发展中心与中国食品安全报社宁夏记者站联合承办的“中央驻宁和地方媒体宁夏枸杞行”采风活动在银川市启动。6月30日，由自治区林业和草原局、中卫市人民政府主办，中宁县委、中宁县人民政府、宁夏枸杞产业发展中心、宁夏枸杞协会共同承办的第三届枸杞产业(云)博览会暨全球网红大赛颁奖盛典在“中国枸杞之乡”中宁县开幕。10月12—14日，由自治区林业和草原局、中卫市人民政府主办，宁夏林权服务与产业发展中心、中卫市沙坡头区人民政府承办的“第二届宁夏苹果大赛暨中卫市沙坡头苹果节”在沙坡头区永康彩达村举办。全区49家企业和种植大户选送131个样品参赛，共评选出奖金14个、银奖18个、优质奖22个，“果王”(红富士、乔纳金、元帅、金冠)各1个。11月3日，由自治区教育厅主办的2020年全国职业院校技能大赛花艺赛项宁夏赛区选拔赛在宁夏葡萄酒与防沙治沙职业技术学院举办。

【重要调研交流活动】2020年2月1日，国家林业和草原局驻西安专员办王洪波专员一行到宁夏，深入固原地区六盘山管理局、乡村及野生动物养殖企业等地，实地调研疫情防控、野生动物养殖场管理等工作。3月3日，自治区副主席刘可为到中宁县就枸杞产业疫情防控和复工复产情况进行调研。4月3日，自治区主席咸辉到宁夏哈巴湖国家级自然保护区调研春季森林草原防火工作。4月17日，自治区党委书记陈润儿调研贺兰山自然保护区生态保护情况，强调要认真贯彻落实习近平生态文明思想，加强贺兰山生态环境治理修复，保护好自然生态屏障，守护好幸福生活家园，切实扛起维护西北乃至全国生态安全的重要使命。6月23日，自治区党委书记陈润儿调研枸杞产业发展情况并召开座谈会，强调要坚决贯彻习近平总书记视察宁夏重要讲话精神，把“枸杞之乡”的品牌叫响，把枸杞产业的实力做强。8月11日，中国工程院院士、中国林业科学研究院林产化学工业研究所研究员蒋剑春一行到宁夏林业和草原局，围绕宁夏林业草原及枸杞产业高质量发展进行调研座谈。8月24日，国家林业和草原局三北局组织中央电视台等媒体专家学者一行到灵武市白芨滩自然保护区进行调研采访。邀请“人民楷模”国家荣誉称号获得者王有德介绍防沙治沙经验。11月4—10日，自治区政协副主席冯志强带队，自治区党委政研室、自治区政协、自治区林业和草原局相关人陪同赴安徽省、江西省调研林长制工作推进情况和关注森林活动工作开展情况。11月11日，国家林业和草原局西安专员办王维家一行到六盘山林业局调研2020年秋冬季森林草原防灭火工作。11月13—14日，国家三北防护林体系工程管理服务平台应用培训班在银川市举办，标志着三北工程管理服务平台在宁夏开始率先试点运行。11月25日，自治区政府副主席刘可为走访了国家林业和草原局驻西安森林资源监督专员办事处(中华人民共和国濒危物种进出口管理办公室西安办事处)，并与专员办相关人员座谈。12月16日，自治区林业和草原局在银川市开展以“双循环背景下的宁夏枸杞产业战略创新之道”为主题的专题培训班，邀请酣客酒业集团董事长王为，就如何提高宁夏枸杞产业的创新能力做专题讲座。全区枸杞企业主要负责人约120人参加培训。

(马永福)

NINGXIA
YEARBOOK

生态环境

SHENGTAIHUANJING

编辑◎马　静

综　述

【生态环境治理体系建设】2020年，全区生态环境系统以建设黄河流域生态保护和高质量发展先行区为重要使命，牢固树立绿色发展理念，坚持以满足人民群众对优美生态环境需要为根本，突出精准治污、科学治污、依法治污，坚决打赢打好污染防治攻坚战，坚定不移守好改善生态环境生命线，坚决守好疫情防控"最后一道防线"，加快推进生态环境治理体系和治理能力现代化，协同推进经济高质量发展和生态环境高水平保护，努力实现"十三五"生态环境目标任务。按照"14566"工作思路，即紧盯生态环境质量持续改善这一目标，推动工作理念"四个转变"(由末端治理向系统治理、综合治理、源头治理转变，工作重心由齐头并进向精准治污、科学治污转变，治理方式由传统治理模式向系统完善的现代治理体系转变，监管主体由生态环境部门单打独斗向多部门联合作战转变)；谋划一批重大环保项目、解决一批突出环境问题、研究一批重大环保课题、选树一批先进典型、创建一批绿色示范；打好"六个标志性战役"(蓝天保卫战、碧水保卫战、净土保卫战、应对气候变化攻坚战、生态保护和修复攻坚战、危险废物管控攻坚战)；党建引领能力、执法监管能力、风险管控能力、生态环境治理能力、队伍保障能力、舆论宣传能力"六大能力"建设得到强化。出台《关于深入学习贯彻习近平总书记视察宁夏重要讲话精神继续建设经济繁荣民族团结环境优美人民富裕的美丽新宁夏的决定》《关于建设黄河流域生态保护和高质量发展先行区的实施意见》等政策性文件。生态环境部对宁夏2020年生态环境约束性指标审核结果为"两优四完成"，即空气质量、水环境质量均评价为"优"，四项主要污染物总量减排全部超额完成国家下达的目标任务，化学需氧量、氨氮、二氧化硫和氮氧化物排放量分别较2015年下降4.6%、3.6%、16.2%和13.8%。全区生态环境系统81人次先后参与生态环境部蓝天保卫战重点地区监督帮扶、黄河流域入河排污口排查工作。

【环境投诉和信访办理】2020年，宁夏生态环境厅官网发布政务动态信息1093条。受新冠肺炎疫情影响，工业企业生产负荷降低，生态环境监管力度加大，企业环境保护主体责任意识增强，环境违法行为减少，全区"12369"环保举报热线共受理群众环境污染投诉6029件，同比下降28.1%。从污染类型看，涉及环境噪声污染投诉4726件，占投诉总量的78.39%；大气环境污染投诉1101件，占投诉总量的18.26%；水环境污染投诉129件，占投诉总量的2.14%；固体废物污染投诉23件，占投诉总量的0.38%；电磁污染投诉1件，仅占投诉总量的0.02%；其他类投诉占0.81%。从地区分布看，年投诉量排名依次为银川市、吴忠市、石嘴山市、固原市、中卫市。其中，银川市受理环保投诉5127件，占全区投诉总量的85.04%；石嘴山市受理环境污染投诉190件；吴忠市受理环境污染投诉475件；固原市受理环境污染投诉174件；中卫市受理环境污染投诉59件。自治区"12369"环保举报热线共受理环境污染投诉4件。接到微信举报、网络举报、电话举报投诉928件，办结713件、不予受理215件。全年共编发《宁夏环保舆情动态》舆情专报13期。全区推进生态环境信访制度建设，规范信访接待、登记、批阅、办理、督查、办结、反馈等环节办理要求，全年共受理来信154件，来访31批46人次。全年办理答复人大代表建议和政协提案共53件。其中，人大代表建议20件，政协提案33件。所有人大建议提案均按时办复，办复率达到100%。

【生态环境质量】2020年，全区大气和水环境质量持续改善，土壤环境质量良好，声环境质量保持稳定，核与辐射环境正常，全区生态环境质量持续好转。水环境质量方面，全区地表水水质37个监测断面（点位）Ⅰ－Ⅲ类水质断面（点位）24个，占64.9%；Ⅳ类8个，占21.6%；劣Ⅴ类5个，占13.5%。15个地表水国家考核断面（点位）水质优良比例为93.3%，较2016年上升26.6个百分点，超额完成国家73.3%的考核目标。黄河干流宁夏段连续四年保持“Ⅱ类进Ⅱ类出”，6个国控断面水质均达到Ⅱ类。9条黄河支流水质总体为中度污染，20个监测断面中Ⅱ类水质断面10个，占50%；Ⅳ类5个，占25%；劣Ⅴ类5个，占25%。7个沿黄重要湖库水质总体为轻度污染，监测的11个断面（点位）中，Ⅱ－Ⅲ类水质断面（点位）8个，占72.7%；Ⅳ类3个，占27.3%。11个县（区）集中式饮用水水源达到或优于Ⅲ类水质比例为81.8%。国控地表水断面劣Ⅴ类水体全面清零。5个地级城市建成区黑臭水体基本消除。22条主要排水沟水质总体为轻度污染。全区地下水水质总体保持稳定。完成国家和自治区“十三五”考核任务。环境空气质量方面，全区5个地级市平均优良天数比例为85.1%，同比下降2.8个百分点，较2015年上升3.7个百分点。6项污染物监测浓度4降1平1升，其中可吸入颗粒物（PM_{10}）平均浓度为65微克／立方米，同比下降1.5%，较2015年下降25.3%；细颗粒物（$PM_{2.5}$）平均浓度为33微克／立方米，同比上升13.8%，较2015年下降15.4%。完成国家和自治区“十三五”考核任务。按环境空气质量综合指数排名，环境空气质量由好到差依次为固原市、中卫市、吴忠市、宁东能源化工基地、银川市、石嘴山市。按环境空气质量综合指数同比变化率排名，固原市空气质量改善，其他地级市和宁东能源化工基地空气质量均变差。土壤环境质量方面，84个基础点位土壤环境质量监测结果显示，全区土壤环境未出现无机及有机污染物超标现象。农村环境方面，全区农村环境质量监测30个村庄，环境质量总体保持稳定。其中，22个村庄空气质量达到国家二级标准，首要污染物为PM_{10}、$PM_{2.5}$；SO_2、NO_2、CO、O_3日平均浓度达标率为100%，PM_{10}和$PM_{2.5}$达标率分别为93.7%和99.4%。自然生态环境质量方面，全区生态环境质量总体评价为“一般”，生态环境状况指数达到47.82，较2015年提高5.82%。全区22个县（区）中生态环境质量为“良”的县（区）4个，“一般”的县（区）18个，其中原州区、泾源县、隆德县和彭阳县为“良”，占全区国土总面积的14.3%；其他县域均为“一般”，占全区国土总面积的85.7%。全区5个地级市均开展区域声环境、城市道路交通声环境、城市功能区声环境质量监测，各市区域昼间噪声等效声级为53.5分贝，各市道路交通昼间噪声等效声级为64.7分贝。城市声环境功能区昼间达标率为98%，夜间达标率为87.2%。全区电离辐射水平处于本底涨落范围内；5个地级市环境电磁辐射水平远低于相关规定的公众曝露控制限值。

2020年8月7日，自治区生态环境厅举办安全生产专项整治三年行动专题讲座

【生态环境保护督察】截至2020年年底，2016年第一轮中央环境保护督察反馈全区整改任务共41项，已完成40项。2018年中央环境保护督察“回头看”及水环境问题专项督察反馈的57项问题，已完成整改54项。中央环境保护督察“回头看”及水环境问题专项督察“回头看”督察期间转办的1339件群众信访投诉件，已办结1338件。完善自治区生态环保督察机制，组织开展自治区生态环境保护督察，实现“五市一基地”生态环境保护督察全覆盖。2019年，自治区生态环境保护督察组向石嘴山市、中卫市、宁东能源化工基地反馈问题共79项，已完成整改44项；转办的145件群众信访投诉件，已办结112件。2020年9月4日

启动首轮第二批自治区生态环境保护督察，成立3个督察组，分别进驻银川市、吴忠市和固原市，开展为期20天的自治区生态环境保护督察，督察报告已通过自治区党委审定。健全完善生态环境保护督察制度，修改并完善《宁夏回族自治区生态环境保护督察工作规范(试行)》，保障督察工作规范、有序、高效开展。印发《宁夏回族自治区生态环境保护督察纪律规定》，从严守政治纪律等7个方面明确督察工作要求，树立自治区生态环境保护督察良好形象，确保督察工作风清气正。制定并出台《宁夏回族自治区生态环境保护督察工作实施办法》，明确组织机构和人员、例行督察、专项督察、派出监察、结果运用和信息公开、督察纪律和责任，并衔接中央生态环境保护督察，为全区生态环境保护督察工作奠定法治基础。

【生态环境法治与行政审批】2020年，全区加强生态环境法治建设，推进生态环境地方立法，开展《自治区土壤污染防治条例》立法调研，形成《自治区土壤污染防治条例(草案)》。修订发布《宁夏农村生活污水处理设施水污染物排放标准》，启动《宁夏污水处理厂主要水污染物排放标准》制定工作。深化落实生态环境损害赔偿“1+8”制度，完成美利林区沙漠污染生态环境损害赔偿工作，编制《中卫美利林区沙漠污染生态环境损害鉴定评估报告》，协调指导内蒙古自治区阿拉善盟行政公署、宁夏回族自治区中卫市人民政府、宁夏美利纸业集团环保节能有限公司三方签订《生态环境损害赔偿协议》，成为宁夏首例成功磋商和司法确认认可典型案例。办理生态环境损害赔偿案件24件，首次将生态环境损害赔偿工作纳入自治区就中央环境保护督察反馈问题整改和打赢污染防治攻坚战重点任务进展情况督查行动中。开展2019年企业环境信用评价工作，全区共参评企业574家，其中绿牌398家、蓝牌125家、黄牌25家、红牌9家，评价结果已向社会公开并通报相关金融机构和部门，修复4家企业环境信用。完成“七五”普法工作检查、自治区法治政府建设第三方评估。加强规范性文件管理，组织清理地方性法规6部、政府规章2部、行政和党内规范性文件34份。组织法律顾问审查各类合同25份。推动“三减一提升”“互联网+政务服务”“证照分离”“四级四同”等新一轮改革。将建设项目环境影响评价审批、排污许可、危险废物经营许可、辐射安全许可等17个主项中24个子项审批权下放自治区政务服务中心生态环境厅行政审批窗口，授权率为80%以上；全面梳理全区生态环境系统的行政审批和公共服务事项，形成生态环境系统涉及生态环境部、区、市、县四级政务服务基本目录，完成国家、区、市、县四级同一事项、同一名称、同一编码、同一标准“四级四同”的改革目标；实现全部17项生态环境系统审批事项不见面审批改革，办结时限较法定办结时限整体缩减50%，简化申请材料79项，缩减办理环节74个，降低服务对象时间成本，提高行政机关审批效率。健全行政执法与司法联动机制，制定《关于加强环境保护行政执法与刑事司法衔接工作的实施意见》。

【环保投入】2020年，宁夏继续实施财政投入与生态环境质量和污染物排放总量挂钩政策，开展纵向生态补偿，根据各市、县上年度环境质量和污染物排放总量指标考核情况兑现奖补资金2亿元，计算处罚资金2759万元，处罚资金全部用于对生态环境质量明显改善的海原县等13个市、县(区)的生态补偿。全年共争取生态环保专项资金23.74亿元，其中，中央生态环保资金13.23亿元，自治区生态环保资金10.51亿元。中央生态环保专项资金中，水污染防治资金2.17亿元，大气污染防治资金0.7亿元，土壤污染防治资金0.11亿元；自治区生态环保资金中，地方债资金达6亿元，较上年增加1亿元。环保资金重点支持全区重点流域水污染综合治理、燃煤锅炉治理、农村生活污水治理、贺兰山东麓山水林田湖草生态保护修复等重大生态环保项目。开展《宁夏化学原料药、农药、染料行业环境准入研究》《黄河宁夏段监测指标不同采样前处理方式的研究及其应对机制》等研究项目。

(崔万杰)

污染防治

【水污染防治】2020年，《宁夏回族自治区水污染防治条例》颁布并实施，明确了水污染防治的适用范围，政府、部门、企业的相关责任，工业源、城镇源、农业源、饮用水源地保护的整治措施，并于3月1日起正式实施，为全区水污染防治监管和执法提供法律保障。全区水污染防治工作取得显著成效。2016年以来先后投入中央、自治区水污染防治专项资金约30亿元，重点支持黄河支流和重点入黄排水沟人工湿地建设、工业园区污水处理厂建设、沙湖水污染治理以及饮用水水源地保护等水污染防治项目。组织编制《黄河流域宁夏段水生态环境综合治理工程项目》《宁夏回族自治区人工湿地运维管理指导意见》《关于加强入河(湖、沟)排污口监督管理工作的指导意见》《宁夏回族自治区污水处理厂主要水污染物排放标准》。石嘴山市开展再生水循环利用，不断减少黄河水和地下水消耗，推荐石嘴山市为全国再生水循环利用试点城市。印发《2020年全区水污染防治重点工作安排》，定期调度水环境治理任务进展，督促指导各地加快水污染防治项目建设。谋划水专项规划及重大项目，启动重点流域"十四五"水专项规划编制工作，编制《黄河流域宁夏段水生态环境综合治理工程项目》。加强城乡饮用水水源地保护，开展县级及以上城市集中式饮用水水源环境状况评估工作。全面完成全区农村"千吨万人"集中式饮用水水源地保护区划定工作。从严加大环境执法监管力度，全区生态环境部门对涉及水污染环境违法案件共查处30件，处罚金额共522.5万元，其中按日连续处罚案件1件，处罚金额50万元。实施查封、扣押案件2件。实施限制生产、停产整治案件4件。移送适用行政拘留环境违法案件2件。移送涉嫌环境犯罪案件1件。提升水环境管理基础能力，启动污水处理厂地方标准制定工作。开展全区入河湖（沟）排污口排查工作，共排查各类排污口441个，按照"取缔一批、整治一批、规范一批"的原则，组织指导制定整治方案，确保排污口整治到位。全区33个城镇污水处理厂已全部达到一级A排放标准；23个工业园区废水全部实现集中处理，关闭搬迁33家规模化畜禽养殖场，完善水污染联防联控工作机制，与甘蒙两省（区）签订《跨界流域突发水污染事件联防联控框架协议》。开展地下水污染状况调查。印发《宁夏回族自治区地下水污染防治实施方案》，为建设全区地下水污染防治体系奠定基础。完成全区686家加油站地下储油罐双层罐防渗改造，布设地下水环境监测井405眼，通过定量和定性监测及时发现油品污染。完成地下水型饮用水水源地补给区和加油站地下水污染状况调查。完成《宁夏回族自治区〈全国地下水污染防治规划（2011—2020年）〉实施情况终期评估报告》。

【大气污染防治】2020年，《2020年度全区大气污染防治重点工作安排》《2020年大气污染防治重点项目清单》印发并实施，推进钢铁、焦化等行业排放提标改造，全区完成自备燃煤火电机组超低排放改造。完成大气污染治理项目280个，其中散煤"双替代"（电代煤、气代煤）项目48个，燃煤锅炉达标治理项目33个，工业达标治理项目50个，挥发性有机物治理项目22个，工业堆场治理项目51个，工业炉窑治理项目48个，安装锅炉在线监控设备28套。银川市落实《城市建成区重污染企业退城搬迁工作方案》，银川美亚染化有限公司全面停产退出，宁夏泰瑞制药股份有限公司、宁夏金维制药股份有限公司厂区主要生产设备已拆除。实施煤炭消费总量控制，加快推进"东热西送"二期等热电联产、余热利用、成片小区集中供热工程建设。组织实施6个县（区）农村地区"清洁取暖"项目。淘汰燃煤锅炉29台，煤改气、煤改电38台。制定并实施《自治区2020年臭氧污染防治专项行动方案》，深化挥发性有机物污染治理。积极开展臭氧来源解析、VOCs走航雷达监测等工作，不断提高大气污染防治精细化管理能力和水平。印发《关于进一步加强挥发性有机物重点监管企业综合整治的通知》，重点对排放量大的医药制造、煤化工、石油化工等行业，严格对标挥发性有机物无组织控制标准，开展达标整治。全年臭氧超标天数同比减少23天，臭氧攻坚成效显著。开展全区非道路移动机械排查及编码登记工作，建成全区机动车遥感监测平台。下发《关于联合开展高排放高污染机动车上路行驶整治工作的通知》，全区共报废老旧车辆45390辆，共查处驾驶尾气排放不达标车辆1847次。加大查处油品质量违法行为力度，对非法调油窝点、非法油品销售点、非法流动加油罐车、非法存储使用非标燃油等违法行为进行专项清理整治，查处油品质量

2020年10月21日，全区开展农村生活污水治理工作现场推进会

违法案件12起。加强油气回收治理，全面排查加油站油气回收设备运行及部件更换情况，全区加油站油气回收改造治理工作已全部完成。建立完善机动车排放检测与维护(I/M)制度。推广使用新能源汽车，年新增及更换的公交车中新能源公交车比重为70%以上。印发《2020年采矿区露天矿山扬尘整治专项行动实施方案》《关于推进露天矿山综合整治工作的通知》，针对露天矿山存在的扬尘污染等问题，逐矿逐项登记备案，建立综合整治台账，制定合格和不合格矿山清单。开展全区城市环卫保洁和垃圾处理规范化管理考核工作。开展建筑工地扬尘污染集中整治行动，共检查建筑工地5500余项次，签发检查记录2159份，下发整改通知书689份，行政处罚143.6万元。

【应对气候变化】2020年，全区开展温室气体排放控制工作，完成2019年度省级政府控制温室气体排放目标责任自评估报告和2019年度重点排放单位碳排放数据核查。完成《宁夏回族自治区2015年、2016年、2018年温室气体排放清单编制项目》《〈宁夏回族自治区"十三五"控制温室气体排放实施方案〉中期评估、宁东能源化工基地碳排放现状及趋势研究项目》《宁夏回族自治区碳排放峰值研究及重点企业碳排放额分配项目》等课题研究。参与全国碳市场建设。开展全区应对气候变化能力建设培训。据核算，全区碳排放强度约5.18吨/万元，同比下降2%左右，首次出现下降。

【重污染天气治理】2020年，全区加强生态环境、气象等部门在区域环境空气质量预警预报、联合研判、信息发布等方面的协作配合。针对年初出现的持续静稳高湿天气，印发《关于进一步做好重污染天气应对工作的紧急通知》《重污染天气应急响应区域联动方案(试行)》，组织对银川市、石嘴山市、吴忠市、宁东能源化工基地应急减排措施落实情况进行执法检查，指导银川市、石嘴山市、吴忠市、中卫市和宁东管委会加强联防联控，共同实施火电、化工、冶金、水泥、碳素、活性炭等重点行业排污单位应急减排措施。印发《2020—2021年冬春季大气污染综合治理攻坚行动方案》，实施冬春季大气攻坚行动，应对持续污染天气，并取得显著成效，完成"十三五"国家考核目标。受沙尘等因素影响，全区地级城市启动黄色及以上重污染天气应急响应天数共计177天(其中，银川市38天，石嘴山市57天，吴忠市29天，中卫市28天，宁东能源化工基地25天)。全年共出现15次沙尘天气过程，同比减少4次，首次沙尘天气发生时间同比推迟11天，其中一级沙尘天气(浮尘)8次，二级沙尘天气(扬沙)4次，三级沙尘天气(沙尘暴)2次，四级沙尘天气(强沙尘暴)1次。5个地级市及宁东能源化工基地环境空气质量受沙尘天气过程影响累计233天次。

【土壤污染防治】2020年，宁夏公布全区土壤环境重点监管企业89家，除5家长期停产和1家拆除外，其他83家全部完成土壤环境自行监测并将报告进行公示。完成全区重点行业企业土壤污染状况调查，确定全区土壤污染企业风险分级清单和优先管控名录。重点重金属污染物排放量削减3%，完成土壤污染防治目标责任书规定目标。排查全区涉镉等重金属企业69家，完成方圆5千米内有农田的16家涉重金属企业整治。完成耕地土壤环境质量类别划分工作，制定优先保护类耕地保护方案，确保耕地面积不减少，质量不下降。新增6处疑似污染地块，均位于石嘴山市，经调查评估均非污染地块；无新增污染地块。落实全国污染地块土壤环境管理信息系统应用工作，动态更新疑似污染地块信息，共激活管理账户29个、共享账户38个、土地使用权人账户18个，实现部门间的联防联控。完成银川市贺兰县立岗镇幸福村土壤污染治理与修复试点项目和吴忠市利通区巴浪湖村污灌区污染治理项目治理修复试点任务。受污染耕地安全利用率和污染地块安全利用率初步核算均为100%。

【固体废物与化学品环境管理】2020年，全区强化固废环境管理基础能力建设，制定并印发《宁夏回族自治区危险废物处置利用设施建设方案(2020—2025年)》；开展全区重点行业重点重金属污染减排对策重大课题研究。开展2020年度清废行动，排查的17个问题点位整治到位。实施危险废物专项整治三年行动，排查危险废物企业165家(次)，查出问题147个，风险隐患158处；建立《危险废物重点监管企业清单》《危险废物自行利用处置设施清单》《危险废物集中利用处置设施单位清单》，纳入监管企业223家，消除环境风险隐患268个。提升医疗废物信息化监管水平，将全区249家医疗机构纳入固废监管信息系统实施监管，有效提升医疗废物的监管能力；印发《加强机动车维修企业危险废物监管的通知》，1075家机动车维修企业纳入监管，银川市率先对机动车维修企业废矿物油实施数字化监管；开展废弃危险化学品的专项整治，对73家企业、学校、医院、科研院所、社会团体等单位的废弃危险化学品进行专项整治，排查废弃危险化学品1639.16吨；开展2020年度危险废物规范化管理评估考核，严厉打击危险废物环境违法行为，共查处涉危险废物违法案件22起，其中2起移送公安部门处理。全区纳入固体废物信息系统网上平台申报企业373家，固废产生量6645.97万吨；危废企业申报797家，产生量103.22万吨；新建8个工业园区固废填埋场，8个危险废物集中处置项目正在建设当中。开展重点重金属减排攻坚行动，印发《全区重点重金属减排攻坚行动强化方案》，在全区开展为期半年的重点重金属减排强化攻坚行动；开展全区涉重金属重点行业企业全口径清单的排查，共排查涉重金属重点行业企业53家，确定全口径涉重金属重点行业企业31家。制定并印发《宁夏回族自治区建设项目重金属排放指标核定暂行办法》，强化对涉重点重金属项目的管理。开展全区涉重点重金属企业监督性监测工作。完成2020年重点重金属污染物排放量控制目标自评估。联合自治区卫生健康委等十厅局印发《宁夏回族自治区医疗卫生机构废弃物综合治理工作方案》。开展尾矿库专项排查。会同自治区发展改革委印发《宁夏回族自治区关于进一步加强塑料污染治理的实施方案》，开展"限塑令"专项整治行动。开展废弃电器电子产品拆解审核专项治理，审核拆解量10.3万台(套)。开展废铅酸蓄电池收集专项治理，非法收集、转运、处置违法行为得以遏制。开展废铅酸蓄电池收集转运试点工作，试点企业全年共收集各类废铅酸蓄电池2.78万吨。做好医疗废物环境安全处置监管。制定《宁夏回族自治区应对新冠肺炎疫情医疗废物应急处置设施运行管理规程》、印发《关于做好新型冠状病毒感染的肺炎疫情防控期间医疗废物处置及监管工作的通知》。医疗废物处置建立"四专"(专人管理，专车转运，专区收集，专送处置)工作机制，实现医疗废物处置应收尽收、应处尽处、日产日清；开展疫情防控环境执法检查、秋冬季疫情防控演练、防控物资储备、医疗废弃物处置项目建设调度、疫情防控信息报送、工作人员的个人防护和业务培训等。2020年全区累计收集处置医疗废物5128.47吨(含疫情医疗废物347.88吨)，未发生医疗废物环境污染事件。

(崔万杰)

生态保护

【自然生态保护】自2017年以来，宁夏连续4年开展"绿盾"专项行动，共排查建立全区自然保护区人类活动点位台账2646处，整改完成率上升到99.74%，"三山"国家级自然保护区整改完成率保持在100%。其中，2020年，核查排查生态环境部三批次遥感反馈宁夏14个自然保护区196处线索点位，抽查核查22个(次)自然保护区100余处点位，未发现新增违法违规问题，已完成整改的点位生态恢复水平得以提升。完成贺兰山、白芨滩等4个国家级自然保护区管护成效自评估并配合生态环境部专家组进行现场评估，全区自然保护区建设管理水平得以提升。开展生态文明建设示范创建，组织审核并积极推荐吴忠市、大武口区分别申报国家生态文明建设示范市和"绿水青山就是金山银山"实践创新基地，吴忠市获得国家生态文明建设示范市，大武口区获得"绿水青山就是金山银山"实践创新基地，生态文明建设示范创建实现"零突破"。推进固原市、石嘴山市生态示范市创建进程，指导推动西夏区镇北堡镇、永宁县闽宁镇及泾源县开展"绿水青山就是金山银山"实践创新基地建设。推荐王有德获得"2018—2019绿色中国年度人物"提名奖。争取奖补资金支持，将创建国家生态文明建设示范市县纳入自治区城市规划建设管理奖补资金奖励范围，建立绿色激励机制，鼓励支持市县开展生态示范创建。统筹推进生态保护红线评估优化调整，联合印发红线矛盾问题处置指导意见，推进各地针对红线内存在的永久基本农田、人工商品林、建设用地和集中连片居民用地等，予以优化调整，确保划定成果权威、科学、可执行。推进自然保护地整合优化，积极妥善处理自然保护区历史遗留问题，统筹协调推进生态保护红线优化调整工作。加快建设宁夏生态保护红线监管平台，为实现全区生态保护红线监管提供技术支撑和能力保障。

【农业农村生态环境综合治理】2020年，全区积极推进农村生活污水治理。修订并发布《全区农村生活污水处理设施水污染物排放标准》，因地制宜规范和促进农村生活污水治理。完成全区农村生活污水基础信息调查，基本掌握治理设施建制村覆盖和设施处理能力与运行状况，建立农村生活污水治理工作台账。制定《宁夏农村生活污水治理规划编制指南》，完成全区22个县(区)农村生活污水治理专项规划编制。组织编制2020年全区农村污水处理项目实施方案，实施项目106个，覆盖农户近10万户，项目总投资8.37亿元，投入补助资金2.5亿元。扶持中宁县、沙坡头区试点引入"大数据""智慧云"平台，实现智能化监管。召开全区农村生活污水治理工作推进现场会。全面完成全区农业农村污染治理攻坚战。提前完成全区74个"千吨万人"农村饮用水水源保护区风险排查整治工作。全区农村生活垃圾处置体

2020年7月2日，全区开展“2020全国低碳日”宣传活动

系实现全覆盖，非正规垃圾堆放点全部完成整治，1/4以上的行政村生活污水得到治理，农村水环境全面纳入河湖长制管理，农村污染治理设施运行得到加强；大型规模畜禽养殖场粪污处理设施配套率达到100%，畜禽粪污资源化利用率为90%以上，环境执法监管加强，持续规范各类养殖产业排污；化肥、农药减量增效成果显著，农药化肥施用量继续实现零增长，秸秆综合利用率为85%以上，废弃农膜回收利用率为80%以上，种植产业逐步实现模式生态化，完成耕地土壤环境质量类别划定，全面完成涉镉等重金属重点行业企业排查整治；生态环境监管信息平台得到完善，强化农村水质监测管理，落实农业农村生态环境监测执法责任，健全农药化肥调查监测评价体系。全面完成农村黑臭水体排查。排查22个县（区）、179个乡镇的农村水体3344条，对疑似黑臭水体开展水质监测与公众评议，发放调查表2760份，采集水样448份，确定全区13个县（区）分布疑似农村黑臭水体146条，确定纳入国家管控14条，其余由自治区级、市级分别管控。

（崔万杰）

环境监管

【辐射安全监管】2020年，对全区138家核技术利用单位、5家异地使用放射源单位、2家伴生放射性矿开发利用单位、9家输变电项目开展监督检查，共出动执法检查300余人次，检查发现98个问题并已全部完成整改。建成高风险移动放射源在线监控系统，对全区22枚高风险移动放射源实现全天候地理位置和剂量率水平在线监控，对全区2家伴生放射性矿开发利用企业进行辐射环境监督监测，推进监管能力和监管体系现代化水平。完成石嘴山市、吴忠市国控大气辐射环境自动监测站建设任务并通过验收，实现全区地级城市国控大气辐射环境自动监测站全覆盖，全区辐射环境监测能力建设得到提升。共办理辐射类行政审批技术审查101件。不断提升辐射环境监测能力。放射性水平检测实验室通过水中氚、生物中铯-137两个新项目的资质认定，开展“岗位大练兵、业务大提升活动”业务培训，完成国控点30个点位、24个监测项目、600多个监测数据的分析测量。严把电磁辐射类建设项目环评技术审查质量关，审批完成29个电磁辐射类建设项目。调查处理电磁辐射投诉信访7起。督促移动通信运营商完成2020年新建4000余个5G基站的环境影响登记备案，备案率为100%。与银川海关联合开展口岸辐射事故专项演习，每月组织一次辐射应急监测调度平台联调联试，开展持证人员背包搜源仪器操作培训，增强辐射事故应急能力。组织开展宁夏城市放射性废物库消防演练，不断加强废旧放射源集中管理，突出废旧放射源收贮监测、运输、贮存等关键环节安全管理，实现全区放射性废物100%入库贮存的目标。

【环境评价服务经济社会】2020年，宁夏持续推进环评“放管服”改革，积极服务企业复工复产，强化环评事中事后监管，落实排污许可制管理，发挥环境影响评价从源头减少环境污染，改善环境质量的重要作用。开通“绿色通道”，采取豁免审批、承诺备案等方式，简化项目环评审批程序。自治区生态环境厅印发《建设项目环评告知承诺制审批规程（试行）》，将不涉及有毒、有害及危险品的仓储、物流配送等涉及《建设项目环境影响评价分类管理名录》十大类30小类项目被纳入豁免管理；对环境影响总体可控、受疫情影响较大、就业密集型等民生相关的部分行业17大类44小类，纳入环评告知承诺制审批改革试点。助力相关行业企业复工复产，积极服务“六稳”“六保”工作。针对猪肉价格高涨不下的问题，紧急印发《关于进一步落实生猪规模养殖环评管理相关工作的通知》，精简审批环节，提高审批效率，促进生猪养殖产能快速恢复，保障市场生猪供应。为缓解疫情应急物资短缺，医疗废物处置能力不足的问题，印发《关于做好疫情防控期间建设项目环评管理工作的通知》，对各地急需的医疗卫生、物资生产、医药用品制造、研究实验等防疫建设项目，实行特事特办、急事急办，简化项目环评审批程序，全力保障疫情防控相关工程项目建设。全区办理豁免和承诺备案制的疫情防控建设项目10个（其中，疫情防控物资生产建设项目3个，医疗废物处置建设项目2个，医疗卫生项目5个）。完成银川苏银产业园、泾源县轻工产业园区、"十三五"全域旅游发展规划环境影响报告书及宁东能源化工基地现代煤化工产业示范区规划环评补充深化论证报告审查。每季度开展一次环评文件复核，推动环评文件质量全过程控制。修订全区环评专家库。提前完成2020年固定污染源排污许可清理整顿工作。印发并实施《宁夏回族自治区人民政府关于落实"三线一单"生态环境分区管控的通知》，生态环境分区管控体系建设方面取得积极进展。主动服务自治区重大基础设施、民生工程和重大产业布局项目，最大限度地发挥环评审批对稳定有效投资、促进经济发展的作用，国能宁煤70万吨／年煤制烯烃、红四煤矿及洗煤厂等项目环评获得生态环境部批准。全年共审批建设项目环评、备案环境影响登记表6769个，总投资约2819.38亿元，其中，审批建设项目环评1316个（报告书308个、报告表1008个）；企业自行备案环境影响登记表项目5453个；全年共办理豁免及告知承诺制项目106个。

【生态环境监测】2020年，《全区"十四五"生态环境监测专项规划（征求意见稿）》编制并完成。组织完成"十四五"全区20个城市环境空气质量国考站点、20个地表水国考断面（点位）、21个地下水国考监测点位和11个地级城市集中式饮用水国考水源地优化调整工作。推进大气组分站、水质自动监测站等项目建设工作，建成36个水质自动监测站。开展国家第二批空气站点仪器设备更新、调整等工作。安排部署"全国污染源监测信息管理与共享平台"管理和调度，持续推进监测数据联网工作。深化热点网格监管应用。按时完成生态环境监测网络建设方案自评工作。充分利用银川市、石嘴山市、吴忠市大气超级站、分站，以及全区环境空气监测网，开展大气环境质量监测综合研判。完成"市、县域水环境承载能力现状评价、监测评价体系建设"工作任务。完成全区重点生态功能区县域生态环境质量监测与评价工作。自2020年3月起，对全区5个地级市和宁东能源化工基地、各县（区）城市环境空气质量和地表水环境质量监测评价排名并面向社会公开发布。发布《宁夏2019年生态环境状况公报》。举办生态遥感监测技术培训、固定污染源废气监测技术培训等6个培训班，培训技术骨干800余人次，开展2020年宁夏突发环境事件应急监测演练，提升监测队伍应对突发环境事件应急处置能力。完成4家社会化环境监测机构及银川等地生态环境监测站持证上岗考核。统筹做好疫情期间应急监测和空气、地表水等环境质量例行监测，全力保障国家网和地方网监测运行，组织编报生态环境应急监测以及全区环境空气质量状况、日报、预报等生态环境质量监测信息。全年编发疫情防控期间环境应急监测信息332期、生态环境监测工作周报110期。截至2020年年底，全区共有各类生态环境监测点位1872个，其中，环境空气质量监测点位52个，水环境质量监测点位（断面）117个，土壤环境质量监测点位556个，噪声监测点位1034个，辐射环境质量监测点位113个。

2020年11月26日，全区重点排污单位自动监控工作业务培训班在银川市举办

【生态环境执法与环境税】2020年，全区开展新冠肺炎疫情防控环保专项检查。统筹做好全区疫情防控和经济社会发展生态环境执法工作，印发《全区生态环境监督执法正面清单实施方案》，将疫情防控急需的医疗卫生物资生产企业、民生保障重点行业企业等纳入正面清单企业，探索推行远程执法、非现场执法模式，将移动执法、大数据监控、在线数据分析等作为主要监管方式，指导各地开

展分类执法，调整纳入清单企业数量505家，通过非现场监管执法发现违法行为349个，立案处罚30件。以“双随机一公开”监管为基本手段、以重点监管为补充的新型监管机制，开展污染源检查3049家（次），随机抽查信息公开2672个，查处违法问题84个。强化专项监督执法，重污染天气期间，对供热、发酵、建材类重点企业设施运行情况进行专项检查和夜间突击检查70余家（次）；对167家工业炉窑、水泥、钢铁及焦化企业治理工作进行专项检查；组织对VOCs治理、垃圾焚烧发电、危废处置等企业开展专项执法检查。检查主要排水沟涉水企业14家（次）；对13家企业排污口进行现场核实，开展“九小”企业取缔“回头看”；开展入河湖（沟）排污口专项执法检查整治工作，完成城镇生活、工业企业、混合、农村生活四类412个排污口信息核实工作；开展环境违法犯罪集中打击整治行动；开展全区生态环境交叉执法检查，通过日查、夜查、随机抽查、远程监控等方式，对全区燃煤发电、铁合金、焦化、污水处理厂等重点项目建设情况、环保设施运行情况以及群众关注热点问题开展执法检查。检查土壤重点企业415家（次），检查规模化畜禽养殖企业137家；检查农村生活污水治理设施运行单位46家。推进生态环境综合执法，印发《宁夏回族自治区生态环境综合行政执法责任制度》《现场执法检查工作规范》《信访、投诉、举报案件分级查处办法》《行政执法用语规范指引》。举办全区2020年生态环境执法岗位培训班。开展生态环境领域扫黑除恶突出问题专项整治工作，受理查处各类信访投诉64件。全年立案查处环境违法案件479件，行政处罚3532.42万元，实施按日计罚1件，查封扣押86件，限产停产19件，移送拘留9件，涉嫌环境污染犯罪12件。建立税务、环境保护税征管协作机制，扎实做好环境保护税征收、复核工作，保障环境保护税征管工作顺利开展。全区共登记环境保护税纳税人1248户，入库环境保护税15708万元，减免177户，减免3556万元；复核纳税人988户，复核补缴税款304.81万元，加收滞纳金25.99万元。

【生态环境应急管理】2020年，全区强化对基层环境应急管理工作指导。妥善处置12起突发环境事件。签订《宁甘跨省界突发水污染事件联防联控协议》《宁蒙跨省界突发水污染事件联防联控协议》。推进全区涉危化学品涉重金属企业突发环境事件应急预案电子备案工作，采取“远程视频+课堂教学+现场观摩”的方式举办全区2020年度环境应急培训。开展5次环境突发事件应急演练。

【排污许可】2020年，全区开展固定污染源排污许可清理整顿和2020年排污许可发证登记工作，引导排污单位及时准确填报申领信息，依法申领排污许可证，自觉持证排污、按证排污。同时，为确保排污许可证核发质量，有效利用排污许可提高污染源管控成效，实行边清理边核查模式，对各排污单位行业属性、固定污染源和非固定源、管理类别划分情况以及部分长期停产等特殊情形企业实际运行情况逐一进行核实。截至2020年8月底，全区累计完成10560家固定污染源排污许可发证登记工作，实现发证率和登记率两个100%。其中，完成发证企业1492家，限期整改336家，登记企业5751家，6种情形不发证不登记企业共2981家。全面完成2020年固定污染源排污许可核发登记任务，提前1个月完成国家下达的2020年排污许可发证及登记任务，成为全国较早完成固定污染源排污许可清理整顿和2020年排污许可核发登记工作的省（区）之一。

（崔万杰）

第二次全国污染源普查

【概况】2020年，自治区第二次全国污染源普查领导小组办公室组织完成全区第二次全国污染源普查工作。普查的标准时点为2017年12月31日，时期资料为2017年度。普查对象是宁夏境内排放污染物的工业污染源（以下简称“工业源”）、农业污染源（以下简称“农业源”）、生活污染源（以下简称“生活源”）、集中式污染治理设施和移动源。经过前期准备、清查建库、全面普查、总结发布四个阶段工作，历时3年完成宁夏第二次全国污染源普查任务，摸清各类污染源的基本情况、主要污染物排放数量、污染治理情况等。全区普查各类对象数量11921个，包括：工业源5767个，畜禽规模养殖场2157个，生活源3753个，集中式污染治理设施215个；综合统计的普查对象数量29个。主要污染物排放量方面，水污染物排放量：化学需氧量16.94万吨，氨氮0.53万吨，总氮1.62万吨，总磷0.16万吨，动植物油0.14万吨，石油类46.9吨，挥发酚1.25吨，氰化物0.51吨，重金属（铅、汞、镉、铬和类金属砷）1.39吨。大气污染物排放量：二氧化硫16万吨，氮氧化物23.01万吨，颗粒物29.77万吨，挥发性有机物8.55万吨。

【工业污染源普查】截至2020年年底，全区共有工业源普查对象5767个。其中：银川市2315个，石嘴山市1158个，吴忠市1024个，中卫市641个，固原市531个，宁东能源化工基地98个，分别占工业源普查对象总数的40.14%、20.08%、17.76%、11.11%、9.21%、1.7%。工业源普查对象数量居前三位的行业：非金属矿物制品业1221个，农副食品加工业633个，化学原料和化学制品制造业466个。上述3个行业合计占工业源普查对象总数的40.23%。全区共有工业企业废水处理设施1640套，设计处理能力186.94万立方米／日，废水年处理量2.5亿立方米。工业水污染物排放量：化学需氧量1.53万吨，氨氮908.81吨，总氮0.33万吨，总磷104.92吨，石油类46.9吨，挥发酚1.25吨，氰化物0.51吨，重金属1.38吨。化学需氧量排放量位居前三位的行业：化学原料和化学制品制造业0.58万吨，石油、煤炭及其他燃料加工业0.29万吨，食品制造业0.23万吨。上述3个行业合计占工业化学需氧量排放量的71.9%。氨氮排放量位居前三位的行业：食品制造业368.16吨，化学原料和化学制品制造业221.26吨，石油、煤炭及其他燃料加工业101.98吨。上述3个行业合计占工业氨氮排放量的76.08%。总氮排放量位居前三位的行业：化学原料和化学制品制造业1726.28吨，食品制造业661.62吨，医药制造业507.73吨。上述3个行业合计占工业总氮排放量的87.75%。总磷排放量位居前三位的行业：食品制造业65.96吨，化学原料和化学制品制造业15.56吨，医药制造业7.83吨。上述3个行业合计占工业总磷排放量的85.16%。石油类排放量位居前三位的行业：石油、煤炭及其他燃料加工业24.36吨，煤炭开采和洗选业9.22吨，通用设备制造业8.35吨。上述3个行业合计占工业石油类排放量的89.4%。挥发酚排放量位居前两位的行业：石油、煤炭及其他燃料加工业0.74吨，化学原料和化学制品制造业0.51吨。上述2个行业排放量合计占工业挥发酚排放量的100%。氰化物排放量位居前两位的行业：石油、煤炭及其他燃料加工业0.27吨，化学原料和化学制品制造业0.24吨。上述2个行业合计占工业氰化物排放量的100%。重金属排放量位居前三位的行业：煤炭开采和洗选业0.85吨，皮革、毛皮、羽毛及其制品和制鞋业0.45吨，化学原料和化学制品制造业0.07吨。上述3个行业合计占工业重金属排放量的99.28%。全区共有工业企业脱硫设施704套，脱硝设施220套，除尘设施4616套。工业大气污染物排放量：二氧化硫14.42万吨，氮氧化物11.96万吨，颗粒物24.36万吨，挥发性有机物4.15万吨。二氧化硫排放量位居前三位的行业：电力、热力生产和供应业5.01万吨，化学原料和化学制品制造业3.06万吨，有色金属冶炼和压延加工业2.47万吨。上述3个行业合计占工业二氧化硫排放量的73.09%。氮氧化物排放量位居前三位的行业：电力、热力生产和供应业4.32万吨，石油、煤炭及其他燃料加工2.33万吨，非金属矿物制品业1.43万吨。上述3个行业合计占工业氮氧化物排放量的67.56%。颗粒物排放量位居前三位的行业：化学原料和化学制品制造业7.27万吨，煤炭开采和洗选业5.76万吨，非金属矿物制品业3.83万吨。上述3个行业合计占工业颗粒物排放量的69.21%。挥发性有机物排放量位居前三位的行业：化学原料和化学制品制造业1.79万吨，石油、煤炭及其他燃料加工业1.65万吨，医药制造业0.28万吨。上述3个行业合计占工业挥发性有机物排放量的89.64%。全区一般工业固体废物产生量5290.83万吨，综合利用量1969.59万吨（其中，综合利用往年贮存量12.19万吨），处置量2700.51万吨（其中，处置往年贮存量5.9万吨），2020年贮存量637.2万吨，倾倒丢弃量1.62万吨。危险废物产生量82.47万吨，综合利用和处置量79.21万吨，截至2020年年底，累积贮存量9.27万吨。伴生放射性矿普查对象主要为可能伴生天然放射性核素的15个类别矿产采选、冶炼和加工产业活动单位。通过对全区八类重点行业1001家企业的检测筛查，确定伴生放射性矿开发利用企业共2家，以铌／钽和稀土冶炼为主。全区伴生放射性固体废物累积贮存量为3501吨，其中放射性活度浓度超过10贝可／克的固体废物主要是铌／钽冶炼废渣，总量为3500吨。

【农业污染源普查】截至2020年年底，全区普查涉及农业种植业的县（区）23个（含宁东能源化工基地），水产养殖的县（区）22个，畜禽养殖的县（区）23个（含宁东能源化工基地），入户调查畜禽规模养殖场2157个。水污染物排放量：化学需氧量10.78万吨，总氮0.54万吨，氨氮733.8吨，总磷1139.26吨。种植业水污染物排放（流失）量：总氮0.03万吨，氨氮23.14吨，总磷20.55吨。秸秆产生量为421.58万吨，秸秆可收集资源量373.48万吨，秸秆利用量342.98万吨。种植业地膜使用量2.05万吨，多年累积残留量0.82万吨。畜禽养殖业水污染物排放量：化学需氧量10.62万吨，总氮0.46万吨，氨氮654.51吨，总磷992.62吨。其中，畜禽规模养殖场水污染物排放量：化学需氧量7.19万吨，总氮0.26万吨，氨氮306.72吨，总磷723.27吨。水产养殖业水污染物排放量：化学需氧量0.16万吨，总氮0.05万吨，氨氮56.15吨，总磷126.09吨。

【生活污染源普查】截至2020年年底，全区共有生活源普查对象3753个。其中：行政村1907个，非工业企业单位锅炉1193个，对外营业的储油库和加油站分别为17个、636个。城镇居民生活源以城市市区、县城（含建制镇）为基本调查单元。生活源水污染物排放量：化学需氧量4.63万吨，总氮0.75万吨，氨氮3651.9吨，总磷362.95吨，动植物油1435.59吨。城镇生活源水污染物排放量：化学需氧量2.56万吨，总氮0.68万吨，氨氮3338.89吨，总磷289.32吨，动植物油850.26吨。农村生活源水污染物排放量：化学需氧量2.07万吨，总氮0.07万吨，氨氮313.01吨，总磷73.63吨，动植物油585.33吨。生活源大气污染物排放量：二氧化硫1.58万吨，氮氧化物0.87万吨，颗粒物5.18万吨，挥发性有机物2.59万吨。

【集中式污染治理设施普查】截至2020年年底，全区共有集中式污水处理单位171个，污水年实际处理量33252.24万立方米。其中，城镇污水处理厂35个，处理污水24762.33万立方米；工业污水集中处理厂18个，处理污水8085.3万立方米；农村集中式污水处理设施115个，处理污水334.66万立方米；其他污水处理设施3个，处理污水69.95万立方米。水污染物削减量：化学需氧量12.08万吨，氨氮9533.76吨，总氮9885.43吨，总磷1822.54吨，动植物油848.48吨。干污泥产生量4.55万吨，处置量4.55万吨。生活垃圾集中处理处置单位28个，垃圾处理量208.09万吨（其中，填埋156.64万吨，焚烧43.68万吨，其他方式处理7.77万吨）。危险废物集中利用处置（处理）单位16个。其中危险废物处置厂12个，医疗废物处理（处置）厂4个。设计处置利用能力79.53万吨/年，实际处置利用危险废物9.91万吨。危险废物集中利用处置（处理）单位处置工业危险废物1.91万吨，处置医疗废物0.4万吨，处置其他危险废物0.01万吨，综合利用危险废物7.59万吨。垃圾处理和危险废物（医疗废物）处置废水（渗滤液）污染物排放量：化学需氧量42.48吨，氨氮6.32吨，总氮8.43吨，总磷0.11吨，重金属（铅、汞、镉、铬和类金属砷）6.06千克。垃圾焚烧和危险废物（医疗废物）焚烧废气污染物排放量：二氧化硫11.69吨，氮氧化物44.24吨，颗粒物15.59吨。

【移动污染源普查】截至2020年年底，全区共有机动车保有量141.5万辆，工程机械保有量5.6万台，农业机械柴油总动力470.39万千瓦，铁路内燃机车燃油消耗量0.43万吨，民航飞机起降12.26万架次。移动源大气污染物排放量：氮氧化物10.18万吨，颗粒物0.23万吨，挥发性有机物1.81万吨。机动车大气污染物排放量：氮氧化物5.49万吨，颗粒物0.05万吨，挥发性有机物1.33万吨。非道路移动源大气污染物排放量：氮氧化物4.69万吨，颗粒物0.18万吨，挥发性有机物0.48万吨。其中，工程机械：氮氧化物27809.9吨，颗粒物1227.44吨，挥发性有机物2739.55吨。农业机械：氮氧化物18300.74吨，颗粒物522.7吨，挥发性有机物1976.17吨。铁路内燃机车：氮氧化物230.64吨，颗粒物8.61吨，挥发性有机物12.57吨。民航飞机：氮氧化物605.57吨，颗粒物20.29吨，挥发性有机物44.81吨。

（崔万杰）

宣传教育

【生态环境宣传教育】2020年，全区开展新闻宣传、新媒体宣传、社会公众宣传教育和生态环境文化建设，全年累计编发《宁夏生态环境新闻通报》42期，组织新闻发布会4场、专版宣传8期、《打好污染防治攻坚战》专栏宣传120篇，协调新闻采访100余次，协调区内外主要新闻媒体刊发生态环境新闻稿件1750多篇。“宁夏生态环境”微信公众号累计编辑、审核发布信息3215篇，累计阅读量52.5万余次。拍摄制作主题微视频宣传片12部、音频宣传片10部，组织环境日等各类主题日宣传活动20余次，组织生态环境“四进”活动67场，发放宣传资料10万余册、宣传用品8万多个。自治区生态环境厅生态环境宣传“四进”志愿服务项目于10月被自治区党委宣传部、文明办等15个部门评为“最佳志愿服务项目”。制作《废弃口罩 如何正确丢弃》公益广告并广泛传播。历时4个多月以“绿水青山就是金山银山”为主题，建设完成宁夏首座生态环境展示馆并于8月25日向社会开放。截至2020年年底，共接待59批次团体、1500余人次参观学习。历时两年多，组织收集整理近50年的生态环保历史资料，编纂完成全区首部生态环境专业志书《宁夏生态环境志》，并报自治区地方志办公室审定。全面梳理2018年以来全区污染防治攻坚战成效及典型案例，拍摄完成《宁夏打赢污染防治攻坚战三年行动》专题片。面向全区开展《公民生态环境行为规范》社会调查。全区生态环境宣传教育工作为打好新冠疫情防控阻击战、打赢污染防治攻坚战、守好改善生态环境生命线、建设黄河流域生态保护和高质量发展先行区营造良好舆论氛围。

【环境信息化建设】2020年，全区强化生态环境信息化建设在环境保护督察、大气、水、土壤污染防治攻坚战、环境影响评价、环境监测、监察执法方面的运用，不断提高信息化技术和业务工作深度融合。开展生态环境数据集成共享及挖掘分析服务项目建设，实现全区环境监测、排污许可、环境影响评价、污染源监控、环境执法、固体危险废物等重点生态环境监测监管数据的有效集成，已收集整合各类数据包括行政区划、水文监测、环境税、企业基本工商信息等数据超过2.8亿条，与发改、税务、物价等部门实现企业排污监测、行政处罚等相关信息共享。根据《银川都市圈生态环境共保共治实施方案》，完成宁夏生态红线监管平台建设，形成生态保护红线“一张图”，推动建立“天地一体化”的全区生态保护红线空间信息数据资源库，动态反映全区生态保护红线生态系统状况。完成机动车遥感监测平台项目建设，全区共完成22套遥感监测设备安装，其中固定式19套，移动式3套，构建地级市、自治区、国家三级联网的机动车遥感监测平台，实现全区机动车排放数据的互联互通和共管共享，有利于及时高效筛查高污染、高排放车辆，有效遏制机动车的超标排污行为。积极推进固定污染源统一数据管理系统建设，保障固定污染源基础数据的完整性、标准化，为后续数据共享应用打牢基础。同时，充分发挥污染源在线监控平台作用，督促各地加强重点排污单位自动监控的日常监管工作，强化企业主体责任，全区“部—区—市—企”四级自动监控联网体系运转良好，有效保障99.48%的数据传输有效率高于国家考核95%的要求。定期对全区排污单位自动监控数据进行汇总分析，做到全面、及时、客观准确地掌握排污单位实际排污状况。加强在线监测数据报送频率，在污染源在线监测数据专报、周报和日报的基础上，实行小时报送重点排污单位在线监控超标情况，并加强数据分析力度，为污染防治攻坚战做好数据服务保障和技术支撑。

（崔万杰）

教育

JIAOYU

NINGXIA YEARBOOK

编辑◎张　哲

综　述

【院校教育发展状况】2020年，宁夏共有各级各类学校3476所。普通高等学校20所，其中，普通本科院校6所（宁夏大学、宁夏医科大学、宁夏师范学院、北方民族大学、宁夏理工学院、银川能源学院），普通高职（专科）学院12所（宁夏民族职业技术学院、宁夏工业职业学院、宁夏职业技术学院、宁夏工商职业技术学院、宁夏财经职业技术学院、宁夏警官职业学院、宁夏建设职业技术学院、宁夏葡萄酒与防沙治沙职业技术学院、宁夏幼儿师范高等专科学校、宁夏艺术职业学院、宁夏体育职业学院、石嘴山工贸职业技术学院），独立学院2所（宁夏大学新华学院、中国矿业大学银川学院）。成人高等学校1所（宁夏回族自治区广播电视大学）；中等职业学校29所（普通中专12所、成人中专2所、职业高中15所）；普通中学314所（高级中学67所，初级中学247所）；小学（含教学点）1633所，幼儿园1464所，特殊教育学校15所。各级各类学校在校生1572018人，其中，普通高等学校在校生156142人，成人高等学校30811人，中等职业学校75524人（普通中专37034人，成人中专492人，职业高中37998人），普通中学1453421人（高中1160796人，初中292625人），小学592434人，幼儿园256213人，特殊教育7473人（特殊教育学校2143人，中小学随班就读5330人）。专任教师92665人，其中，普通高等学校9129人，成人高等学校76人，中等职业学校3028人（普通中专1238人，成人中专70人，职业高中1720人），普通中学32294人（高中11615人，初中20679人），小学33823人，幼儿园13857人，特殊教育458人。各级各类教育发展综合指标不断提升，学前教育毛入园率为88.51%，普惠性幼儿园覆盖率为89.1%，小学学龄儿童入学率为100%，小学六年巩固率为100.3%，初中阶段毛入学率为112.9%，初中三年巩固率为99.6%，高中阶段毛入学率达到93%，高等教育毛入学率为54.7%。

【教育发展规划】2020年，宁夏系统梳理“十三五”规划主要目标任务完成情况、重大工程项目实施进度和重大改革举措成效，建立工作落实清单，推动收官任务清仓见底，完成《自治区国民经济与社会发展第十三个五年规划纲要》《自治区教育事业发展“十三五”规划》《自治区“十三五”基本公共服务均等化规划》总结评估报告。编制教育“十四五”规划，完成《自治区国民经济和社会发展第十四个五年规划纲要（初稿）》《自治区国民经济和社会发展第十四个五年规划纲要建议（初稿）》教育内容起草工作，确定教育“十四五”改革发展目标，开展《自治区教育事业发展“十四五”规划（初稿）》编制工作。建立中小学校布局规划编制机制，制定并印发《关于做好“十四五”时期中小学校布局规划编制工作的通知》，推动建立全区统一、分级管理、定期编制、动态调整的中小学校布局规划编制机制，不断增强规划对教育投入和资源配置的引领作用。科学谋划教育“十四五”重大建设项目，落实教育优先发展要求，了解“十四五”各学段教育的建设需求，编制教育“十四五”建设项目规划，推动进入自治区重大工程项目库予以优先保障。

【招生和办学】2020年，宁夏落实教育部“升学扩招吸纳行动”，助力“六稳”“六保”，2020年安排研究生招生计划3671人、增幅28.3%，普通本科招生计划19400人、增幅3.2%，计划增幅均超过全国平均水平。争取教育部支持，进入国家中西部协作计划受援省份，落实浙江省公办本科对口招生计划200人，江苏省、天津市公办高职计划1000人，增加全区考生接受优质高等教育机会。2020年，自治区发改委下达2020年教育现代化推进工程资金1.94亿元，支持30所中小学校新建改扩建校舍4.1万平方米，其中建设教师周转房319套。后追加安排资金1.3亿元，用于改善宁夏财经职业技术学院、宁夏工商职业技术学院等6所学校办学条件，完善教学设施。联合自治区发改委、财政厅等7部门印发《中小学校"厕所革命"工作方案》，组织编制项目建设方案，推进农村中小学校卫生厕所建设。

【教育投入】2020年，宁夏争取中央支持全区各类教育项目资金39.4亿元，比上年增长1.6亿元。其中，高等教育增加1160万元，职业教育投入增加2915万元，普通高中增加2600万元，学前教育增加4900万元。扩大学前教育资源与规模，全年下达资金4.54亿元，新建幼儿园40所，新增幼儿学位9900个，有效缓解全区农村"无园可上"和城市"有园难上"的问题。提升义务教育薄弱环节改善与能力，全年新建扩建城市中小学和乡镇学校70所，下达资金12亿元，建设校舍面积35万平方米。改善普通高中办学条件，下达资金1.98亿元，改造普通高中学校办学条件45所，包括校舍建设项目学校14所，新建校舍7.25万平方米。校舍及附属设施维修改造和设备购置项目学校31所，高考标准化考点改造学校32所，改造考场1963个。完善校舍安全保障长效机制，优化资金支出结构，对校舍维修改造和新建予以一定资金支持，协调财政统筹支持各地各校2亿余元。

【思政教育】2020年，宁夏在全国率先以省为单位系统出台《关于深化习近平新时代中国特色社会主义思想进教材进课堂进师生头脑工作的实施方案》；研究并制定《贯彻落实〈深化习近平新时代中国特色社会主义思想进教材进课堂进师生头脑工作实施方案〉任务清单》，从总体要求、加强教材建设、完善教学体系、建强教师队伍、强化多元支撑、组织保障6个方面提出80条具体贯彻落实举措，确保习近平新时代中国特色社会主义思想在教育系统落细落实落地；成立《习近平新时代中国特色社会主义思想进教材进课堂进师生头脑教学指导方案》高校、中小学编写组，制定学校进教材进课堂进师生头脑工作的教学重点和教学目标；举办全区大中小学思政课教师习近平新时代中国特色社会主义思想专题研修班5期，实现全区大中小学思政课教师习近平新时代中国特色社会主义思想教育培训全覆盖；组织开展学习贯彻总书记重要回信精神全国网上交流讨论"@大接龙"活动，推动习近平新时代中国特色社会主义思想入脑入心入行。加强大中小学思政课一体化建设，组建大中小学思政课一体化建设指导委员会、大中小学思政课一体化建设专家委员会，高校思想政治理论课课程建设委员会、民办高校、高职高专以及5个地级市中小学思政课建设联盟，统筹推进全区大中小学校思想政治理论课一体化建设；组织召开全区学校思政课程与课程思政建设推进会暨建设发展论坛，研究制定《高校课程思政改革创新实施意见》，组织遴选全区大中小学思政课程、课程思政、思想政治工作等思政精品项目275项，推进各类课程与思政课同向同行，形成协同效应；遴选区内外思政课教学名师录制宁夏"空中思政课"，定期组织开展"同上一堂思政课"活动，通过宁夏"空中课堂"、宁夏教育云、"学习强国"宁夏平台等渠道在全区范围内播放，有效解决了宁夏偏远、贫困地区思政课师资力量不足、教育教学水平不高的问题；支持宁夏大学、宁夏医科大学、宁夏职业技术学院、宁夏大学新华学院和宁夏财经职业技术学院5所高校先行先试建设思政课虚拟仿真教学体验中心和虚拟仿真实验教学项目，推动高校思政课教师运用现代化信息技术开展教育教学。在全区范围确定建设25个"三全育人"综合改革试点学校，着力推动思想政治工作(德育)体系贯通学科体系、教学体系、教材体系、管理体系；研究制定《宁夏贯彻落实〈教育部等八部门关于加快构建高校思想政治理论工作体系的意见〉任务清单》，从理论武装体系、学科教学体系、日常教育体系、管理服务体系、安全稳定体系、队伍建设体系、评估督导体系7个方面，提出104条具体落实举措，健全高校思想政治理论工作体系；开展学生思想政治教育工作，组织全区大中小学100多万师生"同上一堂疫情防控思政课"；开展"共抗疫情、爱国力行"书法、绘画、征文网络文化征集活动，共征集网络文化作品3000余件，作品点击浏览量逾10万人次，广大师生对社会主义核心价值体系的认同感明显提升；开展北方民族大学、宁夏幼儿师范高等专科高校师生思想政治状况滚动调查，撰写《宁夏回族自治区2020年全区高等学校教师思想政治状况滚动调查报告》和《宁夏回族自治区2020年全区高等学校学生思想政治状况滚动调查报告》。

【空中课堂和疫情防控】2020年1月26日，宁夏利用"互联网+教育"省(区)建设成果，迅速搭建起宁夏教育云空中课堂平台，率先在全国以省为单位开播，平稳支撑全区165万名师生在疫情期间同时在线开展教学、教研活动，累计访问量超过3亿人次，学生在线提交作业1亿份，开展线上测试30万余次，保障了“停课不停学、离校不离教”。疫情防控期间，宁夏教育系统成立学校疫情防控工作领导小组和工作专班，筹划指导疫情防控工作；健全学校疫情防控工作制度，印发《各级各类学校应对新冠肺炎疫情卫生防控指南》；做好疫情防控数据统计，精准摸排在鄂就读宁夏学生、离宁师生、疫情防控、物资需求等5类信息，建立“日报告、零报告”制度；建立联防联控工作机制，联合卫健部门、市场监管部门、公安部门共同做好校园疫情防控工作；组建“医教联合体”，各医疗卫生机构按照“定人、定时、定点”原则选派医务人员进驻学校；推动各地各学校师生安全有序复学复课，全区学校师生实现“零感染”。

【儿童青少年近视综合防控】2020年，自治区教育部门牵头建立宁夏回族自治区综合防控儿童青少年近视工作联席会议机制，定期研究部署全区儿童青少年近视防控工作；组织专家开展送知识到基层宣讲，在教育厅微信公众号、宁夏教育电视台等媒体播放公益宣传片、专家访谈等，委托《小龙人学习报》举办征文比赛，普及儿童青少年近视防控知识；会同自治区卫健委联合开展近视等学生常见病和健康影响因素监测与干预工作并组织专项培训；争取自治区财政专门设立儿童青少年近视专项资金每年1000万元，用于改善学校近视防控硬件设施和医疗机构配套等。2020年8月，再次争取自治区财政统筹安排2020万元为全区各中小学配备标准课桌椅10.1万套，建设儿童青少年防控近视监测平台。

【学校体育美育教育】2020年，召开全区中小学校体教融合发展和学校体育工作现场观摩会；开展校园足球最佳阵容选拔、校园足球联赛等活动，校园足球系列

吴忠教育园区

竞赛活动覆盖小学至大学全学段，共有2100余名学生参加，以赛促学、以赛促练的机制已经形成，“教会、勤练、常赛”要求落实落地；承办全国第十四届学生运动会排球项目预赛，共有来自全国26个省（自治区、直辖市）的参赛学生1700余人，是全区近年来承办的最大规模的全国学生体育竞赛活动。开展大学生艺术展演活动，共有来自全区19所高校的102个艺术表演类节目、519件艺术作品、28间学生艺术实践工作坊、39篇高校学生美育改革创新优秀案例参赛，优秀作品亮点纷呈，原创作品比较突出。举办全区中小学音乐舞蹈教师培训班、提升美育教师专业能力，加强学校美育师资队伍建设。

【校园治理和学校安全】2020年，宁夏出台《关于完善校园治理体系提高治理能力的实施意见》，召开全区中小学校园治理现场观摩推进会和全区高等学校校园治理座谈调研推进会，实施校园治理“五大行动”，开展校园治理示范县（区）和示范校创建活动。开展中小学教师减负专项整治，制定25项具体措施，建立自治区督检考中小学清单和进校园社会事务清单，清理比例分别为73%和83%；推进扫黑除恶专项斗争，组织实施教育系统“护苗2020”专项行动、“4·15全民国家安全教育日”等活动。研究并制定《保险经纪公司服务考核办法》，编制并印发《校（园）方责任保险工作手册》；全年全区学生校方责任保险、无过失责任保险、教职工校园方责任保险总投保人数138.65万人，理赔案件767起，赔付总金额346.12万元。实施《校园食品安全守护行动（2020—2022年）》《校园食堂“互联网+明厨亮灶”智慧监管建设》《中小学幼儿园“护校安全”专项工作》和《校园安全专项整治三年行动》4个专项行动；开展学校食品安全隐患自查整改，全区学校（幼儿园）食堂“明厨亮灶”覆盖率达96.8%，保障了师生食品安全；全区中小学幼儿园共配备保安员4068人，配备防护装备设施9048件，安装视频监控设备2829套、一键报警器1738套，全区中小学及城市幼儿园封闭化管理达到85%，中小学及城市、县镇幼儿园按标准配备保安数达到63%，安装一键式报警器并与公安机关联网的学校达到59%，安装视频监控并与公安机关联网的学校达到54%；全区教育系统累计排查隐患1274处，其中一般隐患1271处，已整改1154

处，整改率为90.08%，重大隐患3处，已整改1处，整改率为33%；会同有关部门开展“5·12防灾减灾日”系列活动、防溺水专题教育等教育宣传活动；协调公安机关自6月5日起在全区中小学校幼儿园门口部署警力值守，指导各级教育行政部门对辖区中小学校、幼儿园保安人员进行审查，提升了校园安保质量。

【对外合作交流】2020年，宁夏继续推动中国人民大学宁夏国际学院创建工作，完成北京师范大学银川学校高中国际班审批工作，开展全区高中国际班2020年度办学情况调研检查工作，规范普通高中生国际班办学行为。开展“一带一路”教育行动：组织全区高校、科研院所和企业参加教育部《丝绸之路国际产学研用合作计划》，推进高校与“丝绸之路”沿线国家大学和机构的合作。启动中外导师联合培养博士、硕士工作计划，新增宁夏职业技术学院《“1+X证书制度”构建留学生技能考核与教育评价体系》教育部教育援外项目，新增教育部共建“一带一路”教育行动《提升中华文化对来华留学生影响力建设》部省品牌培育项目。协助做好宁夏大学迪拜大学孔子学院转制工作，制定支持学院发展工作方案。组织申报2020年度孔子学院总部汉语教师志愿者项目。提升宁夏学校师资队伍国际化水平，组织实施国家公派出国留学“高研访学项目”“国家建设高水平大学研究生项目”“西部地区人才培养特别项目”等，提高教师队伍国际化和学科国际化建设水平。按照教育部港澳台办工作安排，实施田家炳基金会“西部乡村中小学校长培训计划”，提高义务教育校长领导干部办学治校能力。举办全区高校外事及来华留学管理干部培训班，120名全区教育外事干部参与学习。

【教育督导】2020年，宁夏教育督导实现在全国率先对市县级政府履行教育职责督导评价全覆盖、在西部率先对县域义务教育质量监测全覆盖、全区实现中小学校幼儿园责任督学挂牌督导和从学前到高等教育督导评价全覆盖。在全国首创推出“市县长谈教育”访谈节目，推动各级政府切实履行法定教育职责；以高水平教育督导推动高质量教育发展的“宁夏经验”在全国深化教育督导体制机制改革工作会议上交流推广，受到国务院副总理孙春兰肯定；自治区政府教育督导室获“全国义务教育质量监测优秀组织奖”。推进教育督导体制机制改革，出台《自治区党委办公厅自治区人民政府办公厅关于深化新时代教育督导体制机制改革的实施意见》，提出13条落实举措，强化8项督导结果运用制度；出台《自治区人民政府办公厅关于推进义务教育优质均衡发展的实施方案》，提出推进县域义务教育优质均衡发展的时间表、路线图和措施要求，开启义务教育优质均衡发展新阶段；出台《县域学前教育普及普惠督导评价实施方案》，明确创建学前教育普及普惠县的标准、目标和要求，全面推开全区学前教育普及普惠县评估验收工作；组织区内高校法学和督学专家对《宁夏教育督导条例》进行修订，提出26条修订意见，报自治区人大常委会和司法厅审核，拟列入2021年立法计划，有效推动地方性督导法规体系建设。抓好市县政府履职督导评价，组织对市县政府履行教育职责进行第二轮全覆盖督导评价。完成县域义务教育质量监测，全区22个县（市、区）、435所中小学、13000余名学生、4700余名教师参与监测工作。推动实现教育督导评价全覆盖，牵头抓了义务教育教师待遇保障督导，对标学前教育普及普惠诊断性督导，开展义务教育均衡发展评估监测，验收一批县（区）普高评估，首次开展直属中小学办学情况督导，启动高职院校专项督导评估，定期抓好校园安全督导。

【民办教育】2020年，宁夏共有各级各类民办学校573所，占全区总规模的16.48%；招生8.29万人，占全区总规模的17.58%；在校生20.02万人，占全区总规模的12.74%。其中：民办幼儿园542所，比上年减少121所，占全区幼儿园比例的37.02%；在园幼儿11.04万人，比上年减少2.8万人，占全区在园幼儿比例的43.1%。民办小学5所，与上年相同，占全区小学学校比例的0.44%；在校生7060人，比上年增加995人，占全区小学在校生比例的1.19%。民办初中5所，比上年减少1所，占全区初中学校比例的2.02%，在校生1.35万人，比上年减少500人，占全区初中在校生比例的4.61%。民办普通高中11所，比上年增加1所，占全区普通高中学校比例的16.42%；在校生8053人，比上年增加515人，占全区普通高中在校生比例的5.01%。民办中等职业学校6所，与上年相同，占全区中等职业学校比例的20.69%，在校生1.21万人，比上年增加598人，占全区中职在校生比例的16.05%。民办高校4所（含2所独立学院），在校生4.9万人，比上年增加7717人，占全区高校在校生比例的26.23%。其中普通本科在校生3.6万人，占全区普通本科在校生比例的40.23%；高职（专科）在校生1.04万人，占全区高职（专科）在校生比例的18.2%；成人本科在校生408人，占全区成人本科在校生比例的2.27%；成人专科在校生2249人，占全区成人专科在校生比例的17.48%。印发

《自治区民办自学考试助学机构设置管理办法(试行)》,规范民办自学考试助学设置审批,理顺管理体制;落实自治区“证照分离”改革全覆盖试点工作要求,细化完善民办学校审批改革措施,优化营商环境;制定《现有民办学校选择为非营利性民办学校登记流程》和《现有民办学校选择为营利性民办学校登记流程》,指导各市、县(区)做好现有民办学校分类登记工作;制定“双随机一公开”抽查事项清单,印发民办学校税收优惠政策清单,提升民办教育监管和服务效能;完成宁夏理工学院分类登记和银川能源学院举办者变更审核,促进民办高校健康发展。

【教育扶贫】2020年,宁夏制定并印发《2020年教育精准扶贫重点任务及分工方案》,安排部署21项重点任务,加强统筹推进,提升学位、教学、资助等保障能力。开展消费扶贫,引导学校加大面向贫困地区采购农产品力度,联合自治区商务厅、扶贫办举办助力西吉县脱贫攻坚农校产销对接活动,推进更多贫困地区农产品进学校、进食堂,联合自治区财政厅、商务厅,为高校免费布设贫困地区农特产品自动售卖机,多渠道解决贫困地区产品销售问题;聚焦西吉县脱贫摘帽,聚焦重点靶向发力,制定《关于支持西吉县高质量打赢教育脱贫攻坚战的工作措施》,精准对接西吉县需求,量身订制帮扶措施,助力西吉县打赢打好教育脱贫攻坚战;印发《关于做好教育脱贫攻坚“回头看”排查问题整改及开展“四查四补”工作的通知》,对照“义务教育有保障”标准要求,全面检视2016年以来党中央、国务院和自治区各级脱贫攻坚巡视、督查、考核反馈问题整改情况,建立整改问题台账,组成督查组先后两次赴贫困县进行实地督查调研,全面推进问题整改,确保见底清零。组织银川市优质学校与西吉县薄弱学校结对帮扶。教育部部长陈宝生亲自赴西吉县挂牌督战脱贫攻坚,给予一系列政策和项目支持,支持西吉县如期实现脱贫摘帽。

【教育考试管理】2020年,宁夏统筹好疫情防控与组考、施考,确保各类考试安全有序,各级各类考试31万名考生(自学考试2.5万人、大学英语四六级考试7.8万人、计算机等级考试0.5万人、普通高考7.4万人、学业水平考试5.5万人、成人高考2.3人、教师资格笔试4.9万人)实现无一例因教育考试感染新冠肺炎;2020年开始教育部遴选36所优质高校试点推进基础学科的招生改革,即“强基计划”,有10所高校在宁夏录取24人;2020年,国家专项计划、高校专项计划和地方专项共录取1168人,其中国家专项计划录取828人,计划完成率为99.88%;高校专项计划共录取70人,计划完成率为100%;地方专项计划共录取270人,计划完成率为100%;2020年宁夏警官职业学院首次调整到提前一批高职专科录取,生源明显好于往年,文史类35%的考生在二本资格线上录取,理工类考生全部在二本资格线上录取;统筹信息平台服务,建设国家教育考试网上支付数据管理平台,优化考试招生综合管理服务系统功能,首次开辟自学考试网络助学平台学习考试项目,全面升级宁夏国家教育招生考试综合信息管理系统,与国家政务服务平台、“我的宁夏”APP、宁夏教育厅微信公众号对接,实现考生通过多种途径查询高考成绩以及录取结果的功能;强化考试业务服务,启用新的自考考籍“办理流程”,让考生只需“跑一趟”或“不跑趟”即可办理,中小学教师资格考试报名资格审核首次采用辅助审核系统;推进普通高中学业水平考试改革,从2020年秋季入学的高一学生开始,全区普通高中学执行新的学业水平考试,初步完成《宁夏普通高中学业水平考试考务管理规定》《宁夏普通高中学业水平考试报名办法》《宁夏普通高中学业水平考试大纲和说明》的起草工作,学考管理体制和工作机制框架基本确定,初步命制2021年普通高中学业水平合格性考试样题,普通高中学业水平合格性考试题库初具规模;推进中等职业教育与高等职业教育衔接改革,修订并印发《宁夏回族自治区高等职业教育分类招生考试改革实施方案(修订)》,制定《宁夏回族自治区本科高校面向中职毕业生单独招生工作实施方案(试行)》《宁夏回族自治区普通高等教育高职(专科)升本科招生工作实施方案》。

【困难学生资助】2020年,宁夏累计下达中央和自治区学生资助补助经费8.44亿元,累计资助学生73.47万人,确保对各学段家庭经济困难学生应助尽助、应补尽补。其中,学前教育:资助补助资金9689.08万元、40371人;义务教育:家庭经济困难学生生活补助8664.83万元、171049人;普通高中教育:国家助学金资助8896.33万元、44482人,免学杂费补助1784.76万元、22310人;中等职业教育:国家助学金资助6082.59万元、30413人,免学费补助15158.99万元、75795人,国家奖学金奖励63万元、105人,“9+3”职业教育专项资金补助1364.06万元、12409人;高等教育:高校国家助学金、国家奖学金、国家励志奖学金资金21503.2万元、42917人,高校助学贷款奖补资金1224万元,高职农林师范生及建档立卡学生学费减免7038.15万元、16758人,高等学校学生应征入伍服义务兵役和直接招收为士官国家资助910万元、700人，高校毕业生赴基层就业补偿代偿793万元、600人；落实自治区社会救助和保障标准与物价上涨挂钩联动机制，发放家庭困难大中专在校学生价格临时补贴1277.82万元，资助27.68万人次。完成国家助学贷款工作，全区贷款合同签订人数超过8万人，合同金额5亿元。积极协助社会组织捐资助学，其中，宁夏燕宝慈善基金会新增捐资3.3亿元，新增资助约2.5万学生；中央专项彩票公益金教育助学项目安排宁夏1151.5万元，主要用于开展2020年普通高校家庭经济困难新生入学资助，为其解决到校报到交通费及短期生活费101.5万元，开展“滋蕙计划”“励耕计划”“润雨计划”资助项目，其中：“滋蕙计划”奖励全区品学兼优的普通高中家庭经济困难学生2550名，奖励金额510万元；“励耕计划”资助全区小学、初中、普通高中和中职学校家庭经济特别困难教师470名，资助金额470万元；“润雨计划”资助全区家庭经济特别困难幼儿教师70名，资助金额70万元。

【教育装备标准化管理】2020年，宁夏颁布《宁夏回族自治区幼儿园办园条件基本标准》《宁夏回族自治区中小学教育技术装备标准》《宁夏乡村小规模学校基本办学标准》《宁夏乡镇寄宿制学校基本办学标准》；提升学生校服、床上用品管理工作科学化水平，制定并下发《自治区教育厅　市场监管厅关于进一步加强学生校服、床上用品管理服务工作的实施意见》，率先以省为单位建设完成宁夏学生校服、学生用品管理服务平台；加强信息化建设，建设完成宁夏中小学教育装备管理信息系统。

【教科研究和教育期刊】2020年，宁夏教育系统做好自治区哲学社会科学（教育学）规划项目2020年度申报工作，收到来自高等院校、中等学校和中小学等申报材料220份，评审立项年度项目25项，下拨年度资助资金近35万元。开展2019年度宁夏哲学社会科学（教育学）规划项目的结题鉴定，结项课题20项；组织开展宁夏第三届优秀教育科研成果奖评选活动，共评出优秀教育科研成果奖90项。其中，著作10部（一等奖2部，二等奖3部，三等奖5部），论文80篇（一等奖17篇，二等奖23篇，三等奖40篇）。开展“十四五”规划前期研究课题的管理工作，确立《“十四五”时期加快推进宁夏教育现代化战略研究》《“互联网+教育”示范区建设助推教育变革研究》等16项研究课题。先后向自治区领导、自治区哲学社会科学规划办公室、自治区教育厅等报送《完善校园治理体系提升校园治理能力调研报告》等调研（咨询）报告近20份。组织“‘互联网+教育’示范区建设专家基层服务行”活动，赴宁南山区等县开展专家服务暨调研活动，加强对中小学群众性教育科研活动的引领和指导。2020年，《宁夏教育》刊发12期，其中专刊1期，全年共刊发稿件500余篇，近200万字。刊发4期《宁夏教育科研》，共计刊发论文120余篇，近45万字。

（卢光辉　张艳弟）

基础教育

【学前教育】2020年，宁夏共有幼儿园1464所，比上年增加135所，增长10.16%；入园（班）幼儿13.07万人，比上年增加1.47万人，增长12.7%；在园（班）幼儿25.62万人，比上年增加8375人，增长3.38%。幼儿园教职工2.58万人，比上年增加1597人，增长6.61%；专任教师1.39万人，比上年增加886人，增长6.83%，其中，接受过学前教育专业培养的专任教师占比77.12%。普惠性幼儿园1322所，比上年增加243所，增长22.52%；占幼儿园总数的比例为90.3%，比上年提高9.11个百分点；普惠性幼儿园在园（班）幼儿22.83万人，比上年增加2.83万人，增长14.15%，普惠性幼儿园覆盖率为89.1%，比上年提高8.5个百分点。全年新建改扩建幼儿园40所，增加学位1.43万个，学前三年毛入园率为88.5%，普惠园覆盖率为89.1%，公办园在园幼儿占比为56.9%，完成学前教育“5080”目标。自治区党委、政府制定并印发《学前教育深化改革规范发展的实施意见》，提出全区学前教育改革发展的目标任务，明确解决学前教育发展问题的举措和办法；印发《2020年全区城镇小区配套幼儿园治理工作方案》，做好城镇小区配套园治理工作，共摸排城镇小区1873个，完成全部治理任务279个；印发《自治区教育厅　自治区财政厅关于做好疫情防控期间幼儿园帮扶工作的通知》，做好疫情期间幼儿园帮扶工作，统筹资金及时给予补助支持，有效落实各项社会保险费用减免政策。落实《关于扶持和规范普惠性民办幼儿园发展的指导意见》，协调自治区编制、财政等部门制定完善公办幼儿园编制等配套政策，落实公办园和普惠性民办园公用经费奖补政策。开展全区第九个“学前教育宣传月”活动，重点宣传“家国情怀”“亲子陪伴”“抗疫生活”，促进亲子情感交流，加强教师和家长互动沟通。举办全区学前教育规范发展培训班和全区幼儿园游戏活动培训班，200名学前教育管理干部、园长及教师参加培训。

表20　　2020年全区学前教育发展情况统计表

单位:个、人

地区	园数	班数	入园(班)人数	在园(班)人数	教职工数	专任教师数
全区合计	1464	8476	130730	256213	25760	13857
银川市	472	3184	46064	99931	12983	7019
石嘴山市	91	613	8967	19886	2395	1121
吴忠市	269	1538	27226	47961	4029	2136
固原市	436	1729	25364	46554	3631	2024
中卫市	196	1412	23109	41881	2722	1557

【义务教育政策措施】2020年，宁夏推动义务教育高质量发展，自治区党委、政府印发《关于深化教育教学改革全面提高义务教育质量的实施意见》，提出5个方面23项实施意见；自治区政府召开全区基础教育暨县域义务教育优质均衡发展启动工作会议，启动县域义务教育优质均衡发展工作；印发《自治区教育厅关于进一步做好中小学招生入学工作的通知》，将民办义务教育学校招生纳入审批地统一管理，实施义务教育阶段公办民办学校同步招生。联合自治区扶贫办印发《义务教育控辍保学劝返复学工作指南》，印发《关于进一步做好劝返复学学生教育教学管理的通知》，将控辍保学纳入对县级政府履行教育职责的考核指标，建立控辍保学领导干部定点联系工作机制和通报制度，持续推进"五位一体"(党政管、部门清、乡村找、学校保、家长防)工作措施，实现"辍学学生动态清零，基本实现义务教育有保障"。全面消除义务教育阶段大班额，大班额比例控制至5%以内。推进疫情防控常态化的教育教学秩序，建立健全校园疫情防控长效机制，制定《自治区中小学校2020年春季开学条件评估细则》，印发《自治区教育厅关于在疫情防控期间开展空中课堂的通知》，对全区中小学校疫情防控和空中课堂工作进行全面部署。推进乡村教育振兴，组织加快制订农村小规模学校和乡镇寄宿制学校基本办学条件标准，推进县域义务教育学校集团化办学，推动"三个课堂"在城乡中小学(幼儿园)对口帮扶学校常态化应用，实现优质教育资源向乡村辐射。开展乡村温馨校园创建活动，彭阳县王洼镇中心学校、西吉县马建乡九年一贯制学校和原州区彭堡镇曹洼小学3所学校被评为全国乡村温馨校园建设典型案例学校。召开优质资源结对帮扶提升西吉县义务教育质量推进会，组织河南省、银川市的优质中小学校与西吉县薄弱学校开展线下线上结对帮扶，助推西吉县打赢脱贫攻坚"收官战"。推进中考改革，启动实施围绕科目设置、组考形式、赋分办法、综合素质评价等要素的中考改革，推进落实基于初中学业水平考试成绩、综合素质评价相结合的高中阶段学校招生录取模式和规范有序、监督有力的管理机制。开展基础教育优秀教学成果推广应用示范区申报工作，兴庆区和西吉县被评为"国家级示范区"。推进全区基础教育信息技术与教育教学实践深度融合，银川市、沙坡头区获评"国家级信息化教学实验区"。

【小学教育】2020年，宁夏共有小学1633所(含小学教学点484个)，比上年减少98所，下降5.66%；招生10.09万人，比上年减少880人，下降0.87%；其中受过学前教育学生10.06万人，占招生总数的99.7%；在校生59.24万人，比上年增加8285人，增长1.39%；毕业生9.36万人，比上年减少7022人，下降7.5%。小学教职工3.45万人，比上年减少229人，下降0.86%；专任教师(含九年一贯制)3.38万人，比上年减少456人，下降1.33%；生师比17.52∶1；专任教师学历合格率为99.99%；专任教师中本科及以上学历的比例66.55%，比上年提高2.75个百分点。小学(含教学点)校舍490.29万平方米，比上年增加5.85万平方米，增长1.21%；生均校舍建筑面积8.28平方米，比上年减少0.01平方米；图书1306.16万册，比上年增加1.89万册，增长0.14%；生均图书22.05册，比上年减少0.28册。小学设施设备配备达标学校比例分别为：体育运动场(馆)面积95.13%，体育器械96.26%，音乐器材96.26%，美术器材96.26%，数学自然实验仪器96.08%。

【初中教育】2020年，宁夏共有初中学校247所，比上年减少5所，下降1.98%；招生9.24万人，比上年减少7847人，下降8.49%；在校生29.26万人，比上年减少6174人，下降2.07%；毕业生9.77万人，比上年增加5933人，增长6.57%。初中学校教职工2.19万人，比上年减少55人，下降0.25%；其中，专任教师2.12万

2020年6月15日，吴忠市利通区金积中心学校开展互联网教学

人，比上年增加6人，增长0.1%；生师比14.15∶1；专任教师学历合格率为99.97%；专任教师中本科及以上学历比例为93.97%，比上年提高0.71个百分点。初中校舍382.26万平方米，比上年增加4.62万平方米，增长1.22%；生均校舍建筑面积13.06平方米，比上年增加0.42平方米；图书954.2万册，比上年增加6万册，增长0.63%；生均图书32.61册，比上年增加0.88册。初中设施设备配备达标学校比例分别为：体育运动场（馆）面积94.33%，体育器械97.17%，音乐器材97.17%，美术器材97.17%，理科实验仪器97.17%。

【进城务工人员随迁子女和农村留守儿童教育】2020年，全区义务教育阶段在校生中进城务工人员随迁子女共10.41万人，占在校生总数比例的11.76%，其中，在小学就读6.79万人，在初中就读3.63万人。进城务工人员随迁子女在全日制公办学校就读的比例为98.66%，其中小学99.66%，初中96.76%。全区义务教育阶段在校生中农村留守儿童共5264人，其中，在小学就读3783人，在初中就读1481人。

表21　2020年全区小学教育发展情况统计表

单位：所、个、人

地　区	学校数	教学点	毕业生数	招生数	在校生数	专任教师数
全区合计	1149	484	93604	100918	592434	33823
银川市	202	4	29223	38554	202439	9480
石嘴山市	66	0	8418	7385	46524	3138
吴忠市	264	46	20999	20692	131080	7418
固原市	424	291	18551	18616	116350	7873
中卫市	193	143	16413	15671	96041	5914

表22　2020年全区初中教育发展情况统计表

单位：所、个、人

地　区	学校数	班数	毕业生数	招生数	在校生数	专任教师数
全区合计	247	5987	97660	92407	292625	20679
银川市	58	1756	26794	29483	87577	5685
石嘴山市	25	560	8686	8276	25676	2075
吴忠市	50	1338	22969	20904	67994	4376
固原市	56	1278	22064	18579	61198	4794
中卫市	58	1055	17147	15165	50180	3749

【普通高中教育】2020年，宁夏共有普通高中67所，比上年增加3所，增长4.69%；招生5.67万人，比上年增加3159人，增长5.89%；在校生16.08万人，比上年增加7393人，增长4.82%；毕业生4.91万人，比上年增加1802人，增长3.81%。普通高中学校教职工1.45万人，比上年增加370人，增长2.62%；其中，专任教师1.16万人，比上年增加293人，增长2.59%；生师比13.84∶1；专任教师学历合格率为99.03%。普通高中校舍建筑面积317.02万平方米，比上年增加15.32万平方米，增长5.08%；生均校舍建筑面积19.75平方米，比上年增加0.08平方米；图书651.36万册，比上年增加70.64万

册，增长12.16%；生均图书40.51册，比上年增加2.65册。普通高中设施设备配备达标学校比例分别为：体育运动场（馆）面积95.52%，体育器械98.5%，音乐器材97.01%，美术器材97.01%，理科实验仪器97.01%。自治区教育厅制定并印发《关于新时代推进普通高中育人方式改革实施方案》，对新时代推进普通高中育人方式改革进行系统部署安排；印发《宁夏回族自治区普通高中新课程实施方案》的通知，统筹规划、协同推进宁夏普通高中课程改革、高考综合改革和高中阶段教育普及攻坚；印发《宁夏回族自治区消除普通高中大班额专项规划（2020—2022年）》，推进普通高中大班额消除工作；印发《自治区教育厅关于规范全区普通高中学业水平考试工作的通知》，对考试科目、内容、组织、实施方案、成绩评定和应用进行具体说明。建设普通高中学生综合素质评价管理平台，实现学生成长过程中各类写实记录的电子化管理，并举办管理平台应用培训班，逐步推进普通高中育人方式改变。按照《普及高中阶段教育实施方案（2018—2020年）》目标任务，对固原市及所属县（区）、同心县、红寺堡区、海原县等8县（区）普及高中阶段教育工作进行评估验收。

表23　2020年全区普通高中教育发展情况统计表

单位：所、个、人

地　区	学校数	班数	毕业生数	招生数	在校生数	专任教师数
全区合计	67	3063	49120	56778	160796	11615
银川市	27	1117	18297	19640	55725	4019
石嘴山市	8	304	5279	5196	15113	1322
吴忠市	10	581	9117	11677	32396	2192
固原市	14	595	9203	11192	31729	2490
中卫市	8	466	7224	9073	25833	1592

【特殊教育】2020年，宁夏共有特殊教育学校15所，招收各种形式的特殊教育学生1319人，比上年增加107人，增长8.83%；特殊教育在校生7473人，比上年增加497人，增长7.12%；其中特殊教育学校在校生2143人，随班就读在校生3737人，送教上门1593人；特殊教育毕业人数1125人，比上年增加332人，增长41.87%。特殊教育学校专任教师458人，比上年增加31人，增长7.26%；其中受过特教专业培训的专任教师比例71.4%。特殊教育学校占地22.09万平方米，校舍建筑面积10.17万平方米，藏书12.33万册。在全区实施第二期特殊教育提升计划，完善特殊教育公共服务体系，按照各地一人一案做好未入学残疾儿童就学安置，残疾儿童少年义务教育入学率为95%。印发《自治区教育厅关于做好普通学校随班就读资源教室建设的通知》，打造样板教室87间，推动发展非义务教育阶段特殊教育。举办全区特殊教育学校义务教育新课程标准培训班，对三类特殊教育学校义务教育阶段学科课程标准分类培训，提升特殊教育学校教师专业素养水平。举办全区残疾儿童随班就读骨干教师培训班。

【中小学德育】2020年，在全区开展"一校一案"落实《中小学德育工作指南》，隆德县第二小学等3个案例在全国中小学德育工作会上获"优秀典型案例"。加强中小学影视教育，印发《关于加强中小学影视教育的实施方案》，提出将影视教育纳入学校教育教学计划。加强爱国主义教育，组织全区中小学开展抗美援朝精神"五个一"主题教育活动，即建设一批教育资源、一次集中教研活动、一次主题队（班）会、一次故事会、一次实践活动。加强中小学生研学实践教育，联合自治区文化和旅游厅开展自治区中小学生研学实践教育基地、营地评选工作，命名中小学生研学实践教育基地31个，研学实践教育营地4个，并授予牌匾。开展中小学"复学第一课""学习新思想，做好接班人""传承红色基因　争做时代新人"、文明校园创建等活动，吴忠市利通一小等3所中小学被授予"第一届全国文明校园"荣誉，银川市第十八中学等44所中小学被评为"第一批自治区级文明校园"。

【创新素养教育】2020年，宁夏推进"互联网+"创新素养教育改革，构建推动落实机制，印发《自治区教育厅关于完善评价体系　全面推进创新素养教育工作的通知》，努力构建覆盖区域、学校、教师、学生、学科"五位一体"的评价新体系；成立专家委员会，分学段设立5个课题组，遴选确定100所领航示范种子学校，实施"五大计划"，全力推进创新素养教育改革向纵深发展。

（卢光辉　张艳弟）

职业教育与成人教育

【概况】2020年，全区共有中等职业学校29所，其中，普通中专12所，成人中专2所，职业高中15所，均与上年相同；招生2.64万人，比上年减少1489人，下降5.33%；在校生7.55万人，比上年增加884人，增长1.18%；毕业生2.24万人，比上年减少520人，下降2.26%。中等职业学校教职工3733人，比上年增加31人，增长0.84%；专任教师3028人，比上年减少35人，下降1.14%；专任教师本科及以上学历的比例为95.44%，“双师型”教师比例为31.63%。中等职业学校校舍建筑面积158.25万平方米，比上年减少6.08万平方米，下降3.7%；生均校舍建筑面积20.95平方米，比上年减少1.07平方米；图书156.4万册，比上年增加1.19万册，增长0.77%；生均图书20.71册，比上年减少0.08册；教学科研仪器设备总值7.11亿元，比上年增加0.16亿元，增长2.31%；生均教学仪器设备值9409.31元，比上年增加93元。

表24　　2020年全区中等职业学校发展情况统计表

单位：所、个、人

地　区	学校数	毕业生数	招生数	在校生数	教职工数	专任教师数
中等职业教育	29	22446	26444	75524	3733	3028
其中：普通中专	12	11581	11926	37034	1781	1238
成人中专	2	778	492	492	130	70
职业高中	15	10087	14026	37998	1822	1720

【职业教育改革和提升工程】2020年，自治区政府印发《深化产教融合推进职业教育改革发展实施方案》（简称“宁夏职教20条”），为当前和今后一段时期全区职业教育提质培优、创新发展确定施工蓝图。为贯彻落实国家和宁夏“职教20条”，自治区政府建立自治区职业教育工作联席会议制度，成立由24家政府部门组成的全区职业教育工作联席会议，为职业教育改革创新提供重要的制度保障。组织实施全区职业院校内涵建设“五大提升工程”，即学校管理标准提升工程、内涵建设档次提升工程、校园文化品位提升工程、师生专业竞争力提升工程、校园绿化质量提升工程。聚焦黄河流域生态保护和高质量发展先行区建设，紧扣自治区九个重点产业，组织实施九场“对接谈”、九场“对接行”。对接自治区重点特色产业，构建从中职、高职到本科层次的一整套专业人才培养方案和一体化人才培养的课程体系，建设一个共享、多元、开放的现代产业学院，组建由“政校行企院（所）”等多方参与的行业指导委员会和职教集团，实现政校行企联手、校企院所融合、本高中职贯通、产学研用并举、高中端人才支撑的职业教育办学格局。

【产教融合】2020年，宁夏建立产业园区、企业和职业院校互派干部挂职制度，印发《职业院校与开发区互派干部挂职实施办法》《职业教育产教融合校企合作优秀企业遴选实施方案》。自治区教育厅联合多部门印发《关于开展产教融合型企业建设培育试点的通告》，共遴选并培育建设6家第一批自治区产教融合型企业，给予8个方面的优惠政策支持，引导企业深度参与职业教育办学。举办自治区第二届产教融合校企合作对接会，组织“战略性新兴产业”“先进制造业”和“养老服务业”3个分论坛，以及“院校长企业行”和“企业家进校园”活动，规模达千余人次；自治区教育厅与银川市经济技术开发区、宁东能源化工基地及多所高等院校与企业签订产教融合校企合作协议，促进产教对接、校企合作。

【学校建设】2020年，宁夏启动实施自治区高职学校“双高计划”、中职学校“双优计划”。印发《自治区高水平高职学校和专业建设实施方案》《自治区中等职业教育优质中职学校和优质特色专业（群）建设实施方案》，瞄准自治区特色优势产业，努力打造一批高水平高职学校、中职优质学校和特色骨干专业群。自治区教育厅联合自治区人力资源和社会保障厅印发《中等职业学校暨技工学校招生工作实施方案》，首次建成全区统一的中等职业学校和技工学校招生管理平台，完善招生工作机制，规范招生秩序，方便考生和家长。继续推广“1+X”证书制度改革试点工作，试点专业扩增至56个，职业技能等级证书种类新增80个，试点学生规模扩大至2.5万人。

【师资培训和学习活动周】2020年，举办全区应用型本科院校和高职院校校长、中等职业学校校长学习贯彻国家和宁夏“职教20条”专题研修班；举办全区职业院校公共基础课程教师线上培训，职业院校“互联网+职业教育”和电子商务专业骨干教师专题研修班，共计1190人；

面向高职学校培育建设10个自治区级教师教学创新团队，突出“双师型”教师队伍建设。12月11日，经自治区人民政府批复，宁夏广播电视大学更名为宁夏开放大学。开展全民终身学习活动周，自治区教育厅联合自治区新闻出版局等8个部门共同举办第三届全区“全民终身学习活动周”，表彰全区57名“百姓学习之星”、10项“终身学习品牌项目”和6个“优秀继续教育学院”。

（卢光辉　张艳弟）

高等教育

【概况】2020年，宁夏共有普通高等学校21所，其中，本科院校8所（含独立学院2所），高职（专科）院校12所，成人高校1所。研究生招生4228人，比上年增加971人，增长29.81%；其中，博士研究生招生209人，硕士研究生招生4019人；在学研究生9463人，比上年增加1806人，增长23.59%；其中，在学博士研究生526人，在学硕士研究生8937人。毕业研究生2218人，比上年增加221人，增长11.07%；其中，博士毕业生47人，硕士毕业生2171人。普通本专科招生4.76万人，比上年增加3426人，增长7.76%；其中，本科招生2.45万人，高职（专科）招生2.31万人；在校生14.67万人，比上年增加1.15万人，增长8.51%；其中本科在校生8.94万人，高职（专科）在校生5.73万人；毕业生3.41万人，比上年增加2146人，增长6.71%；其中本科毕业生1.86万人，高职（专科）毕业生1.55万人。成人本专科招生1.1万人，比上年减少5466人，下降33.21%；在校生3.08万人，比上年减少3781人，下降10.93%；毕业生1.24万人，比上年增加2422人，增长24.23%。高等学校教职工1.27万人，比上年增加820人，增长6.9%；其中，专任教师9205人，比上年增加708人，增长8.33%；硕士以上学位教师比例72.5%，比上年提高2.6个百分点；生师比17.6∶1。高等学校校舍总建筑面积397.87万平方米，比上年减少7.61万平方米，下降1.88%；生均校舍面积27.1平方米，比上年增加0.51平方米；图书1373.12万册，比上年增加108.65万册，增长8.59%；生均图书81册，比上年增加2册；教学科研仪器设备总值33.08亿元，比上年增加3.38亿元，增长11.38%；生均教学仪器设备值18888元，比上年增加743元。

【研究生教育】2020年，自治区高校开展“双一流”建设学科自评估工作，研究制定“双一流”二期建设实施方案，优化调整“双一流”学科布局结构。召开全区高校新增学位授权点申报工作推进会和马克思主义学科一级硕士点申报分析会。召开全区2020年学位授权审核工作会，推荐申报新增1个学位授予单位、13个博士学位授权点和20个硕士学位授权点。

【本科教育】2020年，宁夏落实教育部一流专业、课程“双万计划”和“六卓越一拔尖”计划2.0，获批国家级一流本科专业19个、一流本科课程10门，自治区级一流本科专业56个。实施自治区高水平本科教育十大行动，遴选推荐国家级一流专业建设点29个，立项建设自治区级一流专业建设点40个、一流课程150门、卓越拔尖人才培养班12个，一流基层教学组织25个。指导银川能源学院完成本科教学工作合格评估。联合宁夏医科大学研究制定《自治区医学教育创新发展实施方案》。

【创新创业教育】2020年，宁夏立项建设500项大学生创新创业训练计划项目，将创新创业教育全面融入人才培养体系。举办第六届“互联网+”大学生创新创业大赛暨“青年红色筑梦之旅”系列活动。制定《宁夏第六届“互联网+”大学生创新创业大赛总体方案》，全区高校共参赛13.2万名学生，同比增长7倍，报名项目7643个，同比增长70.3 %，综合评定出金奖28个、银奖50个、铜奖105个，集体奖15个，单项奖8个，优秀指导教师81人。遴选推荐28个项目参加中国国际“互联网+”大学生创新创业大赛，获得银奖3项，铜奖14项。在西吉县开展“青年红色筑梦之旅”及直播带货活动，直播销售额达到3.7万元。

【科学研究】2020年，宁夏推动科研“放管服”改革政策落实落地，立项自治区级高等院校科学研究项目192项，资助资金300万元；全区高校R&D内部支出为6.05亿元（其中科技类支出5.03亿元，社科类支出1.02亿元），同比增长78.4%。

【“互联网+”高等教育】2020年，宁夏立项建设自治区级精品在线开放课程40门、虚拟仿真实验教学项目20项，宁夏大学“解读西夏”课程获批国家级精品在线开放课程。制定《宁夏“互联网+”高等教育云平台建设实施方案》，打造“四大平台”（即高等教育信息平台、高教项目管理评审平台、教育教学资源共享平台和创新创业教育平台），推动教育理念更新、模式变革、体系重构，加快推进教育现代化。

（卢光辉　张艳弟）

教师管理

【师德师风建设】2020年，自治区教育厅协同自治区公安厅建立教师资格认定师德审核机制，开展教师资格认定无违法犯罪记录查询；遴选86名专家组建全区师德师风专家队伍，提升师德师风研究指导力。开展2020年师德师风建设及教师节系列活动，召开自治区庆祝教师节座谈会，建设宁夏教师微信公众号，并在宁夏日报客户端掌上宁夏开设专栏，对全区百名优秀教师进行宣传，开展做新时代好老师师德宣讲活动。

【人才梯队建设和教师培训】2020年，宁夏建成国家“领航工程”名师名校长工作室10个；推选全国教书育人楷模2人，优秀乡村教师培养计划8人。评选自治区特级教师80人、“塞上名师”20人，新建“塞上名师”工作室22个。启动新一批200名自治区骨干教师培养培训。实施各类线上教师专题培训项目17个，实现中小学幼儿园教师全覆盖；完成“国培计划”4670万元项目任务、“区培计划”1700万元项目任务，培训教师5.5万人次；深入实施中小学教师信息技术应用能力提升工程2.0，采取整县推进方式，投入经费1400余万元，培训教师2万余人次；建立健全中小学幼儿园教师全员岗位继续教育网络学习平台，优化学习资源，8.5万人注册学习。

【加强新时代乡村教师队伍建设现场推进会】2020年11月20—21日，全国人工智能助推教师队伍建设暨加强新时代乡村教师队伍建设现场推进会在石嘴山市召开。自治区教育厅、石嘴山市和上海市、湖北省、华中师范大学、西安电子科技大学等参会代表作交流发言。与会代表还观摩了石嘴山市第三中学、宁夏中小学教师智能研训基地（石嘴山）、石嘴山市第十五小学等人工智能试点学校。教育部人工智能助推教师队伍建设专家组专家及来自全国各省（自治区、直辖市）教育厅（教委）、新疆生产建设兵团教育局负责人等参加会议。

（卢光辉　张艳弟）

“互联网+教育”建设

【概况】2020年，宁夏基础教育信息化发展综合指数在全国排名第七，位居中西部省（区）前列。加强合作协作，协调华中师范大学选派硕士和博士团队50多人次，加强国家数字化学习工程技术研究中心宁夏分中心建设。实施“互联网+教育”达标县（区）创建工程，全区数字校园建设、“班班通”数字教学设备实现全覆盖，一大批虚拟仿真教室、机器人教室、人工智能教室、创新实验室等现代化教学功能室，陆续建成并投入使用，学校教学环境发生巨大变化，基本实现资源共享、教学应用和学校管理的数字化转型升级。实施在线互动课堂全覆盖建设项目，全区828所中小学校新建、改建2288间在线互动课堂教室，累计建成在线互动课堂教室4315间，实现全区中小学在线互动课堂教室全覆盖，所有中小学校都能通过同一个平台，开展“一托一”“一托二”互动教学、教研活动。11月21日，联合华中师范大学，在全国首次以省为单位开展教师信息素养测评，全区共有6.8万名中小学校长、教研员、教师参加测评，教师优秀率为56.6%，教师合格率为99%。

【华中师范大学人工智能教育宁夏研究院】2020年，宁夏与华中师范大学签订战略合作协议，成立华中师范大学人工智能教育宁夏研究院，将在应用创新、模式研究、人才培养、教师发展、成果孵化等方面开展合作，在2021年华中师范大学面向全区中小学校教师和学校管理人员定向招收专项学术型博士和教育博士。联合华中师范大学制订教育大数据、学校画像和平台接入标准，全面规范教育大数据采集汇聚、存储管理、共享使用、平台对接等，探索建立基于大数据的学校发展评价指标维度等。其中教育大数据、学校画像标准已提请国家信标委审核，有两项专利被国家知识产权局受理。

【教育网络高效联通行动】2020年，宁夏以提高学校网络带宽、构建高效联通的教育网络为重点，将网络带宽纳入政府履职评价体系和学校基本办学条件，督促各地政府将互联网使用经费纳入政府

中卫职业技术学校

财政预算，采用统谈统付等方式，统一承担学校网络接入费用，使所有学校全部接入高速互联网。全区学校200米以上互联网带宽接入率达到100%，平均带宽达到374米，超半数学校互联网带宽为500米以上，提前两年高标准完成教育部提出的100米互联网接入全覆盖目标。

【数字教育资源建设】2020年，宁夏共引入国内优质教育资源1500多万件，题库资源1100多万件，资源每日更新量超过7000件，全面覆盖基础教育各学段各学科，教材配套率达到100%。加强资源整合汇聚，通过对接国家资源平台、汇聚各地各学校自建的生成性资源、教学比赛征集等方式，构建形成海量的数字教育资源库。平台资源总量超过3900万件，引入的第三方数字教材、教学资源、试卷题库等，全部与宁夏教育云互联互通，学校师生通过教学助手、云校家APP等工具，就能很方便地使用平台资源，全区学校特别是农村学校因资金不足导致的优质数字资源短缺问题得到根本缓解，全区所有学校、所有学生都能获取优质数字教育资源。

【教育信息化应用】2020年，宁夏深化教育信息化应用运用，形成一批以宁夏教育云平台资源为载体，以线上线下混合教学为主导，线上线下相互结合、相互促进的教育教学新模式，其中有5个市（县）和29所学校被教育部评为全国教育信息化应用优秀典型，2020年有1个县（区）和12所学校入选。推进“三个课堂”普及应用，制订《宁夏中小学“三个课堂”建设与应用指南》，推动各地按照区带县、县带乡、乡带村的逐级帮扶模式，线上结对共建，通过“一师多校、在线走教”的方式，常态化开展“三个课堂”应用，帮助偏远薄弱学校开齐开足开好国家课程，使偏远地区农村学校的孩子也能同步听到城市名校名师讲课。全区86%的中小学校将“三个课堂”纳入日常教学管理体系，累计开课近30万堂，惠及全区三分之一的学生。

【“互联网+教育”融合应用】2020年，宁夏完成“互联网+教育”指挥中心建设，教育智慧驾驶舱、高考巡查、教育电视台融媒体服务、在线互动课堂等平台有序接入，各级教育行政部门及学校的视频巡课系统全面贯通，教育平台和数据实现一块屏指挥、全流程可视和多系统融合，提升了教育现代化治理水平。实施校园治理大数据平台建设行动，构建全区统一的校园治理网络，提升校园治理多元共治、联防联治水平。推进校园治理专题数据库、校园治理平台数据接口等建设。与教育部人工智能助推教师队伍建设专家组建立合作关系，推动石嘴山市、吴忠市、西夏区、贺兰县等试点地区和宁夏大学、宁夏师范学院、银川一中、银川二中等30多所试点学校，围绕人工智能助推教师队伍建设，有针对性地制定建设方案、开展应用指导，总结提炼人工智能助推教师管理优化、教师教育改革、教育教学创新和教育精准脱贫的新经验新模式。承办全国现场会，落实部区共建示范区工作领导小组会和全国人工智能助推教师队伍建设暨加强新时代乡村教师队伍建设现场推进会各项工作。其中，石嘴山第三中学、第十五小学和教师智能研训中心展示了智慧教学、智能评价、虚拟仿真实验教学、沉浸式课程、“三个课堂”结对帮扶、“研训教一体化”等工作经验和应用模式。开展人工智能教育社会实验，联合华中师范大学制定《人工智能条件下教育社会实验方案》，在石嘴山市、西夏区、贺兰县等9个市、县（区）和100所学校，进行人工智能教育社会实验，并在全国率先设计人工智能教育实验指标，建立实验评价模型。9月，中央网信办在北京举办全国人工智能社会治理实验工作推进会，宁夏代表全国教育社会实验地区作交流发言。

（卢光辉　张艳弟）

科学技术

KEXUEJISHU

NINGXIA YEARBOOK

编辑◎杨　云

综　述

【科技攻关】2020年,宁夏围绕产业“高端化、绿色化、智能化、融合化”发展,在新能源、新材料、先进装备制造、信息技术、现代农业、医疗卫生、生态环保等领域,组织实施自治区重大科技项目12项,重点研发计划项目477项,攻克一批关键核心技术,形成一批先进技术成果。工业领域,高效N型单晶硅棒制备技术、钽酸锂晶体晶片黑化技术均达到国内领先水平;分散式多点受料移置式带式输送机填补国内空白;动力型锂电新材料绿色制造技术带动宁夏电池材料产业化;“铸造用工业级P打印设备”整机打印效率达到进口机型的3~5倍,有力支撑国内铸造砂型3D打印技术的产业化应用。农业领域,设施园艺高品质栽培、酿酒葡萄精准水肥一体化、枸杞病虫害防控测报体系建设、肉牛高效养殖等技术取得突破;研制出主要技术指标国内领先的地表残膜回收机;创建两年生鲜食葡萄根域限制模式和优质抗寒栽培技术体系,形成葡萄栽培“宁夏模式”;选育新品种29个,实施宁夏最大规模的一次太空搭载试验。社会发展领域,在贺兰山生态修复、宁东煤矿场地污染治理、沙漠治理设备研发、退化湿地植被快速恢复等方面取得显著成效。在新冠病毒流行病学特征研究、中西医结合治疗病患、居家隔离远程医疗求助等方面取得重要突破。在国际上首次发现乙型脑炎病毒感染可能导致吉兰巴雷综合征,论文发表在国际顶级期刊《新英格兰医学杂志》上。

【科技成果转化和新技术推广应用】2020年,宁夏制定并出台《自治区关于促进科技成果转移转化的实施意见》《关于促进科技中介机构发展的意见》等政策文件,建立起促进科技成果转移转化的基本政策体系,加大对成果转移转化工作的支持力度。启动实施首批成果转化补贴项目,对23家企业的技术交易项目和关键核心技术设备引进给予1997万元补贴。首批认定4家中试基地,确定30家自治区科技中介示范机构。举办第五届宁夏创新创业大赛、第五届中国创新挑战赛(宁夏)、“高校院所科技处长宁夏行”活动,加强技术成果对接,先后吸引国内60多家高校、科研机构的创新团队携带科研成果到宁夏参加技术对接,达成技术合作协议66项,带动前10月全区技术合同交易额达到15.76亿元,同比增长141%。聚焦贫困地区脱贫产业发展,推动先进适宜技术助力脱贫攻坚,向170个深度贫困村和252个贫困村派驻科技扶贫指导员、“三区”人才和科技特派员,组团开展“一对一”定点帮扶和创业式科技扶贫。实施科技扶贫项目150个,推广新技术新装备78项(套),累计开展培训指导1500多期。在中南部6县(区)推广小杂粮高效生产技术,建立科技示范基地3000多亩,带动农民运用渗水地膜精准穴播技术种植先进适宜小杂粮19.6万亩,平均每亩增收1000元,帮助农民增收约1.96亿元。

【科技创新体系建设】2020年,宁夏加强科技创新投入,全区R&D经费投入54.51亿元,较上年增长19.54%;R&D投入强度达到1.45%,年度增幅0.22个百分点,增幅居全国第四位、西部首位。2020年区本级财政科技预算资金12.6亿元,较上年度增长16.7%。加强科技型企业培育,制定《关于加快培育国家高新技术企业推动高质量发展的若干措施》,培育国家高新技术企业134家,总数达到293家。认定科技小巨人企业51家,总数达到107家。备案科技型中小企业652家,总数达到1233家。向592家企业下达各类奖补资金2.89亿元,减免企业所得税6.9亿元。撬动金融资本22.06亿元，支持377家（次）科技企业创新创业和复工复产。加强创新园区、平台建设，推动银川高新区、石嘴山国家高新区完善运行机制，新认定自治区农业科技示范展示区3家，推荐2家农业科技园区创建自治区农业高新区。批复组建自治区重点实验室、工程技术研究中心17家，拟备案自治区技术创新中心96家。培育科技企业孵化器3家、众创空间15家。建成省部共建煤炭高效利用与绿色化工国家重点实验室中试基地。遴选科技创新领军人才培养对象14名，拟推荐柔性引进创新团队12个，实施引进高层次人才科研启动项目46个。

闽宁镇双孢蘑菇工厂化栽培示范基地引进荷兰最先进栽培技术，一年可培育生产双孢蘑菇六季

【科技体制机制改革】2020年，宁夏围绕完善科技创新治理体系，提高科技创新治理能力，制定《关于深化科技体制改革　完善提高科技创新治理体系和治理能力的实施意见》，推进宁夏科技治理体系和治理能力现代化。深化项目管理机制改革，推进"两头严、中间松"的项目管理机制改革，坚持从严立项，立项评审由单一的专家评审改为"专家评审"与"主体赋分"相结合的双重审核机制；坚持结果导向，把成果质量、综合效益、人才培养、平台建设等作为项目评价和验收的重要内容；坚持简政放权，试点推行科研资金"包干制"改革，充分赋予项目负责人科研经费自主权。改革科技项目支持方式，对企业和事业单位（高校、科研院所等）进行分类支持，分别确定项目资金支持比例。对企业牵头承担的研发项目，视情况采取"前引导"或"后支持"两种方式进行支持。将自然科学基金项目类型优化调整为四类，提高资金支持额度，探索联合基金下沉式管理，加大基础研究支持力度。完善科研诚信管理制度，明确科研失信行为边界、惩戒措施和案件调查处理流程，将科研失信纳入跨部门联合惩戒，提升失信成本，加大失信惩戒力度。加大县域科技创新政策资金支持力度，引导各类创新资源向县域聚集，支持县（区）围绕自身实际积极推进特色创新。调整市、县（区）科技部门在科技项目管理、科技政策宣传、重大科技任务落实等方面的职责任务，赋予其更大科技管理权限，推动基层科技部门提升科技治理能力。推进政务服务改革，建立政务服务事项目录，大幅精简优化办事流程，政务服务事项承诺办结时限比法定办结时限整体压缩53%，办理环节压减22%，申请材料减少35%。部分事项开展"一件事一次办"改革及"我的宁夏"APP掌上办理，20个事项实现一张表单申请办理。

【科技宣传普及】2020年，宁夏大力传播科学防疫知识，发放《新冠肺炎防控科普宣传折页》近30万份，在全区16个电视频道、410个新媒体平台广泛推送系列《新冠肺炎防控科普微动画》。采取提前下达企业奖补资金、调整项目实施周期、减免在孵企业房租、开展线上科技服务、加强企业融资等一系列措施，助力科技企业抗击疫情、复工复产。全面细致开展在宁外国专家疫情防控和服务保障工作，有效防止外国专家疫情传播。加强基层治理科技资源配置，在生态环境、人口健康、公共安全、信息化建设等领域实施科研攻关及科技惠民项目100项，着力攻克基层治理和民生领域技术问题。鼓励和支持科技人员深入基层一线，围绕"三农"技术需求，"面对面""一对一""手把手"开展农技服务，向农村转化科技成果，服务农民9.9万人。开展科技活动周、科普进乡村、科普进校园等系列科普活动，举办科普讲解大赛、"科学实验秀"等特色科普活动，启动3个智慧科普校园、3个乡村科普工作站建设，普及科学知识、弘扬科学精神、传播科学思想。举办第五届宁夏创新创业大赛、创新方法大赛，持续展播系列"科技微课堂"节目，着力增强全社会创新意识，营造大众创业万众创新的良好氛围。

【疫情防控科研攻关】2020年，自治区科技厅快速启动科研攻关，主要负责人深入自治区疾病预防控制中心、第四人民医院等一线医疗单位与医疗科研人员对接，征集一批病毒预防、筛查检测、诊断治疗、应急处置、分诊管控等科技项目，按照“急事急办”原则，简化项目申报、评审、立项程序，快速评选出首批15项急需、可行性的项目，下达1245万元专项资金，立项开展相关技术攻关。经过紧急攻关，部分项目已取得初步成效，其中“新冠肺炎中医药防治集成技术研发与示范推广”项目部分研究成果已用于宁夏全部71名确诊患者的中医治疗，疗效明显；“基于互联网医院的居家隔离观察信息化管理应用”项目，已完成手机APP开发，可实现在线咨询、心理疏导、跟踪服务，有效提升宁夏疫情防控信息化水平；开发出的防感口罩、防感香囊、中药药皂等中药预防产品，已经在一线医护人员和被隔离观察人员中使用。在启动第二批疫情防控科技项目过程中，自治区科技厅重点聚焦疫病防控能力提升、防护用品研发和成果转化、管理体制机制创新3个方向，采取揭榜挂帅方式，吸引区内外科研力量主持或参与，加大科研攻关力度，优先支持援鄂医疗队队员和疫情防控一线医务人员；邀请中国工程院院士领衔主持，组织开展“应对突发重大公共卫生事件医疗防护物资储备与供应体系建设研究”，着力构建宁夏应急医疗物资储备与生产能力长效机制。下达第二批疫情防控科技项目18个，支持资金542.2万元。

【服务科技创新主体】2020年，自治区采取有效措施，为创新主体抗击疫情、复工复产提供支持和便化利服务。助力企业渡难关。落实奖补措施，支持科技企业孵化器、众创空间等孵化载体为在孵企业减免房租；提前一个月左右拨付科技项目、科技企业认定奖补、科技创新后补助等政策性奖补资金3亿多元。加大疫情防控技术创新支持力度，对在疫情期间作出贡献的企业和机构申报的科技项目予以重点支持，对疫情防控人员开展的疫情临床防控科学研究予以优先支持。推行“不见面”办理，开通网上办理业务和网上培训课程，疫情期间线上累计登记技术合同23项，技术成交额502.28万元。主动向疫情防控所需医药品、器械、防护设备及相关物资的生产企业提供必要支持和保障，向科技部申请7家疫情防控重点科技型企业融资需求16560万元。抢抓农时备春耕。调整农业科技项目实施计划，改进工作方式，充分运用视频会议、手机微信、电话沟通、远程诊断等多种方式，推进农业科研、技术指导和农村创业。汇集瓜菜、林果、草畜、小杂粮等六大类36项产业提质增效新技术，编印出《农业先进适用技术手册(新冠肺炎疫情防控期急用)》，通过线上线下多种途径向41个乡镇170个贫困村发放12.7万份。引导广大科技扶贫指导员充分利用现代化信息手段和村干部对接，指导帮扶村科学防疫，并成立志愿服务队，参与社区排查防控、无人机免费消杀等工作。组织动员中药材生产企业积极复工复产，为一线救助医疗机构提供零利润优质中药材原料，并开设疫情防控公益性岗位，吸纳贫困村民参与药材加工生产。结合实际调整项目实施周期。为确保广大科研人员能够集中精力开展疫情防控工作，对2020年到期科技项目实施期延长6个月；对已实施完成的项目延期3个月验收，对自治区自然科学基金项目申报时限延长2周；对援鄂医疗队成员或防控一线医务人员承担的项目，根据需要可进一步延长实施周期。打通线上科技服务渠道。在全国范围内挖掘梳理疫情防控相关科技成果528项，形成科技成果包，向区内企业及时推送。利用宁夏技术市场服务平台，推出《战“疫”直通车》专栏，为企业提供在线咨询和服务。举办战“疫”物资成果线上对接会，围绕防护服、口罩、消毒、抗病毒药物七大类防护产品和抗病毒药物，组织宁夏企业与中国药科大学、中国科学院深圳先进技术研究院等9所院校、研究机构开展科技成果供需对接，成功对接技术需求和成果21项，形成合作意向15项。线上线下同步推出“新冠肺炎科研攻关文献资源公益性服务”，面向全区医疗卫生科研人员免费共享各类新冠肺炎病毒最新、权威文献资源。

（马　鹏）

科技创新

【工业领域科技创新成果和政策举措】2020年，宁夏推进沿黄科技创新改革试验区建设，沿黄试验区科技创新专项共支出2.6亿元，其中新立项200个项目1.7亿元，延续资金40个项目9000万元，比上年度增加30%，带动全社会研发投入达8.46亿元。围绕宁夏的特色优势产业立项的千米级大直径智能化反井钻机、新型L-精氨酸高产工程菌的开发等6项重大科技研发项目呈现鲜明的创新引领作用。一批关键技术取得突破。银川隆基硅开发的高效N型单晶硅棒制备技术、宁夏钜晶源晶体科技有限公司开发出的钽酸锂晶体晶片黑化技术，均达到国内领先。共享智能装备公司研发的“铸造用工业级3DP打印设备”整机的打印效率达到进口机型的3～5倍，有力支撑国内铸造砂型3D打印技术的产业化应用。杉杉能源开发的动力型锂电新材料绿色制造技术带动宁夏电池材料产业化，形成显著的经济效益。推动银川国家高新区、石嘴山国家高新区落实国务院关于高新区高质量发展的意见，加快高新区体制机制改革，增强高新区发展能力。对贺兰工业园区、青铜峡工业园区、中宁工业园区、固原经济开发区等自治区高新区重点培育对象进行实地考察和申报指导，拟新认定中宁工业园区、固原经济开发区为自治区级高新区，已申报自治区政府批准。推动吴忠金积工业园区升级国家高新区事宜，督促完成相关规划编制工作，科技部已将吴忠高新区列入调研考察名单。举办全区高新区高质量发展政策解读培训会，4项涉及高质量发展的科技指标被纳入新修订的工业园区的年度效能考核目标中。持续培育科技型企业，出台《关于加快发展高新技术企业的若干措施》，举办覆盖全区工业园区的高新技术企业政策解读培训班，培训科技型企业1000余家。首次认定自治区高新技术企业90家，全区有效期内自治区高新技术企业共293家；首次认定自治区科技型小巨人企业51家，全区有效期内自治区科技小巨人企业共107家；首次认定自治区科技型中小企业652家，全区有效期内自治区科技型中小企业共1233家。通过项目引导企业增加研发经费投入，探索实施科技研发项目前引导后支持方式改革，针对2020年高新技术领域拟立项的企业承担的重点和一般项目，落实“两头严、中间松”的科研管理机制，根据企业研发投入、创新平台建设、科技型企业认定等内容进行赋分处理，根据得分情况采用立项前支持与立项后支持并行的支持方式，支持项目立项115项，拉动企业研发投入5.6亿元。探索科技助力小微企业发展项目。2020年，支持38家科技型小微企业500万元，填补对小微企业科研支持的空白。加大企业研究开发费用后补助力度，完成上年度企业研究开发费用后补助的核定，拟向682家企业下达企业研发费用后补助资金4.39亿元，向96家企业下达规模以上企业新增研发费用奖励资金0.53亿元，支持企业的数量和金额同比均实现50%以上的大幅增长。推动“双创”载体建设，新认定15家自治区众创空间，3家自治区科技企业孵化器。举办第九届中国创新创业大赛（宁夏赛区）暨“中国银行杯”第五届宁夏创新创业大赛、第五届中国创新挑战赛（宁夏），累计参赛企业580余家（同比增长40%），46个项目获奖，累计发布技术需求245项，遴选132项，达成合作意向16个。

【农业领域科技创新】2020年，宁夏持续稳定支持种业创新，强化资源收集鉴定，突出品种选育和成果转化，启动酿酒葡萄、瓜菜、牧草第二轮育种项目实施，枸杞基因组测序、滩羊基因编辑、抗病番茄新品种取得突破。选育并审定新品种29个（其中，国家级7个，自治区级22个）。强化产业关键技术攻关，组织实施葡萄酒风格固化、数字治水、奶牛乳房炎防治、小流域治理等重大重点项目，取得一批标志性科技成果。在枸杞产业方面，建立枸杞化合物数据库管理平台并发现一批新的功能性成分，主导制定《中医药——枸杞子》国际标准，枸杞病虫害防控测报实现主产区全覆盖。在奶产业方面，建立奶牛DHI和公牛遗传信息数据库，制定出宁夏奶牛早期选育技术体系、主要繁殖障碍性传染病的检测与监测体系和性控胚胎移植繁育技术体系。在葡萄酒产业方面，开发酿酒葡萄病害监测预警与水肥精准管理技术，筛选产地优良酵母和乳酸菌，构建贺兰山东麓葡萄酒质量溯源平台。在智慧农业方面，成功研制出回收率为90%以上的地表残膜回收机，达到国内先进水平。研发国内首个枸杞田间数据采集自动巡检平台、无人机变量施肥技术、多方式驱鸟装备、肉牛三维体尺检测技术。在瓜菜产业方面，突破装配式日光温室建造、多发病早期快速检测预警、水肥精准管理等技术，开发新型纳米肥药助剂4种，新型肥料17种。在小杂粮产业方面，杂交谷子渗水地膜机穴播技术示范点创亩产713.1公斤、亩产值4278.6元和纯收入3568.6元历史新高。完善农业科技园区体系建设，加强5个国家农业科技园区

中国科学院与宁夏举办科教合作座谈会

建设，指导开展新一轮规划编制工作。建成以奶产业、绿色食品加工产业为主导的吴忠、石嘴山自治区级农业高新技术产业示范区；围绕县域重点特色产业，培育认定3家自治区农业科技示范展示区，形成集新品种、新技术、新装备、新模式为一体的展示样板。推动科技扶贫助推增收致富，组织实施170多个科技项目，建立科技示范基地140个，示范推广新技术新装备556项，培育农业新型经营主体300多个，开展各类技术培训1598期、12万人次，实现贫困村科技服务全覆盖。加速以渗水地膜波浪式机穴播、马铃薯粉垄种植技术、肉牛健康养殖技术、冷凉蔬菜绿色栽培技术、中药材原生态种植技术等为代表的先进适用科技成果大面积转化推广。自治区科技厅与农业农村厅在中南部6县（区）推广小杂粮高效生产技术，建立核心科技示范基地3000多亩，推广新技术新品种近19.6万亩，平均亩增收1000元，有力促进群众增产增收。

【社会发展领域科技创新】2020年，宁夏加强科技助力疫情防控，疫情期间紧急部署启动应急科研攻关，聚焦疫病预防、诊断筛查、临床治疗、应急处置、人员管控等方面，分两批下达科技项目33个，下达经费1787.2万元。顶层设计“应对突发重大公共卫生事件医疗防护物资储备与供应体系建设研究”项目，邀请中国工程院院士领衔主持。首次发现新冠病毒在潜伏早期人传人的证据，建立筛查多种感染呼吸道病毒的PCR反应体系，研究制定适合宁夏地区的中西医结合治疗方案参与救治并取得良好效果。科技支撑先行区生态保护建设，制定并出台《中共宁夏回族自治区科学技术厅党组关于科技创新支撑引领先行区生态保护的实施意见》，明确改善生态环境科技创新工作的目标任务和努力方向，构建具有宁夏特色的生态环境科技创新体系。聚焦自治区生态保护修复、环境污染治理、资源高效利用等领域关键技术问题开展科技攻关，立项支持15个研发与成果转化项目，支持经费1015万元。启动实施国家重点研发计划“大型煤电化基地固废规模化利用成套技术及集成示范”项目。推进医疗卫生科技创新，围绕常见病、多发病和地区性疑难杂症，组织实施干细胞引导牙周组织再生的机制及临床疗效评价、骨质疏松人群药物基因芯片研发等67个科技研发和科技惠民计划项目，总研发经费4795.12万元，财政经费4420.6万元。科研项目取得重大成果，首次证实乙型脑炎病毒感染可能导致吉兰巴雷综合征，论文发表在国际顶级期刊《新英格兰医学杂志》（影响因子74.67，全球排名第一）。召开自治区临床医学研究中心年度工作会议，总结3年来自治区临床医学研究中心建设工作和成效，对新认定的5个中心进行授牌。截至2020年年底，宁夏已组建25家自治区临床医学研究中心（其中，13家中心成为国家临床中心分中心），涵盖19个病种，研究人员超过1000人，承担省部级以上科研项目370余项，编写临床指南14项，制定技术规范或标准26项，引进开发治疗方案55项，推广诊疗技术95项。提升科技服务民生水平，安排专项经费273万元，支持“国家禁毒办互联网教育中心”平台科技创新工作。围绕自然灾害预警监测、建筑安全、食品安全、文化遗产等领域，组织实施地质灾害气象风险预警、安全环保装配式结构关键技术研究、保健食品中药物精准筛查研究、宁夏古代人类考古新方法应用研究等科技项目21个，总研发经费3592.5万元，财政经费1792万元。在生态环境、人口健康、妇女儿童、防灾减灾、文化旅游、交通等领域组织实施科技惠民计划项目22项。

（马　鹏）

科技合作

【东西部科技合作】2020年，宁夏扩大东西部合作范围，坚持“市场主导、政府推动、互惠互利、合作共赢”的原则，广泛对接洽谈东西部科技合作，与广东省、湖南省及西安建筑科技大学签署科技合作协议，东西部科技合作主体从上年的8个省（市）、8家院校扩大到10个省（市）、9家院校，形成“10+9”的合作格局。组织区内企业挖掘需求、凝练项目，与东部科研院校、企业联合实施科技合作项目143项，投入财政科研资金3.13亿元，带动研发总投入13.58亿元，引进新工艺、新技术、新成果100多项，联合共建北京石墨烯研究院宁夏分院、宁夏工程塑料技术中心等一批科技创新平台，在北京、上海、深圳等地建设离岸孵化器9个，形成一批新的合作成果。发挥东西部科技合作引才引智平台作用，吸引新一批科技人才服务宁夏创新发展。通过联合实施科研攻关、共建创新平台园区，柔性引进区外创新人才550余人，共有20多位两院院士参与宁夏科研项目合作及战略咨询。举办黄河流域生态保护和高质量发展先行区院士专家战略咨询会，中国工程院19位院士专家到宁夏为黄河流域生态保护和高质量发展先行区建设建言献策。

【国际科技合作】2020年，宁夏争取科技部项目支持，宁夏中阿智慧科技产业发展有限公司申报的“国际腹针疼痛治疗师培训班”(第三期)获批科技部2020年度发展中国家技术培训班。面向5个地级市科技局、区内国家国际科技合作基地、高校、重点企业，对2019年度宁夏国际科技合作与交流活动、合作项目、投入经费、签订协议、共建平台、引进人才等情况进行摸底统计，总结宁夏“十三五”期间国际科技合作经验做法、取得成效及“十四五”开展国际科技合作与交流的思路，形成总结上报科技部。配合科技部国际合作司做好中俄科技创新年相关工作。对宁夏列入中俄科技创新年活动的5个重点项目、平台定期指导，及时掌握合作过程中的需求与困难，跟踪项目、平台进展，推动其顺利实施。

（马　鹏）

科研规划与管理

【“十四五”科技创新发展蓝图】2020年，宁夏深入贯彻落实习近平总书记对“十四五”规划编制工作的重要指示精神，将顶层设计与问计于民有机统一起来，坚持系统观念，立足新发展阶段，贯彻新发展理念，融入新发展格局，以引领高质量发展为主线，以发挥科技创新战略支撑作用为目标，以深化体制机制改革为动力，以内外联动协同创新为路径，重点突出开门问策、集思广益、创新方式方法和加强衔接协调，着力把握全面调研、前期研究、战略咨询、确定思路、规划论证等关键环节和重要流程，在与国家“十四五”科技创新规划、自治区相关产业规划进行衔接和客观评估总结“十三五”科技创新发展实施情况的基础上，编制形成《宁夏科技创新发展“十四五”规划》征求意见稿。强化顶层设计，开展前期研究。聚焦“十四五”期间制约宁夏经济社会高质量发展的前瞻性、全局性、战略性问题和重大需求，围绕科技支撑新型工业、现代农业、生态保护、民生保障等重点领域发展，组织开展12个规划专题前期研究。支持5个地级市科技局围绕本辖区科技创新支撑地方重点产业和社会民生发展的需求，开展前期研究，并将专题研究成果和规划思路汇编成册。围绕重大需求，广泛征集建议。指导规划编制组深入自治区有关行业部门和各市、县(区)、园区、企业、高校及科研院所，采取座谈讨论、考察调研的形式，广泛征求“十四五”科技创新发展的需求和规划编制建议，先后召开各类咨询会13次，向区内28家机构单位征集意见建议430条，中国工程科技发展战略宁夏研究院提供项目建议40多条，并专程赴北京征求中国科技发展战略研究院、中科院科技战略咨询研究院相关专家意见建议，凝练“十四五”科技创新发展的重大工程、重点方向和重点任务。聚焦重点任务，编制规划文本框架。对标国家、自治区《关于制定国民经济和社会发展第十四个五年规划和二〇三五年远景目标的建议》，聚焦自治区九个重点产业创新发展需求，着眼于黄河流域生态保护和高质量发展先行区建设，围绕建设美丽新宁夏的长远目标，坚持问题和需求导向，突出长远发展，编制形成《宁夏科技创新发展“十四五”规划(征求意见稿)》，明确“十四五”期间宁夏科技创新发展的总体思路、重点方向和重点任务。

【科技科研体制改革】2020年，宁夏制定并印发《宁夏回族自治区自然科学基金改革实施方案》，对自治区自然科学基金实行“放管服”改革，建立联合基金，形成多元投入机制，与7家单位建立联合基金；优化自治区自然科学基金项目设置，分类设置为一般项目、优秀青年项目、重点项目和创新群体项目4类项目进行分类支持。改革项目管理机制，在优秀青年项目中实施项目经费“包干制”，提高一般项目支持比例，稳定人才团队，激发科技创新活力。加强基础研究支持力度，获批国家自然科学基金项目146项，获资助金额6644.5万元，较上年增加33.9%。自治区自然科学基金项目立项549项，资助金额5969.3万元，较上年增加71.2%。加强国家区域联合基金实施与管理，2020年围绕能源化工、新材料与装备制造、生物与农业、生态与环保和人口健康等重点领域的重大科学问题，面向全区征集104项联合基金项目指南，通过层层筛选和提炼，最终凝练形成17项项目指南提交国家自然科学基金委，经国家自然科学基金委评审，最终围绕宁夏领域方向获批国家区域联合基金项目11项，资金额度2852万元，其中属宁夏单位主持或参与的有10项，占比达90.9%。认真落实《宁夏回族自治区深化科技奖励制度改革方案》《宁夏回族自治区科学技术奖励实施细则》，全面实行提名制度，完善和规范评审规则，建立公开公平公正的评奖机制。2019年，共有69项优秀成果获得自治区科技奖励。2020年度获得国家科技进步一等奖1项，实现“十三五”期间国家科技奖励“零”的突破。

【科技创新平台建设】2020年，全区加强科技创新平台培育组建，围绕重点产业、重点领域、重点学科，坚持统筹规划、系统布局和精准对接辅导，引导鼓励企业与高校、科研院所开展协同创新，布局建设一批科技创新平台。全年共批复组建3家重点实验室和37家工程技术研究中心，备案93家自治区技术创新中心。提

科技部与宁夏联合实施“科技支宁”科技扶贫协作行动(图为六盘山特困区小杂粮精准扶贫技术集成示范)

升科技创新平台能力,推进建成省部共建煤炭高效利用与绿色化工国家重点实验室中试基地建设,开展成果转化与应用,促进产学研用深度融合。推进西北土地退化与生态恢复重点实验室培育基地建成国家级重点实验室,多次赴科技部就建设事宜进行沟通,指导宁夏大学修改完善实验室研究方向,明确定位,强化人才团队力量,促进建立伙伴实验室,为成功创建省部共建国家级平台夯实基础。加强科技创新平台动态管理。开展重点实验室和工程技术研究中心年度报告工作,加强重检查指导和优化调整,对运行状况不好、科技创新能力差的5家工程技术研究中心和7家技术创新中心进行撤销,推进科技创新平台良性竞争和高质量发展。

【科技研发投入】2020年,宁夏落实自治区党委决胜全面建成小康社会工作会议精神,加快补齐R&D投入强度指标短板,印发《加快提高R&D经费投入强度补齐　全面建成小康社会短板工作方案》,围绕6个方面提出9条加强研发投入、提高R&D经费投入强度的具体措施。强化政府研发投入引导作用,在持续加大自治区本级财政科技投入的基础上,加强对市、县(区)财政R&D经费年增长率的考核力度,引导各市、县(区)政府优化财政科研资金配置,促进财政科技投入更多向R&D活动倾斜。2020年,自治区科技厅与统计、教育、工信、财政、税务等部门密切配合,开展科技创新政策宣传解读、R&D经费归集方法及研发统计年报的培训辅导、摸底调查工作,加强对企业、高校、科研机构、新型研发机构、民办非企业、服务业企业及新入规模以上企业等单位跟踪调查,做到应统尽统,应报尽报,确保统计质量。联合自治区教育厅开展自治区高等院校和科学研究与技术服务业事业单位研发经费支出监测工作。加强对高等院校、科研院所研发经费支出监测评价和督促激励,引导高等院校及科研院所加大研发投入,确保财政资金尽快形成有效R&D支出。

【创新驱动政策】2020年,宁夏制定并印发《自治区推进创新驱动战略2020年重点任务分工方案》,将“创新驱动30条”细化分解为101项,并把涉及科技厅的31条任务进行细化分工,明确目标,压实责任,确保工作按时高质量推进。根据各厅局职能调整,联合发改委,适时修订《自治区党委 人民政府关于推进创新驱动战略的实施意见》政策指南等文件,提高政策的精准性、有效性。推进建立市县区域创新发展考核机制,印发《关于分解2020年五市及宁东基地科技创新主要指标任务的通知》,将R&D投入强度、全社会R&D经费投入、技术合同成交额等11项科技创新指标分解到5个地级市及宁东能源化工基地。组织实施落实创新驱动发展战略、推进自主创新和发展高新技术产业成效的绩效评价工作,围绕宁夏在创新实力等5个方面10多项指标进行分析测算。修改完善《宁夏回族自治区科技创新券管理暂行办法》,全面开展科技创新券工作。截至2020年年底,共有325家科技服务机构入驻创新券管理服务平台,入库1640台(套)大型科学仪器,为414个创新主体提供科技创新服务,发放创新券突破1200万元。

【科技企业与金融结合】2020年,宁夏通过多种方式引导金融资本22.87亿元,支持402家(次)科技企业创新发展,支持额度较上年度增长38%。优化政策环境,自治区科技厅与财政厅联合印发《关于进一步深化科技金融支持科技型企业的通知》《关于开展宁夏科技创新与高层次人才创新创业担保基金绩效评价工作的通知》,修订科技金融专项资金、“宁科贷”等管理办法。加大支持企业力度,对142家科技型中小企业的13.7亿元贷款给予2700万元补贴。加大“宁科贷”支持企业力度,风险池资金规模达到

15460万元，新增7家合作单位，为203家科技企业发放贷款4.88亿元。加强融资服务，优化“宁科贷”申报方式，实现业务线上办理；简化“贷款贴息”申报流程，缩短审批时长；联合金融机构，先后举办6场科技企业融资对接会，600家企业负责人、110人金融机构信贷人员参加。组建成果转化投资基金，完成宁夏成果转化投资基金的组建，举办科技企业股权融资对接会。先后两次到科技部，对接国家科技成果转化引导基金注资事宜。同时，协调财政厅、宁国投、中宁县、北京中农科联投资基金公司，完成科技厅出资“中农基金”2000万元股权变更事宜。

表25　　2020年度宁夏科学技术奖获奖项目一览表

一、科学技术重大贡献奖(2项)		
项　目	**完成单位**	**主要完成人**
铸造用工业级3DP打印设备研发及产业化应用	共享智能装备有限公司、共享智能铸造产业创新中心有限公司、共享装备股份有限公司	彭凡 刘轶 周志军 杜银学 王军伟 杨小平 郭永斌 周子翔 赵龙 马睿 孟庆文 李栋 何捷军 赵宁辉 杨军 杨保 毛春生 王志刚 鲁云 虎鑫
宁夏新能源高效消纳综合技术创新与实践	国网宁夏电力有限公司电力科学研究院、中国电力科学研究院有限公司、清华大学、国家电网公司西北分部、南京南瑞继保工程技术有限公司、国网江苏省电力有限公司、国能日新科技股份有限公司、北方民族大学、国网宁夏电力有限公司经济技术研究院、国网宁夏电力有限公司	丁茂生 王勃 张振宇 高峰 张磊 钟海旺 胡伟 汪春 蒙金有 向婕 李宏强 马晓伟 许彦平 朱建军 褚云龙 刘鑫 杨文华 王铮 王超 蒙飞
二、对外科学技术合作奖(1项)		
项　目	**完成单位**	**主要完成人**
黄河宁夏段防洪减灾工程方案优化与智能监管关键技术	天津大学、宁夏回族自治区水旱灾害防御中心、宁夏黄河整治工程指挥部办公室、基康仪器股份有限公司	苑希民 周跃华 窦元之 岳志春 田福昌 杨春华 冶贵荣 金骁勇 王秀杰 练继亮 刘业森 曾勇红 赵初林 邹勇军 曹鲁赣
三、科学技术进步一等奖(8项)		
项　目	**完成单位**	**主要完成人**
天然气调压系统关键控制阀	吴忠仪表有限责任公司、中国石油天然气股份有限公司西气东输管道分公司、中国石油天然气股份有限公司管道分公司	马玉山 常占东 李虎生 刘艳玲 贾华 余少华 吴巧梅 苏海霞 杨富江 徐喜龙 高晞光 夏庆春 马武 班伟 姜军
直流输电控制保护技术在宁夏电网的优化及应用	国网宁夏电力有限公司、国网宁夏电力有限公司检修公司、西安交通大学、华南理工大学、许继电气股份有限公司、国网宁夏电力有限公司电力科学研究院	刘志远 于晓军 史磊 王钢 郝治国 李海锋 王小立 郝俊芳 赵欣洋 吴建云 叶涛 蔡乾 柴斌 杨晨 秦有苏
高性能铁基费托合成催化剂开发、规模化制备及工业应用	国家能源集团宁夏煤业有限责任公司、北京低碳清洁能源研究院	郭中山 门卓武 杨加义 林泉 焦洪桥 吕毅军 卜亿峰 杨占奇 孟祥堃 沈永斌 陈茂山 丁少军 公磊 王峰
玉米调结构转方式优质高效生产关键技术研究与示范	宁夏农林科学院农作物研究所、中国农业科学院作物科学研究所、宁夏回族自治区农业技术推广总站、宁夏回族自治区种子工作站、宁夏农林科学院农业生物技术研究中心、宁夏农林科学院固原分院、宁夏钧凯种业有限公司、宁夏润丰种业有限公司、宁夏农垦贺兰山种业有限公司	王永宏 杨国虎 赵如浪 李少昆 张文杰 李新 杨桂琴 刘春光 沈静 陈亮 康建宏 王峰 关耀兵 佘奎军 蔡启明
宁夏特色瓜菜产业关键技术创新示范	宁夏农林科学院种质资源研究所、宁夏农林科学院固原分院、彭阳县蔬菜产业发展服务中心、原州区农业技术推广服务中心、中卫市农业技术推广与培训中心、吴忠国家农业科技园区管理委员会、兴庆区农业技术推广中心、平罗县农业技术推广服务中心	谢华 王学梅 高晶霞 杨冬艳 冯海萍 田梅 赵云霞 裴红霞 王克雄 桑婷 颜秀娟 刘声锋 张晓娟 陈德明 白生虎
河套盐碱地生态治理及特色产业关键技术研究与示范	宁夏大学、清华大学、宁夏农林科学院、华清农业开发有限公司、宁夏农垦集团有限公司、内蒙古农业大学、中国农业大学、石嘴山市农业技术推广服务中心	许兴 李彦 杨建国 刘嘉 王彬 肖国举 张俊华 张峰举 李跃进 班乃荣 张新华 屈晓蕾 李贵桐 郭庆茹 罗昀

续表

项　目	完成单位	主要完成人
干旱区城镇绿色建筑技术集成研究与示范	宁夏大学、宁夏银晨太阳能科技有限公司、宁夏檀溪房地产开发有限公司、宁夏博大新型建材有限公司、宁夏中昊银晨能源技术服务有限公司	田军仓　贺生云　王润山　刘　娟　陈宙颖　陈廷敏　张孝德　李宏波　魏子东　闫新房　刘大铭　张晓华　张　祥　丁万胜　潘友臣
多院区线上线下一体化治理体系创建及医疗服务模式创新应用	宁夏回族自治区人民医院(宁夏眼科医院、西北民族大学第一附属医院)	吕金捍　李　宁　张彦杰　李军红　李福军　许祝愉　董建伟　马晓东　王　楠　程　霞　马瑞娟　梁沛枫　孙　玮　李思慕

四、科学技术进步二等奖(26项)

项　目	完成单位	主要完成人
新体系高能比锂离子电池电极材料的制备、性能调控及产业化关键技术	宁夏大学、北京工业大学、南京理工大学、宁夏博尔特科技有限公司、宁夏中化锂电池材料有限公司、杉杉能源(宁夏)有限公司	王海龙　黄　婷　夏　晖　侯春平　刘　平　崔玉明　任克亮　肖荣诗　何　苗
45-28nm配线用Ta材料规模化生产技术与品质提升	宁夏东方钽业股份有限公司、宁波江丰电子材料股份有限公司、西北稀有金属材料研究院宁夏有限公司	钟景明　姚力军　汪　凯　王学泽　李兆博　边逸军　李小平　袁海军　宿康宁
面向智能配电网的快速供电恢复关键技术及应用	国网宁夏电力有限公司电力科学研究院、中国电力科学研究院有限公司、国网福建省电力有限公司电力科学研究院、国网新疆电力有限公司电力科学研究院、国网宁夏电力有限公司银川供电公司、国网宁夏电力有限公司固原供电公司、国网宁夏电力有限公司中卫供电公司	张　爽　刘科研　盛万兴　叶学顺　张　迪　梅　华　白牧可　杨慧彪　康田园
换流站阀厅设备动态监测及壁面清洁组合机器人关键技术及应用	国网宁夏电力有限公司检修公司、浙江维思无线网络技术有限公司、浙江工业大学、北京智芯电子科技有限公司、国网宁夏电力有限公司信息通信公司	邹洪森　曾　晰　黎　炜　王　峥　李　宁　计时鸣　李研彪　谭大鹏　吴昊荣
循环换热一体化分离装备的国产化研发及工业应用	国家能源集团宁夏煤业有限责任公司、甘肃蓝科石化高新装备股份有限公司、中科合成油工程股份有限公司	李　虎　张延丰　常春梅　杨　勇　赵建宁　姚田绪　张飞跃　赵　伟　赵世雷
年产1500万吨智能高效输送装备研制	宁夏天地奔牛实业集团有限公司、宁夏天地重型装备科技有限公司	刘庆华　杨　征　张　平　陈　云　李战海　王继国　梅伏萍　唐树峰　王　鹏
新型高效百万千瓦级二次再热蒸汽轮机配套关键零部件研制及产业化	共享铸钢有限公司、共享装备股份有限公司、宁夏共享精密加工有限公司	李永新　苏少静　冯周荣　陈思明　柏长友　刘天平　李成志　韩　军　赵国伟
基于大数据的电力信息网安全态势感知、预警与防护关键技术及应用	国网宁夏电力有限公司信息通信公司、全球能源互联网研究院有限公司、国网河北电力有限公司信息通信分公司、国网信息通信产业集团有限公司、北京邮电大学、宁夏信通网络科技有限公司、南京南瑞信息通信科技有限公司	冯国礼　邵苏杰　李温静　张立中　吴　双　沙卫国　刘　川　陈连栋　刘世栋
宁夏地区非常规石油资源关键开发技术创新及规模化应用	中国石油天然气股份有限公司长庆油田分公司第三采油厂、中国石油天然气股份有限公司长庆油田分公司勘探开发研究院	雷启鸿　陈小东　邵晓岩　李书恒　张　雁　黄天镜　刘　建　张战雨　马良杰
宁夏主要粮食作物病虫草害农药减量控害技术示范推广项目	宁夏农业技术推广总站、平罗县农业技术推广服务中心、永宁县农业技术推广服务中心、贺兰县农业技术推广服务中心、中宁县农业技术推广服务中心、盐池县农业技术推广服务中心、青铜峡市农业技术和农机化推广服务中心	刘　媛　李健荣　方秋香　马　景　杨旭峰　段心宁　李绍先　王　堃　蒋万兵
旱区玉米水肥一体化高产高效栽培关键技术研究与示范	宁夏农垦农林牧技术推广服务中心、宁夏大学、宁夏润禾丰生物科技有限公司	马文礼　贾　彪　陈永伟　孙纪元良　夏学智　迟海峰　陈　萍　殷韶梅　王　奇
大豆新品种选育及高产高效技术集成与应用	宁夏农林科学院农作物研究所、中国农业科学院作物科学研究所、四川农业大学、石嘴山市种子管理站、宁夏回族自治区农业技术推广总站、青铜峡市农业技术和农机化推广服务中心	罗瑞萍　赵志刚　姬月梅　连金番　吴存祥　刘章雄　吴国华　朱志明　雍太文
枸杞质量标准及检测技术体系研究与应用	宁夏农产品质量标准与检测技术研究所	牛　艳　王晓菁　吴　燕　赵子丹　杨　静　张锋锋　王彩艳　陈　翔　刘　霞

续表

项　　目	完成单位	主要完成人
滩羊肉质提升及营养调控关键技术研究与集成示范	宁夏大学、宁夏大北农科技实业有限公司、吴忠市红寺堡区天源农牧业科技开发有限公司、宁夏农业广播电视学校、宁夏回族自治区畜牧工作站、宁夏科技特派员创业指导服务中心	张桂杰　周玉香　许　迟　寇启芳　王丽慧　巫　亮　于　浩　蒋　万　李海庆
奶牛乳腺炎综合防控关键技术与应用	宁夏大学、中国农业大学、南京农业大学、宁夏智弘生物科技有限公司、沙坡头区动物疾病预防控制中心、银川市畜牧技术推广服务中心、吴忠市利通区畜牧兽医技术服务中心	王　东　韩　博　周学章　唐　姝　高　健　张金宝　雍长福　段洪威　马建成
畜禽养殖废弃物资源化循环利用关键技术研究与示范	宁夏农林科学院农业资源与环境研究所、宁夏大学、中国科学院南京土壤研究所、宁夏顺宝现代农业股份有限公司、宁夏骏华月牙湖农牧科技股份有限公司、宁夏壹泰牧业有限公司、宁夏丰享农业科技发展有限责任公司	纪立东　孙　权　王一明　司海丽　雷金银　杨　洋　刘菊莲　纪静雯　吴　涛
黄土丘陵区退化草地恢复过程及其碳氮效应	宁夏云雾山国家级自然保护区管理局、西北农林科技大学、中国科学院水利部水土保持研究所、中国科学院地理科学与资源研究所	魏孝荣　程积民　邱莉萍　贾小旭　姚毓菲　姬秀云　李维军　金晶炜　刘　建
面向可持续经营的荒漠草原人工柠条林生态系统过程与稳定性研究	宁夏大学、中国科学院空天信息创新研究院、二十一世纪空间技术应用股份有限公司	王　磊　杨新国　陈　林　宋乃平　王　兴　屈建军　高海亮　孙　源　关盛勇
宁夏盐环定扬黄工程节能增效关键技术研究与应用	宁夏回族自治区水利工程建设中心、华北水利水电大学、兰州理工大学、宁夏盐环定扬水管理处、安德里茨（中国）有限公司、南瑞集团有限公司、浙江水利水电学院	余自业　徐存东　陶　东　侯慧敏　郝瑞甫　顾　宁　潘自林　王福升　张海晨
西北地区东部降水异常机理及预测方法研究	宁夏回族自治区气象科学研究所、南京信息工程大学、宁夏回族自治区气候中心、兰州区域气候中心、陕西省气候中心	杨建玲　李栋梁　王　慧　崔　洋　杨金虎　赵传湖　卫建国　朱晓炜　蔡新玲
地震活动场理论基础、分析方法及应用实践	宁夏回族自治区地震局	马禾青　杨明芝　罗国富　许晓庆　马小军　曾宪伟　丁风和　罗恒之　朱鹏涛
国土空间变化智能监管技术集成与应用研究	宁夏回族自治区自然资源勘测调查院、武大吉奥信息技术有限公司、二十一世纪空间技术应用股份有限公司	崔树国　孙鸿睿　周晓宇　舒　瑞　侯　琴　马海涛　马朝晖　杨利荣　樊国堂
磁性层状LDH超分子组装与靶向缓释给药系统设计研发	宁夏医科大学、宁夏紫荆花制药有限公司、营软数据（厦门）医药有限公司	苟国敬　杨建宏　姚惠琴　王　锐　裴秀英　焦　林　王志宇　杨宝中　陈慧民
利用双细胞膜片构建血管化组织工程骨及其修复大段骨缺损研究	宁夏医科大学、宁夏医科大学总医院	张华林　周悦丽　余　娜　马海绒　张　文　郭晓倩　万应彪　牛文辉　马学荣
生物节律基因调控胶质瘤发生发展的关键技术及临床转化应用研究	宁夏医科大学总医院	夏鹤春　郝少才　牛占锋　杨治花　王　凡　侯　丽　马德得　魏　洁　车云云
眼遗传病精准诊断体系构建的研究	宁夏回族自治区人民医院（宁夏眼科医院、西北民族大学第一附属医院）	盛迅伦　容维宁　李慧平　刘雅妮　袁仕琴　王晓光　綦　瑞　房心荷

五、科学技术进步三等奖（51项）

项　　目	完成单位	主要完成人
铜基纳米分子磁体的构筑及相变机理的热力学研究	宁夏大学	刘翔宇　宋伟明　杨金会　梁　军　郭　燕　周惠良
氢能清洁生产及高附加值化学转化理论与实践	宁夏大学、宁夏回族自治区兽药饲料监察所、宁夏瑞科新源化工有限公司	马保军　杨　奇　王　薇　刘维华　詹海鹏　张向军　王　征
GIS设备间歇性缺陷智能巡检与定位关键技术研究及应用	国网宁夏电力有限公司电力科学研究院、武汉大学、国网陕西省电力公司电力科学研究院、国网浙江省电力有限公司检修分公司、华乘电气科技股份有限公司	马飞越　牛　勃　张晓星　牛　博　倪　辉　刘江明　黄成军

续表

项　目	完成单位	主要完成人
超(特)高压变压器局部放电检测诊断技术提升及工程应用	国网宁夏电力有限公司电力科学研究院、华东电力试验研究院有限公司、西安交通大学、国网安徽省电力有限公司电力科学研究院、西安茂荣电力设备有限公司	周　秀　司文荣　李军浩　朱洪波　傅晨钊　丁国成　田　天
基于大数据分析的配电网运营效率评估技术研究与应用	国网宁夏电力有限公司电力科学研究院、上海交通大学、宁夏力成电气集团有限公司、山东鲁能软件技术有限公司、国网宁夏电力有限公司吴忠供电公司	郭　飞　张庆平　张沈刁　王　波　徐　志　胡建军　刘成明
高纯金属钒制备关键技术	中色(宁夏)东方集团有限公司	马治龙　陈虎兵　麻建军　李建兵　谢玉明　李晓东　刘晓念
太空射线科学探测卫星用铍窗口材料制备技术	西北稀有金属材料研究院宁夏有限公司	焦红忠　王维一　徐　平　温晓立　张红梅
基于窄带蜂窝网络集成组网的智能化能源计量仪表	宁夏隆基宁光仪表股份有限公司	李建炜　常兴智　张　军　罗长荣　党政军　钟大磊　马恩赐
LGK-315大功率逆变等离子弧切割/气刨机研发	吴忠市黄河电焊机有限公司	付　雕　刘永平　刘　威　刘　瑞　王威宁　马　锋　王成刚
基于SCADA系统的机采系统效率在线测试技术研究	中国石油天然气股份有限公司长庆油田分公司第三采油厂、燕山大学	刁海胜　毛志高　董世民　辛　盛　王登莲　王宏博　周维琴
电解锰精滤渣煅烧烟气SO_2还原阳极渣资源化综合利用的研究及示范	宁夏天元锰材料研究院(有限公司)、宁夏天元锰业集团有限公司	张志华　宋正平　刘　宁　段　锋　王　焱　马鹏飞　张　博
构建为创造性服务的科研经费管理机制研究	宁夏对外科技交流中心、宁夏科技发展战略和信息研究所、宁夏科技特派员创业指导服务中心、宁夏社会科学院	牛国元　张庆霞　陈海洋　苗冠军　李国锋　马　娟　韩效州
宁夏牛羊养殖模式及饲草料资源高效利用研究	宁夏农林科学院动物科学研究所、宁夏科技发展战略和信息研究所、北方民族大学、宁夏回族自治区畜牧工作站、宁夏回族自治区饲料工作站	王秀琴　马小明　董丽华　康晓冬　马晓莉　张国坪　王　琨
荞麦燕麦新品种信农1号、黔黑荞1号、燕科1号引育及推广	宁夏农林科学院固原分院、盐池县嘉丰种业有限公司、宁夏兴鲜杂粮种植加工基地(有限公司)	常克勤　宋斌善　杜燕萍　穆兰海　杨崇庆　王建宇　尚继红
六盘山深度贫困典型区特色种养业关键技术研究与集成应用	宁夏农林科学院农业资源与环境研究所、宁夏农林科学院动物科学研究所、西吉县马铃薯产业服务中心、西吉县畜牧水产技术推广服务中心	桂林国　李聚才　何进勤　金建新　施　安　王自谦　马福莲
特色优势农产品功能成分检测技术标准研究与应用	宁夏农产品质量标准与检测技术研究所、宁夏回族自治区食品检测研究院	杨春霞　张　艳　马桂娟　石　欣　王　芳　李彩虹　开建荣
枸杞病虫害防治高效精准用药技术研究与应用	宁夏农林科学院植物保护研究所、宁夏枸杞产业发展中心、宁夏回族自治区农业技术推广总站、宁夏回族自治区草原工作站	王　芳　何　嘉　刘　畅　祁　伟　于　丽　黄文广　张　蓉
水稻、玉米专用缓/控释肥工艺技术研发与应用	宁夏农林科学院农业资源与环境研究所、宁夏农林科学院植物保护研究所、银川稼宝农业科技有限公司	赵　营　姜彩鸽　冒辛平　柯　英　洪　瑜　李凤霞　刘汝亮
枸杞产地土壤环境质量评价和水肥高效利用技术研究与应用	宁夏农林科学院农业资源与环境研究所、中国农业科学院农业资源与农业区划研究所、中宁县枸杞产业发展服务中心	张学军　耿宇聪　刘晓彤　雷秋良　罗健航　陈清平　田学霞
宁夏高品质枸杞植保关键技术研究示范	宁夏农林科学院植物保护研究所、中国农业大学、宁夏农林科学院种质资源研究所	李　锋　刘晓丽　刘亚佳　仲崇山　王　一　李　俐　李晓龙
防治稻瘟病芽胞杆菌杀菌剂的研发与生防机制研究	宁夏农林科学院植物保护研究所、中国农业大学、宁夏农林科学院农作物研究所、宁夏穗丰种业有限公司、平罗县农业技术推广服务中心	沙月霞　王　琦　史延丽　任晓利　张　怡　刘立峰　哈学虎

续表

项　目	完成单位	主要完成人
气温升高与干旱对灵武长枣光合产物分配与果实品质形成的影响机理	宁夏大学	宋丽华　曹　兵　田　佳　姜文倩　陈丽华　刘佳嘉　吴晓丽
宁夏不同生态区设施环境优化与栽培模式研究示范推广	宁夏大学、宁夏农业综合开发中心、宁夏新起点现代农业装备科技有限公司、宁夏吴忠国家农业科技园区管理委员会、宁夏生产力促进中心	张亚红　白　青　张雪艳　曹云娥　金　鑫　杨常新　韦　伟
宁夏中南部地区耕地土壤质量提升及配套作物栽培技术理论研究	宁夏大学、宁夏回族自治区草原工作站、隆德县农业技术推广服务中心、同心县农业技术推广服务中心、宁夏回族自治区农垦事业管理局农林牧技术推广服务中心	马　琨　刘　萍　王顺霞　代晓华　仇正跻　马占旗　杨桂丽
特色林果业高效节水综合生产技术集成研究	宁夏林权服务与产业发展中心、宁夏枸杞工程技术研究中心、宁夏农林科学院种质资源研究所、宁夏金葡萄农林科技有限公司	李　国　张国庆　牛锦凤　陈　智　李文超　王亚军　贾永华
宁夏设施蔬菜西花蓟马定殖及寄主定位嗅觉感受机制研究	宁夏农林科学院植物保护研究所、中国农业科学院植物保护研究所	张治科　吴圣勇　雷仲仁　魏淑花　王海鸿　高玉林　杜玉宁
肉苁蓉人工控制寄生关键技术研究	宁夏农林科学院农业生物技术研究中心	陈虞超　甘晓燕　张　丽　宋玉霞　石　磊　巩　檑　聂峰杰
宁夏枸杞药材质量形成对温度的响应机制研究	宁夏大学、宁夏药品审评查验和不良反应监测中心	郑国琦　杨　涓　刘根红　逯海龙　包　晗　齐国亮　苏雪玲
河流网演化与泥沙输运动力学的理论与实验研究	宁夏大学、宁夏水利科学研究院	王旭明　郝　睿　霍　杰　顾靖超　王　鹏　杨利利　陆立国
黄土高原扬黄灌区（宁夏）增粮增效技术研究与示范	宁夏回族自治区水利科学研究院、宁夏大学、西北农林科技大学、宁夏农垦农林牧技术推广服务中心	刘学军　刘　平　李培富　范兴科　车宗贤　翟汝伟　王　文
紫花苜蓿耐盐机理研究及应用	宁夏大学、中国科学院青岛生物能源与过程研究所、中国农业大学、中国农业科学院北京畜牧兽医研究所、宁夏千叶青农业科技发展有限公司	麻冬梅　付春祥　孙　彦　龙瑞才　韩　千　朱　林　马西青
基于"互联网+"的宁夏水文监测数据采集与计算处理研究	宁夏回族自治区水文水资源监测预警中心、北京艾力泰尔信息技术股份有限公司	杜　历　马永刚　尹宪文　包淑萍　王生鑫　李聪敏　朱旭东
基于多源探测资料和数值模式的宁夏强对流天气监测预警技术体系	宁夏气象防灾减灾重点实验室、宁夏回族自治区气象台	纪晓玲　杨有林　杨　侃　李　强　贾宏元　郑鹏徽　谭志强
宁夏固原岩盐资源勘查开发关键问题研究	宁夏回族自治区地质局、宁夏回族自治区矿产地质调查院、宁夏回族自治区地质调查院、宁夏回族自治区地球物理地球化学勘查院、宁夏回族自治区水文环境地质勘察院	宋新华　褚小东　孟　方　曾建平　刘　芳　薛忠歧　何　伟
石嘴山市地下水资源开发利用条件及综合保护研究	宁夏回族自治区水文环境地质勘察院	韩强强　段　佳　段晓龙　李洪波　闫中永
宁夏古生物化石资源研究	宁夏回族自治区地质博物馆、中国科学院古脊椎动物与古人类研究所	杨克成　杨　卿　王世骐　魏丽馨　万　杨　赵　明　赵　亚
基于毒损脑络学说研究苦参和柴胡中的新型抗老年痴呆活性成分及其作用机制	宁夏医科大学	李　娟　姚　遥　杨　慧　毕逢辰　王秀娟
TLS 聚合酶对消化道肿瘤药物敏感性的影响及其作用研究	宁夏医科大学	徐　方　卞　良　李元杰　马　璐　李　昕　隋　御　萧　伟

续表

项目	完成单位	主要完成人
枸杞多糖经TLR/NF-κB通路对2型糖尿病炎症因子生成的抑制	宁夏医科大学	蔡慧珍 杨晓辉 杨建军 陶秀娟 高清菡 范彦娜 任彬彬
肿瘤相关中性粒细胞通过MMP/LOX促进胃癌转移的研究	宁夏医科大学、宁夏医科大学总医院	韩梅 刘荣清 文嘉 王磊 王浩 摆茹 牛海亚
心肌泛素连接酶MuRF2抑制糖尿病心肌病的作用及机制研究	宁夏医科大学总医院	何军 贾绍斌 王洁 何儒华 孙宾 马慧艳 刘倩
抗感染组织工程骨的研制及体外研究	宁夏医科大学总医院	乔泽文 张文萍 安静 安维军 邱少东 魏代好 何金龙
PGC-1β调控乳腺肿瘤细胞增殖转移的分子机制研究	宁夏医科大学总医院	王立斌 曹佳 刘婷 吴立刚 范恒 魏军
妇科良性肿瘤患者围手术期卵巢储备功能的评估与卵巢保护的探讨	宁夏医科大学总医院	哈春芳 李洁 陈华 王瑞 卢玉凤 高静 刘雪兰
磁共振新技术在新生儿脑发育和脑白质损伤中的应用研究	宁夏医科大学总医院	陈志强 杨文君 李艳 刘岭岭 叶平 李鹏 杨萍
TGF-β/Smads信号通路在干细胞移植治疗化疗损伤性卵巢早衰中的分子机制	宁夏医科大学总医院	徐仙 李永丽 马会明 马丽丽 陈冬梅 马小红 陈琰
脊髓脊柱神经外科疾病微创治疗关键技术的临床应用研究	宁夏医科大学总医院、宁夏医科大学颅脑疾病重点实验室	王峰 徐军 刘诤 王万弟 郜彩斌 刘阳 杜磊
椎间孔镜在脊柱疾病中的应用	宁夏回族自治区人民医院(宁夏眼科医院、西北民族大学第一附属医院)	王真 郝斌 马宁 万宁军 房晓敏 许少伟
胃肠道癌症患者心理状况的系列研究及安宁疗护的临床实践	宁夏回族自治区人民医院(宁夏眼科医院、西北民族大学第一附属医院)	陈玉梅 闫树英 姚辉 郭娟 吴晓东 刘艳芬 王秀瑛
小腿远端蒂穿支皮瓣的基础研究与临床应用	宁夏回族自治区人民医院(宁夏眼科医院、西北民族大学第一附属医院)	赵飞 张博闻 黄永禄 巩凡 李晓亮 陈立凤 余敏
老年下肢骨折手术中细针穿刺芬太尼-布比卡因等比重腰麻应用研究	宁夏回族自治区人民医院(宁夏眼科医院、西北民族大学第一附属医院)	叶青山 刘文勋 周小红 王云 海克蓉 朱小宁 刘昕

(马　鹏)

科技成果转化与服务

【科技成果】成果类别。2020年，宁夏共登记科技成果399项(其中，应用技术成果324项，占81.2%；基础理论成果54项，占13.5%；软科学成果21项，占5.3%)。成果项目来源。在399项登记的科技成果中，属于政府项目成果(来源于国家计划、地方计划、部门计划、地方基金和部门基金的成果)262项，占65.7%(其中，国家科技计划28项，占7%；地方计划195项，占48.9%；部门计划13项，占3.3%；地方基金19项，占4.8%；部门基金7项，占1.8%)。成果评价方式。399项科技成果的评价方式以项目验收、评价机构评价为主(其中，验收项目195项，占48.9%；机构评价156

项，占39.1%；行业准入48项，占12%）。成果完成单位。在登记的科技成果中，企业牵头完成的科技成果达到203项，占50.9%；科研机构完成64项，占16%；大专院校完成49项，占12.3%；医疗机构完成50项，占12.5%；其他单位完成33项，占8.3%。

【应用类科技成果】行业分布。2020年，324项应用技术成果按行业分布，农、林、牧、渔业131项，占应用技术成果比例的40.4%；制造业94项，占应用技术成果比例的29%；卫生和社会工作26项，占应用技术成果比例的8%；电力、燃气及水的生产和供应业25项，占应用技术成果比例的7.7%；采矿业21项，占应用技术成果比例的6.5%；科学研究和技术服务业9项，占应用技术成果比例的2.8%；水利、环境和公共设施管理业9项，占应用技术成果比例的2.8%；交通运输及信息传输、软件和信息技术服务业5项，占应用技术成果比例的1.6%；建筑业2项，占应用技术成果比例的0.6%；公共管理业2项，占应用技术成果比例的0.6%。数据表明，宁夏科技成果主要分布在农林牧渔业、制造业、卫生和电力热力燃气供应等行业。经费投入。2020年，全区登记的科技成果实际投入经费总额为299053万元（其中，国家投入35942万元，占经费总额的12%；地方投入22442万元，占经费总额的7.5%；部门投入3848万元，占经费总额的1.3%；基金投入5705万元，占经费总额的1.9%；自有资金221604万元，占经费总额的74.1%；银行贷款2113万元，占经费总额的0.7%；其他投入7399万元，占经费总额的2.5%）。应用情况。324项应用技术成果中，达到产业化应用水平的有176项，占全部应用技术成果的54.3%；小批量或小范围应用的有118项，占全部应用技术成果的36.4%；试用阶段的有20项，占全部应用技术成果的6.2%；未应用的有10项，占全部应用技术成果的3.1%。完成阶段。176项产业化应用项目中，达到产业化应用水平的企业占比最高，达到70.5%，高校和科研院所占21%，医疗机构及其他占8.5%。不同类型的成果完成单位中，企业完成的202项应用技术成果中有124项（占全部应用技术成果的61.4%）实现产业化应用；大专院校及独立科研机构完成的37项应用技术成果实现产业化应用。经济效益。324项应用技术成果中，已转化项目117项，占全部应用技术成果的36.1%。有179项科技成果产生经济效益，占全部应用技术成果的55.2%。自我转化共取得收入1436.34亿元，净利润157.8亿元，实交税金192.7亿元，出口创汇3193万元，节约资金51.92亿元；合作转化收入90.4亿元，其中技术入股股权折价20亿元。产生技术转让与许可收入0.29亿元。

【科技成果转化】2020年，宁夏利用制定“十四五”科技创新发展规划、专题调研等机会，认真梳理和总结目前宁夏成果转移转化工作中存在的问题和短板，在借鉴国家及各有关省市成果转移转化工作好的经验和做法基础上，研究提出近期以及“十四五”期间宁夏成果转移转化工作的思路和主要任务。完善成果转移转化政策环境，起草并印发《自治区关于促进科技成果转移转化的实施意见》《关于促进科技中介机构发展的实施意见》《关于推进高校院所专业化技术转移机构建设的实施方案》，配合发改委起草《关于构建更加完善的要素市场化配置体制机制的意见（送审稿）》，起草并以自治区政府名义向科技部报送《宁夏国家科技成果转移转化示范区建设方案》。加强成果转化载体建设，启动科技成果转化中试基地建设工作，首批认定宁东煤化工等4家中试基地。开展“百城百园”工作，推荐银川市等4家城市和园区申报国家“百城百园”行动并获批。推动宁夏职业技术学院获批国家技术转移人才培养基地，实现宁夏“零”的突破。推进以需求为导向的科技项目形成机制改革，下发《关于做好2020年需求征集工作的通知》。组织征集技术需求268项，其中关键、核心技术需求36项。召开技术需求发布会，面向全国公开发布，组织开展线上线下对接活动，同时将征集到的技术需求推送到各业务处室，作为制定2021年项目指南的重要依据。促进科技中介机构发展，确定30家自治区科技中介示范机构。加快技术中介服务人才队伍建设，举办1期科技中介服务机构能力提升培训班，共培训118人。举办技术经纪人培训2期，共培训人员184人。推进宁夏技术市场建设，举办科技成果路演对接活动21场，举办线上线下培训19场。推动石嘴山市、吴忠市技术市场建设，指导贺兰县科技局、灵武市科技局建设技术市场。2020年，共签订技术合同1874项，技术合同成交额为22.52亿元，比上年增长34.53%。开展技术交易补贴。下达2批技术交易补贴项目和关键设备补贴，对23家企业的技术交易项目和关键设备给予补助。启动科技成果登记汇交平台建设，启动成果登记管理办法修订工作。2020年，全区科技成果登记量达到399项，同比增长71%。

（马　鹏）

外国专家管理

【概况】2020年，宁夏提升外国人才管理服务水平，总结推广出国（境）培训成果，优化引智环境，为宁夏经济社会高质量发展提供强有力的智力支撑。全年共组织实施各类引智项目42项，争取国家和自治区专项资金1047万元，引进海外人才278人次。开展在宁夏外国专家新冠肺炎疫情防控、情绪安抚和服务保障工作，对持有在华工作许可证的238名外籍人员逐一摸排，全程跟踪防控，建立外籍人员疫情防控应急机制，做好在宁外籍人员服务保障。

【引智项目】2020年，共争取国家、自治区引智专项经费1047万元，实施国家高端外国专家项目、自治区引进外国人才（华侨华人）项目42项，邀请97位国外优势科技领域人才到宁夏开展项目，支持宁夏葡萄酒产业、奶产业、新材料等产业发展，在贺兰山东麓葡萄酒产区国际知名度拓展、宁夏奶牛全群配方优化、奶牛饲喂成本降低、高档经编氨纶工艺技术开发等方面取得新突破，为疫情期间宁夏经济社会发展提供有力的国外智力支撑。同时支持引智成果向贫困地区推广，促进海原县关桥乡方堡村香水梨产业进入良性循环快车道，促成南部山区通过引进国外藜麦新品种筛选出适合海原、原州区等地种植的优良品种，形成该地区的扶贫抗旱新产业。

【因公出国（境）培训】2020年，宁夏做好因公出国（境）培训项目的征集报送工作。汇总上报科技部因公出国（境）项目25项，其中短期项目18项，中长期项目7项，共计363人，涉及传染病防控、卫生应急、科技人员创新能力培养、制造业转型升级等目前和未来关系宁夏发展的重要与关键领域。全年共收集整理培训成果7项，涉及水资源管理、产教融合、繁育技术、肾性高血压诊治、肿瘤预防诊治、心理健康研究等方面。澳大利亚测控一体化闸门技术在宁夏推广应用，推动宁夏水利事业高质量发展。

【外国人到华工作审批】2020年，在宁工作外国人才181人，其中A类高端人才21人，占比11.6%，比上年度增长2.9%；B类专业技术人才153人，占比84.5%；C类其他人员7人，占比3.9%；人才主要集中在教育业和制造业领域。审批工作实现全流程网上办理，对A类高端人才提供“绿色通道”“容缺受理”服务，申请工作许可不受年龄限制，无犯罪记录证明和最高学历证书采用承诺制。

（马　鹏）

地震预报

【概况】2020年，宁夏及邻区（北纬35°00′～40°00′，东经104°00′～107°40′）共发生2.0级以上地震23次（其中，2.0～2.9级地震20次，3.0～3.9级地震3次），最大地震为2020年6月12日青铜峡市3.4级地震。地震活动特征表现为：空间上主要集中在以往地震多发地区。如宁夏石嘴山至内蒙古乌海一带、宁夏吴忠灵武至青铜峡地区、宁夏中卫至内蒙古阿拉善左旗一带、宁夏固原至同心地区和甘肃省平凉市庄浪县至华亭市一带。时间上分布不均匀，主要集中在1月、4—6月和11月，其他时间地震活动相对平静。吴忠灵武地区地震多发。2020年3月底至6月中旬，吴忠灵武至青铜峡地区持续发生7次2.0级以上地震，包括2次3.0

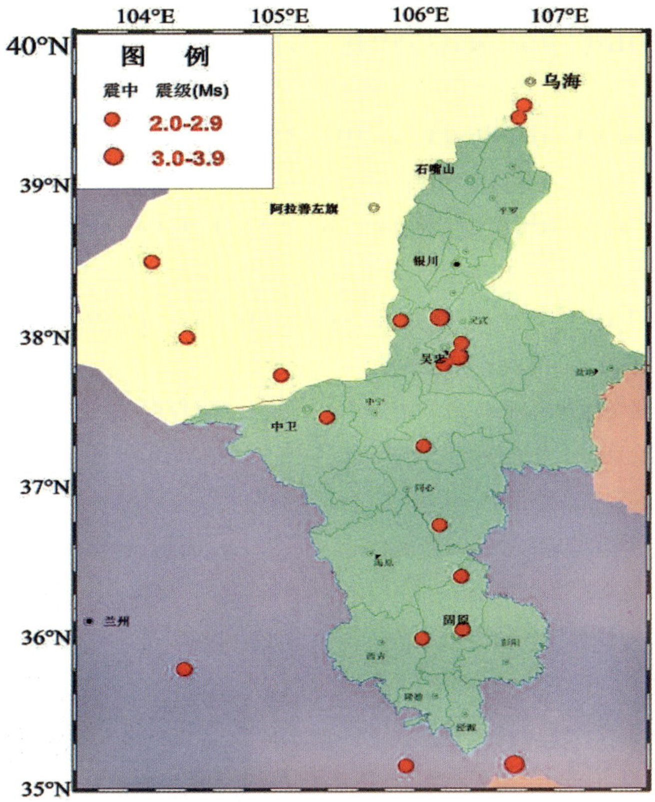

2020年宁夏及邻区Ms2.0级以上地震震中分布图

级地震，即2020年4月5日吴忠市3.2级地震和6月12日青铜峡市3.4级地震。地震活动水平偏低。2020年，宁夏及邻区无4级地震发生，与2019年相比地震活动水平仍然偏低。

【震情跟踪】2020年，宁夏地震局制定《宁夏地震局2020年震情监视跟踪和应急准备工作方案》《强化全区震情监视跟踪和应急准备工作方案》，依据方案，对自治区各级地震部门和台站落实情况进行督导与检查，提高震情跟踪工作质量。与震情跟踪协作区省局加强业务联系，互通震情信息，及时掌握震情趋势发展状况。完善震情短临跟踪技术方案，制定宁蒙、宁甘协作区震情跟踪协同工作制度。组织召开2020年中及2021年度自治区地震趋势会商会，研讨震情形势，形成地震趋势会商意见。参加2020年年中、年度南北地震带北段构造协作区及南北地震带震情监视跟踪会商会，强化南北地震带北段构造协作区震情监视跟踪和研判工作。组织对西吉苏堡井、平罗136井等地球物理观测异常进行核实和深入分析，并提交异常核实报告。加大新方法、新技术在地震危险区短临跟踪中的应用力度，动态跟踪分析热红外亮温和长波辐射等异常，强化热红外资料分析方法的深入研究，提升震情研判的科学性和准确度。推广应用新一代地震会商分析平台系统，完善市地震局和地震台站视频会商系统。

【台网运行管理】2020年，全区地震台站和台网运行规范有效，测震台网运行率为99.6%，地球物理台网数据汇集率为99.7%，数据有效率为99.72%。在2019年度地震监测预报工作质量全国统评中，银川基准台获GNSS基准站二等奖、地电场观测获三等奖、氡气观测获三等奖，盐池地震台获国家测震台站系统运行三等奖。完成2020年跨断层水准测量、流动地球化学和相对地磁等野外观测任务与电磁卫星接收站和INSAR角反射仪器的运维和管理等工作，持续加强测震及强震学科、电磁学科、形变学科、流体学科管理。

【台网建设】2020年，全区监测预报、地震台长工作（视频）会议召开，强化监测预报、台站建设等工作。对自治区观测手段的观测效能进行研究评估，海原郑旗和红羊测点的气氡仪办理永久停测手续；新增固原双井子流体和灵武上桥的地球化学仪器被纳入正常运维系统，观测数据应用于宁夏地震局震情跟踪工作。推进银川小口子综合观测楼重建项目，完成项目验收。推进北塔地磁台迁建项目。高质量完成海原甘盐池流体台优化改造项目和盐池地震台标准化改造工程。推进子午工程项目建设，完成场地勘选、初步地形测绘、布局设计及生物多样性报告编制等工作。申报宁夏地震监测预警工程建设项目。主动申请2021年银川地磁台等项目和受灾专项资金，改善台站观测仪器设备、观测环境和生活环境，提高观测数据质量，银川地磁台优化改造项目获批67万元资助。

【监测预报基础研究与应用】2020年，宁夏地震局立项完成局基金课题24项，在研其他各类科研项目45项，横向合作科研课题在研4项。发表第一作者学术论文34篇，其中SCI 1篇，核心期刊5篇。获软件著作权32项，获实用新型专利1项。组织完成2020年宁夏防震减灾优秀成果奖评审工作，共评出一等奖1项，二等奖5项，三等奖5项。印发并落实《宁夏地震局科研项目管理办法》《宁夏地震局科技创新团队考核实施细则（试行）》《宁夏地震局科技转化实施细则（试行）》。加强科技合作交流，与北京大学、中山大学和中国地震局地球物理研究所等签订合作协议，宁夏地震局与宁夏大学联合创建宁夏土木工程防震减灾工程技术研究中心，与内蒙古自治区地震局、甘肃省地震局建立蒙宁交界和宁甘交界协作区震情跟踪协同工作制度。

【地震速报预警信息服务】2020年，国家地震烈度速报与预警工程宁夏子项目中心机房建设完成，全区72个预警信息发布终端全部安装完成。完成银川小口子综合观测楼重建工程、海原甘盐池流体台优化改造和台站标准化建设任务，51

2020年10月22日，海原大地震100周年纪念国际论坛暨宁夏土木工程防震减灾工程技术研究中心首届学术研讨会在银川市举办

个新建台站土建完成。推进北塔地磁台迁建项目及子午工程项目建设。调整成立国家地震烈度速报与预警工程宁夏子项目领导小组、项目管理办公室、实施团队,明确工作职责和责任分工。建立局党组每月听取项目进展情况的工作机制,部署工作,提出要求,为项目建设把准方向,提供组织保障。

【抗震设防要求】2020年,《自治区建设工程地震安全监管检查工作方案》制定并印发,开展全区建设工程地震安全监管自查工作。组织自治区发展改革委、教育厅、住房和城乡建设厅、水利厅、卫生和健康委等单位对选取的重大工程、高层建筑、学校、医院进行实地检查。形成《宁夏回族自治区建设工程地震安全监管检查自查报告》,并报中国地震局。

【地震安全性评价】2020年,自治区地震局强化地震安全性评价管理工作,组建自治区地震安全性技术审查专家库,印发《宁夏地震局关于开展地震安全性评价单位信息登记和项目备案的公告》《宁夏地震局关于进一步加强抗震设防和地震安全性评价相关工作的通知》,并通过局门户网站向社会公布。2020年,宁夏地震局对彭阳县石家峡水库等8个安评项目进行备案,对河南中震泰合科技有限公司等9家安评单位进行备案,开展广播电视塔迁建项目等3个地震安全性评价报告技术评审会。

【活动断层探测】2020年,宁夏完成鄂尔多斯块体西缘断裂带基本活动特征和孕震分析项目并通过验收。推进《中卫市沙坡头区地震活断层探测与地震危险性评价》项目建设,完成野外工作验收,中卫—同心断裂(甘塘段)1:1万活断层填图、隐伏断层浅层地震勘探两个专题顺利通过验收,完成2020年度全国城市活断层探测项目检查,项目阶段性成果已应用于中卫试点区地震灾害风险普查项目。持续推进鄂尔多斯地块及边界带1:50万地震构造图编制项目、吴忠—灵武地区断裂活动性应用研究项目;申请青藏高原1:100万活动断裂与强震灾害分布图编制项目和烟筒山活动断裂带晚第四纪构造特征定量研究项目。

【地震应急准备】2020年,宁夏完善地震应急工作体系,强化自治区地震应急预案管理。印发《2020年度地震现场应急响应出队与灾评科考设备轮值方案》,制定《宁夏地震局应急指挥中心行动方案》。开展地震应急预案情况调查,在摸清地震应急预案底数的基础上,认真剖析预案体系建设整体情况,提出指导意见,指导多地修订地震应急预案。做好疫情防控条件下地震应急准备工作。严格落实《宁夏地震局疫情防控期地震应急准备及响应工作方案》《宁夏地震局2020年震情监视跟踪和应急准备工作方案》,加强各方面应急准备。强化地震现场应急工作队管理,掌握可调动队员动态,做好轮值安排。修订灾评装备管理办法,补充应急工作装备,提高装备管理水平,对地震应急装备库房进行全面清点,完成物资分类、清理、造册、保管等工作。完善灾情速报收集渠道。完成地震灾情速报工作调研。完善宁夏地震信息服务微信公众号灾情速报栏目和功能。加强地震灾情速报队伍管理,更新速报员信息,队伍规模达588人。开展地震应急及现场工作培训。4月9日、5月8日、7月2—3日,通过视频会议方式,组织地震现场应急工作队员、应急技术人员60余人次,参加地震应急工作培训3场。组织2020年度西北地震应急救援区域协作联动演练暨配合开展自治区纪念海原大地震100周年军地联合应急救援演练。为纪念海原大地震100周年,由宁夏地震局牵头组织的2020年度西北地震应急救援区域协作联动演练于9月10—13日在宁夏海原县举行。陕西、甘肃、青海、宁夏4省(区)地震局现场工作队和应急管理厅相关人员共70余人参加演练。

【应急响应机制建设】2020年,宁夏建立地震灾害快速评估协同机制,印发《关于建立地震灾害快速评估协同机制的通知》,成立快速评估工作组与专家组,加强与中国地震台网中心及专家的工作协同,推进地震灾害快速评估工作水平提升。巩固西北地震应急协作联动机制,组织召开2020年度西北地震应急救援区域协作联动协调会,就完善西北地震应急协作联动演练方案、改进区域协作联动机制、地震灾害损失评估工作等议题展开深入讨论。加强与地方应急管理部门的协调配合,制定《宁夏应急管理厅、地震局、消防救援总队地震应急协同与信息共享备忘录》,从强化信息共享、密切协同联动、形成应急合力等方面加强协作,建立任务分工与协同工作机制、联络工作制度、地震应急协同与信息共享等机制。加强应急条件保障建设,督导地震应急技术系统提质增效,分管局领导多次带队检查应急技术系统,现场指导应急技术演练,对提高应急技术系统产出实效和质量、完善现场应急通信保障提出具体要求,推动地震应急技术保障能力提升。改进应急技术支撑系统,完成月度季度年度应急指挥技术系统、卫星固定站、现场应急车、LTE通信和灾捕点运维及演练;完成应急指挥大厅音视频系统升级,完成应急通信车升级改造及4G通信测试,完成石嘴山市人口空间分布研究。更新地震应急基础数据和地图，完成年度应急基础数据库和自治区县级综合国情数据更新。获取宁夏5个地级市电子地图。广泛应用天地图。开展地震灾害损失预评估，结合自治区年度地震危险区判定结果，完成中卫市沙坡头区和中宁县地震灾害损失预评估工作，编制完成地震灾害预评估和应急处置建议报告。

【防震减灾科普宣传教育】2020年，宁夏地震局编制《宁夏地震局公共服务事项清单（内部试行）》，为规范公共服务产品、逐步提高公共服务水平和能力提供依据。为加强新时代防震减灾科学普及工作，提升青少年防震减灾科学素质，推进全社会防灾减灾综合能力提升，认定银川市回民中学等19所学校为自治区防震减灾科普示范学校。自治区地震局、自治区应急厅和气象局联合创建2020年度全国综合减灾示范社区10个。在银川基准台建设40平方米的防震减灾科普展厅，利用实物模型、科普展板和VR设备等，全方位立体化展示地震的发震构造，还原海原大地震的现实场景，将防震减灾科普宣传与台站工作融合，教育引导公众提高防震减灾意识。在全国防灾减灾日及唐山大地震纪念日等重要时间节点期间，开展防震减灾科普宣传活动，宁夏地震局被宁夏全民科学素质纲要实施工作办公室评为2020年宁夏全民素质网络知识竞赛优秀组织单位。做好海原大地震100周年系列宣传活动。从4月15日至5月15日，在官方微博每周更新2~3条内容，密集宣传防震减灾科普知识。组织拍摄《寰球大震——纪念海原大地震100周年暨中国地震观测百年发展历程》专题纪录片。10月23—25日，宁夏地震局、自治区科技厅、宁夏大学、中卫市政府、海原县政府，举办海原大地震100周年纪念国际论坛，包括1位中国工程院院士、6位国外知名专家和5位国内知名专家学者在内的12名学者，围绕地震科学、地震工程创新发展、地震遗迹保护及旅游产业开发利用等主题，研讨交流地震预警及防震减灾新技术、新进展、新应用，把脉抗震救灾前沿发展。12月16日，以自治区防震减灾工作领导小组办公室名义，向全区手机客户端发送防震减灾公益宣传短信。制作《活动断层与地震》公益宣传片并进行多渠道播放。在宁夏电视台公共频道、宁夏人民会堂大屏幕滚动播放《活动断层与地震》；"学习强国"宁夏学习平台上发布《活动断层与地震》公益宣传片，累计播放3500余次。组织市县地震部门，通过当地电视台、政务微博等平台，在防灾减灾宣传周期间进行播放。

【防震减灾法治建设】2020年，宁夏积极推进地震预警管理办法出台。4月，《宁夏回族自治区地震预警管理办法》正式列入自治区政府2020年第二季度立法工作计划。宁夏地震局与自治区司法厅组成调研组，先后赴吴忠市、石嘴山市、中卫市和银川市开展《宁夏回族自治区地震预警管理办法（草案）》立法调研工作，并实地调研吴忠市新南天然气公司、石嘴山市星瀚集团、中卫市地震台、中国石油宁夏中卫分公司和西夏水库，广泛听取各地各部门和社会各界意见建议，自治区政府常务会审议《宁夏回族自治区地震预警管理办法》。加强制度建设。制定《宁夏地震局地方性法规和行政规范性文件清理工作方案》，对涉及防震减灾的自治区地方性法规、规章及规范性文件进行全面清理。

（沙曼曼）

气象测报

【概况】2020年，宁夏气候年景总体属于一般。年平均气温为1997年以来第24个连续偏高年，年降水量为2011年以来第10个连续偏多年，年日照时数接近常年。2020年，全区平均气温9.3℃，较常年偏高0.8℃；各地平均气温6.4℃～11.4℃，大部地区偏高0.2℃~1.4℃，其中惠农区、银川市、永宁县、吴忠市、中卫市、中宁县、同心县偏高1℃以上。全区平均降水量306.9毫米，较常年偏多14%；各地降水量160.7～954.5毫米，石嘴山市、青铜峡市、盐池县、中宁县偏少2%～28%，其他大部偏多6%～55%，其中六盘山为1961年以来第2高值。全区平均日照时数2739小时，较常年偏少95小时；各地日照时数2088～3601小时，永宁县、灵武市、盐池县、隆德县、泾源县偏多64～612小时，其余各地偏少71～487小时。

【气象预报预测】2020年，制定并印发《宁夏气候预测技术体系发展规划（2020—2025）》，对标预报精准，发展智能预报预测业务，重大天气过程预报预警及时，预报预测质量稳中有升。全年全区共出现暴雨、暴雪、寒潮、大风、大雾、霜冻等重大灾害性天气过程11次，重大天气过程预报服务评分90.4分，暴雨（雪）预警信号准确率为93.88%，较过去三年平均提高4.88%。强对流天气预警信号时间提前量达63分钟，较过去三年平均提前5.8分钟。24小时网格预报晴雨及最高气温、最低气温准确率均高于中央气象台指导预报，晴雨预报准确率全国排名第三，汛期降水预测质量全国排名第一，月气候预测综合质量全国排名第三。

【主要气象灾害及重大天气气候事件】2020年，全区气象灾害以低温冻害、暴雨洪涝、风雹和干旱等为主，其中低温冻害造成的损失最大，暴雨洪涝、风雹灾害损失次之。1.冬春季气温创新高。2019年/2020年冬季至2020年春季，全区平均气温4.2℃，较常年同期偏高1.9℃，创1961年以来新高，其中2019年/2020年冬季为仅次于2016年/2017年的第二暖年，2020年春季为第4高值；6个月中有5个月位列前4~7位。2.中北部入春明显偏早。由于3月气温持续异常偏高，中北部大部于3月18—20日进入气象学意义上的春季，较常年偏早17~19天，其中贺兰县、银川市、吴忠市为1961年以来仅次于2009年的第二早，永宁为第三早，中卫市、中宁县、同心县为第四早。3.区域性持续高温过程出现早、强度强，全年高温日数多。6月3—5日引黄灌区出现区域性持续高温过程，为1961年以来最早的区域性持续高温过程；过程最高气温达35℃~37.2℃，大武口区、贺兰县、永宁县为建站以来6月第3高值。中北部大部地区全年35℃以上高温日数5~14天，较常年偏多2~8天，大部地区为1961年以来前4高值。4.8—9月降水量和降水日数明显偏多，强度大。8—9月，各地降水量在91.9~413毫米，较常年同期偏多31%~165%，其中惠农、吴忠、麻黄山和同心偏多1倍以上。全区平均降水量166.3毫米，偏多70%，为1961年以来同期第4高值；降水日数平均21.4天，偏多3.9天，尤其中雨以上日数达5.8天，是常年同期的2.2倍，为第5高值，大雨日数为第4高值。5.中部干旱带气象干旱严重。中部干旱带4—7月降水持续偏少，总降水量较常年同期偏少38%，为1961年以来第7少年。降水明显偏少，伴随气温异常偏高、高温日数偏多，使得气象干旱加剧。截至7月底，大部地区出现特旱，各地在8月中下旬解除。6.前冬雾霾伴随寡照严重。11—12月上旬，大部地区雾霾日数在13天以上，尤其中北部大部在26~37天。伴随雾霾的是持续寡照天气，中北部大部日照时数在170~260小时，日平均不足6小时，其中3小时以下的日数在5~14天；引黄灌区、中部干旱带日照时数分别为1961年以来第6低值、第13低值，3小时以下日数为第3高值、第2高值。7.12月气温异常偏低。12月全区出现两次明显降温过程。12—14日，中北部大部地区24小时平均气温降幅6℃以上，48小时降幅8℃以上，中北部大部最低气温48小时降幅10℃~15.5℃。28—31日，全区再次出现明显降温过程，11个站达到寒潮标准，其中惠农区、石嘴山市、平罗县、陶乐县、盐池县24小时最低气温降温幅度位列1961年以来冬季降温幅度的前5~8位；31日全区最低气温为-25.4℃(灵武市)— -15.9℃(隆德县)，其中灵武市为有气象记录以来第7低值。受强降温过程影响，全区气温异常偏低，12月平均气温较常年同期偏低2℃，为1981年以来第3低值、21世纪以来第2低值。石嘴山市偏低4.4℃，为有气象记录以来同期第1低值。

【气象防灾减灾】2020年，宁夏气象部门完成政府部门气象灾害预警信息服务对象信息更新和备案工作，落实各级政府部门和气象灾害重点防御单位应急责任人、基层气象信息员名单，并对各个业务系统进行更新备案。气象部门与自治区应急管理厅、地震局联合遴选全国综合减灾示范社区，宁夏13个社区纳入2020年全国综合减灾示范社区名单。2020年，精准预报预警年内出现的局地暴雨、大风、寒潮等11次重大天气过程、44次灾害性天气过程，全区共发布预警信号3162条，通过国家突发事件预警信息发布系统服务3600余万人次。在重大灾害性天气和重大气象服务关键节点，全区各级气象部门启动应急响应7次，做好大风、沙尘、冰雹、暴雨、高温、寒潮等灾害性天气的监测预报预警和疫情防控气象服务工作，为全区防范应对灾害性天气和降低气象灾害对生产生活的不利影响提供有力保障。针对4月下旬全区持续霜冻、6月初区域性持续高温、夏末

2020年9月9—10日，全国人工影响天气技术与方法交流会在宁夏固原市召开

初秋连阴雨等天气过程及时组织开展气象防灾减灾服务工作，提前向各级政府及有关部门报送决策服务材料，提出有针对性的对策建议，在森林草原火险、晚霜冻、中南部地区干旱、黄河汛情、地质灾害以及复工复产期间气象灾害风险预警决策气象报告受到自治区党委、政府领导批示7次。按照自治区城市建设重大部署，探索宁东能源化工基地气象服务新模式，开展精细化的宁东气象灾害风险预警服务，为企业科学防范气象灾害风险、保障安全平稳运行提供决策依据。

【人工影响天气作业】2020年，制定并印发《宁夏人工影响天气安全生产专项整治三年行动实施方案》，解决人工影响天气作业中突出的安全问题，提高作业安全和保障水平。编制《六盘山地形云野外科学试验基地发展规划(2020—2025年)》，推进人工影响天气科研与业务融合发展。2020年，实施飞机人工增雨作业30架(次)，累计飞行作业时间119.4小时，实施火箭增雨雪、防雹作业170点(次)，高炮防雹作业18点(次)，实施地面烟炉增雨雪作业182点(次)。截至2020年年底，累计增雨雪作业影响面积102万平方千米，累计增加降水量约8.3亿立方米，防雹作业保护面积约1.4万平方千米。

【气象服务】2020年，宁夏加大气象助力精准扶贫工作，印发《2020年宁夏气象助力精准脱贫工作要点》《2020年宁夏气象助力脱贫攻坚重点任务分工》，对接乡村振兴和脱贫富民战略实施对气象服务的需求，梳理提出全区气象部门助力精准脱贫18项要点工作。筹措资金225万元开展基层气象防灾减灾标准化建设项目，在银川市、贺兰县、隆德县建设全区基层防灾减灾标准化"一平台"。开发农情调查数字化平台和调查APP，升级为农服务手机APP"致富宝"，精细化预报服务实现8个国家级贫困县58个AAA级以上景区精细化服务产品应用全覆盖。加强公众气象服务，通过短信、微博、微信、大喇叭、电子显示屏、邮件等多种渠道及时向公众发布各类灾害性天气预警信息，气象部门与自治区应急管理厅、自然资源局、农业农村厅等单位联合发布预警信息52次，气象预报预警服务惠及690万人。2020年，在宁夏气象政府网站发布稿件60余篇、国家级新闻媒体播出视频新闻稿件32篇，在《宁夏日报》联合发布稿件12篇。在中国天气频道、宁夏省级频道制作及宁夏地市频道发布各类气象影视节目6935档。制作发布原创微信推文100余篇，单日最高阅读量5000余人次，发布的气象实时科普推文《大气光学现象——幻日》单条阅读量首次破10万人次。2020年公众气象服务满意度94.2分，列全国第二。升级宁夏公共气象服务产品综合发布系统，开展面向区、市、县三级业务单位的实操应用培训，完成宁夏智能化公共气象服务业务系统主体开发工作并上线测试运行。提升气象服务决策的能力，向自治区党政决策部门呈报《气象信息专报》63期、《气象灾害信息通报》110期、《大气污染防治气象条件周报》28期，其他各类服务材料36期，特别是《1日以来我区大气污染扩散气象条件差 中北部较重的污染天气可能持续至15日前后》《汛期黄河流域降水趋势预测及黄河宁夏段洪水风险预估》等决策服务材料得到自治区主要领导的充分肯定和批示。通过短信系统向区级决策层发送气象信息1459条。拓展生态气象服务，编制并印发《宁夏生态气象业务服务能力建设行动方案(2020—2022)》，对宁夏生态气象服务工作进行总体谋划、全面部署，指导全区气象部门合力推进生态文明建设气象保障各项工作。加强生态与农业遥感监测评估技术研发，开展植被生态质量评估、草地长势遥感监测评估、土壤湿度检测、主要作物种植信息提取、作物长势评估等技术研发，提高生态与农业遥感监测评估业务能力和定量化程度。开展生态遥感监测评估业务服务，完善植被生态质量、水体、城市热岛、荒漠化、盐渍化等遥感监测评估产品并开展相关业务服务，发布监测评估服务材料100余期。做好大气污染防治攻坚战气象服务，每天联合自治区环境监测中心站发布未来3天空气质量预报，不定期发布重污染天气预警，每周对2020—2021年冬春季大气污染综合治理攻坚行动环境空气质量进行深度分析，开展未来一周空气质量预报及月尺度空气污染趋势预测。参加《黄河流域生态保护和高质量发展气象保障规划》专题内容的编写工作。重视气象为农服务，建设全国枸杞气象智能化业务服务平台，并面向全国枸杞主产区进行推广应用。对全国主要枸杞产区进行实地调研，联合宁夏农林科学院枸杞工程研究所召开全国枸杞气象服务中心工作研讨会，充分发挥枸杞气象服务的示范引领作用。印发《永宁农业气象试验站运行方案》，成立永宁农业气象试验站专家技术委员会，组织固原和中宁结合本地实际情况编制《特色农业气象试验站运行方案》，充分发挥农业气象试验站作用。

【专业气象服务】交通气象服务。2020年，全区推进气象灾害风险预警服务技术研发，围绕暴雨及其引发的山洪灾害，开展公路气象灾害风险预警指标研究和交通气象灾害风险普查，初步建成宁夏公路交通气象灾害风险评估数据库。在微博、微信、抖音等发布交通气象预报预警服务信息，对公众进行天气实况、预报预警、防范建议等交通气象服务。全年通过网站、电视、邮件等发布全区高速公路、国道、省道天气预报图形化产品662期、紫外线指数预报662期、行车指数预报332期，指导公众健康、安全出行。在春运、五一、国庆等关键时间节点，提前制定气象保障服务方案，细化各项服务措施，与道路交通等部门加强联动，召开专题气象服务联合会商，加强高影响的灾害性天气监测预警，及时发布预报决策气象服务产品，提供多举措、全方位、精细化的道路交通气象保障服务。旅游气象服务。针对旅游产业发展，推进泾源县“天然氧吧”创建工作，开发上线“天气旅站”微信小程序，丰富全域旅游气象服务形式。在重大灾害性天气来临前及时通过宁夏突发事件预警信息发布系统向各景区责任人、气象信息联络员发布预警信息，提醒做好气象灾害防御及景区管理工作。将宁夏气象服务云与宁夏智慧旅游平台充分对接，与文化旅游局加强数据共享。针对春节、国庆等重要节假日，提前制作发布决策服务材料和旅游预报产品，通过传真、电子邮件等方式向旅游部门提供服务。环境空气质量预报预警服务。加强科技攻关，围绕重污染天气形成机理、源解析和污染迁移转化规律等关键问题开展技术攻关，提升大气污染防治气象服务能力。基于实况资料、卫星云图、数值预报及环境监测数据制作发布空气污染气象条件预报服务产品，为大气污染防治、调度生产提供决策服务。做好大气污染防治气象保障服务，发布空气污染扩散气象条件预报329期；与宁夏生态环境监测中心联合发布宁夏环境空气质量趋势预报326期。联合宁东基地环境监测站开展宁东基地空气污染气象条件和污染趋势预报，做好重污染天气监测预报预警服务，发布大风预警2期。森林草原火险预报预警和火灾气象服务。强化林火灾情监测预警，印发《宁夏森林草原火险气象服务业务规范（试行）》，规范森林草原火灾动态监测预警业务流程。利用卫星遥感监测系统做好森林草原火险监测、预报和预警服务，向应急管理厅、林草局发布森林火险气象等级预报103期，森林火险短信104条，草原火险气象等级预报104条，及时向林草局发布疑似火点信息19次，与应急管理厅、林草局联合发布森林草原火险预警短信8条。

【综合气象观测与现代化基础建设】2020年，宁夏地面气象观测自动化改革正式业务运行，地面观测自动化程度显著提升。冻土、酸雨、天气现象等观测设备有序部署。印发《农气生态观测业务调整方案》，优化调整25项农气生态观测任务。观测质量管理体系全面业务运行，宁夏气象局观测业务质量管理体系通过中国质量认证中心ISO 9001:2005标准认证。推动卫星遥感在市县级应用，开展石嘴山市局、吴忠市局遥感分中心试点建设。全区7个国家级台站获批第二批中国气象局百年（50年）气象站。推进吴忠国家基本气象站迁站工作。完成2套国家地面气象观测站辐射自动观测系统、3套酸雨自动观测系统、25套天气现象视频智能观测系统和温度雨量多传感器建设并业务运行，新建15个六要素自动气象站，12套冻土自动观测系统，111套应用气象观测站正式业务运行。启动《宁夏综合气象观测站网规划（2021—2025年）》编制。建设支撑“云上部署、终端应用、数算一体”的宁夏气象大数据云平台，初步实现数据交换及质控、产品加工、挖掘分析、数据存储及业务服务监控五大功能。印发《宁夏气象局气象信息系统集约化管理实施细则（试行）》，加强宁夏气象部门信息系统的集约化运行管理。建设宁夏市县级综合气象业务服务系统，持续优化宁夏智能化综合气象业务服务共享管理平台，完善宁夏综合气象信息共享与管理系统、宁夏智能化集约化天气预报业务系统等9个核心业务系统功能，开展针对市县级业务人员的培训近100人次。推动气象数据资源开放共享，作为自治区政务数据资源开放利用第一批试点单位，梳理政务数据开放共享清单，按要求完成数据开放共享。加强信息安全管理，落实国家网络安全等级保护制度，开展4个三级信息系统和1个二级信息系统的测评整改，1人入选宁夏网络安全等级保护专家库，参加中国气象局、自治区公安厅等组织的网络安全攻防演习3次，组织开展业务系统应急演练、网络安全宣传周活动，提高全员网络安全防护意识和能力。

【气象科技创新】2020年，全区气象部门持续优化重点实验室研究条件，完成专家研究室和物理实验室建设。建成葡萄、枸杞、马铃薯3个农业气象野外试验示范基地。组织完成中国气象局旱区特色农业气象灾害监测预警与风险管理重点实验室第二批入室人员聘任工作。组织完成重点实验室2019年度科技奖励评审工作，奖励科技成果奖6项，科技成果转化奖5项，科学咨询报告和论文著作奖14项。新增获批“科技助力经济

2020”重点专项1项、省部级科研项目15项，参加第二次青藏高原综合科学考察研究子专题1项，自筹经费支持立项科研项目27项。年度科研经费（到账）共计662万元。承担的1项中国气象局气候变化专项、2项自治区重点研发计划项目、29项自立科研项目通过验收。年内，获得专利4项、软件著作权17项、形成标准5项，登记科技成果11项，出版专著3部，核心期刊发表论文30篇。认定科技成果10项，5项科技成果通过业务准入。科研所与农科院合作完成的1项科技成果获自治区科技进步二等奖。1人入选“自治区青年拔尖人才”，5人入选“宁夏青年科技人才托举工程”。

【重要活动】2020年5月21日，全区气象灾害防御工作联席会议在银川市召开，自治区人工影响天气与气象灾害防御指挥部成员单位相关负责人参加会议。7月15日，全区气象行业职业技能竞赛在银川市开赛。9月2日，中国科学院院士秦大河一行赴闽宁扶贫展示馆、立兰酒庄贺兰山东麓酿酒葡萄气象野外试验示范基地调研贺兰山东麓酿酒葡萄种植气候条件及气象服务开展情况。9月9—10日，由中国气象学会、中国气象局人工影响天气中心、宁夏气象局共同举办的全国人工影响天气技术交流会在宁夏固原市召开，中国气象局、中国科学研究院大气物理所、中国气象科学研究院、国防科技大学、兰州大学等科研院所和高校及全国19个省（自治区、直辖市）气象部门的近50名专家学者参加会议。9月28—29日，中国生态学会生态气象专业委员会和沿黄九省（区）气象局在银川市联合举办黄河流域生态保护和高质量发展气象保障高峰论坛会议暨重点实验室2020年年会，论坛采取线上线下的形式，在宁夏气象局设置主会场，在青海、四川、甘肃、内蒙古、陕西、山西、河南、山东等省（区）气象部门设置视频会议分会场，中国科学院、中国气象科学研究院、生态环境部卫星环境应用中心、中国农业大学、南京信息工程大学以及沿黄各省（区）气象部门的100余名专家学者参加论坛。11月12日，中国气象科学研究院副院长周广胜一行到宁夏气象局开展生态气象科技业务调研。

【气象法治建设】2020年，《宁夏回族自治区气象条例》和《宁夏回族自治区气象灾害防御条例》修订并予以公布，《宁夏回族自治区雷电防护装置检测单位信用评价管理办法》制定并印发。出台气象行业标准1项、地方标准11项。完成气象业务技术体制重点改革试点工作，推进“放管服”改革，压减行政审批申请材料8项，压缩审批时限50%，国务院“互联网+监管”系统数据录入率及系统应用率均为100%。全年共办理各类气象行政许可187件。规范气象行政执法工作，制定《宁夏气象重大行政执法决定法制审核办法（暂行）》及审核目录清单。加强防雷检测资质管理和市场监管，制定《宁夏气象局雷电防护装置检测资质认定工作流程》，严格规范受理、核查、考核、评审等各个环节。全年共核发乙级资质4家，不予许可1家，注销1家，公示区外防雷检测单位12家。开展防雷检测资质挂靠行为和防雷检测市场专项整顿。召开全区依法履行防雷减灾管理职责工作研讨会，压实全区各级气象主管机构防雷减灾工作组织管理责任。启动实施全区气象部门防雷和升放气球安全管理专项整治三年行动，开展安全风险隐患排查和整改落实工作，全年检查督查有关生产经营单位1092家，排除风险隐患点93个。

（王文娟）

社会科学

SHEHUIKEXUE

NINGXIA YEARBOOK

编辑◎黄　鑫

社科规划

【国家社科基金项目】2020年，宁夏获准立项国家社科基金项目57项，其中重点项目2项，一般项目32项，青年项目7项，西部项目15项，冷门绝学研究专项学术团队项目1项。

【自治区社科规划项目】2020年，自治区社科规划项目共立项111项，其中重点项目5项，引才专项24项，立项自治区第三批新型智库课题38项。

表26　　2020年宁夏国家社科基金项目立项一览表

序号	课题名称	负责人	工作单位	项目类别
1	"夏译汉籍"汇纂通考及数据库建设	彭向前	宁夏大学	冷门绝学研究专项学术团队项目
2	中国共产党建党百年解决社会主要矛盾的理论和实践原创性研究	毛　升	宁夏大学	一般项目
3	"一带一路"背景下西部内陆地区高质量开放路径与创新政策体系研究	强　毅	北方民族大学	一般项目
4	乡村振兴视域下六盘山连片特困区脱贫户稳定增收长效机制研究	朱　琳	北方民族大学	一般项目
5	葡萄酒文旅融合的形成机制、协同效应与实现路径研究	王　磊	宁夏大学	一般项目
6	西北民族地区传统文化和旅游产业融合发展研究	霍丽娜	宁夏社会科学院	一般项目
7	"一带一路"建设中金融风险度量及预警研究	王　贞	北方民族大学	一般项目
8	公共服务购买中的供应商评价模型研究	彭　婧	北方民族大学	一般项目
9	乡村振兴背景下西北地区嵌合型乡村治理共同体构建机制研究	姜绍静	中共宁夏区委党校	一般项目
10	新时期西北民族地区乡村教师教育能力建设研究	曹二磊	宁夏大学	一般项目
11	近代少数民族先贤名人爱国情怀研究	许宪隆	北方民族大学	重点项目
12	新时代中国特色社会主义民族理论的话语体系研究	马晓梅	中共宁夏区委党校	一般项目
13	铸牢中华民族共同体意识的民族心理基础及实践研究	戴宁宁	北方民族大学	一般项目
14	铸牢中华民族共同体意识视角下河西走廊民族交往交流交融研究	钟梅燕	北方民族大学	一般项目
15	少数民族优秀传统社会治理资源融入当代民族地区基层社会治理体系研究	刘振宇	宁夏大学	一般项目
16	图像中的西夏物质文化研究	王胜泽	宁夏大学	一般项目
17	西北民族地区新型城镇化高质量发展评价与推进策略研究	李　苏	北方民族大学	一般项目
18	欠发达民族地区公众参与社会治理研究	吴　静	中共宁夏区委党校	一般项目
19	民族地区巩固拓展脱贫攻坚成果研究	任志军	北方民族大学	一般项目
20	社区治理视域下的宁夏易地搬迁户稳定脱贫路径实证研究	范建荣	北方民族大学	一般项目

续表

序号	课题名称	负责人	工作单位	项目类别
21	民族文化视域下六盘山集中连片特困区农户生计转型机制及生态环境效应研究	马明德	北方民族大学	一般项目
22	西北地区土地资源生态价值补偿质量评价体系构建与提升路径研究	王健华	北方民族大学	一般项目
23	敦煌西夏石窟分期研究	余　军	宁夏社会科学院	一般项目
24	宁夏近现代黄河水运与区域社会研究	王晓霞	宁夏大学	一般项目
25	清代宁夏驻防八旗研究	孙　静	宁夏大学	一般项目
26	耶律楚材《西游录》与草原丝绸之路研究	薛正昌	宁夏社会科学院	一般项目
27	阿拉伯学术史经典著作《目录》的翻译、注释与研究	金忠杰	宁夏大学	重点项目
28	泾水流域商周聚落与社会研究	马　强	宁夏回族自治区文物考古研究所	一般项目
29	中国当代小说的城市书写研究(1978—2018)	王兴文	宁夏师范学院	一般项目
30	明清时期《诗经》拉丁文译介研究	贾海燕	宁夏大学	一般项目
31	新时期西北多民族文学的生态书写与共有家园建构研究	钱文霞	北方民族大学	一般项目
32	伦理学视域下中美当代文学疾病叙事比较研究	秦江丽	宁夏大学	一般项目
33	二语构式动态发展与概率性学习机制研究	张晓鹏	北方民族大学	一般项目
34	瑞典雅林收集品中的清代察合台文文献《热萨拉》语言研究	日孜宛古丽·库尔班	北方民族大学	一般项目
35	智慧城市大数据对防控突发性传染病事件的支撑模式研究	窦红莉	宁夏医科大学	一般项目
36	西北贫困地区县域义务教育治理模式研究	郝福生	宁夏师范学院	西部项目
37	澳门传统当铺建筑的文化生态学研究	查　娜	宁夏大学	西部项目
38	六盘山连片贫困地区多维相对贫困标准制定及靶向缓贫路径研究	申菊梅	北方民族大学	西部项目
39	辽、西夏、金职官管理制度比较研究	魏淑霞	宁夏社会科学院	西部项目
40	《本草纲目》中的“番药”研究	罗彦慧	宁夏医科大学	西部项目
41	多元文化视域下的西夏金银器研究	于光建	宁夏大学	西部项目
42	全球价值链视域下“一带一路”建设与西部民族地区制造业发展研究	张玉荣	北方民族大学	西部项目
43	六盘山区易地扶贫搬迁的多民族“互嵌社区”研究	沙彦奋	宁夏大学	西部项目
44	海原大地震灾害百年与文化变迁研究	程玄皓	宁夏师范学院	西部项目
45	宋夏沿边地区界壕调查研究	杨　浣	宁夏大学	西部项目
46	中藏、英藏黑水城汉文文献俗字整理与研究	张　艳	宁夏大学	西部项目
47	西部地区政务舆情回应的效果评价研究	王雅蕾	宁夏大学	西部项目
48	民间文献所见南明史料的收集、整理与研究	张启龙	宁夏大学	西部项目
49	新中国70年民族民间体育赛事文化交流和创新研究	黑生林	北方民族大学	西部项目
50	陆上丝绸之路沿线各国消费者对我国网络文化产品购买意愿形成机理研究	刘彩霞	中共宁夏区委党校	西部项目
51	以党建引领城市社区“微治理”创新研究	张建东	宁夏大学	青年项目
52	黄河流域生态保护府际关系法律问题研究	张　苹	中共宁夏区委党校	青年项目
53	少数民族地区易地扶贫搬迁稳定脱贫长效机制实证研究	师东晖	宁夏社会科学院	青年项目
54	海湾国家世俗化对“一带一路”的影响和对策研究	马成文	宁夏大学	青年项目
55	现当代海湾阿拉伯部落政治研究	刘东宁	宁夏大学	青年项目
56	宁夏隆德沙塘北塬遗址发掘资料的整理与研究	杨　剑	宁夏回族自治区文物考古研究所	青年项目
57	民族自治区高层次人才流动影响因素及政策机制研究	杨淑玲	宁夏大学	青年项目

表27　　2020年自治区社科规划项目立项一览表

序号	课题名称	主持人	所在单位	项目类别
1	深化宁夏民族团结进步教育着力点研究	潘忠宇	宁夏大学	重点项目
2	黄河宁夏段文旅深度融合与高质量发展研究	梁向明	宁夏大学	重点项目
3	习近平总书记关于东西扶贫协作重要论述与“闽宁模式”研究	郭勤华	宁夏社会科学院	重点项目
4	宁夏解决农村相对贫困长效机制研究	王国庆	宁夏大学	重点项目
5	宁夏全面脱贫与乡村振兴有效衔接对策研究	黄立军	宁夏大学	重点项目
6	用好红色资源传承红色基因研究	武玲娥	宁夏大学	一般项目
7	宁夏大中小学思想政治理论课一体化建设研究	白宁芳	宁夏大学	一般项目
8	新时代强化党的理想信念教育机制研究	党锐锋	宁夏大学	一般项目
9	大力发扬“不到长城非好汉”的革命精神研究	杨春雪	中共宁夏区委党校	一般项目
10	宁夏高校网络意识形态领域风险防范化解路径研究	赵志梅	宁夏工商职业技术学院	一般项目
11	宁夏坚持以党建引领基层治理研究	王　琼	中共宁夏区委党校	一般项目
12	加强党员干部理想信念教育创新路径研究	杨春柳	中共宁夏区委党校	一般项目
13	宁夏隆德县高台马社火艺术的形式美研究	马雪妍	宁夏师范学院	一般项目
14	《商君书》国家治理思想及其价值	魏文山	宁夏理工学院	青年项目
15	宁夏葡萄酒文化特色旅游深度开发研究	毛凤玲	宁夏大学	一般项目
16	“文旅融合”背景下的宁夏传统工艺助力乡村振兴研究	朱淑娥	宁夏大学	一般项目
17	基于房产泡沫的系统性金融风险度量	罗晓娟	北方民族大学	一般项目
18	5G时代背景下宁夏智慧交通融合发展研究	陈　花	北方民族大学	一般项目
19	宁夏居民消费需求释放及其对疫后经济发展的基础性作用研究	吕淑婷	北方民族大学	一般项目
20	宁夏工业园区建立健全以“亩均效益”为核心的工业高质量发展机制研究	王　娟	中共宁夏区委党校	一般项目
21	发挥资源优势打造宁夏葡萄酒千亿产业研究	王林伶	宁夏社会科学院	一般项目
22	黄河流域宁夏段水生态保护与高质量发展研究	吴　月	宁夏社会科学院	一般项目
23	“十四五”时期宁夏技能型人才培养与发展问题研究	张清林	宁夏工商职业技术学院	一般项目
24	宁夏乡村文旅资源融合发展中的信息化应用思考与对策研究	黄浩宇	宁夏民族艺术研究所	一般项目
25	宁夏新旧动能转换实现路径与机制创新研究	吴桂明	自治区发改委信息中心	一般项目
26	宁夏加快推动农村一二三产业融合发展有效促进农民增收研究	艾　莉	宁夏职业技术学院	一般项目
27	基于宁夏黄河流域水资源承载力评价的高质量发展路径研究	马瑞阳	宁夏大学	青年项目
28	中心城市推动黄河流域生态保护与高质量发展的路径研究：以银川市为例	刘　洋	宁夏大学	青年项目
29	重大突发公共卫生事件对我区经济高质量发展的影响及对策研究	杨炯炯	宁夏工商职业技术学院	青年项目
30	大数据背景下宁夏全面脱贫与乡村振兴有效衔接实证分析	马少娟	北方民族大学	一般项目
31	宁夏推进西部大开发健全区域合作机制研究	魏向前	中共宁夏区委党校	一般项目
32	把我国制度优势更好转化为国家治理效能问题研究	周晓军	中共宁夏区委党校	一般项目
33	民法视域下宁夏社会诚信体系法治化研究	哈斯巴根	北方民族大学	一般项目
34	西部地区历史文化名城知名度提升研究——以宁夏银川为例	杨文笔	宁夏大学	一般项目
35	基于西海固地区实例巩固提升宁夏脱贫成果对策研究	罗进贵	宁夏大学	一般项目
36	文旅融合背景下宁夏三线建设工业遗产保护与利用研究	杜华君	北方民族大学	一般项目
37	新时代宁夏乡村文化振兴对策研究	陈　晶	宁夏医科大学	一般项目

续表

序号	课题名称	主持人	所在单位	项目类别
38	利用医保手段促进分级诊疗实施路径研究	宋　斐	宁夏医科大学	一般项目
39	宁夏六盘山集中连片特困区教育扶贫的历史进程与基本经验研究	单　侠	宁夏师范学院	一般项目
40	基层党建与城市社区治理体系和治理能力现代化：基层治理的“银川模式”研究	马建英	银川市委党校	一般项目
41	宁夏全面脱贫与乡村振兴有效衔接对策研究	徐树雄	《共产党人》杂志社	一般项目
42	关于宁夏完善社区治理体系提高治理能力研究	左　珉	宁夏社会主义学院	一般项目
43	宁夏农村社会组织参与乡村治理研究	马成乾	中共宁夏区委党校	青年项目
44	宁夏传统地方戏曲生态调查研究	展　帆	宁夏民族艺术研究所	青年项目
45	文旅融合背景下宁夏传统村落劳动力回流迁移研究	邓　娜	宁夏民族艺术研究所	青年项目
46	宁夏中等职业学校服务当地经济社会发展能力研究	顾玉武	宁夏警官职业学院	青年项目
47	创新驱动背景下，宁夏产业高端化绿色化智能化融合化发展	赵睿华	宁夏工商职业技术学院	青年项目
48	新时代民族团结进步创建工作载体方式研究	勉卫忠	北方民族大学	一般项目
49	宁夏守好促进民族团结生命线对策研究	田光锋	宁夏社会科学院	一般项目
50	明代宁夏镇水头研究	徐　静	宁夏大学	一般项目
51	明清之际宁夏灾荒史料整理与研究	杨　云	宁夏社会科学院	一般项目
52	宁夏境内丝绸之路文学研究	梁祖萍	宁夏大学	一般项目
53	张贤亮文学年谱	王岩森	宁夏大学	一般项目
54	解放后西海固地区汉族民间祭文整理与研究	杨学娟	宁夏大学	一般项目
55	“一带一路”背景下宁夏短篇小说认知叙事及翻译推广研究	马晓霞	宁夏师范学院	一般项目
56	宁夏中卫方言数据库建设	张秋红	北方民族大学	一般项目
57	银川方言常用熟语通释	赵红芳	宁夏师范学院	一般项目
58	宁夏外宣翻译汉英双语平行语料库建设	刘　颖	宁夏大学	青年项目
59	宁夏葡萄酒产区品牌诊断与传播策略研究	朱俊松	宁夏大学	一般项目
60	宁夏卓越新闻人才培养模式研究	谢明辉	宁夏大学	一般项目
61	全域旅游背景下宁夏黄河文化旅游品牌建设研究	张　莉	宁夏大学	一般项目
62	城市形象的影像传播助力宁夏发展研究	李拜石	北方民族大学	一般项目
63	5G时代宁夏县级融媒体中心建设与发展问题研究	张春波	宁夏大学	青年项目
64	明清宁夏文进士著述研究	刁　俊	宁夏大学	一般项目
65	明代宁夏外籍仕宦涉宁著述整理研究	田富军	宁夏师范学院	一般项目
66	基于公共文化服务体系的宁夏高校图书馆资源共享路径研究	李　楠	宁夏职业技术学院	青年项目
67	打造黄河流域文化体育旅游融合发展的“宁夏模式”及其路径研究	刘跃东	北方民族大学	青年项目
68	“十四五”时期宁夏葡萄酒产业人才培养问题研究	周福盛	宁夏大学	一般项目
69	网红直播中产品类型对消费者冲动性购买行为影响研究	康凌翔	宁夏大学	一般项目
70	宁夏乡村振兴与新型城镇化融合发展研究	韩秀丽	宁夏大学	一般项目
71	宁夏中小学“互联网+教育”建设现状与应用策略研究	贾　巍	宁夏大学	一般项目
72	基于黄河流域生态保护和高质量发展战略的宁夏黄河文化旅游开发研究	汪克会	宁夏大学	一般项目
73	宁夏农村重大突发公共卫生事件应急管理能力建设研究	唐　利	中共宁夏区委党校	一般项目
74	宁夏市场化居家养老服务研究	丁文强	中共宁夏区委党校	一般项目

续表

序号	课题名称	主持人	所在单位	项目类别
75	基于大数据的基层治理体系和治理能力研究	王　川	银川市大数据产业发展服务中心	一般项目
76	互联网医院绩效评价指标体系构建研究	李银山	宁夏回族自治区人民医院	一般项目
77	宁夏重大突发事件网络舆情综合治理体系构建及治理能力提升策略研究	雷　婷	北方民族大学	青年项目
78	基于UGC旅游大数据的宁夏形象与环境要素研究	贾　琳	北方民族大学	青年项目
79	文旅融合视阈下如何讲好“黄河故事·宁夏篇”	张　慧	北方民族大学	青年项目
80	宁夏完善乡村治理体系提高治理能力研究	任德靖	中共宁夏区委党校	青年项目
81	宁夏地区公共文化服务高质量发展研究	刘智远	中共宁夏区委党校	青年项目
82	基于效率视角的宁夏现代物流业高质量发展路径研究	叶　茜	宁夏职业技术学院	青年项目
83	宁夏传统制造业创新路径及政策支持研究	张羽婷	宁夏大学新华学院	青年项目
84	宁夏金融支持实体经济发展政策研究	祁永忠	中国人民银行银川中心支行	青年项目
85	红色文化资源融入宁夏英语教育话语的理论探索与实践	姜克银	宁夏大学	一般项目
86	宁夏完善校园治理体系 提高治理能力研究	吴　皓	宁夏教育科学研究所	一般项目
87	红色文化融入新时代青少年爱国主义教育的实现路径研究	许静珂	宁夏理工学院	青年项目
88	新时代宁夏枸杞产业体系的“四象”建构研究	张廷刚	北方民族大学	引才专项
89	提升宁夏科技创新供给能力政策建议研究	刘淑萍	宁夏大学	引才专项
90	西周金文词典	杨　敏	宁夏大学	引才专项
91	当前中东北层国家的发展转型与启示研究	杜　军	宁夏师范学院	引才专项
92	宁夏市级定点社区卫生服务站的突发公共卫生事件应急保障体系建设研究	程　呈	宁夏医科大学	引才专项
93	清代宁夏满营治理研究	张　航	宁夏大学	引才专项
94	农村普惠金融减贫效应研究	马　平	宁夏大学	引才专项
95	宁夏食用农产品质量安全社会共治体系的绩效评估与路径优化	华　静	宁夏大学	引才专项
96	依托文旅融合推动宁夏黄河流域高质量发展研究	陆筱璐	宁夏大学	引才专项
97	公共政策影响下民族地区大学生创新创业能力培养研究	常海波	宁夏大学	引才专项
98	健康中国背景下大健康产业效率测度与耦合机制研究	刘晓伟	宁夏大学	引才专项
99	宁夏绿色农产品消费行为的影响机制研究	张　锐	北方民族大学	引才专项
100	数字经济驱动宁夏地方政府职能转变的机理及对策研究	张　超	北方民族大学	引才专项
101	宁夏研究生教育改革和发展对策研究	周学忠	宁夏大学	引才专项
102	文旅融合视域下贺兰山东麓葡萄酒旅游目的地品牌形象构建研究	张红梅	北方民族大学	引才专项
103	对口支援西部民族地区的扶贫协作模式与可持续发展路径研究	马　莉	宁夏大学	引才专项
104	宁夏法治化营商环境建设研究	马　涛	北方民族大学	引才专项
105	红色记忆与当代大学生中国共产党认同研究	范映渊	宁夏大学	引才专项
106	泾源民间故事口述史研究	黑志燕	宁夏师范学院	引才专项
107	马克思主义视域下的媒介文化理论重要命题研究	宫京成	宁夏大学	引才专项
108	语言学视域下的黑水城汉文经济文献与明清以来西北地区民间经济文书研究	黑学静	北方民族大学	引才专项
109	基于全域旅游视角的宁夏旅游o2o供应链整合与协调研究	许丽霞	宁夏大学	引才专项
110	网络食品交易安全及其法律规制研究	王海燕	北方民族大学	引才专项
111	清末西海固地区人口时空分布格局演变及生态环境变迁研究	马学娟	北方民族大学	引才专项

表28　　2020年宁夏新型智库课题立项一览表

序号	学科分类	课题名称	主持人	所在单位
1	马列·科社	新时代党建引领城市社区“微治理”创新研究	张建东	宁夏大学
2	马列·科社	推动宁夏党员干部理想信念教育常态化制度化研究	韩志丹	中卫市委党校
3	党建	农村基层党组织振兴对策研究	李小刚	中卫市委党校
4	党建	完善我区巡视巡察成果运用制度研究	王　琼	宁夏区委党校
5	经济学	推动黄河流域高质量发展的“宁夏模式”与路径研究	马　静	宁夏大学
6	经济学	提升宁夏全要素生产率的路径研究	仇娟东	宁夏大学
7	经济学	新形势下宁夏房地产业高质量发展研究	魏　莉	宁夏财经职业技术学院
8	经济学	基于游客行为的宁夏葡萄酒品牌数字化营销关键技术研究	冯　蛟	宁夏大学
9	经济学	宁夏区属国有企业混合所有制改革的分类分层、实现路径与股权结构研究	曹建巍	北方民族大学
10	经济学	宁夏地方政府债务风险防范与化解策略研究	叶　炜	北方民族大学
11	经济学	宁夏建设用地集约利用与经济高质量协同发展研究	赵金梅	宁夏自然资源勘测调查院
12	经济学	促进宁夏工业企业创新生态系统建设的对策建议	王红艳	宁夏区委党校
13	经济学	宁夏农产品冷链物流转型升级问题与对策研究	杨永光	宁夏工商职业技术学院
14	经济学	宁夏科技创新能力对经济高质量发展的影响路径研究	光　晖	北方民族大学
15	经济学	制约宁夏深度贫困区域可持续发展的现实困境和对策研究	郭亚莉	宁夏社会科学院
16	经济学	优化营商环境——以优质政策环境推动经济高质量发展	孟　岳	贺兰县人大
17	经济学	中国特色反贫困治理的成功范例:闽宁镇发展经济研究	朱天奎	自治区党委讲师团
18	经济学	促进宁夏夜间经济高品质发展的对策研究	王　瑛	北方民族大学
19	法学	宁夏乡村宗教事务依法治理实证研究	胡世恩	宁夏大学
20	社会学	宁夏基层社会治理瓶颈及治理效能提升研究	杨永芳	宁夏社会科学院
21	社会学	宁夏三线建设工业遗产保护性开发策略研究	廖　周	宁夏社会科学院
22	社会学	宁夏生态宜居美丽乡村建设模式及对策研究	李　涛	中国矿业大学银川学院
23	民族学	新时代宁夏坚持和完善民族区域自治制度研究	李明珍	宁夏社会主义学院
24	新闻学与传播学	推进媒体深度融合　打造新型主流媒体	周庆华	宁夏日报报业集团
25	管理学	宁夏土地利用与生态协同发展研究	崔树国	宁夏自然资源勘测调查院
26	管理学	宁夏工业园区优化整合中的管理机制创新研究	张　超	北方民族大学
27	管理学	推进“非遗+旅游”深度融合　促进旅游高质量发展	张万静	宁夏社会科学院
28	管理学	构建宁夏稳定可持续产业扶贫研究	陶　茜	宁夏财经职业技术学院
29	管理学	我区脱贫攻坚与乡村振兴衔接对策研究	南志文	自治区人大办公厅
30	管理学	宁夏气象干旱时空演变特征及农业旱灾抗旱减灾对策研究	方　媛	宁夏国土资源调查监测院
31	管理学	宁夏景区智慧旅游发展对策研究	高美莉	宁夏理工学院
32	管理学	宁夏进一步改善医疗卫生服务对策研究	郎　颖	宁夏医科大学
33	管理学	宁夏提升重大舆情和突发事件舆论引导能力研究	海云志	北方民族大学
34	管理学	宁夏智慧社区治理能力现代化的提升与创新	刘　芳	宁夏大学
35	管理学	构建宁夏城市相对贫困救助长效机制研究	马　娟	宁夏社会科学院
36	管理学	黄河流域(宁夏段)生态保护和高质量发展研究	马建民	北方民族大学
37	管理学	守好改善生态环境生命线、建设美丽新宁夏相关问题及对策研究	王　贵	自治区党委办公厅
38	教育学	互联网+背景下宁夏优质教育资源共享机制创新研究	戚富莲	宁夏大学

（黄　鑫）

社科研究

宁夏社会科学院

【科研项目】2020年，宁夏社会科学院立项国家社科基金项目5项、结项3项，立项国家民委民族研究项目1项、自治区社科规划项目5项。国家社科基金项目立项数连续3年在全国地方社科院系统中排名第七；通过自治区领导圈题、点题等形式，立项42项重大现实问题研究课题，结项37项。

【科研成果】2020年，宁夏社会科学院出版学术专著7部、编著16部，公开发表学术论文271篇（其中，核心期刊论文23篇），自治区领导作出肯定性批示呈阅件23件。28项研究成果和个人获奖；经济、社会、文化、生态文明、法治建设系列蓝皮书按期出版发布，科研成果服务自治区党委和政府中心工作的对策研究更加贴近实际，新型智库作用得到提升。主办的学术期刊《宁夏社会科学》《回族研究》《西夏研究》刊发的文章被《人大报刊复印资料》《新华文摘》《中国社会科学文摘》等国内权威学术期刊转载21篇。由宁夏社会科学院发起主持，黄河流域九省（区）社科院协作编辑的全国首部《黄河流域蓝皮书——黄河流域生态保护和高质量发展报告（2020）》正式出版发行。宁夏首部山志——国家出版基金资助项目《贺兰山志》正式出版发行。宁夏社会科学院主持撰写的“宁夏文学现代化研究丛书”获得国家出版基金资助，其中《文化现代性与宁夏地域文学》《宁夏当代文学十四家》《新世纪宁夏小说现代化研究》等专著对宁夏文学现代化过程及其文化现代性特征进行了系统研究，该丛书获得第22届北方优秀文艺图书奖一等奖。

【学术交流】2020年，宁夏社会科学院围绕习近平总书记视察宁夏重要讲话精神、建设黄河流域生态保护和高质量发展先行区、建设黄河文化传承彰显区等重大问题，积极组织科研人员撰写理论宣传阐释文章，共有85篇文章在《光明日报》《中国社会科学报》《宁夏日报》等报刊发表，回应社会关切。9月18日，由黄河流域九省（区）社科院主办、宁夏社会科学院承办的黄河流域生态保护和高质量发展理论研讨会在银川市召开，来自沿黄九省（区）社会科学院的专家学者结合本地实际，围绕黄河流域保护与发展问题进行交流发言。着重围绕建设黄河流域生态保护和高质量发展先行区、黄河流域走出一条经济高质量发展新路子、黄河流域生态保护、水资源与环境治理以及弘扬黄河文化讲好“黄河故事”四个主题探讨交流。由宁夏社会科学院率先倡议举办的黄河流域理论研讨会，获得黄河流域各省（区）社会科学院的大力支持，建立了由黄河流域九省（区）社会科学院联合举办、轮流主办理论研讨会的合作机制。此次研讨会在全国和宁夏主流媒体广泛发布，对宁夏先行区建设起到积极宣传和支持作用。宁夏社会科学院院长张廉、社会学法学所所长李保平、社会学法学所研究员姜歆被聘为“宁夏回族自治区党委全面依法治区委员会办公室决策咨询专家”。

【宁夏系列蓝皮书新闻发布会】2020年1月7日，宁夏社会科学院“2019年科研成果暨2020宁夏蓝皮书系列丛书新闻发布会”在银川市太阳神酒店召开。会议由副院长段庆林主持，院长张廉发布了2019年全院科研成果，王林伶副研究员、杨永芳研究员、李保平研究员、牛学智研究员、李文庆研究员代表各所分别发布了《宁夏经济发展报告（2020）》《宁夏社会发展报告（2020）》《宁夏法治发展报告（2020）》《宁夏文化发展报告（2020）》《宁夏生态文明建设报告（2020）》5部蓝皮书的亮点和主要内容。2020宁夏系列蓝皮书认真贯彻党的十九届四中全会、中央经济工作会议精神，自治区党委十二届八次、九次全会精神，以新发展理念深化对区情的认识。表现出以下亮点：一是坚持围绕中心、服务大局，组织落实“建设美丽新宁夏 共圆伟大中国梦”题词精神、黄河流域生态保护和高质量发展等专题研究；二是全面反映宁夏2019年各行业发展形势及2020年预测，总结宁夏“五位一体”总体布局新成就新经验；三是聚焦宁夏发展的难点热点问题，如航空港和高铁等基础设施补短板，三大攻坚战，新时代文明实践中心，乡村振兴战略，法治政府建设等。

（张万静）

宁夏大学

【科研项目】2020年，宁夏大学哲学社会科学智库建设围绕高质量发展、“一带一路”倡议、生态文明建设、全域旅游、扶贫攻坚、民族团结等国家和区域重大战略需求展开科学研究，获得国家社科基金项目21项，占全区立项总数的37%。其中重点项目1项、一般项目9项、青年项目4项、西部项目7项，立项率为23%。获批国家社科基金项目总数列全国所有单位第56位。自治区社科基金项目56项，其他省部级项目72项，直接服务于国家和地方需要。获得国家社科基金冷门绝学重大团队项目1项，宁夏大学西夏学研究院彭向前研究员为项目首席专家的团队项目《“夏译汉籍”汇纂通考及数据库建设》获得立项。

【科研成果】2020年，宁夏大学教授杜建录完成的《中国藏黑水城汉文文献释录》、胡玉冰教授完成的《西夏书》校补成果获得第八届高等学校科学研究优秀成果（人文社会科学）二等奖。学校申报的“中华民族共同体研究基地”通过国家民委评审，成功获批，将根据铸牢中华民族共同体意识的理论和实践要求，聚焦铸牢中华民族共同体意识的理论与实践研究、中国特色社会主义民族理论与政策研究、新时代深化民族团结进步创建研究、加强各民族交往交流交融与构筑各民族同根共有精神家园等研究方向，力争形成一批理论和实践成果，为党和国家深化民族团结进步教育、中华民族共同体建设以及中华民族的伟大复兴提供重要智力支持。宁夏大学阿拉伯研究中心获教育部国别和区域研究高水平建设单位。

【学科体系建设】2020年，宁夏大学哲学社会科学以习近平新时代中国特色社会主义思想为指导，以铸牢中华民族共同体意识为主线，构筑各民族同根共有的精神家园；研究历史上各民族共创共享共传中华文明，挖掘、整理自古以来各民族交往交流交融的历史事实，深刻认识中华民族是命运共同体；挖掘黄河文化的时代价值和精神内涵；研究民族地区特别是西北民族地区基层治理，为提高民族地区治理体系和治理能力现代化提供智库支持；研究民族地区特别是西部地区民族团结进步示范区创建，为铸牢中华民族共同体意识提供实践经验和鲜活案例，不断推出民族研究重大学术成果，努力建成服务决策、引领学术、培养人才的哲学社会科学学科体系，推动构建具有西部特色、宁大风格的哲学社会科学研究体系，为自治区经济社会高质量发展提供重要智力支撑。宁夏大学与宁夏宝丰集团共建“宁夏大学管理科学研究院”，探索管理研究领域高校与企业共建、共研、共享研究模式，推进学校产学研深度融合，实现“校地合作、产学双赢”目标；组建宁夏大学知识产权研究院，促进地方知识产权发展，更好优化学校现有知识产权资源，为产业发展提供专业智库支持；同自治区机关事务管理局共同成立宁夏大学机关事务管理研究中心，有效整合学校优势学科、学术资源和人才队伍，为提升全区机关事务工作治理体系与治理能力现代化服务；组建宁夏大学数字经济与智慧管理研究院，为宁夏各级政府的数字化转型升级、技术应用提供有效的决策支持，探索教学科研和社会服务新路径；组建宁夏大学中华优秀传统文化研究中心，推动中华优秀传统文化创造性转化与创新性发展，推进科学精神与人文精神的融通，为培养更多广博专业知识、扎实职业技能、优良文化品位的高素质人才服务。

（史小娟）

北方民族大学

【科研项目】2020年，北方民族大学获准立项国家社科基金项目18项，其中重点项目1项、一般项目14项、西部项目3项。教育部人文社科项目2项。国家民委服务国家战略服务民族工作重大现实问题研究项目3项，国家民委民族研究项目3项，国家民委民族研究后期资助项目1项。自治区哲学社会科学规划年度项目13项，自治区哲学社会科学规划项目（引才专项）8项。

【科研成果和人才培养】2020年，北方民族大学出版专著23部。3篇研究报告获国家民委组织的“全国民族工作优秀调研报告奖”，其中二等奖1篇，三等奖2篇。彭婧、刘自强、易军等入选“国家民委中青年英才培养计划”。刘自强入选“第三批自治区哲学社会科学和文化艺术领军人才培养工程”。海晓红、王巍、段炜华、王玉栋等入选“第三批自治区青年哲学社会科学和文化艺术人才托举工程”。国家民委批复建设“北方民族大学中华民族共同体研究基地”，开展重大基础理论和实践问题研究，为实现中华民族伟大复兴中国梦提供重要智力支撑。学校成立“中华民族共同体研究院”，加强民族团结进步和中华民族共同体理论与实践研究。

【学术交流】2020年6月13日，由宁夏法学会环境资源法学研究会主办、北方民族大学法学院承办的宁夏法学会环境资源法学研究会2020年年会暨学术研讨会在银川市召开。研讨会以《新时代的宁夏环境资源法治》为主题，对宁夏生态环境领域立法项目、宁夏生态环境法治建设现实需求进行了研讨交流。11月1日，长篇小说《佛印禅师》研讨会在北方民族大学举行。宁夏社会科学界联合会、宁夏社会科学院、宁夏作家协会、宁夏文学艺术院、中南民族大学、山东大学、北京师范大学、兰州文理学院、《文艺报》、黄河出版传媒集团宁夏人民出版社和新华社宁夏分社、《宁夏日报》等单位专家学者出席研讨会。该小说作者为国家民委原副主任、第十二届全国人民代表大会民族委员会副主任委员吴仕民。11月21—22日，由中国人类学民族学研究会主办、内蒙古师范大学承办的中国人类学民族学2020年年会在呼和浩特市召开。校长李俊杰教授应邀参会，并作《“三州三区”深度贫困治理的经验、难点及对策》的主旨发言。同期，学校组织《西北民族地区社会治理变迁与治理经验研究》专题论坛(线下)。

(王　皓)

宁夏师范学院

【科研项目】2020年,宁夏师范学院获准立项国家社科基金项目3项,共资助经费60万元;立项教育部项目2项,资助经费53万元;立项自治区社会科学规划项目5项,资助经费20万元;立项自治区社科规划(引才专项)项目2项,资助经费14万元;立项自治区教育规划项目2项,资助经费3.8万元;立项自治区艺术规划项目3项,资助经费8万元;立项宁夏高等学校科学研究项目16项,资助经费34万元;立项宁夏教育事业发展"十四五"规划编制前期研究课题2项,资助经费6万元。2020年,全校共争取到各类科研经费2205.9万元,连续3年科研经费突破2000万元大关。

【科研成果】2020年,宁夏师范学院教师出版著作31部,发表论文共计110篇(其中,专业期刊74篇,核心期刊36篇)。获第22届宁夏文化艺术和旅游论文研讨会论文一等奖2篇,二等奖5篇,三等奖3篇,1篇论文入选。

【学术交流】2020年,"今朝学术大讲堂"先后邀请国内外学者专家30余人在线上线下开展40多场学术报告和学术沙龙活动,学术氛围日益浓厚。"学人文库"资助出版著作7部,其中一本是文学院赵耀峰博士的著作《民国时期唐诗学研究》,由中国社会科学出版社出版,并入选中国社会科学博士论文文库。

(国　华)

自治区党校

【科研项目】2020年,自治区党校立项国家社会科学基金项目5项,总体立项数量与全国大部分省委党校持平,年度项目(一般项目和青年项目)立项数量在西北五省(区)党校(行政学院)中排名第二。立项11项自治区社科规划项目,其中一般项目8项,青年项目3项。立项全国地方党校(行政学院)重点调研课题3项。2020年重点围绕习近平总书记视察宁夏重要讲话精神,结合校(院)科研实际情况,设立13项校(院)学习贯彻习近平总书记视察宁夏重要讲话精神专项研究课题,设立7项学习贯彻自治区党委第十二届十一次全会精神专项研究委托课题,设立5项学习贯彻党的十九届五中全会精神专项研究委托课题。2020年,共结项国家社科基金项目3项,自治区社科基金项目5项,全国党校(行政学院)系统科研课题5项,校(院)级科研课题18项。

【科研成果】2020年,自治区党校出版《马克思主义劳动价值论深化研究兼驳西方非科学价值理论》《黄河流域生态保护和高质量发展理论文集》《新形势下党化解四种危险的机制创新研究》《新时代我国落后农村公益文化设施建设研究》《中国行政和解制度研究》《生态立区战略》《脱贫富民战略》《耕耘与收获:宁夏区委党校宁夏行政学院2019年公开发表学术论文汇编》等著作。公开发表论文81篇,其中核心16篇,人大报刊复印资料转载1篇。在党报党刊公开发表理论宣传文章161篇,其中在《人民日报》《光明日报》《经济日报》《学习时报》等中央报刊发表16篇,在区内党报党刊发表145篇。通过《干部思想动态研究》和《调研咨询专报》,共报送34项调研咨询报告,其中,有11项调研咨询报告得到自治区副省级以上领导16次批示。

【学术交流】2020年,自治区党校组织教研人员参加全国性理论研讨会6次,19篇论文入会,为历年最多。先后召开"全区党校(行政学院)系统学习宣传贯彻习近平总书记视察宁夏重要讲话精神理论研讨会""校(院)2020年青年学者10人论坛"等。

(张　弼)

学术期刊

【《宁夏社会科学》】《宁夏社会科学》创刊于1982年(双月刊),是由宁夏社会科学院主管、主办,宁夏社会科学院期刊中心编辑出版的综合性人文社会科学学术期刊。为中文社会科学引文索引(CSSCI)来源期刊(2021—2022),中国人文社会科学期刊AMI综合评价A刊核心期刊(2018),曾获评"第二届国家期刊奖百种重点期刊",国家社会科学基金资助期刊。截至2020年年底,累计出版224期。开设有《经济管理》《民族宗教》《政治法律》《历史西夏》《哲学》《管理学》《文化文学传媒》等栏目。2020年,《宁夏社会科学》注重学术性、原创性、前瞻性,以质衡文,出精品,创一流,刊发高质量、高水平的学术理论文章。重视栏目策划,体现期刊的个性化特征。设《新时代·新思想·新探索》《基层社会治理》等专题栏目,推介一批具有学术影响力的研究成果,取得了较好的社会效益和学术价值。聘请学术界专家为刊物审读文稿,采用学术不端检测系统和专家匿名审稿等制度,严格执行编排规范,以期提升期刊质量。全年共处理稿件1万余篇,出版期刊6期,约250.16万字,有21篇文章被中国人民大学复印报刊资料、《新华文摘》《中国社会科学文摘》《高等学校文科学术文摘》等全文转载或摘编,100余篇(次)被中国人民大学复印报刊资料引文索引。

(张东祥)

【《回族研究》】2020年《回族研究》出刊4期，刊发文章68篇，其中国家社科基金资助文章18篇，省部级社科基金资助文章23篇。在选取文章时，注重选取能够反映本学科热点与重点、在民族学领域有重大突破的研究文章。2020年正值抗日战争胜利75周年，《回族研究》围绕这一重大热点问题，设立《纪念抗日战争胜利75周年》专栏，刊登了反映中华各民族同呼吸共命运，在抗日战争中浴血奋战和在新中国成立后积极参加社会主义建设的文章。为深入贯彻落实习近平总书记在中共十九大报告中指出的坚持我国宗教的中国化方向，积极引导宗教与社会主义社会相适应，《回族研究》特刊发一批反映伊斯兰教中国化的文章，对伊斯兰教中国化问题进行了深入探讨。2020年，《回族研究》从内容质量、编校质量、出版印制质量等方面对期刊的出版工作作出多项规定和要求，以保证期刊的出版质量。着重把握选稿的政治方向，引导正确的舆论声音。2020年《回族研究》编辑部对期刊的选稿用稿提出了要求。选题精确。选题精确是学术期刊把握正确政治舆论方向的前提。对于重大选题严格执行报备制度；进行经常性选题策划，以确保选稿与专业领域研究热点、重点问题同步。观点正确。以符合国家意识形态、符合社会公序良俗、符合伦理道德为标准选取稿件。内容准确。要求引用党中央、国务院出台的法律政策必须准确无误；对于特殊词语的使用准确掌握；严格审核文章所引用法律、政策内容是否正确理解，确保引用内容无误。2020年，《回族研究》继续入选北京大学《中文核心期刊要目总览》，南京大学《CSSCI核心期刊目录扩展版》，同时2020年《回族研究》订阅量稳中有升。

（和　侃）

【《宁夏大学学报》】《宁夏大学学报（人文社会科学版）》是由教育部与宁夏回族自治区人民政府合建高校，国家“一流学科”建设高校，国家“211工程”重点建设高校——宁夏大学主办主管的人文社会科学综合学术期刊。1979年创刊，双月刊，宁夏大学学术期刊中心负责编辑出版工作。截至2020年年底，累计出版42卷221期，是中国国际图书贸易总公司推荐、介绍、精选并直接向国外发行的当代中国重要学术研究期刊和中国高等院校人文、哲学社会科学期刊之一。期刊以“政治导向正确、学术价值重要、问题意识明确、学术观点创新、文献基础扎实”为宗旨，所设的《西夏研究》《汉语研究》《经济管理》《历史研究》《政法论坛》《文学评论》《教育研究》《宁夏文艺研究》等栏目发表了一大批反映哲学社会科学前沿研究的优秀成果，产生了良好的社会效应和学术效果，充分体现了社科学报的时代特点与地方特色，为宁夏经济社会发展提供了理论指导。2020年，共收稿件1250件，出版6期，发表论文170篇，出版212万字。所发论文多篇被《新华文摘》、中国人民大学复印报刊资料、《全国报刊索引·社会科学版》等复印、转载、摘编和索引。被中国核心期刊（遴选）数据库和中国社会科学期刊精品数据库收录。被评定为“中国人文社会科学综合评价AMI”扩展期刊。根据中国学术期刊（光盘版）电子杂志社有限公司和中国科学文献计量评价研究中心对《宁夏大学学报（人文社会科学版）》载文量、可被引文献量、被引频次、影响因子等多项指标综合评定，入选2020年《中国学术期刊影响因子年报》统计源期刊。期刊在出版工作中，牢固树立“四个意识”，坚决维护党中央权威，在思想上、政治上、行动上自觉同以习近平同志为核心的党中央保持高度一致，将意识形态工作融入期刊出版工作全过程，牢牢把握正确的办刊方向，坚持马克思主义新闻观，认真执行党的民族宗教政策，严格规范出版工作流程，对违反意识形态和背离党的民族宗教政策的学术论文坚决不予录用。同时，牢牢掌握网络意识形态主导权，维护网络意识形态安全。对涉及地图的文章，严格按照国家地图出版规定予以审核。对涉及国家秘密、技术秘密的文章，严格按照国家保密规定予以报送审定，从源头上杜绝问题稿件的出现。期刊注重学术性、先锋性、开放性，重点反映学校人文社会科学的最新研究成果，充分体现时代特点与地方特色，提高服务读者、服务作者、服务社会的能力。坚持为作者和读者服务的宗旨在办刊中得以更好体现。在注重稳定作者队伍的同时，及时建立作者数据库。在每年出版的稿件中精选优秀论文，颁发荣誉证书，建立一批有一定学术造诣的作者队伍，为不断提高刊物学术质量提供有力的保障。期刊严格执行编辑初审、专家复审、主编终审的三审制度，并通过中国知网提供的“学术不端文献检索系统”，对每一篇来稿进行检查，杜绝抄袭、一稿多投等学术不端行为，净化了学术空间。期刊加强对外合作，提高办刊信息化水平，拓展期刊稿源。邀请专家、学者作为栏目主持人针对特定前沿问题或重大创新性理论命题开展专题组稿。继续与中国知网、万方数据、超星公司、重庆维普等国内外20余家期刊评价机构、收录机构、数据库建立长期合作关系，借助数据库的技术力量，加强学报信息化平台建设。

（王　涛）

【《图书馆理论与实践》】《图书馆理论与实践》是由宁夏回族自治区图书馆及文化和旅游厅主管，宁夏图书馆学会、宁夏回族自治区图书馆主办的图书馆学、情报学、文献学、信息学专业刊物，其前身是《宁夏图书馆通讯》，创刊于1979年12月，1986年经宁夏区党委宣传部批准，更名为《图书馆理论与实践》。2020年第1期始改为双月刊。2020年，《图书馆理论与实践》设置有《专题研究》《学术探讨·工作研究》《数据信息知识智慧》《文献学》《阅读推广》《综合评述》《图书馆史苑》《“五计学”专题研究》《公共危机应急管理》《图书馆扶贫服务》《图书馆法律与法规》《青年学苑》等栏目。2020年，收到投稿2453篇，刊发160篇。

（张　莉）

【《西夏研究》】《西夏研究》是由宁夏社会科学院主管主办、面向国内外公开发行的中文综合性专业学术期刊。《西夏研究》创刊于2010年，季刊，是国内唯一以西夏学研究为主要内容的学术期刊。2020年是《西夏研究》创刊十周年，增加出版《西夏研究》创刊十周年特刊1期。截至2020年年底，累计出版44期，特刊1期。《西夏研究》以西夏历史文化与文献的整理和研究为主要内容，梳理党项西夏历史变迁与文化走向，整理国内外的西夏学文献和史料，研究近百年地下考古出土的有关西夏文物和文献，考察与西夏问题相关的西北地区历史与文化。《西夏研究》2019年进入中国人文社会科学期刊AMI综合评价A刊扩展期刊。2020年，《西夏研究》共出刊4期，刊发论文101篇，内容涉及《西夏语言文字》《西夏艺术》《西夏文物考古》《西夏文献考释》《西夏法律与社会经济》《西北历史地理》《研究综述和书评》等方面。

（孙广文）

【《北方民族大学学报》】《北方民族大学学报》（哲学社会科学版）是由国家民族事务委员会主管、北方民族大学主办的人文社会科学学术理论刊物。创刊于1989年，以“树立精品意识、追求学术创新”为刊训，主要发表《习近平新时代中国特色社会主义思想》《民族学》《人类学》《历史学》《经济学》《教育学》等研究领域的学术论文。2020年，学报再次入编《中文核心期刊要目总览》2020版（即第9版）民族学、人类文化学类核心期刊，这是《北方民族大学学报》（哲学社会科学版）第二次入选全国中文核心期刊（北核）要目。2020年，《北方民族大学学报》被人大复印报刊资料《民族问题研究》全文转载8篇，转载量居民族学类期刊第三位；全文转载率为5.44%，综合指数0.76。同年，学报再次入选“复印报刊资料重要转载来源期刊（2020版）”。中南财经政法大学图书馆期刊信息检索中心发布的信息检索报告中，《北方民族大学学报》2020年共被142条检索途径转载11篇论文。2020年11月4—6日，中国社会科学评价研究院主办，学报编辑部和中国社会科学评价研究院期刊与成果评价研究室共同承办“民族学与文化学期刊专家委员会暨民族地区决胜全面小康学术研讨会”，《民族研究》《中央民族大学学报》等20家民族学与文化学期刊专家学者出席会议。

（陈　帅）

【《宁夏师范学院学报》】《宁夏师范学院学报》（原《固原师专学报》）是宁夏师范学院主管、主办的综合性学术期刊，创刊于1980年，时为内刊且不定期。1996年改为双月刊。2018年，经自治区新闻出版广电局批准，《宁夏师范学院学报》由双月刊变更为月刊。期刊曾获“首届全国百强社科学报”“第二届全国优秀社科学报”“中国北方优秀期刊”。截至2020年年底，共出版41卷230期。2020年，编辑部共完成240余万字文稿的编辑、校对、出版、发行工作。全年12期学报共刊发稿件229篇（社会科学114篇，自然科学66篇，教育教学49篇），采用博士、硕士稿件180余篇，其中各类基金资助项目文章近140篇。2020年《宁夏师范学院学报》继续强化特色栏目建设工作，坚守意识形态阵地，将学术研究与国家、地域文化需求相结合，在《黄河文化研究及宁夏的高质量发展》《民法典与社会生活密切相关的问题研究》《党建法律与课程思政》《生态文化与人类学研究》《地方历史文化研究》《地方文献整理》等特色栏目上持续巩固和建设。特色栏目在传承社会文明、弘扬民族文化、提升学报的学术品位和知名度的同时，也促进了学校教学科研水平，提升了学科建设的层次。《文学》《历史文化》《研究综述》《西夏研究》《高等教育》《基础教育》《基础理论与应用基础》《计算机及应用》等重点栏目，在稿件的筛选上更加注重地方性内容文稿的选用，着眼学术前言，注重本土学者及时发声，推动地域经济文化建设，依托地方经济和民族文化基础，带动区域经济和地方历史文化研究，打造地方文化特色栏目，进一步提升学报服务地方的特色，所采用的稿件质量得到提升。发挥学报对外窗口的作用，利用每期的封二、封三对学校各二级学院做了报道和介绍，加大了对学校的教学科研情况和各教学学院的宣传力度。在继二级学院概况介绍之后，加大宣传介绍学校获批的国家一流本科专业和自治区一流本科专业，及时宣传学院专业建设成果。12月，召开《宁夏师范学院学报》创刊40周年暨高质量发展研讨会。来自陕西师范大学、西北师范大学、宁夏社会科学院、宁夏大学、北方民族大学等学报编辑部以及《丝绸之路》杂志社、《民族艺林》杂志社、西北师范大学文学院、宁夏文联《朔方》编辑部、作家协会、文艺评论家协会等单位的主编、专家学者50余人参加研讨会。

（王文娟）

【《宁夏党校学报》】《宁夏党校学报》由宁夏区委党校、宁夏行政学院主办，是自治区宣传马克思主义中国化最新成果的主要阵地之一。2020年，学报在2018年改版的基础上，继续坚持政治上以习近平新时代中国特色社会主义思想为遵循，思想上以破除对马克思主义教条式理解为己任，选题上聚焦马克思主义中国化、坚持和完善中国特色社会主义制度、推进国家治理体系和治理能力现代化等主题，学术上不拘一格求创新，倡导百花齐放、百家争鸣的平等学术交流。秉承理论性、学术性、现实性、前瞻性的办刊宗旨，研究哲学社会科学重大理论与现实问题，追踪学术前沿，特别关注新时代中国特色社会主义建设过程中的热点、难点问题。2020年，《宁夏党校学报》与《人大复印报刊资料》《中共中央党校学报》《光明日报》等报刊中心广告部联系，及时刊登《学报》的每一期目录，扩大宣传影响力。根据《中国学术期刊影响因子年报（人文社会科学·2020版）》的统计数据显示，《宁夏党校学报》的国内影响力排名比上年前进8位，复合影响因子比上年增长18.4%，综合影响因子比上年增长20.31%，人文社科影响因子增长25.86%。2020年，《宁夏党校学报》入选武汉大学RCCSE准核心期刊行列，多篇文章被人大复印报刊资料转载，1篇文章被《新华文摘》论点摘编，学术水平和影响力持续加大。2020年，《宁夏党校学报》常设《习近平新时代中国特色社会主义思想》《名家论坛》《马克思主义》《党的建设》《公共管理》《法治与社会》《思路宁夏》《探索与争鸣》等栏目。在第一期专题策划了《国家治理现代化》栏目，并与区内外专家约稿组稿。《宁夏党校学报》注重编校质量。编辑部严格按照编辑工作流程开展工作，统一登记，归口审阅，编辑加工严格落实编前会制度、三审制、三校二（审读）、责任编辑制及编后会等制度。《宁夏党校学报》重视数字出版，加快转变学术期刊出版理念，重视期刊网络系统建设，加强与中国知网、龙源期刊网、中教数据库、超星期刊等出版平台的合作。2020年，《宁夏党校学报》共出刊6期，发表各类稿件93篇，约140万字。

（任德靖）

文化

WENHUA

NINGXIA YEARBOOK

编辑◎杨　云

综　述

【文旅发展成效】2020年，全区文化和旅游事业发展成果喜人。文艺创作。围绕决胜全面建成小康社会等重大主题，推出话剧《高沙窝脱贫记》等一批优秀剧目、秦腔《灵州长歌》等新创剧目7部、舞剧《不到长城非好汉》等优秀剧目4部。音乐剧《花儿与号手》等6部剧（节）目入选文化和旅游部"庆祝中国共产党成立100周年舞台艺术精品创作工程"重点扶持作品。举办"奋进新时代·梨园谱新篇"2020年宁夏新年戏曲晚会、第十七届中国西部民歌（花儿）歌会等品牌活动。开展"戏曲进校园""戏曲进乡村"等惠民演出1000多场。公共服务。扶持农村文化示范点385个。西夏区文化馆和图书馆等5个单位列入国家级公共服务机构文化和旅游融合试点单位，贺兰县文化馆等7家单位获"第八届全国服务农民、服务基层文化建设先进集体"称号。在全国率先成立省级文化旅游标准化技术委员会。开展"我们的中国梦"文化进万家活动近200场，40项活动在"学习强国"上展播。开发"文旅相伴·宅家无憾"微信公众号，上线各类艺术作品200余部。完成"送戏下乡"惠民演出2326场、广场文化演出1425场。文化遗产保护。姚河塬遗址、大麦地岩画等全国重点文物保护单位完成保护规划编制。宁夏博物馆"朔色长天——宁夏通史展"网上展览被国家文物局在全国推广。隆德县传统剪纸进校园入选全国非物质文化遗产保护实践优秀案例，魏氏砖雕传承人团队获得第十二届"薪传奖"杰出团队称号，1人获得第十二届"薪传奖"杰出个人称号。命名第七批自治区级非物质文化遗产保护传承基地35个。评选自治区级非物质文化遗产扶贫就业工坊15个，其中8个入选国家级非物质文化遗产扶贫就业工坊。"非遗进万家·文旅展风采"活动被文化和旅游部列入黄河流域非物质文化遗产重点活动。市场监管。文明单位和文明行业创建初步通过复检。评选文明旅游景区13家、文明旅行社10家、文明旅游饭店10家和文明员工59名，在全区AAAA级以上旅游景区新建文明旅游志愿服务驿站28座、文明旅游志愿服务岗25个。全面深化"放管服"改革，完成"三减一提升"目标任务，行政审批不见面率达93.7%。在全国率先制定《关于加强文化和旅游市场综合监管的意见（修订稿）》。开展文化和旅游市场八大专项整治行动及文化和旅游行业安全生产专项整治三年行动。人才建设。推荐国务院政府特殊津贴人选2名、"百千万人才工程"人选1名、"塞上文化名家"1名、青年拔尖人才2名、领军人才1名、托举人才3名、文化和旅游部优秀专家10名。全年举办各类培训班20期，培训2199人次。创新开办"塞上大讲堂"4期，惠及干部群众1000余人次。完成国家社科基金艺术学研究项目9项、宁夏哲学社会科学（艺术学）研究项目11项。

【文旅产业融合发展】2020年，全区文化和旅游产业高质量发展现场观摩推进会召开，制定《文化旅游产业高质量发展实施方案》《关于推进文化和旅游深度融合发展的实施意见》等文件。谋划"十四五"文化和旅游重大项目及黄河流域生态保护与高质量发展项目112个，其中23个项目被列入2020年自治区重大项目清单，两个项目入选2020年"一带一路"文化产业和旅游产业国际合作重点项目。举办AFN"一带一路"（宁夏）动漫节、宁粤双城记·文旅直播嘉年华、中国·银川ADJ新次元电竞动漫全国联赛等特色活动，促进消费升级。融合全媒体力量，创新开展"两晒一促"大型文旅推介活动，各展示终端和平台传播量突破20亿次，获“2020年度中国旅游影响力营销案例”。《星空朗读》走进宁夏第二季特色文旅活动传播量超2亿次，获“2020年度中国旅游影响力节庆活动营销案例”。“仰望星空”系列主题活动被评为国内16个旅游宣传典型案例之一。《宁夏中卫市沙坡头区创建国家首批全域旅游示范区探索》入选“中国改革2020年度典型案例”。

【“十三五”宁夏文旅发展新成效】“十三五”期间，宁夏着力构建文化精品创作工程、现代公共文化服务体系、中华优秀传统文化传承体系、现代文化产业体系、对外文化交流体系“一工程四体系”，大力创建全域旅游示范区，文旅事业发展取得新成效。文艺创作生产持续繁荣。共创作演出优秀剧目45部、主题晚会18台、美术作品561幅。秦腔现代戏《王贵与李香香》获“文华大奖”和“五个一工程奖”，入选全国优秀红色演艺剧目。秦腔《擎天一柱》实现宁夏工业题材“零”的突破，音乐剧《花儿与号手》入选国家舞台艺术精品创作扶持工程十大重点扶持剧目，《幸福花儿开》获第八届全国职工全健排舞大赛广场舞一等奖，6部作品成功入选“庆祝中国共产党成立100周年舞台艺术精品创作工程”。成功举办重大活动。共举办重大文化和旅游活动近20项。融入新时代宁夏新风貌的自治区成立60周年庆祝大会群众文艺表演《塞上儿女心向党》、主题文艺晚会《绽放新时代》。“沙与海的对话”、中国西北旅游营销大会暨旅游装备展等营销活动让宁夏文化和旅游品牌声名远播。公共服务能力显著提升。在全国率先实现贫困地区村综合文化服务中心全覆盖，五级公共文化服务设施网络基本形成。国家公共文化服务体系示范区创建名列西部前茅，旅游公共服务体系加快构建。旅游服务质量提升“十百千万”工程全面完成，全域旅游环境明显改善。文旅惠民工程深入实施。开展惠民演出3100场以上，惠及观众200余万人次。宁夏成为文化和旅游部“我和我的祖国”文化新生活全国广场舞展演示范活动全国6个示范点中西部唯一入选省(区)。累计发行文化和旅游惠民“一卡通”近10万张，刷卡20多万次。文化遗产保护成果丰硕。彭阳姚河塬遗址入选2017年度全国十大考古新发现。盐池县等6个县(区)被中宣部等4部委列入革命文物保护利用片区。西夏陵、丝绸之路固原段列入《中国世界文化遗产预备名单》。固原博物馆“千年固原丝路华章”入选2016年度全国博物馆十大陈列展览精品。“烽火长城”系列户外旅游活动、长城游、考古遗址探秘游以及非遗展演融入文旅宣传推介等让文化遗产“活”起来。文旅产业加快发展。西夏区、沙坡头区成功创建成为首批国家全域旅游示范区，在西北位居前列。青铜峡黄河大峡谷AAAAA景区创建通过文化和旅游部景观质量评审。“塞上江南·神奇宁夏”旅游整体形象日益提升，“让我们去宁夏，给心灵放个假”宣传口号全面叫响。省级旅游度假区达到4个，A级以上旅游景区达到100家。全区国内外游客接待量、实现旅游总收入分别从2016年的2159万人次、210亿元增长到4011万人次和340亿元，分别增长了85.7%和61.9%。旅游总收入占全区地区生产总值的比重超过9%。旅游宣传营销有声有色。“八闽亲人游宁夏”免费月、“湘约宁夏”优惠季、“华东十城市巡回秀”、星空朗读走进宁夏、“千车万人”自驾游宁夏等活动成功举办，极大地提升了宁夏文化和旅游对外影响力和知名度。“美丽宁夏”“星星的故乡”深入人心，晒文旅、晒优品、促消费“两晒一促”大型文旅推介活动总曝光量突破5亿人次。对外交流合作取得新成效。成功举办两届中阿旅行商大会和宁夏(沙坡头)国际沙漠旅游牵手等活动。“斯里兰卡宁夏文化和旅游周”等一批部省合作项目、“欢乐春节”等对外文化交流项目顺利实施。与港澳台地区的文化和旅游交流合作不断加强。

【疫情防控】2020年，全区文化和旅游系统全面落实疫情防控“党政同责、一岗双责”，分阶段采取果断措施，坚决守住公共卫生安全底线，确保全区文化和旅游系统未出现1例新冠肺炎病例。有序组织631名出境团游客和5532名国内游客平安返宁；全区文化市场综合执法人员累计出动42.1万余人次，巡查公共文化场馆、景区景点、旅行社、星级旅游饭店等经营场所14.8万多次。采取预约、错峰、限流等常态化防控措施，得到自治区政府主要领导肯定。

(杨　军)

艺术创作

【精品创作工程】2020年，全区文化系统紧紧围绕“决胜全面建成小康社会”“建党100周年”“黄河文化传承保护”等重大主题，广泛征集、重点扶持优秀艺术作品。音乐剧《花儿与号手》、话剧《闽宁镇移民之歌》《高沙窝脱贫记》、秦腔现代剧《花儿声声》《王贵与李香香》、舞蹈《我的绿水青山》等6部作品成功入选文化和旅游部“庆祝中国共产党成立100周年舞台艺术精品创作工程”。精心打磨舞剧《不到长城非好汉》、话剧

2020年10月18—20日，第十七届西部花儿歌会在银川市宝鼎广场举行

《六盘鸿雁》《金色鱼钩》等一批以爱国主义为主题的优秀剧目。动员和组织全区广大文艺工作者以“抗击新冠疫情”为主题创作音乐、舞蹈、戏曲、戏剧、书画、诗歌等艺术作品200余件。音乐剧《花儿与号手》入选2020年度全国舞台艺术重点创作剧目名目、2020年度国家舞台艺术精品创作扶持工程重点扶持剧目。《山花烂漫丛中笑——曾杏绯先生诞辰110周年纪念艺术展》入选2020年全国美术馆青年策展人扶持计划初评项目名单。

【特色文化展演品牌】2020年，宁夏坚持文化和旅游融合发展的路子，深入挖掘宁夏地域文化、特别是黄河文化蕴涵的时代价值，鼓励和支持各地打造有影响力的项目和活动，讲好“黄河故事”，展示宁夏形象。银川市举办“天下黄河·魅力银川”第四届黄河文化旅游节，搭建与黄河流域省(区)城市文化旅游交流平台，推动宁夏文化旅游产业发展壮大。中卫市举办2020黄河数字音乐节，充分利用宁夏黄河、大漠、星空等特色文旅资源优势，打造高标准、高质量的全国性知名数字音乐节事活动。围绕“建党百年、精准扶贫、黄河文化”主题，举办了“塞上江南·美丽宁夏”主题美术创作展，反映宁夏经济社会发展取得的巨大成就以及涌现的典型人物和先进事迹。承办黄河流域舞台艺术优秀剧目展演展播，由宁夏选送的交响组曲《黄河金岸》成功入选展演展播活动。

【文化惠民】2020年，全区文化系统积极调整工作思路，创新文化惠民模式，采取线上线下联动、传统媒体与新媒体互补的形式，为广大人民群众提供丰富多彩的精神文化大餐。开发“文旅相伴·宅家无憾”微信公众号，上线200余部各类艺术作品。与同程旅游合作，在宁夏旅游宣传专栏推送多部宁夏优秀艺术作品。向国家现实题材优秀剧目“云剧院”推送《王贵与李香香》《花儿声声》。推出“送戏下乡·线上专场”，精选31部艺术作品上线宁夏文化和旅游厅官方微信公众号、中国电信宁夏分公司IPTV有线电视、自治区科协三农呼叫中心宣传网络、“游宁夏”手机客户端等媒体平台。自治区文化部门与教育厅、宁夏电视台等单位合作开发“戏曲进校园艺术云课程”，让学生在家上网课的同时，感受到中华文化的魅力。完成2020年度“送戏下乡”惠民文艺演出1600场次，“戏曲进乡村”惠民演出606场次。开展“文化大篷车”下基层演出活动，弘扬宁夏“文化大篷车”优良传统，建立基层导向、精准投送、规范服务、末端问效的文化惠民新机制，全年完成演出100余场次，实现全覆盖。

【戏曲振兴工程】2020年，全区文化系统将礼敬优秀传统、弘扬中国精神、传播中国价值、凝聚中国力量作为文艺事业的神圣职责，实施宁夏戏曲振兴工程。组织复排京剧《扈家庄》《霸王别姬》《将相和》《坐楼杀惜》、秦腔《金麒麟》《闯宫抱斗》《庄妃与多尔衮》等剧目。支持宁夏秦腔剧院新创大型秦腔《灵州长歌》。支持创排反映宁夏治沙成果的现代京剧《花漫一碗泉》和以神华宁煤集团400万吨煤制油工程为背景的秦腔现代戏《擎天一柱》，艺术再现了宁夏各族人民在党的领导下无畏无惧、众志成城、无私忘我的奋进精神。支持拍摄秦腔现代戏《狗儿爷涅槃》数字电影，立体打造宁夏戏曲品牌，传播宁夏戏曲文化。举办“奋进新时代·梨园谱新篇”2020年宁夏新年戏曲晚会。

(杨　军)

公共文化服务

综　述

【概况】2020年，宁夏制定并出台《宁夏回族自治区村(社区)综合文化服务中心管理服务办法》《关于提高基层文化惠民工程覆盖面和实效性的实施意见》《宁夏回族自治区旅游厕所管理办法》和《自治区非物质文化遗产保护管理暂行办法》，努力提升公共文化服务管理水平。对川区250个村综合文化服务中心实施功能提升措施，扶持打造135个村综合文化服务中心、农民文化大院、民间文艺团队示范点，全区村(社区)综合文化服务中心2765个，覆盖率为98.9%。推进县级文化馆图书馆总分馆制建设，在乡镇、村和社区等地建成图书馆分馆125个、文化馆分馆78个。推进旅游厕所革命，争取中央旅游发展基金补助地方项目资金2793万元、下达自治区全域旅游发展资金1000万元，建设旅游厕所119座，任务完成率为127%。下达资金800万元，建设旅游道路标牌939个，任务完成率为188%。

【文化活动】2020年，第十七届中国西部民歌(花儿)歌会在银川市举办，参赛省(区、市)歌手、作品数量、质量水平均创历史新高。全年组织举办乡村春晚、社火比赛特色文化活动近200场，近40项活动在“学习强国”上展播，贺兰县首届“金鼠迎春　欢乐贺兰”乡村春晚被列入“全国乡村春晚网络联动”活动。开展宁夏、内蒙古、山西三省(区)民歌品牌活动优秀作品网络联展、“凝心聚力、抗击疫情”七省(区)市美术书法摄影网络微展等系列活动。举办第六届“迎新春”全区群众书法绘画摄影大赛，优秀作品在全区巡展。举办2020年宁夏全民阅读活动宣传周暨“4·23世界读书日”系列活动，营造全社会支持参与全民阅读的良好氛围。实施“清凉宁夏”“欢乐宁夏”等群众性文化惠民品牌活动，广场演出1425场，群众文艺会演70场。开展“文艺轻骑兵”基层巡演，集中展示宁夏脱贫攻坚、圆梦小康的成就和风采。支持45个农民文化大院开展文艺创演、花儿传唱、戏曲演出、非遗传播、红色传承等特色文化活动，进一步促进全区农民文化大院多样化特色化发展。

(杨　军)

图书馆

【宁夏图书馆】2020年，宁夏图书馆新增文献3.2万册，新增电子图书15.4万册，接待读者48万人次，书刊文献外借26.9万册次，通过官方网站、微博、微信等方式向读者提供服务，年网站访问量总计12.7万人次。为读者举办讲座、展览、培训班等各种活动20场次，参与人数总计3.3万人次，流动图书馆全年书刊借阅2.72万人次、5.2万册(次)。在文献资源建设方面，完成297万纸质文献的招标采购工作，共采购图书9534种32207册；完成图书编目16099种7272册，审校图书13580种32999册；补配地方文献414种618册，接受社会捐赠图书2266种3857册。在古籍保护方面，完成宁夏20家收藏单位古籍普查登记数据审核及出版工作，同时开展了《中华古籍总目·宁夏卷》编纂工作。基本完成馆藏民国普通图书普查工作，著录数据18547种31172册，并向国家联合编目中心平台上传新书目数据1644条，新增馆藏数据13528条，经国家图书馆民国文献保护中心验收，数据全部合格。在公共数字文化建设方面，制作完成《公共数字文化资源——特色文化系列纪录片加工转化项目(2020)》。继续做好全区公共电子阅览室管理信息系统维护及宁夏数字文化网、自建资源库、国家公共文化数字支撑平台宁夏分中心平台运维与服务工作，完成2019年“基层公共数字文化服务提档升级”项目中11个乡镇及6个村级文化服务中心的设备下发安装工作，对2020年“基层公共数字文化服务提档升级(公共数字文化智能服务)”项目中17个站点进行了设备发放和基层站点培训工作，成功建设验收《国家公共文化服务云平台宁夏专区》2018年度项目，完成全区17家基层图书馆的互联互通项目建设。在分馆及服务网点建设方面，新建了宁夏总工会职工服务中心分馆、宁夏军区分馆和贺兰山自然保护区管理局服务网点，分别配备图书1500册、3000册和2500册。各分馆和服务网点均能通过VPN与本馆区和其他分馆及服务网点通借通还；宁夏图书馆武警宁夏总队分馆项目已完成；督查巡检了31个分馆和服务网点，各服务网点准时按规定开放。共调配调换图书29次31369册；全年各网点流通达27184人次，流通约20319册(次)。在读者服务方面，全年办理读者证3674张，读者接待量480107人次，文献流通268482册(次)，网站访问量126138次，移动图书馆读者访问量35万余次，微信推文283条，累计粉丝83519人，读者阅读量173846余次。在全民阅读方面，举办了“中国梦　强军梦——庆祝中国人民解放军建军93周年”“民法典学习宣传”等主题展览10场次。举办“塞上讲坛——宁夏区域黄河文化特点与保护传承发展的思考”“朔方人文科学大讲堂——从高原走向高峰重大主题创作谈”等讲座8场次。举办“4·23世界读书日系列读书活动”“书香宁夏　为爱朗读”“童阅汇”“绘未来——周末故事会”等品牌阅读推广活动53场次，参加活动10000余人次。“书香宁夏　为爱朗读”项目被共青团中央、中央文明办、文化和旅游部等7部委授予“第五届中国青年志愿服务项目大赛金奖”。

【银川市图书馆】2020年，银川市图书馆按照“馆舍封闭、服务不停”的原则，利用新媒体推送活动信息350余条，举办“书香银川·百姓周末大讲堂”等线上活动210余场次，发布线上展览展示30余个，严格落实读者预约入馆制度，扎实做好疫情防控工作。认真做好文明城市创建，召开专题会议研究部署创建工作，设立公益广告40余个、发放宣传册页500余份，举办道德模范等各类专题展览12次。做好服务读者工作，开展“书香银川”暨“银川读书日”等阅读品牌活动210场次，参与4万余人次。春节期间组织举办2020年“金鼠献瑞”灯谜有奖竞猜及趣味游艺活动。开展“图书宣传周”活动，组织策划全民朗读作品展播、阅读时光主题书展等8项线上阅读活动以及“你买书、我买单”“图书交换”等6项线下活动。举办线下文化展览8次，举办线上展览12次，线上开设“月阅相约”微信读书公众平台，设置“相约读书”“掌上阅读”“读在凤城”三个板块。积极参加“2020年银川市美丽乡村·文化大集”、银川市“新时代乡村阅读季”等活动，开展图书交换、扫二维码送礼品、赠送期刊等图书馆推广活动，新建“图书流通服务点”12个，配送图书10万余册，新建“城市阅读岛”5家，配送图书2万余册。持续开展少儿、老年、残障读者服务，开展“亲子趣多多”“九九重阳 文化相伴”“畅享阅读 聆听心‘声’”银川市残疾人线上诵读大赛等活动。续订超星移动图书馆、中国知网数据库及“博看”数字期刊数据库等资源，增订“超星汇雅电子图书库”等多种数字资源库，开展多种多样的线上线下阅读推广活动。2020年，银川市图书馆共获得国家级集体奖励1项，自治区级集体奖5项，个人奖项2项5人次，地市级集体奖1次，个人奖项6项30人次。

【石嘴山市图书馆】2020年，石嘴山市图书馆为读者举办讲座、展览、培训班等各种活动11场次，参与总计2200余人次。积极争取文旅融合特色资源库——石嘴山市“煤城·记忆”特色文旅资源数据库项目20万元专项资金，搭建特色文旅资源数据库项目平台。在全市首家建立集阅读+书店+咖啡+非遗文创等创新服务内容为一体的印象阅读空间，扩充阅览和自休座席200余张。设立“故事里的石嘴山”阅读体验区，吸引本地专业人士或团体作为阅读推广者开展录音录播等服务，同时在一楼大厅安装安全翼闸、1~3楼借阅空间安装无死角监控设施、各功能部室设备改造完成，“爱心空间”装修项目圆满结束。坚持365天不闭馆，节假日不休息，共接待读者107126人次，流通图书89470册(次)。开设全市首家公共图书馆夜间自学模式，为读者营造更加温馨的阅读环境。利用微信公众号推送内容120余期，制作文明阅读微视频7期。利用图书流动服务平台在龙泉村、石嘴山军分区、武警支队等乡镇、军警单位开展“送书下乡 走进龙泉村”“书香送进军营 文化助力强军”等活动4场次，流通图书1800余册次。创新文旅融合阅读新模式，在华夏奇石山建立公益主题书屋，流通馆内图书2558册(其中：流通书室2000册，少儿室558册)，杂志200册(老年室)，建立集亲子阅读+研学交流+课外阅读等为一体的开放式阅览区，增添了文化旅游新亮点。春节期间举办了“迎新春 送福字 送春联”暨非遗技艺现场展示活动，共有50余名读者参加。举办“书香盈岁月 新桃换旧符”图文展，参展1000余人次。举办我们的节日——“书香浓端午，指尖飘粽香”为主题的“我们的节日·端午节”传统文化阅读推广活动、“爱在七夕·情满石嘴山”主题诵读会、“童心向党 感谢师恩”亲子诵读会、“浓情中秋·诗画国庆”系列活动等主题活动4场次，共计200余名读者参加。“4·23世界读书日”期间，整合线上线下、馆内馆外资源，举办“辉煌六十载·书香‘咏’流传”全民阅读推广活动，开展“以爱的名义拥抱春天，书香助力战‘疫’”为主题的全民阅读活动倡议书，制作主题形象宣传片《今天，为您点亮阅读这盏灯》，并向20名读者代表赠送了精美书籍40册，书签60张。组织开展以“众志成城 抗击疫情”为主题的道德讲堂活动、“牵手残障读者，走进图书馆”助残日系列活动、“华彩六十年，奋进石嘴山”——读经典用经典学习《习近平用典》亲子经典诵读、“心中有信仰，脚下有力量”读经典用经典学习《习近平用典》手抄报比赛、“文学点亮生活，阅读丰富人生”文学系列讲座活动等各类主题读书活动5场次，共有500余名读者参加。联合市新华书店联合开展“读者挑书，图书馆买单”等展售活动，展售图书4000余册。举办《石嘴山故事》品读会及线上线下推介活动，并在市新闻传媒集团“两微一端”，“学习强国”平台刊发相关报道。承办石嘴山市妇联、市机关工委、市财政局、市公安局等各事业单位培训、讲座等各类活动5场次，参加人员1000余人次。

【吴忠市图书馆】2020年，吴忠市图书馆继续做好免费开放工作，每天对外开放时间10小时，每周对外开放时间保持70个小时。全年通过线上线下方式采购5000种、16000册图书，接待读者17.1万人次，借还图书读者49229人次，借还图书96648册(次)，解答读者咨询1000余人次，接收政府信息公开文件361份，新办图书证1031个，依托各类阵地，举办各类读者活动29场次，3460人次参加，组织各类讲座会议、展览31场，3500余人参加。疫情期间，通过微信公众号向读者推送57期、79篇读书内容。组织开展以“我们的节日”为主题的“迎新春、送春联”“拥抱春天”清明诗会、“清明节”少儿线上朗读比赛、“重阳节”书签制作等系列活动29场，参与读者3460人次。举办“4·23世界读书日”系列活动，举办以“阅读滋养精神、思考孕育智慧”为主题的吴忠市作家签名赠书活动，6名本土作家为市民现场签名赠书，现场吸引500余名读者参与，赠送图书300册。在“六一”儿童节、端午节等节日，举办“妙笔生花、绘是你的本事”绘画比赛等活动26场，吸引1000余名小朋友参与。推进开展“流动图书进校园、进机关、进社区、进企业、进军营”五进活动42次，借阅文献12333册，服务咨询群众近1.2万人次。认真做好精准帮扶工作，全年共开展“一对一”帮扶8次，向帮扶对象带去米面油等价值20000多元生活用品，为同心县河西镇鸦嘴完全小学捐助价值约2500元各类学习用品，并现场开展“流动图书车”进校园活动，230余名学生现场体验教学阅读乐趣。积极参加吴忠市2020年助力乡村文化振兴“微心愿”志愿服务活动，向同心县河西镇刺鸦嘴子村村民捐赠价值3000余元棉被37条。

【中卫市图书馆】2020年，中卫市图书馆继续把“服务第一，读者至上”的服务宗旨贯穿到各项基础服务工作之中，保证365天免费开放服务，不断提升图书馆在读者中的认知度。2020年，图书馆进馆人数207130人次，办证人数1746人，持证读者24400人，图书借阅127796册（次）85456人次，图书馆网站访问量1305740人次，微信关注人数总量达10623人，歌德电子图书下载量达13185册，移动图书馆访问量884468次，读秀下载量4593条，编目加工数据7126条。利用传统节日举办各种各样的活动，先后组织开展“笔韵绘春”送春联送福字、“我们的中国梦·新春少儿电影大放送”“中秋节”听书有奖答题、“迎国庆诵中秋经典诗文诵读”等阅读推广活动6场次，引领广大读者通过阅读深入了解节日习俗，加深广大读者对中国优秀传统文化及其真谛的感悟。利用社科普及基地这一平台先后组织开展大学第一课、文学照亮生活等“书香中卫·大讲堂”10期，参与1200余人次。举办经典诗文诵读、“浸染书香，传播经典，聆听心声，朗读有你”、红色记忆诗词大会等“书香中卫·朗读有你”活动6期，参与1600余人次。针对疫情带来的不利影响，充分利用数字图书馆举办“书香盈岁月　新桃换旧符”2020年新春年俗展、人与自然和谐主题展、战“疫”中的英雄——美术作品展、云冈石窟艺术线上展览4次，微信公众平台开展“文旅e家，助力美好生活”“阅读无界　听书打榜”“阅读推荐”等数字阅读推广活动40次。开展送书下乡活动，精心挑选法律知识、人文历史等方面图书、期刊，先后为机关、景区、乡镇、企业等送书10次，累计送书10368余册。推进城市悦书房建设，在市区东片区世纪花园建设城市悦书房1座，配送图书6300册，设制阅览席位80个，并向读者免费开放，推进书香中卫建设。加强地方特色资源数据建设，筹建枸杞特色文化数据库建设，满足基层群众对数字文化的新需求，助力特色产业发展。广泛征集抗击新冠肺炎疫情文献资料，对征集到的资料整理归类、永久保存、开发利用，保存“中卫记疫”，保留党带领人民抗击疫情的光辉历程。

（杨　军）

文化馆与美术馆

【宁夏文化馆】2020年，宁夏文化馆主动转换公共文化服务方式，以品牌活动为引领，加大“云”上服务力度，不断拓展服务内容和拓宽服务领域，全年培训基层群文骨干5期527人，组织公益展览15场次，观众达到8.4万人次，文化演出活动70余场（其中，惠民工程光明广场演出49场、基层巡演13场），观众达10.5万余人次。高标准举办第十七届中国西部民歌（花儿）歌会。抓好“文艺轻骑兵”基层巡演。全区共有2万余名群众现场参与活动。创新服务渠道，开展群众文化“云”服务。利用“两微一端”积极开展“云课堂”“云上微展”等服务活动，先后推送云课堂48课时960分钟、微画展5期、非遗微展活动3期，主题展览展示4期。组织专业骨干以抗击疫情为主题开展文艺美术摄影作品创作，参加“凝心聚力·抗击疫情”七省（自治区、直辖市）美术书法摄影网络微展。与全国18家兄弟省文化馆联动，建立馆际直播联盟，进行联动直播十余场，丰富了群众文化活动网络平台资源，扩大了宣传效果。扩展文化馆服务阵地，挂牌成立了自治区文化馆黄河石鉴赏艺术分馆和贺兰砚制作技艺分馆，有效地弥补了阵地不足给群众文化服务带来的影响，拓宽了服务领域。先后举办全区文化馆馆长暨数字文化馆建设业务骨干培训班等5期培训班，培训市县文化馆骨干527人次。全区“清凉宁夏”广场文化活动（全年演出49场）、“欢乐宁夏”全区群众文艺会演（演出70余场）、“春雨工程”宁夏文化馆文艺志愿者福建行、“庆祝全面建成小康社会”第四届八省（区）群众美术书法摄影省际巡回展、“大河上下”——第十二届黄河流域九省（区）摄影展、“美好新生活·幸福一家亲”新春文化网络征集活动、全区首届曲艺小品大赛、“全区职工劳动者之歌”文艺会演、全国第五次文化馆评估定级等工作顺利完成。举办“2020年宁夏文化和自然遗产日”宣传活动。开展非遗扶贫就业工坊建设和“非遗保护四个十”评选。宁夏共命名15个非物质文化遗产扶贫就业工坊。共评选出先进责任保护单位10个,先进保护传承基地(工坊)10个,优秀保护实践案例10个,非遗年度人物10名。依据《宁夏回族自治区非物质文化遗产保护管理暂行办法》,对全区15个非遗扶贫就业工坊,98个保护传承基地,142个自治区级非遗项目和249名自治区级代表性非遗传承人进行复核评估。2020年共完成国家级课题1项,完成地方资源建设项目6项。申报自治区课题8项。取得省(区)级奖项6项、个人奖项5个、作品奖项25项。

【银川市文化艺术馆】2020年,银川市文化艺术馆利用公共文化设施,统筹使用免费开放场地,免费向10余支社会民间文艺团队提供排练场地,接待6000余人次。非遗展厅展出作品300余件,接待观众5000余人次。全年完成创作眉户小戏《墙界》《婚期》和志愿者之歌《有你有我爱就在》。在群众文化活动方面,共举办各类群众性文化活动26项,全年完成148场次,观众近20万人次。包括“2020美好银川　共奔小康”第三届银川市民文化节系列文化活动、“文化扶贫牵手共建”活动、“传承经典·筑梦未来”优秀传统文化进校园活动、“我们的节日”系列传统文化节日非遗节庆活动、“欢乐宁夏——幸福银川”银川市群众文艺会演各艺术门类专场展演活动等。全面推进全民艺术普及方面。策划推出形式多样的公益性全民艺术普及培训班,线上艺术培训64课时,参与群众5万人次;线下艺术培训1273课时,培训涵盖器乐、声乐、语言、舞蹈、戏曲、非遗、书法、摄影、美术等20余个门类,参与群众5万余人次,1000余课时。积极推进广场舞创作推广工程,创排4套适合市民群众的广场健身舞,制作教学示范光盘3000余盘免费发放,聘请100名文化辅导员在全市100多个广场进行普及与推广,常年坚持开展活动且具备一定实力水平的基层广场舞团队增加至80余支,长期参与广场民族健身舞活动的群体增加至20万人次。在文化展览方面,举办“追梦的孩子”大型儿童艺术展、银川市清明节葫芦刻画展、庆“六一”银川市少儿美术作品线上微展览、“塞上秋韵”——银川国画油画十人作品展、塞上风物——麦动凤城麦秆画制作技艺作品展等9期优质展览展示,观展人数3万余人。在非遗传承保护方面,积极发掘申报各类非遗项目,开展全市系列非遗+旅游文创活动,引导非遗传承人在景区、社区等地建立工作室、工作站。策划举办第三届宁夏小曲传承创作推广暨宁夏小曲创作大赛、银川市贺兰砚文旅商品创意大赛及巡展、2020年文化和自然遗产日和“颂传承·敬匠心·迎端午”端午非遗展示、“塞上风物”非遗项目系列展览等活动。积极参加宁夏黄河流域非遗创意大赛、非遗讲解大赛等,助力非遗发展,着力打造银川市非物质文化遗产研学基地。

【石嘴山市文化馆】2020年,石嘴山市文化馆累计完成各类大型活动共计99场,其中市文化馆大剧院、音乐厅演出共计20场,完成“我为乡亲送戏来”文化惠民活动45场,“舞动石嘴山第21届广场文化艺术节”10场,举办百姓健康舞、道德讲堂和线上微课堂共10场,开展市民学校寒暑期少儿、成人免费培训班共3期,完成“戏曲进校园”11场,线上线下参观、受益15万余人。组织举办“华彩六十年　奋进新时代”石嘴山建市60周年群众文艺演出,得到群众一致好评。完成“华彩六十年　奋进新时代”石嘴山建市60周年系列摄影展,分别开展“朔地风骨·宁夏长城风光摄影展”“塞上黄河天际流”专题摄影展、“孩子眼中的石嘴山”“首场强幼德专场”等摄影展。在“4·23世界读书日”活动期间,策划“读书·点亮·生活”系列微访谈,邀请本土作家、朗读者用声音分享美文,通过访谈+朗读的形式,赞美可爱的家乡石嘴山。举办“文化和自然遗产日”宣传活动,全区60多名非遗传承人齐聚石嘴山沙湖古镇展示非遗作品,被新华网、宁夏电视台影视频道等20余家新闻媒体宣传报道,网络平台浏览量近200万人次。举办“华彩六十年　奋进石嘴山”全市第七届“幸福舞步”广场舞大赛,来自各县(区)10支优秀代表队伍,300多名广场舞爱好者参与了决赛。充分发挥“线上”作用,开展“抗疫知识公益课堂”系列宣传活动,组织创作发布各类群众文艺作品共计410件。数字文化云平台将大量免费的文化资源等免费为公众开放,门类超400个,让群众足不出户就能欣赏不同的文化艺术知识,其中《笑闻花香》《希望》被石嘴山新闻传媒中心、“学习强国”平台等网站采用,点击量过万人次。开展“文艺小分队走基层巡演”活动,组织小分队走进惠农区礼和乡银河村,学习宣传贯彻习近平总书记视察宁夏重要讲话精神。

【吴忠市文化馆】2020年，吴忠市文化馆创作快板《誓把病毒一扫光》、音乐快板《打响防控疫情阻击战》、独舞《为爱出发》，并在文化馆微信公众平台策划举办5期各类作品网络微展。做好疫情防控工作，组织31名干部职工下沉利通区清宁河社区阳光瑞祥小区和饮食服务公司家属院执勤上班，累计登记出入社区超过16900余人次。组织开展“滨河百姓大舞台”广场文化活动演出10场次，承办2020年“欢乐宁夏”全区群众文艺会演吴忠赛区（复赛）和“欢乐宁夏”全区群众文艺会演广场舞决赛（吴忠赛区），其中原创广场舞《幸福花儿唱起来》获2020年“欢乐宁夏”全区群众文艺会演广场舞决赛一等奖，原创舞蹈《幸福拍拍手》《幸福花儿唱起来》获2020迎国庆“戴爱莲杯”人人跳全国群众舞蹈选暨第三届全区“百姓艺术健康舞”展演“魅力之星”荣誉称号。选派专业代表参加第十七届中国西部民歌（花儿）歌会、第八届全国部分文化馆“群星耀遵义、百馆联动嘉年华”活动。开展吴忠市“文艺轻骑兵”基层巡演共9场次，完成2020年文化惠民“送戏下乡”活动50场次、“戏曲进校园”10场次，并录制光盘50份发放到市区各中小学校。在各县（区）举办9场宣传习近平总书记视察宁夏重要讲话精神流动展览，策划开展各类讲座、培训4期600余人次，制作录制5期吴忠市文化馆百姓云课堂。做好非遗传承保护及利用工作，两家基地（工坊）获2020年度非遗先进保护传承基地（工坊），《强家老醋文化养生园》获2020年度非遗优秀保护实践案例，李夏音、田彦兰获“2020年度非遗年度人物”荣誉称号，完成2期非遗传承人抗“疫”作品网络微展，精选12个非遗项目及两个文化产业项目参加“2020黄河金岸文化旅游节暨‘5·19中国旅游日’”吴忠市首届非遗购物节，积极参与“非遗进万家·文旅展风采”2020年宁夏黄河流域非遗作品创意大赛、非遗讲解大赛、文化和自然遗产日主场等系列活动，6个非遗基地入选第七批自治区级非物质文化遗产保护传承基地名单，5个非物质文化遗产扶贫就业工坊被自治区文化和旅游厅与自治区扶贫办联合命名，成功申报21名非遗传承人为第六批吴忠市级非遗代表性传承人，非遗展示馆全年参观为10000余人次。开展书法进校园5场次，陶艺进校园活动13场次，惠及中小学生2700人次，举办吴忠市第六届青少年美术书法摄影作品展示活动，评选获奖佳作423件，举办为期1个月的优秀作品展览，参观为21000余人次，开设各类公益免费培训班，培训学生3360人次。

【银川市美术馆】2020年，银川市美术馆统筹疫情防控工作，充分利用丰富的藏品及艺委会专家资源，举办银川市美术馆“线上展览”及“线上公益培训班”等便捷安全的文化产品，义务开展麻编技能培训、美术书法教育，线上展览、美术鉴赏教学、艺术演示等系列活动，举办“银川美术馆线上公益微课堂”2期，线上展览4期，艺术赏析9期。组织全区书画家举办第一个抗击疫情展览《弘扬抗疫精神·致敬时代英雄——2020年抗击疫情宁夏美术作品展》，后期陆续举办各类展览22次，其中举办的“中国书法兰亭奖（创作奖）全国邀请展”在西北各省（区）受到极大的关注，吸引大批外省市书法爱好者到银川市参观。积极探索打造品牌展览活动，举办《“筑梦黄河　相见银川”——第一届坦培拉绘画学术邀请展》，邀请以刘孔喜教授为代表的全国坦培拉绘画研究领域的10名优秀艺术家到银川市进行艺术交流，共展出坦培拉绘画作品50余幅，是迄今为止国内首次坦培拉绘画作品专项展览，也是一次坦培拉技法高水准的集中亮相。与自治区美协合作，由中国美协主席范迪安亲自策划，集中国内234名著名写意油画家，并邀请北京当代中国写意油画研究院积极参与，在银川市举办《天下黄河·中国百名油画家主题作品展》。认真做好非遗助力精准扶贫工作，完成对月牙湖贫困村建档立卡户350人的技能培训，并针对月牙湖乡移民村民的实际情况，以宁夏地域文化为基础，加大文创产品和生活实用品研发，其中麻编扶贫产品在自治区“非遗进万家·文旅展风采2020年宁夏黄河流域非遗作品创意大赛”中获得二等奖，扶贫产品手工包、手机包、钥匙扣获2020年青铜峡市第三届文创及旅游商品大赛“金奖”，扶贫产品麻编手作玩偶系列在中国旅游协会主办的2020年中国特色旅游商品大赛上获“金奖”，麻编产品更是代表宁夏特色文化入围2020中国国际进口博览会。

（杨　军）

博物馆

【宁夏博物馆】2020年，宁夏博物馆深入推进“三强九严”工程，严格落实党组织生活和党建工作制度，创新“主题党日”活动的方式方法，先后为文旅部人才中心党委主题党日活动，现场直播《红旗漫卷》展览，与平罗县中医医院、石嘴山市博物馆等党组织联合开展系列“主题党日”活动。严格落实党风廉政建设责任制，逐级签订党风廉政建设责任书，明确支部书记主体责任、班子成员“一岗双责”和纪检委员监督职责。坚持实名预约登记、分时分区限流的方式，加强常态化疫情防控下的开放管理，全年共接待观众228807人次。先后引进展览6项，合办展览3项，自主举办展览4项，推出展览4个展次，“朔色长天——宁夏通史陈列”获第17届全国博物馆十大陈列展览精品推介优胜奖。开展红色历史文化下基层、中小学生研学体验、文化“六进”和寒暑假“小小讲解员”培训等线下社会教育活动50余场次，揭秘“天书”西夏文木活字印刷术研学课程获中国博物馆协会“2015—2019年度博物馆研学课程推介活动”优秀课程。推出“朔色长天——宁夏通史陈列”网上展览，制作了“石刻史书——宁夏岩画陈列”等四部全景纪录片，拍摄编发了“鎏金铜牛”、彩绘泥塑佛头像等文物视频和海报，全年通过“两微一抖”、哔哩哔哩等平台官方账号编发信息310条，阅读浏览量507.1万人次。推进“珍贵文物数字化保护项目”，完成文物本体保护共计73件，金属文物成分测试193件。完成自治区社科重点项目《宁夏地区革命文物的保存管理和保护利用调查研究》课题，国家社科基金项目《西夏文物（宁夏编）》，获2020年自治区优秀社科成果著作类三等奖。开发石螭首系列、彩绘木雕花瓶系列等西夏历史文物元素创意产品10余种。全年征集藏品142件（含民俗展品32件），支出征集经费124.94万元，广泛征集抗疫实物211件／套，先后协助市县公安系统完成涉案文物鉴定5起。

【宁夏固原博物馆】2020年，宁夏固原博物馆先后引进《白石丹青——齐白石画展》等展览5个，联办《迎新春2020宁夏师范学院美术学院教师作品展》等展览7个，推出的《青铜之路——宁夏固原春秋战国时期北方青铜文化特展》先后赴上海嘉定博物馆、浙江嘉兴博物馆和广东鸦片战争博物馆等地展出。全年共接待观众5万多人，讲解200多场，语音导览租赁上万次。开展线上活动，在官网和微信平台发布“闭馆不闭展　线上游固博”音频讲解馆藏文物7期，在快手、抖音平台直播展览5次。开展“5·18国际博物馆日”及“6·13文化和自然遗产日”线上线下宣传活动。开展“瑞鼠福到·新年挂饰DIY”等教育活动11项。开展“暑期小小讲解员”活动。开展“五进”活动11次。参加“国宝讲述人（云讲国宝）——全国文博在线讲解直播推介活动”，“追寻先烈足迹”网络短视频征集活动，录制了《隐形将军韩练成》短视频，参与了《博物馆说》网络短视频推广活动，录制了《北周鎏金银壶》短视频。开展了“复华夏霓裳　扬民族之魂”的汉服研学活动，活动包括汉服知识宣讲、汉服折纸、“云鬓步摇　羽扇纶巾”汉服配饰制作及汉服展演活动，受到参与学校师生的广泛好评。文物研究不松懈。完成《中国灵武窑》初稿，《宁夏西海固地区西夏遗址调查研究》课题资料收集工作基本完成，职工在《文物天地》杂志发表文章9篇。在《文化月刊》第11期发表题为《探索与实践——宁夏固原博物馆社会教育活动侧记》文章1篇。组织举办《回鹘与丝绸之路》《博物馆里的丝绸之路》等讲座5次。加强文物保管保护工作力度，整理文物档案共计281件组，完成2020年文物征集工作，共征集文物657件／组，2件一级文物参加了苏州博物馆《黄金为尚：历史·工艺·交流》展览，3件文物参加了长沙铜官窑博物馆《驼铃·远帆——丝路遗珍特展》，对《青铜之路——宁夏固原春秋战国时期北方青铜文化特展》锈蚀严重的77件青铜器做了养护，对“隋史射勿墓壁画保护修复项目”壁画表面失效材料的清洗及后续工作进行重新梳理，提出新的方向和计划。

【石嘴山市博物馆】2020年，石嘴山市博物馆接待参观人数6.4万余人次，接待区内外团体318个人数4369余人。开展“流动博物馆”活动6场次，先后走进平罗县城市公共管理所、平罗县二闸村、大武口龙泉村、石嘴山市第十九小学等地，受众人数2万余人次。开展“用邮票讲好历史故事”“用邮票讲好黄河故事”“西夏文木活字印刷术走进十九小”等3期研学活动，拓宽博物馆教育的新途径，激发青少年对传统历史文化的浓厚兴趣。以“我们的节日”“5·18国际博物馆日”“世界文化遗产日”为主题，开展各类活动5场次，线上线下受众人数100万余人

2020年11月20日，全区公共博物馆安全专项整治三年行动培训会议在银川市召开

次，让文物“活”起来融入社会，讲好中国故事，传播好中国声音。组织举办第八届暑假“小小讲解员”主题实践活动，培训优秀小讲解员13名，参与志愿服务活动20余场，累计接待观众5000余人。开展精准帮扶工作，根据惠农区海燕村、平罗县红瑞村两户帮扶对象的实际需求，通过入户宣传养殖政策、给予教育帮扶资金、捐赠帮扶物资等方式，缓解帮扶对象的实际困难，增强帮扶对象的脱贫信心。做好文明城市创建工作，严格做好周五及复检期间创城志愿服务活动、及时报送档案资料、认真落实督查内容等工作，完成迎接全国文明城市复查考核工作。疫情防控期间，推出17期“文化服务不打烊”“走进石嘴山市博物馆”系列线上文物展览，浏览量达3000余人次，做到闭馆不闭展、暂停开放不停服务，让“云看展”“云体验”成为群众文化生活的新选择。组织举办“文物系荆楚 祝福颂祖国”文博抗疫祝福接力图片展等5项临时专题展览，线上线下参观人数近百万，其中由国家文物局指导的“文物系荆楚祝福颂祖国”文博抗疫祝福接力图片展线上观展人数为70万余人次。设计研发推出“国家名片——文博与集邮”文创产品，推出“中国梦”“黄河”“岩画”系列题材，用一邮票承载历史、文化和情感，记忆时代的变迁，彰显中华民族精神。实施博物馆工业展厅提升改造工程，项目概算资金180万元，已完成项目建设。

【吴忠市博物馆】2020年，吴忠市博物馆组织中小学生开展学雷锋志愿活动、“传承红色基因 践行社会主义核心价值观”等研学活动，开展“黄河之滨我成长 生态保护我争先”等主题教育活动，共接待参观的中小学生9050人次。充分发挥博物馆教育基地作用，以《红色吴忠》厅为依托，在七一、八一、十一等重大节庆期间，接待50余家市直机关、学校、社区等企事业单位到博物馆开展主题党日活动。发挥博物馆AAA级景区作用，促进文旅融合发展，与区内旅行社对接，组织区内游客到博物馆参观，参观人数600人次。春节、中秋节等传统节日开展“粽情飘香 家国情怀”“月满中秋 情溢华诞”庆双节、“弘扬养老孝老敬老传统，共建共享老年友好社会”等主题活动，通过猜灯谜、抢答诗词、彩绘图画等形式，让公众充分了解传统文化，弘扬中华优秀历史文化，营造浓厚的节日氛围，接待参观游客21167人次。组织策划“5·18国际博物馆日”系列宣传活动，邀请中国新闻网、《新消息报》、腾讯网、《吴忠日报》等10家网络新闻媒体积极参与，活动直播浏览量达到8.09万人次。做好活动宣传及氛围营造工作，共计发放宣传单（册）、法律法规宣传册等600余份，个性纪念邮折100余份。开展民间捐赠活动，接收吴忠民间艺术家李忠勤捐赠的“四书五经”手抄书法长卷90余幅，接收吴忠众诺商贸有限公司捐赠天然大理石画《大漠风情》2幅。举办民间文化艺术作品收藏展及民间“亮宝、夸宝”活动，陈展“文房用品”等民间收藏品349件，15家民间藏宝人携50余件藏品参与“亮宝、夸宝”活动，评选出优秀民间收藏品5件。按照吴忠市委第四巡察组反馈问题整改清单要求，与文管所进行现有文物藏品固定资产移交工作，接收藏品702件，对盘盈的4000余件文物藏品进行全面核对、登记、造册、建账，通过公开招标采购恒温恒湿专业文物展柜15个，进一步提高文物保护利用水平。

【中卫市文物管理所】2020年，中卫市文物管理所完成高庙保安寺二期修缮保护工程施工、监理、防雷拆装项目，推动实施大麦地岩画区管理用房设施设备维修及国保单位围栏、十米长板岩画围栏及遮阳棚、3个出入口封门项目实施，全面实施明长城胜金关滑坡及危岩体抢险加固工程。完成黄河文化遗产筛选和实地调查工作，共筛选各类不可移动文物131处，调查新增各类黄河文化遗产37处，全面完成调查工作任务。按照长城文化公园（中卫段）建设要求，整理申报了姚滩长城文旅融合示范园、长城边贸主题博物馆、下河沿至北长滩长城文化风景道、下河沿传统村落及矿窑遗址特色展示园4个项目及资金情况。举办了沙坡头区古建筑负责人暨文物保护专管员培训班2次，表彰了2019年在文物保护管理工作中作出突出贡献的专管员先进个人，并签订了2020年重点文保单位委托保护管理协议书，为管护员配发了宣传材料和巡查登记本。落实安全生产工作责任，对高庙、鼓楼、永庆寺等古建筑和单位内部进行了大检查大排查。

（杨 军）

文化产业和文化资源

【文化企业复工复产】2020年，宁夏文化和旅游厅、财政厅、国税局、人社厅等部门联合出台企业复工复产相关政策。召开文化和旅游企业复工复产线上政策对接会，解读政策，研判形势，建立帮扶工作台账，为文化和旅游企业减免企业社保、税收、利息及网络服务费等费用2442万元。出台《宁夏回族自治区文化和旅游厅关于促进文化创意产品与特色旅游商品发展奖补办法》，优化产业布局，落实补贴资金660万元，为企业复工复产纾难解困。出台《全区文化和旅游产业高质量发展实施方案》，召开全区文化和旅游产业高质量发展现场观摩推进会，全力将宁夏打造成为大西北旅游目的地、中转站和国际旅游目的地，推动全区文化和旅游产业高质量发展。

【招商引资】2020年，宁夏文化和旅游产业重点招商项目“云推介”系列活动在银川市举办，吸引来自京津冀、长三角、粤港澳大湾区等地区投融资企业、金融机构近20万人在线参会。在银川市、上海市、深圳市、厦门市举办产业项目对接会，6家企业就创意进景区和新业态产品开发签署5项战略合作框架协议。挂牌成立“宁夏文化和旅游产业发展（上海）促进中心”，拓宽招商渠道，实施精准招商。与中国文化产业协会、广东省旅游控股集团公司、携程旅行网、阿里巴巴集团、洛可可集团、复星国际有限公司、深圳华侨城等大型企业加强对接洽谈，寻求合作空间，推动一些重大项目落地实施。

【文旅消费模式创新与推介】2020年，宁夏梳理文旅消费资源，启动唱响“神奇宁夏”网红孵化营、“宁夏味道”“宁夏好物”征集推广等活动。打造“宁夏文旅IP”孵化平台和网红团队，助推宁夏旅游餐饮、购物、网红等要素融入全域自驾供给“数据库”，不断满足多元化文化旅游消费需求。组织文创和旅游商品企业参加中国国际文化旅游博览会、第十三届海峡两岸（厦门）文博会、第三届中原国际文化旅游产业博览会、2020年重庆国际文化旅游产业博览会、中国特色旅游商品大赛等展会赛事活动，取得5金7银11铜的好成绩。银川市创建国家文化和旅游消费试点（示范）城市，补齐发展短板，优化消费环境，提升创建单位管理水平和产品供给能力。联手中国动漫集团、广东省旅游控股集团、智慧宫文化产业集团等区内外骨干企业，举办AFN“一带一路”（宁夏）动漫节、2020年宁粤双城记·文旅直播嘉年华、“中国·银川2020ADJ新次元电竞动漫全国联赛”等活动，创新文化旅游消费形式，提升消费水平。开展国家文化和旅游消费试点（示范）城市与国家级文化产业示范园区创建工作，推荐银川市申报创建国家文化和旅游消费示范城市、中卫市申报创建试点城市，石嘴山市星海湖国家级文化产业试验园区创建示范园区。

【文化旅游项目开发和推介】2020年，宁夏依托建设长征国家文化公园有利契机，先期做好相关规划编制工作。立足宁夏实际，梳理谋划国家文化公园建设保护项目29项，委托第三方编制《长征国家文化公园（宁夏段）建设保护规划》。统筹全区23个重大文旅项目（含打包项目）列入2020年自治区重大项目清单，项目投资总额近90亿元。以长城、长征、黄河国家文化公园和全域旅游为重点，统筹谋划“十四五”文化和旅游发展重大项目及黄河流域生态保护与高质量发展项目112个，携手5个地级市谋划招商引资项目80个，投资总额超过380亿元。争取“基于区块链和云计算的数字文化内容版权服务海外推广平台”与“面向阿拉伯国家的动漫影视服务平台”项目，成功入选2020年“一带一路”文化产业和旅游产业国际合作重点项目。举办2020年宁夏文化和旅游产业重点招商项目“云推介”系列活动，吸引来自京津冀、长三角、粤港澳大湾区等地区投融资企业、金融机构近20万人在线参会。授牌命名“宁夏文化和旅游产业发展促进中心”，助力招商工作常态化进行、精准化发力。

（杨　军）

文化市场

【疫情防控】2020年疫情期间，全区文化和旅游系统累计出动执法人员420347人次，检查复查各类经营场所148078家，取消营业性演出活动955场，暂停互联网上网服务场所646家，停止娱乐场所营业1585家、查处疫情防控期间擅自营业场所102家。促进和指导企业有序做好文化市场复工复产工作，自治区文化旅游厅、公安厅、市场监管局、卫健委等单位联合开展复工营业安全检查20次，排查各类安全隐患300余处，举办疫

2020年6月13日，2020年“文化和自然遗产日”宁夏主会场宣传展示活动在石嘴山市沙湖古镇举办

情防控知识培训班23期，培训业主2000余人次。持续做好常态化疫情防控工作，指导督促文化市场经营场所严格落实《防控措施指南》，强化日常消毒通风、配备防护用品、员工健康管理、入场戴口罩及检测登记等疫情防控措施，坚决守住疫情防控底线。

【综合行政执法改革】2020年，据《自治区党委办公厅、人民政府办公厅印发〈关于深化生态环境综合行政执法改革的实施意见〉等5个改革实施意见的通知》要求，全区完成文化市场综合执法改革任务。5个地级市按照同城一支队伍的要求，在原有文化和旅游执法机构基础上，整合组建由文化和旅游行政部门管理的文化市场综合执法支队。13个县（市）落实“局队合一”管理体制，组建成立文化市场综合执法大队，彻底解决县级未设立执法机构的历史遗留问题。全区共落实执法人员编制222个，执法力量得到有效保障。成立自治区文化市场管理工作领导小组，召开自治区文化市场管理工作领导小组会议，下发《自治区文化市场管理工作领导小组议事规则》《自治区文化市场管理工作领导小组职责分工》等。推行行政执法“三项制度”，严格落实“双随机一公开”“自由裁量权”等行政执法制度，下发《自治区文化和旅游厅关于全面推行文化市场行政执法“三项制度”的通知》《宁夏回族自治区文化市场行政处罚自由裁量权标准（试行）》等8个规范性文件。通过全国文化市场技术监管与服务平台“双随机”抽查系统，抽派执法人员41970人次，抽查企业11696家（次），实现文化市场抽查全覆盖。

【文旅市场执法监管】2020年，全区推进文化市场综合执法改革，将维护国家文化安全和意识形态安全作为执法工作的首要任务，各有关部门开展联合执法行动，严厉查处各类文化和旅游市场违法违规行为，保护和维护企业合法权益。在自治区文化和旅游厅官网建立《文化市场》专栏，及时公开文化市场综合执法工作动态、文化和旅游市场投诉举报电话。督导各市县强化文化市场日常巡查，组织开展文化市场交叉执法检查、暑期文化市场经营场所专项整治、校园周边文化市场专项整治和文化市场秩序专项整治行动50余次，全力维护全区文化市场秩序。严厉打击歌舞娱乐场所曲库含有违禁内容、非法出版物、旅游市场“黑车”“黑导游”、文物领域违法等行为，配合相关部门抓获“黑导游”12人，行政拘留8人。完成宁夏文化市场智能监管执法平台进行升级改造，共完成上网防沉迷时长管理报警提醒433278次，屏蔽不良有害信息83776条。全年出动执法人员106946人次，检查经营单位和企业32038家（次），查办案件271件，处罚金额257600元，责令停业整顿3家，吊销许可证1家，办理旅游投诉案件154件，为游客挽回直接经济损失98.9万元。

（杨　军）

非遗传承和文物保护

【概况】2020年，宁夏加强非物质文化遗产保护和传承，充分发挥历史文化遗存在讲好宁夏故事、树立品牌形象方面的积极作用，不断为文化旅游产业高质量发展铸魂赋能。完善自治区非物质文化遗产保护研究专家库，公布专家80名。促进非物质文化遗产人才培养，举办2020年宁夏非物质文化遗产保护暨“三区”人才支持计划培训班。实施年度非物质文化遗产保护传承弘扬绩效评估工作，评选出10个非物质文化遗产先进责任保护单位、10个先进保护传承基地、10个优秀保护实践案例、10名非物质文化遗产年度人物，评估命名第七批自治区级非物质文化遗产保护传承基地35个。组织非物质文化遗产项目及传承人参加第十六届海峡旅游博览会、2020第六届中国（厦门）国际休闲旅游博览会等活动，推动宁夏非物质文化遗产“走出去”。自治区文化和旅游厅与扶贫开发办公室命名自治区级非物质文化遗产扶贫就业工坊15个。宁夏黄羊钱鞭、固原传统建筑营造技艺等10个项目入选第五批国家级非物质文化遗产代表性项目名录推荐项目名单。隆德县传统剪纸进校园入选“全国非物质文化遗产保护实践优秀案例”，魏氏砖雕传承人团队获得“第十二届‘薪传奖’杰出团队”称号，1人获得“第十二届‘薪传奖’杰出个人”称号。强化文物保护顶层设计，配合《中华人民共和国文物保护法》和《宁夏回族自治区实施〈中华人民共和国文物保护法〉办法》修订。指导第八批全国重点文物保护单位姚河塬遗址、大麦地岩画等全国重点文物保护单位保护规划编制工作，依法划定保护范围和建设控制地带。启动全国重点文物保护单位、自治区文物保护单位保护范围、建设控制地带纳入国土空间规划工作。编制完成《宁夏革命文物保护利用规划》，公布全区革命文物名录。联合自治区财政厅印发《宁夏回族自治区文物保护专项经费管理暂行办法》。开展“十三五”时期文物博物馆单位文物保护项目检查督察和博物馆“双随机一公开”检查评估工作。

【非物质文化遗产活动】2020年，宁夏创新谋划“非遗进万家　文旅展风采”非物质文化遗产大赛系列活动，被文化和旅游部列入黄河流域非物质文化遗产重点活动。结合“文化和自然遗产日”，开展宣传展示活动80多场次、150多项宣传展示活动，参与宣传展示人员3000多人次，观众游客达20000多人，网络平台“云赏非遗”点击浏量500多万人次，“非遗购物节”线上线下销售额近百万元。举办宁夏非物质文化遗产购物节，线上线下销售额达百万元。联合自治区商务厅举办宁夏消费促进月活动，开展非物质文化遗产展示销售活动，销售作品2万多件。探索“非遗+扶贫”模式，带动贫困地区就业增收、助力精准扶贫，非物质文化遗产扶贫“百千万”行动计划帮扶贫困村57个，扶贫1791户5373人，总销售额2405万元。“非遗进万家　文旅展风采”活动被文化和旅游部列入黄河流域非物质文化遗产重点活动。协同自治区科协接待中科院院士考察团一行47人，为宁夏黄河流域非物质文化遗产保护传承弘扬定向把脉。

【博物馆事业】2020年，全区各级各类博物馆引进推出展览近60余个，参观人数168万人次。自治区博物馆“朔色长天——宁夏通史展”被评为十大博物馆展览精品优胜奖。完成自治区博物馆、固原博物馆“智慧博物馆”建设。配合中央电视台探索发现栏目制作《守望长城》纪录片，并在中央十套播出。做好《文旅大讲堂》前期筹划、组织协调和“长城夜跑”“长城仰望星空”，宁夏博物馆、宁夏考古研究所举办“博物馆之夜”“考古开放日”等文物旅游融合项目。参加西北五省（区）“丝绸之路”工匠联盟，自治区博物馆、固原博物馆获得“丝绸之路”文化遗产保护工匠技能竞赛一等奖、三等奖。

【文物安全】2020年，宁夏实施全国重点文物保护单位银川玉皇阁、平罗玉皇阁防雷工程，承天寺塔消防工程和张家场遗址、灵武窑址安全防护工程建设，部署落实文物博物馆火灾隐患整治和消防能力提升三年行动。开展全区文物安全责任公示和消防安全承诺活动，全区普遍建立文物安全责任公示制度，不可移动文物全面落实责任公示，树立文物安全责任公示牌。督导银川市全国重点文物保护单位保护范围和建设控制地带执法监测问题查处与整治，清理违法建设项目30余处，并在全区开展文物保护单位两线范围内违法建设专项整治工作。文物保护处被自治区安委会评为“安全生产先进单位”。

（杨　军）

NINGXIA
YEARBOOK

旅游

LUYOU

编辑◎杨　云

旅游开发建设

【概况】2020年，宁夏完成《宁夏全域旅游总体发展规划》等规划编制。黄河、长城、长征国家文化公园建设稳步推进。实施旅游景区铸魂提质增效工程，全区评定AAAA级旅游景区9家、省级旅游度假区4家，全区A级以上旅游景区107家。中卫黄河宿集、沙漠星空等特色休闲度假产品成为网红品牌。《宁夏中卫市：沙坡头区创建国家首批全域旅游示范区探索案例》入选“中国改革2020年度典型案例”。六盘山红军长征景区列入国家AAAAA级旅游景区创建名单，《将台堡红军长征纪念园红色旅游发展典型案例》被列入“全国60个红色旅游发展典型案例”。青铜峡市和平罗县入选第二批国家全域旅游示范区。命名五星级、四星级乡村旅游点37家，推出乡村旅游线路28条，20个村入围第二批全国乡村旅游重点村名录。10人被评为“全国乡村文化旅游能人”，2个典型案例入选“世界旅游联盟旅游减贫案例100件”，乡村旅游助力脱贫攻坚做法得到文化和旅游部表扬。

【旅游接待】2020年，受新冠肺炎疫情影响，全区接待国内外游客3429.54万人次，旅游总收入199.07亿元，分别恢复到上年的85.5%和58.54%。其中，全区接待国内游客3428.43万人次，恢复至上年的85.74%；实现国内旅游收入198.8亿元，恢复至上年同期的59.24%。入境旅游。2020年，全区宾馆（饭店）接待过夜入境旅游者11089人次，恢复至上年的8.82%，其中，接待外国人4620人次，恢复至上年的15.88%。美国、日本、加拿大、韩国、德国、法国、澳大利亚等成为宁夏入境游主要客源地。到宁夏旅游的入境过夜游客平均停留天数为3.2天，实现外汇收入385.62万美元（折合人民币2659.85万元），恢复至上年的5.95%。国内旅游。2020年，全区接待国内游客3428.43万人次，恢复至上年的85.74%；实现国内旅游收入198.8亿元，恢复至上年同期的59.24%。其中，银川市接待国内游客1680.47万人次，实现国内旅游收入113.65亿元，分别占全区国内旅游接待人次和收入的49.02%和57.17%。旅游景区（点）接待情况。2020年，全区A级旅游景区（点）中，年接待量100万人次以上的有：固原市六盘山红军长征景区、石嘴山市大武口区北武当生态旅游区；年接待量50万人次至100万人次的有：镇北堡影视城、石嘴山市大武口龙泉村、石嘴山市煤城·记忆文化旅游景区、吴忠市光耀美食街、吴忠市牛家坊民俗生态园、吴忠市青秀园、吴忠市盐州古城、固原市西吉将台堡红军长征会师纪念园、中卫市港中旅（宁夏）沙坡头旅游区；年接待量30万人次至50万人次的有：石嘴山市沙湖旅游区、固原市隆德老巷子、固原市金鸡坪梯田公园、吴忠市黄河大峡谷、银川市贺兰山国家森林公园、银川市水洞沟、银川市贺兰山漫葡小

表29　2020年宁夏5个地级市接待国内游客人数和收入情况表

地区	接待国内游客总人数（万人）	接待人次增幅（%）	接待人次增幅排名	接待国内游客总收入（亿元）	收入增幅（%）
银川市	1680.47	1.53	1	113.65	−33.44
石嘴山市	327.32	−17.69	3	15.29	−37.72
吴忠市	507.55	−32.89	4	24.41	−43.21
固原市	542.29	−13.67	2	25.76	−41.77
中卫市	370.8	−38.31	5	19.69	−62.88

镇。截至2020年年底，全区共有A级以上景区107家，其中：AAAAA级景区4家，AAAA级景区27家，AAA级景区45家，AA级景区29家，A级景区2家。旅行社和旅游住宿设施。截至2020年年底，全区有旅行社171家。其中，出境组团社25家，国内社146家。全区共有旅游星级饭店96家。其中：四星级35家，三星级51家，二星级10家。

【旅游市场复苏】2020年，宁夏制定并印发《关于实施旅游景区铸魂提质增效工程的实施意见》，引导景区在线组织员工业务知识培训，不断提升旅游服务质量。5个地级市文旅局、旅游景区、旅行社等召开促进旅游市场复苏座谈会，推动区内旅游市场复苏。指导景区"一手抓疫情防控，一手抓复工复产"，推动景区"限量、预约、错峰"开放。2020年全区国庆、中秋节长假期间共接待游客357.29万人次，恢复至2019年国庆节接待游客的99.03%。用活文旅奖补政策，提前下达2020年全域旅游专项资金2000万元，优先支持市、县（区）文旅重点项目建设。加快兑现2019年度"引客入宁"奖励资金。与同程旅行等平台对接，围绕"宁夏人游宁夏"，针对户外、康养等消费需求加大特色旅游线路和旅游产品推介。加强"五一"、端午节、国庆节等节假日期间景区的动态调度工作，实时调度200余次，与文化和旅游部及时沟通，形成"日报告机制"，确保旅游景区运营平稳有序。持续打造"冬游宁夏·享受阳光"宁夏冬季文化旅游品牌，举办"冬游宁夏·享受阳光"宁夏冬季文化旅游启动仪式，发布冬季文化旅游惠民政策，推动宁夏冬季旅游由"半年红"走向"全年旺"。

2020年4月3日，第十六届"梯田花海·魅力彭阳"网络山花节在线上开幕

【乡村旅游发展】2020年，宁夏制定并下发《宁夏回族自治区乡村旅游发展三年行动方案（2020—2022）年》（以下简称《方案》），《方案》提出到2022年，创建一批全国乡村旅游重点村、50个全区乡村文化旅游特色村、100个三星级以上乡村旅游示范点、5家以上以乡村旅游为主题的AAA级以上景区，培育发展30家以上精品民宿，乡村旅游点（包括农家乐、休闲农庄、生态园、田园综合体、乡村度假区等业态）达到600家以上，乡村旅游年接待人数突破1500万人次、收入突破12亿元。《方案》提出，围绕宁夏全域旅游发展空间布局，结合乡村旅游的丰富资源、特色产品、发展业态，构建"一核、四带、十八个重点发展区"的乡村旅游空间发展格局。"一核"为银川都市圈乡村旅游游憩核；"四带"为贺兰山乡村生态旅游带、黄河金岸乡村休闲旅游带、东部环线乡村风情体验带、六盘山乡村休闲度假旅游带；"十八个重点发展区"包括银川市兴庆区掌政镇乡村旅游集聚区、银川市西夏区镇北堡葡萄酒民宿休闲区、银川市贺兰县四十里店村稻渔空间休闲旅游区等。《方案》围绕乡村旅游提质升级工程、乡村旅游产业体系建设工程、乡村旅游产品体系建设工程、精品民宿建设工程、新业态培育工程、公共服务体系建设工程、品牌建设工程、乡村文化惠民工程、乡村生态环境与文化保护工程、乡村智慧旅游工程、经营管理与服务提升工程等11项重点工程，提出18项重点任务，并从完善管理体制、强化政策保障、高效利用资金、强化人才培训等方面制定保障措施。修订并出台《宁夏乡村旅游示范点评定标准》《宁夏特色旅游村评定规范》。依据标准和规范，及时制定《宁夏乡村旅游示范点质量评定办法》《宁夏特色旅游村评定管理办法》，通过政策指导，提升宁夏乡村旅游发展水平。新评定命名11个五星级乡村旅游点和26个四星级乡村旅游点。及时推出28条乡村旅游线路，其中10条乡村旅游线路被文化和旅游部列为全国300条乡村旅游重点线路。西夏区镇北堡镇华西村、西夏区镇北堡镇昊苑村、贺兰县常信乡四十里店村、惠农区礼和乡银河村、惠农区红果子镇马家湾村、平罗县黄渠桥镇黄渠桥村、利通区东塔寺乡石佛寺村、青铜峡市叶盛镇地三村、盐池县花马池镇曹泥洼村、原州区河川乡寨洼村、隆

德县温堡乡新庄村、隆德县神林乡辛平村、隆德县观庄乡前庄村、泾源县泾河源镇冶家村、西吉县将台堡镇毛沟村、泾源县大湾乡杨岭村、彭阳县城阳乡杨坪村、沙坡头区迎水桥镇北长滩村、中宁县石空镇倪丁村、中宁县石空镇太平村20个村被命名为第二批全国乡村旅游重点村，西夏区镇北堡村党支部书记李飞等10人被文化和旅游部评为“全国乡村文化旅游能人”。《宁夏六盘山：隆德联社“文化旅游系列贷”助力精准扶贫》《宁夏西吉龙王坝村：穷山村实现了华丽变身》两个典型案例入选“世界旅游联盟旅游减贫案例100”。将红色旅游与乡村旅游紧密结合，采取以奖代补形式向大武口区长胜街道龙泉村、永宁县闽宁镇原隆村等5个全国乡村旅游重点村和新评定的11个五星级乡村旅游点发放资金800万元，不断提高乡村旅游整体服务质量，推动乡村旅游提质升级。《宁夏乡村旅游指南》拍摄完成并投放市场。

（杨　军）

旅游营销与推介

【3个项目入选2020年度中国旅游产业影响力风云榜】2020年12月26日，第五届吉林国际冰雪产业博览会、第八届中国旅游产业发展年会在吉林省长春市开幕，揭晓了2020年度中国旅游产业影响力风云榜。宁夏三个项目荣登2020中国旅游产业风云榜。其中，宁夏“晒文旅·晒优品·促消费”大型文旅推介活动入选“2020年度中国旅游影响力营销案例”，《星空朗读》走进宁夏活动入选2020年度中国旅游影响力节庆活动，银川市入选2020年度中国夜游名城。宁夏“晒文旅·晒优品·促消费”大型文旅推介活动，通过深度挖掘全区历史文化资源，更好地展示了宁夏自然风光和风土人情，这是宁夏首次全域、全行业、全产业链参与，全媒体融合的营销典范，也是一次文旅融合创新营销的成功实践。《星空朗读》走进宁夏第二季活动展现了“美丽宁夏·星星故乡”文旅IP和全域旅游发展成果，快速提升了宁夏旅游在全国特别是长三角地区的知名度和美誉度。银川市入选2020年度中国夜游名城，通过差异化旅游产品，形成品牌效应、网红效应，吸引更多消费者来“打卡”体验。

【全区文化旅游产业高质量发展现场观摩推进会】2020年10月29日，全区文化旅游产业高质量发展现场观摩推进会在中卫市举办。与会人员现场观摩了中卫市沙坡头区迎水桥镇沙坡头村乡村旅游、沙坡头南岸黄河·宿集、沙坡头星星酒店、金沙海旅游景区等文化旅游产业新业态、新项目建设运营情况，学习借鉴中卫市在加快全域旅游示范区建设、推进文化旅游产业高质量发展中的经验和创新。自治区副主席赖蛟、自治区政协副主席郭虎出席会议。港中旅（宁夏）沙坡头旅游区等7家单位在会上作交流发言。

【“文旅+”产业融合新业态培育政银企座谈会】2020年7月14日，“文旅+”产业融合新业态培育政银企座谈会在银川中关村创新中心召开。自治区党委宣传部副部长、文化和旅游厅党组书记刘军，自治区文化和旅游厅党组成员、副厅长卫忠参加会议并与30余家文旅企业、葡萄酒企业、康养企业、投融资机构负责人围绕深度挖掘贺兰山东麓葡萄酒文化，做好做大“葡萄酒+文旅”产业融合文章，相互赋能增值，延伸拉长产业链条，助推产业高质量发展进行沟通交流。贺兰山东麓葡萄酒产业园区管委会办公室、银川中关村创新中心以及银川市文旅局、卫健委等单位负责人参加了座谈。来自文旅企业、葡萄酒庄、康养产业、投融资机构的企业代表结合自身经营情况就如何做好宁夏贺兰山东麓葡萄酒旅游定位，围绕酒庄游线路产品挖掘、葡萄酒文旅产品升级提质、葡萄酒产业与康养产业融

2020年12月28日，“发现祖国之美·传播文旅符号”——2020振兴文旅直播推广活动（宁夏篇）在银川市举行

合、基础设施配套、金融政策诉求等关乎文旅产业融合发展的方面展开讨论。会议一致认为，要充分利用宁夏葡萄酒旅游在国内外旅游市场的独特性、唯一性，结合市场需求和旅游发展规律，通过凝聚建设“文旅+”葡萄酒产业链相关团队，加强葡萄酒文化旅游的积聚性、融合性和体验性，营造浓厚的休闲旅游氛围，打造提升具有宁夏贺兰山东麓葡萄酒产业的文化符号，共同推动文旅产业与葡萄酒产业高质量融合发展。

【特色旅游营销】2020年，宁夏坚持以活动为引领，做好全区文化旅游产业市场精准营销工作，先后筹划了宁夏六盘山山花节、踏青观鸟石嘴山等主题节会活动，探索网络直播活动，其中“云端”感受固原山花烂漫，发稿600余篇，话题传播量达1000余万次，《宁夏彭阳：雪后花海　梯田仙境》被中外多家媒体转载。在贺兰山1958创意产业艺术区举办“星星故乡·2020超级月亮”直播活动，在线观众1600余万人。银川市举办首届乡村文化旅游节暨2020年农业嘉年华，30分钟在线观看人数1.6万余人，点赞5000余次。抢抓银西高铁开通有利契机，应邀参加宁夏电视台“银西高铁首发运营全程直播”活动，讲述宁夏文旅故事，瞬时在线40余万人。与华侨城、中国旅游协会营销分会积极策划“坐着高铁游宁夏，给心灵放个假”2020宁夏文化旅游西安宣传推介活动，充分发挥高铁宣传矩阵效应，增强“塞上江南·神奇宁夏”品牌知名度。“仰望星空”系列主题活动被评为国内16个旅游宣传典型案例之一。2020年，宁夏组织在华东、川渝、广东地区宣传推介11场次、参加大型展会3场，探索“非遗+旅游”和“文物+旅游”新模式，打造沉浸式“寻找星星的故乡”仰望星空线路推介，其中黄河宝藏故事讲述“天下黄河富宁夏”、非遗剪纸体验等特色表演受到当地群众的热捧。

【精准推介】2020年10月28日，宁夏在成都举办“寻找星星的故乡”宁夏文化旅游川渝宣传推广活动现场推介会，宁夏旅游形象大使刘宏宇介绍了宁夏“星空旅游”资源。推介会设置了丰富多彩的活动内容，有宁夏民歌演唱、小提琴演奏等节目，也有来自宁夏沙湖、沙坡头、水洞沟、镇北堡西部影视城、贺兰山国家森林公园等景区对“宝藏宁夏”文化旅游资源的展示。推介现场还设置了互动抽奖环节，其中，一等奖是宁夏西鸽酒庄玉鸽宋彩系列干红葡萄酒，二等奖为“美丽哈巴湖”鹿血酒，三等奖为宁夏精品枸杞及各景区提供的免费门票、特色旅游商品大礼包。此次推介活动由宁夏文化和旅游厅主办，来自全区各市、县（区）文旅部门主要负责人、景区营销负责人、旅行社代表等共计40余人参加。活动旨在疫情防控常态化背景下，邀请更多成都市及四川省游客，到宁夏，登长城、看沙海、赏星空、品红酒，来一场说走就走的“放心之旅”。推介会上，宁夏文化和旅游厅相关负责人还就2020宁夏“引客入宁”文旅奖励政策为现场的旅行商代表进行解读。

【文化和自然遗产日文旅活动】2020年6月13日，宁夏文化和旅游厅联合石嘴山市政府在沙湖古镇举办“文化和自然遗产日”宁夏主会场活动，银川市、吴忠市、固原市、中卫市也设立分会场同期举办各具特色的宣传展示活动。“文化和自然遗产日”以“非遗传承　健康生活　文物赋彩　全面小康”为主题，推出了非遗展演、作品展览、技艺展示、健康义诊、非遗购物节、宣传咨询等40余项精彩活动，通过宣传展示与推介营销联动、“线上线下”互动等形式，演非遗、展非遗、讲非遗、看非遗，营造全民参与文化遗产保护发展的良好社会氛围。主会场举办非遗购物节，全区的60多名非遗制作人齐聚石嘴山市，把泥哇呜、砖雕、八宝茶、羊羔肉、剪纸、葫芦烙画、麻编、刺绣等众多产品，通过阿里巴巴、拼多多、京东等电商平台，携手网络达人在抖音、快手进行直播带货，部分非遗项目传承人与网络主播进行“线上”互动，展示并销售传统手工技艺、传统美食等非遗产品及地方文创产品，让广大消费者在消费过程中认知非遗、感知非遗。主会场活动现场对第五批自治区级非遗代表性项目、第五批自治区级非遗代表性传承人、第七批自治区级非遗保护传承基地、自治区级非遗扶贫就业工坊进行颁牌，对“非遗进万家·文旅展风采”——宁夏黄河流域非遗作品创意大赛及非遗讲解大赛获奖选手颁奖。现场举办了非遗类文艺节目专场演出、全区非遗项目展览和代表性传承人技艺展示、黄河流域非遗作品创意大赛获奖作品及石嘴山市非遗手工作品大赛获奖作品展、健康生活义诊、非遗体育项目竞技表演等活动。

（杨　军）

旅游市场管理与培训

【旅游市场监管】2020年，宁夏在全国率先起草《自治区人民政府关于加强文化和旅游市场综合监管的意见（修订稿）》。强化信用和质量监管，5个地级市依法发布辖区企业“黑名单”，推进文化和旅游领域社会信用体系建设。开展游客满意度测评，形成以游客评价意见为导向的质量提升机制。统筹开展互联网上网服务营业场所、娱乐场所、旅行社、星级饭店、A级景区、疫情防控以及诚信监管等八大专项整治行动，净化全区文化和旅游市场环境。疫情防控期间，坚持依法防控，组织关闭全区公共文化场馆377家，取消文化活动839项、各类演出1199场次，暂停运营文化市场经营场所2231家、旅游景区96家，有效切断行业疫情传播风险。组织631名出境团队游客、5532名国内游客平安返宁。举办“放心游宁夏、给心灵放个假”文化和旅游专场新闻发布会，全力推动行业有序复工复产。指导帮扶旅行社渡过疫情难关，暂退130家旅行社3390万元质保金，协调减免旅责险62万余元，协调为游客退保23000单保费3万余元。举办全区饭店服务技能大赛，完成2020年星评委换届改选，新增3家四星级旅游饭店，兑现奖励资金400万元，对服务质量不达标的5家星级旅游饭店予以摘牌处理。开展“上门问诊送服务 破解难题助发展”专项活动，助力提升宁夏星级旅游饭店经营服务质量。指导导游暖心带货，短时间内克服重重困难从国外接受捐助的抗疫物资66箱。保障导游权益，非因法定事由旅行社不得提前解除劳动合同，免除3200名导游注册会费32万元，协调将电子导游证的注册时效延期1年。

【行业培训和文明行业创建】2020年，全区组织开展新导游岗前培训网络公开课，依托文化和旅游部导游专业素养研培计划专题班项目，对宁夏100名执业3年以上的初级导游及中级导游进行培训。组织全区优秀导游员培训班，培训优秀导游60名。严格落实疫情防控要求，周密组织2020年全国导游资格考试和中高级导游等级考试。高标准做好文明行业创建复检验收工作，受到自治区文明办通报表扬。联合开展“文明餐桌”行动，在全区旅游领域开展坚决制止餐饮浪费行为，营造浪费可耻节约光荣的氛围。组织评选13家文明旅游景区、10家文明旅行社、10家文明旅游饭店和59名文明员工，在AAAA级以上旅游景区新建28座文明旅游志愿服务驿站、25个文明旅游志愿服务岗，指导全区文化和旅游行业壮大文明旅游志愿者服务组织、队伍，常态开展文明旅游志愿服务活动。

【全区旅游景区发展培训班】2020年11月24日，全区旅游景区发展培训班在银川市举办，全区各市、县（区）文化和旅游局140余人参加培训。开班仪式上为获得2020年国家AAAA级旅游景区的西夏风情园旅游区、寺口子风景旅游区、宁夏百瑞源枸杞博物馆景区、大武口北武当生态旅游区、盐州古城历史文化旅游区、志辉源石酒庄、贺兰山漫葡小镇、同心县红军西征纪念园、将台堡红军会师纪念园颁发证书。培训班课程设置旨在进一步帮助文旅系统了解和掌握景区发展现状与趋势、路径和方法，推进全区转型升级、高质量发展。

【全区文化和旅游产业项目专题培训班】2020年9月9—11日，全区文化和旅游产业项目专题培训班在沙湖假日酒店举办。全区各市、县（区）文化和旅游局分管局长、业务科室科长、全区文化旅游重点项目负责人、重点文旅企业负责人60余人参加培训。文化和旅游部产业发展司投融资处处长陈桦楠，中国人民大学文化产业研究院执行院长曾繁文博士，前爱奇艺战略副总裁、游戏制作人王世颖以及宁夏大学教授李陇堂、北方民族大学教授张红梅等专家应邀授课。培训重点围绕文化和旅游投融资政策及项目实务、文旅融合项目的策划与运营、文化产业项目IP开发、产业融合发展与业态创新等方面进行专题辅导。

【全国基层全域旅游与扶贫开发业务骨干培训班】2020年12月6日，由中央宣传部项目支持，文化和旅游部人事司主办，文化和旅游部宁夏培训基地宁夏艺术职业学院承办的全国基层全域旅游与扶贫开发业务骨干培训班在银川市开班。全国89名全域旅游示范区创建单位及文化和旅游产业业务骨干参加培训，培训班为期7天，培训全程实行线上管理，全程脱产学习。课程主要课程包括专题教学和案例教学。教学内容重点围绕基层全域旅游领域行业人员熟悉相关政策，明确工作重点、难点、热点及文化和旅游融合发展政策，精准扶贫和脱贫攻坚国家战略等相关内容。培训班邀请中科院、中国扶贫基金会、中国人民大学等9名专家、学者、业界翘楚，进行权威解读和讲授。教学内容主要有传承中华文化基因，坚守中华文化立场；全域旅游推进文旅休闲经济发展的路径；全域旅游顶层设计与资源规划落地；文旅融合与当地文化经济推动旅游目的地发展；学习习近平同志的奋斗历程，走好人生成长之路；以及全域旅游发展：内在逻辑与扶贫效能；全域旅游推动乡村旅游扶贫与振兴的路径剖析；宁夏全域旅游示范区发展模式与创建介绍；旅游安全与风险防范等。

【全区文旅系统政策法规培训班】2020年8月18—20日，全区文旅系统政策法规培训班在盐池县举办。全区各市、县（区）文旅系统60余人参加培训。河南省政府参事、二级研究员郑泰森，浙江传媒学院副教授、硕士研究生导师杨吉，宁夏警官职业学院法学教授史伟丽等行业内知名专家学者应邀授课。培训坚持问题导向，结合案例，分别围绕学习贯彻落实习近平总书记视察宁夏重要讲话精神、黄河文化与黄河生态保护和高质量发展研究、《中华人民共和国民法典》解读、如何做好融媒体时代的法治主题传播工作、行政规范性文件管理解读等内容进行了深入讲解，并结合“不忘初心　牢记使命”红色主题教育活动、现场教学、观看爱国主义教育片等方式进行实践教学，既有理论知识辅导，又有业务知识指导和实践活动，从理论到实践，对开展好法治文旅工作具有很强的针对性和指导性。

【宁夏乡村旅游发展研修班】2020年11月10—12日，宁夏乡村旅游发展研修班在青铜峡市举办。培训班传达了全国乡村旅游与民宿工作现场会精神，围绕推进乡村旅游高质量发展进行深入学习。全区各市、县(区)文化和旅游局分管领导、厅机关各处室负责人，全国乡村旅游重点村负责人，部分乡村旅游示范点负责人，乡村旅游带头人共90人参加。培训采取理论讲解与现场教学相结合的方式进行，邀请国内旅游专家学者，围绕乡村旅游高质量发展以及规划设计探讨、乡村旅游发展面临的困境与解决路径、乡村精品民宿的借势与创念等热点及重点问题进行互动式学习研究，对新出台的《宁夏特色旅游村评定规范(试行)》《宁夏特色旅游村评定管理办法(试行)》《宁夏乡村旅游示范点评定标准》《宁夏乡村旅游示范点评定管理办法(试行)》进行解读。培训班学员深入利通区金花园社区、牛家坊村、白寺滩村、灵芝生态园、青铜峡市韦桥村、清逸园农庄等进行现场教学，学习了党建引领基层建设、乡村旅游文创和景观打造、乡村旅游多业态发展、乡村优质资源整合、乡村旅游体制机制创新等方面的好经验和好做法。

【2020年导游专业素养研培计划专题班】2020年11月3—6日，文化和旅游部2020年导游专业素养研培计划专题班在银川市举办。专题班采取封闭式学习模式，安排理论授课、实地践学、分组讨论、互动交流等环节，参训学员主要为5个地级市文化和旅游部门、宁夏旅游协会导游分会推荐的100名优秀导游。专题班邀请区内外有关领域专家教授，分别围绕加强导游意识形态安全、宁夏历史人文概览、宁夏文化旅游高质量发展战略、宁夏经济高质量发展及文化旅游产业中的若干热点问题、宁夏岩画特征及文化元素、导游执业转型升级——解密研学旅行指导师、公共卫生突发事件应急处置、导游人员应急救护能力、导游文明礼仪及服务意识提升等主题，进行全面深入培训，为提升导游队伍素养、适应新时代高质量发展需求和转型升级奠定良好基础。

【2020年宁夏导游大赛】2020年12月23日，由自治区文化和旅游厅、总工会、团委、妇联联合主办，宁夏旅游协会承办2020年宁夏导游大赛决出最终奖项，李兵获得一等奖，王江、丁嘉静、李强获得二等奖，王宏伟、田珊、王丽婷等获得三等奖。10位选手获得大赛优秀奖。2020年宁夏导游大赛以“塞上江南好风光　美丽家乡我代言”为主题，全区60名选手在比赛中施展才华。大赛参照全国导游大赛流程，取消往届的“才艺展示”环节，更加注重实战。大赛分为淘汰赛、晋级赛、总决赛3个阶段，在参赛项目方面首次加入导游词创作讲解PK环节，由晋级赛成绩前20名的选手相互搭配，重点考核选手专业素养、操作流程、实地带团和处理突发事件能力等。

(杨　军)

2020年11月3日，全区导游专业素养研培计划专题班在银川市举办

体育

TIYU

NINGXIA YEARBOOK

编辑◎张　哲

综　述

【疫情防控】2020年，宁夏体育局坚决贯彻习近平总书记重要指示批示精神和中央及自治区党委、政府部署要求，召开12次局疫情防控工作领导小组会议，针对不同疫情防控阶段，及时调整防控措施。先后印发《关于进一步加强体育局系统疫情防控工作的通知》《体育局系统关于做好新型冠状病毒肺炎的防控措施》《关于全区体育系统做好新冠肺炎疫情常态化防控工作的指导意见》《全区体育系统秋冬季疫情防控措施》等指导性文件及制度规定。对备战运动员实行全封闭管理，对体育场馆实施“三限、两检、一培训、一延缓”措施。印发居家健身宣传册1万册，录制居家健身培训视频短片336个。全区体育系统8名党员干部受到不同层级的抗击疫情表彰奖励，宁夏体育彩票管理中心被评为“全区抗击疫情先进单位”，局办公室主任张韬被评为“全区抗击疫情先进个人”。

【全区体育工作推进会】2020年4月17日，全区体育工作推进会在银川市召开，全区各市、县(区)体育部门负责人，部分自治区级体育协会负责人，宁夏体育局机关各处室和直属各单位负责人参会。会议对做好2020年宁夏体育工作分析了形势，明确了目标，提出了正视冲击和挑战、准确把握新趋势、积极抢抓新机遇三方面要求。银川市体育局、石嘴山市教育体育局、吴忠市文化旅游体育广电局、灵武市教育体育局、泾源县体育中心和宁夏体育局群众体育处等6个单位(部门)做了交流发言。

【体育促进意见】2020年，宁夏加强顶层设计，提升体育治理水平和治理能力，完善促进新时代宁夏体育高质量发展的政策体系。10月27日，自治区全民健身领导小组印发《宁夏回族自治区贯彻落实体育强国建设纲要实施意见》，提出2025年、2035年和2050年宁夏体育发展目标，重点推进落实全民健身国家战略、提升竞技体育综合实力、加快发展体育产业、促进体育文化繁荣发展四大任务。10月23日，自治区政府办公厅印发《宁夏足球改革发展实施方案(2021—2025年)》，以普及校园足球、推广社会足球、提高竞技足球、完善职业足球为重点，推动宁夏足球事业改革发展。

【体育扶贫】2020年，宁夏持续发挥体育功能，助力贫困地区脱贫攻坚，投入410万元用于82个贫困县(区)村级农民健身工程提档升级，安排2976万元支持山区八县建设全民健身步道、多功能运动场、维护体育设施，投入670万元支持贫困地区开展全民健身活动。

【体育基础设施建设】2020年，宁夏坚持体育场地设施供给普惠化、均等化、身边化，持续完善公共体育服务体系，建设150公里健身步道、10个社会足球场、3个全民健身中心、5个拼装式游泳池、40个多功能运动场和提档升级250个村综合文化服务中心。

【体育人才队伍建设】2020年，自治区党委编办、教育厅、财政厅、人社厅、体育局联合印发《自治区退役运动员就业安置办法(试行)》和《自治区优秀运动员招聘实施细则(试行)》，从政策层面打通运动员“进出口”。加强干部、专业技术人员教育培训工作，制定并印发《体育局2020—2023年干部教育培训工作规划》《进一步规范体育专业技术人员继续教育培训工作通知》。盘点“十三五”期间体育人才建设工作，《2011—2020年体育人才中长期发展规划》7项指标任务基本完成。61人通过体育系列专业技术人员职称评审，自治区体育局系统招聘硕士研究生17人。

【2020年宁夏十大体育新闻】1. 疫情防

控常态化下全民健身改革创新。全面贯彻落实新冠肺炎疫情防控要求，采取“三限、两检、一培训、一延缓”等措施，有效管控体育场馆和体育赛事活动，推行线上线下结合全民健身新模式，全区举办全民健身活动和培训516项（次），参加人数115万人次，录制居家健身视频短片336个，印发健身宣传手册1万册。2.“十三五”收官，宁夏体育发展数据亮眼。全区体育系统同频联动，群众体育、竞技体育、体育产业协同发展，多项数据位居全国前列。全区人均场地面积达3.07平方米，比全国人均体育场地面积高出0.99平方米。培育社区体育社会组织512个，培养社会体育指导员24284人，建成全民健身站点和晨晚练点1581个。体育产业年均增速11%以上。3.宁夏积极践行体育强国战略。10月27日，自治区全民健身领导小组印发《宁夏回族自治区贯彻落实体育强国建设纲要实施意见》，提出2025年、2035年和2050年宁夏体育发展目标，重点推进落实全民健身国家战略、提升竞技体育综合实力、加快发展体育产业、促进体育文化繁荣发展四大任务。10月23日，自治区政府办公厅印发《宁夏足球改革发展实施方案（2021—2025年）》，以普及校园足球、推广社会足球、提高竞技足球、完善职业足球为重点，推动宁夏足球事业改革发展。4.体育助力基层社区治理和脱贫攻坚。为基层社区建成150千米健身步道、8个足球场、3个全民健身中心、5个拼装游泳池、40个多功能运动场，提档升级250个村综合文化服务中心。宁夏体育大集、社区运动会、市民运动会、农民篮球争霸赛等赛事活动满足了群众多层次多样化的体育需求。将体育改革发展融入脱贫攻坚“收官战”，举办贫困县（区）体育专干培训班，开展体育科技服务下乡活动，投入3670万元为606个贫困村文体服务中心配备体育器材，支持617个村级农民体育健身工程提档升级。5.宁夏体育大集实现全区联动。统筹推进疫情防控和体育行业复工复产，第三届宁夏体育大集拓展到全区5个地级市。银川市主会场6.2万人现场参与，线上直播点击量超450万人次，其余4市分会场20万人参与。40个体育企业、42个自治区级体育单项协会、70多个市级体育单项协会举办体育比赛活动240余项，为20多万名群众送去体育比赛、全民健身指导、体育用品销售、体育文化展演等。6.全力备战全国第十四届运动会和第十四届冬季运动会。夏季项目取得历届备战周期最好成绩，在国际国内各类比赛获得第一名75个、第二名69个、第三名106个，培育形成13个重点备战项目；冬季项目在全国第十四届冬季运动会已举办比赛中，获得3枚金牌、1枚银牌、2枚铜牌，7名宁夏籍冬季项目运动员随国家队备战北京冬奥会。7.青少年体育赛事改革助推体教融合。全区体教融合试点扩大至10个市、县（区），覆盖30万青少年。石嘴山市4名青少年运动员入选CBA梯队。全区青少年锦标赛改革创新，比赛项目增加到31项，300人达一级运动员等级，1200人达二级运动员等级。首次举办高山滑雪、速度滑冰等冬季冰雪项目。8.宁夏体育系统多个组织受表彰。银川市获评国家体育消费试点城市，贺兰山运动休闲体育公园入选全国体育服务综合体典型案例，沙湖旅游区被评为国家体育旅游精品景区，盐池县教育体育局获评“全国体育事业突出贡献奖”。9.体育文化培育结硕果。采用多种方式培育推广体育文化，推动宁夏特色体育文化走出宁夏、走向全国。《宁夏体育志（1998—2017）》出版，系统总结宁夏体育事业20年的发展脉络。宁夏体育展示馆建成开放，展示各类体育展品上千件。盐池县游九曲入选中华体育文化节庆项目，泾源县方棋（七路八）入选“中华体育文化民俗民间项目”。10.宁夏首位女性成功登顶珠穆朗玛峰。5月28日10时，宁夏女子蔡艳娟成功登顶珠穆朗玛峰，成为宁夏第一位

2020年8月13日，全区“全民健身日”健康跑活动在西吉县举行

将足迹留在海拔8848.86米世界之巅的女性。

（杨旭军）

群众体育

【概况】2020年，宁夏体育局按照《自治区人民政府办公厅关于印发2020年民生实事任务分工的通知》要点，对兴庆区、金凤区、西夏区等13个县（区）的250个设施功能不足、设备陈旧不达标的村综合文化服务中心进行体育基础设施和全民健身器材的升级改造。组织引导体育社会组织完善机构管理，参与全民健身，指导15个自治区级体育社会组织建立党组织。开展体育类社会组织评估工作，按照自愿参与原则，评估确定33个星级体育类社会组织。开展体育社会组织年度检查和年度报告工作，41个体育社团和3个体育俱乐部参加了年检审核。在兴庆区、西夏区、永宁县、大武口区、平罗县、青铜峡市、盐池县、彭阳县、西吉县、中宁县抽选3岁以上调查对象2860人进行全民健身活动状况调查。启动全国第五次国民体质监测工作。9月9日，在吴忠市、兴庆区、西夏区、大武口区、平罗县等11个市、县（区）设立测试点，完成14382个样本量的测试。监测对象分幼儿组（3~6岁）、成人组（20~59岁）和老年组（60~79岁）3个组别，测试内容涵盖身体形态、身体机能、身体素质三大类。

【社会体育培训指导】2020年9月9—11日，2020年全区一级社会体育指导员技能培训班在宁夏体育馆举办。来自全区各级体育部门的148名学员参加了广场舞、花样跳绳和毽球培训。6月1—5日，举办全区线上全民健身活动培训，采取全程线上培训模式，从线上全民健身活动的特点、优势、组织形式、项目分类、组织与实施，线上与线下全民健身活动的结合点、注意事项等多个方面进行详细讲解，通过培训提升全区基层体育部门、体育社会组织开展全民健身活动水平和能力。10月13—15日，2020年全区第七届社会体育指导员交流展示大赛举办。来自全区24个代表队的281名运动员在广场舞、42式太极拳和个人主题演讲项目中进行激烈角逐，各展风采。

【第三届宁夏体育大集】2020年9月5日，第三届宁夏体育大集银川市主会场活动在金凤区毓秀体育健康公园开幕。第三届宁夏体育大集以“运动·融合·快乐”为主题，旨在疫情防控常态化下，助推全面复工复产，促进全民健身与体育消费。银川市主会场设置体育产业、体育比赛活动、体育文化、体育服务四个板块，涵盖智能体育装备器材展区、体育用品展区、体育赛事文化展区等多个服务展区，近40个体育单项协会组织开展100项各种体育比赛、体育活动。开幕式发布了宁夏体育大集标志。第三届宁夏体育大集首次将范围扩大至全区5个地级市，石嘴山市、吴忠市、固原市、中卫市在各自辖区开展了分会场活动。

【“抗疫健身行”线上系列挑战赛】2020年，宁夏体育局创新探索疫情防控期间全民健身活动形式，发挥体育在疫情防控过程中的重要作用，对居家健身给予科学指导的同时提倡线上进行展示与比拼。3月14—31日，全区开展“抗疫健身行”线上亲子趣味挑战赛，350名3~11岁的选手参加比赛，网站访问量超过20万人次，累计投票量达到4.3万人次。3月26日至4月6日，开展国家体育锻炼标准线上挑战赛，3985人报名，上传参赛视频1685人，点击观看示范视频5308次，参与直播互动人数29268人。4月5—6日，开展“骑跑踏青·欢乐健身”线上骑跑挑战赛，跑步报名参与人数2700人，自行车报名参与人数527人，参赛者年龄13~65岁。5月25—31日，开展“与爱童行”网络挑战赛，全区693名小朋友参加了比赛。挑战赛设置幼儿组和少儿组两个组别，每个组别设置60秒抛接球、爬行跳跃、跳绳和亲子卷腹4个项目。参赛选手们通过新媒体进行分享，单日浏览量10429次。6月1日，2020宁夏儿童体育嘉年华线上亲子运动会在银川市金凤区颐和高尔夫乡村俱乐部启动。活动由宁夏体育总会业务指导，宁夏社会体育服务中心和宁夏儿童体育运动协会主办，各市、县（区）体育部门协办。活动于6月30日结束，面向全区适龄儿童家庭，在全区境内指定的活动点参加跳绳、定点拍篮球、踢毽子、腰部转呼啦圈、抖抖乒乓球、扇鸡毛大赛等6个关卡的打卡比赛。活动采取线上预约、线下打卡等人员不聚集的方式，引导适龄儿童家庭安全参与全民健身活动，丰富广大儿童居家生活，引导群众科学锻炼，提升儿童身体素质，促进体育消费，助力体育产业、旅游景点等单位全面复产复工。

【全民健身活动和运动会】2020年1月1日，“宁夏·奔跑”2020新年登高健身跑活动在全区各地鸣枪发令。新年健身跑作为“宁夏·奔跑”2020新年登高健身跑活动的银川主会场，比赛全程10公里，4600多名男女老少参加了青年男子、女子，青壮年男子、女子，中老年男子、女子六个组别的比赛。当日，全区各市、县（区）也举行了形式多样的登高、健身跑活动，数万人以登高、跑步的方式迎接新

2020年9月16日，宁夏运动员备战全国第十四届运动会

年到来。8月8日，全国第12个“全民健身日”期间，全区开展了一系列全民健身主题示范活动，推广疫情防控常态化下全民健身新模式。在宁夏主流媒体刊登全民健身日活动安排表，向广大群众公示活动时间、地点、内容等信息，方便群众就近参与全民健身活动。开展“宁夏·奔跑”线上线下系列赛，总浏览量超过100万次，累计报名人数6万人。举办《国家体育锻炼标准》推广活动暨运动达人赛，吸引近千名健身爱好者参加。9月20日，2020“薪火传承·中国健康跑”宁夏盐池站暨第三届环古城健康跑在盐池县革命历史纪念园广场开跑，来自宁夏各地的1000余名跑者参加。赛事以“传承红色基因·筑梦健康中国”为主题，以“弘扬长征精神·品味古城魅力”为口号，分为12.26千米经典跑男子组、女子组，4.3千米亲子传承跑，竞赛路线穿过盐池知名的历史古迹和繁华街区。9月19日，银川市首届市民运动会在银川市览山公园开幕。运动会以“全民参与、全民运动、全民健康”为宗旨，采取市区联动、政府指导、社会力量参与组织的形式，在银川市各街道社区、全民健身站点、体育场馆举行，历时3个月，设竞技类项目22个大项、趣味类项目17项、展演类项目5项。10月17日，2020年宁夏社区运动会总决赛在宁夏贺兰山体育场举行。全区11支代表队的551名运动员参加了平板支撑、男子俯卧撑、女子仰卧起坐、亲子趣味接力赛等7个个人项目和拔河、集体跳绳等4个集体项目的决赛。

【群众体育赛事】7月10日至8月9日，2020“宁夏·奔跑”线上线下系列赛分别在银川市、石嘴山市、吴忠市、固原市、中卫市5个地级市及部分县(区)举办。比赛以“宁夏奔跑，健康未来”为主题，分为欢乐跑5千米、健康跑10千米和挑战跑21.0975千米三个项目，实行线上报名线下跑，不限跑步地点，不限跑步完成时间。10月12—15日，宁夏农耕健身大赛在彭阳县杨坪村举办。全区22支代表队160人在手工剥玉米、同心锯木、人工磨面、打土坯、卖余粮、晒场收谷6个比赛项目中大显身手。比赛项目紧扣农耕、农情、农趣，结合农耕文化和竞技要求，同时融入地方特色，演绎民间体育，展示乡土风情，旨在活跃群众文化生活，推动全民健身活动开展。10月26日，“中国体育彩票杯”宁夏第三届农民篮球争霸赛决赛在盐池县全民健身活动中心落幕。宁夏第三届农民篮球争霸赛，2019年11月中旬启动，历时2个半月，共有283支代表队的近3400名运动员参加了海选赛和复赛，全区21个县(区)选拔出21支代表队、252名运动员参加决赛。受新冠肺炎疫情影响，决赛延迟至10月举办，原州区代表队以97:81战胜灵武市代表队，实现三连冠。12月25日，宁夏区直属机关工间操大赛决赛在宁夏体育馆落幕。大赛设置第九套广播体操和健身气功八段锦两个项目，采用线上线下相结合方式进行，共有85家单位组织的91支代表队参加了线上比赛。经过专家对视频评审，29支广播体操代表队和9支健身气功八段锦代表队参加了线下决赛。

(杨旭军)

竞技体育

【体能训练与大比武】2020年9月3日，宁夏体育运动训练管理中心举办体能训练公开课，观摩了运动员训练，听取了体能训练和科技助力情况汇报。9月28—29日，宁夏体育局备战第十四届全国运动会体能大比武在宁夏体育运动训练管理中心举行。体能大比武设30米冲刺、引体向上、垂直纵跳、卧推最大力量、深蹲最大力量、3000米计时跑、体脂百分比、坐位体前屈、腹肌耐力和背肌耐力10个测试项目。参赛选手来自田径队、自行车队、游泳队、射击队、射箭队、武术队、摔跤队、排球队、拳击队等9支项目队组，共有205名运动员参加，其中男运动员120人，女运动员85人。2020年，宁夏体育运动训练管理中心共组织开展三次运动员体能测试。

【足球改革】2020年，宁夏持续推动足球改革，制定并印发《宁夏足球改革发展“十四五”实施方案》，成立宁夏体育局足球改革发展领导小组，制定足球改革发展资金管理制度，落实北京体育大学青少年足球人才培养项目，新建足球场10个，各级足球协会组织开展各类足球比赛27项。

【反兴奋剂网络有奖知识竞赛】2020年8月20日，宁夏体育科学技术中心、宁夏反兴奋剂中心举办的2020年全区反兴奋剂网络有奖知识竞赛落下帷幕。知识竞赛以“纯洁体育，对兴奋剂说不！”为主题，面向全区公众开展网上竞答，通过随机抽题的方式，每人每天不限答题次数，全部答对者每天可获取1次抽奖机会，共有84家单位3115人参与活动，答题总次数达11547人次，设置的145个奖项全部评出。

【银川跑团马拉松接力赛】2020年10月24日，2020“寻梦塞上”宁夏·银川跑团马拉松接力赛拉开序幕，全区各大跑团的300多名跑友在贺兰山运动休闲公园参与比赛。赛事以线上为主，线下为辅。比赛以跑团接力赛的形式进行，每个团队由7人组成，必须有1名女性选手，按照报名时确定的比赛顺序在交接区域内完成交接棒，每人完成7千米，最终选取4名个人成绩最好选手+女性选手+最后1棒选手完成的42.19千米比赛成绩为跑团综合成绩，参与竞赛排名。这一赛制创造了国内马拉松线下赛事的先河——跑团接力马拉松。比赛还设置了5千米个人欢乐跑，开展了网络直播。

【摔跤比赛】2020年4月6—14日，在浙江温州市举行的2020年全国摔跤锦标赛中，宁夏运动员那达木德斯仁获得男子古典式82公斤级银牌。10月27日至11月3日，在陕西渭南举行的2020年全国中国式摔跤锦标赛中，宁夏运动员刘晓芳获得女子70公斤级铜牌。

【攀岩比赛】2020年10月4—7日，在江苏吴江市举行的2020年中国攀岩联赛总决赛及第十四届全国运动会资格赛中，宁夏运动员田沛阳获得女子速度赛第四名，并获得第十四届全国运动会攀岩项目女子速度赛决赛资格。

【射箭比赛】2020年10月14—20日，在四川成都市举行的2020年全国射箭（室外）锦标赛中，宁夏运动员孙权、考文超获得男子奥林匹克淘汰赛团体银牌。10月24—27日，在江苏南京市举行的2020年全国射箭U19跑步射箭比赛中，宁夏运动员马坤以12分34秒61获得男子组个人第六名。11月2—8日，在海南白沙市举行的2020年全国射箭冠军赛中，宁夏运动员李绍正、赵常彬、李涛获得男子奥林匹克淘汰赛团体银牌。

【现代五项比赛】2020年10月22—30日，在江苏苏州市举行的全国现代五项锦标赛中，宁夏运动员丁权获得青年男子组个人金牌，丁权、姜文岳、李孝润获得青年男子团体金牌。

（杨旭军）

青少年体育

【概况】2020年，宁夏体教融合试点扩大至10个市、县（区），覆盖30万青少年。开展体育活动进校园，带动12万名学生参与。冬季项目和攀岩项目首次进入全区青少年锦标赛。石嘴山市、灵武市青少年足球和中宁县（区）青少年篮球示范引领作用得到显现。体育职业教育质量有所提升，宁夏体育职业学院获得自治区2020年度高校毕业生就业工作考核良好等次，首批大学毕业生就业率达到90%，1名学生被共青团中央表彰为“全国向上向善好青年”。2020年，宁夏体育局对参加全区青少年锦标赛的32个项目6000多名参赛运动员进行注册，运动员注册新增了滑冰、滑雪等冬季运动

2020年9月5日，第三届宁夏体育大集开幕

项目。年内，宁夏青少年体育冬令营以“体育局教你做运动”为主题，以体育项目技能培训为主，举办13个项目73期青少年冬令营、夏令营，4500多名青少年参加。

【宁夏青少年锦标赛】2020年，宁夏青少年锦标赛全面改革，新增围棋、象棋、攀岩、中国式摔跤、拳击、自行车、轮滑、射箭、马术、三人篮球、沙滩排球、滑冰、滑雪、健美操、啦啦操、铁人三项、网球、体育舞蹈、街舞等19个项目，比赛项目总数达到32个。从8月23日沙滩排球项目开始，到10月26日马术项目结束，历时65天，共有6349名运动员、1010名教练员参加比赛，近300人达一级运动员等级、1200人达二级运动员等级，参赛项目和规模为历届最多。足球、篮球、排球进行了市级选拔赛，田径、游泳、摔跤等报名人数较多的项目在5个地级市进行资格赛。12月26—27日，2020年全区青少年高山滑雪锦标赛在泾源县宁夏娅豪国际滑雪场举办，27名运动员参赛，兴庆区获得女子乙组第一名。该次比赛是宁夏青少年锦标赛首次增设雪上项目，旨在推动青少年冰雪活动普及开展，促进青少年体育后备人才培养。

【滑冰滑雪教练员培训】2020年12月14—17日，全区短道速滑初级教练员(指导员)和越野滑雪(滑轮)教练员裁判员培训班在银川市举办，110名基层教练员参加培训，这是宁夏首次举办短道速滑和越野滑雪教练员培训班。滑冰培训班将初级教练员培训与中国滑冰协会滑冰指导员培训结合起来，由中国滑冰协会选派滑冰界名师曾思明、郭雪松担任讲师，王自力担任考评员。学员通过理论实践、陆地实践以及冰上实践培训，经过严格考评，成绩合格者获得中国滑冰协会颁发的指导员证书。滑雪培训班由北京雪上运动协会选派讲师，通过越野滑雪装备分类、模拟练习、运动员选材及训练教学体系建设等内容学习，采取理论考试和实践操作、赛事技术实践的方式进行考核。2020年，为推广普及冰雪项目，宁夏首次将短道速滑和高山滑雪纳入全区青少年锦标赛，为更多青少年提供展示和竞赛的平台。

2020年10月25日，全区第三届农民篮球争霸赛决赛在盐池县举办

【活动与赛事】2020年5—6月，宁夏体育局开展全区线上亲子体育活动，全区近6万户家庭参与，500多个小学、幼儿园集体参加，上传运动视频4万多条，250多万人次访问活动平台。1月13—18日，2020年全国青少年冰球邀请赛在银川市举行，来自陕西、四川、内蒙古、福建、天津、宁夏等省(自治区、直辖市)8支队伍的青少年运动员参加了U6、U8、U10三个组别的比赛，这是宁夏首次承办全国性青少年冰球赛。8月10—14日，2020年西北青少年足球冠军杯赛在宁夏灵武市开赛，陕西、甘肃、宁夏、青海4省(区)的8支青少年足球队伍展开了冠军争夺战。8月26—30日，2020年全区青少年锦标赛排球项目(甲组)比赛在石嘴山市体育馆举行，来自全区各市、县(区)16支代表队的200多名运动员参赛，银川男子一队、银川女子一队分别获得男子甲组冠军和女子甲组冠军。8月29日，2020年全区青少年铁人三项锦标赛在石嘴山市星海湖举办，来自全区七支代表队41名8~15岁的小铁人参加比赛，最终40人顽强拼搏，顺利完赛。9月5—6日，全区青少年街舞锦标赛在金凤万达广场举办，来自全区各市、县(区)体育局、体育运动学校(业余体校)、体育协会、青少年体育俱乐部的96名选手参加比赛。9月13日，2020年宁夏青少年攀岩锦标赛在宁夏亲水体育中心攀岩馆落下帷幕，来自银川市、彭阳县等6支代表队的53名运动员、教练员参加比赛。9月19—20日，2020年全区青少年羽毛球锦标赛在宁夏体育馆举行。比赛由宁夏体育局主办，宁夏羽毛球协会承办，分甲组(14~16岁)、乙组(13岁以下)两个年龄段，来自银川市体校、兴庆区、灵武市、石嘴山市、中宁县、原州区、海原县等28个参赛单位的300名青少年选手参与比拼。9月21日，2020年宁夏“康比特”杯青少年田径锦标赛在银川贺兰山体育场圆满落下帷幕，来自银川市、石嘴山市、中卫市等29支代表队的400多名运动员、教练员参加了80个小项的比赛。9月26—27日，2020年宁夏全区青

少年武术锦标赛(丙组)在宁夏体育馆举行。比赛由自治区体育局主办,宁夏武术协会和宁夏体育馆承办,来自全区各地24支代表队的310余名选手参加了拳术、短器械、长器械、太极拳类、传统器械类等众多项目的激烈比拼。11月7日,2020年北京体育大学青训杯青少年足球冠军赛在江西定南国家青少年足球训练中心开赛,来自全国13个省(区)、22个市的23家参赛单位1855人参赛。宁夏体育职业学院作为北京体育大学青少年后备人才培养合作单位,派出16支队伍254人参加了两个大区4个年龄组的比赛。经过激烈角逐,获得7个录取名次,U12和U8代表队获得冠军,U10和U12代表队获得亚军;隋宇和马小龙当选优秀教练员,王泽华和王政当选最佳运动员,宁夏体育职业学院荣获最具影响力团队奖。

(杨旭军)

体育产业

【高危险性体育项目监管】2020年1月,宁夏体育局组成检查组对全区11个滑雪场进行工作调研和安全检查,依照国家强制性标准,实地检查了滑雪场行政许可、从业人员资质、场地设施设备、卫生环境管理、安全保障制度和措施、应急预案等情况。1月7—9日,国家体育总局体育科学研究所对宁夏冰雪运动场所安全工作开展调研检查。4月28—29日,宁夏体育局对全区射击运动训练单位运动枪弹安全管理进行检查,对2019年年底安全检查发现问题的整改落实情况进行了回头看。

【全区体育场地统计调查】宁夏体育局根据国家体育总局体育场地统计调查工作总体部署,以2019年12月31日为标准时点,组织开展全区体育场地统计调查工作。截至2019年年底,全区共有体育场地36535个,包括田径、游泳等基础大项场地,足球、篮球、排球等球类运动场地,全民健身路径、健身房、健身步道等体育健身场地,以及其他各类体育场地。全区体育场地面积2132.4万平方米,人均体育场地面积3.07平方米。基础大型场地。全区田径场地1043个,场地面积691.4万平方米。其中,有400米环形跑道的田径场地263个,占比为25.22%;其他田径场地780个,占比为74.78%。全区游泳场地46个,场地面积5.38万平方米。其中,游泳池4个,占比为8.7%;游泳馆42个,占比为91.3%。球类运动场地。全区球类运动场地2.54万个。其中,足球、篮球、排球"三大球"场地1.08万个,占比为42.41%;乒乓球和羽毛球场地1.42万个,占比为55.99%;其他球类运动场地408个,占比为1.61%。其中足球场地1204个,场地面积357.03万平方米;篮球场地8393个,场地面积474.84万平方米;排球场地1154个,场地面积40.75万平方米;乒乓球场地13135个,场地面积44.77万平方米;羽毛球场地1059个,场地面积25.29万平方米。体育健身场地。全区全民健身路径8679个,场地面积43.41万平方米;健身房553个,场地面积10.63万平方米;健身步道196个,长度741千米,场地面积178.34万平方米。

【体育产业培训与发展】2020年5月8日,宁夏体育局举办全区体育产业复工复产线上培训,宁夏体育产业中心组织实施。来自区内外的7500余人参与到直播培训中,收看培训回放人数仍在不断增长。培训邀请到全国体育场馆运营方面的知名专家毕晋博,天津财经大学教授、户外运动研究专家梁强和北京信息科技大学副教授、国际区块链创新应用联盟专家委员会理事梁力军三名讲师,分别从体育场馆复工复产指导、体育企业如何利用互联网应用推动复工复产和体育旅游业如何在疫情后快速高效复工复产三个方面为全区体育产业管理人员、从业人员进行深度分析讲解。尤其在居家体育、自媒体体育、创建国家体育旅游示范区、优化体育旅游公共服务以及体育无形资产有形化、体育场馆生态

2020年10月13日,宁夏举办农耕健身大赛

效益等体育产业概念和发展思路方面重点解析讲解，帮助宁夏体育产业相关单位拓宽工作思路，走出疫情影响困境，有序推进复工复产各项工作。2020年，银川市获评国家体育消费试点城市，贺兰山运动休闲体育公园入选全国体育服务综合体典型案例，沙湖旅游区被评为国家体育旅游精品景区。

【体育彩票】2020年，全区累计销售13.3亿元，筹集公益金3.74亿元，市场份额53.6%，全区体育彩票销售网点达1370家，解决就业人员3000余人，为国家体育事业和社会公益事业作出贡献。1月9—23日，宁夏体育彩票管理中心开展"温暖回家路·体彩公益行"精品公益活动，开通7条"体彩专列"，活动惠及人数5775人次。8月7日，"中国体育彩票"公益夏令营在银川市、吴忠市、石嘴山市分别启动，320名青少年参加为期10天的网球和篮球夏令营公益培训。8月29日，借助中央电视台温暖有光放映队在永宁县闽宁镇的实地拍摄，充分展示体育彩票公益金在扶贫攻坚中作出的贡献。3月17日，宁夏体育彩票销售工作在疫情防控停售55天的影响下推进有序复工复产，协调上级财政部门为全区销售网点落实防疫补贴270万元，阶段性提高代销费比例、全年增发代销费305万元，并通过发放销售防疫物资、购买网点商业保险、发布网点房租减免倡议书、开展复工复产市场调研等措施，帮助销售网点渡过难关。

（杨旭军）

体育文化

【概况】2020年5月19日，宁夏体育局组织举办我们是战"疫"排头兵暨"三微"活动集中展示，通过讲述、访谈、演说、朗诵等形式，综合利用视频、PPT、快闪等展示载体，展现宁夏体育人抗击新冠肺炎疫情的精彩事迹。8月26日，国家体育总局公布40个国家体育消费试点城市名单，银川市获评为国家体育消费试点城市。9月29日，宁夏体育局举办"传承红色基因，激发奋斗精神"演讲比赛，来自训练一线、体育场馆、产业服务等单位干部职工综合运用语言、视频、音乐等表现手法，展现在新时代发展的伟大征程中，每一名体育人的梦想和追寻，为伟大的祖国献上最诚挚的节日祝福。12月21—23日，2020年中国体育文化博览会和中国体育旅游博览会采取线上方式举办，宁夏体育局组织参展，并获得优秀组织奖。2020年，国家体育总局首次评选出45项中华体育文化优秀项目，宁夏盐池县游九曲入选中华体育文化节庆项目，宁夏泾源县方棋（七路八）入选中华体育文化民俗民间项目。6月28日，宁夏游泳协会正式成立。

【体育宣传】2020年，宁夏体育局集中宣传展示体育工作，制定《宁夏体育局宣传工作办法》，评选2020年宁夏十大体育新闻，编发《宁夏体育宣传要点》6期和《体育宣传信息通报》4期，编制《2019年宁夏体育》宣传册，布设全区体育工作专题展，刊发体育宣传专版8次。与各类媒体开办体育栏目4个，刊发播出电视、报纸专题栏目150期，宣传报道了50名全民健身典型人物先进事迹。

【宁夏体育馆成为"银川市历史建筑"】2020年6月4日，宁夏体育馆被银川市人民政府挂牌为"银川市历史建筑"。宁夏体育馆，1997年6月在原银川体育馆位置上启动建设，1998年8月竣工，是自治区成立40周年大庆献礼工程。宁夏体育馆见证了宁夏改革开放的成就，具有较为重要的历史价值和社会价值，2020年3月被列入银川市第三批历史建筑保护范围。

【体育类社会组织评星定级】2020年6月，自治区体育局通报2019年体育类社会组织评星定级结果。4星级4个：宁夏武术协会、宁夏足球协会、宁夏篮球联合会、宁夏羽毛球协会；3星级15个：宁夏桥牌协会、宁夏山地运动协会、宁夏排球协会、宁夏自行车运动协会、宁夏毽球协会、宁夏信鸽协会、宁夏乒乓球协会、宁夏拳击运动协会、宁夏航空无线电模型运动协会、宁夏健美运动协会、宁夏围棋协会、宁夏马术运动协会、宁夏网球运动协会、宁夏社会体育指导员协会、宁夏国际标准舞体育舞蹈联合会；2星级3个：宁夏射击运动协会、宁夏象棋协会、宁夏门球协会；1星级11个：宁夏综合搏击运动协会、宁夏体育产业协会、宁夏徒步运动协会、宁夏滑雪运动协会、宁夏老年人体育协会、宁夏体育舞蹈联合会、宁夏跆拳道协会、宁夏散打协会、宁夏铁人三项运动协会、宁夏电子竞技体育运动协会、宁夏汽车摩托车运动协会。

（杨旭军）

出版传媒

CHUBANCHUANMEI

NINGXIA YEARBOOK

编辑◎霍丽娜

综　述

【出版管理】2020年，全区出版管理坚持党管出版原则，引导各出版单位坚持正确的政治方向，围绕《贯彻落实〈中国共产党宣传工作条例〉任务分工方案》《2020年全区宣传思想文化工作要点》和“十大工程”，贯彻新发展理念，调整出版结构，树立精品意识，提高原创能力，确保出版质量，重点推进主题出版工作、数字化融合发展、出版“走出去”、区域协作发展等，打造一批思想精深、艺术精湛、制作精良的出版精品。全年全区紧扣决胜全面建成小康社会、决战脱贫攻坚、建党100周年等重要时间节点，加强主题出版发展规划，组织策划“全面建成小康社会”主题出版工程，重点策划《闽宁扶贫协作志》《诗在远方——“闽宁经验”纪事》《走出黑眼湾》等献礼“全面建成小康社会、助力脱贫攻坚”的主题出版物；组织策划《仲叔其人》《追寻红色足迹丛书》《出路》《社会主义是干出来的——宁东能源化工基地发展纪实》等迎接建党100周年的主题出版物。编制《宁夏新闻出版广播影视“十四五”发展规划》；制定并印发《宁夏回族自治区出版系列高级专业技术职称评审条件(试行)》；组织全区出版专业技术人才继续教育培训，全区共210名图书、期刊编辑参加了培训。

【出版行政审批】2020年，全区严格落实图书、音像、电子、网络出版行政审批，坚持依法行政、科学管理，严格选题和书号审核，不断强化出版监督管理，推进依法行政能力建设，推动出版业平稳健康发展。全年审批图书选题1951种、电子音像选题7种，向国家新闻出版署申请年度书号1276个，申请增拨书号10个，共向各出版社核发书号1285个。加强项目管理，宁夏人民出版社《闽宁扶贫协作志》《英藏西夏文文献整理与研究(第四、第五册)》入选国家出版基金资助项目；加强数字化建设，开发“黄河云课网平台建设”项目、宁夏新华书店转型升级一体化工程、“阅读学习一体化服务云”平台。强化质量监督，开展2019年度图书出版单位社会效益评估以及2020年图书编校质量专项检查。加强网络出版监管，开展全区网络文学出版单位社会效益评估以及网络出版服务单位换证工作。

【版权输出】2020年，全区各出版单位以“丝路书香出版工程”“经典中国国际出版工程”“中国当代作品翻译出版工程”等重点出版工程为抓手，参与国际图书市场运作，持续推进精品出版物向外输出。智慧宫文化产业集团有限公司共输出出版物版权116种、出口发行图书8万册、数字出版物85种，实现营业输入380万元。宁夏真呐中巴文化发展有限公司共输出出版物版权35种、出口发行图书7870册、数字出版物35种，实现营业输入104万元。智慧宫文化产业集团有限公司研发面向阿拉伯国家的电子书及版权交易平台“智慧宫书城”，上线图书1100余种，达成版权贸易3100余项。宁夏真呐中巴文化公司创建了“中国优秀动漫、影视和图书巴基斯坦数字出版运营平台”“‘一带一路’南亚国家数据库平台”。

【全民阅读】2020年，宁夏全民阅读地方立法有新进展，《宁夏回族自治区全民阅读促进条例》(以下简称《条例》)于2020年11月25日经宁夏回族自治区十二届人大常委会第23次会议审议通过，《条例》共6章33条，于2021年1月1日起正式施行，有效发挥了地方立法对全民阅读的引领和推动作用，营造了全民崇尚知识、追求精神文明的良好环境。全区开展全民阅读活动，制定并印发《宁夏

2020年全民阅读工作方案》,围绕学习宣传贯彻习近平总书记视察宁夏重要讲话精神,策划举办"学习的力量——学习宣传贯彻习近平总书记视察宁夏重要讲话精神"分享会活动。4月23日,在宁夏图书馆举行"宁夏2020年全民阅读活动"启动仪式。全年组织开展"2020年宁夏全民阅读活动宣传周暨'4·23世界读书日'"系列活动、"名家带你来读书"系列活动、"新时代乡村阅读季"活动、"我的书屋·我的梦"农村少年儿童阅读实践活动等多项主题阅读活动,捐赠图书12000余册,参与活动10万多人次。

【印刷行业监管】2020年,全区加强印刷复制发行行业监管,提高服务质量,规范印刷复制发行市场秩序,共有29家印刷企业和出版物发行单位及时复工复产,完成全区疫情防控宣传品和宣传资料的印刷发行任务。全年有82家印刷企业和出版物发行单位为疫情防疫捐款捐物约96万元。加强印刷复制行业监管和内部资料性出版物规范管理,组织开展印刷复制领域"双随机一公开"工作,抽查8次,覆盖率为51%。抽查出版物印刷企业36家,占比约36%;抽查包装装潢品印刷企业17家,占比为19%;抽查其他印刷品印刷企业33家,占比为14%;抽查出版物发行单位48家,占比为31%。按照"谁审批、谁监管、谁负责"的原则,严格落实《内部资料性出版物管理办法》,加强内部资料的审批和管理,建立健全内部资料管理风险防控体系,强化宣传培训,严肃处理违规行为,共抽检和审读内部资料76种312期,对银川市、石嘴山市、固原市内部资料出版情况进行督查。组织开展"印刷复制3·15质检"活动,对2020年中小学春季、秋季教材和宁版图书、出省印制的教辅材料的印装质量进行监督检测,共检测310种930册。在元旦、春节及"五一""十一"等重要节点,全区组织开展印刷企业和出版物发行市场的专项检查行动,做好2020年中小学春秋季教科书的印制发行工作,加强集中督查,发现问题及时解决,确保全区2020年中小学春秋季教材和三科教材"课前到书、人手一册"。开展印刷企业年度报告工作和复制、发行单位年度核验工作,完成新版《出版物经营许可证》的换发工作;按照《中共中央宣传部关于印发〈新华书店社会效益评价考核试行办法〉的通知》要求,组织开展全区新华书店社会效益评价考核工作。

【农家书屋建设与服务】2020年,全区根据国家新闻出版署《关于印发〈2020年农家书屋重点出版物推荐目录〉的通知》精神,结合农民群众需求,探索"百姓点单"服务模式,编制《2020年度宁夏农家书屋出版物配置目录》。全区各市、县(区)依托农家书屋开展阅读实践活动,将农村发行网点建设与农家书屋管理使用相结合,为银川市兴庆区掌政镇镇河村、西夏区镇北堡镇昊苑村两个农家书屋安装2台自助式售(借)书机作为试点,建立"乡村24小时智能书店",提供图书借买服务和自助阅读服务终端,使农民群众能够随看随借、随购随买、通借通还。按照《农家书屋深化改革创新、提升服务效能实施方案》,深化改革创新,不断提升农家书屋服务效能,推进数字农家书屋线上服务项目建设。为农民群众提供数字阅读文化产品,提升农家书屋服务效能和数字化水平,制定《宁夏回族自治区数字农家书屋线上服务项目实施方案》。全年全区线上服务项目以自治区融媒体平台为支撑,以新时代文明实践中心为统领,高效匹配群众需求的数字阅读库与志愿服务资源库,将志愿者服务引入农家书屋,利用线下活动带动数字农家书屋服务能力的提升,形成"融媒体中心""新时代文明实践中心""农家书屋"三位一体的面向全区、服务农民的数字化阅读服务体系。

【传媒执法监管】2020年,全区做好传媒监管工作,确保正确的舆论导向。强化报纸、期刊管理,严格落实报刊审读制度,全年坚持对18种报纸、35种期刊日常审读、重点审读、抽查审读,及时报送审读报告。开展社会效益评价自评工作,全区18种报纸优秀11家、良好6家、合格1家;35种期刊优秀15家、良好17家、合格3家。开展报刊年检工作,对12种期刊进行重点核验。强化记者证管理,对全区报刊、广播电台、电视台、中央媒体驻宁记者站等230多人进行新闻采编人员资格培训。加强记者日常管理,持续严厉打击假媒体、假记者站、假记者行动。严格记者证审核核发,对不符合要求和条件的申报人员予以清理,对不符合规定的申报材料及时补报,全年共核发新版记者证1791个,其中换发1692个,新发99个。根据《新闻单位驻地方机构管理办法》,严格驻宁记者站管理,对46家驻宁记者站进行调研、摸底,及时掌握各驻宁记者站具体情况,开展记者站年度核验工作。组织开展全区21家广播电视台、18种报纸、36种期刊、20家新媒体阅评工作,全年共出阅评报告147期。

【传媒行政审批】2020年,按照自治区政府办公厅《关于印发宁夏回族自治区行政执法三项制度规定的通知》精神,严格落实行政执法三项制度,推进"证照分离"改革全覆盖,制定《自治区新闻出版局行政执法公示制度》《自治区新闻出版局行政执法全过程记录制度》《自治区新闻出版局重大行政执法决定法制审核制度》及行政执法人员法律知识学习、考试和法律顾问聘请、行政执法过错责任追究、重大行政执法决定法制审核等制度规定15个。按照《自治区推进"数字政府"建设领导小组办公室关于印发〈2020年深化全区"互联网+监管"系统建设和应用工作方案〉的通知》要求，组织执法人员完成法制教育线上培训学习。全区完善市场主体名录库信息11条，行政执法检查人员名录库信息17条；补录"互联网+监管实施清单"信息15条，修改订正"检查实施清单"信息85条，报送行政检查行为信息182条。对照《国家政务服务事项基本目录》和《宁夏回族自治区行政权力清单指导目录》，梳理核对政务服务事项71项，细化制定"证照分离"改革事项清单落实措施17项。全年共办结行政审批服务事项3977件，全部提前办结，办结率达100%。

（李　莉）

图书出版

【黄河出版传媒集团】2020年，黄河出版传媒集团实现经营收入5.42亿元，比上年同期增长11.18%；归属母公司利润总额5540万元，同比基本持平。剔除文化体制改革遗留因素影响，2020年度集团归属母公司净利润6522万元，比上年同期增长7.32%，实现国有资产保值增值，集团发展继续保持稳定前进趋势。出版《我的宁夏时光》等一批精品出版物。《中国品格》丛书在山东、湖南、黑龙江、江西有力推广。《闽宁扶贫协作志》《英藏西夏文文献整理与研究(第四、第五册)》入选国家出版基金项目库；《诗在远方："闽宁模式"纪事》等4个项目获自治区文化产业发展专项资金资助；《大搬迁》入选2020年度"全国农家书屋重点推荐目录"。《中国新诗总论》《诗歌中国》等图书获得第二十二届北方文艺图书奖。策划"三山一河志"系列主题出版物、有序推进各市县新华书店提升改造工程、打造"遇见黄河"多元文创品牌、加大出版"走出去"合作力度。疫情期间先后召开5次党委会专门研究部署集团疫情防控工作。宁夏租型印制4.2万册《新型冠状病毒感染的肺炎公众防护指南》并迅速配送至自治区应对疫情工作指挥部和五市指挥部。黄河出版传媒集团策划出版了《战"疫"日记》《守护生命：抗击疫情一线纪实》《白衣执甲逆风行：宁医援鄂日记》等主题出版物，发布《防疫也要防"抑"》等系列文章。《宁夏画报》《财经天下》等刊物充分发挥舆论引导作用，为自治区加强疫情防控正面宣传教育提供坚实出版保障。2020年，黄河出版传媒集团完成涉民族宗教类的问题图书整改工作。加强制度建设，制定并印发集团地图出版物管理、图书选题、质量、出版流程管理等若干制度规定。严格落实集团网络信息发布制度等，全年未出现网络意识形态方面问题，出版工作意识形态阵地安全得到有力维护。

【出版活动】2020年，黄河出版传媒集团承办"前进的和建设的——谢冕、李红雨、郎伟三位先生谈中国新诗百年"活动和"文化强国"主题活动，邀请谢冕、向云驹等名家出席活动。承办北方文艺出版联盟年会暨第二十二届北方文艺图书评奖会等。举办"诗意伴成长，书香润童年"一系列图书发布会，集团品牌影响力得到提升。围绕决战脱贫攻坚工作，出版《闽宁镇纪事》《中国脱贫攻坚的宁夏样本》等主题出版物，大力推进《诗在远方："闽宁模式"纪事》重大出版项目，其中部分章节在2020年《人民文学》8期头条刊载，8月18日被《作家文摘》转载，受到社会广泛关注。

【教材推广】2020年，宁夏图书出版单位传达学习习近平总书记给人教社老职工回信精神，深入推进共建"铸魂育人"工程，大力推动统编版、人教版教材在自治区的推广工作，市场占有率稳步提升，义务教育阶段教材占有率为73.29%，高中阶段为82.74%。教师教材培训工作惠及自治区1000多所学校、近6万名教师。配合宁夏"互联网+教育"示范区建设的《创新素养》《互联网+教育》教师培训用书在全区发行。

2020年10月15日，宁夏"十四五"主题出版物选题策划会在黄河出版传媒集团召开

【图书发行】2020年，黄河出版传媒集团大力推进新华书店转型升级，充分发挥新华书店主阵地、主渠道作用，加强党政类图书供给，发行《习近平谈治国理政》（第三卷）4.2万册、党的十九届五中全会系列书籍1.9万册、《论党的宣传思想工作》1.02万册、《民法典》3.7万册、《中国制度面对面》3.5万册。年内，全力保障教材教辅发行工作。克服疫情影响，完成“课前到书，人手一册”政治任务，高标准做到防疫、发行“两不误”，保证了自治区学生“停课不停学，离校不离教”，为自治区“六稳”“六保”工作提供支持。推进“文化旅游提升工程”，大力实施“市店振兴计划”，统筹推进吴忠市、中卫市、固原市、西吉县、灵武市等书店的综合改造提升工作。全面转变书店管理方式，强化管理力度，优化人员结构，吴忠市、固原市等10个基层书店年利润突破百万，转型基础和发展动力明显增强。

【出版主业融合发展】2020年，黄河出版传媒集团深入研判疫情对集团各项工作带来的不利影响，紧抓市场供应需求和供给方式转变的新契机，推动出版主业融合发展，以黄河云课网为抓手，从线上教育服务切入，不断加强优质教育资源供给服务及平台建设。疫情期间，向全区中小学生免费开放2000余节精品课程；完成500余节精品课程的录制任务，全区万余名教师已注册使用。完成“特色文化资源媒体融合与MPR国家标准产业应用”“数字资源（版权）管理平台和数字内容制作平台”“宁夏出版数字化转型升级与大数据知识服务平台”项目。加强媒体融合和运用，通过集团微信公众号等方式首次对集团大型展会活动进行图片、视频直播，累计观看超过2万人次。

【信息化建设】2020年，宁夏着力开拓图书信息化发展新局，加大黄河出版传媒集团转型升级推进力度，全面推进管理信息化转型工作，统筹部署出版ERP项目、OA协同办公等平台建设，成立黄河出版传媒集团信息化项目小组，开展调研论证工作，制定信息化建设方案，并大力推动落实。2020年，黄河出版传媒集团信息化发展实现从无到有关键性突破，对集团未来全面推动数字化发展具有开创性、破局性、奠基性意义，为集团深入推动数字化转型、应对产业发展变革、吸引留住年轻人才提供了基础性保障。

（王佐红）

广播影视

【概况】2020年，自治区广播电视局按照“突出一条主线、推进五大工程、抓好三个一批、完善四项体系”的工作思路，推进广播电视高质量创新性发展，为继续建设美丽新宁夏营造良好的舆论氛围。疫情防控期间，全区各级广播电视播出机构和网络视听节目服务机构做好应对新冠肺炎疫情宣传引导工作，全年共播出抗疫公益广告3万余条。宁夏向国家广电总局申请，通过中星9号直播卫星传输宁夏教育电视台“空中课堂”节目，确保全区农村地区中小学生在疫情防控期间“停课不停学”。

【舆论宣传引导】2020年，自治区广播电视局围绕学习宣传贯彻习近平总书记视察宁夏重要讲话精神，统筹推进疫情防控和经济社会发展，全国全区“两会”，脱贫攻坚，自治区党委十二届八次、九次、十次、十一次全会等宣传重点，协调指导全区广播电视播出机构和网络视听节目服务机构开展全方位、多层次、多媒体宣传报道，把党中央的声音、自治区党委的部署及时传递到千家万户，增强主流舆论的影响力，形成正面宣传声势，营造舆论氛围和社会环境。

【精品创作】2020年，自治区广播电视局支持和参与电视剧《山海情》创作拍摄，组织拍摄5集纪录片《塞上江南》在央视播出，完成电视理论片《思想的田野》（宁夏篇）节目策划，审核通过网络影视剧8部，上线播出《那片沙那片海》等3部。指导宁夏广播电视台开设《品牌宁夏》栏目播出64期、《故事》栏目播出15期，收视率均居同时段电视节目前列。2集纪录片《宁夏明长城》结项。

【行业监管】2020年，自治区广播电视局全面加强广播电视播出机构、节目制作机构、网络传送机构的监督管理，办理70余家单位办证申请、年检、换证审核事项。严厉查处行业违规行为，查处违规播出广告4期12条，整改2个，停播10个，诫勉谈话1个，处理个人投诉6起。开展境外卫星电视传播秩序专项整治，查处非法销售商32家，查扣、拆除非法卫星接收设施60台（套）。

【媒体融合】2020年，全区完成自治区融媒体平台项目建设任务。根据自治区党委宣传部要求，自治区广播电视局紧盯自治区融媒体平台技术方案设计、工程建设实施等关键环节，严把项目设计、审核和招标等重要关口，完成省级技术平台和11个县级融媒体平台建设工作。推进广播电视IPTV规范对接，完成宁夏IPTV集成播控分平台与全国IPTV集成播控总平台以及宁夏IPTV内容服务平台、传输平台的规范对接，全区IPTV在网用户达到108万户。经自治区发改委审核批复立项，宁夏广播电视监测监管平台(宁夏IPTV监管平台)系统升级改造项目进入实施阶段,项目建设完成后可实现对宁夏全区IPTV节目的实时监测。有线电视网络整合有序推进,根据全国有线电视网络整合发展要求,结合自治区实际,草拟并提请自治区党委办公厅和自治区政府办公厅正式印发《宁夏参与全国有线电视网络整合发展方案》。

【应急广播体系建设】2020年,自治区广播电视局推进深度贫困县应急广播体系建设,加大深度贫困县应急广播体系建设推进力度。自治区广播电视局组织完成同心县、西吉县和海原县应急广播体系建设任务,完成红寺堡区应急广播县级平台、2个乡级平台和64个行政村级平台建设任务。组织做好泾源县中央广播电视节目无线数字化覆盖工程建设收尾工作,完成泾源县石娃娃山转播站、北山转播台铁塔建设任务。

【对外宣传】2020年,自治区广播电视局争取国家广电总局国际传播能力建设专项资金100万元,用于节目制作译配、版权采购和新媒体推广。推进纪录片栏目《纪录中国》(海外版)海外推广。协调宁夏卫视在YOUTUBE开设官方频道,上线播映《武汉抗疫志》等节目。推动宁夏卫视与中阿卫视签订战略合作协议,人文纪实栏目《宁夏时间》在中阿卫视落地播出。

(俞　姣)

报　业

【概况】2020年,宁夏具有"国内统一连续出版物号"的报纸18家。其中党报7家、都市报3家、行业报2家、少儿学习报1家、高校报5家。报纸全年实现营业总收入2.23亿元,比上年同期增长0.06亿元,上升0.28%。其中广告收入6258.08万元,比上年同期减少35.92万元,下降0.57%;发行收入11612万元,比上年同期增长971万元,增长9.1%;年度总印数8885.85万份,比上年同期减少209.39万份,下降2.3%;年总印张180709千印张,比上年增长14921千印张,增长9%;新媒体收入399.03万元,比上年增加304.03万元,增长320%。2020年,全区报纸从业人员1223人,比上年增加140人,其中采编人员858人,大学本科以上人员963人,中级职称以上人员521人,新媒体工作人员120人。

【新闻阅评和效益考核】2020年,宁夏推动新闻单位提高办报、办刊、办社、办台、办网质量水平,提高新闻舆论传播力、引导力、影响力、公信力,大力推动新闻阅评工作。抓好阅评员队伍建设,坚持每月一次新闻阅评例会,做好全区21家广播电视台、18种报纸、36种期刊、20家新媒体阅评管理。2020年,宁夏为贯彻落实《中共中央办公厅、国务院办公厅印发〈关于推动国有文化企业把社会效益放在首位、实现社会效益和经济效益相统一的指导意见〉的通知》精神,加强报刊出版单位社会效益评价考核,推动报刊出版单位把社会效益放在首位。从报刊的内容导向、舆论引导与社会责任、出版管理、出版质量、规模与效果、党的建设与人才培养等方面对全区18种报纸、35种期刊进行社会效益评价。

【宁夏报业集团】2020年,宁夏报业集团组织开展十多个重大主题宣传,细化《宣传习近平总书记视察宁夏重要讲话精神报道方案》,在各报网端微开设"习近平总书记在宁夏考察调研"专版专题,设置《重要评论》《热烈反响》《回访报道》等14个栏目,刊发新媒体产品800余件。围绕学习宣传贯彻党的十九届五中全会这个重大主题,精心制定宣传报道方案,做到会前预热、会中造势、会后跟进,形成新闻报道规模和声势。开设十多个专刊、专栏、专题,刊发稿件600多篇(幅),制作《数说"十三五"》《划重点！五中全会公报里的关键词》等100条新媒体产品,总点击量超过50万次。聚焦黄河流域生态保护和高质量发展、"守好三条生命线,走出一条高质量发展的新路子"等重大主题,开设《决胜全面建成小康社会》《产业扶贫进行时》《走向我们的小康生活》等栏目,刊发各类新媒体产品3700余篇。开展决胜全面小康基层蹲点、决战决胜脱贫攻坚基层蹲点采访和"走向我们的小康生活"大型采访活动,集团党委委员带领采访小分队深入基层磨砺"四力",刊发基层蹲点稿件2700余篇。在报网端微刊发抗击疫情各类新闻作品50000篇(幅),其中阅读量在30万+的作品1篇,10万+48篇,5万+180篇,总阅读量超过6000万次,被其他媒体转载13.3万次。统筹抓好疫情防控和经济社会发展的报道,科学精准把握好疫情防控和经济社会发展报道比重,开设《聚焦"六稳"看发展》《复工复产进行时》《分区分级精准复工复产》《聚焦安全返程复工》等11个栏目,刊发1000多篇全媒体报道。集团健全完善集团全媒体考核办法,将采编业务部门正职、副职人员纳入业务考核,激励中层干部主动担当、积极作为。深化岗位薪酬分配改革,加大急难险重工作任务绩效权重,激发员工干事创业的精气神。制定《宁夏日报报业集团新闻系列专业技术岗位补聘工作实施方案》,完成专业技术岗位补聘工作,112名采编人员聘任到各等级专业技术岗位。创新重点工作督查督办思路和方法,组建督查督办联络员队伍,充分利用集团融媒体智能传播服务平台,研发电子督查系统,对督查事项从立项到办结实行全程清单化、信息化、流程化管理。以实施企业化改革为重点,为系列报网减负赋权,突出市场主体作用,增强市场活力和竞争力。优化人才培养,严格按照推荐选拔程序选拔人才,推荐国家和自治区各类先进集体9个、先进个人和自治区高层次人才等42人,11人获各类人才荣誉。有计划地选拔引进学历高、业务能力强的采编人员和专业技术人员,先后招聘引进16名视频制作、播音主持、技术保障专业人才。集团推进精神文明建设,大力实施公民道德建设引领工程,持续开展社会主义核心价值观进集团活动。制定《宁报集团"文明单位(部门)"考核办法》《宁报集团员工文明公约》,组织开展时代大讲堂、道德讲堂、专题普法讲座3次,"我身边的战'疫'模范"等主题宣讲活动3次,参加区直机关"深入学习贯彻习近平总书记视察宁夏讲话精神"成果展示、"劳动筑梦"演讲比赛、最美家庭评选,开展无烟机关创建、"光盘"行动、志愿服务等活动。推进驻村扶贫工作,定点扶贫的隆德县观庄乡红堡村、中梁村实现脱贫摘帽。

【银川市新闻传媒集团】2020年,银川市新闻传媒集团组织策划推出专题专栏、系列特稿、深度报道、评论员文章、全媒体联动活动等,宣传贯彻总书记重要讲话精神。《银川日报》8个整版推出《母亲河　幸福河——努力建设黄河流域生态保护和高质量发展先行区》特刊;新媒体借助传统媒体内容生产优势,快速进行二次加工,发布稿件超500篇(次)。新冠肺炎疫情期间,除常规报道外,《银川日报》刊发16个整版特刊《宁夏清零　银川战"疫"全记录》。《银川日报》还刊发驰援湖北医护人员《战"疫"日记》系列报道50余篇,累计刊发各类稿件4000余篇(条)。融媒体中心充分发挥新媒体传播优势,及时准确发布权威信息,及时报道防疫进展情况,及时辟谣网络不实信息,各平台综合发布疫情相关稿件8000余篇(条),同时制作推出疫情地图、科普海报、短视频、手绘、动漫等原创优质融产品。全媒体联动推出"2019—2020大型全媒体跨年直播"活动报道,与石嘴山市、吴忠市、中卫市、固原市全媒体联动直播,首次实现"4K+5G"直播连线。《银川日报》与电视《新闻观察》栏目全媒联动刊发创城系列专题稿件,与广播中心全媒联动刊发脱贫攻坚融媒体报道。《电视问政》与《直播银川》联动,将"直播银川"中曝光后没有及时解决的问题继续在《电视问政》中予以曝光。"直播银川"微信公众号设立《问政进行时》专栏,与广播《民情热线》栏目联动,将问政常态化。银川发布客户端装机量42万+,居宁夏本土新闻类客户端装机量之首。银川新闻网与银川广播电视网融合上线。微博、微信、抖音、快手新媒体矩阵强势传播。2020年,银川市新闻传媒集团旗下拥有微信公众号16个,抖音8个,其中,《银川晚报》微信粉丝量24.96万+,抖音粉丝量22.6万+;《直播银川》微信粉丝量8.8万+,抖音粉丝量90.38万+;"这里是银川"抖音32万+;《银川日报》抖音号粉丝量8.2万+。通过新一轮竞聘双选,优化内设机构,培育年轻化、专业化人才队伍。落实人才培养计划,加大采编播以及网络技术服务等人才培养力度,完善人才培养机制,全面加强全媒体人才培养。根据自治区、银川市人才申报评选要求,推荐符合条件的各类人才参加评选,推动集团全媒体人才向高端化迈进。集团采取"请进来、走出去"模式,通过具有针对性、系统性、专业化的培训学习,提升人才业务素养和政治素质。邀请专家学者为集团员工在新闻采编、安全播出、电视技术、媒体电商等相关业务领域进行线上线下培训67次,组织外出相关业务培训39次,组织马克思主义新闻观培训7次。银川市新闻传媒集团强化主题策划,相继开设《认真学习宣传贯彻习近平总书记视察宁夏重要讲话精神》《认真学习宣传贯彻党的十九届五中全会精神》《"十三五"银川这样走过》《"不忘初心、牢记使命"新春走基层》《我们的节日"社会主义核心价值观倡导""最美银川人"》《整改创建全国文明城市进行时》《不文明行为曝光台》《整改创建全国文明城市大家谈》《核心价值观倡导》《我们的节日》《书香银川》《扫黑除恶在行动》等栏目。结合战疫报道,开设《万众一心　抗击疫情》《慎终如始　双战双赢》专题专版。在脱贫攻坚收官之际,重要版面开设《走进我们的小康生活》《决胜全面小康　决战脱贫攻坚》栏目,反映全国上下抗击新冠疫情的伟大斗争和脱贫奔小康的生动实践。

【石嘴山市新闻传媒中心】2020年,石嘴山市新闻传媒中心组织策划系列专题新闻报道50余个,刊发系列社论和评论员文章近30篇。聚焦黄河流域生态保护和高质量发展,开设《黄河流过我的家——记者沿河行》栏目,推出产业转型、生态转型、民生转型系列报道24篇;开设《决胜脱贫攻坚·石嘴山在行动》《扶贫印记》《我的脱贫路》等专栏,聚焦脱贫攻坚,推出一批来自脱贫攻坚一线的新闻报道80余篇;开设《民族团结花开石嘴山》专栏，刊登民族团结先进典型及好经验、好做法30余篇；全力做好《践行社会主义核心价值观》《志愿服务在行动》《文明旅游》等专栏有关新闻报道，从先进典型引领、志愿服务、勤俭节约等方面对石嘴山市文明城市提升工作进行全方位报道，报纸刊发《文明石嘴山》专版近80块，上报创城截图8000余张，说明报告16份。建立完善《编委会工作职责》《“六好”产品评选实施办法》《新媒体考核办法》《重大选题报道落实工作机制》《媒体差错处罚办法(试行)》等制度，严格兑现奖惩，为精品内容生产提供制度保障。坚持移动优先策略，突出新闻客户端“新闻+”的运营理念，完成“今日石嘴山”客户端3.0版本的改版升级工作，构建集新闻、资讯、交流、服务为一体的综合性媒介平台，为增强舆论引导工作提供有力的平台支撑。大武口区融媒体中心由石嘴山市新闻传媒中心进行建设，建成后将实现采集和汇总、内容生产、策划指挥、数据分析、内容审核、融合发布、网络安全和监测监管等功能中心，通过互联网技术手段，与银川都市圈媒体进行资源共享，在自治区“一朵云”媒体融合平台建成后，石嘴山将实现与自治区级媒体的互联互通，形成自治区、市、县三级联动网络和同频共振的传播格局。聚焦增“四力”，着力培养全媒体复合型人才，不断完善人才实践和培训机制，着力培养熟练驾驭全媒体的多面手。研究制定采编播人员、技术人员年度业务培训计划，邀请全国、全区专家以及内部采编骨干，围绕采编业务、采编设备使用、言论写作等主题开展线上线下专题培训40余场次。为解决《石嘴山日报》改版大报以来编辑思路不开阔、版面创新不足等问题，中心先后安排2批次优秀业务骨干赴宁夏日报社学习报纸版面编排、设计。开展“首席记者(编辑、主持人)、技术标兵、岗位能手”评选活动。

【吴忠市新闻传媒中心】2020年，吴忠市新闻传媒中心紧贴市委、市政府重点工作，精准策划、深度挖掘，做实做活做新重大主题宣传，深入拓展学习宣传多项主题宣传战役，推出一批有思想、有温度、有品质的特色栏目和新闻作品。对报纸、电视、广播节目中多档栏目进行精准定位、同类合并、优化设计，聚焦聚力栏目策划、本地特色、独创原创，不断增强产品精品意识，营造多元化受众体验。不断应用新媒体技术，吴忠报纸原创新闻作品可同步音视频观看，通过“看吴忠”APP可收听有声新闻，传统媒体与新媒体走向“你中有我，我中有你”阶段。多件新闻作品分获宁夏好新闻一等奖、二等奖、三等奖，547件原创新闻作品入选“学习强国”宁夏学习平台，新闻宣传工作实现从数量扩张向质量提升转变。“吴忠日报”微信公众号原创单篇作品阅读量最高超过35万人次，“吴忠日报”微信公众号成为宁夏关注用户增速最快的官方新媒体平台，文字+语音版《吴忠·新闻早餐》成为广受欢迎的新媒体专栏。吴忠市新闻传媒中心在学习借鉴、调研论证的基础上，协调相关部门编制符合本地实际、体现地方特色的媒体融合改革方案和人事、分配、绩效制度改革方案，为媒体融合发展改革做好政策设计。坚持先进技术引领，加快融媒体中心技术平台运行完善，不断规范新闻调度指挥及各发布平台、业务流程管理，打造具有吴忠特色、能用好用、流程顺畅的融媒体平台。加快新广播电视发射塔等项目建设，弥补广播电视制播网络安全等级漏洞短板。协调相关部门编制符合本地实际、体现地方特色的媒体融合改革方案和人事、分配、绩效制度改革方案，为媒体融合发展改革做好全面科学的政策设计。通过专家授课、实战练兵、跟班培训、线上线下等方式，培训编采制播人员10期1360人次。吴忠市新闻传媒中心迅速启动重大突发公共卫生事件一级响应新闻调度指挥机制，每天调度新闻宣传侧重点，动态调配人员、物资及设备、技术配备，全方位、全时段聚焦疫情防控宣传，各发布平台共刊发相关稿件两万余篇，《铁子大喇叭》等原创作品覆盖吴忠市乡村社区，微信公众号、“直播吴忠”抖音号等成为群众获取权威信息的首选新媒体平台。1人获“宁夏抗击新冠肺炎疫情先进个人”，3人获“宁夏优秀新闻工作者”，20余人被宁夏新闻网等自治区级媒体选树为“抗疫先进典型”，2名职工家庭被评为全市“抗疫最美家庭”。

【固原市新闻传媒中心】2020年，固原市新闻传媒中心围绕“六大任务”开展主题宣传，开设《牢记嘱托 奋力谱写建设先行区和继续建设美丽新宁夏的固原篇章》栏目。策划采访的《固原“四个一”描绘山绿民富新图景》等稿件被新华社、《光明日报》等中央、区级媒体采用并刊发。《今日固原》客户端装机用户1.8万人，《固原日报》微信粉丝9.6万人，WCI(清博指数)稳居全区官方类微信公众号前十名，2020年总阅读量250万+，单篇最高阅读量为10.4万人次。固原电视台微信粉丝4.6万，抖音号用户2.8万。完成“中央厨房”建设项目招标，开始施工建设。逐步完善内部体制机制和制度，印发32项新制度，70%以上制度是融合业务。抓紧全媒体型人才培训工作，争取把新媒体人才培训纳入全市人才培训计划，结合“中央厨房”建设工作推进全媒体人才培训。组织开展强“三性”、增“四力”教育实践活动，要求一线采编人员深入一线，创作出更多符合时代需求和受众喜欢听、愿意看、听得懂、看得进的好作品，同时运用移动直播、短视频、微动漫、H5等新技术、新产品开发抢占舆论和移动媒体新高地，切实提高传媒中心的传播力、引导力、影响力、公信力；组织职工参加区党委宣传部举办的全区新闻战线强“三性”增“四力”暨“三项学习教育”培训班，鼓励职工结合自身实际，参加新闻业务、技术能力提升等方面培训。固原市新闻传媒中心充分做好疫情防控、复工复产宣传报道。疫情初期，编采人员24小时值班，深入采写报道全市齐心协力抗击疫情的事例和典型举措，连续刊发评论文章30余篇。疫情后期，着眼于疫情防控常态化，刊发接续抗疫、复工复产的政策措施，采写《我市广大党员干部“担当新使命”积极投身复工复产》等稿件1080篇。同时统筹所有新闻平台，增强推送频次，通过多维度宣传，突出报道固原在群防群治上的举措和成效。固原市新闻传媒中心获“全区抗击新冠肺炎疫情先进集体”，中心记者董治全获“全区抗击新冠肺炎疫情先进个人”称号。

【中卫市新闻传媒中心】2020年，中卫市新闻传媒中心在传媒中心各平台同步开设《打赢三大攻坚战·防范和化解重大风险》《打赢三大攻坚战·污染防治》《决胜全面小康、决战脱贫攻坚》等专栏，共刊发“三大攻坚战”相关稿件180余篇，共出版《脱贫攻坚进行时》专刊15期。2020年年初新冠肺炎疫情发生后，传媒中心提高政治站位，充分利用全媒体优势，在各媒体平台同步开设《万众一心阻击疫情》《我身边的战疫模范推选活动》《战疫之光》《最美战疫人》《连线湖北》《连线襄阳》《党旗在防控一线高高飘扬》等专题专栏专刊，及时刊播全市疫情防控相关新闻报道。在传媒中心主流媒体平台开设《创建全国文明城市·社会主义核心价值观知与行》《创建全国文明城市 诚信建设万里行》《创建全国文明城市·不文明行为曝光台》《创建全国文明城市·文明城里话新风》等社会主义核心价值观、移风易俗和创建全国文明城市相关专栏、专题，共刊发相关稿件1070余篇，刊发专刊22期，刊发公益广告64个整版，一版刊发标语20余条。全面启动户外广告经营工作，提高资源利用率。完成户外两个电子屏招标工作，进入安装阶段；与网易宁夏签订合作协议，扩大宣传范围，打造中卫大外宣平台和提升中卫影响力，制作推出120余个有创新性、影响力的H5、动漫、微视频等融媒体产品，其中制作的抖音短视频《世界上最远的距离不是生与死，而是我就在你面前却无法拥抱》视频作品，短短三天时间里，视频的点赞量近30万人次，阅读量达到600万+；制作的《多米诺骨牌关于隔离的重要意义》《海原县一名三年级学生捐出自己的零花钱》阅读量达到100万+；编辑推送的稿件《关于紧急追踪寻找密切接触者的通告》阅读量达到200万+。通过线上和线下集中学习的方式，先后组织采编业务培训3次，分别从电视新闻画面拍摄和规范落实八项规定、新媒体拍摄和制作等方面进行培训，提高干部职工的业务能力和综合素养。持续宣传创建全国文明城市的好做法、先进经验、显著成效，鞭挞社会上的不文明现象，营造全市上下广泛参与、共建共享的浓厚氛围。2020年，《中卫日报》共刊发相关稿件1070余篇，刊发专刊22期，刊发公益广告64个整版，一版刊发标语20余条；新媒体平台共发布创建全国文明城市相关新闻1190多条。

（徐科军）

期　刊

【概况】2020年，宁夏出版系统具有“国内统一连续出版物号”的期刊36种，其中社科类期刊18种、时政类期刊7种、文学类期刊3种、自然科学类期刊8种。期刊全年实现收入3488万元，比上年同期增加248万元，增长7.65%；其中广告收入280万元，比上年同期减少57万元，下降17%；发行收入540万元，比上年同期增加60万元，增长12.5%；全年总印数375万册，比上年同期减少58.7万册，下降13.5%；全年总印张27000.28千印张，比上年同期减少1816.57千印张，下降6.3%。2020年全区期刊从业人员355人，其中在编人员210人，聘用人员145人，采编人员238人，大学本科以上人员324人，中级职称以上人员196人，中共党员204人。

【宣传报道】2020年，宁夏各期刊社充分发挥舆论主阵地的作用，始终把抓好主题宣传、坚持正确导向，作为新闻出版工作的首要任务，充分发挥主流媒体的优势和作用。疫情发生后，各杂志积极开设专栏，及时传递党中央、自治区党委声音。集中推出采访报道各条战线战“疫”举措和成效，反映广大党员干部积极投身抗击疫情战斗、确保人民群众生命安全和身体健康的精神风貌。选取奋战在抗疫最前线的基层党组织、党员故事，精心策划、创作设计，以图片报道的方式，生动展示基层党组织战斗堡垒作用和共产党员先锋模范作用。统筹疫情防控和复工复产宣传,刊发复工复产报道,展示夺取疫情防控和实现经济社会发展目标双胜利的生动场面。刊社记者深入一线,深入宣传宁夏一线医务人员、基层党员干部无私奉献的感人事迹。“宁夏党刊”微信公众号、“共产党人”官网发布各类官方疫情防控信息。疫情期间先后推出1期特刊、6个专栏,共刊发疫情防控稿件61篇,其中自采稿件18篇,图片报道96幅。各刊围绕脱贫攻坚这一重大主题,开设《决战决胜脱贫攻坚》《决胜全面小康决战脱贫攻坚·走向我们的小康生活》等栏目,刊发《咬定青山不放松　打赢脱贫攻坚战》《红寺堡区:持续发力决战脱贫攻坚》等稿件40篇,大力宣传宁夏金融扶贫、生态扶贫、产业扶贫等新模式、新探索,反映了全区上下脱贫富民、改革创新的生动实践。围绕“精准脱贫”,策划推出《不懈奋斗逐梦幸福》等报道。

【《共产党人》】2020年,《共产党人》杂志社把宣传习近平新时代中国特色社会主义思想作为首要政治任务,不断推进党的创新理论走深走心走实。《原著原文》栏目及时转发以习近平同志为核心的党中央作出的最新重大决策部署和习近平总书记的重要署名文章。开设《深入学习贯彻习近平新时代中国特色社会主义思想》《认真学习宣传贯彻习近平总书记视察宁夏重要讲话精神》等栏目,围绕中央和自治区党委重大决策和战略部署,组织约稿、专访,推出23篇理论稿件。围绕重大主题,及时制定约稿方案,组织“高质量发展”“基层治理”“黄河生态保护和高质量发展”“脱贫攻坚”“宣传工作条例贯彻情况”等主题宣传,共刊发理论稿件200余篇。深入宣传贯彻习近平总书记视察宁夏重要讲话精神。总书记视察宁夏当月,刊物开设《特别报道·习近平总书记在宁夏考察》专栏并常设《认真学习宣传贯彻习近平总书记视察宁夏重要讲话精神》《建设黄河流域生态保护和高质量发展先行区》专栏,刊发《以习近平总书记重要讲话精神为指引　全力服务黄河流域生态保护和高质量发展先行区建设》等一批优秀稿件。次月推出特刊,采用卷首语、纪实、评论、回顾、回响五个板块,生动记录总书记对宁夏的深切关怀和殷殷嘱托。专刊专栏累计刊发文字报道81篇,图片120幅。2020年,《共产党人》杂志社打造“一刊一网两微”传播格局,围绕年度重大宣传主题开展战役性宣传报道,与传统纸媒实现同频共振、多平台发声。创办《微党课》《微言论》《塞上微理论》等栏目,提升服务党建功能。网站发布信息1000余条,微信公众号推送信息1600余条,40余篇报道被“学习强国”宁夏学习平台转发,网站浏览点击20余万人次,奏响网络空间党刊的主旋律,增强党刊的传播力、公信力、影响力。《共产党人》杂志社建设融媒体采编平台,坚持“因地制宜融合、转型升级发展、裂变效应凸显”的建设思路,借助全国领先的媒体技术团队,与宁夏新闻网深度合作,依托宁夏党政门户集约化服务平台,以PC端、移动端为突破口,建设宁夏党刊融媒体采编平台,建成集策、采、编审、发、后期管理评估于一体的融媒体编采系统。适应国产化要求,开发包含稿件汇聚、稿件生产、稿件管理、稿件发布4个模块,涵盖从内容生产到内容发布的全套流程开发内容管理发布系统。2020年,《共产党人》杂志社建立融媒体矩阵。围绕党刊全媒体建设,参照《求是》网站对“共产党人”网站进行改版,构架重组,增设栏目,优化风格,打造党刊门户网站。加大党刊及新媒体的推广力度,全新推出《共产党人》电子刊,并在网站、微信等平台及朋友圈大力宣传推介,扩大党刊覆盖面。开通“宁夏党刊”头条号、“共产党人”抖音号,申请开通“学习强国”强国号,不断探索多样化、个性化的用户体验和传播方式,满足社会对新闻内容的多元化需求,实现“党刊+全媒体”联动、多媒体融合组合式传播。《共产党人》杂志社优化党刊编辑出版流程。依托融媒体平台的应用和新网站的开通,刊社健全各项工作机制,完善适应融媒体发展的编辑出版和工作流程,打破部门壁垒,实行栏目负责制、责任编辑负责制,促进编采人员快速转型。《共产党人》杂志社加强新媒体技术应用培训,开展党刊融媒体建设调研活动,先后到银川市新闻传媒集团、宁报集团融媒体中心、江苏《群众》杂志社等地进行实地调研,学习借鉴先进经验,推动刊社融媒体建设快速发展。《共产党人》围绕为国家立心、为民族立魂,着力培育和弘扬社会主义核心价值观,大力宣传“自治区最美人物”“中国好人榜”“自治区道德模范”等先进人物事迹,开设《奋斗青春》《时代楷模·闽宁对口扶贫协作援宁群体》《书记论坛》,推出《“铁杆庄稼”硕果盈枝》等报道17篇。《共产党人》与自治区纪委监委联合开设《清廉宁夏》《正风肃纪》,加大对新时代全面从严治党的理论宣传、实践经验总结,刊发稿件7篇。

【《宁夏画报》】2020年,《宁夏画报》社严格遵守“三审三校”制度,将政治立场鲜明,主题积极向上,有感染力、影响力,内容真实,时效性强,符合国家政策和宁夏区情,表述准确,角度新颖,逻辑严密,语言流畅作为审核标准。在初审环节，全面审读所有稿件，对政治性、思想性、文字质量进行严格审查。在复审环节由副总编辑提出相关意见，作出总体意见。在终审环节，总编辑根据初审、复审意见，对稿件的内容，包括出版导向、社会效果、是否符合党和国家的政策法规等方面作出评价。每期杂志均填写有《审读意见表》，各责任人在审读杂志后均写明初审、复审、终审意见并签字，填写后的《审读意见表》按期按年度存档。

【《宁夏人大》】2020年，《宁夏人大》认真策划每期刊物的主题，研究报道方式和角度，分别编发以"人代会专题报道""常委会工作报道""抗击疫情""脱贫攻坚""中华环保世纪行"等为主题的13期刊物。组织撰写《聚焦"六稳""六保" 答好疫情下宁夏经济考卷》《护一方净土 保一方民生》《你想问啥事儿，代表帮你提》《法治力量让千年古渠焕发新活力》《用"互联网+"代表履职"绘好民生"工笔画"》《"三联一家亲"真管用》等一批人大通讯报道，被多家媒体转载。其中，《三访白云江》获得第30届中国人大新闻奖二等奖。严格刊物"三审三校"制度，增强编辑部人员责任意识、大局意识；改进刊物版面设计，突出刊物政治性、权威性。调整规范栏目名称布局，力求规范合理、简洁明快，更加方便读者阅读。

【《看天下》】2020年，《看天下》全面加强刊物的意识形态工作，提高杂志品质。在选题上，实行重大选题备案制度，尽量避免敏感、拿捏不准的话题出现在杂志上。关注记录中国现阶段的社会经济发展对日常生活的改变，文化创意对年轻人的引领和影响，更好地反映社会潮流，推动社会进步。大幅度减少文娱类报道，全面封杀对明星、网红的炒作类稿件，倡导社会主义核心价值观，积极传播社会正能量，承担社会责任。结合重要历史时间节点，统筹重大主题宣传、形势政策宣传，成就典型宣传，弘扬主旋律、传播正能量。2020年，围绕国家对疫情防控的重大决策部署以及对野生动物保护政策的调整，组织策划《举国战役全纪录》《野味，舌的欲望与惩罚》等封面报道。"两会"期间，推出《最特殊的"两会"》封面报道。围绕社会热点进行策划报道，正面引导社会舆论。策划稿件《野味，舌尖上的欲望与惩罚》，聚焦宣传中国在野生动物保护方面的新政策，提醒人们重视国家法律法规，打击非法野生动物交易等问题。报道推出后，社会影响力较好。对所办新媒体实行统一管理，确保导向正确。

（徐科军）

卫生健康

WEISHENGJIANKANG

编辑◎贾虎林

综　述

【医疗卫生】2020年，全区卫生健康系统全面推进健康宁夏战略，抓好全面深化医药卫生体制改革、“互联网+医疗健康”示范区建设和区域医疗中心建设，健全完善重大疫情防控和公共卫生应急管理体系、健康促进体系、健康服务体系、健康支撑体系、健康制度体系，各项工作取得积极进展。全区22个县（区）全面开展县域医共体和城市医联体建设，医联体建设覆盖所有二级及以上公立医院和90%以上的社区卫生服务机构及乡镇卫生院。全区疫情防控取得重大成果，41天基本阻断本地疫情传播势头，54天实现确诊病例治愈清零，实现不发生死亡病例、不发生医务人员感染、不发生社区传播的目标。完成援鄂疫情防控救治工作和赴沙特阿拉伯、科威特国际抗疫行动。所有县（区）具备核酸检测能力，常态化设置救治专家组，组成三级专业医师和专业护士队伍，设置救治床位3334张，重症床位805张。5个地级市全部建成影像、心电、超声等区域远程诊断中心，各县（区）均可开展远程影像诊断、远程心电诊断、远程会诊、远程培训。全区2182家村卫生室全部接入全域医疗健康信息专网，人工智能辅助诊疗系统建设覆盖9个贫困县（区）的全部基层医疗机构，累计为基层医务人员提出诊断建议近18万次，规范门诊电子病历近14万份。做好贫困患者救治，“三个一批”救治或签约服务93235人，救治比例达99.68%。呼吸、神经、传染病、创伤、心血管5个专科国家区域医疗中心完成自治区级评估。在2020年全国三级公立医院绩效考核中，自治区西医类医院在西北五省（区）中排名第一，在西部12省（区）中排名第三，在31个省（自治区、直辖市）和新疆生产建设兵团中排名第十七；中医类医院在西部12省（区）中排名第一，在全国31个省（自治区、直辖市）中排名第六。

【健康宁夏建设】2020年，自治区卫健委组织召开健康宁夏专项行动工作组暨联络员会议，成立58名专家组成的自治区健康宁夏专家咨询委员会、350名专家组成的16个专项行动工作组和342名专家组成的自治区健康科普专家库，发挥专家在健康宁夏建设中的智力支持和技术支撑作用。建立多部门协同推进健康宁夏建设工作机制，制定健康宁夏专项行动工作组、专家咨询制度等8项制度，

2020年1月19日，全区卫生健康工作会议在银川市召开

明确40个成员单位在健康宁夏建设工作中的职责分工。将健康宁夏建设纳入党委政府考核范围，健康宁夏建设制度和评价体系得到完善。16个专项行动全面推开，17项核心指标全面完成，人均预期寿命得到提升，孕产妇死亡率、婴儿死亡率、5岁以下儿童死亡率等六项指标均高于国家平均水平。已创建国家级健康促进县（区）8个、健康促进医院78家、卫生城市4个、卫生县城6个、卫生乡镇3个。完善健康宁夏建设考核细则，委托第三方开展健康宁夏建设（2016—2020年）效果评价及2020年度全区健康宁夏建设考核工作。

【互联网+医疗健康】2020年，全区“互联网+医疗健康”创新发展，启动“一体化”建设，推进“云化”部署，实现各级医疗机构互联互通，“基层检查+上级诊断+区域互认”的新模式基本形成。国家健康医疗大数据研究院、中国·宁夏“互联网+医疗健康”标准化研究院暨医疗健康物联网创新开放实验室落户宁夏。宁夏—粤港澳大湾区“互联网+医疗健康”协同创新中心建设正式启动。出台《关于促进宁夏“互联网+医疗健康”产业发展的意见》，“互联网+医疗健康”产业聚集效应凸显。

（王懿培）

疫情防控

【概况】2020年1月22日，宁夏确诊首例新型冠状病毒肺炎病例；3月3日，宁夏确诊最后1例病例，共报告新冠肺炎确诊病例75例（含境外输入3例），报告发病率为1.09／10万，治愈率为100%。新冠肺炎疫情发生后，宁夏持续优化完善防控体系，坚持“早发现、早报告、早隔离、早治疗”四早措施，构建“预防、控制、救治、保障”四道防线，实施“应收尽收、应治尽治、应检尽检、应隔尽隔”，没有发生死亡病例、医务人员感染及社区传播，在较短时间内有效遏制住疫情发展蔓延并转入常态化防控，全面恢复社会生产生活秩序。

【疫情防控指挥体系】2020年1月22日，首例新冠肺炎确诊病例发生后，自治区党委、政府立即成立主要负责人挂帅的应对疫情工作领导小组和指挥部，启动突发重大公共卫生事件一级应急响应，抽调16个部门单位的80多名工作人员到指挥部集中办公，各市、县（区）第一时间全部成立由党政主要负责人挂帅的领导机构，自上而下构建全区统一领导、统一指挥、统一行动的疫情防控决策指挥系统。各级指挥部充分发挥统筹协调作用，凝聚各方力量，持续跟踪分析研判，加强人、财、物调度，严格高效落实各项防控措施，做到科学防治、精准施策、联防联控。

【疫情防控策略】2020年，全区首发病例确诊后，宁夏将策略确定为“主动搜索防输入、控制源头防扩散、集中救治防死亡”。针对疫情防控重点环节，实施重点人群集中隔离医学观察、全面加强预检分诊和发热门诊、关口前移开展核酸检测筛查、扩大密接人员排查范围、临床高度疑似病例提前介入治疗等防控措施。聚集性病例增多后，及时将防控策略调整为“围点控源、精准排查、果断隔离、早诊早治、彻底消毒”。在疫情拐点到来后，实施“预防为主、密切监测、外防输入、内防扩散”的策略，防控工作向分区分类、精准施策、精准防控转变。5月1日后，建立并完善“及时发现、快速处置、精准管控、有效救治”防控工作机制，疫情防控顺利进入常态化阶段。

【疫情防控措施】2020年，在全区全面控制传染源，采取设立查验站、利用大数据、主动入社区等多种排查方式，全面、主动搜索重点人群，累计排查重点人员748.95万人，追踪密切接触者4770人，集中隔离观察4.1万人，居家隔离观察10.1万人。采取延迟企业复工学校开学、暂停公共交通、停止聚餐聚会、取消文艺演出、关闭影院剧院等方式减少人群聚集，全面加强公共场所、交通工具的消毒、通风、限流，在公共场所设置“一米线”，全面开展城乡环境卫生整治和消毒消杀。把住社区基础防线。发动群众自治，实施社区、村庄封闭式、网格化管理，把防控力量、资源、措施向社区下沉，形成全民参与、群防群控的防控局面。分级分类动态精准防控。以县（区）为单位划分低、中、高疫情风险等级，分区分级实施差异化防控，同时强化重点场所、重点人群的疫情防控措施。全力救治每一名患者。按照集中患者、集中专家、集中资源、集中救治的“四集中”原则，实行定点医院、“一人一案”、中西医结合、免费治疗，确保所有患者得到及时有效的治疗。加强医疗物资保障。疫情初期，筹措防疫物资，调配发放各种物资近750万件，保障防控需求。同时迅速出台投资鼓励政策，引导64家重点企业转产转能，生产防疫用品。

【疫情防控常态化机制】2020年，全区建立持续强化疫情主动监测、分诊分流管控、疫情快速处置、医疗服务管理、健康教育引导等“八项机制”。制定防控、救治、核酸检测、物资保障等一系列方案和预案，组建89支应急流行病学调查队，设置集中隔离医学观察场所125家，规范设置预检分诊点716个，发热门诊65个，符合隔离和防护要求的病床数1160

2020年4月15日，自治区党委书记陈润儿（右四）、自治区主席咸辉（左四）欢送宁夏赴沙特阿拉伯抗疫医疗专家组出征

张，专业医师、护士队伍1636人，加强医疗物资储备，做好突发疫情的应对准备。全面提升核酸检测能力，新建改建实验室30家，实现所有县（区）均有具备核酸检测能力的医疗机构，能在疫情出现5天内完成区域人口全面核酸检测。坚持密切监测、信息共享、人物同查、多病共防，严格落实新发病例2小时网络直报、重点人群3~6小时出核酸检测结果、24小时完成流行病学调查。

【援鄂援外】2020年，宁夏组建6批次785人援鄂医疗队，到武汉和襄阳救治患者。4月15日，由国家卫生健康委组建，自治区选派一支由呼吸与重症、公共卫生、护理、中医等8名专家组成的抗疫医疗专家组赴沙特阿拉伯、科威特帮助应对新冠肺炎疫情，完成为期15天的国际援助任务。

【中医药疫情防治】2020年，全区落实中西医共同参与、全程协作的中西医联合会诊制度，制定《宁夏新型冠状病毒肺炎中医药防治方案》，应用清肺排毒汤等传统经典方剂，一人一方，精准施治，向公众推荐中药预防处方。中医医疗机构纳入全区应急防治工作体系，中医诊疗专家指导各级中医医院制定应急预案、开展防控演练、设置预检分诊和发热门诊。先后派出援湖北中医医护人员179名。研发4种新冠肺炎防治中药制剂紧急备案许可后全区调剂使用。为3万多名密切接触者、一线防疫人员免费发放预防中药13万余副，发放中药防疫香囊1.9万个、防疫药茶2000余袋。全区中医药参与治疗74例，参与率为98.7%，有效降低发病率、转重率，提高治愈率。

（王懿培）

医药卫生体制改革

【综合医改制度建设】2020年，宁夏制定并印发《宁夏借鉴推广福建省三明市医改经验　进一步深化“三医联动”改革工作方案》《宁夏落实以药品集中采购为突破口　进一步深化医药卫生体制改革若干措施工作方案》《宁夏深化医药卫生体制改革2020年下半年重点工作任务及责任分工》等49个配套文件。与福建省三明市医改领导小组秘书处签订医改合作框架协议，邀请三明市医改专家詹积富、徐志銮、杨孝灯等到宁夏授课，对自治区调整优化医疗收入结构试点工作进行现场指导，借鉴推广三明市医改经验。开展县（区）域综合医改，组织对西夏区、永宁县、平罗县、盐池县、彭阳县、中宁县综合医改试点工作进行现场评价，全区新型医疗卫生服务体系初步建立，提升了县域整体医疗服务能力。制定并出台《全区全面开展县（区）域综合医改实施意见》，举办县（区）域综合医改及相关政策培训班，印发《宁夏县域紧密型医共体医保支付方式改革的实施意见》配套文件，试点工作在全区22个县（区）全面推开。完成2019年度宁夏综合医改主要指标监测分析报告和宁夏“十三五”医改规划评估工作。向国务院医改领导小组秘书处推荐8个综合医改试点宣传典型案例，通过健康中国APP上传医改视频23个。在国务院医改领导小组秘书处召开的综合医改试点省份医改典型经验专题发布会上，介绍宁夏综合医改典型经验并答记者问，接受中央媒体对自治区医改工作的现场调研报道。

【分级诊疗制度建设】2020年，宁夏在农村以县域为单位建立紧密型医共体，在城市以区域为单位建立紧密型医联体。加快推进城市医联体建设。银川市、石嘴山市完善城市医联体治理保障机制，实施网格化布局管理，细化工作措施，将松散型医联体建设向紧密型医联体建设推进。召开城市医联体试点工作推进会，制定并印发城市医联体试点工作绩效考核方案，启动对银川市、石嘴山市试点绩效考核工作，指导吴忠市、固原市、中卫市做好城市医联体建设工作。

【区域医疗中心建设】2020年，宁夏完成国家呼吸、心血管、创伤、神经疾病、传染病区域医疗中心省级评估审核工作，向国家卫生健康委申请复验。宁夏医科大学总医院、自治区人民医院与北京大学医学部直属医院等区外医院开展合作，加大综合类国家区域医疗中心和其他专科类国家区域医疗中心建设力度。出台省级区域医疗中心建设方案。由银川市人民医院牵头，搭建宁夏“互联网+医疗健康”国家区域医疗中心平台，并启动建设。

【公立医院改革】2020年，自治区安排公立医院改革项目资金76868万元，其中5500万元用于自治区级医院债务化解及利息补助。改革公立医院人事薪酬制度，人员编制由审批管理转变为总量控制、备案管理，自治区人民医院建立符合医院岗位特点绩效的人事薪酬制度。制定并印发《宁夏调整优化医疗收入结构试点工作方案》《宁夏调整优化医疗收入结构试点工作实施方案》，选择三甲、三乙、二级各2家医院先行先试，探索调整优化全区医疗收入结构的有效路径。完成2019年度全区二级及以上公立医院绩效考核，修订调整部分绩效考核指标，启动2020年绩效考核工作。

【医疗保障制度建设】2020年，城乡居民医保筹资待遇模式由“一制三档”改革为“一制一档”，人均补助标准550元，个人缴费280元，门诊大病报销比例为60%。全面合并实施生育保险和职工基本医疗保险，实行自治区级统筹。建立地市级基金统收统支制度，建立城乡居民大病保险质量保证金制度、跨省异地就医直接结算清算资金预留制度和结余奖励激励机制。印发《自治区党委人民政府关于深化医疗保障制度改革的实施意见》。推进完善多元复合式医保支付方式改革，申请将石嘴山市和固原市纳入国家区域点数法总额预算和按病种分值付费(DIP)试点城市，将全区三级医疗机构日间手术纳入医保支付，在6个县域综合改革试点县(区)实行“总额包干、绩效监管、结余留用、合理超支分担”的支付方式改革。

【基本药品采购供应】2020年，宁夏严格执行国家组织药品集中采购和使用工作，三批次宁夏中选药品平均降幅分别为63.36%、75.4%、70.84%，最高降幅98.18%。与陕西等十省(区)联盟完成人工晶体高值医用耗材集中带量采购，56个中选产品最高降幅85%，平均降幅44%。参与国家组织冠脉支架带量采购，10个中选产品平均降价93%。健全临床用药监测预警机制，重点监控抗生素和国家、自治区公布的29个重点监控合理用药药品使用，制定高值耗材重点监控目录、短缺药品目录(2020年版)，完善短缺药品监测预警和分级应对机制。落实国家基本药物制度，将住院患者基本药物使用率和基本药物采购品种数占比纳入二级医院、三级医院考核体系。2020年起，正式执行国家基本医疗保险药品目录，落实糖尿病、高血压等患者人群门诊特殊用药，对《药品目录》中国家谈判确定的药品执行全国统一的医保支付政策。

2020年，自治区启动调整优化医疗收入结构试点工作(图为自治区医改领导小组秘书处组织召开宁夏调整优化医疗收入结构试点工作启动会)

【综合监管制度】2020年，宁夏开展新冠肺炎疫情防控督导，下发疫情防控督办意见书41份，督促整改落实。完成国家“双随机一公开”抽检任务，开展自治区级“双随机一公开”抽检工作。督导调研全区医疗卫生行业综合监管制度推进落实情况，专项整治打击非法行医、医疗美容、行政执法不作为乱作为。推进监督机构规范化建设，建成自治区卫生健康综合监管平台，在银川市、中卫市开展“信用+综合监管”试点工作。11月16—22日，国家医疗卫生行业综合监管督察组对自治区推进落实情况进行督察。

【中医医疗体系建设】2020年，自治区加快中医医疗服务体系建设及改革创新。自治区党委、政府印发《关于促进中医药传承创新发展的实施意见》，自治区人大常委会修订《宁夏中医药条例》，打造中医药发展的政策环境。召开全区中医药大会。推进自治区和银川市中医药传承创新工程，实施贫困县中医医院服务能力提升项目、基层中医药人员适宜技术推广项目和“百千万”人才工程项目，培训中医药骨干人才78名，培养继承人20名，组建中医专科联盟4个，建设名中医药专家传承工作室14个。开展自治区中医药突出贡献奖和第三批名中医评选工作，组织中医医术确有专长人实施健康宁夏行动。

【健康扶贫】2020年，自治区深入实施健康扶贫工程。提高贫困地区医疗服务能力，贫困地区医疗卫生机构“三个一”、医疗卫生人员“三合格”和医疗服务能力“三条线”全部达标。深入开展“四查四补”，对贫困县实行领导包抓、蹲点指导，对建档立卡贫困户逐村、逐户、逐人、逐病调查核实，持续做好贫困患者救治。狠抓西吉县健康扶贫任务，自治区卫生健康委主要领导亲自包抓，现场指导，按照基本医疗有保障工作标准逐一进行核查，查漏补缺，协调资金1200万元改造6个乡镇卫生院分院。

（王懿培）

医政药政管理和监督执法

【生物安全监管】2020年，宁夏加大全区生物安全领域治理体系和治理能力建设，建立工作协调、沟通联络、风险排查机制。加强新冠病毒样本和毒株保存管理，制定下发实验室生物安全管理方案等系列指导文件。梳理完善自治区卫生健康委实验室生物安全专家委员会及其职能职责，强化各市级实验室生物安全专家力量，加强技术督导和支持，切实发挥属地管理责任。

【医疗服务】2020年，全区推进预约诊疗，二级医院、三级医院门诊预约挂号分别由2019年的7.9%和34.18%，上升到2020年的50%和72.41%；预约检查、预约住院比例上升到44.05%和45.53%。各级医疗机构累计增加自助挂号、缴费设备379台(件)，增加自助胶片、检验报告打印机172台(件)，减少患者排队时间。在三级综合医院开展日间手术，并纳入报销保障范围。在宁夏医科大学总医院试点开展“预住院”制度，减少住院费用和床位占用时间，提升床位周转率。在全区所有二级公立医院、三级公立医院开展优质护理服务，确定9家公立医院开展加速康复外科试点工作。开展“互联网+护理服务”试点，针对失能、半失能等特殊群体提供居家护理、上门护理，不断探索并延伸护理服务范围。2020年，全区公立医院门诊患者满意度为93.02分，全国排名第九；住院患者满意度为94.18分，全国排名第十七；医院员工满意度为84.61分，全国排名第五。

【医疗救治】2020年，宁夏创建国家区域医疗中心，完成神经、传染、心血管、创伤和呼吸5个国家区域医疗中心的省级评估；制定并印发《自治区级区域医疗中心设置方案》，启动省级区域医疗中心建设。争取各方投入建设自治区重大疫情救治基地，支持区属(管)7家医疗机构改造建设感染性疾病科、发热门诊和核酸检测实验室；支持13个县级医院开展医疗机构救治能力提升项目；集中购置负压救护车，实现负压救护车二级以上综合医院全覆盖。启用自治区人民医院儿童医学中心、自治区第四人民医院北院区、银川市妇幼保健院阅海分院区、原州区人民医院新院区等，改善患者就医条件。筛选确定15个自治区重点专科、30个县级薄弱专科进行建设。启动并落实血费直免服务，加强血液采集和血液安全管理。15家医院率先完成建设任务并投入使用，最大程度方便献血者临床用血血费报销，形成“医院直免为主，网上申请减免为辅”的血费减免服务新模式。

【医疗行业管理】2020年，自治区卫健委完成公立医院绩效考核及26家大型医院巡查任务。开展医疗乱象专项整治行动，重点开展欺诈骗保、社会办医院专项检查，对行业乱象保持高压打击态势。累计查出不合理检查、用药和诊疗处方及病历5141份，均按要求进行整改。开展非法医疗美容专项整治，对54家机构共罚款24.2万元，没收17家机构违法所得7.36万元。开展规范医疗机构名称专项整治，先后排查出医疗机构名称中含有“国际”字样的、含有跨国家名称简称等相关字词的共23家，全部变更名称。12家医疗机构门牌名称与医疗机构执业许可证审批名称不一致的全部整改。开展医师执业证书和医学证明文书专项检查，查获虚假医学证明文书和加盖公章空白文书44份，查处非法开具虚假医学证明文书6人次，注销8人执业医师资格，追究刑事责任1人。医师定期考核重新启动，建立医师业务能力考核平台，医师资格考试开展“一年两试”试点，增加考生通过比例。加强新冠疫情常态化防控时期下的医院内部管理，推行非必要不陪护政策，确有需要原则上一患一陪护，有条件的医院安装门禁系统。

【医疗质量管理】2020年，宁夏开展“医疗质量提升年”活动，在全区二级以上医疗机构建立医疗质量风险排查机制、专业质量控制机制和质量管理组织体系，严格落实18项核心制度，推动临床合理诊疗。制定自治区医疗质量控制中心管理办法和考核办法，将社会办医院和基层医疗机构纳入质控范围，防止以虚假技术坑害群众的事件发生。发布宁夏第一批限制临床应用技术目录4项，实行备案管理。

【行风整治】2020年，全区医疗行业加强廉洁自律管理，修订并印发《医疗卫生人员廉洁从业若干规定（2020年版）》，加大监督管理力度。全年共受理群众举报投诉医务人员廉洁从业线索49件，核查举报投诉线索49件，查实涉及举报投诉1人次，涉及金额2400元；行政警告处分1人次、党纪处分1人次；医务人员主动上缴红包、回扣287人次，上缴金额38.08万元。

【药品供应保障制度】2020年，全区住院患者基本药物使用率和基本药物采购品种数占比被纳入二级医院、三级医院考核体系进行考核。加强国家谈判药品的采购使用，建立完善短缺药品政策，加强短缺药品预警监测，及时处置短缺情况。加强药事管理，印发《宁夏加强医疗机构药事管理促进合理用药的实施意见》，推动医疗机构合理用药，规范药品日常管理流程，加强抗菌药、麻醉药品和精神药品使用监测与管理。开展高值耗材治理，印发《宁夏高值医用耗材重点治理清单（第一批）》，将23类高值医用耗材纳入自治区重点治理范围。

【重点监督检查】2020年，新冠肺炎疫情发生后，自治区新冠肺炎疫情防控指挥部组建6个督导指导组，进驻5个地级市和宁东管委会，驻点开展疫情防控督导指导工作。先后选派86人开展督导指导，发现各类问题3000余个，下达督办意见书70余份，督办重点突出问题700余个。严格落实国家、自治区重要指示不过夜的要求，转办国家、自治区重要指示10个，及时、精准、高效解决疫情防控突出问题。执行自治区卫健委疫情防控例会督办事项，共完成90余件督办事项，有效杜绝疫情防控问题隐患。落实疫情防控“日报告”制度，每天向国家上报疫情防控工作进展情况。完成国家“双随机一公开”抽检任务和日常监督任务。2020年，全区国家随机监督抽查任务共下达2833家，任务完成2653家，关闭任务180家，任务完成率为93.65%，任务完结率为100%。全区执行国家随机监督抽查任务过程中共查处违法案件120件，罚款4.7万元。结合常态化疫情防控督导开展日常监督检查，全区共查处违法案件820件，罚款金额140.68万元，向各级公安机关移交案件7起，向政府“互联网+监管”平台推送各类违法案件600余起。按照《宁夏开展医疗服务多元化监管试点工作方案》，结合卫生监督机构规范化建设推进4个单位医疗服务多元化监管试点工作，基本形成机构自治、行业自律、政府监管、社会监督相结合的立体式医疗服务多元化监管新模式。印发《自治区卫生健康委开展“信用+综合监管”试点工作方案》，确定银川市、中卫市为试点市，要求各级各类医疗机构公示依法执业承诺书，探索建立医务人员“信用积分”，从打击非法行医等领域入手，逐步建立医疗卫生行业黑名单管理办法，加强对失信行为的记录、公示和预警。结合疫情常态化防控工作，开展学校传染病防控专项督查，强化各地落实属地及相关部门监管责任，指导督促学校解决传染病防控工作存在的突出问题，落实落细各项传染病防控措施，做好学校疫情防控工作，切实维护广大师生身体健康和生命安全。打击非法行医和医疗乱象行动，全区共查处无证行医140户（次），行政处罚87户（次），罚款56.43万元，没收违法所得10.97万元，向食药部门移送4件，向公安机关移送3件。卫生健康部门联合网信、教育、公安、商务、海关、市场监管、药品监管八部门统一开展医疗美容专项整治，共监督检查2552家医疗美容及生活美容机构，行政处罚53家，没收违法所得7.36万元，罚款24.2万元。全区监测医疗广告132条（次），对违法广告依法予以查处，维护医疗广告经营秩序。开展行政执法不作为乱作为专项整治。2018—2020年，全区共检查各级各类医疗机构20927户（次），发现违法行为给予行政处罚1914件，罚款602万余元，没收违法所得124万余元。受理医疗纠纷900件，已结案844件，结案率为93.78%，调解成功715件，调解成功率为84.72%。排查不规范医疗机构名称24个，注销违法获取的医师资格证书8件，查处民营“黑救护车”31辆。

【卫生监督机构建设】2020年，制定并印发《宁夏回族自治区规范化卫生计生监督机构建设工作方案》，要求各市、县（区）配套支持，在国家卫生监督机构规范化建设推进会、医疗服务多元化监管总结会上，宁夏介绍分享经验。自治区财政厅支持专项资金200万元，完成4家卫生监督机构规范化建设任务。建设卫生健康综合监管平台，落实国家和自治区关于改革完善医疗卫生行业综合监管制度相关任务要求，制定《“互联网+监管”平台建设方案》，自治区互联网医院监管平台已于10月建设完成上线运行，卫生监督管理效能不断提升。

【卫生监督执法】2020年，全区实施卫生监督机构规范化建设，要求卫生监督人员在日常监督执法中遵守纪律要求，树立医疗卫生行业综合监管队伍新形象。

依托卫生健康行政部门、卫生监督机构、一线疾控机构3级交流互鉴平台，加强工作交流学习，完善梯次培养制度，坚持“以老带新、专业互通”的培养模式。邀请区外专家授课，逐步形成全区综合监管专业团队。6—12月，举办全区综合监管能力提升培训班10余次，邀请区外专家围绕综合监管制度化、监管手段信息化、机构建设规范化等内容授课指导，重点解决综合监管认识不足、信息化建设思路不明、规范化建设方法不活的问题。

（王懿培）

基层卫生事业

【基层卫生服务】2020年，全区投入2100万元支持17个基层医疗卫生机构提升重大疫情救治能力，投入600万元资金支持9个贫困县（区）的乡镇卫生院和村卫生室的业务用房、设备配置和人才培养。对西吉县及80个挂牌督战村逐一核查，查漏补缺，投入1200万元资金改造6个乡镇卫生院分院。组织对全区基层医疗卫生机构进行摸底排查，针对排查问题逐一对账销号，实现全区村卫生室基本建设全部达标。贯彻落实自治区党委第十二届第十次全会精神，制定并印发《宁夏回族自治区城市社区卫生服务中心建设工作方案》《宁夏回族自治区乡镇卫生院医疗卫生服务能力提升行动实施方案》。持续实施“千名医师下基层”活动和“优质服务基层行”活动，全区4所乡镇卫生院、3所社区卫生服务中心达到国家服务能力推荐标准，56所乡镇卫生院、11所社区卫生服务中心达到国家服务能力基本标准，占比分别达到27.3%、28.9%。

【基层卫生综合改革】2020年，全区持续推进分级诊疗制度建设，22个县（区）开展县域医共体和城市医联体建设，全区90%的社区卫生服务机构与城市医院建立医联体。推行基层医疗卫生机构“一类保障，二类管理”，70%以上乡镇卫生院建立收支结余奖励性绩效。调整乡镇卫生院在编人员补贴标准，根据工作年限，川区人员每月工作补贴640~1680元，山区人员每月工作补贴900~1940元。

【基层卫生健康管理】2020年，全区拓展基本公共卫生服务项目服务内涵和资金使用方向，基本公共卫生补助经费提高到人均74元。建立以家庭医生为主体、全科专科有效联动、医防有机融合的家庭医生签约服务新模式，全区共组建家庭医生团队2140个，常住人口、重点人群的签约覆盖率分别达到44.8%、75.7%，农村建档立卡贫困人口签约71.4万人，实现应签尽签，居民电子健康档案建档率达86.54%，累计为152万重点人群免费提供健康管理服务。

（王懿培）

公共卫生

卫生应急

【应急处置和能力建设】2020年，宁夏制定并印发《宁夏回族自治区新型冠状病毒感染的肺炎疫情防控工作预案》及《宁夏回族自治区新型冠状病毒肺炎疫情防控预案》的《补充预案》《救治预案》《物资储备预案》，对疫情爆发、响应、处置、等级划分、机构、责任划分及物资储备等12个方面进行安排部署。建立重大疾病、重大疫情分析研判机制。在自治区儿童免疫与重大疾病防控领导小组下设宁夏重大疾病、重大疫情分析研判组，开展多领域研究合作和分析研判。

【鼠疫防控】2020年，全区完成9个鼠疫监测点监测任务。针对内蒙古自治区乌海市海南区巴音陶亥镇渡口村发生鼠间鼠疫疫情启动鼠间疫情Ⅳ预警，印发《关于开展沙鼠鼠疫自然疫源地集中灭鼠灭蚤工作的通知》《宁夏沙鼠鼠疫自然疫源地灭鼠灭蚤方案》并实施。5月5—30日，在宁夏兴庆区、灵武市、平罗县、盐池县与内蒙古接壤的地区组织开展集中灭鼠。

【突发事件处置】2020年，全区开展突发公共卫生事件风险排查，强化卫生应急预案管理。严格应急值守，落实24小时应急值守制度和信息报送制度。高效处置379起突发及特殊卫生事件，全区共接听应急电话370224次，受理呼救电话87657次，调派救护车85507趟（次），救治患者81712人次，平均出车时间1分34秒，2分钟出车率为69.69%，病历录入率93.5%，MPDS进入率为92.92%，有效处置突发及特殊事件471起，救治患者1339人次。完成重大活动医疗保障45项112趟（次）。

【应急演练】2020年8月，自治区卫生应急部门组织海关、机场、银川市紧急救援中心采取现场演练与桌面推演相结合的方式，完成“突发公共卫生事件应急桌面推演”。12月，开展两次“沙特阿拉伯包机入境银川隔观疏散应急演练”，全区400余人参演。

（王懿培）

疾病防控

【传染病防控】2020年，宁夏定期分析通报法定传染病疫情信息，手足口病、流感、住院严重急性呼吸道感染病例监测任务完成率为100%。全区法定传染病报告发病率为306.67／10万，较上年同期下降46.22%。处置传染病类突发公共卫生事件25起。严防流行性出血热疫情，自治区儿童免疫工作和重大疾病防控领导小组办公室印发流行性出血热疫苗群体性预防接种、宿主动物监测、健康人群血清学调查和防鼠灭鼠等4个配套工作方案，组织在固原市5个县（区）和中卫市海原县开展流行性出血热疫苗群体性预防接种宣传动员和目标人群摸底登记，对近8万人进行流行性出血热疫苗接种。

【慢性病防控】2020年，全区累计建设国家级慢性病综合防控示范区7个，自治区级慢性病综合防控示范区7个。管理高血压患者46.3万人、Ⅱ型糖尿病患者13.1万人，高血压、糖尿病患者规范管理率分别为89.1%和88.1%；死因监测报告死亡率529／10万，心脑血管疾病监测报告发病率274.27／10万，恶性肿瘤报告发病率265.3／10万、死亡148.5／10万。巩固全区癫痫治疗管理全覆盖成果，管理癫痫患者5914例。共筛查疑似严重精神障碍患者12054例，确诊患者1757例，累计在册患者28886人，报告患病率为4.2‰，规范管理率为91.7%。实施儿童口腔疾病综合干预项目，完成儿童窝沟封闭治疗17540人，总牙数56349颗，窝沟封闭完好率为90%以上。投入1300万元设立健康宁夏建设专项资金，启动实施宁夏重大慢性非传染性疾病医疗机构机会性筛查干预管理等一批影响宁夏人均预期寿命的重大项目。

【艾滋病和结核病防治】2020年，全区28个艾滋病丙肝监测哨点监测23879人，检出HIV阳性者28例，粗阳性率为0.12%。完成随访检测2093人，随访检测率为89.5%，达到项目85%的工作要求。完成抗病毒治疗2118人，覆盖率达到89.3%。完成检测咨询27204人，完成率为93.7%。完成监管场所HIV筛查11872人，完成率为84.1%。全区新发现HIV／AIDS病例较上年同期减少6.8%。全区持续完善结核病防治模式，报告肺结核患者1881例，报告发病率29.74／10万，较上年同期下降19.32%。病原学阳性肺结核患者1151例，阳性率63.2%，高危人群耐药筛查率97.4%。

【地方病防治】2020年，全区筛查布鲁氏菌病高危人群59275人，确诊布鲁氏菌病患者2996例。推进地方病防治专项三年攻坚行动，全区19个包虫流行县（区）完成730个流行村包虫病筛查任务，以村为单位流行村筛查覆盖率为96.2%，筛查72.13万人，新筛查出患者79人，对1154名病人进行规范管理，对1140名包虫病病人进行随访，对792名病人予以免费服药，对185名病人实施手术救助，病人规范化管理率和随访率分别为99.1%、97.9%；碘缺乏病监测覆盖率达100%，合格碘盐覆盖率为93.65%，儿童尿碘中位数205.75μg／L，孕妇尿碘中位数178.6μg／L，B超检查儿童甲状腺肿大率为0.75%。完成覆盖19个县（区）、3199个村的饮水型地方性氟中毒监测，完成覆盖6个县（区）、156个村的饮水型地方性砷中毒监测，51个村饮茶型氟中毒监测，监测任务完成率为100%；对62名二度及以上甲状腺肿大病人、120名克汀病病人、749名氟骨症病人、153名砷中毒病人进行随访和管理，实现现症病人随访管理全覆盖；全区以县为单位碘缺乏病消除率100%、饮茶型氟中毒消除率100%、饮水型砷中毒消除率100%、饮水型氟中毒控制率89.47%，基本实现消除和控制重点地方病的三年攻坚目标。

【预防接种】2020年，全区累计接种国家免疫规划疫苗12种201.13万剂（次），较上年224万剂（次）下降10.21%，非免疫规划疫苗33种83.26万剂（次），较上年64.83万剂（次）增加28.43%，国家免疫规划疫苗接种率维持在高水平，以乡镇为单位免疫规划疫苗接种率为90%以上。共报告AEFI个案1126例、AFP病例21例、实验室确诊麻疹病例5例、流脑病例2例，疫苗针对疾病发病降至历史最低水平，完成22种134个品规的非免疫规划疫苗集中招标采购。儿童入托、入学预防接种证查验率为98.17%，补种率为92%。

（王懿培）

爱国卫生

【“爱国卫生日”活动】2020年，全区建立健全“月主题、月例会、月安排、月督导、月通报”的“爱国卫生日”活动长效工作机制、考核约束机制、联合督导机制。不定期对各市、县（区）城乡环境卫生状况进行抽查，各市、县（区）组成督导组逐级进行督导检查，并按月通报，各市、县（区）逐步形成环卫保洁网格化管理。组织开展12次“爱国卫生日”活动，组织全区干部职工、学校师生及城乡居民，对城中村、城乡接合部、老旧居民区、农贸（集贸）市场、背街小巷、农村等重点、难点区域进行集中整治。开展预防新冠肺炎、传染疾病防控、病媒生物防制消杀消毒和健康科普知识宣传，发放宣传资料2000万份，集中整治卫生区域7.1万处，7万家机关单位、110余万人次干部职工和城乡居民参加活动，推动“爱国卫生日”活动长效机制的落实。开展医疗卫生机构厕所整洁专项行动，加强医疗卫生机构厕所设施设备的配置和管理，推广应用中水回用、节水器具等新技术、新设备，对农村基层医疗卫生机构厕所进行升级改造。

【卫生城镇及健康城市健康乡村建设】2020年,全区国家卫生城市覆盖率达到100%,新命名3个国家卫生县城和3个国家卫生乡镇。创建自治区卫生县城2个、卫生乡镇3个。通过以典型示范带动全区健康城市健康乡村建设,新命名108个自治区健康"细胞"示范点,并投入100万元奖励补助用于示范点成效巩固和发展建设。

【健康教育与健康促进】2020年,全区以实施"健康宁夏行动""健康素养促进""全民健康生活方式"三大活动为主线开展健康科普和健康传播工作。在《宁夏日报》等区内媒体先后发表爱国卫生相关稿件与新闻播报310篇(条),营造健康教育知识人人知晓、爱国卫生人人参与的浓厚氛围。

【病媒生物防治】2020年,全区5个县(区)建立国家级监测点、3个县(区)建立自治区级监测点,各监测点组织开展越冬蚊、夏秋季节蚊媒消杀工作。指导隆德县等4个县(区)流行性出血热防控工作。联合农业农村部门对畜禽养殖场(包括散养户)和农村桩点进行环境卫生治理,定期开展蚊媒防治及防鼠灭鼠工作。落实疫情防控日报告制度,组织各地在机场、车站、社区、复工复产厂区园区、集中医学隔离观察点等重点场所开展卫生整治和消毒工作。

【公共卫生监测】2020年,全区监测城乡居民生活饮用水水样2183份,监测完成率为103.8%,城乡监测覆盖率为100%,其中监测城市饮用水712份,全区城市市政供水合格率为82.87%。监测农村饮用水1471份,农村集中式供水合格率为72.83%。空气污染对人群健康影响监测、农村环境卫生监测及公共场所健康危害因素监测、病媒生物监测点监测工作按计划开展。完成全区学生近视等常见病监测工作,共抽样监测45所托幼机构、122所中小学和5所大学,监测学生52085名,实现县级全覆盖。

(王懿培)

健康扶贫

【概况】2020年,全区累计核实核准建档立卡患病99433人,入院救治或签约服务99181人,其中大病、重病已累计救治48887人次,慢病签约服务60507人,救治比例为99.8%。2020年,全区贫困患者住院47551人次,医疗费用总额4.54亿元,个人自付3693.44万元,占总费用的8.14%。

【"四查四补"】2020年,自治区卫健委制定《全区健康扶贫"四查四补"工作方案》,开展健康扶贫查损补失、查漏补缺、查短补齐、查弱补强工作,对9个贫困县(区)和13个非贫困县(区)的村卫生室逐一进行核实,逐户逐人摸排贫困人口大病集中救治和慢性病管理情况,完善建档立卡贫困户人员患病信息数据。家庭医生签约服务应签尽签,覆盖率为99.9%;落实政府兜底保障政策,符合救治条件的建档立卡贫困患者年度内住院医疗费用实际报销比例高于90%,且当年住院自付费用累计不超过5000元。全区"先诊疗、后付费"和"一站式"结算全部落实。

【贫困地区基本医疗保障】2020年,全区持续推进三级医院对口帮扶贫困县县级医院工作,实施闽宁、京宁、沪宁对口支援项目,实现每个贫困县医院都有3个以上三级医院对口支援。搭建宁夏区域医疗卫生信息平台,建设全民健康信息平台、互联网医疗平台、互联网诊断服务平台、互联网医药平台、互联网运营监管平台,建成国家、自治区、市、县、乡五级远程医疗服务体系。在9个贫困县(区)建成人工智能辅助诊疗系统,区内实现全覆盖。基层人工智能辅助诊断体系累计规范电子病历58万份,智能辅诊81万余次,促进优质医疗资源下沉贫困地区。贫困地区医疗卫生机构"三个一"、医疗卫生人员"三合格"和医疗服务能力"三条线"全部达标。

【精准攻克深度贫困县】2020年,自治区卫健委对西吉县及80个挂牌督战村逐一进行核查,查漏补缺,推动全区贫困村标准化村卫生室全覆盖,推动基本医疗有保障落实到位。自治区卫生健康委形成工作专班,包抓西吉县,改造6个乡镇卫生院分院。统筹中央考核发现的问题和中央巡视反馈问题、脱贫攻坚"回头看""四查四补"、国家卫生健康委调研西吉县健康扶贫工作及委领导包抓贫困县、13个非贫困县排查出的问题,列出清单,及时督办,按时销号,确保整改责任全部承担、所有问题全部整改、整改要求全部落实。

【易地扶贫搬迁群众基本公共卫生服务】2020年,自治区卫健委将易地扶贫搬迁村卫生室建设纳入规划建设;配备合格乡村医生,配置必要医疗设备和65种以上常用药物;搬迁人口、当地居民被纳入基本公共卫生服务范围,基层医务人员提供免费预防接种、儿童健康管理、孕产妇健康管理、慢性病管理、健康教育等基本公共卫生服务;为易地搬迁群众提供常见病、多发病基本诊疗服务;开展家庭医生签约服务,落实易地搬迁建档立卡户应签尽签。

(王懿培)

互联网+医疗健康

【概况】2020年,自治区党委、政府将"互联网+医疗健康”示范区纳入经济社会发展、黄河流域生态保护和高质量发展先行区建设，统筹谋划。自治区政府在西吉县召开全区“互联网+医疗健康”推进会，明确工作重点，加强工作整体推进力度。举办全区“互联网+医疗健康”政策培训班，提升政策执行力度。“互联网+医疗健康”示范区建设按照《宁夏“互联网+医疗健康”示范区建设规划(2019—2022年)》“12354”(夯实一个基础、建设两大中心、强化三项保障、构建五大平台，力争在互联互通、一体化应用、产业培育、政策机制四个方面创新)建设思路，聚焦人民群众看病就医“急难愁盼”问题，借助互联网、大数据，以夯实互联互通为基础，深化拓展应用领域，丰富“互联网+医疗健康”服务模式，促进优质医疗资源下沉，让“互联网+医疗健康”更好惠及于民。2020年，全区远程医疗服务平台接入区内医疗卫生机构累计363家，全年开展远程医疗服务279404例，其中远程会诊138559次，远程影像诊断1471例，远程心电诊断139374例(不含互联网医院第三方数据)。全区61家二级以上医疗卫生机构可通过电子健康码预约挂号、扫码就诊，累计发码近200万张。吸引100余家医疗健康互联网企业入驻健康医疗大数据中心及产业园，55家互联网公司取得“医疗机构执业许可证”，在宁夏备案注册全国医师6.4万余名，邀请北上广等地专家接诊近5000例。基层人工智能辅助诊断体系累计开展AI辅助诊断107.44万人次，规范电子病历78.21万份。

【医疗信息互联互通】2020年，自治区级云平台的建成推动了全区各级医疗单位、各业务系统与云平台的对接和医疗健康信息互联互通。对标国家标准，编制宁夏区域医疗卫生信息云平台、宁夏互联网医院(“互联网+医疗健康”一体化平台)数据交换接口标准，推动行业数据规范互通。落实本年度民生任务，依托自治区电子政务外网，实现全区村级卫生专网100%全覆盖。

【一体化医疗服务新模式】2020年，制定并印发《宁夏互联网医院(“互联网+医疗健康”一体化平台)项目建设实施方案》，明确以“全宁夏一个医疗集团”为建设思路，持续推进医疗机构应用、服务、资源等云化部署。打造智慧医疗应用。印发《2020年提升基层医疗服务民生实事任务建设项目实施方案》，实施县域医共体(医联体)医疗服务及基层人工智能辅助诊断能力建设。各市、县(区)依托远程体系均可开展远程影像诊断、远程心电诊断、远程会诊、远程培训。9个贫困县(区)建成覆盖到村的人工智能辅助诊疗系统。打造便民惠民应用。构建电子健康码线上线下一体化服务体系，推进“防疫健康码”与“电子健康码”应用融合，逐步建立“一码通行”机制。搭建自治区处方审核流转平台，提供全流程药事服务。建成涵盖基本医疗、大病保险、医疗救助、商业保险等一站式结算平台，推动“让信息多跑路，群众少跑腿”。

【“互联网+医疗健康”助力疫情防控】2020年，疫情期间，构建远程会议、远程会诊、在线义诊、影像义诊平台、疫情服务平台、居家隔离服务平台、疫情信息直报系统等信息化平台。打造互联网医院联盟，累计向全国群众提供健康咨询3986.22万人次，提供线上义诊服务2039.9万人次，开展心理疏导171.42万人次，推送科普知识16.51万篇，提供送药上门服务216.24万人次。连线国家远程医疗与互联网医学中心中日友好医院，对高龄重症患者进行远程会诊，为患者病情好转发挥关键作用。宁夏医科大学总医院为湖北襄阳危重症患者治疗提供远程诊疗指导，受到受援医院和患者的高度赞誉。

【“互联网+医疗健康”产业】2020年，自治区19个部门联合出台《关于促进宁夏“互联网+医疗健康”产业发展的意见》，完善“互联网+医疗健康”产业发展的资金、项目、税收和人才培育等支持政策。

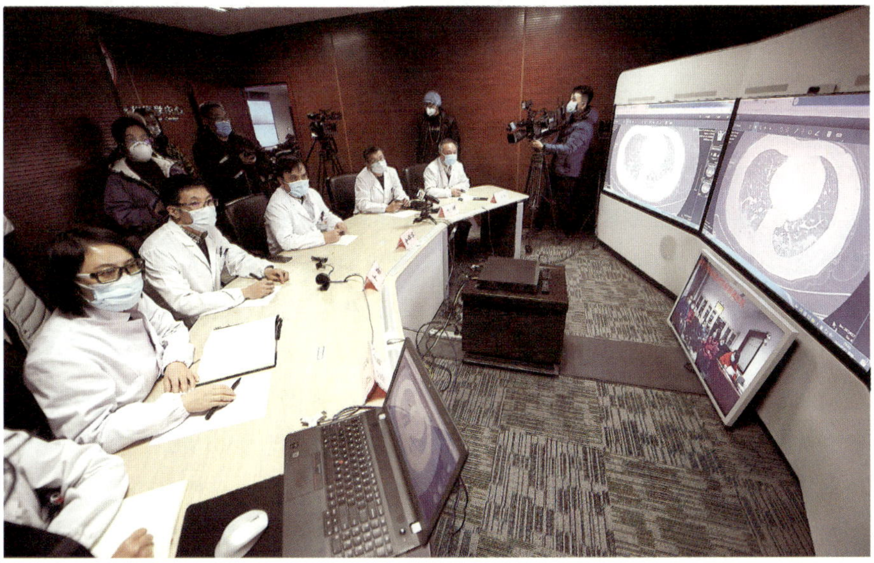
2020年2月17日，宁夏医科大学与湖北襄阳市职业技术学院附属医院进行远程会诊

银川市出台《银川市互联网诊疗服务规范(试行)》,在全国率先对互联网医院和医师行为进行规范。强化应用研究。自治区卫生健康委、科技厅和北京大学医学部、宁夏大学共同推动成立国家健康医疗大数据研究院,促进数字经济和现代医疗产业融合发展。与中国科学院上海微系统与信息技术研究所共建"互联网+医疗健康"标准化研究院暨医疗健康物联网创新开放实验室,推动"互联网+医疗健康"标准制定。与大专家合作成立全国首个院士专线医学教育基地,启动宁夏居民高血压防控项目。建设"互联网+医疗健康"协同创新中心。主动对接自治区党委港澳台工作办公室及深圳无限营销集团,签订战略协议,共同建设宁夏—粤港澳大湾区"互联网+医疗健康"协同创新中心,培育和发展新业态、新产业。启动"互联网+医疗健康"区域医疗中心建设。将"互联网+医疗健康"国家区域中心建设纳入自治区"十四五"重大项目规划,依托银川市第一人民医院创建"互联网+医疗健康"国家区域中心。

(王懿培)

人口监测与家庭发展

【普惠托育】2020年,自治区政协委员围绕"促进0~3岁婴幼儿发展""规范早教市场发展""在公共场所设置母婴室"热点问题提出提案,推进多部门联动发展托育服务和公共场所母婴设施建设。自治区健康宁夏建设领导小组印发《关于促进3岁以下婴幼儿照护服务发展的实施意见》,把促进3岁以下婴幼儿照护服务发展和落实计划生育特殊家庭"三个全覆盖"纳入健康宁夏建设考核。坚持计划生育"一票否决"制度,修改并完善《宁夏回族自治区人口与计划生育条例》。制订并印发《关于促进3岁以下婴幼儿照护服务发展的实施意见》《托育机构管理办法(试行)》《托育机构登记和备案实施细则(试行)》"1+2"宁夏婴幼儿照护服务政策规范文件。构建托育服务体系,落实党中央、国务院关于促进婴幼儿照护服务发展的部署要求,制定并印发《关于促进3岁以下婴幼儿照护服务发展的实施意见》和《托育机构管理办法(试行)》《托育机构登记和备案实施细则(试行)》等"1+2"宁夏婴幼儿照护服务政策规范文件,强化政策供给,推进婴幼儿照护服务健康发展。实施普惠托育项目,争取中央预算内投资,支持社会力量发展托育服务。截至2020年年底,全区共注册登记托育机构50多家,全面完成第一阶段既定工作目标。全面落实产假、配偶护理假、哺乳假规定,切实维护妇女儿童合法权益。合理配置公共服务资源,机场、车站、商业中心、公立医院、旅游景区等公共场所母婴设施全覆盖,为母婴出行提供便捷的服务。按照国家卫生健康委统一安排,积极开展新一轮全国计划生育优质服务先进单位创建活动,涌现出银川市西夏区、石嘴山市大武口区、吴忠市盐池县和固原市原州区等4个全国计划生育优质服务先进单位。

【计划生育特殊家庭特别扶助】2020年,印发《关于做好计划生育特殊家庭老年人护理工作的通知》,建立计划生育特殊家庭老年人护理补助制度,对年满60周岁的全国计划生育家庭特别扶助对象,按照每人每年30天、每天150元的标准给予护理补助。落实计划生育家庭奖励扶助制度,认真落实农村部分计划生育家庭奖励扶助制度、计划生育家庭特别扶助制度,稳步实施"少生快富"工程。2020年兑付各类政策性扶助资金8390.59万元(其中,农村部分计划生育家庭兑付奖扶资金903.96万元,计划生育特殊家庭兑付扶助资金3773.24万元,"少生快富"项目兑付资金3713.39万元)。新冠肺炎疫情发生后,迅速启动计划生育特殊家庭扶助关怀工作,压实特殊家庭"双岗"联系人、签约家庭医生责任,宣传新冠肺炎相关防控知识,对高龄、独居、失能失智、重病等特殊困难家庭,代购生活物资、派送个人防疫物资。

【人口监测】2020年,在全区开展全面二孩政策实施效果评估和3岁以下婴幼儿托育服务需求调查。2020年,全区出生人口中一孩、二孩、多孩所占比重分别为41.2%、43.09%和15.71%,一孩、二孩出生人数基本相当;与上年相比,一孩比重下降,二孩、多孩比重均有上升,尤其是多孩比重上升3.16个百分点。印发《关于规范人口监测统计口径的通知》《关于做好人口监测工作的通知》,规范全区人口监测统计调查活动。印发《关于做好全员人口信息化相关工作的通知》,启用全员人口系统。指导基层做好人口统筹应用平台—人口监测子系统、托育机构信息管理子系统、计划生育家庭扶助保障子系统和区划代码管理子系统的应用。

(王懿培)

妇幼健康与老龄健康

【危重孕产妇和新生儿救治】2020年,全区集中脱产培训基层产科医生、新生儿科医生、出生缺陷防治医务人员共207名,与北京大学第一医院儿科加强合作,提高基层识别危重能力和救治能力。中央和自治区投入5016万元,全区24个危重孕产妇救治中心和21个危重新生儿救治中心通过验收批复挂牌。孕产妇死亡率、婴儿死亡率、5岁以下儿童死亡率分别为11.17/10万、3.64‰和5.46‰，均低于国家平均水平。

【妇幼健康服务】2020年，全区统筹推进疫情防控和妇幼健康促进项目实施，高质量完成农村适龄妇女"两癌"筛查、"新生儿疾病筛查"民生实事。为全区166202名农村妇女免费进行宫颈癌HPV检查，覆盖年度目标人群为100%；完成127337名农村妇女免费乳腺癌检查，覆盖年度目标人群为77.36%。79864名新生儿接受免费遗传代谢病筛查，筛查率为99.5%；79305名新生儿接受免费听力筛查，筛查率为98.8%。为12个项目县（区）贫困家庭的87132名0~24月龄婴幼儿发放营养包55.81万盒，发放率为98.2%，有效服用率为93.48%，看护人接受咨询指导率为96.55%。完成婚前健康检查54611人，婚检率为84.03%；孕前优生健康检查35948对，孕检目标人群覆盖率为87.3%；62172名适龄妇女免费服用叶酸，叶酸服用率为99.48%；孕产妇艾滋病、梅毒和乙肝检测率为100%，孕期检测率为97.76%，产前筛查率为82.37%；所生儿童干预救治率分别为100%、96.63%、99.82%，对确诊艾滋病、梅毒孕妇干预救治率分别为100%、96.67%，艾滋病母婴传播率为0；为525034名0~6岁儿童进行眼保健和视力检查，覆盖率为95.66%。

【妇幼保健机构改革】2020年，国家卫生健康委妇幼司批准新增石嘴山市、吴忠市、固原市3个市级妇幼保健机构，永宁县、贺兰县、红寺堡区、西吉县、彭阳县5个县（区）级妇幼保健计划生育服务中心进入试点。印发《宁夏妇幼机构绩效考核实施方案》并组织实施，14家妇幼保健机构完成"四大保健部"改革任务，强化保健与临床、保健与防治相结合的要求。

【妇幼健康信息平台建设】2020年，全区制定居民健康档案标准接口和《自治区妇幼专科电子病历标准规范》，对各级各类助产机构统一接口、实现互联互通制定标准与规范。宁夏妇幼健康信息平台已基本建成并试运行，母子健康手册APP、0~6岁儿童视力健康电子档案正在全面推广运行。完成出生医学证明电子证照系统建设。

【老龄人口和养老机构】2020年，全区60岁以上户籍老年人口96.17万人，占全区总人口的13.9%。全区医养结合机构总数23个（其中，设立医疗卫生机构的养老机构12个，开展养老服务的医疗卫生机构11个），医养结合机构床位总数6642张。以居家社区机构相协调、医养康养相结合的养老服务体系建设得到完善。

【健康老龄化】2020年，制定并出台《关于深入推进医养结合 促进老年健康服务体系建设的实施意见》，着力构建公平可及、系统连续的健康教育、预防保健、疾病诊治、康复护理、长期照护、安宁疗护"六位一体"老年健康服务体系。全区健全老年医疗服务网络，二级及以上医疗机构老年医学科设置比例为50%以上。深化医养结合，医养签约358对（其中，医疗机构与养老机构建立合作关系签订合作协议231对，医疗机构与日间照料中心建立合作关系签订合作协议127对）。推进家庭医生签约服务，65岁以上老年人健康管理率达到70.45%。组建自治区老龄健康专家库，建立人才评价体系，实施建档立卡失能贫困老年人照护工作，完成核准大数据研判失能高风险老年人22351人。有效防范医养结合机构和老年人人群发生疫情风险。

【医养结合能力建设】2020年，在全区推行《医养结合机构服务指南（试行）》《医养结合机构管理指南（试行）》，加强全区医养结合机构标准化、规范化建设，支持5家医疗机构实施康复、护理和安宁疗护中心建设。采取分级分类、线上线下形式，举办4期全区医养结合机构医务护理员能力提升培训班。指导银川隆光养老产业有限公司等5家医养结合机构启动实施医养结合远程协同服务试点，定期开展医养结合数据监测、分析和评估，提升医养结合机构服务能力。

【老龄事业】2020年，编制完成《积极应对人口老龄化中长期规划》和《〈"十三五"老龄事业发展和养老体系建设规划〉终期评估报告》，启动《"十四五"老龄事业发展和老年健康服务体系建设规划》《"十四五"健康老龄化规划》。深化放管服改革，取消办理《宁夏回族自治区老年人优待证》，老年人凭居民身份证等有效证件享受国家法律规定和自治区各级政府规定的社会优待政策。完成500个城乡社区人口老龄化国情区情教育，广泛开展"敬老月""宣传周"活动，九家单位和16名个人被授予第三届全国"敬老文明号"和"敬老爱老助老模范人物"，营造尊老敬老孝老社会氛围。

（王懿培）

中医药管理

【概况】2020年，全区有中医类机构379所，中医类医院34所，其中公立中医医疗机构18所，中西医结合机构4所，中医药高等教育院校1所，中医科研机构1所。中医床位5758张，每千常住人口拥有中医床位0.66张。中医类别执业（助理）医师3147人，每千人口中医执业类（助理）医师数0.43人。全区中医总诊疗达到565.13万人次，中医医院出院人数达到14.86万人次。

【中医药政策法规】2020年，宁夏开展中医立法工作调研，积极推动中医药政策法规落地。起草《自治区党委政府关于促进中医药传承创新发展的实施意见》，明确新时代中医药传承创新发展的总体思路和目标任务。完成《宁夏回族自治区发展中医条例》修订工作，从法律层面保障中医药事业发展。完成《宁夏中药材产业发展规划（2021—2025年）》编写工作，为中药材发展制定路线。编写宁夏中医药事业发展"十四五"规划，谋划新时期宁夏中医药工作。

【中医药体系建设】2020年，宁夏实施中医药传承创新工程。推进自治区和银川市中医医院实施中医药传承创新工程，充分发挥中医药特色优势，提高中医药服务能力。启动实施自治区中医医院暨中医研究院门（急）诊综合楼暨中医药传承创新工程项目，规划建设面积3.65万平方米，建设"急诊综合楼"和"制剂中心"两栋单体楼。提升县中医医院服务能力，实施贫困县中医医院服务能力提升项目，组织4家三级中医医院44人派驻6家贫困县级中医医院，启动新一轮三级中医医院对口帮扶贫困县县级中医院工作。组织完成对隆德县全国基层中医药工作先进单位的复审工作。建设国家级区域诊疗中心2个，分别是宁夏中医医院暨中医研究院牵头成立宁夏区域中医（妇科）诊疗中心专科联盟、银川市中医医院牵头成立区域中医（内分泌）诊疗中心专科联盟；成立自治区级中医专科联盟2个，分别是宁夏中医医院暨中医研究院牵头成立宁夏区域中医（针灸）专科联盟、宁夏张氏回医正骨医院牵头成立宁夏区域中医（正骨）专科联盟。组织全区各级公立中医医院开展国家公立中医医院绩效考核工作，三级中医医院绩效考核获西部地区第一名、全国第六名。开展全区中医医疗服务满意度调查，进行数据审核及确认，上报病案首页数据并进行质控管理。组织10个中医医疗质控中心开展各专业质量控制工作，发挥专业指导作用，组织专家制定、修订、完善技术规范5次；出动专家95人次，开展现场日常指导和专项督导17次；开展各专业培训12班次，培训学员790人次。开展创建"平安医院""方便群众看中医""进一步改善医疗服务行动"等活动，优化服务流程、提高服务质量。组织参加国家二级公立医院病案首页填报工作视频培训，260余人参加，强化病案首页科学化、标准化、规范化管理。规范中医资金管理。2020年，中央转移支付和自治区财政预算中医药专项投入资金4326万元，包括县级中医医院传染病防治能力建设项目1200万元、京宁中医药合作第二批中医药重点专科建设项目500万元、中医药特色康复服务能力提升项目650万元、基层中医馆建设项目260万元，促进中医药事业发展。

【中医药科研】2020年，宁夏实施各类中医药科技项目161项，大宗优势中药材质量评价、有效成分指纹图谱、病虫害监测防控等关键技术取得重大突破，柴胡总皂苷抗老年痴呆新药研发取得重要进展，苦豆子提取物治疗银屑病研究取得显著效果。疫情期间，紧急启动新冠肺炎疫情防控科研攻关，自治区中医医院暨中医研究院承担的"新冠肺炎中医药防治集成技术研发与示范推广"项目，对全区收治的74例确诊患者开展中医治疗，效果明显。自治区中医医院暨中医研究院、银川市中医医院等单位积极申请立项自治区自然科学基金，对中药院内制剂、中医针灸等开展深入研究，"强力五虎合剂对小鼠支气管肺炎的作用及其对TLR4/NF-κB信号通路的影响""基于'皮毛生肾'应用乌杞益白胶囊对白癜风豚鼠模型TYR及α-MSH影响的研究""温针灸干预慢性疲劳综合征的'脑—肠轴'调控机制研究"等6项中医药类课题获得卫生健康系统科学研究课题资金资助。自治区中医医院暨中医研究院、银川市中医医院、平罗县中医医院等单位的4名中医药工作者被宁夏科学技术协会评为"第五批自治区青年科技人才托举工程人选"。

【中医药人才培养】2020年，宁夏实施"百千万"人才工程项目。完成78名中医临床特色技术传承、中药特色技术传承、中医创新、西学中、中医护理骨干人才培训，组织60名学员进点学习培训。继续实施京宁中医药人才合作项目，遴选20名第九批优才人员。开展第三批自治区老中医药专家学术经验传承工作，培养20名中医药人才。实施基层中医药专业技术人员中医知识与适宜技术培训项目，为基层培养中医药人才100名。开展14个全国名中医、基层名老中医药专家传承工作室的建设工作。完成对2019年61名中医医术确有专长中医（专长）医师资格证书的发放和17名师承人员备案工作。开展自治区中医药突出贡献者及第三批自治区名中医评选表彰工作，制定评选表彰工作方案，印发《关于开展自治区中医药突出贡献奖及第三批自治区名中医评选表彰工作的通知》，表彰10名自治区中医药突出贡献奖和13名第三批自治区名中医。

【中医药文化宣传】2020年，宁夏中医药管理局网站发布464条数据。"宁夏中医药”微信平台共推送470余条文章，微信平台总用户数达3149人。微信公众号被自治区科技厅评为“十大科普传播媒体”。10月18—20日，全区中医药文化素养提高暨新闻宣传骨干培训班在银川市举办，区内外知名专家集中授课、互动交流，各市、县(区)中医药宣传工作骨干等和《中国中医药报》驻地记者、新闻通讯员等140余人参加培训，提升全区中医药宣传工作者思想政治素质、舆论引导能力、宣传写作水平。

(王懿培)

卫生健康科技和合作教育宣传

【科技创新支撑】2020年，自治区卫健委筹备搭建宁夏卫生健康科技项目管理及成果转化平台，推动13个自治区临床医学研究中心纳入国家临床医学研究分中心并开展备案工作。根据新冠肺炎疫情防控工作需要，自治区卫健委与科技厅共同组织开展卫生健康系统科研创新，分两批支持33项研究课题，项目补助资金约1800万元。加强国家卫生健康委代谢性心血管疾病研究重点实验室(宁夏医科大学)内涵建设，召开科技发展规划中长期座谈交流会，推进25项卫生健康科研项目纳入科技厅“十四五”科技发展规划并积极寻求对外合作支持。新增3个自治区级重点实验室。

【卫生健康人才培养】2020年，自治区卫健委加强全区住培工作政策和制度建设，组织自治区住培住院医师规范化培训管理办公室对全区6个基地进行综合评估。2020年全区招录435名住院医师、70名助理全科医生、4名专科医师。印发《自治区卫生健康委办公室关于下发2020年度培训计划的通知》，科学制定自治区卫生健康人才培训计划，加大贫困地区人才培养力度。2020年选派122名卫生专业技术人员参加全科医生转岗培训，选派89名紧缺人才、13名县级医院骨干医师参培；新招录90名农村定向免费医学生进入宁夏医科大学本科学习，89名全科方向农村定向免费医学生参加2020年住院医师规范化培训。举办县乡医务人员集中培训班21个，培训2474人次，进一步夯实基层人才队伍建设。

【继续医学教育管理】2020年，宁夏继续医学教育管理平台正式启用，充分运用信息化手段，采取线上面授、云端课堂、空中诊室、视频教学、远程教育等形式，推进继续医学教育与“互联网+”融合。根据新冠肺炎疫情防控要求，对于涉及疫情防控的培训项目，均授予相应学分。全年共组织申报自治区级项目2370项，审核公布自治区继续医学教育Ⅰ类项目564项，Ⅱ类项目1318项。经国家审核公布国家级Ⅰ类项目34项，全年开展国家级、自治区级继续教育项目1462项，培训人员670592人次。

【省际医疗卫生交流合作】2020年6月，北京市人民政府与宁夏回族自治区人民政府签订《2020—2023年医疗卫生精准帮扶与技术合作框架协议》。福建省21家支援医院选派148名专家到宁夏开展帮扶指导工作，通过专题讲座、学术会议、手术示教等方式帮助受援医院新建卒中中心、胸痛中心、糖尿病科、导管室、中医康复科和新生儿科等7个科室；自治区选派107名专业技术人员、挂职干部赴福建省支援医院进修学习。6家军队医院以“组团式”长期驻点，以县级医院医疗技术服务能力提升为重点，统筹优质资源集中攻坚，为受援医院胸痛中心、脑卒中心、创伤中心、孕产妇和新生儿救治中心建设发挥主要作用，帮助受援医院开展新技术新业务416项；拓展受援医院诊疗范围，以关节置换、血液透析等新技术填补受援医院技术空白，其中关节置换手术实现“大开放手术”向“微创小切口手术”的转变。9月3日，浙江大学医学院附属第一医院与宁夏医科大学总医院、自治区人民医院、自治区第三人民医院、自治区第四人民医院医疗合作签约仪式暨交流座谈会在银川市举行。启动“借光行动”，举办“借光行动”之“援宁专家直播讲座”5场。11月，在中宁县开启“借光行动”巡诊活动。10月13—17日，由浙江省委统战部组织各民主党派和省职教社部分医疗专家到宁夏开展“同舟·名医大讲堂”医疗服务和职业培训活动，线上开展大健康讲座、医学学术、健康教育访谈节目等大型讲座9场；在中卫市人民医院现场开展义诊会诊、教学查房、手术及操作指导和演示；疑难病例讨论及小讲课、多学科会诊(MDT)、学术沙龙及学科建设交流活动；赴海原县李俊乡为困难群体开展健康咨询义诊并向李俊乡卫生院赠送价值3万元的浙江爱心企业药品；以同心县人民医院为基地开展少数民族地区基层医疗卫生改革联合调研，与当地县镇乡管理干部、基层医疗卫生行政及业务人员代表等举行座谈。沪宁合作深入推进。全区从29家医疗卫生机构选拔46名临床骨干医师和10名挂职干部赴上海12家三甲综合医院、4家二甲医院、2家公共卫生机构、1家社区服务中心进行为期半年的培训学习。

【国际医疗卫生交流合作】2020年9月29日，中国外交部会同国家卫健委、科技部在北京举办中阿卫生专家视频会议，阿拉伯联合酋长国、巴林、阿尔及利亚、沙特阿拉伯、巴勒斯坦、卡塔尔、科威特、埃及、摩洛哥九国和阿盟秘书处工作人员及中方卫生专家参加。2020年，第24批援贝宁医疗队积极配合中国驻贝宁大使馆、国家及自治区卫生健康委，为贝中资机构、华人华侨及受援医院进行培训。先后邀请自治区专家通过远程视频的方式，召开中贝疫情防控经验交流会等十余次系统培训及疫情防控主题培训19次。

【主题宣传】2020年，围绕健康宁夏建设、"互联网+"、综合医改等重大主题、重点工作和重大节日活动，全区累计发布原创稿件3500余篇，安排媒体采访报道150余次，参与大型新闻宣传活动20余场。聚焦新冠肺炎疫情防控救治，每天及时准确发布权威疫情信息；并与各部门通力协作，推动宣传触角迅速向基层延伸；及时组织专家答疑解惑，引导公众客观理性认识疫情，科学防疫。持续开展典型宣传，整理上报国家卫生健康委135名抗疫先进典型事迹，被《健康中国》采纳18篇；3人获2020年"中国好医生、好护士"抗疫特别人物。

【健康知识普及】2020年，全区1073个贫困村设立新时代文明实践站，开展健康讲座15001场次，贫困地区居民健康素养水平从2018年的12.8%提升至2020年的16.58%，提升3.78个百分点。健康科普工作全面推进。制作投放公益广告和科教片各2部，开展全区健康巡讲19场次，创作"健康素养66条"漫画，开展"2020年宁夏健康科普知识网络答题"活动。2020年，全区居民健康素养水平达到19.7%，比上年提升4.5个百分点。精神文明创建工作有序开展。组织"梦想与奋斗·建设美丽新宁夏"系列主题活动，持续深化群众性精神文明创建，抓好卫健系统6家文明单位创建申报和复验工作，推荐指导3家单位成功创建"全国文明单位"。探索建立"行业+"文明实践模式，发挥行业优势，开展健康讲堂进盐池20场次，助推盐池县新时代文明实践中心建设试点工作有效落实。

（王懿培）

社会管理

SHEHUIGUANLI

NINGXIA YEARBOOK

编辑◎张明鹏

就业创业

【概况】2020年，宁夏推动出台《自治区人民政府关于应对新冠肺炎疫情影响 进一步做好稳定就业工作的实施意见》《关于应对新冠肺炎疫情期间稳定和促进就业工作的通知》《关于应对新冠肺炎疫情促进我区2020年高校毕业生就业工作的通知》等实操性强的政策，实施职业技能提升行动、"铁杆庄稼保"、重点企业用工调度保障、就业创业服务攻坚季行动等系列措施，全年城镇新增就业7.3万人，完成年度目标任务的101.4%；城镇登记失业率为3.92%，低于国家控制目标1.58个百分点。执行社保费减免缓返补政策，实施企业稳岗扩岗专项支持计划，为212家重要医用物资企业、重要原辅材料生产企业解决用工4772人。为4909家企业拨付稳岗返还3.88亿元，惠及39.78万人。为参保单位减免三项社保费47.63亿元，稳定4.21万户企业、102.6万就业岗位。

【重点群体就业】2020年，宁夏实施高校毕业生就业促进行动和离校未就业百日攻坚行动，高校毕业生就业率为90%。强化闽宁等省际劳务协作，建立"点对点"服务机制，拓宽家门口就业渠道，农村劳动力转移就业80.27万人，完成年度目标任务的114.7%。实施就业援助专项行动，8858名城镇就业困难人员实现就业，5.33万名城镇失业人员实现再就业，692户"零就业"家庭实现动态清零，为8.46万名失业人员发放失业补助金2.92亿元，失业补助金政策受益率居全国前列。

【创业带动就业】2020年，宁夏全面落实创业担保贷款新政策，搭建集政策扶持、创业指导、创业培训为一体的开放式综合服务平台，开展创业孵化提升行动，鼓励和引导高校毕业生、返乡入乡人员、建档立卡户等重点群体创业。新认定自治区级创业孵化示范基地10家，评选优秀大学生创业项目57个，发放创业担保贷款18.13亿元，新培育创业实体1.27万个，创造新岗位3万个，创业带动就业6.57万人。

【职业技能培训】2020年，宁夏围绕企业职工、就业重点群体和贫困劳动力，实施职业技能提升行动、"互联网+职业技能培训计划"和百日免费线上技能培训，抢抓时间开展线下职业技能培训。拓宽以工代训范围，加大以工代训力度，提高企业培训补贴标准，促进企业以训代岗、以训稳岗，人岗匹配促进参训者长技能、好就业。全年开展职业技能培训24.4万人次，支持1271家企业开展以工代训8.7万人，发放补贴资金1.21亿元。

【公共就业服务】2020年，宁夏加快推进就业创业服务信息平台建设，制订防范应对大规模裁员和失业风险"1+4"预案，动态监测504家企业职工就业，精准实施就业援助服务。成立银川人力资源服务产业园，举办深度贫困地区人力资源服务培训。开展"就业服务不打烊、网上招聘不停歇"线上春风行动和百日千万网络招聘活动，发布59.3万个招聘岗位信息，举办招聘会379场。加强"点对点"服务保障，帮助1.48万名农民工返岗就业。

（吴 博）

社会保险

【概况】2020年，宁夏企业职工基本养老保险省级统筹首批通过国家考核验收。制定基本养老金计发基数过渡办法，实施公务员职务与职级并行制度、员额制法官检察官等特殊群体退休后养老待遇计发标准，兑现2019年"中人"退休待遇，推进机关事业单位养老保险制度改革落地和退休人员养老金平稳过渡。调

2020年9月10日，第四届"中国创翼"创业创新大赛宁夏赛区选拔赛决赛在石嘴山市举办

整被征地农民养老保险政策，规范被征地农民养老保险缴费办法、参保方式。出台疫情防控期间工伤保障政策，简化工伤认定和待遇支付程序，率先建立先救治再结算机制，为援鄂战疫人员保驾护航。加强工伤保险医疗服务和就医管理，率先在全国实现工伤保险医疗费区内异地就医即时结算。规范工伤康复，发放四类80项工伤保险辅助器具配置。落实社保阶段性降费和减免政策，为参保单位和参保个人减负107.47亿元。

【社保待遇调整】2020年，宁夏城乡居民基本养老保险最低缴费档次由100元调整为200元，为47.95万城乡居民每人每月调增基础养老金10元，66.25万名机关企事业单位退休人员月人均养老金调增5%。失业保险金标准提前一年由75%提高至90%，工伤保险伤残津贴、供养亲属抚恤金标准得到提高。

【全民参保计划】2020年，宁夏城镇职工养老（含机关事业单位）、失业、工伤、城乡居民养老保险参保分别达到240.11万人、102.73万人、132.56万人、238.65万人，同比分别增长5.96%、5.51%、10.86%、22.6%。建档立卡贫困人口基本养老保险参保54.96万人，实现应保尽保。新建项目参加工伤保险参保率100%，高于目标任务10个百分点。

【基金监督管理】2020年，宁夏出台国有资本充实社保基金实施方案和职业年金基金受托人考核管理办法，落实企业职工养老保险基金中央调剂制度，启动基本养老保险基金投资运营，职业年金投资收益率明显提高。组织开展失业保险基金管理内控专项检查和社会保险经办"三个全面取消"专项活动，追回少缴社会保险费150.63万元。

【经办服务】2020年，宁夏社会保险公共服务平台成功接入全国统一平台，如期完成37家集团公司178家企业10.25万名国有企业退休人员人事档案移交社会化管理服务改革接管任务。落实社保经办领域利企便民31条措施，企业开办与社保登记同步"秒批"，92%的社保业务实现网上办理，13项社保业务高频办理事项下沉基层实行全区通办，自治区金融监管局调查307家中小微企业，反映社保费减免在惠企政策中实施效果最好，减免社保费"四不"做法得到咸辉主席批示充分肯定。全面推进社保卡在政府公共服务领域应用，开通电子社保卡114个签发渠道，累计发行社保卡706.79万张，签发电子社保卡248万张，基本实现人社业务和涉农惠农资金发放"一卡通"。

（吴 博）

人才工作

【人才培养引进】2020年，宁夏制定并出台《宁夏回族自治区引进人才突出贡献中介机构和个人奖励办法》《宁夏回族自治区专业技术人才重点培训项目办法》，举办"2020年宁夏企事业单位急需紧缺人才网络招聘会"，选拔青年拔尖人才124名、选送中青年人才赴外深造36名，兑现1253名全日制博士、275名重点院校重点学科毕业硕士工作补助和安家费7768.56万元，组织高级研修、急需紧缺人才和岗位骨干人才培训项目62期培训6000余名。组织专业技术人才参加网络培训超过10万人。深化技工教育发展和技能人才培养，技工院校招生同比增长130%，新培养高技能人才4903人；举办宁夏电气设备安装工职业技能竞赛、第三届宁夏巾帼创业创新大赛、首届人力资源服务业大赛，选派优秀选手参加全国扶贫技能、职业技能等赛事活动，培养锻炼一批优秀技能人才骨干。

【人才评价考核】2020年，宁夏制定并出台《宁夏回族自治区人才小高地考核评估办法（试行）》《宁夏回族自治区青年拔尖人才考核管理办法（试行）》，落实分类推进人才评价机制改革指导意见和特殊人才评审办法，修订完成自然科研、实验、中小学教师、经济等系列职称评审标准，设置实验、工艺美术、技工学校、经济等系列正高级职称，推行职称网络申报评审和职称电子证书管理。向高等院校全面下放职称评审权限，对在疫情防控工作一线作出贡献的医疗卫生及其他领域专业技术人员评审职称给予政策倾斜。加强技能评价，抓实职业能力鉴定和专项考核，5.84万人取得职业资格证书，2.04万人通过专项职业能力考核。

【高层次人才选拔管理】2020年，宁夏选拔国务院政府特殊津贴推荐人选28名，入选国家百千万人才工程人数西部领先。选拔享受自治区政府特殊津贴专家40名、“塞上英才”9名、“自治区技术能手”15名。加强人才载体建设与动态管理，新建高技能人才培训基地和技能大师工作室10个，新建人才小高地13个、博士后科研工作站2个、继续教育基地2个，取消18个院士工作站资格。为首批1872名高层次人才发放“宁夏高层次人才电子证书”，组织200名高层次人才休假疗养；争取国家留学人员回国创业启动项目和高层次留学人才回国资助项目各1项，协调专家服务基层101场次。

（吴　博）

人事管理和公共服务

【事业单位人事制度改革】2020年，宁夏健全完善事业单位人事管理制度，制定并出台《关于贯彻实施〈事业单位工作人员奖励规定〉做好全区事业单位工作人员奖励工作的通知》《宁夏回族自治区事业单位特设岗位管理办法（试行）》。提高专业技术中高级岗位结构比例，单独核增定向评价高级专业技术岗位，引导人才向基层流动。推进高校人员总量管理、媒体深度融合发展改革，有效激发事业单位内生动力和创新活力。实施关心关爱疫情防控一线医务人员及时奖励、岗位晋升、考核等激励政策，开展事业单位脱贫攻坚领域专项奖励，为成绩突出的9家事业单位和9名个人记大功。创新招聘政策，对高层次、高职称、高技能人才和急需紧缺人才，可不受时间限制实行自主公开招聘，为各级各类事业单位公开招聘工作人员4626名，支持宁夏大学等48家事业单位自主公开招聘426人。评聘全区事业单位专业技术二级岗位39人。

【工资制度改革】2020年，宁夏完善事业单位高层次人才工资分配激励机制，聘用的高层次人才可参考人才市场价格合理确定薪酬水平，实行年薪制、协议工资、项目工资等灵活多样的分配方式。调增乡镇补贴标准，乡镇机关事业单位工作人员收入高于县直机关同职级人员20%以上。事业单位工作人员参照公务员平时考核奖平均水平，在绩效工资总量内按季发放平时考核奖；实行事业编警务人员绩效工资制度，妥善解决警察同岗不同待遇问题。提高卫生防疫津贴标准，为参与疫情防控的医疗卫生机构核增一次性绩效工资总量。援鄂医疗队员、自治区第四人民医院隔离病区医务人员薪酬水平提高2倍，组织区直事业单位疫情防控先进个人健康休养。深入推进国有企业工资决定机制改革，完善区属国有企业工资总额信息披露办法，建立规范的企业薪酬调查信息发布体系，引导国有企业形成市场化的工资增长机制，分地市发布2019年人力资源市场价位和2020年国有企业工资指导线。

【“放管服”改革】2020年，宁夏建立全区人社系统“四级四同”政务服务事项目录300项，实行“一窗受理、集成服务”审批服务。实施人社政务服务快办行动，区本级93.7%服务事项可网上不见面办理，17项可“跨省通办”，办理时限压减54.63%，办理环节压减34.4%，135项可一次办好、立等可取。宁夏全面清理规范各类评比达标表彰及示范创建活动，取消82项自治区级以下创建示范活动，压减率达68.3%。推选国家级抗击新冠肺炎疫情先进集体5个、先进个人20名，自治区通报表扬抗击新冠肺炎疫情先进个人544名、先进集体144个。健全完善人事考试疫情防控措施，升级公务员面试评分系统和人事考试网上巡查指挥系统，组织完成55项人事考试，服务考生29.3万人次。

【行风和信息化建设】2020年，宁夏坚持

2020年12月10—13日，宁夏选派44名选手参加在广州市举办的第一届全国技能大赛

行风建设与业务工作有机融合，持续深化整治形式主义官僚主义突出问题为基层减负。加强窗口单位作风建设和经办队伍建设，鼓励干部职工争做人社“知识通”和“岗位练兵明星”，宁夏代表队获全国人社窗口单位业务技能练兵比武团体三等奖。获得全国“普及人社法规、稳定百姓就业”人社网络法治知识竞赛优秀组织奖、全区信访业务大比武团体二等奖。实施“互联网+人社”2020行动计划，加快推进“金保工程”二期项目和公共就业服务信息系统建设，80%以上的单位（企业）“足不出户”全程网办、合一通办劳动合同备案、就业失业登记和参保登记、缴费核定等业务，73%的退休人员通过“我的宁夏”APP、“12333”接听咨询电话94万多人次，群众反映事项全部及时回应。

【助力脱贫攻坚】2020年，宁夏人力资源系统坚持将脱贫富民作为责任担当，开展“四查四补”，深化就业扶贫、技能扶贫、社保扶贫、人才扶贫和定点扶贫。实施精准就业扶贫。全面落实就业扶贫政策，购买农村公益性岗位1.19万个，39万农村转移劳动力参加“铁杆庄稼保”。深化闽宁劳务协作，向福建输送建档立卡贫困人员2001名。实施就业扶贫“百千万”行动，扶贫示范基地达到283个，发放支持建档立卡户创业担保贷款4324.3万元，帮助建档立卡贫困劳动力实现就业24.51万人，其中专机、专车输送3505人。实施精准技能扶贫。落实打赢脱贫攻坚战三年行动职业技能培训计划，开展精准脱贫技能培训3.94万人，完成年度任务的179%。组织中式烹调师、家居清洁等38个职业（工种）7448名建档立卡贫困家庭劳动力参加职业技能鉴定或专项职业能力考核，7002名取得证书。实施精准社保扶贫。坚持脱贫不脱政策，54.96万名建档立卡贫困人员参加城乡居民基本养老保险，建档立卡人员养老保险参保率、养老金发放率、保费代缴率均为100%。实施精准人才扶贫。支持西吉县采取面试、组织考察等方式招聘脱贫攻坚急需紧缺专业人才。宁南九县（区）5500余名基层专业技术人员人在职称“定向评价定向使用”中受益。《人民日报》、新华网专门介绍“三支一扶”向西海固倾斜做法。

（吴　博）

劳动关系

【概况】2020年，宁夏建立劳动关系三级风险监测预警制度，制定并印发《企业规模性裁员指导手册》，保障疫情防控期间职工合法权益。开展规范小微企业劳动用工管理专项行动和集体协商“稳就业促发展构和谐”行动，全年补签劳动合同6.3万份，其中小微企业补签近2万份。开展“四为”温暖行动，将服务直接延伸到各类企业，帮助企业解决实际困难。大力实施“网上办”“打包办”“随时办”，优化网上11项服务功能，全年网上办件量达54.5万件，其中网上签订劳动合同32.2万件，解除22.3万件。

【保障农民工工资支付】2020年，宁夏贯彻《保障农民工工资支付条例》，对全区354个重点工程项目实施重点监控，组织实施根治欠薪夏季执法检查、保障农民工工资支付互观互检暨明察暗访和冬季专项行动，从严治理欠薪违法问题。推进“双随机一公开”制度落实，开展企业劳动保障守法诚信等级评价和行政执法工作。发挥惩戒震慑作用，向社会公布重大劳动保障违法行为11件、纳入“黑名单”2件。全年受理劳动保障监察举报投诉209件，为2176名劳动者追回工资2056.4万元，劳动者举报投诉案件数、拖欠工资金额及人数同比分别下降45.9%、37.1%、36.4%。

【劳动人事争议】2020年，宁夏规范劳动人事争议调解仲裁工作，畅通农民工等困难群体劳动争议处理“绿色通道”，推进“互联网+调解”便利服务，85%的乡镇（街道）调解组织实现网上调解服务。完善仲裁制度机制，创新办案方式、优化办案流程，全区共受理劳动人事争议案件7370件，结案率、调解成功率为90.7%、62.6%。

（吴　博）

民　政

【社会组织管理】2020年，自治区民政厅印发社会组织综合党委党建工作要点，将党建工作和社会主义核心价值观纳入社会组织章程，开展“重温党章党史　践行初心使命”主题党日活动，民政厅所属332家社会组织党组织组建覆盖率提高到96.1%。联合多部门开展“精神传销”有害培训、行业协会商会收费、“扫黄打非”、防范非法集资等5项排查整治行动，289家行业协会商会会费标准录入“行业协会收费系统”，编印发放社会组织政策法规选编、普法100条、实务工作手册等5.5万余册，集中宣传12次，抽检审计社会组织155家、摸排3980家，公示列入“异常名录”77家，撤销登记185家违法违规社会组织，受理办结举报转办线索（案件）5起。选派厅机关119名党建指导员走进122家社会组织开展“党建引领　筑牢根基”联建共育行动，推行社会组织“网格化”管理服务新模式，规范社会组织内部治理，推动社会组织业务和党建工作深度融合。鼓励引导社会力量投身抗疫战场，发动全区109家社会组织捐款捐物1.1亿余元。推进社会组织年检和等级评估工作，发放评估补助资金167万元，评出优秀社会组织48家。持续推动行业协会商会脱钩改革，全区行业协会商会脱钩改革任务如期完成。

【城乡社区治理】2020年，自治区党委办公厅、政府办公厅印发《关于完善社区治理体系提高治理能力的实施意见》，召开全区社区治理现场观摩推进会，研究制定社区治理“六增六提”29条行动措施，联合多部门印发社区治理11项“清单式”微观政策，新增社区81个、社区“两委”成员职数1267名、网格员职数425名，建立3岗18级社区专职工作者岗位薪酬管理体系，社区治理工作得到自治区党委书记陈润儿和民政部部长李纪恒肯定性批示，《中国社会报》头版头条宣传了宁夏经验，盐池县的创新做法被民政部确定为第二批全国乡镇政府服务能力建设22个典型经验之一。12月，会同自治区党委组织部正式启动全区村（社区）“两委”换届工作，为社区治理和乡村治理奠定坚实的组织基础。部署开展为期三年的“社区万能章”治理专项行动暨基层减负工作，建立长效长治机制。推行村民代表会议制度“55124”村级治理和民主自治模式，夯实农村基层治理、预防村级腐败和专项斗争、脱贫攻坚等基层基础。推进移风易俗工作，制定《关于进一步发挥村规民约居民公约积极作用助力脱贫攻坚决战决胜的通知》《关于探索建立村规民约奖惩机制的指导意见》。出台《做实做细城乡社区新冠肺炎疫情防控的30条措施》等文件，率先组建自治区民政厅支援城乡社区疫情防控志愿服务队下沉银川市兴庆区、金凤区、西夏区68个城乡社区84个居民小区，关心关爱社区工作者，制定落实落细新冠肺炎疫情防控一线城乡社区工作者关心关爱8条措施。

【社会救助】2020年，自治区民政厅出台推进深度贫困地区民政领域脱贫攻坚实施方案、民政领域脱贫攻坚22项重点任务、支持西吉县兜底脱贫26条措施等政策文件，现行标准下全区80.3万名建档立卡脱贫人口中，有19.4万人通过低保和特困供养兜底脱贫，占脱贫人口总数的24.2%。建立支出型贫困家庭救助机制，施行低保家庭就业渐退期，城乡低保标准分别提高到600元／月、4560元／年，城乡特困供养对象基本生活费标准分别调整到780元／月、5928元／年，临时救助按急难型困难家庭、支出型困难家庭和个人分类分档救助，人均救助标准分别提高到1200元、1800元和900元。连续3年推进22个县（区）低保等社会救助审核确认权限下放乡镇街道改革，第一个实现省域县（区）全覆盖。为期3年的农村低保专项治理工作取得显著成效，累计清退不符合条件低保对象55662户90004人，收集涉及低保案例33件，追回违规违纪资金22.24万元，处理干部52人。强化新冠肺炎疫情防控期间困难群众生活保障，6次启动物价联动机制，发放物价补贴7555万元，累计救助348万人次，为1165名未参保失业人员发放一次性临时救助金206.83万元，对7名确诊新冠肺炎患者的低保对象发放每人2000～3000元的一次性生活补贴。推进全国低收入人群经济状况研究项目省级试点，低收入人群经济状况数据库圆满完成，核对系统部省对接工作取得实质性进展。

【社会福利和养老服务】2020年，自治区民政厅组建新冠肺炎疫情防控专家咨询指导组，设立养老服务、儿童福利机构传染病隔离服务管理区，实行“不接触”服务保障，实现全区民政服务机构“零感染”。加强标准化建设，出台养老机构、儿童福利机构、精神卫生机构突发传染病疫情防控规范3项地方标准，儿童福利机构突发传染病疫情防控规范被民政部纳入民政行业标准立项计划。自治区政府印发《关于推进养老服务高质量发展的实施意见》，建立养老服务厅际联席会议制度。安排资金2.22亿元，实施养老机构建设、政府购买养老服务、机构安全适老化改造、养老院服务质量提升、民办养老机构消防安全达标等养老服务项目，养老床位由“十二五”末的17091张增加到32757张，每千名老人拥有床位由20.7张增加到35张，护理型床位达到38%。宁夏被国务院通报为落实养老服务业支持政策积极主动、养老服务体系建设成效明显的地方，属国务院督查激励的5个省份之一，在2020年国务院大督查及专项督查中予以“免督查”。全区36个养老服务项目实施公建民营，吸引民间投资1.2亿元，盘活闲置床位近1万张，宁夏老年人服务中心、西夏区敬老院被民政部、国家发展改革委评审为“公办养老机构改革优秀案例”。石嘴山市、固原市中央财政支持居家和社区养老服务改革试点成效显著，银川市被确定为第五批中央财政支持试点地区。全区新建儿童之家100个，90%以上城乡社区拥有1家儿童之家。机构内孤弃儿童、社会散居孤儿养育津贴标准分别提高到1249元和937元。开展“合力监护、相伴成长”“儿童福利信息动态管理”专项行动，兜住农村留守儿童和困境儿童的人身安全底线，宁夏被民政部确定为“护童成长”——儿童关爱服务体系建设试点省区。实施“明天计划”“福康工程”“宁夏福彩公益行——圆筑贫困学子梦”助学项目，为346名困境儿童实施医疗康复救助，为深度贫困地区554名残疾人配发康辅器具、配置假肢矫形器和手术矫治，资助南部9县（区）贫困大学生200名。联合自治区公安厅等13个部门下发《关于加强农村留守妇女关爱服务工作的实施意见》，建立农村留守妇女关爱服务工作机制。开展救助管理服务质量大提升专项行动，救助流浪乞讨人员3412人次，流浪乞讨长期滞留人员安置率达100%。福利彩票在克服新冠肺炎疫情防控和政策调整的双重压力下，全年销售彩票11.54亿元，筹集公益金3.57亿元。

【区划地名管理】2020年，宁夏首次实现县级界线矢量管理、乡镇界线勘定、乡镇行政区划代码赋码工作，完成蒙宁线界线联检工作，规范乡（镇）行政区划变更、乡（镇）人民政府驻地迁移申报审批程序。贺兰县、平罗县、盐池县、红寺堡区、泾源县、隆德县县域地名规划已通过政府审批。推进数字地名建设，建成自治区、市、县（区）三级地名信息库，实现与民政部国家地名信息库的互联互通。开发建设标准地名地址、地名标志、地名文化资源挖掘应用平台，加强地名文化建设，在全区试点推进地名文化进社区活动，通过微地名标志、微地名展馆、微街区、微小区、微地名故事，全面宣传普及地名文化和地名知识。

【慈善事业和社会工作】2020年，全国人民代表大会常务委员会开展《中华人民共和国慈善法》执法检查，全国人大常委会副委员长张春贤高度评价宁夏慈善事业发展和慈善事业贡献，在十三届全国人大常委会第22次会议上《慈善法执法检查情况报告》中先后两次提及宁夏的经验做法。涵盖民政等12个领域社会工作专业人才达到1.1万余人，注册志愿服务组织5421个，实名注册志愿者108万人。发动慈善力量积极开展疫情防控工作，社会工作服务机构和志愿服务团体开通心理咨询服务热线11条，组织开展心理援助、个案服务、情绪疏导等服务45万人次，线上咨询4580人次，开展相关志愿服务项目3635个。指导宁夏慈善总会顺利召开第五次会员代表大会，完成换届选举工作。

（王力园）

脱贫攻坚

【概况】2020年，自治区先后召开党委常委会会议13次、政府党组会和常务会14次、扶贫开发领导小组会5次，有针对性地召开反馈问题整改、非贫困县脱贫、脱贫攻坚普查、危窑危房改造、劳务移民、闽宁协作、就业扶贫等一系列专题会、推进会，重点部署落实，精准务实推进，保证了党中央脱贫攻坚决策部署的全面落实。坚持“自治区负总责、市县抓落实”机制，自治区每年与5个地级市和22个有脱贫任务的县（区）党政一把手签订脱贫攻坚责任书，向26个行业部门（单位）下达脱贫攻坚任务书，逐级传导压力、层层夯实责任。严格执行脱贫攻坚一把手负责制，书记陈润儿、主席咸辉担任扶贫开发领导小组“双组长”，9个贫困县（区）也全部落实脱贫攻坚领导小组县（区）委书记和县（区）长“双组长”制。自治区两个“一把手”累计调研脱贫攻坚工作20次，遍访所有贫困县（区）和有脱贫任务的非贫困县（区）。全区现行标准下建档立卡贫困人口从2019年年底的1.88万人减少到0，贫困发生率下降至0，9个贫困县（区）全部脱贫摘帽，1100个贫困村全部脱贫出列，贫困地区农民人均可支配收入达到11624元，实现了从深度贫困到消除绝对贫困的根本性转变，实现了从苦甲天下到全面小康的根本性转变，实现了从贫困样本到典型示范的根本性转变。脱贫攻坚战以来，全区共查处扶贫领域腐败和作风问题823件，问责处理1380人，其中2020年查处197件，问责处理331人。

【西吉县脱贫摘帽】2020年，自治区党委书记陈润儿亲自挂帅督战西吉县，多次实地调研督导，现场安排落实脱贫攻坚工作。自治区主席咸辉经常性深入乡镇一线，现场解决问题。自治区向西吉县派驻工作专班协调督战，强化政策供给和要素保障，集中力量解难题、攻堡垒。2020年，共安排西吉县扶贫资金19.37亿元，增幅25.37%。西吉县构建了包片包户、上下联动、全面覆盖的网格化攻坚格局，干部群众全员参战、合力攻坚，于2020年11月16日宣布脱贫摘帽。对80个薄弱村由市县领导双挂帅、双督战，着力解决影响脱贫质量的问题，80个薄弱村“两不愁三保障”问题全部解决，剩余贫困人口全部脱贫。宁夏9个贫困县（区）全部脱贫摘帽，标志着宁夏区域性整体贫困问题基本得到解决。

【“四查四补”和保障民生】2020年，自治区党委在全区集中开展查损补失、查漏补缺、查短补齐、查弱补强“四查四补”，实现全区所有农户查补全覆盖，解决一大批短板弱项问题，有效巩固提升了脱贫质量。强化防止返贫致贫监测预警和

2020年1月20日，西吉县王民乡举行脱贫攻坚"四个一"活动启动仪式

动态帮扶，对全区2.65万名边缘易致贫人口、1.49万名脱贫不稳定人口，侧重产业就业、社会保障和金融信贷支持，一户一策、应扶尽扶，90%已稳定消除返贫致贫风险。2020年，宁夏持续提升基本医疗保障水平，贫困人口医保参保率为100%，住院医疗费报销比例为90%以上，贫困患者救治比例为99%以上。持续解决住房安全问题。2020年，改造贫困户和边缘户危房1446户，贫困户存量危房动态清零。持续巩固农村饮水安全，推广"互联网+城乡供水"模式，贫困地区农村自来水普及率为95%、集中供水率为98%，饮水安全问题得到彻底解决。

【稳岗就业】2020年，宁夏及时出台应对疫情打赢脱贫攻坚战20条政策措施，全力把疫情造成的影响降到最低。强化稳岗就业，"点对点"输出、就近就地安排，共包车包机434(辆)架次、输送就业1.48万人。开展技能培训3万人，开发公益性岗位3.8万个，全区返岗务工贫困人口24.5万人，是2019年的112%。283家各类扶贫龙头企业和364个扶贫车间全部开工复工，吸纳1.45万名贫困人口就近就业。开展消费扶贫，建立扶贫产品认定、统计监测和监管机制，狠抓产销对接，着力解决扶贫产品"卖难"问题。截至2020年年底，全区22个县(区)共认定供应商443个、扶贫产品1667个，扶贫产品销售额29.9亿元，累计带动8.2万名贫困人口增加收入。

【发展特色产业】2020年，宁夏围绕自治区九大特色产业，因地制宜调整优化产业结构，大力发展肉牛、滩羊、冷凉蔬菜、枸杞、酿酒葡萄等高效种养业和马铃薯、小杂粮、中药材、黄花菜等区域特色产业。整合下达9个贫困县(区)农业项目资金18.28亿元，同比增长19.63%，贫困家庭40%以上的收入来自特色产业。持续实施"四个一"示范工程，完善减贫带贫机制，累计培育150个产业扶贫示范村、166家扶贫龙头企业、1066家扶贫产业合作社、10434名致富带头人，累计带动36万贫困群众发展特色产业。开展光伏扶贫。2020年光伏发电收益9816万元，惠及贫困村421个、贫困户5.8万户。

【扶贫资金投入】2020年，宁夏累计投入各类财政扶贫资金468亿元，75%以上的分配给了贫困县。共投入各类扶贫资金102.71亿元，其中中央专项29.8亿元，同比增长20.7%。自治区专项12亿元，同比增长30%，超过国家考核标准。整合涉农资金48.8亿元，实现因需而整、应整尽整。强化扶贫资金绩效管理，实现审计全覆盖，资金绩效评价连续两年被国家评为优秀等次。严格执行金融扶贫政策，强化信贷风险防范，累计向57.2万户(次)贫困户投放扶贫小额信贷261.7亿元，其中2020年新增45亿元，户均贷款5万元，贷款覆盖率为72.7%，符合条件的贫困户"应贷尽贷"。2020年，各中央单位努力克服新冠肺炎疫情影响，投入帮扶资金1.9亿元，实施各类帮扶项目69个，完成消费扶贫2.5亿元。

【移民搬迁后续工作】2020年，宁夏全面完成"十三五"8万人易地扶贫搬迁任务。聚焦搬迁群众产业、就业、社会融入3件事情，安排3.6亿元，实施移民贫困人口、零就业家庭、住房困难家庭等七项清零行动，新建扶贫车间44个、养殖圈棚4132座、温棚881座，带动务工就业1.7万人，搬迁群众以特色种养收入为基础、劳务收入为主体的增收格局基本形成。持续推进生态扶贫，加快移民迁出区拆旧复垦和生态修复，复垦复绿4.9万亩，生态恢复880万亩，优先使用建档立卡户苗木和劳务，贫困地区累计选聘生态护林员1.13万人。2020年10月，全国易地扶贫搬迁后续扶持工作现场会在宁夏召开，宁夏的移民搬迁经验向全国推广。

【综合保障兜底】2020年，宁夏精准做好农村低保和扶贫"两项制度"衔接，对丧失劳动能力的贫困人口，统筹各类兜底保障措施，做到"不漏一户、不落一人"。农村低保标准每人每年提高760元、达到4560元，符合条件的贫困人口实现"应保尽保、应扶尽扶"。截至2020年年底，全区已脱贫人口中，享受兜底保障的

19.3万人，占比25.7%。实施残疾人脱贫行动，20万人次残疾人享受"两项补贴"，5.5万名建档立卡残疾人全部脱贫。

【乡村振兴】2020年，宁夏对退出贫困的贫困县、贫困村、贫困人口，保持政策连续稳定。借鉴脱贫攻坚经验做法，推动机制衔接、政策接续、产业持续，有效衔接全面脱贫与乡村振兴。创新开展乡村振兴"一村一年一事"行动，每年为每个行政村办好一件实事，久久为功、长期坚持、确保成效。全年梳理实事1890件，已全部办结，完成投资18.6亿元，经验做法得到中央农村工作领导小组办公室、农业农村部肯定。同时，按照国家统一部署，认真开展脱贫攻坚普查，科学编制方案，精心组织实施，高质量完成普查任务。

【闽宁对口扶贫协作】截至2020年年底，在宁夏的福建企业（商户）有5700多家，从业人员超过8万人，宁夏在福建省的企业（商户）有2300多家，稳定就业5万多人。两省（区）党政领导密切互访对接，持续高位推动，分别在银川市、福州市召开第二十四次联席会议、闽宁协作和对口支援座谈会，认真部署闽宁协作，签订会议纪要和11个部门协议，确定经贸合作项目35个。福建省财政投入援宁资金5.37亿元，同比增长12.5%，实施项目329个。完成闽宁消费扶贫资金19.38亿元，占全区消费扶贫资金总数的65%。闽宁对口扶贫协作援宁群体被中宣部授予"时代楷模"称号。

【基层治理】2020年，宁夏在保持贫困县（区）党政正职稳定的基础上，解决了10名贫困县（区）党政正职的职级待遇，实行乡镇干部工资待遇高于县直机关同职级干部待遇20%的政策，激发了基层干部干事创业的积极性。推进抓党建促脱贫攻坚，实施"两个带头人工程"，向9个贫困县（区）、50个深度贫困乡镇选派党委副书记，专门负责脱贫攻坚工作。向所有贫困村和脱贫任务重的非贫困村选派第一书记，第三轮选派的1369个驻村工作队和4203名驻村干部（其中第一书记1773名），一手抓疫情防控、一手抓脱贫攻坚，战"贫"战"疫"两不误，直接帮助派驻村引进帮扶资金和产业项目7亿多元。加强扶贫干部培训，分级分类举办培训班100期、培训2.5万人，新任驻村干部和乡村干部轮训率为100%。扶持壮大村级集体经济，1073个贫困村村级集体收入均为5万元以上。

（沈　杰）

退役军人事务

【概况】2020年，自治区退役军人事务厅筹备召开了自治区党委退役军人事务工作领导小组第二次全体会议和3次专题会议，研究部署重大事项，细化成员单位和联络员工作职责，优化行政部门职能设置和人员配置，强化市级统筹作用和部门协调联动，组织管理更加有力。各地各部门坚持把做好退役军人工作作为分内之事，为退役军人事业发展出实招、办实事、解难题。党委组织部门深入指导推进退役军人党员教育管理；政法、网信、公安、司法、信访等部门紧密配合，协同开展退役军人信访维权和舆情防控工作；编制部门优先保障退役军人事务部门机构设置和人员编制；教育部门倾力解决军人子女教育问题；宣传、民政、财政、人力资源和社会保障、文化和旅游、扶贫、税务等部门开通退役军人服务保障"绿色通道"；军区系统全力配合开展退役军人脱贫帮扶、走访慰问等工作。各市、县（区）全部成立"一把手"担任组长的党委退役军人事务工作领导小组，定期研究、真抓落实，构建起"三级党委一体抓、三级政府主导抓、三级部门协同抓"的工作新格局。推动出台《关于加强新时代退役军人工作的实施意见》及分工方案，召开全区贯彻落实《关于加强新时代退役军人工作的意见》推进会，压实各级责任，部署重点任务，推动退役军人工作改革发展任务落细落实。制定退役军人重要政策制度16项，及时修订《自治区〈伤残抚恤管理办法〉实施细则》，退役军人服务保障"十四五"规划编制工作进展顺利。《宁夏深入学习贯彻习近平总书记重要批示精神　以创新精神、务实举措让军人成为尊崇的职业》被退役军人事务部工作信息参考刊发，要求各省（自治区、直辖市）学习参考。全国退役军人事务厅（局）办公室主任会议在宁夏召开，安排交流观摩宁夏相关工作经验。宁夏退役军人事务厅被退役军人事务部办公厅评为"宣传工作先进单位"。

【服务中心（站）建设】2020年，自治区退役军人事务厅实施"基层基础基本建设年"活动，建立退役军人事务系统干部职工常态化联系退役军人、"进军营体验"制度，建立退役军人和其他优抚对象基本信息"大数据库"，四级服务机构视频调度系统建成投用，在全国率先实现残疾军人和伤残人民警察证照电子化。出台巩固深化军地合力做好退役军人工作"18条"，健全任务部署、决策咨询、绩效管理、督查问效机制，"十大业务"信息管理系统全面投用，运行机制更加高效。3035个五级退役军人服务中心（站）全部运转，配备专兼职工作人员4144名，全面实现"五有"和全覆盖目标。抢抓宁夏被退役军人事务部列为推广新时代"枫桥经验"、创建全国示范型退役军人服务中心(站)6个先行先试重点示范省(区)机遇,先后召开12次工作调度会、现场观摩会,开展5次"拉网式"督导调研,举办6期线上培训班,快节奏、大力度推进示范省(区)创建工作,共创建全国示范型服务中心(站)220家,服务机构实体化运转率达到100%,乡镇示范型服务站创成率达到79.8%,高出国家下达指标近20个百分点,4名机构负责人被评为全国"百名优秀主任(站长)"。

【宣传教育】2020年,自治区退役军人事务厅开展"思想政治工作年"活动,6.75万名退役军人党员被纳入基层党组织有效管理。建立退役军人典型事迹常态化宣传机制,在宁夏新闻网、宁夏电视台、《宁夏日报》等媒体平台,开设《老兵新传》《榜样的力量》专版专栏,推送"最美退役军人"、全国模范退役军人、全区优秀退役军人典型事迹80余篇。宁夏退役军人王富国、赵飞典型事迹被中央电视台国防军事频道《老兵你好》栏目刊播。

【退役军人安置】2020年,自治区退役军人事务厅出台军转干部功绩制考核和档案管理办法,实行"市级统筹、县级负责"和"十公开"的阳光安置办法,为1500余名自主就业退役士兵发放一次性就业补助,为3500余名退役军人(含军属、随迁子女)办理落户审批手续。完成100多名计划分配军转干部、100多名自主择业军转干部、170多名符合政府安排工作条件退役士兵和退出消防员、20余名军休人员接收安置任务,军休服务管理工作经验做法在全国交流,安置工作综合排名位居西部第一、全国前五,全国军休移交安置工作推进会在银川市召开。

【扶持促进就业创业】2020年,自治区退役军人事务厅全面落实"六保"任务,新增就业2324人,超额完成自治区下达的年度"六保"任务。出台退役军人"暖心就业25条",制定全面落实"六保"任务实施方案,就疫情防控新常态下退役军人稳就业工作拿出7个方面21条精准帮扶举措。启动大型企业定向招录退役军人计划,1721名退役军人参加高职教育,2129名退役军人参加技能培训,举办各类专场招聘活动92场次,提供就业岗位2.5万余个。出台退役军人创业金融扶持、税费减免"16条",为退役军人创业企业减免税费1245万元,发放贷款3043万元,建立退役军人就业创业导师团队,设立退役军人"裕农通"金融服务创业示范点2400个,认定自治区级创业孵化基地2家,全区退役军人创办实体增加到2800余家,举办全区首届退役军人创新创业大赛,1家军创企业获"全国退役军人创新创业大赛优胜奖"。

【拥军优抚】2020年,自治区退役军人事务厅联合20部门印发《军人军属、退役军人和其他优抚对象优待工作实施办法》,优待项目增至150条。出台《关于加强困难退役军人帮扶援助工作的实施意见》,成立退役军人事务系统决战脱贫攻坚工作专班,组织排查受疫情影响困难退役军人,及时提供帮扶援助4688人,建档立卡贫困退役军人全部销号清零。出台残疾军人假肢、轮椅配置管理办法,修订伤残抚恤管理办法实施细则,建立残疾鉴定医疗卫生专家库。发放优抚对象抚恤补助资金1.36亿元,补助标准较2019年提高10%,为1.6万余名优抚对象发放物价补贴,组织368名优抚对象短期疗养。全面推行"双拥卡"制度,与10家金融机构签署拥军优抚合作协议,为退役军人和军人军属提供专属化金融服务。投入1690万元,走访慰问驻宁部队271家(次)、演习部队6支、重点优抚对象1.3万人、边境任务部队官兵家庭497个、赴湖北抗疫军人家庭27个、优抚事业单位19家(次),慰问范围和资金再创新高。推动修订《全区双拥模范城(县)命名管理办法暨考评标准实施细则》,完成双拥模范城(县)创建终期考评,指导各地新建续建双拥宣教阵地38处,命名国防教育基地53家,高规格召开全区命名表彰大会。推荐表彰全国双拥模范城(县)6个,爱国拥军模范单位1家、模范个人2名,评选比例高出西部其他省(区)20多个百分点,17个市县被命名为全区双拥模范城(县),命名占比达94%。

【烈士纪念和军人慰问】2020年,自治区退役军人事务厅推动出台《加强烈士纪念设施修缮维护管理工作方案》,启动《中华人民共和国烈士英名录(宁夏卷)》编撰工作,投入资金1062万元,维修改造国家级烈士陵园2所,褒扬纪念管理数据库实现动态信息化管理。完善烈士亲属异地祭扫办理流程,先后开展"致敬·2020清明祭英烈"和"烈士纪念日"公祭活动,参与人数达到112万人次,《宁夏坚持"四加四全"推动"致敬·2020清明祭英烈"活动走深走实》被退役军人事务部工作信息参考刊发,要求各省(自治区、直辖市)学习参考。走访慰问驻宁部队官兵、退役军人等1.3万人次,组织慰问参加抗日战争、抗美援朝出国作战的老战士老同志及其遗属874人,发放抗美援朝纪念章851枚。

【志愿服务】2020年,自治区退役军人事务厅组织慰问赴武汉参与重症患者救治的32名现役军人家属，动员43名机关党员干部成立抗疫志愿服务队，分赴银川市21个小区、27个点位开展志愿服务。招募6200多名退役军人，组成221支志愿服务队。每天奋战在抗疫一线的退役军人事务系统工作者、退役军人达到1.1万人次，累计捐款捐物300余万元。《宁夏退役军人事务系统"四个到底"的抗疫经验做法》被退役军人事务部《退役军人事务系统和广大退役军人抗击新冠肺炎疫情实录》一书全文刊登。自治区退役军人事务厅疫情防控志愿服务队被评为全区"我身边的战'疫'模范"集体，"四个到底"抗疫经验做法被退役军人事务部刊发交流，16名退役军人被评为"全区抗击新冠肺炎疫情先进个人"。

（林　南）

医疗保障

【概况】2020年，全区基本医疗保险参保658.76万人，参保率稳定在95%。其中，城镇职工、城乡居民参保人数分别为152.95万人、505.81万人，同比增长8.39%、2.68%。全区医疗保障基金总收入121.34亿元，同比增加4亿元，增长3.42%；总支出100.62亿元，同比增加9亿元，增长8.98%。城镇职工医保待遇享受53.24万人，同比增加1.25%；城乡居民医保待遇人数为213.91万人，同比减少11.66%。主要原因是上半年疫情防控期间，参保群众看病就医人次同比下降幅度大。共发生国家谈判集采药品报销311.7万人次，涉及药品费用总金额12962.5万元，医保报销5672.8万元。做好高血压、糖尿病门诊用药保障，全年"两病"门诊用药报销332.4万人次，涉及药品费用总金额44889.1万元，纳入统筹范围的总费用37749.6万元，医保报销21128.5万元，报销比例达56%。第一批、第二批、第三批国家集采药品采购平均任务完成率分别为220.09%、134.42%、27.34%，112种中选药品平均降价69.86%，年度可节约药品费用3亿多元。国家组织的冠脉支架集中采购中选的10个产品价格平均降幅93%。跨省异地就医备案5.65万人次，同比增加18.95%。跨省直接结算3.33万人次，同比增加12.12%；发生医药费用7.17亿元，同比增加13.09%；统筹支付4.23亿元，同比增加9.87%。

【改革规划】2020年，自治区制定并出台《关于深化医疗保障制度改革的实施意见》，编制《宁夏全民医疗保障"十四五"规划》，细化了未来5年的具体目标、重要指标、重大工程和重要举措，明确医疗保障高质量发展的行动指南。国家医疗保障局在银川市召开全国北方片区医疗保障规划编制工作会议。出台《全面实行基本医疗保险基金市地级统收统支的意见》，指导全区推进基本医保基金市级统收统支。城乡居民大病保险采取三家商保机构共保联办，基金实现自治区级统筹。紧盯民生难点深化改革，将9家三级医院的132个病种日间手术纳入医保支付。对全区离休干部医疗保障政策待遇进行调整。

【抗击疫情】2020年，自治区医保局及时调整医保支付政策，将新冠肺炎诊疗方案中的药品和诊疗项目纳入临时医保目录，在全国较早将确诊、疑似患者、发热门诊纳入免费治疗，确保人民群众不因费用问题而影响就诊。全区各级医保部门提前快速拨付定点救治机构1.7亿元医保基金，确保各地不因资金问题而影响救治和疫情防控。优化疫情期间经办服务，推行"不见面办理"等6项便民措施，建立门诊长处方制度，推出慢病线上复诊、医保线上支付和线下药品配送服务，解决了慢病患者取药就医"痛点"。开通疫情防控药品采购绿色通道，明确核酸和抗体检测价格，开展53项核酸和抗体检测集中挂网阳光采购，确保应检尽检、愿检尽检。支持复工复产，阶段性为参保单位减征医保费用4.13亿元。

【助力脱贫攻坚】2020年，全区实现建档立卡贫困人口参保全覆盖、资助全享受的任务目标，连续5年贫困人口实现参

2020年11月5—6日，国家医疗保障局在银川市组织召开北方省份"十四五"全民医疗保障规划研讨会

保率100%。高质量完成西吉县医保脱贫考核验收。全年累计资助贫困人口参保73.4万人次，资助缴费1.84亿元，减轻医疗费用负担7.53亿元，贫困患者住院费用实际报销比例为87.5%，实现基本医疗有保障的目标任务。开展防范因病致贫返贫长效机制政策研究，盐池县、隆德县被确定为监测点，完成阶段性研究成果。

【药品价格改革】2020年，自治区医保局修订整合形成《三甲医院医疗服务项目价格(2020版)》，指导5个地级市修订辖区新版手册，形成全区统一的医疗服务价格项目规范，为医疗服务价格统一编码落地使用奠定基础。制定《自治区新增医疗服务价格项目管理暂行办法》，明确医疗服务价格项目的内容边界、立项原则、程序规则等，完善审核制度，规范审核流程，促进医疗技术创新发展和临床应用。实施国家组织药品、耗材集中采购落地，三批次国家集采药品集中采购工作稳步推进，中选药品平均降幅69.86%。落实国家组织冠脉支架集中采购工作，10个中选产品价格平均降幅93%。参加陕西省牵头的人工晶体联盟带量采购，中选的56个产品价格平均降幅44%。推进国家谈判药品落地，全年共发生集采药品报销311.7万人次，涉及药品费用总金额1.3亿元，医保报销0.57亿元。

【基金监管】2020年，自治区医保局出台《关于欺诈骗取医疗保障基金行为处理暂行规定》等制度文件，明确欺诈骗保案件涉案人员处理程序和处罚措施。成立全区"双随机一公开"领导小组并出台工作方案，强化基金检查标准化规范化建设。率先在全国开展二级以上定点公立医院医保信息公示制度。对2019—2020年中央转移支付资金进行全面审计和绩效评价，防范化解基金运行风险。经办机构先后开展专项治理，提升医保经办管理规范化精细化水平，有效杜绝内外勾结、监守自盗。飞行检查工作得到国家医保局的通报表扬。各地开展集中宣传月活动，畅通投诉举报渠道，鼓励全社会监督欺诈骗保行为，主动公开曝光典型案件23例，实现全区举报奖励"零"的突破。全年检查定点医药机构6331家，处理医药机构1504家，涉及医保违规资金9662万元。

【经办服务】2020年，全区医疗保障信息平台可行性研究报告通过发改委专家评审。医保电子凭证累计激活171万个用户，推进医保编码维护落地，完成医保业务编码落地任务的60%。开通"12345"医疗保障服务，畅通咨询投诉渠道，受理各类诉求3.6万件。推进解决部分退役士兵社会保险接续问题。持续加强行风建设和政务服务"好差评"制度，修订《城镇职工医疗保险经办规程》，推进经办服务规范化标准化建设。实现区内生育医疗费用、生育津贴在院端窗口"一站式"结算申领。实现城乡医疗救助和基本医疗保险基金实行"一站式"结算。积极推进国家异地就医小程序备案。取消区内异地就医备案、区内异地就医转诊转院等八项措施，与内蒙古自治区签订门诊费用跨省直接结算。

（柳雍昌）

应急管理

【安全生产监管】2020年，全区共发生生产安全事故196起，同比下降11.3%；死亡168人，同比下降1.8%；发生较大事故3起、死亡13人，同比分别持平。未发生重大及以上生产安全事故，全区安全生产形势稳定向好，省级政府安全生产和消防工作考核实现"四连优"。自治区党委常委会、政府常务会经常听取汇报，多次研究部署。自治区党委书记陈润儿、自治区主席咸辉深入一线调研，精心指导落实。各位副主席把安全生产与分管工作同安排、同推进、同督促、同检查。自治区人大、政协加强执法监督和民主监督，提出7项安全生产工作议案提案。开展两轮危化企业专家指导服务、工贸粉尘涉爆企业专项整治和三轮硝酸铵专项整治。自治区安全委员办公室6个督查组各包一片，昼督夜查，紧盯整改。未发生重大及以上事故，未发生因灾亡人事件。5个地级市生产安全事故起数和死亡人数"双下降"，宁东事故起数持平，死亡人数下降。纳入统计的12个重点行业中，化工、道路运输、铁路3个行业事故起数和死亡人数明显下降，渔业船舶、烟花爆竹、水上运输、航空运输4个行业未发生事故，煤矿、建筑、冶金、金属非金属矿山、农业机械5个行业事故出现反弹。强化监测预警，143家重大危险源企业、420个重大危险源全部被纳入视频监控。加大煤矿重大灾害治理，煤推进矿智能化建设有序，统筹实施自然灾害防治八大工程，中卫自然灾害综合风险普查试点工作加快推进，灾害防治效果逐步显现。挂牌组建十大类29支专业应急队伍和1个航空基地，全要素全流程组织纪念海原大地震100周年军地联合应急救援演练。坚持新冠疫情防控和安全防范并重，靠前排查64个隔离点、27个医疗机构安全隐患，调拨2150余万元应急救灾物资，全力保障抗疫战疫。调整健全自治区安全生产、应急管理指挥机构，形成"1+1+4"("1"即安全生产委员会，“1”即应急管理指挥部，“4”即防汛抗旱指挥部、森林草原防灭火指挥部、抗震救灾指挥部、减灾委员会）的大应急、全灾种指挥体系新格局。完善《自治区安全生产行政责任规定》，厘清电力、长输油气管道、铁路沿线隐患整治、工业园区（开发区）安全管理职责。出台《自治区防灾减灾救灾责任规定》，率先在全国实现防灾减灾救灾责任法定化。制定《自治区安全生产企业主体责任规定》，健全完善企业全员岗位责任制。创新推进安全生产标准化对标对表创建工程，全区近300家企业进入评审程序。推动应急管理基层治理架构建设，在3个试点市县设立乡镇应急管理站。深化巩固“四个一”（周汇总、月研判、季会商、年评估）工作机制，建立健全信息共享、会商研判、物资调运、救援救助等制度，搭建起事前防范、事中处置、事后治理的全链条应急模式。

【救灾管理】2020年，全区共发生自然灾害104次，受灾92.69万人、紧急转移52人，农作物受灾面积17.23万公顷、绝收面积1.66万公顷；房屋倒塌49间、严重损坏195间、一般损坏606间；经济损失16.67亿元。低温冷冻、风雹灾情明显偏多。西吉县、彭阳县受灾人口较多，灵武市、利通区、青铜峡市、中宁县经济损失较大。自治区应急管理厅、民政厅、财政厅制定印发《关于加强我区灾害信息员队伍建设的实施意见》，健全全区市、县、乡、村四级灾害信息员队伍体系，明确全区各级灾害信息员（3938名）主要职责和任务。转发《应急管理部　民政部关于进一步加强衔接配合做好受灾群众基本生活保障工作的意见》，共同编织起包括受灾群众在内的困难群众基本生活兜底保障网。制定出台《自治区应急管理厅救灾捐赠工作规程》，建立“职责明确、运转灵活、高效统一”的救灾捐赠机制。会同自治区财政厅制定并印发《宁夏回族自治区自然灾害救灾资金管理实施细则》，规范和加强中央自然灾害救灾资金和自治区本级配套救灾资金管理。新冠疫情期间，累计组织下拨九类18批次，总价值约1835万元的救灾物资用于设置疫情防控卡点5848个，其中，棉帐篷5220顶、单帐篷836顶、折叠床5974张、棉大衣16306件、棉被3984床、棉褥3484床、火炉子500个，切实改善了35088名基层一线防控人员的工作条件。与宁夏红十字会对接联系，争取到价值19600元的定向捐赠电暖气70台。安排下拨2019—2020年中央冬春生活救助资金2412万元和2020年自治区本级配套资金2000万元，下发总价值244.2万元冬春救助款物给受灾困难群众，其中，棉大衣10000件、棉被9000床，切实帮助25万余名受灾困难群众安全温暖过冬。督促指导各地全面完成2019年258户因灾倒损房屋恢复重建工作。结合宁夏实际，提出2020年区级救灾物资储备需求计划，共5个品种，总价值660万元，包括多功能短大衣、棉褥、折叠床、枕头、防护口罩等物资。在全区范围内开展生活保障类、抢险救援类、队伍保障类应急物资生产商信息采集工作，筛选出3家实力雄厚的宁夏本地应急物资生产企业，将3家企业推荐给国家应急管理部救灾和物资保障司，争取列入国家《应急物资生产商参考名录》。自治区应急管理厅与粮食和物资储备局对全区应急物资储备情况进行清查，全面摸清各地应急物资储备品种、规模等信息，掌握到实际可用的物资底数，并形成《对我区应急物资保障体系短板的几点思考》调研报告。针对全区应急资源管理平台系统操作规范，重点从应急物资的申请、调拨及救灾捐赠款物管理、社会应急力量管理等方面对全区110名系统分管领导和具体管理员进行培训。组织全区280名基层救灾工作人员参加应急管理部组织的2020年全国灾害信息员师资视频培训班。对全区各市、县（区）应急管理局分管副局长、救灾专干和各乡镇、街道分管领导、灾害信息员总

2020年7月10日，西吉县举行汛期突发地质灾害暨山洪灾害应急演练

计584人进行了培训。

【水旱灾害防治】2020年1—5月，宁夏气候较常年同期偏高1.8C，为1961年以来同期第2高值。中部旱带大部地区土壤相对湿度小于60%，出现不同程度旱情，其中盐池县大部、红寺堡区中部、同心县东部、沙坡头区中部及香山兴仁一带和海原县西部相对湿度不足50%，为中到重度干旱。其他大部地区相对湿度50%~60%，为轻度干旱；南部山区西吉县西北部、彭阳县东部相对湿度不足60%，为轻至中度干旱。原州区开城镇相对湿度小于40%，局部地区为重旱，局地阶段性旱情较为突出。3月，印发《2020年全区防汛抗旱工作要点》，对全年防汛抗旱工作划出重点，提出要求。入汛以来(6月1日至9月26日)，宁夏平均降水量248.2毫米，较常年同期偏多3成。最大单站水量出现在泾源666.8毫米。引黄灌区平均水量171毫米，较常年同期偏多3成；中部干旱带251.3毫米，较常年同期偏多2成；南部山区456.7毫米，较常年同期偏多4成。强降雨引发贺兰山东麓、六盘山、罗山等区域35条河(沟)道发生洪水过程93场次，最大洪峰流量为8月4日苦水河上游红沟窑站362立方米/秒。受黄河上游持续来水影响，6月2日黄河宁夏段入境流量超2000立方米/秒，最大洪流量为8月23日3540立方米/秒。经全力应对未造成人员伤亡及大的财产损失。6月28日、7月12日，习近平总书记先后2次对防汛救灾工作作出重要指示。6月29日，自治区党委、政府召开防汛救灾工作会议，强调要坚决贯彻落实习近平总书记重要指示，扎实做好防汛救灾工作，确保人民群众生命财产安全。7月1日，自治区应急管理指挥部召开会议，传达习近平总书记对防汛救灾工作的重要指示，分析研判防汛形势，安排部署防汛救灾工作。7月6日，自治区应急管理厅组织召开防汛救灾工作会议，动员全系统坚决做好防汛救灾各项准备工作。7月14日，再次召开全区防汛救灾工作会议，对防汛救灾工作再安排、再部署、再压实、再推进。自治区常务副主席、自治区应急管理指挥部总指挥张超超带队，督导检查防汛救灾工作。自治区应急管理指挥部派6个督查组，各督查组由成员单位1名厅级干部带队，赴各地开展为期1个月的防汛督查工作。自治区应急管理厅成立六大组23个小组分赴各地指导防汛应急工作。针对大范围降雨过程，应急管理厅提前派出工作组蹲点驻守盐池、红寺堡、海原等县(区)，在汛情一线，帮助当地做好应对工作。根据气象、水文等预报信息，自治区应急管理指挥部办公室先后8次组织应急、水利、气象、水文等部门，会商研判防汛形势，根据降雨范围、降雨强度、持续时间，分析研判防范对策，逐一落实应急措施。抢险救援类物资方面，全区应急管理系统共储备各类舟艇47艘，无人机36台，救生抛投器191套，水泵298台(套)，吨袋2.3万条，各类铅丝网片3万平方米。全区共有16个救灾物资储备库，2个自治区级救灾物资共储备帐篷、棉衣、棉被、折叠床等救灾物资30个品种，总价值7800万元，具备紧急转移安置8.6万人的能力。自治区应急管理厅与宁夏军区、武警宁夏总队建立联合抢险救灾协调联动机制。综合性消防救援队建立1支省级、3支市级、30支县级抗洪抢险救援队伍。组建自治区级防汛应急抢险救援队、综合性常备应急救援队，有专业抢险队员500余名，各类大型机械和车辆265台(套)。成立航空救援队，有救援飞机4架。自治区应急管理厅授旗的10支社会救援队伍，一旦发生汛情，可随即投入抢险救灾工作。扎实做好抗旱减灾，水利部门充分发挥已建抗旱工程的调蓄功能，提前8~20天开闸放水，满足中部干旱带区域用水需求，宁夏三大扬水工程全部开机上水，全力保障中部干旱带人饮、生产及生态用水。农业农村部门充分调动各地农业社会化综合服务站加强技除6万公顷旱地未播种外，未造成其他旱情。广泛开展防汛演练。自治区应急管理厅多次组织各类抢险救援力量赴黄河、贺兰山等重点防洪区域熟悉灾害特点、行进路线、救援方法，确保汛情发生时不打乱仗。结合海原大地震100周年纪念活动，开展水库垮坝应急演练。全区各地以及应急、水利、交通等行业部门共组织开展防汛应急演练40余次。

【森林草原防灭火】2020年，全区没有发生森林草原火灾。3月10日、3月24日，自治区分别召开全区森林草原防火电视电话会议，安排部署全区森林草原防灭火工作。4月4日，自治区召开党委、常委会专题研究全区森林草原防灭火工作，对落实习近平总书记的重要批示和全区森林草原防灭火工作提出工作要求。自治区主席咸辉、副主席刘可为分别带队对贺兰山、哈巴湖等国家级自然保护区进行督查检查。自治区党委督查室、政府督查室在清明节期间，对各地和各职能部门落实森林草原防灭火工作的情况进行督查检查。自治区森林草原防灭火指挥部成立6个督查检查组，不间断地对6个地级自然保护区和8个国家级的自然保护区进行督查检查，自治区应急管理厅23个处室(单位)分县包片，

2020年3月31日，自治区应急管理厅举行森林草原防灭火训练

对县（区）、90个林场的防火工作进行常态性的督查检查，督促地方政府和森林草原管护单位落实主体责任。3—6月，在全区开展为期三个月的野外用火专项整治工作。全区各地共派出557个检查组、6381多人次，查处违规用火36起、下达整改指令通知书302份、通报12份、累计排查发现问题隐患870项。10—12月，在全区开展打击森林草原违法用火行为专项行动，专项行动开展以来，派出1285个检查组、1.34万人次、查处和制止违法用火1458起、行政处罚30起、罚款1.8万元。相关县、乡镇（村）结合疫情防控工作，将全区8个自然保护区内的3万座墓葬管理明确责任人，签订《祭祀火源管理协议责任书》，实行祭祀活动预约报告制度，开展移风易俗活动，有效消除火灾风险隐患。全区派出驻点59处、包保干部120余人。设置检查站872个，上岗生态护林员6241人；与林牧区有关经营单位、施工单位签订责任书68份。共派出警力、执法人员727余人次，查处火灾案件21起。加大森林草原防灭火工作投入力度，利用宁夏经济广播电台开设《森林草原防火之声》、在宁夏电视台“直播60分”开设《森林防灭火宣传》专栏，在车站、机场、服务大厅、医院等公众场所设置视频播放机，播放森林防火公益广告。组织对应急系统、八大自然保护区和重点林场主管人员的培训工作。协调应急部邀请甘肃森林消防总队6名教员，对全区应急系统和重点林场的167名管理人员进行森林防灭火知识培训。组织编制《森林草原防灭火知识汇编》，填补宁夏森林草原防灭火工作培训无教材的空白。

（安　华）

【消防治理体系建设】2020年，全区共发生火灾5177起，共接警出动9108次，出动消防车辆25932次，疏散抢救被困人员4223人，抢救财产价值5.14亿元。自治区党委书记陈润儿、自治区主席咸辉、常务副主席张超超等领导先后10余次听取消防工作汇报并作出批示，带队开展消防安全检查，对消防救援工作给予高度关注和极大支持。自治区政府出台《宁夏回族自治区消防安全责任制实施细则（修改稿）》，先后7次召开常务会或专题会议研究消防工作，推动全区193个乡镇政府、47个街道办事处全部建立消防安全领导小组。2020年，自治区主席咸辉主持召开安委会全体会议研究部署三年行动，成立由常务副主席张超超任组长、29个相关行业部门主要负责人为成员的消防安全专项整治三年行动领导小组，定期会商研判、联查联办，推动自治区教育、民政、文旅等9个行业部门在方案中明确消防治理内容和措施，形成“1+9”的治理体系。自治区消防安全委员会办公室实体化运行，建立健全定期会商、信息共享、部门联动等机制，定期召开联席会议，分析通报火灾情况和突出问题。年内发出消防安全提示4次，督促落实行业监管责任，指导教育、民政、文旅、文物等部门修订行业系统消防安全标准化管理指南，开展重点行业领域专项治理和联合督导，推动行业部门落实消防监管责任。组织对5个地级市政府和24个消防安全委员会成员单位进行年度消防工作考核巡查，检验工作质效，督促整改问题。指导社会单位落实户籍化管理，常态化开展防火巡查检查、火灾隐患整改、消防设施器材维护保养、消防安全教育培训和灭火救援演练，督促2366家消防安全重点单位建立健全消防安全组织机构，部署开展商业综合体等9类场所消防安全达标创建活动，全区7家10万平方米以上大型商业综合体全部完成达标创建。2020年，全区消防救援队伍共4个集体、5名个人受到省部级以上表彰，总队被应急管理部政治部评为2020年度“先进总队党委”，被部局评为2020年度目标任务考评“优秀”等次，104名个人荣立三等功，407名个人被嘉奖，王玉珏被党中央、国务院授予“全国先进工作者”称号，固原支队被中央文明委表彰为“第六届全国文明单位”。

【火灾防控和应急救援】自治区先后部署开展打通“生命通道”、大型商业综合体消防安全管理试点示范创建、冬春火灾

2020年5月7—9日，宁夏消防救援总队开展代号为“贺兰山-2020”72小时跨区域地震救援实战演练

防控等10余项专项整治，采取单位自查自改、行业督促检查、部门联合惩戒等方式，结合“双随机一公开”监管模式，多措并举推进火灾隐患排查整治。紧跟新冠肺炎疫情防控需要，成立6支专业技术服务队，运用“现场+远程”模式开展涉疫场所“点对点”指导服务，帮助解决问题1600余处，有序有力保障企业安全复工复产。全年共组织检查单位3.85万家，督促整改隐患2.54万处，依法查封关停场所282家，罚款614.04万元，拘留11人，确保全区消防安全形势稳定。2020年，全区各级消防救援队伍开展以智能、体能、技能为一体的实战化练兵活动，研究并制定一系列督训、促练的练兵文件制度，修订并出台《训练奖惩十项措施》，完成全区197名新消防员和12名基层高级消防员的灭火救援专业职业技能鉴定考核，开展2次体能对抗比武竞赛。开展“高低大化”、抗洪抢险、高空、山岳和“贺兰山-2020”地震救援等全要素实战演练，修订完善各类灾害事故处置预案3545份，开展总队级熟悉演练25次、支队级熟悉演练87次，完成全区典型重点目标单位数字化仿真模型39套。着眼对高层、化工、水域、山岳、地震、森林草原、抗洪抢险、低温雨雪冰冻等灾害的应对，整合组建六类32支典型灾害事故专业救援队伍，通过实战集结拉动、专业训练等方式，不断锤炼队伍能力素质。推动完成高空绳索救援技术普训普考，57名指战员取得国际高空绳索救援技术中级认证资质。先后组织开展危险化学品事故处置、绳索救援、水域救援等六类专业培训，依托宁东能源化工基地，高质量承办全国化工灭火救援技术培训班，编制31类基础战法和化工编队基本力量构成指南，为全国化工灭火救援技术提供“宁夏方案”。

【消防基础建设和执法改革】2020年，自治区党委政府分别将消防安全基层治理融入完善基层治理体系提高基层治理能力“1+6”内容和《关于推进城镇老旧小区改造工作的实施意见》，将消防事业发展“十四五”规划纳入自治区“十四五”专项规划编制目录清单，将消防公共设施建设纳入国土空间规划编制内容，启动73个即将到期的市、县和乡镇的消防规划（专篇）修编工作。自治区政府批复同意实施《宁夏消防救援队伍2019—2021年灭火救援装备建设规划》和《宁东能源化工基地灭火救援装备建设三年规划（2019—2021）》，明确自治区、各地市和区县今后三年装备配备标准和经费保障办法。自治区财政厅和消防救援总队联合印发《宁夏回族自治区消防救援队伍地方消防经费管理办法》，科学划分自治区本级、市、县财政支出事权与支出责任，建立一套符合消防职业特点的经费供应保障机制。将消防监管事项纳入国家“互联网+监管”系统，建成“智慧消防”物联网远程监控系统，对791家火灾高危单位和高层建筑实施消防安全智慧管控。开工建设消防救援站6个，支队级训练基地和战勤保障基地（大队）采用“两站合一”或“三站合一”的模式建设，均已建成投入使用，公共消防安全基础有效夯实。2020年，自治区出台《关于深化消防执法改革的实施意见》，自治区人大常委会修订《宁夏回族自治区实施〈中华人民共和国消防法〉办法修正案》，编制完成地方《农村消防安全技术标准》，消防安全法律法规日趋完善。建立火灾隐患“吹哨人”制度，鼓励群众举报火灾隐患，推动将消防安全失信行为纳入“互联网+监管”“信用中国”、国家企业信用信息公示系统（宁夏）等信用系统实行信用管理。完成“双随机一公开”系统个性化设计，实现执法记录仪数据实时传输，系统与智慧消防实现互联互通。每月按时制订月度抽查计划，抽查结果同步在互联网和各级微信公众号向社会公布。开展优化消防执法营商环境专项行动，及时纠正消防行政许可和行政处罚等执法行为不规范、不合法问题，排查和复检消防执法案卷6.1万份，发现并整改问题2.6万个。消防安全委员会办公室制定《宁夏回族自治区较大以上火灾事故调查处理信息通报和整改措施落实情况评估制度》、消防救援总队制定《关于开展火灾延伸调查强化追责整改的指导意见》，明确火灾延伸调查工作具体要求，对每起因火灾原因导致亡人的火灾和重大社会影响火灾组织开展调查，年内火灾事故原因查明率为85%。

【宣传培训】2020年，自治区党委宣传部等9部门推进实施消防宣传“五进”，创新开展消防宣传进乡村“三九”工程建设。积极开展消防法律法规和消防安全常识普及性宣传，坚持把消防安全培训列入党政干部、公务员和职业技能培训内容，鼓励和支持社会设立消防培训机构开展消防网络教育，持续强化消防安全责任人、管理人，消防专兼职人员、消防控制室操作人员、物业保安队伍等“八类人群”消防安全培训和职业技能资格鉴定，推动消防设施操作员持证上岗制度。加大央媒和主流媒体新闻宣传力度，在新华社、中央电视台策划播出《我的24小时都与你有关》等热点新闻，策划运营《平安119》《消防微课堂》栏目和微博、微信、抖音、快手、今日头条等九大新媒体平台，累计开展10余次直播活动。协调各级媒体对“119”消防宣传月启动仪式、总队队史馆开馆等宣传活动进行现场直播，建成40个应急消防科普教育基地，全部实现网上平台预约服务，全年开放1500余次，受教育12万余人。

（龚海龙）

民族宗教

MINZUZONGJIAO

NINGXIA YEARBOOK

编辑◎霍丽娜

综　述

【民族团结】2020年，自治区民委（宗教局）研究起草的《宁夏回族自治区促进民族团结进步工作条例》通过审议。配合起草自治区党委第十二届十次全会报告中的“1+6”政策体系建设并深入贯彻落实，将宗教工作纳入基层治理体系。自治区党委统战部举办基层宗教干部培训班，集中开展基层宗教治理基本知识和实践探索专题辅导，围绕贯彻落实《宗教事务条例》释疑解惑。将马克思主义“五观”教育写入《宁夏回族自治区促进民族团结进步工作条例》，纳入“学习强国”、干部教育培训网络学院等平台，组织编写宣讲提纲、录制慕课，持续开展马克思主义民族观、宗教观“百场万人”大宣讲，推动马克思主义“五观”教育常态化长效化。推进“585”创建行动计划（围绕“五大目标”，实施“八项工程”，建立健全“五项机制”），健全完善创建机制，开展民族团结进步创建互观互检活动，启动每年一次的“民族团结月”活动，同时开展“中国　我们共同的家园——铸牢中华民族共同体意识”大型图片展、党的民族政策宣传教育、中华优秀传统文化展示、特色商品展销等活动。2020年，中卫市、贺兰县、大武口区、中宁县、利通区、兴庆区第五小学、国家能源集团宁夏煤业有限责任公司枣泉煤矿、惠农区红果子镇、红寺堡区新民街道东方社区被国家民委评为“全国民族团结进步示范区示范单位”。制定《全区民族团结进步示范区示范单位管理办法》，修订完善测评指标，评选命名第十批全区民族团结进步示范县（区）、示范单位103个。扩大民族团结进步创建活动宣传，《人民日报》海外版头条报道宁夏民族团结经验，在宁夏电视台开设专栏节目、制作专题报道20余次，在《宁夏日报》刊发专题文章11篇，组织开展“民族团结月”活动和“黄河水甜、共产党亲”主题教育。加强宗教场所管理，建立宗教活动场所数据库，疫情期间暂停各类宗教活动，建立教职人员数据库和“负面清单”，严格资格证、聘任证“双证管理”。

【抗击疫情】2020年，按照《自治区党委办公厅、自治区人民政府办公厅关于做好新型冠状病毒感染的肺炎防控工作的通知》和自治区民委（宗教局）部署要求，全区宗教场所严格执行暂停对外开放、停止集体宗教活动，自治区民委（宗教局）先后在全区进行20余次督查暗访，严肃处理违反疫情防控规定的各类现象，暂停当年朝觐活动，宗教领域未出现聚集性疫情。自治区佛教协会向全区佛教界发出倡议，要求各团体、各场所强化疫情防控举措宣传，所有寺庙暂停对外开放，取消所有聚集性宗教活动。各级佛教协会、各佛教场所、佛教界人士募集善款44.9万元。自治区道教协会下发《关于齐心战胜疫情的倡议》，要求全区道教宫观暂停对外开放、停止举行一切道教活动，取消春节敬香祈福、传统庙会等活动，谢绝一切香客、道众烧香敬神活动，坚决防止人员聚集。倡导全区道教界发扬“济世利人、齐同慈爱”的优良传统，弘扬“一方有难、八方支援”的慈爱精神，承担社会责任，为坚决打赢疫情防控阻击战捐款捐物，共募集善款32万余元。自治区伊斯兰教协会及时下发疫情防控通知，实地督查伊斯兰教领域疫情防控工作，指导各级伊斯兰教协会、宗教场所和教职人员落实疫情防控要求，执行防疫措施，抓紧抓实抓细伊斯兰教领域疫情防控工作。编写《珍爱生命，抗击疫情，为坚决打赢疫情防控阻击战贡献力量》《正确看待疫情下的宗教功课》等防疫专题卧尔兹，引导信教群众顾全大局、服从管理、落实防疫措施。发出《捐款捐物支持抗击疫情的倡议书》，号召全区伊斯兰教界积极支援湖北武汉疫情防控，共计捐款1367万余元。自治区天主教"两会"严格落实自治区宗教局各项疫情防控措施，各堂点管委会积极配合当地有关部门开展疫情防控工作。响应中国天主教"一会一团"的号召，为武汉捐款6万余元，慰问一线疫情防控人员。自治区基督教"两会"严格落实自治区宗教局各项疫情防控措施，第一时间通过电话、微信群向各堂点、全区教职人员提出"暂停对外开放、暂停集体宗教活动"的要求。向各堂点负责人、教职人员、信教群众发出倡议书，推进疫情防控工作。积极响应基督教全国"两会"号召，为武汉捐款30万元。

（马合明）

民族事务

【《宁夏回族自治区促进民族团结进步工作条例》】2020年，自治区民委（宗教局）按照自治区党委2020年工作要点和自治区人大、政府立法计划要求，成立《宁夏回族自治区促进民族团结进步工作条例》（以下简称《条例》）起草工作专班，制定工作方案，开展《条例》起草、征求意见、立法调研等相关工作。先后召开座谈会12次，深入5个地级市18个县（区）调研，实地走访机关、乡镇等民族团结进步示范单位50多个，两次书面征求自治区党委、政府有关部门和各市、县（区）政府及统战部门等375个单位意见，收到反馈修改意见271条，历经35稿修改完善，报请中央统战部、国家民委审核指导，形成《条例》送审稿并进行合法性审查。9月17日，自治区政府第74次常务会议审议通过《条例（草案）》。9月25日，自治区十二届人大常委会第二十二次会议第一次审议。11月25日，自治区十二届人大常委会第二十三次会议审议通过，于2021年1月1日正式施行。

【重要会议】2020年9月20—22日，自治区党委召开领导干部促进民族团结进步交流会。自治区党委书记陈润儿主持会议并讲话，他强调要深入学习贯彻习近平总书记关于民族工作的重要论述，全面贯彻落实习近平总书记视察宁夏重要讲话精神，为继续建设经济繁荣民族团结环境优美人民富裕的美丽新宁夏、与全国同步建成全面小康社会汇聚力量。自治区主席咸辉、自治区政协主席崔波出席并发言。研讨交流会期间，19名自治区省级领导围绕守好促进民族团结生命线作交流发言，18名省军级领导作书面交流。9月29日，全区促进民族团结进步工作会议在银川市召开。自治区党委书记陈润儿出席会议并讲话，他强调要深入学习贯彻习近平总书记关于民族工作的重要论述，坚决守好促进民族团结生命线，着力建设民族团结进步示范区，不断开创民族团结进步事业新局面。自治区主席咸辉主持会议，自治区政协主席崔波出席。自治区党委常委、统战部部长白尚成对促进民族团结进步工作作出具体部署。11月3—4日，在国家民委组织召开的民族地区决胜全面小康、决战脱贫攻坚经验交流现场会上，自治区民委（宗教局）党组书记陆军代表宁夏作交流发言。

【研讨培训】2020年8月4—6日，自治区民委（宗教局）举办深入学习贯彻习近平总书记视察宁夏重要讲话精神专题研讨班，委（局）领导班子成员及全体在职党员干部和自治区伊斯兰教协会、宁夏伊斯兰教经学院、同心阿语学校副处级以上干部参加专题研讨班。8月19日，自治区民委以"感受闽宁镇历史变迁、激发党员奋斗精神"为主题，组织机关全体党员干部及委属单位支部委员、部分退休党员代表，赴永宁县闽宁镇开展主题党日活动。12月7日，自治区民委举办中共十九届五中全会精神辅导报告会，邀请自治区宣讲团成员、区直机关工委副书记蔡旭东，为民委系统党员干部作专题辅导讲座。

【民族团结进步示范区示范单位】2020年，全区评选命名第十批全区民族团结

2020年6月9日，自治区政协调研组到自治区民委宗教局调研并召开民族团结进步创建工作座谈会

进步示范县(区)、示范单位103个。13个示范乡(镇、街道):金凤区良田镇、灵武市白土岗乡、兴庆区丽景街街道、平罗县城关镇、平罗县陶乐镇、利通区郭家桥乡、利通区马莲渠乡、盐池县花马池镇、同心县兴隆乡、泾源县兴盛乡、沙波头区常乐镇、海原县三河镇、灵武市宁东镇;15个示范村:兴庆区月牙湖乡滨河家园五村、永宁县李俊镇许桥中心村、贺兰县立岗镇通义村、西夏区镇北堡镇镇北堡村、惠农区礼和乡银河村、利通区东塔寺乡白寺滩村、青铜峡市峡口镇沈闸村、红寺堡区太阳山镇兴民村、盐池县麻黄山乡包塬村、西吉县兴隆镇大岔村、西吉县偏城乡下堡村、彭阳县古城镇皇甫村、沙坡头区柔远镇渡口村、中宁县宁安镇古城村、海原县关桥乡关桥村;13个示范社区:金凤区满城北街街道彩虹湾社区、西夏区朔方路街道玫瑰园社区、金凤区上海西路街道清水湾社区、兴庆区凤凰北街街道阳澄社区、贺兰县习岗街道天鹅湖社区、大武口区人民路街道民生社区、利通区金星镇材机社区、利通区古城镇清宁河社区、青铜峡市裕民街道惠源社区、红寺堡区新民街道创业社区、中宁县宁安镇红苑社区、海原县海城街道建设社区、灵武市宁东镇中心区社区;25个示范机关(事业单位):银川市中医医院、银川市文化旅游广电局、永宁县人民法院、灵武市审批服务管理局、国家税务总局石嘴山市惠农区税务局、惠农区文化馆、平罗县人民检察院、石嘴山市住房公积金管理中心、石嘴山市生态环境局、吴忠市市场监督管理局利通区分局、青铜峡市市场监督管理局、盐池县中医医院、吴忠市文联、吴忠市文化馆、固原市审批服务管理局、西吉县市场监督管理局、隆德县文化旅游广电局、泾源县公安局黄花派出所、中卫市司法局、沙坡头区委统战部、中宁县卫生健康局、海原县卫生健康局、宁夏水文环境地质勘察院、宁夏供销社机关党委、宁夏消防救援总队固原市支队原州区大队;16个示范学校:西夏区第十一小学、兴庆区第二十三小学教育集团、灵武市第二中学、大武口区胜利小学、石嘴山市第四中学、平罗县城关第七小学、利通区第七小学、同心县海如女子中学、固原市特殊教育学校、固原市进元驾驶员培训学校、西吉县中学、隆德县张程乡中心小学、中卫市宣和中学、中宁县第四中学、宁夏特殊教育学校、宁夏医科大学中医学院;13个示范企业:银川汇创资本投资控股有限公司、宁夏广银米业有限公司、百瑞源枸杞股份有限公司、宁夏伊品生物股份有限公司、石嘴山优宜家物流中心(有限公司)、宁夏红山河食品股份有限公司、宁夏向丰农牧业开发有限公司、宁夏隆德人造花工艺有限公司、宁夏早康枸杞股份有限公司、中国农业银行西吉县支行、中国人保财险同心支公司、中和资产评估公司宁夏瑞衡分公司、黄河农村商业银行同心农村商业银行;2个示范军营:吴忠市红寺堡区人民武装部、武警宁夏总队固原支队机动中队;2个示范社会组织:西吉县北斗星诗社、宁夏燕宝慈善基金会。

【城市民族工作】2020年,在全区少数民族流动人口流入地和流出地服务管理工作方面,建立了区、市、县三级民族工作联席会议制度,形成了党政主要领导亲自抓、各级党政组织带头抓、职能部门具体抓、社会各界共同参与的民族工作格局。完善了少数民族流动人口服务管理跨省(区)联动协作机制,构建了流出地与流入地对接的工作格局。出台了加强乡村、社区、宗教、校园、企业和社团治理的6个《实施意见》,形成了“1+6”政策体系,推动民族事务治理向依法治理、系统治理、综合治理、源头治理的目标迈进。持续开展民族法治、民族认知、民族平等、民族互信、民族互助“五项特色教育”和马克思主义民族观宗教观“百场万人”大宣讲,创新开展“民族一家亲”“社区邻里节”“邻里一帮一”“爱心送邻居”等富有城市特色的民族团结活动,促进各民族交往交流交融。少数民族流动人口随迁子女在学校、幼儿园等混合编班、统一管理,积极引导信教少数民族流动人口到当地合法宗教场所参加宗教活动,促进各族群众互学互帮、互尊互谅。不断完善基本公共服务体系。有序推进少数民族流动人口市民化,通过落实好《居住证暂行条例》、加强法律援助、鼓励和支持就业创业、丰富精神文化生活等措施,不断提升均等化服务水平,切实解决少数民族流动人口就业、随迁子女入学、法律援助、社会保障等与民生密切相关的问题,为少数民族流动人口提供高效便捷的均等化服务。2020年,全区建立法律援助站(点)484个,法律援助覆盖人群由55.8万人增加至172万人。建立涉及民族因素突发事件报告制度,完善涉民族宗教因素矛盾纠纷排查调处机制,准确界定涉及少数民族流动人口矛盾纠纷的性质,旗帜鲜明、态度坚决、依法处置。

【少数民族发展资金】2020年,自治区民委(宗教局)完成2020年度少数民族发展资金分配、下达工作,开展资金使用管理情况调研检查。经自治区扶贫开发领导小组审定,将少数民族发展资金下达至脱贫攻坚重点县和中部干旱带西部片的沙坡头区、中宁县。自治区民委(宗教局)联合驻部纪检监察组检查沙坡头区、中宁县、海原县少数民族发展资金使用管理情况。自治区民委副主任刘长松带队调研检查红寺堡区少数民族发展资金使用管理情况。

【中小学铸牢中华民族共同体意识主题教育实践活动试点工作启动会议】2020年，自治区民委与教育厅联合制定并印发《关于在部分中小学开展铸牢中华民族共同体意识主题教育实践活动试点工作方案》，在全区确定14所试点学校开展试点工作。11月25日，全区中小学铸牢中华民族共同体意识主题教育实践活动试点工作启动会议在银川市召开，会议深入学习习近平总书记关于铸牢中华民族共同体意识的重要论述及国家民委现场交流会精神，传达自治区领导批示要求，对试点工作进行全面安排部署。参会人员就重点培育打造示范典型、强化课堂教育主渠道作用、深入推进民族团结进步创建、创新开展主题教育实践活动、加强教师队伍培养、强化校园文化建设等6项措施进行交流发言，提出工作思路及建议。自治区民委、自治区教育厅积极探索体制机制、载体渠道、方式方法，创新学校民族团结进步宣传教育和创建工作，推进"民族团结育苗工程"，推动中华民族共同体意识教育进学校、进教材、进课堂、进学生头脑，为在全区中小学广泛开展工作提供示范和经验，努力把中小学建成新时代民族团结进步事业的重要窗口和示范基地。

（马合明）

宗教事务

【宗教中国化建设】2020年，在自治区民委（宗教局）指导，自治区各宗教团体制定并落实坚持我国宗教中国化方向的实施方案，完善讲经说法引导机制，组织开展"国好·法大"主题卧尔兹演讲和佛教讲经说法等活动。创新开展"五进"宗教场所和宗教界服务黄河流域生态保护和高质量发展先行区建设活动，引导宗教界人士和信教群众爱国爱教、遵守法律、正信正行。对自治区各宗教团体进行考核，召开自治区宗教团体联席会议第四次会议，修订完善宗教场所民主管理办法。完成中国佛教协会、中国道教协会第十次全国代表会议代表和理事、常务理事候选人推荐工作。自治区佛教协会根据中国佛教协会《坚持佛教中国化方向五年工作规划纲要（2019—2023）》和中国佛教协会第十次全国代表会议精神，起草《宁夏回族自治区佛教协会推进我区佛教坚持中国化方向工作实施方案》，并在自治区佛教协会会长办公会议上进行讨论研究和修改完善。自治区天主教"两会"深化"习近平新时代中国特色社会主义思想、中华人民共和国国旗、宪法法律法规、社会主义核心价值观、中华优秀传统文化""五进"天主教场所活动，配备图书、统一制作宣传栏，全区12处有条件的天主教场所全部实现"五进"。依据中国天主教"一会一团"《推进我国天主教坚持中国化方向五年规划》精神，制定《宁夏天主教"两会"推进我区天主教坚持中国化方向实施方案》，突出坚持独立自主自办、坚持民主办教、坚持发挥天主教界主体作用的工作原则，明确加强思想政治引领、深入推进民主办教等11个方面的任务。自治区基督教"两会"制作宣传栏，全区所有基督教堂全部实现"五进"。依据基督教"全国两会"《推进我国基督教坚持中国化方向五年规划》精神，制定《宁夏基督教"两会"推进我区基督教坚持中国化方向五年规划》，突出坚持独立自主自办教会、坚持依法办教民主办教、大力发扬中国基督教爱国的优良传统、拥护共产党的领导、走与社会主义社会相适应的办教道路原则，明确加强思想政治引领、加强神学思想建设等方面的任务。

【宗教团体建设】2020年，制定并印发《自治区宗教团体考核办法》，对自治区伊协、佛协、道协、天主教"两会"、基督教"两会"进行年度考核。督促各宗教团体及时组织学习党的十九届五中全会精神。依据有关规定制定宗教场所管理办法，推动宗教界加强自我治理，规范宗教事务。指导各宗教团体完成年检工作。自治区民委（宗教局）主要负责人深入自治区各宗教团体调研，了解有关情况，解决有关问题。支持自治区佛协、天主教"两会"、基督教"两会"在严格考察的基础上，各选配一名宗教界专职工作人员。指导自治区天主教爱国会制定出台工作制度，有效推动民主办教进程。指导自治区道教协会依法依规认定94名教职人员，取消7名教职人员资格证。加强《宁夏穆斯林》稿件内容审查把关，宣传宗教政策和法律法规，正确阐释宗教教义、宗教知识，传播优秀解经释义成果，引导信教群众正信正行。

【全区宗教团体联席会议第四次会议】2020年8月24日，自治区宗教团体联席会议召开第四次会议。自治区各宗教团体会长（主任）、副会长（副主任）、秘书长（总干事）共30人参加会议。会议由自治区宗教团体联席会议轮值主席、自治区佛教协会会长释耀正主持。自治区宗教事务局副局长丁克家、二级巡视员田玉福到会祝贺。会议集中学习了习近平总书记视察宁夏重要讲话精神和自治区党委第十二届十次全会、十一次全会精神，研究贯彻意见和工作措施，审议通过《全区宗教界深入推进“五进”宗教场所活动倡议书》和《全区宗教界认真学习贯彻习近平总书记视察宁夏重要讲话精神、服务黄河流域生态保护和高质量发展先行区建设倡议书》。会议一致认为，习近平总书记视察宁夏重要讲话指明宁夏前进方向，赋予宁夏时代重任，明确宁夏工作重点，为新时代宁夏发展提供行动指南和根本遵循。会议向全区宗教界发出倡议，在原来“四进”宗教活动场所的基础上，深入推进习近平新时代中国特色社会主义思想进宗教活动场所，号召各级宗教团体负责人要带头学习，带头宣传，带头践行，深刻领会其核心要义。广大宗教教职人员要通过参加研讨、进修、学历教育等各种形式，加强学习理解，促进素质提升。各宗教活动场所要利用宣传栏、电子屏、横幅标语、手机微信等，营造广泛学习宣传的深厚氛围，引导广大教职人员和信教群众进一步增强对伟大祖国、中华民族、中华文化、中国共产党、中国特色社会主义的认同，统一思想、汇聚共识，自觉为实现中华民族伟大复兴的中国梦而奋斗。

【全区宗教活动场所法人登记试点工作培训班】2020年11月24—25日，自治区党委统战部、自治区民政厅、自治区宗教事务局联合在银川市举办全区宗教活动场所法人登记试点工作培训班，5个地级市及相关县（区）统战宗教、民政、行政审批部门业务科室负责人，相关宗教团体负责人，7处试点宗教活动场所负责人及主要教职人员共50余人参加培训。自治区宗教事务局有关负责人出席并作开班动员讲话。培训班深入解读《中央统战部办公厅、民政部办公厅关于开展宗教活动场所法人登记专项工作的通知》精神，学习了关于宗教活动场所法人登记的重要意义、目的、法律政策依据、法人的性质、登记后续管理等方面的内容，细化了县级统战宗教、民政、行政审批、宗教团体等的工作职责，就宗教活动场所法人登记的工作流程进行了讨论交流，明确了登记工作的程序、步骤，确定了申请书等材料的示范文本，提出了工作要求。

（马合明）

【自治区佛教协会】2020年，自治区佛教协会根据中国佛教协会《关于推荐中国佛教协会第十次全国代表会议代表和理事、常务理事候选人的通知》要求，经自治区佛教协会常务理事会会议表决，推荐释耀正、释果真、释星慈（女）、释湛法、释存圣（女）、释理雄、释如晟为代表，推荐释耀正、释果真、释星慈（女）、释湛法、释存圣（女）为理事候选人，推荐释耀正为常务理事候选人，推荐吕维新为特邀代表。年内，自治区佛教协会积极组织参加中央统战部、中国佛教协会和各级统战、宗教部门举办的学习研讨与培训活动，着力提升佛教教职人员佛学水平，不断增强法治观念，推动提高佛教教职人员依法开展活动、依法自我管理、依法维护自身权益的能力。为规范全区佛教场所管理，根据中国佛教协会《全国汉传佛教寺院管理办法》，自治区佛教协会起草了《宁夏回族自治区佛教协会佛教场所管理办法》，在自治区佛教协会会长办公会议上进行了讨论研究和修改完善。自治区佛教协会印发《关于办理佛教教职人员证书延期手续的通知》，安排部署佛教教职人员证书延期办理事宜。根据《自治区民政厅关于开展社会组织2019年度检查和年度报告的通知》要求，总结2019年工作，安排2020年度工作，完成协会年检工作。做好佛教领域商业化问题治理工作，遏制乱建寺院、滥塑大型露天宗教造像、私设功德箱、未经批准私自收取门票、乱烧香乱放生现象，反对以经忏法事谋取商业利益，坚决抵制佛教领域商业化问题的不良影响，维护佛教良好形象。

（王　倩）

【自治区道教协会】2020年，自治区道教协会根据中国道教协会《关于推荐中国道教协会第十次全国代表会议代表、理事、常务理事候选人的通知》要求，经自治区道教协会第三届理事会第一次常务理事会议确定，推荐孙崇善、张宗峰、贾建忠、顾振民、宗志远、荀生银、李茹（女）、张占武为代表，推荐孙崇善、张宗峰、贾建忠、顾振民为理事候选人，推荐孙崇善为常务理事候选人。举办全区道教教职人员培训班，自治区道教协会会长、副会长及教职人员共98人参加了培训学习，自治区宗教事务局有关负责人传达学习了中共十九届五中全会精神和自治区党委第十二届十次、十一次、十二次全会精神，组织学习了中国道教协会第十次全国代表会议精神，举办了“道教与中国传统文化”专题讲座，以“从抗击疫情伟大斗争看社会主义制度的优越性”为主题进行了分组讨论。根据《自治区民政厅关于开展社会组织2019年度检查和年度报告的通知》要求，认真总结2019年工作，安排2020年工作，完成年检有关工作。

（宗志远）

【自治区伊斯兰教协会】2020年，为教育引导全区伊斯兰教教职人员深入学习贯彻习近平新时代中国特色社会主义思想和中共十九大、十九届四中全会精神，认真学习贯彻自治区第十二次党代会、自治区党委第十二届十次、十一次、十二次全会和自治区“两会”精神，认真学习研读中华优秀传统文化，进一步培养政治上靠得住、宗教上有造诣、品德上能服众、关键时起作用的合格教职人员，自治区伊斯兰教协会结合“五进”宗教场所活动，开展了“书香宁夏读书年”活动，组织各级伊斯兰教协会委员和教职人员学习党史国史、宪法法律、中华优秀传统文化，自治区伊斯兰教协会印发了指导书目、赠阅了相关书籍。为纪念中国人民抗日战争暨世界反法西斯战争胜利75周年，自治区伊斯兰教协会组织40余名伊斯兰教界人士在银川市举办宁夏伊斯兰教界纪念中国人民抗日战争暨世界反法西斯战争胜利75周年和平祈祷活动，倡导伊斯兰教教职人员积极向信教群众宣讲和平的意义，引导信众更加珍惜来之不易的幸福生活。举办全区“国好·法大”主题“卧尔兹”演讲比赛，参赛选手以“国好·法大”为主题，紧紧围绕社会主义核心价值观、“爱国爱教、遵纪守法”“坚守中道、抵御极端”等内容，结合中华优秀传统文化，对伊斯兰教教义教规作出符合时代发展进步需要的阐释。评选出一等奖2名、二等奖4名、三等奖6名、优秀奖8名。推动提升了伊斯兰教教职人员解经讲新“卧尔兹”的能力和水平，以实际举措引导宗教界人士和广大信教群众自觉践行社会主义核心价值观，坚持我国伊斯兰教中国化方向。11月16—18日，为提高伊斯兰教协会系统工作人员在基层宗教治理中的协同治理能力，自治区伊斯兰教协会在石嘴山市举办全区伊斯兰协会系统能力提升培训班，各市、县（区）伊斯兰教协会主要负责人及相关工作人员和自治区伊斯兰教协会全体干部职工参加了培训。培训班邀请自治区宗教局、自治区党校、宁夏社会主义学院等单位的领导、专家围绕“学习贯彻中共十九届五中全会精神”“完善基层宗教治理体系，提高基层治理能力”“坚持我国伊斯兰教中国化方向，铸牢中华民族共同体意识”等主题授课。学员代表在交流发言中表示，要认真学习宣传贯彻好中共十九届五中全会和习近平总书记视察宁夏重要讲话精神，坚决落实好自治区党委和政府关于宗教工作的各项决策部署，深入开展“五进”宗教场所活动，主动发挥好协会桥梁纽带作用，团结和引导全区信教群众大力弘扬中华优秀传统文化，践行社会主义核心价值观，主动投身到“建设美丽新宁夏、共圆伟大中国梦”的生动实践中，为建设黄河流域生态保护和高质量发展先行区贡献力量。12月22—24日，自治区伊斯兰教协会在银川市举办全区伊斯兰教解经骨干培训班。自治区伊斯兰教协会副会长、常委及部分中青年教职人员等100人参加了培训。中国伊斯兰教协会、自治区宗教局、中国伊斯兰教经学院等单位的领导和专家围绕“传达学习中共十九届五中全会及自治区党委第十二届十次、十一次、十二次全会精神”“坚持我国伊斯兰教中国化方向，讲好新时代的‘卧尔兹’”等主题进行专题培训。

（谢建国）

【自治区天主教“两会”】2020年，自治区天主教“两会”五届三次全委会在银川市召开，自治区宗教事务局二级巡视员田玉福出席会议并讲话，自治区天主教“两会”主任李晶总结了2020年工作，安排了2021年工作，大会审议并通过了《宁夏回族自治区天主教爱国会工作制度》《宁夏回族自治区天主教教堂（堂区）管理办法》和《宁夏天主教“两会”推进我区天主教坚持中国化方向实施方案》。年内，自治区天主教“两会”举办教职人员专题培训班，邀请自治区宗教事务局有关领导对《宗教事务条例》等法律法规和相关会议精神进行解读培训，不断增强教职人员法治意识。中国天主教“一会一团”常务副主席沈斌主教到宁夏作《天主教中国化与当前天主教工作》的专题辅导报告，报告从旗帜鲜明坚持独立自主自办原则、深入推进民主办教、加强爱国主义教育、加强教风建设等方面进行深入讲解，为进一步做好全区天主教工作提供有力指导。

（张学成）

【自治区基督教“两会”】2020年，自治区基督教“两会”先后多次召开班子成员会议、常委会会议，研究讨论区基督教“两会”存在的问题和不足，“两会”成员围绕区基督教“两会”如何开展工作、如何完善自身建设、更好地服务各堂点建言献策，有效加强自身建设。年内，自治区基督教“两会”认真学习中共十九届五中全会精神和《习近平谈治国理政》，推动教职人员更好理解“十四五”规划相关内容，更好地服务社会发展。加强《宗教事务条例》和《民法典》学习，牢固树立“任何组织、任何信仰，必须在法律允许的范围内开展活动”的法治意识。

（方保华）

市情概览

SHIQINGGAILAN

NINGXIA YEARBOOK

编辑◎王晓华

银川市

【概况】银川市为宁夏回族自治区首府，下辖兴庆区、金凤区、西夏区、永宁县、贺兰县和灵武市，26个街道、20个镇、6个乡和293个居民委员会、286个村民委员会。2020年，银川市常住人口2859074人，家庭户1030103户，平均家庭户规模为2.49人/户。全市常住人口中，汉族人口2145863人，占比为75.05%；各少数民族人口713211人，占比为24.95%，其中回族人口667606人，占比为23.35%。男性人口1453869人，占比为50.85%；女性人口1405205人，占比为49.15%。0～14岁人口516731人，占比为18.07%；15～59岁人口1976565人，占比为69.13%；60岁及以上人口365778人，占比为12.79%，其中65岁及以上人口251960人，占比为8.81%。居住在城镇的人口2293656人，占比为80.22%；居住在乡村的人口565418人，占比为19.78%。流动人口1318545人，其中，外省流入人口474773人，区内流动人口843772人。全年实现地区生产总值1964.37亿元，按可比价格计算，比上年增长3.2%。其中，第一产业增加值75.72亿元，增长0.7%；第二产业增加值832.62亿元，增长2.8%；第三产业增加值1056.03亿元，增长3.8%。三次产业结构比为3.9:42.4:53.7，对经济增长的贡献率分别为0.8%、39.0%和60.2%。

【农业与农村经济】2020年，银川市完成农林牧渔业总产值156.97亿元，按可比价格计算，比上年增长0.8%。其中，农业产值88.78亿元，下降2.2%；林业产值1.32亿元，增长7%；牧业产值48.79亿元，增长7.9%；渔业产值9.16亿元，增长6.7%；农林牧渔服务业产值8.91亿元，增长1.3%。全年粮食作物播种面积8.11万公顷，与上年同期持平。其中，小麦播种面积0.93万公顷，下降34%；蔬菜播种面积3.92万公顷，园林水果播种面积2.38万公顷。全年粮食产量69.23万吨，增长4.4%。其中，小麦产量5.12万吨，下降32.3%；蔬菜产量142.54万吨，增长0.8%；园林水果产量10.06万吨，下降59.4%；禽蛋产量2.75万吨，下降23.2%；牛奶产量64.24万吨，增长13%；水产品产量7.58万吨，增长4.4%。全年肉类总产量5.81万吨，下降6.3%。其中，猪肉产量1.58万吨，下降9.2%；牛肉产量1.91万吨，下降0.5%；羊肉产量1.61万吨，增长5.9%。2020年年底，大牲畜总头数29.52万头，生猪存栏16.15万头，羊只存栏数78.36万只，家禽数234.81万羽。全年农村用电量3.34亿千瓦时，下降5.2%。

【工业经济】2020年，银川市工业增加值655.72亿元，比上年增长1.9%，其中，规模以上工业增加值增长1.6%。在规模以上工业中，分轻重工业看，轻工业增加值下降1.3%，重工业增加值增长1.8%。分经济类型看，国有企业增加值增长28.9%，股份制企业增加值下降0.8%，外商及港澳台商投资企业增加值增长11.6%。全市规模以上非公有制工业企业增加值增长13%。全年规模以上工业中，电力、热力的生产和供应业增加值比上年同期增长11.8%，石油、煤炭及其他燃料加工业下降18.6%，煤炭采选业下降11%，化学原料及化学制品制造业增长6.4%，纺织业下降54.9%。六大高耗能行业增加值下降2.7%，占规模以上工业增加值比重的59.7%；高技术产业增加值增长16.5%，占规模以上工业增加值比重的8.7%。全年规模以上工业企业实现销售产值1933.98亿元，比上年下降1.8%，工业产品销售率为97.1%。规模以上工业企业营业收入2391.53亿元，比上年增长0.2%；营业成本1933.49亿元，同比增长2.5%；实现利润总额135.2亿元，同比增长0.9%。工业品出口交货值32.22亿元，应收账款367.05亿元。2000年年底，规模以上工业企业资产负债率为65.2%，比上年底提高1.1个百分点；企业亏损面28.49%，亏损企业亏损额41.44亿元。全年规模以上非公有工业企业实现营业收入928.48亿元，同比增长11.9%。

【建筑业】2020年，银川市具有资质等级建筑业企业462个，实现建筑业总产值470.59亿元，比上年增长8.2%。其中，国有及国有控股企业实现产值183.05亿元，增长23.8%；建筑装修、装饰业实现产值4.05亿元，下降36.3%。房屋建筑施工面积1438.66万平方米，同比下降4%；房屋建筑竣工面积501.41万平方米，同比增长16.9%。2020年，银川市辖三区有在建工程335个，建筑面积约2148.3万平方米，工程造价约575.7亿元。银川市住房和城乡建设局全年检查市辖三区在建工地1600余项（次），下发各类责令930余份。银川市住房和城乡建设局印发《银川市建筑工人实名制管理工作规定（试行）》，推进“智慧工地”、农民工实名制管理建设，智慧工地监管平台共计接入工地354家，在施工程在线安全视频监控安装率达100%。推进“互联网+”监管，评估认定99个“智慧建管”示范工程。加强对房屋建筑、市政工程等监督检查，组织开展银川市建筑施工开春复工综合大检查、起重机械及危大工程安全专项检查、“安全生产月”“安全生产万里行”系列活动等。推进企业标准化和质量安全标准化示范工地建设工作，评选出质量标准化示范工地58个，安全标准化示范工地97个。加强建筑市场信用体系建设，出台建筑市场“黑名单”管理办法。制定《银川市房屋建筑和市政基础设施工程施工安全差别化监督管理规定（试行）》，将建设工程项目安全管理评价分为A、B、C三种类型进行差别化监管。加大绿色建筑和装配式建筑推广力度，银川市全年绿色建筑面积409万平方米，约占新建建筑面积的64%。银川市在建装配式建筑面积103.4万平方米，其中新建装配式建筑面积63.2万平方米，占新建建筑面积的9.8%。银川市新型墙体材料使用率为99.9%。

【服务业】2020年，银川市服务业实现增加值1056.03亿元，比上年增长3.8%。其中，批发和零售业增加值94.9亿元，下降2.3%；交通运输、仓储和邮政业增加值85.03亿元，增长4.9%；住宿和餐饮业增加值24.94亿元，下降12.4%；金融业增加值218.14亿元，增长3.2%；房地产业增加值112.44亿元，增长5%；营利性服务业增加值188.45亿元，增长5.9%；非营利性服务业326.17亿元，增长6%。

【固定资产投资】2020年，银川市固定资产投资比上年增长1.1%。分投资主体看，国有经济投资下降11.4%，非国有经济投资增长9.2%。从投资结构看，第一产业投资下降40.8%，第二产业投资增长15.4%，第三产业投资下降6.6%。施工项目计划总投资增长8.7%。全年完成房地产开发投资311.43亿元，比上年增长13.1%。其中，住宅开发投资220.99亿元，增长15.2%；商品房施工面积3756.64万平方米，下降1.1%；住宅施工面积2401.87万平方米，增长0.8%；商品房销售面积751.75万平方米，增长10.7%；住宅销售面积674.2万平方米，增长11.2%；全年商品房销售额544.14亿元，增长24.4%；住宅销售额495.75亿元，增长27%；商品房待售面积636.03万平方米，增长5.8%；住宅待售面积199.04万平方米，下降8.4%。

【国内贸易】2020年，银川市实现社会消费品零售总额770.87亿元，比上年下降7.1%。分城乡看，城镇消费品零售额下降7%，乡村消费品零售额下降10.9%。分行业看，批发、零售贸易业零售额下降6.2%，住宿餐饮业零售额下降21.5%。分经济类型看，国有经济零售额下降

2020年11月2日，在银川国际智慧城市博览会主论坛上，来自多地政府代表、学界专家、商界精英就智慧城市领域的专业研究发表主旨演讲并开启圆桌对话

6.9%，集体经济零售额下降12.9%，股份制经济零售额下降7%，私营经济零售额下降6.5%，个体经济零售额下降7.9%，其他各种经济零售额下降2.4%。在限额以上企业商品零售中，粮油、食品、饮料及烟酒类增长12.8%，服装、鞋帽、针纺织品类下降20.5%，家用电器和音像器材类下降15.9%，金银珠宝类下降20.4%，石油及制品类下降12.2%，通信器材类下降33.7%，体育、娱乐用品类下降17.7%，汽车类下降0.4%。全年亿元以上商品交易市场成交额221.45亿元，增长21.9%。银川市政府印发《2020年消费促进月暨第五届银川欢乐购物季活动实施方案》，开展银川城市商业发展高峰论坛、银川啤酒电音节、银联消费券发放等大众消费促进活动百余场次，助力消费市场恢复。推动发展夜经济，举办“夜绽生活节”等活动，打造大阅城、怀远夜市、枫林湾小镇等夜经济示范区，银川市成为全国十大夜经济城市。培育满城金街、枫林湾小镇、西夏古城旮旯街、漫葡小镇商业街、隆基第八大街、大阅城中街特色商业街区。推动新华商圈升级改造，新华百货总店B馆开业运营。推动首店经济发展，引进华为plus等首店30余家，拉动消费增长。举办银川特色餐饮美食大赛活动，打造自治区级绿色餐饮企业6家。促进农村市场消费，推动扶贫产品进商超、机关、社区、企业。丰富农村市场供给，分别在永宁县闽宁镇、金凤区良田镇等6个乡镇开展汽车展销活动。

【对外经济】2020年，银川市实现进出口总额62.96亿元，比上年下降60%。其中，出口总额45.27亿元，下降56.6%；进口总额17.69亿元，下降66.8%。合同外资金额2.21亿美元，比上年增长1.1倍；实际利用外资0.88亿美元，下降56.3%。新批外商投资企业10家。12月10日，银川市召开外经贸工作座谈会暨外向型经济“十四五”发展规划意见征求会，邀请银川经济技术开发区、银川综合保税区等部门及12家重点外经贸企业相关负责人参会。银川市争取新冠肺炎疫情中央外贸专项稳岗资金5974.64万元，全部拨付28家外经贸企业。银川市成立跨境电商综合试验区领导小组，为跨境电商综合试验区建设提供组织保障。出台《中国(银川)跨境电子商务综合试验区实施方案》《加快推进跨境电子商务发展的意见》，支持重点园区利用互联网和信息技术发展“互联网+园区”。银川跨境电商综合试验区兴庆园投入使用，占地面积3.2万平方米，入驻跨境电商企业82家。打造阅海湾中央商务区跨境电商孵化基地，入驻企业10余家。在中关村双创中心打造以宁夏炬点电子商务有限公司为代表的跨境电商出口基地。银川公铁物流园“新华丝路购”跨境电商进口商品展示中心投入运营。银川综合保税区建成面积3.12万平方米进口商品展示交易中心。银川市商务局组织42家外贸企业参加第127届中国进出口商品交易会，成交额520万美元。协调新百连超与辛普劳公司签订产品销售合同，开展出口产品转内销试点工作。推动沃福百瑞公司在银川市区新开销售门店，开拓国内市场。加大“非优惠原产地”认证宣传推广培训力度，为宁夏盛龙羊绒制品有限公司出具第一份“非优惠原产地”证书。推动银川市农业高新技术服务开拓国际市场，支持银川奥特信息技术公司外销实验推广的UCOWS设备150套。支持宁夏良运口岸发展有限公司从哈萨克斯坦自主进口的1万吨亚麻籽项目落地，首批近600吨哈萨克斯坦亚麻籽运抵。

【旅游产业】2020年，银川市接待国内游客1679.69万人次，比上年增长1.9%；接待入境游客0.78万人次，下降88%。国内旅游总收入113.48亿元，下降33%；旅游外汇收入272.63万美元，下降88%。全市共有旅行社146家(其中，国际社25家，国内社121家)。全市共有旅游星级饭店40家(其中，四星级18家，三星级22家)。银川市全面推进全域旅游，召开全域旅游示范区创建推进会，拨付100万元资金支持兴庆区国家全域旅游示范区建设验收，推动金凤区、灵武市、贺兰县、永宁县创建全域旅游示范区。创建宁夏(银川)贺兰山东麓省级旅游度假区，申报创建宁夏(银川)黄河省级旅游度假区，培育创建宁夏(银川)阅海湾省级旅游度假区。创建2家AAAA级旅游景区。全市AAA级以上旅游景区基本实现无线WiFi覆盖。依托银川文化旅游发展(集团)有限公司建设“智游银川”，完成银川文化旅游资源大数据库建设及各类智慧旅游系统建设，建成智慧文旅展示平台。推广银川市乡村智慧游小程序，为52个乡村旅游示范点(星级农家乐)及民宿提供旅游服务体验。银川市文化旅游广电局组织开展《黄河文化旅游产业发展规划》《银川市文化旅游产业发展规划(2019—2024)》《银川市文化旅游“十四五”发展规划》等重点文化旅游产业编制工作，谋划重大文化旅游项目24个，总投资89.45亿元。开展银川市文化旅游产业普查，建立银川市文化旅游产业和数据统计平台；争取各级各类资金2000余万元补贴企业，促进文化产业项目发展。开展全市旅游产业及乡村旅游现状调研，重点提升旅游市场特别是乡村旅游市场消费水平。以“游美丽乡村·赏田园风光·寻乡愁记忆”为主题，在全市各乡村旅游示范点（星级农家乐）、特色旅游村镇街区、乡村旅游景区举办“银川市乡村旅游节”。加强市、县（区）联动，加大推广市内游、周边游、乡村游及周末短途游。推进贺兰山漫葡小镇、天山海世界、闽宁文化旅游特色小镇建设。推出“百元一日畅游银川”自由选择旅游卡及“畅游银川”经典一日游、多日游自助组合。依托“山、水、城”等自然禀赋和历史文化资源，打造“悦游银川”等夜间文化和旅游消费项目，培育怀远夜市、宁夏观光夜市、敬德街、西夏古城旮旯街等夜游市场。12月27日，由中国报业协会、中国旅游报社、中国社会科学院新闻与传播研究所共同主办的2020年度中国旅游产业影响力风云榜揭晓，银川市获评“2020年度中国夜游名城”。

【交通运输】2020年，银川市铁路客运量316.80万人次，比上年下降25.3%；铁路货运量590.37万吨，下降6.9%。民航客运量330.47万人次，下降33.8%；民航旅客周转量45.77亿人／千米，下降34.7%；民航货运量2.88万吨，下降12.4%；民航货运周转量3669.95万吨／千米，下降9.4%。2020年年底，全市各种民用汽车保有量100.03万辆，增长7.9%，其中，2020年年底，私人汽车保有量94.56万辆，增长8.1%。银川市交通运输行业完成固定资产投资78541.8万元。全市公路通车总里程7212.24千米，其中，城市道路1608.22千米，高速公路9条451.1千米，高速匝道144.01千米，国道6条473.89千米，省道9条308.56千米，农村公路4226.46千米。公路密度59.04千米/百平方千米，每万人拥有公路22.83千米；含城市道路公路密度75.99千米/百平方千米，每万人拥有公路29.38千米，全市行政村、自然村通油路（硬化路）率为100%。银川市辖区有5家班线客运企业；出租汽车企业20家，出租汽车5562辆；机动车驾驶员培训机构30家，教练车1650辆；一、二类机动车维修企业219家，危货运输企业58家，危货运输车辆2805辆。2020年12月26日，银西高铁正式开通运营；银西高铁位于宁夏、甘肃、陕西三省（区）境内，正线全长618千米，投资805亿元，宁夏境内182千米，设银川、银川东、河东机场、灵武北、吴忠、惠安堡6个车站，设计时速250千米；银西高铁自2015年12月26日开工建设，历时整5年；开通后，银川至西安铁路运行时间由原来的14小时28分缩短至3小时04分。

【邮电通信】2020年，银川市邮政业业务收入累计完成13.36亿元，比上年下降1.7%。快递业务收入累计完成8.15亿元，比上年增长17.9%。全年定销报纸业务累计完成2917.78万份，比上年上升4.1%；杂志业务累计完成193.95万份，比上年增长7.5%；邮政函件业务量累计完成186.82万件，下降16.5%。截至2020年年底，全市固定电话用户25.25万户，下降1.5%；移动电话用户392.16万户，增长26.1%；互联网宽带接入用户123.41万户，增长9.7%。银川市有邮政普遍服务网点93处，邮件处理（投递）场所36处，邮政车辆409辆，其中机动车221辆，电动三轮车188辆。邮政行业从业人员6146人，其中快递从业人员4978人。快递企业有快递企业品牌21家，快递网点258家。快递车辆2434辆，其中机动车462辆，电动三轮车1972辆。银川市推动“快递进村”试点工作，将灵武市、金凤区良田镇、永宁县闽宁镇确定为2020年“快递进村”试点区域。截至2020年年底，银川市建成村级服务网点243个，其中，驻村设点92个，邮快合作35个，快快合作72个，“快递+电商服务站”、商超便利店等其他合作模式44个。村级服务网点覆盖建制村203个，进村率为71.5%。

【财政金融】2020年，银川市完成地方财政收入248.28亿元，比上年增长14.7%。完成一般公共预算收入157.25亿元，比上年增长1.6%。其中，税收收入111.13亿元，比上年增长5.2%；税收收入占一般公共预算收入的比重70.7%。全年完成地方财政支出451.26亿元，增长0.3%。完成一般公共预算支出335.76亿元，下降3.1%。其中，公共安全支出下降8.8%，教育支出增长15.7%，科学技术支出下降22.3%，社会保障和就业支出下降0.4%，医疗卫生与计划生育支出增长16%，节能环保支出下降13.5%，城乡社区支出下降39.2%。全市金融机构人民币各项存款余额4488.01亿元，比上年底增长11.8%，其中，住户存款2137.48亿元，增长14.5%。2020年年底，全市金融机构人民币各项贷款余额5535亿元，比上年底增长7.5%。其中，中长期贷款3951.51亿元，增长9.1%；短期贷款1116.48亿元，增长5.8%。全年实现保费收入122.21亿元，比上年增长5.4%。其中，财产险保费收入36.66亿元，下降5.7%；人身险保费收入85.55亿元，增长11%。全年支付各项赔款及给付额38.34亿元，增长6.7%。其中，财产险赔付21.11亿元，增长3%；人身险赔付17.23亿元，增长11.7%。

【科学技术】2020年，银川市共申请专利

7467件，比上年增长39.9%。有效发明专利拥有量2373件，万人发明专利拥有量10.35件。银川市启动“十四五”科技创新规划编制工作，提出10余项量化目标、20余项具体举措。推进项目、人才、平台一体化配置，全市有自治区级创新团队93个，组建重点实验室35家，工程技术研究中心45家，科技型中小企业628家。推进城市大脑建设，与68个单位86个系统完成数据链通，“i银川”APP新拓展功能28项。加快“互联网+”赋能产业发展。累计培育高新技术企业126家。推动全市高技术产业实现产值95.4亿元。2020年银川市R&D经费（研究与试验发展经费）支出30.69亿元，年度增长率为15.4%，为2009年以来最大增幅。银川市围绕重点产业组织实施国家及自治区项目200余个、市级项目48个；自治区、银川市财政科技资金支持超过3亿元。全市有28家自治区农业高新技术企业。围绕量子通信、石墨烯、人工智能等产业领域布局，引进中国电子科技集团公司，在西部地区率先开展“量子技术”应用研究和产业化布局，建设面向电力系统应用的城域量子通信创新示范网。建成离岸孵化器10家，飞地育成平台3家，以“东部—中部—西部”为主线的银川飞地离岸创新网络体系初步建成。银川市通过“自主创新+借力创新”等方式，围绕葡萄酒产业、新材料、新能源等重点优势特色领域，与清华大学、上海交通大学、西北农林科技大学、中国电子科技集团公司电子科学研究院等开展合作，打造以政府主导、共管共建的新型研发机构——银川产业技术研究院，实施“四院一中心”，即清华大学—银川水联网数字治水联合研究院、上海交通大学（银川）材料产业研究院、中国葡萄酒产业技术研究院、银川市知识产权研究院、中国电科（银川）某创新中心项目。

【教育事业】2020年年底，银川市有研究生培养单位3个，招生4055人，比上年增长26.2%；在学研究生9246人，增长22.3%；毕业生2168人，增长10.3%。普通高等院校16所，招生3.86万人，比上年增长7.3%；在校生11.99万人，增长7.8%；毕业生2.86万人，增长6.6%。成人高校1所，招生18人，下降97.6%；在校生969人，下降51.6%；毕业生219人，下降72.1%。中等职业学校14所，招生1.19万人，下降5.7%；在校生3.43万人，增长1%；毕业生1.03万人，下降12.6%。普通高中27所，招生1.96万人，增长5.5%；在校生5.57万人，增长2.1%；毕业生1.83万人，增长3.4%。初中学校57所，招生2.92万人，下降1.6%；在校生8.67万人，增长2.9%；毕业生2.65万人，增长5.5%。普通小学201所，招生3.81万人，增长5%；在校生19.98万人，增长5.2%；毕业生2.89万人，下降1.2%。特殊教育学校4所，招生139人，下降39.3%；在校生788人，增长6.5%；毕业生98人，下降5.8%。幼儿园466所，在园幼儿9.87万人，增长9.7%。学前三年毛入园率达110.7%，小学六年巩固率达103.9%，初中三年巩固率达99.7%。资助困难学生21570人次。银川市投资28.8亿元新建、续建中小学幼儿园81所。实施薄弱学校改造工程，累计投入3.1亿元完善教育信息化基础设施，新建在线互动课堂409间，覆盖全市70%中小学校，配备智慧黑板248套，“校校通”“班班通”实现全覆盖，“人人通”覆盖率99.1%。推进“互联网+教育”项目建设，银川市各学校200兆以上宽带接入率为100%，500兆以上宽带接入率超过60%，60%学校实现无线网络（校园WiFi）全覆盖。启动“互联网+教育”展示中心建设，规划建设“互联网+教育”研究中心。投入3034万元，实施“互联网+教育”示范校和京银“互联网+教育”合作“双优云桥”的名校联盟双师课堂等8个项目。出台《2020年银川市普通中小学招生工作方案》。落实义务教育“公民同招”“民办学校招生纳入审批地统一管理”要求，在全国率先实行民办初中招生100%电脑随机录取，将市属民办义务教育学校招生管理权限移交属地教育行政部门。开发建设“银川市中小学招生入学平台”，将所属6个县（区）招生工作统一纳入平台管理，实行公民办学校“同步报名、同步录取、同步注册”，控制生源流动，保证适龄儿童少年片区内就近入学。银川市教育局提升教育教学质量，推动区域教育优质均衡发展，组织专家重新修订《推进课堂变革五项核心指标》，在全市开展第四届银川市“推进课堂变革”现场课评比活动。印发《全市教育系统安全生产三年整治方案》，调整市教育系统安全生产委员会，建立校园安全隐患排查治理系统，构建区、市、县、校四级联防体系。

【文化事业】2020年，银川市拥有艺术表演团体6个，文化艺术馆、文化馆8个，公共图书馆8个，博物馆9个，全国重点文物保护单位11处。广播电台5座，电视台6座，广播综合人口覆盖率、电视综合人口覆盖率均达到100%，有线广播电视覆盖用户54.58万户。银川市文化旅游广电局组织开展《黄河文化旅游产业发展规划》《银川市文化旅游产业发展规划（2019—2024）》《银川市文化旅游“十四五”发展规划》等重点文化旅游产业编制工作，谋划重大文化旅游项目24个，总投资89.45亿元。推进黄河军事文化博览园"五馆"(船舶馆、航空馆、电子馆、航天馆、兵器馆)建设,船舶馆、兵器馆、航天馆建成并开放。推进贺兰山漫葡小镇、天山海世界、闽宁文化旅游特色小镇建设。推进银川文化园项目建设,银川市图书馆、银川市新闻传媒集团融媒大厦封顶,银川文化艺术博览中心正式投入使用。新建20个基层综合文化服务中心、10个城市阅读岛、26个广场民族健身舞示范推广点、20座A级旅游厕所。全面推进县级图书馆、文化馆总分馆建设,新建乡镇(街道)文化馆分馆14个。银川市文化旅游广电局与中国煤矿文工团合作,打造"脱贫攻坚"主题话剧《情系贺兰》,被中宣部、中国文联、中国戏剧家协会列入"2020年脱贫攻坚主题戏剧作品晋京展演"优秀剧目。围绕"乡村振兴""脱贫攻坚"等主题推出《幸福满院》《热土》《希望的田野》《我的金银川》《网红村支书的带货经》《扶贫欢歌》等作品24部。组织脱贫攻坚舞台剧《圆梦》全区巡演12场。引进舞剧《黄河》、话剧《雷雨》、儿童剧《咘噜咘噜》和音乐会《奏响时代凯歌》《东方交响乐团》等国家级优秀剧目。重点打造"一山一河"文旅活动品牌,举办"第四届中国银川黄河文化旅游节",邀请黄河流域九省(区)文化院团到银川市开展文化交流演出18场,举办原创音乐节、黄河大合唱、全国摄影展等21项文化艺术活动,吸引群众10万人次。组织开展"美好银川共奔小康"银川市2020年市民文化艺术节,举办"百姓大舞台""美术大展台""梨园大戏台""艺术大讲台"四大板块40余项文化活动2000余场次。开展"四送六进"(送演出、送图书、送培训、送电影,进农村、进社区、进校园、进军营、进工地、进特殊教育场所)文化惠民活动,推行菜单式、订单式服务机制,完成送戏下乡演出1012场次、广场文化演出1007场次,举办"美丽乡村文化大集"活动38场次、"文化惠民,一元剧场"15场次,送图书20万册。围绕"我们的节日"主题,开展元旦春节、五一、十一等系列节庆活动226场次,举办"书香银川"全民阅读推广等活动30项。推广实施"百家图书流通服务点"项目,为全市136个图书流通点配送图书18次4900册(其中,为5个新建图书流通点配送图书1500册)。全年实施中国花卉博览园灯会、第五届秦腔节、第三届少儿春晚、第三届百姓春晚、第四届青年戏剧节、第七届广场民族健身舞大赛、全区群众文艺会演等政府购买公共文化服务项目30项,拉动社会投入2400万元,直接服务群众超过150万人次。发挥传统非物质文化项目优势,利用麻编、编结、皮艺等一批具有传统文化特色和现代创意的非遗产品,探索"精准扶贫、技能就业"非遗帮扶模式。开展第七批自治区级非物质文化遗产保护传承基地和第五批自治区级非物质文化遗产代表性项目传承人申报工作,14个基地、73人入围。开展第五批市级非遗传承项目考察申报工作。永宁县闽宁镇原隆村非遗扶贫就业工坊、兴庆区月牙湖乡滨河家园四村麻编扶贫就业工坊、宁夏文旅·新文昶非遗扶贫就业工坊等3家非物质文化遗产扶贫就业工坊以宁夏地域文化为基础,针对贫困人群、残疾人开展培训并征集代销非遗产品,探究"非遗+扶贫""非遗+旅游""非遗+文创"新路径。举办"文化和自然遗产日"宁夏主会场活动、"颂传承·敬匠心·迎端午"非遗展示活动、宁夏黄河流域非遗作品创意大赛活动、沿黄九省(区)非遗大集等各类非遗传承展示活动1000余次。举办2020银川秦腔节、戏曲进校园、小戏小品大赛等活动,吸引观众超过5万人次。

【医疗卫生】2020年,银川市有卫生机构1337个,其中,医院和卫生院114个(医院78个)。卫生机构床位17621张,其中,医院、卫生院床位16384张。卫生技术人员28262人,其中,执业医师及执业助理医师11124人,注册护士12764人。疾病预防控制中心8个,卫生技术人员367人;妇幼保健机构6个,卫生技术人员1662人;乡镇卫生院36个,床位数690张,卫生技术人员990人。卫生监督所7个,卫生技术人员104人。全市已认定医疗保险定点医疗机构674个,定点零售药店1647个。银川市推进医疗集团、专科联盟等跨界医疗联合体建设,与都市圈内周边地市县级以上公立医疗机构建立业务协作管理,开展人才培养、学术交流、专科共建、科研协作等合作交流。依托银川市住院医师规范化培训基地(专科协同基地)、银川市第一人民医院技能培训中心等培训基地,为都市圈医务人员提供培训平台。银川市远程医疗服务平台连接都市圈在内的300多家医院及基层医疗卫生服务机构;所有社区卫生服务中心、乡镇卫生院与二级及以上公立医院签订合作协议,建立技术帮扶和分工协作关系。银川市在健康宁夏16个专项行动基础上增加互联网+医疗健康、健康产业、健康扶贫等重点工作,将健康银川行动扩展到27个专项行动。重视学校健康教育,加强学生传染病、卫生保健、心理健康等宣传教育。规范老年人和残疾人健康管理,免费为60岁以上老年人开展体检,在二级以上综合医院设置老年医学科。以"互联网+医疗健康"服务助推家庭医生签约工作,组建家庭医生签约服务团队456个，签约常住人群95.59万人，签约服务覆盖率为43.41%，签约重点人群47.3万人，签约服务覆盖率为72.4%，计划生育特殊困难家庭人数、建档立卡贫困人口实现应签尽签。通过实施妇幼健康行动计划，为6779名适龄儿童免费发放营养包，为33394名新生儿实施免费筛查先天性遗传代谢性疾病项目，为20442名农村妇女实施乳腺癌免费筛查，为27319名农村妇女实施宫颈癌免费筛查。建立和完善重点传染病监测预警机制，法定传染病累计报告发病率377.3/10万。银川市6家公立综合医院和3家妇幼保健医院设立中医科和中药房，36家乡镇卫生院和18家社区卫生服务中心建设中医馆，开展8项中医适宜技术服务。

【体育事业】2020年，银川市国家免疫规划疫苗报告接种率达到99.9%。全年获得全国冠军2个，获得金牌10块，银牌7块，铜牌4块。银川市以“健康银川·体育强市”为引领，提升体育公共服务水平，增强竞技体育综合实力，加快体育产业发展。推进金凤区全民健身中心游泳馆建设，完成阅海万家G3区、F2区社区足球场及健身设施，银川市海宝公园7人制足球场，银川市滨河新区7人制足球场及唐徕公园、德馨公园、典农河沿岸健身步道23千米等项目建设。增加健身路径、篮球架、乒乓球桌采购数量，为全市各镇村配置安装200件健身路径、20副篮球架、20个乒乓球桌。依靠“两馆两场”(湖滨体育馆、银川体育馆；湖滨体育场、贺兰山体育场)，全年免费、低收费开放3.7万小时，收益330万余元，减免租金81.23万元。银川市获批“全国体育消费试点城市”。银川市打造惠民乐民全民健身公共服务体系，推动全民健身活动开展。举办“寻梦塞上”宁夏·银川跑团马拉松团队接力赛、领骑山河·胜地贺兰山“银光酒杯”首届中国(银川)贺兰山沿黄城市自行车挑战赛等品牌赛事。举办“中国体育彩票杯”宁夏银川市第三届农民篮球争霸赛、滑向2022——宁夏全民健身季暨银川市2020年冰上龙舟比赛、2020年银川市全民健身日群众体育大展示系列活动、2020年全国重阳登高健身大会(银川站)登山活动等群众体育赛事。举办银川市第九届青少年篮球锦标赛、银川市第一届青少年沙滩排球锦标赛、银川市第六届青少年排球锦标赛、首届沿黄城市足球邀请赛银川市第九届青少年举重锦标赛等竞技体育赛事。

【城乡建设】2020年年底，银川市建成区面积194.74平方千米。城市道路长度756千米，城市道路面积2788.2万平方米。污水年排放量17756万立方米，污水处理率为95.7%。2020年年底，建成区绿化覆盖面积7965.9公顷；建成区园林绿地面积7888.09公顷，建成区公园绿地面积2454.87公顷。全市公共汽车线路172条，公共汽车运营车辆1797辆；公交标准运营车辆2325.7标台，每万人拥有公交车辆14.18标台。银川市住房和城乡建设局组织实施新(续)建市政项目45个，完成投资50亿元。其中，8条道路工程已完工，沈阳路快速通道工程通车运行，第一再生水厂项目累计完成工程量的70%，银川市第九中学、银川国际会展中心2处地下通道完工。完成自治区工人疗养院北侧规划路、新六路、南塘巷、浙江轻纺城东侧规划路、盈南砖渠村南侧规划路、北门大天桥、宏图街及沈阳路快速通道等工程。加强城市立体过街设施建设，完成银川市第九中学南门及银川国际会展中心门口2处地下通道，怀远路文萃街口、同心街健美巷路口、宝湖路正源街口、新华街步行街路口等4座人行过街天桥建设。银川市有排水管线1050千米；排水提升泵站22座，总排水能力42.8万立方米/小时；人工雨水积蓄设施2处，总调蓄能力2.9万立方米；污水处理厂8座，处理能力70万吨/日，出水水质均达到一级A排放标准。建设地下综合管廊总长度39.12千米。全年城市园林绿化项目安排资金6100万元，银川市园林管理局先后启动实施西郊森林公园一期及北郊元宝湖湿地公园(一期)环境整治工程、东郊章子湖公园改造提升工程；建设春归园、福康园、悦动园、文知园、朔方路、春泽园等6处小微公园；进行亲水大街苗木隔离带改造提升及大连西路、贺兰山西路、上海东路延伸段道路配套整治等城市园林绿化项目。全年完成乔灌木修剪62.9万株，补植乔灌木52.8万株(墩)、地被植物和草坪7.43万平方米，种植裸露地花卉50余种约11万平方米，防治杨柳树木2.68万株。

【生态环境】2020年，银川市城市空气质量优良天数(实况)301天，占总天数的82.2%。区域噪声平均值52.6分贝，交通干线噪声平均值66.6分贝。城市饮用水源水质达标率为80%，黄河银川段水质达到二类。全年完成工业企业环境污染治理项目151个，投入资金22.52亿元。银川市以改善生态环境质量为核心，整改中央环保督察反馈问题，统筹推进污染防治攻坚战重点任务，解决群众身边的突出环境问题，深化生态文明建设体制机制改革。完成第二次全国污染源普查各项工作任务，为生态环境保护规划污染防治提供基础支撑。树牢绿色发展理念，统筹山水林田湖草系统治理，持续推进生态文明建设。基本建成覆盖全市国土空间，涵盖大气、水体、土壤等生态环境要素及重点污染源的生态环境监测网络。启动实施西部水系景观绿化、西郊森林公园一期和北郊元宝湖湿地公园（一期）环境整治、东郊章子湖公园改造提升等园林绿化项目。西南部防洪排水、东部水系连通工程全面完成。实施元宝湖湿地水系连通工程，沿北环高速南侧打通阅海向元宝湖补水通道，实现阅海—元宝湖—红旗沟水系全线畅通。调整补划生态保护红线，整合优化自然保护地19处。强化自然保护区监管，印发《银川市绿盾2020自然保护地强化监督工作实施方案》。完成贺兰山国家级自然保护区外围综合整治11处，生态恢复治理面积194.93公顷。启动编制《黄河银川段两岸河滩地生态修复规划》，收回河滩地12620公顷。建成国家湿地公园湿地项目5个、小微公园6个，植树造林6173.33公顷，森林覆盖率为12.7%。开展城镇饮用水水源地环境保护专项行动，出动执法人员100余人次，现场检查全市县级及以上集中式饮用水水源地。出台《关于培育发展生态经济在建设黄河流域生态保护和高质量发展先行区中发挥引领作用的若干意见》，加快推进动能转换和产业转型升级，深化供给侧结构性改革，推动经济绿色高质量发展。建立企业环境信用档案，评价198家企业2019年度环境信用情况。督促重点排污单位公开基础信息、排污信息、污染防治设施建设和运行情况、突发环境事件应急预案等信息。制定《2020年度银川市大气污染防治重点工作安排》，出台并实施《银川市2020—2021年冬春季大气污染综合治理攻坚行动方案》。从加强水环境治理、水生态保护、水资源节约、执法监管等4个方面确定碧水保卫战时间表、路线图。更新各级河湖长107名，更换河湖长公示牌信息161块，落实四级河湖长794名，开展巡河2.51万次。印发《2020年银川市土壤和农业农村污染防治重点工作安排》等方案，向社会公开2020年全市土壤污染防治19家重点监管企业名单并组织企业完成自行监测。开展城市功能区声环境质量监测，完成90个道路交通、214个区域网格声环境质量监测。实行环保执法"5+2""白+黑"无缝隙监管，全年累计出动执法人员1.2万人次，检查企业6150家（次），下达正式处罚决定105份，罚款金额共计831.49万元。在银川市环境监察支队的基础上，整建制上收两县一市环境监察大队机构和人员编制，整合组建银川市生态环境综合执法支队；在银川市环境监测站的基础上，整建制上收两县一市环境监测机构和人员编制，整合组建银川市生态环境监测站。

【安全生产】2020年，银川市发生各类生产安全事故61起，死亡43人。亿元GDP生产安全事故死亡人数为0.02人。道路交通生产安全事故死亡人数16人。

【收入和消费】2020年，银川市城镇居民人均可支配收入39416元，比上年增加1200元，增长3.1%。城镇居民人均消费性支出26671元，下降3.8%。城镇居民家庭恩格尔系数为27.2%。农村居民人均可支配收入16428元，比上年增加1146元，增长7.5%。农村居民人均生活消费性支出13318元，增长2.7%。农村居民家庭恩格尔系数为30.8%。生态移民地区农村居民人均可支配收入9435元，比上年增长6.2%。全年居民消费价格比上年上涨1.8%，其中，食品烟酒类上涨5.3%，衣着类上涨0.4%，医疗保健上涨0.4%，教育文化和娱乐类上涨0.7%，居住类上涨1.9%，生活用品及服务类下降0.4%，交通和通信类下降3.2%，其他用品和服务类上涨1.5%。工业生产者出厂价格下降2.6%，工业生产者购进价格下降7.9%，商品零售价格上涨0.5%。

【劳动就业】2020年，银川市城镇新增就业人数6.25万人，较上年增加2%，完成银川市目标任务4.3万人的145.3%；城镇登记失业率为3.87%，低于目标任务线4.5%的0.63个百分点；就业困难人员实现就业4304人，较上年增加5.1%；农村劳动力转移就业9.4万人，完成目标任务8万人的117.5%，实现劳务收入12.6亿元，完成目标任务10亿元的126%；离校未就业高校毕业生就业率为92%以上。开展职业技能培训5.35万人，培育创业实体4287个，完成目标任务的129.9%；创造新岗位8046个，完成目标任务的121.9%。继续实施阶段性降低失业保险费率政策。截至2020年年底，2.28万余户企业享受失业保险费减免政策，惠及参保职工36.55万人，减免失业保险费6019万元。落实失业保险稳岗返还政策，失业保险稳岗返还标准由50%提高至100%。银川市就业与创业服务局通过宁夏公共招聘网、中博人才网、58同城等平台开展线上招聘活动，开展28场网络招聘会，参会企业526家，提供就业岗位3.27万个。开展线下招聘会117场次，参会企业4016家，提供就业岗位12.19万个，进场5万余人次，现场达成初步就业意向1.49万人。为实习高校毕业生发放生活补贴651万元；为15所高校1.27万名符合条件的毕业生发放求职创业补贴2536万元；完成94家企业申报吸纳高校毕业生社会保险补贴审核，并为符合条件的91家小微企业吸纳的388名毕业生发放社会保险补贴420.4万元。全民创业带动就业1.66万人，完成目标任务的118.6%。银川市就业与创业服务局以创新创业载体为依托，支持中小微企业发展，加快创业孵化示范基地、众创空间等创业创新载体建设，落实税收减免、场地租金补贴等扶持政策，为2家创业孵化园区拨付场地补贴资金近30万元。为个人和企业发放创业担保贷款1.52亿元，为122名重点群体发放创业补贴108.3万元。在宁夏率先开展“产生你的企业想法”（GYB）和“创办你的企业”（SYB）线上创业能力培训550余人次。开展建档立卡贫困户创业培训117人。

【社会保障】2020年，银川市参加基本养老保险146.22万人，比上年增长11.6%。其中，参加城镇职工基本养老保险101.37万人，参加城乡居民社会养老保险38.68万人。参加基本医疗保险201.51万人，比上年增长5.1%，其中，参加城镇职工基本医疗保险88.75万人，参加城乡居民基本医疗保险112.76万人。参加失业保险60.24万人。2020年年底，全市拥有各类养老服务机构33个，共有床位9261张。全市享受城镇居民最低生活保障1.36万人，全年发放城镇居民最低生活保障金0.81亿元；农村享受最低保障2.26万人，发放农村居民最低生活保障金1.1亿元。使用城乡医疗救助资金5064万元，城乡特困人员享受医疗救助10.96万人次。城镇建立各种社区服务站255个。全年销售社会福利彩票1491.86万元，筹集社会公益资金400.61万元，直接接受社会捐赠1045.37万元。

【脱贫攻坚】2020年，银川市剩余3个贫困村（金凤区润丰村、贺兰县广荣村和隆源村）、1047名建档立卡贫困人口全部脱贫退出，“两不愁三保障”（不愁吃、不愁穿，义务教育、基本医疗、住房安全有保障）实现即增即改、动态清零。全市5.15万名建档立卡贫困人口全部脱贫退出，39个贫困村全部实现脱贫出列，区域性整体贫困全面消除。完成“十三五”易地扶贫搬迁安置任务。承接全国易地扶贫搬迁后续扶持工作现场会，银川移民工作经验向全国推广。永宁县闽宁镇、金凤区润丰村、贺兰县隆源村3个移民村镇分获“全国乡村治理示范村镇”称号。银川市印发《关于全面开展脱贫攻坚“四查四补”工作的实施方案》，从“查损补失”“查漏补缺”“查短补齐”“查弱补强”等方面排查和解决影响脱贫质量问题。全面排查漏统、漏项、漏扶、漏管“四漏”问题，排查农村居民11.2万户，摸排自主迁徙农村居民3.8万户，建立“一户一档”近4.2万户，排查整改各类问题780个。完成931户“四类重点对象”（建档立卡贫困户、低保户、农村分散供养特困人员、贫困残疾人家庭）和其他贫困户危房改造。2020年，银川市劳务移民迁转户籍6553户26610人。通过发放购（租）房补助、公共保障性住房安置等措施，解决482户“多代多人”住房困难问题，在宁夏实现首个清零。继续加大设施农业、花卉、肉牛等扶贫产业扶持力度。全市移民地区新建设施温棚514栋，建成并投入使用养殖园区3个，带动3380户贫困户稳定增收，人均增收2000元以上。全年新建扶贫车间10个，解决900余名移民就近就业问题。全市农村建档立卡贫困劳动力实现就业1.15万人，累计收入9723万元。遴选就业扶贫示范基地21家，就地就近吸引农村劳动力1398人，其中建档立卡户实现就业548人。创新开展“电商扶贫+直播带货”“媒体推介+主播带货”“文旅体验+展示展销”，搭建“城市+乡村”展示展销平台。通过消费扶贫工作系统扶贫产品认定机制，推动扶贫产品线上线下销售，认定扶贫产品58个，商品价值总量22.41亿元，销售金额5.9亿元。2020年9月4日，闽宁互学互助对口扶贫协作第二十四次联席会议在银川市召开。

【法治建设】2020年，银川市全面推进法治社会建设，健全完善普法工作机制，推动“谁执法谁普法”责任落实；制订出台《银川市“助力脱贫攻坚和乡村振兴”法治宣传主题教育实施活动任务清单》，推动健全自治、法治、德治“三治融合”基层治理体系。严格落实2020年立法计划，重点推进生态环境保护、城乡规划建设管理和历史文化保护等领域立法。银川市以智慧银川建设为依托，加强市、县（区）两级“双中心”融合建设，推动系统整合聚集。建成“雪亮工程”视频监控3.5万路，智慧安防小区管控系统覆盖全市386个小区，实现重点区域、重点部位全覆盖。建成综治中心625个，基本实现市、县、乡（街道）、村（居）四级全覆盖。坚持和发展新时代“枫桥经验”，完善“三调联动”（人民调解、司法调解、行政调解）矛盾纠纷多元化解机制，加强人民调解“四张网”（城市网、农村网、企业网、行业网）建设，打造“塞上枫桥”警务品牌38个，建成人民调解组织748个。银川市公安局创新完善打击、防范、管控措施，严格涉众、涉访等重点群体管控。快处扬言极端警情598起616人次，确保全国两会等重要节点安全平稳。聚焦“六清”（线索清仓、逃犯清零、案件清结、伞网清除、黑财清底、行业清源)行动，打掉涉黑恶团伙32个，破获案件876起，发现移送公职人员违纪违法线索300条，查封、扣押、冻结涉案资产25.91亿元。统筹推进对电信网络诈骗、跨境赌博等新型违法犯罪的打击整治，侦办“11·11特大跨境电信网络诈骗案”。全年刑事发案、八类主要刑事案件、盗窃、“两抢”案件分别较上年下降16.5%、19.5%、42.5%和37.7%。电诈案件破案数、抓获人数、挽损数较上年上升136.4%、483.9%、286.9%。受理治安案件较上年下降10.8%。推进“昆仑2020”“社会治安综合整治”“打击涉黄涉赌违法犯罪”“安全生产百日大排查大整治”等专项行动。开展涉枪、涉爆及危险化学品安全大检查专项行动，检查涉枪单位145家(次)、涉爆单位91家(次)、剧毒及易制爆危险化学品单位68家(次)，涉枪涉爆依法查处率为100%。一般道路交通事故起数、死亡人数、受伤人数、直接财产损失较上年分别下降15.5%、22.8%、9.5%、20.8%。推动“雪亮工程”、反恐电子识别区等建设，整合24亿余条基础数据和75亿余条视频结构化数据，布建2万余路前端感知设备，实现1万路视频结构化及人脸、人体解析能力。银川市人民检察院深化刑事犯罪案件批捕起诉“一体化”办理机制，提高案件质量和办案效率。严厉打击危害国家安全、破坏社会稳定的刑事犯罪；批捕各类刑事犯罪嫌疑人1195人，起诉2753人；受理公安机关移送审查起诉2695件3376人，经审查提起公诉2239件3061人，不诉761人(含积存)；监督公安机关立案侦查57件，撤销案件198件；追捕21人，追诉34人，对法院判决提出抗诉17件，法院采纳13件；向公安机关和法院发出纠正违法通知书和检察建议590件，采纳574件。受理生效民事裁判监督案件233件，审查后提出抗诉44件，法院审结并改判11件；提出再审检察建议25件，法院采纳10件；针对审判和执行活动违法问题发出检察建议388件，法院回复整改372件。围绕食品药品安全、生态环境保护等重点领域，开展“公益诉讼守护美好生活”等8个专项活动，探索扩大公益诉讼案件受理范围，累计受理各类公益诉讼案件线索337件。严厉打击成年人侵害未成年人合法权益犯罪活动，批准逮捕此类犯罪嫌疑人59人，审查起诉54件67人。全市法院受理各类案件11.87万件，审结、执结10.97万件，较上年分别下降11.7%和5.8%，结案标的2823.29亿元。其中，银川市中级人民法院受理1.86万件，办结1.56万件，较上年分别上升10.8%和35.6%。全市法院人均收案人、结案案人302.15件，其中银川市中级人民法院人均收案人、结案案人239.37件。严厉打击危害公共安全和群众生命财产安全犯罪，审结危害公共安全犯罪923件941人；审结杀人、抢劫、绑架、盗窃等严重暴力犯罪1147件1550人；审结强奸、猥亵妇女儿童犯罪133件152人。审结民事案件6.55万件，其中涉及婚姻家庭、抚养继承、人身损害、劳动争议、教育、医疗、消费等民生案件3999件。审结行政案件1236件，以调撤方式结案132件。受理执行案件3.76万件，执行到位金额126.88亿元。设立第三方调解工作室78个，确定特邀调解组织90个、特邀调解员531名，1.67万件纠纷诉外化解，2.73万件民商事案件以调撤方式结案，民商事案件调撤率44.7%，递进式矛盾纠纷分层过滤体系逐步形成。银川仲裁委员会全年受理各类民商事纠纷773件，结案730件，较上年增长5.9%，其中，互联网仲裁网上立案401件，调解216件，撤回259件，当事人不予执行1件，无发回重裁案件；涉案标的额10.91亿元，收费775.5万元。所受理案件中普通程序案件237件，涉外案件1件，占比为28.5%；简易程序案件535件，占比为71.5%，其中标的额500万元以上的案件29件。

【精神文明建设】2020年，银川市以文明城市、文明单位、文明村镇、文明家庭、文明校园等创建为抓手，深化新时代群众性精神文明创建工作，银川市蝉联四届全国文明城市，灵武市获评“全国未成年人思想道德建设工作先进城市”、银川市妇女儿童活动中心获评“全国未成年人思想道德建设工作先进集体”。全市新命名市级文明村镇7个、文明单位17家、文明校园15所、文明家庭10户；新创建全国文明单位8家、文明村镇4个、文明校园2所、文明家庭1户。建立道德模范评选表彰、礼遇帮扶、教育引导、动态管理等4项机制，累计评选表彰银川市道德模范暨“最美银川人”693人。举办首届乡村学校少年宫项目成果展演大赛，全市60余所乡村学校220个作品参赛，20个决赛优秀作品在全市巡展，参演学生近3000余名，网络投票24万余票，54万余人次浏览。开展新时代好少年学习宣传活动，评选20名银川市级新时代好少年，1人获评宁夏首位“全国新时代好少年”。以建设金凤区新时代文明实践中心全国试点为基础，建成545个实践站(所)，覆盖全市乡镇、村居。推进移风易俗深化年工作，280个行政村全部成立红白理事会，修订新村规民约，红白理事会参与率为95%，移风易俗知晓率为100%。打造“爱要一起”志愿服务品牌，推动志愿服务与社会治理体系和治理能力现代化紧密结合，建立完善志愿服务联席会议制度，将每年3月确定为银川市志愿服务月。组织开展志愿服务项目大赛，在全市76个项目中评选推举50个优秀项目。投入300余万元启动银川市志愿服务活动阵地建设，打造志愿者之家。投入近100万元改版升级银川文明网微信公众号、银川市志愿者网站，增加志愿服务活动微信小程序。开展具有行业文明特色、职业文明特点、岗位文明风采的创建活动。截至2020年年底，全市注册志愿者达42万人，各类志愿服务组织1800余家。

【兴庆区】2020年，兴庆区总面积828平方千米，下辖月牙湖、通贵2个乡，大新镇、掌政镇2个镇，凤凰北街、前进街、胜利街、玉皇阁北街、富宁街、文化街、解放西街、丽景街、新华街、中山南街、银古路11个街道。常住人口808282人，其中汉族人口654116人，占人口总数的80.93%；各少数民族人口154166人，占人口总数的19.07%，其中回族人口142094人，占人口总数的17.58%。全年地区生产总值551.05亿元，比上年增长2.5%。其中，第一产业增加值8.82亿元，比上年增长0.2%；第二产业增加值73.33亿元，比上年增长2.2%；第三产业增加值468.9亿元，比上年增长2.6%。三次产业结构为1.6∶13.31∶85.09，对经济增长的贡献率分别为0.1%∶11.73%∶88.17%。2020年，兴庆区粮食和特色作物面积10880公顷，粮食总产量5万吨，瓜菜种植面积2800公顷，畜牧业产值9.89亿元，水产品总产量6100吨，渔业总产值8430万元。总投资807亿元的89个基本建设项目全部开工，累计完成投资132亿元。实施整合改造91个项目(198个小区)521栋楼，20040户，148.61万平方米，总投资约5.2亿元。老旧小区改造争取各级政府资金3.88亿元，动员水、电、气、暖、通信等专营单位出资参与老旧小区改造，供水、供热、通信等管网改造总投资约1.7亿元，筹集企业资金6000万元。空气质量优良天数292天，优良比例83.4%，二氧化硫、一氧化碳同比分别下降6.7%、15.8%，臭氧8小时、PM_{10}、$PM_{2.5}$比上年上升5%、9.1%、9.4%，氮氧化物同比持平。全社会R&D投入强度0.66%。组织企业上报自治区、银川市各类科技项目86个，分批立项科技项目25个，上争项目资金1266.34万元；申报科技金融专项6个，通过立项3个，落实科技金融专项资金24.3万元。有义务教育阶段学校55所(初中20所、小学35所)73个校区，教学班1905个，在校学生93546人。幼儿园89所，其中公办37所、民办普惠性幼儿园40所，教职工3555人，在园幼儿24687人。校外培训机构466家。整合现有资源，打造建设4个市级综合文化服务中心，争取专项资金41.45万元，改造提升16个综合文化服务中心和1个农民文化大院。城乡居民基本医疗保险参保缴费258229人，城乡居民基本养老保险办理参保41441人，城乡居民基本养老保险享受待遇9140人。城镇新增就业9782人，城镇失业人员再就业7376人，城镇就业困难人员就业923人，开展职业技能和企业职工培训3413人，转移劳动力9974人。向各类社会救助对象15610人，发放资金4587.6万元，发放各类补贴629.74万元。临时救助困难群众563人，发放救助金108.98万元。

【金凤区】2020年，金凤区总面积353平方千米，辖丰登镇、良田镇2个镇，上海西路、北京中路、黄河东路、长城中路、满城北街5个街道。常住人口643952人，汉族人口487411人，各少数民族人口156541人。出生人口5290人，人口出生率为9.7‰。死亡1283人，死亡率为2.35‰。自然增长率为7.35‰，出生政策符合率为98.47%，出生婴儿男女性别比106.72∶100。完成地区生产总值301.66亿元，比上年增长3.5%。第一产业增加值5.35亿元，比上年增长0.2%；第二产业增加值59.34亿元，比上年增长6.6%；第三产业增加值236.97亿元，比上年增长2.7%。地方公共财政预算收入7.69亿元，比上年增长3.2%。全社会固定资产投资205.2亿元，比上年增长2.4%。社会消费品零售总额161.97亿元。城镇居民人均可支配收入43578.2元，比上年增长5.8%；农村居民人均可支配收入14602元，比上年增长6.5%。森林总面积2341.5公顷，森林覆盖率为8.66%，三绿(绿化覆盖率、绿地率、人均公共绿地面积)指标分别为42.3%、43.2%、20.4平方米。完成粮食播种面积1993.33公顷，蔬菜经济作物播种面积2342.53公顷，建成各类设施温棚276栋1143亩。金凤区本级99个基本建设项目全部开工。阅海湾中央商务区数字经济产业园开园运营，全区首个“5G+AI”全场景商用示范展示平台正式上线。新建小微公园7处，新增造林绿化面积70.46公顷。争取项目资金8842万元，实施安居苑、西桥苑、光明小区等26个老旧小区改造项目。全年优良天数297天，环境空气质量达国家二类标准，PM_{10}、$PM_{2.5}$平均浓度均达到“十三五”考核目标要求。新认定国家高新技术企业16家，新备案科技型中小企业142家。全社会R&D经费投入强度达2.33%，每万人发明专利拥有量15.71件。新(改、扩)建中小学校、幼儿园20所,新增学位1.4万个,公办园由2所增加到44所,普惠园由35所增加到84所。建成“金凤悦书房”8座,老百姓在“家门口”就能阅读图书。试点实施高血压管理O2O、糖尿病管理、MDM慢性病规范化管理新模式,推进远程门诊、远程心电、远程影像及远程教学,实现基层医疗机构远程门诊平台全覆盖。推进建设“互联网+医疗健康”,良田镇卫生院、丰登镇卫生院、各社区卫生服务机构与协作医院建立“一对一”对口帮扶机制,建立双向转诊绿色通道。落实社会救助政策,发放社会救助金4164.46万元。全年新增城乡低保288户453人,年底累计城乡低保2321户3468人,发放城乡低保金2207.24万元,享受城乡低保残疾津贴382.88万元。新建城乡老饭桌8个,农村幸福院8个、老年活动中心6个、日间照料中心3个,金凤区综合福利中心(敬老院)试运营。全年城镇新增就业7247人,城镇失业人员再就业4975人,城镇困难人员实现就业615人。培育创业实体672个,全民创业带动就业3319人。农村劳动力转移就业8588人,实现劳务收入1.68亿元。全年刑事案件下降18.1%,侵财案件下降17.1%。设立人民调解委员会5个,开展矛盾纠纷排查4710次,调解纠纷721件,成功化解652件。办理法律援助案件1463件,其中民事案件366件,刑事案件987件,合计办结866件,挽回经济损失184.45万元。全年未发生较大及以上生产安全事故,安全生产形势总体平稳。

【西夏区】2020年,西夏区总面积1129.3平方千米,下辖兴泾镇、镇北堡镇2个镇,西花园路、北京西路、文昌路、朔方路、怀远路、宁华路、贺兰山西路7个街道办事处。常住人口476617人,人口出生率为9.38‰,自然增长率为4.68‰。地区生产总值324.94亿元,比上年增长1.9%。规模以上工业增加值比上年增长2.5%,固定资产投资比上年增长4.5%。社会消费品零售总额完成67.36亿元,比上年下降5.1%。地方一般公共预算收入4.92亿元,比上年下降4.9%。城镇居民人均可支配收入32611元,比上年增长4.2%;农村居民人均可支配收入13609元,比上年增长6%。农作物种植面积3002.67公顷,农作物产量5702.1万公斤。肉牛饲养量4.5万头,肉羊饲养量13.8万只,生猪饲养量5万头,家禽饲养量50万羽。种植牧草面积4333.33公顷,肉、蛋、奶产量分别为10864吨、1500吨、13.2万吨,实现畜牧业产值12.4亿元。西夏区葡萄种植面积2453.33公顷,已建成酒庄26座,在建酒庄2座,年产葡萄酒1900万瓶,年接待游客68万人次以上,带动就业1.5万人以上,综合产值超过70亿元。实施招商引资项目116个,到位资金约60.99亿元。其中,新建项目109个,到位资金44.5亿元;续建项目7个,到位资金16.49亿元。完善城乡路网体系,银西高铁全线贯通,包银高铁有序建设,沈阳路快速通道建成通车,推进文昌街、大连路延伸工程建设,畅通健美巷,提标改造银西路、泾西路。实施共享家园等35个老旧小区改造,惠及居民2.94万户。实施人工造林项目66.67公顷,实施天然林资源保护工程二期面积9533.33公顷。建设学院路与同心北街西北角小微公园(文知园)、朔方路小微公园,建设“口袋公园”2处。开展大气污染防治,整治关停“散乱污”企业40家,完成低氮锅炉改造59台,实施挥发性有机物(VOCs)综合治理企业23家,全年优良天数285天。有效发明专利1085件,万人有效发明专利拥有量增长到29.91件,企业柔性引进科技人才30余人。有直属中小学37所(其中,小学29所,中学8所)。中小学教师1808人,在校学生3.3万人。有幼儿园及看护点62所(其中,幼儿园59所,经审批看护点3所)。民办非学历教育培训机构128所。新增4个馆外公共图书借阅点,截至2020年年底,建有14个馆外公共借阅点和“书香西夏”24小时自助图书馆、17个村级农家书屋、57个社区书屋、8个农民文化大院村百姓书屋,组成二级公共图书馆服务网络。有城市低保对象1515户2276人,农村最低生活保障对象730户1221人。发放城乡低保金及各类补贴2950.73万元,实施临时救助283人次,发放临时救助金57.34万元,基本医保、大病保险、医疗救助覆盖率分别为100%,实现应保尽保。城镇新增就业9381人,城镇失业人员实现再就业5461人,城镇登记失业率为3.53%。农村劳动力转移就业7235人,实现工资性收入9085.32万元。开展群众性精神文明创建活动,打造贺兰山西路街道盈北社区创建“全国文明城市工作示范点”。

【永宁县】2020年,永宁县总面积934.06平方千米,下辖杨和、李俊、望远、望洪、闽宁5个镇,胜利乡,团结西路街道,黄羊滩、玉泉营2个农场。常住人口321618人,汉族人口237592人,占总人口数的73.9%;各少数民族人口84026人,占总人口数的26.1%,男性人口164901人,女性人口156717人。地区生产总值110.19亿元,比上年增长5.1%,规模以上工业增加值、固定资产投资分别比上年增长3.1%、11.8%。一般公共财政预算收入8.76亿元，比上年增长22%。城乡居民人均可支配收入分别为33698元、16040元，比上年分别增长2%、7%。完成农林牧渔业总产值35.03亿元，农林牧渔服务业产值1.19亿元。新增设施农业77.33公顷、酿酒葡萄866.67公顷，肉牛、肉羊分别出栏3.46万头、15.92万只。实施招商引资项目32个，实际到位资金61亿元。永宁工业园区工业企业280家，工业总产值比上年增长10.3%，工业销售产值比上年增长9%，规模以上工业企业42个。房屋建筑施工面积11.09万平方米，房屋竣工面积1.66万平方米。投入资金8500万元，完成物苑小区、团结小区等13个老旧小区提升改造。建成西线供水、南部水厂至玉海村输配水管道等工程，县城及望远地区7.2万户16万人喝上黄河水。泰瑞制药整体搬迁，启元药业异味扰民问题整改销号。启动闽宁镇清洁煤配送中心建设，县域燃煤锅炉全部清零，完成园区148家企业挥发性有机化合物(VOCs)治理，环境空气质量稳定达到国家二级标准。中等职业学校2所，在校生2542人；普通高中院校4所，在校生5979人；初中学校7所，在校生1.27万人；普通小学28所，在校生2.49万人；幼儿园65所，在园幼儿1.16万人。学前三年毛入园率为119.7%，小学学龄儿童入学率为100%，初中学龄人口入学率为99.2%，初中三年巩固率为99.6%。拥有文化馆1个、公共图书馆1个；广播电台1座，电视台1座。全县有高新技术企业9家，有效发明专利197件。推动县域公立医院综合改革，完善“互联网+医疗健康”服务模式，落实分级诊疗，望远卫生院通过国家优质服务基层行活动验收。医疗卫生机构13个，卫生机构床位594张，卫生技术人员1142人，疾病预防控制中心1个，妇幼保健院(所)1个，社区卫生服务中心(站)8个，卫生监督所1个，村级卫生室27个。参加基本养老保险17.47万人，城乡居民养老保险10.82万人，失业保险3.28万人，基本医疗保险22.31万人。享受城市最低生活保障2018人，发放城镇居民最低生活保障金1273.89万元；享受农村最低生活保障5652人，发放农村最低生活保障金2468.93万元；发放城乡医疗救助金826.96万元。培育小企业272个，创造新岗位1152个，城镇新增就业3713人，实现劳动力转移就业2.17万人次，举办城乡劳动力就业技能培训班75期2469人。推动智慧城市指挥平台建设，建立扫黑除恶专项斗争长效机制，整治15个重点行业领域乱象。完成宁夏川民俗园、丝路文旅度假区等改造工程，永宁县成功创建“自治区民族团结进步示范县”。

【贺兰县】2020年，贺兰县总面积1197.57平方千米，下辖习岗、立岗、金贵、洪广4个镇，常信1个乡，富兴街街道和京星、南梁台子2个农牧场，宁夏原种场、暖泉农场2个区属农场。2020年，实现地区生产总值143.29亿元，比上年增长1%。其中，第一产业增加值21.29亿元，增长2%；第二产业增加值37.56亿元，增长-15.5%；第三产业增加值84.44亿元，增长10.8%。完成全社会固定资产投资78.05亿元，比上年增长1.1%。财政收入15.67亿元，比上年增长-5.7%，其中，一般公共财政预算收入12.6亿元，比上年增长4.2%；税收收入9.93亿元，比上年增长-0.9%。财政支出43.32亿元，比上年增长-2.8%，其中，公共财政预算支出35.6亿元，比上年增长9%。全社会消费品零售总额140.59亿元，比上年增长-8.9%。城镇居民人均可支配收入35195元，比上年增长4.6%；农村居民人均可支配收入17249元，比上年增长8.3%。农牧渔业总产值36.71亿元，粮食种植20740公顷，粮食总产量16.69万吨，粮食产业总产值4.3亿元。建成酿酒葡萄基地1400公顷，酿酒葡萄种植面积1002.13公顷。实施招商引资项目85个，实际到位资金40亿元，落实中通智能科技电商快递产业园、LED智能照明等项目50个。实施贺兰县西北片区供热及配套管网项目改造工程和银川市都市圈城乡西线供水贺兰段项目。空气质量优良天数比例为81.1%，空气质量优良天数296天，比上年增加13天。新增加公办幼儿园30所，在园幼儿14284名，普惠性幼儿园在园幼儿11290名。新增公办学位5000余个。高中阶段毛入学率为94.1%，本科上线率为69.5%。县本级财政投入科普经费101.66万元。有学会7个，企业科协15个，街道科协1个，乡镇(场)科协7个，农技协13个，市级科普示范基地28个，区级科普示范学校3个，市级科普示范学校18个，科普示范社区11个，农村科普示范基地55个，科普e站100个。推出旅游精品线路10条，星级乡村旅游点17家。卫生机构179个，卫生机构床位1099张，卫生技术人员1778人，全县认定医疗保险定点医疗机构61家，定点零售药店181家。全民医疗保险参保扩面，参保人数221311人。落实病种分值付费支付方式，支付职工医疗保险基本统筹1338.3万元。城镇新增就业3601人，城镇失业人员再就业2475人，城镇就业困难人员实现就业450人。实现农村劳动力转移就业21942人，实现劳务收入2.5亿元。享受城乡低保人员共计5315户7056人；发放城乡高龄津贴共计1319.15万元；发放农村五保分散供养金、集中供养金、城市三无人员生活供养金共372.28万元，惠及群众290人。完成广荣村、隆源村2个贫困村65户198名建档立卡户脱贫任务，建档立卡贫困户1720户8031人全部脱贫。打造区、市、县三级示范单位35个，统筹推进乡村、社区、宗教、校园、企业、社团6个领域治理。推进扫黑除恶专项斗争，开展“六清”（线索清仓、逃犯清零、案件清结、伞网清除、黑财清底、行业清源）行动。

【灵武市】2020年，灵武市总面积4010平方千米，下辖东塔、郝家桥、崇兴、马家滩、临河5个镇（不含宁东镇），梧桐树、白土岗2个乡，城区街道和宁夏农垦灵武农场、宁夏仁存渡护岸林场2个区属农林场，宁夏灵武白芨滩国家级自然保护区（灵武市白芨滩防沙林场）、宁夏灵武园艺试验场（灵武林场）2个隶属银川市的灵武代管林场，大泉林场、北沙窝林场2个市属林场。中央属及区属（厂）矿企事业单位主要集中在宁东镇，隶属宁东能源化工基地管委会。宁东能源化工基地管委会、银川综合保税区及银川市高新技术产业开发区均位于灵武辖区。常住总人口294156人，其中，汉族人口162282人，占总人口数的55.17%；各少数民族人口131874人，占总人口数的44.83%。回族人口130668人，占总人口数的44.42%。城镇人口200920人，乡村人口93236人，城镇化率为68.3%；男性160984人，女性133172人，男女性别比120.88∶100。全年实现地区生产总值533.2亿元，比上年增长4.8%。规模以上工业增加值305.1亿元，比上年增长2.3%。固定资产投资比上年下降1.7%。社会消费品零售总额34.6亿元，比上年下降10.8%。公共财政预算收入29.2亿元，比上年增长8.2%，城乡居民人均可支配收入分别为35887元和17312元，分别比上年增长1.8%、8%。新建高标准农田2300公顷，建设田园综合体10个、现代农业特色产业示范园20个，创建自治区现代农业示范园1个，灵武现代养殖基地入驻规模养殖场101家。粮食总播种面积17040公顷，瓜菜种植面积3518.8公顷，实现总产量23982.5万千克，总产值61827.6万元。实施重点工业项目19个，总投资38.67亿元，开复工率100%，年内完成投资10.37亿元。实施老旧小区改造项目，维修改造城区14个小区69栋住宅楼实施基础设施，对9个小区21栋住宅楼实施房屋节能改造，对镇河塔B区等5个小区安装雨棚165米。完成营造林面积933.33公顷，完成森林抚育面积400公顷。实施公路项目4个，工程总投资10062万元，建设里程20千米。全社会研发投入1.36亿元。培育国家高新技术企业5家，自治区农业高新技术企业1家，备案国家科技型中小企业43家，备案自治区科技型中小企业28家。创建自治区技术创新平台5个，授权专利申请347件，累计有效发明专利159件，万人拥有量5.37件。实施文化惠民工程，图书馆、博物馆、文化馆、乡镇文化站共接待群众26万人次。有医疗卫生机构183所，其中市属医疗卫生机构21所，村级医疗机构68所，个体医疗机构94所。医疗机构拥有编制病床1147张，每千人口床位数4.5张。发放城镇职工基本养老金2.16万人6.1亿元，工伤保险待遇支出1288万元。城镇职工基本医疗保险参保36312人，城乡居民基本医疗保险参保缴费180239人。城镇新增失业人员再就业3659人，就业困难人员实现就业673人，安置退役军人10人。培育创业实体796个，创造新岗位1174人，全民创业带动就业2550人，发放创业担保贷款2572万元。农村转移劳动就业23886人，实现工资收入2.21亿元。剩余28户77人贫困人口全部实现脱贫退出；累计使用扶贫资金11472.33万元，涉及扶贫项目59个；发放扶贫小额贷款3978.6万元。推进市域社会治理现代化试点工作，统筹推进乡村、社区、宗教、校园、企业、社团六个领域治理。

（杨 佳）

石嘴山市

【概况】2020年，石嘴山市实现地区生产总值541.62亿元，增长6%。其中，第一产业增加值37.27亿元，增长2.5%；第二产业增加值259.21亿元，增长7.1%；第三产业增加值245.14亿元，增长5.2%。农林牧渔业总产值增长2.7%。分行业看，农业增长2.5%，林业下降14.8%，牧业增长4.1%，渔业增长5.5%，农林牧渔服务业增长1.2%。规模以上工业增加值增长8.8%。分门类看，采矿业与上年持平，制造业增长12.7%，电力、热力、燃气及水生产和供应业增长2.8%。分所有制看，国有控股企业增长4.5%，集体企业下降15.6%，股份合作企业增长12.8%，股份制企业增长8.8%，外商及港澳台商投资企业增长6.2%，其他经济类型企业下降5.7%。分轻重工业看，轻工业增长15.7%，重工业增长8.6%。服务业增加值增长5.2%。分行业看，批发零售业下降0.9%，交通运输、仓储和邮政业增长3.9%，住宿餐饮业下降8.7%，金融业增长3.7%，房地产业下降4.1%，信息传输服务业增长20.9%，居民服务业增长6%，教育业增长7.7%。固定资产投资增长0.2%。分产业看，第一产业投资增长159.1%，第二产业投资增长2%，第三产业投资下降14.2%。分构成看，500万元～5000万元项目投资增长34.8%，5000万元以上项目投资下降1.8%，房地产开发投资增长86.8%，其他投资下降23.8%。分经济类型看，国有及国有控股企业投资增长4%，民间投资下降2.1%。社会消费品零售总额下降8%。分城乡市场看，城镇下降8.2%，乡村下降6.2%。分行业看，批发业下降14.1%，零售业下降6.9%，住宿业下降26.1%，餐饮业下降7.1%。分经济类型看，国有经济下降8.1%，集体经济下降2.4%，私营经济下降7.4%，个体经济下降7.5%，股份制经济下降10.4%，其他下降12.1%。居民人均可支配收入增长4.3%。分城乡看，城镇居民人均可支配收入34158元，增长3.5%；农村居民人均可支配收入16405元，增长8.2%。全市一般公共预算收入21.79亿元，下降4.4%（同口径增长2%）；全市一般公共预算支出121.35亿元，增长4.1%。金融存贷款余额稳定增长。截至2020年年底，全市金融机构人民币存款余额699.18亿元，增长8.4%。全市金融机构人民币贷款余额627.05亿元，增长5.1%。物价总水平基本稳定。居民消费价格累计上涨1.5%，商品零售价格累计上涨1.1%，工业生产者购进价格累计下降4.7%，工业生产者出厂价格累计下降7%。

【经济发展】2020年，石嘴山市制定并出台6项帮扶措施，为企业减税降费8.3亿元，降低成本3.6亿元，兑现各类贷款贴息资金5496万元，协调银行授信34.6亿元，加快推动复工复产、复商复市。建立"5+3"项目推进机制，115个重点项目加快建设，盈氟金和电子级氢氟酸、恒力生物月桂二酸、开德来磷材料、瑞丰源奶牛场等项目建成投运。争取中央、自治区各类资金92.8亿元，增长15.1%。固定资产投资、地方一般公共预算收入、社会消费品零售总额等主要经济指标增速，从受疫情影响跌入谷底，到降幅逐月逐季收窄，持续回升向好。

【现代农业】2020年，石嘴山市实现农林牧渔业总产值75.5亿元，增长2.7%，其中：农业（种植业）增长2.5%，林业下降14.8%，牧业增长4.1%，渔业增长5.5%，农林牧渔服务业增长1.2%。全年粮食播种面积106.13万亩，减少0.07万亩；蔬菜种植面积17.96万亩，增加0.85万亩；瓜果种植面积1.76万亩，增加0.52万亩；水产品面积12.87万亩，减少1.66万亩；青饲料及牧草面积11.49万亩，增加1.12万亩。全年粮食产量50.78万吨，比上年增加1.82万吨；蔬菜产量61.1万吨，减少1.29万吨；瓜果产量6.17万吨，增加0.5万吨；水产品产量5.19万吨，增加0.28万吨；青饲料及牧草产量28.39万吨，增加1.85万吨。2020年年底牛存栏11.56万头，增长43.8%，其中奶牛存栏5.31万头，增长63.7%；牛出栏5.23万头，下降0.1%；牛肉产量0.83万吨，增长1.8%；奶产量16.19万吨，增长14.1%。2020年年底羊存栏67.19万头，增长10.5%；羊出栏56.12万头，下降1.1%；羊肉产量1万吨，增长0.4%。2020年年底生猪存栏6万头，增长13.8%；生猪出栏6.68万头，下降8.8%；猪肉产量0.53万吨，下降10.9%。2020年年底禽存栏87.36万羽，下降19.9%；禽出栏192.06万羽，增长0.4%；禽肉产量0.4万吨，下降1.5%；禽蛋产量0.47万吨，下降24.3%。

【工业和建筑业】2020年，石嘴山市工业技改投资同比增长19.9%，石嘴山市完成工业增加值217.61亿元，增长8.6%。规模以上工业企业增加值增长8.8%。在规模以上工业中，轻工业增长15.7%，重工业增长8.6%，轻重工业比为3.6:96.4。全年规模以上工业中，国有控股企业增长4.5%，集体企业下降15.6%，股份合作企业增长12.8%，股份制企业增长8.8%，外商及港澳台商投资企业增长6.2%，其他经济类型企业下降5.7%。在规模以上工业增加值中，非公有制企业增加值增长11.1%，私营企业增长11.9%。规模以上工业企业法人单位实现营业收入764.46亿元，下降1%。工业产销率达99.1%，比上年提高0.5个百分点。企业资产负债率为71.34%，比上年降低2.3个百分点；资产利润率为1.77%，比上年提高0.83个百分点。全年建筑业完成增加值41.99亿元，下降1%。34家资质内建筑业企业房屋建筑施工面积67.07万平方米，下降6%；签订建筑合同额32.09亿元，下降1.8%；实现营业收入20.1亿元，下降14.2%；利润总额营利0.2亿元，较上年扭亏转盈0.4亿元。在全区经济和信息化工作会议上，对2020年度工业提速增效作出突出贡献的企业和部门进行表彰，石嘴山市工信局、惠农区工信局分别被授予"2020年度全区技术改造突出贡献单位""2020年度全区稳增长突出贡献单位"；申银特钢、兴华钢铁、冰河碳化硅、杉杉能源4家企业被授予"2020年度全区工业稳增长突出贡献企业"。

【固定资产投资】2020年，石嘴山市固定资产投资增长0.2%。其中：第一产业投资增长159.1%，第二产业投资增长2%，第三产业投资下降14.2%。在全部投资中：民间投资下降2.1%，工业技改投资增长19.9%，制造业投资增长3%。全市完成房地产开发投资3.11亿元，增长86.8%。商品房施工面积245.1万平方米，下降2.1%；商品房销售面积31.93万平方米，下降15.1%；商品房销售额9.34亿元，下降14.2%；商品房待售面积51.3万平方米，增长5.9%。

【国内贸易和对外经济】2020年，石嘴山市实现社会消费品零售总额104.46亿元，下降8%。按销售单位所在地分，城镇消费品零售额下降8.2%，乡村消费品零售额下降6.2%。按行业分，批发业零售额下降14.1%，零售业零售额下降6.9%，住宿业零售额下降26.1%，餐饮业零售额下降7.1%。限额以上批发和零售企业中，烟酒类零售额下降15.4%，日用品类增长15.7%，中西药品类增长12%，石油及制品类下降21%，化妆品类下降10.6%，金银珠宝类增长9.6%，粮油、食品类增长64.3%，服装、鞋帽、针纺织品类增长15.2%，书报杂志类增长8.9%，体育、娱乐用品类下降3.6%。全年进出口总额39.01亿元，下降10.4%。其中，进口额10.47亿元，下降1.7%；出口额28.54亿元，下降13.3%。全年接待国内游客总人数237.32万人次，下降17.7%；实现旅游收入15.29亿元，下降37.8%。

【交通运输和邮电业】2020年，石嘴山市民用汽车保有量达到13.09万辆，增长7.3%，其中营运汽车保有量1.55万辆，增长8.4%；非营运汽车保有量11.53万辆，增长7.2%。个人汽车保有量达到11.77万辆，增长7.8%。全年完成邮政业务总量0.57亿元，下降2.6%；完成邮政函件3.51万件，下降24%；特快专递63.79万件，增长3.9倍。全年电信业务总量89.17亿元（按2015年价格计算），增长26.4%。2020年年底，固定电话用户3.92万户，下降9.7%；移动电话用户91.6万户，下降3.7%。2020年年底，互联网宽带接入用户38.51万户，增长34%。

【财政金融】2020年，石嘴山市地方一般公共预算收入21.79亿元，下降4.4%（剔除不可比因素同口径增长2%），其中税收收入15.33亿元，下降9.3%，占地方一般公共预算收入的70.4%。全年一般公共预算支出121.35亿元，增长4.1%。年底全市金融机构人民币存款余额699.18亿元，增长8.4%。其中：住户存款543.69亿元，增长12.6%；非金融企业存款66.28亿元，下降3.1%；广义政府存款89.09亿元，下降5.1%；非银行业存款0.1亿元，增长699.4%。金融机构人民币贷款余额627.05亿元，增长5.1%。其中：短期贷款233.9亿元，下降2.4%；中长期贷款232.01亿元，下降11.2%；票据融资160.89亿元，增长71.3%。全年保费收入21.71亿元，增长6.7%。其中，财产险收入5.69亿元，增长9.3%；寿险收入10.94亿元，增长5.5%；健康险收入4.57亿元，增长5.6%；意外伤害险收入0.51亿元，增长14.9%。支付各类赔款和给付5.96亿元，增长3.5%。其中，财产险赔款3.1亿元，增长0.6%；寿险业务给付2.86亿元，增长6.9%。在全部赔款和给付中：健康险给付0.21亿元，降低19.8%；意外伤害险赔款0.09亿元，降低23.9%。

【科教文卫】2020年，石嘴山市新增自治区级创新平台19个、国家高新技术企业18家、自治区科技型中小企业54家，2项科研成果获自治区科技进步一等奖。截至2020年年底，全市拥有国家级自治区级高新技术企业73家、工程技术研究中心8个、重点实验室2家、技术创新中心45个、企业技术中心15个、院士工作站1个、博士后科研工作站2个、企业研究院4个、科技产业基地3个、科技创新团队25个、科技企业孵化器4个、科技园区3个、科技型中小企业188家。全年专利申请量1902件，其中发明专利申请量391件；专利申请授权量1051件，其中发明专利授权量90件。全市有高等学校2所，在校生1.25万人，毕业生0.24万人；中等专业学校2所，在校生1.03万人，毕业生0.28万人；普通中学34所，在校生4.08万人，毕业生1.39万人；小学66所，在校生4.65万人，毕业生0.84万人；特殊教育学校2所，在校生192人；幼儿园91所，在园幼儿1.99万人。2020年年底，全市共有公共图书馆4个，文化馆4个，乡镇综合文化站35个，文物保护管理机构2个，民间艺术机构38个。公共图书馆总藏量77.13万册，总流通39.45万人次，书刊外借25.86万册（次），阅览室座席2288个，其中少儿座席342个。广播节目综合人口覆盖率为100%，电视节目综合人口覆盖率为100%，农村社区综合服务设施覆盖率为100%。2020年年底，全市共有医疗卫生机构505个，其中医院36个、卫生院23个、疾病预防控制中心3个。医疗卫生机构共有床位5029张，其中医院床位数4634张。卫生技术人员6635人，其中执业医师和助理医师2388人，注册护士2864人。

【生态环境】2020年，石嘴山市能源消费总量1683.69万吨标准煤，增长9.5%；单位GDP能耗增长3.3%。全年空气质量优良天数占比76.5%，比上年下降5.1%。细颗粒物（$PM_{2.5}$）年平均浓度40微克／立方米，比上年增长17.6%；细颗粒物（PM_{10}）年平均浓度75微克／立方米，比上年下降1.3%。在“蓝天、碧水、

大武口区北武当河生态修复综合整治二期工程

净土”保卫战中，整治散乱污企业668家，处置“僵尸企业”291家。贺兰山生态修复工程中，新增营造林和草原修复林6.6万亩，累计治理修复146平方千米，全市森林覆盖率达到6.5%。空气质量优良天数比例达到76.5%，优良天数比例提高4个百分点。大武口区被命名为全国“绿水青山就是金山银山”实践创新基地。2个国家地表水考核断面中，全年水质优良断面比例为100%。

【道路交通和生产安全】2020年，石嘴山市共发生生产经营性事故28起（含2起生产经营性道路交通事故），下降17.6%；事故死亡28人（含2起生产经营性道路交通事故死亡2人），下降9.7%。全市共发生道路交通事故313起，下降11.5%；死亡83人，下降9.8%；受伤294人，下降5.5%；道路交通死亡人数2.48人／万车，万车死亡人数减少0.23人。全市发生火灾事故1121起，死亡3人，受伤7人，直接经济损失2283万元。

【重点项目建设】2020年，石嘴山市制定实施企业复产项目复工6条措施，建立落实“5+3”项目推进机制，组织三批次248个项目集中开工，9个自治区重点项目超额完成年度投资计划，115个市级重点建设项目开（复）工率为99.1%，累计完成投资122.5亿元，投资完成率为93.2%，开（复）工率和投资完成率分别高于上年同期2.5个百分点和1.2个百分点，盈氟金和电子级氢氟酸、星海湖北域生态修复等60个项目年内建成投运。围绕中央、自治区政策资金支持方向，抓好城市排水防涝设施建设、生态文明建设等专项争取，全年累计争取资金8.9亿元。

【产业转型】2020年，石嘴山市实施科技项目145个，新增自治区级创新平台19个，国家高新技术企业18家，自治区科技型中小企业54家，2项科研成果获自治区科技进步一等奖。加快“9+3”重点特色产业发展，实施结构、绿色、技术、智能“四大改造”，三个开发区全部创建成为国家级绿色园区。新增绿色工厂9家，21家企业获自治区工业对标标杆奖、进步奖，智能制造、聚酰胺、锂电池等专业园建设取得明显成效，高技术产业增加值增长10.8%，规模以上工业增加值增长8.8%。西北矿产品交易中心、晟晏网络货运平台等项目建成投运，大武口区获批国家大众创业万众创新示范基地。杉杉能源获批自治区级工程研究中心，宁夏理工学院、贝利特获评自治区级双创示范基地，科通新材料等企业获得795万元自治区战略性新兴产业专项支持。黄渠桥镇获批自治区级现代商贸集聚区。平罗华泰农、惠农脱水蔬菜获批自治区首批农村一、二、三产业融合发展示范园。北武当生态旅游区成功创建国家AAAA级景区，大武口工业遗址公园建成开放，平罗县创建国家全域旅游示范县，服务业增加值增长5.2%。提升发展现代农业，河东优质奶源基地、高标准外销蔬菜基地、国家级蔬菜良种基地加快建设，新培育自治区级农业龙头企业12家，“珍硒石嘴山”区域公用品牌影响力持续提升，粮食生产实现“十七连丰”。

【三大攻坚战】2020年，石嘴山市全力打赢脱贫攻坚战，制定“1+4”配套政策，扎实开展“四查四补”，剩余建档立卡贫困人口158户735人全部脱贫退出，“两不愁三保障”全面实现，工作经验在全国易地扶贫搬迁现场会上交流。坚决打好污染防治攻坚战，完成中央环保督察反馈问题整改，星海湖生态环境整治有序推进，山水林田湖草生态保护修复试点工程深入实施，贺兰山生态修复成效显著，新增营造林和草原修复林6.6万亩，黄河出境断面平均水质保持Ⅱ类优，空气质量优良天数比例为76.5%。持续打好防范化解重大风险攻坚战，清偿民营企业中小企业欠款2.1亿元，化解政府债务6.5亿元，惠农区、大武口区退出债务风险预警和提示地区。

【改革创新和对外合作】2020年，石嘴山市推进相对集中行政许可权、“证照分离”全覆盖试点等改革，推行工程建设项目告知承诺制，企业开办实现1日办结，80.7%的政务服务事项实现一网通办，100个高频事项实现“最多跑一次”，新增市场主体9875户。推进国有企业改革，新设立“九鼎”产业投资基金、“石时担”担保基金，助推九大产业发展。深化人才制度和政策创新，构建“1+7+X”人才政策体系，柔性引进高层次创新人才46人。推进农村改革，率先在平罗县开展土地承包到期延包30年国家试点，完成自然资源资产三项试点任务。加强对外合作交流，大力开展招商引资，招引实体项目212个，到位资金增长13.7%。制定出台促进开放型经济发展政策，石嘴山海关挂牌成立，开通全国首列粉煤灰多式联运出口（几内亚）班列。全年进出口贸易额达到39亿元。

【招商引资】2020年，石嘴山市处置“僵尸企业”12户，盘活闲置低效土地1900多亩；共举行4次招商引资项目集中签约仪式，签约项目55个，计划总投资246.7亿元，共实施招商引资实体项目212个，实际到位资金149.16亿元，完成人代会下达招商实体项目到位资金增长10%的目标。全年全市紧密围绕自治区九个重点产业建设，深入挖掘自身产业、区位优势，逐一对照产业发展需求，锁定重点区域，精准对接目标企业，推行重点产业招商，促进优势产业发展。全年引进落实九个重点产业项目132个，占全部引进项目数的62.3%，到位资金136亿元，占全部招商项目到位资金的91.2%。

【民生事业和社会保障】2020年，石嘴山市居民人均可支配收入28906元，增长4.3%；居民人均消费性支出16865元，下降1.5%。其中：城镇居民人均可支配收入34158元，增长3.5%；城镇居民人均消费性支出19079元，下降2.1%。全市农村居民人均可支配收入16405元，增长8.2%；农村居民人均消费性支出11595元，增长0.7%。2020年，石嘴山市民生支出86.2亿元，同比增长9.5%，占一般公共预算支出的71%，十件民生实事全面完成，城乡居民人均可支配收入分别增长5.2%、8%，粮食生产实现“十七连丰”。三大攻坚战成效明显，剩余建档立卡贫困人口158户735人全部脱贫退出，“两不愁三保障”全面实现，工作经验在全国易地扶贫搬迁现场会上交流。全面推进棚户区改造，923个老旧小区面貌一新，“三供一业”改造500万平方米，新建农村户厕1.4万户，改造农村危房4320户，拆除“空心村”10个，马家湾村、银河村、黄渠桥村获评“全国乡村旅游重点村”“中国美丽休闲乡村”，农村人居环境综合整治三年行动目标任务全面完成。全面落实援企稳岗，发放稳岗补贴7443万元，培育创业实体2360个，城镇新增就业1.2万人。截至2020年年底，全市参加养老保险46.98万人。其中，企业职工基本养老27.75万人，城乡居民养老16.32万人，机关事业单位养老保险2.91万人。参加医疗保险73.03万人，其中，城镇职工医疗保险参保22.41万人，统筹城乡居民医疗保险参保50.62万人。参加失业保险、工伤保险、生育保险人数分别为13.65万人、13.78万人、12.03万人。2020年年底，全市拥有福利院、敬老院16个，工作人员375人，床位4051张，收养各类人员1277人。全市城乡最低生活保障2.89万人，其中城镇居民1.04万人，农村居民1.84万人；全年城乡最低生活保障金发放1.53亿元（其中，城镇居民最低生活保障金发放0.72亿元，农村居民最低生活保障金发放0.81亿元）。加快推进教育优质均衡发展，26所城镇小区配套幼儿园转公转普，普惠性幼儿园在园幼儿占比85.9%，数字化校园覆盖率达100%，实施“千名医师下基层”对口支援行动，基层卫生服务水平不断提升，连续6次获得“全国无偿献血先进市”。全国居家和社区养老服务改革试点深入推进，城镇养老服务设施覆盖率达到100%。实施文化惠民工程，建成宁夏工业纪念馆、煤炭地质博物馆，完成50个村综合文化服务中心改造提升。出版《石嘴山故事》丛书、《五湖四海一家亲》大型画册，《我的父亲焦裕禄》《绿皮小火车》等电影在石嘴山市完成拍摄，举办骑跑嘉年华等体育赛事。创建国家级民族团结进步示范单位2个、自治区级民族团结示范单位13个，民族团结进步60年60人宣传微视频被中宣部展播。2020年，石嘴山市通过全国文明城市复检，名列西北地区第一。

【城乡建设】2020年，石嘴山市以海绵城市专项规划和城市特色专项规划编制工作为抓手，推进“5+3”城建交通类重点项目和城市特色项目，争取棚户区改造、老旧小区改造、城市基础设施建设等项目资金9600万元。实施北武当河“煤城记忆”文化长廊工程（一期），正式对公众开放，建设浮雕、创业立方体、贺兰家书等，完成投资1000万元；实施大武口区道路基础设施提升工程，安装大武口西环路（工人街—滨湖大道）、世纪大道延伸段（西环路—欣盛路）路灯795基，灯亮路明、全线运行；石嘴山市生活垃圾综合处置项目开工建设；城区增绿补绿成效显著，城市增绿170多万平方米，全市建成区绿化覆盖率为43.16%，建成区绿地率为38.06%。城乡建设统筹推进。包银高铁石嘴山段加快建设，京藏高速石嘴山段改扩建建成通车，国道110大武口—惠农段全面亮化，改扩建农村公路60千米。开展城区、园区、乡村环境综合整治，升级改造10条城区主干道路，建设雨污分流管网14.1千米，绿化裸露土地170余万平方米。新建农村户厕1.4万户，改造农村危房4320户，拆除“空心村”10个，重点建设3个中心镇、3个美丽小城镇、15个美丽村庄，马家湾村、银河村、黄渠桥村获评“全国乡村旅游重点村”“中国美丽休闲乡村”，农村人居环境综合整治三年行动目标任务全面完成。

【创业扶持】截至2020年年底，石嘴山市新增创业实体2360个，新增就业岗位6967个，创业带动就业15207人，开展创业培训3180人。石嘴山市通过精简办事流程，对符合条件的高校毕业生、就业困难群体、农村转移就业人员返乡创业人员给予3000~10000元创业补贴；打造“e+青年电子商务创业孵化园”和“大学生创业孵化园”，为高校毕业生、退役军人、农民工、下岗失业人员等群体提供入孵场地、培训指导、项目推介、融资贷款等全流程服务，降低创业风险和创业成本。为创业者441人发放创业补贴436万元；启明星众创空间等3家园区享受奖励补贴300万元，2家创业孵化基地享受房租减免补贴39.25万元，惠及小微企业130家就业人员620人；推荐“惠农区尾闸镇返乡农民工创业园”等5家基地申报第六批自治区级创业孵化示范基地评选；鼓励“德美斯物流创业园”等6家园区申报市级创业孵化示范基地；依托“荔枝微课”等线上平台和“创业指导下基层”服务活动，开展创业指导28期，服务创业者2000多人。各级各类创业孵化示范基地入孵各类创业实体近2000家。

【疫情防控】2020年，石嘴山市组建疫情防控领导体制和组织体系。实行市委常委包抓县区制度，压紧压实市、县、乡、村四级属地责任。制定《关于依法防控新型冠状病毒感染肺炎疫情　切实保障人民群众生命健康安全的意见的实施意见》《防疫法律指引》，印发《市委全面依法治市委员会关于依法防控新型冠状病毒感染肺炎疫情　切实保障人民群众生命健康安全的实施方案》。利用微信公众号等新媒体，通过《以案释法》《普法课堂》等专栏，开展疫情防控专项法治宣传。及时发布《关于依法严厉打击新型冠状病毒感染肺炎疫情防控期间违法犯罪行为的通告》，维护疫情防控期间社会平安稳定。加强法律服务助力企业复工复产。选派律师到企业开展“法治体检”，发放《宪法》《新冠肺炎疫情防控工作法律知识问答》《企业学法用法手册》《法律知识问答》等宣传材料，为企业提供法律支持和服务，助推企业复工复产。1527个基层党组织和12400多名党员（城乡社区工作者、公安干警、民兵预备役人员）积极参与防疫抗疫工作。财政累计投入抗疫资金1.4亿元保障疫情防控。全市实现确诊病例“零死亡”、治愈人员“零复发”、医护人员“零感染”的重大成果。

【脱贫攻坚】2020年，石嘴山市对全市72588户（套）农村居民住房进行了鉴定，通过原址翻建、加固改造、公租房、周转房、安置房以及补偿退出等方式进行妥善安置。共排查疑似辍学学生25人，全部劝返复学，九年义务教育阶段疑似辍学问题动态清零。全市村级卫生室建设全部达标，城乡居民医保缴费率达到90%，建档立卡户、边缘户基本医疗缴纳实现全覆盖。对农村饮水水质不合格的平罗县通伏乡、头闸镇、陶乐镇等12个乡镇和惠农区燕子墩乡隆泉新村，实施农村人饮水源置换工程和城乡供水水源替换工程，水质监测全部合格。大武口区、平罗县排查出的4862户未接入自来水的农户，于11月全部接入。开展脱贫攻坚“四查四补”（查损补失、查漏补缺、查短补齐、查弱补强），共排查各类问题164个，已全部完成整改。通过“一人一策”“一人多策”全部落实兜底措施，基本民生得到充分保障。对84户监测户、133户边缘户建立监测预警和动态帮扶机制。劳务移民“多代多人”住房困难问题和“零就业”家庭全部清零。石嘴山市“两不愁三保障”已全面实现，全市共有易地搬迁移民12540户57188人，3个贫困村全部脱贫出列，2925户15369名农村建档立卡贫困人口全部脱贫退出，移民人均可支配收入从2012年的3795元提高到2019年的7900元，年均增长11.2%。剩余158户735名未脱贫建档立卡户如期脱贫退出。

【大武口区】2020年，大武口区生产总值增长5%左右，规模以上工业增加值增长8%左右，固定资产投资由负转正、逐步向好，完成一般公共预算收入2.4亿元，完成全年任务的104%，同口径增长5%，完成财政支出16.1亿元，同比增长22%。城镇新增就业42288人，农村劳动力转移就业33849人，城镇登记失业率控制在指标以内。城镇和农村居民人均可支配收入分别达到38809元、13878元，分别是2010年的2.4倍、2.5倍。新建、改扩建学校19所，全面完成学前教育“5080”目标任务，义务教育均衡发展成果持续巩固。辖区常住人口达到30.73万人，比2015年增加0.36万人。新培育各类市场主体1.52万户，总数达到2.75万户，比2015年前增长124%。争取落实国家重点生态功能区、自治区均衡性财力补贴等转移支付，累计新增一般转移支付资金7.86亿元，2020年争取上级资金17.1亿元,同比增长34.9%,创历史新高。截至2020年年底,大武口区打造国家级、自治区级创新平台31个,新增国家级高新技术企业18家、自治区级科技型中小企业52家,每万人有效发明专利拥有量9.7件,R&D经费占地区生产总值比重达到2.47%,较2015年提高1.14个百分点,总量达到4.6亿元,强度和总量均位列自治区前三强。新增2个AAAA级旅游景区,新型服务业不断发展壮大,三次产业结构由2015年的0.66∶50.08∶49.26调整为2020年的0.61∶46.02∶53.37,第三产业比重首次超过第二产业。2020年,大武口火车站新站建成投入运行,开行"石炭井号"旅游专列及始发西宁列车。新建和改造提升北武当河生态公园、青山公园、森林公园、和平广场等14个城市公共空间,城市功能布局不断优化,文化特色更加鲜明。累计投入23.75亿元,完成190个片区460万平方米棚户区、老旧小区改造,惠及群众13.5万人。新建和改造城乡道路30条51千米,硬化巷道73千米,敷设污水管网102千米,完成农村改厕7200户。新增造林绿化面积1.46万亩,建成区绿地率和人均公共绿地面积分别达到38.75%、20.83平方米,位居自治区前列。截至2020年年底,实施贺兰山综合整治,关停、淘汰、治理216家企业,累计完成以煤炭为主的产能退出2000多万吨。统筹打好蓝天、碧水、净土保卫战,全面落实"1+9"等专项行动,精细化管控污染排放,空气质量不断好转;严格落实河(湖)长制,统筹推进水资源、水生态、水环境保护和水污染治理;规范化管理工业固废、危险废物、畜禽养殖,一般工业固废综合利用率提高到25%。被命名为自治区第一个国家级"绿水青山就是金山银山"实践创新基地。2020年,大武口区推进供给侧结构性改革,规模以上工业企业能耗累计下降15.41万吨,单位地区生产总值能耗累计下降35%。累计减免各类税费3.19亿元,力保市场主体。处置"僵尸企业"51家,整治"散乱污"企业98家,盘活土地9000多亩。推进"放管服"改革、相对集中行政许可权改革、"证照分离"全覆盖,89%的政务服务事项实现"一网通办",79个高频事项实现一次办结。偿还民营企业中小企业账款1.7亿元,政府综合债务风险稳定可控。为440家企业返还失业保险6512万元,为760家小微企业发放创业担保贷款7258万元。引进各类人才6842人,兑现奖补资金3379万元。落实招商项目371个,到位资金442亿元,先后引进杉杉能源、金晶科技、盈氟金和等一批投资体量大、科技含量高、发展后劲足、带动能力强的大项目、好项目,为产业结构深度调整、产业体系优化提升注入新动力。

【惠农区】2020年,惠农区地区生产总值增长9.2%,规模以上工业增加值增长17.8%,一般公共预算收入增长5.8%,四级税收增长6%。城乡常住居民人均可支配收入分别增长5.6%、8.5%,主要经济指标位居自治区、市前列。截至2020年年底,惠农区总家庭户数为72368户,户籍总人口数为17002人;城镇人口119675人,乡村人口57698人;当年新出生1102人,死亡1247人;户籍由外省(区)迁入惠农区1915人,户籍迁出辖区人口4190人。2020年,引进落地项目59个,实际到位资金81.7亿元,5个专业园建设初具规模,循环经济产业链关联度为87%。加快推动新旧动能转换,累计淘汰工业落后产能93.8万吨,全面关闭贺兰山内煤炭产能700多万吨,经济年均增速保持在7.3%,研发经费投入年均增长42.7%,投入强度增长1.46个百分点。深化农村集体产权制度改革,全区村集体实现营业收入1120万元,年收益10万元以上的村为80%以上。积极培育肉牛、滩羊、枸杞等特色产业,实施绿色农产品加工科技园扩规提质工程,脱水菜、优质奶、枸杞产业稳步发展,农产品增值能力显著提升,绿色农产品加工科技园获批自治区级农业高新技术产业示范区,脱水蔬菜产业融合发展示范园获批自治区首批农村一、二、三产业融合发展示范园。乡村旅游和生态旅游项目逐渐发展壮大,马家湾村、银河村被评为全国乡村旅游重点村,简泉村被评为全国"一村一品"示范村,大地天香创建为AAA级旅游景区,实现辖区A级旅游景区"零"的突破,宁夏煤炭地质博物馆、石嘴子公园、石嘴子码头公园相继建成开放。西北矿产品交易中心、保税物流中心期货交割库项目建成投运;推动陆路口岸、保税物流中心(B型)一体发展,加强与天津港等贸易往来,全年发运各类货物1100多万吨,同比增长19.6%;引进外资、港澳台企业2家,开放水平稳步提升。持续深化"放管服"改革,政务服务事项85%以上实现"一网通办",90%实现"最多跑一次"办理,"多证合一""证照分离"改革试点有序开展。推进沿黄科技创新改革试验区建设,新增国家高新技术企业7家,新增小巨人企业3家、科技型中小企业10家,有研发投入的规模以上企业占比为40.7%,R&D投入强度为2%。实施重点传统产业改造提升项目61个,技改投资增长54.49%。实施企业成长培育计划,新增"专精特新"企业10家、自治区数字化车间2个,入选宁夏新材料产业重点企业6家，石嘴山经济开发区（淄山—河滨化工区）被认定为自治区化工集中区，31家企业享受电价补贴，淘汰落后产能13.5万吨。创建国家级节约型公共机构示范单位2个。西北矿产品交易中心、保税物流中心期货交割库项目竣工投运，陆路口岸全年发运各类货物增长19.6%，服务业增加值增长6.4%。巩固提升“双创”试点成果，新增各类市场主体1666户、小微企业451户，石嘴山经济开发区中小企业创业基地被认定为国家小微企业创业创新示范基地、自治区级科技企业孵化器。严格落实“1+9”专项行动方案，实施大气污染治理项目34个，空气质量优良天数比例为77.9%。黄河惠农段出境断面水质稳定保持Ⅱ类，三排、五排平均水质达到Ⅳ类，农用残膜回收率为90%以上，整治绿化裸露土地28万平方米，建成区绿化覆盖率为29.75%。加大西河桥、红果子、103片区、104片区等重点区域环境综合整治，完成生态环境部反馈的14个沿黄工业固废堆点整改，“散乱污”企业实现动态清零，处置“僵尸企业”35家，盘活闲置土地3415亩。创建“全国文明单位”和“全国文明村镇”2个。完善城市基础设施，实施南北大街排水防涝系统提升改造等一批惠民工程，增设公交站亭98处，改造棚户区367户、老旧小区6.3万平方米、背街小巷8.6万平方米，规范提升10个住宅小区物业管理水平。包银高铁（惠农段）加快建设，国道110惠农—大武口段全面亮化，维修养护道路（街）5万平方米。落实就业优先政策，城镇新增就业4217人，农村劳动力转移就业8407人，城镇登记失业率控制在4%以内。创建国家慢性病综合防控示范区，新增自治区“健康细胞”示范点13个。残疾人康复中心建成投运，城乡基本养老保险、医疗保险参保率分别为119%、101.22%。退役军人服务保障体系基本建成，困难退役军人包联帮扶工作经验在全区推广交流。乡村、社区、宗教、校园、企业、社团“六大治理”全面推进，扫黑除恶专项斗争成果进一步巩固扩大，安全生产各项指标均低于自治区下达的控制指标，矛盾纠纷化解率和信访积案办结率分别为95.68%、88.35%，连续6年命案侦破率为100%，公众安全感不断提升。实施文化惠民工程，累计创建国家级民族团结进步示范单位6个、自治区级民族团结进步示范单位28个、市级民族团结进步示范单位101个。全年累计投入抗疫资金1688.6万元，做好源头防控、物资保障等工作，取得病例“零发生”。获自治区级防疫先进集体4个、先进基层党组织2个、先进个人19人、优秀共产党员2人。推进生态移民、劳务移民和城乡困难群众扶贫帮困工作，红果子香菇大棚、银河苑就业车间等5个扶贫项目建成投运，完成“多人多代”、危房改造等突出问题整改，建档立卡贫困户基本医疗保险参保率、子女义务教育阶段入学率和巩固率、饮水安全覆盖率均达到100%，261户1124名建档立卡贫困户全部脱贫退出。

【平罗县】2020年，平罗县地区生产总值增长3%，固定资产投资增长6%，一般公共财政预算收入7.1亿元，城乡居民人均可支配收入分别增长3.5%、7.8%。做好“六稳”工作，全面落实“六保”任务，为企业降低成本2.7亿元，减税降费3.4亿元，40个重点项目有序推进，挂牌成立北京石墨烯研究院宁夏分院，新培育自治区级创新平台3家、高新技术企业、科技型中小企业等38家，36家企业进规入库，预计R&D经费投入强度为1.4%。聚焦“9+3”重点特色产业，大力推进结构、绿色、技术、智能“四大改造”，阳光焦化焦炉升级改造等71个技改项目建成投产，新增2家国家级绿色工厂，3家企业获评工业互联网发展试点项目，首朗吉元尾气制乙醇革命性创新为传统铁合金行业注入新的生机和活力。成功创建国家全域旅游示范县，滨河现代物流园一期建成投运，电商交易额突破8.3亿元，增长25.4%。投入14.8亿元实施高效节水灌溉等农业项目，新建高标准农田5.7万亩、高标准日光温室723亩，瑞丰源、利垦等7个标准化奶牛养殖场建成投用。举办第七届宁夏种业博览会。新培育农产品加工龙头企业7家，新增“两品一标”12个。建成瑞丰源等7个标准化奶牛养殖场，河东15万头优质奶源基地初具规模，优质瓜菜、特色制种提质增效，举办第七届宁夏种业博览会，粮食总产量居全区第一，红崖子乡、陶乐镇分别获批全国农业产业强镇和自治区乡村振兴示范镇。成功创建国家全域旅游示范县和电子商务进农村综合示范县，黄渠桥村获评全国乡村旅游重点村。实施科技合作项目37个，新增高新技术企业、科技小巨人企业、科技型中小企业38家，挂牌成立北京石墨烯研究院宁夏分院、中国农科院北京畜牧研究所5G未来牧场等创新平台，全年全县R&D经费投入强度将达到1.4%。开展“四查四补”“挂牌作战”，剩余141户671名建档立卡贫困人口全部脱贫。打好污染防治攻坚战，中央环保督察“回头看”和自治区环保督察反馈问题年度整改任务全部验收销号，空气质量优良天数比例达到79.7%，黄河平罗段水质稳定保持在Ⅱ类，河湖长制常态化机制健全完善。山水林田湖草沙生态修复项目稳步实施，崇岗煤炭集中区、西大滩环境整治成效显著。坚决打好防范化解重大风险攻坚战，化解政府债务2.28亿元，改造老旧小区30个15万平方米，打通金桥路、田州路等断头路，步行街等3条特色街区改造，建成小微游园、生态停车场11个，解决城市停车泊位1.4万个。推进全国文明城市创建，综合整治城乡接合部、背街小巷、拆迁遗留地77万平方米。实施“一村一年一事”项目138个，整治村庄点1028个，户改厕9134户，打造美丽小城镇2个、美丽村庄示范点及人居环境示范村21个，落实农村人居环境整治三年行动。红崖子乡获批“全国农业产业强镇”，陶乐镇获评“自治区乡村振兴示范镇”。试行乡村文明积分制，宝丰镇新渠村、高庄乡东胜村、黄渠桥镇获评“全国文明村镇”。推进农村集体产权制度改革，入市交易农村集体经营性建设用地856亩，村集体分享收益1654万元。开展“空心村”整治，清理腾退农村闲置建设用地2430亩。获批全国首个集成农村改革试验区、新一轮农村宅基地制度改革、数字乡村建设等国家级试点。启动智慧园区建设，出清“僵尸企业”25家，473家“散乱污”企业动态清零。实施招商引资项目84个，实际到位资金72亿元。财政支出80%用于保障和改善民生。稳就业政策全面落实，城镇新增就业1713人，农村劳动力转移就业21743人，城镇登记失业率控制在3.7%以内。教育事业加快发展，投资3.6亿元实施城关一小综合楼等16个教育惠民工程，14所学校被教育部认定为“全国校园足球特色学校”，高考一本上线率提高4.6个百分点。实施文化惠民工程，举办建市60周年系列庆祝活动，挂牌成立科技馆、文化馆分馆，改造提升村级文化活动中心63个，新时代文明实践中心建设被列为全国试点。城镇职工养老保险和城乡居民养老保险待遇标准分别提高138元和15元，城乡居民低保标准分别提高40元和100元，发放困难群体补助、救助9287万元，第二敬老院、第二老年活动中心建成投用。出台“1+6”基层治理方案，推进乡村、社区、宗教、校园、企业、社团6个领域治理，社区综合治理试点取得积极进展。推行乡镇民生服务“全科窗口”、社区“一岗通”新模式。化解信访积案40件，信访总量下降21%。在全区率先开展城乡社区警务改革、推广应用“终结诈骗”预警劝阻平台，全县八类严重刑事案件、盗窃案件、可防性案件同比分别下降7.3%、26.2%、51.6%。开展安全生产专项整治三年行动，事故起数下降11.1%。推行民生服务乡镇“全科窗口”、社区“一岗通”新模式，为乡镇下放公共服务事项123项，社保、低保等审批事项平均办理时限由52天缩短到28天。建成新时代文明实践中心（站所）60个、实践基地15个，培育“田间课堂”“文明板凳会”等服务品牌。县融媒体中心建成投运，全媒体、立体化、多角度讲好平罗故事。疫情期间，第一时间组建专门机构、启动应急响应，召开31次疫情防控会议研究对策、部署工作、压实责任，县级领导分别到一线包片包抓、督促指导，543个基层党组织和党员干部3461人参加防疫工作，在全区率先把党支部建在疫情防控最前沿，成立临时党组织199个。财政筹集防控资金8700多万元保障疫情防控，分类有序推动工业企业、重点项目、餐饮住宿、商贸零售等领域复工复产、复商复市，确保社会大局和谐稳定。在疫情防控中，援鄂医疗队员28人，其中，2人被授予“全国抗击新冠肺炎疫情先进个人”，19个单位和个人获自治区表彰。

（朱军荣）

吴忠市

【概况】吴忠市位于宁夏中部，总面积2.07万平方千米，北连银川市，西接中卫市，南接固原市，东部毗邻陕西省榆林市定边县，东北、西北分别与内蒙古自治区的鄂尔多斯市鄂托克前旗和阿拉善盟阿拉善左旗相连，东南与甘肃省庆阳市环县接壤。辖利通区、红寺堡区、青铜峡市、盐池县、同心县5个县（区），共有44个乡镇、2个街道办事处、66个社区居委会和504个村。户籍总人口143.6万人，其中，城镇人口48.7万人。2020年，实现地区生产总值621.77亿元，比上年增长6.2%。其中第一产业实现增加值85.1亿元，增长4.3%；第二产业实现增加值273.02亿元，增长8.8%；第三产业实现增加值263.65亿元，增长3.9%。一、二、三产业结构为13.7∶43.9∶42.4。全社会固定资产投资比上年增长16.1%。全市农林牧渔业总产值178.1亿元，比上年增长4.6%。规模以上工业企业实现销售产值831.7亿元，比上年增长1.8%，工业企业产品销售率为95.1%。全部工业增加值比上年增长10%，实现服务业增加值263.6亿元，比上年增长3.9%。实现社会消费品零售总额177亿元，比上年下降7.6%。全年对外经济实现进出口总额2.8亿元，其中，出口总额2.5亿元。完成地方财政收入54.46亿元，比上年增长14.1%。其中，一般公共预算收入35.63亿元，增长0.7%。全年完成地方财政支出262.69亿元，比上年增长6.8%。其中，一般公共预算支出232.78亿元，增长6.1%。全市全体居民人均可支配收入20608元，比上年增长7.5%。城镇居民人均消费性支出17495.8元，下降2.8%；农村居民人均消费性支出11025.1元，增长1.4%。2020年，全市3个贫困县全部摘帽，217个贫困村全部出列，18.9万农村贫困人口全部脱贫，盐池县、同心县、红寺堡区集中连片区贫困面貌得到根本性改变。2020年年底，全市城镇登记失业率为3.18%。森林覆盖率为17.5%，湿地保护率为55%以上。被授予"全国生态文明建设示范市""全国双拥模范城(县)"荣誉称号，获自治区人民政府耕地保护责任目标考核一等奖。

【工业经济】2020年，吴忠市认真落实自治区及吴忠市"工业稳增长24条""复工复产11条"等政策，全力以赴抓好"六稳""六保"，分区分级组织工业企业精准复工复产，打好援企稳岗等"政策组合拳"，争取强工惠企资金3.4亿元，降低企业用电成本1.8亿元，规模以上工业企业全面复工复产，增加值增速高于目标2.1个百分点。突出企业创新主体地位，新增国家级高新技术企业20家、科技小巨人企业11家，自治区级科技型中小企业70家，获批自治区工程技术研究中心3家。全年完成技术合同成交额3.4亿元。全市R&D投入强度达到1.27%，投入经费7.37亿元，增长26.8%，增幅居全区前列。提速推进工业两化融合，新增自治区级"互联网+制造业"试点示范项目1个、智能工厂(数字化车间)5家，上云企业数量为112家。加快壮大新业态新模式，"吴忠严选"等23家企业入驻新经济产业园，线上线下注册企业数量为221家。金积工业园区创成自治区高新技术产业开发区，盐池县成为全区首批县域科技创新改革试点县，利通区、红寺堡区、盐池县、同心县认定为自治区级现代科技示范展示区。加快"个转企、小升规"，新增规模以上企业20户，规模以下工业增加值增速达到5.1%，高于全区4.7个百分点。建筑业完成增加值48.2亿元，增长3.4%。全年第二产业完成增加值273亿元，增长8.8%，高于目标0.8个百分点。实施园区低成本化改造项目10个，淘汰落后产能21.3万吨，单位工业增加值能耗下降14.5%，降幅全区第一。

【农业经济】2020年，吴忠市粮食种植面积282.85万亩。其中，小麦种植面积31.37万亩、水稻种植面积15.71万亩、玉米种植面积141.83万亩、薯类种植面积13.23万亩。粮食产量99.6万吨，实现"十七连丰"。瓜菜、枸杞、道地中药材面积分别为53.7万亩、10.8万亩、24万亩。提速发展葡萄酒产业，酿酒葡萄达到24.6万亩，培育酒庄40家。高效发展畜牧业，新(改)建规模化奶牛养殖场47家，全年奶牛存栏27.29万头、肉牛存栏26.24万头、羊存栏271.38万只、生猪存栏17.14万头、活禽存栏335.77万羽，全年肉类总产量10.79万吨，比上年增长1.3%。农林牧渔业总产值增长4.6%，增速全区第一。吴忠国家农业科技园区创成自治区级农业高新技术产业示范区，盐池县创建为全国高效节水灌溉示范县，青铜峡市获批建设国家现代农业科技示范展示基地。坚持农业标准化、产业化、品牌化发展，累计培育中国驰名商标11个、宁夏特色优质农产品品牌13个，召开第四届中国亚麻籽产业发展高峰论坛。开展农业清洁生产行动，农药化肥转化利用率提升至40%，秸秆综合利用率达到90.9%，畜禽粪污综合利用率达98.5%，盐池县创成全国高效节水灌溉示范县。

【第三产业】2020年，吴忠市开展"服务业提升年"行动，出台"促进服务业发展10条"，实施电子商务进农村综合示范项目，电商交易额92.4亿元。全年新建特色产品展示展销中心15个，建成运营的展示展销中心50个，年实现销售额4.2亿元。加快要素集合、产业集群，利通区健康产业园被认定为自治区级现代服务业集聚区。青铜峡市被确定为"互联网+"农产品出村进城工程试点县。培育打造万达金街等夜间经济打卡地，举办房·车博览会、首届"城市放心购物节"等活动100余场次，全市消费市场全面回暖。全市网络交易额达到92.4亿元。全年第三产业完成增加值263.6亿元，增长3.9%，较一季度加快6.2个百分点。全年对外经济实现进出口总额2.8亿元，其中，出口总额2.5亿元。青铜峡市创建为国家全域旅游示范县(市)，盐州古城历史文化旅游区、同心红军西征纪念园创建为国家AAAA级景区。

【深化改革】2020年，吴忠市新增国家级高新技术企业20家、绿色工厂2家，自治区级科技型中小企业70家，技术合同成交额3.4亿元。落实优化营商环境政策措施，"易办·吴优"政务服务平台上线运行，新增市场主体1.3万户，总量达到10.8万户。深化农村集体产权制度改革，成立各类经济合作组织514个。开展农村产权交易市场多元化服务改革试点，出台《吴忠市农村产权交易管理办法》，交易农村承包土地5.5万亩3.2亿元。利通区、盐池县水权改革经验在全区推广。深入推进综合医改，基本医疗保险基金实现市地级统收统支。公立医院药占比降至23.9%。深化国资国企改革，制定国资监管权责清单，健全工资分配分级监管体制，市属国有企业资产总额达到147.9亿元，增长5%。积极融入"一带一路"，鼓励开展线上营销，加快优势企业"走出去"步伐，全市外贸进出口总额达到2.6亿元，增长19.1%。加大区域合作力度，组建葡萄酒、黄花菜等产业联盟（联合体）5家，新建展示展销中心10个，销售总额达到3.46亿元。签订《呼包银榆经济区成员城市框架协议》，达成长效合作机制。强化非法集资防范处置和"套路贷"整治，不良贷款率低于全区平均水平。坚决落实"房住不炒"定位，房地产去库存周期保持在10个月以内，连续3年走在全区前列。"放管服"改革持续深化，简政放权加快推进，下放利通区金积镇行政职权56项、公共服务事项3项，赋予金积工业园区经济管理权限职权10项。90%政务服务事项实现可不见面办理，"易办·吴优"服务平台上线运行，首批20件"一件事一次办"事项实现"只跑一次、只进一窗、一次办好"。严格落实市场准入负面清单，城市信用状况监测排名居全区前列。全年176项优化营商环境举措全部落实，市场主体登记数量增长14.8%。清理历史遗留拖欠民营企业中小企业账款22.6亿元，提前完成无分歧账款清零目标。协调为企业发放贷款48.8亿元，减免税费27亿元。市属国有企业资产增长5%。实施各类项目453个，伊利三期等172个项目建成投产。招商引资到位资金379亿元，上争资金153亿元。外贸进出口总额增长19.1%。

【城乡一体化建设】2020年，吴忠市实施城乡建设项目153个，完成投资77.2亿元，同比增长23.4%。银西高铁正式开通，城东客运枢纽同步运营。国道344线吴忠至灵武段、青铜峡小坝至正源街快速通道建成通车。全力打造生态宜居城市，建成市政道路7条4.8千米，完成海绵化改造6.9万平方米，启动城市东片区开发，高铁片区学校开工建设。新建保障性住房98套，维修改造老旧路面22.2万平方米、老旧小区68个，完成棚户区住房改造1550套，新增停车泊位3800个。市区建成区绿地率、绿化覆盖率、人均公园绿地面积分别达41%、42%和22平方米。聚焦群众需求改造老旧小区68个，在全区率先制订实施《吴忠市村庄规划条例》，启动美丽村庄示范项目37个、美丽小城镇2个，新（改）建农村公路326千米，改造危窑危房1946户，实现动态清零。扎实推进农村人居环境整治，新建改建农村公路326千米，累计清理生活垃圾20.23万吨，改造农村卫生厕所4.3万座，川区卫生厕所普及率达到88.7%，山区普及率明显提高，利通区获"全国村庄清洁行动先进县"。利通区、盐池县被列为国家数字乡村试点地区。利通区石佛寺村、青铜峡市地三村、盐池县曹泥洼村入选"全国乡村旅游重点村"和"全国休闲乡村名录"。

【脱贫攻坚】2020年，吴忠市深入开展"四查四补""挂牌督战"，集中攻克深度贫困堡垒，加快盐（池）县同（心）县红（寺堡）区集中连片区脱贫攻坚与乡村振兴有效衔接，产业扶贫挑起"富民"大梁，新建特色产业示范村4个，发放扶贫小额信贷17.19亿元，建成扶贫车间19家。实施安全饮水巩固提升工程16项，全面落实健康扶贫综合保障政策，实现义务教育控辍保学全面清零。全市剩余的1163户4041人全部脱贫，全市217个贫困村全部出列。盐池县、同心县、红寺堡区高质量脱贫摘帽，同心县顺利通过国家精准扶贫成效第三方评估等5次"国考"，盐池县脱贫攻坚实践经验成果获"中国精准扶贫优秀案例"，同心县旱天岭村丁建华获"全国脱贫攻坚奋进奖"。

【疫情防控】2020年，吴忠市各级党委和政府把疫情防控作为最重大的政治任务来抓，及时成立应对疫情指挥部与工作专班，建立市、县、乡、村、组五级疫情防控网络，全面实行网格化管理，建立联查、联防、联控、联帮"四联"常态化疫情防控机制，累计投入2.4亿元用于疫情防控和患者治疗。全市28名确诊病例全部治愈，涌现"全国抗击新冠肺炎疫情先进个人"1名，"自治区抗击新冠肺炎疫情先进个人"72名、"自治区抗击新冠肺炎疫情先进集体"17个。

【社会事业】2020年，吴忠市新建幼儿园39所，普惠性幼儿园在园幼儿占比达到88.6%。引进陕西师范大学合作办学，深化"互联网+教育"建设，基本消除"大班额"。2020年年底，全市高等职业教育学校1所，招生2631人，在校生6361人，毕业生1484人；中等职业学校5所，招生3218人，在校生9545人，毕业生2572人；普通高中10所，招生11677人，在校生32396人，毕业生9117人；初级中学50所（其中普通初中35所，九年一贯制学校15所），招生20904人，在校生67994人，毕业生22969人；普通小学264所，招生20692人，在校生131080人，毕业生20999人；特殊教育3所，招生87人，在校生506人；幼儿园269所，在园幼儿47961人。大力推行"互联网+医疗健康"，远程会诊等医疗服务全面开展。全市各级各类医疗卫生机构共计948个，其中医院46个，基层医疗卫生机构878个，专业公共卫生机构22个，其他卫生

吴忠仪表有限责任公司

机构2个。全市三乙医院1个。医疗卫生机构实有床位6512张，编制床位6760张，其中医院实有床位5496张，公立医院实有床位3380张，乡镇卫生院实有床位789张。卫生技术人员共计9295人，新增城镇就业12389人，农村劳动力转移就业23.1万人，超额完成年度目标任务。城镇登记失业率为3.18%，"零就业家庭"实现动态清零。筹资6.43亿元，彻底解决历史遗留的拖欠被征地农民养老保险问题。发放低保等资金6.4亿元。举办文化惠民活动600多场次，新建改建利通区文化馆等县级文化场馆6个、基层综合性文化服务中心323个。全市登记科技成果41项(自治区级41项)。新增国家级高新技术企业20家、绿色工厂2家，自治区级科技型中小企业70家，累计国家级高新技术企业达到44家，自治区级科技型中小企业达到180家。专利申请量1676件，吴忠科技馆建成向社会免费开放。2020年年底，全市拥有艺术表演团体114个，文化馆6个(国家一级馆3个)，公共图书馆6个(国家一级馆3个)，博物馆9个，全国重点文物保护单位8处。广播电台4座，电视台5座，广播人口综合覆盖率达到99.16%；电视人口综合覆盖率达到99.72%。盐池县、同心县入选国家陕甘宁、红四方面军革命文物保护利用片区名单。市审计局等12个单位获"全国文明单位(村镇、校园)"，市文明办、市妇联获"全国未成年人思想道德建设工作先进单位"，吴忠中学被授予"全国三八红旗集体"，李润喜等5人被评为"全国劳动模范"，官聪等4人荣登"中国好人榜"。马占祥创作的诗集《西北辞》获得"第十二届全国少数民族文学创作骏马奖"，话剧《高沙窝脱贫记》入选文旅部"百年百部"创作计划重点扶持作品，微电影《同心》获"全国扶贫微电影一等奖"。新闻出版、广播电视、社科史志等又有一批新成果。

【生态环保】2020年，吴忠市推进大气环境综合整治，完成利通区68家单位、同心县4297户农户清洁取暖改造，注销老旧机动车6.09万辆，建成主要污染物重点减排项目29个。持续完善联防联治联控机制，新增乡镇环境空气质量监测站21个、扬尘监测点35个，全市优良天数比例达到83.9%，PM_{10}、$PM_{2.5}$平均浓度达到国家二级标准(剔除沙尘天气)。成功创建为国家生态文明建设示范市。全市优良天数比例83.9%，PM_{10}、$PM_{2.5}$平均浓度达到国家环境空气质量二级标准。全面加强黄河保护治理，完成清宁河美丽河湖示范建设，建成第一污水处理厂尾水水质提升等综合治理项目，6个入黄排水沟水质保持在Ⅳ类，黄河吴忠过境断面水质稳定在Ⅱ类。严守水资源管理"三条"红线，万元GDP用水量和万元工业增加值用水量较2015年分别降低28%、26.7%，超额完成"十三五"规划任务。扎实开展土壤污染防治三年行动，工业园区全部建成一般工业固废填埋场，工业危废及医疗废物安全处置率达到100%。完成26个"千吨万人"农村水源地划分。青铜峡罗家河人工湿地、同心工业园区污水处理厂和红寺堡红柳沟污染综合治理项目建成运行。青铜峡库区、盐池哈巴湖和吴忠黄河湿地被列入第一批国家重要湿地名录。加快推进国土绿化及森林城市创建，大力实施银川都市圈生态廊道绿化等工程，治理退化草原17.2万亩，完成营造林32万亩，全市森林覆盖率达到17.5%，草原综合植被覆盖度达54.3%。工业危废及医疗废物安全处置率100%，秸秆、残膜综合利用率为90.9%和85%。耕地保护责任目标考核连续7年获全区一等奖。

【利通区】利通区地处宁夏回族自治区中部，地处黄河东岸，是宁夏引黄灌区的精华之地，吴忠市政治经济文化中心，总面积1384平方千米，辖8镇4乡、106个行政村、3个农场(办)、21个社区，户籍人口41.63万人，其中城镇人口21.57万人。2020年实现地区生产总值200.65亿元，一般公共预算收入32376万元，城镇和农村居民人均可支配收入分别为33977元和17512元。全年完成农林牧渔业总产值51.2亿元，同比增长3.9%。规模以上工业实现营业收入234.5亿元，同比增长8.1%;固定资产投资同比增长7.1%。实现社会消费品零售额85.4亿元,同比下降7.6%;全年实现公共财政收入3.2亿元,公共财政预算支出23.7亿元。先后获得“全国民族团结进步示范县”“国家现代农业示范区”“国土资源节约集约模范县(市)”“国家农产品质量安全县”“全国休闲农业与乡村旅游示范县”“全国农村人居环境整治激励县”等多项国家级荣誉。工业经济。率先出台促进经济社会健康发展“34条”,全面推进复工复产、复商复市、复学复课,发放援企稳岗等各类补贴424万元。紧紧围绕特色装备制造、现代纺织、绿色食品加工、清洁能源四大板块,实施浙哲环保防腐设备、鑫浩源硫酸钙晶等工业项目17个,中核200兆瓦光伏发电、新丝源聚酯纤维等15个项目建成投产,淘汰落后产能生产线5条,新增规模以上工业企业10家。获全国消费品工业“三品”战略示范城市,恒丰纺织创建为国家级绿色工厂。现代农业。推进国家现代农业产业园建设,奶牛科技服务中心建成运营,五里坡奶牛养殖四期、肉牛养殖基地加快建设,新建奶牛、肉牛规模养殖场38家,奶牛、肉牛、肉羊存栏分别为17万头、9万头、25.6万只。伊利乳业集团公司三期项目建成投产,成为全球最大的液态奶加工厂。新增高效节水灌溉面积2.16万亩,治理高标准农田1.15万亩,优质粮食种植面积27.8万亩、蔬菜6.2万亩、经果林4.86万亩、饲草22.7万亩。成立奶业、草畜、瓜菜、葡萄4个教授博士工作站。组建农业产业联合体4家,培育农业产业化龙头企业6家、示范合作社20家、星级家庭农场8家。实施西麒麟科技研发中心、黄河精品观光带等项目27个。第三产业。全力打造医养研学游于一体的健康产业园,引进陈氏康复医院等企业6家,新增AAA级景区2家、三星级农家乐3家,石佛寺村入选全国乡村旅游重点村名录。全年接待游客161万人次、旅游收入5800万元,分别增长15.1%、25%。城乡建设。打造刘湾等7个美丽村庄、李桥万亩蔬菜等4个特色产业村。改造老旧小区43个、抗震宜居房2465户,拆除整治农村“空心房”407户,征地拆迁162户,新建农村道路37千米,植树造林绿化2.86万亩。社会事业。紧盯“两不愁三保障”,精准落实“四查四补”,发放产业扶贫资金842万元、小额贷款3867万元,新建扶贫车间2个,新增公益性岗位237个。补助“四类”家庭学生334.4万元,贫困群众医疗兜底57.5万元。创建市级创业孵化示范基地2个,城镇新增就业4325人,农村转移就业2.27万人,实现劳务收入2.2亿元,城镇登记失业率控制在3.86%。城乡低保标准分别增长7%和20%,发放各类救助资金8000万元。城乡居民基本养老保险和基本医疗保险参保率分别达91%、95%。新增城市社区6个,建成日间照料中心、儿童之家等20个,新华社区被评为“全国文明单位”。新建改扩建幼儿园、中小学9所,大班额占比降至2.85%,公办园在园幼儿占比为52%以上,普惠性幼儿园覆盖率为83%。推进分级诊疗和“互联网+医疗健康”,116个乡村卫生院室诊疗联入市人民医院实时会诊网。金积中心卫生院“优质服务基层行”被国家卫健委通报表扬。创建全国民族团结进步示范区,马莲渠乡等7个单位被评为“自治区民族团结进步示范单位”。综合执法处罚各类违法违规行为1800起,群众投诉事项办结满意率为99.1%。

【红寺堡区】红寺堡区行政区域面积2767平方千米,辖2镇3乡1街道65个行政村8个城镇社区。截至2020年年底,累计开发耕地70余万亩,搬迁安置移民23万,是全国最大的异地生态移民扬黄扶贫集中安置区。2020年完成地区生产总值(含太阳山开发区)71.2亿元,增长10.3%;第一产业实现增加值8.92亿元,增长5.1%;第二产业实现增加值34.49亿元,增长15.9%;第三产业实现增加值27.79亿元,增长3.8%。地方公共财政预算1.69亿元,下降16.9%;城镇居民人均可支配收入达到25468元,增长2.8%;农村居民人均可支配收入达到10925元,增长11.2%。实现40个贫困村全部脱贫出列,现行标准下贫困人口全部脱贫,综合贫困发生率从2014年的33.46%下降到0%,群众认可度为95%以上。2020年3月,自治区党委、政府宣布红寺堡区退出贫困县序列。现代农业。全年调减籽粒玉米7.7万亩,葡萄、枸杞、牧草、黄花菜种植面积分别为10.8万亩、5.6万亩、7.2万亩和8.02万亩,肉牛、滩羊饲养量分别为12.5万头和96万只。组建成立红丰公司,注册“红漠”等公用品牌。举办第三届富硒黄花菜产业科技高峰论坛暨中国西部研究与发展促进会食品安全万里行活动。认定自治区级、吴忠市级农业产业化重点龙头企业16家,认证绿色农产品4个,52款农特产品列入全国扶贫产品目录。工业经济。全面落实自治区“六保36条”“工业稳增长24条”等政策,继续深化“一企一策”服务机制,切实解决制约企业发展的现实问题。引进重点工业项目9个,新增规模以上工业企业7家,培育“专精特新”企业6家,盘活“僵尸”项目7个。积极落实增值税率下调、小微企业所得税优惠等政策,减免税费3361.2万元，协调贷款1.4亿元，争取各类企业补助资金2547万元。第三产业。新增村级电商服务站点9家，电商物流分拣中心建成投运，线上线下销售农特产品1.8亿元。举办“5·19旅游日”等活动，完成宁夏移民博物馆改造提升，建成葡萄小镇(紫光湖)游客服务中心，完善永新、西川等乡村旅游基础设施，全年接待游客15.6万人次，实现旅游收入1454.6万元。鹏胜时代广场、团结商业广场等商贸综合体相继投运。各银行存贷款余额分别为60亿元、37.3亿元，存贷比62%。新增限上企业2家。城乡建设。新建梧桐苑等小区5个，实施综合客运站等项目14个，改造提升罗山路、文化街等街头游园12处。改造卫生户厕6500座，农村生活垃圾无害化处理率达86%。推行“路长制”管理，修建农村公路21千米。实施饮水巩固提升等项目11个，更换输水管道6.65千米。完成营造林39.3万亩，实施国土整治9.6万亩，落实耕地保有量62.3万亩，划定永久基本农田46.6万亩。实施高标准农田项目7个、高效节水项目3个，开展巴庄村1.8万亩旱改水耕地二次分配。启动弘德村规划建设，新建康庄等美丽宜居村庄6个。社会事业。推进“互联网+教育”达标县(区)建设，建成“在线互动课堂”113套。设立红寺堡高级中学，五小开门办学，新建五中、六小等4所学校。全面推进家庭医生签约服务，城乡居民电子健康档案建档率为99.6%，大病、重病患者救治率达100%。建成太阳山全民健身活动中心等项目8个，举办红寺堡区第三届运动会等体育赛事。城镇新增就业675人，城镇登记失业率为3.72%，培育创业实体156个，红寺堡区被评为自治区转移就业示范县。城乡居民医疗、养老参保率分别为102%和93%，发放低保、特困、受灾、临时救助等补贴资金1.1亿元，追偿农民工工资569万元。建成残疾人托养自强中心，托养训练残疾人33名，康复治疗各类残疾人350人次。

【青铜峡市】青铜峡市地处吴忠市西部，与利通区隔河相望，辖区面积2525平方千米，占全区总面积的3.8%。辖8镇2场1街道84个行政村22个社区居民委员会，全市常住人口24.4万人(其中，城镇人口14.2万人)。2020年完成地方公共财政预算收入7.4亿元。全年全市实现地区生产总值131.5亿元(其中，一产24.8亿元，二产63.2亿元，三产43.5亿元)，三次产业比例为18.8∶48.1∶33.1。现代农业。粮食种植面积稳定在43.8万亩，优质瓜菜种植面积14.8万亩，葡萄种植面积11.9万亩、建成酒庄22家，年产葡萄酒2.16万吨；畜禽规模养殖场共82家，其中：奶牛养殖场43家。建成恒源三期等规模养殖场6个，全市奶牛存栏达到8万头，生猪饲养量28万头，肉牛饲养量6.2万头，羊饲养量38.4万只，家禽存栏410万羽；水产养殖面积2.47万亩，水产品产量1.17万吨。工业经济。全面落实各项惠企政策，累计减税降费3.8亿元，推动82家规模以上企业复工复产，淘汰落后产能15.4万吨，盘活僵尸企业5家，实施中泰锂电池等项目40个，当年建成投产项目20个。第三产业。成功创建国家全域旅游示范区，叶盛镇地三村、大坝镇韦桥村入选全国乡村旅游重点村和中国美丽休闲乡村名录，建成丝路公铁、盛世宝鼎等4个物流项目，全市电商线上交易额达2.8亿元，全年接待游客147.99万人次，实现旅游综合收入8.14亿元。已建成世界灌溉工程遗产1处、国家级湿地公园1处、国家级重点文物保护单位4处、国家级非遗保护传承项目1处，国家AAAA级旅游景区2个，AAA级旅游景区4个，全市登记注册餐饮行业370家，酒店住宿行业80家。2020年年底，全市物流88家，快递31家。城乡建设。实施老旧小区改造项目32个，配套建设休闲广场等场所26个，改造老城区道路7条，新增停车泊位2950个，建成区绿化率达到43%。建成农村公路37.4千米，新增公交站台60个，建设美丽村庄8个，新修公厕18座，农村改厕20036户，完成47个自然村农电改造，峡口镇被评为首批自治区乡村治理示范镇之一。民生事业。城镇新增就业6386人，城镇登记失业率控制在4%以内，转移农村剩余劳动力2.37万人。实施教育基础项目12个，普惠性幼儿园占比为87%以上。居民电子健康档案覆盖率达到100%，实施怡园老年养护院等项目6个，累计发放低保、特困供养等各类救助资金9760万元，医疗救助2.9万人次1363万元。青铜峡市第七次获“全国双拥模范城”称号。

【盐池县】盐池县地处吴忠市东部，位于陕甘宁蒙四省(区)七县(市、区、旗)交界地带，辖区总面积8522.2平方千米，辖4镇4乡1个街道办，总人口17.3万人。2020年全年完成地区生产总值115.4亿元，增长10.1%；固定资产投资增长1.1%，完成县级一般公共预算收入8.86亿元，增长1.1%；社会消费品零售总额24.18亿元；城乡居民人均可支配收入分别达到29830.9元和13922.1元，增长4.8%和14.8%。成功创建国家卫生县城和国家园林县城。县城建成区绿化覆盖率、绿地率、人均公共绿地面积分别达41%、37.9%和12.9平方米。被中国特色之乡推荐暨宣传活动组织委员会命名为

"中国荞麦之乡"和"中国苦豆子之乡"。现代农业。创新建立"私人订制+生态牧场"高端消费模式，培育滩羊养殖示范村30个、示范场30个，全县规模化养殖比例为65%，盐池滩羊国家农村产业融合发展示范园入选国家级示范园名单，盐池滩羊品牌价值为71.1亿元。制定《黄花菜生产技术规程》等2项地方标准，建成黄花产业融合发展示范园，黄花菜生产示范区入选全国农业农村及新型城镇化领域标准化试点示范项目。种植小杂粮38万亩、优质牧草34万亩、中药材6万亩。工业经济。制定"工业经济高质量发展25条""中小微企业健康发展10项措施"等政策，兑付奖补资金9600余万元。培育自治区专精特新示范企业2家、科技小巨人企业1家、技术创新中心3家，深燃众源、鑫海公司被评为国家高新技术企业。成功注册"盐池石膏"集体商标，盐池县被命名为中国天然石膏制品基地、全国绿色矿业发展示范区，石膏产业总产值增长28.6%。新增规模以上工业企业11家，全年规模以上工业增加值增长17%以上，增速高于全区10个百分点。第三产业。出台"支持服务业发展20条""促消费6条"等扶持政策，兑付奖补资金909万元，减免小微企业房租436万元。盐州古城历史文化旅游区成功创建国家AAAA级景区，曹泥洼村入选全国乡村旅游重点村，全年接待游客143万人次，旅游综合收入达4.7亿元。电商交易额达3.8亿元，德昌铁路物流当年货物到发量突破100万吨。新增入规上限服务业主体15家。城乡建设。全面完成再生水厂提标改造，治理水土流失面积100平方千米，河湖长制"一河一检察官"工作实践入选全国典型案例。全年完成营造林11.1万亩、森林抚育28.4万亩、退化草原生态修复10万亩，何新庄村、二步坑村、隰宁堡移民新村被评为国家森林乡村，全县森林覆盖率、草原综合植被覆盖度分别达到27.32%和58.45%，高于全区11个百分点和2个百分点。新开发商住面积15.6万平方米，新改建美丽村庄12个，改造老旧小区13个、农房1246户、农厕2900户。新增城市绿地面积272亩，城区绿地率达40.3%。民生事业。培育脱贫攻坚巩固提升暨乡村振兴示范村25个，新修改造农村道路235千米、人饮管网137千米。精准实施闽宁协作、中航油定点帮扶示范项目79个，培育产业扶贫示范村10个、龙头企业39家、合作社90家。整村授信实现全覆盖，扶贫小额信贷余额达4.8亿元。订单式培训贫困群众3175人次，劳动力就业转移4.6万人次。发放创业担保贷款1.2亿元，培育创业实体427个，带动就业2439人，返乡创业试点工作经验在全国交流推广。农村低保标准提高到每年4650元，村级养老服务设施实现全覆盖。新改扩建学校7所，职中实训楼投入使用，中小学智慧教室全覆盖。启动实施县医院救治能力提升项目，新建标准化村卫生室2所、数字化接种门诊3个，"六大共享中心"全面建成，综合医改试点工作考评全区第一，县域医共体建设经验被国务院医改领导小组刊登交流。在全区率先开展县级药品、医用耗材议价工作，平均降幅30%。举办体育赛事活动20余项，被国家体育总局授予"2020年度全国体育事业突出贡献奖"。新建图书馆、文化馆分馆7个，高标准打造村级文化服务中心示范点5个。

【同心县】同心县地处宁夏中部干旱带核心区，总面积4433.34平方千米，辖7镇4乡1个开发区，142个行政村，11个社区，总人口38.55万人。2020年完成地区生产总值103亿元、增长10%，全社会固定资产投资增长40.4%，规模以上工业增加值增长16.4%，社会消费品零售总额下降3.6%。城镇居民人均可支配收入达到27127元、增长5.7%；农村居民人均可支配收入达到11339元、增长10.3%。地方公共预算收入增长16.4%，公共预算支出增长7.9%。主要经济指标增速位居区市前列。工业经济。开工建设131个重点建设项目，完成投资102亿元，上争项目资金48.1亿元，招商引资到位资金50亿元。63家规模以上工业企业、216家规模以下企业、23个扶贫车间应复尽复，"六大秩序"在较短时间内得到恢复。韦二煤矿、豪龙建材等23个工业重点项目建成投产。新增纳规7家企业。现代农业。全年粮食产量达到33.2万吨，实现"十七连丰"。实施杜泊羊草畜一体化等23个养殖产业项目，牛、羊、生猪饲养量分别增长8.6%、10.5%、85.7%。新建高效节灌13.1万亩，新增酿酒葡萄6000亩、文冠果4万亩。第三产业。夜市、地摊经营户新增1000多户。红军西征纪念园成功创建国家AAAA级旅游景区。建成电子商务仓储物流集散中心，打通行政村配送"最后一公里"，寄递业务增长79%。"大美同心"等电商扶贫平台累计销售2.7亿元。城乡建设。围绕"一河两翼"，实施东环路等43个市政项目，建成平远大桥，开工建设三水大桥、北沟大桥，完成棚户区改造2568套，新建续建21个230万平方米房地产项目。完成中国人民银行、中国农业银行2个老旧小区改造。天然气正式通气。建设石狮开发区美丽小城镇和旱天岭美丽村庄，"一村一年一事"实现全覆盖。升级改造农村电网186千米，新修羊路一吊堡子等农村道路274千米。民生事业。通过国务院贫困县退出第三方评估等5次国考,零错退、零漏评,群众认可度99%。89个贫困村全部退出,现行标准下27383户103844个贫困人口全部脱贫,实现县摘帽、村出列、不落一户一人的脱贫目标,历史性告别绝对贫困。全面落实中央和区市应对疫情政策措施,及时出台"促进转移就业7条""复工复产9条"等促进就业、结构调整、应对旱情扶持政策,农村劳动力转移就业10.2万人、增长30.1%,实现劳务收入17.5亿元、增长86%;城镇新增就业5013人、增长297%;10069家经营场所及时全面恢复营业。

(闫建忠)

固原市

【概况】固原市位于宁夏南部六盘山区,东与甘肃省庆阳市、平凉市为邻,南与平凉市相连,西与甘肃省白银市分界,北与宁夏中卫市、吴忠市接壤。地处北纬35°14′~36°31′,东经105°19′~106°57′。总面积1.05万平方千米,市区面积52.33平方千米,辖西吉县、隆德县、泾源县、彭阳县和原州区四县一区,62个乡镇,3个街道办事处,68个居委会,814个村委会,市人民政府驻原州区。截至2020年年底,全市常住人口114.21万人(其中,汉族人口60.59万人,占人口总数的53.03%;回族人口53.47万人,占人口总数的46.81%,其他民族人口0.15万人),人口年平均增长率为-0.72%;全市常住人口中,居住在城镇的人口为49.79万人,占人口总数的43.59%;居住在乡村的人口为64.42万人,占人口总数的56.41%。总人口男女性别比为103.4:100。2020年,固原市实现生产总值352.46亿元,比上年增长5.6%,其中,第一产业增加值71.95亿元,增长4.1%;第二产业增加值69.13亿元,增长12.3%;第三产业增加值211.38亿元,增长3.9%。经济结构由上年的18.5:19.3:62.2转变为20.4:19.6:60,第一产业比重提高1.9个百分点,第二产业比重提高0.3个百分点,第三产业比重下降2.2个百分点。全市居民人均消费支出为12680.4元,比上年增长9.7%。按常住地分,城镇居民人均消费支出21041.4元,增长6.6%;农村居民人均消费支出9699.2元,增长11.4%。全年全市固定资产投资(不含农户)下降9%。全市社会消费品零售总额120.82亿元,比上年下降5.3%。全市实现地方财政收入22.4亿元,比上年增长0.76%,其中:地方一般公共预算收入14.49亿元,同比下降10.56%,政府性基金收入7.91亿元,增长31.23%。一般公共预算收入中,税收收入8.22亿元,下降14.9%,非税收入6.27亿元,下降4.15%。地方财政总支出272.2亿元,增长1.15%,其中:一般公共预算支出254.03亿元,增长7.73%。教育支出42.33亿元,科学技术支出1.55亿元,节能环保支出8.44亿元,农林水支出71.95亿元,社会保障和就业支出29.6亿元。

【农业与农村经济】2020年,固原市实现农林牧渔业总产值76.74亿元,比上年增长3.8%。全市粮食种植面积314.94万亩,比上年增加12.04万亩。其中,小麦种植面积60.32万亩,增加0.21万亩;玉米种植面积125.01万亩,增加0.15万亩;马铃薯种植面积94.86万亩,增加8.34万亩。蔬菜种植面积44.86万亩,减少2.84万亩。全年全市粮食总产量91.31万吨,比上年增加4万吨,增长4.6%。其中,夏粮产量12.58万吨,增长1.1%;秋粮产量78.73万吨,增长5.2%。全年全市小麦产量11.59万吨,增长3.4%;玉米产量43.4万吨,下降0.9%;马铃薯产量31.93万吨,增长11.7%。全年全市蔬菜产量197.2万吨,比上年下降0.58%。全年全市肉类总产量7.62万吨,比上年增长0.5%。其中,猪肉产量1.57万吨,增长6.3%;牛肉产量4.14万吨,增长1.6%;羊肉产量1.42万吨,下降0.8%;禽肉产量0.49万吨,下降18.2%;禽蛋产量1.26万吨,下降28.3%。2020年年底,全市生猪存栏17.92万头,增长12.2%;生猪出栏19.35万头,增长3.6%;肉牛存栏57.26万头,增长25.9%;牛出栏26.35万头,增长4%;羊存栏78.49万只,增长3.9%;羊出栏76.59万只,下降4.6%;家禽存栏154.63万羽,下降3.1%;活家禽出栏220.19万羽,下降22.5%。固原市坚持"调减过剩、低效作物种植,扩大短缺、高效作物种植"的原则,调优产业结构。制定《固原市农业产业结构优化调整指导意见(2020—2022)》,全市马铃薯加工转化率、小杂粮加工转化率、畜禽加工能力、果蔬加工能力分别要提升60%以上、40%以上、10%以上和30%以上。固原市新增以籽粒苋、油菜为主的观光农作物3万亩,新培育农业特色产业观光点10个,打造田园综合体5个、三星级以上农家乐35家,发展农业物联网应用示范点5个、特色农产品电商经营主体20家,新加盟全国性知名农产品批发市场5家,新开拓外埠销售市场5个,创建农产品营销推广网点10个,打造中国驰名商标3个、自治区著名商标10个,认证绿色食品40个、有机食品5个。

【工业和建筑业】2020年,固原市全部工业增加值38.8亿元，比上年增长8.4%。规模以上工业增加值增长8.3%。在规模以上工业中，按照轻重工业分，轻工业增加值增长7.7%，重工业增加值增长8.4%；按照经济类型分，国有控股企业增加值增长5.8%，股份制企业增加值增长8.5%，国有企业增加值增长5.2%，外商及港澳台商投资企业增加值下降2.4%，私营企业增加值增长41.5%，非公有制工业增加值增长11.5%；按照门类分，采矿业增加值增长5.6%，制造业增加值增长16.7%，电力、热力、燃气及水生产和供应业增加值增长0.8%。全年全市规模以上工业中，化学原料和化学制品制造业增长21.9%、医药制造业增长33.9%、农副制品加工制造业增长20.9%、水的生产和供应业增长56%、煤炭开采和洗选业制造增长6.4%、非金属矿采选业下降2.7%、食品制造业下降8.2%、纺织制造业下降0.2%、文教工美体育制品制造业下降36.7%、橡胶和塑料制品制造业下降6.1%、非金属矿物质制造业下降7.5%、电力热力生产和供应业下降3.5%、燃气生产和供应业下降2.4%。工业产品销售率为97.7%。全年全市规模以上工业企业实现利润7.8亿元，比上年下降30.7%。按照经济类型分，国有控股企业实现利润3亿元，下降30.2%；股份制企业实现利润7.6亿元，下降29.6%，外商及港澳台商投资企业实现利润0.4亿元，下降20%。按照门类分，采矿业实现利润2.7亿元，下降33.3%；制造业实现利润3.3亿元，下降32.7%；电力、热力、燃气及水生产和供应业1.8亿元，下降实现利润18.2%。全市14个“3个100”重点项目完成投资8.5亿元，编制完成现代纺织服装产业实施方案，研究制定纺织服装产业公共政策。建立拟入规样本及重点扶持培育企业库并新增企业入库24家，新增规模以上企业11家，新培育“专精特新”（示范）企业13家。引进肉牛养殖屠宰加工全产业链、长江医药产业园项目签约落地，落实天楹垃圾发电固废利用示范企业等项目资金2000余万元。全市具有资质的总承包和专业承包建筑业企业68家，全年完成建筑业总产值41.9亿元，比上年增长21.7%。建筑业企业房屋建筑施工面积110万平方米，同比下降12.7%；房屋竣工面积64.3万平方米，同比下降9.1%；竣工产值15.5亿元，同比增长11.5%。全市城镇新开工项目85个，新增太阳能与建筑一体化应用面积35.53万平方米，竣工项目11个，建筑面积7.04万平方米，执行现行节能标准率为100%。严格验收建筑工程新型墙体材料的使用，以节能门窗备案为抓手，推进节能外门窗的建筑应用，推广认定备案新型墙体及节能产品材料厂家20个。

【城乡建设和招商引资】2020年，固原市人民代表大会常务委员会通过《关于加强海绵城市建设的决定》，固原市全面推广海绵城市建设。全市开工建设城市建设项目32项，其中，海绵城市续建项目25项，新建金城路等城市道路及管网5条2.37千米，改造兴康路1.07千米，实施清水河城市亮化项目1项。全市累计摸排出农村危房改造对象6289户（含2019年超计划完成的其他贫困户3114户），并全部改造完工（其中，原州区摸排改造2474户，西吉县3093户，隆德县45户，泾源县232户，彭阳县445户），完成投资4.8亿元。推进农村住房调查评估和抗震宜居农房建设工作，安排部署各县（区）利用“宁夏抗震宜居农房在线监管信息系统APP”，调查评估和定位辖区所有农户住房，确保不漏一户、不漏一房，完成抗震宜居农房改造1822户。建设美丽小城镇12个，其中：原州区2个（寨科乡、炭山乡），西吉县7个（白崖乡、田坪乡、什字乡、西滩乡、王民乡、红耀乡、硝河乡），隆德县1个（张程乡），彭阳县2个（小岔乡、交岔乡）。建设美丽村庄19个，其中：原州区2个（田堡村、黄堡村），西吉县8个（民联村、二岔马、村南岔村、麻子湾村、白台村、阳庄村、羊路村、王沟村），隆德县3个（桃园村、杜堡村、清泉村），泾源县3个（先进村、下胭村、沙塘村），彭阳县3个（沟口村、中庄村、北洼村）。在美丽小城镇和美丽村庄建设中，实施公园、道路、管网、污水处理设施、路灯等基础设施工程建设。美丽小城镇完成投资16970.9万元，美丽村庄完成投资7863.91万元。固原市委、人大、政府、政协主要领导、分管领导带队外出招商18次，各县（区）主要领导招商65次，小分队招商136批次，洽谈项目200多个，签约130多个。邀请福建省长乐市、深圳纺织行业协会、上海现代服务业联合会等30多批次考察团，20多家企业高管实地考察。开展产业精准招商百日行动，推进已落地项目建设。促成在谈转协议项目9个，完善协议项目3个，推进项目18个。

【交通邮电旅游】2020年，固原市形成由“567”（5条高速公路、6条普通国道、7条普通省道）为主骨架构成的“5纵5横1环18联”路网结构。公路通车总里程10714千米（其中，高速公路327千米，一级公路142千米，二级公路902千米，三级公路1305千米，四级公路8038千米）。公路密度77.27千米/百平方千米，高于全国平均值和全区平均值。年底民用车辆拥有量达到27.86万辆，其中：载客汽车15.05万辆，载货汽车4.77万辆，其他汽车0.44万辆。全市摩托车1.01万辆，拖拉机5.96万辆，挂车0.6万辆。全市营运车辆2.79万辆，非营运车辆25.06万辆。全市建有等级客运站60个，农村客运招呼站646个，公路载客汽车达到4661辆，开通客运班车485条，日均发班842次，道路客运辐射周围6个省45个城市。中（卫）宝（鸡）铁路、福（州）银（川）高速公路、312国道和309国道、101省道等纵横全境，四县一区全部通高速公路，交通便利，通信快捷。六盘山机场开通固原—银川、固原—西安、固原—上海、固原—天津、固原—福州、固原—重庆、固原—北京航线。全市完成邮政业务总量1.29亿元，比上年增长25%。邮政业完成邮政寄递服务1369.5万件，快递业务量357.5万件，快递服务收入7970万元。全市完成电信业务总量128.34亿元，增长22.7%。截至2020年年底，全市固定电话用户数4.1万户，移动电话用户数119万户，其中4G移动电话用户数96万户，固定宽带接入用户数36.1万户，其中光纤接入用户数35.5万户，物联网用户数8万户。全市共有旅游景区14个，拥有AAAA级旅游景区6个，拥有AAA级旅游景区6个，AA级旅游景区2个，六盘山红军长征旅游区被列入国家AAAA级景区创建名单。全市注册旅行社28个，注册导游33人。全年共接待国内游客542.3万人次，接待海外游客506人次；接待国内游客总收入25.76亿元，国内游客人均花费475元。农家乐接待游客119.36万人次，农家乐总收入0.37亿元，农家乐人均花费31元。编制完成《固原市长城、长征国家文化公园建设工作方案》，谋划长城、长征国家文化公园建设项目48个，投资概算119亿元。颁布《固原市红色文化遗址保护条例》，编制形成《固原市红色旅游规划》初稿。泾源县完成全域旅游示范区验收工作，新增泾源冶家村等8个全国乡村旅游重点村，将台堡红军长征胜利会师纪念园入选全国60个红色旅游发展典型案例，被评定为国家AAAA级景区，泾河源旅游度假区被评定为省级旅游度假区。

【生态建设】2020年，固原市市区环境空气质量良好以上天数355天，优良天数占比97%，同比增加14天，环境空气质量连续12年位居全区第一。PM_{10}平均为52微克／立方米，与上年同期（71微克／立方米）相比下降26.8%；$PM_{2.5}$平均值为25微克／立方米，较上年同期（26微克／立方米）相比下降3.8%。泾河、渝河、茹河、葫芦河出境国控断面水质为Ⅱ类，清水河出境国控断面水质均为Ⅳ类，水质优良比例达80%。12个集中式饮用水源地水质全部达到III类饮用水水质标准。完成2019年度中央财政森林抚育项目0.5万亩、幼林抚育0.7万亩、中央财政良种补贴项目550万株，良种基地经营3465亩。完成华北落叶松子代测定林补植255亩、种苗生产108亩，新建华北落叶松种子园300亩。建成“四个一”林草产业1200亩，其中，挂马沟林场高庄苗圃建成六盘山“四个一”特色乡土花灌木示范园300亩，张沟林区建成造型油松展示园150亩，小庄子林区建成华北落叶松种子园300亩，各林场培育六盘山特色乡土林木良种300亩，挂马沟、青石嘴、卧羊川、龙潭、大雪山等5个国有林场庭院绿化中种植经果林150亩；培育暴马丁香、香荚蒾、珍珠梅等56种六盘山特色花灌木，培育以华北落叶松、油松、白桦等适合六盘山气候特点的造林树种10余种。开展南部水源涵养区建设，启动创建“国家森林城市”，推行工程化、标准化、专业化、区域化造林模式，一体推进森林、草原、湿地、流域、农田、城市“六大生态系统”建设，实施生态建设项目47个，累计完成绿化造林64万亩，新建水源涵养林23.34万亩，森林覆盖率30.1%，和泉村等15个村入选“国家森林乡村”。实施“四个一”林草产业工程，突出抓好示范推广和产业链培育，因地制宜试验示范40多种林草花苗。推广泾源幸福农家“123”工程，家家户户建好1个幸福大院、种好2个园子、栽活3棵树，带动发展庭院经济5万亩。固原市人大常委会出台《关于加快推进“四个一”林草产业发展的决定》，成立宁夏六盘山生态产业有限责任公司，联合国家开发银行、农业开发银行争取授信建设资金200亿元，引进陕西海升等企业39家，建立“企业+合作社+农户”利益联结机制，示范推广“四个一”林草产业229万亩，建设示范园102个37.14万亩。印发《固原市加强大气污染防治和应对气候变化信息调度工作的通知》《固原市柴油货车污染治理攻坚战实施方案》《固原市煤炭消费总量控制实施方案》。开展城市建成区燃煤锅炉及散煤污染治理，淘汰燃煤锅炉7台，建成清洁煤配送中心5座，面向城中村、城乡接合部配备清洁煤炉具1208个，在重点区域城中村、城乡接合部、大型批发市场、学校等配送清洁煤9500吨。落实城区建筑、拆迁工地、裸露地面“6个100%”措施，增加城区道路清扫、洒水、保洁频次，市区机械化清扫率为70%。严控重型柴油车、农用车、渣土物料运输车进入市区，禁止“黄标车”“无标车”上路，淘汰老旧车辆5626辆。为各县主城区安装大

彭阳县红河镇果蔬基地

气微观站60台，为市区南北主要道路入口安装汽车尾气遥感监测设备3台。编制《固原市水生态环境"十四五"规划》，完成全市4个农村"千吨万人"集中式饮用水源地划分。全市固体废物安全处置率达到100%，5家危废重点企业规范化考核为合格等次，危废安全处置率为100%。医废安全处置率为100%。落实减排措施，对涉重金属公司开展强制性清洁生产审核。

【脱贫攻坚】2020年年底，固原市全面完成剩余7339人贫困人口的脱贫任务。西吉县推出贫困县序列。原州区、隆德县、泾源县、彭阳县脱贫攻坚成果得到巩固提升，固原市实现现行标准下建档立卡贫困人口全部脱贫，贫困村全部摘帽退出。制定《固原市深入开展脱贫攻坚"四查四补"工作实施方案》，采取"查、算、商、补、建"五步工作法，动员市直部门、县乡村以及第一书记、驻村工作队和2.3万帮扶责任人，逐乡逐村逐户开展"回头看"，逐条逐项逐个"过筛子"，走访农户29万户（建档立卡户9万多户），实现全覆盖，排查整改问题31310个。全市共有588个（区直部门单位113个，市直部门单位115个，县乡部门单位360个）区、市、县单位包村扶贫，派驻第一书记797名，工作队员1498名。累计投入帮扶资金15876万元、协调帮扶资金10453万元，其中自治区帮扶投入3325万元、协调帮扶资金3517万元；市级部门投入帮扶资金670万元、协调帮扶资金1537万元；县级部门投入帮扶资金1428万元、协调帮扶资金5399万元。深入分析研判疫情对脱贫攻坚带来的影响，制定《固原市有效应对新冠肺炎疫情打赢脱贫攻坚战实施方案》，在贫困群众就业务工、产品销售等方面强化政策保障，统筹推进疫情防控和脱贫攻坚。全市深入实施"稳岗、返岗、增岗"计划。包机11架次、包车237辆次输送务工人员10706人（建档立卡户9611人），实现农村贫困劳动力转移就业10.26万。根据农民增收情况，补强薄弱环节，加大农业结构调整力度，提高农业比较效益，调增青贮玉米87万亩、蔬菜5万亩、小杂粮13万亩。针对建档户养殖产业规模小而弱的问题，为建档户补栏基础母牛8.2万头、羊11.6只。全市建档立卡户养殖业覆盖率为66%、种植业覆盖率为71%。针对剩余"三类特殊人群"中有发展产业能力的推广"社会保障+产业扶持""双兜底"做法，提高兜底保障能力。整合资金38.3亿元实施到村到户精准扶贫项目7060个。开展扶贫小额信贷发放工作，累计为3.2万户建档立卡户发放扶贫小额信贷15.2亿元，完成下达任务17.4亿元的87.4%。

【社会事业】2020年，固原市城镇新增就业9092人，比上年减少221人。2020年年底，城镇登记失业率为3.26%，比上年下降0.31个百分点。全市共完成劳务输出33.14万人，比上年增长4.9%；实现劳务总收入71.57亿元，比上年增长5.4%。年底全市参加城镇职工基本养老保险人数10.3万人，比上年底增加0.63万人。参加城乡居民基本养老保险人数65.99万人，增加4.4万人。参加基本医疗保险人数134.08万人，增加5.47万人。其中，参加城镇职工基本医疗保险人数10.87万人，增加1.48万人；参加城乡居民基本医疗保险人数123.21万人，增加3.99万人。参加失业保险人数7.47万人，增加0.68万人。参加工伤保险人数10.97万人，增加1.31万人。参加生育保险人数8.26万人，增加1.74万人。2020年，固原市再次提高城乡居民最低生活保障标准，城市低保保障标准已由每人每月560元提高到600元，财政月人均补差水平不低于420元，较提标前月净增40元；农村低保保障标准由每人每年3800元提高到4560元，财政月人均补差水平不低于266元，较提标前年净增760元，低保提标后全市近18万名低保对象直接受益。新建老饭桌23个。2020年，原州区、西吉县、隆德县老饭桌已投入使用。全市累计争取自治区科技专项资金6028万元，市、县、区安排科技项目资金4744万元（其中市本级1980万元）。2019年全社会R&D经费投入1.42

亿元，投入强度0.44%。实施科技型企业梯队培育计划，新增国家高新技术企业家3家(共有8家)、自治区科技型小巨人企业3家(共有7家)、自治区农高新企业1家，国家级科技型中小企业24家、自治区科技型中小企业72家、市级科技型中小企业133家。获批自治区工程技术中心3个，备案组建自治区技术创新中心13个。科技专家库专家达到383名，全市科技特派员达到777名。2020年年底，全市各级各类学校939所，教职工21190人。全年学前教育毛入园率86%，小学学龄人口入学率为100%，初中生毛入学率为122.34%，小学六年巩固率为98.7%，初中三年巩固率为98.63%，九年义务教育完成率为80.24%。全市文化系统共有艺术表演团体8个，博物馆9个。全市共有公共图书馆6个、文化馆6个、档案馆6个。全市有线广播电视在册用户数8.97万户，广播节目综合人口覆盖率为98%，电视节目综合人口覆盖率为97%。2020年年底，全市共有医疗卫生机构1172个，其中二级以上公立医院16个；民营医疗机构190家，其中民营医院21家，个体诊所169家；基层医疗卫生机构954个，其中卫生院68个，城市社区卫生服务机构25个，村卫生室861个；专业公共卫生机构12个，其中疾病预防控制中心6个，卫生监督机构6个。2020年年底，全市卫生技术人员8347人，其中执业医师和执业助理医师3699人，注册护士4455人。全市医疗卫生机构实有床位7350张，其中医院5927张，基层医疗卫生机构1423张。全年全市累计诊疗348.52万人次，入院13.39万人次。

【疫情防控】2020年，新冠疫情防控期间，固原市及时成立市委应对新型冠状病毒感染肺炎疫情工作领导小组和市应对新型冠状病毒感染肺炎疫情工作指挥部，指挥部下设10个工作组。市委确定5名常委联系指导5县(区)，37名市级领导干部、116名县级领导干部包抓乡镇村和街道社区。春季疫情防控期间，派遣所有驻村(社区)第一书记和工作队全部到村(社区)开展疫情防控工作；抽调市县(区)4215名党员和干部到村(社区)，形成齐抓共管、全面防控的工作格局。疫情发生后，召开市委常委会暨领导小组会议3次、指挥部会议5次，定期听取各县(区)、各职能部门工作汇报，分析研判全市疫情形势，研究提出应对措施。印发《固原市新型冠状病毒感染的肺炎疫情防控工作方案》《关于进一步加强新型冠状病毒感染的肺炎疫情防控工作的决定》《关于进一步加强和规范新型冠状病毒感染肺炎疫情防控工作的通知》等，完善4个体系(领导指挥、工作责任、应急救治、物资保障)，5个工作流程(规范交通管控、农村管控、社区管控、隔离观察、公共场所管控)，在相关场所分类张贴、在各类媒体专栏推出，确保各项工作落实落细。指挥部发布《公告》6期，全面动员、全面部署、全面加强。制定《固原市学校开学疫情防控工作方案》和学校、幼儿园疫情防控流程图、晨检流程图。夏季疫情防控期间，固原市制定并印发《关于健全常态化疫情防控机制　保持正常生产生活秩序　促进经济社会稳定运行的通知》《关于进一步抓紧抓实抓细常态化疫情防控工作的通知》《关于优化调整市应对疫情工作指挥部组织架构的通知》，优化各级应对疫情组织机构，建立长效工作机制，有序推动各项防控工作由应急状态向常态化转变。严格保持市、县(区)应对疫情工作组织领导和指挥体系，根据常态化疫情防控工作需要，优化疫情防控办公室和常设工作组职责。秋季疫情防控期间，固原市针对自治区督查反馈存在问题，抓紧抓实抓细常态化疫情防控工作。突出“外防输入”为主，加强入固通道管理，强化入固人员管控，排查消除风险隐患，严防疫情输入。冬季疫情防控期间，固原市加强信息监测与相关口岸信息沟通，及时推送共享入境人员信息，严格闭环管理措施。加强跨境贩运水果人员等其他重点人群排查管控，堵住所有可能引起疫情输入传播漏洞。加大冷链食品检测工作力度，督促相关企业做好拟采购冷链食品报备工作，严格排查批发零售、掏箱入库、冷链运输等重点环节，及时掌握入固冷链食品信息，督促相关企业严格落实重点从业人员防护措施，严把索票索证、查验外包装消毒证明材料关，最大限度阻断疫情经“物”输入。针对国内中高风险地区疫情形势，及时发布紧急提醒，告知有国内中高风险地区旅居史人员及时向所属社区(村组)报备。强化中高风险地区进入固原人员排查、查验等工作，切实做好疫情输入风险防范应对工作。截至2020年年底，全市境外入固564人，其中居家健康监测9人；国内高中风险地区往返固原人员620人，居家健康监测13人。固原市按照“属地为主、行业配合”和“精准覆盖、知情自愿”的原则，对从事冷链、运输相关工作的从业人员、抗疫一线医疗和防疫人员、进入固原通道查验相关人员、出国人员、城乡运行保障一线人员等开展精准摸底和接种意愿调查，完成第一阶段3598人第一剂次接种956人，接种率26.57%。2020年，固原市累计派遣5批次61名医护人员组成援湖北医疗队先后进驻襄阳市航空工业364医院等4家医院和2家疾控机构，奋战抗疫一线，守护湖北人民生命的安全防线。固原市人民医院等6家医院被确定为新型冠状病毒感染肺炎医疗救治定点医院，紧急备战疫情防控，经过33天艰苦卓绝的努力，实现市辖区疫情全面清零，截至2020年年底，全市累计确诊病例5例，累计治愈出院5例，治愈率100%，疫情防控向好态势持续巩固。

【固原市黄河水调蓄工程建成通水】2020年11月5日，固原市黄河水调蓄工程具备通水条件，开始向何家沟水库蓄水，该工程由入库工程、大坝工程和输泄水建筑物组成，概算投资3.93亿元。工程新建一座何家沟水库、一座泵站和5.19千米的输水管线。工程规划从固海扩灌十二干渠中段南城拐子泵站建扬水泵站取水，通过修建调蓄水库，利用固海扩灌系统灌溉低峰期蓄水。建成后，每年可向原州区黄铎堡、三营、头营、彭堡、中河5乡镇的灌区新增黄河水近4000万立方米，可稳定解决原州区清水河流域和西吉葫芦河流域近30万亩川台地的高效灌溉用水问题，同时可作为宁夏中南部城乡饮水安全工程的应急备用水源。

【国家卫生城市创建】2018年，固原市成立创建国家卫生城市领导小组，建立领导小组联席会议制度、领导干部分片包抓机制、定期督导督查机制、曝光整改机制、投诉监督机制、周末环境卫生大扫除等系列工作机制，把创建工作列入“十三五”规划和效能目标管理考核。出台《固原市人民政府关于加强新时期爱国卫生工作的实施意见》《固原市爱国卫生管理办法》《固原市创建国家卫生城市工作总体方案（2018—2020年）》《固原市创建国家卫生城市责任清单》等一系列规范性文件和任务分工、督查考核等系列配套文件，创建国家卫生城市8个方面115项指标细化分解到近300多个部门（单位），形成党委统领、人大监督、政府落实、政协助力、纪委问责，市区共创、上下联动、多方参与的创卫工作格局，推进全社会参与的创建机制落地生根。2020年11月20日，固原市顺利通过国家卫生城市技术评估，意味着固原市创建国家卫生城市工作经过申报资料审核、国家暗访后，再次又以卓有成效的工作，在国家卫生城市技术评估中顺利过关，标志着固原向创建国家卫生城市又迈进了一大步。12月11日，固原市创建国家卫生城市进入公示阶段，2021年1月6日，全国爱国卫生运动委员会命名固原市为“国家卫生城市”。

【原州区】原州区位于宁夏南部，六盘山东北麓，黄土高原中西部，东邻彭阳县，南接泾源县，西连西吉县，北靠海原县、同心县，东北、西南分别与甘肃环县、宁夏隆德县毗壤。境内平均海拔1750米。年均降雨300～550毫米，属内陆暖温带半干旱区，年平均气温7.6℃。累计日照时数2193.9小时。总面积2739平方千米，辖7镇4乡3个街道办事处153个行政村38个居委会，是固原市委、市政府所在地。2020年，全县户籍总户数为15.47万户，户籍总人口为46.69万人，比上年增加0.24万人。其中：男性23.59万人，女性23.09万人，分别占总人口数的50.5%和49.5%；乡村人口26.94万人，城镇人口19.74万人，分别占总人口数的57.7%和42.3%；回族人口22.91万人，占总人口数的49.1%。2020年，原州区实现地区生产总值146.92亿元，同比增长5.3%；全区固定资产投资同比下降15.9%；地方一般公共预算收入1.68亿元，同比下降6.3%；实现社会消费品零售总额68.44亿元，同比下降5.5%；城镇居民人均可支配收入31972.4元，同比增长4.5%；农村居民人均可支配收入12563.3元，同比增长12.5%。原州区是固原市政治、经济、文化中心和宁南区域中心城市核心区，境内有丝路遗韵之黄铎堡古城，须弥山石窟佛寺遗址、草地类自然保护区云雾山草原等旅游景点。先后被评为国家卫生城市、全国节水型社会建设达标县、第一批全国农作物病虫害“绿色防控”示范县、自治区转移就业示范县、全区农业特色产业良种繁育基地示范县、全区双拥模范城（县）等。原州区是宁夏首个“高效节水灌溉示范县”，全国重要的绿色农产品和牛羊肉生产基地，享有“中国冷凉蔬菜之乡”“中国马铃薯种薯之乡”美誉。

【西吉县】西吉县位于宁夏南部，六盘山西麓，东与原州区接壤，南与宁夏隆德县、甘肃省静宁县毗连，西与甘肃省会宁县为邻，北同宁夏海原县相依。位于北纬35°35′～36°14′、东经105°20′～106°04′。境内海拔高度1688～2633米，平均海拔2400米，分黄土丘陵、河谷川道、土石山区三类地貌。年平均气温为5.3℃，年平均降水量400毫米。境内有葫芦河、清水河、祖厉河三条水系，均属季节性河流。县境东西长67千米，南北长74千米，总土地面积3130平方千米，其中耕地242.09万亩，辖4镇15乡295个行政村8个居委会。2020年，全县户籍总人口474658人。其中：城镇人口70441人，占总人口数的14.8%；乡村人口404217人，占总人口数的85.2%。汉族人口190073人，占总人口数的40%；回族人口284373人，占总人口数的59.9%。全县常住人口315827人。2020年，西吉县实现地区生产总值78.46亿元，比上年增长6.5%。按照产业分，第一产业增加值

22.81亿元，增长5.2%；第二产业增加值10.69亿元，增长7.8%；第三产业增加值44.96亿元，增长6.7%；一、二、三产业之比为29.07%∶13.63%∶57.3%。全县城镇居民人均可支配收入28975元，同比增长6%；农村居民人均可支配收入11791.5元，同比增长13.2%。西吉县是宁夏人口第一大县，少数民族聚居县，国家和自治区扶贫开发重点县，是“中国马铃薯之乡”“中国西芹之乡”“中国果菜标准化建设十强县”。“西吉马铃薯”“西吉西芹”获“中国驰名商标”。旅游资源独特，享有华夏古钱币第一县美誉，拥有毛泽东夜宿地单家集和红军长征胜利会师地将台堡红色旅游景点，国家森林公园、地质公园的火石寨丹霞地貌AAAA级自然景区，拥有亚洲第一、世界第二的国家级地震堰塞湖遗址，人文环境淳厚，是中国首个“文学之乡”。

【隆德县】隆德县南北长47千米，东西宽41千米，西北毗连甘肃省静宁县、宁夏西吉县，东南直接宁夏泾源县、甘肃省庄浪县，东北周边与宁夏固原接界。地处北纬35°21′~35°47′、东经105°48′~106°15′。海拔高度在1900米～2500米。地貌类型分为黄土丘陵沟壑区（占55.7%）、阴湿土石山区（占33.26%）、河谷川道区（占11.04%）。年均流量1.91立方米/秒，流水均值5640.5万立方米，全年产水均值5.3亿立方米。属中温带季风区半湿润向半干旱过渡性气候，年平均气温为6.4℃，年日照时数为2728.1小时。全县面积985平方千米，辖13个乡镇113个行政村10个居民委员会，县政府驻城关镇。2020年，全县户籍总人口154412人（其中，城镇人口42590人，乡村人口111822人）。回族人口22745人。2020年，隆德县完成地区生产总值35.4亿元，按可比价计算，比上年增长7.7%。增速比1～3季度回升0.8个百分点，比上年回升1.7个百分点。按照产业分，第一产业完成增加值7.8亿元，增长4.5%；第二产业完成增加值6.8亿元，增长24%；第三产业完成增加值20.9亿元，增长3.6%。三次产业对经济增长的贡献率分别为12.3%、59%、28.7%，分别拉动经济增长1个百分点、4.5个百分点、2.2个百分点。全县实现城乡居民人均可支配收入14706元，比上年增长9.6%。其中：城镇居民可支配收入25972元，增长3.8%；农村居民人均可支配收入11595元，增长12.1%；城乡居民收入比为2.24（以农村居民收入为1），比上年缩小0.18。隆德县历史悠久、文化深厚、山清水秀、宜居宜业。隆德书法、绘画、剪纸、泥塑、篆刻等民间民俗文化在国家非物质文化遗产普查目录100多个项目中涉及50多个，其中杨氏泥塑、高台马社火、魏氏砖雕被列入国家级非物质文化遗产代表作名录，民间绘画、剪纸等11个项目被列入自治区级非物质文化遗产保护名录。2020年，隆德县获国家卫生县城、全国百佳富氧县、全国最美县域、全国农村生活污水治理示范县、全国农村生活垃圾分类和资源化利用示范县、全国信访“三无”县、全国第一批小型水库管理体制改革样板县、全区民族团结进步示范县、全区双拥模范县等殊荣。隆德县河长制办公室被评为全面推行河长制湖长制先进集体，城乡客运一体化经验入选全国典型案例集，农村集体产权制度改革试点经验在全国推广交流。

【泾源县】泾源县位于宁夏南部，六盘山东麓，东与甘肃省平凉市毗邻，南与甘肃省华亭县、庄浪县交界，西与宁夏隆德县接壤，北与宁夏原州区、彭阳县相连。位于北纬35°15′~35°38′、东经106°12′~106°29′。境内海拔高度在2200米～2900米。年平均降雨量900.1毫米，年平均气温6.4℃。全县土地总面积1131平方千米，辖3镇4乡3个居民委员会96个村民委员会，县人民政府驻香水镇。2020年，全县户籍总人口32083户115152人，其中：城镇人口11592人，乡村人口103560人。男性60083人，女性55069人。回族人口92927人，占总人口数的80.7%。户籍人口城镇化率为10.07%，比上年底下降0.26个百分点。2020年，泾源县实现地区生产总值21.95亿元，按可比价格计算，比上年增长3.2%。其中，第一产业增加值4.14亿元，增长3.8%，贡献率为20.7%，拉动地区生产总值增长0.66个百分点；第二产业增加值3.61亿元，增长0.3%，贡献率为1.6%，拉动地区生产总值增长0.04个百分点；第三产业增加值14.19亿元，增长3.9%，贡献率为77.7%，拉动地区生产总值增长2.5个百分点。经济结构由上年的15.3∶17.9∶66.8调整为18.9∶16.5∶64.6，第一产业比重提高3.6个百分点，第二产业比重下降1.4个百分点，第三产业比重下降2.2个百分点。固定资产投资同比下降35.9%。社会消费品零售总额7.96亿元，同比下降2.6%。城镇居民人均可支配收入27650.8元，同比增长4.1%；农村居民人均可支配收入10707元，同比增长10.1%。泾源县境内群山环抱，百泉汇流，气候湿润，山清水秀，风景宜人，被列为国家级自然保护区、国家森林公园和全国第一个旅游扶贫开发试验区。境内有秦汉时期瓦亭萧关，成吉思汗屯兵避暑的凉殿峡、老龙潭、弹筝峡、卧龙山、胭脂峡、野荷谷、白雾山和延龄寺等，是一个以自然山水、森林景观、回乡风情为特色，集生态旅游、疗养避暑、野外探险、科学考察于一体的风景名胜区，被誉为黄土高原上的“绿色明珠”和“小九寨”。主要旅游景点有老龙潭、二龙河、野荷谷、胭脂峡、米缸山、五锅梁、大雪山。泾源县历史悠久，地方文化积淀深厚，人文景观有水沟秦汉遗址、制胜关、石窑湾石窟、凉殿峡、堡子山等。全县有AAAA级旅游景点1个，AAA级旅游景点1个，AA级旅游景点1个。

【彭阳县】彭阳县隶属固原市，位于六盘山东麓，西连宁夏原州区，东、南、北分别接甘肃省镇原县、平凉市和环县，彭青高速接福银高速并连通火车站、固原机场，309国道、327国道东西横穿，202省道南北纵贯，具有“三省通衢，宁南门户”的特殊区位。海拔高度在1248米～2418米，年平均降水量561.5毫米，年平均气温8.3℃，年日照时数1972.9小时，年无霜期158天。属黄土高原丘陵沟壑区，典型的温带半干旱大陆性季风气候，是以农业经济为主的国家扶贫重点县。总土地面积2533.49平方千米，其中，耕地面积125.5万亩，辖4镇8乡156个行政村6个居民委员会。2020年，全县户籍户数75866户，户籍总人口247487人，其中户籍城镇人口66684人，占户籍人口比重的26.94%。户籍乡村人口180803人，占户籍人口比重的73.06%。汉族169910人，占68.65%；回族77449人，占户籍人口比重的31.29%；其他少数民族128人，占户籍人口比重的0.05%。2020年，彭阳县实现地区生产总值69.7亿元，增长5.1%。其中，第一产业增加值159315万元，增长1.6%；第二产业增加值227475万元，增长10.8%；第三产业增加值309764万元，增长3.3%。地方一般公共预算收入2.47亿元，下降13.7%；全社会固定资产投资29.29亿元，增长9.7%；全县全体常住居民人均可支配收入15195元，同比增长9.2%；城乡居民人均可支配收入分别达到28328元和12232元，增长4%和11.2%。城镇常住居民人均消费支出17143元，同比增长8%；农村常住居民人均消费支出9599元，同比增长9.3%。彭阳县境内红色资源丰富，先后有5支红军队伍过境（宿营）并开展革命活动，是红28军、红32军北上抗日出发地，是打响解放宁夏第一仗的主战场，属革命老区一类县，被誉为“宁夏红色堡垒第一县”，2020年被评为“全国双拥模范县”。彭阳县林地面积203.87万亩，森林覆盖率由建县初的3%提高到30.6%，空气质量优良天数比例平均值为96.6%。全县“88542”工程整地带可绕地球三圈半，“梯田花儿节”让彭阳“网红”全国，彭阳梯田被称为“中国最美旱作梯田”。全国人大第十届第三次会议把“在黄土高原同类型地区推广彭阳经验”确定为十大重点办理建议案之一。分别获全国造林绿化先进县、全国水土保持先进县、全国退耕还林先进县、全国经济林建设先进县、国家园林县城等多项殊荣。彭阳县以生态资源为主体，以自然景观为依托，以人文景观和红色遗址为点缀打造全域旅游，是生态旅游景区和红色旅游胜地。“彭阳辣椒”“红梅杏”“朝那鸡”等绿色品牌走向全国，“绿色产品基地”名片效应初显。

（李　荣）

中卫市

【概况】2020年，中卫市辖沙坡头区、中宁县、海原县，共40个乡镇，443个行政村，33个居民委员会，总面积17391.3平方千米，全市人口密度为66人/平方千米，境内分布汉族、回族、满族、蒙古族、东乡族等21个民族。2020年，全市实现地区生产总值440.32亿元，比上年增长0.3%。其中，第一产业增加值67.96亿元，增长4.6%；第二产业增加值174.98亿元，下降4.1%；第三产业增加值197.38亿元，增长2.9%。一、二、三产业增加值占地区生产总值比重分别为15.4%、39.8%、44.8%。

【人口发展】据第七次全国人口普查结果显示，截至2020年11月1日零时，中卫市常住人口1067336人（其中，汉族人口674385人，占全市常住人口的63.18%；少数民族392951人，占全市常住人口的36.82%，其中回族人口390000人，占全市常住人口的36.54%）。男性人口547122人，占全市常住人口的51.26%；女性人口520214人，占全市常住人口的48.74%。男女人口性别比为105.17∶100。分县（区）人口：沙坡头区399796人，占全市常住人口的37.46%；中宁县人口334022人，占全市常住人口的31.29%；海原县人口333518人，占全市常住人口的31.25%。全市常住人口中，拥有大学（指大专及以上）文化程度的人口109950人，拥有高中（含中专）文化程度的人口124816人，拥有初中文化程度的人口344654人，拥有小学文化程度的人口321243人。全市人口中，15岁及以上人口的平均受教育程度年限由8.01年提高到8.85年。全市常住人口中，居住在城镇的人口530471人，占全市常住人口的49.7%；居住在乡村的人口536865人，占全市常住人口的50.3%。全市常住人口中，人户分离人口420590人。

【工业经济】2020年，中化中卫循环经济产业园开园，中车首台风电装备整机制造(组装)下线并实现批量生产,全市清洁能源并网装机达736万千瓦。培育自治区级绿色工厂3家、智能工厂1个、数字化车间4个,三元中泰、瑞泰科技等4家企业获自治区"对标工作标杆奖"。全年全市工业实现增加值145.99亿元,比上年下降1.1%,占地区生产总值比重为33.2%,其中,规模以上工业增加值下降0.5%。在规模以上工业中,分轻重工业看,重工业下降0.3%,占规模以上工业增加值比重为95%;轻工业下降3.9%,占规模以上工业增加值比重为5%。分经济类型看,国有控股企业增加值增长4.1%,股份制企业下降0.3%,外商及港澳台商投资企业下降5%。私营企业下降10%,非公有制工业下降2.6%。分门类看,采矿业增加值下降3%,制造业下降0.4%,电力、热力、燃气及水生产和供应业增长0.1%。全年规模以上工业中,食品制造业增加值比上年增长49.2%,化学原料和化学制品制造业增长6.5%,农副食品加工业增长4.2%,造纸和纸制品业增长2.9%,电力、热力生产和供应业增长1.6%,非金属矿物制品业下降0.2%,计算机、通信和其他电子设备制造业下降3%,黑色金属冶炼和压延加工业下降17.9%,有色金属冶炼和压延加工业下降23.4%,酒、饮料和精制茶制造业下降49.3%。全年规模以上工业企业实现利润总额2.14亿元,比上年下降92.6%。分经济类型看,国有企业亏损716万元,比上年增亏16.8万元;股份制企业利润3298万元,下降98.8%;外商及港澳台商投资企业利润1.88亿元,下降23.9%;私营企业亏损11.67亿元,比上年盈转亏30.59亿元。分门类看,采矿业利润77万元,比上年下降68.2%;制造业亏损12.82亿元,比上年盈转亏27.79亿元;电力、热力、燃气及水生产和供应业利润14.95亿元,增长6.8%。全年规模以上工业企业每百元营业收入中的成本89.73元,营业收入利润率0.33%,规模以上工业企业资产负债率为50.6%。全市发电装机容量957.69万千瓦,比上年增长32.3%。其中,火电装机容量169.49万千瓦,与上年持平;水电装机容量12.43万千瓦,增长0.3%;并网风电装机容量319.6万千瓦,增长36.9%;并网太阳能发电装机容量456.17万千瓦,增长47.8%。

【农业经济】2020年,中卫市实现农林牧渔业增加值70.5亿元,比上年增长4.5%,完成农林牧渔业总产值138.1亿元,比上年增长4.5%。其中,农业产值87亿元,增长4.7%;林业产值1.4亿元,增长59.4%;牧业产值43.2亿元,增长12.4%;渔业产值2.5亿元,下降17.9%;农林牧渔服务业产值4亿元,增长1%。全年粮食种植面积193.1万亩,比上年增加8.2万亩。其中,水稻种植面积6.5万亩,减少1.6万亩;小麦种植面积14.8万亩,减少0.5万亩;玉米种植面积94.7万亩,增加2万亩。山区马铃薯种植面积34.6万亩,增加6.1万亩。全年粮食总产量69.6万吨,比上年增长1.9%。其中,小麦产量2.1万吨,下降23.2%;水稻产量4万吨,下降19.7%;玉米产量52.6万吨,增长3.4%;山区马铃薯产量6.9万吨,增长20.2%。全年全市油料播种面积10.9万亩,比上年下降33%,产量1.3万吨,下降27.8%;蔬菜种植面积27.4万亩,下降2%,产量48.7万吨,增长10%;枸杞种植面积25.9万亩,下降1.2%,产量5.6万吨,增长1.8%;瓜果种植面积81.2万亩,下降5.4%,产量113.9万吨,下降7.3%。其中,西瓜种植面积77.4万亩,下降4.1%,产量108.8万吨,下降6.2%。2020年年底,全市生猪存栏32.8万头,比上年底增长42.8%;牛存栏25万头,增长21.3%,其中奶牛存栏7.8万头,增长14%;羊存栏100.7万只,增长5.3%;家禽存栏369.2万羽,增长3.7%。全年生猪出栏35.3万头,增长19.9%;牛出栏9.6万头,下降10.7%;羊出栏87.6万只,增长11.1%;家禽出栏271.5万羽,增长4.3%。全年主要肉类产量6.5万吨,比上年增长7.5%。其中,猪肉产量2.8万吨,牛肉产量1.5万吨,羊肉产量1.6万吨,禽肉产量0.6万吨。禽蛋产量5.8万吨,比上年增长26.3%;牛奶产量29.2万吨,比上年增长12.4%。全市渔业养殖面积5.4万亩,水产品产量1.9万吨,比上年下降2%。

【旅游业】2020年,中卫市大力发展文化和旅游产业,寺口子旅游区获评国家AAAA级景区。举办2020黄河数字音乐节等节事活动,中卫"66号公路"、向阳步行街等成为网红打卡点。全年接待游客685万人次,旅游收入47亿元。2020年年底,全市共有景点景区22家,旅行社41家(分社31家,注册社10家)。星级旅游饭店14家(其中,四星级7家,三星级7家)。

【云天中卫】2020年,中卫市加快新旧动能转换,数据中心扩规增容,服务器装机能力达到50万台、上线运营30余万台。"云天中卫"建设步伐加快,公共云平台等基础建设扎实推进,智慧政务、智慧环保、智慧应急等智慧化应用初步建成。成功举办2020云天大会,国家(中卫)新型互联网交换中心挂牌,国内首家商业卫星测控指挥中心和全球首个综合遥感卫星定标场投入运营。

【交通物流和邮电】2020年,中卫市加快发展交通和物流产业,天元锰业保税仓建成投运，顺丰速运三级分拨中心落户中卫，培育AAA级物流龙头企业8家。中卫沙坡头机场新开通3条航线，中卫—上海等旅游包机、货运包机正式开通，常态化开行国际班列26列1215车。2020年年底，全市公路通车里程达到8363千米，与上年持平，其中高速公路通车里程达到466.27千米。2020年年底，全市民用汽车保有量16.5万辆，比上年底增长7%，其中私人汽车保有量15.15万辆，增长16.6%。全市民用轿车保有量5.68万辆，增长2.5%，其中私人轿车5.65万辆，增长6.3%。全年民航旅客吞吐量22.22万人次，货物邮运量867.1吨。全年完成邮政行业业务总量2.46亿元，比上年增长73.1%。完成邮政业务收入（不包括邮政储蓄银行直接营业收入）1.61亿元，增长39.6%。全年邮政业完成函件业务5.16万件，增长41.8%；邮政包裹业务1.01万件，下降26.3%；快递业务量1015.04万件，增长1.06倍。全年完成电信业务总量（2015年不变价格）120.55亿元，比上年增长23.5%。完成电信业务收入9.8亿元，增长12.6%。2020年年底，全市电话用户总数121.4万户（其中，固定电话用户8万户，移动电话用户113.4万户），增长1.5%。2020年年底，固定互联网宽带接入用户39.4万户，比上年底增加3.1万户。

2020年9月26日，2020黄河数字音乐节在宁夏中卫市沙坡头旅游景区举行

【财政金融】2020年，中卫市完成地方财政收入30.96亿元，比上年增长10.8%。其中，一般公共预算收入20.86亿元，下降5.4%。在地方一般公共预算收入中，税收收入12.65亿元，下降9.8%，占地方一般公共预算收入的60.6%。主体税种中，增值税4.36亿元，下降10.1%；企业所得税1.06亿元，下降30.1%；个人所得税0.4亿元，增长16.5%。全年财政支出199亿元，比上年增长0.5%，其中，一般公共预算支出181.58亿元，增长5%。在一般公共预算支出中，一般公共服务支出8.78亿元，增长2.2%；教育支出28.94亿元，增长19%；社会保障和就业支出24.62亿元，增长33.7%；卫生健康支出17.05亿元，增长8.7%。2020年年底，全市金融机构本外币各项存款余额619.54亿元，比年初增长10.9%。其中，人民币各项存款余额619.24亿元，比年初增长10.9%。金融机构本外币各项贷款余额504.19亿元，比年初增长11.6%。其中，人民币各项贷款余额504.19亿元，比年初增长12%。全年全市原保险保费收入19.97亿元，比上年增长10.1%。其中，财产险业务保险保费收入7.92亿元，增长11%；寿险业务保险保费收入12.05亿元，增长9.5%。赔付支出总计5.73亿元，增长2.2%。其中，财产险业务赔付支出4.26亿元，增长3.4%；寿险业务赔付支出1.47亿元，下降1%。

【服务业】2020年，中卫市服务业实现增加值197.38亿元，比上年增长2.9%，占地区生产总值的比重为44.8%。其中，批发和零售业实现增加值20.48亿元，比上年下降14%；交通运输、仓储和邮政业实现增加值21.79亿元，增长4.3%；住宿和餐饮业实现增加值5.49亿元，下降8.8%；金融业实现增加值22.72亿元，增长5.1%；房地产业实现增加值16.75亿元，增长3.7%；其他服务业实现增加值107.57亿元，增长7.4%。全年规模以上服务业企业营业收入比上年增长3.6%，利润总额相比上年扭亏转盈1.1亿元。

【国内外贸易】2020年，中卫市实现社会消费品零售总额128.18亿元，比上年下降6.2%。按经营地统计，城镇消费品零售额100.27亿元，下降6.6%；乡村消费品零售额27.92亿元，下降5%。按行业分，批发零售业零售额74.99亿元，下降9%；住宿餐饮业零售额53.19亿元，下降2%。按消费类型统计，商品零售额112.35亿元，下降6.1%；餐饮收入额15.83亿元，下降7.6%。

【固定资产投资】2020年，中卫市固定资产投资（不含农户）比上年增长10.1%。其中，县属固定资产投资增长9.8%，区属投资增长11.4%。分投资主体看，国有投资下降7.4%，民间投资增长6.8%。在县属固定资产投资（不含农户）中，第一产业投资比上年下降33.8%，第二产业投资比上年增长47.1%，第三产业投资比上年下降17.5%。工业投资增长47.3%，占固定资产投资（不含农户）的比重为59.7%。新能源投资增长111.3%，占工业投资的68.9%。高耗能投资（不含电力、热力生产和供应业）下降8.8%，占工业投资的13.1%。改建和技术改造投资增长10.8%，占工业投资的12.8%。县属基础设施投资下降4.9%，占县属固定资产投资（不含农户）的比重为9%。信息传输、软件和信息技术服务业投资下降15.8%。

【城市建设】2020年，中卫市城市道路长度558.89千米。全市有公园37个，公园面积953.76公顷，人均公园绿地面积为18平方米。2020年年底，全市建成区面积达到78.55平方千米。建成区绿化覆盖率达到39.63%，绿地率为36.04%。全年完成营造林15.1万亩，其中人工造林面积11万亩。森林抚育面积6.1万亩。全年完成房地产开发投资22.46亿元，比上年下降25.7%（其中，住宅投资16.57亿元，下降28%；办公楼投资0.18亿元，下降51.5%；商业营业用房投资5.71亿元，下降25.5%）。2020年年底，全市商品房待售面积104.07万平方米，比上年底减少0.97万平方米。其中，住宅待售面积35.48万平方米，减少0.57万平方米。全年全市建筑业实现增加值29.04亿元，比上年下降16.9%。全市具有资质等级的总承包和专业承包建筑业企业71家，完成建筑业总产值32.51亿元，下降19.5%。其中，国有及国有控股企业完成产值1.91亿元，下降28.3%；私营企业完成产值26.2亿元，下降21.7%。

【科技和教育】2020年，中卫市共争取上级科技项目165个，到位资金1.31亿元。全年全市专利申请量1323件，比上年增加33件，其中发明专利申请量177件，增加17件。专利授权数745件，减少314件，其中，获得授权发明专利61件，增加32件。截至2020年年底，全市共有国家高新技术企业20家，自治区科技小巨人企业17家，自治区科技型中小企业136家。每万人有效发明专利拥有量2.65件。截至2020年年底，全市各级各类学校448所，教职工14668人，其中专任教师13335人。小学学龄人口毛入学率为100%，初中阶段毛入学率为106.58%，高中阶段毛入学率为94.88%，小学六年巩固率为99.65%，初中三年巩固率为99.67%。

【文化体育】截至2020年年底，中卫市拥有专业艺术表演团体3个，业余文艺团体178个，文化馆3个，公共图书馆3个，博物馆9个，文物管理所3个，剧场、影剧院9个，文化站40个，全市已建成大型公共文化服务场所10个，村级文化室448个，社区文化室51个。2020年年底，全市电视综合人口覆盖率为100%，广播综合人口覆盖率为100%。2020年年底，全市共有体育场地13个，体育场地面积266.36万平方米。全年举办体育运动竞技场次48次，举办大型职工群众运动会7次，培训二级体育指导员788人。

【医疗卫生】2020年，中卫市成功创建国家卫生城市，获"全国无偿献血先进市"称号。加强"健康中卫"建设，建成中卫市人民医院发热门诊、危重妇女儿童救治中心，市、县疾病预防控制能力水平得到提升。截至2020年年底，全市共有医疗卫生机构673个，其中医院27个，在医院中有综合医院21个，中医医院3个，专科医院3个。基层医疗卫生机构634个，其中乡镇卫生院40个，社区卫生服务中心（站）23个，门诊部（所）3个，村卫生室453个，诊所、卫生所、医务室115个。专业公共卫生机构10个，其中疾病预防控制中心3个，妇幼保健机构3个，卫生监督所（中心）3个，采供血机构1个。全市共有卫生技术人员6448人，其中执业医师和执业助理医师2223人，注册护士2763人。医疗卫生机构实有床位4927张，其中医院4009张。全年总诊疗548.48万人次，出院11.45万人次。

【生态建设和环境保护】2020年，中卫市开工建设黄河大桥段防洪疏浚、沙坡头水利枢纽南北干渠及灌区节水改造等工程，集中整治黄河"四乱"问题69个。实施禁牧封育、退耕还林还草等生态工程，建成南华山外围水源涵养林9万亩、除险加固淤地坝和骨干坝13座，治理水土流失27万亩。实施废弃矿山、防沙治沙等生态修复工程，完成生态修复8.8万亩，海原县西华山和沙坡头区香山寺草原入选国家草原自然公园试点。持续打好蓝天、碧水、净土保卫战，中卫市第二生活垃圾填埋场、宸宇危废处置中心建成投运，城市空气质量优良天数比例为85%以上，黄河中卫段水质稳定保持Ⅱ类，土壤环境质量总体保持稳定。各类环保问题整改有序推进，美利林区沙漠污染问题完成整改。持续实施大规模国土绿化行动，完成营造林16.8万亩。

【脱贫攻坚】2020年，中卫市紧盯全面建成小康社会目标，牢牢抓住28个重点贫困乡镇、194个贫困村，市、县领导挂牌督战，5413人的贫困人口全部实现脱贫。聚焦"两不愁三保障"，深入开展"四查四补"，整合资金14.6亿元，实施扶贫项目2074个，改造危房1.36万户，3.67万户建档立卡贫困户住房安全有保障，实现农村危房动态清零目标；解决饮水安全问题6352户，农村常住户自来水入户率达98.7%；义务教育阶段辍学学生实现清零；建档立卡贫困人口基本医疗保险实现全覆盖。发放扶贫小额信贷2.8万户13.5亿元，贷款覆盖率76.3%。坚决落实"四个不摘"要求，对脱贫易返贫户、边缘易致贫户、政策兜底保障户等重点群体动态监测，脱贫成果不断巩固。推进脱贫攻坚同乡村振兴有效衔接，开展农村人居环境整治三年行动，建设美丽小城镇、美丽村庄14个，改造农村卫生厕所2.4万座，建成农村公路281.6千米，90%的行政村生活垃圾得到集中处理。

【社会治理】2020年，中卫市全面落实市域社会治理一揽子配套文件，启动市域社会治理现代化试点工作。开展"平安中卫"创建活动，立体化治安防控体系得到完善。推进扫黑除恶专项斗争，打掉一批黑恶势力，公众安全感不断提升。集中解决群众反映强烈的突出问题，信访总量同比下降42%，"人民调解+仲裁+信访"矛盾纠纷治理模式入选第六届社会治理创新博鳌论坛优秀案例。中卫市获评"法治政府建设优秀城市"和"社会治理典范城市"。成立市应急管理委员会，推进安全生产专项整治三年行动，事故起数和死亡人数"双下降"，中卫市被确定为全国自然灾害风险普查试点市，沙坡头区被列为全国综合防灾减灾示范区试点。推进全国示范性退役中心(站)创建活动，37家退役军人服务中心(站)通过自治区和退役军人事务部考核验收。中宁县被评为全国双拥模范县，中卫市、海原县被评为全区双拥模范城(县)。深入推进民族团结进步创建，中卫市、中宁县成功创建全国民族团结进步示范市、示范县，海原县成功创建全区民族团结进步示范县。

【居民收入】2020年，中卫市居民人均可支配收入17864元，比上年增长5.7%，扣除价格因素，实际增长4.1%。按常住地分，城镇居民人均可支配收入30478元，比上年增长3%，扣除价格因素，实际增长1.5%。其中，人均工资性收入23376元，增长3.1%；人均经营净收入2609元，增长1.5%；人均财产净收入853元，下降8.2%；人均转移净收入3641元，增长6%。全年全市农村居民人均可支配收入12123元，比上年增长7.2%，扣除价格因素，实际增长5.6%。其中，人均工资性收入5385元，增长6.5%；人均经营净收入4712元，增长6.1%；人均财产净收入190元，增长3.2%；人均转移净收入1836元，增长12.9%。全年全市居民人均消费性支出13097元，比上年下降0.9%。按常住地分，城镇居民人均消费性支出18101元，比上年下降9.6%，其中，食品烟酒类消费性支出4851元，增长0.2%，占城镇居民人均消费性支出的比重为26.8%。农村居民人均消费性支出10554元，比上年增长3.2%，其中，食品烟酒类消费支出2877元，增长6.1%，占农村居民人均消费支出的比重为27.3%。

【社会保障】截至2020年年底，中卫市参加基本养老保险人数27.55万人，比上年底增加3.46万人。参加城乡居民养老保险52.36万人，增加15.1万人。参加基本医疗保险113.44万人，增加3.54万人。其中，参加职工基本医疗保险13.06万人，增加1.26万人；参加城乡居民基本医疗保险100.38万人，增加2.27万人。参加失业保险职工7.16万人，增加0.32万人。2020年年底，全市领取失业保险金3061人，减少376人。参加工伤保险14.32万人，增加1.69万人，其中参加工伤保险的农民工8.5万人，增加1.63万人。参加生育保险10.16万人，增加1.21万人。截至2020年年底，全市共有1.71万人享受城市最低生活保障，发放保障金1.01亿元；7.76万人享受农村最低生活保障，发放保障金3.24亿元，1698人享受农村特困人员救助供养。全年临时救助3.54万人次，全年国家抚恤、补助退役军人和其他优抚对象3731人。年底全市拥有养老机构25个，其中农村敬老院12个、社会福利院1个、民办养老机构12个，共有床位5599张，入住老人936人。儿童福利院2个，共有床位90张，入住儿童59人。城乡建立各种社区服务站511个。

【沙坡头区】沙坡头区位于宁夏回族自治区中西部，东邻宁夏中宁县，南与宁夏同心县、海原县及甘肃省靖远县交汇，西接甘肃省景泰县，北邻内蒙古自治区阿拉善左旗，为中卫市政府驻地，是中卫市政治、经济、文化中心。辖10镇1乡，共有165个行政村、22个城镇社区，区域总面积6877平方千米。2020年，实现地区生产总值194.52亿元，同比增长5.1%；规模以上工业增加值同比增长7.1%；全社会固定资产投资增长15%；城镇、农村常住居民人均可支配收入同比分别增长2.4%、6.8%。截至2020年年底，沙坡头区常住总人口为41.68万人，其中汉族人口38.84万人，回族人口2.84万人，占总人口的6.8%；乡村人口23.19万人，占总人口的55.63%。城镇人口18.49万人，城镇化率为44.37%。2020年，光明牧业、诺航环保等33个项目签约落地沙坡头区，到位资金81.72亿元，同比增长53%。争取黄河流域生态保护治理、脱贫攻坚等项目资金12.7亿元。推进“云天中卫”建设，配合实施亚马逊、美利云等数据中心项目，培育江南好电商创业孵化园、中卫电商谷等电商基地，建设电商扶贫超市22家，建成5G商用基站262个。实施雍楼市场提升改造、弘兴达冷藏保鲜库等项目，发展物流企业137家、快递品牌16个。拓展新百、朝阳等传统商超线上销售渠道，打造紫云新都“夜间经济”示范点。实施扩能改造等项目38个，完成自来水入户维修4619户，拆除C、D级危房5942户，累计发放扶贫小额贷款7.34亿元。兑付特色产业奖补等资金953万元442户1330人未脱贫户全部脱贫，实施河沟道治理工程9个，开工建设第三污水处理厂，建成农村生活污水收集处理设施6座，畜禽粪污资源化利用率为96%以上，完成营造林7400余亩，植绿增绿4500余亩。2020年，工业增加值达到62.8亿元，较“十二五”末增长49.3%。提升特色农业量效，科学划定粮食生产功能区29万亩，高标准建设富硒苹果、枸杞、蔬菜、硒砂瓜标准化生产基地27.3万亩、万亩富硒硒砂瓜小产区5个、富硒苹果产业示范园2个，落实硒砂瓜休耕轮作17.01万亩。新建功能农业产业示范园12个，永康镇彩达村被评为自治区优质苹果示范基地。科学谋划压砂地后续产业发展，试验种植金银花2600亩。编制畜牧产业五年规划，实施恒泰元、祥泰丰等养殖项目18个，奶牛存栏及肉牛、肉羊、生猪饲养量分别达到4.8万头、6万头、65万只、43万头，鸡饲养量达724万羽。成功创建首批国家全域旅游示范区。旅游总产值年均增长11.5%。

【中宁县】中宁县是中国枸杞之乡，总面积3369.58平方千米，辖6镇6乡146个村级单位（131个行政村、15个城镇社区）。2020年，中宁县常住人口为334022人，男性占比51.24%，女性占比48.76%。全县实现地区生产总值164亿元，同比下降3%；完成社会消费品零售总额42.2亿元，同比下降6.9%；实现城镇居民人均可支配收入30120元，同比增长2.2%；农村居民人均可支配收入14076元，同比增长6.3%；完成地方一般财政公共预算收入811亿元，同比下降7%，完成年度预算的91%。2020年，中宁县有产值过亿元工业企业24家、过10亿元5家、过100亿元1家。全年完成工业总产值113.27亿元，同比下降13.3%，占全县工业总产值的73.9%。开复工重点项目109个，招引项目40个，到位资金74.7亿元。2020年，全县建设高标准农田18.4万亩，实现粮食总产3.05亿公斤，主要农作物机械化率达94%，获全国率先基本实现主要农作物生产全程机械化示范县，被国家农业农村部命名为全国主要农作物生产全程机械化示范县。全年粮食播种面积55.8万亩，其中玉米种植面积37.6万亩，比上年增加0.4万亩，增长3.6%；水稻、小麦、马铃薯种植面积分别为2.22万亩、3.16万亩、6.16万亩；夏杂粮种植面积0.77万亩，秋杂粮种植面积6.3万亩，农作物良种覆盖率100%。完成硒砂瓜、蔬菜种植29.2万亩、4.5万亩，发展青贮玉米18万亩、紫花苜蓿2.3万亩、无籽西瓜0.56万亩、樱桃番茄0.16万亩。完成压砂地修耕轮作11.7万亩，打造富硒标准化基地9万亩，建设富硒高标准产业示范园4个。新培育县级以上农业合作社示范社、家庭农场、龙头企业、社会化服务组织26家，培育红枣、枸杞、蔬菜等联合社2家、土地股份合作社5家，成立农村集体（股份）经济合作社135个，全县土地托管面积2.5万亩。全县奶牛存栏3.3万头，生猪、肉牛肉羊、家禽饲养量21.4万头、9.9万头、55.5万羽，肉、蛋、奶产量2.46万吨、0.23万吨、10.1万吨；水产养殖面积3.2万亩，水产品总产量0.36万吨。全县绿色食品企业总数199家，创建枸杞、硒砂瓜全国绿色食品原料标准化生产基地34个24.4万亩，初步形成标准化基地、加工园区、产地市场、优势品牌、工业旅游三产融合的绿色发展全产业链条。中宁县被列入全国农业绿色发展先行先试支撑体系试点县。

【海原县】海原县东连宁夏同心县、原州区，南接宁夏西吉县，西邻甘肃省平川区、会宁县，北靠宁夏沙坡头区和中宁县。全县国土总面积6463平方千米，其中耕地面积229万亩。辖17个乡镇、1个管委会、1个街道办事处、1个自然保护区，下设150个行政村，10个社区、户籍总人口453562万人，其中回族人口328818人，占总人口数的72.5%。2020年，实现地区生产总值81.44亿元，同比增长4.5%；社会固定资产投资48.13亿元，同比增长24.6%；地方公共财政预算收入2.14亿元，同比增长2.1%；社会消费品零售总额28.74亿元，增长7.8%；城镇和农村常住居民人均可支配收入27488元、10641元，分别增长5.3%和10.5%。2020年，海原县顺利退出国家贫困县序列，县农村危房改造入选全国农村公共服务典型案例。先后获电子商务进农村综合示范县、全国阳光校餐示范县、“全区抗击新冠肺炎疫情先进集体”“全区双拥模范县”“全区转移就业示范县”等荣誉。全年粮食播种面积109.7

万亩，粮食总产在23.56万吨以上。小杂粮种植面积38.5万亩，实现总产值1.86亿元。马铃薯种植50万亩，实现总产值12亿元。瓜菜种植面积15.5万亩，其中，硒砂瓜种植5.5万亩、实现产值1.4亿元，蔬菜种植10万亩、实现产值2.8亿元。发展富硒功能农业5万亩。依托“西海固”区域公用品牌，全年销售农特产品2.98亿元。赊销基础母牛13275户次32962头，新建50头以上规模牛场110个，创建肉牛养殖示范村5个，万家养牛乡镇5个，肉牛饲养量达到30头。组建县肉牛产业发展集团，成立17个乡级肉牛工作站、57个村级肉牛专业合作社。全年完成技能培训7097人，发放创业担保贷款3.61亿元，实现农村劳动力转移就业8.98万人，创收15亿元以上，累计减税降费5094万元，发放惠民利企贷款70亿元。开通4条乡村物流配送专线，组建4支乡村物流配送小分队。实现第三产业增加值49.79亿元。全年开(复)工项目112个。

（李福祥）

人物和荣誉

RENWUHERONGYU

NINGXIA YEARBOOK

编辑◎张明鹏

全国劳动模范和先进个人

【孙建宁】卧龙电气银川变压器有限公司电焊车间技术顾问。大力助推企业技术改造，设计制造十多个大型焊接平台，为公司节约技改资金数百万元。先后主持参与公司“220kV V/X高速铁路牵引变压器”“330kV V/X高速铁路牵引变压器”“机车车载牵引变压器”等十余项重点新产品的油箱焊接工作。带领“孙建宁劳模创新工作室”团队承担两个国家级项目、4个区级项目及一个市级项目的研发任务。参与阿尔斯通印度电气化铁路项目，完成整条工程铁路线变压器的调试安装任务。2007年，获全国“五一劳动奖章”。2020年11月，被国务院表彰为“全国劳动模范”。

【周建宇】宁夏机械研究院股份有限公司工程师。公司自动化学科带头人，主持研发多项设备电气系统。开发的淬火压床及非金属材料试验机新产品，有多项技术成果填补国内空白。主持参加重大科研课题和设计任务数十项，获自治区科技进步奖3项，国家实用新型专利2项，国家发明专利1项，国家发明专利优秀奖1项，国家技术创新优秀新产品奖1项，科技部国家重点新产品证书1项，计算机著作权登记证书7项，国家级新产品证书4项。2014年，被评为“全国机械工业劳动模范”。2020年11月，被国务院表彰为“全国劳动模范”。

【陈　云】宁夏天地奔牛实业集团有限公司主任设计师。负责参与自治区和中国煤炭科工集团重点、一般科研项目7项，公司新产品8项。承担公司合作的国家863项目，研制出国内首台套“矿山竖井掘进机”项目机械部分；开发国内首台套移动式上向反井钻机，填补国内上向盲井钻井装备研制空白。研发的项目先后获得自治区、煤炭工业协会和中国煤炭科工集团科学技术进步奖6项，授权发明专利12项，实用新型专利19项，发表论文9篇。2015年，获“自治区劳动模范”。2019年，获“宁夏最美科技人”荣誉称号。2020年11月，被国务院表彰为“全国劳动模范”。

【边海燕】宁夏燕宝慈善基金会执行副理事长。宁夏燕宝慈善基金会重点对宁夏六盘山连片特困地区考入大学的孩子进行“全覆盖”资助，每人每年4000元，直至完成学业。2019年年底，基金会资助范围已扩至14个县（区）、7个乡镇，占全区80%的范围，累计捐资19.53亿元、资助19.79万名学生。投资100亿元，打造“医、养、教”相融合的新型公益性康养示范基地，涵盖8500套17000张床位的居家养老社区、2100张床位的大型综合平价医院以及1500套3000张床位的爱心养护中心。在新冠肺炎疫情抗击战中，带领燕宝慈善基金会捐赠款物近3600万元，并推进基金会捐赠方宝丰能源转产，生产可用于医用无纺布制造的高熔指纤维聚丙烯S2040。2018年，获“全区民族团结进步模范个人”。2020年11月，被国务院表彰为“全国劳动模范”。

【赵惠娥】宁夏理工学院院长、教授。改革开放初期，依靠政府支持的5000元启动资金，开始创建宁夏理工学院。2005年以来。经过10多年的努力，校园占地面积由原来的92亩发展到1500余亩，建筑面积32万平方米。学校专业由最初的3个发展到9个院系73个专业，涉及8个学科门类。校园资产由最初的5000元开办经费，发展到固定资产9亿元。学生人数由不足百名，发展到1.3万名在校生的全国高校百强、宁夏最佳民办高校。先后被授予“优秀教师”“优秀教育工作者”“招生先进个人”“全国三八红旗手”“巾帼建功标兵”等荣誉称号。2014年，享受国务院政府特殊津贴。2020年11月，被国务院表彰为“全国劳动模范”。

【李润喜】湖南中烟工业有限责任公司吴忠卷烟厂制丝车间技术员。30多年，专注于制丝车间设备维修改造，先后完成切丝机维修、真空回潮蒸汽节能等多个技术改造项目，累计为企业节省资金近百万元。制定设备“点、线、面、体”全面维护管理模式，使制丝车间设备故障率降低74.6%。修订完善9项设备管理制度，建立26项标准化设备维修作业流程和100余项设备周期性维护项目标准，实现操作流程的标准化和参数化。主导的11项创新成果在全国TnPM大会上获奖，为企业技术进步作出积极贡献。2015年，获“自治区劳动模范”。2020年11月，被国务院表彰为“全国劳动模范”。

【董建方】宁夏红枸杞产业有限公司技术副总监，酿酒师。长期致力于食品研发和酿酒技术指导工作，创新发明多款枸杞深加工新产品，主持枸杞酒技改项目，充分发挥研发与生产的衔接、指导、实施作用。带领技术团队奋斗在葡萄酒酿造生产一线，认真研究沙坡头地区风土气候特点及葡萄种植酿造优势，采用沙漠栽培的有机葡萄酿造的沙坡头蛇龙珠葡萄酒屡获国际大奖和国内大奖。取得国家发明专利6项，以第一作者发表专业论文7篇，参与制定自治区地方标准2项。2013年，获宁夏科学技术进步二等奖。2015年，获“自治区劳动模范”。2020年11月，被国务院表彰为“全国劳动模范”。

【厉吉文】中国华电集团有限公司宁夏分公司党委书记、执行董事，银川市“东热西送”工程副总指挥，正高级工程师。2011年进入华电山东公司工作，先后担任华电山东公司总工程师、副总经理兼总工程师、党组书记兼副总经理、总经理兼党组副书记等职务。2017年7月，到宁夏担任华电宁夏公司党委书记、执行董事，同时兼任银川市“东热西送”工程副总指挥，一年时间完成“东热西送”工程任务，银川市二氧化硫下降57%，$PM_{2.5}$平均浓度下降25%，空气优良天数增加72天，被亚洲空气质量监测中心评为中国城市空气质量改善第一名。宁夏华电供热公司净资产在两年内估值翻了2～3倍。1999年，获科技部国家技术发明奖三等奖。2004年，获山东省政府“山东省有突出贡献的中青年专家”称号，享受国务院政府特殊津贴。2020年11月，被国务院表彰为“全国劳动模范”。

【刘东苗】中国电信股份有限公司宁夏分公司市场部客户经营中心主任，高级工程师。完成370多个“村级扶贫电视台”建设，推广“益农信息+电子商务+便民服务”合作新模式，建成1102个电商综合服务站。制定面向公众和中小企业实施方案细则38个，梳理各类销售品12000多个，流量单价下降8倍，宽带单价下降6倍以上。推出手机支付加油、智能组网、视频想家等十余种产品，启动“千名志愿者进万家庭”社区服务活动，覆盖城市农村家庭近50万户。推出为民服务十大举措产品，助力智慧城市建设。从源头防范、日常监测、打击处理等环节入手，全力防范打击电信网络诈骗，在网用户实名信息为97%以上，未出现1例涉案号码。2002年，获“全区技术创新能手”；2011年，被评为“中国电信集团公司优秀共产党员”；2013年，被授予“中央企业劳动模范”等荣誉称号；2020年11月，被国务院表彰为“全国劳动模范”。

【杜正平】国家能源集团宁夏煤业有限责任公司烯烃二分公司副总经理，工程师。2012年带领车间技术骨干成立“MTP创新工作室”，先后完成E-60151流程改造、脱乙烷塔物料回收、干燥器D-60491流程改造、高低压火炬分离罐凝液回收、PP轻重组分回收、低压蒸汽凝液技术改造、DME、MTP反应器操作优化先进操作法等一系列技术创新。带领创新工作室人员共解决MTP装置生产技术难点百余项，共申报专利项目15项，其中两项成果入选“2015年度全国能源化学百项成果奖”，获得国家实用新型专利11项，获得专利商德国鲁奇公司的认可，并取得全球15%的专利技术分红权。2013年，获神华宁煤集团“劳动模范”荣誉称号；2015年，被神华宁煤集团授牌为“杜正平劳模创新工作室”；2016年，获得全国“五一劳动奖章”；2020年11月，被国务院表彰为“全国劳动模范”。

【李艳艳】宁夏农垦贺兰山奶业有限公司副总经理，高级畜牧师。引进新技术、转化新成果，组织实施奶牛高产攻关活动，引领全区奶业发展，2018年企业奶牛单产增加450公斤/头，2019年增加400公斤/头，15个奶牛场全部达到10吨/头以上，牛奶质量超过欧盟标准。2013—2019年，企业养殖规模由2万头增加到5.2万头，奶牛年均单产由8.8吨/头增加到10.7吨/头。2012年，获全国“五一劳动奖章”；2013年，获全国农牧渔业丰收奖；2013年和2016年，两次获宁夏科技进步三等奖；2016年，获全国农业技术推广贡献奖；2020年11月，被国务院表彰为“全国劳动模范”。

【马玉山】吴忠仪表有限责任公司党委书记、董事长，正高级工程师，自治区工商联第十届执行委员会副主席。主持完成国家科技支撑计划、国家重大科技专项等多项国家科研课题，获国家科技进步二等奖1项，省部级科技进步一等奖、二等奖10多项。发表多篇高水平科研论文，出版专著《泛ERP—两化融合的成功之道》。在中国仪器仪表行业率先全面实现智能控制阀数字化工厂，被工信部评定为“智能制造试点示范企业”。解决了制约化工装备国产化中的瓶颈问题，累计实现产值50亿元，利税10多亿元。先后获全国中青年科技创新领军人才、宁夏“塞上英才”、国家科技创新领军人才、国家杰出专业技术人才、国家科技进步二等奖等荣誉；2015年，入选国家人才工程，享受国务院政府特殊津贴；2020年11月，被国务院表彰为“全国劳动模范”。

【汲洪民】中铝宁夏能源集团宁夏银仪电力工程有限公司工程专责，助理工程师。带队参加兰州铝业自备电厂、银星电厂、广西华磊电厂等单位几十次大修、抢修工作，数千道焊口合格率为98%以上，高压焊口无一泄露。负责的磨辊堆焊车间，一年内完成28组（84个）焊接任务，磨辊外形尺寸、硬度全部符合专业标准，节约堆焊费用170余万元。带队建成焊工培训车间，用废角铁、槽钢制作12套专用汽轮机缸体螺栓加热器架、专用检修工具房和400多片钢性围栏，降本增效近30万元。取得焊接教练资格证后，培养出20多名“一专多能”优秀焊接人才。先后获得“宁夏技术标兵”“自治区国资委优秀党员”等荣誉称号；2019年，获“中央企业劳动模范”称号；2020年11月，被国务院表彰为“全国劳动模范”。

【苏少静】共享装备股份有限公司常务副总经理，兼任铸铁技术研究所所长和虚拟制造中心总经理，高级工程师。2003年参加工作以来，带领技术质量团队完成多项高端铸件的研发、生产和交付，填补了多项行业空白。主持设计了公司多项新产品工艺，解决了多种新产品工艺技术瓶颈问题，形成多项专有技术。主持开发的项目有美国瓦克夏内燃机项目、德国MAN柴油机发动机项目、瓦锡兰船用发动机项目、GETS轨道交通发动机项目、美卓矿机项目等。先后主持、参与完成国家级、自治区级项目14项，获得相关荣誉9项；发表科研论文18篇；获自治区科技成果12项；获银川市科技成果9项；申请专利32件，其中授权专利14件；获得市级以上荣誉23项；负责国家重点研发计划1项。2017年，获中国铸造协会铸造行业优秀青年人才奖；2018年，获自治区科技进步二等奖，首届全区职工技术创新成果一等奖，中国机械工业科技进步三等奖和首届中国创新方法大赛全国总决赛二等奖；2020年11月，被国务院表彰为“全国劳动模范”。

【顾　燕】中国石油天然气股份有限公司长庆油田分公司第三采油厂吴起采油作业区吴一联中心站副站长、党支部书记，助理政工师。始终坚守在条件最艰苦、任务最繁重的生产第一线，连续8个春节在大山深处度过，完成数字化油田中心站管理模式改革。勤学好进，夺得长庆油田公司技能大赛金牌，成为站库生产的“活流程”，带出徒弟105名。2015年，创建“顾燕劳模创新工作室”团队，完成创效成果66项，解决生产瓶颈问题38个，获得国家专利3项，年节约费用300余万元。2015年，被评为“自治区劳动模范”；2017年，被评为中国石油“十大杰出青年”；2020年11月，被国务院表彰为“全国劳动模范”。

【张耘溢】国网宁夏电力有限公司检修公司检修专责，高级工程师。带领班组先后提出各类技术革新20余项，以第一发明人获得的国家实用新型专利13项。2015年11月至2016年9月，在宁夏第二条电力外送大通道的首端，也是宁夏区内首个±800千伏特高压换流站灵州换流站设备验收过程中，发现并处理9700多条工程缺陷。工程投运后，全站8万多颗螺丝、12万个线芯、2000多个引线接头，未发生一次发热故障、未发现一条回路错误。曾连续两年获得宁夏电力公司及自治区变电检修技能大赛第一名，并相继获得检修公司技术能手、宁夏电力公司技术能手、中电联技术能手、自治区技术标兵以及自治区“五一劳动奖章”。2018年5月，获全国“五一劳动奖章”；2020年11月，被国务院表彰为“全国劳动模范”。

【朱玉国】吴忠市盐池县王乐井乡曾记畔村党支部书记。探索“信用建设+产业基础+金融支撑”三位一体金融扶贫方式，将村互助资金从2006年运行时的20万元发展到2019年的880万元，用互助金撬动银行3年给群众发放产业贷款1.37亿元。通过发展产业，村民人均可支配收入由2006年的1500元增长到2019年的10386元，村集体收入从2010年的零收入到2019年的38万元，全村建档立卡户195户576人全部实现脱贫销号。村党支部先后被中共中央、自治区、吴忠市评为“先进基层党组织”。2016年，获全国脱贫攻坚奋进奖；2017年11月，获全国道德模范提名奖；2020年11月，被国务院表彰为“全国劳动模范”。

【赵文峰】宁夏苏宁新能源设备有限公司副总经理，助理工程师。参加工作以来，通过多次实验不断验证、改进，最终设计出一套新工艺,减少了生产工序和生产成本,年节约价值500余万元。先后参与并攻关数个公司技术难题及科研项目,率先提出以消失模工艺代替传统铸焊工艺的研发思路,带领创新团队反复试验,最终一次浇注成型,克服了传统产品由于拼段焊接带来的开裂问题,彻底解决了产品焊接性和硬度之间的矛盾这一困扰行业多年的技术难点,产生直接经济效益3.2亿元。2015年,被评为“自治区劳动模范”;2020年11月,被国务院表彰为“全国劳动模范”。

【马生龙】宁夏中宁县锦宁铝镁新材料有限公司碳素厂成型车间主任。参加工作10余年来,熟练掌握碳素工艺和技术知识,确保成型车间500多台设备安全运行。带领的“马生龙劳模创新工作室”总结推广成功经验50余项,完成10余项碳素工艺和设备技术改造、工艺优化,每年为公司创造效益2000余万元。其中,阳极外观优化项目每年节约用电量143371.2万千瓦时,减少CO_2排放量142941.08千克,每年创造效益1618.35万元。2013年,获“中宁县劳动模范”荣誉称号;2017年,获全国“五一劳动奖章”;2018年,当选为中国工会十七大代表;2020年11月,被国务院表彰为“全国劳动模范”。

【李　彦】宁夏吴忠市利通区环境卫生管理中心机械清扫队驾驶员。从出租车司机到环卫清扫驾驶员,干一行爱一行,从业十多年来,为保证机械清扫车辆安全运行,每天上班出车前都认真检查。有着多年出租车驾驶经验的她,在行车过程从未发生安全事故。对清扫车的各项技术要求更是严格把控,精准作业,做到不溢水、不漏尘、不扬尘。每天工作结束,都会及时排除车辆小故障,为单位节约维修开支。每逢降雪,机械清扫车不能出车时,她总是冲锋在前,与同事们人工清扫街道积雪,确保市民安全出行。先后获自治区“五一劳动奖章”“自治区劳动模范”称号;2020年11月,被国务院表彰为“全国劳动模范”。

【马海民】中铁一局集团有限公司党委书记、董事长,正高级工程师。主持完成总投资75.92亿元的银川都市圈城乡西线供水工程项目,实现5个月完成项目框架意向到工程立项。他调配企业优质生产资源,2019年完成项目投资47.21亿元,各类工程进度完成87%以上;严控工程安全质量,项目市政部分获得2019年银川市建筑施工安全标准化示范工地。2019年年底,项目一期工程正式通水,开启银川市双水源供水新篇章,彻底解决了长期以来水量不足、水质恶化等历史性问题,实现了让180万名宁夏城乡居民喝上黄河水的夙愿。先后获“全国优秀施工企业家”“陕西省劳动模范”“陕西省优秀企业家”等荣誉称号;2020年11月,被国务院表彰为“全国劳动模范”;2020年12月,被评为“2019—2020年度全国优秀企业家”。

【寇启芳】宁夏吴忠市红寺堡区大正畜禽生产技术服务专业合作社理事长,助理畜牧师。2003年,在红寺堡区创办红寺堡区天源农牧业科技开发有限公司,与西北农林科技大学、国家绒毛用羊产业技术体系合作,开展“分子聚合培育滩羊新品种(系)技术研究与示范”“营养调控生产高档(大理石花纹)滩羊肉等关键技术研究”,并取得重大突破,使滩羊胴体羊肉价格平均每公斤达到168元。累计向广大养殖户选育推广滩羊优秀基础母羊3万多只,优秀种公羊15000多只,推广滩羊专用TMR饲料51000吨。先后开展各项技术培训78场次,受训人数7000余人次;开展科普讲座50场次,听讲人数达到5000余人次。服务农户累计新增纯收入1亿多元。先后获得“宁夏巾帼创业之星”“宁夏创业技术标兵”“自治区劳动模范”“自治区巾帼建功标兵”“自治区‘三八红旗手’”等荣誉称号;2019年3月,被评为全国“三八红旗手”;2020年11月,被国务院表彰为“全国劳动模范”。

【倪联新】宁夏中卫市百利蔬菜流通专业合作社理事长,农艺师。38年坚守农业生产一线,积极引进新品种、新技术、新设备,开展瓜菜种植技术培训、技术交流和咨询服务。引进试验示范瓜菜新品种(组合)312个,包含享誉全国的中卫“硒砂瓜”主栽品种“金城5号”“金城红金五”。引进推广新设备9项,新技术4项,率先在宁夏引进运用水肥一体化椰糠无土栽培种植技术,棚均增收1310元,每年解决劳动就业600余人。组织制定设施蔬菜产品生产技术规程和产品质量标准24项,获国家专利5项,农业部登记非主要农作物品种2个。2015年,获“自治区劳动模范”;2020年11月,被国务院表彰为“全国劳动模范”。

【齐永新】宁夏固原市隆德县新何养牛专业合作社理事长。多方争取项目资金,加强李士村基础设施建设,完成自来水入户357户,改造危房361户,安装太阳能热水器,全村实现户户通水泥路、户户通自来水、户户住安全房、户户用清洁能源,李士村成了隆德县“美丽村庄”的典范。争取自治区财政厅村集体经济壮大发展项目资金200万元,整合县扶贫、农牧等部门资金10万元,对现有闲置学校6幢校舍进行改造,建成李士村昌信农家超市、凤河醋厂、意兴油坊、小杂粮磨坊,并组建农机服务队,多渠道、多元化创新发展村集体经济。全村农民人均纯收入由2016年的6452元增加到2020年的7033元，增长了9%。村集体经济收入达到37万元。2020年11月，被国务院表彰为“全国劳动模范”。

【马瑞霞】宁夏医科大学总医院耳鼻咽喉头颈外科主任，宁夏医科大学耳鼻咽喉头颈外科学系主任，宁夏医科大学首席专家，银川市第三人民医院院长。马瑞霞曾带领耳鼻咽喉头颈外科团队，在区内率先开展鼻内窥镜手术、人工耳蜗植入术、听骨重建术、鼓室成形术、全喉切除术发音重建、肌皮瓣转移在恶性肿瘤术后大面积组织缺损修补中的应用、OSAHS等重大手术。研究规范了宁夏变应性鼻炎的诊断与治疗，还在宁夏建立2个睡眠监测中心。新冠肺炎疫情防控期间，马瑞霞带领全体干部职工共接诊发热病人2805例，确诊患者13例，完成6个临时隔离点改造，抽调近500名医务人员支援湖北和自治区第四人民医院。2020年11月，被国务院表彰为“全国先进工作者”。

【王锦秀】银川市第九中学党委书记、校长，化学特级教师，国家级骨干教师，享受国务院政府特殊津贴，自治区第十一届党代会代表。2013年3月，担任银川九中党委书记、校长。在她的带领下，银川九中连续7年获得银川市直属教育系统目标责任制考核一等奖，连续6年获得银川市教育教学质量综合考核一等奖，获得“自治区书香校园”“自治区先进基层党组织”“五星级基层党组织”等一系列荣誉。银川九中教育教学质量逐年提升，2018年高考升学率为76%，2019年高考升学率为93%。先后获得“优秀华夏园丁”“全国三八红旗手”“全国百名卓越校长”“全国优秀科研型校长”“全国妇女创先争优先进个人”“全国青少年法制教育先进个人”、自治区“313人才”、自治区教育系统“优秀党务工作者”、银川市“十大模范教师”、银川市“教学质量工程先进个人”“银川市德育工作先进校长”“银川市名校长”等荣誉称号。2020年11月，被国务院表彰为“全国先进工作者”。

【蒋　齐】宁夏农林科学院荒漠化治理研究所研究员、宁夏农林科学院生态学科一级学科带头人、宁夏防沙治沙与水土保持重点实验室主任。2003年12月，任宁夏农林科学院荒漠化治理研究所副所长；2006年6月，任宁夏农林科学院荒漠化治理研究所所长。是自治区政协九届委员会委员、十届委员会常委，全国政协十三届委员会委员。2017年5月，当选为九三学社宁夏区委会副主任委员。享受自治区政府特殊特贴、国务院政府特殊津贴。2013年，入选国家人才工程国家级人选，被授予“国家有突出贡献中青年专家”称号。2014年，被中国科协授予“优秀科技工作者”称号，2015年，被自治区党委、政府授予“塞上英才”称号。2001年以来，主持、参与40余项科研课题，获得国家科技进步二等奖1项、自治区科技进步一等奖3项、二等奖5项、三等奖6项，发表论文50余篇，专著6部。带领的团队先后被国家林业局、科技部等部委授予“全国林业科技工作先进集体”“中药现代化科技产业基地建设十周年先进集体”“全国防沙治沙先进集体”等殊荣。2020年11月，被国务院表彰为“全国先进工作者”。

【周　玮】宁夏医科大学总医院副院长，教授、主任医师。从事呼吸与危重症专业医、教、研工作20余年，是宁夏呼吸领域学科带头人，近年来主持开展新技术新业务20余项，绝大部分填补区内空白，大部分处于国内领先。主持开展的肺动脉球囊扩张术为全国第五家开展此手术的中心。主持国家级科研项目2项，省部级科研项目2项，发表论文30余篇，其中SCI 2篇，参与编辑专著3本。担任全国二级学会副主任委员2个，常委1个，委员12个，任宁夏基层呼吸防控联盟主席，宁夏呼吸病学会主任委员，宁夏呼吸医师协会主任委员。自治区“313人才工程”学术技术带头人、宁夏“五四青年奖章”、自治区“青年岗位能手”、全国“青年岗位能手”、第十届“中国医师奖”获得者。2020年11月，被国务院表彰为“全国先进工作者”。

【李秀忠】宁夏医科大学总医院呼吸与危重症科副主任，副教授、主任医师。医学硕士，呼吸与危重症医学科副主任，主任医师，副教授，长期从事支气管哮喘、慢性阻塞性疾病、肺部感染性疾病、睡眠呼吸暂停低通气综合征、肺栓塞、机械通气、胸部肿瘤等呼吸系统疾病的医疗、教学科研工作。在支气管镜及经支气管镜介入治疗方面积累了丰富的临床经验。非小细胞肺癌靶向治疗疗效预测研究获宁夏自然科学资金资助。2020年，抗击新型冠状病毒疫情期间，带队驰援湖北襄阳市老河口市第一医院53天里，其间管理确诊患者42例、疑似患者138例、无症状感染者8人，参加会诊67例、病历讨论4次、大查房7次（每周一次）。经过大家的共同努力，老河口市做到了患者“零死亡”、医护人员“零感染”。2020年11月，被国务院表彰为“全国先进工作者”。

【高小芳】自治区人民医院ICU科主任，主任医师。2003年“非典”袭来，作为青年骨干医师到宁夏结核病医院（当时宁夏唯一的传染病医院）工作，开设“非典”收治病房，指导呼吸重症患者的救治；

2009年年底，甲流肆虐，在浙江大学第一附属医院进修的她临危受命，终止学习返回宁夏，作为自治区人民医院重症组组长进驻“甲流病房”，负责危重症患者的救治工作；2011年，在她的带领和积极筹建下，医院成立了重症医学科（ICU），先后开展了机械通气、有创血流动力学监测、血液净化治疗、重症超声等多项生命监测及脏器功能支持技术，已涵盖呼吸、外科、循环、神经等4个亚专科的重症医学科。2018年8月，作为自治区“流行性乙脑”专家组的副组长，她负责全区流行性乙脑重症患者的救治工作，历时近3个月圆满完成任务；2020年1月，她主动请缨进驻宁夏确诊病例定点收治医院开展新冠肺炎危重症患者救治工作。2020年11月，被国务院表彰为“全国先进工作者”。

【杜建录】教育部人文社会科学重点研究基地宁夏大学西夏学研究院院长、教授、博士生导师，“长江学者”，宁夏大学中国少数民族史博士点学术带头人、国家“211”工程重点学科学术带头人。先后发表论文100余篇，出版专著5部，主编《中国藏黑水城汉文文献》《中国藏西夏文献》（合作）等大型文献丛书。7项成果获省级社科优秀成果一等奖、二等奖、三等奖，其中一等奖3项。2014年，获“宁夏第二届社会科学突出贡献奖”。2018年4月28日，获全国“五一劳动奖章”。2020年11月，被国务院表彰为“全国先进工作者”。

【许新霞】中央广播电视总台央广宁夏记者站记者，高级记者。1998年毕业分配至宁夏人民广播电台，先后在新闻中心农村部、编辑部和记者部做编辑、记者工作。2005年12月调至中央人民广播电台，在宁夏记者站从事新闻采访工作。曾有多篇新闻作品分获中国新闻奖、中国广播电视政府奖、宁夏新闻奖、宁夏广播电视政府奖等国家级、省部级各类新闻奖项。先后获得全国新闻界抗击“非典”新闻宣传优秀记者、中华人民共和国第七届少数民族传统体育运动会先进个人，以及2007年度中央人民广播电台先进工作者等荣誉称号。2020年，在抗击新冠肺炎的60多个日夜，采写稿件近300篇。2020年11月，被国务院表彰为“全国先进工作者”。

【郑建卫】银川市公安局西夏区分局镇北堡镇派出所教导员。1999年9月参加工作以后，被分配到银川市公安局巡逻警察支队特警大队。2000年4月，被调到银川市公安局巡逻警察支队三大队。2011年9月，到西夏区贺兰山西路派出所担任民警、副所长。2016年9月，到镇北堡镇派出所担任教导员。因工作成绩突出，2003年被评为“银川市青年岗位能手”；2007年、2009年，分别荣立个人三等功；2018年10月，被自治区党委授予“全区优秀共产党员”称号；2018年12月，中央文明办发布“中国好人榜”，被评为“见义勇为好人”；2020年11月，被国务院表彰为“全国先进工作者”。

【马　丽】宁夏银川市金凤区税务局第一税务分局职工。2003年参加工作以来，带领全科人员完成业务划转工作，征收的20多万笔税款无一差错。2016年5月入驻市民大厅以来，金凤区办税服务厅连续9个季度在市民大厅46家进驻的整建制单位综合评比中均排在一等序列，马丽多次被银川市原国税局评为“优质服务标兵”“我身边的好税官”，被自治区原国税局评为“金三”先进个人、“岗位能手”。被银川市税务局党委授予成立“马丽工作室”。2016年至今，马丽团队一共收到纳税人送来的锦旗23面。负责的办税厅先后获宁夏区“青年文明号”“巾帼文明岗”；2018年，个人被授予“全国百佳办税服务厅主任”“宁夏好税官”；2019年，被授予“全国税务系统机构改革记功”奖励，12次获区、市、县“优秀共产党员”“先进工作者”；2020年11月，被国务院表彰为“全国先进工作者”。

【王　峰】宁夏固原市农业技术推广服务中心主任，农业技术推广研究员。主要从事农作物新品种选育、农业新技术推广及产业开发工作。主持选育出适宜宁夏南部山区及周边地区种植的冬小麦新品种6个，马铃薯品种1个。主持集成创新出全膜双垄沟侧播、全膜覆土穴播、起垄覆膜覆土、滴灌水肥一体化、一次性施肥等旱作节水技术，年推广应用旱作农业新技术300多万亩，新增总产值6.98亿元。主持完成省部级科技项目10多项，获省部级科技二等奖3项、三等奖1项，科技成果7项。2015年，获宁夏首届“塞上农业专家”荣誉称号；2017年，获全国“农业先进工作者”荣誉称号；2020年11月，被国务院表彰为“全国先进工作者”，同年享受国务院政府特殊津贴。

【王玉珏】宁夏石嘴山市平罗县定远街消防救援站站长。先后参加4000多次火灾扑救及抢险救援任务，30余次执行急难险重任务，抢救、疏散遇险群众千余人。参加工作17年间，参与并成功处置“10·30”丽珠药业甲苯车间爆炸燃烧事故、“9·5”银川佳通轮胎火灾、“2·28”神华宁煤烯烃二期爆燃事故、“12·18”平罗神州轮胎厂火灾、“9·1特大暴雨”平罗黄河大桥电石货车交通事故等30余起急难险重任务。先后3次荣立个人三等功，被自治区党委、政府表彰为“全区民族团结先进个人”，被公安部原消防局表彰为“公安消防部队优秀中队指挥员”，被应急管理部表彰为“第五届全国119消防先进个人”。2020年11月，被国务院表彰为”全国先进工作者“。

（张明鹏）

国务院政府特殊津贴获得者

【丁　洪】银川市新闻传媒集团高级记者。历任银川晚报社办公室副主任、新闻部主任、副总编辑，银川市委宣传部副部长、调研员，银川晚报社党委书记、社长，银川市新闻传媒集团党委书记、社长、台长。中国晚报工作者协会第七届理事会副会长。组织《腾飞的宁夏》《月上贺兰》巡演、银川香港经贸文化活动周和奥运火炬传递等大型宣传报道活动，制定《关于建立网络舆情监测报送引导制度的意见》，开展银川市改革开放30年“改革创新风云人物”，“创业明星”等评选活动。2020年享受国务院政府特殊津贴。

【于志军】中节能宁夏新能源股份有限公司正高级工程师。中国工程院长江经济带重大咨询项目专家。中国科学院大学工商管理硕士生导师。中国科技核心期刊《中国煤炭地质》外审专家，《中国煤层气》期刊编委。美国能源工程师协会注册能源管理师。自治区“高层次科技创新领军人才”，银川市高精尖缺人才。2015年5月，被中国节能环保集团公司委任为中节能宁夏公司总经理。组建科研团队，着力研究关停煤矿废弃矿井瓦斯治理技术。用四年时间，就取得了国家授权发明专利2项，实用新型技术15项，两项PTC专利取得国际检索报告，带领濒临破产的生产型企业成功转型为一家被录入国家级科技型中小企业评价系统的产学研为一体的科研创新型企业。自主创新的“废弃矿井瓦斯综合治理关键技术”成果被评价为“国际领先水平”，填补了国内该领域的技术空白，获得十多项国家级与省部级奖项。通过在石嘴山和乌兰两地示范项目开展地面卸压钻孔修井、裂隙区修井等工程试验，成功实现废弃矿井瓦斯综合治理的科技成果转化。2020年享受国务院政府特殊津贴。

【王　峰】（详见“全国劳动模范及先进个人”，第524页）

【王东新】中色东方集团西北稀有金属材料研究院宁夏有限公司正高级工程师、国家钽铌特种金属材料工程技术研究中心副主任，中色（宁夏）东方集团有限公司副总经理，北方民族大学硕士研究生导师，第十三届全国人大代表。主要研究领域为现代材料表征技术、纳米粉体制备技术、金属及金属氧化物溅射靶材、合金靶材、功能材料等相关材料的生产制造与研发工作。1996年毕业于兰州大学物理系，2005年留学英国并获得理学博士学位。先后发表SCI论文40余篇，拥有发明专利30余项。2016年入选第二批“宁夏科技创新领军人才”项目、首批“宁夏青年拔尖人才工程自治区级专家后备人才”。2020年享受国务院政府特殊津贴。

【王明国】宁夏农业技术推广总站副站长，高级农艺师。长期在基层开展耕地质量监测与调查，首开宁夏农业部门耕地质量管理信息化先河，先后在全区布设耕地质量监测点101个，摸清全区耕地土壤养分现状；开展全区22个行政单位耕地质量等级调查与评价，累计完成调查采样52080个，建设完成宁夏耕地质量空间数据库和属性数据库，将全区1940万亩耕地划分成133408个耕地质量单元，将全区耕地划分为10个等级，并明确各等级耕地的分布区域和面积。近5年在全区推广各类化肥减量增效技术4578万亩次，累积减少化肥用量10.66万吨，增产粮食近70万吨；特别是2016年起全区化肥用量由零增长转入负增长，2019年全区化肥使用量较上一年度减少1.05万吨，化肥综合利用率提高到39.4%。长期扎根基层开展技术培训与田间指导，累积培训基层技术人员2000多人次；培训农民近10万多人次，年均下乡100多天，直接指导农户2000多户。工作以来，先后获得省部级科技奖励9项；2009年，获原国土资源部、农业部联合授予“全国基本农田保护先进个人”；2018年，被选为自治区第十届青联委员；2019年，入选“宁夏青年拔尖人才工程自治区级后备人选”；2020年，享受国务院政府特殊津贴。

【戈朝晖】宁夏医科大学总医院主任医师、教授、硕士研究生导师，宁夏医科大学总医院心脑血管病医院骨科副主任，2005—2006美国SUNY Upstate Medical University Hospital脊柱外科访问学者。自治区政府特殊津贴、国家人才工程第三层次人选；国家自然科学基金评审专家；中国脊柱菁英会创始会员；中国医师协会骨科分会骨与关节发育畸形与残障预防工作委员会委员；中国康复医学会脊柱脊髓损伤专业委员会青年委员；SICOT中国部数字骨科学会委员；中国研究型医院协会骨科创新与转化专业委员会委员；中华医学会医学工程学分会数字骨科学组脊柱与骨病工作委员会副主任委员；宁夏医师协会脊柱分会副主任委员；宁夏医学会骨质疏松与骨矿盐疾病分会副主任委员；Spine中文版编委；

中国脊柱脊髓杂志青年编委。主持国家自然科学基金2项，获省部级科技进步一等奖2项、二等奖2项，发表CSCD核心论文50余篇，SCI论文7篇，参编专著3部。2020年享受国务院政府特殊津贴。

【田炜宁】自治区第五人民医院主任医师。在自治区第五人民医院任职期间，与中国电信签约24个家庭医生签约服务终端，构建涵盖一级、二级、三级医疗卫生服务机构和11个卫生服务中心（站），服务范围涉及康复、养老、妇幼等。对诊治内科常见病、疑难病例有着丰富的经验，发表论文10余篇，获区级科研论文奖励2项，市级奖励4项。担任宁夏第五人民医院院长以来，带领干部职工通过三级乙等评审，获得2020年"全国优秀院长"、全国"春潮杯"十佳优秀院长称号，在国家级及省部级6个专业委员会任职。2020年2月12日，随宁夏第三批援助湖北医疗队出征湖北襄阳抗击新冠肺炎疫情，圆满完成工作任务。2020年享受国务院政府特殊津贴。

【刘　炜】宁夏农林科学院研究员，宁夏"水稻育种及栽培技术研究"创新团队带头人，宁夏农作物育种工程技术研究中心主任。自1991年以来，一直从事水稻新品种选育和示范推广工作，研究创建宁夏水稻种质资源精准鉴定评价、生物技术与常规育种结合、新品种定向选育、稻瘟病抗性和优质抗逆鉴定的水稻高效育种创新技术体系。育成新品系235份，审定优质高产抗逆水稻新品种11个，示范推广370万亩，实现经济效益11.8亿元。先后主持完成国家自然科学基金、自治区农业育种专项"水稻新品种选育"等科研项目20余项。获自治区科技进步一等奖1项，二等奖1项，三等奖2项，授权专利25项，制定地方标准4项，取得科技成果21项，发表研究论文15篇。2020年入选国家人才工程，并被授予"有突出贡献的中青年专家"，享受国务院政府特殊津贴。

【刘　娟】宁夏医科大学教授，医学博士，教授，硕士/博士研究生导师。宁夏医科大学护理学院院长，兼任中国神经科学学会理事、中华护理学会护理教育委员会专家委员、国际中华护理心理学分会副理事长。2000年4月至2007年10月，在日本留学、工作，其间取得顺天堂大学医学博士学位，2007年年底作为引进人才回国。2014年，被评为"全国优秀科技工作者"；2015年，入选"宁夏最美科技人"。研究方向为精神医学与认知功能。主持国家自然科学基金3项、省部级项目8项、厅局级项目6项；获宁夏科技进步三等奖1项，宁夏医学科技一等奖、三等奖各1项，申报科技成果鉴定2项；发表国内外期刊论文40余篇，参编专著3部。2020年享受国务院政府特殊津贴。

【刘志远】国网宁夏电力有限公司正高级工程师。享受自治区政府特殊津贴，自治区首届"创新争先奖"获得者，国网公司"继电保护突出贡献"个人，国网宁夏电力公司首席专家。主持开展技术攻关项目30余项，部分成果已在全国范围内推广应用。获得省部级科技进步奖15项、中国专利优秀奖2项、授权发明专利20余项、软件著作权9项，出版专著3部，公开发表论文20余篇。2020年享受国务院政府特殊津贴。

【刘银良】吴忠中学正高级教师。1988年步入教坛，从教32年来，一直担任高中年级的班主任或年级主任，承担2~3个班的物理课。即使在担任吴忠中学副校长期间，仍然兼任一个班的班主任工作。在和同事们的努力下，吴忠中学物理学科在全区独树一帜，物理会考成为全区唯一免考学校，物理竞赛全区名列前茅。在2005年第22届全国物理奥赛中，辅导的学生包揽宁夏赛区前四名；2016年第33届全国中学生物理竞赛所任课的高三(6)班，有5名同学进入全区前十名，3名同学代表宁夏参加全国决赛。先后被评为"自治区优秀教师""高中物理特级教师""全国优秀教育工作者""塞上名师"等称号。2020年享受国务院政府特殊津贴。

【李保平】宁夏社科院社会学法学研究所所长，研究员。系十三届全国政协委员，最高人民法院司法监督员，自治区党委法律顾问，自治区人大常委会立法咨询专家委员会委员、自治区人民政府法律咨询委员会委员，自治区法官检察官遴选惩戒委员会专家组成员，宁夏大学、宁夏医科大学、宁夏师范学院、宁夏社会主义学院兼职教授，北方民族大学公共管理硕士研究生导师。先后获自治区"四个一批"理论人才、"塞上文化名家"称号。享受自治区政府特殊津贴。先后在《人民日报》《光明日报》等党报刊物发表学习党和国家重要会议精神、习近平总书记重要讲话理论文章20余篇。2012年开始主持《宁夏社会蓝皮书》《宁夏法治蓝皮书》《宁夏反腐倡廉建设蓝皮书》编纂出版工作。完成重大现实问题研究课题十余项，研究成果多次得到全国政协、自治区领导的肯定性批示。先后主持国家社科基金项目、民政部、自治区各级各类课题数十项，出版专著2部，发表学术理论文章百余篇。科研成果先后获得民政部、自治区政府、民盟中央多项奖励。作为全国政协委员，依托扎实的社会调研，多项提案被全国政协立案。

2020年享受国务院政府特殊津贴。

【杨晓军】宁夏医科大学总医院主任医师。1990年从宁夏医学院毕业，进入宁夏医科大学总医院工作。1993年开始在重症医学科里工作。20多年来，她先后参加抗击2003年非典疫情、2005年重大交通事件、2009年甲型H1N1流感疫情、2012年中卫爆炸事故等重大突发公共卫生事件，多次担任医院医疗专家组成员。2020年2月12日，随宁夏第三批援助湖北医疗队出征襄阳，接管50张病床的病区，负责所有重症疑似病人。2020年享受国务院政府特殊津贴。

【吴立忠】宁夏天地奔牛实业集团有限公司高级工程师。主要从事煤矿机械设计和研发工作。2015年以来先后获得国家发明专利授权6项；获自治区科学技术进步三等奖4项；获中国煤炭工业科学技术二等奖1项；获石嘴山市科学技术成果一等奖1项；获中国煤炭科工集团科技成果三等奖1项。先后负责编写《超长运距高效刮板输送机、转载和破碎设备研制立项建议书》《抗疲劳制造与长寿命关键基础构件研究发展》等报告。发表《刮板输送机用减速器应用分析探讨》等论文多篇。2005年，被评为石嘴山市"351"人才工程市级专家；2007年，享受石嘴山市政府特殊津贴；2013年，获全国煤炭机械工业"优秀总工程师"称号；2014年，享受自治区政府特殊津贴；2020年，享受国务院政府特殊津贴。

【张彦杰】自治区人民医院改革办主任、主任医师。中共银川市第十三次党代会代表，中国医院协会疾病与健康管理委员会委员，宁夏医院管理协会委员。2005年5月至2014年11月任永宁县人民医院党总支书记、院长(正科级)，永宁县卫生和人口计划生育局党委委员，主要从事医院管理工作；2014年11月工作调动到宁夏人民医院医务处工作。承担北方民族大学医学影像系《医患沟通学》授课任务。2020年2月21日，担任宁夏第六批援湖北医疗队副领队兼联络员，带领第六批医疗二队86名医务人员在武汉市中心医院完成新冠肺炎患者医疗救治任务。2020年享受国务院政府特殊津贴。

【陈彦香】银川市第一人民医院新生儿科主任、儿科学教研室主任、宁夏新生儿重症监护技术创新中心主任、宁夏新生儿危重症救治转运中心主任，教授，硕士研究生导师。擅长新生儿及儿童危重症诊治。主要研究领域新生儿呼吸支持及早产儿管理。发表论文30余篇。获得银川市科技创新二等奖、三等奖各1项；宁夏医学科技奖二等奖、三等奖各1项。主持宁夏自然科学基金项目、宁夏科技攻关项目、银川市科技攻关项目以及自治区外转项目13项，参与国家级项目1项。取得科技成果9项。2020年享受国务院政府特殊津贴。

【罗瑞明】宁夏大学二级教授，博士，博士研究生导师。中国畜产品加工学会常务理事，国家羊肉加工技术研发分中心主任，宁夏肉品加工及质量安全控制工程技术研究中心主任。近五年主持"十二五"国家科技支撑计划课题2项，"十三五"国家重点研发计划课题1项，主持国家自然科学基金项目3项。发表学术论文50余篇，在科学出版社出版专著1部，发明专利及软件等成果在国内多家企业里被应用，使企业累计新增经济效益6.5亿元。2018年度获国家科学技术进步奖1项。近五年先后担任国家研究生教育与学位中心第四轮食品科学与工程学科评估专家，科技部国家重点研发计划评审专家，国家奖励办农艺与农业工程类国家科技进步奖评审专家。2020年享受国务院政府特殊津贴。

【周　玮】(详见"全国劳动模范和先进工作者"，第523页)

【赵春光】宁夏伊品生物科技股份有限公司高级工程师。先后参与完成国家高科技计划"863"项目1项，国际合作项目1项，授权发明专利4项，实用新型专利4项，参与制定行业标准1项，发表国内外专业论文10余篇，获得省部级奖励2项，市级奖励1项。是中科院微生物所、东华大学、宁夏大学聘任的校外硕士研究生导师。负责的《甜菜碱提高氨基酸生产关键技术及产业化》项目、《L-苏氨酸新工艺的研发与产业化应用》项目成果成功应用于伊品生物年产6万吨L-苏氨酸生产线，新增销售收入9亿元，新增利润1亿元，上缴税金3000多万元。2020年享受国务院政府特殊津贴。

【秦　垦】宁夏农林科学院枸杞科学研究所研究员，自治区枸杞产业专家组成员，宁夏农林科学院学会委员、枸杞育种二级学科带头人。主要致力于宁夏枸杞新品种选育、生殖生物学研究、良种繁育与示范推广工作。主持参与选育枸杞新品种(系)宁杞5号、宁杞7号，宁农杞1号、宁农杞2号、宁农杞3号、宁农杞9号、科杞6081、科杞6082等8个，其中主持选育的宁杞7号成为继宁杞1号之后的当家品种，参加或主持的项目先后获自治区重大科技贡献奖1项、科技进步一等奖1项，二等奖2项，银川市科技进步二等奖1项。主持自治区枸杞育种专项丰产优质新品种选育课题，针对"丰产"的关键因子"自交亲和"，确立了突变材料苗期分子鉴别方法，为丰产稳产分子辅助育种技术体系建立奠定了基础。先后主持参与编制行业标准5部，发表专业论文30余篇。先后获得“国家林业产业先进个人”等荣誉，2016年国家级拔尖人才培养对象，2018年塞上农业专家，2020年享受国务院特殊津贴。

【高小芳】(详见“全国劳动模范和先进个人”，第523页)

【温　万】宁夏畜牧工作站副站长，二级研究员。主持参与《优质高产奶牛选育》《奶牛关键技术研究(集成)与产业化示范》等课题，获自治区科技进步一等奖2项、二等奖1项、三等奖1项；获全国农牧渔业丰收奖一等奖3项、二等奖2项。专著有《奶牛生产性能测定技术》《奶牛饲养与疾病防治》等。2020年享受国务院政府特殊津贴。

【谢晓敏】银川市第一人民医院主任医师、副教授，硕士研究生导师，内分泌科主任，宁夏代谢性疾病临床研究中心主任，宁夏糖尿病分会主任委员、宁夏内分泌副主任委员，中华糖尿病分会全国委员、中华糖尿病分会糖尿病足与周围血管病委员、中华内分泌分会性腺学组委员、中国女医师协会糖尿病专委会委员，银川市凤城名医，享受自治区政府特殊津贴。长期从事内分泌专业临床工作，擅长各种内分泌系统常见病及疑难病的诊治。主持多项自治区级科研课题研究并获自治区级科技进步奖5项，发表专业论文30余篇。2020年享受国务院政府特殊津贴。

【解光穆】宁夏教育科学研究所正高级教师，教育学硕士，享受自治区政府特殊津贴。1984年参加工作，先后在中学、机关与自治区教育厅教科所工作。主要从事语文课程与教学论、教育史志、教育发展政策研究，在《甘肃社会科学》《宁夏社会科学》《教育发展研究》《教育理论与实践》等刊物上发表文章50余篇，专著有《中学生阅读理论与技能》《张志公语文教育思想研究》。《丝绸之路重镇——宁夏固原回族民俗》、论文《试论现代职业教育体系之有效构建——基于教育公共制度设计与宁夏实践探索的视角》等先后获自治区第八届文学艺术理论一等奖、宁夏第十二届社会科学优秀成果一等奖、宁夏第十三届社会科学优秀成果一等奖。2020年享受国务院政府特殊津贴。

【翟　文】国家能源集团宁夏煤业有限责任公司正高级工程师。2013年6月，带领12名大学生组成青年科技攻关小组，负责主攻梅花井煤矿综采自动化开采。实现采煤机自主割煤、自动跟机移架等功能，在自动化开采实践中迈出重要步伐。2019年，全力推动国家能源集团宁夏煤业枣泉煤矿实现智能化采煤关键技术，实现以智能开采为核心的地面远程无线控制和常态化智能割煤，日割煤达13刀，建成国内领先的智能化工作面。主持的科研项目获省部级科技进步一等奖2项、二等奖4项、三等奖1项。获发明专利5项、实用新型专利14项、软件著作权6项，核心期刊发表论文15篇、专著2部，获得“全国青年岗位能手标兵”“宁夏首届创新争先奖章”等荣誉。2020年享受国务院政府特殊津贴。

【樊　杨】自治区人民医院主任医师，医学博士，硕士研究生导师，全国青联委员，妇科肿瘤学会青年委员。1992年毕业于宁夏医科大学，获学士学位；2001年，考取第四军医大学硕士研究生；2007年，毕业于第四军医大学，取得博士学位。2009年作为访问学者前往美国弗吉尼亚州东部医学院妇产科学习。擅长妇科恶性肿瘤的诊治及腹腔镜手术。作为第一完成人的课题《COX-2在子宫内膜异位症中的作用及COX-2特异性抑制剂对子宫内膜异位症的治疗前景研究》及《Rab25基因沉默对卵巢癌基因治疗的实验研究》获自治区科学技术进步三等奖；课题《Rab25基因沉默对卵巢癌细胞凋亡的实验研究》获宁夏医学进步奖三等奖。主持自治区自然基金1项，国家自然科学基金1项。发表学术论文近30篇，其中一篇被SCI收录。2020年享受国务院政府特殊津贴。

【张耘溢】(详见“全国劳动模范及先进工作者”，第521页)

【张清林】宁夏工商职业技术学院副教授、高级工程师，国家级特种设备评审员，国家级焊接裁判员，热力司炉/焊工/热处理工考评员，自治区专家库专家。2015年，被自治区人社厅授予自治区级技能大师工作室领衔人；2016年，被自治区教育厅评为自治区级教学名师；2018年，被国家人社部授予“国家级技能大师工作室领衔人”；2019年，被国家教育部认定为“国家级大师工作室领衔人”；2020年，被自治区党委人才办认定为自治区高层次人才(D类)。从事专业教学科研工作24年来，主持完成多项厅局级以上项目，出版技术专著1本，专业教材3本，公开发表论文30余篇，6项技术获国家实用新型专利，10余项横向课题帮助企业解决技术难题。2020年享受国务院政府特殊津贴。

(张明鹏)

全国“三八红旗手”

【刘红梅】银川市妇联党组书记、主席。2015年4月，担任银川市妇联主席以来，银川市妇联先后获得全国“七五”普法先进集体、“春蕾计划”实施先进单位、“全国实施妇女儿童发展纲要先进集体”“全国舆论宣传先进单位”“全国妇联系统优秀微博”“自治区维护妇女儿童合法权益先进集体”等荣誉称号。累计寻找各类“最美家庭”3.2万余户，参与群众700余万人次。成立西北地区首家家长学校总校，组建银川市首批家庭教育讲师团。建设家庭文化广场等家庭文明宣传阵地30多个。累计争取资金3000余万元实施“关爱单亲母亲”“春蕾计划”“消除婴幼儿贫血行动”“儿童快乐家园”等项目。创新建设10个巾帼扶贫车间，成为助力脱贫攻坚的典范。累计发放农村妇女创业小额担保贴息贷款20.88亿元，直接扶持34776人次农村妇女创业。2020年被评为全国“三八红旗手”。

【李红梅】平罗县城关镇明珠社区党支部书记、主任、妇联主席。2013年8月，成立平罗县城关镇明珠社区“红马甲”志愿帮扶协会。明珠社区“红马甲”志愿帮扶协会整合辖区医疗、文体、志愿者、社会组织等资源，积极与银川市和石嘴山市多家社会组织建立关系，形成具有明珠社区特色的志愿服务。累计帮扶困难家庭300多户1000多人，捐助衣物10万余件，捐助价值20余万元的米面油，捐款2万余元。李红梅携手“红马甲”志愿帮扶协会的爱心足迹遍布平罗县大街小巷。志愿者人数从当初的50人增加到如今的2700多人。个人志愿服务时间累计超过12000小时。2020年被评为全国“三八红旗手”。

【李晓辉】固原市人民医院工会主席、妇委会主任，副主任检验师。争取资金创建“初心书屋”，成为固原市观摩的亮点。经常组织举办全院文艺会演、职工趣味运动会、卫生系统的社火表演、广播操比赛、职工健步走及连续7年的登山节活动。在她的协调下，“中国青年志愿者扶贫接力计划——固原项目”得以成功实施，来自北京各大医院的志愿者在医院的技术帮扶方面取得了良好的社会效益和经济效益。组建的南丁格尔志愿者服务队，经常上街开展义诊咨询服务，医院注册志愿者达到在职人数的70%。2018年，南丁格尔志愿队服务队获得固原市最佳志愿服务组织奖。她的团队先后获得自治区巾帼建功先进集体、全国“五一巾帼标兵”等多项荣誉。个人先后获共青团中央“第五届中国百名优秀青年志愿者”、自治区“全区支教先进个人”“三八红旗手”、固原市“三八红旗手”“市直卫生系统优秀共产党员”等荣誉称号。2020年被评为全国“三八红旗手”。

【高小芳】(详见“全国劳动模范及先进个人”，第523页)

(张明鹏)

新闻人物

【宁夏首位成功登顶珠穆朗玛峰的女性蔡艳娟】蔡艳娟，出生于宁夏永宁县一个普通农民家庭，从宁夏建设职业技术学院毕业后，自主创业打拼，成立了一家建筑公司，是公司的董事长、国家一级注册建造师。2015年，蔡艳娟开始尝试攀登高海拔的山峰，独自驾车进入大雪冰封的青藏线，抵达西藏墨脱。当年5月，她成功登顶海拔5117米的曲登嘎布雪山，从此迷恋上登山运动。2016年夏季，单车三人进入阿里地区，并进入羌塘无人区(大北线段)，完成穿越；2016年8月，成功登顶四川最美雪山之雀儿山主峰，海拔6168米；2017年7月，成功登顶新疆境内昆仑山脉的慕士塔格峰，海拔7546米；2018年10月，成功登顶海拔8163米的世界第八高峰马纳斯鲁峰，获得西藏雅拉香波探险服务公司颁发攀登珠穆朗玛峰的资格；2020年5月28日9时55分，历经7个小时的攀爬，蔡艳娟成功登上珠穆朗玛峰，成为宁夏首位成功登上世界最高峰的女性。

【中国文学骏马奖获得者马占祥】马占祥，中国作协会员，宁夏诗歌学会秘书长，同心县文联主席，先后获得《朔方》文学奖、《六盘山》文学奖等。曾参加第28届“青春诗会”，鲁迅文学院第17届中青年作家高级研讨班。出版诗集《半个城》《去山阿者歌》《山歌行》等。2020年8月23日，经第12届全国少数民族文学创作骏马奖评奖委员会投票表决，产生了25部获奖作品和5名获奖者。马占祥凭借诗集《西北辞》获得骏马文学奖诗歌奖。

【全国“最美教师”马文燕】马文燕，固原市西吉县第四幼儿园教师。1998年9月，马文燕大学毕业后参加工作，从此开始了她的教育教学生涯。小学阶段所有学科的课程她都教过。2003年任西吉县吉强镇短岔小学副校长。2013年，随着吉强镇夏大路校中园投入使用，她又被调到西吉县吉强镇夏大路小学校长兼校中园的管理工作。2017年任西吉县第三幼儿园副园长。2019年9月担任西吉县第四幼儿园园长。参加工作以来，她把一所只有半间房子的乡村学校，变成拥有2层楼、8间教室的标准化校舍；带领师生把一所普通的乡镇小学变成周边最好的学校。亲力亲为地参与到校园建设的每一个环节中，用一砖一瓦为孩子们筑起温暖的“家”。2020年9月，教育部授予她“最美教师”称号。

【全国禁毒工作先进个人周蕊】周蕊，银川市兴庆区禁毒委员会办公室禁毒专干。银川市兴庆区丽景街绿荫工作室负责人周蕊，长期坚守扎根在禁毒工作第一线。刻苦钻研业务，创新"禁毒+融媒体"宣传新模式，为全区近百所大中小学校师生、近十万人开展毒品预防教育。她尽心竭力为戒毒康复人员办实事、解难事，成功帮助165名在册人员戒除毒瘾，重新融入社会大家庭，走向崭新的人生。2020年6月23日，国家禁毒委在北京召开全国禁毒工作先进集体和先进个人表彰大会，周蕊被表彰为"全国禁毒工作先进个人"。

【全国禁毒工作先进个人勉力义】勉力义，同心县禁毒办副主任、公安局副局长。从警20年来始终坚守在工作一线，在他的带领下，同心县公安局禁毒大队连续5年在全区禁毒综合考评及缉毒执法考核中名列前茅，被评为2013—2017年度全区社会治安综合治理"先进集体"，被自治区公安厅授予集体二等功、被同心县人民政府授予集体三等功。2020年6月23日，国家禁毒委在北京召开全国禁毒工作先进集体和先进个人表彰大会，勉力义被表彰为"全国禁毒工作先进个人"。

（张明鹏）

逝世人物

【窦连吉】1932年8月出生，吉林扶余人，1947年8月参加工作，1949年9月加入中国共产党。1947—1950年，在内蒙古海拉尔市发电厂供电科任科员。1950—1958年，历任海拉尔市团委宣传干事，市委宣传干事，市工会宣传部长，副主席。1958—1966年，在石嘴山市工委、市委任办公室副主任、主任、市委秘书长。1967—1982年，历任石嘴山市革委会秘书组长、办公室主任，市革筹小组记劳处处长，市革筹小组副组长、核心小组成员，市革委会副主任，市委常委、市政府副市长，市委常委。1982—1985年，任自治区外贸局副局长、局长、党组书记，自治区经贸厅厅长、党组书记。1985—1987年12月，任自治区人大常委会副秘书长。1987年12月—1993年5月，任自治区监察厅厅长。1993年12月—1998年10月，任自治区人大常委会委员。1998年10月离休。2020年1月3日在银川逝世，享年88岁。

【薛汉章】1927年2月出生，陕西绥德人。1945年1月参加工作，1948年10月加入中国共产党。先后在陕甘宁边区财政厅被服局、粮食局，西北粮食局、中央粮食部工业局工作。1958年6月，调至宁夏粮食厅任工业处副处长，其间任"五七"干校十八连指导员、宁夏革委会生产指挥部财粮组副组长；1969年7月，任宁夏粮食局副局长兼粮油工业公司党支部书记、经理；1983年5月，任党组成员。1989年6月离休。2020年1月7日因病在银川逝世，享年93岁。

【苏　冰】女，回族，原名马日攵，出生于1915年6月4日，河南新野人。1938年4月参加革命工作，同年10月加入中国共产党，参加过抗日战争和解放战争。先后在陕北公学、中央党校、延安女子大学学习。曾在中共西北局统战部、中央民族学院工作。1958年，作为宁夏回族自治区筹备委员会成员，参与自治区筹备工作，历任自治区妇联主任、党组书记，自治区党委统战部副部长，自治区民委主任、党组书记等职务。任职期间，争取国家民委等部委支持，在银川创办西北第二民族学院（今北方民族大学）。曾获全国"三八红旗手"、宁夏"民族团结进步先进个人"等荣誉称号。1983年12月离休。2020年4月5日，因病在银川逝世，享年104岁。

【梅　青】原名梅海棠，1924年10月出生，广东台山人。1939年9月加入中国共产党。1943年8月在上海电信局担任话务员。1945年8月在上海妇女联谊会、上海新裕纱厂担任夜校教员。1946年9月在上海藻北小学任教导主任。1948年11月到苏北解放区工作。1949年1月调到安徽省工作，先后任蚌埠教育局小学教师、训练班副主任，文化馆副馆长，蚌埠市宣传部部长，皖北妇联宣传科科长，安徽省妇联宣传科科长、办公室秘书。1952年11月调到全国妇联宣教部工作。1959年到宁夏妇联工作，先后任宣传部部长、城工部部长，自治区妇联副主席、党组副书记等职。先后被授予"全区优秀共产党员""三八红旗手"等荣誉称号。1983年9月离休。2020年6月8日在银川逝世，享年96岁。

【任世声】1925年12月出生，山西灵石人，1937年11月参加革命。1941年5月加入中国共产党。先后任吕梁山决死二纵队二旅五团剧团宣传员、第十八集团军总卫生部卫校和第五野战医院干部、东北辽西二十二旅六十九团一营二连副指导员、第四野战军四十五军134师四〇二团一营机炮连指导员，抗美援朝中国人民志愿军五十四军134师四〇二团一营、二营教导员，第一军一师三团政治处副主任。1948年，在锦州辽西战役中立大功一次，荣获解放东北纪念章和东北人民解放军勇敢奖章；1949年，进军广西立功一次；1950年，获八一奖章；1953年，在抗美援朝金城夏季反击战中荣立三等功，并受到军区首长通令嘉奖，荣获抗美援朝纪念章；1955年，荣获独立自由勋章、中华人民共和国三级解放勋章。1959年转业到宁夏医学院工作，先后任人事处处长、宣传部部长、院长办公室主任。1962年10月—1965年3月在宁夏大学工作，先后任人事处处长、医学系党总支书记、革委会副主任。1983年离休。2020年7月13日在银川逝世，享年96岁。

【苏尚礼】回族，1933年2月出生，宁夏同心县韦州镇人。1949年9月参加革命工作，1955年8月加入中国共产党，文化程度中专，高级政工师。曾在西安市西北团校、中央团校学习，先后在同心县、平罗县、盐环定工程指挥部、宁夏水利制管厂、宁夏水利厅、宁夏总工会工作。历任宁夏水利厅党委副书记、书记，宁夏总工会党组书记、主席，自治区政协常委、自治区政协青年妇女委员会主任等职务，曾获宁夏水利系统“先进工作者”荣誉称号。1998年7月离休，享受副省级报销医疗费待遇。2020年8月23日在银川逝世，享年87岁。

（张明鹏）

人物名录

【全国优秀共产党员】

冯　珂　宁夏医科大学总医院急诊科副主任医师

顾春娥　女，宁夏回族自治区第四人民医院护理部副主任

李石珍　女，银川市金凤区长城中路街道党工委书记

【全国优秀共青团员】

柳建宁　隆德县青年志愿者协会创建人、会长、理事长，固原市第二届青年联合会委员，共青团隆德县第十六届委员会委员、常务委员，隆德青年公益大讲堂创建人、总负责人，隆德县大学生支教队创建人

蒋鑫垒　共青团中卫市委员会兼职副书记，中卫市民兵营副营长，中卫市禁毒志愿协会法人，中卫市雷锋纪念馆创始人

边古玥　女，蒙古族，银川市第二中学高一（1）班团支部书记

马明涛　回族，灵武市崇兴派出所辅警中队长，崇兴镇杜木桥社区包片辅警

【全国优秀共青团干部】

买　兰　女，回族，共青团同心县委书记

张　洁　女，宁夏工商职业技术学院团委书记

马　静　女，回族，宁夏税务系统团工委书记

解　玮　女，银川市兴庆区教育团工委书记、少先队总辅导员

王　波　国家能源集团宁夏煤业公司团委副书记

王　鹏　共青团宁夏师范学院委员会书记

【全国抗击新冠肺炎疫情先进个人】

冯　珂　宁夏医科大学总医院急诊科副主任医师

赵少辉　女，自治区第五人民医院呼吸与危重症医学科副主任、副主任医师

王建华　女，自治区人民医院纪委书记、副主任医师

杨　伟　回族，自治区第三人民医院消化内科负责人、副主任医师

苏艳玲　女，平罗县人民医院护理部副主任、院行政党支部委员、副主任护师

顾春娥　女，自治区第四人民医院护理部副主任

周莉薇　女，自治区疾病预防控制中心免疫规划科科长，主任医师

郑西卫　宁夏医科大学总医院呼吸与危重症医学科主任、主任医师

李　英　女，自治区第四人民医院重症医学科副护士长

赵桂霞　女，自治区第四人民医院ICU（急诊科）主任、副主任医师

罗江云　回族，固原市人民医院风湿免疫科主任、主任医师

李长青　平罗县公安局党委委员、副局长、高庄派出所所长

张　洁　女，宁夏女子监狱三监区监区长

张学红　女，中卫市沙坡头区滨河镇人民调解委员会专职调解员，瑞丰社区党支部原书记、居委会原主任

李石珍　女，银川市金凤区长城中路街道党工委书记

李建东　吴忠市交通运输综合执法支队八级职员

尚陵彬　女，宁夏日报报业集团全媒体时政新闻频道记者

脱继龙　共青团银川市委员会西部计划志愿者

党彦宝　宁夏宝丰集团有限公司董事长

杨　武　回族，宁夏回族自治区人民政府办公厅秘书四处处长

【全国向上向善好青年】

马飞越　国网宁夏电科院设备状态评价中心状态检测室主管

禹文杰　宁夏大学农学院食品加工与安全专业2018级硕士研究生

马妮娜　宁夏体育职业学院举重专业2018级学生

【全国“安康杯”竞赛优秀个人】

段　霄　银川市应急管理局办公室副

主任

张玉忠　宁夏红寺堡扬水管理处副处长

马　超　吴忠市总工会基层工作部副部长

吴宗万　中国石油集团公司宁夏石化公司工会干事

【自治区劳动模范和先进工作者】

苏永健　宁夏京能宁东发电有限责任公司党委书记、董事长，高级工程师

刘万武　中电建宁夏工程有限公司党委书记、执行董事，高级经济师

张兴旭　南京证券股份有限公司宁夏分公司党委书记、总经理，高级经济师、理财规划师

陈　娜　国网宁夏电力有限公司银川供电公司西夏客户服务分中心主任，高级工程师

史慧茹　中国银行股份有限公司银川市西夏支行党委书记、行长，经济师

肖惠敏　中国石油宁夏石化分公司安检公司化肥维修部管焊班班长，高级技师，自治区塞上技能大师

白小平　国家开发银行宁夏分行客户二处处长

容晓昀　中国农业发展银行宁夏分行营业部总经理，经济师

雷军辉　长城(宁夏)资产经营有限公司党委副书记、副总经理，高级经济师

焦文东　华能宁夏大坝发电有限责任公司燃料运输部铁运三班班长，铁路专业技师

杨　明　西部机场集团宁夏机场有限公司运行管理部医疗急救中心副主任，主治医师

高　婕　中国铁路兰州局集团公司银川车务段客运值班员

杨文龙　宁夏赛马水泥有限公司兰山分厂工段长，高级技师

金绍臣　长庆油田分公司第九采油厂油田开发地质一级工程师，高级工程师

金学军　中国联合网络通信有限公司吴忠市分公司同心县分公司总经理，工程师

孙道进　中国石化长城能源化工(宁夏)有限公司甲醇运行部值班长，工程师

董正宏　中国民用航空西北地区空中交通管理局宁夏分局技术保障部通信室主任，高级工程师

刘贵军　中国人民财产保险股份有限公司宁夏分公司农业保险部/扶贫保险部总经理，高级经济师

【自治区“三八红旗手”】

黄晓静　银川市环境监察支队二级主任科员

孔玲芳　银川市第二幼儿园党支部副书记、园长

顾　洁　银川市妇幼保健院院长

刘丽娟　银川市西夏区文昌路街道共享社区党总支书记、居委会主任

孙锦萍　贺兰县幼儿园党总支书记、园长

吴惠珍　石嘴山市委党校副教授

苏丽华　石嘴山市大武口区人力资源和社会保障局党组书记、局长

马英莲　宁夏英莲珍禽养殖专业合作社总经理

赵　艳　惠农区南街街道春晖社区党委书记、主任

石培红　吴忠市人民医院超声影像科主任

李　萍　吴忠市利通区第三小学教师

王永鲜　盐池县麻黄山乡党委副书记、乡长

顾生秀　同心县人民医院新生儿科主任

王　萍　固原市妇联党组书记、主席

郭小改　固原市原州区第一幼儿园党支部书记、园长

刘雪梅　西吉县人民医院妇产科主任、主任医师

刘云俏　隆德县第二小学教师

李金芳　中卫市金帝冷冻食品有限责任公司总经理

田晓琴　中宁县喊叫水乡王庄子完全小学校长

田智梅　海原县妇联科员

李晓花　宁东镇党委委员、人大主席

王晓娟　自治区妇幼保健院护理部主任

陆　芳　自治区财政厅行政政法处处长、高级会计师

石海飞　宁夏广播电视台新闻广播新闻专题部监制

丁　芳　宁夏残疾人康复中心党支部书记、主任

李剑萍　宁夏气象科学研究所所长

张小玲　宁夏总工会经审办四级调研员

朱琳虹　宁夏医科大学总医院口腔医院主任医师

马　玉　宁夏体育科学技术中心运动诊疗康复中心副主任

谢　红　国家能源集团宁夏煤业有限责任公司党委组宣部部长、机关党委副书记

杨惠芳　宁夏医科大学公共卫生与管理学院党委书记

窦　艳　宁夏军区数据信息室数据采集室主任兼工程师

【自治区第四批“塞上英才”】

马玉龙　宁夏大学教授

马瑞霞　银川市第一人民医院主任医师、教授

白飞虎　自治区人民医院主任医师
李　军　吴忠仪表有限责任公司高级技师
李新荣　中国科学院西北生态环境资源研究院沙坡头沙漠研究试验站研究员
张　欣　银川市第一幼儿园正高级教师
张　蓉　宁夏农林科学院植物保护研究所研究员
吴旭涛　国网宁夏电力有限公司电力科学研究院正高级工程师
哈春芳　宁夏医科大学总医院主任医师、教授

【国家百千万人才工程人选】

刘　炜　宁夏农林科学院研究员
马　云　宁夏大学教授
赖小勇　宁夏大学研究员
张淑雅　宁夏医科大学副教授

【2020年度“自治区技术能手”】

孙尚鹏　国网宁夏电力有限公司电力科学研究院
韩宏伟　宁夏电力能源科技有限公司
刘威峰　宁夏电力能源科技有限公司
郑保林　宁夏红寺堡扬水管理处
李万发　银川市综合执法监督局
邸　静　贺兰县动物疾病预防控制中心
陈佳龙　宁夏佳盛农业科技有限公司
田　野　宁夏辰欣现代农业科技服务有限公司
焦贤苗　宁夏云成印刷包装有限公司
贺兴林　宁夏报业传媒集团印刷有限公司
丁晓娟　宁夏电通信息产业有限公司
张　扬　国家能源集团宁夏煤业公司甲醇分公司
董　震　国家能源集团宁夏煤业公司煤制油化工安装检修分公司
丁同昌　国家能源集团宁夏煤业公司甲醇分公司
郭新峰　国家能源集团宁夏煤业公司梅花井煤矿
陈过东　国家能源集团宁夏煤业公司梅花井煤矿
方正剑　自治区公安厅机关服务中心
李志轩　北京师范大学银川幼儿园
任　莉　石嘴山市机关事务中心
冯靖祖　国能集团宁夏煤业有限责任公司烯烃一分公司
范　利　中国石油宁夏石化分公司
王志鹏　中国石化长城能源化工(宁夏)有限公司
李小权　国家能源集团宁夏煤业有限责任公司煤制油公司
李梅花　国家能源集团宁夏煤业有限责任公司烯烃二分公司

【自治区政府特殊津贴人员】

万庆峰　中色(宁夏)东方集团有限公司正高级工程师
马　军　自治区人民医院主任医师
马　辉　宁夏医科大学总医院主任医师、教授
马全保　泾源县农业技术推广服务中心研究员
马翠玲　石嘴山市第三中学正高级教师
王小立　国网宁夏电力有限公司石嘴山供电公司平罗县供电公司正高级工程师
王小峰　宁夏农垦西夏王葡萄酒业有限公司一级品酒师
王占军　宁夏农林科学院荒漠化治理研究所副研究员
王丛霞　中共宁夏区委党校教授
王安全　宁夏大学教授
王进军　宁夏天地奔牛实业集团有限公司高级工程师
井云环　国家能源集团宁夏煤业有限公司煤炭化学工业技术研究院正高级工程师
毛建东　北方民族大学教授
石　瑞　共享智能装备有限公司高级技师
石志刚　宁夏农林科学院研究员
包俊华　银川市妇幼保健院主任医师
朱存世　宁夏文物考古研究所研究馆员
伏振兴　宁夏师范学院教授
刘　娟　中宁县枸杞产业发展服务中心研究员
刘　娟　宁夏医科大学教授
苏少静　共享装备股份有限公司高级工程师
李　国　宁夏林权服务与产业发展中心正高级工程师
李　斌　宁夏水产技术推广站高级农艺师
杨文伟　宁夏大学教授
吴国华　石嘴山市种子站高级农艺师
何成江　固原市第一中学高级教师
余建军　自治区人民医院主任医师、教授
张九阳　宁夏日报报业集团高级编辑
张起龙　中色(宁夏)东方集团有限公司高级技师
陈　勇　宁夏医科大学总医院主任医师
纳丽莎　宁夏医科大学总医院主任医师、教授
周　银　宁夏吴忠市好运电焊机有限公司高级工程师
周长林　银川市第九中学正高级教师
郑彦卿　宁夏社会科学院编审
胡　蓉　宁夏医科大学总医院主任医师、教授
俞凤娟　宁夏园艺技术推广站研究员
施建党　宁夏医科大学总医院主任医师、教授
顾耀民　宁夏水务投资集团有限公司正高级工程师
高小军　银川市第二中学高级教师

潘泰安　宁夏沃福百瑞枸杞产业股份有限公司研究员

【第十二届"宁夏青年五四奖章"获得者】

丁晓龙　海原县关桥乡麻春行政村杨风湾自然村农民

马　龙　自治区科学技术厅办公室主任

马　丽　女，宁夏广播电视台《宁夏新闻联播》播音员

马文龙　宁夏建工集团五分公司党支部副书记、经理

马亚鹏　银川市第九中学教务处主任

王　杰　宁东水务有限责任公司检修维护公司副经理、信息化小组组长

王大禹　银川高级中学团委书记

王文刚　原州区彭堡镇组织委员，彭堡镇曹洼村驻村工作队队长、第一书记

王建东　宁夏农林科学院动物科学研究所、动物疫病防治研究室主任

王艳秀　女，固原市原州区人民法院执行局员额法官

石玉升　石嘴山市优宜家物流中心（有限公司）董事长

申　亮　银川市新闻传媒集团电视新闻编辑部新媒体部主任

吕吉德　宁夏鹏胜集团公司总经理、党支部书记

朱　斌　石嘴山市中医医院心血管内科副主任医师

刘振宇　宁夏大学回族研究院副院长

刘海军　自治区公安厅刑侦总队大要案侦查支队支队长

苏　军　自治区公安厅禁毒总队一级警长

李　英　女，自治区水文环境地质勘察院生态地质研究所所长、高级工程师

李桂兰　女，宁夏师范学院在读学生

李海军　宁夏职业技术学院艺术设计学院团总支书记

杨建斌　宁夏消防救援总队固原市支队原州区大队北塬站站长助理

吴夏蕊　女，宁夏绿峰源农业科技有限公司董事长、总经理

谷云康　武警宁夏总队机动支队特战二中队代理中队长

沈建楠　宁夏工商职业技术学院教师

张　爽　女，银川市公安局交警分局"飓风"行动队四级警长

张经乾　盐池县麻黄山乡党委委员、麻黄山村党支部书记

张耘溢　国网宁夏电力有限公司检修公司变电检修中心检修专责

张　鹏　彭阳县残疾人托养服务中心主任

陈　功　银川警备区政治工作处干事

邵梦妮　女，彭阳县司法局法治（普法）室主任

尚陵彬　女，宁夏日报社记者

岳自慧　女，宁夏水利科学研究院水土保持研究室副主任、高级工程师

赵　娟　女，自治区人民医院骨关节运动医学科主管护师

赵新龙　中国建设银行宁夏区分行银川火车站支行行长

胡甲龙　宁夏中卫市中医医院心血管科主治医师

姜　静　女，国家税务总局银川市金凤区税务局第一税务分局一级行政执法员

翁建华　中国黄金平罗旗舰店总经理，平罗县青年志愿者协会筹备组组长

郭　乐　宁夏医科大学副教授

韩娟娟　女，银川市第三人民医院团支部书记、医务科副科长

鲍丽娟　女，宁夏银川市实验小学教师

【2020年第五批自治区青年拔尖人才人选】

于晓军　国网宁夏电力有限公司电力调度控制中心高级工程师

马　坚　宁夏医科大学总医院副主任医师

马　佳　女，宁夏大学副教授

马　荣　宁夏医科大学总医院主治医师

马伟国　同心县人民医院主治医师

马金福　北方民族大学教授

马建华　宁夏农林科学院植物保护研究所研究员

马新贤　宁夏师范学院副教授

王　宁　宁夏天地西北煤机有限公司高级工程师

王　育　宁夏宁东科技创业投资有限公司高级工程师

王　冠　宁夏大学副教授

王　峰　国家能源集团宁夏煤业煤制油分公司高级工程师

王　瑛　女，北方民族大学教授

王一帆　女，宁夏医科大学总医院主治医师

王尚萍　女，西吉县农业技术推广服务中心助理农艺师

王思鸿　宁夏大学副教授

王换芳　女，宁夏大学教授

王晓娟　女，自治区妇幼保健院主任护师

王海滨　宁夏师范学院副教授

王增如　中国科学院西北生态环境资源研究院沙坡头沙漠研究试验站助理研究员

亢　婷　女，宁夏大学新华学院副教授

计　虹　女，银川市文学艺术界联合会副编审

孔　洁　女，银川市第一幼儿园高级教师

孔祥明　女，中卫市农产品质量安全检验检测中心工程师

邓兴旺　石嘴山市第一人民医院副主任

医师
左　龙　宁夏中房集团高级工程师
卢　俭　宁夏塞尚乳业有限公司高级工程师
卢　燕　女，银川市第一人民医院主任医师
田　佳　女，宁夏畜牧工作站畜牧师
田　娜　女，宁夏医科大学总医院主任医师
田　蓓　女，国网宁夏电科院电网技术中心正高级工程师
白　燕　女，华夏银行银川分行高级会计师
成　江　宁夏医科大学总医院主任医师
朱　斌　石嘴山市中医医院副主任医师
朱　磊　宁夏大学教授
朱立丽　女，吴忠市动物疾病预防控制中心高级兽医师
朱永朝　宁夏医科大学总医院副研究员
朱美燕　女，银川阅海小学高级教师
朱猛蒙　宁夏农林科学院植物保护研究所副研究员
任晓刚　吴忠市人民医院副主任医师
刘　宁　宁夏天元锰业集团有限公司工程师
刘彦昌　中色(宁夏)东方集团有限公司高级工程师
刘鹏兵　宁夏气象台工程师
关立锋　宁夏医科大学总医院主任医师
安　慧　女，宁夏大学研究员
安慧慧　女，原州区动物疾病预防控制中心助理兽医师
孙　涛　宁夏国有资产投资控股集团公司副研究员
杜银学　共享智能铸造产业创新中心有限公司高级工程师
李　乐　女，宁夏大学教授
李　昂　宁夏公路建设管理局正高级工程师
李　昱　女，中卫市农业技术推广与培训中心农艺师
李　勇　宁夏大学教授
李　涛　宁夏医科大学总医院主任医师
李　蓓　女，银川市实验中学一级教师
李凤霞　女，宁夏农林科学院农业资源与环境研究所研究员
李文超　宁夏贺兰山东麓葡萄产业园区管理委员会办公室农艺师
李林杰　青铜峡市瞿靖中心小学高级教师
李金泽　宁夏水利科学研究院工程师
李晓龙　宁夏农林科学院种质资源研究所助理研究员
李海梅　女，海原县农业科技推广服务中心农艺师
杨　芳　女，自治区科学技术发展战略和信息研究所副研究员
杨　保　宁夏共享精密加工有限公司高级工程师
杨　勇　自治区人民医院主治医师
杨利莉　女，自治区人民医院主任医师
杨贤龙　宁夏隆德杨氏彩塑文物艺术有限公司高级工艺美术师
肖学峰　北方民族大学副教授
何万丽　女，宁夏工商职业技术学院讲师
冶秀鹏　自治区人民医院副主任医师
宋　丽　女，银川市中医医院副主任医师
宋　亮　共享装备股份有限公司高级工程师
张　伟　国家能源集团宁夏煤业公司煤炭化学工业技术研究院高级工程师
张　玲　女，宁夏理工学院讲师
张　骞　银川市中医医院副主任医师
张金东　宁夏张氏回医正骨医院主治医师
张郭锐　固原市人民医院副主任医师
陈　娟　女，宁夏兽药饲料监察所高级兽医师
陈义兴　宁夏农业综合投资有限责任公司高级经济师
陈建军　宁夏广播电视台主任编辑
陈晓晶　女，宁夏地球物理地球化学勘察院工程师
尚小可　自治区人民医院副主任医师
周忠伟　宁夏医科大学总医院副主任医师
赵　虎　北方民族大学教授
赵　营　宁夏农林科学院农业资源与环境研究所副研究员
赵多平　宁夏大学教授
赵明亮　宁夏青龙管业集团股份有限公司工程师
赵欣洋　国网宁夏电力有限公司检修公司高级工程师
赵震宇　宁夏国土资源调查监测院高级工程师
胡心浩　宁夏地信科技有限公司品酒师
胡志伏　吴忠市人民医院副主任医师
段静静　女，石嘴山市实验幼儿园高级教师
侯永刚　宁夏公路勘察设计院有限责任公司高级工程师
侯绍章　宁夏医科大学教授
姜　美　女，中卫市新闻传媒中心主任记者
姜绍静　女，中共宁夏区委党校(宁夏行政学院)副教授
宣小龙　隆德县动物疾病预防控制中心高级兽医师
姚惠琴　女，宁夏医科大学教授
袁　园　女，宁夏志辉源石葡萄酒庄有限公司酿酒师
贾　巍　宁夏大学副教授

徐创龙　自治区中医医院暨中医研究院主治医师
高　宇　宁夏国土资源调查监测院正高级工程师
高云澍　宁夏大学教授
高玉婧　女，宁夏医科大学副教授
高宇博　宁夏医科大学总医院副主任医师
高海霞　女，隆德县第二小学高级教师
郭　伟　吴忠仪表有限责任公司工程师
郭小强　共享铸钢有限公司高级工程师
郭丽宏　女，利通区第十二小学高级教师
郭崇军　自治区人民医院主治医师
黄　敏　女，宁夏医科大学教授
曹云娥　女，宁夏大学副教授
葛永斌　宁夏大学教授
蒽　勇　兰州铁路局集团公司迎水桥机务段高级工程师
曾建华　宁夏电通物联网科技股份有限公司高级工程师
谢延龙　宁夏大学教授
雷　鸣　银川市中医医院副主任医师
雍晓静　女，国家能源集团宁夏煤业公司煤炭化学工业技术研究院高级工程师
廖　周　宁夏社会科学院助理研究员
廖祖宋　宁夏西鸽酒庄有限公司酿酒师
樊继军　石嘴山市第一人民医院主任医师
潘亮亮　女，国网宁夏电力有限公司高级工程师
薛　蓬　宁夏标准化研究院正高级工程师
戴国礼　宁夏农林科学院枸杞工程技术研究所副研究员
戴新毅　宁夏大学教授
魏亚丽　女，宁夏博物馆馆员

【第三批“塞上文化名家”】

杨　蕤　北方民族大学教授
文丽荣　固原市新闻传媒中心主任记者
何志明　宁夏人民出版社编审
张　强　宁夏日报报业集团高级记者
张宇强　石嘴山市新闻传媒中心高级记者
谢　红　宁夏广播电视台高级编辑
魏邦荣　宁夏日报报业集团主任编辑
王新林　海原县文化馆研究馆员
王雪峰　宁夏文联一级美术师
王德勤　宁夏(吴忠)山花儿传习所国家级非物质文化遗产代表性项目(花儿)传承人
关宁国　银川市文联二级美术师
陈　宏　宁夏大学副教授
何占福　石嘴山市书画院馆员
杨　咏　宁夏文联二级作家
邹　荣　宁夏民族艺术研究所研究员
张　涛　银川艺术剧院一级演员
侯　艳　宁夏演艺集团公司一级演员
韩银梅　银川市文联二级作家

【自治区“十大乡村致富女能手”】

谢玉梅　兴庆区掌政镇镇河村党支部书记、村委会主任，兴庆区妇联兼职副主席，康源之家专业合作社法人
庙月萍　贺兰县洪广镇妇联执委、贺兰县白洋墩养殖专业合作社法人
陈晓燕　石嘴山市妇联兼职副主席、惠农区杞红枸杞专业合作社理事长、宁夏博瑞源工贸有限公司法人
马凤珍　平罗县黄渠桥镇前光村妇联副主席、平罗县黄渠桥镇妇联兼职副主席、马季食用油有限公司副经理
丁秀琴　吴忠市女企业家协会常务副会长、吴忠市秀琴奶牛养殖专业合作社理事长
寇启芳　吴忠市妇联兼职副主席，宁夏天源农牧业科技开发有限公司、吴忠市红寺堡区天源农牧业科技开发有限公司法人
马雨淋　固原市原州区头营镇石羊村妇联副主席、富源肉牛养殖专业合作社妇委会主任
赵继民　宁夏西吉继民手工编织有限公司法人
张翠燕　宁夏神聚农业科技开发有限公司总经理兼妇联主席
姬秀花　中卫市妇联执委、中宁县大战场镇东盛村妇联主席

【全区抗击新冠肺炎疫情优秀共产党员】

许　旺　银川市第一人民医院呼吸与危重症医学科主任
白　涛　银川市公安局治安管理支队政委
刘　璐　女，银川市教育局人事科副科长
董建国　银川市交通运输综合执法支队副支队长
安　云　银川市农业技术推广服务中心副主任
杨爱萍　女，银川市兴庆区新华街道富华社区党委书记、居委会主任
杨伟良　银川市公安局兴庆区分局刑侦大队大队长
王　玫　女，银川市金凤区综合执法局党组书记、局长
王红霞　女，银川市西夏区贺兰山西路街道盈北社区党委书记、居委会主任
马学海　回族，灵武市城区街道兴业路社区居民
施建平　灵武市疾病预防控制中心党支部书记、主任

李耀续 银川市临时急救医院副院长、永宁县委办公室主任
刘艳玲 女，永宁县中医院发热门诊、隔离病房主任
马立坤 回族，贺兰县南梁台子党委书记、管委会主任
马　可 回族，石嘴山市公安局大武口区公安分局政工科干部
范万章 石嘴山市大武口区永康花园居民
王学锋 石嘴山市惠农区礼和乡银河村党支部书记
罗万信 石嘴山市惠农区委常委、纪委书记、监委主任
马　仙 女，回族，平罗县阳光社区党支部书记
夏振聪 平罗县住建局副局长、公共所所长
侯　荣 女，石嘴山市第二人民医院大外科护士长
王会银 吴忠市卫健委卫生应急与疾控科科长
杨正军 回族，吴忠市利通区金积镇中心卫生院党支部书记、院长
马万堂 吴忠市红寺堡区人民医院党支部书记、院长
张兴旺 青铜峡市人民医院内科副主任
饶　锐 盐池县疾病预防控制中心党支部书记、主任
李明星 同心县疾病预防与控制中心干部
王生彦 盐池县花马池镇党委书记
赵彦林 吴忠市利通区委副书记、政法委书记
张艳春 女，青铜峡市裕民街道惠源社区党总支副书记、居委会主任
周　武 回族，同心县道路运输管理所党支部副书记、所长
马嘉伟 回族，吴忠市公安局指挥部副主任
徐万忠 回族，固原市人民医院老年医学科主任、市抗击疫情第二梯队队长
李德武 固原市公安局开发区分局西兰银物流园区派出所教导员
杨佰兰 女，回族，固原市原州区南关街道中山南街社区党支部书记
海明贵 回族，彭阳县白阳镇崾岘村党支部委员
靳小梅 女，固原市中医院护理部主任
褚万银 固原市人民医院副院长、市新冠肺炎疫情防控专家组副组长
杨建国 回族，西吉县火石寨乡元嘴村党支部书记
齐海军 隆德县卫健局党委书记、局长
安　旭 回族，泾源县香水镇香水社区党支部书记
王　东 固原市卫生监督所党支部书记、所长
沈海滨 中卫市卫健委副主任、市中医院党委书记
黄志刚 中卫市公安局机场分局局长
周文军 回族，中卫市沙坡头区义工联合会会长
王月芳 女，中卫市沙坡头区滨河镇东方红社区党支部书记、居委会主任
王银军 中宁县石空镇党委书记
罗忠诚 回族，海原县郑旗乡吴湾村党支部书记
何凤忠 中卫市交通运输综合执法支队副科长
屈文慧 女，固原市人民医院重症医学科副主任、宁夏支援湖北第一批抗疫医疗队队员
张　雪 女，自治区人民医院护师、宁夏支援湖北第一批抗疫医疗队队员
付晶琎 女，银川市第一人民医院护师、宁夏支援湖北第一批抗疫医疗队队员
邸晓君 女，宁夏医科大学总医院护理部副主任、宁夏支援湖北第一批抗疫医疗队队员
马海涛 宁夏医科大学总医院护师、宁夏支援湖北第二批抗疫医疗队临时党支部委员
张　曹 回族，宁夏医科大学总医院医生、宁夏支援湖北第二批抗疫医疗队临时党支部委员
杨艳红 女，隆德县人民医院护理部副主任、宁夏支援湖北第一批抗疫医疗队队员
徐卫国 自治区宁安医院精神病三科主任、宁夏支援湖北第三批抗疫医疗队临时党支部委员
李　玲 女，宁夏第五人民医院护士长、宁夏支援湖北第三批抗疫医疗队队员
李长寿 自治区中医院暨中医研究院教学部主任、宁夏支援湖北第四批抗疫医疗队临时党支部副书记
谭　海 宁夏医科大学总医院医生、宁夏支援湖北第五批抗疫医疗队临时党支部委员
赵　娟 女，自治区人民医院病区护士长、宁夏支援湖北第五批抗疫医疗队队员
马海忠 回族，自治区人民医院医师，宁夏支援湖北第五批抗疫医疗队临时党支部副书记、副领队
李　敏 自治区人民医院医师、宁夏支援湖北第六批抗疫医疗队队员
丁奎兵 回族，固原市人民医院感染综

合门诊护士长、宁夏支援湖北第六批抗疫医疗队队员
何　芳　女，回族，宁夏医科大学总医院消化科医师、宁夏支援湖北第六批抗疫医疗队队员
郑晓毅　自治区卫健委监察专员、自治区支援湖北疫情防控前方指挥部综合协调组临时党支部副书记、组长
王忠恩　回族，中卫市疾控中心传染病防治科工作人员、宁夏支援湖北第五批抗疫医疗队队员
陈　娟　女，宁夏医科大学总医院副主任
蒙加强　宁夏人民医院主治医师
杨志虎　回族，宁夏第三人民医院急诊科主任
张丽玲　女，宁夏第四人民医院医教科副主任
殷　丽　女，宁夏第四人民医院护师
刘　军　银川市第一人民医院主治医师
邱　蕾　女，宁夏第四人民医院呼吸一科副主任
刘伯飞　宁夏第四人民医院急诊科副主任
龚　瑞　女，自治区疾病预防控制中心传染病预防控制科科长
马江涛　自治区疾病预防控制中心毒理学检验科科长
李海军　自治区疾病预防控制中心副主任
李　成　自治区卫健委疾病预防控制处处长
杨廷江　自治区卫健委医政药政管理处处长
杨　明　回族，西部机场集团宁夏机场有限公司运行管理部医疗急救中心党支部书记、副主任
张　坤　土家族，固原市消防救援支队雁岭特勤站站长助理
米　龙　回族，宁夏广播电视台新闻中心记者
田　磊　回族，自治区工信厅办公室干部
杨　勤　自治区公安厅技侦总队二支队支队长
岳海波　自治区交通运输综合执法监督局石嘴山分局石嘴山黄河桥执法大队科长
罗　静　女，自治区市场监督管理厅餐饮食品安全监管处处长
宁夏国家安全厅干部1名（略）
张茂成　宁夏国大药房连锁有限公司商品配送部经理
丁黎明　回族，北方民族大学电气信息工程学院电工电子教研室主任
杨　洁　女，回族，宁夏嘉泽新能源股份有限公司总经理办公室主任
赵军龙　宁夏新华百货现代物流有限公司总经理
郭志忠　宁东能源化工基地管委会社会事务局局长
陈　庚　宁夏第二建筑有限公司党委委员、副总经理
李席斌　中宁县人民武装部政治委员
张会忠　武警宁夏总队参谋部直属工作处处长
刘国龙　自治区党委办公厅督查一处副处长
胡爱国　自治区卫健委办公室副主任
包晓荣　女，自治区应对新冠肺炎疫情工作指挥部综合协调组成员
王文强　自治区应对新冠肺炎疫情工作指挥部防控救治组成员

【全区抗击新冠肺炎疫情先进个人】

杨冬梅　女，回族，银川市临时急救医院院务助理、银川市卫健委健康综合科科长
徐海洋　壮族，银川市临时急救医院医务部负责人、银川市第一人民医院医务部负责人、质量控制办公室副科长、副主任医师
申艳慧　女，银川市临时急救医院医生、自治区中医院暨中医研究院肝胆脾胃病科副主任医师
曲文娟　女，银川市临时急救医院护士长、银川市口腔医院主管护师
沈嘉庆　回族，银川市临时急救医院护士、贺兰县人民医院护师
苏厚强　回族，银川市临时急救医院医生、宁夏医科大学总医院消化内科团支部书记、主治医师
李　婷　女，银川市临时急救医院护士、银川市妇幼保健院主管护师
毛　荣　女，银川市临时急救医院护士、银川市中医院主管护师
沈国丰　银川市临时急救医院医生、永宁县人民医院急诊科医师
陈更业　满族，银川市临时急救医院医生，自治区人民医院老年医学科副主任、副主任医师
赵智龙　银川市中山南街密接者集中医学观察隔离点负责人，银川市第一人民医院康复医院院长、副主任医师
李　磊　银川市妇幼保健院普儿科副主任、主任医师
郭　敏　女，银川市疾病预防控制中心理化检验科主管技师
马　青　女，回族，银川市第一人民医院主管护师
董卫明　银川市第二人民医院急诊科主任、副主任医师
袁　丽　女，银川市第二人民医院西夏区西花园路社区卫生服务中心主管护师

沙尚清　银川市第三人民医院呼吸科主任、主任医师
李淑兰　女，银川市中医医院药械供应科主任、副主任中药师
马正军　回族，兴庆区通贵乡卫生院公共卫生专干、医师
陶卫国　西夏区疾病预防控制中心主任、主任医师
王剑君　金凤区良田镇卫生院院长、医师
和　苗　女，灵武市郝家桥镇王家嘴村卫生室医生
刘学军　回族，银川市卫生监督所副所长、副主任医师
吴　颜　女，回族，银川市紧急救援中心主治医师
刘　洋　金凤区卫生健康局确诊病例转运司机
朱海波　银川市公安局金凤区分局上海西路派出所所长、一级警长
谢立军　银川市公安局西夏区分局北京西路派出所所长、一级警长
杨元科　贺兰县公安局德胜工业园区派出所副所长、三级警长
王　锋　回族，银川市公安局特警支队防暴处突二大队大队长、一级警长
刘全民　银川市公安局兴庆区分局巡防一大队大队长、三级高级警长
王凯楠　银川市公安局技术侦察支队记录监控大队民警、警务技术四级主管
兰　菁　女，回族，银川市新闻传媒集团全媒体记者
沈亚婷　女，银川市新闻传媒集团记者
刘锦钊　银川市委办公室副科长、四级主任科员
张益伟　银川市人民政府办公室秘书二科副科长
闫志新　银川市委政法委政法队伍建设指导室副主任、二级主任科员
杨建龙　银川市委宣传部新闻宣传科科长
陈　磊　银川市委组织部考测中心主任
张国祥　银川市委政策研究室《大银川》编辑部秘书处主任
张尚星　银川市纪委监委纪律审查服务中心主任、七级职员
李　鹏　银川市发展和改革委员会发展产业科科长
魏　震　银川市住房和城乡建设局科长、高级工程师
张俊平　银川市工业和信息化局科长、一级主任科员
孙　波　满族，银川市审批服务管理局二级主任科员
刘　伟　银川市社会保险事业管理中心综合科副科长
王彦艺　女，银川市大数据产业发展服务中心科员、工程师
张　濯　兴庆区卫生监督所副主任医师
马海婷　女，回族，宁夏银川市中级人民法院办公室副主任、四级主任科员
年晓华　灵武市卫健局党委书记、局长、四级调研员
李艳梅　女，西夏区人民检察院二级检察官
吴　靖　永宁县综合执法大队工作人员
马晓程　回族，银川市生态环境综合执法支队固废大队队长
宋佳雪　女，兴庆区中心敬老院副院长
尹　娟　女，回族，兴庆区应急分队民兵
李玉鸿　银川市公共交通有限公司司机
贾桂芬　女，银川市天成出租汽车有限公司司机
张　政　永宁县医院原实习生、志愿者（医疗专业大学生）
刘彩萍　女，银川市疾病预防控制中心慢性病、地方病防治科副科长、副主任医师
柳长江　中国黄金集团新疆金滩矿业有限公司职工（宁夏志愿者）
李彩虹　女，西夏区心理援助志愿者、二级心理咨询师
俞　竣　中国邮政集团有限公司银川分公司副总经理、初级经济师
梁燕军　银川建发物业服务有限责任公司项目经理
梁桂兰　女，银川市德勤物业有限公司保洁员
苏韦僮　银川市灵玖伍壹物流有限公司配送员
史　杰　宁夏天豹汽车运输有限责任公司客运一分公司副经理
潘灵胜　银川市政府秘书长、办公室党组书记、一级调研员
张正标　银川市人力资源和社会保障局党组书记、局长、一级调研员
马晓飞　银川市卫生健康委员会党组书记、主任
冯德旺　兴庆区委常委、政府常务副区长、三级调研员
章玉明　女，金凤区副区长
肖　杨　西夏区委常委、组织部部长
刘　明　回族，永宁县委原常委、组织部部长
陈　娜　女，贺兰县人民政府原副县长
王　琰　女，回族，银川市教育工委副书记
党　成　银川市商务局原党组书记、局长
魏挥涛　银川市地震局党组书记、局长
哈学云　灵武市公安局临河派出所所长、一级警长
马　炜　回族，金凤区丰登镇新丰村驻

村第一书记
吴　亮　石嘴山高新技术产业开发区管理委员会党工委副书记、常务副主任
马晓云　回族，大武口区卫生健康局副局长
李静静　女，大武口区星海镇中心卫生院护士长
张晓峰　石嘴山市公安局大武口区分局禁毒大队大队长、四级高级警长
王　利　大武口区青山街道党工委书记、一级主任科员
谢振锋　大武口区星海镇星海村党支部书记、村委会主任
朱任华　大武口雅洁口腔诊所负责人、主治医师
张现玲　女，大武口区建东门诊部负责人
赵俊儒　女，大武口区长兴街道兴民村村民
陆建宁　大武口区机关事务服务中心主任
柳庭义　大武口区退役军人
黎月梅　女，惠农区人民医院党总支副书记、副主任医师
孙艳民　惠农区妇幼保健计划生育服务中心党支部书记、医师
田　林　惠农区疾病预防控制中心主任
罗贝贝　惠农区园艺静安社区居民
吴学信　惠农区公安分局红果子派出所所长、四级高级警长
王玉凤　女，惠农区红果子镇惠西社区党支部书记、主任
赵　艳　女，惠农区南街春晖社区党委书记、主任
邱建强　石嘴山蓝天救援队惠农分队队长
张文生　惠农区苏宁出租车公司司机
马　丽　女，惠农区应急管理局副局长、三级主任科员
安晓刚　平罗县人民医院科主任、主任医师
杨生堂　回族，平罗县人民医院副院长、副主任医师
史秀兰　女，平罗县中医医院科主任、副主任护师
樊宗元　平罗县姚伏镇中心卫生院院长、副主任药师
钱　丽　女，平罗县卫生健康局党组书记、局长、一级主任科员
郭志力　平罗县公安局交警大队队长、二级主管
蒋新录　平罗县副县长、三级调研员
白　琴　女，平罗县陶乐镇居民
丁建东　平罗县渠口乡新桥村党支部书记
班文礼　回族，平罗县灵沙乡西灵村村民
李　云　石嘴山市第二人民医院感染科主任、主治医师
彭　芳　女，石嘴山市第一人民医院感染科主任、副主任医师
齐雁超　女，石嘴山市第二人民医院呼吸与危重症医学科主任、副主任医师
张　悦　女，石嘴山市疾病预防控制中心副主任、副主任医师
师培琼　女，石嘴山市第一人民医院感染科护士长、主管护师
德　勇　满族，石嘴山市卫生监督所副所长、副主任医师
赵志强　石嘴山市公安局交警分局六大队大队长、四级高级警长
胡　伟　石嘴山市公安局指挥部主任、市公安局疫情防控指挥部办公室副主任、三级高级警长
谷　雪　女，石嘴山市人民政府办公室三级主任科员
王新云　石嘴山市卫生健康委员会副主任、主治医师
王　彤　石嘴山市新闻传媒中心全媒体采集中心记者
丁少贵　回族，石嘴山市市科协副主席、平罗县红崖子乡红翔新村第一书记
罗向红　女，回族，吴忠市人民医院院长、主任医师
曾丽芳　女，吴忠市疾病预防控制中心微生物学检验科科长、副主任检验技师
陈昱霖　吴忠市卫生监督所监督员、初级卫生管理师
王丽娜　女，利通区胜利镇社区卫生服务中心公共卫生部部长、主管护师
孔志勇　吴忠市公安局交通管理局交管一大队大队长
吴　荣　女，回族，吴忠市新闻传媒中心记者
吉　芬　女，吴忠市女企业家协会会长
赛　韦　回族，宁夏人人乐购物有限公司生鲜部经理
刘新生　吴忠市委组织部部务委员、组织一科科长
拜　萍　女，吴忠市财政局党组书记、局长
郝建国　回族，吴忠市纪委监委党风政风监督室主任
马文清　回族，吴忠中学政教处主任、高级教师
陈　波　宁夏嘉泽新能源股份有限公司董事长
马海燕　女，回族，利通区妇幼保健计划生育服务中心医生

陈文静　女，利通区板桥乡卫生院医生、医师
毛笑丛　女，利通区上桥镇卫生院公共卫生科科长、主治医师
杨学龙　回族，利通区马莲渠乡卫生院医生
李文慧　女，利通区扁担沟镇卫生院护士
李彦彪　回族，利通区公安分局刑警大队科员、警务技术四级主管
张丽萍　女，回族，利通区金星镇金花园社区党总支书记
丁爱华　女，回族，利通区胜利镇人民政府党委书记、四级调研员
庞万宝　回族，红寺堡区疾控中心科室主任、检验技师
王正生　回族，红寺堡区柳泉乡黄羊滩村党支部书记
马六九　回族，红寺堡区人民医院副院长、医师
陆秉权　红寺堡区太阳山镇潘河村村医
李小平　回族，吴忠市公安局红寺堡区分局交通管理大队四级警长
周永根　红寺堡区委副书记、一级调研员
马秀玲　女，回族，红寺堡区工业信息化和商务局四级主任科员
高爱国　红寺堡区卫生健康局四级调研员
张彦平　青铜峡市人民医院感染科主任、副主任医师
李兵强　青铜峡市陈袁滩镇卫生院党支部书记、医师
史红娟　女，青铜峡市疾病预防控制中心科长、副主任护师
包彦平　女，回族，青铜峡市中医院感染科副主任护师
李志平　青铜峡市青铜峡镇同兴村驻村工作队队长
马　兰　女，回族，青铜峡市峡口镇西滩村村民
朱建宁　青铜峡市第四小学一级教师
黄学锋　青铜峡市青铜峡镇高酸苹果运销协会党支部书记
张培芳　女，盐池县人民医院感染科主任、主任医师
张建宏　盐池县人民医院院长、副主任医师
宋彦梅　女，盐池县中医医院院长、副主任医师
刘九君　盐池县公安局惠安堡派出所所长
王淑霞　女，盐池县利民社区党支部书记
李润林　盐池县麻黄山乡松记水村村民
吴　婧　女，盐池县青山乡方山村党支部书记
彭　峰　西安体育学院学生、志愿者
亢　艳　女，同心县人民医院护士长、主管护师
王汉军　同心县疾病预防控制中心副主任、主任医师
伍建东　回族，同心县预旺镇中心卫生院中医科主任、医师
杨　涛　回族，宁夏美益康医疗器械制造有限公司总经理
陈光荣　女，同心县南安实验小学副校长、一级教师
董占平　同心县下马关镇党委书记、一级主任科员
马俊文　回族，同心县人民政府副县长
文玉军　回族，同心县环境卫生服务中心办公室主任
高晓东　红寺堡区柳泉乡党委副书记、乡长
杜　勇　回族，吴忠市发展和改革委员会产业发展科科长、四级调研员
任永峰　回族，泾源县委常委、宣传部部长
杜彦远　固原市卫生健康委副主任
邢崴宏　回族，固原市人民医院呼吸科副主任、主任医师
董治全　固原市新闻传媒中心时政部副主任、主任记者
罗　锐　女，固原市公安局国保支队副支队长、四级高级警长
马凤英　女，回族，固原市市场监督管理局原州区分局南关市场监管所干部、三级主任科员
魏建军　固原市工业和信息化局信息产业科科长、一级主任科员
金玉龙　宁夏润宇塑业有限公司总经理
王万营　固原市交通运输综合执法支队三大队大队长
高毅平　固原市疾病预防控制中心微生物检验科科长、副主任医师
李海梅　女，固原市人民医院呼吸科主任、主任医师
张　红　女，固原市人民医院护理部主任、副主任护师
张　生　固原市疾病预防控制中心疾控一科科长、主任医师
朱黎明　固原市卫生监督所办公室主任、六级职员
吕国强　固原市精神康复医院副院长、主任医师
张仁祥　固原市城市社区卫生服务管理中心公共卫生科科长、主任医师
吴继荣　固原市妇幼保健院副院长、副主任医师
杨　杰　回族，固原市中医医院副院长、副主任医师
张　平　原州区人民医院感染科副主任、主任医师
刘育松　女，原州区三营中心卫生院护师

李云霞　女，原州区文化街社区卫生服务中心主任、主任医师
丁成智　回族，原州区寨科乡北塬村卫生室医生
李启杰　原州区官厅镇副镇长
马爱民　女，原州区人民医院发热门诊护士长
李　武　原州区人民医院呼吸科副主任
李国英　女，西吉县委副书记
刘　浩　西吉县中医院医师
陈桂英　女，西吉县人民医院护士长
马国良　回族，西吉县疾病预防控制中心党支部书记
海　源　回族，西吉县妇幼保健院职工
禹丽娟　女，回族，西吉县吉强镇副镇长
逯璎玲　女，西吉县人民医院主管护师
马富元　隆德县疾病预防控制中心主管检验师
赵安洲　隆德县人民医院医师
张凤萍　女，隆德县人民医院呼吸内科护士长、主管护师
杨　婷　女，隆德县杨河乡串河村村医、妇联主任
祁　忠　隆德县人民政府副县长
刘　勇　隆德县城关镇党委书记、四级调研员
吕彦斌　隆德县公安局指挥中心主任、一级警长
兰晓娟　女，回族，泾源县人民医院护师
王琴琴　女，回族，泾源县人民医院护师
马四贵　回族，泾源县公安局缉毒大队大队长、二级警长
闫　毅　泾源县疾病预防控制中心副主任
杨咏梅　女，回族，泾源县六盘山镇副镇长、四级主任科员
金玉锋　回族，共青团泾源县委员会书记、一级主任科员
朱　焰　泾源县人民医院急诊科主任、主治医师
杨会利　女，彭阳县人民医院主管护师
高　勇　彭阳县人民医院党支部书记、院长
杨登凯　彭阳县中医医院主治医师
韩晓霞　女，彭阳县妇幼保健院副主任医师
刘　慧　彭阳县交通运输综合执法大队大队长
张彦文　彭阳县公安局副局长
刘　蕊　女，彭阳县白阳镇友谊街社区党总支书记、居委会主任
吴汉仁　固原市市场监督管理局信用监督管理科科长
辛喜明　固原市人力资源和社会保障局技能鉴定指导中心主任
胡静菊　女，中卫市人民医院呼吸内科主任、副主任医师
马文军　中卫市中医院针灸推拿科主治医师
焦晓莉　女，中卫市人民医院内分泌血液肾内科主治医师
李悦丰　女，中卫市疾病预防控制中心副主任技师
张　秀　女，中卫市新闻传媒中心记者
张　强　中卫市旅游和文化体育广电局文化科科长、一级主任科员
李全国　中卫市公安局旅游分局局长
曹慧萍　女，中卫市博慧社工服务中心理事长、高级心理咨询师
房守忠　宁夏三元中泰冶金有限公司董事长
陈振荣　宁夏英特嘉实业有限公司董事长、工程师
章学斌　中卫市公安局沙坡头区分局滨河派出所所长
赵建全　沙坡头区宣和镇宣和村党支部书记、村委会主任
刘希廷　中卫市公安局沙坡头区分局一级警长
张文玉　沙坡头区人民医院副院长、副主任医师
任　静　女，沙坡头区人民医院外科护士长、主管护师
宋慧香　女，沙坡头区常乐镇卫生院院长、副主任医师
张世鹏　沙坡头区永康镇中心卫生院儿科医生、助理医师
孙健宾　沙坡头区滨河镇党委书记
尹鹏睿　女，沙坡头区人民政府副区长
赵玉林　沙坡头区柔远镇施庙村村民
赵建清　中宁县卫生监督所综合稽查科主任、公共卫生主管医师
刘忠华　中宁县公安局看守所所长
陈稳胜　中宁县公安局大战场派出所一级警员
张　蓓　女，中宁县疾病预防控制中心检验科科长、检验师
滕海龙　中宁县私家车志愿者服务协会会长
刘　德　中宁县发展和改革局党组书记、局长、四级调研员
马天华　中宁县委常委、政法委书记、公安局党委书记、局长
张光旭　中宁县宁安镇党委书记
刘国伟　中宁县人民医院副院长、主任医师
张永生　宁夏永寿堂中药饮片有限公司总经理
曹　磊　中宁县柏雅酒店总经理
卢　英　海原县人民医院手术室护士长、主管护师
单进虎　回族，海原县市场监督管理局党委书记、局长
薛军勇　海原县委常委、常务副县长

马海燕　女，回族，海原县关桥乡党委书记
胡玉贵　海原县史店乡米湾村村民
李　军　回族，宁夏大学物理与电子电气工程学院学生
张信繁　海原县关庄乡党委书记
马应珍　女，回族，海原县中医医院感染科主任、主管护师
马宗和　回族，海原县李旺镇杨山行政村村民
李旭福　海原县树台乡卫生院副主任医师
王慧琴　女，中卫市疾病预防控制中心党支部书记、主任、公共卫生主任医师
苏凤彩　女，回族，海原县郑旗乡郑旗村卫生室村医
赵志华　中国铁路兰州局集团有限公司银川客运段北京车队列车长
关天龙　宁夏出入境边防检查总站边防检查处民警
李建龙　中国铁路兰州局集团有限公司疾病预防控制所银川疾控站站长
濮　燕　女，长庆石油勘探局矿区服务事业部燕鸽湖医院燕鸽湖社区卫生服务中心副主任、主治医师
周晓丽　女，回族，中国建设银行股份有限公司同心支行业务管理部副经理
康　华　宁夏助困帮扶慈善联合会党支部书记、副会长
张　拓　银川中铁水务集团有限公司工程事业中心党支部副书记、经理
王　静　兰州铁路公安局银川公安处党委书记、处长
王志昌　宁夏圣瑞禾科贸有限公司总经理
闫建国　宁夏金河科技股份有限公司董事长
马晓芳　女，回族，宁夏日报报业集团全媒体时政新闻频道副总监、主任记者
许　辉　宁夏日报报业集团新媒体频道编辑
杨　荣　宁夏广播电视台新闻中心记者
王汉超　人民日报社宁夏分社采编中心主任、记者
方开燕　人民网宁夏频道总编辑
冯开华　新华社宁夏分社摄影记者
唐亚蒙　新华社宁夏分社记者
王建宏　光明日报宁夏记者站站长、主任记者
胡冬梅　女，蒙古族，中国日报宁夏记者站站长、主任记者
王　军　自治区公安厅治安管理总队四级高级警长
田利兵　石嘴山监狱医院门诊部主任、医师、四级警长
杨　华　回族，自治区生态环境污染防治中心危险废物管理科科长、副高级工程师
马志武　自治区发展改革委二级调研员
马小林　回族，自治区医疗保障局医疗保障经办服务中心一级主任科员
雍瑞华　自治区农林科学院宁夏科泰种业有限公司党支部原书记、总经理、农艺师
高　丽　女，满族，自治区应急管理厅救灾和物资保障处处长
张晓波　自治区党委网信办网络安全应急指挥中心主任、高级政工师
万春明　自治区地方金融监管局地方金融服务一处三级主任科员
马　军　回族，自治区机关事务管理局资产房产保障中心兰一生态园有限公司副总经理
殷　斌　自治区商务厅办公室副主任
林甲银　自治区军粮供应和应急物资储备中心救灾物资库主任
苏彦祥　回族，自治区政府外事办公室涉外管理处处长
杨明斌　自治区供销社市场服务处处长
万　浩　自治区通信管理局信息动员办公室工程师
张　耿　中国铁塔股份有限公司银川市分公司室分业务发展岗项目经理、助理工程师
党进平　自治区财政厅社会保障处处长、经济师
海　国　回族，自治区就业与创业服务局局长
屈　亮　银川浩宇快递有限公司（中通快递）金凤区三分部经理
任荣峰　自治区退役军人事务厅退役军人服务中心信访接待科科长、一级主任科员
蒋怀玉　区直机关工委驻同心县赵家树村扶贫工作队队员
苏利平　回族，自治区水土保持监测总站计划财务科副科长、水利高级工程师
马泽亮　回族，自治区政协办公厅工作人员
吴忠海　回族，自治区党委编办事业单位登记管理局二级调研员
苏　洁　女，自治区团委志愿者工作部部长
田　舍　宁夏民族艺术研究所退休干部、一级编剧
周文盈　女，回族，自治区妇联权益部部长

杨　波　女，国家税务总局宁夏税务局人事处一级主任科员
肖　荣　女，宁夏社会福利院社区卫生服务中心副主任
姚再先　宁夏医科大学总医院主治医师
吕良德　石嘴山市第一人民医院全科医学教研室主任、副主任医师
刘　辉　女，自治区人民医院副主任医师
卫夏利　女，银川市第一人民医院护师
轩　杰　女，自治区第五人民医院主任医师
杨　梅　女，自治区第五人民医院副主任护师
段　强　石嘴山市第一人民医院副院长、主任医师
常保生　吴忠市人民医院主任医师
王彦红　女，回族，吴忠市人民医院主管护师
马慧林　中卫市人民医院主任医师
张静霞　女，回族，中卫市人民医院护师
季春晓　女，满族，宁夏医科大学总医院护师
邹礼丽　女，固原市人民医院主管护师
任玉杰　女，中卫市人民医院主管护师
卢　燕　女，银川市第一人民医院科主任、主任医师
王志华　自治区人民医院护师
周文杰　宁夏医科大学总医院副主任医师
杨春燕　女，银川市第一人民医院护师
徐梅珍　女，自治区第五人民医院主管护师
吴爱娟　女，石嘴山市第一人民医院副主任护师
李　婷　女，固原市人民医院主管护师
阚天燕　女，自治区人民医院护理主管、副主任护师
王珊珊　银川市第一人民医院主任医师
路　霞　女，盐池县人民医院护士长、主管护师
王　丽　女，平罗县中医医院办公室副主任、主管护师
胡丽红　女，青铜峡市人民医院护理部副主任、主管护师
张　梅　女，盐池县中医医院护理部副主任、主管护师
官荣华　女，中卫市妇幼保健院主管护师
侯月珍　女，惠农区人民医院副主任护师
张慧娟　女，中卫市人民医院主管护师
贾　严　女，自治区第五人民医院大武口医院主管护师
姬淑光　女，平罗县人民医院主管护师
樊　瑞　女，青铜峡市人民医院护师
王　瑾　女，平罗县人民医院护师
赵子莉　女，中宁县人民医院主管护师
田红芳　女，回族，海原县中医院主管护师
舒彦桂　女，海原县人民医院副主任护师
杨生平　回族，宁夏医科大学总医院副主任医师
马汉宁　回族，宁夏医科大学总医院急诊科主治医师
虎　倩　女，回族，宁夏医科大学总医院主管护士
马　刚　回族，宁夏医科大学总医院副主任医师
徐建国　回族，宁夏医科大学总医院主管药师
郭海东　宁夏医科大学总医院护师
徐家宝　宁夏医科大学总医院救护车队长、司机
蒋　桦　宁夏医科大学总医院器械科工人
朱　磊　自治区卫生健康干部培训中心副主任、主任医师
师　蕊　女，宁夏医科大学总医院主管护师
杨晓军　女，宁夏医科大学总医院主任医师
任淑锋　女，宁夏医科大学总医院主管护师
刘学文　女，石嘴山市第二人民医院副主任医师
雒丽娜　女，自治区人民医院主管护师
曲凌光　自治区人民医院主治医师
张　莉　女，自治区人民医院主管护师
赵晓芬　女，宁夏医科大学总医院护师
曹　昆　宁夏医科大学口外学系副主任、主治医师
冷万军　自治区人民医院急诊科副主任、副主任医师
柳　真　女，宁夏医科大学总医院主管护师
丁　妮　女，回族，自治区人民医院护师
郑娜娜　女，平罗县中医医院护师
唐莉娟　女，宁夏医科大学附属回医中医医院主管护师
丁　洁　女，回族，平罗县妇幼保健计划生育服务中心主管护师
张林娜　女，自治区第三人民医院主管护师
朱筱菲　女，自治区中医院暨中医研究院护师
耿　静　女，石嘴山市中医院主管护理师
陈晓娇　女，自治区中医院暨中医研究院主管护师
方　媛　女，平罗县中医院中医主治医师
王　娟　女，自治区中医院暨中医研究院主管护师
朱　斌　石嘴山市中医院副主任医师
楼晨雁　女，自治区中医院暨中医研究院护理部副主任、副主任护师
李勃彤　自治区第三人民医院主治医师
满　毅　回族，自治区第三人民医院主治医师

赵金兰　女，回族，自治区第三人民医院护士长
王　煜　宁夏医科大学传染病学系副主任
马玉龙　回族，自治区人民医院副主任医师
徐　力　中卫市中医院住院医师
牛世雄　原州区人民医院重症医学科主任、主治医师
樊继军　石嘴山市第一人民医院科主任、主任医师
袁春辉　吴忠市人民医院急诊科副主任、副主任医师
谢晓敏　女，银川市第一人民医院内分泌科主任、主任医师
王建峰　银川市第一人民医院主任医师
任华丽　女，宁夏医科大学总医院副护士长、副主任护师
刘　蕾　女，银川市第一人民医院护师
马丽娜　女，回族，同心县人民医院护士长、护师
刘晋芳　女，满族，吴忠市人民医院护士长、副主任护师
袁　路　石嘴山市第一人民医院手术室护士长、护师
范国俭　女，中卫市中医院护士长、主管护师
陆永珍　女，宁夏医科大学总医院护士长、副主任护师
李　波　女，银川市妇幼保健院护士长、主管护师
张佩瑶　女，回族，同心县中医院护士
马　静　女，回族，同心县人民医院护士
彭莉君　女，银川市中医院护士长、副主任护师
范杉珊　女，自治区人民医院宣传科干事
赵　玲　女，回族，原州区人民医院护师
张彦杰　自治区人民医院改革办主任、主任医师
丁　欢　女，宁夏医科大学总医院重症医学科主任医师
代江群　自治区第五人民医院石嘴山中心医院职业病科主任、副主任医师
陈景燕　女，中卫市人民医院重症医学科主任、副主任医师
邵　萍　女，银川市第一人民医院呼吸科副主任医师
夏岑峰　宁夏医科大学总医院心脑血管病医院副主任医师
高　军　银川市第一人民医院麻醉科主任、主任医师
杨兴芳　女，银川市第一人民医院护师
杨晓芸　女，自治区人民医院呼吸科副主任、主任医师
王凤霞　女，自治区第五人民医院主任医师
马　磊　回族，宁夏医科大学总医院主任医师
齐弟霞　女，自治区人民医院护士
王万宝　固原市人民医院主治医师
段　伟　女，自治区人民医院副主任护师
王　蓓　女，回族，宁夏医科大学总医院主管护师
赵丽丽　女，自治区人民医院副主任护师
黄利红　女，宁夏医科大学总医院主任护师
魏静茹　女，银川市第一人民医院主管护师
孙志薇　女，宁夏医科大学总医院护师
彭　丽　女，自治区人民医院主管护师
张　龙　自治区人民医院主治医师
刘　新　女，宁夏医科大学总医院主管护师
张景园　女，宁夏医科大学总医院护士
白姣娇　女，银川市第一人民医院护士
田　涛　自治区疾病预防控制中心副主任、检验技师
毛慧芸　女，惠农区疾病预防控制中心医师
马晓玲　女，回族，吴忠市人民医院社区卫生服务站副主任、主管护师
王慧玲　女，中卫市沙坡头区人民医院呼吸内科护士长、主管护师
高　瑜　女，自治区妇幼保健院护士长、主管护师
唐　莉　女，自治区第五人民医院护士、副主任护师
丁向春　回族，宁夏医科大学总医院感染性疾病科主任、主任医师
陈　兵　宁夏医科大学总医院放射科主任、主任医师
张淑香　女，宁夏医科大学总医院呼吸与危重症医学科主任医师
关玉华　女，宁夏医科大学总医院感染性疾病科护士长、副主任护师
刘帅伟　宁夏医科大学总医院感染性疾病科主治医师
何维春　宁夏医科大学总医院康复医学科主管技师
季　伟　自治区人民医院科主任、主任医师
杨红年　自治区人民医院副主任医师
哈若水　回族，自治区人民医院主任医师
雍佳辉　女，自治区人民医院护士长、主管护师
余淑霞　女，回族，自治区人民医院感染管理科管理组长
张常喜　自治区中医院暨中医研究院肺病科主任、主任医师
马玉霞　女，自治区中医院暨中医研究院护士长、主任护师

葛利静　女，自治区第三人民医院院感科科长、副主任护师
王菊英　女，自治区第五人民医院感染性疾病科副主任医师
曹相原　女，回族，宁夏医科大学总医院重症医学科首席专家、主任医师
王晓麒　宁夏医科大学总医院医保办副主任、主任医师
马玉杰　回族，宁夏医科大学总医院ICU副主任医师
李海龙　自治区第三人民医院呼吸内科副主任医师
赵　茜　女，自治区人民医院健康管理中心副主任、主任医师
陈莎莎　女，回族，自治区人民医院重症医学科护师
母义军　回族，自治区人民医院急诊科团支部书记、护师
张　斌　自治区第三人民医院ICU主治医师
崔美丹　女，银川市第一人民医院呼吸重症监护室护士
杨　婧　女，回族，自治区人民医院ICU医师
雷振华　自治区第四人民医院副院长、主任医师
茆　佳　宁夏第四人民医院总务保卫科工人、中级工
魏建华　女，自治区第四人民医院综合内科主任、主任医师
李国境　自治区第四人民医院综合内科副主任、主任医师
郭　蕾　女，满族，自治区第四人民医院综合内科医师
高秀芝　女，自治区第四人民医院综合外科护士长、主管护师
樊惠霞　女，自治区第四人民医院副主任护师
吴旭丽　女，自治区第四人民医院重症医学科护士长、主管护师
朱丽娜　女，自治区第四人民医院呼吸一科护士长、主管护师
杨继黎　自治区第四人民医院ICU医师
洪　苑　女，自治区第四人民医院ICU主治医师
程瑞霞　女，自治区第四人民医院门诊部主任、副主任技师
袁卉屏　女，自治区第四人民医院中医科主任、主任医师
王永生　自治区第四人民医院儿科主任、副主任医师
田　军　自治区第四人民医院综合外科负责人、主治医师
吴玉萍　女，回族，自治区第四人民医院呼吸三科副主任、副主任医师
王　剑　自治区第四人民医院呼吸一科主治医师
殷瑞娟　女，自治区第四人民医院呼吸一科护师
陈　莉　女，自治区第四人民医院呼吸二科护士长
杨　蕊　女，自治区第四人民医院重症医学科护士
马瑛龙　回族，自治区第四人民医院检验科党支部书记、副主任、主管检验技师
周　攀　自治区第四人民医院放射科副主任、主治医师
王晓平　女，自治区第四人民医院副主任技师
刘凤琴　女，自治区第四人民医院院感科主任、副主任护师
李亚亚　女，自治区第四人民医院护师
马国仁　回族，自治区第四人民医院呼吸三科主任、主任医师
赵　丽　女，自治区第四人民医院护师
徐学兵　自治区宁安医院副院长、主任医师
白红娟　女，回族，自治区宁安医院科主任、主任医师
张军红　女，自治区妇幼保健院（宁夏儿童医院）重症医学科主任、副主任医师
杨腊梅　女，自治区妇幼保健院（宁夏儿童医院）发热门诊护士、护师
孙　伟　宁夏疾病预防控制中心科长、副主任医师
杨　艺　女，宁夏疾病预防控制中心科长、副主任医师
马学旻　回族，宁夏疾病预防控制中心科长、副主任技师
马　伟　女，回族，宁夏血液中心献血服务科副科长、主治医师
马晓军　自治区卫生健康委办公室主任
马建军　回族，自治区卫生健康委卫生应急办公室副主任、三级调研员
李　华　女，回族，自治区卫生健康委人事与老干部处副处长、三级调研员
王彦芳　女，回族，自治区卫生健康委药具管理中心、四级主任科员
王安平　自治区卫生健康委综合监督局副局长
陈兆杰　自治区卫生健康委老龄健康处副处长、三级调研员
任　萍　女，自治区卫生健康委基层卫生健康处副处长
吴　丹　女，自治区卫生健康委机关党委二级主任科员
徐绍斌　自治区卫生健康委财务审计处处长、新冠肺炎医疗物资保障组副组长
王　军　自治区卫生健康委体制改革处

处长、一级调研员
姬英华　宁夏德坤环保科技实业集团有限公司项目运营部主任、工程师
常保华　国药控股宁夏医疗科技发展有限公司副总经理、初级药师
王淑莲　女，宁夏大学学生处副处长、副教授
陈继岩　宁夏师范学院卫生所所长、教授
赵彦科　国药集团(宁夏)医疗器械有限公司总经理
梁少荣　宁夏荣光科技集团董事长、研究员
梅亚莉　女，银川新华百货连锁超市有限公司总经理
马　军　回族，吴忠市茂鑫通冷藏运输有限公司总经理
安芳梅　女，宁东公共卫生服务中心宁东社区卫生服务中心疾控科科长
麦佳鹏　宁夏第五建筑有限公司第二分公司副经理
李世国　宁夏对外建设有限公司党总支副书记、工会主席
郭占红　宁夏现代建设监理有限公司总监代表
杨靖雯　女，宁夏军区保障局科级正职助理员
许静翔　满族，武警宁夏总队保障部卫生处副团职助理员
马小平　自治区纪委监委第六审查调查室三级主任科员
常红艺　自治区党委办公厅综合三处处长
王　悦　女，回族，自治区党委组织部干部三处副处长、二级调研员
马红武　回族，自治区政府办公厅秘书四处一级主任科员
张元宝　自治区政府督查室二级主任科员
马小丽　女，回族，宁夏专用通信局工程师
王　涛　自治区党委办公厅机关服务中心干部
李　军　自治区政府办公厅秘书二处处长
李曙崃　宁夏人民政府驻北京办事处二级主任科员
牛　强　自治区工业和信息化厅消费品工业处二级调研员
拜世雄　回族，自治区卫生健康委规划发展与信息化处副处长、三级调研员
米克德　宁夏医院评价指导服务中心副科长、副主任医师
董军强　自治区疾病预防控制中心医师
丁　原　回族，自治区交通运输厅四级主任科员

（张明鹏）

集体名录

【全国抗击新冠肺炎疫情先进集体】
宁夏支援湖北第一批医疗队临时党支部
自治区第四人民医院党委
自治区公安厅出入境管理总队党支部
宁夏建设投资集团有限公司党委
自治区红十字会备灾救灾中心
【全国先进基层党组织】
宁夏支援湖北第一批医疗队临时党支部
宁夏第四人民医院党委
宁夏公安厅出入境管理总队党支部
【全国五四红旗团委(团工委)】
宁夏地质局团委
宁夏医科大学团委
固原市职业技术学校团委
【全国五四红旗团支部(团总支)】
银川市第一幼儿园团总支
中色宁夏东方集团公司粉体分厂团支部
盐池县大学生西部计划志愿者团支部
石嘴山市第四中学2017届5班团支部
【第六届全国文明村镇】
兴庆区掌政镇镇河村
永宁县望远镇政权村
贺兰县立岗镇通义村
灵武市临河镇
灵武市梧桐树乡沙坝头村
惠农区礼和乡银河村
平罗县黄渠桥镇
平罗县宝丰镇新渠村
平罗县高庄乡东胜村
青铜峡市峡口镇谭桥村
青铜峡市大坝镇韦桥村
盐池县花马池镇四墩子村
盐池县大水坑镇新泉井村
原州区三营镇孙家河村
西吉县震湖乡蒙集村
隆德县沙塘镇马河村
泾源县泾河源镇冶家村
沙坡头区迎水桥镇何滩村
沙坡头区文昌镇雍楼村
中宁县白马乡三道湖村
海原县史店乡徐坪村
【第六届全国文明单位】
银川市第一人民医院
兴庆区解放西街街道办事处
银川新华百货商业集团股份有限公司
国网宁夏电力有限公司经济技术研究院
宁夏中医医院暨中医研究院
永宁县人民检察院
贺兰县人民法院
灵武市市场监督管理局
石嘴山市纪委监委
石嘴山市委组织部
宁夏石嘴山监狱
国网宁夏电力有限公司石嘴山供电公司

石嘴山市贺兰山商业大楼有限责任公司
石嘴山市佰德隆商贸有限公司
国家税务总局石嘴山市惠农区税务局
平罗县人大常委会(机关)
吴忠市审计局
宁夏盐环定扬水管理处
吴忠市利通区胜利镇新华社区
国家税务总局吴忠市红寺堡区税务局
青铜峡市总工会
国家税务总局盐池县税务局
国网宁夏电力有限公司同心县供电公司
固原市消防救援支队
固原市人民检察院
国家税务总局固原市税务局
国家税务总局西吉县税务局
隆德县人民法院
彭阳县住房和城乡建设局
中卫市教育局
中卫市烟草专卖局
中国移动通信集团宁夏有限公司沙坡头区分公司
红寺堡扬水管理处
宁夏钢铁(集团)有限责任公司
海原县审计局
自治区高级人民法院
自治区党委办公厅
自治区政府办公厅
自治区党委组织部
自治区党委宣传部
宁夏气象局
自治区水文环境地质勘察院
国家能源集团宁夏煤业有限责任公司羊场湾煤矿

【第二届全国文明校园】

宁夏大学
银川唐徕回民中学
银川市兴庆区回民第二小学
石嘴山市光明中学
吴忠市利通街第二小学
固原市第一中学
中宁县第九小学

【自治区“三八红旗集体”】

银川市市场监督管理局举报投诉管理科
金凤区良田镇卫生院
灵武市教育体育局
永宁县团结西路街道办事处建设社区
大武口区青山街道办事处
平罗县女企业家协会
吴忠市委党校
中共青铜峡市纪律检查委员会
红寺堡区妇联
固原市公安局出入境管理支队
泾源县城关第一小学
彭阳县卫生健康局
沙坡头区群团工作委员会
港中旅(宁夏)沙坡头旅游景区导游演艺部
宁东能源化工基地管理委员会政务服务中心
自治区外事办公室翻译室
宁夏农林科学院农业资源与环境研究所
国家粮食和物资储备局宁夏局一七七处物管科
自治区园艺技术推广站
贺兰山国家森林公园有限公司旅游部
宁夏财经职业技术学院经济贸易系

【全区抗击新冠肺炎疫情先进基层党组织】

银川市临时急救医院临时党支部
银川市公安局党委
银川市纪委监委党总支
银川市交通运输局党委
银川市市场监督管理局直属机关党委
兴庆区解放西街街道党工委
金凤区良田镇党委
金凤区黄河东路街道金家巷社区党委
西夏区兴泾镇兴盛村党支部
西夏区朔方路街道党工委
银川市公安局西夏区分局镇北堡镇派出所党支部
灵武市教育体育工委
永宁县卫生健康局党委
贺兰县公安局交警党支部
大武口区长城街道鸣沙社区党委
宁夏商建建筑工程集团有限公司党支部
惠农区红果子镇党委
惠农区教育工委
平罗县城关镇党委
平罗县卫生监督所党支部
石嘴山市第一人民医院党委
吴忠市人民医院党委
吴忠市交通运输局党委
盐池县卫生健康局党委
利通区卫生健康局机关党支部
同心县人民医院党委
青铜峡市疾病预防控制中心党支部
红寺堡区疾病预防控制中心党支部
同心县公安局出入境管理大队党支部
宁夏金昱元化工集团股份有限公司党委
吴忠市利通区胜利镇秦渠社区党支部
固原市公安局党委
固原市疾病预防控制中心党支部
固原市交通运输综合执法支队党支部
宁夏金昱元广拓能源有限公司党总支
固原市原州区古雁街道西城路社区党支部
西吉县市场监督管理局党总支
隆德县温堡乡党委
泾源县民政局党支部
彭阳县孟塬乡草滩村党支部
固原市蓝天救援队党支部
中卫市卫生健康委党委
中卫市公安局党委
中卫市人民医院党委
中卫火车站疫情防控检查站临时党支部

中卫市沙坡头区文昌镇黄河花园社区党支部
中宁县疾病预防控制中心党支部
海原县公安局刑侦大队党支部
宁夏支援湖北第三批抗疫医疗队临时党支部
宁夏支援湖北第五批抗疫医疗队临时党支部
宁夏支援湖北第六批抗疫医疗队临时党支部
宁夏医科大学总医院急诊科党支部
宁夏人民医院胸科中心党支部
宁夏第五人民医院党委
自治区新冠肺炎临床救治专家组临时党支部
自治区卫生健康委机关党委
西部机场集团宁夏机场有限公司党委
中国铁路兰州局集团有限公司银川车站党委
自治区公安厅网络安全保卫总队党支部
自治区交通运输综合执法监督局党委
自治区银川强制隔离戒毒所党委
自治区党委宣传部新闻处党支部
自治区农业农村厅种植业管理处党支部
自治区应急管理厅应急指挥中心党支部
宁夏日报报业集团全媒体时政新闻频道党支部
宁夏广播电视台新闻中心党总支
宁夏交投高速公路管理有限公司银川南收费站党支部
宁夏农垦贺兰山奶业有限公司党委
宁夏大学国际教育学院党总支
宁夏师范学院办公室对外合作交流党支部
宁夏昊王酒业有限公司党总支
宁夏美益康医疗器械有限公司党支部
宁夏丝路风情网络科技股份有限公司党支部
银川建发商业管理有限责任公司党支部
宁东能源化工基地管委会经济发展局党支部
宁夏建工集团有限公司党委
银川市兴庆区人民武装部党委
武警银川支队执勤四大队十八中队党支部
自治区党委办公厅机要交通处党支部
自治区应对新冠肺炎疫情工作指挥部临时党总支

【全区抗击新冠肺炎疫情先进集体】

银川市第一人民医院
银川市疾病预防控制中心
银川市妇幼保健院产科大楼儿科
银川市中山南街集中医学观察隔离点
兴庆区前进街星光华社区卫生服务站
金凤区丰登镇卫生院
灵武市人民医院
西夏区北京西路街道办事处星光巷社区
银川市园林管理局
银川市水务局
银川市教育局
银川市委政法委员会
银川市委组织部
银川市委党校(含闽宁东西协作干部培训中心)
微光义工志愿者服务总队
银川市雷锋车队志愿者协会
宁夏诺贝尔口腔志愿服务队
宁夏味福季食品科技有限公司
银川市银房物业服务有限公司
银川市红十字会
宁夏城美环保科技有限公司
宁夏华尊立达房地产开发集团有限公司
银川新华联瑞景酒店
兴庆区玉皇阁北街办事处北关社区
永宁县公安局闽宁派出所
大武口区卫生健康局
大武口区长城街道办事处
银川新华百货连锁超市有限公司大武口华欣店(分公司)
石嘴山市公安局惠农分局
惠农区卫生健康局
宁夏然尔特实业集团有限公司
平罗县人民医院
平罗县盈丰植保专业合作社
平罗县交通运输局
石嘴山市卫生健康委员会
石嘴山市公安局治安支队
石嘴山市总工会
宁夏建龙龙祥钢铁有限公司
石嘴山市公安局交警分局七大队
石嘴山市疾病预防控制中心
吴忠市卫生健康委员会
中国电信股份有限公司吴忠分公司
中共吴忠市委办公室
中共吴忠市直属机关工作委员会
宁夏方宏辐照技术有限公司
利通区政府办公室
利通区机关事务管理中心
红寺堡区综合执法局
红寺堡区人民医院
青铜峡市中医院
青铜峡市裕民街道银河社区居民委员会
盐池县疾病预防控制中心
盐池县阳光公益协会
同心县疾病预防控制中心
中核(宁夏)同心防护科技有限公司
盐池县惠安堡镇惠安社区党支部
红寺堡区新民街道振兴社区党支部
固原市卫生健康委员会
固原市工业和信息化局
固原市市场监督管理局
固原市益家义工社
国网固原供电公司
固原市就业创业服务中心
中国电信股份有限固原分公司5G+云推进办公室
原州区卫生监督所

原州区人民医院感染科
西吉县卫生健康局
西吉县疾病预防控制中心
西吉县公安局
隆德县人民医院
泾源县公安局
彭阳县疾病预防控制中心
固原市美年大健康医院有限公司党支部
固原市新闻传媒中心党委
中卫市红十字会
中卫市委党校(集中医学隔离观察点)
宁夏钢铁(集团)有限责任公司
沙坡头区兴仁镇中心卫生院
中卫市公安局沙坡头区分局
沙坡头区滨河镇长安社区
中宁县文化旅游广电局
宁夏雅泰房地产开发有限公司
宁夏中宁青银村镇银行股份有限公司
海原县应对新型冠状病毒感染肺炎疫情工作指挥部
海原县海城街道办事处
海原县疾病预防控制中心
海原县三河镇兴业居民委员会
中卫市市场监督管理局党委
中宁县宁安镇党委
中国工商银行股份有限公司宁夏分行电子政务金融服务团队
宁夏立思辰银山教育产业有限公司
宁夏企业家协会
西夏区怀远消防救援站
中央广播电视总台央广驻宁记者站
中央广播电视总台央视驻宁记者站
经济日报宁夏记者站
中国新闻社宁夏分社
自治区工业和信息化厅消费品工业处
银川海关所属银川河东机场海关
宁夏建设工程质量安全总站
自治区防控境外疫情输入工作组
自治区党委统战部民族宗教工作处
自治区总工会权益保障部
中国电信股份有限公司宁夏分公司云和大数据事业部
中国移动宁夏公司银川分公司工程建设部抗疫突击队
自治区商务厅流通业发展处
自治区扶贫开发办公室开发指导处
自治区人大常委会法制工作委员会综合法规处
宁夏残疾人康复中心
自治区地球物理地球化学勘查院
宁夏支援湖北抗疫第四批医疗队
国家紧急医学救援队(宁夏)
自治区第五人民医院支援湖北医疗队
银川市第一人民医院支援湖北医疗队
自治区人民医院支援湖北医疗队
宁夏医科大学总医院感染性疾病科
自治区人民医院感染性疾病科
自治区第三人民医院呼吸与危重医学科
自治区第五人民医院感染性疾病科
自治区第四人民医院传染病大楼工地防疫组
自治区第三人民医院支援自治区第四人民医院医疗队
宁夏疾病预防控制中心
自治区卫生健康委疫情防控组
自治区卫生健康委医疗救治组
自治区中医院暨中医研究院药剂科
宁夏交投高速公路管理有限公司银川东收费站
宁夏水投清水源水处理科技有限公司
中国联合网络通信有限公司银川市分公司网络运营中心
宁夏医科大学临床医学院
宁夏电化教育中心(宁夏教育电视台)
宁夏民族职业技术学院学生处
国药控股宁夏有限公司
宁夏天恩医药科技有限公司
银川新华百货商业集团股份有限公司
宁夏四季鲜果品蔬菜批发市场有限公司
宁夏海吉星国际农产品物流股份有限公司
宁东医院
宁夏第一建筑有限公司
宁夏第三建筑有限公司
国网宁夏电力有限公司银川供电公司
联勤保障部队第九四二医院
武警部队宁夏总队医院
自治区党委疫情防控督导检查组(银川组)
“我的宁夏”健康码项目组

【全区民族团结进步示范区】

永宁县
同心县
隆德县
海原县
兴庆区月牙湖乡滨河家园五村
永宁县李俊镇许桥中心村
贺兰县立岗镇通义村
西夏区镇北堡镇镇北堡村
惠农区礼和乡银河村
利通区东塔寺乡白寺滩村
青铜峡市峡口镇沈闸村
红寺堡区太阳山镇兴民村
盐池县麻黄山乡包塬村
西吉县兴隆镇大岔村
西吉县偏城乡下堡村
彭阳县古城镇皇甫村
沙坡头区柔远镇渡口村
中宁县宁安镇古城村
海原县关桥乡关桥村
银川市金凤区良田镇
灵武市白土岗乡
兴庆区丽景街街道
平罗县城关镇
平罗县陶乐镇

利通区郭家桥乡
利通区马莲渠乡
盐池县花马池镇
同心县兴隆乡
泾源县兴盛乡
中卫市沙波头区常乐镇
海原县三河镇
灵武市宁东镇
金凤区满城北街街道彩虹湾社区
西夏区朔方路街道玫瑰园社区
金凤区上海西路街道清水湾社区
兴庆区凤凰北街街道阳澄社区
贺兰县习岗街道天鹅湖社区
大武口区人民路街道民生社区
利通区金星镇材机社区
利通区古城镇清宁河社区
青铜峡市裕民街道惠源社区
红寺堡区新民街道创业社区
中宁县宁安镇红苑社区
海原县海城街道建设社区
灵武市宁东镇中心区社区
银川市中医医院
银川市文化旅游广电局
永宁县人民法院
灵武市审批服务管理局
国家税务总局惠农区税务局
惠农区文化馆
平罗县人民检察院
石嘴山市住房公积金管理中心
石嘴山市生态环境局
吴忠市市场监督管理局利通区分局
青铜峡市市场监督管理局
盐池县中医医院
吴忠市文联
吴忠市文化馆
固原市审批服务管理局
西吉县市场监督管理局
隆德县文化旅游广电局
泾源县公安局黄花派出所
中卫市司法局
沙坡头区委统战部
中宁县卫生健康局
海原县卫生健康局
宁夏水文环境地质勘察院
宁夏供销社机关党委
宁夏消防救援总队固原市支队原州区大队
西夏区第十一小学
兴庆区第二十三小学教育集团
灵武市第二中学
大武口区胜利小学
石嘴山市第四中学
平罗县城关第七小学
利通区第七小学
同心县海如女子中学
固原市特殊教育学校
固原市进元驾驶员培训学校
西吉县中学
隆德县张程乡中心小学
中卫市宣和中学
中宁县第四中学
宁夏特殊教育学校
宁夏医科大学中医学院
银川汇创资本投资控股有限公司
宁夏广银米业有限公司
百瑞源枸杞股份有限公司
宁夏伊品生物股份有限公司
石嘴山优宜家物流中心(有限公司)
宁夏红山河食品股份有限公司
宁夏向丰农牧业开发有限公司
隆德县人造花工艺有限公司
宁夏早康枸杞股份有限公司
中国农业银行西吉县支行
中国人保财险同心支公司
中和资产评估公司宁夏瑞衡分公司
黄河银行同心农村商业银行
红寺堡区人民武装部
武警宁夏总队固原支队机动中队
西吉县北斗星诗社

【第二届“宁夏创新争先奖”奖牌获奖者】

宁夏回族自治区新冠肺炎诊疗专家组
宁夏回族自治区人民医院新冠肺炎联防联控工作团队
宁夏师范学院科技扶贫指导员团队
宁夏农作物种质资源精准鉴定与基因发掘科技创新团队
宁夏稀有金属铍及铍合金研发团队

【自治区事业单位脱贫攻坚专项奖励记大功集体】

银川市扶贫开发培训中心
同心县扶贫开发服务中心
固原市社会保险事业管理中心
海原县农村供水管理中心
宁夏扶贫基金会
自治区科学技术发展战略和信息研究所
自治区水利厅驻隆德县杨河乡扶贫工作队
自治区扶贫开发培训中心
宁夏日报报业集团

【第十二届宁夏“青年五四奖章集体”】

国家能源集团宁夏煤业有限责任公司煤炭化学工业技术研究院
自治区水文环境地质勘察院水文地质勘察所
银川至百色高速公路宁东至甜水堡段工程Ⅲ项目经理部
人民日报社宁夏分社
固原市原州区扶贫办贫困监测股
宁夏消防救援总队银川市支队西夏区大队怀远站
国家税务总局吴忠市红寺堡区税务局
宁夏公安厅机场公安局
吴忠市人民医院学雷锋志愿服务队
“法报小厨”新媒体工作室

(张明鹏)

附录

FULU

NINGXIA YEARBOOK

编辑◎杨　云

中国共产党宁夏回族自治区第十二届委员会第十二次全体会议决议

（2020年12月7日中国共产党宁夏回族自治区第十二届委员会第十二次全体会议通过）

中国共产党宁夏回族自治区第十二届委员会第十二次全体会议，于2020年12月6—7日在银川市举行。出席这次全会的有，自治区党委委员64人，候补委员6人。自治区纪委委员和有关方面负责同志列席会议。党的十九大代表、自治区第十二次党代会代表中的部分基层同志也列席会议。全会由自治区党委常委会主持。自治区党委书记陈润儿作讲话。

全会听取和讨论陈润儿受自治区党委常委会委托作的工作报告，审议通过《中共宁夏回族自治区委员会关于制定国民经济和社会发展第十四个五年规划和二〇三五年远景目标的建议》。陈润儿就《建议（讨论稿）》向全会作了说明。

全会充分肯定自治区党委第十二届九次全会以来常委会的工作。一致认为，一年来，面对国际国内形势的深刻变化，面对新冠肺炎疫情的严重冲击，常委会坚持以习近平新时代中国特色社会主义思想为指导，在以习近平同志为核心的党中央坚强领导下，坚决贯彻党中央重大决策部署，深入学习宣传贯彻习近平总书记视察宁夏重要讲话精神，以建设黄河流域生态保护和高质量发展先行区统领经济社会发展全局，团结带领全区广大干部群众，牢固树立新发展理念，坚持稳中求进工作总基调，全力抗击新冠肺炎疫情，加快补齐全面建成小康社会短板，不断满足人民群众对美好生活的新期盼，推进治理体系和治理能力现代化，加强和改进宣传思想文化工作，推动新时代全面从严治党向纵深发展，守好促进民族团结、维护政治安全、改善生态环境“三条生命线”，走好一条高质量发展的新路子，美丽新宁夏建设迈出新的重大步伐。

全会高度评价全区决胜全面建成小康社会取得的决定性成就。“十三五”时期，全区各项事业发展取得重大成就，“十三五”规划目标任务即将完成，全面建成小康社会胜利在望。经济实力持续增强，地区生产总值实现比2010年翻一番的目标；脱贫攻坚如期摘帽，9个贫困县全部摘帽，62.4万农村贫困人口全部脱贫；改革开放深入推进，重点改革任务全面推进，开放型经济不断发展；基础设施日益完善，一批水电路气讯等基础设施建成投运；生态环境明显改善，生态文明机制不断完善；民生水平大幅提升，居民收入比2010年翻了一番，教育、卫生、文化和社会保障服务体系不断完善，新冠肺炎疫情防控取得重大战略成果；社会治理成效显著，重点领域基层治理创新推进，法治建设、平安建设水平进一步提高；党的建设向纵深推进，党风政风持续好转，政治生态持续向好。全区上下要再接再厉、一鼓作气，打赢脱贫攻坚决胜战、打胜全面小康收官战、打好疫情防控阻击战，为开启全面建设社会主义现代化新征程奠定坚实基础。

全会深入分析新发展阶段宁夏面临的新机遇新挑战，认为当前世界百年未有之大变局进入加速演变期、中华民族伟大复兴战略全局步入加快推进期，宁夏面临的机遇和挑战都有新的发展变化。我国发展仍处于重要战略机遇期，继续发展具有多方面优势和条件，党中央加快构建新发展格局，支持宁夏建设黄河流域生态保护和高质量发展先行区，宁夏发展的战略机遇千载难逢。同时，宁夏发展不平衡不充分问题依然突出，经济发展方式粗放，资源环境约束趋紧，增长动能后劲不足，民生保障存在短板，改革发展稳定的任务繁重艰巨。当前和今后一个时期宁夏处在肩负时代重任、应对风险挑战、实现更大发展的关键时期。全区上下要坚定信心、振奋精神，深刻认识宁夏发展面临的新机遇新挑战，立足区情实际、保持战略定力，准确识变、科学应变、主动求变，服务全国大局、办好宁夏的事，在危机中育先机、于变局中开新局。

全会提出到2035年基本实现社会主义现代化远景目标，这就是：坚定不移用习近平总书记视察宁夏重要讲话精神统一思想、统揽全局、统领发展，把建设经济繁荣、民族团结、环境优美、人民富裕的美丽新宁夏作为全面建设社会主义现代化的奋斗目标。经济繁荣实现大跨越，年均经济增速高于全国平均水平、经济总量比2020年翻一番以上，人均地区生产总值赶上全国平均水平，基本实现新型工业化、信息化、城镇化、农业现代化。民族团结实现大进步，中华民族共同体意识扎根全民，民族关系团结和谐，宗教关系和顺健康，基本实现社会治理体系和治理能力现代化。环境优美实现大改善，黄河流域生态保护和高质量发展先行区建设取得重大战略成果，广泛形成绿色生产生活方式，生态环境根本转变、持续向好。人民富裕实现大提升，城乡居民人均收入达到全国平均水平，基本公共服务均等化实现水平走在全国前列，在促进人的全面发展、实现共同富裕上取得更为明显的实质性进展。

全会提出"十四五"时期全区经济社会发展指导思想和必须遵循的原则，强调要高举中国特色社会主义伟大旗帜，深入贯彻党的十九大和十九届二中、三中、四中、五中全会精神，坚持以马克思列宁主义、毛泽东思想、邓小平理论、"三个代表"重要思想、科学发展观、习近平新时代中国特色社会主义思想为指导，坚持党的基本理论、基本路线、基本方略，全面贯彻落实习近平总书记视察宁夏重要讲话精神，按照"五位一体"总体布局和"四个全面"战略布局，坚定不移贯彻新发展理念，坚持稳中求进工作总基调，以推动高质量发展为主题，以深化供给侧结构性改革为主线，以建设黄河流域生态保护和高质量发展先行区为时代使命，以改革创新为根本动力，以满足人民日益增长的美好生活需要为根本目的，统筹发展和安全，主动融入新发展格局，加快建设现代化经济体系，扎实推进基层治理体系和治理能力现代化，坚决守好"三条生命线"、走出一条新路子，继续建设经济繁荣民族团结环境优美人民富裕的美丽新宁夏，为全面建设社会主义现代化开好局、起好步。坚持党的全面领导，坚持以人民为中心，坚持新发展理念，坚持深化改革开放，坚持科学系统观念。

全会提出"十四五"时期全区经济社会发展的主要目标，这就是：经济实力明显提升，地区生产总值年均增速高于全国平均水平1个百分点，产业布局区域化效益显现、产业基础高级化特征凸显、产业发展现代化水平提升；改革开放明显突破，要素市场化配置改革取得重大突破，营商环境建设走在全国前列，开放型经济新体制不断完善；社会文明明显进步，社会主义核心价值观深入人心，全民思想道德素质明显跃升、科学文化素质持续上升、身心健康素质稳步提升；生态环境明显改善，森林覆盖率达到20%，黄河干流断面水质保持Ⅱ类进Ⅱ类出，环境空气质量稳定达到国家二级标准；民生水平明显提高，居民人均可支配收入与经济发展实现同步增长，收入水平走在西北地区前列，基本公共服务水平达到全国中上水平；治理效能明显增强，基层治理能力和治理水平总体走在西部地区前列，各民族交往交流交融深度推进，宗教中国化方向深入推进，发展安全保障更加有力。

全会提出，奋力担当时代新使命，努力建设黄河流域生态保护和高质量发展先行区。牢记习近平总书记嘱托，积极服务国家大战略，坚持"绿水青山就是金山银山"，推动先行区建设取得阶段性重要成果。把握战略定位，建设河段堤防安全标准区、生态保护修复示范区、环境污染防治率先区、经济转型发展创新区、黄河文化传承彰显区，让黄河成为造福人民的幸福河。落实总体布局，建设黄河生态经济带和北部绿色发展区、中部封育保护区、南部水源涵养区。坚持率先突破，加快建立水资源节约集约利用机制、构建环境污染系统治理制度、探索生态保护修复模式、建设特色优势现代产业体系。

全会提出，坚持把发展质量问题摆在更为突出位置，把新发展理念贯穿发展全过程和各领域，实现更高质量、更有效率、更加公平、更可持续、更为安全的发展。要强化创新驱动战略引领作用，大力实施科教兴宁战略、人才强区战略、创新驱动发展战略，坚持走协同创新之路，加强科技力量建设，提升企业创新能力，激发人才创新活力，营造良好的创新生态，打造区域有影响力的创新中心，着力塑造经济社会发展新优势。要建设现代化产业体系，大力推进制造强区、质量强区，培育壮大先进制造业，提质发展高效种养业，提档升级现代服务业，加快推进数字化发展，重点发展电子信息、新型材料、绿色食品、清洁能源、葡萄酒、枸杞、奶产业、肉牛和滩羊、文化旅游产业，实施黄河黑山峡河段开发、“三山”生态保护和修复、银川至太原高铁、河东机场改扩建等“十大工程项目”，建设现代化基础设施，推动经济发展实现量的合理增长和质的稳步提升。要主动融入新发展格局，立足全国、协同区域、服务大局，全面融入循环体系，大力促进消费升级，不断拓展投资空间，增强经济发展协同性和高效率。要全面深化改革，坚持社会主义市场经济改革方向，激发各类市场主体活力，建立现代财税金融体制，建设高标准市场体系，加快转变政府职能，构建高水平社会主义市场经济体制，持续增强发展新动力。要扩大对外开放，实施开放带动战略，主动融入“一带一路”建设，积极扩大对内对外开放，全面提升外资外贸质量，建设更高水平开放型经济新体制，开拓合作共赢新局面。要坚持农业农村优先发展，全面实施乡村振兴战略，夯实农业发展基础，实施乡村建设行动，持续深化农村改革，实现巩固拓展脱贫攻坚成果同乡村振兴有效衔接。要优化国土空间布局，实施区域协调发展战略，大力实施新型城镇化战略，健全国土空间规划体系，构建区域协调发展格局，促进城乡融合一体化发展。要推进文化事业繁荣发展，强化社会主义核心价值观的引领作用，着力提高社会文明程度，提升公共文化服务水平，加快发展现代文化产业，构筑各民族共有精神家园。要坚持走生态优先绿色发展之路，全面落实可持续发展战略，统筹山水林田湖草沙系统治理，推动绿色低碳发展，持续改善环境质量，提高资源利用效率，提升生态系统质量，守好改善生态环境生命线。要改善人民生活品质，尽力而为、量力而行，大力实施百万移民致富提升、城乡居民收入提升、基础教育质量提升、全民健康水平提升“四大提升行动”，提高居民收入水平，强化就业优先政策，建设高质量教育体系，全面推进健康宁夏建设，健全完善社会保障体系，提高社会建设水平。要科学统筹发展和安全，坚持总体国家安全观，坚决维护国家政治安全，保持社会和谐稳定，提高公共安全保障能力，建设更高水平的平安宁夏。

全会要求，凝聚全区各族人民磅礴伟力，为实现“十四五”规划和2035年远景目标不懈奋斗。坚定维护党中央集中统一领导，加强党的政治建设、干部队伍建设、组织建设、纪律作风建设。推进社会主义政治建设，坚持和落实民族区域自治制度，加强中华民族共同体建设，守好促进民族团结生命线。发挥工青妇等人民团体作用，完善国防动员体系。

全会强调，全区各级党组织和党员领导干部要切实增强“四个意识”、坚定“四个自信”、做到“两个维护”，把思想和行动统一到党的十九届五中全会精神上来，把智慧和力量汇聚到自治区党委确定的“十四五”发展目标任务上来，切实把这次全会的各项部署落到实处。要自觉站位新发展阶段，把握大势、担当使命。统筹“两个大局”，深刻认识我国社会主要矛盾变化带来的新特征新要求，深刻认识错综复杂的国际国内环境带来的新矛盾新问题，积极抢抓供给体系重建、发展格局重构、竞争优势重塑带来的新机遇，主动应对外部环境不确定不稳定因素增加、内部发展不平衡不充分问题突出、区域经济发展的差距带来巨大压力的新挑战，坚定担当全面建设社会主义现代化的新使命。

全会强调，要坚定贯彻新发展理念，紧扣主题、增创优势。紧紧扭住新发展理念推动发展，切实贯穿到“十四五”经济社会发展各领域、社会主义现代化建设全过程。要紧扣主题、推动高质量发展，推动发展方式从规模速度为主转向量的增长质的提升并重、结构调整从增量扩能为主转向调整存量做优增量并重、增长动力从要素投入为主转向要素拉动创新驱动并重。要铆定关键、坚持创新驱动发展，打基础、增强创新力量，抓主体、提升创新能力，聚人才、激发创新活力，优环境、营造创新生态。要扭住重点，做大做强实体经济，提升产业发展水平，增强产业发展动能，强化产业发展支撑。要严守红线、保护改善生态环境，坚持系统治理、源头治理、科学治理，“控总量”“减存量”“增绿量”，培厚绿色发展底色。要抓好统筹、推进区域协调发展，推进规划、产业、城乡、基础设施一体化。要顺应期待、促进人民共同富裕，统筹抓好就业、教育、医疗、社保、养老等民生事业，加快补齐短板弱项，提升民生水平。

全会强调，要主动融入新发展格局，找准定位、靶向发力。找准融入新发展格局的切入点、结合点、着力点，在服务全国新发展格局中不断提升自身发展水平。要立足扩大内需、深度融入“两个循环”体系，构建现代流通、多元消费、有效投资体系，贯通生产、分配、流通、消费各环节。要坚持市场导向，不断增强供需的适配性，以供给侧结构性改革为主线，增强供需的平衡性、适应性、灵活性，推动产业链、供应链、创新链、价值链与全国大市场全方位对接、深层次融合。要持续深化改革、建设有效市场有为政府，运用改革思维和改革办法，激发市场主体活力，健全完善市场体系，提升政府服务效能。要内外开放并举、发展高水平开放型经济，在主动融入"一带一路"建设、积极扩大对内对外开放、全面提升外资外贸质量上取得新突破，构建高水平开放的新体制、全方位开放的新格局。

全会强调，要积极适应新发展要求，提升能力、奋发进取。各级领导要自觉担当领导发展责任，提升领导发展能力。要转变思想观念，坚守发展的价值取向，理清发展的路径选择，树牢发展的科学理念，在汹涌澎湃的发展大潮中奋力追赶，在千帆竞发的发展态势中争得主动。要练就过硬本领，增强政治本领、法治本领、发展本领，努力成为推动高质量发展的行家里手。要强化斗争精神，以敏锐的斗争意识、高超的斗争艺术、坚韧的斗争意志，争得主动、赢得发展、取得胜利。要弘扬实干作风，迎难而上肯干，创新突破敢干，讲究方法会干，以实干展示新气象、彰显新作为、交出新答卷。

全会号召，全区各族人民要更加紧密地团结在以习近平同志为核心的党中央周围，同心同德、顽强奋斗，努力建设黄河流域生态保护和高质量发展先行区，继续建设经济繁荣民族团结环境优美人民富裕的美丽新宁夏，为夺取全面建设社会主义现代化新胜利而努力奋斗！

（原载《宁夏日报》2020年12月8日第1版）

在宁夏回族自治区第十二届人民代表大会第四次会议上的政府工作报告

自治区主席　咸　辉

（2021年1月29日）

各位代表：

现在，我代表自治区人民政府，向大会报告工作，请予审议，并请各位政协委员和其他列席人员提出意见。

一、2020年和"十三五"工作回顾

2020年，是极不平凡的一年。在决战脱贫攻坚、决胜全面小康的关键时刻，习近平总书记再次亲临宁夏视察，亲自为我区发展把脉定向、擘画蓝图，明确继续建设经济繁荣民族团结环境优美人民富裕美丽新宁夏的奋斗目标，赋予努力建设黄河流域生态保护和高质量发展先行区的时代重任，全区上下倍受鼓舞、倍感振奋、倍增动力！

一年来，面对严峻复杂的国内外形势，特别是新冠肺炎疫情的严重冲击，在以习近平同志为核心的党中央坚强领导下，全区上下坚持以习近平新时代中国特色社会主义思想为指导，深入贯彻党的十九大和十九届二中、三中、四中、五中全会精神，全面落实习近平总书记视察宁夏重要讲话重要指示精神，按照自治区党委工作部署，坚持稳中求进工作总基调，坚持新发展理念，深化供给侧结构性改革，统筹推进疫情防控和经济社会发展，统筹做好"六稳"工作和落实"六保"任务，交出了一份全面好于预期、十分来之不易的答卷。全年实现地区生产总值3921亿元，增长3.9%，高于全国1.6个百分点，居全国第4位；地方一般公共预算收入419.4亿元，下降1%（扣除新增减税因素影响，增长5.6%），好于全国平均水平；全体居民人均可支配收入25735元、增长5.4%，其中城镇35720元、增长4.1%，农村13889元、增长8%，分别高于全国0.6个百分点和1.1个百分点。最后一个贫困县西吉县顺利摘帽，剩余1.88万贫困人口全部脱贫，全区历史性告别了绝对贫困、区域性整体贫困。

一年来的主要工作和成效是：

（一）直面大战大考，疫情防控夺取重大成果。坚决听从习近平总书记和党中央号令，把疫情防控作为最重要的政治任务、最紧迫的头等大事来抓。坚持人民至上、生命至上，在自治区党委领导下，第一时间组建专门机构，及时启动一级响应，动态调整防控策略，在全国率先实行发热门诊全免费，集中患者、集中专家、集中资源、集中免费救治，仅用41天就阻断了疫情传播，没有发生死亡病例，没有发生社区传染，没有发生医护人员感染。坚决响应国家号召，组织785名优秀医疗队员驰援湖北，尽全区所能捐赠抗疫物资，选派专家支援沙特、科威特抗疫，完成国外包机入境银川隔离观察疏散，为全国防控大局作出宁夏贡献。及时制定并恢复"六大秩序"实施方案，

分区分类推进复工复产，推广使用防疫健康码，优化常态化防控机制，将疫情影响降到最低。弘扬伟大抗疫精神，召开总结表彰大会，凝聚团结抗疫、共克时艰的磅礴之力。

（二）全力稳定增长，经济恢复取得显著成效。针对经济一度“停摆”的严峻形势，强化运行监测调度，适时出台“六保36条”“工业稳增长24条”“服务业16条”“财政21条”等一揽子措施，投放纾难解困基金40亿元，清欠民营企业账款68亿元，新增贷款615亿元、减税降费130亿元，帮助企业渡过难关，力促经济逐季回升。围绕自治区党委确定的九个重点产业，制定实施方案，落实包抓机制，推动转型发展。紧盯农时抓生产，新建高标准农田108万亩，粮食生产实现“十七连丰”，总产达380.5万吨，特色优势产业占到农业的88%。加快工业结构、绿色、智能、技术四大改造，外送电量创历史新高，战略性新兴产业占比达15%，规上工业增加值增长4.3%。举办“两晒一促”等系列活动，促进消费加速回升。开展关键技术攻关，研究与试验发展经费投入强度预计达1.54%，综合科技创新水平指数提升幅度居全国第1位。狠抓自治区80个重点项目建设，京藏高速改扩建、百川锂电材料、伊利乳业产业园等一批大项目加快建设或建成投运，带动固定资产投资增长4%，扭转连续3年大幅下滑的局面。特别令人振奋的是，全区人民翘首以盼的银西高铁建成通车，宁夏全面融入国家高铁网。

（三）狠抓统筹协调，城乡面貌发生明显变化。制定先行区建设实施意见，采取针对性举措，持续打好蓝天碧水净土保卫战。深化中央环保督察及“回头看”反馈问题整改，编制“一河三山”生态保护修复规划，实现首轮省级生态环保督察全覆盖。从严落实五级河湖长制，黄河干流宁夏段连续4年保持Ⅱ类优水质，国控断面劣Ⅴ类水体和城市黑臭水体全面消除，全区优良天数311天、比例达85.1%，$PM_{2.5}$平均浓度降到33微克／立方米。完成农村人居环境整治三年行动，建设卫生户厕10.5万户，改建乡村公路1200千米，建成特色小镇12个、美丽村庄100个。固原市、中卫市成功创建国家卫生城市，吴忠市获评生态文明建设示范城市。实施城镇供水、污水处理、海绵城市等项目，五市全部建成数字化城市管理平台，改造老旧小区5.2万户、棚户区6200套，城镇化率预计达61%。

（四）深化改革开放，动力活力得到持续增强。制定“优化营商环境148条”，“证照分离”改革实现全覆盖，企业开办时间压缩到1个工作日内，比全国少了3天。加快“数字政府”建设，“我的宁夏”APP用户量超过全区人口的74%，1314个事项能够“指尖办”，3368个事项可以“掌上查”，营商环境综合评价连续3年居全国第11位。启动国企改革三年行动，退休人员全部移交社会管理。农村集体产权制度改革试点等向全国推广。优化融资结构，扩大直接融资，晓鸣农牧、沃福百瑞通过上市审议，上市企业达15家。在全国率先建立政府债务监测平台，超额完成隐性债务年度化解任务。获批建设国家农业绿色发展先行区、中国（银川）跨境电子商务综合试验区、国家（中卫）新型互联网交换中心。全年招商引资实际到位资金1599亿元、增长11.3%。

（五）坚持民生优先，群众生活又有新的改善。在全年税收下降、收支矛盾加剧的情况下，仍将75%的财力用于民生事业，10个方面24项民生实事全面完成。实行区市县三级领导挂牌督战，安排扶贫资金103亿元，扎实开展“四查四补”，深化闽宁扶贫协作，决战脱贫攻坚取得决定性胜利。全国易地扶贫搬迁后续扶持工作现场会在宁夏召开，宁夏经验向全国推广。制定稳就业保就业“13条”“18条”，城镇新增就业7.3万人，农村劳动力转移就业80.3万人，均超额完成年度任务。深化“互联网+教育”示范区建设，基本消除义务教育大班额，普惠性幼儿园覆盖率达89.1%，教育信息化水平居全国第7位。加快“互联网+医疗健康”示范区建设，县域医共体和城市医联体建设全覆盖，区市县三级医疗信息互联互通。建设智慧水利，成功获批“互联网+城乡供水”示范区。深化社会主义核心价值观“六进”活动，启动新一轮“文化大篷车”基层百场巡演，创排《山海情》《塞上江南》等一批文艺精品，公共文化服务体系建设走在西部前列，全民健身蓬勃开展。哲学社会科学、决策咨询、参事文史、新闻出版、广播电视、文学艺术、统计档案等事业取得新进步。连续16年调增企业退休人员养老金标准，持续提高城乡居民基础养老金、医保、低保和残疾人补贴标准，为1.7万名优抚对象提高抚恤补助标准，健全养老服务体系获得国务院通报激励表扬。累计发放价格临时补贴9650万元，困难群众生活得到基本保障。认真落实乡村、社区、宗教、校园、企业、社团治理任务，制定出台“五个清单指导目录”，为乡镇（街道）下放事权83项。纵深推进平安宁夏建设，扫黑除恶三年行动战果丰硕，安全生产国家考核连续4年优秀，以“四个最严”守好群众“舌尖上的安全”。全面贯彻党的民族政策和宗教工作基本方针，坚决整治宗教领域突出问题，五市和15个县（区）成为全国民族团结进步示范市、县（区）。第七次全国人口普查登记顺利完成。国防动员、双拥共建、人民防空、应急救援、地震、气象、红十字、慈善、老龄、工会、青年、妇女儿童等工作又有新发展。

（六）强化自身建设，政府效能实现更大提升。深入学习贯彻习近平总书记视察宁夏重要讲话重要指示精神，按照自治区党委全会决定，制定政府系统分工方案，广泛宣传宣讲，确保落实到各级政府具体工作中。全面加强政府党组建设，严格执行重大事项向党委请示报告、重大决策出台前向人大常委会报告制度，提请自治区党委研究重大事项56件，提请自治区人大常委会制定、修改地方性法规18件。办理人大代表建议207件、政协委员提案419件，办复率均为100%。建立重大行政决策咨询专家库，续聘法律咨询委员会成员和法律顾问，全面完成“七五”普法。注重源头化解矛盾纠纷，信访总量下降39.8%。从严执行中央八项规定及其实施细则精神，持之以恒纠治“四风”问题。认真落实“过紧日子”要求，自治区本级压减一般性支出14.2%、“三公”经费32.8%。持续为基层减负，自治区政府层面会议压缩20%、督查事项减少10%。全面履行党风廉政建设责任，加强财政、审计日常监督，对违纪违法案件零容忍。加大督查考核激励，奖优罚劣、奖勤罚懒，形成干事创业的鲜明导向。

各位代表，盘点2020年，我们在极不寻常的年份取得了极不寻常的成就。回望过去五年，我们圆满完成“十三五”规划任务，全面建成小康社会胜利在望，经济社会发展实现重大跨越，美丽新宁夏建设迈出坚实步伐。

五年来，我们始终以政治建设为统领，把党的领导贯穿政府工作全过程各方面，政府执行力、落实力、公信力切实增强。深学笃行习近平新时代中国特色社会主义思想，巩固深化“不忘初心、牢记使命”主题教育成果，自觉把增强“四个意识”、坚定“四个自信”、做到“两个维护”落实到具体行动上。全面贯彻党中央、国务院各项决策部署，按照自治区党委安排要求，不折不扣抓好工作落实，保证经济行稳致远、社会安定和谐。

五年来，我们始终贯彻新发展理念，大力稳增长、调结构、换动能，推动高质量发展，综合实力大幅跃升。地区生产总值比2010年翻了一番，年均增长6.4%，高于全国0.7个百分点。三次产业比重由9.2∶43.3∶47.5调整到8.6∶41.0∶50.4。综合科技创新水平指数由全国第22位上升到第18位。实施一批打基础、利长远的重大项目，城镇化率年均提高1.2个百分点。

五年来，我们始终紧盯全面建成小康社会目标，精准施策、持续用力、久久为功，三大攻坚战夺取重大胜利。9个贫困县全部摘帽，1100个贫困村全部出列，现行标准下62.4万农村贫困人口全部脱贫。生态环境9项约束性指标超额完成，蓝天碧水净土保卫战成效显著，全区空气优良天数比2015年增加15天，森林覆盖率由11.9%提高到15.8%。处置化解一批风险隐患，守住不发生系统性风险的底线。

五年来，我们始终把改革开放作为关键举措，向改革要动力，以开放增活力，发展潜能持续释放。完成800多项重点改革任务，“放管服”、空间规划、农业农村、工程项目审批等改革走在全国前列。中阿博览会成为共建“一带一路”的重要平台，宁夏对外经贸“朋友圈”扩展到138个国家和地区。

五年来，我们始终坚持以人民为中心，围绕群众所急所愿所盼，逐年增加投入，民生水平不断提升。累计办成实事好事128项，投入民生资金5291亿元，是“十二五”的1.5倍。城乡居民人均可支配收入均比2010年翻了一番，年均分别增长7.2%和8.8%，分别高于全国0.2个百分点和0.4个百分点。建成覆盖城乡的社会保障体系，解决一批关系群众切身利益的就业、就学、就医、饮水、居住、出行等民生难题。

各位代表，艰难方显勇毅，磨砺始得玉成。五年征途充满艰辛，奋斗成果殊为不易。这是习近平总书记作为党中央的核心、全党的核心掌舵领航的结果，是习近平新时代中国特色社会主义思想科学指引的结果，是党中央坚强领导的结果，是自治区党委正确领导的结果，是自治区人大、政协大力支持的结果，是全区上下真抓实干的结果。在此，我代表自治区人民政府，向在各个岗位付出智慧、心血和汗水的全区各族人民，向人大代表、政协委员、各民主党派、工商联和各界人士，向中央驻宁单位、驻宁部队和武警官兵、公安民警致以崇高的敬意！向关心支持宁夏改革发展稳定的国家部委、兄弟省区市、港澳台同胞、海外侨胞和国际友人表示衷心的感谢！

回顾五年来的工作，我们也清醒地看到，我区发展还存在一些困难和问题。主要有：一是疫情变化存在诸多不确定性，常态化防控任务依然艰巨；二是经济持续向好的基础还不稳固，企业生产经营存在许多困难，消费增长动能不足，一些领域风险隐患不容忽视；三是发展质量效益仍然不高，开放不足短板突出，创新驱动能力不强，资源环境约束趋紧，经济转型和结构调整任重道远；四是民生领域还有短板弱项，稳就业促增收压力较大；五是营商环境有待进一步改善，政府自身建设仍需加强。我们一定高度重视这些问题，采取有力措施，切实加以解决，决不辜负全区人民的重托和期望。

二、奋力开启全面建设社会主义现代化新征程

各位代表，“十四五”时期，是“两个一百年”奋斗目标的重要历史交汇期，是开启全面建设社会主义现代化国家新征程的重要战略机遇期，也是宁夏在新发展阶段实现追赶跨越的重要黄金窗口期。习近平总书记对宁夏发展极为关心、寄予厚望，过去五年内两次视察宁夏并发表重要讲话，为自治区成立60周年题写“建设美丽新宁夏，共圆伟大中国梦”贺匾，多次对宁夏工作作出重要指示批示，为新时代宁夏发展提供科学指导、注入强大动力。全区人民对美好生活的向往，更加坚定了全区推进高质量发展的信心和决心，极大增强了全区战胜困难挑战的勇气和底气。机遇承载使命，挑战考验担当。面对复杂多变的严峻形势，面对千帆竞发的发展态势，如何承担好党中央赋予的时代重任，如何实现好新一轮竞争的追赶跨越，是自治区政府必须直面的重大问题。唯有咬定青山不放松，脚踏实地加油干，努力创造更加灿烂的辉煌！

根据自治区党委十二届十二次全会精神和《关于制定国民经济和社会发展第十四个五年规划和二〇三五年远景目标的建议》，自治区政府在广泛征求意见、凝聚各方智慧、充分研究论证的基础上，编制了《宁夏回族自治区国民经济和社会发展第十四个五年规划和二〇三五年远景目标纲要（草案）》，提交大会审查。

今后5年，全区经济社会发展的主要预期目标是：地区生产总值年均增长6%左右，人均地区生产总值超过1万美元，全员劳动生产率年均增长6%以上，研究与试验发展经费投入强度达到全国平均水平，居民人均可支配收入年均增长6%左右，城镇调查失业率控制在5.5%以内，节能降碳和主要污染物排放完成国家下达任务。实现经济实力明显提升、改革开放明显突破、社会文明明显进步、生态环境明显改善、民生水平明显提高、治理效能明显增强。在此基础上，经过持续努力，到2035年，经济繁荣实现大跨越，民族团结实现大进步，环境优美实现大改善，人民富裕实现大提升，确保与全国同步基本实现社会主义现代化。

实现上述目标，必须坚持党对一切工作的领导，紧密团结在以习近平同志为核心的党中央周围，在自治区党委领导下，以高度的思想自觉、政治自觉、行动自觉抓好工作落实。必须狠抓发展第一要务，立足新发展阶段，贯彻新发展理念，融入新发展格局，努力实现更高质量、更有效率、更加公平、更可持续、更为安全的发展。必须激发广大干部群众奋斗精神，充分调动各方面积极性、主动性、创造性，共同把战略部署变成实际行动，把规划蓝图化为发展现实，以奋斗创造历史，用实干成就未来！

今后5年，要在以下五个方面实现重大突破：

（一）坚定不移建设先行区，走好高质量发展新路子。统筹推进高水平保护与高质量发展，一体建设河段堤防安全标准区、生态保护修复示范区、环境污染防治率先区、经济转型发展创新区、黄河文化传承彰显区。优化国土空间布局，强化分类管控引导，建设黄河生态经济带、北部绿色发展区、中部封育保护区、南部水源涵养区。围绕重点领域率先突破，抓好用水权、土地权、山林权、排污权交易改革。健全生态文明体制机制，构建现代环境治理制度，促进经济社会发展全面绿色转型，确保先行区建设取得阶段性重要成果。

（二）坚定不移推进创新驱动，打造高质量发展新动能。坚持以创新促转型、以创新优动能、以创新求突破，推动产业迈向高端化、绿色化、智能化、融合化，构建以九大产业为重点的现代产业体系。实施科技强区行动，优化创新体制机制，强化企业主体地位，激发人才创新创造活力，突破一批关键核心技术，打造区域有影响力的创新中心。建立现代生产体系、经营体系、服务体系，实现产业体系升级、基础能力再造、新旧动能转换，培育一批产业集群、工业园区、企业集团，制造业和战略性新兴产业增加值占比分别为25%以上和10%以上。发展高效种养业，建设国家农业绿色发展先行区，农业综合效益达到全国上游水平。推动生产性服务业向专业化和价值链高端延伸、生活性服务业向高品质和多样化升级，建成国家全域旅游示范区。加快产业数字化、数字产业化，建设数字宁夏。

（三）坚定不移实施扩大内需，拓展高质量发展新空间。立足扩大内需战略基点，主动服务全国大市场，全面融入新发展格局，努力实现供需动态平衡、经济循环畅通。促进消费扩容升级，推进现

代物流体系建设、质量提升和品牌培育、城市特色街区改造、城乡消费服务体系建设四大工程，进一步拓展消费空间。扩大精准有效投资，实施“十大工程项目”，构建综合交通、现代水网、能源支撑和信息网络体系，持续提升投资质效。加快新型城镇化和乡村全面振兴，抓好城市更新、乡村建设行动，开创区域协调、城乡融合发展新局面，城镇化率为65%以上。深化要素市场化配置改革，建设高标准市场体系，培育更多充满活力的市场主体。积极参与共建“一带一路”，深化区域务实合作，形成高水平开放新体制、全方位开放新格局。

（四）坚定不移改善生态环境，培育高质量发展新优势。深入贯彻习近平生态文明思想，巩固提升环境质量，加快建设天蓝地绿水美的美丽宁夏。坚持以绿色发展为导向，严守“三线一单”，推行重点行业和领域绿色化改造，开展绿色生活创建，提高能源资源利用效率，单位GDP用水量、煤炭消耗、电力消耗均下降15%。坚持以碳达峰、碳中和为引领，打好污染防治攻坚战，协同“四尘同治”“五水共治”“六废联治”，地级城市空气质量优良天数比例达到85%，黄河干流宁夏段水质保持Ⅱ类进Ⅱ类出，国考断面Ⅲ类以上水质优良比例达到80%。坚持以“一河三山”为主体，统筹山水林田湖草沙系统治理，抓好自然恢复、人工修复和综合康复，建设“七大生态系统”，森林覆盖率达到20%，让生态绿色成为宁夏发展的鲜明底色。

（五）坚定不移保障改善民生，共享高质量发展新成果。实施“四大提升行动”，扎实推进共同富裕。强化就业优先政策，健全就业服务体系，实现更加充分更高质量就业。增加低收入群体收入，扩大中等收入群体，居民人均可支配收入为3.5万元以上。建设高质量教育体系，教育现代化进程居西部地区前列。推进文化事业繁荣发展，提高社会文明程度。加快健康宁夏建设，人均预期寿命达到78.2岁。健全多层次社会保障体系，满足群众多样化保障需求。完善基层治理体系，增强基层治理能力，建立人人有责、人人尽责、人人享有的社会治理共同体，让全区人民的获得感成色更足、幸福感更可持续、安全感更有保障。

各位代表，新征程催人奋进，新使命重任在肩。只要我们在自治区党委领导下，一张蓝图绘到底，一任接着一任干，“十四五”规划目标和2035年远景目标就一定能够实现，宁夏的明天一定会更加美好！

三、努力实现“十四五”良好开局

2021年，是实施“十四五”规划的起步年，是开启全面建设社会主义现代化新征程的第一年，也是建党100周年。做好今年工作，具有特殊重要意义。

今年政府工作总体要求是：坚持以习近平新时代中国特色社会主义思想为指导，全面贯彻落实党的十九届五中全会、中央经济工作会议和习近平总书记视察宁夏重要讲话精神，认真落实自治区党委第十二届第十二次全会和经济工作会议安排部署，坚持稳中求进工作总基调，立足新发展阶段，贯彻新发展理念，融入新发展格局，以推动高质量发展为主题，以深化供给侧结构性改革为主线，以建设黄河流域生态保护和高质量发展先行区为时代使命，以改革创新为根本动力，以满足人民日益增长的美好生活需要为根本目的，巩固拓展疫情防控和经济社会发展成果，更好统筹发展和安全，扎实做好“六稳”工作，全面落实“六保”任务，坚决守好三条生命线，走出一条高质量发展的新路子，继续建设经济繁荣民族团结环境优美人民富裕的美丽新宁夏，确保“十四五”实现良好开局，以优异成绩庆祝建党100周年。

主要预期目标是：地区生产总值增长7%以上，地方一般公共预算收入增长3%以上，社会消费品零售总额增长8%左右，城乡居民人均可支配收入分别增长7%和8%，居民消费价格涨幅控制在3%左右。城镇调查失业率控制在5.5%以内。节能降碳和主要污染物排放完成国家下达任务。

各位代表，确定这样的目标，统筹考虑了发展需要、发展可能和发展预期，是科学合理的、可行可及的，但也面临不少困难和挑战。必须立足区情实际，把握发展大势，紧扣目标任务，全面推进先行区建设，扎实推动高质量发展，加快融入新发展格局，确保迈好第一步，见到新气象，取得新成效。

为此，要切实抓好以下重点工作：

（一）突出需求带动，切实推动经济稳定增长。把发展着力点放在实体经济上，注重供给需求两端发力、消费投资双轮驱动，巩固经济稳定恢复、持续向好态势。

促进消费全面复苏。顺应消费升级趋势，完善促消费政策措施，引导扩大居民消费，适度增加公共消费，更好发挥经济运行的“压舱石”作用。开展消费惠民行动，落实新一轮汽车下乡和以旧换新补贴政策，促进餐饮住宿、批发零售等加快回补，推动消费市场全面恢复。推进文旅深度融合，扩大外来消费，全年旅游收入和游客人数均增长20%以上。实施消费网络建设和融合升级工程，多渠道增加家政、养老、育幼等服务供给，促进线上线下融合发展，有效释放新的消费潜力。开拓城乡消费市场，完善电商服务，优化物流配送，降低物流成本，促进工业品下乡和农产品进城双向流通。

保持投资回稳向好。全年实施自治区重点项目90个、民间投资重点项目50个，完成投资530亿元以上，带动投资增速与经济增长基本同步。完善省级领导包抓机制，做好用地、用能、用工服务，启动“十大工程项目”，抓好宝丰煤制烯烃、韩国晓星氨纶、固海扩灌扬水等重大项目，力促早建设、早投用。抓住先行区建设重大机遇，聚焦国家政策导向，紧盯“两新一重”等重点方向，争取实施一批产业升级、基础设施、生态环保、民生保障项目，优化项目梯次结构，为高质量发展储能蓄势。加大产业链招商、集群化招商，鼓励引导更多企业把投资项目引进来，把生产经营布局好，把研发设计落在实处，确保全年招商引资实际到位资金增长7%。

帮助企业稳定发展。着力优化政策体系，巩固提升“六稳”“六保”成果，动态调整，精准滴灌，形成最优组合，凝聚最大合力，更好引导预期、稳定预期。着力降低企业负担，发挥纾难解困基金、担保贴息作用，加强煤电油气等要素保障，帮助市场主体解难脱困，全年减免电费8亿元左右，降低实体经济成本100亿元以上。着力加强金融支持，注重银政企联动，鼓励发展普惠金融、绿色金融，全年新增贷款600亿元以上，再有2~3家企业上市。强化反垄断和防止资本无序扩张，依法打击非法金融活动，稳妥化解债务风险，坚决守好不发生系统性风险底线。

（二）突出创新引领，切实构建现代产业体系。精耕细作九个重点产业，推进创新驱动发展，深化供给侧结构性改革，不断提高经济发展质量效益。

增强科技创新力。加大政府科技投入力度，提高企业科研投入强度，力争研究与试验发展经费投入强度达到1.7%。用好部区合作、东西合作机制，加强创新人才引进培养，发挥国家重点实验室中试基地作用，围绕重点产业、重点领域组建创新平台，培育自治区级科技创新团队10个。启动创新型示范企业培育工程，开展大中小企业融通创新，推动“双创”全面升级，培育国家级高新技术企业50家、科技型中小企业100家。实行攻关任务“揭榜挂帅”，优化科研项目“前引导+后支持”方式，落实股权激励、分类评价等政策，实施重点科技项目100个。争取突破一批关键共性技术，转化应用一批科技创新成果，为高质量发展注入新动能。

增强产业竞争力。加快产业布局区域化、产业基础高级化、产业发展现代化。实施产业基础再造工程，压减低端供给，增加高端供给，加快化工、冶金、纺织等调整转型，新认定制造业示范企业8家、绿色智能工厂和数字车间25个，新培育入库企业60家，规上工业增加值增长7%以上。做大做强清洁能源、新型材料、绿色食品、电子信息产业，发展壮大仪器仪表、数控机床等产业，培育“专精特新”企业100家，带动新兴产业两位数增长。拓展大数据、区块链、工业互联网等场景应用，数字经济增长20%以上。开展质量提升行动，加强标准体系建设，培育引进龙头企业，做优做强葡萄酒、枸杞、肉牛和滩羊、奶产业，把特色优势更好转化为竞争优势。

增强园区承载力。深化开发区体制机制改革，提升园区创新发展能力，创建自治区高质量发展示范园区3个。围绕产业链、供应链、创新链布局企业、建设项目，推进园区错位发展。特别要推动宁东基地与吴忠太阳山一体化发展，加快现代煤化工向下游精细化工延伸，争创国家现代能源经济示范区。加快闲置、低效用地清理，抓好“散乱污”企业整治，推动“僵尸企业”市场化出清，提高亩均投资强度、产出效益、税收比例，真正把园区打造成区域经济增长极、高质量发展主阵地。

（三）突出乡村振兴，切实推进农业农村现代化。坚持农业农村优先发展，有效衔接脱贫攻坚和乡村振兴，促进农业高质高效、乡村宜居宜业、农民富裕富足。

巩固拓展脱贫成果。落实“四个不摘”要求，工作不留空当，政策不留空白。健全防止返贫动态监测和帮扶机制，做到早发现、早干预、早帮扶，确保不出现规模性返贫。深化闽宁对口协作和定点帮扶，争取国家乡村振兴重点帮扶县5个。抓好脱贫县区产业提档升级，尽快补上技术、设施、营销等短板。聚焦产业、就业、社会融入3件事情，强化易地搬迁后续扶持，加强基础配套，完善公共服务，搞好社会管理，广辟就业渠道，确保移民群众稳得住、有就业、逐步能致富。

提升农业质量效益。健全现代农业产业、生产、经营体系，调整种养结构，推动品种培优、品质提升、品牌打造和标准化生产，农业增加值增长4.5%以上。实行最严格的耕地保护制度，坚决遏制耕地“非农化”“非粮化”，着力强化“米袋子”“菜篮子”负责制。建设良种繁育基地12个，新建高标准农田95万亩，粮食播种面积稳定在1019万亩、产量稳定在

380.5万吨。加大种粮农民补贴，扩大农业保险范围，让农民种粮有钱挣。推进多种形式适度规模经营，完善利益联结机制，壮大农民合作社、家庭农场等新型经营主体，创建农业现代化示范区1~2个。健全专业化社会化服务体系，支持科技特派员创新创业，主要农作物机械化率、农产品加工转化率分别达到81%和70%。发展乡村旅游、休闲农业等新业态，促进农村一、二、三产业深度融合。

实施乡村建设行动。尊重群众意愿，因地制宜、分类推进村庄规划建设，加大“空心村”治理，建设美丽宜居村庄50个，把乡村振兴这盘大棋走好。改善村庄基础设施，建好“四好农村路”，新建抗震宜居农房7400户，改造卫生户厕3.5万个，农村生活垃圾处理率、污水治理率分别达到95%和26%。开展全省域乡村治理示范创建，建强基层组织，推进移风易俗，推动形成文明乡风、良好家风、淳朴民风。鼓励各类人才返乡创业，共同绘制乡村振兴的壮美画卷。

深化农村综合改革。探索农村土地征收、集体经营性建设用地入市改革，提高土地出让收入用于农业农村比例。用好承包地确权登记颁证成果，抓好第二轮土地承包到期后再延长30年试点，让农民吃上长效“定心丸”。深化农村集体产权制度改革，在有条件的县(区)开展闲置宅基地退出等改革试点，拓宽农村集体经济发展路径。推进供销社等改革，为乡村全面振兴提供强力支撑。

(四)突出区域协同，切实加强新型城镇化建设。强化全区一盘棋，推进以人为核心的新型城镇化，更好促进区域协调、山川共济、城乡融合。

推动全域一体化。高水平编制区市县三级国土空间规划，划定“三区三线”管控，优化空间布局和城镇体系，促进北部、中部、南部协调发展。发挥银川中心城市辐射作用，带动石嘴山、吴忠、宁东协同发展，推动生态环境、基础设施、公共服务共建共享。支持固原市建设区域中心城市、中卫市建设区域物流中心，不断增强整体竞争力。健全县城功能配套，促进县域内城乡融合，高标准建设重点小城镇5个，让农业人口就地就近城镇化。

推动城市品质化。启动城市更新三年行动，实施污水处理、排水防涝等市政工程，完善停车场、充电桩等公共设施，推进城市由外延扩张向内涵提升转变。支持有条件的小区加装电梯，新改造老旧小区300个、棚户区住房4000套。加大园林城市、卫生城市等创建，新建小微公园15个、城市绿道100千米，城市建成区绿地率达到38.5%。坚持“房住不炒”，租购并举，因城施策，发展公共租赁住房，促进房地产市场平稳健康发展。

推动治理精细化。强化全周期理念，分级分类建设智慧城市、数字城市。发展公共交通，倡导绿色出行，有效缓解交通拥堵。加快城市道路建管养无缝对接，切实减少“马路拉链”现象。规范农贸市场、临时摊位等经营，开展垃圾分类处理，长效治脏治乱治污。优化住宅物业管理，为广大住户提供优质服务。完善社区功能，打造“15分钟便民生活圈”，让城市生活更美好。

(五)突出保护优先，切实提升生态环境质量。践行绿水青山就是金山银山理念，把生态修复和环境保护作为先行区建设先手棋，守好改善生态环境生命线，筑牢祖国西北生态安全屏障。

推进黄河保护治理。落实黄河生态保护治理规划，实施两岸堤防、河道控导、滩区治理和城市防洪工程，整治乱占、乱采、乱堆、乱建问题，确保黄河安澜、惠泽人民。严格河湖长制，加强泾河、清水河、沿黄湿地湖泊协同治理，建设美丽河湖。统筹生产、生活、生态用水，以水定城、以水定地、以水定人、以水定产。实施分类分区管控，开展深度节水控水行动，建设“互联网+城乡供水”示范区，提高水资源利用效率。

深化污染防治攻坚。巩固蓝天碧水净土保卫战成果，持续提高环境治理成效。完善区域联防联控机制，推进重点行业超低排放改造，加大老旧柴油货车淘汰，大幅减少重污染天气。加强集中式饮用水源地保护，推进城镇和工业园区污水稳定达标排放。严防农业面源污染，建设一批废弃物资源化利用设施，提高工业固废综合利用率。实行能源总量和强度“双控”，推广清洁生产和循环经济，推进煤炭减量替代，加大新能源开发利用，实现减污降碳协同效应最大化。

加强生态保护修复。实施重大生态保护和修复工程，建设绿色生态廊道。开展大规模国土绿化行动，完成营造林150万亩，治理荒漠化土地90万亩、水土流失面积800平方千米，森林覆盖率提高1.1个百分点。落实林长制，建立森林草原保护体系。开展黄河宁夏段上下游横向生态补偿试点，落实生态环境损害赔偿、环境信息依法披露等制度，让保护生态得到合理回报，让破坏环境付出沉重代价。

(六)突出市场导向，切实抓好更深层次改革。坚持有效市场和有为政府更好结合，坚定改革信心，汇聚改革合力，最大限度激发市场活力和社会创造力。

打造一流营商环境。聚焦利企便民，纵深推进“放管服”改革。坚决清理不必要审批、重复审批，推广电子证照应用，推开证明事项和涉企经营许可事项告知承诺制。推进政府项目招投标市场化改革，实现工程建设项目全流程在线审批。完善一体化政务服务平台，推行“不见面办事”“一件事一次办”“跨省通办”，政务服务事项网上可办率为90%以上。加快数字政府建设，提升“我的宁夏”APP应用水平。健全信用监管体系，加强“双随机、一公开”和“互联网+监管”，以公平监管促进公平竞争。强化营商环境监测评价，以评促改、以改促优，持续打造一流的市场化法治化国际化营商环境。

提高要素配置效率。实行统一的市场准入负面清单，推动“非禁即入”普遍落实。改革自然资源资产产权制度，扩大电力市场化交易。培育技术交易和数据市场，加强知识产权创造、保护、运用。深化财税改革，强化预算约束和绩效管理，加大财源培育，优化收支结构，最大限度提高财政资金使用效益。严格政府债务限额管理，加强“借用管还”各环节监管，稳妥化解债务存量，坚决遏制隐性债务增量。

激发市场主体活力。深化国企改革三年行动，实现党政机关和事业单位经营性国有资产统一监管。推进混合所有制改革，激发国有企业发展活力和内生动力。弘扬企业家精神和工匠精神，培育企业家队伍，提升亲清的政商关系，让民营企业专心创业、放心经营、安心发展。

（七）突出内外联动，切实扩大更高水平开放。坚持对内开放与对外开放有机统一，加快补齐开放不足短板，重塑内陆开放新优势，更好服务“一带一路”建设。

建好开放平台。聚焦经贸合作，高水平办好第五届中阿博览会，力争签约项目落地率和资金到位率“双提高”。发挥各类口岸、开发区作用，加快中国（银川）跨境电子商务综合试验区、国家（中卫）新型互联网交换中心建设，提升银川综合保税区、石嘴山保税物流中心运营水平。推进外贸转型升级基地、贸易促进平台、国际营销体系建设，支持适销对路的出口产品转内销，进出口贸易总额增长8%左右。

拓展开放格局。加快包银等高铁建设，加密国内城市直达航线航班，打造区域性国际航空枢纽，构建立体化开放通道。稳定国际货运班列运行，发展公铁海多式联运，共建西部陆海新通道。加强与京津冀、长三角、粤港澳大湾区对接合作，推动与黄河“几”字弯城市群协作发展，探索跨区域共建园区、“飞地”经济等合作模式，增强引进来的吸引力和走出去的竞争力。

创优开放环境。健全开放体制机制，加快规则、标准等制度性开放，扩大教育、医疗、养老等服务业开放。拓展国际贸易“单一窗口”功能，建立“两段准入”监管清单，提高进出口通关效率和贸易便利化水平。落实外商投资法及配套法规，实施准入前国民待遇加负面清单管理，营造一视同仁、公平竞争的良好环境。鼓励区内有实力的企业参与国际产业链合作，促进投资、贸易融合发展，带动产品、技术、服务等在国内外市场抢占一席之地。

（八）突出民生改善，切实提高人民生活品质。启动“四大提升行动”，尽力而为、量力而行，办好民生实事，优化公共服务，让全区人民的生活更有品质。

让就业收入提起来。完善支持就业创业政策措施，城镇新增就业7.2万人，农村劳动力转移就业75万人。特别要抓好高校毕业生、农民工、退役军人等重点群体就业，帮扶残疾人、零就业家庭等困难人员就业，全年购买公益性岗位7000个，完成职业技能培训7万人次。调整最低工资标准和企业工资指导线，健全收入分配激励和约束机制，给予高校、科研院所、医疗机构等更多自主权。多渠道增加城乡居民经营性收入、财产性收入，千方百计帮助他们增收致富。

让教育质量强起来。加快“互联网+教育”示范区建设，建成一批示范县、示范校。深化教育评价改革，落实立德树人根本任务，促进学生德智体美劳全面发展。加快义务教育优质均衡发展，办好乡镇寄宿制学校和农村小规模学校，新建改建中小学校舍20万平方米。增加普惠性学前教育供给，新增幼儿园学位7200个。推进普通高中多样化发展，深化职业教育产教融合。提升高等教育质量，支持“双一流”建设，推动宁夏师范学院“升大创博”。规范民办教育、校外培训，办好特殊教育、继续教育。加强师德师风建设，打造新时代高素质教师队伍。

让健康服务优起来。深化“互联网+医疗健康”示范区建设，开展智慧医院试点，为13个县（区）全部配备智能辅助诊疗系统。健全疾病预防控制和公共卫生体系，提升县级医疗机构救治能力，建设自治区重大疫情救治基地。深化公立医院改革，推进区域医疗中心、医联体建设，实行药品、医用耗材集中带量采购。促进中医药传承创新发展。开展城镇低保和农村适龄妇女“两癌”免费筛查，每位患者补助1万元。加强生育服务、慢病防治和健康教育，全面筛查新生儿遗传代谢疾病。广泛开展爱国卫生运动，提高公众健康素养和全民健康水平。

让文化事业兴起来。坚持社会主义核心价值观引领，弘扬优秀传统文化，加强精神文明创建。隆重举办庆祝建党100周年系列活动，推出一批精品力作，讲好宁夏精彩故事，唱响时代主旋律。深化文化惠民工程，开展“送戏下乡”1600场，举办群众性文化活动1500场。加强文物保护利用和非遗传承保护，建设长城、长征、黄河国家文化公园。繁荣发展新闻出版、广播电视、文学艺术、哲学社会科学等事业。广泛开展全民健身活动，新建多功能运动场20个，让全民健身与全民健康成为新时尚。

让民生底线兜起来。继续提高退休人员基本养老金、城乡居民基础养老金最低标准。推进基本医保、失业保险、工伤保险全区统筹，实现门诊费用跨省直接结算。统筹社会救助、社会福利、慈善事业，加强城镇困难群体帮扶。发展普惠托育服务，构建居家社区机构相协调、医养康养相结合的养老服务体系。对0~6岁残疾儿童全部免费提供康复救助，实施困难残疾人家庭无障碍改造3000户，残疾人“两项补贴”标准分别提高10元和40元。做好居民生活必需品、重要农副产品保供稳价工作，兜好兜牢基本民生底线。

2021年，自治区聚焦群众最急需、最盼望的热点难点问题，继续办好稳定就业、教育基础、扶困救助、人居环境、安全出行等10个方面的民生实事。我们必须一件一件盯着办、一项一项抓落实，真正把好事办好、实事办实，向全区人民兑现庄严承诺！

（九）突出基层治理，切实营造安全稳定环境。扎实落实“1+6”基层治理文件，夯实基层治理基础，推进共建共治共享，切实保障群众安居乐业、社会安定和谐。

提升基层治理水平。抓好银川市、石嘴山市、吴忠市全国市域社会治理现代化试点，完成村（社区）两委换届工作。创新“互联网+基层社会治理”，健全网格化管理服务机制，解决好基层治理“最后一公里”问题。发展社会组织和专业社工队伍，更好发挥工会、共青团、妇联等桥梁纽带作用。坚持和发展新时代“枫桥经验”，健全矛盾纠纷化解机制，努力把各类隐患消除在萌芽。启动“八五”普法，保证《民法典》有效实施。完善立体化信息化社会治安防控体系，推进扫黑除恶机制化常态化，依法打击各类违法犯罪，建设更高水平的平安宁夏。

守住安全发展底线。落实总体国家安全观，有效防范和化解各领域风险。推进安全生产专项整治三年行动，坚决遏止重特大事故发生。加强气象、地震、地质服务，强化自然灾害、公共安全预测预警预报，加强应急救援队伍建设，提高防灾减灾救灾能力。全域创建食品药品安全区，让群众吃得放心安心。支持国防和军队建设，做好国防动员、双拥共建、退役军人、人民防空工作，让军政军民团结始终坚如磐石。

做好民族宗教工作。全面贯彻党的民族政策，深化民族团结进步创建，铸牢中华民族共同体意识，让“三个离不开”“五个认同”思想扎根各族群众心中。全面贯彻党的宗教工作基本方针，坚持宗教中国化方向，依法管理宗教事务，巩固宗教领域突出问题整治成果，积极引导宗教与社会主义社会相适应。我们要坚持不懈地开展马克思主义祖国观、民族观、文化观、历史观、宗教观宣传教育，促进各族群众共居共学共事共乐，交往交流交融，手足相亲、守望相助，共同团结奋斗、共同繁荣发展，坚决守好促进民族团结、维护政治安全生命线！

各位代表，新形势、新任务对政府工作提出了新要求。各级政府和广大公职人员要始终站位“两个大局”、心怀“国之大者”，牢记初心使命、接续拼搏奋斗，乘风破浪、坚定前行，努力创造无愧于时代、无愧于人民、无愧于历史的新业绩。

强化政治建设，做到“两个维护”。落实新时代党的建设总要求，以政治建设为统领，切实加强政府系统党的建设。坚决贯彻习近平新时代中国特色社会主义思想，坚决落实习近平总书记视察宁夏重要讲话重要指示精神，增强“四个意识”，坚定“四个自信”，做到“两个维护”。任何时候、任何情况下，都坚定维护习近平总书记党中央的核心、全党的核心地位，坚定维护党中央权威和集中统一领导，不断提高政治判断力、政治领悟力、政治执行力。全面执行党中央、国务院决策部署，全面落实自治区党委工作安排，始终做到党委有部署、政府有行动、落实有成效。严守政治纪律和政治规矩，严格请示报告制度，坚持民主集中制，严肃党内政治生活，确保政府工作正确政治方向。

强化依法行政，提高治理效能。深入贯彻习近平法治思想，严格按照宪法法律履职尽责，在法治轨道上推进政府治理体系和治理能力现代化。自觉接受人大法律监督、政协民主监督和社会舆论监督，广泛听取民主党派、工商联、无党派人士和人民团体意见建议。深化综合行政执法改革，推进政务公开，加强政策解读，主动回应社会关切。规范重大行政决策程序，推进政府决策科学化、民主化、法治化。

强化担当作为，确保工作落实。树立正确的权力观、政绩观、事业观，当好为民服务孺子牛、创新发展拓荒牛、艰苦奋斗老黄牛。保持一往无前的奋斗姿态、风雨无阻的精神状态，锚定改革发展稳定任务，苦干实干加巧干，一丝不苟抓落实。增强补课充电的紧迫感，干什么学什么，缺什么补什么。大力精文简会，改进调查研究，统筹督查检查，让基层把更多精力用在抓工作、促发展上。完善考核体系，树立实干导向，加强正向激励，营造浓厚氛围。

强化人民至上，恪守清正廉洁。始终把人民利益放在最高位置，"身入"基层，"心到"群众，尽最大努力解决群众的急难愁盼问题。深入推进政府系统党风廉政建设，切实履行"一岗双责"。牢固树立"过紧日子"思想，坚决压缩一般性支出，确保有限的资金用在刀刃上。严格落实"中央八项规定"及其实施细则精神，坚决纠正脱离实际的官僚主义、空喊口号的形式主义。加强财政、审计、统计监督，开展工程建设、政府采购等重点领域突出问题专项治理，从严惩治各类腐败行为，永葆为民务实清廉的政治本色。

各位代表，当前，新冠肺炎疫情尚未结束，国际仍在蔓延扩散，国内也呈多点散发。我们要时刻紧绷防控之弦不放松，坚决落实党中央、国务院部署，严格按照自治区党委应对疫情工作领导小组安排，外防输入、内防反弹，慎终如始精准科学做好常态化防控，着力提升应急处置能力，切实巩固拓展来之不易的疫情防控和经济社会发展成果。

各位代表，"十三五"圆满收官，"十四五"已经开启。征途漫漫，唯有奋斗。让我们更加紧密地团结在以习近平同志为核心的党中央周围，在自治区党委领导下，努力奋斗、同心奋斗、不懈奋斗，为加快建设黄河流域生态保护和高质量发展先行区，继续建设经济繁荣民族团结环境优美人民富裕的美丽新宁夏作出新的更大贡献，以优异成绩庆祝建党100周年！

（原载《宁夏回族自治区人民政府公报》2021年第3期，2021年2月15日出版）

宁夏回族自治区2020年国民经济和社会发展统计公报[1]

宁夏回族自治区统计局 国家统计局宁夏调查总队

（2021年5月23日）

2020年，面对复杂严峻的国内外环境特别是新冠肺炎疫情的严重冲击，在自治区党委和政府的坚强领导下，全区上下坚持以习近平新时代中国特色社会主义思想为指导，深入学习贯彻习近平总书记视察宁夏重要讲话精神，坚决落实党中央、国务院各项决策部署，扎实做好“六稳”工作，全面落实“六保”任务，统筹疫情防控和经济社会发展取得重大成果，经济运行稳步回升、持续向好，主要指标增长好于预期，发展动能不断增强，转型升级加快推进，质量效益明显改善，民生保障更加有力，高质量发展迈出新的步伐。

一、综合

初步核算，全年全区实现生产总值[2]3920.55亿元，按不变价格计算，比上年增长3.9%。其中，第一产业增加值338.01亿元，增长3.3%；第二产业增加值1608.96亿元，增长4.0%；第三产业增加值1973.58亿元，增长3.9%。第一产业增加值占地区生产总值的比重为8.6%，第二产业增加值占地区生产总值的比重为41.0%，第三产业增加值占地区生产总值的比重为50.4%，比上年提高0.2个百分点。

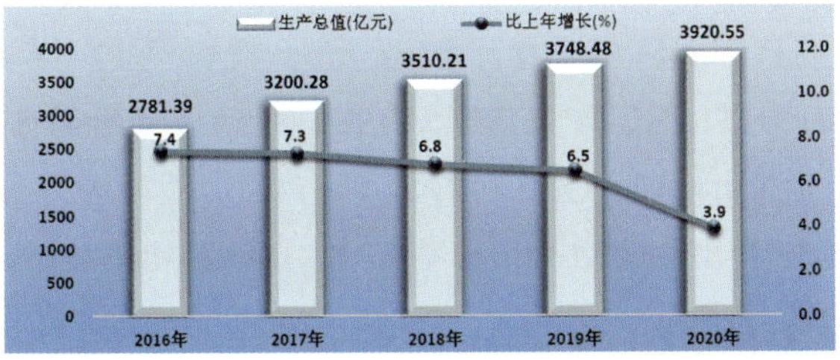

图1 2016—2020年全区生产总值及其增长速度

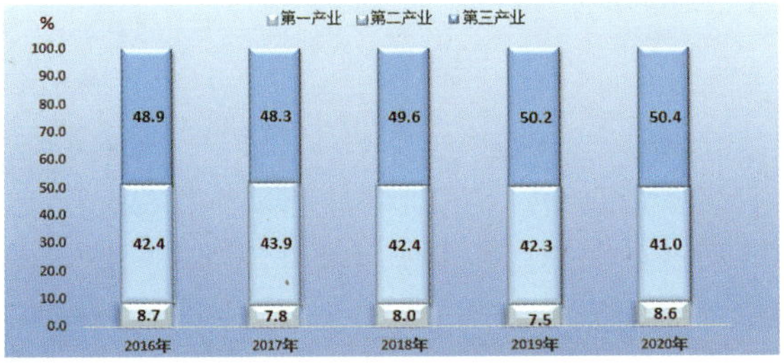

图2 2016—2020年全区三次产业增加值占地区生产总值比重

表1 2020年全区生产总值及其增长速度

指 标	绝对值(亿元)	比上年增长(%)
全区生产总值	3920.55	3.9
农林牧渔业	356.18	3.2
工业	1283.69	4.2
建筑业	326.78	3.5
批发和零售业	194.34	−3.3
交通运输、仓储和邮政业	181.88	4.4
住宿和餐饮业	50.13	−9.7
金融业	321.07	3.4
房地产业	175.86	4.2
其他服务业	1030.63	6.4
第一产业	338.01	3.3
第二产业	1608.96	4.0
第三产业	1973.58	3.9

全年全区城镇新增就业7.3万人，农村劳动力转移就业80.27万人，年末全区城镇登记失业率为3.92%。全年全区农民工[3]总量为98.1万人，比上年减少8.0万人，下降7.5%。其中，外出农民工76.9万人，比上年减少5.8万人，下降7.0%；本地农民工21.2万人，减少2.2万人，下降9.4%。

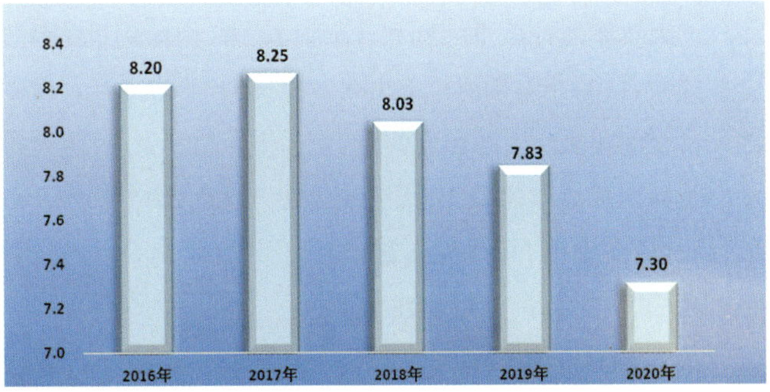

图3 2016—2020年全区城镇新增就业人数

全年全区居民消费价格比上年上涨1.5%，工业生产者出厂价格下降3.1%，工业生产者购进价格下降5.3%，农产品生产者价格[4]上涨13.1%。

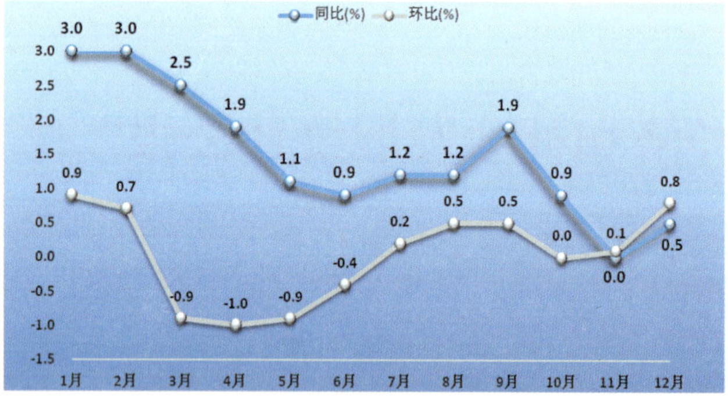

图4 2020年全区居民消费价格月度涨跌幅度

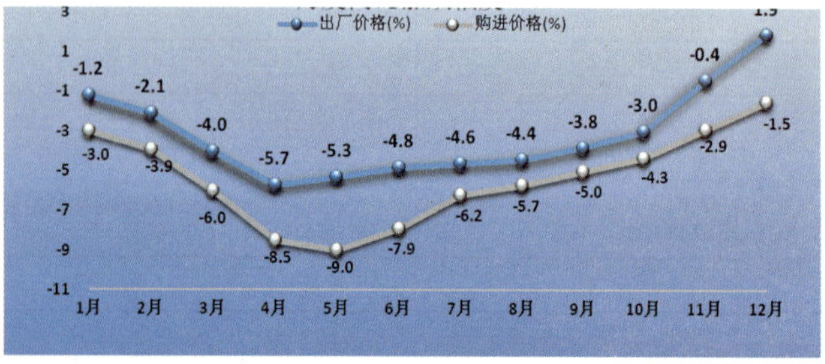

图5 2020年全区工业生产者出厂价格和购进价格月底同比涨跌幅度

表2 2020年12月份全区居民消费价格指数

指 标	环比	同比	1-12月累计
居民消费价格总指数	100.8	100.5	101.5
其中:食品烟酒	102.5	102.9	105.4
衣着	100.1	96.8	98.9
居住	100.0	99.7	100.3
生活用品及服务	100.2	99.4	99.6
交通和通信	99.9	97.4	96.9
教育文化和娱乐	99.9	100.4	101.0
医疗保健	100.0	100.5	100.6
其他用品和服务	98.6	102.9	103.2

三大攻坚战夺取重大胜利。“十三五”末,全区9个贫困县全部摘帽,1100个贫困村全部出列,现行标准下62.4万农村贫困人口全部脱贫。生态环境9项约束性指标超额完成,蓝天碧水净土保卫战成效显著,全区空气优良天数比2015年增加15天,森林覆盖率由11.9%提高到15.8%。处置化解一批风险隐患,守住了不发生系统性风险的底线。

新产业新业态新模式加快成长。全年全区规模以上工业中,高技术制造业增加值比上年增长9.9%。全年水电、风电、太阳能等可再生能源发电量352.4亿千瓦时,增长9.4%。全年变压器产量增长8.2%,数控金属切割机床产量增长36.7%,工业机器人产量增长26.5%。全年全区工业技术改造投资[5]增长18.0%。全年全区网上零售额[6]按卖家所在地分,实现零售额209.4亿元,增长10.3%,其中实物商品零售额63.2亿元,增长39.5%。

二、农业

全年全区粮食种植面积1018.75万亩,比上年增加2.70万亩。其中,小麦种植面积139.39万亩,减少22.27万亩;水稻种植面积91.22万亩,减少10.86万亩;玉米种植面积484.09万亩,增加34.42万亩;薯类种植面积142.66万亩,增加3.59万亩。油料种植面积49.92万亩,减少8.55万亩。蔬菜种植面积202.51万亩,增加5.72万亩。瓜果种植面积95.13万亩,减少3.47万亩。园林水果种植面积157.04万亩,增加2.58万亩。

全年全区粮食总产量380.49万吨,比上年增产7.34万吨,增长2.0%,连续17年实现丰收。其中,夏粮产量29.05万吨,下降19.7%;秋粮产量351.45万吨,增长4.3%。全年全区小麦产量27.79万吨,下降19.7%;水稻产量49.39万吨,下降10.3%;玉米产量249.07万吨,增长8.1%;马铃薯产量(折粮)41.54万吨,增长5.3%。

全年全区蔬菜产量568.61万吨,比上年增长0.5%;红枣产量8.20万吨,增长15.5%;枸杞产量9.80万吨,下降4.0%;油料产量6.73万吨,下降12.2%。

全年全区肉类总产量33.77万吨,比上年增长0.7%。其中,猪肉产量8.01万吨,增长2.5%;牛肉产量11.44万吨,下降0.2%;羊肉产量11.09万吨,增长6.6%;禽肉产量2.89万吨,下降19.0%。禽蛋产量13.86万吨,与上年持平。牛奶产量215.34万吨,增长17.4%。水产品产量16.16万吨,增长2.5%。年末全区生猪存栏90.02万头,增长22.7%;肉牛存栏120.65万头,增长24.2%;奶牛存栏57.38万头,增长31.2%;羊存栏596.11万只,增长4.9%;活家禽存栏1181.82万只,下降8.0%。全年生猪出栏98.60万头,增长2.1%;肉牛出栏71.99万头,增长0.1%;羊出栏625.13万只,增长7.8%;活家禽出栏1386.70万只,下降19.6%。

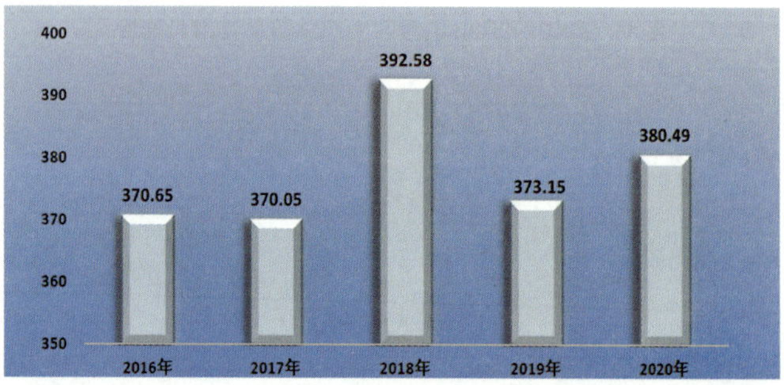

图6 2016—2020年全区粮食产量

表3 2020年全区主要农林牧渔业产品产量及其增长速度

指 标	产 量(万吨)	比上年增长(%)
粮食	380.49	2.0
小麦	27.79	−19.7
水稻	49.39	−10.3
玉米	249.07	8.1
油料	6.73	−12.2
蔬菜	568.61	0.5
瓜果	157.18	−4.7
枸杞	9.80	−4.0
肉类总产量	33.77	0.7
其中:猪、牛、羊肉产量	30.54	2.9
禽蛋	13.86	0.0
牛奶	215.34	17.4
水产品	16.16	2.5

三、工业和建筑业

全年全区全部工业增加值1283.69亿元,比上年增长4.2%。规模以上工业增加值增长4.3%。在规模以上工业中,分轻重工业看,轻工业增加值下降0.7%,重工业增长5.0%。分经济类型看,国有控股企业增加值下降1.0%;股份制企业增长3.7%,外商及港澳台商投资企业增长9.0%;非公有工业增长10.1%,其中私营企业增长10.5%。分门类看,采矿业增加值下降1.9%,制造业增长5.4%,电力、热力、燃气及水生产和供应业增长6.0%。

全年全区规模以上工业中,电力行业增加值增长4.6%、化工行业增长1.5%、冶金行业增长1.7%、有色行业增长2.9%、轻纺行业下降2.8%、机械行业增长29.4%、建材行业下降0.9%、医药行业增长5.1%、其他行业增长23.7%。工业产品销售率为97.4%。

年末全区发电装机容量5942.7万千瓦,比上年底增长12.2%。其中,火电装机容量3326.4万千瓦,增长3.3%;水电装机容量42.6万千瓦,增长0.1%;风电装机容量1376.6万千瓦,增长23.3%;太阳能发电装机容量1197.1万千瓦,增长30.4%。

全年全区规模以上工业企业利润203.9亿元,比上年下降9.0%。分经济类型看,国有控股企业利润37.6亿元,下降50.3%;股份制企业145.0亿元,下降19.1%;外商及港澳台商投资企业57.3亿元,增长35.4%。分门类看,采矿业亏损5.7亿元,同比盈转亏39.0亿元;制造业利润152.2亿元,增长16.9%;电力、热力、燃气及水生产和供应业57.4亿元,下降5.3%。

表4 2020年全区主要工业产品产量及其增长速度

指 标	单位	产量	比上年增长(%)
原 煤	万吨	8151.6	9.1
发电量	亿千瓦时	1882.4	6.6
焦 炭	万吨	920.8	11.3
原铝(电解铝)	万吨	119.2	−4.9
农用化肥(折纯)	万吨	67.9	49.6
精甲醇	万吨	788.8	18.8
电石(碳化钙)	万吨	405.1	−0.9
水 泥	万吨	1977.5	4.8
铁合金	万吨	322.6	−16.4
乳制品	万吨	147.0	12.9
金属切削机床	台	1932.0	31.5

全区具有资质的总承包和专业承包建筑业企业748家,全年完成建筑业总产值641.81亿元,比上年增长6.7%。建筑业企业房屋建筑施工面积2107.74万平方米,下降6.4%;房屋竣工面积756.98万平方米,增长11.5%;竣工产值320.07亿元,增长6.7%。按建筑业总产值计算的劳动生产率30.26万元/人,比上年增长3.0%。

四、固定资产投资

全年全区全社会固定资产投资比上年增长4.8%。其中,固定资产投资(不含农户)增长4.0%。

在固定资产投资(不含农户)中,第一产业投资比上年增长15.6%,第二产业投资增长15.6%,第三产业投资下降5.3%。工业投资增长15.7%,占固定资产投资(不含农户)的比重为45.5%。基础设施投资[7]下降15.3%,占固定资产投资(不含农户)的比重为17.4%。民间固定资产投资[8]增长7.8%,占固定资产投资(不含农户)的比重为56.9%。

全年全区房地产开发投资433.27亿元,比上年增长7.5%。其中,住宅投资308.59亿元,增长9.5%;办公楼投资4.08亿元,下降40.8%;商业营业用房投资61.87亿元,下降0.1%。

表5 2020年全区房地产开发和销售主要指标及其增长速度

指 标	单位	绝对数	比上年增长(%)
房地产开发投资	亿元	433.27	7.5
房屋施工面积	万平方米	5562.65	−6.3
其中:住宅	万平方米	3633.11	−4.1
其中:本年新开工面积	万平方米	1039.16	−12.4

续表

指　标	单位	绝对数	比上年增长(%)
房屋竣工面积	万平方米	772.25	−23.6
其中:住宅	万平方米	513.53	−28.5
商品房销售面积	万平方米	1095.49	8.5
其中:住宅	万平方米	971.87	9.5
商品房待售面积	万平方米	993.05	3.7
其中:住宅	万平方米	330.83	−4.0
商品房销售额	亿元	698.39	21.7
其中:住宅	亿元	626.26	25.6
本年实际到位资金	亿元	708.28	21.7
其中:国内贷款	亿元	52.01	−19.4
自筹资金	亿元	114.99	−8.7
其他资金来源	亿元	541.28	38.3

五、国内贸易

全年全区实现社会消费品零售总额1301.39亿元，比上年下降7.0%。按经营地统计，城镇消费品零售额1123.81亿元，下降7.1%；乡村消费品零售额177.58亿元，下降6.7%。按消费类型统计，商品零售额1137.04亿元，下降7.0%；餐饮收入额164.35亿元，下降7.2%。

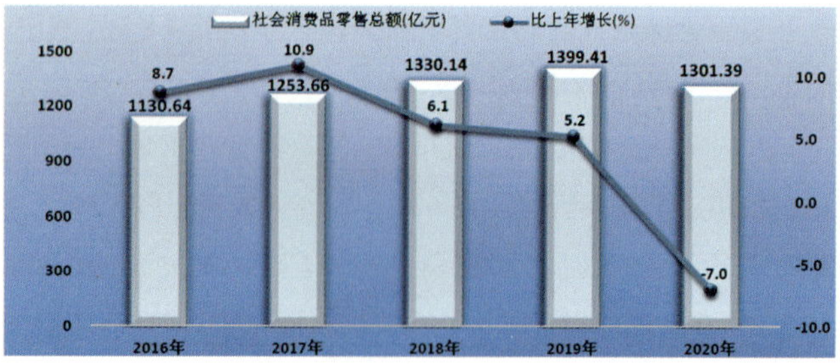

图7　2016—2020年全区社会消费品零售总额及其增长速度

在限额以上单位商品零售额中，粮油、食品类零售额比上年增长14.1%，饮料类增长2.7%，烟酒类下降2.7%，服装、鞋帽、针纺织品类下降16.7%，化妆品类下降10.8%，金银珠宝类下降18.5%，日用品类下降10.6%，家用电器和音像器材类下降15.8%，中西药品类增长10.8%，文化办公用品类下降16.0%，通信器材类下降24.5%，石油及制品类下降13.3%，汽车类下降1.3%。

六、对外经济[9]

全年全区货物贸易进出口总额123.17亿元，比上年下降48.8%。其中，出口86.68亿元，下降41.8%；进口36.49亿元，下降60.3%。货物贸易进出口差额(出口减进口)50.19亿元。对“一带一路”沿线国家和地区进出口总额39.06亿元，下降43.2%。其中，出口35.02亿元，下降31.4%；进口4.04亿元，下降77.3%。

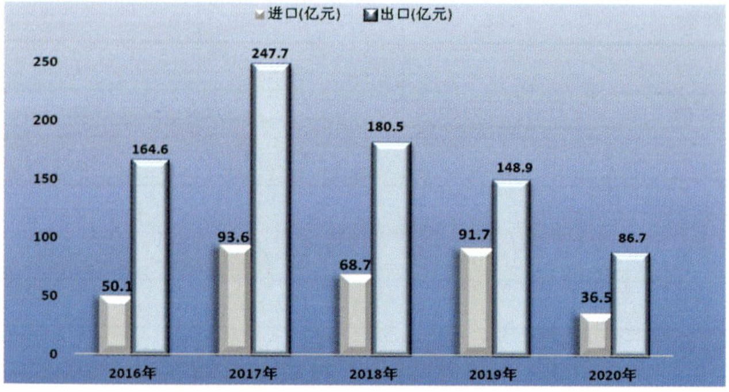

图8　2016—2020年全区货物进出口总额

表6　2020年全区主要商品出口金额及其增长速度

商品名称	出口值(亿元)	比上年增长(%)
枸杞	2.7	21.0
泰乐菌素	6.4	41.4
维生素C	2.0	16.0
双氰胺	7.0	10.3
金属锰	4.0	−22.4
钽铌铍制品	3.3	−9.7
机床及铸件	3.7	−21.1

全年全区实际使用外商直接投资2.72亿美元，比上年增长8.4%。全区新设外商投资企业22个，合同外资金额6.15亿美元，下降88.2%。其中，信息传输、软件和信息技术服务业签订利用外商直接投资合同额1.90亿美元，增长137.7%。

七、交通和邮电

全年全区货物运输总量4.40亿吨，比上年增长0.8%；货物运输周转量764.75亿吨千米，增长7.7%。全年全区旅客运输总量0.38亿人，下降37.5%；旅客运输周转量99.76亿人／千米，下降37.1%。

表7　2020年全区各种运输方式完成运输量及其增长速度

运输方式	货物				旅客			
	运输总量		运输周转量		运输总量		运输周转量	
	绝对值(万吨)	比上年增长(%)	绝对值(亿吨千米)	比上年增长(%)	绝对值(万人)	比上年增长(%)	绝对值(亿人／千米)	比上年增长(%)
总计	44024.91	0.83	764.75	7.66	3807.64	−37.50	99.76	−37.09
铁路	8633.61	5.93	214.62	0.48	557.58	−16.33	24.23	−40.81
公路	34216.62	−0.42	483.67	10.58	2902.38	−40.83	28.22	−38.66
航空	2.97	−10.80	0.37	−8.49	347.68	−33.26	47.31	−33.95
管道	1171.71	2.08	66.09	12.18	—	—	—	—

年底全区民用汽车保有量171.50万辆，比上年底增长8.1%。其中，私人汽车保有量155.60万辆，增长8.2%。民用轿车保有量81.07万辆，增长6.4%。其中，私人轿车77.52万辆，增长6.9%。

全年全区完成邮政业务总量[10]24.98亿元，比上年增长25.0%。邮政业完成邮政函件业务240.06万件，包裹业务8.82万件；快递业务量7317.77万件，快递业务收入11.83亿元。全年全区完成电信业务总量[11]924.4亿元，增长24.2%。年底全区电话用户总数890.6万户，其中移动电话用户839.2万户。(固定)互联网宽带接入用户283.6万户，比上年增加24.5万户。移动互联网用户712.7万户，比上年增加26.8万户；移动互联网接入流量115767.2万GB，增长32.3%。

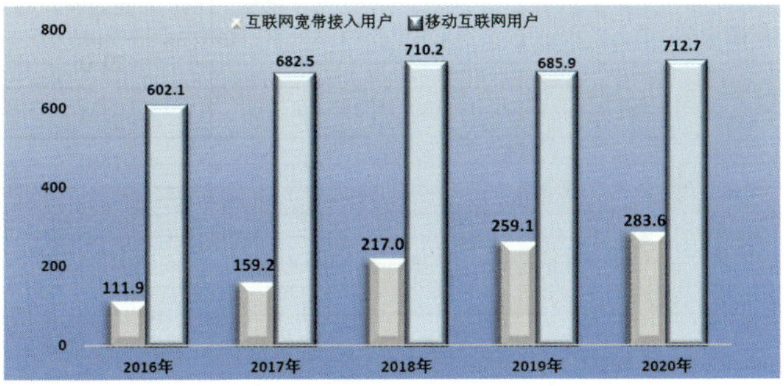

图9　2016—2020年年底全区互联网宽带接入用户数和移动互联网用户数

八、财政金融

全年全区一般公共预算总收入704.1亿元，比上年下降5.8%。其中，地方一般公共预算收入419.4亿元，下降1.0%。在地方一般公共预算收入中，税收收入263.8亿元，下降1.4%，占地方一般公共预算收入的62.9%。

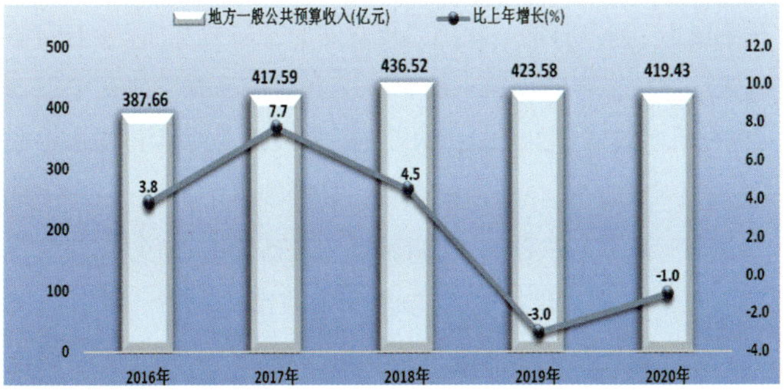

图10　2016—2020年全区地方一般公共预算收入及其增长速度[12]

年底全区金融机构本外币各项存款余额7136.24亿元，比年初增加675.82亿元。其中，人民币各项存款余额7121.31亿元，比年初增加677.89亿元。金融机构本外币各项贷款余额7981.87亿元，比年初增加656.00亿元。其中，人民币各项贷款余额7782.59亿元，比年初增加615.31亿元。

表8　2020年年底全区金融机构存贷款余额及其增长速度

指　标	年底数(亿元)	当年新增(亿元)	比上年底增长(%)
本外币各项存款余额	7136.24	675.82	10.5
人民币存款余额	7121.31	677.89	10.5
其中：住户存款	3943.84	497.70	14.4
非金融企业存款	1498.88	121.28	8.8
机关团体及财政性存款	1511.17	3.9	0.3
本外币各项贷款余额	7981.87	656.00	7.5
人民币贷款余额	7782.59	615.31	7.8
其中：短期贷款	2107.74	154.67	6.7
中长期贷款	4928.56	342.19	8.0
票据融资	731.69	69.40	10.5

年底全区上市公司14家，总股本206.15亿股，总市值1357.41亿元，比上年底增长6.7%。其中，流通市值723.20亿元，增长26.0%。全年证券交易额12737.98亿元，增长46.0%。年底全区在全国中小企业股份转让系统[13]挂牌公司48家，比上年底下降11.1%。

年底全区省级营业性保险分公司23家，全年实现保费收入210.71亿元，比上年增长6.6%。其中，财产险收入67.85亿元，下降0.5%；寿险收入96.66亿元，增长10.2%；健康险收入39.93亿元，增长10.2%；意外伤害险收入6.27亿元，增长12.6%。支付各类赔款和给付66.12亿元，增长4.0%。其中，财产险赔款38.37亿元，增长3.4%；寿险业务给付17.42亿元，增长6.3%；健康险给付8.66亿元，增长3.5%；意外伤害险赔款1.66亿元，降低1.8%。

九、居民收入消费和社会保障

全年全区全体居民人均可支配收入25735元，比上年增长5.4%。按常住地分，城镇居民人均可支配收入35720元，增长4.1%；农村居民人均可支配收入13889元，增长8.0%。

图11　2016—2020年全区城镇居民人均可支配收入及其增长速度

图12　2016—2020年全区农村居民人均可支配收入及其增长速度

全年全区居民人均消费支出17506元，比上年下降4.3%。按常住地分，城镇居民人均消费支出22379元，下降7.4%；农村居民人均消费支出11724元，增长2.3%。

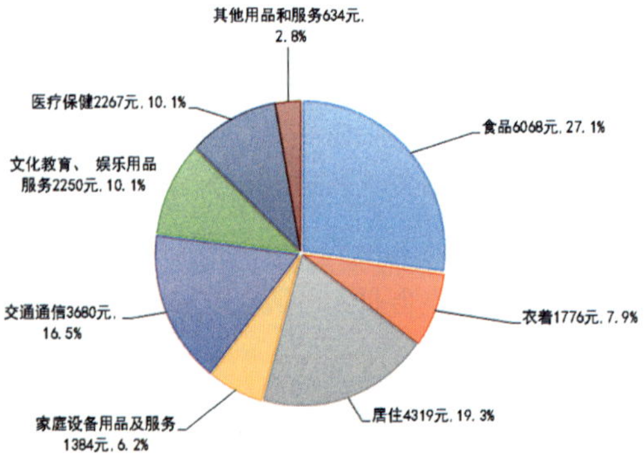

图13　2020年全区城镇居民人均消费支出及其构成

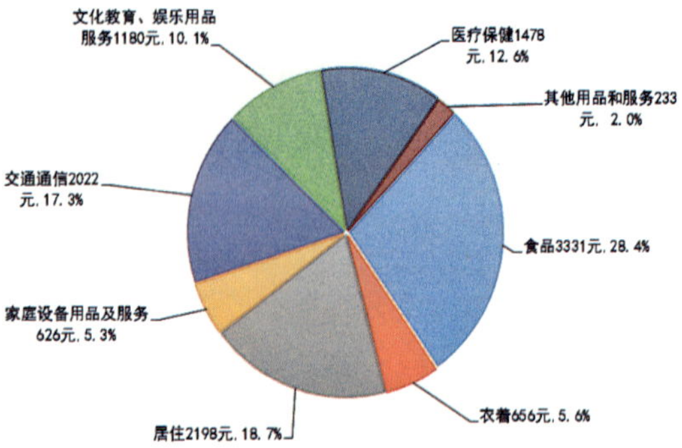

图14　2020年全区农村居民人均消费支出及其构成

年底全区参加城镇职工基本养老保险240.11万人，比上年底增加13.51万人。参加城乡居民基本养老保险238.65万人，增加43.99万人。参加基本医疗保险658.76万人，增加25.02万人。其中，参加城镇职工基本医疗保险152.95万人，增加11.84万人；参加城乡居民基本医疗保险505.81万人，增加13.18万人。参加失业保险102.73万人，增加5.37万人。参加工伤保险132.56万人，增加12.98万人。参加生育保险105.37万人，增加10.68万人。

十、教育、科学技术和文化体育

年底全区各级各类学校3476所（含小学教学点484所），教职工111351人。全年全区学前教育毛入园率为88.51%，小学学龄人口入学率为100%，初中阶段毛入学率为112.9%，高中阶段毛入学率为93.0%，高等教育毛入学率为54.7%，小学六年巩固率为100.3%，初中三年巩固率为99.6%。

表9　2020年全区各级教育招生、在校、毕业生人数

类　别	校数（所）	招生数（人）	在校学生数（人）	毕业学生数(人)
普通高等学校	20	51782	156142	36352
#研究生	4	4228	9463	2218
成人高等学校	1	10991	30811	12418
中等职业教育学校	29	26444	75524	22446
普通中学	314	149185	453421	146780
#高　中(含完全中学)	67	56778	160796	49120
初　中(含完全中学)	247	92407	292625	97660
普通小学(含教学点)	1633	100918	592434	93604
幼儿园	1464	130730	256213	115587
特殊教育学校	15	1319	7473	1125

全年全区登记自治区级科技成果399项（其中，基础理论成果54项，应用技术成果324项，软科学成果21项）比上年增长71.0%。全年申请专利量12924件，增长39.4%。其中，发明专利3049件，增长20.8%。专利授权量7709件，增长38.9%。其中，发明专利授权量703件，增长17.6%。全年共签订技术合同1874项，技术合同成交额22.52亿元。

年底全区拥有国家级工程技术研究中心3个，自治区级工程技术研究中心72个；国家级重点实验室3个，自治区级重点实验室38个（含省部共建国家重点实验室培育基地2个）；自治区级产业技术协同创新中心5个，自治区临床医学研究中心25个，自治区技术创新中心304个；国家级企业（集团）技术中心（含分中心）12个，自治区级企业（集团）技术中心86个；国家地方联合工程研究中心26个，自治区工程研究中心19个。

年底全区文化系统共有艺术表演团体11个，博物馆75个。全区共有公共图书馆27个，文化馆27个。预计[14]有线电视在册用户数128.04万户，其中，有线数字电视在册用户110.8万户。年底全区广播节目综合人口覆盖率为99.82%，电视节目综合人口覆盖率为99.94%。全区出版各类报纸13种，出版期刊35种，出版图书2855种。2019年，全区文化及相关产业增加值101.65亿元，比上年增长12.4%（未扣除价格因

素);占全区地区生产总值的比重为2.71%,比上年提高0.13个百分点。

全年宁夏运动员参加国际国内比赛共取得金牌5枚、银牌8枚、铜牌7枚。全年有139人达国家一级运动员等级标准,603人达国家二级运动员等级标准,84人获得国家一级裁判员等级称号。

十一、卫生和社会服务

年底全区共有医疗卫生机构4574个,其中医院218个;基层医疗卫生机构4247个,其中卫生院205个,城市社区卫生服务机构231个,村卫生室2172个;专业公共卫生机构94个,其中疾病预防控制中心25个,卫生监督机构24个。年底全区卫生技术人员58627人,其中执业医师和执业助理医师22240人,注册护士25972人。全区医疗卫生机构实有床位41261张,其中医院35565张,基层医疗卫生机构4094张。全年全区总诊疗人次[15]3969.83万,入院人数[16]106.89万。

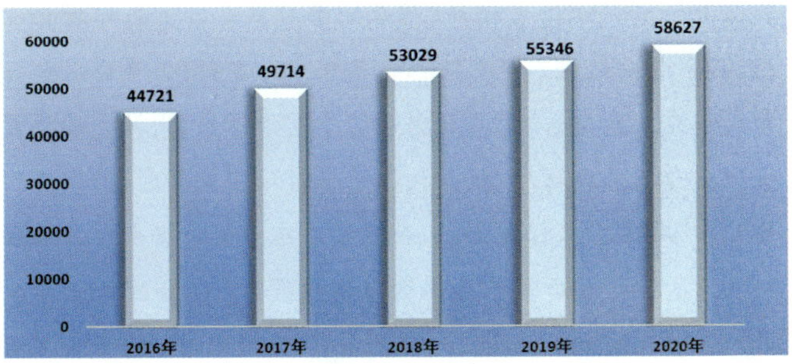

图15 2016—2020年年底全区卫生技术人员人数

年底[17]全区共有各类提供住宿的社会服务机构132个,其中养老服务机构108个,儿童收养救助服务机构9个。社会服务床位[18]21429张(不包括社区床位数),其中养老机构床位18900张(不包括社区日间照料床位4765张、社区全托服务床位2197张),儿童福利和救助机构床位996张。年底全区共有社区服务机构和设施2787个,其中社区服务中心62个,社区服务站2047个。

十二、资源、环境和应急管理

全年全区水资源总量11.04亿立方米。平均降水量310毫米,比上年下降10.4%。总用水量70.20亿立方米,增长0.43%。其中,生活用水3.71亿立方米,增长8.6 %;工业用水4.19亿立方米,下降5.3%;农业用水58.64亿立方米,下降1.7%。万元地区生产总值用水量[19]199.7立方米,下降3.33%;万元工业增加值用水量34.3立方米,下降9.12%。

全年全区完成营造林面积122.62万亩,其中人工营造林面积49.17万亩。森林抚育面积40.9万亩。年底全区自然保护区14个,其中国家级自然保护区9个,自治区级自然保护区5个。

预计[20]全年全区供水普及率为98.90%,比上年提高0.57个百分点;燃气普及率为91.54%,比上年提高0.64个百分点;建成区绿地率为38.69%,比上年提高0.65个百分点;生活垃圾处理率为99.86%,比上年提高0.26个百分点。

全年[21]黄河干流宁夏段入境至出境断面水质均为Ⅱ类优,地表水国控考核断面达到或好于Ⅲ类水质比例为93.3%。5个地级城市环境空气质量平均优良天数为311天,比例为85.1%,细微颗粒($PM_{2.5}$)平均浓度为33微克/立方米,比上年上升13.8%;可吸入颗粒物(PM_{10})平均浓度为65微克/立方米,下降1.5%。全区五地市城市区域昼间噪声等效声级为53.5分贝,与上年持平,昼间区域声环境质量等级为二级,总体水平评价为较好。

全年全区累计发生各类生产经营性事故196起,比上年下降11.3%,死亡168人,下降1.8%。亿元GDP生产安全事故死亡人数为0.043人,下降6.5%。道路交通万车死亡率为2.275,上升11.96%。煤矿百万吨死亡人数为0.111人,上升65.7%。

注释:

[1]本公报中数据均为初步统计数,正式数据以《宁夏统计年鉴-2021》为准。部分数据因四舍五入的原因,存在总计与分项合计不等的情况。

[2]地区生产总值、各产业增加值绝对数按现价计算,增长速度按不变价格计算。

[3]年度农民工数量包括年内在本乡镇以外从业6个月及以上的外出农民工和在本乡镇内从事非农产业6个月及以上的本地农民工两部分。

[4]农产品生产者价格是指农产品生产者直接出售其产品时的价格。

[5]工业技术改造投资是指工业企业利用新技术、新工艺、新设备、新材料对现有设施、工艺条件及生产服务等进行改造提升,实现内涵式发展的投资活动。

[6]网上零售额是指通过公共网络交易平台(主要从事实物商品交易的网上平台,包括自建网站和第三方平台)实现的商品和服务零售额。

[7]基础设施投资包括交通运输、邮政业,电信、广播电视和卫星传输服务业,互联网和相关服务业,水利、环境和公共设

施管理业投资。

[8]民间固定资产投资是指具有集体、私营、个人性质的内资调查单位以及由其控股(包括绝对控股和相对控股)的调查单位在中华人民共和国境内建造或购置固定资产的投资。

[9]货物进出口采用人民币计价。实际使用外商直接投资由于技术原因仍主要沿用美元计价。

[10]邮政行业业务总量按2010年价格计算。

[11]电信业务总量按2015年价格计算。

[12]2020年数据为初步数,正式数据以自治区财政厅决算数据为准。

[13]全国中小企业股份转让系统又称"新三板",是2012年经国务院批准设立的全国性证券交易场所。

[14]此数据为自治区广播电视局预计数,正式数据以自治区广播电视局正式公布数据为准。

[15]总诊疗人次指所有诊疗工作的总人次数,包括门诊、急诊、出诊、预约诊疗、单项健康检查、健康咨询指导(不含健康讲座)人次。

[16]入院人数指报告期内经门诊或急诊医生签发住院证并办理入院手续的住院病人。

[17]此部分数据为自治区民政厅预计数,正式数据以自治区民政厅公布数据为准。

[18]社会服务床位数除收养性机构外,还包括救助类机构、社区类机构以及军休所、军供站等机构的床位。

[19]万元地区生产总值用水量、万元工业增加值用水量按2015年价格计算。

[20]此数据为住房和城乡建设厅预计数,正式数据以2020年城乡建设统计年报数据为准。

[21]数据来源于《2020年宁夏环境质量状况》。地表水达到或好于Ⅲ类水体比例为15个国控断面监测统计结果;环境空气质量优良天数及比例为未剔除沙尘天气数据,PM_{10}、$PM_{2.5}$平均浓度均为剔除沙尘天气后数据。

资料来源:

本公报中城镇新增就业、登记失业率、社会保障数据来自自治区人力资源和社会保障厅,财政数据来自自治区财政厅,水资源数据来自自治区水利厅,林业数据来自自治区林业和草原局,发电装机容量数据来自国网宁夏电力公司,铁路运输数据来自中国铁路兰州局集团有限公司,公路运输数据来自自治区交通运输厅,民航数据来自西部机场集团宁夏机场有限公司,电信业务总量、电话用户、宽带用户、移动互联网接入流量、互联网普及率等数据来自宁夏通信管理局,供水普及率、燃气普及率、建成区绿地率、生活垃圾处理率等数据来自自治区住房和城乡建设厅,货物进出口数据来自银川海关,外商直接投资等数据来自自治区商务厅,民用汽车数据来自自治区公安厅,管道数据来自中石油管道长庆输油气分公司和中石油东部管道有限公司银川管理处,邮政业务数据来自宁夏邮政管理局,货币金融数据来自人民银行银川中心支行,上市公司数据来自宁夏证监局;保险业数据来自宁夏银保监局,社会服务数据来自自治区民政厅,教育数据来自自治区教育厅,国家工程研究中心、国家工程实验室、企业技术中心等数据来自自治区科技厅,专利数据来自自治区市场监管厅(自治区知识产权局),艺术表演团体、博物馆、公共图书馆、文化馆数据来自自治区文化和旅游厅,报纸、期刊、图书数据来自自治区党委宣传部,广播电视数据来自自治区广播电视局,体育数据来自自治区体育局,卫生数据来自自治区卫生健康委员会,环境监测数据来自自治区生态环境厅;安全生产数据来自自治区应急管理厅,其他数据均来自自治区统计局和国家统计局宁夏调查总队。

(自治区统计局综合处　提供)

索　引

说明：

1. 本索引以主题分析方法为主，按主题词首字汉语拼音字母顺序排列。
2. 主题词后的数字表示内容所在的页码，数字后面的 a、b、c 表示该页由左至右的栏别。
3. 表格索引按页码顺序排列。

主题词索引

D

H

K

L

N

W

X

Y

Z

表格索引

图书在版编目(CIP)数据

精讲精练：人教版：宁夏专版．高中英语．4：必修 /《精讲精练》编写组编．-- 银川：宁夏人民教育出版社，2014.8（2020.3 重印）

ISBN 978-7-5544-0860-5

I. ①精… II. ①精… III. ①英语课—高中—教学参考资料 IV. ①G634

中国版本图书馆CIP 数据核字(2014)第 197181 号

精讲精练 宁夏专版 高中英语 必修 4(人教) 《精讲精练》编写组 编

责任编辑 王 慧

封面设计 晨 皓

责任印制 殷 戈

黄河出版传媒集团
宁夏人民教育出版社 出版发行

地 址 宁夏银川市北京东路 139 号出版大厦(750001)

网 址 http://www.yrpubm.com

网上书店 http://www.hh-book.com

电子信箱 jiaoyushe@yrpubm.com

邮购电话 0951-5014284

印刷装订 宁夏雅昌彩色印务有限公司

印刷委托书号 (宁)0016286

开本 890 mm×1240 mm 1/16

印张 11 字数 396 千字

版次 2014 年 8 月第 1 版

印次 2020 年 3 月第 8 次印刷

书号 ISBN 978-7-5544-0860-5

定价 16.21 元

科学使用高考原题　高屋建瓴返璞归真　真题真意真正助力

精讲精练　PK　传统教辅

- 基础年级适度适用　毕业年级加大频次
- 典例引导　深度解剖　洞悉规律把握趋势
- 难度　梯度设置合理　自我挑战逐级提升

- 不加选择　大量使用高考难题
- 不能透析　原题答案简单罗列
- 不分层次　高中低档混乱放置

责任编辑：王　慧
封面设计：晨　皓

扫一扫，获取听力材料

ISBN 978-7-5544-0860-5
定价：16.21元